Andrea Carandini

Die Geburt Roms

Aus dem Italienischen von
Karl Pichler

Artemis & Winkler

Titel der italienischen Originalausgabe:
La nascita di Roma
Dèi, Lari, eroi e uomini all'alba di una civiltà
© 1997 Giulio Einaudi editore s.p.a., Torino

Die Deutsche Bibliothek - CIP-Einheitsaufnahme

Ein Titeldatensatz für diese Publikation ist bei
Der Deutschen Bibliothek erhältlich.

© 2002 Patmos Verlag GmbH & Co. KG
Artemis & Winkler Verlag, Düsseldorf/Zürich
Alle Rechte, einschließlich derjenigen des auszugsweisen Abdrucks sowie der
fotomechanischen und elektronischen Wiedergabe, vorbehalten.
Umschlagmotiv: Die capitolinische Wölfin, Bronzestatue (6. Jh. v. Chr.),
Musei Capitolini, Roma © Archivio Fotografico dei Musei Capitolini
Umschlaggestaltung: Groothuis & Consorten, Hamburg
Satz: Uwe Steffen, München
Druck und Verarbeitung: BAWA Print & Partner GmbH, München
ISBN 3-538-07129-2
www.patmos.de

Inhalt

4. Teil: Die Ära der Stadt

Addenda

Appendices

Vorwort

Die Idee, die Anfänge Latiums und Roms neu zu überdenken, hat sich aus der Fügung ergeben, die uns unvermutet die Mauern hat finden lassen, die im 8. Jahrhundert zum ersten Mal den Palatin umschlossen, mit der Folge, daß wir uns ein Jahrzehnt lang mit der schwierigsten historisch-topographischen Frage des frühen Rom[1] auseinandersetzten: dem Problem der Mauer und des Pomeriums, die die Überlieferung einmütig Romulus zuschreibt.[2]

---

[1] Mommsen 1876.

[2] Carandini 1992 und in: Palatium e Sacra via, 1; vgl. auch §§ 359 ff., Addendum VIII und Appendix 8. Im Herzen von Rom, von dem man fälschlicherweise meint, es sei vollständig ausgegraben, stießen die Archäologen nur an wenigen Stellen bis zum gewachsenen Boden vor. Nach einer überschlagsmäßigen Rechnung kennt man 18,3 Prozent des Comitium (zum Großteil unveröffentlicht), 0,5 Prozent des Forums, 0,3 Prozent des Gebietes von Sant'Omobono, 10,8 Prozent der Regia und 0,7 Prozent des Palatin. Es ist also noch ungeheuer viel zu tun. Die gesamten Belege der dunklen Jahrhunderte befinden sich unter unseren Füßen und warten darauf, entdeckt und interpretiert zu werden, wie unsere Grabung am Palatin gezeigt hat, vorausgesetzt, die historisch-antiquarische sowie stratigraphische Kompetenz um sie zu durchzuführen liegt vor. Ogilvie-Drummond 1989 meinen, daß »Rom an sich ein unmöglicher Ort zum Graben ist«, weil zu viele spätere Schichten von unschätzbarem Wert es zudeckten. Es gibt in England offenbar eine besorgniserregende Kluft zwischen Altertumswissenschaft und Provinzialarchäologie, denn eine solche Aussage läßt auf völlige Unkenntnis der modernen Stadtarchäologie schließen, die doch in England erfunden wurde. Die Gegenposition zu dieser vermeintlichen Ohnmacht, die nichts anderes ist als grundsätzliches Desinteresse für archäologische Daten, hat J. J. Bachofen vertreten, der fest an die Machtwirkung der Orte glaubte, jedoch keine topographischen und stratigraphischen Daten anzubieten hatte, sondern nur Natur und Ruinen, die ebenso beeindruckend wie unerfoscht waren, und sie sprechen nicht von alleine, wenn sie nicht in Quellen verwandelt werden. Interessant in diesem Zusammenhang ist der Brief, den er am 4. Juni 1865 an H. Meyer-Ochsner schrieb (auf den mich N. Terrenato hinwies): »... was ich bei den Alten lese, gewinnt so sehr Fleisch und Blut, daß man diese Hügel, Täler, Ruinen in seinem Kopfe mit dem ehemaligen Leben bevölkern und alles sich vor Augen stellen kann. Sie wissen, daß ich von der Geschichtlichkeit der römischen Überlieferung überzeugt und für die ultramontanen Stubengelehrten ... mit Mitleid erfüllt bin. Hier im täglichen Verkehr mit den ältesten Monumenten schäme ich mich, einmal an Romulus gezweifelt und auf der Seite der Allegoriker gestanden zu haben. Ich fühle aber auch recht, wie schwer es sein muß, fern von diesem Boden, in dem kalten Norden, einem verrauchten Zimmer, mitten unter verhunzten Rationalisten, zu einer wirklich richtigen Anschauung zu kommen. Die Geschichte ist eben nicht nur in den Büchern ...« (Bachofen 1943 ff., S. 342 ff.). Heute geht es nicht mehr um die phantasievolle Vorstellungsgabe angesichts von Natur und Ruinen, sondern um den Umgang mit topographisch und stratigraphisch erfaßten Überresten, was aus der in drei räumliche Dimensionen eingebundenen Geschichte etwas ganz anderes macht als die Geschichte ohne Anschauung oder mit einer sehr vagen Anschauung, zu der man in der Abgeschlossenheit eines »melancholischen Raumes im Norden Europas« kommt (Bachofen).

Wir hätten es uns leicht machen und die bei der Grabung entdeckte Mauer und das Tor für weniger bedeutungsvoll erklären können, als sie es unserer Ansicht nach sind, wenn wir uns an die »Vorsicht« der vernünftigen Historiker gehalten hätten. Obgleich die Mauer – dank der unter der Schwelle des Tores gefundenen Beigabe der Grundsteinlegung – um 725 v. Chr. zu datieren ist, und obwohl sie am Fuße des Palatin liegt – was auch Tacitus vertrat, der zu einer Zeit schrieb, als sie kurz nach einem letzten Wiederaufbau aufgelassen wurde –, hätten wir sie als ein Verteidigungsbauwerk des protourbanen *oppidum* auf römischem Boden interpretieren können, des wichtigsten *mons saeptus* (eingefriedeter Hügel) des Septimontiums (der Siedlungsform, die der *Urbs* vorausging). Auf diese Weise hätten wir es vermieden, die romuleische Frage bezüglich der Stadtwerdung erneut aufzuwerfen und die allgemein in Umlauf befindliche Version, die »Vulgata« betreffend die Ursprünge Roms, wie sie die besten Historiker der Gegenwart vertreten, in Frage zu stellen.

Wir glauben jedoch, daß das Septimontium seinen Namen nicht von *saepti montes,* sondern von *septem montes* hat, wir sehen keinen Sinn darin, ein *oppidum* anstatt mit einem *agger* (wie es in Latium üblich war) mit Mauern zu befestigen, und das ein Jahrhundert nach der Schaffung des großen protourbanen Zentrums, wir können nicht sehen, welcher Bezug hergestellt werden könnte zwischen einer Mauer, die den Palatin und wahrscheinlich (wie Tacitus bezeugt) auch den Cermalus umgab, und dem Septimontium, dessen wichtigste Hügel das Palatium und die Velia waren, und schließlich glauben wir nicht, daß die Stadtwerdung erst in der zweiten Hälfte des 7. Jahrhunderts beginnt, wobei es uns zumindest seltsam erscheint, daß die protourbane Wirklichkeit (die von den Historikern meist »primitivisierend« mit im Grunde präurbanen Begriffen verstanden wird) bis zu den Tarquiniern gedauert haben soll und daß die Stadt dann also unter diesen Königen mit einem Schlag entstanden sei, von Anfang an monumental und in sich abgeschlossen. Es erscheint uns vielmehr erforderlich, eine Zwischenphase anzunehmen – eben das Zeitalter des Romulus –, die weder zur protourbanen noch zur reifen urbanen Zeit gehört und deren Merkmal gerade die Formierung der Stadt ist, insofern seit dieser Zeit die grundlegenden Elemente vorliegen, die die moderne Kritik fordert, um das Bestehen eines Staates und einer Stadt »antiken« Typs anzuerkennen. Es ist hier nicht der Ort, Daten und Argumente zugunsten dieser Annahme vorwegzunehmen. Tatsache ist, daß wir von den beiden möglichen Deutungen der palatinischen Mauer – eine unerklärlich späte Befestigung des Septimontiums oder romuleische Mauer und Pomerium Roms – die zweite vorgezogen haben, aufgrund von Zeugnissen und Überlegungen, die wir von der suggestiven

Wirkung des Mythos des Romulus sehr wohl getrennt gehalten und die wir andernorts schon dargelegt haben.[3] Das »große Rom der Tarquinier« ist nämlich nichts weiter als ein *terminus ante quem* für den Anfang der Stadt, der viel früher angesetzt werden muß, unserer Meinung nach zwischen der Mitte des 8. und der Mitte des 7. Jahrhunderts.

Daß wir dieser Interpretation den Vorzug gegeben haben, macht unsere Aufgabe allerdings erheblich schwieriger. Wir haben nämlich die Grundregel der römischen Geschichtsschreibung mißachtet, wonach nichts oder fast nichts von dem geglaubt werden darf, was die Überlieferung Romulus zuschreibt.[4] Da wir damit das Haupttabu, das zentrale Bollwerk des historischen Rationalismus, in Frage stellten, luden wir uns offensichtlich die Last auf, eine alternative Rekonstruktion für die Ursprünge Roms vorzulegen, da die Gründung durch Romulus im 8. Jahrhundert weder mit der heutigen »Vulgata« der beschlagensten Historiker noch mit den guten Sitten der vernünftigen Kritik in Einklang zu bringen ist (gar nicht zu reden von der Hyperkritik in ihren mehr oder weniger radikalen Varianten, für die schon der Versuch einer Rekonstruktion der Königszeit auf eine akademische Beleidigung hinausläuft). Unsere Position stellt also für die Hyperkritik, aber auch für die sog. »gemäßigte« Kritik eine regelrechte Provokation dar.

Es ging nicht nur darum, das Zeitalter des Romulus neu zu interpretieren, es mußte die Beschaffenheit des protourbanen und zuvor noch des präurbanen Zentrums neu erörtert werden, und das bedeutete, zeitlich hinter die von den wagemutigsten Historikern des frühen Rom für unüberschreitbar gehaltenen Grenzen zurückzugehen. Es genügte nicht, die Wahrscheinlichkeit einiger dem ersten König zugeschriebenen Taten wie die Errichtung

---

[3] Carandini u. a. 1992; Carandini 1992 und in: Palatium e Sacra via, I.

[4] Ampolo 1988; Cornell 1995 läßt die drei Tribus, die 30 Kurien, die 3000 Fußsoldaten und sogar den Einfall der Sabiner gelten, allerdings um ein Jahrhundert heruntergesetzt, aber nicht die Mauern und das Pomerium. Bei einer Begegnung in Cambridge im Juni 1996 hat Cornell, ich glaube zum ersten Mal, zugegeben, daß sein Datum des Jahres 625 für die Entstehung der Stadt nur ein *terminus ante quem* ist (vgl. Appendix 8); aber ein solches Eingeständnis muß auch in die wissenschaftliche Literatur Eingang finden. Mastrocinque 1993 hat die Meinung vertreten, die von uns gefundene palatinische Mauer könnte der Grund gewesen sein für die Erfindung der Gestalt des Romulus, insofern sie die wichtigste monumentale Quelle für diejenigen hätte sein können, die am Ende des 6. Jh. seinen Mythos erfunden hätten. Die These ist paradox, da die Alten die stratigraphische Methode nicht kannten und folglich im archaischen Zeitalter nichts von der Existenz der frühen Mauer aus dem 8. Jahrhundert wissen konnten. Eine Mauer, die mehrmals erweitert wird und in Teilen bis ins augusteische Zeitalter überdauert, kann dazu beigetragen haben, eine Erinnerung zu bewahren und zu festigen, die unabhängig vom materiellen Beleg bestanden haben muß und in der mündlichen und dann schriftlichen Überlieferung festgehalten wurde, mit dem Effekt, daß beide Arten der Erinnerung, die monumentale und die mündliche und schriftliche, sich während mehr als sieben Jahrhunderten wechselseitig bekräftigt haben.

der Mauer und die Festlegung des Pomeriums aufzuweisen. Da in den frühen Gesellschaften Mythos und Taten nicht zu trennen sind, ergab sich die Notwendigkeit, Gründe für die Authentizität und demnach das hohe Alter der Sage von Romulus anzuführen, von der auch die mutigsten Historiker nicht glauben, daß sie weiter als bis in das 6. Jahrhundert zurückgehen könnte, womit sie als eine Erfindung der Tarquinier erscheint. Dies aber brachte es mit sich, daß die gesamte Frage des Mythos der Latiner neu aufgegriffen werden mußte, eine weitere schwierige Herausforderung, da die meisten Gelehrten bestreiten, daß es im frühen Latium überhaupt Sagen gegeben habe (Latiner und Römer hätten Riten gekannt, nicht Mythen). Nach dem Versuch, die Überlieferung über die Mythen der Latiner von den Manipulationen abzuheben, die sie seit dem archaischen Zeitalter (seit der Zeit der Tarquinier) erfahren haben – ein weiteres für unmöglich erachtetes Unterfangen –, haben wir die Fragmente der Erinnerung, die authentisch erschienen, mit den aktuellsten Daten verglichen, die die Archäologie liefert. Nur im Vergleich untereinander unabhängigen Belegmaterials ist es möglich, den angemessenen Ausgangspunkt für die Neuinterpretation der Quellen zu gewinnen. Aber auch diese Gegenüberstellung verstößt gegen ein Gebot der historischen Kritik, wonach unterschiedliche Arten der Evidenz auseinandergehalten werden müssen.[5]

Die Ergebnisse, zu denen wir in diesem Buch gelangt sind, können nicht als bewiesen betrachtet werden. Aber was kann im Leben und in der historischen Rekonstruktion je als bewiesen gelten? Einige Ergebnisse scheinen sehr wahrscheinlich, andere einfach nur möglich, und da es noch keine Argumente gibt, die sie falsifizieren, sind sie, bis ein Gegenbeweis vorliegt, »nichtfalsch«. Erst nach der demütigen Anerkenntnis des grundsätzlich mutmaßlichen Charakters des Wissens haben wir es gewagt, von einem Zeitalter zu erzählen, von dem die Gelehrten meinen, es könne davon nicht erzählt werden, da sie »unsichere« Wahrheiten immer noch verbannen wollen, die doch die einzigen sind, die zu erlangen uns gegeben ist. Im Laufe der Arbeit haben wir nichts anderes gemacht als Fragen zu stellen und Lösungen zu suchen; wir haben versucht, diese so gut wie möglich zu begründen; manches erschien uns selbst wegen der Bruchstückhaftigkeit und Kargheit der Beweise als unbefriedigend, aber nicht in dem Ausmaß, daß wir den Versuch hätten abbrechen müssen. Es ist nicht möglich zwischen der Kunst des Wissens und des Nichtwissens eine sichere Grenze zu ziehen. Wir können sie nur von Mal zu Mal festlegen, und oft beruht dies auf sehr subjektiven Eindrücken. Mit dem Fortschreiten der Arbeit schien es uns, als fügten die

---

[5] Vgl. § 31, Anm. 7.

Teile des Puzzles sich immer leichter in die Lücken, aber vielleicht war das
eine Illusion; vielleicht haben wir zuviel Vertrauen in die Indizienmethode
gesetzt, und vielleicht waren wir zu dickköpfig, um vor dem, was wir zu
einem großen Teil nicht wissen, zu kapitulieren. Aber die Rolle, keine Aussage machen zu können, ist schon zu oft und so gut gespielt worden, als
daß es sich lohnen würde, sie noch einmal in Szene zu setzen. Wir wollen
den Leser nicht überreden, und wir meinen auch nicht, unsere Hypothesen
wären die einzigen, die akzeptabel sind, und erst recht nicht, sie wären
die besten schlechthin; es sind lediglich jene, welchen wir in dieser Untersuchung den Vorzug geben. Mit der gleichen Evidenz könnte und wird man
vielleicht eine völlig andere Geschichte erzählen oder auch nicht erzählen.
Mit Ungewißheit, aber ohne vorgefaßte Meinungen, mit Zweifeln, aber voll
Vertrauen, haben wir jede Spur verfolgt, die uns interessant erschien, um zu
erzählen, wie man sich die Uranfänge Latiums und Roms vorstellen kann,
aus unserer Sicht betrachtet, die vor allem den systematischen Pessimismus
ablehnt. Die endgültige Lösung für die Erklärung der Anfänge Roms gibt
es nicht, noch ist es leicht zu entscheiden, wer Recht oder Unrecht hat. Deshalb ist es gut, daß verschiedene Erzählungen dieser Anfänge – und unsere
ist *eine* davon – nebeneinander bestehen und verglichen werden können. Was
wir unseren Lesern vermitteln wollen, ist das Gespür für die Mühe und für
das Abenteuer, die Freude, auf einem kargen Boden zu ernten, das kalku-
lierte Risiko und das Spiel unter Beachtung der Regeln. Wir hoffen, daß es
uns gelungen ist, interessante Fragen aufzuwerfen, und wir wünschen uns,
daß wir Diskussionen anstoßen, die dazu dienen, bessere Lösungen als die
unseren zu finden. Das Wichtigste ist, die Vielfalt der Gesichtspunkte anzuerkennen. Die einen glauben mehr, die anderen weniger an die Tradition;
auch der Hyperkritiker hat ein Bürgerrecht (auch wenn es in diesem Buch
vermieden wird, ihm zu viel Raum zu geben, weil es sich unserer Meinung
nach nicht um die interessanteste Sichtweise handelt). Es gibt Leute, die
schreiben Bücher, weil sie die Entfaltung der Erzählung lieben, die Kongruenz von Vorher und Nachher, entlang einer Ereigniskette, die nötig ist, um
das Zuvor mit dem Danach und das Danach mit dem Zuvor zu erklären,
und es gibt Leute, die die Essayform vorziehen, die Variationen über das
Thema, wofür Arnaldo Momigliano ein berühmtes Beispiel ist.[6] Es gibt jene,

---

[6] Ein Beispiel an Toleranz war A. Momigliano (ebenso wie M. I. Finley) allerdings nicht. So
fand er zum Beispiel kein Gefallen an den Fortschritten der archäologischen Forschung auf
typologischem und stratigraphischem Gebiet, die die letzte Generation kennzeichneten; er hat
nichts dazu beigetragen, die Archäologie in Italien in dieser Richtung aufzufrischen (wenn
ich mich recht erinnere, bezeichnete er unser Manifest *Archeologia e cultura materiale* von 1975
damals in einem TLS als »little more than verbiage«); archäologische Forschungen, die sich der

die mehr Gelehrte sind als Denker, und umgekehrt. Sich gegenseitig vorzuwerfen, was man nicht ist, ist wirklich unergiebig. Wir sollten uns vielmehr
gegenseitig beglückwünschen, daß wir verschieden sind. Wir sollten sogar
noch viel unterschiedlicher sein, als wir es schon sind. Unterschiedlich und
frei. Gleich nur in einer Hinsicht: Niemand besitzt den Filmstreifen zu dem
Delikt, dessen Urheber er sucht.

Diesen Untersuchungen sind einige Anhänge hinzugefügt, die der geschätzten Arbeit
junger Wissenschaftler und Mitarbeiter zu verdanken sind, die mir geholfen haben
einige Probleme besser zu verstehen: Marco Bettelli (Appendix 2a), Paolo Brocato
(Appendix 6), Paolo Carafa (Appendices 2b, 4 und 5), Gabriele Cifani (Appendix 7)
und Nicola Terrenato (Appendix 1).

Mein Dank gilt Renato Peroni, der diese Arbeit begleitet und in denkwürdigen Tref-
fen seinen Rat angeboten hat. Er besitzt die große Gabe, Genauigkeit der Recherche, interpretative Intelligenz und didaktische Liebenswürdigkeit miteinander zu
vereinen. Dank gilt auch Albert Ammerman, Marco Bettelli, Francesco di Gennaro,
Alessandro Guidi, Marco Pacciarelli für ihre großzügige Hilfe, sowie Anna Maria
Bietti Sestieri, deren Ergebnisse ich oft nicht teilen kann, deren wissenschaftliche
Arbeit und kulturelle Rolle ich aber bewundere. Zu Dank verpflichtet bin ich auch
Giovanni Colonna, der aufmerksam die Resultate unserer Grabungen verfolgt hat
und dessen Studien eine vorbildliche und ermunternde Anleitung gewesen sind.
Danksagungen gelten Mario Torelli und Filippo Coarelli für die Ungebundenheit

Wirtschaftsgeschichte der römischen Welt widmeten, schätzte er nicht, insbesondere wenn sie
nicht den Richtlinien von M.I.Finley folgten. Diese Haltung, die unsere Aktivitäten im Bereich
der Kultur damals nicht gerade erleichterte, hat uns allerdings nicht veranlaßt, wissenschaftliche Projekte, an die wir fest glaubten, aufzugeben, und wir schätzten uns dann glücklich, an
der *Storia di Roma* mitzuarbeiten, die er mit A.Schiavone herausgab; sie war ein brauchbarer
»historischer Kompromiß« in der Altertumsforschung in dem Sinne, daß sie in unser Fach
eine gute Dosis an Pluralismus einbrachte. Die Tatsache, daß A.Momigliano auf den Faschismus geschworen hat, ist ein trauriger, allseits bekannter Umstand (nur elf Hochschuldozenten
schworen nicht, und unter ihnen waren Vater und Sohn), der aber das Wesen seiner Gestalt als
Historiker nicht beschädigt, wie es auch bei Bianchi-Bandinelli der Fall ist. Die Notwendigkeit,
der Momigliano sich gebeugt hat, hätte ihn dann aber zu mehr Bescheidenheit veranlassen
sollen. Es ist dennoch von recht relativem Interesse, heute wissenschaftliche und stilistische
Fehler hervorzuheben, ihm zum Beispiel vorzuwerfen keine großen Monographien geschrieben
zu haben (siehe W.V.Harris, in: TLS, 12.4.1996 und die anschließende Debatte, ebd. 10. und
24.5., 14.6., mit O.Murray, C.Dionisotti und T.J.Cornell, letzterer ungerechterweise als »angry
sacristan« beschimpft). Wir möchten nicht, daß man, von geleisteten Eiden und fehlenden
Monographien ausgehend, eines Tages zu einem viel wesentlicheren Ziel ausholt: die Legitimation zu zerstören, die Momigliano den Studien über das frühe Rom verschafft hat, was zu
seinen wichtigsten wissenschaftlichen Verdiensten gehört; daß er die Dignität dieser Studien
bewahrt und gestärkt hat, in einem feindlichen Klima, das sich heute in der Auflehnung gegen
ihn und diejenigen, die seine Schüler waren, wieder verstärkt zu Wort meldet, ist der Grund
dafür, daß wir ihm jetzt, die Vergangenheit vergessend, Dankbarkeit entgegenbringen.

und Kreativität ihres reichen Wissens. Mein Dank gilt Daniele Manacorda, Emanuele Papi, dem Gefährten in der Forschung und im Leben, Paolo Carafa und Nicola Terrenato, jüngeren Schülern, die aus der Nähe die Geschicke dieses Buches mitverfolgt haben. Ich bediene mich in diesem Vorwort und weiterhin des Plurals, da ich mir die Wissenschaft nicht als Frucht ausschließlich persönlichen Strebens vorstellen kann. Die in diesem Buch enthaltenen Zeichnungen sind von Paolo Carafa skizziert und von Mirella Serlorenzi mit Consuelo Marras und Alessandra Tronelli geduldig ausgearbeitet worden, während Silvia Romitelli mit Rosalba Tomassi die Bibliographie in den Anmerkungen und im Abkürzungsverzeichnis kontrolliert und das Sachregister sowie das Verzeichnis der Eigennamen und der modernen Autoren redigiert haben. Insbesondere Silvia Romitelli hat die redaktionellen Kriterien in Zusammenarbeit mit dem Verlagshaus festgelegt und wesentlich zur Korrektur der Entwürfe beigetragen. Ein freundschaftlicher Gedanke geht an den Freund Walter Barberis, den Schirmherrn dieses Buches.

Carmine Ampolo und Tim J. Cornell sind die Historiker gewesen, nach denen wir uns in offenen Fragen am stärksten orientiert haben. Ich hoffe, daß ihnen die Anmerkungen zu ihren Rekonstruktionen nicht mißfallen, sie sind jedenfalls von einem tiefen Respekt getragen, den wir für ihre Schriften und für die noble Studientradition, auf die sie sich stützen, hegen. Danksagungen gehen auch an Patrizio Pensabene, der uns geholfen hat seine wichtige Grabung am Cermalus zu verstehen, an Maria Bonghi Jovino, die uns mit ihrer Grabung in Tarquinia einen Maßstab dafür gegeben hat, wieviel uns verlorengeht, wenn wir weiter die etruskischen Städte ignorieren, an Rosanna Cappelli, mit der wir Fragen der romuleischen Ikonographie diskutiert und eine Ausstellung über Romulus, Remus und die Gründung von Rom geplant haben, an Carlo de Simone dafür, daß er mit neuem Ernst und Engagement das Problem des Namens von Romulus wieder aufgegriffen hat, an James Fentress für die Anregungen zur Lektüre auf anthropologischem Gebiet, an Marcello Guaitoli für die Informationen über Lavinium, an Elisabetta Mori für ihre Hilfe, den Text lesbarer zu machen, an Attilio Mastrocinque für die den Sagen der Latiner gewidmete ungewöhnliche Aufmerksamkeit, an Giuseppe Pucci für das Angebot seltener Lektüre, an Giancarlo M.G. Scoditti für sein Ausloten der Grenzen der Zeit auf einer melanesischen Insel und für die Gespräche über Rezitation und über die Mythen von Kitawa (eine wahre Ausnahme in Italien, wo Ethnologie und Anthropologie bei ihrer Arbeit kaum über über den eigenen Tellerrand hinausschauen).

Wir danken schließlich den europäischen Institutionen und den Kollegen, die Begegnungen und Gespräche über die Ursprünge Roms angeregt haben, bei denen wir unsere Entdeckungen und Überlegungen in Athen, Rom, Neapel, Mailand, Paris, Oxford und Cambridge vorstellen konnten, ebenso danken wir dem American Institute of Classical Archaeology für eine im Jahr 1990 veranstaltete Vortragsreihe, anläßlich derer wir das Thema »Chiefdom« vertiefen konnten, der gesellschaftlichen Lebensform, die sich offenbar zwischen das Stadium der Stämme und des Staates fügt, worüber Lektüre zu finden in Italien nicht einfach ist. Ein Glück ist es gewesen, im Jahre 1996 Rajasthan zu bereisen, wo man heute noch auffällige Spuren einer feudalen Welt antrifft, die Mythen und eine sehr alte Religion bewahrt hat, mit den

Maraja, die Tausende von Stammbäumen kennen und glauben von der Sonne abzustammen.

Daß es die *Soprintendenze* gibt, erscheint als eine Selbstverständlichkeit, aber dieses Buch verdankt der *Soprintendenza Archeologica di Roma* unter der Leitung von Adriano La Regina, der die archäologische Stratigraphie in der Stadt der »Freilegungen« eingeführt hat, sehr viel. Daß es die Bibliothek des *Istituto Archeologico Germanico* in Rom gibt, erscheint ebenfalls als Selbstverständlichkeit, und wir sind auch dieser Institution zu großem Dank verpflichtet; viele Archäologen und Historiker unternehmen für das Studium Reisen, und sie tun gut daran, neugierig zu sein auf die Welt, aber für die Nachforschungen in Büchern gibt es nichts besseres, als das *Germanico* aufzusuchen. Ich hege auch Dankbarkeit für die Technik, die uns tragbare Computer beschert hat, unentbehrliche Geräte, trotz des Schreckens, den sie uns einjagen, wenn sie Macken haben.

Beim Abschied von dieser Arbeit kommen mir die Namen einiger verstorbener Gelehrter in den Sinn, denen gegenüber wir uns besonders verpflichtet fühlen: Giacomo Boni, Frank E. Brown, Angelo Brelich, Ugo Coli, Attilio Degrassi, Einar Gjerstad, André Magdelain und Arnaldo Momigliano.

Die Gedanken gehen auch an die Verwandten: an die Großeltern Francesco Carandini, Amalia Callery, Luigi Albertini und Piera Giacosa, an die Eltern Nicolò und Elena und an die Familie meiner frühen Jahre mit Donatella und Amalia, zusammen mit Adolfo Conti und dem ersten Enkel Michele.

Der neuen Familie der reifen Jahre mit Mara und der kleinen Greta ist dieses Buch gewidmet, das ich in ihrer Mitte und dank ihrer geschrieben habe.

Rom, 23. Februar 1997   A. C.

Tullio Aurelio danke ich, daß er diese deutsche Ausgabe mit den Ergänzungen möglich gemacht hat, und danken möchte ich Karl Pichler (Collinus) für die Mühe der Übersetzung und dafür, daß er den Text in mehreren Punkten verbessert hat.

Rom, 19. Oktober 2001   A. C.

1. Teil
Die Methode

Der eigenen Überzeugung folgen ist allerdings mehr, als sich
der Autorität ergeben; aber durch die Verkehrung des Dafür-
haltens aus Autorität in Dafürhalten aus eigener Überzeugung
ist nicht notwendig der Inhalt desselben geändert und an die
Stelle des Irrtums Wahrheit getreten. Auf die Autorität anderer
oder aus eigener Überzeugung im Systeme des Meinens und
des Vorurteils zu stecken, unterscheidet sich voneinander
allein durch die Eitelkeit, welche der letzteren Weise beiwohnt.

Hegel: Phänomenologie des Geistes

1. Wahrheitsbeweis. Die Historiker sind bestrebt, »Wahrheit« zu schreiben und sie »beweisen« zu können; sie möchten wissen, was sie wissen können und was sich ihrem Wissen entzieht. Aber sie sind gegenüber diesen so menschlichen Wünschen ohnmächtig. Der »direkte Beweis«, mit dem man einen Mörder auf frischer Tat ertappt, ist eine Fata Morgana, an die glaubt, wer meint, die Wirklichkeit sei mit Händen greifbar. Aber die Berichte von Personen, die Zeuge ein und desselben Ereignisses waren, weichen oft erheblich voneinander ab. In diesem Dilemma läuft der Historiker Gefahr, sich in einen Romanschreiber zu verwandeln oder das Erzählen ganz zu lassen, aus Angst, sich zu irren. Historisch erzählen heißt, diese Extreme vermeiden.[1]

2. Es gibt keine direkte Kommunikation. Greifen wir folgenden Gedanken von Gregory Bateson auf: »Wir leben in einem Leben, in dem unsere Wahrnehmungen vielleicht immer die Wahrnehmung von Teilen sind und unsere Vermutungen über das Ganze ständig durch die spätere Darbietung anderer Teile verifiziert oder widerlegt werden. Vielleicht ist es so, daß Ganzheiten niemals dargeboten werden können; denn das würde direkte Kommunikation bedeuten«, die wir nicht herstellen können. Tatsächlich verhält es sich so, daß wir Informationen aufnehmen, d. h. Unterscheidungen, und niemals gegenständliche Substanzen, Bilder von Denkmälern und nie Denkmäler; am Anfang steht also immer die Vorstellung, wenn wir damit das Grundelement der Information bezeichnen; und es ist uns nicht möglich, von den Ereignissen oder den Dingen zu erzählen, sondern wir erzählen die Gedanken, die wir uns darüber gemacht haben. Wir benennen, klassifizieren, legen Karten an – die Information gewinnt im Umriß Gestalt –, aber es gelingt uns nicht, ein Phänomen in seiner Gesamtheit zu erfassen – die Wahrheit ist global –, weil die Anzahl an Informationen, die in jedem beliebigen Objekt steckt, immer und überall unendlich ist, und da wir diese Totalität nicht erreichen können, sind wir nicht in der Lage, einen Wahrheitsbeweis zu erbringen. Wir müssen uns also mit der Tatsache begnügen,

---

[1] Zur Unterscheidung zwischen dem, was man wissen kann, und dem, was man nicht wissen kann: Momigliano 1966b. B. Hamann, befragt über ihr Buch *Hitlers Wien*, München 1996, hat bezüglich der Wiener Jahre von Hitler gesagt: »Es sind vor allem die von sog. Augenzeugen gemachten Angaben, die frei erfunden sind ... Ich habe herausgefunden, daß ein Augenzeuge wie z. B. J. Greiner ein gerissener Schwindler ist« (P. Sorge, in: »La Repubblica«, 7. 10. 1996, S. 7). Vgl. Anm. 2.

daß wir nur einige Unterscheidungen eines Dinges, einer Tatsache und eines Gedankens festzustellen vermögen und daß das übrige verborgen bleibt und wir gezwungen sind einzugestehen, daß wir es nicht wissen. Nach Karl R. Popper können wir uns der Wahrheit annähern, wir können zu »unsicherem Wissen«, »unsicheren Wahrheiten« gelangen, aber wir haben diesbezüglich keinerlei Gewißheit. Die Vorstellung, daß die Wahrheit nur einen Wert hat, wenn sie gewiß ist, gehört zum klassischen Wissensbegriff, der inzwischen der Vergangenheit angehört. Unter der Voraussetzung, daß – außer auf dem Gebiet der Logik und der Mathematik – keine Annahme beweisbar ist, können wir nur kritisch zwischen zwei oder mehreren Hypothesen wählen und Gründe dafür anführen, inwiefern die bevorzugte Hypothese alles erklärt, zumindest bessere Erklärungen liefert als die anderen Hypothesen.[2]

3. Mehr Erklärung als Beweis. Im Bewußtsein unserer begrenzten Möglichkeiten der Wahrnehmung können wir versuchen, uns möglichst weit dem anzunähern, was wahrscheinlich ist, indem wir uns den Blick nicht durch wenig relevante Informationen verstellen, sondern Unterscheidungen Raum geben, die wir für bedeutsam halten. Das heißt, daß wir behutsam Prioritäten setzen und Quellen unterschiedlicher Natur heranziehen, um den Rahmen der in den Blick genommenen Phänomene zu erweitern und eine wechselseitige Kontrolle der Informationen stattfinden zu lassen. Denn es gibt bei dem Versuch, eine Sache zu verstehen, tatsächlich geeignetere und weniger geeignete Strategien, um mehr oder weniger notwendige Aspekte der Gesamtheit dessen, was die Sache ausmacht, zu begreifen. Das erlaubt es uns, bezüglich der Erkennbarkeit der Dinge nicht allzu pessimistisch zu sein, während sie, wenn alle Details den gleichen Wert hätten, wohl unmöglich

---

[2] Bateson 1979; Popper 1984. Brelich 1968 ist einer der wenigen Altertumsforscher, die das Problem der Subjektivität, der Historizität und der Unerreichbarkeit der historischen Wahrheit verstanden haben: »Sogar für die Zeitgeschichte, für die … die ›Daten‹ nicht fehlen, ist man nicht immer in der Lage sicher festzustellen, wie sich die Ereignisse tatsächlich abgespielt haben« (vgl. § 1); weiter: »Jede Kultur schafft ihre eigenen historischen Wahrheiten, aber deswegen sind sie nicht willkürlich … und wertlos, sondern sie sind kulturelle Produkte dieses andauernden unumkehrbaren Prozesses, der die Kultur selbst ist«; weiter: »Es wird nie eine definitive geschichtliche Wahrheit geben, sondern nur den irreversiblen Prozeß, der zur Erforschung immer neuer Aspekte oder Schichten einer unerschöpflichen historischen Wahrheit führt«; und weiter: »Der Fortschritt der Studien bewegt sich nur selten auf einer Geraden. Die Reaktion auf vorhergehende Fehler, wenngleich dienlich und notwendig, verleitet zu entgegengesetzten Fehlern; die anschließende Überwindung letzterer führt wieder zu den vorher richtigerweise bekämpften Positionen; man kann jetzt in diesen einige positive Aspekte ausmachen, die, von Fehlinterpretationen befreit, sich als wichtig und fruchtbar erweisen können. Der Fortschritt in solchen Fällen ist ›spiralförmig‹ und kann unendlich weiter gehen, wobei er sich immer mehr dem idealen und unerreichbaren ›Zentrum‹ absoluter Exaktheit annähert« (Zit. in: Santi 1988, Anm. 54).

wäre. Wenn man also auch nicht von einem Beweis der Wahrheit sprechen kann – Wissenschaft und Geschichte »beweisen« nicht, sondern »erklären« –, so können wir doch immerhin unter verschiedenen Hypothesen auswählen, können sie argumentativ untermauern und festigen und so die Evidenzen herausstellen und gleichzeitig vermeiden, daß unsere diesbezüglich entwikkelten Ideen an Kohärenz verlieren.[3]

4. Erste Anfänge der Kultur. Es gibt mehr oder weniger günstige Voraussetzungen, an das Wahrscheinliche heranzukommen. Ein politischer Streit, der sich vor den mitleidlosen Augen der Medien abspielt, ist viel einfacher zu verstehen als die Bedeutung einer Sage, die von einer vorgeschichtlichen Gemeinschaft geschaffen wurde. Möglichst klar den Bereich der Möglichkeit und der Plausibilität zu umschreiben und damit einen Abriß der Erzählung zu entwerfen ist das Maximum, was man mit Bezug auf die ersten Anfänge einer Kultur versuchen kann, denn hier ist die Welt des Mythos die Wirklichkeit und umgekehrt, hier schreitet man in der Zeit voran, indem man sich zurückwendet, um die Vergangenheit spirituell unversehrt für die Gegenwart zu bewahren, und hier ist es schwierig, das einzelne Geschehen vom unpersönlichen Bild zu unterscheiden, von dem es durch schicksalhafte Anziehungskraft Gestalt gewonnen hat.[4] Wo das Wirkliche und das imaginierte Phantastische (das irrtümlich für falsch gehalten wird) ununterschieden miteinander Bestand haben, ist der Versuch, sie klar zu trennen –

[3] Bateson 1972 und 1979. Zur Komplementarität zwischen Geist und Objekt und zur Erkennbarkeit der Wirklichkeit: Ginzburg 1991. Vineis 1990: »Die von einfließenden Metaphern erzeugten Modelle müssen einerseits einer konkreten Validierung unterzogen werden, die die von der Metapher angebotene begriffliche Struktur mit Inhalt füllt, und sie müssen andererseits eine genügende innere Kohärenz bewahren.« Einem Buch wie dem von Mastrocinque 1993, um ein Beispiel zu nennen, kann ich nicht zustimmen, aber es verfolgt eine konsequente Forschungsstrategie, wodurch seine Untersuchung jedenfalls nützlich ist, da sie es unternimmt, eine grundlegende und kohärente Hypothese aufzustellen, die hier nicht weiter entfaltet werden muß. Wenn wir eine solche Untersuchung rezipieren, führen wir sie weiter, und wenn wir sie ablehnen, dient sie immerhin als Damm für einen neuen Untersuchungsdurchgang. Andere Werke hingegen stellen sich als Aneinanderreihungen von Beobachtungen dar, die im einzelnen nützlich sind, aber in einem wenig ergiebigen oder nutzlosen Zusammenhang stehen.

[4] Mastrocinque 1993 würdigt diese Besonderheit der frühen Gesellschaften auf umgekehrte Weise, in dem Sinn, daß die Vergangenheit immer gegenwärtig ist, nicht als Voraussetzung jeder folgenden Handlung, sondern als passiver Rahmen, in den die Gegenwart ihr Spiegelbild wirft, indem sie zur Selbstrechtfertigung Fabeln erfindet, für die sie selbst das Modell abgibt. Aber in den entscheidenden Tatsachen des Lebens ist das Gedächtnis einer vorgeschichtlichen Gemeinschaft sehr viel länger, als wir, erinnerungslos, wie wir sind, es uns vorstellen können, weshalb die Legitimierung der Gegenwart ohne heroische Handlungen, die von einer exemplarischen Überlieferung beglaubigt werden, nicht gelingen kann. Andererseits gelingt es nicht einmal Montaigne, ein Übel oder eine Tugend seiner Zeit zu beschreiben, ohne auf ein illustres Vorher zurückzugreifen, und so ist es bis zu den *Leiden des jungen Werthers* gewesen (und wir sind Kinder dieses Bruchs).

wie es der Richter versuchen muß, wenn er die »Fakten« eruiert[5] –, eine völlig
unangemessene Vorgehensweise, denn hinsichtlich dieser Art von Wirklichkeit zählt in erster Linie die Totalität, also gerade das Ineinander von Wirklichkeit und kollektiver Imagination. Aber die Totalität ist eine Beute, die
nicht zu fassen ist, denn je mehr der Mensch in Bedingungen eines globalen
Lebens eingebunden ist, um so schwieriger ist er zu verstehen, während er
um so leichter klassifiziert und eingeordnet werden kann, je mehr er auf
unsere *minima* reduziert wird. In der Vorgeschichte hatten die Sagen eine
vorantreibende Kraft, und unser Materialismus, Rationalismus und Laizismus machen uns blind dafür, daß gerade das, was uns als Magie erscheint,
der eigentliche Mutterboden des menschlichen Handelns der damaligen
Zeit war. Unter diesen Umständen ist der Mythos die Wirklichkeit, und die
Geschichte ist nichts anderes als ihre Metapher.[6] Am Beginn besteht der
Kontext in der völligen Verwobenheit von einfachen materiellen Gegebenheiten und komplexen Phantasien; wenn wir erstere in bezug auf letztere
dekontextualisieren, in der Hoffnung, so die nackten Tatsachen zu fassen
zu bekommen, indem wir uns nicht in die irritierenden Labyrinthe des
Mythos hineinziehen lassen, geben wir den Zauber dieser Einheit, der das
Wesen dieser so weit zurückliegenden Gesellschaften ausmacht, preis. In den
Gestalten der ältesten Häuptlinge läßt sich z. B. ein derartiges Ineinander
von königlichen und göttlichen Elementen ausmachen – von Romulus als
der Inkarnation des Mars bis zu Kapitän Cook als Inkarnation des Lono –,
daß es keinen Sinn hat, die historische aus der übermenschlichen Wirklichkeit herauszulösen. Man kann in der Tat ernsthaft und historisch auch über

[5] Die Suche nach Beweisen stellt die Historiker mit den Richtern auf eine Ebene: Ginzburg
1991.
[6] Sahlins 1985; Carandini 1992. M. Sahlins ist von A. Momigliano (1984) rezensiert worden, der
sich für die strukturalistische Methode des Autors interessierte, nicht aber für die Lektion, die
das außergewöhnliche Schicksal des Cook-Lono bietet, wonach der Mythos die Fähigkeit hat,
die Ereignisse – wie die Tötung dieses englischen Entdeckers – hervorzubringen. Obeyesekere
1992 hat Sahlins 1985 kritisiert, aber aufgrund seiner ideologischen Voreingenommenheit und
der Widerlegung der vermeintlichen ideologischen Voreingenommenheit des Kritisierten wenig
überzeugend: Sahlins 1995. Siehe auch Bietti Sestieri 1996. Auch das laizistische Denken kann
die Wirkkraft des Mythos anerkennen: »Selbst wenn Christus nur das Sujet einer großen
Erzählung wäre – die Tatsache, daß diese Erzählung ... erdacht und gewollt werden konnte,
wäre ebenso wunderbar (wunderbar geheimnisvoll), wie daß der Sohn eines wirklichen Gottes
wahrhaft Mensch geworden sein soll« (U. Eco, L'uomo cerca l'altro: così nasce per me la
morale, in: »Liberal«, Nr. 11, Februar 1996, S. 10 ff.). Etwas Ähnliches könnte man von Romulus
behaupten, wenn seine Sage damals zeitgenössisch war (vgl. Appendix 9), in dem Sinn, daß
das Denken einer Gemeinschaft, auch wenn es keine vollkommene Entsprechung in der Außen-
welt findet, sich doch immer von den geschichtlichen Umständen dieser Gemeinschaft herleitet, wodurch es, wenn auch indirekt, den Stil ihrer Kultur und deren Entwicklungsstand
offenbart.

das Wunderbare nachdenken,[7] allerdings nicht ohne diesbezügliche Widerstände.

5. Das Übernatürliche als Voraussetzung. Wir sind damit bei dem Problem der nicht-materiellen Voraussetzungen der »Reproduktion« in den vorgeschichtlichen Gesellschaften angelangt, wo die Gemeinschaft ihre wichtigste Orientierung in der überirdischen Welt findet. Die Religion und die Verwandtschaftsbeziehungen, die oft phantastischer Natur sind, stellen unter solchen Umständen nicht eine Illusion dar, die als solche entlarvt werden müßte, um das gesellschaftlich bestimmte Zentrum der materiellen Produktion zu entdecken, wie ein Vulgärmarxist meinen könnte, der glaubt, Karl Marx als Kritiker des industriellen Kapitalismus (des ersten historischen Falls, in dem die materielle Produktion in erster Linie dazu gedient hat, die gesellschaftlichen Unterschiede aufrechtzuerhalten) nachahmen zu sollen.[8] Der vorgeschichtliche Mensch war die Zelle eines gemeinschaftlichen Organismus, der seinerseits die Widerspiegelung eines überirdischen Kosmos war, wobei es keine Rolle spielt, ob er von den Ahnen der Gesellschaft erfunden worden ist. Unter den gegebenen Umständen wollte sich die Gemeinschaft dem Verschleiß der unilinearen, prekären und unvorhersehbaren Zeit entziehen, der ihre Identität bedrohte und unfaßlich schien. Deshalb versuchte sie den flüchtigen Fluß der Zeit zu verdichten, indem sie sie ihn in exemplarische Momente faßte, die sich zyklisch wiederholten, einander überlagerten, ohne sich auszuschließen, sondern vielmehr sich wech-

---

[7] De Heusch 1972; Salomon 1986; Fentress-Wickham 1992. Mit der Terminologie des Beweises zu argumentieren ist unmöglich, auch im Bezug auf die Gestalt Christi, trotz der Evangelien (Iossa 1997).

[8] Die wichtigste Entdeckung von K. Marx liegt in der Besonderheit der bürgerlichen Gesellschaft im Vergleich zu anderen, in denen statt der Wirtschaft andere Produktionsbedingungen an erster Stelle stehen wie Verwandtschaft und Religion: Carandini 1979. In der Mitte des 19. Jh. haben die sog. »Hypertraditionalisten« unter den Althistorikern, F. D. Gerlach und J. J. Bachofen (die als der historischen Überlieferung zu stark verhaftet eingeschätzt wurden), diese Problematik auf ihre Weise begriffen, wurden in der Folge aber von der rationalistischen, laizistischen und progressistischen Kritik als mystifizierende Konservative diskreditiert (Momigliano 1988 und Ampolo 1988a). Aber das Problem blieb bestehen und wurde dann von Fustel de Coulanges 1864 wieder aufgegriffen. Schöpfer großer und anhaltender rationalistischer Vorurteile waren in Italien B. Croce und E. De Martino, die aus »fedeltà alla ragione« der Irrationalität der Mythen, der Riten und der Gebräuche der Primitiven den Kampf angesagt haben, die für sie zu den Werten der aufgeklärten Modernität im Gegensatz stand (Remotti 1990 und 1993; Carandini 1992). Dieser Standpunkt verdankte sich der der Tatsache, daß der Faschismus und der Nationalsozialismus dazu geführt hatten, daß jeder Aspekt des Nicht-Rationalen negativ bewertet wurde, wodurch der Antifaschismus unmittelbar mit der Rationalität gleichgesetzt wurde. Diesem Irrtum fiel Th. Mann nicht anheim, der in *Joseph und seine Brüder* den Mythos in seinem »guten« Aspekt zu retten suchte (siehe dazu Carandini 1991, Kap. *L'ordinario e l'importante*, wo es auch um den Rationalismus von R. Bianchi-Bandinelli geht).

selseitig verstärkten, wodurch gleichzeitig viele und doch einzigartige grundlegende Phasen gebildet wurden, in denen sich das gemeinschaftliche Leben
auf geordnete Weise vollzog (so finden auch die mehrfachen Gründungen
von Siedlungen – wie im Fall Rom – ihre Erklärung). Der ungeordnet erfah-
rene Ablauf des Lebens wurde so mit seinem Gegenteil in Einklang gebracht,
d. h. mit der Verewigung und Solididierung der Struktur der Gesellschaft,
was um so notwendiger war, je brüchiger diese war. Diese Verdinglichung
gesellschaftlicher Gegebenheiten, die für den Zusammenhalt der Menschen
so wesentlich ist, erfolgte mittels der Sakralisierung exemplarischer Vorgänge wie der »Gründungen«, die die historische Anthropologie nicht als
oberflächliche Phänomene sieht, die es aufzudecken gilt, um die tiefer liegenden Gründe der »Formation« der Gesellschaft zu entdecken, sondern –
auch wenn das für uns Moderne nur schwer zu verstehen ist – als authentischen Ausdruck von mentalen Strukturen, die das gemeinschaftliche Leben
bestimmen und für dessen Beständigkeit notwendig sind. Selbst wenn diese
Sakralisierungen sich als nichts anderes denn als atavistische menschliche
Erfindungen erweisen sollten, blieben sie immerhin für die Ordnung dieser
Gesellschaften außerordentlich wirksame Illusionen.[9] Ohne ein Verständnis
dieses grundlegenden Merkmals ist es nutzlos, gelehrtes Wissen über die
vorgeschichtlichen und archaischen Gesellschaften anzusammeln, da man
so nie dahin kommen wird, sie in ihrem Wesen zu verstehen.[10]

6. Eine allzu strenge Kritik. Manche Historiker sind der Meinung, die
Kritik der Quellen bestünde darin, zu zeigen, wie die verschiedenen Daten
überliefert werden konnten, sowie im Festhalten daran, daß dieser Nachweis
die Voraussetzung für ihre Zuverlässigkeit und Verwertbarkeit sei. Die Überlieferung wird auf diese Weise von vornherein für unzuverlässig gehalten
und die »Beweis«last ihrer Zuverlässigkeit liegt voll und ganz beim Historiker. Wo ein solcher »Beweis« fehle, müsse die Quelle automatisch ausgeschieden werden.[11] Unter dieser Voraussetzung haben nur ganz wenige Daten die
Chance zu bestehen, und für die weiter zurückliegenden Epochen fallen sie

---

[9] Remotti 1990 und 1993. Alte und moderne Forscher haben sich an den Besonderheiten, die
mit dem Beginn einer jeden Kultur verbunden sind, gerächt, indem sie die Mythen nach dem
Maßstab von Fälschungen beurteilten. Ein Rationalismus solcher Art hat auf einem ganz anderen Gebiet einige moderne Historiker (unter ihnen M. I. Finley) dazu veranlaßt anzunehmen,
daß die neuzeitliche Erfindung der »doppelten Buchführung« eine geistige Struktur sei, die den
Menschen aller Zeiten angeboren wäre, mit dem Ergebnis, daß die präkapitalistischen Gesellschaften wirtschaftlich für rückständig gehalten wurden, auch wenn das gar nicht der Fall war,
und dies aufgrund dieses Rechenprinzips, das in Wirklichkeit nur den Menschen der Moderne
eigen ist (Carandini 1988, Kap. *Il vigneto di Columella*).
[10] Das Thema wird wieder aufgenommen §§ 163 ff. und im Appendix 9.
[11] Ogilvie-Drummond 1989; Poucet 1991, 1992 und 1994.

gänzlich aus. Zwischen Projektionen, Kondensationen und Falsifikationen wird so ein großer Teil der Zeugnisse zerstört, insbesondere wenn sie in die Form von Sagen gekleidet sind. Die römischen Annalisten werden folglich, ohne daß es dafür eine hinreichende Begründung gäbe, von vornherein ausgeschieden. Aber gerade die rigidesten Historiker, die lautstärksten Anwälte des Beweises, kommen dann unvermeidlich in die Situation, nur noch Urteile rhetorischen Charakters[12] abzugeben, wo es dann von Intuitionen, von persönlichen Bildungsinteressen und veralteten Urteilen und Vorurteilen bestimmter zum System erhobener Schulrichtungen abhängt, ob eine Tatsache für »plausibel« oder »nicht plausibel« gehalten wird.[13]

7. Eine vernünftige Kritik. Die Unvernunft und Unergiebigkeit einer überstrengen Kritik hat etliche vernünftig denkende Historiker veranlaßt, die Tradition grundsätzlich für vertrauenswürdig zu halten, auch wenn wir die Wege, auf denen die Informationen übermittelt wurden, nicht immer zurückverfolgen können, etwa zwischen der archaischen Zeit und der Zeit der späten Republik oder der augusteischen Zeit.[14] Daraus folgt eine Umkehr der Kritik, insofern vor der Zurückweisung eines Datums der Überlieferung dessen Falschheit oder Anachronismus begründet werden muß. Die ersten Annalisten haben in dieser Sicht nichts anderes getan, als die lebendige

---

[12] Saller 1991.

[13] Die Urteile mancher Historiker gemahnen an die kritische Unbefangenheit gewisser Kunstkenner, die, wenn sie ein Bild einem Künstler zusprechen, also den Preis festlegen, vor allem darauf bedacht sind, die eigene Autorität als Experten zu bestätigen (Beobachtung von E. Gombrich, in: »La Repubblica«, 7./8. 7. 1991). Siehe auch die Hegel-Stelle im Motto oben (vgl. Vorwort, Anm. 2). Mastrocinque 1993 bietet bezeichnende Bespiele rhetorischer Behauptungen dieser Art: »Wenige Elemente in der Geschichte des Gründers sind so sicher wie die Tatsache, daß Romulus Rom nicht gegründet hat«; »es ist ausgeschlossen, daß dieser Namensgeber einen eigenen Sagenkreis besessen hat«, usw. Es sind hier, wie in vielen anderen Fällen, die Neigungen des Autors, die zählen, nicht die »Beweise« (vgl. auch Appendix 8). Unter den rhetorischen Mitteln findet sich auch der Rekurs auf das Autoritätsprinzip, etwa die Anlehnung an Mommsen (z. B. von Mastrocinque selbst 1993, bezüglich der relativen Chronologie der Varianten der Sage der Acca). Es gibt keine Quelle, kein Wissen und keine Methode, die uns vor dem Irrtum bewahren können, auch kann keine Kenntnis durch ihren eigenen Stammbaum legitimiert werden, noch darf die Herkunft einer Quelle mit ihrer Wahrscheinlichkeit verwechselt werden: Popper 1984. Wer noch an die Unfehlbarkeit einer Kritik glaubt, wenn sie nur »hart« ist, und an die Möglichkeit, die eigenen Annahmen zu »beweisen«, zeigt, daß er nicht bereit ist, die eigene Methode an das wissenschaftliche Konzept anzugleichen, das sich in der Folge der Relativitätstheorie entwickelt hat, und daß er einer überholten Theorie folgen will, die unfähig macht, eine Geschichte, soweit das möglich ist, zu rekonstruieren, in besonderem Maße die Geschichte weit zurückliegender Epochen (Carandini 1992 und in: Palatium e Sacra via, 1; vgl. §§359 ff., Addendum VIII und Appendix 8).

[14] Fraccaro 1957: »Wir können die Historizität gewisser Ereignisse der Königszeit nicht beschwören, aber genauso wenig können wir sie negieren, nur weil wir nicht wissen, in welcher Form die Erinnerung weitergegeben worden ist«; Cornell 1989.

Erinnerung der aristokratischen Familien festzuhalten, indem sie sich auf
den gemeinsamen Wissensbestand stützten, über den die Römer zur damaligen Zeit verfügten. Die ersten Erzähler der römischen Geschichte konnten
sich tatsächlich auf Schriften, Bilder, Denkmäler, Riten und Institutionen
verlassen, die in dem Museum der archaischen Zeit, das noch das Rom der
mittleren und zum Teil auch noch der späten Republik gewesen sein muß,
vorhanden waren.[15] Es besteht deshalb eine große Wahrscheinlichkeit, daß
die strukturellen Daten, die in den Quellen aufgefunden werden können
(wie die Gründungen und die Vorzeichen), authentisch sind, während es
allenfalls der narrative Überbau ist, der Ergebnis und Zeugnis einer um
vieles späteren Erfindung ist.[16] Wie dem auch sei, allen Historikern – eingeschlossen jene, die der Überlieferung gegenüber allzu vertrauensselig sind –
scheint eine gemeinsame Vorstellung eigen zu sein: Für die Zeit vor dem

---

[15] Die palatinischen Häuser, von denen zumindest eines sicher mit Atrium, mit Tablinum und
wahrscheinlich mit Triclinium ausgestattet war, datierbar um 525 v. Chr. und der *gens* des letzten
Königs und dann der republikanischen Aristokratie zuschreibbar, haben bis an die Schwelle der
späten Republik überlebt (Carandini 1990 und in: Palatium e Sacra via, 1; vgl. Addendum VIII),
ohne sichtbare Spuren der Zerstörung aus der Zeit des Galliereinfalls (Santoro 1978). Die Gallier hätten sich darauf beschränkt, wertvolle Gegenstände zu rauben (Cornell 1986): Das Gold
und die Edelsteine der Sage der Tarpeia seien nur der mythische Reflex ihres Einfalls (Mastrocinque 1993). Wir können uns also vorstellen, daß in diesen prunkvollen Wohnstätten Fami-
lienarchive gesammelt wurden, in ununterbrochener Kontinuität ab dem letzten Viertel, also
vor dem Ende des 6. Jh., einer Zeit, an die das Eintreffen der Claudier in Rom im Jahr 504
denken läßt (Ampolo 1970–71). Aber diesen Typus eines aristokratischen Hauses kann es schon
mindestens seit der ersten Hälfte des 6. Jh. gegeben haben: Man denke an die Zuteilungen von
Grundstücksparzellen an Privatleute beim Forum, die Tarquinius Priscus zugeschrieben wird:
»circa forum privatis aedificanda divisa sunt loca«: Liv. 1,35 (P. Carafa, in: Palatium e Sacra
via, 1). In den Fresken der Atrien konnten *Res gestae* und *honores triumphales* dargestellt worden
sein (wie dann in der Tomba François in Vulci), die ihrerseits als Inspiration für *fabulae* und
historiae dienen konnten. Das Triclinium läßt an Tafellieder denken, deren Thema die Heldentaten der Vorfahren waren und die wohl mindestens bis ins archaische Zeitalter zurückreich-
ten (Wiseman 1986; Ampolo 1986; zur Existenz von politischen, erotischen und enkomiasti-
schen Symposionliedern siehe Coarelli 1995). Andererseits macht die Beständigkeit der privaten
Gebäude die der öffentlichen Gebäude wahrscheinlich, beginnend mit dem Tempel des Iuppiter Capitolinus (Cornell 1980) und der Domus Publica (jüngst von uns neben dem Gebäude
entdeckt, das bisher dafür gehalten wurde, aber höchstwahrscheinlich die *domus regis Sacrorum*
war), was wiederum annehmen läßt, daß die öffentlichen Archive die Zeit überdauert haben
(A. Carandini, in: Palatium e Sacra via, 1; vgl. Addendum VIII und Appendix 8). Zur wichtigen
Rolle der Schrift am Ende des 6. Jh. in den Heiligtümern, den öffentlichen Gebäuden und den
Residenzen der Magnaten: Cristofani 1995.

[16] Wiseman 1986 ist, anders als Cornell 1989, der Meinung, daß die Erfindung sich nicht auf
die Erzählweisen und auf die Einzelheiten beschränkt, sondern auch die Ebene der Fakten
mit einbezogen habe, aber aufgrund von Auslegungsirrtümern und politischer Parteilichkeit
(Wiseman 1995 und 1995a). Vgl. Anm. 18. Wiseman 1996 beurteilt Cornell 1995 als systematisch
optimistisch und sich selbst als systematisch pessimistisch: »given the nature of the evidence,
this is a debate which cannot ever have a clear-cut outcome«.

7. Jahrhundert würden wir nur Sagen bar jeden historischen Wertes zur Verfügung haben. Zwei Gegebenheiten jedoch, die mit der Stadtgründung zusammenhängen, die die Tradition Romulus und Numa zuschreibt, haben sich im Lichte der Kritik Mommsens in der zweiten Hälfte des 19. Jahrhunderts und im Licht der neuerdings am Südhang des Palatin gemachten Funde[17] zumindest als plausibel herausgestellt: der Kalender und die Mauern des Palatin, weshalb eine feste Grenze zwischen Erkennbarkeit und Unerkennbarkeit nicht mehr angegeben werden kann und es ratsamer scheint, die Argumente von Fall zu Fall abzuwägen: vor oder nach dem 7. Jahrhundert. Seit längerer Zeit ist es nicht mehr in Mode, die Grenze der Erkennbarkeit – wegen des Galliereinfalls, bei dem alle Dokumente zerstört worden wären – auf das 4. Jahrhundert festzulegen oder sogar noch später, an den Beginn des ersten punischen Krieges (264).[18] Auch das Ende des 7. Jahrhunderts, der Beginn des Zeitalters der Tarquinier, als Grenze wurde von maßgebli-

---

[17] Zum Kalender vgl. §§ 307-309. Carandini 1992 und in: Palatium e Sacra via, 1; vgl. Addendum VIII.

[18] Raskolnikoff 1992. Die römische Geschichte vor den punischen Kriegen ist im englischen Sprachraum ein marginaler Studiengegenstand geblieben, man tendiert dort dazu, nur die Geschichte der Epoche der großen lateinischen Literatur zu studieren. Aus diesem Blickwinkel sind Werke wie Cornell 1995 als sehr mutig einzustufen, da sie es wagen, bis auf das 7. Jh. zurückzugehen, aber es scheint, daß bei dieser Kraftanstrengung sich alle Energien erschöpft haben und man nicht wagt, weiter zu gehen, nicht so sehr, weil man von den älteren Epochen nichts wüßte – die Tatsache, daß keine Gewißheit zu erlangen ist, sollte uns nicht daran hindern, »unser Bestes zu geben«, empfiehlt Wiseman 1995 –, als vielmehr deshalb, weil angesehene Wissenschaftler wie De Sanctis und Momigliano diese Grenze gezogen haben. Ist das Tabu des 3./4. Jh. einmal gebrochen und der Rückgang bis in das 6. Jh. erfolgt, scheint es, als müsse der Historiker für so viel Wagemut sühnen, indem er alles, was davor liegt, dem Nichtwissen opfert. An Wiseman 1995 sind noch deutlicher als an Cornell 1995 das Gewicht und der Stil der historiographischen Tradition englischer Sprache abzulesen, die es ihm untersagen, hinter das Ende des 4. und den Anfang des 3. Jh. zurückzugehen, was ihn dazu führt, die Interpretation des Spiegels von Bolsena nur deshalb zu verdrehen, um die Zeit der »Erfindung« von Remus herabsetzen zu können (vgl. § 122). Aber für Wiseman geht es nicht nur um Remus, sondern das gesamte Gerüst der Mythen der Latiner und der Römer soll, mit der Geschichte von den Zwillingen, am Ende des 4. Jh. geschaffen worden sein. Auch die verdrehteste und kaum plausible Interpretation wird so akzeptabel, wenn sie nur in einer Epoche angesiedelt wird, die als für die historische Forschung legitimiert gilt, während auch die einfachste und recht vernünftige Rekonstruktion zurückgewiesen wird, wenn sie in Jahrhunderten angesiedelt ist, die als unzugänglich gelten. So sei die römische Frühgeschichte nicht aus Dokumenten abgeleitet, sondern aus dramatischen »prä-literarischen« Darstellungen, z. B. der Ludi Romani, von denen wir, wie der Autor zugesteht, nichts wissen (Wiseman 1994). Die Geschichte der Anfänge Roms kann daher auf drei grundlegend unterschiedliche Arten geschrieben werden: Man kann sie in die Zeit ab der mittleren Republik versetzen, in die archaische Zeit oder in die orientalisierende oder vorgeschichtliche Epoche. Wir neigen zu letzterer Annahme und konzentrieren unsere Bemühungen auf die Besprechung der zweiten, während wir die erste nur kurz erwähnen werden, da wir sie für die unwahrscheinlichste halten: eine ausgesprochen angelsächsische Reaktion auf das Denken des Ausländers A. Momigliano. Die römische Religion, so traditionsgebunden

cher Seite diskutiert.[19] Es könnte also auch das Ende des 8. Jahrhunderts,
die Zeit der Herrschaft des Numa, als Grenze fallen, das äußerste Bollwerk
der historischen Kritik, denn wenn man etwas für wahr hält, was sich auf
Romulus bezieht, so kann man auch anderes hinsichtlich der Vorgeschichte
von Latium und Rom für wahr halten. Das bedeutet die Notwendigkeit,
eine Art der Kritik zu entwickeln, die sich von der eng philologischen Kritik unterscheidet, eine Kritik, die rigoros, aber nicht starr ist, eine religionsgeschichtliche und anthropologisch-komparative Kritik, wie sie Angelo Brelich anwandte, von der wir im Folgenden handeln werden.

8. Eine Gelegenheit, die nicht verschenkt werden sollte. Rom stellt für
die gesamte Kultur der Antike einen einzigartigen Fall dar. Keine andere
Stadt des Mittelmeerraums hat eine solche Fülle von Nachrichten über ihre
Ursprünge bewahrt. Diese Daten zu verwerfen würde bedeuten, die einzige
Gelegenheit zu verschenken, die wir haben – mittels der lebendigen Erinnerung, die sich, mag sie in den literarischen Quellen auch verändert worden sein, erhalten hat –, in die Phasen der Stadtwerdung und in die protourbanen und präurbanen Phasen der Siedlung zurückzugehen. Aus diesem
Grund ist jedes Fragment der Erinnerung, das aus jenen fernen Zeiten auf
uns gekommen sein könnte, als eine kostbare Nachricht zu bewahren, die

sie sein mag, hat bestimmt im Laufe der Zeit Veränderungen erfahren – »in times of very rapid
change ... social and political developments must have affected myth and ritual along with
everything else« –, aber dieses Postulat des Historismus kann nicht jedes Gefüge auf ein spätes
Ereignis zurückführen, die Lupercalien auf ihre vermutete – »this reconstruction is ... in the
highest degree speculative« – Neuordnung im 4. Jh. Ohne eine Erörterung des Problems der
Lupercalien in der Frühzeit Roms und des vorgeschichtlichen Kerns des Mythos und Ritus
verliert die römische Religion völlig ihren konservativen Aspekt, und der Historiker riskiert,
vor allem aufgrund methodischer Fehler, auch die ältesten Schichten der römischen Kultur
einer späteren Epoche zuzuordnen, was nichts mit Empirie zu tun hat. Auch wenn es stimmt,
daß man sich bezüglich der frühesten Epochen mit Strukturen begnügen muß, denn wir haben
keine Menschen aus Fleisch und Blut und präzise datierbare Ereignisse, sind wir deshalb doch
nicht berechtigt, das religiöse Erbe der Römer in die mittlere Republik zu schieben, ohne dafür
Argumente vorzubringen (es ist unter anderem bezeichnend, daß Wiseman 1995a Pestalozzi
1933, mit grundlegenden Ausführungen zu seinem Thema, nicht zitiert). »Some modern his-
torians find it slightly beneath their intellectual dignity to pay serious attention to Romulus
and Remus« (Wiseman 1994). Wir hingegen, frei von einer solch snobistischen Haltung, halten
daran fest, daß das, was im ersten Buch des Fabius Pictor überliefert ist, von höchstem wissenschaftlichen Interesse ist, auch und vor allem in den Abschnitten, die hauptsächlich Sagen enthalten (über den ganzen Fragenkomplex A. Carandini, in: Palatium e Sacra via, I; vgl. §§359 ff.,
Addendum VIII und Appendix 8).

[19] Nach Momigliano 1989 kann die Überlieferung zu Ancus Marcius, Tullus Hostilius und
Numa Pompilius »nicht völlig erfunden worden sein«, Romulus jedoch sei »eine gänzlich
mythische Gestalt« (auch dies eine Behauptung, wie man sieht, eher eines Connaisseurs als
eines Beschaffers von Beweisen). Cornell 1995 übernimmt diese Position, setzt aber die Chronologie um ein Jahrhundert herab.

eher zu beachten als zu verwerfen ist, ob es sich auf ein grundlegendes Ereignis oder einen Mythos oder, wie es in Latium oft der Fall ist, auf beides bezieht, denn nichts ist absurder als die Aufopferung der Quellen, wie das eine Kritik will, die die Muskeln spielen läßt und sich als »critique dure« bezeichnet, wie Jacques Poucet sie auszuüben vorgibt. Es ist daher notwendig, mit aller Sorgfalt vorzugehen, sowohl wenn eine Nachricht übernommen wird wie auch darin, daß sie nicht ohne ausreichenden Grund verworfen wird. Der mythische Lichtkranz, der ein Ereignis unscharf erscheinen läßt, ist kein hinreichender Grund, es als eine willkürliche Erfindung abzutun. Sicherlich sind die Mythen schwer zu interpretieren, aber deshalb darf man sie nicht wegräumen, können sie uns doch wertvolle Hinweise geben, die uns in das spirituelle Zentrum jener Gesellschaften führen können, so wie die Träume, die der Königsweg sind, um in die seelischen Tiefen der Menschen vorzudringen.[20]

9. Die mündliche Überlieferung trotzt der Zeit. Das Verbot, hinter die Säulen des Herakles des 7. Jahrhunderts[21] zurückzugehen, hat seinen Grund in dem geringen Vertrauen, das die Historiker der mündlichen Überlieferung und den Mythen entgegenbringen, der Möglichkeit also, von der schrift-

---

[20] Wir wissen sehr viel weniger über Peisistratos, der nicht einmal ein Jahrhundert vor Herodot gelebt hat, als von Servius Tullius, der über drei Jahrhunderte vor Fabius Pictor gelebt hat, wie Cornell 1986 gezeigt hat. Dieser Autor hat in einem Seminar, das H. Hurst im Juni 1996 in Cambridge gehalten hat (vgl. Appendix 8), daran erinnert, daß die Gesellschaften, die über eine. Geschichtsschreibung verfügen, eine Ausnahme sind (Indien z.B. kennt Mythen und Genealogien, aber keine wirkliche Geschichte). Ein Großteil der alten Kulturen weist in der Tat keinerlei Historiographie auf, dennoch bezweifelt niemand, daß es möglich ist, ihre Geschichte zu rekonstruieren (um nicht von den prähistorischen und vorgeschichtlichen Gesellschaften sowie den Gesellschaften auf ethnologischem Niveau zu reden). Rom hat erst seit dem Ende des 3. Jh. eine Geschichtsschreibung, obwohl es die Schrift schon sehr viel früher kannte. Wenn es diese Geschichtsschreibung nie gegeben hätte, würden wir dennoch mit Hilfe der Archäologie versuchen, seine Kultur zu rekonstruieren, aber zu unserem Glück sind dann eine Geschichtsschreibung und eine Altertumsforschung entstanden, die einen großen Erinnerungsschatz gesammelt, geordnet (und verzerrt) hat, der in seinen ältesten Schichten sehr weit in der Zeit zurückreicht, obwohl wir, in Ermangelung eben einer älteren Historiographie, nicht in der Lage sind, den aus dieser Information gefolgerten Verlauf Autor für Autor zu prüfen. Zu J. Poucet: Carandini 1992. Zu den Analogien zwischen Mythos und Traum vgl. §§ 19 und 515. Zum »kulturellen Gedächtnis« vgl. Appendix 9.

[21] Aus dieser Zeit sollen die ältesten Inschriften stammen, aber man beachte jetzt die alphabetische Inschrift in griechischen Lettern auf dem Gefäß in einem Grab von Osteria dell'Osa (Gabii), datierbar an das Ende der latialen Stufe IIB und die Anfänge der Stufe IIIA, also nach der traditionellen absoluten Chronologie (die nach allgemeiner Annahme zu spät ansetzt) um 775 (Bietti Sestieri 1992 und 1992a; nach Peruzzi 1992 kann das Gefäß mit Wein in Verbindung gebracht werden, die Inschrift verweise auf einen dionysischen Ritus; anders Ridgway 1996). Ein Jahrzehnt früher werden die ältesten Einfuhren von Keramik aus Griechenland nach Veji datiert: Coldstream 1982; vgl. auch § 298.

lichen zur oralen Kultur zurückzugehen und aus einer Sage eine historische Information zu schöpfen, besonders wenn es sich um eine Gesellschaft
handelt, in der es keine Heroendichtung und keine Theogonie gibt, die in
dunkler Vorzeit gründen. Mehr Vertrauen in die mündliche Tradition, in
die Mythen und in die Möglichkeiten ihres Gebrauchs, um frühe Gemeinschaften zu verstehen, haben hingegen die Ethnologen.[22] Die mündliche
Überlieferung vermag über viele Jahrhunderte hin älteste Erinnerungen zu
bewahren, und es gibt Fälle von »wahren« Mythen, und zwar nicht nur insofern sie ursprüngliche Phantasien offenbaren, sondern auch wenn sie unter
genau bestimmbaren Umständen entstanden sind, durch die sie lokalisierbar und datierbar werden, zumindest in ihrer ersten Ausgestaltung. Nehmen
wir den Fall von Roy Mata, der mythischen Gestalt eines Kulturheros; es
heißt, er habe auf Efate, einer Insel der neuen Hebriden, mit mehreren Pyro-
gen aus dem Süden kommend, angelegt und die Gemeinde dieser Insel neu
gegründet. Nach seinem Tod sei er auf einer nahen Insel namens Retoka,
am Fuße zweier Stelen, begraben worden, die Begräbnisfeierlichkeiten hätten mehrere Tage gedauert, Häuptlinge des Clans seien im Umkreis um ihn
lebendig begraben worden, anläßlich des Begräbnisses seien Menschen geopfert worden, dann sei der Boden von Retoka für immer zum verbotenen
Gebiet erklärt worden. Niemand hätte je geglaubt, daß dieser Gründungsmythos, der über Jahrhunderte mündlich überliefert wurde, eine historische
Begebenheit widerspiegeln könnte.

10. Es gibt auch wahre Mythen (Abb. 1). Ein Archäologe hat sich über
das Verbot hinweggesetzt und hat auf Retoka eine Grabung durchgeführt.
Er hat 30 Skelette gefunden, darunter das Skelett des Häuptlings Roy Mata;
es fand sich am Fuß von zwei Steinen, die als Zeichen seines Grabes aufgestellt waren. Es war umgeben von neun Paaren von Clan-Häuptlingen,

---

[22] Vansina 1985. Wiseman 1994: »it is now abundantly clear ... that accurate oral transmission of
the historical past is possible only for one generation at the most«, was stimmen kann hinsichtlich der detaillierten Geschichtsauffassung, wie man sie heute vertritt, aber falsch ist hinsichtlich des mythischen Gedächtnisses oder der großen geschichtlichen Ereignisse symbolischen
Charakters, auf die allein das Interesse einer Gesellschaft gerichtet ist, deren Kennzeichen eine
orale Kultur ist: vgl. Appendix 9. G. M. G. Scoditti, der die Kitawa in Melanesien und deren
orale Tradition erforscht hat (zuletzt Scoditti 1994) und von dem wir eine Untersuchung der
Mythen dieser Inseln erwarten, teilte mit, daß die mündliche Überlieferung fünf Jahrhunderte
überbrücken könne. Die Erinnerung des Mythos sei aufgeteilt in Clan und Subclan. Es gebe
eine Initiation zur Memorierung eines Teils des Mythos, für den man zuständig ist. Nur der
Dorfhäuptling, dem der herrschende Clan (der mit dem mythischen Vorfahren direkt verbunden ist) angehört, kontrolliere den Mythos als ganzen und sei berechtigt, ihn öffentlich
zu erzählen. Die Veränderungen, die man am Mythos vornehmen möchte, müssen auch die
Häuptlinge der anderen Clans überzeugen, die ihre jeweiligen Abschnitte des Mythos überprüfen.

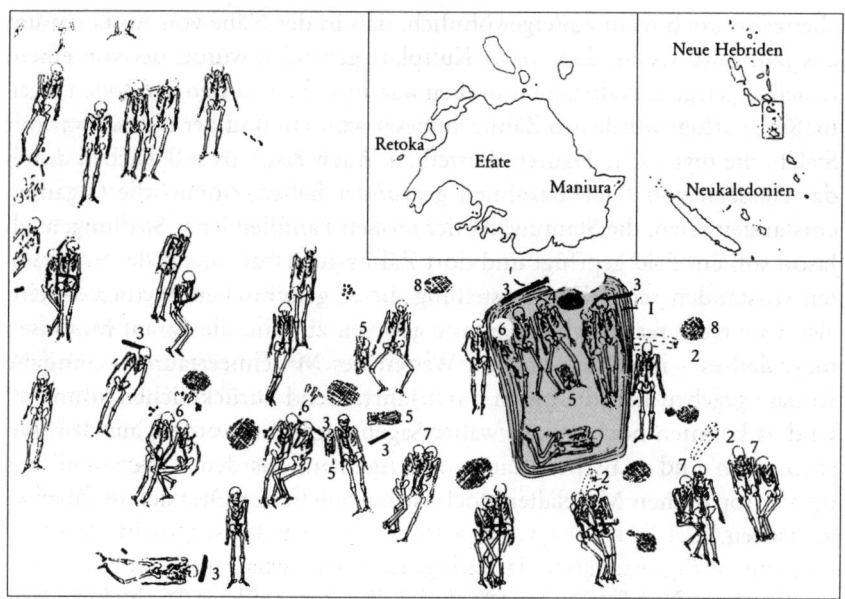

Abb. 1   Retoka bei Efate (Neue Hebriden): Gemeinschaftsgrab des Roy Mata, der Clanhäuptlinge und weiterer Menschenopfer, 1265 n. Chr. (±140 Jahre); 1. Grab des Roy Mata; 2. Embleme aus Basalt; 3. senkrechte Steinplatten; 4. Roy Mata; 5. Gebeine von Menschenopfern; 6. Schwein; 7. Clanhäuptlings-Paar; 8. Feuerstätte

die lebendig begraben worden waren, und von anderen Menschen, die bei dieser Begräbniszeremonie geopfert worden waren, genau, wie es die Sage erzählte. Die Bestattung wurde auf 1265 nach Christus (±140 Jahre) datiert.[23] Seit damals bis heute hat sich die Erinnerung an den Gründer und sein grausames Begräbnisritual über 700 Jahre hin erhalten. Es stimmt, daß der Mythos auf Efate in einer ausschließlich oralen Tradition bewahrt wurde, während die Mythen der geschichtlichen Gesellschaften durch den Filter der Schrift auf uns gekommen sind. Aber die Schrift ist ein zweischneidiges Schwert: Sie kann, vor allem die tief verwurzelten Erinnerungen, sowohl verfälschen als auch bewahren. Daß manche mythischen griechischen Rituale wie das Säen von Zähnen in einem Fund in Norditalien eine Entsprechung gefunden haben, kann besonders skeptische Geister wohl nicht überzeugen,

---

[23] Garanger 1980 (auf den Fall machte mich C. Ampolo aufmerksam); Bietti Sestieri 1996. Die Frauen der Clanhäuptlinge wurden im Gegensatz zu ihren Männern in Retoka lebendig und bei Bewußtsein begraben, weshalb man sie verkrampft im Grab fand. Auch ein weiterer Mythos, der sich auf die sagenhafte Insel Kuwae bezog, die durch eine Katastrophe zerstört wurde, habe sich als wahr herausgestellt.

aber es ist doch recht außergewöhnlich, daß in der Nähe von Aosta ein um das Jahr 2650 v. Chr. datierbarer Kultplatz gefunden wurde, der von einem rituell angelegten Pfahlzaun umgeben war, innerhalb dessen der Boden regelmäßig gepflügt wurde, wo Zähne ausgesät wurden, und der übersät war mit Stelen, die mythische Figuren darstellten. Auch Kadmos soll Theben durch das Aussäen von Drachenzähnen gegründet haben, woraus die Giganten entstanden seien, die Stammväter der großen Familien jener Siedlung; auch Jason soll ein Feld gepflügt und dort Zähne gesät haben, aus denen Giganten entstanden seien. Die Vorstellung dieser griechischen Mythen scheint also eine recht realistische Phantasie gewesen zu sein, die darauf hinweisen mag, daß es – im Osten und im Westen des Mittelmeerraums – ähnliche Rituale gegeben hat, die bis in das 3. Jahrtausend zurückreichen können.[24] Und es könnten noch weitere wahre Sagen angeführt werden, aus dem tyrrhenischen und ägäischen Raum, aus Ägypten, aus dem Orient und aus dem europäischen Mittelalter, doch ist hier nicht der Ort, sich darüber zu verbreiten.[25]

[24] Mezzena 1982. Nach Bernabò Brea 1985 wären die Äolier aus Kolchis in Griechenland gekommen und hätten von da aus die Äolischen Inseln erreicht, weshalb der Mythos von Äolus, der an den Hof des alten Königs Liparus kam, einen realen Hintergrund haben könnte. Die Ankunft äolischer Stämme und ihre Beherrschung der Peloponnes hätten Spuren hinterlassen in der tiefen Zäsur zwischen dem Protohelladicum II und III, mit der Zerstörung der Siedlungen in der Argolis. Die Kultur von Capo Graziano auf den Äolischen Inseln scheine also in ihren ältesten Abschnitten mit dem Protohelladicum III in Griechenland verbunden zu sein. Der Bruch in der Kontinuität, datierbar in die letzten Jahrhunderte des 3. Jahrtausends, und der vermutete Zweig der Kultur des Protohelladicum III jenseits des Meeres könnten an die Ankunft von Völkern aus der Ägäis auf den Äolischen Inseln denken lassen, eben der Äolier, die also die ersten gewesen wären, die die gefahrvollen, von schrecklichen Ungeheuern bevölkerten Meere des Westens erkundet hätten, wovon noch ein Echo in der *Odyssee* zu finden sei. Wenn diese gewagte Hypothese, die noch weiter geprüft werden sollte, bestätigt würde, wären zwischen jener Zeit und der Fixierung des Mythos zwölf Jahrhunderte vergangen. Bernabò Brea 1985, der verschiedene ethnologische Vergleiche bezüglich mündlicher Überlieferung für einen entsprechend langen Zeitraum gesammelt hat (siehe seine Bibliographie), schließt seine Untersuchung so: »Es ist offensichtlich, daß die Kraft, mit der diese epischen Erzählungen bewahrt wurden, in der Bronzezeit sehr viel stärker sein mußte, in einer Epoche, in der sie, bedingt durch das Fehlen der Schrift, keine marginale Äußerung, sondern wenn nicht die einzige so doch die wichtigste Äußerung des kulturellen Lebens der Gemeinschaft darstellten.« Wir halten uns hier nicht bei den Einzelheiten handfester Zerstörungen von Dörfern und den Beginn einer neuen Kultur auf den Äolischen Inseln zwischen Spät- und Endbronzezeit auf, die man mit Bezug auf die Legende der Siculer/Ausonier interpretieren könnte, kommen aber später darauf noch zurück (vgl. § 69). Dazu Bernabò Brea 1985: »Für die Zuverlässigkeit dieser Überlieferung, die aus den Ausoniern, die von den Küsten Italiens kamen, die Kolonisatoren der Liparischen Inseln macht, ... haben unsere Ausgrabungen eine wunderbare Bestätigung geliefert.« Siehe auch Peroni 1989a.
[25] Bezüglich der Heldentaten von Sargon und Naram Sim (2370–2190 v. Chr.), gefeiert in den Kurzepen aus altbabylonischer Zeit (Anfang des 2. Jahrtausends), bezüglich der Befreiung von

11. Methodische Schlußfolgerungen in bezug auf die griechischen Mythen.

»Für viele Gelehrte stehen die Mythen in gewisser Weise immer noch außerhalb der Geschichte«, mußte Angelo Brelich feststellen, während er selbst sie als historische Gegebenheiten auffaßte.[26] Wenn die Mythen aber innerhalb der Geschichte anzusiedeln sind, ist es unabdingbar, in ihre Erforschung die Diachronie einzuführen. Es ist richtig daran zu erinnern, daß der Mythos die Wirklichkeit indirekt reflektiert, sie verzerrt, auf den Kopf stellt und gelegentlich geradezu aufhebt, aber es ist ein Irrtum zu meinen, daß das immer dazu führt, daß jede äußere Wahrheit aufgelöst wird, indem er sie in seine ihm eigene symbolische Struktur bis zu ihrer Vernichtung anverwandelt. Das anzunehmen hieße vergessen, daß der Mythos mehrdeutig ist, hieße, einen einzigen (den verschmelzenden) seiner Aspekte zu verabsolutieren, und würde bei der Theorie der völligen Autonomie der Mythen landen, wie das Dogma der strukturalen Analyse der Mythen lautet,[27] an das wir zum Glück nicht glauben müssen. »Alle einseitigen Theorien über den Mythos sind automatisch falsch«, konnte Geoffrey S. Kirk[28] festhalten, und

den Hyksos und der Unternehmungen des Tuthmosis III. und Ramses II., die in ägyptischen epischen Darstellungen erinnert werden, und bezüglich der Beziehungen zwischen den Griechen der Argolis und den Ägyptern, bezeugt durch eine Inschrift von 1380, die mit dem Mythos der Danaiden und der Gründung von Nauplia durch die Ägypter verknüpft sind, siehe Brillante 1981 (der auch auf die unangemessene Kritik von Detienne 1977 an Faure 1969 antwortet). Für die Pelasger (»Wanderer«) / Pelargi (umherziehende Störche) – Thyrrhener, die vom Westen nach Athen gekommen und dann nach Lemnos, Imbros und dem Hellespont weitergezogen sein sollen, scheint auf Lemnos zwischen der zweiten Hälfte bzw. dem Ende des 8. und dem Ende des 6. Jh. eine Bestätigung gefunden worden zu sein: de Simone 1996. Gegenteiliger Meinung sind Beschi 1994 und Colonna 1994b. Über die historischen Gestalten des *Nibelungenliedes* und über die Historizität des *Chanson de Roland*: Ebd. Es wäre nicht leicht, eine Geschichte des französischen Mittelalters auf der Grundlage des *Chanson* zu schreiben, aber wir würden fehlgehen, wenn wir in Ermangelung anderer Unterlagen Karl den Großen für den Helden einer Sage hielten in dem Sinn, daß er völlig frei erfunden sei.

[26] Brelich 1973–76. Für A. Mele gilt: »Der Mythos bleibt immer das Kind der Geschichte«, in: Pòrtulas 1993–94 (Diskussion). Schon für B. G. Niebuhr unterscheiden sich die zauberhaften Weisen der römischen Sagen von bloßen Träumen, da sie ein verborgenes Fundament in der Wirklichkeit haben (Niebuhr 1811–12).

[27] Detienne 1977: »Man kann nie die Wirklichkeit aus einer mythischen Erzählung ableiten«. Nach Cornell 1995 wäre der Versuch, in den Mythen einen historischen Kern zu suchen, »poor historical method«. Vgl. § 13. Mastrocinque 1993 hat den gegenteiligen Weg eingeschlagen, wenn er vertritt, daß ein Großteil des mythischen Erbes Latiums mit der Geschichte Roms des 6. und 5. Jh. erklärbar sei. Verdienstvoll ist seine Arbeit darin, daß sie die Schichten der archaischen Zeit, die sich unserer Meinung nach über den ältesten Sagenschatz gelegt haben, identifiziert, aber er ist im Unrecht, wenn er den ältesten Epochen nur armselige Überreste zuspricht, wobei er die Propaganda der Tarquinier mit der großen »mythopoetischen« Zeit der Latiner verwechselt. Die Mythen von Cacus oder von Romulus mit neuen Bedeutungen aufzuladen heißt nicht, sie schaffen.

[28] Kirk 1970, 1977.

Carlo Brillante spricht den Kern des Problems an, wenn er versichert: »In
Wirklichkeit ist es möglich, die Sage zu chronologisieren ..., zurückzugehen
auf eine zeitliche Verortung der Heroen und der Ereignisse ... und bei genügend reichhaltiger Dokumentation hinsichtlich Archäologie und Sagenüber-
lieferung eine Gegenüberstellung der entsprechenden Daten zu versuchen.«[29]
Brillante ist sich des »zusammengesetzten« Charakters der Sagen bewußt
und nimmt deshalb an, daß in der mythischen Erzählung historische Spuren enthalten sein können. Das Zeitalter der Heroen verliert sich nicht in
einer unbestimmten Zeit, sondern es ist ihm zufolge datierbar zwischen dem
mykenischen Zeitalter und der Rückkehr der Herakliden, die zwei Generationen nach dem Fall Trojas angesetzt werden kann. Die Genealogien, die
im allgemeinen als eine Erfindung der Logographen der archaischen Zeit
betrachtet werden und deshalb als widersprüchlich und bar jeden historischen Wertes gelten, würden – besonders im Hinblick auf das heroische
Zeitalter – tatsächlich ein kohärentes und zuverlässiges Corpus darstellen.

12. Von den griechischen zu den latinischen Mythen. Was über die griechischen Mythen gesagt wurde, betrifft auch das Studium der latinischen
Mythen, die ihre eigenen Merkmale haben, aber nicht als eine Welt für sich
betrachtet werden dürfen. In einigen begrifflich grundlegenden Aspekten
scheinen sie tatsächlich wie die Erweiterung der griechischen Mythen in
einem kulturellen Randgebiet.[30] Nicht alle Ähnlichkeiten, die wir feststellen,
gehen – beginnend mit der archaischen Zeit – auf späte Abhandlungen und
Interpretationen zurück, wie allgemein angenommen wird. Es gibt strukturelle Ähnlichkeiten zwischen den beiden Welten des Phantastischen, die eher
als auf ein umstrittenes gemeinsames indo-europäisches Erbe auf Kontakte
zwischen den Völkern oder Stämmen zurückgehen dürften, die vielleicht
schon seit der Mitte des 3. Jahrtausends[31] – und dann vor allem seit der Spätbronzezeit – in aufeinander folgenden Wellen stattgefunden haben können,
im Zusammenhang damit, daß – wie die Archäologie bestätigt – ägäische
Stämme nach Italien gekommen sind.[32] Der Vergleich zwischen den begrifflichen Kernpunkten der latinischen und der griechischen Mythen ist also
legitim und hilft, dank des größeren Reichtums und der Ausführlichkeit der
griechischen Sagen, die in den latinischen Mythen verborgenen Elemente
aufzudecken, die aus Gründen, auf die wir noch eingehen werden, entstellt

---

[29] Brillante 1981. Gegenteiliger Ansicht ist Calame 1987: Die ältesten archäologischen Bezeugungen in Sparta wären auf das 10. Jh. zu datieren, während sein erster König im 15. Jh. regiert
hätte.
[30] Grant 1971; Horsfall 1987.
[31] Vgl. Anm. 24.
[32] Vgl. §89, Anm. 1.

auf uns gekommen sind. In der »kosmopolitischen« Welt des 2. Jahrtausends – deren mythischer Repräsentant Euander ist – können nach dem Modell folkloristischer Motive mythische Vorstellungen im Umlauf gewesen sein, und zwar nicht nur zwischen Ägypten, der Küste Kleinasiens und Griechenlands,[33] wie gewöhnlich angenommen wird, sondern wohl auch zwischen Griechenland und dem Ende der Welt, wo die Sonne untergeht und wo damals Latium lag.

13. Mythos und Geschichte. Im Mythos den Reflex historischer Gegebenheiten erkennen zu wollen heißt Dario Sabbatucci zufolge, in den Fehler des Euhemerismus (der Vermenschlichung und Historisierung der Sagen) zu verfallen.[34] Aber irgendein Zusammenhang – wenn auch in einer den Umständen entsprechenden unterschiedlichen Art – zwischen den Mythen und den gesellschaftlichen Gegebenheiten muß doch bestanden haben, wenn beide auf irgendeine Weise das Ergebnis einer und derselben Geschichte sind. Die Logik eines dem ersten Anschein nach oft formlosen Mythos ausführlicher darzustellen und sie mit der Logik eines historischen Geschehens zu vergleichen ist ein heikles, aber kein unzulässiges Unterfangen. Wenn die Mythen bestimmte gesellschaftliche Ordnungen stabilisieren und stützen, wie Sabbatucci annimmt, kann auch das Gegenteil eintreten. Vielleicht zeigen die Mythen an, was geschehen hätte können, den Bereich der Möglichkeit bzw. Wahrscheinlichkeit, aber sie können gelegentlich auch ein epochales Ereignis aufnehmen, zum Beispiel die Gründung einer Siedlung. Diese »logischen«, wenn auch nicht »narrativen« Wahrheiten, die die Mythen auch bergen können, sind für den Historiker nicht nur nicht unnütz, sie können ihm vielmehr helfen, das Wesen längst vergangener Epochen zu verstehen. Die Erforschung des Mythos um des Mythos willen – das Hauptziel der Strukturalisten – ist ebenso unbefriedigend wie das Studium der Kunst um der Kunst willen. Es ist richtig, daß das mythische Zeichen nur Sinn hat, wenn es in Beziehung gesetzt wird zu dem mythischen System, dessen Teil es ist. Aber über diesen metaphysischen Kontext hinaus muß es noch einen anderen, weiteren und konkreten Kontext geben, da die frühen Gesellschaften unter bestimmten kulturellen, gesellschaftlichen und materiellen Umständen gelebt haben. Zwischen den Gedanken, die die mythischen Traditionen und die praktische Organisation einer Gemeinschaft formen, gibt es sicher Verzerrungen, Unterschiede und Kontraste, da im allgemeinen jede Ausdrucksform einen autonomen Raum gewinnt. Aber diese Autonomie

---

[33] Mondi 1990.
[34] Sabbatucci 1978 widerspricht sich, wenn er zwischen dem Mythos von Theseus und der athenischen Seeherrschaft eine Beziehung herstellt, usw. Zum Euhemerismus: Thraede 1966. Zum Problem des Mythos allgemein: Vernant 1979a.

ist immer relativ, und ohne Bezug auf die historischen Umstände und die rituellen Praktiken können die Sagen nicht angemessen bewertet werden. Den semantischen Horizont des Mythos bildet schließlich der kulturelle Kontext. Die gegenteilige Behauptung, daß der Mythos nur in einem synchronen Kontext lebt, heißt aufeinander folgende Neuinterpretationen und Wiederaufnahmen außer acht lassen, die Diachronie, innerhalb deren er sich entwickelt, die veränderliche Form, in der er sich darstellt, was ihn in die Nähe einer großen gedanklichen Stratifikation rückt. Dann ist es aber unvermeidlich, sich den »Orten« und »Zeiten« des Mythos zuzuwenden, allerdings nicht in der üblichen Weise der alten historischen Philologie, sondern in einer ethno-historischen Perspektive, die imstande ist, die Form der synchronen »Varianten« eines Mythos von seinen »Variationen«, die in der Zeit aufeinander gefolgt sind, zu unterscheiden. Zwischen dem gedanklichen Aspekt des Mythos und dem historischen Kontext, in dem er zum Ausdruck kommt, muß eine Verbindung bestehen, wie verborgen und geheimnisvoll diese auch sein mag. Und wenn diese Verbindung besteht, kann der Mythos einen Nutzen für die Geschichte haben, mehr noch als umgekehrt (dazu, wie es möglich ist, die Mythen ausgehend von den Träumen zu verstehen, siehe weiter unten).

14. Chronologie und Zeitlosigkeit der Mythen. Es bleibt noch zu klären, mit welcher Strategie man an das heiße Eisen der Mythen am besten herangeht, im besonderen was die Zeit betrifft, die sicher anders ist als die Zeit, innerhalb der wir Modernen zu argumentieren pflegen. Es ist vor allem nötig, die Abfolge der mythischen Ereignisse diachron zu verstehen, in der Dimension der unilinearen Zeit; es ist dies die natürliche Weise, und die Alten selbst haben schon begonnen, ihre Mythen mit Hilfe von Generationen und also in chronologischen Begriffen zu ordnen. Hiergegen könnte eingewendet werden, daß jeder Versuch einer zeitlichen Ordnung des Mythos illegitim sei, da er seinem eigentlichen Wesen, das in seiner grundlegenden Zeitlosigkeit bestehe, Gewalt antue. Nach Moses Finley unterscheiden sich die mythischen gerade dadurch von den historischen Erzählungen, daß sie völlig außerhalb der Dimension der Zeit liegen, und darum habe es auch keinen Sinn, sie auch nur annäherungsweise datieren zu wollen.[35] Aber die

---

[35] Finley 1986. Abwesenheit von Zeit bedeutet Symmetrie von Vergangenheit und Zukunft, umkehrbare Zeit, was eine statische geistige Welt voraussetzt, wo nichts geschieht und sich nichts ändert. Es ist der Triumph des Seins über das Werden, wo Vergangenheit und Zukunft die gleiche Rolle spielen. Das physische Universum kennt Unsicherheiten, Wahrscheinlichkeiten, Unmöglichkeiten, die Zukunft vorherzusehen, in einem Maße, daß die Zeit sogar dem »Big Bang« vorangegangen sei: Schon die Initialexplosion ist, wie jeder andere Umwandlungsprozeß, ein unumkehrbarer Vorgang (Prigogine 1996). Unter dieser Voraussetzung sind auch

völlige Atemporalität der Mythen ist eine zwar faszinierende, aber auch extreme und der Diskussion bedürftige These, und es ist ebenso wahr, daß es Mythen gibt, die erwiesenermaßen einen historischen Gehalt haben, was es, wie wir gesehen haben, ermöglicht, sie zu datieren, zumindest was ihren Grundgedanken betrifft.

15. Die Zeit bei Hesiod. Wenn man das Wesen der Zeit vor der Entstehung des historischen Bewußtseins verstehen will, ist es in Ermangelung von Texten aus archaischer Zeit, die sich auf Latium beziehen, von entscheidender Bedeutung, den Mythos von den Weltzeitaltern oder Menschengeschlechtern zu begreifen, den Hesiod in *Werke und Tage* erzählt. Hesiod lebte zwischen dem Ende des 8. und der ersten Hälfte des 7. Jahrhunderts, in einer Zeit, die die Schrift schon kannte, aber noch nicht gänzlich aus dem Meer der Sagen emporgestiegen war. Jean-Pierre Vernant hat den Mythos von den Menschengeschlechtern sorgfältig untersucht und ist dabei zu Schlußfolgerungen gelangt, die sich von dem, was Moses Finley daraus ableitet, stark unterscheiden.[36] Der Mythos kennt demnach das Davor und das Danach, also auch die Vergangenheit, die Gegenwart und die Zukunft. Uranos, Kronos und Zeus folgen aufeinander wie die Geschlechter des Goldenen, des Silbernen, des Bronzenen, des Heroischen und des Eisernen Zeitalters. Aber diese zeitliche Abfolge wurde auf besondere Weise dargestellt, die für uns atemporal erscheint, ohne daß sie dies völlig wäre. Ab einem bestimmten Moment des Altertums, als man begonnen hat, die Jahre unter Zugrundelegung der jährlichen Magistraturen zu zählen, wurden die Mythen auch chronologisch gedeutet, entsprechend einer Zeit, die ohne Wiederkehr abläuft. Zu Beginn jedoch wurde die Zeit nicht chronologisch wahrgenommen, d. h. als einzigartig, homogen, zusammenhängend, linear und regelmäßig, und die einzelnen Ereignisse waren noch nicht unlöslich an nicht wiederkehrende Momente gebunden. Dennoch kannte die Zeit des Ursprungs Ziele oder Vervollständigungen, auf die sie in Zyklen zuschritt, vergleichbar der Abfolge der Jahreszeiten. Sie wurde außerdem hinsichtlich Qualität und Wert unterschiedlich wahrgenommen, so daß nur einige wesentliche Ereignisse als der Erinnerung würdig befunden wurden, während das andere vergessen werden konnte.

16. Stratifikation der Zeitalter. Im Mythos folgen die Zeitalter aufeinander wie übereinander gelagerte Schichten, wobei jedes seine bestimmte Dauer

---

die Mythen, nicht nur die Geschichte, nicht ein für alle mal festgeschrieben und kennen ihre Zeitgestalten (siehe die folgenden Anmerkungen).

[36] Vernant 1966. Finley 1986 zitiert den Essay von Vernant, aber er legt ihn einseitig aus und mißversteht ihn in rein synchron-atemporalem Sinn. Über die mythische Zeit: Remotti 1993, Anm. 9 ff.

und seine besonderen Merkmale hat. Der göttliche und menschliche Aspekt
erscheinen zu Beginn ineinander verwoben oder jedenfalls unvollständig
voneinander geschieden zu sein. Die Götter werden geboren und existieren
dann für immer, aber sie werden nicht alle zugleich geboren: Zeus und
Jupiter zum Beispiel werden von Rhea und Fortuna Primigenia geboren.
Auch manche Menschen können göttliche Merkmale haben, können wie
Götter verehrt werden und daher fortleben und in die jenseitigen Gefilde
aufgenommen werden, während andere sterben oder an die Enden der Welt
versetzt werden, wie es den Heroen auf den Inseln der Seligen widerfährt. Die
Menschen einiger Geschlechter leben ein Jahrhundert und andere wenige
Jahre, einige bleiben immer jung, andere sind immer erwachsen oder alt.
Innerhalb jeder Schicht eines Zeitalters gibt es also eine Beständigkeit der
Bedingungen vom Anfang bis zum Ende, so daß die Zeit in diesem Bereich
aufgehoben scheint. Aber mit dem Eisernen Geschlecht beginnt die Welt
zu verfallen und damit sich zu entwickeln, wenn auch negativ; diese letzte
Schicht der Weltzeitalter nimmt damit die Zeit auch in ihr Inneres auf und
nähert sich so einer mehr historischen Vorstellung vom Fluß des Geschehens an.[37] Die prälogische Zeit steht also der historischen Zeit gegenüber,
aber nicht als Block und in extremer Weise, wie Finley es sieht, sie wird
vielmehr zu einer Abfolge von Zeit-Schichten, und sie wird fortschreitend
immer weniger irrational, füllt sich zunehmend mit dreidimensionalem
Raum und mit unilinearer Zeit, also den typischen Dimensionen des *logos*.
Je geringer die Dosis dieser logischen Komponenten ist, um so homogener,
chaotischer, widersprüchlicher ist die Welt, und umgekehrt.[38]

17. Von der Homogenität zur Differenzierung.   Der Mythos kennt übernatürliche Räume mit mehr als drei Dimensionen, an denen übermenschliche Wesen gleichzeitig sein können und wo ein Ort mit einem anderen
gleichbedeutend sein kann,[39] und er kennt auch eine veränderliche Zeit, die
sich kraftvoll zusammenziehen kann und dann kraftlos zerfließt oder völlig
verschwindet. Was verschwindet, erscheint wie verschluckt im Inneren eines
möglichen sinnbildlichen Zentrums, etwa der Gründung eines Volkes oder
einer Siedlung, und da zeigt es sich dann in seinem machtvollen und eindrücklichen Aspekt, den zu erinnern und auszuwerten sich lohnt. Die Zeit

---

[37] Vernant 1966, 1974 und 1974a; Gatz 1967.
[38] Nach Dumézil 1951 ist der Mythos immer und überall in eine Situation vollständiger Zeitlosigkeit eingebettet; danach wären z. B. Janus und Jupiter Zeitgenossen, als strukturelle und
ewig währende göttliche Funktionen der römischen Religion (vgl. § 66, Anm. 9; § 78, Anm. 16).
Dumézil folgend, vertritt Capdeville 1995, daß Volcanus nicht dem Jupiter vorausgegangen sein
kann (vgl. § 94, Anm. 27).
[39] Siehe das Beispiel Cermalus und Alba: § 137.

der Sagen hat die Tendenz, sich wie ein Mantel um ein Zeitalter zu legen, an dessen Berührungspunkten mit den anderen Zeiten, und sie zeigt so die großen Epochen des Mythos an. Es handelt sich nicht um eine unilineare Abfolge der Zeit, denn die mythische Zeit kehrt in einer zyklischen Bewegung, die das Fortschreiten in eine Richtung hemmt, zu sich selbst zurück. Diese Polarisation oder Verdichtung der Zeit in bedeutungsvolle Knoten, entlang der Fläche der Unterscheidung zwischen den verschiedenen Zeitaltern, führt, wenn die Dishomogenität auf chronologische Weise interpretiert wird, zu dem Phänomen, das einem rational denkenden Menschen als regelrechte »Lücke« der Erinnerung erscheint.[40] Es sind Lücken dieser Art, die die Chronographen bestrebt sind aufzufüllen (indem sie etwa ein Dutzend Könige von Alba erfinden) oder zu beseitigen (dadurch, daß sie Romulus zu einem Sohn oder Enkel des Latinus oder Aeneas machen). Aber die Menschen der frühesten Zeit haben diese Lücken nicht wahrgenommen, und sie haben sich auch nicht über sie beunruhigt, denn sie waren an die Eigentümlichkeiten ihrer Zeit gewöhnt, während sie uns als nicht tolerierbare Mängel erscheinen. So scheint Homer das ganze dunkle Zeitalter zu überspringen, indem er direkt an das heroische Zeitalter anknüpft, d. h. an die mykenische Zeit. Als dann allmählich die Zeit des *logos* Boden gewann, begannen die Ereignisse innerhalb der »Zeit-Schichten« mehr zu werden, das Gewebe der mit Zeit gesättigten Punkte wurde dichter und die chronologischen Lücken weniger. Andererseits begann die an der Oberfläche verdichtete Zeit der verschiedenen Zeitalter sich in ihr Inneres auszudehnen, so daß die Abfolge immer weniger parataktisch wurde und so kontinuierlicher, unilinearer und homogener zu fließen begann. Es gibt also bei der Gegenüberstellung des Mythos und der unilinearen Zeit unterschiedliche Abstufungen und damit auch Abstufungen in der Möglichkeit, sie mit Gewinn für die Geschichte zu verstehen. In dieser Perspektive scheint es annehmbar, das mythische Material auf eine Weise zu ordnen, die vom Gesichtspunkt der Zeit und des Raumes aus tendenziell stimmig ist. Man kann das zunächst auf eine eher gewöhnliche unilineare Weise machen, um uns Modernen die Arbeit der Wiederherstellung des Mythos und der Unterscheidung der verschiedenen Phasen seines Geschicks zu erleichtern, in der Hoffnung, an die

---

[40] Nach Min, dem ersten König von Ägypten, listeten die Priester die Namen von 330 Nachfolgern auf; einer von ihnen war eine Frau, genannt Nicotri; »Von den anderen Königen hingegen berichteten sie keine herausragenden Taten, sie waren keineswegs berühmt, außer einem, dem letzten von ihnen, Meri«: Hdt. 2,100 ff. (Assmann 1997). Die Erinnerung verdichtet sich in diesem Fall um den ersten und den letzten Herrscher dieser Reihe, d. h. an den Schnittpunkten unterschiedlicher Epochen, wie es auch bei den Königen von Alba geschieht. Zum »floating gap« vgl. Appendix 9.

früheren Konstellationen heranzukommen. Erst dann, wenn die Materialien in eine Reihenfolge gebracht sind, ist der Versuch möglich, sie gedanklich neu zu ordnen und mit der Phantasie wieder in die zyklische Bewegung einzusetzen, die für uns so schwierig zu verstehen ist.

18. Verschiedene Logiken. Bei dem Versuch, die Mythen historisch zu verstehen, besteht das Hauptproblem darin, daß das materielle Leben sich in den Begriffen der Logik des Widerspruchsprinzips vollzieht; ein Ort ist dieser Ort und kein anderer, und gleiches gilt für die Zeit, während der Mythos einer doppeldeutigen Logik folgt, die sehr viel anders ist als die Logik des *logos*, aber dennoch konstante und chiffrierbare Merkmale hat. Den Übergang von einer Logik zu anderen könnte man als den Versuch beschreiben, Wasser in einen gemalten Krug zu gießen, was aufgrund der Inkompatibilität zwischen den zwei und drei Dimensionen nicht möglich ist. Die Zeiten und Räume des Mythos können also nur schwer in die unilineare Zeit und den dreidimensionalen Raum umgesetzt werden. Aber die Mythen sind dennoch immer Teil der Geschichte, allerdings darf man ihnen nicht das typische menschliche Merkmal der Doppeldeutigkeit entziehen, wie es die Rationalisten tun, die zum Beispiel nur widerwillig zulassen, daß Apollon und Faunus sich zur gleichen Zeit als Widder und als Wolf gezeigt haben können. Die nicht kompatiblen Dimensionen sind wie zwei verschiedene Sprachen, die untereinander keinerlei Ähnlichkeit haben. Aber es gibt dennoch immer die Möglichkeit, eine Sprache in eine andere zu übersetzen, wobei die Beschaffenheit der Botschaft verloren gehen kann, immerhin aber erreicht wird, daß Welten einander zumindest grob wahrnehmen, die sonst völlig voneinander getrennt blieben.[41]

---

[41] Zu Apollon als Schafbock usw. vgl. §124. Zu zweierlei Logik siehe Vernant 1979a. In dieser Hinsicht erinnert der Mythos an die »bi-logische« Struktur des Unterbewußtseins, die I. Matte Blanco untersucht hat (Matte Blanco 1975 und 1988; Carandini 1991, S. 258 ff.). Es ist der »bi-logische« Charakter des Mythos, der von jenen nicht wahrgenommen wird, die nur der Strukturanalyse der Mythen folgen. Rudhardt 1977 hat den »zweispitzigen« Aspekt des Mythos aufgegriffen, der im Fehlen der logischen Prinzipien der Identität und des Nichtwiderspruchs besteht (»der Mythos löst die begrifflichen Strukturen auf und vereint«) und im Vorliegen damit zusammenhängender Entwicklungen hinsichtlich der Regeln der Logik (»der Mythos definiert sich in seiner Koexistenz mit dem begrifflichen Denken«). Statt vom Unbewußten spricht Rudhardt von »global Erlebtem« und von »ganzheitlichem religiösen Empfinden«. Eben wegen seines »bi-logischen« Charakters enthält der Mythos historische »Unreinheiten«, die er mitschleppt und bearbeitet wie der Gletscher seine Moräne und die er nicht vollständig in die tendenziell reine Symbolik aufzuheben vermag. Gerade diese Unreinheiten ermöglichen es, den Mythos wenn schon nicht historisch zu denken, ihn zumindest historisch »anzudenken« (I. Matte Blanco), ausgehend von den Schlacken, die auf dem Boden zurückbleiben, wenn sich die symbolischen Gletscher zurückgezogen haben. Aber vgl. den folgenden §19.

19. Mythen und Träume im Vergleich. Der Mythos ist eine globale Struktur, die nie völlig undifferenziert ist, da er dadurch charakterisiert ist, daß er immer auch, und sei es in noch so geringem Maße, am *logos* teilhat, wie es auch in jedem Traum einen kleinen Anteil an Vernunft gibt. In dieser Hinsicht können uns die Träume zeigen, wie die Mythen zu verstehen sind. Eine Generation vor der Traumdeutung Sigmund Freuds, dem Buch, mit dem die Psychoanalyse beginnt, hatte Fjodor Dostojewski die vor allem in den Träumen offensichtliche Existenz von untereinander vermischten emotionalen Gedanken oder gedanklichen Emotionen entdeckt, in denen die verrückteste Phantasie mit stringentester Logik verknüpft ist. Es ist die Rede vom Fürsten Myschkin, dem Idioten, der anstatt die eben erhaltenen Briefe der verführerischen Mätresse, die ihn verzaubert, zu lesen, auf dem Diwan einschläft, träumt, dann erwacht und schließlich liest:

> Diese Briefe wirkten ebenfalls wie Träume. Man hat mitunter seltsame, unmögliche und unnatürliche Träume; beim Erwachen ... ist man sich vor allem bewußt, daß der Verstand einen während des ganzen Traumes nicht im Stiche gelassen hat ... Aber warum konnte gleichzeitig die Vernunft so offensichtliche Unmöglichkeiten und Unsinnigkeiten gelten lassen, wie sie dieser Traum in Menge enthielt? Einer der Mörder verwandelt sich plötzlich in ein Weib, und aus dem Weib wird ein häßlicher, schlauer Zwerg – und das alles nimmt man als Tatsache hin, fast ohne Verwunderung und gerade in einem Augenblick, wo andrerseits der Geist eine äußerst rege Tätigkeit entfaltet, eine außerordentliche Kraft, List, Kombinationsgabe und Logik an den Tag legt? Wie kommt es, daß man nach dem Erwachen, schon ganz der Wirklichkeit wiedergegeben, fast immer die Empfindung hat, als ließe man mit dem Traum irgendein ungelöstes Rätsel hinter sich? Man lacht über die Unsinnigkeit des Traumes und fühlt zugleich, daß in der Verkettung dieser Unsinnigkeiten irgendein Gedanke enthalten ist, und zwar ein wirklicher Gedanke, etwas zu unserm wirklichen Dasein Gehörendes ... Fast ebenso erging es dem Fürsten nach dem Lesen dieser Briefe. ... Der Gedanke war Wirklichkeit geworden, und am erstaunlichsten schien ihm dabei, daß er beim Lesen dieser Briefe fast selbst an die Möglichkeit und sogar die Berechtigung dieses Gedankens glaubte. Ja gewiß, es war ein Taum, ein Albdruck und ein Wahnsinn; aber hier steckte noch etwas Qualvoll-Wirkliches und Schmerzhaft-Gerechtes, das den Traum, den Albdruck und den Wahnsinn rechtfertigte ... Mitunter wollte er sich sogar sagen, er habe das alles schon vorausgeahnt und im voraus erraten; es schien ihm sogar, als hätte er das alles schon gelesen, vor langer, langer Zeit, und alles, wonach er sich seitdem gesehnt hatte, alles, was ihn quälte und was er fürchtete – alles das wäre in diesen längst schon gelesenen Briefen enthalten. (*Der Idiot*, 3. Teil, Kap. 10, 1869, dt. Übers. von Arthur Luther.)

Der Traum ist also eine Verquickung von Weisheit und Wahnsinn, und durch eben dieses Vermögen, gegensätzliche Logiken zu verbinden, kann er die tiefsten Geheimnisse offenbaren. Vielleicht sind die Mythen nichts anderes als die Alpträume und Leidenschaften der Menschen, wenn sie gemein-schaftlich träumen. Da es uns nicht mehr möglich ist, gemeinsam mit ande-ren zu träumen, kollektive Mythen zu schaffen, bleibt uns nur, daraus zu lernen, wie die urtümlichen Gemeinschaften geträumt haben, indem wir über unsere individuellen Träume nachdenken. Wie auch immer, ohne die Seelengeschichte jenes russischen Fürsten hätten wir nie so deutlich ausdrük-ken können, wie wir über die Mythen denken.

20. Keine Archetypen, nur ältere Schichten. Bei dem Versuch, die Mythen in eine Sprache zu übersetzen, die sie für die Geschichte brauchbar macht, erheben wir nicht den Anspruch, auf primordiale Archetypen oder auf die ursprünglichen Fassungen der Mythen zu stoßen. Es ist für unsere Zwecke nicht nötig, in das Neolithicum, in das Palaeolithicum oder auf »vormensch-liche« Stufen zurückzugehen, wie es allerdings versucht worden ist.[42] Der Specht des Picus, mit einem Schnabel scharf wie die Axt und wie der Blitz, und der Wolf des Faunus, mit dem breiten Rachen, mit dem er die Kehle durchtrennt, und der fruchtbare Ziegenbock dieses Faunus: Wie weit kön-nen sie in der Zeit zurückreichen? Die Frage interessiert hier nicht eigent-lich, und sie kann wohl auch nicht beantwortet werden. Aber es ist wahr-scheinlich, daß diese Tierbilder – und als Symbolik stellen sie immer mehr dar als Tiere – in ferne Zeiten zurückreichen, die weit vor der Zeit ihrer großartigen »Wiederverwendung« liegen, als die kollektive Vorstellungskraft aus ihnen die Gestalten der vergöttlichten aboriginischen Könige Latiums geformt hat. Uns scheint es schon anspruchsvoll genug, nur den einen oder anderen Schritt in der Zeit zurückzugehen und zu versuchen, in die frühe Eisenzeit und die späte Bronzezeit zu gelangen, d. h. in die nicht so ferne Vorgeschichte, in der die unerläßlichen Voraussetzungen für das Verstehen der Anfänge der frühen Städte liegen. Es kommt vor allem darauf an, die Schwelle des 6. Jahrhunderts und der ersten Hälfte des 7. Jahrhunderts zu überschreiten, die Zeit, in der damit begonnen wurde, die indigenen Mythen dadurch zu verfälschen, daß sie immer stärker mit griechischen Sagen durch-setzt wurden. Man könnte sogar behaupten, daß es paradoxerweise gerade die massive mythische Umstrukturierung war, wie die griechische Mytholo-gie sie nicht gekannt hat, was uns dazu verhilft, ein Davor und ein Danach festzustellen, bezogen auf die Zeit der Tarquinier, womit ein präziser *termi-nus ante quem* für die vor allem mündlich überlieferte authentische latinische Mythologie gesetzt ist. Wenn es gelänge, in die Zeit zwischen der Mitte des 7. und der Mitte des 8. Jahrhunderts zurückzukommen, würden wir damit, bei dem Konservatismus und der langen Dauer der traditionellen auf die

---

[42] Kirk 1970, 1977; Burkert 1979.

Gemeinschaft bezogenen Erzählungen, die späte Bronzezeit erreichen. Vielleicht ist das Zeitalter des Romulus ja eine Renaissance des heroischen Zeitalters?

21. Subjektivität und Wahrscheinlichkeit. Um einen Mythos zu verstehen, ist es nicht wesentlich, seinen Ursprung zu kennen. Man kann ja auch die Bedeutung eines Wortes verstehen, ohne seine Etymologie zu kennen.[43] Wenn es legitim ist, etymologisch-sprachwissenschaftliche Konjekturen zu machen, dann muß es auch legitim sein, Konjekturen über Mythen aufzustellen, zumal hier archäologische, linguistische und literarische Quellen vorliegen, die in ihrer Gesamtheit genommen dem gewöhnlichen Rüstzeug des Etymologen und Sprachwissenschaftlers überlegen sind. Natürlich wäre es einfältig, sich der Kühnheit dieses Unterfangens nicht bewußt zu sein und über den Versuch nicht auch zu lächeln. Andererseits stellen wir fest, daß Anzeichen, Indizien und Entsprechungen hinsichtlich der vorgebrachten Konjekturen an Intensität und Folgerichtigkeit sich so verdichten, daß ihrem zu Beginn hauptsächlich subjektiven Charakter – was aus historischer Sicht nur geringen Wert hat – doch eine gewisse Objektivität zuwächst und eine bestimmte Art von Wahrscheinlichkeit entsteht, was uns ermutigt hat, den eingeschlagenen Weg weiterzugehen.

22. Themen, Bearbeitungen und Zeiten der Mythen. Nach Brelich sind die griechischen Heroenmythen nicht, wie die übrigen Gelehrten meinen, in der mykenischen Zeit ausgearbeitet worden, sondern eher im sog. dunklen Zeitalter, als die mykenischen Könige bereits abgetreten waren. Die Frage bleibt kontrovers, aber es ist auf jeden Fall nützlich, zwischen der Zeit des thematischen Materials und der folgenden Zeit, in der sich die mythische Überlieferung gebildet hat, zu unterscheiden.[44] Auf ähnliche Weise kann man erörtern, ob die heroischen Mytheme oder sogar die Mythen Latiums in die Bronzezeit zurückreichen können, etwa in die späte Bronzezeit oder in die erste und zweite Stufe der Endbronzezeit, oder ob sie einfach die Formen sind, in die die folgende Zeit, die dritte Stufe der Endbronzezeit und die frühe Eisenzeit, das Bild jener heroischen Zeit gegossen hat. Es ist nicht leicht, die richtige Lösung anzugeben.[45] Entscheidend ist, daß nicht, wie

---

[43] Über die Unmöglichkeit, die mythischen Archetypen zu erreichen: Momigliano 1971. Für Detienne 1977, der sich für Strukturen und nicht für Chronologien interessiert, ist es eine nutzlose Angewohnheit der Philologen, die ursprüngliche Version eines Mythos herauszufinden, da die authentische Version unauffindbar bleibt. Aber auch wenn die stratigraphische Wahrnehmung eines Mythos nicht sein Verstehen bedeutet, ist sie zumindest eine unerläßliche Voraussetzung, um seinen Sinn zu erfassen. Zur Renaissance des 8. Jh. vgl. § 162.
[44] Brelich 1968 und 1973-76. Anders Nilsson 1932 und Brillante 1981. Musti 1991 unterscheidet zwischen achäisch-mykenischen Anfängen und Einfügungen und Ausformungen von mythischen Motiven in der archaischen Zeit.

es normalerweise geschieht, die Vorgeschichte von vornherein aus unseren
Überlegungen ausgeschlossen wird, wenn wir die Mythen erforschen wollen. Es ist deshalb nötig, die materielle und gesellschaftliche Entwicklung
zu kennen, bevor wir uns ein Urteil bilden können, welche Teile oder Komplexe des mythischen Denkens dieser weit zurückliegenden Zeit zugeschrieben werden können und welche nicht.[46] Wenn es aber von Bedeutung ist
zu wissen, wann eine mythische Überlieferung entstanden, wann sie weiter-
gebildet worden und wann sie sich in einer mündlichen Tradition gefestigt
hat, mit anderen Worten: die Zeitumstände ihrer Gestalt zu klären, dann
ist es ebenso bedeutsam, die Generationen und die Orte, von denen der
Mythos handelt, zu rekonstruieren, wir könnten sagen: die Zeitumstände seines Inhalts, sei es um eine vollständige Anschauung des mythischen Gemäl-
des zu bekommen – der Abfolge der sagenhaften Ereignisse, in die sich jene
Weltauffassung gliedert –, sei es, weil für einige Teilstücke und Mytheme, die
erst in der Folgezeit weiter entfaltet wurden, gerade in dieser fernen Zeit die
Bedingungen für ihre Entstehung, für ihre Konzeption gegeben waren. Es ist

[45] Die archäologischen Zeugnisse auf römischem Boden legen zur Zeit eher die zweite Lösung
nahe: vgl. § 139. Aber strukturelle Ähnlichkeiten zwischen einigen Mythen Latiums und einigen
griechischen Mythen lassen sehr viel ältere Kontakte vermuten: vgl. § 157.
[46] Mastrocinque berücksichtigt die Vorgeschichte nicht, er geht höchstens auf die Königszeit
ein und läßt ein hohes Alter für die Mythen gelten, die sich auf das *ethnos* der Latiner beziehen. Er scheint nicht zur Kenntnis zu nehmen, daß in der Vorgeschichte Latiums ein Übergang stattgefunden hat von kleinen Gemeinschaften mit Ansiedlungen von wenigen Hektar
(unter 20), denen die an das *nomen* gebundenen Mythen entsprechen, zu protourbanen Siedlungen mit 50-150 ha und daß ab der zweiten Hälfte des 8. Jh. sich die Städte zu bilden beginnen. Welche Mythen entsprechen nun diesen Phasen? Nach Mastrocinque keine, weil der Autor
die Frage des protourbanen Phänomens und der Stadtwerdung nicht genügend präsent hat und
sich fast ausschließlich mit der vollendeten Stadt befaßt. Da die älteren Zeiten außerhalb seines
Denkens liegen, führt das dazu, daß er anstatt die Vorgeschichte in die Geschichte hineinzu-
nehmen, die Geschichte in Begriffen der Vorgeschichte auffaßt. Nur von Lévi-Strauss läßt er
sich, in einer flüchtigen Zurkenntnisnahme, sagen, daß »auch weniger zivilisierte Völker eine
Vorstellung vom Übergang von der Natur zur Kultur entwickeln, weshalb es möglich ist, daß
auch vor der Geburt Roms als Stadt die Lupercalien etwas in dieser Art symbolisierten« (ein
wichtiges Eingeständnis, das man bei Wiseman 1995 und 1995a vergeblich sucht). Die Architektur des Mythos in Latium und die Archäologie der Region stützen diese These, und das ist
der Grund, warum die Hauptthesen Mastrocinques wegen ihrer Einseitigkeit nicht akzeptiert
werden können. Es gibt tatsächlich die Stammväter des *nomen* und die Gründer der entsprechenden präurbanen Siedlungen, die Stammväter protostaatlicher Organisationen und der entsprechenden protourbanen Zentren, die Stammväter der staatlichen Organisationen und die
Gründer der Städte und schließlich die Neugründer der vollendeten Sädte, die auf die vorhergehenden Gründer zurückgreifen (man denke an die Abfolge Janus – Quirinus – Romulus –
Servius Tullius). Es gibt nicht nur die letzten in der Abfolge, die Neugründer der Städte, die
einen Großteil des mythischen Erbes, das ihnen in Wirklichkeit vorangeht, selbst erfunden
haben sollen oder erfinden haben lassen. Hier offenbart sich die mangelnde Kenntnisnahme
vorgeschichtlicher, ethnologischer und stratigraphischer Daten in: Mastrocinque 1993.

also nicht so leicht, die Zeit der Form von der Zeit des Inhalts abzuheben, wie Brelich gemeint hat. Das Problem ist sehr viel komplexer.

23. Verschiedene Sichtweisen des Archäologen und des Historikers.

Wenn es verfehlt ist, der wissenschaftlichen Erkenntnis a priori zeitliche Grenzen zu setzen – die Grenzen werden von Mal zu Mal festgelegt, und zwar ohne Voreingenommenheit (d. h. ohne »Vorangst« im Bezug auf eine ungewöhnte Tiefe der Zeit) –, und wenn die Aussonderung der literarischen Quellen eher von zu respektierenden persönlichen Emotionen und noblen Gewohnheiten diktiert wird als von »Beweisen«, dann mag es nützlich sein, einmal die verschiedenen Vorgehensweisen des Archäologen und des Historikers genauer zu überprüfen und das gesamte dokumentierte Material im Licht dieser Gegenüberstellung noch einmal abzuwägen. Während es für den Archäologen materielle Schichtungen gibt, die gewöhnlich um so besser erhalten sind, je weiter man sich von den Störungen der jüngsten Epochen entfernt und in der Zeit zurückgeht, schwächt sich für den Historiker die Erinnerung um so mehr ab, je weiter man in den Jahren zurückgeht, weil man sich damit auch von der Schrift entfernt. Während der Ausgräber enthüllen kann, was er grabend nicht sieht, und es für ihn auch von vornherein keine Schwellen gibt, die er nicht überschreiten könnte – wie die Entdeckung der Schrift und die Anfänge der Historiographie –, bleibt der Historiker, bedingt durch das Fehlen überlieferter Informationen, im allgemeinen dabei stehen, wenig mehr als eine Erinnerungsschicht der langen und komplexen Ereignisse, die er untersucht, zu identifizieren, und es hat für ihn keinen Sinn, das Pergament des Kodex abzukratzen in der Hoffnung auf weitere tieferliegende, unter dieser Oberfläche versteckte Texte, die sein Thema betreffen; in den Palimpsesten ist die Übereinanderschichtung der Schriften nämlich rein zufällig, man kann zwar vielleicht in einer tieferen Schicht etwas finden, doch bezieht sich dies meist auf ein ganz anderes Thema. Der Historiker ist also gezwungen, angesichts des Nichtwissenkönnens zu kapitulieren, er ist Grenzen gewöhnt und beginnt nur da zu erzählen, wo er sich sicher fühlt, gestützt auf eine ausreichende Zahl von Quellen.[47] Der Archäologe hingegen hat mehr Möglichkeiten und gibt weniger schnell auf, weil es kaum vorkommt, daß die Evidenz auf einmal und völlig endet, da der Weg lang und verschlungen ist, der ihn auf die Grundschicht führt, wo auch er gezwungen ist innezuhalten. Für ihn besteht also öfter die Möglichkeit,

---

[47] Das allgemein gebräuchliche rhetorische Mittel, um diese Wahl zu rechtfertigen, besteht in dem Gebrauch des Wortes »Ursprünge«, ein Etikett, unter das jedes Ereignis vor der für historisch als bekannt angenommenen Zeit fällt, wie für Rom die Zeit der Tarquinier. Jede Nachforschung bezüglich einer vorhergehenden Phase wird als schimärische Erforschung eben dieses »Ursprungs« abgestempelt. Zulässig ist hingegen das Gegenteil: Die »Ursprünge« auszu-

in einen vorhergehenden und noch einmal in einen früheren Zeitabschnitt zu gehen – hier genügt der Hinweis auf die romuleischen Mauern des Palatin, deren monumentale Tradition, wie wir sehen werden, von Romulus bis Augustus reicht –, gar nicht zu reden von seinem besonderen Hang, eher stratigraphisch als textbezogen zu argumentieren, was ihm eine besondere Gabe verleiht, jeden geringsten Hinweis zeitlich einzuordnen.

24. Die Haltungen mancher Historiker. Angesichts der Schwierigkeiten der Forschung findet sich bei den Historikern als erste, ziemlich verbreitete Haltung folgende: die Verwechslung des Fehlens von Dokumenten mit einer Information, was dazu führt, daß ein Ereignis datiert wird mit Bezug auf das älteste Zeugnis, das sich erhalten hat;[48] diese Vorgehensweise ist jedoch höchst fehlerhaft, insofern die älteste Bezeugung nur einen *terminus ante quem* bietet. Beim Fehlen eines *terminus post* besagt der *terminus ante quem* nur wenig, da er keine Kenntnis vermittelt über die zeitliche Erstreckung, die zwischen dem Auftreten und der folgenden Entwicklung eines bestimmten Ereignisses anzusetzen ist. Eine zweite Haltung führt den Historiker dazu, Hinweise, die gering erscheinen mögen, aber wesentlich sein können, nicht einzubeziehen, etwa wenige Scherben Keramik, die es erlauben würden, den *terminus ante* eines bestimmten Phänomens beträchtlich zurückzudatieren. Aber man hat nicht immer offensichtliche Evidenzen wie Bauwerke zur Verfügung, und in einem Hüttendorf zum Beispiel wird man kaum damit rechnen können.[49] Man mag eine solche Einstellung als eine Art philologischer Sorgfalt ausgeben, aber man kann ebenso fehlgehen, wenn man zu wenig wie wenn man zu viel interpretiert. Eine dritte Haltung führt den Historiker dazu, »geschichtete« Quellen, die also einen Rückgang in der Zeit erlauben, nicht voll auszuwerten, oder sie verführt ihn dazu, die Waffen zu strecken

beuten, um damit das erste für historisch erachtete Zeitalter zu bereichern, wie es Mastrocinque 1993 mit der Zeit des Archaismus macht.

[48] Die römischen Kulte wurden ab ihrer ersten Nennung in den Quellen datiert, aber Ziolkowski 1989 hat sehr viel weitere Sichtweisen eröffnet, die es zulassen, die sakrale Ordnung Roms bis auf den Beginn der frühen Eisenzeit zurückzuführen (vgl. §§ 231 ff.). Wiseman 1995 versichert, daß die Quellen nur einen *terminus ante* für das Vorliegen der Tradition, die sie bezeugen, bieten, aber er legt sich dann bei der Datierung des Mythos des Remus auf die Datierung der Tempel am Anfang des 3. Jh. fest. Auch das »große Rom der Tarquinier«, die erste aufsehenerregende Bezeugung der Existenz einer Stadt, wird als Phänomen des Ursprungs interpretiert, während es nur einen *terminus ante quem* darstellt (vgl. Vorwort, Anm. 4).

[49] Auch eine Anzahl schwacher Indizien, wenn sie einigermaßen klar und miteinander verkettet sind, reicht aus, um einen Mörder zu verurteilen, und das gleiche Fahndungsprinzip gilt in der Archäologie. Die Historiker sind erfahrener in der philologischen Methode als in der Indizienmethode, da erstere sich von der humanistischen Bildung herleitet und die zweite aus der medizinischen Symptomatologie (Carandini 1991, *Procedere all'indietro*). Nach Mastrocinque 1993 wäre Rom von Tarquinius Priscus und Servius Tullius gegründet worden, weil die Monu-

vor der Überfülle von Informationen, die einander widersprechen, wenn sie synchron betrachtet werden, und ihn daher verwirren, die aber an Kompatibilität und Logik gewinnen können, wenn sie in ihrer richtigen diachronischen Abfolge angeordnet werden.[50] Die Feststellung eines großen Durcheinanders und die Auskunft, es lohne nicht, damit seine Zeit zu verschwenden, ist so, als würde man bei einer Grabung feststellen, daß alles durcheinander geraten sei, wie es immer die Ausrede von unfähigen Ausgräbern war. Jedes Durcheinander hat seine ihm eigene Ordnung, die der Stratigraph immer zu entschlüsseln vermag.[51] Aber diese und andere ähnliche Haltungen sind Teil einer methodologischen »Manier«, hinter der die Angst durchscheint, die Grenzen zu überschreiten, die die vorherrschende historische Methode oder die Schule, der man angehört, setzt.[52]

25. Folgen dieser Haltungen. Diese kritischen Einstellungen haben zwei hauptsächliche Konsequenzen: die Flucht in die Hyperkritik oder in die Geschichte der Geschichtsschreibung, die Königswege zur Vermeidung der historischen Rekonstruktion, bei der ja ein erhebliches Risiko des Irrtums

mente des Forums zu dieser Zeit »in Blüte« gestanden seien, was im Blick auf die Monumente und ihre Ästhetik auch stimmt, aber nicht für die auf Indizien ausgerichtete Blickweise, die schließlich wesentlich historischer ist; zu den chronologischen Positionen von Mastrocinque siehe auch Cornell 1995, der jedoch Numa auf den chronologischen Platz des Tarquinius Priscus stellt (Carandini 1992 und in: Palatium e Sacra via, 1; Carafa i. Dr.; vgl. §367, Addendum VIII und Appendices 2b und 8). Die Entdeckung von Kulthütten in Latium hat die Epoche geschlossen, in der gemauerte Tempel den Beginn der Kulte anzeigten.

[50] Das Septimontium ist in der Entwicklung der Siedlung oft als eine Stufe für sich betrachtet worden, während sie frühere Phasen voraussetzt (vgl. §§170 ff.). Der romuleischen Gründung der Stadt wurden Einzelheiten zugeschrieben (wie die Gründungsgrube beim *mundus* beim Comitium), die wahrscheinlich auf die servianische Wiedergründung zu beziehen sind (Carandini 1990 und 1992; Grandazzi 1993).

[51] Dies z. B. kann Mastrocinque 1993 nicht nachvollziehen, der das rhetorische Mittel einsetzt, auf chaotische Weise die zahlreichen Varianten des romuleischen Zeitalters auszubreiten, um so leichter zu der Schlußfolgerung zu gelangen, daß diese nicht ernst zu nehmen seien (Carandini 1992).

[52] Ein kumulativer Effekt hat die »gemäßigte Kritik« einseitig zu tendenziell immer kritischeren Positionen gedrängt. Per Antonomasie ein gemäßigter Kritiker war De Sanctis 1907, der an das romuleische Pomerium entsprechend dem von Tacitus beschriebenen Verlauf glaubte, das er klar von den (1847 entdeckten) Mauern unsicherer Bestimmung unterschied, die an der Kante des Hügels standen: »Der unbekannte Tag, an dem die Begrenzung erfolgte, könnte in gewisser Weise als der Tag der Gründung Roms betrachtet werden.« Ein gemäßigter Kritiker war auch Momigliano 1963, 1984 und 1989, der die Existenz eines Gründers und einer Gründung für möglich hielt, eine überlieferte Gegebenheit »von einer gewissen Bedeutung«: »Da die Römer selbst Gründer von Städten gewesen sind, gingen sie davon aus, daß auch ihre Stadt rituell gegründet worden sei. Wahrscheinlich war ihre Annahme nicht ganz verkehrt.« Diese Haltung erlaubt es Cornell 1995, an einen Gründer von Rom zu glauben, der aber per Definition nicht Romulus sein kann und deshalb mit Numa identifiziert, jedoch in das letzte Viertel des 7. Jh. datiert wird. Man könnte viele weitere Gelehrte anführen, beginnend

besteht.[53] Die Hyperkritik ist nichts anderes als der Kult, mit dem der Historiker sich selbst beweihräuchert, weshalb es nicht die Mühe lohnt, hier darauf viel Zeit zu verwenden.[54] Für die Geschichte der Geschichtsschreibung gilt: »Die historische Quelle neigt dazu, ausschließlich als Quelle ihrer selbst (der Art ihrer Erschaffung) untersucht zu werden und nicht als Quelle dessen, wovon sie spricht. Anders ausgedrückt werden die (schriftlichen, bildli-

mit Fraccaro 1957 (»es steht uns frei zu glauben, daß auch Romulus eine historische Person gewesen sein kann«). Aber zahlreiche Historiker, die sich jetzt auf die gemäßigte Kritik berufen, vertreten sehr viel intransingentere Positionen, wie z. B. Ampolo 1988 und Mastrocinque 1993.

[53] Mastrocinque 1993 meidet sowohl die Hyperkritik wie die Geschichte der Historiographie und gelangt zu einer Rekonstruktion, die so nah an das Wahrscheinliche herankommt, wie es ihm seine Ansichten erlauben, was sicher ein Verdienst ist. Er vertritt zu Recht, daß »man weder ohne Quellenkritik vorgehen kann noch ohne die Zuhilfenahme der religionsgeschichtlichen und der anthropologisch-komparativen Methode, denn es ist wichtig zu wissen, wie und wann eine Sage überliefert worden ist, aber es ist genauso wichtig zu verstehen, was die Sage selbst aussagt«. Das Problem ist, daß Rom »bis in die spätrepublikanische Zeit keine solide schriftliche Tradtion besitzt«, so daß die Rekonstruktion der Übertragungswege die ältesten Epochen nicht erreicht und sie vollkommen in Dunkelheit getaucht bleiben. Leider hat Mastrocinque, der A. Brelich zwar oft zitiert, nicht dessen Methode angewandt, da sie ihm für die Gewinnung von Anhaltspunkten in der Frage des höheren oder niedrigeren Alters der Mythen ungeeignet schien.

[54] Zur irrationalen Grundlage einer Quellenkritik, die sich selbst als »hart« definiert, sei auf die Urteile von Hegel (vgl. das Motto) und von Momigliano 1960 verwiesen: »Pais vereinigt den willkürlichen Skeptizismus in bezug auf die Überlieferung mit einer ebenso willkürlichen Leichtgläubigkeit für seine eigenen Vermutungen.« Zur hyperkritischen Haltung von J. Poucet siehe Carandini 1992. Sein Fall ist im Vergleich zu E. Pais viel schwerwiegender, insofern sich fast hundert Jahre nach der Entdeckung der lateinischen Inschrift auf dem Comitium (1899) ein großer Schatz an archäologischen Entdeckungen angehäuft hat, dem sich eine schnelle Entwicklung der stratigraphischen Methode hinzugesellte (Carandini 1991), die Poucet entwertet oder ignoriert. Unter dieser Maßgabe glaubt er schließlich nur noch an sich und an das Phantasma, das die kollektive indoeuropäische Vorstellungswelt von G. Dumézil womöglich ist. Was diese angenommene indoeuropäische Bildwelt angeht, genügt die Beobachtung, daß Polynesien öfter als Indien, der Iran und Skandinavien dazu dienlich war, die religiösen Phänomene des vorgeschichtlichen und archaischen Latiums zu verstehen, wie Dumézil 1949 selbst einräumte (»Bestimmte Dinge erscheinen nicht bei den Indoeuropäern in größerer Klarheit oder Vollständigkeit, und wenn man sie unter dem Gesichtspunkt der allgemeinen Soziologie untersuchen will, bringt es mehr, sie zum Beispiel in Polynesien oder bei den Einheimischen in Nordwestamerika zu beobachten«); die von Renfrew 1988 gegenüber Dumézil vorgebrachte Kritik scheint denn auch nicht unbegründet zu sein, nach der viele der mentalen Strukturen, die man für indoeuropäisch gehalten hat, in Wirklichkeit ein viel weiter verbreitetes Vorstellungsgut der Menschheit sind, wenn ein gewisser Entwicklungsstand erreicht ist wie der zwischen der Vorgeschichte und dem Beginn der Kultur. Dumézil 1949 unterscheidet zwischen »genetischer« und »typologischer« Komparatistik, aber die Grenze zwischen den beiden ist nicht so leicht zu ziehen. Überzeugend ist auch die Kritik an Dumézil von Cornell 1995. Kontakte unter den verschiedenen Völkern des Mittelmeerraumes zwischen der späten Prähistorie und der Protohistorie, einer Epoche, die immer besser dokumentiert wird, können nicht ausgeschlossen werden, und sie könnten beitragen, einige Ähnlichkeiten zu erklären, ohne auf die mentalen indoeuropäischen Strukturen zurückgreifen zu müssen. (vgl. § 157).

chen usw.) Quellen als Zeugnisse sozialer ›Darstellungen‹ analysiert. Gleichzeitig aber wird die Möglichkeit zur Untersuchung der Beziehungen, die zwischen diesen Zeugnissen und den von ihnen bezeichneten oder dargestellten Realitäten bestehen, als unverzeihliche positivistische Naivität abgelehnt.«[55] Als notwendige Konsequenz aus dieser Einstellung ergibt sich Folgendes: »Für den Historiker ist nicht so wichtig, eine archäologische Bestätigung der Daten der historischen Überlieferung zu erhalten, als sich vielmehr die Herkunft dieser Daten zu erklären und wie es gekommen ist, daß sie Autorität gewonnen haben.«[56] Dieses »nicht so wichtig« von Momigliano entmutigt, sich direkt mit der Wirklichkeit des Altertums auseinanderzusetzen. Aber wenn der Beruf des Historikers vor allem darin besteht, das Leben der Menschen zu erzählen, hat er die Verantwortung, davon zu reden, es sei denn, es gibt einen gewichtigen Grund für sein Schweigen oder dafür, von anderem zu sprechen als wovon die Quelle spricht.

26. Eine andere Vorgehensweise. Die Art, wie eine Nachricht in der Überlieferung entstanden ist und welches Schicksal sie gefunden hat – rekonstruierbar im allgemeinen durch ein kleines Teilstück, das oft angesichts der langen Geschichte gar nicht besonders bedeutungsvoll, aber dennoch der Untersuchung wert ist –, darf das kognitive Grundproblem betreffend den Inhalt der Nachricht nicht verdunkeln. Wir sind oft gehalten einzugestehen, daß wir den Autor einer bestimmten Nachricht, ihre Entstehungszeit und auch die zahlreichen Stufen, die zu ihrer Übernahme in die Vulgata geführt haben, nicht kennen, aber deshalb dürfen wir sie doch nicht verwerfen, wenn sie aus anderen Gründen plausibel und stichhaltig erscheint. Auch eine Nachricht, die nur in einer sehr späten Quelle erhalten ist, kann sich als wertvoll erweisen und in eine sehr frühe Zeit zurückreichen.[57] Die Nachrichten der Annalisten und Antiquare der spätrepublikanischen und augusteischen Zeit entspringen einer Black Box, die undurchdringlich ist und bleiben wird, aber deshalb dürfen sie nicht von vornherein als wertlos

[55] Ginzburg 1991 [dt.: Der Dichter und der Henker, Berlin 1991, S. 29 f.].
[56] Momigliano 1966a. Ebenso interessiert auch Wiseman 1994 der in der Sage vom Trojanischen Krieg enthaltene historische Gehalt nicht: »more important for our purposes is what was done with the story«. Nach Momigliano 1963 ist die literarische Quelle im Vergleich mit der archäologischen Quelle viel sicherer, insofern sie Ausdruck des »lebendigen Gedächtnisses« einer Gesellschaft ist, während die archäologische Quelle sehr viel unsicherer sei, da sie auf auf toten Dingen aufbaue. Einen ähnlichen Standpunkt nimmt Cornell 1995 ein, der wiederum die Halbierung der traditionellen Chronologie der Königszeit nur aufgrund archäologischer Belege einführt, die leider ungenau oder überholt sind: A. Carandini in: Palatium e Sacra via, 1; vgl. §§359 ff., Addendum VIII und Appendix 8.
[57] Die von einem Scholiasten bezeugte Version eines Mythos kann sich als älter erweisen als eine von Pindar bezeugte Lesart, weshalb hier die Qualität der Notiz mehr zählt als die Qualität der Quelle: Brelich 1958.

betrachtet werden. Der informative Kern, der in einer Quelle enthalten ist, darf nicht angenommen oder verworfen werden allein aufgrund des Stammbaums, es muß auch mittels Gegenüberstellung nach Inhalt und Stil die Möglichkeit geprüft werden, sie einem bestimmten historischen Kontext eher als einem anderen zuordnen zu können (ähnlich wie der Ausgräber auch Schichten ohne stratigraphischen Bezug zuordnet und wie ein Kunstkenner ein Bild auch ohne klare oder berühmte Herkunft einordnet). Das ist der Grund für die Bedeutung der Methode von Angelo Brelich, einem Gelehrten höchsten Ranges, der allerdings in vieler Hinsicht eine Ausnahme geblieben ist.

27. Bewertungsinstrumente außer der Philologie. Zu diesen Argumenten sind hinzuzufügen die Fortschritte der Archäologie, die nicht mehr nur dazu dient, zu den Büchern der Historiker Illustrationen beizusteuern, sondern wesentliche Beiträge zur historischen Kritik und Rekonstruktion liefert und dazu, ob wir die überlieferten Nachrichten für authentisch oder spät halten. Bis heute hat die Archäologie sicher eher unser Vertrauen gestärkt als das Gegenteil, und es ist jetzt an der Zeit, sie ernst zu nehmen, denn der systematische Pessimismus erscheint immer unangebrachter, jener vornehme Überrest einer alten Manier, als die Historiker in schattigen Bibliotheken weit von den Monumenten arbeiteten, ausschließlich über literarischen Quellen gebeugt und mit vor allem philologischem Rüstzeug. Es bringt zum Beispiel wenig, sich den Kopf zu zerbrechen, wie die Historiker Roms an der Wende vom 3. zum 2. Jahrhundert so viele Jahrhunderte zurückgehen und sich neben einer lateinischen eine sabinische ethnische Komponente ausdenken konnten, um dann den Schluß zu ziehen, daß das sabinische Element Roms wahrscheinlich eine Erfindung ist, mit Berufung auf die Tatsache, daß die mündliche, bildnerische und schriftliche Überlieferung nicht weiter als ein oder zwei Jahrhunderte zurückreichen könnten, und das gegen alles ethnische und anthropologische Wissen über die Frage der Oralität.[58] Zweckmäßiger sind da Überlegungen folgener Art: 1. Gibt es auf anthropologischer Ebene Völker, die durch die Verbindung unterschiedlicher Komponenten gegründet wurden (es ist dies das von Dumézil erörterte

---

[58] Siehe dazu zuletzt Wiseman 1996. Nur mit großer Verspätung haben die Altertumsforscher sich eine Art ethno-anthropologischer Kultur angeeignet (vgl. Appendix 9). S. Reinach bemerkte: »Als ich 1900, beeinflußt von Smith und von Frazer, begann in Frankreich Vorlesungen zu halten und Artikel zu publizieren über Tabu und Totemismus, mußte ich diese Ausdrücke erklären, weil fast niemand sie damals kannte. Ein Jahr zuvor, als ich die Gelegenheit hatte, mit dem großen Mommsen darüber zu sprechen, gestand er mir ein, nie davon reden gehört zu haben.« In der gleichen Lage befanden sich die französischen Latinisten im Jahr 1933 (Krappe 1933).

Problemfeld)? 2. Sind Wanderungen von Stämmen zwischen der Endbronzezeit und der frühen Eisenzeit im Mittelmeerraum plausible Annahmen
(mit einem Blick auch auf die Ägäis)? 3. Können Wanderungen von Volksstämmen für bestimmte Stämme zu Gründungsmythen geworden sein (wie
der Exodus für die Juden)? 4. Gibt es Anzeichen für Teilordnungen in Rom
(*colles*, *montes*, Septimontium ohne *colles*, usw.)? 5. Gibt es archäologische
Spuren für den Einfall italischer Völkerschaften entlang des Tibers in vorgeschichtlicher Zeit (Aufgabe alter Siedlungen im Inneren Italiens und Gründung neuer Siedlungen entlang des Flusses)? Und so könnte man weiter und
weiter fragen (unter Einbezug auch der Linguistik). Wenn Überlegungen dieser Art, die im allgemeinen außerhalb des Bereichs der Philologie liegen, für
die Präsenz von Italikern in Rom sprechen, dann ist es klüger, die Tradition
von den Sabinern auf den *colles* für richtig zu halten. Andernfalls enthält
man sich besser eines Urteils oder weist die Nachricht, bis zum Erweis des
Gegenteils, zurück.

2. Teil
Die präurbane Zeit

Die Phantasie ist kein berührbarer Gegenstand, sie ist aber
dennoch ein Faktum. Sie ist die Manifestation von etwas, und
dieses ist ebenso real wie der Vertrag von Versailles.
C. G. Jung, Interview (1957)

1 Erste Klärungen

28. Die Wege treffen aufeinander. Wenn es möglich wäre, der Archäologie der Vorgeschichte Latiums und des Gebietes von Rom eine indigene
Mythologie gleich hohen Alters zur Seite zu stellen, und wenn es möglich
wäre, dann noch zwischen Archäologie und Mythologie signifikative Zusammenhänge zu entdecken, dann könnte es ein Ende haben damit, daß die
Angaben über die materielle und über die übernatürliche Sphäre dieser Welt
je nur für sich erklärt werden, und es würde eine ganz andere und viel reichere Erzählung über das früheste Leben der Latiner und Römer möglich.
Die Verlockung, diese zwei Arten von Evidenz zu vergleichen, ist groß, denn
bisher hat man derartiges nicht unternommen, und es drängt sich auf, es
nun endlich zu versuchen, und sei es, daß die Ergebnisse am Ende verworfen
werden, aber dann eben nach ernsthafter Prüfung und nicht, wie es üblich
ist, weil man aus Angst oder Mißtrauen es gar nicht wagt. Wenn wir auf
einer »harten« Kritik beharren, auf der Notwendigkeit zu »beweisen«, führt
das dazu, daß wir die Vorgeschichte auf einem Status der Minderwertigkeit
und der Unsagbarkeit festschreiben, der ihr grundsätzlich nicht zukommt,
da es für diese Zeit in einigen Fällen, und hier liegt ein solcher Fall vor, über
die aktuell vorhandenen archäologischen Daten hinaus schriftliche Quellen
gibt. Wenn es aber möglich ist, eine Erzählung ohne Beweiszwang zu schreiben, wenn es genügt, Gründe anzuführen und die Wahrscheinlichkeit abzuwägen, daß eine Quelle einen – und sei es noch so geringen – Wahrheitsge-
halt hat (auch vor Gericht ist es erlaubt, eine »zirkumstantielle« Evidenz[1]
geltend zu machen), dann kann der Versuch gewagt werden. Es würde daraus
eine besondere Art von Geschichtsschreibung entstehen, in diesem Fall besser von »Mythistorie«. Es ist ja nicht gesagt, daß die Geschichte für alle Zeiten und Orte von gleicher Art sein muß. Es kommt darauf an, in welchem
Verhältnis mündliche Überlieferung, Schrift und gegebenenfalls Geschichtsschreibung stehen. Andererseits braucht bei einem solchen Versuch niemand
etwas zu befürchten. Schlimmstenfalls, wenn das Unternehmen scheitert,
kann man immer noch zum Ausgangspunkt zurückkehren, aber dann eben
mit einem deutlicheren Bewußtsein davon, welche wirklichen Möglichkei-

---

[1] Wenn verschiedene nicht geplante oder einseitig ausgerichtete Details in ein und dieselbe
Richtung weisen, ergibt das eine zirkumstantielle Evidenz, die es ermöglicht, sich dem anzu-
nähern, was einem Beweis gleichkommt. Siehe zum Thema Hocart 1927, 1937 und Pucci 1994.
Zur »harten« Kritik der hyperkritischen Historiker: Carandini 1992.

ten des Verständnisses wir haben. Das Experiment, das wir vorhaben, besteht
vor allem darin, auszuprobieren, ob es reizvoller ist, die Geschichte in der
eben angedeuteten »reicheren« Weise zu erzählen zu versuchen, oder ob es
vorzuziehen ist, weiterhin den alten »ärmeren« Pfaden getrennt zu folgen.
Die Anfänge der latinischen Kultur könnten sich in ihren gesellschaftlichen
und mentalen Artikulationen als weit vielfältiger erweisen, als man es bisher für vorstellbar hielt. Es könnte sein, daß diese Kultur nicht erst mit der
Stadt entstanden ist – die Kultur einseitig an die *civitas* zu binden, ist ein
typisches klassizistisches Vorurteil[2] –, sondern schon sehr viel früher, in der
Zeit der präurbanen Siedlungen, die zur Kultur von Alba Longa geführt hat
und dann zu einer Kultur auf römischem Boden, noch bevor es Rom als
Stadtstaat gegeben hat.

29. Teilsicht und Totalsicht. Landbezirke, Dörfer, Hütten und Gräbstät-
ten zu rekonstruieren ohne auf die geistige Welt der Gemeinschaft, auf
die mentale Architektur der Menschen, auf das System der symbolischen
Gedankenwelt zurückgreifen zu können, ist ein schwerwiegender Nachteil,
im besonderen bei den frühen Gesellschaften, die so etwas wie eine Total-
erfahrung kennen. Eher könnte man in bestimmten Spezialbereichen wie
Technik oder Militärwesen von der Ideologie der Römer absehen, als daß
man in einer Welt, in der die Heiligkeit den Zusammenhalt, die Stabilität
und die Identität des Lebens begründet, auf die Formen verzichten könnte,
wie die Welt der Götter, der Heroen und der Menschen dargestellt wird.
Wenn die Menschen der Anfänge ihre menschliche Welt als eine Widerspiegelung der göttlichen Welt konstruiert haben, ist es dann möglich, sie ohne
Kenntnis ihrer Theologie zu verstehen? Der Fall von Rom ist nicht nur nicht
hoffnungslos, er zählt, wie wir sehen werden, zu den glücklichsten; sich hier
auf den archäologischen oder linguistischen Blickwinkel zu beschränken, ist
eine respektable, aber objektiv eben beschränkte Möglichkeit, und sie ist auf
keinen Fall verpflichtend.

30. Es gibt nur eine Welt der Quellen. Italien hat keinen Homer und keinen Hesiod, und die literarischen Quellen, über die wir verfügen, stammen
im allgemeinen aus später Zeit. Die Versuchung, sie außer acht zu lassen
und die eigene Rekonstruktion nur auf archäologische Daten zu stützen, die
allein als einigermaßen sicher gelten und die man mit Händen greifen kann,

---

[2] Ampolo 1987–89 verweist auf den klassizistischen Standpunkt jener, die die Griechen von
den Römern trennen und die Griechen und die Römer von den Phöniziern, den Etruskern
und von den anderen zivilen Völkern des Mittelmeerraumes im Altertum. Aber es gibt noch
andere derartige Einstellungen, z. B. jene, welche die Vorgeschichte von der Geschichte trennen
und eine Kultur nur für letztere einräumen, und jene, die keine Vergleiche außerhalb der mediterranen Kulturen zulassen.

ist verständlich.[3] Aber auch die archäologischen Daten stehen, insofern sie systematisch gesammelt werden, unterschiedlichsten Interpretationen offen, wie die Arbeiten zur Vorgeschichte zeigen. Andererseits gibt es für die mit dem Indizienbeweis arbeitende Methode keine Situationen, die so aussichtslos wären, daß sie nicht einen Rekonstruktionsversuch verdienen würden, und auch eine sehr späte Quelle kann eine Information enthalten, die weit zurückreicht.[4] Mögliche Ablagerungen der ältesten Erinnerungen haben im dunklen Fluß der Tradition schon einen langen Weg zurückgelegt, bevor sie schriftlich festgehalten werden, aber dieser Umstand entwertet nicht den Versuch der Rekonstruktion, auch wenn die Untersuchung kompliziert ist und uns unendliche Geduld abverlangt, da die schriftliche Fassung die Erzählung sowohl bewahren als auch abändern kann. Die mündliche Überlieferung, die in den Texten gesammelt und weitergegeben wird, ist oft die einzige lebendige Erinnerung, die uns aus der fernen Vergangenheit erreicht, die einzige Quelle, die es vermag, Anachronismen und Vorurteilen entgegenzutreten, die wir als neuzeitliche Menschen hegen, die wir oft ein über-

[3] Die Archäologen neigen dazu, das gesamte mythologische Erbe Latiums nach Maßgabe einer einfachen Fabel zu betrachten, wie zuletzt Pallottino 1993. Bietti Sestieri 1992a und 1996 beschränkt sich darauf, sehr allgemeine Zusammenhänge zwischen archäologischen Daten und Kenntnissen aus literarischen Quellen zu beobachten, etwa im Fall der sich allmählich entwickelnden Rolle der Gemeinschaften von Lavinium, der Albaner Berge und Roms (siehe auch Cornell 1995). Aber die Berichte über die ersten Könige, die Alba Longa zugeordnet werden können, über den Kult des Iuppiter Latiaris auf dem Mons Albanus und über die Populi Albenses sollten zum Anlaß genommen werden, genauer über die Organisation dieser Gemeinschaft nachzudenken, die auf der Grundlage einer bestimmten Deutung der Belege aus den Nekropolen im allgemeinen für tribal und egalitär gehalten wird. Bietti Sestieri 1996 zeigt sich entmutigt im Hinblick auf die Zuverlässigkeit der literarischen Quellen, die die Vorgeschichte betreffen. Die Herrschaftsstrategien der Gesellschaften, die die Schrift kennen, hätten die mündliche Überlieferung soweit manipuliert, daß diese unverständlich geworden sei, und auch die Spuren der Eingriffe seien mit der Zeit nicht mehr »mit Sicherheit« auszumachen. Wenn man von Ascanius ausgeht, der Alba gründet, und nicht versteht, daß sich dahinter ein Double verbirgt, kommt man nicht weit und gelangt zu den obigen Schlußfolgerungen. Andererseits gibt es keine objektiven Dokumentationen, frei von Interessen und Herrschaftsstrategien, und jedwede Nachricht, wie auch immer überliefert, verkörpert sich in einer langen, komplexen und schwierig zu entschlüsselnden Schichtung, deren Ebenen – wie auch bei den materiellen Schichtungen – nicht »mit Sicherheit« zu unterscheiden sind, die wir aber dennoch zu trennen versuchen müssen. Die Anliegen dieser Gelehrten sind ganz anderer Art, aber sie sind jedenfalls höchst verdienstlich und in Italien vielleicht nicht ausreichend gewürdigt; es ist jedoch besser, mit Urteilen zurückhaltend zu sein, vor allem, wenn sie nicht auf einer persönlichen und spezifischen Untersuchung beruhen (es ist bezeichnend, daß A. Brelich in der Bibliographie der Gelehrten nicht auftaucht), sondern von einer allgemein verbreiteten Kritik entliehen sind, die um so ungenügender ist, je mehr es um mythische und religionsgeschichtliche Themen geht, die ein Wissen darum voraussetzen, wie Bewandtnis es mit dem »kulturellen Gedächtnis« am Beginn einer Kultur hat (vgl. Appendix 9).
[4] Carandini 1991, S. 249 ff. Vgl. § 26, Anm. 57.

mäßiges Vertrauen in die Effektivität unserer Untersuchungsmethoden und in die Zuverlässigkeit unserer Urteile haben. Auch die Unsinnigkeiten der Mythen haben – wie die in der sorgfältigsten aller Feldforschungen gewonnenen Daten – ihre eigene Logik und sind Teil eines Systems. Eine lokale Tradition kann verzerrt auf uns gekommen sein, aber auch wir, die die früheren Lebensumstände als Außenstehende betrachten, können unwillentlich ihren Sinn verdrehen. Nur in der Spannung zwischen den überlieferten oder »von innen« rekonstruierten Daten und den »von außen« rekonstruierten Daten, wie es die archäologischen und linguistischen Daten sind, kann die Wahrscheinlichkeit gesteigert werden, sich nicht allzu weit von der Wahrheit zu entfernen. Es dürfen also nicht nur einzelne Daten oder Datenreihen, es muß die Gesamtheit der Informationen[5] herangezogen werden; so wenig wir müde werden dürfen, uns um eine bessere Erfassung der Gegebenheiten und ihrer Abfolge zu bemühen, so müssen wir mit ebensolchem Nachdruck Brücken schlagen zwischen den unterschiedlichsten Formen der Dokumentation, und wir sollten nicht meinen, die eigene Art und Weise, die historischen Phänomene zu betrachten, sei der anderen überlegen, da jede Nachricht sowohl ihre eigene Philologie aber auch Kritik von außen nötig hat. Wir können freilich alle möglichen Forschungshypothesen über die Vorgeschichte aufstellen, aber die ersten, die wir überprüfen müssen, sind die, die aus der mündlichen Tradition der Menschen entfaltet werden, die wir nicht mehr fragen können.[6] Wir können dann noch weitere Fragen stellen, die von außen herangetragen werden, d. h. von den neuesten und verfeinertsten von uns selbst erfundenen technischen Untersuchungsmethoden, aber sie müssen dann in Bezug gesetzt werden zu den Fragen, die sich aus der Überlieferung ergeben. Es gibt keine Indifferenz oder Neutralität bezogen auf das *corpus* der Kenntnisse, die die Griechen und Römer uns über ihre Anfänge hinterlassen haben, es sei denn um den Preis einer schrecklichen Vereinfachung, mit der wir uns aber nicht abfinden sollten.

---

[5] Auf die »Gesamtheit der Informationen« beruft sich Peroni 1994.

[6] Gegen den ethnozentrischen Kolonialismus in der Erforschung der Vergangenheit und zugunsten der mündlichen Überlieferung als historischer Quelle spricht sich der Afrikanist J. Vansina (1978 und 1985) aus. Siehe auch Scoditti 1994 (mit neuester Bibliographie), der gezeigt hat, daß die mündliche Tradition einer primitiven Gesellschaft textliche Merkmale ausbilden kann, anhand derer die Mitglieder der Gemeinschaft beurteilen können, ob die auswendige Rezitation eines bestimmten Textes exakt oder annähernd exakt ist. Die Schrift ist also nicht erforderlich, damit ein Vortrag, statt improvisiert und hastig, durchdacht, gegliedert und belehrend wirkt, und dies ist auch grundlegend für das richtige Verständnis der homerischen Epen (einen anderen Ansatz vertritt Di Benedetto 1994, Kritik daran von Cantilena 1995). Auch die mündliche Tradition ist ein zweischneidiges Schwert: Sie kann bewahren und verändern.

31. Es ist an der Zeit, die Ergebnisse gegenüberzustellen. Eine der grundlegenden methodologischen Voraussetzungen der historischen Untersuchung lautet, daß die unterschiedlichen Arten von Evidenz je für sich mit den entsprechenden Philologien überprüft werden müssen und daß eine abschließende Synthese nur über eine Reihe von partiellen Synthesen gewonnen werden kann. Mir scheint, daß es über die Mythen von Latium und über die Archäologie dieser Region in den verschiedenen Teildisziplinen mehr als genug Untersuchungen gibt und daß es jetzt legitim ist, einen Vergleich des gesamten Materials zu versuchen. Eine allgemeine Synthese ist nichts anderes als eine große Gegenüberstellung von Erinnerungen unterschiedlicher Art. Es geht nicht um eine Harmonisierung um jeden Preis, sondern um eine freimütige Gegenüberstellung, die zu einer möglichst wahrscheinlichen Erzählung führen soll. Wenn die Gegenüberstellung ein chaotisches Bild ergibt, eine schreiende Dissonanz, wird man kapitulieren und den Rückzug antreten müssen, wenn sich die Hypothesen jedoch gegenseitig stärken, wird es möglich, eine wenigstens tendenziell vereinheitlichende Rekonstruktion zu versuchen. Jede vernünftige historische Erzählung setzt eine Logik voraus und muß Widersprüche vermeiden. Aber nur eine Synthese allgemeiner Art bietet die Möglichkeit, die Kompatibilitäten aufzudecken; ohne eine solche Synthese würden sie nicht ausgesprochen und blieben sie verborgen in den verschiedenen Behältnissen, in die die Spezialisten die Wirklichkeit der Vergangenheit einzuordnen gewöhnt sind, als hätte es nie die eine Wirklichkeit gegeben.[7]

[7] Vgl. Gabba 1993: »Unterschiedliche Stränge aus unterschiedlichen Dokumentationen müssen bei der Analyse auseinandergehalten werden; sie dürfen nicht zur gegenseitigen Stützung von Nachrichten oder Daten miteinander verglichen oder nebeneinander gestellt oder einfach nur in einen fremden Kontext eingefügt werden. Es empfiehlt sich, voneinander getrennte Bilder zu erstellen, die mit den inzwischen verfeinerten methodologischen Techniken für die verschiedenen Formen der Dokumentation erarbeitet werden; erst dann wird ein Vergleich möglich und zweckmäßig, was jedoch nie Abgleichung um jeden Preis und vereinheitlichende Rekonstruktion bedeuten darf«. Diese Haltung kann man im großen und ganzen teilen, solange sie nicht zu extrem und hinderlich wird. Wenn die verschiedenen historiographischen Bilder des Altertums und die verschiedenen Nachrichten des Altertums und der Neuzeit sich auch nicht planlos überlappen sollen, so müssen sie doch in irgendeiner Weise untereinander in Beziehung gebracht werden. Der methodologische Ansatz von E. Gabba ist grundlegend hyperkontextuell, insofern alles historiographische, antiquarische und ethnographische Material, das in einer Quelle angetroffen wird, völlig unter die gedanklichen Prozesse und die Arbeitsmethode des Autors subsumiert erscheint, auch wenn dieser mit relativer Zuverlässigkeit frühere Quellen spiegelt, er eine handwerkliche Zusammenstellung seiner Informationsquellen bietet und auch jene Überlieferungen referiert, denen er keinen Glauben schenkt, wie Dionysios von Halikarnassos es macht. Das Material hat danach also letztlich nur innerhalb der historiographischen Konzeption einen Wert, auch wenn es auf alte Traditionen zurückgeführt werden kann. Aber nicht alles muß unbedingt in ein ideologisches und historiographisch rigides Schema

32. Unvermeidliche Antizipationen. In den folgenden Paragraphen geht
es darum, die Hauptlinien der wissenschaftlichen Diskussion darzulegen,
aus der diese Arbeit hervorgeht. Wir müssen deshalb rasch und knapp in
spezielle Fragen einsteigen, die erst in einem zweiten Schritt angemessen
erklärt werden können, so daß das Folgende dem Leser zunächst dunkel und
schwer verdaulich erscheinen mag. Wir konnten nicht so tun, als wäre es
möglich, mit einer Tabula rasa zu beginnen, denn die Untersuchung beginnt
und entfaltet sich in der Auseinandersetzung mit wissenschaftlichen Orientierungen, im Gegensatz zu den einen und in Übereinstimmung mit anderen, und in eben dieser kritischen Bewegung hat sie ihre Rechtfertigung.
Wir empfehlen deshalb, die folgenden Paragraphen ohne den Anspruch zu
lesen, jeder problematischen Wendung gleich folgen zu müssen oder zu sollen, denn es ist uns sehr wohl bewußt, daß wir am Ende der Arbeit darauf
zurückkommen werden müssen, wenn sie keine Prämisse mehr ist, sondern
wir sie als Konklusion verstehen können.

33. Hatten die Römer keine eigenen Mythen? Die Römer, so heißt es,
haben historisch gedacht, nicht dichterisch; national, nicht kosmisch; praktisch, nicht logisch; politisch, nicht ethisch; juridisch, nicht mystisch. Ganz
in Anspruch genommen von der Stadt und vom Staat, hätten sie keine
Mythen gekannt, sondern Riten. Dieser Tatbestand wird als Ergebnis einer
»Entmythisierung« dargestellt. Anfänglich mit Bezug auf die Entwicklung
vom ursprünglichen Jupiter zum kapitolinischen Gott erörtert, wurde die
Entmythisierung schließlich zum universalen Schlüssel der Interpretation
der gesamten Religion Latiums in allen ihren Epochen. Die Entmythisierung würde, bevor sie einsetzen kann, logisch gesehen ein mythisches Erbe
voraussetzen. Einige Gelehrte halten es jedoch für einen Fehler, eine mythische Welt vorauszusetzen, die älter ist als die historisch greifbare Ritualität,
da dies in Widerspruch stünde zu grundlegenden Eigenschaften der Römer,
die nie einen Mythos im eigentlichen Sinn hervorgebracht hätten.[8] Aber

gezwängt werden. Die konzeptionelle Einheit eines Werkes ist und bleibt widersprüchlich und
mehrschichtig, auch wenn es in vereinheitlichender Terminologie entworfen wird. Es gibt also
in historiographischen Zusammenhängen Restmaterialien und ältere Schichten, aus denen einzelne Elemente im Hinblick auf andere historiographische Ziele herauszuziehen nicht grundsätzlich verboten ist. Die Hyperkontextualität führt letzten Endes zu folgendem Schluß: Da
unsere Quellen aus später Zeit stammen und jede in einen präzisen einheitlichen historiographischen Rahmen eingebunden ist, der für sich steht und mit den anderen unvereinbar ist, ist
es nicht möglich, die früheste Geschichte Roms zu rekonstruieren (Gabba 1991; auf eine andere
Konzeption verweist Appendix 8).

[8] Der erste, der die Frage aufwirft, ist Dionysios von Halikarnassos (Dion. Hal. 2,18-19); nach
ihm war Romulus der Protagonist der Entmythisierung (vgl. Anm. 15). In der Moderne ist
sie von Koch 1937 wieder aufgegriffen worden (siehe diesbezüglich Gabba 1991, der davor
warnt, Dionysios planlos mit modernen Erklärungen zu überlagern). Nach Dumézil 1966 hat

nicht nur die Römer in der Phase der Stadtwerdung hätten keine Mythen gehabt, sondern auch die Bewohner des protourbanen Zentrums und der präurbanen Siedlungen nicht und schließlich auch alle übrigen Latiner nicht. Die Latiner und die Römer würden auf diese Weise zu den einzigen Völkern, die am Beginn ihrer Kultur keine Mythen gehabt hätten: ein unbefriedigendes Ergebnis, das schlicht unwahrscheinlich ist, wenn man sich die Gegebenheiten der Welt vergegenwärtigt.

34. Kannten die Römer nur griechische Mythen? Diesem Konzept der allgemeinen Entmythisierung entspricht die Vorstellung, daß die einzigen Mythen, die die Phantasie der Menschen in Mittelitalien – und damit auch der Latiner – angeregt haben, die Mythen der Griechen waren, die seit dem 7.Jahrhundert begonnen hatten, diesen Teil der Halbinsel zu besiedeln.[9] Die

die römische Religion einen Prozeß nahezu vollständiger Entmythisierung durchgemacht, vergleichbar mit dem Vorgang am Ende des 19.Jh. bei den indischen Kafiren im Hindukusch, die bei der Berührung mit dem islamischen Glauben zwar nicht die »Form«, aber die »Philosophie« ihrer ursprünglichen Religion vergessen haben. Nach Dumézil war die Mythologie der Latiner früher genauso reich wie die der vedischen Inder und der Skandinavier, aber der Kontakt mit der griechischen Religion habe einen Großteil der mündlichen indigenen Kultur ausgelöscht. Bremmer 1993a vertritt hingegen die Meinung, die indoeuropäischen Völker hätten keine oder nur sehr rudimentäre kosmogonische und theogonische Mythen besessen; Latiner und Römer wären in dieser Tradition verblieben, im Gegensatz zu den Griechen, die ihren mythischen Reichtum aus dem Orient bezogen hätten. Accame 1959: »Nun ist anzumerken, daß es nie ein Volk gegeben hat, das nicht fähig gewesen wäre, selbst in seinem primitiven Zustand, den geschichtlichen Gehalt seines Lebens in eine Sage umzumünzen ...; jedes Volk hat eine göttliche und heroische Sage geschaffen«. »Die geistige Invasion der Insel [von Pingelab in Mikronesien] begann in der Mitte des vorigen Jahrhunderts; 1880 war die ganze Bevölkerung bekehrt. Als die Anthropologin J.Hurd ein Jahr auf Pingelab verbrachte, zwischen 1968 und 1969, konnte sie noch aus dem Mund des alten *nahnmwarki* [Häuptling] eine komplette mündliche Geschichte der Insel hören, in Form eines ausführlichen epischen Gedichts [mit 161 Versen]; mit dem Tod des *nahnmwarki* jedoch verschwand ein Großteil ... dieses historischen Gedächtnisses« (Sacks 1996). Ein Jahrhundert des Auftretens griechischer Mythen – eine Hochform der geistigen Invasion – kann in Latium den gleichen Effekt hervorgerufen haben. Einen gegenteiligen Standpunkt vertritt Sabbatucci 1970–72, 1975 und 1978: Die Ägypter und die Römer hätten sich von den Griechen darin unterschieden, daß sie es nicht verstanden hätten, aus dem Ritus die Funktion des Mythos zu extrahieren, also auf diese Weise den ursprünglich Zustand bewahrten, in der der Mythos völlig im Ritus eingeschlossen war, den die Griechen jedoch aufgebrochen hätten, um so ihre grandiose mythische Welt zu entfalten (der Begriff *mythos* ist griechisch), während die Römer den Mythos im Ritus bewahrt hätten, ganz zum Vorteil des letzteren (der Terminus *ritus* ist lateinisch), unter Umständen einer sozusagen ursprünglichen und integralen Entmythisierung. Gegen die vergessenen und verlorenen Mythen von Dumézil und die Versuche sie wiederzugewinnen: Beard 1993.
[9] Menichetti 1994. Cornell 1995 hat zu Recht vertreten, daß nur die Griechen eine systematische Rekonstruktion der Prähistorie der gesamten bekannten Welt ersonnen haben, aber das bedeutet nicht, daß die Völker an den Rändern der griechischen Welt nicht auch ihre kleinen mythischen Welten gehabt hätten. Aber die Berührungen mit den Griechen und mit ihrer mythischen Kultur kann viel weiter zurückreichen, mindestens bis in das 8.Jh. Man hat ange-

gentes haben demnach vor der Bekanntschaft mit dem (griechischen) Mythos und der Gründung der Städte die in den Familien überlieferten Wertvorstellungen bewahrt, sie haben ihre Religiosität in Zeremonien und in an die Vorfahren gerichteten Riten ausgedrückt, und sie haben diese entsprechend einer noch nicht von der privaten Sphäre emanzipierten und schon völlig entmythisierten Sakralität[10] gelegentlich auf ihren Hütten und Häusern als schützende Laren dargestellt.[11] Die Übernahme der griechischen Mythen sei dann vor allem aufgrund der kosmopolitischen kulturellen Bedürfnisse der Aristokratie in einer Zeit erfolgt, als (seit Ende des 7. Jahrhunderts) die Städte gegründet wurden und es also nicht mehr – wie für die einheimische Aristokratie zu Beginn und in der Mitte des 7. Jahrhunderts – so sehr die Reinheit des Blutes und der Abstammung war, die zählte, als vielmehr

nommen, daß man in Tarquinia seit dem 9. Jahrhundert den Wein aus Mischkrügen trank: Delpino 1989 (dagegen Sirano 1995). Becher griechischer Art sind in Veji seit dem zweiten Viertel des 8. Jh. gefunden worden (Pacciarelli 1991). In Francavilla Marittima enthielt ein Königsgrab aus der ersten Hälfte des 8. Jh. eine Mulde, die eine Sammlung von Schreinerwerkzeugen enthielt. Es könnte sich um ein *heroon* mit einem heiligen Depot handeln, das im Zusammenhang mit einem einheimischen Heros zu sehen sein dürfte, der mit Epeios identifiziert werden kann, dem Konstrukteur des trojanischen Pferdes, der nach Italien gelangt sei, Lagaria (zwischen Metapont und Thurii) gegründet und seine Werkzeuge Athene geweiht haben soll (Zancani Montuoro 1974-76). In Castel di Decima bei Rom ist in einem Grab ein bronzenes Abstandsstück für Pferde gefunden worden, datierbar am Ende des 8. Jh., das wahrscheinlich Aphrodite mit dem Kind Aeneas und mit Anchises darstellt, der geblendet wurde, weil er sich der Veinigung mit der Göttin rühmte (Serv. Aen. 2,649, 687), aber dieses Mal nicht von den Blitzen des Zeus, sondern von zwei Vögeln, die der Gott geschickt hatte: Bedini-Cordano 1977; Zevi 1981; Bedini 1981 (unerheblich die Kritiken von Giuliano 1981, Coarelli 1981a, Pallottino 1981). Aphrodite, wie auch Ishtar, fügt sich gut in die Sphäre der Pferde (Burkert 1979). Die Göttin mit dem Kind an der Brust wird wie eine Fortuna Primigenia dargestellt. Die Vögel sind keine Adler, wie angenommen wurde, sondern Spechte. Der Specht war, wie wir sehen werden, ein an die Blitze des Jupiters gebundener Vogel, mit einem so scharfen Schnabel, daß man ihm zutraute, Augen auszukratzen, zum Beispiel den Sammlern von Poeniagras, das vor den nächtlichen Scherzen der Faune beschützte (Theoph. 9,8,6; Plin. nat. 25,29; 27,85). Das griechische Mythenthema scheint in der Bronze von Decima in eine für die Stämme Latiums verständliche Sprache übersetzt worden zu sein, was darauf hindeutet, daß es sich nicht um eine passive Rezeption griechischer Mytheme handelte, sondern um ihre erste Neubearbeitung. Siehe hierzu Mastrocinque 1993, der den Mythos von Odysseus und Circe, in der Theogonie die Eltern von Agrios und Latinus (vgl. Addendum V), einer indigenen Bearbeitung zuschreibt. Es sei daran erinnert, daß man annahm, die Einführung des Herculesmythos in Rom sei der Stadtgründung vorausgegangen. Wir können daher für Latium Kontakte mit dem griechischen Mythenschatz schon zur Zeit der sich herausbildenden urbanen Zentren, wenigstens ab dem 8. Jh., nicht ausschließen. Dies vorausgesetzt, könnte der Mythos von Aeneas schon vor Stesichoros in Latium vorhanden gewesen sein. Siehe auch Wiseman 1989, 1995 und Peruzzi 1993.
[10] Menichetti 1994.
[11] Damgaard Andersen 1993. Die Figürchen, die auf den Türen der Aschenurnen abgebildet sind (Menichetti 1994, fig. 2), erinnern an die Ahnenstatuen im Vestibulum der Regia des Latinus: Verg. Aen. 7,188.

die für die schnelle Ergreifung der Macht notwendige Durchsetzungskraft von seiten prädestinierter Usurpatoren wie im Fall des Servius Tullius. Das grundlegende mythische Modell der Tyrannen-Könige würde von Hercules repräsentiert.[12]

35. Archäologie und Geschichte der Religionen. Mit den traditionellen Mitteln des Philologen und Historikers ist es schwierig, zeitlich hinter das 6. und 7. Jahrhundert zurückzukommen. Tatsächlich ist dies die früheste Zeit, aus der die ersten Mauern stammen, die ältesten Darstellungen mit einer bestimmten Komplexität und auch die ersten epigraphischen Quellen. Aber nicht alle Gesellschaften schreiben, wenn sie denken, und fertigen Darstellungen an, wenn sie sich etwas vorstellen. Gesellschaften auf ethnologischem Level schreiben nicht und können nur zu einem ganz geringen Teil ihren Phantasien Gestalt verleihen. Das ist der Grund für die grundlegende Bedeutung der mündlichen Tradition, die uns als einzige die geistige Verfassung dieser Völker zu offenbaren vermag, vor allem wenn es an einer genügend ausdrücklichen materiellen Dokumentation mangelt.[13] Nach einer ziemlich weit verbreiteten Meinung wären die Gemeinwesen im Latium der frühen Eisenzeit von tiefgreifenden Widersprüchen gekennzeichnet gewesen: Sie würden äußerst schlicht erscheinen, bar der durch die Mythen repräsentierten phantasiereichen Vorstellungen, die das übliche kulturelle Erbe der frühen Gesellschaften bilden; zur gleichen Zeit seien aber Erfahrungen lebendig gewesen, wie sie der protourbanen Stufe und der Phase der Stadtwerdung entsprechen. Die religionsgeschichtliche Untersuchung, die mit solchen Widersprüchen am besten zurechtkommt, ist die von Angelo Brelich, der erkannt hat, welch reduktive und verzerrende Wirkung der Einsatz nur der Philologie auf diesem Studiengebiet hat, und sich mit großer Gewandtheit des historisch-ethnologischen Vergleichs bedient. Dort, wo Philologen und Historiker nicht weitergekommen sind als dazu, nur das gekünstelte Werk der Gebildeten der Spätzeit auszumachen, hat Brelich zentrale Themen eines authentischen und sehr alten mythischen Denkens gefunden und erschlossen. Wo die genannten Gebildeten nur Nachbildungen der griechischen Religiosität sahen, hat er lokale Sagenthemen entdeckt, die natürlich in Griechenland bekannt waren, aber auch in Asien, in Afrika und in Amerika gekannt wurden.

36. Die Mythen in Latium nach Angelo Brelich. Brelich stellt die Entmythisierung in den ihr angemessenen chronologischen Rahmen und

---

[12] Menichetti 1994: »Es sind vor allem jene letzten (die Tyrannenkönige), die sich der Sage des Hercules bedienen, dessen Apotheose ausschließlich Frucht seiner Taten sei«. Mastrocinque 1993 entdeckt ein besonderes Verhältnis zwischen dem Mythos von Hercules und dem letzten Tarquinier.

[13] Scoditti 1994. Vgl. auch Anm. 6.

Zusammenhang und findet für die früheste Zeit eine kosmogonische, theogonische und heroische lateinische Mythologie, die sicher nicht so phantasiereich und komplex ist wie die griechische Mythologie, aber genügend umfangreich und deutlich genug artikuliert, um uns einen Einblick in den geistigen Reichtum der Gemeinschaften in Latium zu ermöglichen. Brelich ist überzeugt, daß es in Latium ein gemeinsames religiöses Fundament gibt, und er setzt keine chronologische Obergrenze für die mythischen Themen an, wenn er den Eindruck hat, sie seien kohärent, plausibel und trügen Anzeichen eines indigenen und authentischen Charakters – was bedeutet, daß sie älter sind als die entmythisierende und gräzisierende Zeit der Tarquinier, die wir heute sehr viel besser kennen – und sie würden in Epochen zurückreichen, die sehr weit hinter dem üblichen chronologischen Horizont der Philologen und Historiker liegen.[14] Er unterscheidet vor allem die Göttermythen, die von präkosmischen Zuständen handeln, dann Mythen, die mit der Schöpfung der Welt zusammenhängen, und Mythen, die sich auf das kulturgründende Handeln der Heroen beziehen. Es gibt nach ihm Urgottheiten, Gottheiten, die im Verlauf der Zeit entstehen, und schließlich vergöttlichte Vorfahren; Kosmos, Götter und Heroen sind nicht seit dem Beginn der Zeit strukturell gleich ewig – wie G. Dumézil und seine Schule es darstellten –, sondern sie verwirklichen sich stufenweise in der Zeit, in Übereinstimmung mit dem Begriff der mythischen Zeit, wie ihn Jean-Pierre Vernant vertritt. Die Mythen Latiums sind dadurch charakterisiert, daß sie sich mit den mythischen Gründungen der Siedlungen und den Vorfahren – den göttlichen oder vergöttlichten Königen, die als Urheber dieser Gründungen gelten – verbinden, wobei aber jede Gründung dahin führt, an die Gründung schlechthin zu erinnern, die Gründung des Kosmos, und sich daher mit den Themen der Ursprungsmythen schlechthin verknüpft. Wir wollen die Struktur dieser Mythen in der Interpretationsweise von Brelich erörtern.[15]

---

[14] Brelich 1968: »Es wäre leichtsinnig, bei der Herausbildung der Gestalt des Jupiter die von Griechenland kommenden Einflüsse nicht zu berücksichtigen, die seit vorhomerischen Zeiten nach Italien drangen.« Wir werden im Folgenden (§ 233) sehen, daß die mythische Epoche der Latiner ihren Höhepunkt zur Zeit der protourbanen Siedlungen und während der ersten Phase der Stadtwerdung hat, die vermutlich der tatsächlichen Entstehungsphase der römischen Religion entspricht (obwohl Mastrocinque 1993 sie um einen Großteil ihres Mythenschatzes erleichtert), aber die Wurzeln dieser religiösen Kultur stammen aus der Endbronzezeit, der späten und eventuell der mittleren Bronzezeit, welches die am weitesten zurückliegenden Zeiten waren, die die Alten sich vorzustellen vermochten. Eine fundamentale Grenzlinie stellt das zweite Viertel des 2. Jahrtausends dar, als in Latium die festen Siedlungen zu entstehen beginnen; erst seither sind Gründungen von Siedlungen und Beschwörungen der kosmischen Gottheiten, als Schöpfer und gemeinsame Vorfahren, denkbar. Aber für die Alten zählte unter diesem Gesichtspunkt hauptsächlich die Spätbronzezeit.

[15] Brelich 1955. Nach Dionysios war das Phänomen der Entmythisierung von der politisch-reli-

37. Die kosmogonischen und theogonischen Mythen. Aus einer »gestalt-losen Masse« wird Janus zu einem Gott, aber mit zwei Köpfen, die auf seine noch chaotische Ursprünglichkeit und auch auf die vormenschliche Zeit hinweisen, aus der er kommt. Seine Aufgabe scheint die Wiedereröffnung der Sphären und der Elemente des Kosmos zu sein, und deshalb bewachte er, als oberster Türhüter, die Eingänge zum Himmel.[16] Die Fortuna Primigenia ist eine jungfräuliche Göttin *(virgo)*, sexuell promisk *(virilis)* und fruchtbar *(muliebris)*, was darauf hindeutet, daß auch sie durch anfängliche Indifferen-ziertheit gekennzeichnet war, während ihre beiden Neugeborenen, Jupiter und Juno, schon für das Prinzip der Differenzierung und der Ordnung stehen.[17] Dieses mythische Thema der Mutter des Jupiter, von dem Brelich feststellt, daß es auch in Rom vorhanden war, wurde dann zwar von der Staatsreligion zurückgewiesen, blieb in Praeneste aber erhalten, weshalb die Religion dort weniger entmythisiert ist und so die ältere und reichere Schicht der Mythen der Religiosität in Latium offenbart.[18]

38. Die Mythen der Heroen. Es folgen die Gestalten der Kulturheroen. Wenn die Erzählungen von Picus und Faunus aus Afrika oder Amerika zu uns gekommen wären, hat Brelich vermutet, würden wir nicht an ihrem authentischen mythologischen Wert zweifeln und in ihnen nicht gebildete Ausklügelungen sehen, wie es die Philologen und Historiker der römischen Religion im allgemeinen getan haben. Picus und Faunus sind Dämonen-Könige von grundlegend ambivalentem Charakter, die noch in die Zeit vor Jupiter gehören, dessen Kommen sie sehr wohl ankündigen. Wie Romulus und Remus, ihre Nachkommen (wie wir sehen werden), gehören sie einer-seits zur anfänglichen Wildnis (Tiergestalt, Verwandlungen, Zugehörigkeit zum Bereich des Waldes und der Hirten, Mündlichkeit und Gewalt) und

---

giösen Politik des Romulus bestimmt, der die traditionellen, die Götter betreffenden Mythen als nachteilig eingestuft und abgelehnt und für die Römer eine eigene Theologie ins Leben gerufen habe, die in vollem Kontrast zu den griechischen Mythen stand (Dion. Hal. 2,18-20).

[16] Ov. fast. 1,103ff.

[17] Feronia ist Mutter des Jupiter in Anxur, in Praeneste aber des Königs Herulus, eines noch monströsen, chaotisch dreifachen Wesens, der von Euander getötet wurde: Verg. Aen. 8,560ff. Welche Gottheit Fortuna (in Praeneste) und Feronia (in Anxur) geschwängert hat, wissen wir nicht (nach Champeaux 1982 und Mastrocinque 1993 war es Volcanus). Champeaux 1982 hat richtig argumentiert, daß »primigenia« »uranfänglich« bedeute, womit Fortuna, verstanden als Tochter des Jupiter, wie in einigen epigraphischen Texten bezeugt, keinen authentischen Mythos widerspiegeln, sondern eine gelehrte Erfindung darstellen würde.

[18] Recht anfechtbar ist die von Nissen 1869 entfaltete Kosmogonie, die Janus mit der Sonne gleichsetzt, Saturnus mit der Erde, Picus mit den Vögeln, Faunus mit den Tieren und Latinus mit den Menschen. Wir werden jedenfalls die kosmogonisch-theogonische Bedeutung von Janus, Saturnus und Ops in ihrer Beziehung zur Entwicklung auf römischem Boden, zum Janiculus, zum Kapitol und zum Cermalus erörtern.

sind andererseits Ahnen, die die Kultur bringen (Begründung von Herrschaft, von Arten der Feldbestellung, von Siedlung, von Kulten wie dem
Kult des Jupiter auf dem Albaner Berg). Auf das Zeitalter des Picus und
Faunus folgt das Zeitalter des Jupiter, und in diese Zeit gehört offensichtlich
sowohl Latinus (der mit Iuppiter Latiaris gleichgesetzt wird), in der präurbanen Phase der Latiner, wie auch Romulus, der von Latinus abstammt und
mit ihm gleichgesetzt wird, in der Phase der Stadtwerdung der Römer.

39. Die Mythen vor der Entmythisierung und vor der Stadt. Es gibt also
eine Mythologie der Heroen, die mit den Vorfahren der Latiner verbunden
ist. Picus zum Beispiel ist eine ausschließlich mythologische Gestalt, d. h.,
er hat keinen Kult; da man sich einen Mythos ohne Ritus nur schwer vorstellen kann, folgt daraus, daß es sich um eine Sagenfigur hohen Alters handeln muß,[19] deren Ritus zu einem bestimmten Moment aufgegeben oder
von einer anderen Figur absorbiert worden ist, in einem Prozeß, der gegen-
gleich zur Entmythisierung zu denken ist. Von Faunus hingegen kennen wir
sowohl Mythen wie auch Riten. Es gab also – in Latium und im Gebiet des
späteren Rom – ein Stadium, das der Entmythisierung und der mythischen
Rekontextualisierung im hellenisierenden Sinn, wie sie vom römischen Staat
betrieben wurde, vorausliegt; von diesem Stadium gibt es nur wenige Überreste von Mythen, aber sie genügen immerhin, um uns in die Lage zu versetzen, den religiösen Charakter der frühen Latiner zu verstehen, der entwickel-
ter und reicher war, als man glauben wollte und darüber hinaus in zeitliche
Phasen gegliedert werden kann: in die erste Phase der Götter und Heroen
vor Jupiter (Janus, Saturnus und Siculus, Volcanus und Cacus/Caeculus), in
die zweite Phase der Fortuna, der Feronia, des Picus und Faunus und in die
dritte Phase des Jupiter (Jupiter, Latinus und Romulus).

I-II   **40. Das hohe Alter der latinischen Mythen: Picus und Faunus**
1–4   (Abb. 2). Nach dieser Darlegung der Rekonstruktion von Brelich sollen
nun die wichtigsten sowohl literarischen wie bildlichen Anhaltspunkte aufgezählt werden, die sie bestätigen, d. h. das hohe Alter der latinischen
Mythen beweisen können. Die zivilisatorischen Heroen Faunus und Latinus werden im Schlußteil der *Theogonie* des Hesiod, im sogenannten *Frauenkatalog* erwähnt, der nicht vor dem 7. und nicht nach dem 6. Jahrhundert
zu datieren ist, aber eine weit frühere Situation widerspiegelt, die wahrscheinlich zwischen dem Ende des 8. und der ersten Hälfte des 7. Jahrhunderts anzusetzen ist.[20] Auf einem in Castel di Decima gefundenen Bronze-

---

[19] Brelich 1955.
[20] West 1985 hat das Ende der *Theogonie* in die Jahre 580–520, 540–520 gelegt, während die eigentliche *Theogonie* zwischen die Jahre 730 und 690 zu datieren wäre. Zu einer möglichen früheren
Entstehungszeit und zum gesamten Thema vgl. Addendum V.

Abb. 2   Pianello del Genga bei Ancona:
Ossuarium aus Keramik mit Graffito, das
einen Balken und zwei Vögel darstellt,
11.-10. Jh. v. Chr.

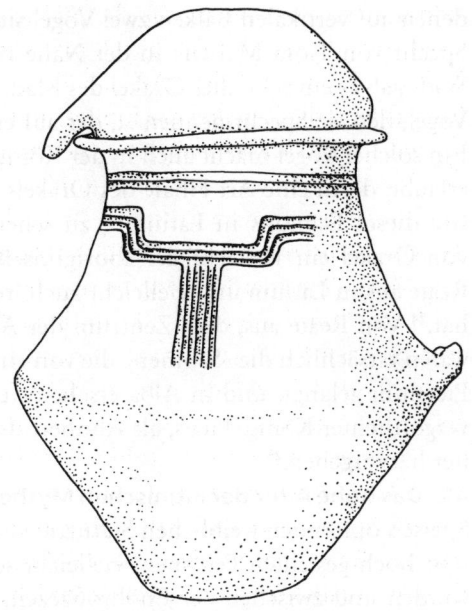

geschmeide, das auf das Ende des 8. Jahrhunderts datierbar ist, ist Aphrodite mit Aeneas an der Brust zusammen mit Anchises dargestellt, letzterer wird, weil er der Göttin beigewohnt hat, geblendet, und zwar durch Vogelschnäbel, die die Blitze schleudernde, tödliche Macht von Zeus/Jupiter symbolisieren, und wahrscheinlich sind es Schnäbel von Spechten, wie sie auch zahlreich auf den Armen der beiden Hauptfiguren sitzen.[21] Wir werden Gelegenheit haben, die zwischen Picus dem Specht und dem Blitzeschleuderer Jupiter bestehende Verbindung festzustellen, die sich unter anderem auch bei der Gefangennahme von Picus durch Numa zeigt, der von ihm erfahren wollte, wie Blitzschläge zu entsühnen sind.[22] Wenn diese Interpretation der Bronze von Decima sich als richtig erweist, hätten wir am Ende des 8. Jahrhunderts in einer Gemeinschaft in Latium ein Zeugnis für den Mythos des Aeneas und für den Glauben, daß der Specht mit dem Gott der Blitze verbunden ist, und wohl auch für die Gestalt des Picus, des ersten göttlichen Königs der Aboriginer. Was den Specht als heiligen und weissagenden Vogel betrifft, kann man zeitlich vielleicht noch weiter zurückgehen, bis in die ersten Jahrzehnte der frühen Eisenzeit und vielleicht sogar bis in die Endbronzezeit, da es in Latium und im Gebiet der Picenter bildliche Darstellungen gibt, auf

[21] Vgl. Anm. 9.
[22] Plut. Num. 15; vgl. § 116.

denen auf vertikalen Balken zwei Vögel sitzen,[23] die wohl den weissagenden Specht von Tiora Matiene in der Nähe von Reate wiedergeben: »In dieser Stadt gab es ein sehr altes Orakel des Mars ..., einen vom Himmel gesandten Vogel, den sie Specht nennen ..., der auf einer Holzstütze erschienen ist ...« Ein solcher Vogel macht auch in der Königsburg des Picus Vorhersagen, was erlaubt, darin eine Art Filiale des Orakels von Tiora in Alba – dem Hauptsitz dieses Dämons in Latium – zu sehen, und es scheint, daß diese Art von Orakel ein Vorrecht der aboriginischen Herrschaft war, die sich von Reate aus in Latium und vielleicht auch im Gebiet der Picenter ausgebreitet hat.[24] Von Reate aus, dem Zentrum der Aboriginer und dann der Sabiner, waren tatsächlich die »Sabiner«, die von einem Specht geführt wurden, nach Picenum gelangt, und in Alba erscheint ein mit dem Specht verbundener vergöttlichter König, Picus, als Ahnherr der Aboriginer, aus denen die Latiner hervorgehen.[25]

5–21   **41. Das hohe Alter der latinischen Mythen: Mars und Ops.** Die zum Teil Speisen opfernden weiblichen Statuetten aus Terrakotta, die in Gräbern von sehr hoch gestellten Personen, vielleicht sogar von Häuptlingen, gefunden wurden und zwischen der Endbronzezeit, Stufe III, und der frühen Eisenzeit datierbar sind, sind kürzlich als miniaturisierte Bilder der Ops interpretiert worden, der königlichen Göttin, die der Seele des Verstorbenen, der mit Mars gleichgesetzt wird, die Speisen für das jenseitige Bankett spendet. Das grundlegende mythische Thema des Paares Mars-Ops, Eltern von Stammeshäuptern wie Picus und Romulus, breitet sich von Latium nach Etrurien aus und hält sich dort bis ins 8. Jahrhundert, wie zum Beispiel in den Darstellungen des Wagens aus Bronze, der im Grab einer hochrangigen Dame in Bisenzio gefunden wurde (und der vielleicht ein *praefericulum* für das Reinigungswasser war, vergleichbar dem Gerät, das im Heiligtum der Ops in der

---

[23] Müller Karpe 1959, S. 69 ff., Bildtafel 28.3: Terracotta (Höhe 21 cm) aus einem Grab der Villa Cavalletti in Grottaferrata (vermutlich aus dem Latiale IIA1); Colini 1913, Abb. 30: Darstellung auf einem Ossarium von Pianello bei Ancona (11. oder 10. Jh.). Diese Vergleiche wurden mir von R. Peroni nahegelegt, der meint, es könne sich weder um vor das Joch einer Sonnen-»Barke« gespannte Vögel noch um Menschen-Idole handeln (Colonna 1974), aufgrund des eindeutigen Vorhandenseins des Holzbalkens und aufgrund des Fehlens der Beine. Das ikonographische Thema wiederholt sich auf Darstellungen aus viel späterer Zeit: vgl. § 115, Anm. 49.

[24] Dion. Hal. 1,14. Picus »domi habuit picum, per quem futura noscebat: quod pontificales indicant libri«: Serv. Aen. 7,190. Siehe auch die vogelgestaltige Kopfplastik aus Terrakotta aus der Spätbronzezeit vom Campo Susanna im Museum von Rieti: *Enea nel Lazio* 1981, Abb. a, S. 101 (Hinweis von M. Pacciarelli).

[25] Vgl. § 108. Siehe auch die vogelgestaltigen Kopfplastiken auf den Hüttenurnen (Bartoloni u. a. 1987), die wahrscheinlich eine religiöse Bedeutung hatten und sich auf die Vögel bezogen, die als Mittler zwischen Göttern und Menschen vorgestellt wurden oder im Zusammenhang mit dem Sonnenkult, möglicherweise sogar als Vertreter der Vorfahren.

Regia erhalten ist). Wir sehen auf diesem Wagen auf einer Seite die kynegetische kämpferische Initiation, den Sieg und die Hierogamie eines jugendlichen bewaffneten und ithyphallischen Königs dargestellt, der neben einer
großen Göttin steht, die ihm Speise darbietet (wie bei den eben erwähnten
Grabstatuetten); es ist dies wahrscheinlich eine etruskische Gottheit, die mit
Ops gleichzusetzen ist, der Göttin, die die Nahrung und die Königsherrschaft verwaltet und verteilt. In einer anderen Szene sehen wir denselben
bewaffneten und ithyphallischen König, der mit Maris (der dem Mars entspricht) gleichgesetzt ist, hochzeitlich vereint mit einer Königin, die als Göttin identifiziert werden kann, die der Ops gleichzusetzen ist, und begleitet
von einem mit einem Salier-Schild bewehrten Sohn (in der Art von Picus
oder Romulus); und eine weitere Szene zeigt denselben Herrscher in der
Kleidung eines Ackerbauern, der ein Feld pflügt oder vielleicht sogar eine
Stadt gründet. Diese Darstellungen sind angesiedelt in der zivilisierten Welt
der Menschen, die umgeben ist von der wilden Welt der Wölfe und Hirschen (der typischen königlichen Beutetiere) und von anderen wilden Tieren – darunter Affen, die auf Bäume klettern –, die die Unterwelt und das
bewaldete Land symbolisieren, d. h. die Sphäre des Selvans, der mit Faunus
gleichzusetzen ist; sie wiederum wird überragt von der himmlischen Welt
der Vögel, d. h. der Sphäre der Spechte, und einer Figur, die Picus entspricht.
Auf diesem Wagen werden also Kosmogonie, Heroogonie, kynegetische,
kämpferische, sexuelle und hochzeitliche Initiation auf königlicher und
heroischer Ebene, Zeugung von Stammeshäuptern, Jagd, landwirtschaftliche Produktion und vielleicht auch die Gründung der Stadt erzählt, entsprechend einem königlichen Ritus, der an Erzählungen von Göttern und
Heroen und zu Heroen erhobenen Vorfahren erinnert, die voll und ganz
in die Dimension des Mythos eintreten. Es scheint sich um einen etruskischen Mythos zu handeln, der nach einem latinischen Mythos geformt
wurde, den wir dank der literarischen Tradition über die latinischen Sagen
verstehen können; und dies zeigt noch einmal die vorrangige Rolle, die im
tyrrhenischen Mittelitalien der vorgeschichtlichen Zeit das religiöse Denken
der Latiner spielt. Die Darstellungen des Wagens von Bisenzio wären demnach eine archaisierende späte Übernahme und Artikulation der geistigen
Welt, die sich in Latium seit der Endbronzezeit entfaltet hat.[26]

---

[26] Es geht um acht Miniaturstatuetten aus dem Latiale I oder IIA, weiblichen oder unbestimmten Geschlechts, die manchmal einen Topf (mit *puls*?) darbieten, und in den Gräbern zusammen mit Hüttenurnen, mit kleinen Gefäßen (für den Leichenschmaus oder *silicernium*, der in
der Zeremonie der *parentatio* am Grab abgehalten wurde, mit großen Behältern (für Wein?), mit
Ritualmessern (ähnlich den *secespita*, die in Rom wahrscheinlich im Heiligtum der Ops in der
Regia aufbewahrt wurden und nur von Flamen, Vestalinnen und Priestern benutzt wurden) und

42. Die Mythen Latiums zwischen Mündlichkeit und Schrift. Wie immer am Beginn einer Kultur entstehen und blühen die Mythen im Umkreis einer oralen Kultur, zu deren Merkmalen gehört, daß sie nicht einer kohärenten Logik folgt[27] und daß sie das für die Schriftkulturen typische Widerspruchs-prinzip nicht kennt. Am Ende der von der oralen Kultur beherrschten Zeit entwickelt sich stufenweise die Schrift, wobei die Mythen sich bei schein-barer Unbeweglichkeit weiter entfalten und dabei ihre ehemalige Unschuld mit neuer Finesse verbinden. Es handelt sich um lange Zeiträume, während derer sich zahlreiche Ausarbeitungen und Redaktionen ablösen. Von einem bestimmten Moment an erschöpft sich jedoch die ursprüngliche mythische Kreativität und die weiteren Entfaltungen verlieren an Authentizität, wodurch es zu einer Zäsur kommt. In Latium erfolgt diese Zäsur unserer Ansicht nach zur Zeit der Tarquinier, als Manipulationen des ursprüng-lichen Mythos vorgenommen werden und griechische Mythen einzudrin-gen beginnen, was einem gravierenden chirurgischen Eingriff in die Kultur der Zeit gleichkommt.[28] Die Fähigkeit, Mythen hervorzubringen, ist in der

Knochenresten des (königlichen?) Hirschopfers gefunden wurden. Es handelt sich demnach wohl nicht um Abbilder des Verstorbenen oder der Priester (Bietti Sestieri 1992 und 1992a), sondern um häusliche Bilder einer Ops, die als göttliche *consors* des Verstorbenen vorgestellt wird, der ein Mann sicherlich von hohem Rang oder sogar ein Häuptling war und seinerseits mit Mars, dem Kriegsgott und Vater von Herrschern, gleichgesetzt wurde. Wenn diese Interpre-tation stimmt, könnten die Kulte von Mars und von Ops, der Eltern (wie im Fall des Picus und des Romulus) und göttlichen Ahnen der Könige und der Königinnen von Latium, insbe-sondere von Alba und von Rom, bis in die Endbronzezeit zurückgehen. Diese ebenso gewagte wie überzeugende Deutung der Statuetten stammt von Torelli 1996a, der im Bronzewagen von Bisenzio einen Hinweis auf ein analoges mit Mars und Ops verbundenes Ritual sieht. Torelli 1986 hatte schon den religiösen Vorrang der latinisch-faliskischen und der ost-italischen Gebiete gegenüber dem etruskischen Gebiet vom 11. bis 9. Jahrhundert vertreten. Weit entfernt davon, das Fehlen des Mythos bei den Latinern zu zeigen, bieten diese Darstellungen dem, der Torelli glaubt, sehr wichtige Indizien für das Gegenteil. In der zusammenfassenden Darstellung der These Torellis haben wir absichtlich und unserer Sichtweise entsprechend die Aspekte hervor-gehoben, die es erlauben, den diesen Darstellungen enthaltenen Aspekt des Zeremoniellen in die mythische Welt der Latiner einzuordnen. Es ist interessant, daß Torelli und der Autor unab-hängig voneinander zu im Wesentlichen übereinstimmenden Schlußfolgerungen gekommen sind (Carandini 1996). Coarelli 1995 behandelt die regelmäßig wiederholte Inthronisation des Herrschers und die Hierogamie. Siehe dazu auch Colonna 1974; Szilágyi 1991; Bietti Sestieri 1992 (Grab 126 und 142) und 1992a; Langdon 1984 (anthropomorphe Bronzefiguren, interpre-tiert als Opfergaben, tauchen in griechischen Heiligtümern ab 900 auf) in völligem Gegensatz zu diesen Sichtweisen vertritt Wiseman 1995 und 1995a, daß Mars erst zu Beginn des 3.Jh. als Stammvater der Römer erfunden worden sei (vgl. § 119, Anm. 2).

[27] Cacus ist gastfreundlicher Herr und durchtriebener Dieb zugleich; Faunus ist gleichzeitig Dämon der Wildnis und Kulturheros (Mastrocinque 1993).

[28] In Rom verfügt man erst seit der Endphase der mittleren Republik über eine gesicherte schriftliche Überlieferung, was die Vermehrung der Versionen und folglich die Widersprüch-lichkeiten in den Mythen gefördert hat. Das schließt nicht aus, daß die Schrift während der

archaischen Zeit nicht erschöpft (es gibt eine Wiederbelebung des Mythos noch in der Zeit des Galliereinfalls, wie die Sage von Tarpeia zeigen mag), aber die Manipulation der alten Sagen hat derart künstlichen und parteilichen Charakter angenommen, daß uns dies hilft, neues und älteres Material zu unterscheiden. Wenn wir die Trossen lösen, die von einer synkretistischen und kosmopolitischen Gesellschaft angebracht wurden, kann das alte Material, schichtenweise analysiert und wiederhergestellt, zumindest in Teilen die Formen und die Farben wieder gewinnen, die es gehabt haben mag, als es noch auf dem hohen Meer der Mündlichkeit segelte.[29]

43. Die archaische Zeit verschlingt die Vorgeschichte. Die gegenwärtigen Untersuchungen bewegen sich allerdings im allgemeinen in eine andere als der von uns angezeigten Richtung, sie nehmen den kritischen Ansatz, der die Untersuchung von Angelo Brelich gekennzeichnet hat, nicht zur Kenntnis. Sie stehen unter dem Einfluß des Dogmas der heutigen Historiker, wonach man zeitlich nicht hinter das Ende des 7. Jahrhunderts zurückkommt. In dieser Sichtweise werden dann die Zeugnisse, die viel älter sind als die literarischen und ikonographischen Quellen, nicht als ebenso viele *termini ante quos* gewertet; Zeugnisse mit archaisierenden Sprachformen und »abgelaufenen« Gedanken, die ihren Ursprung in der Zeit der oralen Kultur haben müssen, werden vielmehr in engem Anschluß an die angenommenen *termini* datiert, unter Verletzung der Grundregel, die bei jeder chronologischen Bestimmung anzuwenden wäre. Würde man diesen Ansatz akzeptieren, könnte nicht unterschieden werden zwischen einem mythischen Erbe vor der Ankunft der griechischen Mythen und deren Ausformung nach der Aufpfropfung der griechischen Sagen auf den Stamm der einheimischen Glaubensvorstellungen. Die Periodisierung der Alten selbst, die zwischen dem Saturnia der Siculer (und dem Pallantion des Euander), dem Palatium des Septimontium und dem Rom des Romulus unterschieden, hätte demnach keinerlei Wert. Nach der vorherrschenden historiographischen Tendenz wurden fast alle diese Mythen zur Zeit der Tarquinier gesammelt. Wenn man jedem Hinweis auf das *nomen Latinum* die Glaubwürdigkeit abspricht, tut sich vor dieser Zeit der Tarquinier ein riesiges Loch auf.[30] Die Vor-

---

verschiedenen Epochen in unterschiedlichem Maße die Auffassung, Weitergabe und Bearbeitung der Mythen beeinflußt hat (Cristofani 1995). Nach Wiseman 1995, der nicht zwischen der Zeit der indigenen Mythen und jener der mythischen Rekontextualisierung unterscheidet, ist die schöpferische Zeit der Sagen die archaische und mittelrepublikanische Epoche.

[29] Rossi 1994.

[30] Typisch ist in dieser Hinsicht Mastrocinque 1993, der seine Rekonstruktion auf archäologischen Daten von Rom gründet, die als überholt gelten müssen, weil die von ihm herangezogenen und in das Zeitalter der Tarquinier datierten Zusammenhänge alle viel ältere Zeugnisse umfassen, die zwischen der Mitte des 7. und der Mitte des 8. Jh. anzusetzen sind; einen ähn-

geschichte wäre nichts anderes als eine kolossale Imitation der Geschichte, die wie eine Fata Morgana in der Wüste zurückgeworfen wird. Das 6. und 5. Jahrhundert, die in den Augen dessen, der mit einem weiten Blick auf die Geschicke Roms zu blicken versteht, eine reife und geradezu späte Epoche bilden, erscheinen dann für den Historiker außergewöhnlich früh, da er gewöhnt ist, sehr viel spätere Zeiten zu behandeln, und die Säulen des Hercules, die ihm die Erdbeschreibung seines Faches vorsetzt, nicht überschreiten will.[31]

44. Vermengung unterschiedlicher historischer Ebenen. Indem so fast das gesamte vorausgehende mythische Erbe auf die späte Königszeit und die erste Zeit der Republik zusammengedrängt wird, wird die Zeit für das Gebiet von Rom gewaltsam in zwei Ären unterteilt: in eine Ära, für die ein primitiver Zustand unterstellt wird und die vor der Zeit der Stadt anzusetzen wäre, und in eine Ära, für die erste zivile Verhältnisse angenommen werden und die man sich ab den vermuteten Anfängen der Stadt vorstellt, wofür man die Zeit der Tarquinier festsetzt. Da nahezu jedes Zeugnis in die späte Königszeit gepreßt wird, werden die Stammväter des *nomen* und die Gründer der präurbanen Siedlungen, die Stammväter der protostaatlichen Organisationsformen und die Gründer der protourbanen Zentren und die Gründer der Staaten und der sich zur Stadt formierenden Zentren vermischt mit den Neubegründern der Städte wie Servius Tullius. Cacus, Euander, Faunus, Hercules, Romulus und Servius Tullius werden auf diese Weise zu austauschbaren Gestalten, und die außergewöhnliche Dauerhaftigkeit der mythischen Schemata, in die ihre Taten eingeschrieben und sie nachahmend wiederholt werden, zieht sich in einen einzigen Zeitraum zusammen. Die antiken Autoren haben Vermengungen dieser Tragweite nicht gemacht. Es stimmt, daß einige Autoren (unter ihnen Naevius und Ennius) Romulus in griechischer Sichtweise als Sohn oder Enkel des Aeneas betrachtet haben, aber es handelt sich dabei um nichts anderes als um eine irrige, aber nachvollziehbare und bald korrigierte Übersetzung einer ursprünglichen, mythisch atemporalen Identifikation von Romulus und Latinus in chronologische Begriffe. Der Begründer des *nomen* und der Gründer Roms – die in der Sage sowohl die gleichen wie unterschiedene Personen sind – werden schließlich von den Antiquaren und Annalisten zeitlich voneinander getrennt, und es gelang ihnen damit die Festlegung einer grundsätzlich richtigen zeitlichen Distanz.

lichen Fehler macht Cornell 1995 (Carandini 1992 und in: Palatium e Sacra via, 1; Carafa i. Dr.; vgl. auch §§ 359 ff., Addendum VIII und Appendix 8).

[31] Am nächsten kommt dem Forschergeist von A. Brelich Mario Torelli (1996a), der den Kopf frei hat von vorgefaßten Meinungen der wissenschaftlichen Zunft und Brelich wieder zur Geltung bringt.

Wie dem auch sei, kein latinischer Vorfahr oder griechischer Heros ist von den Römern jemals als Gründer ihrer Stadt angesehen worden.[32] In der irrigen Sicht, die oben beschrieben wurde, versucht man nicht eine stratigraphische Lektüre und eine Wiederherstellung der Tradition, sondern man betont das kumulative Ergebnis der mythischen Rekontextualisierung, die seit der späten Königszeit stattgefunden hat, und verewigt sie damit ein zweites Mal, was viel unkritischer ist, als man meint. Aber die Tarquinier hatten nichts anderes gemacht, als eine vorausgehende einheimische Tradition auszuweiten, abzuändern und zu monumentalisieren; sie haben sie dabei in Stücke zerlegt und in einem neuen Kontext neu zusammengesetzt, aber insofern sie, aufgrund der mangelnden Geschlossenheit der Neukonzeption, nicht alles zerstört haben, ist es nicht unmöglich, die Bruchstellen zu sehen bzw. die ursprünglichen Schichten unter dem erneuerten Fresko sichtbar zu machen. Wie die Annalisten Rom aus dem Nichts haben entstehen lassen, unter Übergehung der protourbanen Gegebenheiten (wie durch das Weglassen des Septimontium, das die Antiquare übrigens sehr wohl kannten), so folgen zahlreiche heutige Historiker des frühen Rom dem gleichen Modell: Sie setzen die Stadt zeitlich zwei Jahrhunderte herunter und lassen sie damit zwar nicht direkt aus dem Nichts, aber doch aus einer wesentlich präurbanen Wirklichkeit entstehen (und schieben damit die Ära des Romulus völlig beiseite).[33] Abstrakt lassen sie wichtige Vorgänge und vorbereitende Interventionen zu, die in Richtung Stadt weisen, konkret können sie aber diesbezüglich nichts benennen, da sie die Vorgeschichte Roms praktisch von ihren Mythen und Ereignissen entleert haben. Aber die Monumente Roms der archaischen Zeit (die Häuser und Tempel aus Mauerwerk und Ziegel) stehen zu den griechischen Mythen der Zeit der Tarquinier in eben dem Verhältnis wie die vorgeschichtlichen Denkmäler (die Hütten) zu den indigenen Mythen der Latiner. Es ist der Stil, der in der Zeit oft wechselt (die Mythen haben eine ihnen eigene Form), nicht die Ikonographie (die Mythen haben ihre festen Schemata), aber die mythischen Formen richtig zu lesen und eine Sequenz aufzustellen, ist ein schwieriges Unterfangen, bei dem es keine eindeutigen Lösungen gibt und die eine besondere Sensibilität

---

[32] Vgl. §74, Anm. 12.

[33] Mastrocinque 1993. Er bringt den gesamten Mythenschatz in den Begriffen der Vulgata, der heute gängigen Auffassung der Historiker, ohne ihn neu zu durchdenken; im Gegenteil, er vertritt die Meinung, alle archäologischen Entdeckungen würden nur die These bestätigen, daß es Servius Tullius gewesen sei, der die Stadt Rom gegründet habe, eine These die im Licht der jüngsten archäologischen Funde (Carandini 1992) immer fragwürdiger erscheint und die einer ihrer anerkanntesten Verfechter am Ende seines Lebens für hinfällig erklärt hat: Magdelain 1995. Zur noch präurbanen Deutung des protourbanen Phänomens, das so weit ausgedehnt wird, daß es auch das romuleische Zeitalter noch miteinschließt, siehe zuletzt Cornell 1995.

erfordern, die vielleicht eher künstlerisch als historisch genannt zu werden verdient.

45. Präurbane mythische Themen in Rom-Praeneste und in Alba-Lavinium-Ardea. Es mag nützlich sein, an dieser Stelle kurz darzulegen, wie das, was als eine über eine lange Zeit sich hinziehende komplexe mythische Schichtung erscheint, die sich in der Nacht der Zeit verliert und nicht als die gerissene Erfindung in einem bestimmten Moment verstanden werden kann, unserer Meinung nach zu verstehen ist. Daß die Schemata der Mythen auf ursprüngliche Muster zurückgehen, die oftmals wiederholt und abgeändert wurden, ergibt sich daraus, daß sie auf die theogonischen Mythen von Latium rückführbar sind.[34] Eine Jungfrau und Mutter, die Entsprechung zur griechischen Rhea,[35] wie Fortuna Primigenia in Praeneste und Feronia

[34] Mastrocinque 1993 hält die Gründungssagen der Siedlungen in Latium zu Recht für Entfaltungen alter lokaler Theogonien, die von der Ebene der Götter auf die der Heroen herabgesetzt wurden; es dürfte sich aber weniger um eine Herabsetzung als darum handeln, daß man sich den Fortschritt der ursprünglichen Ordnung auf verschiedenen Ebenen vorgestellt hat: auf kosmischer, göttlicher, heroischer und menschlicher Ebene.

[35] Mastrocinque 1993 hat den Zusammenhang Fortuna-Rhea aufgedeckt; demnach könnten den Daktyloi Idaioi, den Erziehern des Zeuskindes, in Praeneste die Digidii entsprechen, die Geschwister der jungfräulichen Mutter, die zusammen mit den anderen Vestalinnen Ernährer des Caeculus, des Gründers des Ortes, waren. Die Digidii werden auch als die pränestinischen Entsprechungen der beiden albanisch-laurentinisch-ardeatinischen Picus und Faunus interpretiert, die, wie wir sehen werden, die Laren der Latiner sind; damit würde ein gewisser Zusammenhang auf genealogischer Ebene zwischen diesen letzteren und der Fortuna Primigenia geschaffen, wodurch sie in einer Zeit anzusetzen wären, in der Jupiter noch nicht geboren war, in Entsprechung zu den Daktyloi Idaioi von Kreta. Die Fratres Digidii sind eine Doublette der griechischen Daktyloi, »Digitos Samothracios, quos quinque indicant Graeci Idaeos Dactylos nuncupari«: Arnob. nat. 3,41 (Mastrocinque 1993). Die Digidii oder Digitii hätten also die gleiche Wurzel *digitus*: Capdeville 1995. Über die Verbindung der Laren mit den Kureten: Poerner 1913. Wenn Fortuna und Feronia, insofern beide Mütter des Jupiter sind, in Latium die Entsprechung von Rhea sind und wenn Ops gleichzusetzen ist mit Rhea, dann kann Picus, der Specht des Mars und der Feronia, d.h. ihr Sohn, auch als Sohn von Mars und Ops gesehen werden, dem von den Königen verehrten göttlichen Paar. In Rom befand sich der der Feronia geweihte Tempel auf dem Marsfeld direkt gegenüber dem den Nymphen geweihten Tempel, der mit der Verteilung des Getreides im Zusammenhang stand (wie D. Manacorda sehr überzeugend bei einem in der Französischen Schule von Rom am 27.1.1997 gehaltenen Vortrag dargelegt hat). Die Nymphen vom Marsfeld, vom Palus Caprae, sorgten mit ihrem Wasser für die Produktion des Korns, wie Ops mit ihren Speichern für seine Lagerung sorgte. Wenn Ops andererseits mit der Mutter der Laren in Verbindung steht, treffen wir in ihr wieder auf Lara/Tacita, die Nymphe des unterirdischen Sumpfes vom Velabrum. Die Geburt und Aufzucht von Romulus und Remus, Söhne einer Rea, finden in Grotten von Alba und von Rom statt. Das erinnert an den Mythos der *meter* (der Götter), die eine *oreia* ist, eine Göttin der Berge mit ihren Weiden. Auch der Name der Ocrisia verweist auf einen Felsen, wonach Servius Tullius als Sohn einer Rea und des Volcanus gelten kann. Die Mutter der Götter ist seit dem mykenischen Zeitalter eine Hauptgottheit in Griechenland. Auf dem Idagebirge auf Kreta und in anderen Regionen erzählte man von der Geburt und Aufzucht des Zeus in einer Grotte (Lane 1996).

in Anxur, wird auf wunderbare Weise von einem Numen geschwängert – es ist dabei an einen Geist des Feuers wie Volcanus gedacht[36] – und bringt den höchsten Gott Jupiter zur Welt. Diesem mythischen Modell entsprechend und in einer analogen zeitlichen Nachfolge werden die Stammesfürsten und königlichen Stammväter der Latiner und Römer geboren. Es ist das domestizierte Feuer der häuslichen Feuerstelle, vereinigt mit dem der Rodung und der Metallgewinnung dienenden Randfeuer, das mit einem glühenden Phallus die jungfräuliche Vestalin schwängert, die die Mutter des Herrschers wird. Die Sagen von Cacus (in Rom), von Caeculus (in Praeneste) und von Latinus (in Alba und wohl auch in Lavinium und in Rom) haben alle Kennzeichen der indigenen Authentizität und hohen Alters, das sehr wahrscheinlich in die präurbane Zeit zurückreicht. Die ältesten Heroenmythen von Rom und Praeneste entsprechen also den analogen kosmogonischen Mythen und den Göttermythen. Cacus (Gründer des Großen Saturnia) und Caca, die ursprünglichen Modelle des metallurgischen Feuers der Wildnis und des Herdfeuers,[37] waren tatsächlich Kinder des Volcanus und, so können wir annehmen, einer Göttin oder an ihrer Stelle einer Jungfrau (Prinzessin?) vor Ort. Auch Caeculus (der Gründer von Praeneste) war Sohn des Volcanus und einer Jungfrau am Ort, der Schwester der Digidii oder Depidii, göttlicher Hirten, die als ein dämonisch-heroisches Zwillingspaar von Daktyloi-Laren (in der Art des Picumnus und Pilumnus) interpretiert werden. Einen anderen Charakter haben hingegen die Gründungsheroen von Alba, Lavinium, Ardea und wohl auch von Rom, was nahelegt, daß es im Gebiet von Latium unterschiedliche Bereiche mythischer Glaubensvorstellungen und verschiedene Schichten mythischer Zeit gegeben hat. Die aboriginischen Gründer der zuletzt genannten Siedlungen sind nicht – wie zuvor Caeculus und Cacus, nicht zu reden von Herulus und Tricaranus – so sehr durch sichtbare Mängel oder monströse Besonderheiten, etwa Dreiköpfigkeit, charakterisiert, sondern eher dadurch, daß sie, wie Picumnus und Pilumnus, mit Waffen und Werkzeugen in Verbindung gebracht werden, mit Tieren wie dem Specht, wie es bei Picumnus und Picus der Fall

---

[36] Vgl. §94.

[37] Es handelt sich um ein ursprüngliches und indigenes Modell, das im archaischen Zeitalter mit dem attischen Modell »angereichert« wird, das um Hephaistos-Athene/Gaia-Erichthonios kreist, aber die Römer hatten es nicht nötig, auf das 6. Jh. zu warten, um das innerste Wesen und die Polarität zwischen den beiden Komplexen des Feuers – Vesta in der Regia und Volcanus auf dem Comitium, die an den beiden Enden der forensischen Abschnitte der Sacra Via lagen – zu erkennen, wie es Mastrocinque 1993 jedoch gerne hätte. Dazu, daß die Sage von Caeculus weit älter ist als die von Servius Tullius, und zum sehr hohen Alter und zur Verbreitung des göttlichen Funktionskomplexes des Volcanus siehe Capdeville 1995, auch zur Berichtigung von Mastrocinque 1993.

ist, mit Wolf-Ziegenbock-Schlange im Fall des Faunus, mit der Wildsau im
Fall des Latinus und der Eichel bei Modius Fabidius. Die Kraft, die sie
gezeugt hat, ist nicht mehr Volcanus, sondern Mars (Großvater des Faunus,
Vater des Modius Fabidius[38] und wahrscheinlich auch des Picus) und Sol
(Vater der Circe, die die Mutter des Faunus und Latinus ist), letzterer ein
Gott, der ebenfalls mit dem Feuer verbunden ist. Als Gebärerinnen, mit
denen Mars diese Dämonen gezeugt hat, kommen Feronia und Ops in
Frage. Picus, der Specht, vereinigt sich mit einer Nymphe und zeugt Faunus,
der Wolf-Ziegenbock-Schlange ist, danach zeugt Faunus der Wolf mit der
Wölfin Fauna Latinus, den Eponym der Latiner, den ersten Menschen
und König, der nichts mehr von einem Monstrum, einem Werkzeug oder
einem Tier – d. h. keine Vermischung mehr mit dem Präkosmisch-Ursprüng-
lichen – an sich hat, auch wenn er mit dem Prodigium der Wildsau verbunden ist (einem Tier, das mit dem Herrscher nur auf indirekte und
symbolische Weise identifiziert wird). Latinus wird dann an einen Gott,
Iuppiter Latiaris, angeglichen, aber erst nach seinem Tod. Daß Picus, Faunus
und Latinus auch in anderen Zentren Latiums gegenwärtig sind, liegt
daran, daß diese in erster Linie albanischen Könige als die Stammväter
aller Latiner betrachtet werden, im besonderen jener, die an den Häfen
Albas am Tiber und am Meer siedelten, da Alba die Vormacht der albanischen Liga war. Aber der weite Einflußbereich darf nicht den Hauptsitz
vergessen lassen, von dem ihr Einfluß herrührt und ausstrahlt, und das
ist eben, wie wir sehen werden, Alba Longa. Die Annahme, die Sage von
Hercules – die wahrscheinlich die späteste Sage ist, denn die besondere Verbindung mit dem Modell des Tyrannen paßt am besten in die Spätzeit
der römischen Monarchie – hätte das Muster abgegeben für die übrigen
Heroenmythen der Latiner, ist geradezu absurd, auch deshalb, weil Hercules nur ein Stammvater und Kulturheros griechischer Art ist, der ungeschickt den indigenen Heroen an die Seite gestellt wird, aber nie als Gründer

---

[38] Modius Fabidius, Gründer von Cures, ist Sohn des Eunyalios (= Mars) und einer aboriginischen Prinzessin aus dem Gebiet von Reate. Eher als nur ein Vorname zu sein, deutet
Modius vermutlich auf einen Rang hin; siehe Septimus Modius, erster König der Aequiculi: De
praen. 1–2 (Peruzzi 1969). Der Mythos muß in Beziehung zu einer präurbanen Gründung der
Ansiedlung gesehen werden, zeitgleich mit der von Alba, weil Modius eine Entsprechung zu
Picus ist, die beide Söhne des Mars sind. Für Cures gibt es eine archäologische Bezeugung aus
der Spätbronzezeit und dann weitere Bezeugungen erst ab der latialen Stufe IIB. Seine begrenzte
Ausdehnung (4 ha, wovon in der frühen Eisenzeit nur eineinhalb bewohnt sind) läßt an ein
oppidum von mittlerer Größe mit noch präurbanem Charakter denken. Die Ansiedlung wird
ein protourbaner und dann urbaner Ort von bescheidenen Dimensionen (nicht über 30 ha)
erst ab dem Ende des 8. Jh. (Peroni 1993–94, Seminar; Bistolfi u. a., i. Dr.), also zur Zeit von
Titus Tatius und von Numa.

von Siedlungen angesehen wird wie die göttlichen aboriginisch-latinischen Könige.[39]

46. Mythische Themen in Rom in der Phase der Stadtwerdung. Auf die eben erörterte erste Stufe folgt eine neuere, die verbunden ist mit der Phase der Stadtwerdung Roms; wir treffen hier auf ein von den präurbanen Modellen von Rom-Praeneste und von Alba-Lavinium-Rom-Ardea verschiedenes Muster, auch wenn es in mancher Hinsicht mit letzterem verbunden ist. Der Gründer der Stadt Rom in der Phase der Stadtwerdung ist Romulus, die einzige Persönlichkeit, der einmütig der etruskische Ritus der Urfurche zugeschrieben wird.[40] Romulus wird nach seinem Tod mit Quirinus gleichgesetzt, dem Gott der Kurien auf römischem Boden; wahrscheinlich wird damit symbolisch der Zusammenhang zwischen den 30 Kurien der urbanen Phase und den 27 Kurien der protourbanen Phase zum Ausdruck gebracht.[41] Romulus ist der Sohn einer Vestalin und Prinzessin aus Alba, die später auf gelehrte Weise Rea Silvia[42] genannt wird, und (wie Modius Fabidius und

[39] Mastrocinque 1993. Vgl. auch §§ 106 ff. Hercules zeugt: 1. mit Fauna, der Tochter des Faunus, Latinus; 2. mit Launa (= Dauna/Fauna), der Tochter des Euander (= Faunus), Pallante; 3. mit Rhea, vielleicht eine Priesterin der Bona Dea, Aventius; 4. mit Fabola, der Tochter von Euander (= Faunus), den ersten Fabius (aber der wahre Stammvater der Fabier könnte Modius Fabidius gewesen sein: §§ 102 ff.); und schließlich 5. mit Acca den Romulus, aber letzteres ist eine bloße Vermutung von Mastrocinque 1993, die sich auf keine Quelle stützt und zurückzuweisen ist. Auf dem Fresko mit den göttlichen Zwillingen in Pompeji erscheinen die Stammväter Sol und Mars am Himmel, nicht Hercules (Cappelli 1994 und i. Dr.; vgl. Abb. 3). Weitere nicht nachweisbare Eroberungen des Hercules betreffen nach Mastrocinque 1993 Caca und Iuno Sospita.

[40] Romulus könnte diesen Ritus, als er Rom mit den protourbanen Riten der Gründungsgrube und der Urfurche gründete, die er von den etruskischen Städten übernommen hatte, erneuert haben (vgl. § 203). Servius Tullius hat vielleicht den alten Mundus Cereris als Zeremonialgrube seiner Neugründung der Stadt wiederverwendet, was von Plutarch (Rom. 11) irrtümlich dem Romulus zugeschrieben wird, wie wir schon gesehen haben (vgl. § 24, Anm. 50), aber auf keinen Fall wurde ihm für seine Neugründung eine weitere rituelle Furche zugeschrieben, weshalb der kontinuierliche Verlauf seiner Mauern weniger als eine neue als vielmehr als Ausdehnung der ursprünglichen Befestigung erscheinen mußte (die beiden Verläufe fielen im Tal Murcia fast zusammen). Betreffend die Urfurche meint Mastrocinque 1993: »Diesbezüglich ist es nicht leicht zu sagen, ob Romulus oder Hercules die Priorität zukommt«, was einer für ihn eigentlich nicht akzeptablen Annahme der Priorität des Romulus gleichkommt. Zwischen der Furche des Romulus und der Furche des Hercules – eine späte Erfindung, die auf einer Münze des Commodus dargestellt ist – vergehen nahezu neun und ein halbes Jahrhundert, mehr als genug, um einen authentischen von einem künstlichen Mythos zu unterscheiden zu lassen.

[41] Vgl. § 302. Der Mars des Romulus ist viel enger mit Picus und Quirinus verbunden als mit Hercules, trotz der von Mastrocinque hervorgehobenen Verbindungen mit letzterem.

[42] Rea (Name) Silvia (fakultativer Zuname) (Peruzzi 1969), beziehbar auf den göttlichen Komplex von Ops-Acca/Fauna). Der Grabaltar der Acca befand sich am Fuße des Palatin und kann im Kontext der in der Nähe gefundenen Gräbergruppe interpretiert werden, die in die Stufe Latiale I datiert wird. Caca scheint die präurbane und noch barbarische Vorgängerin der Tacita-Acca zu sein, der Gattin des Mercurius (= Mars) und als Lara Mutter der Laren (Aronen 1989a),

Picus) des Mars, der kein Numen des Feuers ist (wie Volcanus), so daß in
diesem Fall die aboriginisch-albanische mythische Tradition gegenüber der
indigen-siculischen (mit Cacus verbundenen) Tradition überwiegt. Andererseits haben die Alten festgehalten, daß in Mars die Zeugungskräfte der anderen beiden göttlichen Stammväter zusammengeflossen sind, nämlich die des
Volcanus, des Vaters von Cacus und Caeculus, und die des Sol, des Großvaters des Faunus und Latinus.[43] Romulus (ähnlich dem Picus und Latinus)

die ihrerseits die präurbane Vorgängerin der Acca, der Frau des protourbanen Häuptlings Faustulus (= Faunus) und Amme des Romulus ist, die wiederum wohl die protourbane Vorgängerin
der urbanen Vesta ist. Der Gedanke Mommsens, wieder aufgegriffen von Mastrocinque 1993
und von Coarelli 1997, daß die Acca des Faustulus, die Amme der Zwillinge, eine auf die Acca
des Hercules und des Tarutius folgende Erfindung sei, bleibt, bei allem Ansehen der Vertreter,
strittig. Wir können nämlich eine Vorfahrin rekonstruieren, die im Besitz der Erde ist, die
Mutter von Häuptlingen und Königen, die zusammen mit der Sexualität, Reproduktionskraft,
Ernährung, Schutz und Sieg verteilt. Sie tritt in vier großen Zeiträumen auf: 1. Die präurbane
Acca, gleichbedeutend mit der aboriginischen Prinzessin, mit der Mars den Modius Fabidius
gezeugt hat, mit der Ops des Mars und wohl auch mit der Fauna des Faunus (als Wölfin), der
Mutter der göttlichen Könige von Latium; ihre sexuelle und generative Kraft ist von der Art der
Caprotina und der Rumina; sie ist jene, die auf dem Gebiet und dem *ager* Roms dem Latinus,
den Laren und den Velienses das Land gegeben hat. 2. Die protourbane Acca wäre die Verteilerin
des Landes an Lucerus und an die Luceres. 3. Die Acca der Stadtwerdung ist gleichbedeutend
mit der Rea Silvia des Mars und mit der Larentia des Faustulus, mit Fauna (als Wölfin) und
mit Caprotina/Rumina als Beschützerin von Sexualität-Fruchtbarkeit-Ernährung; sie ist jene,
die dem Romulus das Land für Siedlung und *ager* zuteilt; sie ist im Velabrum begraben und
erhält an den im Kalender der frühen Königszeit vorgesehenen Larentalia einen Kult. 4. Die
Acca der Stadt ist die Hetäre (Wölfin) des Hercules, die hierogamische Priesterin in der Gestalt
der Tanaquil, der Frau des Lucumo Tarquinius Priscus; sie überträgt die königliche Macht und
Land auch jenseits des *ager*, wie das Land von Solonium (eine Erweiterung Richtung Politorium
und das Meer); wir sind jetzt in der Zeit zwischen Ancus Marcius und dem ersten Tarquinier;
wie ihre Vorgängerin verschwindet auch sie im Velabrum, wo die Junii Bruti sie als Vorfahrin
verehren werden (Coarelli 1997). Die Günstlinge der Acca verteilen sich nacheinander in der
langen Dauer (Latinus, Lucerus, Romulus, Lucumo, Brutus). Es hat keinen Sinn, nur an die
jüngste Schicht zu glauben, die es ohne die unauslöschliche Spur der vorhergehenden Schichten nicht gegeben hätte. Die Acca als Wölfin, die als Fauna-Caprotina-Rumina mit Mars verbunden ist, erscheint ganz klar als viel älter als die adelige heilige Prostituierte, die hierogamisch mit dem Gott-Heros der Tarquinier verbunden ist. Auch hier bringt man der spätesten
Schicht Glauben entgegen, von der man annimmt, sie wäre, mit wenigen Berichtigungen, in die
vorhergehenden Epochen zurückprojiziert worden; diese Problemlösung ist leichter als die Entschlüsselung der gesamten Stratigraphie, aber sie ist auch recht unbefriedigend. Zu den Prinzessinnen, die seit der Bronzezeit allein ermächtigt sind, Herrschaft und Land zu übertragen, vgl.
§ 473. Wenn die letzte Acca mit Gaia (Taracia, Caecilia) in Beziehung zu setzen ist, könnte sie
verbunden werden mit *gaiola*, d. h. mit der *pica*, der Elster, die das weibliche Gegenstück zum
picus ist (erinnern wir uns, daß auf dem Spiegel von Bolsena auf der Seite der Larentia allerdings
nicht eine *pica*, sondern eine *parra* dargestellt ist). Wenn dieser ornithologische Zusammenhang
besteht, wird man ihn einer sehr frühen Schicht im langen Leben der Acca zuschreiben müssen,
die vielleicht bis in die Bronzezeit zurückreicht.

[43] Serv. Aen. 3,35: »non nulli eundem (Martem) Solem et Volcanum dicunt«. Scholz 1970 meint,

und Remus (ähnlich dem Faunus) stammen von den albanischen Stammvätern ab, wie es angezeigt wird durch die albanische Prinzessin, die ihre
Mutter ist, die Vestalin Acca (= Fauna), und durch den Hirten Faustulus
(= Faunus), die für ihre Eltern gehalten werden, sowie durch ihre »Wolfsnatur«.[44] Romulus erscheint einerseits als Nachkomme der aboriginisch-
albanischen Vorfahren (gezeugt von Mars, wahrscheinlich mit Feronia/Ops)

der Schwanz des dem Mars in der triumphalen Zeremonie des October Equus geopferten Pferdes, von dem Blut auf das Fokolar der Regia tropft, wäre symbolisch zu interpretieren als ein
die Vestalin – die Tochter des Königs, die das Fokolar im Heiligtum des Mars der Regia ver-
sorgte – befruchtender Phallus. Der befruchtende Aspekt des Mars wäre dann gelöscht worden,
aber der von den Vestalinnen bewachte Phallus und der damit zusammenhängende Kult des
Mutunus Tutunus wäre als Spur geblieben. Dann könnte aber die Tatsache, daß Romulus
nach der Version des Promathion (Plut. Rom. 2) durch einen Phallus empfangen wurde, der
im Herdfeuer der *regia* von Alba erschien, eine authentische Variante der Sage darstellen und
eben nicht nur eine Nachahmung der Sage des Servius Tullius sein (Mastrocinque 1993). Die
Argumente, die Dumézil 1975 gegen die Interpretation des Schwanzes als Phallus anführt, sind
gehaltreich, aber nicht entscheidend. In der Açvamedha genannten Zeremonie, der indischen
Entsprechung des römischen October Equus, hatte das königliche Opfer des Pferdes, dem die
sakrale Vereinigung mit der Königin vorging, eine an die Fruchtbarkeit und an die Reinigung gebundene Bedeutung: D'Onofrio 1953-54. Es ist so, als würden die Pferdekraft des Mars
und des Königs sich an der Feuerstätte der Ops und der Königin vereinen. Mars kann also als
Vater der göttlichen Könige von Alba und des Romulus und Remus (die, die wir sehen werden,
die Laren der Römer sind) gelten, aber die Art und Weise seiner Erscheinung und wie er die
Jungfrau schwängert, scheint unterschiedlich zu sein, insofern die ursprüngliche Bühne nicht
das königliche Fokolar ist, sondern (zumindest in der Vulgata) das Ufer eines Wasserlaufs in
einem dem Mars heiligen Wald, weshalb das vermittelnde Element der Verbindung in diesem
Fall das Wasser und nicht das Feuer wäre. Das könnte nahelegen, daß die Variante des Promathion sich vom Schicksal der Ocrisia, der Mutter des Servius Tullius, hat inspirieren lassen
und nicht umgekehrt, wie Mastrocinque 1993 richtig bemerkt hat. Mars (auf etruskisch) wurde
aus dem Feuer geboren (Robertson 1985), und er zeugt vielleicht in der Zeremonie des October
Equus aus dem Feuer, aber keinesfalls in der Sage des Romulus.
[44] In diesem ersten Kapitel unserer Untersuchung soll gezeigt werden, daß Picus, Faunus und
Latinus die Gründer von Alba, des Kultes des Jupiter und des Bundes von Alba sind. Damit
ist verbunden, daß Romulus in direkter Linie von Latinus abstammt (von seiten des Vaters,
insofern Mars der Großvater des Latinus war, und von seiten der Mutter, insofern sie Tochter
des Numitor war, der von Latinus abstammt). Der Specht ist dem Mars heilig (es sei an das
Orakel von Tiora Matiene erinnert). Picus wird bei Vergil (Aen. 7,188) mit dem Schild der dem
Mars heiligen Salier dargestellt. Picus und Mars werden als Vater und Großvater des Faunus
gesehen (Dion. Hal. 1,31; Serv. Aen. 3,35: Mars als *pater*). Der Specht und der Wolf, beide dem
Mars heilig, sind mit dem Leben in der Wildnis der Wälder verbunden, aber auch mit der
Ernährung der Gründer-Zwillinge: vgl. §115, Anm. 49. Über die Verbindung von Faunus dem
Wolf und Fauna der Wölfin mit Mars: Serv. Aen. 8,343; 8,630. Der Kult des Faunus in Rom
wurde im Februar gefeiert, dem letzten Monat des Jahres, eng verbunden mit dem März, dem
folgenden Monat, der dem Mars heilig und zudem der erste Monat des Jahres war. Das Lupercal, wo die Zwillinge vom Specht und von der Wölfin ernährt wurden, war eine dem Mars
geweihte Höhle: Verg. Aen. 8,630. Zu Mars und Faunus in Verbindung mit Cupra / Bona Dea/
Fauna bei den Umbrern: Colonna 1987.

und andererseits als ein von Mars beschützter Krieger-König, der zum ersten
Mal und von außen dem Gemeinwesen von Rom die Staatlichkeit auferlegt
hat.[45] Der Zusammenhang des Gründers der Stadt mit Mars, zusätzlich
zu Quirinus, erscheint daher als ein authentisches Element der Tradition.
Wenn in Mars der göttliche Vater des Picus erkannt werden kann, des ersten
Königs der aboriginisch-latinischen Dynastie, wird verständlich, warum er
dann auch als Vater des ersten Königs der Römer figuriert, des Begründers
der neuen Dynastie der Könige der Stadt Rom.[46] Es ist nicht auszuschließen,
daß in der fortgeschrittenen protourbanen Phase und in der Phase der Formierung der Stadt – es sei an die Verbindung von Hercules mit dem sehr

[45] Es sei diesbezüglich an das ethno-anthropologische Thema des »fremden Königs« erinnert:
Der Sohn eines Gottes oder eines Adeligen muß sein Heimatland verlassen, er tritt vom Rand
auf die Bühne der Gemeinschaft, wird vom lokalen Häuptling gastfreundlich aufgenommen,
der ihm nach dem Bestehen einer Prüfung (Entführung, Wettkampf etc.) die Erstlingsfrüchte
und eine Tochter als Versprechen der königlichen Investitur anbietet. Seine Macht hat nichts zu
tun mit den örtlichen Verwandtschaftsbeziehungen, sie liegt nicht in der Absicht der indigenen
Vorfahren, und die Rituale seiner Investitur sind die Folge seines Sieges über den vorhergehenden Anführer, und es wird damit nach der Unordnung, die durch seine Ankunft entstand,
die Ordnung wiederhergestellt. Die Wiederherstellung der Ordnung erfolgt so, daß der fremde
König am Ort seiner Eroberung in das indigene Verwandtschaftssystem eingebunden wird. Das
geschieht dadurch, daß der König mit dem örtlichen Schutzgott gleichgesetzt wird, der am
Ursprung der indigenen Geschlechter steht. Wie es also eine ursprüngliche Entgegensetzung
zwischen Gemeinschaft und Macht gibt, gibt es auch eine Entgegensetzung zwischen Gemeinschaft und Staat, der also ein von außen, wie durch eine Eroberung, eingeführtes Element
erscheint; damit scheint er auch eher ein Ergebnis des Willensaktes einer Person zu sein als das
Resultat eines langen und anonymen Prozesses einer inneren Entwicklung. Der Staat erscheint
also wie die Schöpfung eines göttlichen Königs, er entsteht durch einen Gründungsakt, und
nicht durch einen Prozeß der Staatsbildung (Sahlins 1985 und Valeri 1985; zu Königen, die von
Heroen und Fremden abstammen: Carlier 1984). Die Historiker, die die »Gründung« eines Staates und einer Stadt als ein unwahrscheinliches Phänomenen betrachten, ignorieren ganz klar
dieses grundlegende mythische Thema. Einigen der mit diesem Sagenschema verbundenen und
weit verbreiteten Mytheme begegnen wir in der Sage des Romulus. Romulus ist ein Fremder aus
Alba, aber gleichzeitig ist er es nicht, da er von den Stammvätern des *nomen* und des Albanerbundes abstammt, die auch die überirdischen Häupter Latiums und damit auch des römischen
Bodens sind. Als Mitglied der gleichen ethnisch-verwandtschaftlichen Gemeinschaft und des
selben »konischen Clans« (vgl. Kirchhoff 1959 und Appendix 3) ist er jemand, der, wie Latinus,
von Faunus und von Picus (und damit von Mars und von Sol) abstammt, insofern er aber ein
Fremder ist, der der Siedlung die königliche Gewalt, den Staat und die Struktur der Stadt auferlegt, ist er ein Abkömmling des Mars, des Gottes des Krieges. Prosdomici 1989 hat das Problem
des Übergangs von einer Ideologie im Zeichen der Abstammung von heroisierten Vorfahren
zu einer mehr kriegerischen Ideologie im Zeichen des Mars betont, aber es darf dabei nicht
vergessen werden, daß Mars auch der Gott und Vater der Stammväter ist, so daß wir uns hier
zwar unterschiedlichen aber untereinander verbundenen Aspekten gegenübersehen.
[46] Mars war nämlich der Großvater des Faunus: Dion. Hal. 1,31. Zu den ikonographischen
Zeugnissen, die auf den göttlichen Komplex Mars-Ops beziehbar sind und in das 10.-8. Jh.
zurückgehen, vgl. § 41.

alten Ritual der Argeer erinnert[47] – man auf römischem Boden bereits den Kult des Hercules gekannt hat, der die indigenen Gastgeber, die Menschenopfer darbrachten, getötet hat und zum Schutzherrn der griechischen Fremden wurde. Sein Kult dürfte von Anfang an den für einen fremden Kult typischen marginalen Charakter gehabt haben und in erster Linie mit dem Anlegeplatz am Aventin verbunden gewesen sein.[48] Erst in der darauffolgenden Zeit, nach Abschluß der Urbanisierung, wurde der Kult dann monumentalisiert *(ara maxima)* und mit dem Triumph, mit dem Circus Maximus und mit dem Pomerium verbunden (das Pomerium des Romulus hat am Lupercal einen Winkel gebildet, es wurde erst unter Servius Tullius bis zur Ara maxima weitergeführt). Es ist zur Zeit der Tarquinier, daß der Heros in einem unerhörten Vorgang in die indigenen Genealogien eingefügt wird und schließlich Faunus in der Vaterschaft des Latinus und wohl auch Modius Fabidius in der Vaterschaft des ersten Fabiers ersetzt und auf diese Weise zum zentralen mythischen Modell der griechisch-etruskischen Tyrannen von Rom wird. Wenn Hercules nicht Vater des Romulus werden konnte, des Gründers der Stadt in der Phase der Formierung, konnte er immerhin als (griechischer) Vater des Latinus, des Begründers des *nomen,* fungieren. Die Sage von Romulus und der Stadtgründung Roms erscheint also (über Mars) losgelöst von den präurbanen Gründungen auf römischem Boden und in Praeneste (Romulus ist nicht wie Caeculus und Cacus Sohn des Volcanus), und sie ist völlig unabhängig von der Sage des Hercules (der ein später griechischer Ersatz des Faunus ist). Entscheidend ist die Verbindung mit Alba, wodurch die Gründung von Rom sich zugleich als unabhängiges Ereignis und als zweite Ausgabe der Gründung des Hauptorts des *nomen* darstellt (die 30 *curiae* in Rom entsprechen den 30 albanischen *populi).* Vielleicht ist dies auch die Phase, in der Picus mit Circe verbunden wird, der mit magischen Kräften ausgestatteten Tochter des Sol, die ihn, nach dem altehrwürdigen Beispiel der Ischtar, in einen Vogel verwandelt hat.[49] Gleichzeitig wird dieser göttliche König Picus durch Odysseus ersetzt, seinen griechischen Doppelgänger, der mit Circe Faunus und Latinus zeugt, die deshalb, nach dem ursprünglichen Modell der latinischen Dioskuren Picumnus

---

[47] Vgl. §§ 131 und 285 ff.
[48] Vgl. § 298.
[49] Grotanelli 1987. Auch die Ikonographie des Hercules von Sant' Omobono folgt orientalischen Vorbildern, die in Zypern und Phönizien anzutreffen sind. Picus steht zu Circe wie später Servius zu Fortuna: Weibliche göttliche Gestalten, die sich mit einem Mann vereinen, erheben ihn zur Herrschaft und verderben ihn schließlich (Coarelli 1988). Aber die Gestalt des Mannes, der aufgrund einer Hierogamie zugrundegeht, war in Latium seit dem Ende des 8. Jh. bekannt, im Zusammenhang mit der Vereinigung von Anchises und Aphrodite (vgl. Anm. 9).

und Pilumnus, als Brüder, manchmal geradezu als Zwillinge betrachtet
werden.[50]

47. Der Mythos des Romulus und die Kulte in der Regia (Abb. 3, 4-10). Es
gibt noch einen weiteren wichtigen Grund, die Verbindung Romulus-Mars
für authentisch und folglich alt zu betrachten: Sie findet eine Entsprechung
in den Kulten der *regia* Roms, wo die Gegenwart des Königs mit dem Kult
des Mars in Verbindung gebracht wurde. In Alba nimmt am Ufer eines Flusses Mars in seinem *lucus* Rea Silvia, die Tochter des Numitor, in Besitz,
und aus dieser Verbindung gehen Romulus und Remus hervor. Eben diese
Vereinigung stellten die Römer sich auch auf dem Cermalus vor – der als
eine Art Replik der Burg von Alba gelten kann –, wie die Erwähnung des
Flusses (= Tiber?) und eine Malerei in Pompeji bestätigen, wo dem von den
Saliern umgebenen Marstempel (oder der Hütte des Mars oder der Hütte
des Romulus oder der Curia Saliorum) der als Tempel der Rhea/Ops zu
bezeichnende Tempel entspricht, da er mit Rea Silvia im Zusammenhang
steht, die davor in liegender Haltung dargestellt ist; damit wäre auch auf
diesem Hügel das Vorhandensein der zwei königlichen Kulte schlechthin
nachgewiesen, die dann (durch Numa) an den Fuß des Palatium verlegt
werden.[51] Die Vereinigung von Silvia mit Mars gehorcht einem alten mythischen Modell, das sich in der Sage des Picus, des vermutlichen Sohnes
des Mars und Gründers von Alba, wiederfindet, wie auch in der Sage des
Modius Fabidius, des Gründers von Cures, der von einer jungen aborigi-

---

[50] Früher als die in der *Theogonie* belegte Koppelung Faunus-Latinus dürfte die Verbindung
Picus-Faunus anzusetzen sein (vgl. §121). Brelich 1955 hält denn auch diese Verbindung für
älter, wegen des ähnlichen Charakters der beiden Kulturheroen (vgl. §38). Die beiden Numina
erscheinen auch in der Episode ihrer Gefangennahme durch König Numa miteinander verbunden und werden beide für Dämonen gehalten, wie die Daktyloi Idaioi, die den Jupiter
aufziehen, so wie Picus und Faunus Latinus und Romulus aufziehen, den Namengeber des
nomen und der *urbs*. Mastrocinque 1993 rückt diese Gestalten an die göttlichen Digidii (die
Daktyloi oder Lares Praestites von Praeneste) heran, aber im Fall von Caeculus sind es eher
die jungen Vestalinnen, die diese Rolle übernehmen, wie Acca für Romulus und, im Stile des
orientalischen Despotismus, Tanaquil für Servius Tullius. Noch älter als die Koppelung von
Picus und Faunus könnte jene von Picumnus und Pilumnus sein (vgl. §111).
[51] Zu dem Bild aus dem Haus des Fabius Secundus mit dem Cermalus und Palatium des
Romulus: Cappelli 1994 und i. Dr. In geschichtlicher Zeit sind die Curia Saliorum und der
Tempel der Victoria und dann der Tempel der Magna Mater die Nachfolger dieser Kulte (vgl.
§136). Das Paar Mars-Ops hatte in Rom seinen Kult in der Hütte der Häuptlinge und der
Könige, könnte aber auch im Lucus Martis am ersten Meilenstein der Appia, der Straße nach
Alba, präsent gewesen sein, wo unter dem Schutz des Gottes der *lapis manalis* aufbewahrt wurde,
ein Fetisch als Überbringer von Wasser und Überfluß, den man in Verbindung mit Ops sah,
und es ist kein Zufall, daß der Tempel der Tempestas sich in der Nähe befand: Colonna 1991b.
Die *luci* des Mars auf dem Cermalus und bei der Porta Capena (dem Tor nach Cabum) könnten
Repliken des Lucus Martis von Alba sein, wo der Gott Rea Silvia beigewohnt hat.

*Abb. 3   Pompei, Haus des M. Fabius Secundus: Mars und Rea Silvia auf dem Palatium-Cermalus;
Strichzeichnung von A. Pellico nach einem Fresko aus augusteischer Zeit im Museo Nazionale di Napoli*

nischen Prinzessin geboren wird, die Mars an einer seiner Kultstätten (vielleicht Suna) im Gebiet von Reate in Besitz genommen hat. In Rom fanden
die Kulte des Mars und der Ops, bevor sie in die archaische Regia am
Fuß des Palatium entlang der Sacra Via verlegt wurden, wohl auf dem Cermalus statt, wie wir soeben gesehen haben, und zwar im Zusammenhang
mit der Hütte des Anführers der Siedlung, die Rom vorausgegangen war

(Faustulus=Faunus und Acca=Fauna symbolisieren in der Tat die protourbanen Anführer des Gebietes),[52] und auch mit der Hütte des Romulus,
wie es die genannte pompeijsche Malerei belegt. Eine große Hütte auf dem
Cermalus ist seit dem 9. Jahrhundert bezeugt, an eben dem Platz, wo dann
die Ansammlung von Hütten im 8. Jahrhundert steht und in der Zeit der
mittleren Republik ein Monument, das wahrscheinlich an die Gründungsgrube des Romulus und die casa Romuli erinnerte. Die genannten Hütten
könnte man als Hütte des Königs mit angeschlossener Hütte der Ops und
des Mars oder der Curia Saliorum[53] interpretieren, wo ursprünglich wohl

---

[52] Auf dem Cermalus befand sich schon die Höhle des Cacus, des ersten Gründers dieser
Festung , aber damals war Volcanus die Schutzgottheit des barbarischen Herrschers. Wie Cacus
mit Volcanus verbunden war, so waren es Faustulus und Acca mit Faunus und somit auch
mit Mars und Sol – die beide auf der genannten Malerei aus Pompeji im Himmel über dem
Cermalus auftauchen –, was eine frühe Anwesenheit des Mars auf dem Cermalus, seit der Zeit
der aboriginisch-albanischen Neugründung, bestätigt.

[53] Der Sitz der Salier, die man sich als Söhne des Königs vorstellen kann (Torelli 1990), ist auf
dem Cermalus geblieben, während der Aufenthaltsort der Vestalinnen, die in gewisser Hinsicht
als Töchter des Königs vorstellbar sind (aber siehe Beard 1980), und auch der Wohnsitz des
Königs von Numa an den Fuß des Palatium verlegt wird. Zu Darstellungen der Salier auf einem
Bronzegefäß aus Bisenzio aus dem letzten Viertel des 8. Jh.: Calvetti 1987. – Auf dem Cermalus
kann die Abfolge wohl so rekonstruiert werden: *Phase 1.* Latiale IIA und IIB/IIIA (900–750).
Große Hütte 1 (ca. 77 qm), mit Rundgrube 2 davor. Es handelt sich wahrscheinlich um die
Hütte des Anführers der *montes* (gleichbedeutend mit dem mythischen *tugurium* des Faustulus?),
die wohnlichen, kultischen und wohl auch auguralen Zwecken diente und wohl in Verbindung
zu sehen ist mit der Gründungsgrube des Trimontium (zum archäologischen Vergleich mit
Tarquinia siehe Bonghi Jovino – Chiaramonte Treré 1997; vgl. § 201). *Phase 2.* Latiale III(B) und
IVA (750–650). Im Bereich der vorhergehenden großen, inzwischen zerstörten Hütte werden
errichtet: die rechteckige Hütte 1, vielleicht die *regia-tabernaculum* des Königs aus der romuleischen Zeit, mit einer großen Rundgrube 2 davor, die vielleicht als die Gründungsgrube Roms
zu interpretieren ist, und eine zweite Hütte 3, zu der sich kurz danach eine dritte Hütte 4
gesellt, Bauten, die man als eng mit der *regia* verbundene königliche Kultstätten von Mars und
Ops sehen kann; die in der großen und früheren Hütte gebündelten Funktionen zeigen sich in
dieser Phase voneinander getrennt, wenn auch in einer vollkommen einheitlichen Umgebung;
eine vierte bescheidenere Hütte 5, außerhalb des Bereiches der großen Hütte aus dem 9. Jh.,
scheint mit zum selben königlichen Komplex zu gehören, der zu den Scalae Caci hin von einer
hölzernen Einzäunung 6 begrenzt ist, die das Heiligtum und das Königsviertel nach Osten
abschließen; außerhalb der Einfriedung (9) und nur in einem einzigen Fall innerhalb derselben
(7) gibt es einige längliche Grabgruben, die vermutlich für Kinder bestimmt waren; eine weiter
entfernte letzte Hütte 8 konnte schon in die normale Siedlung hineinreichen. *Phase 3.* 650–550.
Die als königliche Wohnung angesehene Hütte samt ihrer Grube wird aufgelassen, aller Wahrscheinlichkeit nach weil die *regia* in das Vestaheiligtum verlegt wird, und wahrscheinlich auch
die vierte bescheidenere Hütte, während die beiden Sakralhütten 1, 2 stehen bleiben. *Phase 4.*
550–307. In den beiden Sakralhütten werden zwei Pflasterungen 1 und 2 in quadratischer Form
aus Tuffstein durchgeführt, auf denen man sich kleine Sockel für die Ablage heiliger Geräte
(wie den mit der Curia Saliorum zusammenhängenden *lituus* des Romulus) und/oder *signa*
denken kann; diese Sakralhütten sind isomorph im Hinblick auf die beiden königlichen *sacraria* im Heiligtum der Vesta; aber die beiden Hütten könnten auch als *tabernaculum* für die

Auspizien interpretiert werden (auf dem Bodenpflaster können wir uns in diesem Fall die *sella* des Augurs vorstellen: Schol. Veron. Aen. 10,241), als Curia Saliorum, oder als Heiligtum der Argeer; die einzige Grabgrube 3 innerhalb der königlichen Einfriedung, die wahrscheinlich zur Phase 2 gehört, wird jetzt zum Ort eines *sacrum*, wie sich aus der Deposition eines Gefäßes aus dem Ende des 6. Jh. (irrtümlich in das 4. Jh. angesetzt) ergibt; es ist möglich, daß die frühere rechteckige Grube geweiht und für heilig erklärt wurde, nicht als *heroon* (von einem solchen sprechen die Quellen nicht, und es ist auch kein indigenes Modell, sondern stammt aus Groß-griechenland oder Griechenland), sondern als eine Grube, die man für die ursprüngliche Grube der Gründung der Roma quadrata hielt, die in dieser Phase symbolisch die große Rundgrube der Gründung zu ersetzen begann, die mit der seit einiger Zeit aufgelassenen königlichen Hütte verbunden war; es ist möglich, daß die Grube von einem Altar 12 flankiert wurde (wie einige Einschnitte im Tuff vermuten lassen); die neu geweihte Grube wurde, wie der gleichzeitige und homologe *mundus* auf dem Comitium, in Zusammenhang gebracht mit der servianischen Neugründung der Stadt und mit der Mauer der Roma quadrata, die im weiteren Sinn als der Palatin verstanden wurde (p. Oxy. 2088); in diesem Fall würde es sich um die erste Monumen-talisierung der Grube der im engeren Sinn verstandenen Roma quadrata handeln (man beachte diesbezüglich auch die Bodenplatten 4 und das Gebäude 5; jenseits der Straße 7 wurde ein Tem-pel 8 gebaut, dessen Bauelemente aus Terracotta daran denken lassen, daß die im Heiligtum traditionell verehrte Gottheit zu dieser Zeit mit Iuno Sospita gleichgesetzt wurde (verschiedene Inschriften auf Vasen mit den Buchstaben MA weisen hin auf eine Gottheit, die als Mutter gesehen wurde, wie eben Sospita); der Kult ist verbunden mit der Schaffung von vier Vertiefun-gen, einer rechteckigen 6 und drei runden 9-11, die vielleicht als Silos zu interpretieren sind (man vergleiche die Speicher in Form eines *tholos* im spätgeometrischen Stil von Smyrna, die R. W. Nichols rekonstruiert hat: Hom. Od. 22,442; Akurgal 1983, Abb. 18a) und als Behälter für Flüssigkeiten (Wein?), was auf eine ursprüngliche Gottheit in der Art der Ops-Fauna hinweisen könnte. Es handelt sich vielleicht um einen früheren häuslichen Kult der *regia*, der jetzt zu einem öffentlichen Kult geworden ist und in einem monumentalen Gebäude stattfindet. Von der Gründungsgrube der königlichen Hütte geht man jetzt zu großen, mit dem Tempel ver-bundenen Silos über. *Phase 5.* 307/294-204. Es bleiben die sog. Heiligtümer 1 und 2, zusam-men mit der Grube mit dem vermutlichen Altar 8, die jetzt innerhalb einer gemauerten, wahr-scheinlich zu den Heiligtümern hin offenen Einfriedung 3 liegen, die die Roma quadrata von dem Verkehr entlang des neuen Clivus Victoriae 4 abschirmt; die Nordseite der genannten Einfriedung wird von der Einfassungsmauer 5 des Vorplatzes des neuen Tempels der Victoria 6 gebildet, an dessen Fuß in in dessen Bereich jetzt die Roma quadrata figuriert, die weiter monumentalisiert wird, mit neuen Deckplatten und durch Aufnahme in einen eigens dafür gestalteten Raumes; die Gottheit des Heiligtums scheint sich in ihren Merkmalen, in ihren Funktionen, und selbst im Namen zu entwickeln: Die frühe und geheimnisvolle Göttin und Herrin von *vicus/curia*, verbunden mit der Ziege wie Fauna oder (Iuno) Caprotina, die dann mit Iuno Sospes gleichgesetzt wird, hat sich jetzt in Victoria verwandelt; in der Folge werden dementsprechend die Vertiefungen dazu verwendet, Nahrungsmittel und Flüssigkeiten aufzu-nehmen, eine Vertiefung wird ersetzt durch den Brunnenschacht 7. *Phase 6.* 204/191-111. Über der Gründungsgrube, auf höherer Ebene, wird ein neuer Altar 1 errichtet, der zum ersten Mal in einer für uns vollständigen Form die Roma quadrata darstellt, entsprechend der Beschrei-bung des Ovid und der Wiedergabe auf einem Bild aus Pompeji. Der Platz vor dem Tempel der Victoria 4 wird jetzt verkleinert, um Raum zu schaffen für die Verdoppelung des Vorplatzes der Roma quadrata 10, in der jetzt alle »wiedergefundenen« Andenken an Romulus zusammen-gefaßt werden, mit Zugang wahrscheinlich von den Scalae Caci her; auf dem verdoppelten Platz können wir uns den künstlichen Bau einer Hütte 8 vorstellen, eine Nachbildung der Casa Romuli (vielleicht zusammenfallend mit der Curia Saliorum?), die in dieser Phase die Hütten-Heiligtümer ersetzt, die viereinhalb Jahrhunderte überdauert haben und jetzt vom Vorplatz 7

die königlichen Talismane aufbewahrt wurden: der Stab des Gründers, die
Lanzen und vielleicht auch der Schild des Mars.[54] Die Auffindung eines
Gebäudes in Tarquinia, das wahrscheinlich zur *regia* dieser Stadt gehörte,
mit einem auf das erste Viertel des 7. Jahrhunderts datierten Grundlegungs-
depot, das aus königlichen Talismanen besteht – einem Stab, einem Schild
und einer Doppelaxt[55] –, läßt die hier vorgeschlagene Rekonstruktion der
regia des Cermalus wahrscheinlich erscheinen. Die aboriginische *regia* von

des Tempels der Magna Mater 6 überdeckt werden, zu dem das Becken 9 gehört, sowie von
einem Ausbau des Clivus Victoriae 2; zur abschließenden Monumentalisierung der Roma quadrata und der Casa Romuli kommt die Erneuerung der Scalae Caci 3, in die weiterhin der Clivus Victoriae 2 einmündet. *Phase 7.* Nach dem 2. Jh. v. Chr. Der Raum 1 der Roma quadrata und
der Casa Romuli bleibt zugänglich von den Scalae Caci 3, obwohl ein unterirdischer Raum,
der von der großen Grundplatte 7 des erneuerten Tempels der Magna Mater 6 bedeckt wird,
umgewandelt wird; auch der letzte Teil des Clivus Victoriae wird überdeckt und wird so zum
vicus tectus 2. – Diese Rekonstruktion des Komplexes des Cermalus basiert auf der grundlegenden Grabung von P. Pensabene, deren Ergebnisse von P. Brocato im Appendix 6 besprochen
werden (worauf für die Daten und die Nummern der Gebäude verwiesen wird). Bemerkenswert
ist, daß wir auch beim Heiligtum der Victoria, wie bei den palatinischen Mauern, auf eine
ununterbrochene Kontinuität der Zeugnisse von der Zeit des Romulus an treffen. Man kann
die Hütten des Cermalus als einen irgendwie gearteten vorgeschichtlichen Siedlungskomplex
interpretieren, aber damit opfert man eine ganze literarische Tradition und eine monumentale
Dokumentation, die diesen Cermalus unlöslich mit den Wohnsitzen der Anführer der *montes*
und mit den Erinnerungen an Romulus verbinden, dem Vergessenwerden. Es ist dies einer der
exemplarischen Fälle, in denen das »dann« unerlässlich ist, um das »zuvor« zu erklären. Die
Roma quadrata des Augustus, gelegen im Peristyl im Zentrum der Nordseite oder im Ostflügel
(Lokalisierung von Pensabene i. Dr. und i. Dr. a), erscheint als eine homologe Wirklichkeit
bezogen auf das Heiligtum der Victoria (wie das *signum* mit *ara* der Vesta bezogen auf das
Heiligtum der Vesta). Die *domus* des Augustus, des neuen Romulus, hat ihre Roma quadrata –
omphalos, wie die Casa Romuli die Roma quadrata hat – Gründungsgrube und Altar des ersten
Feuers der Stadt. Die Roma quadrata des Augustus ist dann von Domitian überhöht worden,
um die Überbrückung der Aufschüttung, die das Haus des *Princeps* begrub, zu ermöglichen;
sie sollte wohl auf der Höhe stehen, auf der Ebene des Bezirks des Apollo, und vielleicht das
Steinmal der häuslichen Roma quadrata des Augustus tragen, die auf einem Fresko des »Mas-
kenzimmers« dargestellt zu sein scheint (Dank an R. Capelli für die Anregung). Die Fragmente
der Forma Urbis vom Bezirk des Apollo wären im Licht dieser baulichen Evidenzen, die leider
unerklärlicherweise noch nicht ediert sind, zu interpretieren. Das Vorhandensein der Roma
quadrata und seiner Homologie im Haus des Augustus kann schließlich erklären, warum man
der Meinung war, diese frühe Erinnerungsstätte habe ihren Anfang »a silva quae est in area
Apollinis«, wo sich die Roma quadrata der *domus* des Augustus / Domus Augustana befand,
und sie ende »ad supercilium scalarum Caci ... ubi tugurium fuit Faustuli«, wo sich die Roma
quadrata der Casa Romuli befand (Solin. 1,17-18) (vgl. Abb. 4-10).

[54] Picus wird bei Verg. Aen. 7,188 mit Krummstab und heiligem Schild dargestellt (aber vgl.
§ 143). Der *lituus* des Romulus sei anläßlich der gallischen Feuersbrunst in der Curia Saliorum
wiedergefunden worden: Plut. Rom. 22,1.
[55] Bonghi Jovino 1987; Chiaramonte Treré 1987 und 1988; Bonghi Jovino-Chiaramonte Treré
1997. Der Krummstab und die Doppelaxt (Symbol des Blitzes, also der höchsten Macht) sind
beides Attribute, die sich auf Picus beziehen können.

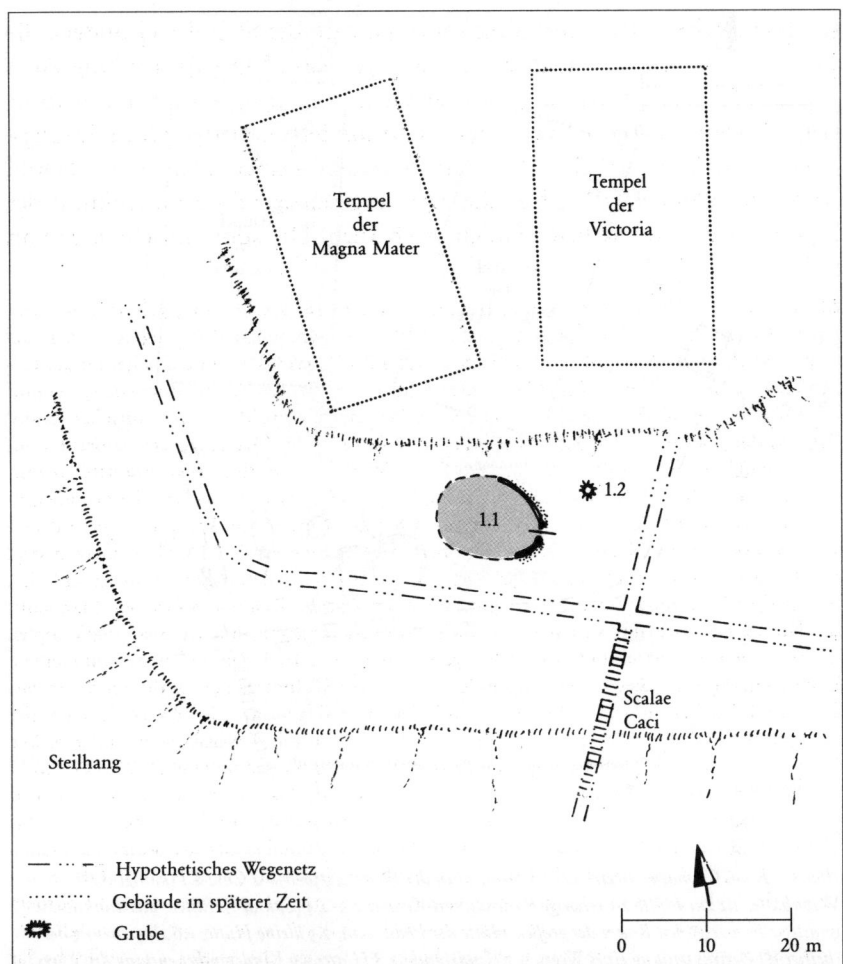

Abb. 4   Rom, Cermalus, Bezirk der Victoria, Plan der Phase 1, 750–650 v. Chr.; 1.1 große Hütte (des Häuptlings?); 1.2 zur Hütte gehörige Grube

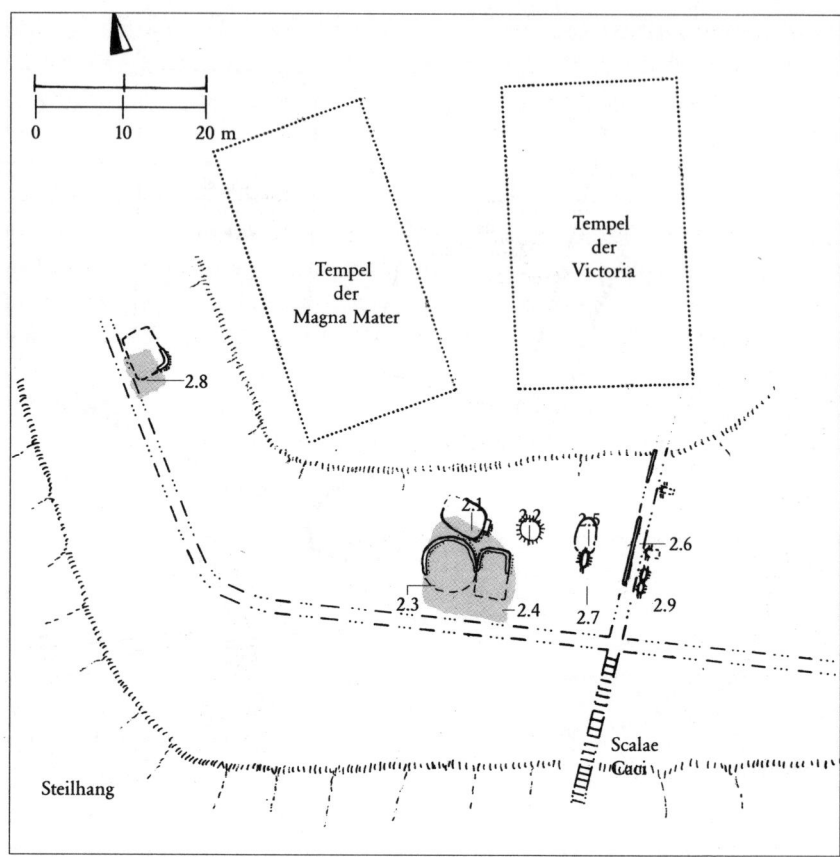

*Abb. 5   Rom, Cermalus, Bezirk der Victoria, Plan der Phase 2, 750–650 v. Chr.; 2.1 (königliche?)
Wohnhütte; 2.2 zur Hütte 2.1 gehörige (Gründungs?-)Grube; 2.3–2.4 (Sakral-?)Hütten; das dunkelgrau
gerasterte Feld zeigt den Raum der großen Hütte der Phase 1 an; 2.5 kleine Hütte; 2.6 Abgrenzung des
(heiligen?) Bezirks entlang eines Weges; 2.7 Kindergrab; 2.8 Hütte; 2.9 Kindergräber entlang des Weges*

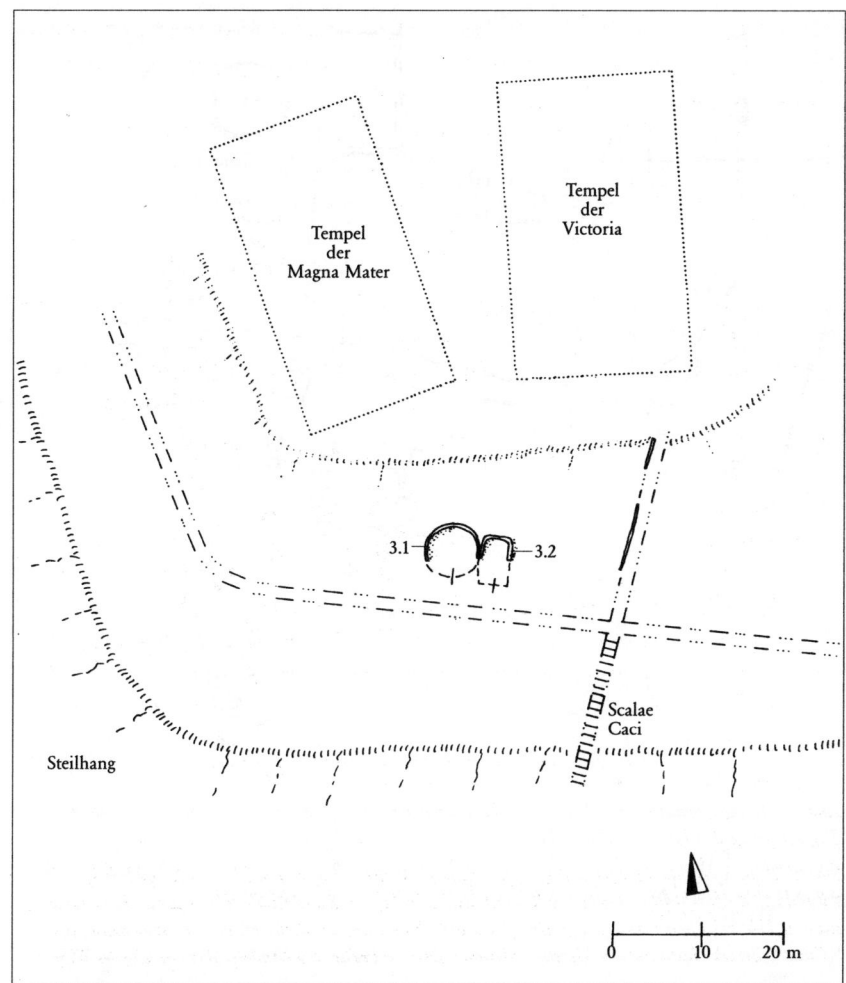

Abb. 6   Rom, Cermalus, Bezirk der Victoria, Plan der Phase 3, 650–550 v. Chr.; 3.1–3.2 (Sakral?-)Hütten; Erneuerung der Abgrenzung des (heiligen?) Bezirks

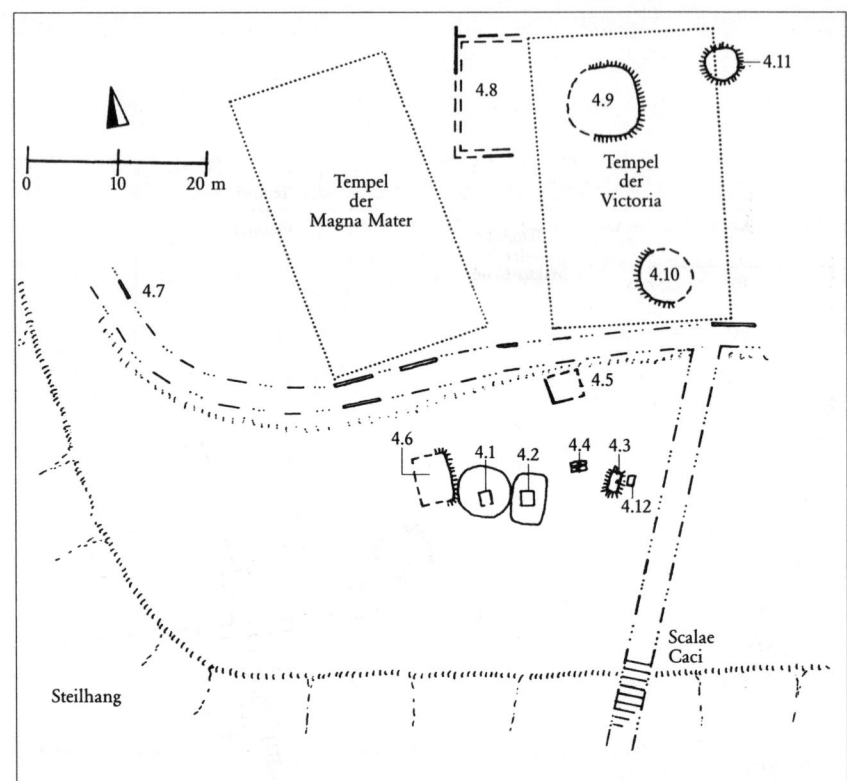

Abb. 7   Rom, Cermalus, Bezirk der Victoria, Plan der Phase 4, 550–307 v. Chr.; 4.1–4.2 viereckige Tuffplatten in den beiden (Sakral?-)Hütten; 4.3 rechteckige (Gründungs?-)Grube; 4.4 Bodenplatten; 4.5 (Gebäude?-)Mauer; 4.6 Rechteckige (Vorrats?-)Grube; 4.7 Abschnitt des Clivus Victoriae; 4.8 Tempel; 4.9–4.11 zum Tempel gehörige Rundgruben; 4.12 zur Grube 4.3 gehöriger Sockel

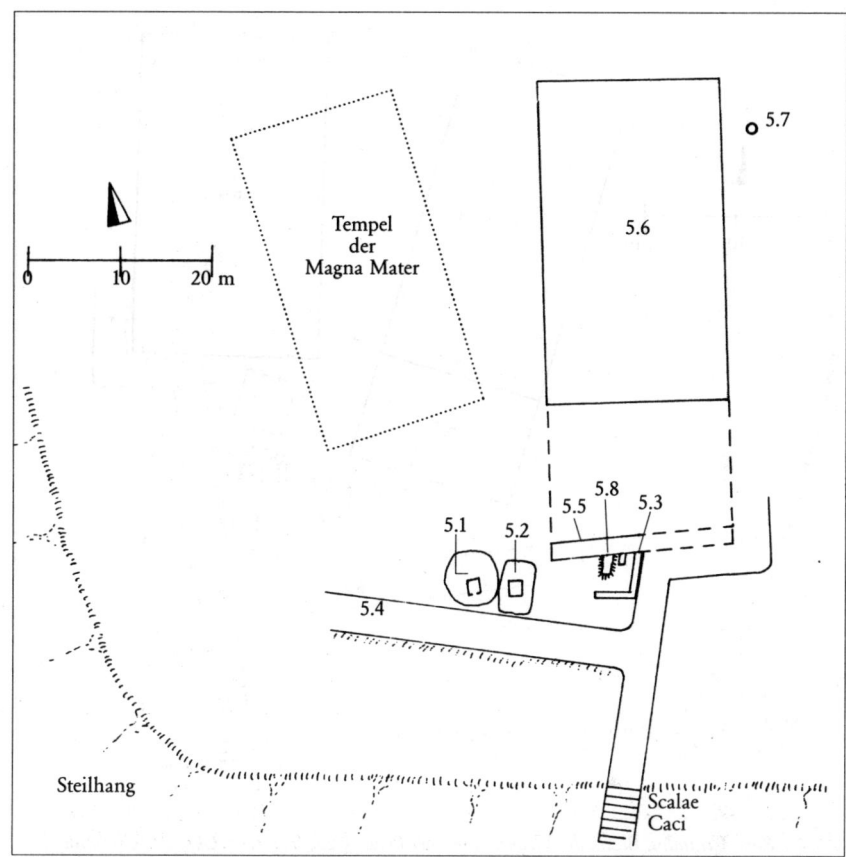

Abb. 8   Rom, Cermalus, Bezirk der Victoria, Plan der Phase 5, 307/294–204 v. Chr.; 5.1–5.2 viereckige Tuffplatten in den beiden (Sakral?-)Hütten; 5.3 Blockmauer zum Schutz der Grube und des Altars 5.8, der angelehnt ist an die Einfassungsmauer gegenüber dem Tempel der Victoria; 5.4 Clivus Victoriae; 5.6 Tempel der Victoria mit Vorplatz; 5.7 Brunnenschacht; 5.8 rechteckige (Gründungs?-)Grube, bedeckt mit Tuff aus Monteverde, und dazugehöriger Altar

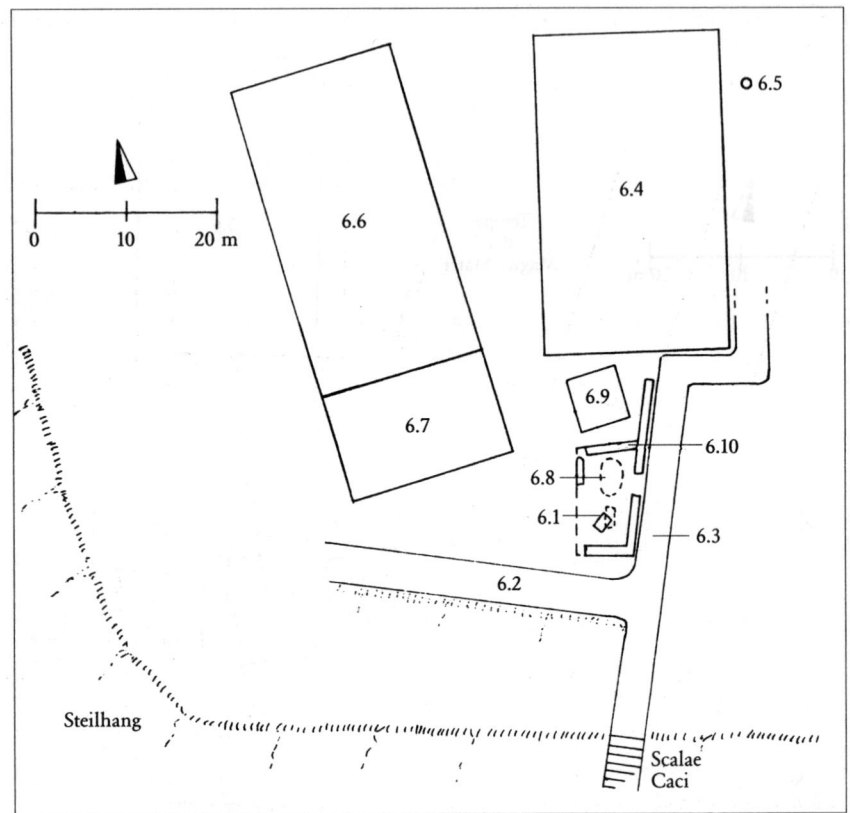

Abb. 9   Rom, Cermalus, Bezirk der Victoria, Plan der Phase 6, 204/191-111 v. Chr.; 6.1 (Gründungs?-) Grube mit darüber errichtetem Altar (Roma quadrata?); 6.2 Clivus Victoriae; 6.3 Scalae Caci; 6.4 Tempel der Victoria (ohne Vorplatz); 6.5 Brunnenschacht; 6.6 Tempel der Magna Mater; 6.7 Vorplatz des Tempels der Magna Mater; 6.8 hypothetische kleine Hütte (Casa Romuli?); 6.9 zum Tempel der Magna Mater gehöriges Becken; 6.10 Umgebungsmauer um 6.1 und 6.8 mit Eingang von 6.3 (Scalae Caci)

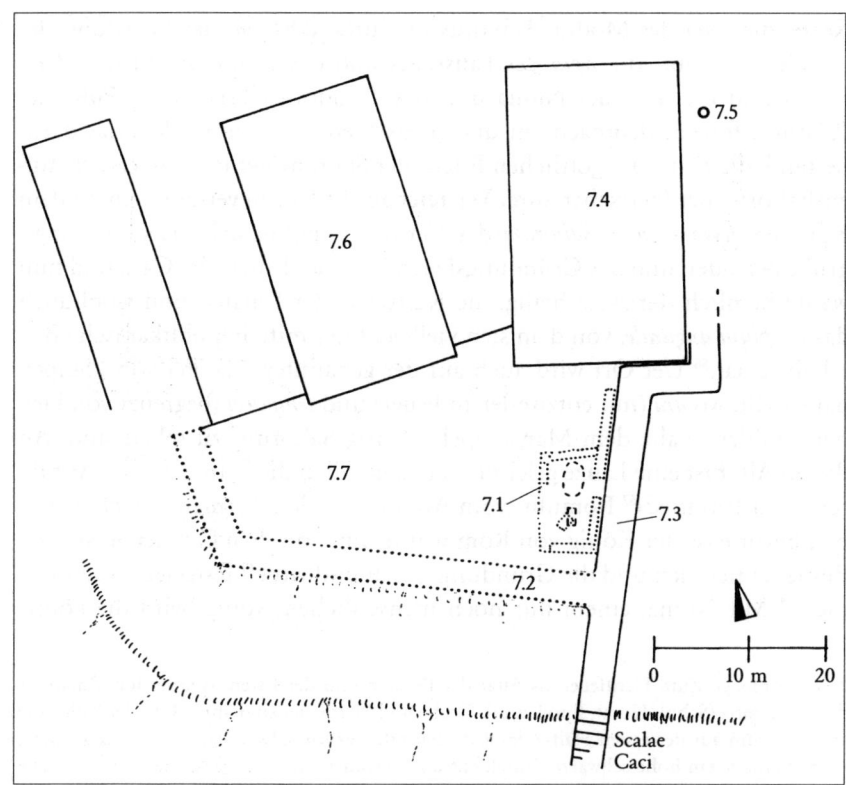

Abb. 10   Rom, Cermalus, Bezirk der Victoria, Plan der Phase 7, vom Ende des 2. Jh. v. Chr. bis in die Spätantike; 7.1 unterirdischer Raum mit den romuleischen Gedenkstätten (vgl. Abb. 9, 6.1 und 6.8); 7.2 Clivus Victoriae (via tecta); 7.3 Scalae Caci; 7.4 Tempel der Victoria; 7.5 Brunnenschacht; 7.6 Tempel der Magna Mater; 7.7 Vorplatz des Tempels der Magna Mater

Reate, die *regia* des Modius Fabidius in Cures, die *regia* des Picus und des Amulius in Alba, die *regia* des Faustulus und des Romulus auf dem Cermalus und die *regia* des Numa und des Tarquinius Priscus am Fuße des Palatium folgten demnach ein und demselben sakralen Modell, das darin bestand, die Kulte der göttlichen Eltern der Stammväter im Bereich des Aufenthaltortes der Herrscher, ihrer Vertreter auf Erden, zu versammeln. In dem Komplex *regia - curia Saliorum* des Cermalus mußte sich die Gründungsgrube befinden und das Gründungsfeuer, Erbe des Feuers der Caca und nun wahrscheinlich der Acca heilig, die Kultstätte der Penaten und wohl auch das *templum augurale*, von dem sich vielleicht der mittelrepublikanische Bau erhalten hat.[56] Der Ort wird auch auf der genannten Malerei von Pompeji dargestellt, wo *ara* (mit entzündetem Feuer) und *templum* (begrenzt von kleinen Pfählen) nahe dem Marstempel / Curia Saliorum zu sehen sind. An diesen Altar ist eine Lanze gelehnt, wahrscheinlich die Lanze, die der Anführer (Pater Patratus?)[57] Romulus vom Aventin auf den Cermalus geschleudert hat, bevor er erster König von Rom wurde, um von dem Ort der Auspizien Besitz zu nehmen und die Gründung genau und rituell festgelegt vorzunehmen.[58] Mit Numa, einem nur noch menschlichen König, wird die könig-

---

[56] Vgl. Anm. 53. Zum Herdfeuer als Altar der Penaten und der Laren: »omnes foci Penatibus dis consecrati« (Schol. Horat. Epod. 2,43). Grube und Herdfeuer sind ähnlich in der Kulthütte von Satricum aus der ersten Hälfte des 8. Jh. gefunden worden. Die Grube mißt 1,26 x 1,06 m, enthält 10 cm hohe schwarze Erdschicht und befindet sich unter einer Feuerstelle: Stibbe 1980. Zur Grube des Cermalus, die recht unwahrscheinlich mit dem Grab eines gerade erfundenen Remus gleichgesetzt wurde, datiert zwischen 296 und 294 und erklärt mit Bezug auf die angenommene Umgrenzungsmauer entlang des Saumes vom Palatin, wobei Remus als Opfer dargebracht worden wäre, um mit seinem Blut die Befestigung der Stadt zu weihen und ihr Stärke zu verleihen (Flor. 1,1,8; Prop. 3,9): Wiseman 1995. Die Überlieferung verlegt das Grab des Remus nicht # in die Remoria, einen nicht genauer angebbaren Platz, aber jedenfalls außerhalb des Palatin. Es kann sich auch nicht um das *heroon* des Romulus handeln (Pensabene i. Dr.), das als späte Erfindung auf dem Comitium angesiedelt wird (Ampolo 1983a). In Latium gab es den griechischen Brauch nicht, den Gründer innerhalb der Stadtmauern zu begraben (vgl. Anm. 65), wie das extraurbane heroon von Lavinium zeigt.

[57] Nach Magdelain 1995 ist die Lanze des Pater Patratus eher mit der des Quirinus als mit der des Mars gleichzusetzen.

[58] Carandini 1992 und in: Palatium e Sacra via, 1; vgl. auch Appendix 6. Die Roma quadrata konnte mit dem *auguraculum* der *regia* zusammenfallen: Grandazzi 1993. Romulus mag nach Süden gewandt vor dem *auguraculum* Platz genommen haben, wie Numa vor dem *auguraculum* der Arx, und in diesem Falle hätte die Achse der *spectio* im wesentlichen mit der Achse der Scalae Caci übereingestimmt; es wäre, allerdings in entgegengesetzter Richtung, die Achse der ersten vom Aventin aus eingeholten Auspizien, und zwar von dessen Höhe im Bereich von Sant'Alessio, wo dann der Tempel der Diana stand (Colonna 1994). Augustus redupliziert dann in seinem Haus, das an den heiligen Bezirk auf dem Cermalus angrenzt, Vesta, die (trojanischen) Penaten und wohl auch die Roma quadrata selbst (Grandazzi 1993), und er nimmt anstelle der Kulte von Mars und Ops, die unauflösbar mit der palatinischen Regia verbunden

liche und sakrale Phase des Cermalus beschlossen und stillgelegt, die *regia* wird auf das öffentliche Gebiet zwischen den palatinischen Mauern und der Nova Via, der Sacra Via und dem Velabrum/Forum verlegt;[59] damit geht der organische Zusammenhang zwischen 1. dem Aufenthaltsort der Vestalinnen und dem Sitz des Vesta- und des Larenkultes, 2. dem Sitz der königlichen Heiligtümer des Mars und der Ops und 3. dem Aufenthaltsort des Königs verloren; die einzelnen Komplexe der staatlichen Organisation gliedern sich nunmehr in verschiedene Baukomplexe: 1. Sitz des Vestakultes, Haus der Vestalinnen und Sitz des Larenkultes, 2. die Regia der *sacraria* (jenseits des Vicus Vestae) und 3. die Häuser der Könige: Tullus Hostilius hat ein Haus auf der Velia, Ancus Marcius und Tarquinius Priscus haben zwei Häuser, von der Kultstätte der Laren und dem Haus der Vestalinnen aus weiter oben am Hügel (gegen Osten), wo sich dann die *domus regis Sacrorum* befindet (in Verbindung mit dem Haus des Ancus Marcius) und die *domus Publica* oder das *atrium Regium* (mit Bezug auf das Haus der Tarquinier).[60] In der letzten topographischen Anordnung ist die Regia (im engeren Sinne) offenbar also für die traditionellen königlichen Kulte des Mars (in dessen Heiligtum die Lanzen und die Schilde der Salier aufbewahrt wurden) und der Ops reserviert (in deren Heiligtum das Gefäß für das Reinigungswasser, das sog. *praefericulum* aufbewahrt wurde und vielleicht auch das *secespita* genannte Opfermesser). Im Zusammenhang mit dem Kult der Ops ist auch der Silo der Regia zu sehen, die palatinische Entsprechung zur ursprünglichen Grube des Cermalus, wo die Erstlingsfrüchte und die Gründungserde hineingelegt wurden, und zu den Silos auf dem Cermalus. Ops kann, wie wir noch sehen werden, wahrscheinlich mit Terra / Vica Pota / Rhea, der Göttin des *vicus* des Cermalus, der künftigen Victoria, gleichgesetzt werden, von der Rea Silvia, die Mutter des Romulus, dann die Wiedererscheinung wäre, da sie gleichermaßen eine Ops (= Rhea) wie eine Acca/Fauna (= Silvia) ist.[61] Die

sind, den Kult des Apollo auf. Auch in Tarquinia scheint die *regia* mit der Feuerstelle des Opferaltars und mit einer vielleicht schon in der Endbronzezeit entstandenen Gründungsgrube verbunden und dann Jahrhunderte hindurch erhalten worden zu sein (vgl. Anm. 55). Zu *lustrum condere*, verstanden als »reception of the fire at the altar«, siehe Ogilvie 1961, wonach die Entzündung des ersten Feuers auf der Roma quadrata als eine Reinigungzeremonie in Verbindung mit der Stadtgründung betrachtet werden kann.

[59] Ov. fast. 6,263. Carandini 1992 und in Palatium e Sacra via, 1; vgl. §§ 359 ff., Addendum VIII und Appendices 6 und 8.

[60] Coarelli 1983. Dazu ausführlicher A. Carandini in: Palatium e Sacra via, 1; vgl. auch Addendum VIII.

[61] Die Kulte der Vica Pota / Victoria und der Ops Consivia sind im Kalender unterschieden (sie eröffnen und beschließen den Monat August). Das schließt nicht aus, daß sie funktionell aufeinander bezogen sind wie auf die Kulte des Consus und des Volcanus, die in den gleichen Monat fallen (Pouthier 1981). Die archaischen Speicher des heiligen Bezirks der Victoria werden

Kulte der verschiedenen *regiae* von Rom scheinen so den göttlichen Eltern
der Häupter vorbehalten zu sein: dem Volcanus und wohl einer der Rhea
entsprechenden Gottheit,[62] wahrscheinlich der Maia, der Vorgängerin der
Ops und ihr angleichbar, als den Eltern des Cacus, dann dem Mars und
der Ops – Acca/Fauna (= Rea Silvia) als den Eltern vielleicht schon des Picus
und dann sicher des Romulus. Der Cermalus (und dann das Palatium), die
Neuauflage der Burg von Alba, erscheint also als ein dem Mars besonders
verbundener Hügel, ähnlich wie der Quirinal mit Quirinus verbunden ist.
Der Sohn des Mars Romulus, der mit Quirinus gleichgesetzt wird, wird –
durch ihre Verewigung auf höchster theologischer Ebene – zum Garanten
der Einheit der *montes* (Palatin) und *colles* (Quirinal), und gleichzeitig legitimiert und besiegelt er dank dieser Vereinigung sein Königtum auf einer
sakralen Ebene.[63] In diesem Kontext erscheint der mythische Zusammenhang Romulus – Mars/Ops als völlig authentisch und alt, so daß er nicht
eine Erfindung aus der Zeit der Tarquinier sein kann, die nämlich nicht von
diesem Gott abstammten und in keinerlei besonderer Beziehung zu ihm
standen, deren göttliches Vorbild vielmehr Hercules war. Mars war also in
der Regia in Vertretung von Picus und Faunus zugegen, vielleicht auch von
Volcanus und Sol, aber sicher nie von Hercules. Es ist sehr bedeutsam, daß
die Tarquinier im Kult der Regia Mars nicht durch Hercules ersetzt und
letzteren in den peripheren und sumpfigen Niederungen des Forum Boarium belassen haben, wo der Gott seit Anbeginn angesiedelt war und verehrt wurde. Dies erklärt sich allein aus der Tatsache, daß frühere mythische
und rituelle Bindungen an Romulus von derart großer Bedeutung bestanden, daß sie nicht mehr gestrichen werden konnten, sondern in der Folgezeit auch in einem inzwischen völlig von der ursprünglichen genealogisch-

---

verständlich, wenn wir hinter Victoria Ops sehen. Zur Verbindung *secespita* mit den Miniaturstatuetten der Ops in den Gräbern der latialen Stufen I und IIA: Torelli 1996 und § 41. Capdeville 1995 vertritt irrtümlicherweise (vgl. Anm. 42), daß die Verbindung Mars–Rea Silvia nichtlati-
nischen Ursprungs sei, also Ergebnis griechischer Kontamination.
[62] Mastrocinque 1993.
[63] Die topographische Bedeutung dieser Gottheiten steht nicht im Widerspruch zur »allgemeinen« theologischen Bedeutung der Trias von Jupiter, Mars und dem Gott der Gemeinschaft –
Quirinus in Rom und Vofiono in Gubbio –, wie Dumézil 1949 meinte. Deshalb steht hinter
Quirinus nicht Mars, sondern Janus (die Ersetzung innerhalb der Triade durch dieselbe Gottheit hätte keinen Sinn), der indigene Gott von Rom. So wurde der König aus der Fremde und
Gründer des Staates und der Stadt, ein Schützling des Mars, lokal beglaubigt durch die Gleichstellung mit dem indigenen göttlichen Komplex Ianus-Quirinus, dem die präurbanen und protourbanen Gründungen auf römischem Boden zugeschrieben wurden (§§ 77 ff.; 243). Pouthier
hat in der Ops der Regia den Rest eines Bestandteiles der Quirinus vorausgegangenen Trias
gesehen, während Dumézil 1954 Ops als eine dem Quirinus funktionell gleichwertige Gottheit
sieht.

sakralen Bedeutung abgetrennten Kontext erhalten blieben. Auch aus diesem mythologisch fundamentalen Grund können wir in den Tyrannen-Königen der kosmopolitischen Kultur, die aber im Bezug auf die aboriginisch-sabinische und latinische Tradition im wesentlichen Emporkömmlinge waren, nicht die frühen Gründer Roms wiedererkennen; und es ist auch der Grund, daß wir uns damit begnügen, den wesentlichen Kern der Sage von Romulus aufzugreifen, die wir für grundlegend authentisch halten, sowohl auf mythischer (göttliche Legitimation des Romulus) wie auch auf ritueller Ebene (Gründung des Staates und der Stadt).[64]

48. Mythische Themen der Stadt Rom. Auf die Zeit der Stadtwerdung folgt die Zeit der fertigen Stadt; in Rom ist dafür charakteristisch die Gegenwart tyrannischer Gestalten, die sich weniger auf den Gründer Romulus stützen, sondern sich einerseits an die indigen-siculische Sage des Cacus, des Sohnes des Volcanus, anlehnen, die der Mythos des Romulus an den Rand geschoben hatte, und andererseits an die Sage des Hercules, des Helden, für den die individuelle *virtus* und die Disposition zum Triumph wieder wichtig war, also die Werte, die die Tarquinier am meisten schätzten.[65] Der Wiederbegründer der Stadt, Servius Tullius, Sinnbild des Usurpators aus eigenen Stücken, mußte von einer mythischen Aureole umgeben erscheinen, um sich zu legitimieren und Charisma zu erwerben, weshalb er uns wie die letzte Wiedergeburt des göttlichen Königs erscheint (ein gewöhnlicher Mensch

---

[64] Cornell 1975 hat die These widerlegt, daß die Sage von Romulus nicht über das Ende des 4. Jh. hinaus zurückreichen könne. Eine neue Barriere für diese Sage wurde im Zeitalter der Tarquinier vorgeschlagen, jedoch wieder auf fraglicher Basis: D'Anna 1980; Mastrocinque 1993; Cornell 1995. Man sollte doch beachten, daß das Marsfeld, bevor es zum Eigentum der Tarquinier wurde, ein dem Mars geweihter Ort war (der Marsaltar soll von Romulus gegründet worden sein); es war seine ursprüngliche Heiligkeit, die einen Anspruch von seiten des römischen Volkes beim Sturz der Monarchie rechtfertigen konnte (wie Mastrocinque 1993 ganz richtig beobachtet hat). Analog dazu geht die Acca des Romulus (die göttliche Wölfin) der Acca des Tarutius (der heiligen Prostituierten) voraus, die leichter in der Zeit der Tarquinier unterzubringen ist.

[65] Menichetti 1994 hat richtig gesehen, daß die Herculessage, wie wir sie kennen, der spätesten archaischen Phase des Eindringens und der Verwendung des griechischen Mythos entspricht, die mit der Zeit der Tarquinier verbunden ist. Mastrocinque 1993, der vor allem mit griechischem Auge auf die indigenen Mythen blickt, meint hingegen, die Priorität des Mythos des Hercules gegenüber allen anderen stünde »außer Diskussion«, was aber nicht überzeugt. Auf dem Comitium des 6. Jh. wird Romulus als Volcanus-Hephaistos interpretiert, der in den Olymp zurückkehrt, wie aus dem dort gefundenen Bruchstück eines attischen Kraters von 570–560 hervorgeht; im gleichen Jahrhundert erscheint der Gründer von Poseidonia dem Herakles gleichgestellt, wie auf dem Gefäß mit Apotheose dieses Heros, gefunden im *heroon* der *agora* jener Stadt. Aber es handelt sich eben im Bezug auf die Herausbildung des romuleischen Mythos, wo anstelle des Volcanus/Hephaistos und Hercules/Herakles der indigene Quirinus figuriert, um spätere und griechische Zeugnisse (Malkin 1993).

konnte keine Stadt gründen und wiedergründen). Aus diesem Grunde sieht
man in ihm den Sohn der Jungfrau Ocrisia, einer Prinzessin Latiums im
Dienste der Tanaquil, und des feurigen Phallus des königlichen Herdfeuers
(eines Numen, das mit Volcanus und mit dem Lar Familiaris gleichzusetzen ist). Das scheint eine Entlehnung von dem ursprünglichen Modell des
Cacus zu sein, aber die Vermittlerin der Macht ist dieses Mal keine Gottheit oder eine vestalische Prinzessin (wie im Fall von Caeculus und von
Romulus), sondern eine skrupellose und mächtige Frau, eine Herrscherin
orientalischen Stils, eine Venus nach dem Vorbild von Circe und Astarte,
Glück und Verhängnis des Herrschers, was zu der griechisch-etruskischen
Mode der Despoten von Rom paßt.[66] Diesem selben Zusammenhang kann
das mythische Schema zugeordnet werden, nach dem es Hercules ist, der in
der Vereinigung mit Fauna den Latinus zeugt: eine offensichtlich artifizielle,
gräzisierende und späte Genealogie, in der Hercules den Platz des
Faunus einnimmt, was an andere, ähnliche Stammbäume erinnert, wonach
der Held durch die Vereinigung mit Launa (der Tochter des Euander) und
mit Rhea (einer Priesterin wohl der Bona Dea) Pallas und Aventinus gezeugt
hat. In der Vereinigung mit Fabola nimmt Hercules auch den Platz von
Modius Fabidius als Stammvater der Fabier ein. Aber Hercules, das Vorbild
heroischer Tugend für die Tyrannen der späten Königszeit, ist kein Stadtgründer, und er kann weder der Vater noch das Modell für Romulus sein. Er
kann sich höchstens in das Geschlecht der indigenen präurbanen Stammväter einreihen und anstelle des Tricaranus den Viehdieb Cacus und Faunus
selbst, der die Fremden opfert, töten, wodurch er schließlich zur notwendigen Voraussetzung für die Zivilisierung des Gebietes von Rom im griechischen Sinne wird. Unterdessen wird Volcanus, eine ganz frühe Gottheit des
Gebietes, anhand der attischen Heldentaten des Hephaistos neu interpretiert, und die Sage des Cacus wird neu bearbeitet, wobei sie anachronistisch
mit den Begebenheiten von Tarchon und von Vibenna kombiniert wird.
Sogar die Sage des Romulus wird aktualisiert, sie wird an das Modell des
Servius Tullius angeglichen, wonach der Stadtgründer jetzt als Sohn einer
Dienerin des albanischen Königs Tarchetius und eines im Herdfeuer seiner
regia erschienenen Phallus ist, und er wird auch in die Erbangelegenheiten
der Acca einbezogen, die nur mit dem Erbe des letzten Tarquiniers zu tun
haben können.[67] Aber der archaische Firnis, der über das vorgeschichtliche

---

[66] Grotanelli 1987.
[67] Siehe diesbezüglich die zutreffenden Beobachtungen von Mastrocinque 1993. Zu einer
anderen Interpretation des Phallus vom Herdfeuer im Bezug auf die Romulussage vgl. § 46,
Anm. 43. Für die Verbindung Laren–Volcanus, statt Laren–Mars, siehe die Rückseite eines
Dinars von 104 v. Chr.: Waites 1920. Wenn Volcanus als ein Vorvater der Laren interpretiert

Antlitz des Romulus gelegt wurde, ist ein Kniff, den zu durchschauen nicht schwer ist.

49. Romulus stammt von Latinus, nicht von Hercules ab. Die Schwäche der Rekonstruktion, die aus der Sage des Hercules das Modell für alle anderen, und insbesondere für die Sage des Romulus macht – eines der vielen Mittel, um die Wahrscheinlichkeit der Gründergestalt im wesentlichen zu annullieren –, zeigt sich auch daran, daß Faunus durch Hercules ersetzt worden ist,[68] womit aus ihm der falsche griechische Vater des Latinus und folglich ein neuer Stammvater des *nomen* wird. Man besaß hingegen nicht die Kühnheit, den Heros in die Sage des Romulus einzuführen und ihn zum falschen griechischen Vater des Gründers zu machen. Und so muß denn der jüngste und hartnäckigste Vertreter der Nichtauthentizität des romuleischen Mythos eingestehen: »Niemand macht aus Hercules den Vater des Romulus, wie wir es erwartet hätten«, und weiter: »... es bleibt zu klären, aus welchem Grund die Sage des Romulus, die im Sog des Stoffes von Hercules entstand, von dieser vollständig abgespalten wurde«.[69] Es gibt eine sehr einfache Lösung für das Problem dieses angeblich fehlenden Bindegliedes: Kein Römer der monarchischen und der republikanischen Zeit hätte auch nur im Traum daran gedacht, aus Hercules den Vater des Romulus zu machen, und deshalb ist die unterstellte Aufspaltung zwischen diesen beiden mythischen Gestalten eine Erfindung unserer Tage. Von dem Zwang befreit, als eine Nachahmung des Lebens des Hercules zu gelten, kann die Sage des Romulus daher als relativ autonomer Zyklus aufgefaßt werden, der zwischen den präurbanen Mythen (des heroischen Zeitalters) und den fortgeschritteneren urbanen Mythen (des historischen Zeitalters der Tarquinier) angesiedelt ist. Namensgebung, frühe Datierung (Sohn oder Enkel des Aeneas), Vergöttlichung und Abstammung binden Romulus zweifelsfrei an Latinus, in einer an Bedeutung vielfältigen mythischen Identifikation, die später irrtümlicherweise in chronologischen Termini interpretiert wurde, so daß aus Latinus – und aus Aeneas, seinem griechisch-trojanischen Vertreter – der Vater von Romulus gemacht wurde. Die Sage des Romulus erhält mit der Autonomie ihre Authentizität zurück, zumindest in ihrem innersten Kern;

---

werden könnte, würden Cacus, Caeculus und Servius Tullius als Laren und seine Söhne erscheinen.

[68] Wie A. Brelich (1955) ganz richtig gesehen hat, eignet Hercules sich Eigenschaften von Cacus und von Faunus an, seinen Gastgebern und Opfern, und reinigt so die präurbane Vorgeschichte Roms von ihren »Monstern«. Zu Hercules, der sich über Faunus schiebt und das Aussehen eines Lupercus annimmt, siehe Colonna 1987. Zu Hercules, der in der Vorstellungswelt der Macht im dritten Viertel des 6. Jh. die Vorfahren ersetzt: Torelli 1993.

[69] Mastrocinque 1993 will im 5. Jh. eine Aufspaltung zwischen den Sagen des Hercules und des Romulus feststellen, eine Ausflucht, die sehr artifiziell und wenig überzeugend ist.

zur »politisch-staatlichen« Wahrscheinlichkeit von Romulus (Inauguration und Befestigung des Palatins, Festlegung des *ager publicus*, Einteilung der Siedlung und der Bevölkerung in 30 Kurien und des Kalenders in zehn Monate)[70] kommt jetzt die »mythische« Wahrscheinlichkeit hinzu, nach der Mars selbst und eine jungfräuliche albanische Prinzessin mit hochtönendem Namen – der sie mit Ops, der höchsten weiblichen Gottheit königlichen Charakters gleichsetzt – noch einmal, zum letzten Mal, ihre Hauptrolle als Eltern des Herrschers aufnehmen, die zuvor in siculischem Kontext Volcanus innehatte.[71] Der *rex* und die *regina* werden auf Erden, in der Stadt Rom, die Repräsententen dieses göttlichen spirituellen Elternpaars sein. Die Sage des Romulus erhält zusätzliche Legitimation und Plausibilität, wenn es uns gelingt, wenn schon nicht regelrecht zu beweisen, so doch glaubhaft darzustellen, daß Romulus mit Latinus nicht »sehr weit entfernt«[72] verbunden, sondern vielmehr ein direkter Nachkomme von ihm ist. Wenn der Specht und die Wölfin kommen, um ihn zu nähren, kaum daß er aus dem Wasser gerettet wurde, wenn er selbst zum Wolf wird, indem er die Milch der Wölfin trinkt und an den Lupercalia teilnimmt, so deshalb, weil außer Latinus auch der Specht Picus und der Wolf Faunus seine Stammväter sind, seine Schutzlaren – so wie Volcanus der Vater von Cacus (ein siculischer Lar?) gewesen ist –, die Gründer nicht nur von Alba, sondern auch seiner königlichen Dynastie, seiner *regia*, des Jupiterkultes und des albanischen Bundes. Nur von diesen kosmisch ursprünglichen Gestalten konnte Romulus die Vornehmheit seines Blutes und die nötige geistige Energie ableiten, um die Metropole der Römer zu gründen, Erbin und Gegenspielerin der präurbanen Metropole der Latiner.

50. Die Struktur des Mythos in Latium.   Die Latiner kannten, so zeigt das bisher Ausgeführte, zwar keine religiöse Orthodoxie, aber ihre übernatürliche Welt war deshalb nicht ohne Struktur und Logik. Es ist in der Tat nicht schwer, in ihrer Vorstellungswelt ein Strukturgefüge zu erkennen, was ein wichtiges Indiz für die Authentizität der gesamten Informationen ist, die zu seiner Rekonstruktion dienten. Vor allem kann man nicht von einer tierischen, chaotischen und wilden Prähistorie (besser Protohistorie) sprechen,

---

[70] Carandini 1992; Cristofani 1995; vgl. § 308.

[71] Zu Volcanus vgl. § 94. Mastrocinque 1993 meint, daß zur Zeit der romuleischen Mauer, die wir am Fuß des Palatin gefunden haben, die Römer nur über die Gründungssage des *nomen* verfügt hätten, da er für die Stadt nur die Gründung durch Servius Tullius einräumt, wonach die Gründung durch Romulus nichts anderes wäre als eine Erfindung des wahren Gründers, des vorletzten Königs von Rom, der auf diese Weise letztendlich als der größte Masochist der Geschichte erscheint, indem er sich des Verdienstes beraubt, der erste und einzige Gründer Roms gewesen zu sein.

[72] Mastrocinque 1993.

die der zivilen Welt der Stadt vorangegangen wäre. Dies ist die vielen Historikern eigene klassizistische Sicht, die die Entwicklungen und Forschungen auf dem Gebiet der Archäologie und der Religionsgeschichte der Latiner nicht berücksichtigt. Wenn eine Zweiteilung einzuräumen ist, besteht sie zwischen der Welt der Prähistorie und der frühesten Protohistorie, die für chaotisch gehalten wird, und der Welt der jüngeren Protohistorie und der frühen Eisenzeit, die das Zeitalter des Heraustretens aus der Unordnung und des Anbeginns der Kultur ist. In diesem stufenweisen Entwicklungsprozeß stellt die Schaffung der fertigen Stadt nur den Endpunkt dar.

51. Betrachtungsweisen von Unordnung und Ordnung. Im Laufe der gesellschaftlichen Entwicklung folgen verschiedene Phasen aufeinander: präurbane indigene, präurbane aboriginisch-latinische, protourbane latinische Phasen, urbane Phasen der Stadtwerdung und urbane Phasen der fertigen Stadt, die von Gründern und Gründungen geprägt sind, in denen der ursprüngliche Übergang von der Unordnung zur Ordnung als eine stets gegenwärtige Realität immer wieder auflebt. Es ist daher angemessener, in Begriffen alternierender Zyklen unterschiedlicher Prinzipien zu denken als in einer einfachen Zweiteilung zwischen einem Vorher und einem Nachher. In dieser wechselnden Abfolge der Prinzipien spielen Cacus, Faunus und Remus die Rolle doppeldeutiger Gestalten, die teilweise noch chaotisch und teilweise bereits zivilisatorisch wirken, während Picus, Latinus und Romulus die Rolle deutlich geradliniger und geordneter Gestalten spielen, als Vorzeichen und Ausdruck der zivilen Welt des Jupiter. Die ersteren sind vor allem negative Heroen, die neutralisiert und getötet werden müssen, und sie fungieren meist als Herrscher der unterirdischen Welt, die von den Wassern und den Toten überflutet ist (Faunus ist mit Dis Pater und Consus verbunden, er kann mit Neptunus Equester gleichgesetzt werden, einem Gott der Binnengewässer). Ihre Macht ist von einer maßlosen und gefährlichen Fruchtbarkeit, es ist deshalb notwendig, sich davon zu reinigen und sich vorzusehen, ausgenommen bei den rituellen Anlässen, bei denen man die ursprüngliche Barbarei heraufbeschwört, wie bei den Lupercalien, wenn die Römer als primitive Menschen verkleidet ihren Rundlauf machten. Die letzteren sind hingegen vor allem positive Heroen, sie sind die Herrscher des über dem Untergrund liegenden Landes, das sich aus dem Wasser erhebt, und damit der Welt der zivilisiert lebenden Menschen, die Institutionen wie die Hochzeit und die Siedlungen begründen. Sie müssen immer die Überlegenen sein, außer in der rituell begrenzten Zeit, in der die Unordnung wieder heraufbeschworen wird, wenn die Mächte der Ordnung für einen Tag unterliegen, so daß es Remus gelingt, Romulus zu besiegen, wie eben anläßlich der Lupercalien. Aber für den Rest der Zeit müssen die chaotisch zweideutigen Heroen unterliegen, wie Cacus und Faunus, die beide von Hercules getötet werden, weil sie (in der gräzisierenden Version) Menschenopfer darbrachten, und wie Remus, der von Romulus getötet wird, weil er als erster Römer ein Sakrileg beging und es ihm daher bestimmt war, vorzeitig zu sterben. Die wilde und finstere Welt der Ungeheuer und der Wölfe, der Sümpfe und der Wälder kann nur am Rande der kultivierten Welt der Menschen bestehen, die sich auf den vom Sonnenlicht überfluteten, bewohnten Lichtungen ausbreitet.

52. Erste Überlegungen zu den Laren. Die Heroen der Unordnung können gefährlich werden wie die *lemures*, während die Heroen der Ordnung als große Beschützer erscheinen, wie die *parentes*.[73] Aber wenn ein Zyklus im Leben der Menschen ausläuft (wie am Ende eines Jahres), wenn die Ehen unfruchtbar sind, dann kehrt man zu den dunklen Anfängen zurück, um die verloren gegangene Energie der Ursprungskraft wiederzufinden. Ist denn das menschliche Geschlecht nicht aus Felsen, Bäumen und Tieren entstanden (wie die Wölfe und vielleicht auch die Spechte und die Säue)? So mußten die züchtigen Sabinerinnen als unfruchtbare Ehefrauen der Römer sich dem fruchtbar machenden Faunus hingeben, dem Vorfahren und also Laren der Römer,[74] der die männliche dämonische Entsprechung der gebärenden und nährenden weiblichen Funktion der Iuno Caprotina, Ruminalis und Sospita ist.[75] So muß der Hund, ein typischer Freund und Behüter der Menschen, das Tier der Laren, seinem Hauptfeind, dem Wolf des Faunus, während der Lupercalien geopfert werden, vielleicht als Ersatz für ein mythisches Menschenopfer, versinnbildlicht in den beiden Jugendlichen, die symbolisch getötet und gerettet werden. So bedeckten die römischen Bürger sich während der Lupercalien nur mit Schafsfellen, verkleideten sich, könnte man sagen, als Aboriginer, peitschten mit Streifen dieser Felle die Frauen, um sie fruchtbar zu machen, jeder ein neuer Faunus, und zugleich reinigten sie mit ihrem entfesselten Lauf die Begrenzungen des Palatin, der dem Schutz der Laren anvertraut war (Hunde sind, wie wir sehen werden, ein

---

[73] Der vor der Zeit gestorbene Remus hing mit den *lemures* zusammen und wurde nicht in die Kategorie der Vorfahren aufgenommen (Sabbatucci 1988). Faunus, Modell für Remus, ist der Prototyp der *lemures*, aber in seiner Zweideutigkeit ist er auch ein *parens*: Der *dies natalis* seines Tempels auf der Tiberinsel (am 13. Februar) fiel denn auch mit dem ersten Tag der Parentalia zusammen: Aronen 1989. Zum chthonischen Charakter der Kulte auf der Tiberinsel und zum Kult des Faunus: Torelli 1984. Aber auch Cacus und Faunus waren vorzeitig gestorben, getötet von Tricaranus oder von Hercules. Remus hatte, als hungriger Wolf, ein Sakrileg begangen, indem er die *exta* fraß, den Teil des geopferten Tieres, der den Göttern vorbehalten blieb, wie im frühen Mythos der Hirpi Sorani. Auch der böse Amulius war von Romulus getötet worden, um den guten Numitor auf den Thron von Alba zu erheben.

[74] Wir setzen in diesem Paragraphen voraus, wofür wir im § 55 die Gründe anführen: daß Picus, Faunus, Latinus, Romulus und Remus die Laren der Latiner und der Römer sind.

[75] Pestalozza 1933.

typisches Opfer im Zusammenhang mit Toren und Mauern). Ehe und Vergewaltigung, Hund und Wolf, Reinigung und Schwängerung: dies alles sind Gegensätze, die in der doppeldeutigen Vorstellung von den Laren und in der antinomischen Atmosphäre des Mythos miteinander vereinbar erscheinen. Aber wer waren die Laren, wer waren die beiden Lares Praestites der Römer? Diese Hunde-Dämonen als Beschützer der Siedlungen und Feinde der Wolf-Dämonen, die die Wälder bewohnen, sind vor allem unter den primär positiven Heroen zu suchen. Picus, der Sohn des Mars, ist der erste Lar (der einzige, der wie Latinus im Königspalast von Laurentum sitzend dargestellt wird). Aber auch die primär negativen Heroen waren, wie wir sehen werden, Laren: Cacus, Faunus und Remus. Faunus ist ein Lar, insofern die Mutter der Laren Acca Larentia mit Fauna vergleichbar ist und sie die Mutter und die Amme von Latinus und von Romulus ist, der beiden Namensgeber des *nomen* und der *urbs* und Stammväter der Latiner und der Römer, die also als Beschützer der Gemeinschaft ebenfalls Laren sind. Es gibt zwei Weisen, die Laren miteinander in Verbindung zu bringen. Positive und negative Heroen können synchron Paare bilden oder im diachronen Wechsel, d. h. genealogisch, aufeinander folgen. Die Laren erscheinen in der Tat vor allem zu zweit, und dies könnte sich als das älteste Modell herausstellen. Folgen wir dieser Sichtweise, erhalten wir zuerst das Paar Picus und Faunus (Brelich hält sie für untereinander verbunden), die vielleicht die *luperci germani* der Latiner sind, und dann das Paar Latinus/Romulus und Remus, Zwillingsbrüder, die *luperci germani* der Römer. Alternativ könnten Faunus und Latinus verbunden werden, die nach der *Theogonie* Brüder sind,[76] und wir würden so zwei weitere Paare erhalten: Cacus und Picus (oder Tricaranus)[77] oder zuerst Picumnus und Pilumnus[78] und dann Romulus und Remus. Weitere Brüder-

---

[76] Latinus, dem Iuppiter Latiaris gleichgesetzt, ist eine Gegenkraft zur chaotischen Macht des Faunus, dem letzten Vertreter der Zeit des Saturnus. Zur Ähnlichkeit zwischen Picus und Faunus nach Brelich vgl. § 121.

[77] Die Koppelung ist nicht bezeugt, aber hinter Pinarius, der mit Cacio = Cacus ein Paar bildet (Diod. 4,21), kann man wohl Picus ausmachen.

[78] Picumnus (Entsprechung zu Picus) und Pilumnus schützen die Frauen vor den Nachstellungen des Faunus, der also als ihr Widersacher erscheint: Köves-Zulauf 1972 (vgl. §§ 112 ff.). Wie wir noch feststellen werden, ist die »Negativität« eines Kulturheros immer relativ, da sie oft mit »positiven« Haltungen einhergeht: §§ 124 und 133. Die ersten *luperci germani* könnten die Eponymen des Cermalus sein (vgl. § 68, Anm. 13; § 104, Anm. 24; § 136, Anm. 97; § 137, Anm. 99). Clemens von Alexandrien (Stromateis 1,108,3) brachte hingegen den Cermalus mit Carmenta, der Mutter des Euander, in Zusammenhang, da sich das Pallanteum am Fuße dieses Hügels befand; man könnte also daran denken, Cermalus von den *carmina* abzuleiten (Wiseman 1995), aber das *habitaculum* und das *fanum* der Carmenta befanden sich am Fuße des Mons Saturnius und nicht des Cermalus, und man weiß auch nichts von einer anderen Verbindung dieser Göttin mit dem Hügel des Euander.

paare oder Zwillinge, die als Laren zu interpretieren wären, sind in anderen
Siedlungen Latiums bekannt, und sie bestätigen die gewichtige Bedeutung
dieser geistigen Struktur in der Mythologie der Latiner, die in Griechenland ihr Gegenstück findet: die Laren in Latium und die Dioskuren in
Lakonien.[79] Odysseus (= Picus) ist Vater von zwei Brüdern, Agrios/Faunus
(in der *Theogonie* zuerst genannt) und Latinus (nach Agrios genannt), und
diese Beziehungen könnten schon die genealogische Abfolge Picus-Faunus-
Latinus vorzeichnen, wie sie in der *Aeneis* bezeugt ist, aber implizit auch
in der Genealogie von Ardea, wo Pilumnus (= Picus) Vater des Daunus
(= Faunus) ist, der seinerseits Vater des Turnus (der Entsprechung des Latinus) ist.[80] Die Genealogie der göttlichen Könige sollte, weit entfernt davon,
eine späte Erfindung zu sein, dem gebildeten Leser Vergils glaubwürdig
erscheinen, und sie wurzelt in den Mythen der Gründung von Alba und
von Ardea, vielleicht auch von Lavinium, weshalb es sich um eine sehr alte
Überlieferung handeln muß.[81] Saturnus steht für die Zeit der Siculer, Picus
und Faunus für die der Aboriginer, Latinus für die Zeit der Latiner (wie
Sabus für die der Sabiner) und schließlich Romulus für die Zeit der Römer;
die Kosmo-Theogonie und die Aufeinanderfolge der Heroen verbinden sich
mit der Gründung der ethnischen Gruppen und ihrer Siedlungen, sie bilden
insgesamt ein harmonisches und kompaktes mythisches Gefüge, in dem die
Welt des Jenseits und des Diesseits ineinander zu greifen scheinen. Paare von
positiven und negativen Heroen und genealogischer Wechsel von positiv-
negativen Heroen: dies sind die beiden Weisen, in denen die mythische
Phantasie vorstellungsmäßige Bezüge festlegt, die zwar widersprüchlich, im
vor-logischen Kontext der Mythen aber vollkommen kompatibel sind. Auch
wenn sich herausstellen sollte, daß das Modell der Zwillingspaare vergleichsweise früher ist als das der genealogischen Abfolge,[82] ändert dies nichts
an der Sache, da beide offensichtlich in sehr frühe Zeiten zurückreichen;
wie wir noch sehen werden, gehen sie wahrscheinlich in die Endbronzezeit
zurück.

[79] Zur Erinnerung: die Digidii (oder praenestischen Daktyloi), Pilumnus-Picumnus, Pilumnus-
Daunus (= Faunus), Picus-Faunus, Faunus-Latinus, Coras-Catillus, Amulius-Numitor, Faustulus
und Faustinus, Romulus und Remus. Es ist ein indigenes Modell, verbunden mit den Gestalten
der vergöttlichten Könige, und hat nichts mit dem sekundären und gräzisierenden Modell zu
tun, das mit dem Paar Hercules-Cacus verbunden ist. Zum Thema Dioskuren der Latiner siehe
Cappelli 1994a. Vgl. § 111.
[80]   Verg. Aen. 7,367 ff., 9,3 ff., 10,75 ff. und 615 ff. (Mastrocinque 1993).
[81] Vgl. § 113. Die Tatsache, daß die Paarungen variieren können, während die genealogische
Abfolge gesichert ist, hat es uns ratsam erscheinen lassen, im Abschnitt der Untersuchung, der
die Rekonstruktion des Stoffes bietet, letztere als Ordnungsprinzip zu wählen (§ 106 ff.).
[82] Köves-Zulauf 1972.

53. Zyklen und Generationen der Götter, der Vorfahren/Heroen und der göttlichen Könige. Die Zeiten und die Generationen, über die hin der Kosmos sich vom Chaos befreit, kann man in sechs aufeinanderfolgenden mythischen Zyklen darstellen. Bei ihrer Wiedergabe müssen wir erneut in komprimierter Form und knapper Argumentation vorwegnehmen, was man als das Ergebnis der Untersuchung bezeichnen kann; der Leser mag deshalb den folgenden Text lediglich überfliegen, ohne auch schon die Details verstehen zu wollen, um einen ersten Eindruck von dem zu gewinnen, was unserer Ansicht nach die Theologie der Latiner war.[83]

Erster Zyklus. Es ist der Zyklus des Janus (1), der mit seiner Schwester/Gattin Camese (1) auf römischem Boden (Janiculus-Kapitol) herrscht, womit ein erstes Hervortreten der Ordnung aus dem Chaos gegeben ist.

Zweiter Zyklus. Es ist der Zyklus der Anfänge, an denen die Menschen (die ersten Stammeshäupter) mit den Göttern vermischt leben und an deren göttlichem Wesen teilhaben. Es ist dies auch die Zeit der Siculer, für die Saturnia (zuerst auf dem Kapitol und dann auch auf dem Palatin) die erste wichtige Ansiedlung zu sein scheint, da es die Siedlung ihres ersten und namengebenden Stammeshauptes Siculus war. Die Kosmogonie und die Theogonie setzen sich auf zwei Hügeln fort, dem Mons Saturnius (dem künftigen Kapitol), Sitz des Saturnus, und auf dem Cermalus, der der Sitz von Terra/Ops (1) und von Consus ist oder sein wird. In Praeneste erscheint anstelle der Ops die Fortuna Primigenia und in Anxur Feronia (eine typisch aboriginische Göttin). Auf dem Cermalus ist nun auch Janus (2) anwesend, dieses Mal mit der Nymphe Venilia (1) vereint. Dieser Zyklus des Uranfangs ist auch derjenige der Gottheiten, die die Stammeshäupter der folgenden Phase zeugen. In Rom (auf dem Cermalus?) mag Volcanus (1), vermutlich mit Maia (der möglichen Vorläuferin der Ops), den Cacus gezeugt haben, das letzte siculische Oberhaupt (ein Nachfahre des Siculus?), einen monströsen und barbarischen Anführer, der Menschenopfer darbrachte und dem es bestimmt war, getötet zu werden.[84] In Praeneste zeugt Volcanus mit einer jungfräulichen Schwester der Digidii, die die Entsprechung der kretischen Daktyloi in Latium sind, den Caeculus, der dann von den anderen Schwestern, den Vestalinnen, aufgezogen wird (entsprechend den Kekropstöchtern in Athen, die den Erichthonios aufzie-

---

[83] Die fortlaufenden Zahlen in Klammern weisen auf die Aufeinanderfolge der Auftritte und Wiederauftritte bezüglich derselben mythischen Gestalten hin.

[84] Es sei an den monströsen und chaotischen Herulus erinnert, den Sohn der Feronia in Praeneste, der der gleichen Generation wie Cacus angehört (vgl. § 106, Anm. 10). Zu Herulus als Sohn der Carmenta: Lyd. mens. 1,11. Es fehlt der Zusammenhang zwischen Herulus und den Digidii, deren Schwester die Mutter des Caeculus war.

hen).[85] Schließlich tritt Mars (1) auf, ein typischer Gott der Italiker, der (mit der aboriginischen Göttin Feronia, die vielleicht eine Entsprechung der latinischen Ops ist) Picus gezeugt hat, den ersten König von Alba. Vielleicht in Alba, vielleicht in Lavinium, wo sein Kult bezeugt ist, und vielleicht auch in Ardea[86] ist Sol (1) anwesend, der Vater[87] von Circe, der Magierin, mit der Odysseus (= Picus) den Faunus und Latinus gezeugt haben soll.

Dritter Zyklus. Es ist der heroische Zyklus der Ausbreitung der Aboriginer (in griechischer Sicht ist es der Zyklus des Hercules, des Euander und ihrer sagenhaften Siedlungen auf römischem Boden) und der Zyklus der ersten Trennung der Menschen (der Vorfahren/Heroen) von den Göttern. In Rom und in Praeneste dauert die örtliche Herrschaft von Cacus und Caca und der Digidii bzw. des Caeculus fort, wird dann aber (wie die des Cacus) von der Vormacht der Aboriginer (Tricaranus-Hercules) gestürzt und abgelöst. Alba ist die Vormacht von Latium mit den göttlichen Königen Picus (1), der mit Circe, und Faunus (1), der mit Fauna verbunden ist. Nach dem Sturz des Cacus treten in Rom die gleichen göttlichen Könige wie in Alba auf. Picus heiratet Canens (1), eine Nymphe des Cermalus, Tochter des indigenen Janus und der Venilia. Faunus ist auf dem Cermalus mit Fauna / Bona Dea / Acca (1) verbunden, letztere ist die mögliche Erbin von Caca. Ops (2) scheint sich nun auf diesem Hügel auch als Vica Pota zu manifestieren, die zukünftige Victoria, Mutter von Dis Pater – letzterer gleichzusetzen mit Faunus und mit Consus-Neptunus Equester (1) – und wohl auch von Jupiter (1), dessen Kulte wohl von Faunus auf dem Albaner Berg und wahrscheinlich auch auf dem Mons Saturnius gegründet wurden. Ops / Vica Pota entspräche demnach der Fortuna Primigenia von Praeneste und der Feronia von Anxur, den Müttern des Jupiter und auch der Juno.[88] Faunus ist jetzt zum einen, in seiner Gestalt als Wolf, mit Fauna verbunden und zum anderen, als Ziegenbock, mit Iuno (Caprotina und Sospita) (1). In Ardea sind Pilumnus (= Picus) und Daunus (= Faunus) zugegen und vielleicht in Lavinium Picus und Faunus (es ist aber

---

[85] Daß die Mutter des Caeculus die Schwester der Digidii ist, setzt Caeculus im Vergleich zu Cacus um eine Generation herunter; seine Zeit würde dann der Zeit des Jupiter und des Latinus entsprechen (Caeculus soll im Tempel des Jupiter von Praeneste ausgestellt gewesen sein).

[86] Sol erscheint mit Mars im Himmel über dem Cermalus / der Burg von Alba auf einem pompeianischen Fresko (Cappelli 1994 und i. Dr.). Zur Verbindung des Circeius Mons mit Ardea: Verg. Aen. 7,798–800.

[87] Sol ist als *sans* definiert, was auf der Bronzeleber von Piacenza *parens* entspricht (Colonna 1993).

[88] Vgl. § 45, Anm. 35. Es ist kein Zufall, daß der Specht (= Picus) noch in der Zeit des Saturnus vermutet wird. Ihm gehörten nämlich die Blitze, bevor Jupiter sie bekam, so wie es vor Zeus die Kyklopen gab, die der gleichen Generation wie Kronos angehören. Faunus (vielleicht insofern er Bruder des Latinus war) stand hingegen auf einer Ebene mit Prometheus, gehört also zur gleichen Generation wie Zeus. Über die zwei Generationen der Götter siehe Vernant 1971.

schwierig nachzuvollziehen, ob es sich um eine wirkliche Präsenz oder um eine sekundäre Ableitung von Alba handelt).

Vierter Zyklus. Es ist der heroische Zyklus der Vormachtstellung von Alba, die mit der Ankunft des Latinus (1), des Gründers des Latiar, des albanischen Bundes und des *nomen* der Latiner, erlangt wird. Die Trennung zwischen Menschen und Göttern ist nun abgeschlossen und rituell geregelt. In Rom bringt Tacita-Acca mit Mercurius (= Hermes, Vater des Faunus, ein späterer Vertreter des Mars) die Laren zur Welt. Nach Latinus beginnt eine Leere im mythischen Gedächtnis, und dieses dunkle Zeitalter dauert bis Amulius und Numitor, die den nächsten Zyklus eröffnen.

Fünfter Zyklus. Die präurbane Phase ist zu Ende, und es beginnen sich die protourbanen Gegebenheiten zu entfalten. In Alba zeugt ein Nachkomme des Latinus, Numitor (1), Rea Silvia (1), die auf fürstlich-priesterlicher Ebene eine zusammenfassende Wiedergeburt der Ops (3) und der Fauna/Acca (2) ist und mit der im folgenden Zyklus Mars (2) den Romulus zeugen wird. Die Numina, die das Heranwachsen des Romulus, zwischen Alba und Rom, lenken, sind der Specht Picus (2), der Wolf Faustulus = Faunus (2) und die Wölfin Acca/Fauna (2). In der Zwischenzeit treten auf römischem Boden neue örtliche Gottheiten hervor, so Quirinus, ursprünglich ein Gott der Kurien des Quirinals, wahrscheinlich eine erneuerte Gestalt des Janus (3), mit dem dann Romulus gleichgesetzt wird, ferner Falacer und Pales (= Fales) auf dem Cermalus (eine Göttin, die vielleicht mit einem frühen latinischen Neujahrsfest verbunden war) sowie Rumina (mit Bezug auf eine hypothetische Örtlichkeit *Ruma, vielleicht am Fuß des Cermalus, wo der Tiber sich erweitert und eine *ruma* bildet, einen Busen oder eine Bucht) und schließlich Palatua auf dem Palatium (die Hauptgöttin der septimontialen Opfer).

Eine zyklische Wiederkehr. Romulus (1), Sohn des Mars und der Ops-Fauna (= Rea Silvia), gründet das Volk der Römer und den Stadtstaat Rom unter Vollzug der etruskischen Riten der Grube und der Furche.[89] Seine Sage hat die Merkmale einer Wiedergeburt des heroischen Zeitalters.

54. Die Bedeutung der Mythen in Latium. In dieser Rekonstruktion fallen die Generationen der Stammeshäupter und der Vorfahren/Heroen und göttlichen Könige im Wesentlichen mit denen der Kosmogonie und der Theogonie zusammen. Ordnung, Gottheit, Herrschaft, Menschheit und Tierreich entwickeln sich allmählich in der Zeit, über die Generationen hin

---

[89] Diese Synthese der mythologischen Struktur Latiums basiert auf Mastrocinque 1993 (Analogie zwischen Daktyloi, Digidii und dem Paar Picus-Faunus, Bezüge zwischen kosmogonischen und heroischen Mythen usw.), dessen Ansatz hier weiter entfaltet und zugleich korrigiert wird, besonders was den Mythos des Romulus anbelangt, den wir für genauso authentisch halten wie den des Latinus.

und bestimmen das fortschreitende Leben der Völker und ihrer Siedlungen. Dies scheint der Kernpunkt der geistigen Welt der Latiner zu sein, die sich in viele Aspekte, Momente und Orte entfaltet und gleichzeitig einfach, strukturiert und umfassend erscheint. Die Ambiguität ist das erste Gesetz dieser Welt in dem Sinn, daß das chaotische, wilde und antinomische Moment nie gänzlich getrennt vom Moment der Ordnung, der Logik und der Kultur erscheint und die einander gegenüberstehenden Extreme – wobei Götter, Menschen, Tiere, Pflanzen, Felsen, Höhlen, Gewässer, Waffen und Werkzeuge eine anfängliche Einheit darstellen – sich nicht getrennt, sondern immer in Verbindung und Entgegensetzung darstellen, allerdings in unterschiedlicher Gewichtung. Die Götter bestimmen sich also im Laufe der Zeit selbst weiter und sind keine strukturellen Ewigkeiten (wie für Georges Dumézil). Die Abfolge der verschiedenen Volksstämme – 1. die ersten unbekannten Einheimischem, 2. die zweiten Einheimischen oder die Siculer, 3. die Aboriginer, 4. die ersten (prisci/casci) Latiner, 5. die zweiten Latiner, 6. die Römer der Zeit des Romulus, 7. die Römer der Zeit der Tarquinier – und die Entwicklung der verschiedenen Siedlungsformen – 1. präurban-indigen, 2. präurban indigen-siculisch, 3. präurban aboriginisch, 4. präurban latinisch, 5. protourban latinisch, 6. Phase der Stadtwerdung, 7. die fertige Stadt – sind nichts anderes als der kollektive und topographische Reflex der mythischen Geschehnisse, um wenige sagenhafte Protagonisten herum angeordnet, die eine noch geringe Anzahl geistiger Funktionen von sehr langer Dauer personifiziert darstellen. Der erste und zweite skizzierte Zyklus ist vorwiegend göttlich bestimmt, während der dritte und vierte vorwiegend von den Heroen geprägt wird. Mit dem fünften und sechsten Zyklus tritt, nach einer Lücke im mythischen Gedächtnis, eine große sagenhafte Gestalt auf, repräsentiert durch Romulus, den letzten göttlichen König, in dem im Moment der Gründung der Stadt, die sich jetzt zu entfalten beginnt, ein großer Teil der mythischen Struktur der Latiner zusammengefaßt erscheint.[90] In diesem romuleischen Abschluß ist eine Wiedergewinnung der mythopoetischen Kraft zu erkennen, die wohl im Hinblick auf den Ritus (wie der Urfurche) ursprünglicher ist als in mythischer Hinsicht, bezogen auf die Wiederaufnahme der Sagen des heroischen Zeitalters; es ist eine Art »Ganzschluß« nach dem »Trugschluß« des Latinus (und zwischen den beiden schiebt sich die große Lücke ein). Die ursprüngliche mythische Phase, in der Welten, Götter, heroische Vorfahren, Völker und Siedlungen geschaffen wurden, die die Historiker zeitlich nach vorne auszudehnen sich bemühen, war jedoch schon mit der Endbronzezeit oder bald danach geschlossen.

---

[90] Vgl. §161.

Das protourbane Rom und das Rom der Stadtwerdung, d. h. der frühen Eisenzeit, erscheint in mythischer Hinsicht wie die Wiederholung der frühesten präurbanen Gründungen und gleichzeitig, hinsichtlich des politischen-juridischen Aspekts und hinsichtlich der Siedlungsgeschichte, als eine großartige Öffnung auf neue Zeiten hin. Darin besteht die Faszination des mythisch-historischen Kerns der Gestalt des Königs und Augurs Romulus, die in ihrem Gehalt und Stil so unverkennbar vorgeschichtlich ist, daß eine schon um vieles geschichtlichere und gekünstelte Zeit wie die der Tarquinier, ganz abgesehen von der folgenden Zeit, sie nicht in so folgerichtiger, ausgewogener und exemplarischer Form hätte erfinden können. Für diese Zeit ist vielmehr kennzeichnend, daß sie die Logik der überirdischen Welt der Latiner mit Manipulationen und Aufpfropfungen vermengt hat, die zum ersten Mal statt »mythopoetisch« als »mythisch-ideologisch« bezeichnet werden können. Die Wiederaufnahme des heroischen Zeitalters, die die Zeit des Romulus kennzeichnet, hätte sich in der Folgezeit zyklisch wiederholen können, wenn nicht eine neue Form der Herrschaft, des Staates, der Stadt und des Gedächtnisses (repräsentiert durch die Schrift) in die alte Welt eingetreten wäre, die eine viel bestimmtere (unilineare) Vorstellung von der Zeit und dem (dreidimensionalen) Raum hatte und über eine viel stärkere Wucht des rationalen Denkens verfügte, wodurch das Ende der sagenhaften Anfänge besiegelt und der Prozeß der Entmythisierung der Religion des römischen Staates ausgelöst wurde. Man hat gemeint, die spezifische Form des latinischen Mythos sei die Übersetzung einer überirdischen Wirklichkeit in irdische Begriffe gewesen.[91] Aber das stimmt nur zum Teil, denn die jenseitige Welt erscheint in den Mythen der Latiner wohl geordnet, aber sie kommt nie in sich selbst zum Abschluß, insofern sie immer als Projektion und Grund auf die Siedlungen dieser Welt bezogen ist, die rituell gegründet und als Mikrokosmen jener überirdischen Welt verstanden werden.

55. Weitere Betrachtungen zu den Laren. Für die folgende Untersuchung ist von zentraler Bedeutung, daß Mars – anstelle des Saturnus – als Vater des Picus gesehen wird sowie als Großvater des Faunus und des Latinus, die göttliche Könige vor allem von Alba und die authentischen Vorfahren von Romulus und Remus sind. Wenn Faunus, Sohn oder Enkel des Hermes/Mercurius (später durch Mars ersetzt), des Vaters der Laren, zusammen mit Picus und Latinus ein Lar ist, ist die ansonsten nicht erklärbare enge Verbindung zwischen Mars und den Laren gut zu verstehen. Man versteht so auch, warum Mars der Vater des Modius Fabidius und des Romulus ist, der Gründer von Cures und von Rom, wie Picus wahrscheinlich der Gründer von

---

[91] Montanari 1986.

Alba war. Faunus/Silvanus ist als Lar Agrestis bezeugt, und Aeneas vielleicht auch als Lar im *lucus* des Faunus in Albunea (Tor Tignosa), auf halbem Weg zwischen Alba und Lavinium. Worauf es hier ankommt, ist nicht so sehr die Beziehung des Faunus zum Orakel, sondern vielmehr die Tatsache, daß er in direkter Linie als einer der wichtigsten Vorfahren sowohl der Latiner (über Latinus) wie der Römer (über Romulus) erscheint. Andererseits ist der Kult der Laren (der Lares Compitales) mit Mania, der Mutter der Laren (= Mani) verbunden, der früher Menschenopfer und dann deren Ersatz (Wollpuppen und Bälle) dargebracht wurden, ferner Hundeopfer, die ihrerseits an die Vorfahren und die unterirdische Welt erinnern. Die Frage der indigenen genealogischen Abstammung der göttlichen Könige ist somit nicht zu trennen von der Frage nach der Beziehung zwischen Mars und den Laren. Daß die Vorfahren dann als Dämonen-Heroen erscheinen und über orakelhafte Kräfte verfügen, ist eben eine Weise, in der sie ihre schützende Fürsorge für die Lebewesen, die von ihnen abstammen, und für die Plätze, die sie einmal bewohnen werden, ausüben. Die Laren beschützen die Grenzen der Gemeinschaft vor der Gefahr, die durch die Fremden – vor allem durch Dämonen des Draußen – repräsentiert wird, und sie schützen den Boden – seine Aufteilung und seine Grenzen –, dessen Erstbesitzer sie waren: die Grenzen der *domus* (die Türschwellen, die Pfosten und die Fronten der Häuser), die Grenzen der Häuserblöcke, die nachbarschaftlich aneinander liegen (das *compitum*), die Grenzen der Bezirke oder *curiae*, wohl auch der *montes* und der *pagi* und schließlich der ganzen Siedlung (gekennzeichnet durch Mauern, Grenzsteine und *pomerium*), die Grenzen der Gebiete der *populi* und des *ager* der protourbanen Zentren und der Städte – Faunus ist der erste Beschützer der Grenzen –, als würde jede Unterteilung des Bodens eine Unterteilung der Laren bedeuten, wie die mit Latinus verbundene Sage von der Sau und den 30 Ferkeln nahelegt – der Zahl der *populi* entspricht die Zahl der *curiae* und der Lares Grundiles der Stadt – und ebenso die Sage vom zerstückelten Romulus – ein authentischer und grundlegender Bestandteil seiner Sage –, dessen Teile in den verschiedenen Häusern der *patres* bestattet werden, d. h. am Sitz der verschiedenen *curiae* der Stadt. Diese Dämonen-Heroen, die die als Laren verstandenen Vorfahren sind, die uns auch als Specht oder als ein Werkzeug, eine Waffe erscheinen, als Wolf oder als Ziegenbock, oder als Schlange und symbolisch vielleicht auch als Sau mit ihren Ferkeln, sind keine Götter (wie die Penaten und die Indigeten) – es ist deshalb schwierig, Volcanus mit dem Lar Familiaris zu identifizieren –, aber sie sind sicher von Göttern gezeugt, und sie treten zwischen die Götter und die Menschen und fungieren als die großen Fürbitter der Gemeinschaften. Romulus und Remus stammen, wie wir sehen werden, direkt von den Laren der Latiner ab und stellen die Laren der Römer dar. Daher müssen auch sie einen Gott zum Vater haben. Es wird klar, warum Romulus ein Sohn des Mars sein muß, wie auch schon Modius Fabidius und wahrscheinlich auch Picus. Wir haben also Lares Praestites sowohl auf der römischen urbanen wie auf der präurbanen latinischen Ebene, die sich in den mythischen Generationen unterscheiden, aber in der Gesamtheit der Vorfahren als Schützer der Siedlung sich verbinden und vermischen.[92] Aber diese so komplexe und in der mythischen Welt der Latiner wurzelnde Wirklichkeit, die die Laren darstellen, kann erst verstanden werden, wenn die ursprüngliche Genealogie wiederhergestellt ist, d. h., wenn die Wiederherstellung der den Tarquiniern vorausliegenden mythischen Tradition erfolgt ist und erlaubt, Romulus direkt mit Latinus zu verbinden. Daß Romulus mit Alba statt mit Lavinium verbunden ist, ist ein weiterer Hinweis auf das Alter und die Authentizität seiner Sage. Nach dieser systematischen Vorwegnahme der mythischen Welt der Latiner und der ersten Römer – der zu folgen und die anzunehmen schwierig ist, bevor man nicht die Argumente kennt, dank deren die Rekonstruktion möglich war –, kann die Untersuchung – nach der Klärung ihrer Voraussetzungen und ihrer grundlegenden Problematik – nun endlich beginnen.

---

[92] Vgl. § 111; § 132, Anm. 57. Zum Lar Familiaris als Besitzer des Hauses: Apul. Socr. 15. Siehe auch De Marchi 1896; Waites 1920; Tabeling 1932; Dubourdieu 1989. Zu Tacita/Carna, der Beschützerin der Schwelle und der Türangeln des Hauses siehe § 96, Anm. 37. Zu Stercutus, Pilumnus und Picumnus als obere Gottheiten des *tignum* oder *tigillum* und der *postes* und zu Faunus/Limentinus und Mania/Mater Larum als untere Gottheiten des *limen* vgl. § 112, Anm. 32.

2 Beginn der Untersuchung

56. Eine durcheinandergebrachte Schichtung von Mythen. Die Römer hatten eine Vorstellung von ihrer fernsten Vergangenheit, die uns als eine durcheinandergebrachte, neubearbeitete und ideologisierte Schichtung aus indigenen Mythen und griechischen Sagen erscheint.[1] Während die indigenen Mythen auf eine sehr frühe Zeit zurückgehen können[2] – abgesehen von den Veränderungen, die in der folgenden Zeit vorgenommen wurden –, wurden die griechischen Sagen sehr viel später aufgepfropft, vor allem seit der Zeit der Tarquinier,[3] und es wurde mit ihrer Hilfe möglich, den ursprünglichen Mythos zunehmend umzuarbeiten, um seinen lokalen Charakter zu überdecken, um ihn in griechischem Sinne zu adeln und entsprechend den neuen Vorstellungen der kosmopolitischen Tyrannen, die jetzt die Stadt beherrschten, in neue Kontexte zu stellen. Die wichtigsten mythischen »Ereignisse« oder »Schichten« der indigenen Überlieferung wurden also mit Elementen griechischer Sagen vermischt; dadurch ergaben sich zum Teil Verschiebungen in der Chronologie – durch die Ankoppelung an den Fall Trojas und an die älteren griechischen mythischen Chronologien – und zum Teil Abänderungen betreffend die Orte, etwa durch die Ersetzung von Alba

---

[1] Wir teilen hier den Begriffen »Mythos« und »Sage« keine präzise Bedeutung zu (Horsfall 1987, 1987a). Für einige Gelehrte stellt der Mythos reine Phantasie dar, während die Sage nicht ganz ohne historische Grundlage sei (Grant 1971). Nach anderen würde der Begriff Mythos im Zusammenhang mit Geschichten verwendet, die sich auf Götter, und der Begriff Sage bei Geschichten, die sich auf Heroen beziehen: Brillante 1980 und 1981. Sabbatucci 1978 unterscheidet nur zwischen göttlichen und heroischen Mythen.

[2] Nach Pais 1913 gehören die Gestalten Faunus und Latinus zum ältesten religiösen Erbe der Latiner. Brelich 1955 und 1956 sah in Janus und Saturnus einerseits und in Picus und Faunus andererseits authentische Gestalten von Göttern als »Schöpfern« und von Heroen als »Kulturbringern«. Zum richtigen Ansatz siehe Cornell 1975. Grandazzi 1988 und 1991 korrigiert Bremmer-Horsfall 1987, die versuchen, zwischen »ursprünglichen« Mythen, vor den ersten Berührungen mit den Griechen, und »sekundären« Mythen zu unterscheiden, im Versuch schlägt jedoch wegen hyperkritischer Voreingenommenheit fehl; so soll zum Beispiel die Gleichsetzung des Latinus mit Iuppiter Latiaris, die die Merkmale der Authentizität trägt (vgl. auch Alföldi 1965 und Mastrocinque 1993), nach diesen Autoren eine Erfindung des 1. Jh. v. Chr. sein (vgl. §§ 141-142). Die Untersuchungen von Bremmer und Horsfall stellen allerdings einen Fortschritt dar bezüglich Grant 1971, für den die Mythen Latiums nichts »Volkstümliches« an sich haben, sondern auf artifiziellen Konstruktionen beruhen, und der sogar so weit geht, bei den Latinern eine grundsätzliche »Leere« in der mythischen Vorstellungsgabe zu erkennen. Aber kann ein rein verstandesmäßiger und bewußter Mythos, der von oben verordnet wird, bar ursprünglicher Authentizität, noch als solcher gesehen werden?

mit Lavinium als ursprünglicher Metropole der Latiner, als Folge aus dem Fall von Alba und aus der Tatsache, daß Aeneas am Ende seiner Wanderfahrten an der Küste von Laurentum anlegen mußte, einer erfundenen Siedlung, dem gelehrten Doppel von Lavinium, um für den Heros die Möglichkeit zu schaffen, die Stadt zu gründen, die in Wirklichkeit schon bestanden hat. In die Abfolge der göttlichen und menschlichen »Ereignisse« wurden so die Taten der Heroen eingefügt, nicht nur in Griechenland (wie aus den *Werken und Tagen* des Hesiod hervorgeht), sondern auch auf jenen am Rande liegenden Göttlichen oder Seligen Inseln, die die Griechen (wie in der *Theogonie*) mit den Siedlungen in Latium gleichsetzten, Siedlungen, die von Wasser und Sumpfgebieten umgeben waren, zu einer Zeit, als jenes Gebiet ihnen noch wenig bekannt war und den äußersten Westen bedeutete, wo die Sonne unterging.[4] Aber bevor wir versuchen, das Fresko des latinischen Mythos zu restaurieren, indem wir es von den folgenden Schichten befreien, ist es angebracht, es kurz so zu schildern, wie es in der überlieferten Erzählung erscheint. Dabei wollen wir auf die Chronologien eingehen und gleich die offensichtlichsten Widersprüche hervorheben, die sich dort verdichten, wo die Erzählung am stärksten neu bearbeitet worden ist. Das Basisdokument, von dem wir ausgehen müssen, ist das erste Buch der *Archaeologia Romana* des Dionysios von Halikarnassos. Dort ist am ausführlichsten dargelegt, was die Alten über die Vorgeschichte Italiens und Latiums wußten, die gegliedert wird durch die Abfolge von Genealogien und durch Datierungen, die auf der Grundlage von Generationen von ca. 27 Jahren berechnet sind, ausgehend von der Datierung des Eratosthenes (der sich Dionysios anschließt) des (zweiten) Krieges um Troja: 1192 bis 1183.[5]

---

[3] Zum *heroon* des Indiges-Aeneas in Lavinium vgl. Addendum IV. Es ist möglich, daß das Thema Aeneas in Italien auf Zutun der Tarquinier breiter aufgenommen wurde, möglicherweise durch die *carmina convivialia* der *regia* und dann durch die Aufführungen der Ludi Romani.

[4] Vgl. Addendum V.

[5] Dion. Hal. 1,63. Was die absoluten Chronologien anbelangt, muß man präzisieren, ob die Berechnung der Generationen sich auf »vor« dem Krieg bezieht, d. h. vor seinem Ausbruch (also vor 1192), oder auf »nach« dem Krieg, d. h. dem Fall Trojas (also ab 1183). An die Chronologie des Eratosthenes hielten sich auch Apollodorus, Kastor, Eusebios und Paulus Orosius: Cassola 1957. Das Problem ist, ob es möglich ist, das Ende dieses mythischen Krieges nach der Chronologie des Eratosthenes mit dem tatsächlichen Ende einer der verschiedenen Siedlungen von Troja, die die Archäologen identifiziert haben und die einander überlagern, in Beziehung zu setzen. Finley 1974 hat diese Möglichkeit ausgeschlossen, weil es sich seiner Meinung nach um ein Ereignis außerhalb der Zeit und folglich außerhalb jeden historischen Kontextes handle, dann aber das Ende von Troja VII in Betracht gezogen. Siehe auch Finley 1986. Die Gleichsetzung von Troja mit dem Standort Hissarlik wird allgemein angenommen. Die Siedlung hat zwei Jahrhunderte lang mit den Mykenern Berührung gehabt und ist mindestens zweimal, vermutlich von ihnen, zerstört worden: ein erstes Mal durch eine Eroberung, gefolgt von einem Erdbeben,

57. Die Siculer. Das Gebiet von Rom, Latium und andere Teile Italiens (wie die Gebiete von Falerii und Fescennium und einige Zentren im Picenum und in Etrurien) wurden, nach dem Bild, das man sich machte, ursprünglich von den Siculern – der indigenen, barbarischen Bevölkerung – bewohnt. Dann kamen die Aboriginer, sie vertrieben die Siculer aus ihren befestigten Siedlungen, darunter aus der Siedlung auf dem Mons Saturnius,[6] und ließen sich zwischen Tiber und Liris nieder. Die Aboriginer lösten so durch *veria sacra* einen ersten großen Krieg aus, d. h. durch Weihungen von Männern eines bestimmten Jahrgangs an Gottheiten wie Mars, die nach Erreichung des waffenfähigen Alters ausgeschickt wurden, neues Land zu kolonisieren.[7] Verbündete in diesem Krieg gegen die Siculer waren die Pelasger;[8] diese wur-

---

um 1250 (Troja VIh), und ein zweites Mal durch eine Eroberung, gefolgt von einer Feuersbrunst, um 1200 (Troja VIIa). Einige Gelehrte identifizieren Troja VIh mit der Stadt des Priamos, die von Agamennon zerstört wurde, und glauben, daß Troja VIIa von den »Seevölkern« zerstört worden sei. Andere hingegen verbinden die beiden Zerstörungen Trojas mit den beiden mythischen Kriegen um Troja, die in der Ilias beschrieben werden und zwei Generationen auseinanderliegen, wie eben die beiden archäologisch bezeugten Zerstörungen. Das erste Troja sei das von Laomedon, dessen Mauern von Poseidon errichtet worden seien und das von einem Ungeheuer (Auslöser des Erdbebens) zerstört wurde, das der Gott, der die Erde und das Meer beben läßt, geschickt habe, und es sei dann von Herakles befreit, aber auch erobert worden. Das zweite Troja sei das Troja des Priamos, das von den Achäern unter der Führung von Agamemnon zerstört worden sei. Das Hauptargument gegen eine Zerstörung von Troja VIIa durch Mykener lautet, das Datum liege zu spät, als daß eine achäische Macht noch in der Lage gewesen wäre, eine solche Expedition zu unternehmen. Aber es ist denkbar, daß der mykenische Feldzug den Unternehmungen der »Seevölker« nur wenige Jahre vorangegangen ist, er könnte dann als ein Unternehmen interpretiert werden, das darauf ausgerichtet war, der Gefahr, die sich abzeichnete, zuvorzukommen, bevor sie das Vaterland erreichte. Das Motiv vom Pferd dürfte ursprünglich mit der ersten Zerstörung verbunden gewesen sein, da es gut mit Bezug auf die von Poseidon eingenommene Rolle zu interpretieren ist, und es wäre dann von der epischen Erzählung der zweiten Zerstörung zugeordnet worden, als ein Fossil, dessen ursprüngliche Bedeutung man nicht mehr verstand. Mythos und Archäologie stimmen in dieser einfachen und einleuchtenden Rekonstruktion offenbar recht gut überein: »In dieser Situation wäre es wenig klug, die mythische Überlieferung als historische Quelle zurückzuweisen« (Hiller 1991). Troja VIh dürfte zwischen 1300 und 1250 datierbar sein und Troja VIIa zwischen 1250 und 1190 (man beachte die grundsätzliche Übereinstimmung dieser Chronologie mit jener des Eratosthenes für den Fall der Siedlung). Drews 1993 setzt das Ende der mykenischen Welt zwischen 1190 und 1175 an, also in die Mitte der Generation, die dem zweiten Fall Trojas gefolgt wäre (der Grund für den Untergang am Ende der Bronzezeit sei durch das erste Überwiegen der Fußtruppen bedingt).

[6] Zur Ausdehnung der Siculer: Briquel 1984. In Dion. Hal. 1,19 wird das Land der Siculer schon vor dem Eintreffen der Pelasger auf der Halbinsel Saturnia genannt (Briquel 1984). Daraus folgt, daß der Kult des Saturnus von ihnen eingeführt worden sein könnte. Vergil kennt Sicani, nicht Siculi, also eingewanderte und nicht indigene Stämme (Briquel 1992).

[7] Dion. Hal. 1,16 (Prosdocimi 1989; Tagliamonte 1994).

[8] Mit Bezug auf das Gebiet von Rom sind die Pelasger auch als gleichbedeutend mit den Aboriginern interpretiert worden (Pais 1913; Briquel 1984).

den jedoch bald von einer Trockenheit dezimiert, die zwei Generationen vor dem ersten Krieg um Troja (um 1247) einsetzte,[9] dann versprengt und schließlich von den Aboriginern assimiliert. Wann die Vertreibung der Siculer von römischem Boden und aus Latium tatsächlich stattgefunden hat, wußte man nicht. Aber man wußte, daß die Siculer, bedrängt von anderen Stämmen der Halbinsel, letztendlich nach Sizilien übergesetzt haben, entweder drei Generationen oder 80 Jahre vor dem Trojanischen Krieg (um 1274/1273) oder im 26. Jahr des Priestertums der Alkyone in Argos,[10] der Schwester des Eurystheus, der von 1312 bis 1267 in Argos geherrscht hat.[11] Geführt wurden die Siculer von König Siculus, dem Namensgeber für sein Volk, der von Rom vertrieben wurde und dann einen Teil des Reiches des Morges, der vorher Italus gehörte und den man sich im heutigen Kalabrien und in der Basilikata vorstellte, zur Herrschaft erhielt. Eine andere Version machte aus Siculus einen Sohn des Italus. Man wußte auch von einer zweiten Auswanderung der Siculer, die viele Jahre nach dem Trojanischen Krieg erfolgte, etwa 300 Jahre bevor die Griechen in Sizilien landen (um 1033),[12] also 150 Jahre nach dem Fall von Troja. Diese zweite Expedition wurde von einem Anführer namens Patronus gleitet.

58. Die Aboriginer. Man wußte nicht, ob die Aboriginer, Nachbarn der Umbrer, ein einheimischer Stamm Italiens gewesen sind oder eine umherziehende Gruppe ohne Vaterland, oder Kolonen der Umbrer (und in allen diesen Fällen Barbaren), oder ob sie, wie angesehene Historiker wie Cato meinten, Griechen waren, die viele Generationen vor dem Krieg um Troja aus Achäa eingewandert sind.[13] So weit man die Aboriginer für Griechen hielt, sah man in ihnen Kolonisten der Arkader, die unter der Führung des Oinotros, des Sohnes des Lykaon und Enkels des Pelasgos, als erste nach Italien gekommen sind, wo sie Oinotrer und schließlich in ihrem Siedlungsgebiet in Reate Aboriginer genannt wurden; sie vertrieben die Umbrer aus Reate und lebten dort in nicht befestigten Streudörfern.[14] In Reate stießen

---

[9] Dion. Hal. 1.66.

[10] Dion. Hal. 1,22 (Chronologie des Hellanikos, des Autors einer Chronologie der Priesterinnen des Tempels der Hera in Argos, und des Philistos).

[11] Chronologie des Kastor von Rhodos: FGrHist Nr. 250. Bemerkenswert ist der Umstand, daß die Zeitspanne von 1312 bis 1267 die Jahre 1274 und 1273 mit einschließt.

[12] Thuk. 6,2,4-5 (Chronologie des Antiochos und des Thukydides).

[13] Varro ling. 5,53. Zur menippeischen Satire *Aborigenes*: Cèbe 1972. Varro und Vergil vertreten die Meinung, die Aboriginer seien Einheimische gewesen: Gabba 1991; Briquel 1992. Dionysios (1,13) hingegen stellt sich die Aboriginer (mit Cato und Tuditanus) lieber als Griechen vor, genauer, sie sind seiner Ansicht nach Oinotrer: Colonna 1980; Musti 1988; Letta 1988; Gabba 1991; Briquel 1993a.

[14] Zu diesen Dörfern vgl. Appendix 4.

die Pelasger auf die Aboriginer und verbündeten sich noch vor 1247 mit ihnen.[15] Aus dem Zentrum der Halbinsel zogen die Aboriginer dann, begleitet von den Pelasgern,[16] entlang des Tiber talabwärts, erreichten römischen Boden und breiteten sich dann über Latium aus. Wenn es zwei Auswanderungen der Siculer nach Sizilien gegeben hat, dann könnte es theoretisch auch zwei Wanderungen der Aboriginer den Tiber entlang gegeben haben, Dionysios allerdings erwähnt eine solche zweite Wanderung nicht.[17]

59. Pelasger und Tyrrhener. Die Pelasger, Verbündete der Aboriginer, sind, so hieß es, ursprünglich aus dem Gebiet von Argos gekommen. Ihr Name wurde abgeleitet vom König Pelasgos, einem Sohn des Zeus, dessen Zeit den Genealogien zufolge um 1679 anzusetzen ist.[18] Sechs Generationen danach (um 1517) haben sie die Peloponnes Richtung Thessalien verlassen und sind dort fünf oder sechs Generationen (bis 1382 oder 1355) geblieben. Nach ihrer Vertreibung aus Thessalien sind die Pelasger nach Dodona gekommen, wo ihnen das Orakel des Zeus Pelasgicus befohlen hat, sich zum Land der Aboriginer und der Siculer aufzumachen, das Saturnia genannt wurde. Sie folgten dem Hinweis des Orakels, gingen in Italien bei Spina an Land, einige von ihnen brachen in Richtung der Umbrer auf und kamen schließlich in Reate an, wo sie von den Aboriginern aufgenommen wurden. Die Blütezeit der Pelasger in Italien würde damit zwischen 1355 und 1247 liegen; 1247 ist das Datum des Beginns der erwähnten Hungersnot, die sie dezimiert hat; sie sind dann allmählich verfallen und schließlich von den Aboriginern aufgesogen worden. Andere Pelasger haben sich nach Corythus/Cortona gewandt, von da aus Etrurien besiedelt, das früher von den Umbrern bewohnt war, und diese haben den Namen Tyrrhener angenommen. Nach einer anderen Überlieferung waren die Tyrrhener nach dem Fall Trojas von Tyrrhenus[19] – von dem man glaubte, er sei ein Sohn des Telephos und stamme aus Mysien/Lydien – in das Land der Umbrer geführt worden.[20] Aber die Sprache, die Religion und die Institutionen der Tyrrhe-

---

[15] Dion. Hal. 1.19 ff. Vgl. § 57, Anm. 9.

[16] Die Pelasger hätten am Fuße des Mons Saturnius die Kulte des Saturnus und Dis Pater gegründet: Macr. Sat. 1,7,30-31. Aber der Kult des Saturnus war vielleicht viel älter: Dion. Hal. 1,29 (vgl. § 57, Anm. 6). Peruzzi 1969 meint, daß der Kult aus dem aboriginischen Cutilia im Gebiet von Reate gekommen sei, aber die Annahme ist von Guittard 1976 und von Briquel 1984 mit guten Gründen zurückgewiesen worden.

[17] Zu den aboriginischen Königen von Laurentum vgl. § 63.

[18] Dion. Hal. 1.17. Es wurden auch die Meinungen vertreten, die Pelasger stammten aus Arkadien, aus Kleinasien oder von Kreta (De Simone 1996).

[19] Die Chronologie stimmt nicht überein mit Tyrrhenus, dem fünften Nachfahren des Zeus (Dion. Hal. 1,26 ff.); vgl. § 66, Anm. 8.

[20] Zum pelasgischen Ursprung der Tyrrhener: Hellanikos bei Dion. Hal. 1,26 ff. Zum umbrischen und pelasgischen Corythus: Colonna 1980. Colonna 1994b hat diese Überlieferung (die

ner unterschieden sich so sehr von denen der Pelasger und der Lyder, daß es sich nahelegte, sie eher für ein einheimisches Volk der Halbinsel zu halten.[21]

60. Oinotros, Italus, Morges und Siculus. Oinotros wurde 17 Generationen vor dem ersten Krieg um Troja (um 1652)[22] in Arkadien geboren, und er soll ebenfalls von Zeus abstammen. Ihm waren in der Herrschaft vorangegangen Lykaon, das Stammeshaupt der Lykaonen (um 1652), Pelasgos (um 1679), Sohn der Niobe (um 1696), der ersten Sterblichen, die Geliebte des Zeus war, ferner Phoroneus, Vater der Niobe (um 1733), und Aizeios, Stammvater der Aizeier (um 1760). Oinotros kam mit seinem Bruder Peuketios und einer Gruppe Arkader nach Italien – der Zeitpunkt ist nicht bekannt, aber man kann annehmen etwa eine Generation nach seiner Geburt, also um 1625. Peuketios ließ sich auf dem japygischen (salentinischen) Vorgebirge nieder, und die ihn begleitende Gruppe wurde Peuketier genannt. Oinotros ließ sich mit seinen Gefolgsleuten entlang der Küste Ausoniens (des heutigen Kalabrien und der Basilikata) nieder; er vertrieb die dortige einheimische barbarische Bevölkerung und legte befestigte Siedlungszentren an. Auf diese Ereignisse folgt eine Lücke in der mythischen Erinnerung (betreffend die mittlere Bronzezeit), bis (zu Beginn der späten Bronzezeit) der Name des oinotrischen Königs Italus auftaucht (1327 bis 1300), der seine Untertanen Italer genannt hat. Ihm folgte Morges nach (1300 bis 1273), der er seine Unter-

wohl auf Hekataios zurückgeht) mit den Funden aus Frattesina in Fratta Polesine in Zusammenhang gebracht: »Sichere Hinweise auf eine deutliche Öffnung für Kontakte mit der Ägäis ... sind zwischen dem 12. und dem 11.Jahrhundert anzusetzen«, am Beginn der Protovillanovakultur. Zur lydischen Herkunft der Tyrrhener: Hdt. 1,94ff.; Dion. Hal. 1,26ff. Zu einer vorhergehenden Gründung durch die Myser von Cumae um die Mitte des 11.Jh.: Eus. Chron., S. 61 Schoene. Zur gesamten Frage siehe zuletzt Pairault-Massa 1996 und De Simone 1996, gegen die kleinasiatische Abstammung der Etrusker; vgl. folgende Anm. 21; befürwortend hingegen Beschi 1994 (vgl. Anm. 21). Dionysios von Halikarnassos soll die Autochthonie der Etrusker von Myrsilos und/oder von einer Tradition übernommen haben (Gabba 1991).

[21] Nach Dion. Hal. 1,26ff. In der Nachfolge von E.Mayer und J.Beloch meint De Simone 1996, die Anwesenheit der Pelasger auf Lemnos und ihre Verbindung mit den Tyrrhenern (Volk von Piraten, »anders« als die Hellenen) stelle eine relativ späte Tradition dar, die nicht über die archaische Zeit zurückreiche (die Tyrrhener kommen bei Homer nicht vor). Nach diesem Gelehrten sei das Etruskisch von Lemnos nicht das Relikt eines noch älteren indigenen Idioms, sondern eine einfache Variante des archaischen Etruskisch. Einige Etrusker (aus Caere?) wären nicht vor der zweiten Hälfte des 8.Jh. in die nördliche Ägäis und den Hellespont ausgewandert und hätten sich dort im Laufe des 7. und 6.Jh. festgesetzt. Gegenteiler Meinung ist Beschi 1994; nach ihm sind die Tyrrhener am Ende des 8.Jh. aus Asien nach Lemnos und in den Nordosten der Ägäis gekommen, eine These, die auf archäologischen und religionsgeschichtlichen Argumenten beruht; ähnlicher Meinung ist Colonna 1994b, der aufgrund von Funden aus Frattesina für die Wahrscheinlichkeit des Mythos plädiert, wonach die Pelasger im heroischen Zeitalter, also in der fortgeschrittenen Bronzezeit, im Westen gekommen wären (vgl. Anm. 20).

[22] Dion. Hal. 1.11.

tanen Morgeter nannte und der schließlich einen Teil seines Reiches seinem Zeitgenossen Siculus übergab,[23] der seine Untertanen Siculer nannte.

61. Faunus, Euander, Hercules und Cacus.

Euander, Sohn des Hermes und der Themis/Carmenta, kam 60 Jahre vor dem Krieg um Troja (um 1253) von Pallantion in Arkadien in das Gebiet von Rom.[24] Er wurde von Faunus, dem König der Aboriginer mit dem Hauptsitz in Laurentum, aufgenommen und gründete am Fuße des Cermalus ein neues Pallantion; er führte den Kult des Pan vom Lykaiongebirge im Lykaion oder Lupercale ein, den Kult des Poseidon Hippios (= Consus) am Fuße des Cermalus, den Kult der Victoria auf dem Cermalus und ebenso den Kult der Ceres (auf dem Aventin?), und er brachte den Einheimischen die Wohltaten der Kultur: Literatur, Musik, Gesetze, Künste und Handwerk. Wenige Jahre darauf kam Hercules bei seiner Rückkehr aus Spanien in das Gebiet von Rom und gründete am Fuße des Mons Saturnius mit seinen Gefolgsleuten von der Peloponnes und von der Troas (letztere waren Gefangene des ersten Krieges um Troja zur Zeit des Laomedon) eine zweite griechische Siedlung.[25] Hercules schaffte die Menschenopfer an Saturnus, die von den vorhergehenden Bewohnern des Ortes (Siculer, Pelasger/Aboriginer) dargebracht wurden, ab und errichtete dem Gott einen Altar, auf dem er nach griechischem Ritus opferte. Nachdem Cacus dem Hercules seine Rinder geraubt hatte, wurde er von diesem getötet.[26] Cacus war der Häuptling eines barbarischen Volksstammes – er war weder griechisch und auch nicht aboriginisch-pelasgisch (in der Auslegung Catos), also offensichtlich noch siculisch (aber waren die Siculer nicht schon von den Aboriginern vertrieben worden?), und in diesem Fall ein möglicher Nachfolger des Siculus[27] –, er bewohnte einen Ort unmittelbar über dem Pallantion der Arkader (wie seltsam das auch, bei der extremen Nähe der Siedlungskerne, erscheinen mag), und er war ein Feind der Griechen des Euander und des Hercules sowie der Aboriginer des Faunus. Aus

---

[23] Die Chronologie ist rekonstruiert nach Generationen seit der Überfahrt des Siculus nach Sizilien. Zur Teilung der Stammesherrschaft: Dion. Hal. 1.12.

[24] Dion. Hal. 1.31.

[25] Zur Datierung des ersten trojanischen Krieges um 1250 vgl. §57, Anm. 5; zur Ankunft des Hercules auf römischem Boden etwa 15 Jahre danach vgl. §70.

[26] Dion. Hal. 1,39. Zum Hirten Tricaranus/Recaranus/Garanus, der wohl der ursprüngliche Gegenspieler des Cacus war: Serv. Aen. 8,203; Orig. gent. Rom. 6–7 (Wissowa 1899; Czarnowski 1925; Brelich 1955; Puccioni 1970; Burkert 1979; Liou Gille 1980; Small 1982; Bremmer-Horsfall 1987; D'Anna 1992). Die Gestalt des Tricaranus wurde dann durch Hercules ersetzt (vgl. §96, Anm. 37). Die Kämpfe zwischen Hirten um Weideland und Viehbestände ziehen sich bis zum Zeitalter des Romulus hin, so gibt es Streit zwischen den Hirten des Amulius vom Palatin und den Hirten des Numitor vom Aventin (Dion. Hal. 1,79) und zwischen den mit Titus Tatius befreundeten Hirten und den Hirten des Gebietes von Lavinium (Dion. Hal. 2,51).

[27] Vgl. §68, Anm. 13.

Dank für den Sieg über Cacus errichtete Hercules dem Iuppiter Inventor einen Altar. Die Arkader und Aboriginer feierten den Heros, und seine Gefolgsleute übereigneten ihm die Besitztümer des Cacus (wobei es wegen der unmittelbaren Nähe seines Sitzes zum Pallantion des Euander schwierig ist, diesen Besitz näher zu bestimmen). Euander wiederum richtete aus Anlaß des Sieges den ersten Kult des Hercules am Fuße des Aventin ein, bestehend in einem Opfer nach griechischem Ritus. Hercules hat auf römischem Boden auch mit Frauen aus dem Umkreis des Euander und Faunus mehrere Söhne gezeugt, darunter den Latinus,[28] der nach einer anderen Überlieferung eher als Sohn des Faunus gilt. Pelasger, Arkader und die anderen Griechen aus dem Gefolge des Hercules, die nach seiner Abreise in Rom geblieben sind, wurden dann allmählich von den Aboriginern assimiliert (wie es schon bei den Pelasgern der Fall gewesen war).

62. Latinus, Aeneas und Romulus. Zur Zeit des Latinus, des Königs der Aboriginer, der dem Faunus auf den Thron von Laurentum gefolgt war, landete Aeneas mit seinen trojanischen Gefolgsleuten an der Küste dieser Siedlung, etwa zwei Generationen nach der Ankunft der trojanischen Gefangenen des Hercules. Aeneas stammte in achter Generation von einem König von Arkadien (datierbar um 1419 bis 1392) ab und in 7. Generation von Zeus (datierbar um 1392 bis 1365, nach einer Chronologie, die gegenüber der vorhin zitierten die Ereignisse drei Jahrhunderte später ansetzt); damit wäre er ursprünglich ebenfalls achäischer Abstammung. Aeneas wurde von Latinus aufgenommen, dieser gab ihm seine Tochter Lavinia zur Frau und trat ihm einen Teil des laurentinischen Gebiets ab, auf dem Aeneas, zwei Jahre nach dem Fall von Troja (im Jahr 1181), Lavinium gründete.[29] Im Jahr 1180 herrschte Aeneas über seine Gefolgsleute. Vier Jahre nach dem Fall Trojas, also 1179, starb Latinus, und Aeneas herrschte in diesem Jahr zum ersten Mal über die Trojaner und die Aboriginer, die sich vereinigt hatten, und d.h., er herrschte über die ersten Latiner.[30] Aeneas starb sieben Jahre nach

---

[28] Vgl. § 48.

[29] Dion. Hal. 1,63. Wir geben hier die Sage des »anderen Aeneas« in Latium wieder, also des Aeneas des Dionysios. Der Aeneas des Vergil setzt sich nämlich in der Chronologie, durch die Zwischenlandungen (in Karthago und in Ostia), durch die Begegnungen (mit Euander) und durch die Kriegsbündnisse von der latinischen historischen Überlieferung ab (Vanotti 1995).

[30] Latinus vollendet zwei Generationen oder 55 Jahre nach dem Tod des Cacus und dem Weggang des Hercules seine 35 Regierungsjahre: Dion. Hal. 44, 64. Nach Eus. Chron. 283 Schoene hat Latinus 36 Jahre regiert (und länger als ein Generation auch seine Vorgänger: Faunus 44 und Picus 37 Jahre). Latinus hat seine 35 Regierungsjahre also 1180 erreicht. Zählt man die 20 Jahre hinzu, die das Jahr 1180 von der Tötung des Cacus trennen, kommt man zu dem Ergebnis, daß diese 1235 erfolgt sein muß. Wenn Siculus in die Jahre 1300–1273 datiert wird und Cacus 1235 stirbt, erscheint er wie der Nachfolger des Siculus in Saturnia. Aber wenn um 1300 die Aboriginer kommen und Siculus aus Saturnia vertrieben wird, scheint Cacus ein Aboriginer

dem Untergang Trojas (im Jahr 1176),[31] und es wurde ihm in Lavinium ein Heroon errichtet. Dem Aeneas folgte Ascanius nach, der 30 Jahre nach Lavinium, im Jahr 1151, Alba Longa gründete,[32] den Hauptort, von dem aus die Siedlungen der *prisci Latini* gegründet wurden. In der Vulgata, der herkömmlichen Überlieferung, folgen die Generationen der Könige von Alba. Generationen nach dem Fall Trojas, in der Mitte des 8. Jahrhunderts, gründete Romulus eine albanische Kolonie, die Rom genannt wurde, an dem Ort, wo Pallantion und Saturnia gestanden hatten und wo noch ein Hirte lebte, der ein ferner Abkömmling der Arkader war.

63. Chronologie des Saturnus und der Könige der Aboriginer. In einer Fassung des Mythos waren die ersten Herrscher in Latium Saturnus, Picus, Faunus und Latinus.[33] Auf der Basis der absoluten Chronologie des Latinus und der Dauer der anderen Herrschaften[34] ist es möglich, durch die mit einer bestimmten Genauigkeit vorgenommene Rekonstruktion des chronologischen Systems, das sich die Chronographen der Antike ausgedacht haben, die übrigen Daten abzuleiten. Die Herrschaft des Saturnus auf dem Kapitol, die ihm von Janus übertragen wurde,[35] geht demnach auf die Jahre 1329 bis 1296 zurück, also in die Zeit der Herrschaft des Italus. Es war dies auch die Zeit der Formierung des *ethnos* der Siculer. Siculus steht zu Morges wie Saturnus zu Janus, er erhält die Herrschaft von seinem Gastgeber. Die Herrschaft des Picus, des ersten Königs der Aboriginer, geht dann in die Jahre 1296–1259 zurück, sie ist zeitgleich mit der Herrschaft des Morges und Siculus, so daß zu seiner Zeit die Auswanderung des Siculus und seiner Siculer nach Sizilien erfolgt (vertreibt also Picus den Siculus von seinem ursprünglichen Siedlungsort?). Die Herrschaft des Faunus, des zweiten Königs der Aboriginer, geht folglich in die Jahre 1259 bis 1215 zurück; um 1253 nimmt Faunus den Euander auf; um 1247 beginnt die Hungersnot, die die Pelasger dezimiert; um 1235 nimmt Faunus den Hercules auf. Die Herrschaft des Latinus, des dritten Königs der Aboriginer, wird auf 1215 bis 1179 angesetzt; er nimmt 1181 den Aeneas auf, der ihm von 1179 bis 1176 nachfolgt. Die Ankunft der Griechen und Trojaner in Latium erfolgt also innerhalb des Zeitraums von zwei Generationen, zwischen 1253 und 1181.

---

zu sein, also schon halb kultiviert, griechischer Abstammung, wie Faunus, während er von der Vulgata als ein barbarischer Feind des Faunus, also wie ein Siculer, dargestellt wird. Der Widerspruch ist nicht auflösbar.

[31] Dion. Hal. 1.64.

[32] Dion. Hal. 1.66.

[33] Verg. Aen. 7,45–49; vgl. auch § 111 ff. Zu Latinus als Sohn des Faunus: Dion. Hal. 1,43.

[34] Vgl. § 71.

[35] Janus beschränkte sich auf den Janiculus: Aug. civ. 7.4.

3 Kritik der herkömmlichen Chronologie

64. Das Problem der Chronologie. Während ein Teil der sagenhaften Ereignisse und ihre Abfolge auf die indigene mythische Tradition zurückgeführt werden kann,[1] scheint die absolute Chronologie hingegen weitläufig abgeändert worden zu sein, um Faunus mit Euander, Cacus mit Hercules und Latinus mit Aeneas in Verbindung zu bringen; dadurch wurde die Herrschaft der vergöttlichten Könige Picus, Faunus und Latinus in eine frühere Zeit vorgezogen, und zwar, wie wir sehen werden, um etwa vier Generationen, was der Regierung des Saturnus, einer eher nicht so genau definierten Gottheit, sozusagen Zeit raubt; er wird denn auch, ebenso wie Janus, schließlich auf den Rang eines einfachen vergöttlichten Königs herabgesetzt, und es wird ihm auch nur die Zeit einer einzigen Generation zugestanden.[2] Zu berücksichtigen ist außerdem, daß die gesamte mythische Chronologie der Griechen früher ansetzt als die der Latiner, wie wir noch sehen werden,[3] wodurch eine Angleichung beider nur durch ein Anheben der letzteren möglich wurde. Nur die im Hinblick auf die Ziele der Neubearbeitung als weniger wichtig erachteten Ereignisse oder Vorgänge, die sich bereits in einer passenden zeitlichen Position befanden, scheinen eine nicht allzu veränderte Chronologie beizubehalten; dies dürfte der Fall sein hinsichtlich der ersten Ansiedlung der Vorfahren der Aboriginer im Gebiet von Reate und der Siculer in Latium sowie mit Bezug auf die Formierung und Präsenz der Siculer auf römischem Boden (aber nicht, was ihre Auswanderung nach Sizilien

---

[1] Grandazzi 1988. Das schließt nicht aus, daß die authentischen mythischen Kerne mit nachträglichen Zusätzen ausgeschmückt wurden (Mastrocinque 1993), aber sie verschwinden nicht unter dieser Oberfläche, mit der sie in späteren Zeiten überzogen wurden.

[2] Nach Eusebios/Hieronymus (Helm 1913) hätten Janus, Saturnus, Picus, Faunus und Latinus insgesamt um die 150 Jahre (jeder 30 Jahre) regiert, von Aeneas aus zurückgerechnet, also etwa seit 1329 (1179, erstes latinisches Regierungsjahr des Aeneas, + 150 Jahre = 1329). Das Datum 1329 fällt so mit dem Beginn der Herrschaft des Saturnus zusammen, wenn man die Vulgata zugrundelegt (vgl. § 82). Zu Eusebios und zur Chronographie: Bickerman 1968 und Mosshammer 1979.

[3] Vgl. § 66, Anm. 8. Insbesondere die mythischen Gottkönige stehen mit dem Regen (Picus ist an den Blitz gebunden) und mit einer entwickelten Landwirtschaft (Faunus ist an die Baumzucht gebunden) in Verbindung, während Lykaon und Arkas Gestalten sind, die noch einer Phase angehören, bevor die Gestirne ihre Ordnung erhielten, bevor die Niederschläge geregelt und das erste Getreide angebaut wurde (Piccaluga 1968; vgl. §§ 116 und 128). Vielleicht hängt es auch damit zusammen, daß bei der Synchronisation der mythischen Konzepte die mythischen Könige Latiums in einer früheren Zeit angesetzt wurden.

betrifft), ferner im Fall der Zeit des Cacus (wenn auch im weitesten Sinne) und der Gründungen von Alba Longa und von Lavinium. Die Abwanderung der Siculer nach Sizilien, die Expansion der Aboriginer in Latium, die Herrschaft der vergöttlichten Könige Picus, Faunus und Latinus und die Formierung des *nomen* und des Bundes der Latiner[4] sind hingegen so tiefgreifend überarbeitet worden, daß sie chronologisch nicht mehr wiederzuerkennen und für die Zwecke einer »mythistorischen« Interpretation unbrauchbar sind. Aber die Verschiebung der heroischen Mythen Latiums aus der Endbronzezeit in die Spätbronzezeit stellt eine der hauptsächlichen Voraussetzungen der Rekontextualisierung der Mythen dar. Die erste Aufgabe bei der Wiederherstellung der Stratigraphie der Sagen besteht also darin, zwei Zeitschichten, die miteinander vermischt worden sind, zu unterscheiden und die Expansion der Aboriginer und die Herrschaft der aboriginischen vergöttlichten Könige wieder der zweiten Schicht zuzuweisen; die Herrschaft des Picus hat dann erst nach der Ankunft der griechischen Heroen, Aeneas eingeschlossen, begonnen. Wenn uns diese erste Wiederherstellung der Sagenwelt Latiums gelingt, ergibt sich für die überlieferten Geschehnisse, die mit den indigenen Erinnerungen verbunden sind, eine harmonische Verknüpfung sowohl untereinander wie auch mit der archäologischen Dokumentation; damit löst sich eine Reihe von Widersprüchen, die die traditionelle Erzählung sonst unheilbar verwirren. Der Preis für diese erste Wiederherstellung besteht darin, daß Picus, Faunus und Latinus dann nichts mehr mit dem griechischen und trojanischen Mythos (wie der Ankunft des Aeneas in Italien) zu tun haben, ebensowenig mit deren Zeit (Spätbronzezeit, Stufe II) und, wie wir sehen werden, auch nichts mit Laurentum/Lavinium (den Orten der Landung des Aeneas und seines trojanischen Reiches). Diese drei Könige verlieren also ihre Rolle, die Aboriginer (des Tricaranus?), die Achäer des Euander und die Trojaner des Aeneas gastfreundlich aufgenommen zu haben – was uns, da wir so sehr an die über-

---

[4] Vgl. §§ 67 ff. Zu den ersten latinischen Königen: Brelich 1955, der jedoch weder das Problem der Chronologie noch eine mögliche Verbindung mit Alba in den Blick nimmt (und darin besteht hauptsächlich die Grenze seiner Untersuchung). Er meint, nicht alle Kulturheroen wären auch Könige, daß sie es aber in Gesellschaften, die die Königsherrschaft gekannt haben, auch gewesen sein können, wie im Falle des Königs Nyikang der Schilluk, der als Kulturheros und erster König und Zivilisator gilt und der wirklich existiert zu haben scheint. Der einzige, der das chronologische Problem aufgegriffen hat, ist Colonna 1981 gewesen: »Die Festlegung auf den trojanischen Krieg zwingt dazu, die Anfänge des *nomen latinum* auf das 12. Jahrhundert vorzuverlegen, die für uns auf die latialen Stufen I und vor allem IIA zurückgehen«. Man könnte dazu jedoch bemerken, daß die Formierung des *nomen* nicht exakt mit den ersten Zeugnissen der Autonomie der materiellen Kultur zusammenfallen muß; die Autonomie ist wohl weniger mechanisch eher ein Reflex der schon erreichten Reife einer Kultur.

lieferte Geschichte gewöhnt sind, in einem ersten Moment bestürzen mag –, sie erhalten aber im Gegenzug einige Züge ihrer ursprünglichen Physiognomie zurück. Bei der genaueren Prüfung dieser chronologischen Probleme müssen wir Fragen vorziehen, die erst im Laufe der folgenden Rekonstruktion erklärt und näher begründet werden können, wodurch wir dem Leser einige Verständnisschwierigkeiten zumuten. Auf der anderen Seite ist eine vorherige Klärung der chronologischen Sachlage eine Voraussetzung für jegliche weitere Erörterung des Themas.

65. Die ersten Stämme und festen Siedlungen. Oinotrer, Peuketier, Tyrrhener und wahrscheinlich der Teil der Oinotrer, der sich im Gebiet von Reate angesiedelt hat und zu den Vorfahren der Aboriginer wurde, von dem wir aber den Namen für diese Anfangszeit nicht wissen, werden – dank der Genealogie des Oinotros und der frühen Ansetzung des Zeus, die durch sie gefordert wird – in eine Zeit datiert, die oszilliert zwischen dem letzten Viertel des 17. und dem zweiten Viertel des 16. Jahrhunderts; es ist die Zeit, in die das mythische Gedächtnis der Alten zurückreicht und in die archäologisch die ersten festen Siedlungen Italiens datiert werden können.[5] Auch von den einheimischen Vorfahren der Siculer, die in der mittleren Bronzezeit auf römischem Boden gesiedelt haben, kennen wir den Namen nicht, und wir wissen auch sonst nichts von ihnen, da wir uns nicht vorstellen können (so haben auch die Alten argumentiert), daß es Siculer vor ihrem Gründer Siculus, also vor der Spätbronzezeit, gegeben haben könnte.[6] Die mittlere Bronzezeit im Gebiet von Reate und in Latium wird nicht

[5] Die Abstammung der Aboriginer von den Oinotrern scheint eine Hypothese des Dionysios von Halikarnassos zu sein, mit der die Hypothese Catos betreffend ihre griechische Herkunft präzisiert werden sollte (Gabba 1991). Oinotros wäre dann 1652 geboren, etwa ein Jahrhundert nach Phoroneus, dem ersten Menschen und Stammvater des Herrschergeschlechts von Argos, Vater der Niobe, der ersten Frau, die Geliebte des Zeus war (Kerényi 1949), und ein Jahrhundert vor Kekrops, dem Stammvater des Herrschergeschlechts von Athen (Brillante 1981). Kastor von Rhodos ließ die Könige der Peloponnes mit Aigialeus, dem ersten von ihnen, bis 2122 zurückgehen und den argivischen König Inachos auf 1855 (FGrHist Nr. 250). Der König der Skythen Idanthyrsos betrachtete Zeus als seinen Vorfahren und Herrn (Hdt. 4,127); der erste Mensch in Skythien soll sich Targitaos genannt haben und Sohn des Zeus und einer Tochter des Flusses Borysthenes gewesen sein; zwischen der Geburt des Targitaos und dem Feldzug des Darius gegen die Skythen wären nur tausend Jahre verstrichen, was die Skythen zum jüngsten aller Völker machte (Hdt. 4,5 ff.). Das Unternehmen des Darius wird um 510 datiert, wonach der erste Mensch Skythiens um 1500 geboren wäre. Das mythische Gedächtnis bezüglich des Anfangs der Menschheit reichte in Griechenland und in Latium nicht vor die Bronzezeit zurück.

[6] Dion. Hal. 1,9. Es ist zweckmäßig, an die Periodisierung von Varro (Cens. 21) zu erinnern, für den es drei Epochen gegeben hat: 1. Vom Ursprung bis zum ersten Diluvium oder die »dunkle« Epoche; 2. vom ersten Diluvium zur ersten Olympiade oder die »heroische« Epoche; 3. die Zeit von der ersten Olympiade an oder die »historische« Epoche. Dazu, daß Sabus Voraussetzung für die Sabiner ist und nicht umgekehrt, vgl. §141, Anm. 16.

ausgeschlossen, aber sie hat in das mythische Gedächtnis der Latiner keinen Eingang gefunden, weshalb die Vorgeschichte der Römer faktisch (als
hätte eine künstliche Konzentration stattgefunden) in der späten Bronzezeit
beginnt.

66. Saturnus und zuvor noch Janus

Das Zeitalter des Saturnus als Herr-
scher in Saturnia würde um 1329 beginnen, und es gibt keinen Grund, diese
chronologische Angabe zu modifizieren. Seine Zeit würde im wesentlichen
der Spätbronzezeit (1300 bis 1150) entsprechen,[7] während die Zeit, in der
Kronos in Griechenland Gott und Herrscher war, einem vorhergehenden
Zeitalter entspricht, in dem die ersten Menschengeschlechter auftreten.[8]
Das Zeitalter, in dem Janus, der Gott der Anfänge, bevor er seine Herrschaft mit Saturnus teilte, allein herrschte, muß also dem Beginn der Herrschaft des Saturnus vorausgehen; es ist demnach nicht (wie in der Rekonstruktion der alten Chronographen) am Ende der mittleren Bronzezeit oder
am Beginn der Spätbronzezeit anzusetzen, sondern in der mittleren Bronzezeit (1600-1300), d.h. in die Zeit, die die griechischen Chronographen teils
dem Kronos, teils dem Zeus zuteilen; und dies ist genau die Zeit, als auf
römischem Boden die erste feste Siedlung entstand und bestand, die archäologisch dokumentiert ist und als als deren göttlicher und indigener Gründer

---

[7] Nach der schweizerischen Dendrochronologie beginnt die Spätbronzezeit zwei Generationen
früher (etwa um 1350) als nach der üblichen absoluten Chronologie (etwa 1300): Bietti Sestieri
1996, Tabelle 8.4.

[8] Die dem Jupiter und dem Hercules in Latium zugeordneten Chronologien datieren später
als die griechischen Zeitangaben zu Zeus und Herakles. In der Genealogie des Oinotros (Dion.
Hal. 1,11) wird die Ankunft des Zeus auf das Ende des 18. Jh. datiert, in der Genealogie des
Aeneas auf das Ende des 15. Jh.: Dion. Hal. 1,61 (Broadbent 1968). Die Inschrift Marmor Parium
datiert die Lykaia in die Jahre 1324-1308 (FGrHist Nr. 239), etwa zwei Jahrhunderte vor dem
Kult des Iuppiter Albanus, wie wir sehen werden. Zeus folgt, vor allem in der spät ansetzenden
Chronologie, auf die Zeit der ersten Menschengeschlechter, die unter der Herrschaft des Kronos
gelebt zu haben scheinen. Herakles wird von Herodot (2,145) 900 Jahre vor seiner Zeit datiert
(Graf 1985), also spätestens um 1330. Er galt als Zeitgenosse des Laomedon, des Vaters des Priamos, und wird vom Marmor Parium in die Jahre 1307-1295 datiert: FGrHist Nr. 239 (Piérart
1989). Wenn Troja VIh zu Recht mit der ersten Zerstörung Trojas, die mit Herakles zusammenhängt, in Verbindung gebracht wird, hätte man sich vorgestellt, daß der Heros noch um 1250
in Asien tätig war und um 1235 in Latium, als er Cacus tötete (vgl. § 96). Zu seiner Teilnahme an
dem Krieg in Kampanien: Valenza Mele 1979; nach D'Agostino 1995 würde damit die Kolonisation von Cumae versinnbildlicht; Pairault-Massa 1996 denkt hingegen an eine frühere Gründung von Cumae in der Mitte des 11. Jh.. Es ist nicht befremdlich, daß das mythische Zeitalter
der Latiner, wie auch das der Skythen, im Vergleich zu den Griechen in eine spätere Epoche
einzuordnen ist. Anderseits erschien das mythische Zeitalter der Griechen später im Vergleich
zu den Ägyptern, die nach Herodot (2,142 ff.) 345 Generationen (ungefähr 10 000 Jahre) von
Königen und Priestern (nicht Gottheiten oder Heroen) gekannt haben sollen, während im
vorhergehenden Zeitalter die Götter geherrscht haben, die mit den Menschen zusammenlebten
(für eine kritische Interpretation dieser chronologischen Angaben vgl. Assmann 1992).

und Schutzherr Janus erscheint.[9] Wenn wir jedoch Janus und die gesamte Mythologie der Götter und Heroen Latiums nach dem Vorbild der Vulgata in die späte Bronzezeit zusammendrängen, fallen die Zeit des Chaos und die Zeit der göttlichen Könige der Aboriginer zusammen. Für die Römer gab es, kurz gesagt, nur die Zeit, die wir als die späteste Vorgeschichte ansehen (und nicht einmal davon machten sie vollen Gebrauch, wegen der chronologischen Verdichtung, die alles auf die Zeit des Krieges um Troja zusammendrängte); die Zeit der früheren Vorgeschichte und der gesamten Prähistorie hingegen verblieben im Dunkel und in der Wirrnis, die dem Kosmos vorausgingen.

67. Siculus, die Siculer und die Ausoner in Sizilien Es gibt zwei Überlieferungen bezüglich der Bevölkerungsbewegung von Italien nach Sizilien. Die erste, die Hellanikos und Philistos zugeschrieben wird, verlegt die Stammwerdung der Siculer in das Gebiet von Rom und nennt als Gründer Siculus; die bedeutendste Siedlung der Siculer, der Sitz des namengebenden Gründers des Stammes, lag demnach auf römischem Boden. Siculus mußte dann, auf Veranlassung der ersten Aboriginer, die mit den Pelasgern verbündet waren, den Ort aufgeben (nach der Chronologie der Vulgata könnte man meinen, der Gegenspieler des Siculus wäre der aboriginische König Picus gewesen).[10] Der flüchtige Siculus wurde im Süden der Halbinsel von Morges aufgenommen, der sein Reich mit ihm teilte. Siculus setzte dann, begleitet von einer Gruppe Ausoner, die von den Japygern vor sich hergetrieben wurden, um 1273 nach Sizilien über. Nach Philistos ist Siculus nicht aus Rom gekommen, sondern ist ein Sohn des Italus, und nach Sizilien haben nicht die Ausoner, sondern die Ligurer übergesetzt. Authentische Elemente der Überlieferung scheinen zu sein: die Datierung des Siculus und der Siculer, das Gebiet von Rom als Zentrum der Formierung der Siculer, die Flucht des Siculus in den Süden, die Schaffung eines Reiches des Siculus im Reich des Italus, in dem nun Morges herrschte, und das Übersetzen des Siculus und seiner Ausoner; diese Ausoner waren früher Untertanen des Morges und wurden jetzt ebenfalls Siculer genannt (sie sind aber zu unterscheiden von den Siculern in Latium).

68. Die Aboriginer wandern in Latium ein und die Siculer des Patronus in Sizilien. Die zweite Überlieferung, die Antiochos und Thukydides zugeschrieben wird, ging davon aus, daß viele Jahre nach dem Krieg um Troja, 300 Jahre vor der Landung der Griechen in Sizilien, also um 1033,[11] wenn

---

[9] Vgl. § 78.
[10] Paul. Fest. 424–425 L. (Ligurer und Siculer wurden von den Aboriginern aus dem Gebiet von Rom vertrieben).
[11] Thuc. 6.4; Dion. Hal. 1.22.

wir von der Gründung von Naxos aus rechnen, die die beiden Historiker auf 733 datieren, die Siculer (von Latium) in Sizilien gelandet sind; sie waren nach ihrer Vertreibung aus Rom, wohl durch die Aboriginer, von den Oinotrern und Opikern weiter nach Süden abgedrängt worden, und sie wurden dieses Mal von einem Häuptling namens Patronus geführt. Wenn es die frühen Siculer von Latium waren, die mit der ersten Expedition des Siculus nach Sizilien übergesetzt haben, hätten wir den seltsamen Fall eine Stammes, der gezwungen war, sein ursprüngliches Territorium unmittelbar nachdem er sich gebildet hat, zu verlassen, der sich aber unmittelbar danach neu gebildet hat und dann während einer späteren Wanderungsbewegung zweieinhalb Jahrhunderte danach von neuem vertrieben wurde. Der Widerspruch, der sich aus dieser Verdoppelung ergibt, ließe sich lösen, wenn man annimmt, daß nach der Vertreibung des Siculus und einiger weniger seiner Anhänger aus dem Gebiet von Rom – aus Gründen, die wir nicht kennen (vielleicht eine erste Wanderung von Stämmen aus den Bergen des Gebietes von Reate?) – die Siculer weiter auf römischem Boden und in Latium gelebt haben, und zwar bis zur zweiten Wanderungsbewegung nach Sizilien, zu der Zeit, als die Siculer endgültig aus diesem Siedlungsraum verschwanden, dieses Mal veranlaßt durch die Ausdehnung der Aboriginer in Latium. An der ersten Wanderung nach Sizilien hätten nur oder vor allem die Siculer aus dem Süden der Halbinsel teilgenommen, d. h. die früheren Untergebenen des Morges, die von diesem König dem Siculus anvertraut worden waren, von dem sie den neuen Namen erhielten. Während Hellanikos und Philistos die örtlichen Überlieferungen Siziliens nicht kennen, verwendet Antiochos eine Sage aus Sizilien, und er ist deshalb hinsichtlich des Themas der Ankunft der Siculer in Sizilien um vieles vertrauenswürdiger.[12] Die römischen Annalisten folgten jedoch der Version des Hellanikos und Philistos, denn nur diese bot die Möglichkeit, den Mythos im trojanischen Sinn zu manipulieren, da sie es erlaubte, die aboriginische Expansion und die Vertreibung der Siculer aus Latium in die späte Bronzezeit zu verlegen, in die Zeit, in der auch die aboriginischen Könige Latiums datiert wurden. Die Kosten dieser Manipulation bestanden darin, daß die siculische Periode in Saturnia auf wenig mehr als zwei Generationen (1300 bis 1235) angesetzt werden mußte, wodurch Cacus als Nachfolger des Siculus erscheint, während die siculische Periode bei Ansatz des Endes von Cacus in Übereinstimmung mit der zweiten und gesicherten Ankunft der Aboriginer in Saturnia länger als vier Generationen, 1300 bis um 1180, gedauert hat, d. h. die ganze Spätbronzezeit,

---

[12] Zu dem gesamten Problem der Siculer, des Siculus, des Patronus und ihrer Chronologie: Manni 1957; Piraino 1957; Asheri 1980.

und das ist eine bei weitem plausiblere Zeitspanne. Daraus folgt, daß die Zeit des Cacus und der göttlichen aboriginischen Könige am Ende dieser Epoche angesetzt werden muß. Picus hat denn auch allenfalls mit Cacus etwas zu tun und sicher nicht mit Siculus.[13] Wie wir noch sehen werden, kann auf römischem Boden und näherhin auf dem Palatium und dem Cermalus am Beginn der Endbronzezeit eine archäologisch bezeugte Zäsur in der Besiedlung festgestellt werden. Wenn wir uns die Ankunft der Aboriginer in Saturnia und das darauf folgende Ende des Cacus vorstellen wollen, so gibt es dafür keinen geeigneteren Zeitpunkt.[14]

69. Ausoner, Siculer und die archäologischen Funde Für die beiden Wanderungen der Volksstämme, von denen eben die Rede war, der Ausoner des Siculus und der Siculer des Patronus, gibt es möglicherweise eine Entsprechung in der archäologischen Dokumentation. Zu Beginn der Spätbronzezeit endet nämlich auf Lipari die Milazzese genannte archäologische *facies*, die Siedlungen werden zerstört und es beginnt eine neue kulturelle *facies*, »Ausonium I« genannt, die an die subapenninische Kultur der Halbinsel erinnert. Dieses Phänomen könnte im Mythos der Eroberung der Aeolischen Inseln durch die Ausoner des Siculus (»Ausonium I«), datierbar auf etwa 1273, eine Entsprechung haben. Die Wanderung der Siculer des Patronus nach

---

[13] Nach dieser Rekonstruktion würde Siculus zur ersten Generation der Siculer gehören, Cacus zur vierten und Patronus zur neunten; die Wanderung der Siculer von Rom nach Sizilien hätte demnach eineinhalb Jahrhunderte gedauert (1180-1033), über fünf Generationen, während sie nach der Überlieferung weniger als eine Generation gedauert hätte: a) die angenommene Ankunft der Aboriginer und der Beginn der Herrschaft des Picus im Jahr 1296, b) 1273 als Datum des Übersetzens der Siculer nach Sizilien macht c) einen Unterschied von 23 Jahren. Ein Patronus von Thurii soll Aeneas nach Sizilien geleitet haben (Dion. Hal. 1,51). Die zwei Begleiter aus einem Stamm in Sizilien mit gleichem Namen sind wahrscheinlich auf ein und dieselbe mythische Gestalt zu beziehen. Wenn die (archäologisch bezeugte) Ausdehnung der Ansiedlung vom Kapitol zum Palatin einer fortgeschrittenen Phase der siculischen Periode angehört hat und wohl, wie wir sehen werden, der Sage von Cacus zuzuordnen ist, dann scheint es logisch, daß die aboriginische Expansion mit dieser fortgeschrittenen Phase und mit dieser Gestalt eines barbarischen Anführers in Bezug zu setzen ist, zumal die Siculer auch vom Palatin durch eine Sondergruppe von Aboriginern, genannt Sacrani (Paul. Fest. 424-425 L.), vertrieben wurden. Die Sacrani seien in einem *ver sacrum* vom Gebiet um Reate ausgezogen und hätten, so heißt es, die Ligurer und die Siculer aus dem Septimontium vertrieben; letztere Bezeichnung ist völlig anachronistisch (eine Vorwegnahme um mehr als drei Jahrhunderte), aber dienlich zur Bezeichnung der »montanen« Teilsiedlung oder »Bergsiedlung« des späteren Rom. Die Sacrani könnten folglich mit jenen Aboriginern/Pelasgern identisch sein, die aus der Velia und dem Palatium von Reate kamen, und hätten dann den beiden Haupthügeln dieses montanen Teils von Rom den Namen gegeben (vgl. Addendum II), während die aboriginischen Könige, Faunus und Latinus, als erste *germani* (mit Bezug auf die zweiten *germani*, nämlich Romulus und Remus) dem Cermalus den Namen gegeben haben könnten, welcher Ortsname schon vor Romulus bezeugt ist, im Zusammenhang mit dem Septimontium (vgl. §§ 170 ff.).

[14] Vgl. §§ 90-91.

Sizilien, von Thukydides (spätestens) um das Jahr 1033 datiert, muß sich
dann aber auf eine spätere und analoge ethnische Wanderung beziehen, die
einem anderen archäologischen Datum bezüglich dieser Orte zu entsprechen
scheint, das auf das Protovillanovianum weist und als »Ausonium II« bezeichnet wird, datierbar ab der Endbronzezeit.[15] Die Neugründung von Tivoli
nach der Vertreibung der Siculer durch die Aboriginer soll zur Zeit des Trojanischen Krieges, um 1170, erfolgt sein, und das würde letztlich die Chronologie der bedeutendsten Wanderung dieses Volksstammes bestätigen.[16]

70. Cacus, Euander und Hercules   Die Zeit des Cacus, Euander und Hercules ist der Überlieferung nach zwischen 1253 (Datum der Ankunft des
Euander auf römischem Boden) und 1215 (Beginn der Herrschaft des Latinus) anzusetzen, würde damit also dem Fall von Troja vorangehen. Es
scheint keinen Grund zu geben, an dieser Chronologie viel zu korrigieren,
da die Herrschaft des Cacus auf dem Cermalus mit den ältesten archäologischen Zeugnissen auf diesem Hügel, die wahrscheinlich in die Spätbronzezeit zu datieren sind,[17] in Übereinstimmung zu stehen scheint und weil Hercules seine »Tat« auf römischem Boden um 1235 vollbracht haben soll. Aber
wenn Cacus jene gleichnamige und barbarische Gestalt ist (der letzte Häuptling der Siculer?), deren Bestimmung es ist, zu sterben,[18] und wenn er nicht
von Hercules unter Beihilfe des Euander getötet wird, die Gestalten später
Erfindung sind, sondern vielmehr anlässlich der Ankunft der Aboriginer
(des Tricaranus?) oder der aboriginischen Könige von Alba (Picus oder
Faunus), dann muß sein Tod und das Ende seiner Herrscher von 1235 auf
ca. 1180 herabgesetzt werden, in die Zeit, als die Aboriginer vermutlich in
das Gebiet von Rom gekommen sind.[19]

[15] Zum gesamten Problem: Bernabò Brea 1985; Peroni 1989a; Lepore 1989; Bietti Sestieri 1996
(»Die ausonische Invasion … scheint die Reaktion der indigenen Gemeinschaften Süditaliens
auf die Entwicklung der konfliktbeladenen Beziehungen mit den Mykenern des unteren Tyrrhenum zu sein«). Nach der schweizerischen Dendrochronologie wäre die Chronologie dieser
beiden archäologischen Abschnitte wieder um etwa ein Jahrhundert zurückzuverlegen, wodurch
die Übereinstimmung mit den von der Überlieferung festgelegten absoluten Chronologien
verloren ginge. Das Problem der Chronologie des Trojanischen Krieges, die die betreffenden
Quellen benutzen, wäre neu zu überprüfen, sie schwankt zwischen den Jahren 1344-1334 und
1160-1150 (Cassola 1957).
[16] Vgl. § 105.
[17] Bei der Grabung im heiligen Bezirk der Victoria sind zwei Henkel »mit bilateraler Kuppe«
gefunden worden, die noch nicht ediert sind (Klassifikation von A. Guidi, von R. Peroni aufgrund von Zeichnungen bestätigt). Zur Zeit gibt es noch keine Funde vom Cermalus, die in
die Endbronzezeit, Stufe I und II, datierbar wären.
[18] Cacus stirbt aus Gründen, die strukturell mit seiner Sage gegeben sind, und nicht um als
Legitimation für die Tötung von Servius Tullius durch den letzten Tarquinier zu dienen, wie
Mastrocinque 1993 angenommen hat.
[19] Vgl. § 62, Anm. 30, und §§ 97 und 98.

71. Alba Longa und die aboriginischen Könige Die Überlieferung legt die Gründung von Alba auf das Jahr 1151. Diese Chronologie scheint, wenn auch eine späte Rekonstruktion, im wesentlichen ins Schwarze zu treffen, insofern sie mit den anderen großen präurbanen Gründungen wie der schon genannten Gründung von Tivoli[20] und mit den archäologischen Daten, die sich auf die Burg von Alba und den Mons Albanus beziehen, übereinstimmt.[21] Picus ist der Geliebte der Circe, mit der – nach der *Theogonie* – Odysseus (= Picus) den Agrios/Faunus und Latinus gezeugt hat.[22] Die Überlieferung setzt diese göttlichen Könige vor dem Fall Trojas an, in der Spätbronzezeit, sie müssen aber, eben wegen der Verbindung von Circe und Odysseus, in die Zeit einige Jahre nach dem Fall Trojas datiert werden, d. h. in die Zeit des Aeneas in Latium, also in die Endbronzezeit, Stufe I und II. Picus wird auch als Sohn des Saturnus betrachtet, dessen Zeitalter mit dem Ende des siculischen Saturnia und der Ankunft der Aboriginer in Latium zu Ende zu gehen scheint, zu Beginn der Endbronzezeit also, was wiederum voraussetzt, daß die Zeit des Picus nicht vor dieser Zeit angesetzt werden kann. Picus, Faunus und Latinus waren eben nicht Könige von Laurentum/Lavinium, sie waren die Gründerkönige von Alba, des Kultes des Jupiter auf dem Mons Albanus und des albanischen Bundes, wie wir gleich begründen werden,[23] und das ist ein weiterer Grund, die Zeit ihrer Herrschaft etwa vier Generationen nach vorne zu korrigieren, da die Herrschaft des Picus ihre *akme* zur Zeit der Gründung von Alba erreicht haben muß. Die Herrschaftszeiten dieser Könige fallen so also mit der der ersten drei oder vier Könige von Alba zusammen, die in späterer Zeit als Double der authentischen göttlichen Könige erfunden wurden; der Grund für diese Erfindung war, daß die Könige der Aboriginer ausschließlich an Laurentum gebunden wurden und wegen der Erfordernisse der mythischen Restrukturierung in der Zeit nach hinten verschoben werden mußten. Wir können an dieser Stelle folgende Äquivalenzen festhalten, die auch in der Ähnlichkeit der Namen Anhalt haben: Ascanius = Picus, Silvius = Agrios/Faunus/Silvanus und Aeneas Silvius/Latinus Silvius = Latinus. Nach den Chronographen der Antike wären wir in der Zeit zwischen 1176 und 1078/1028.[24] Die Verbindung mit

---

[20] Vgl. §§ 69 und 105.
[21] Vgl. Addendum III.
[22] Zur Authentizität der genealogischen Beziehungen zwischen Picus, Faunus und Latinus vgl. § III.
[23] Schol. Cic. Planc. 23; Fest. 212 L. Vgl. §§ 127, 141–142.
[24] Nach der Chronik des Eusebios/Hieronymus (Helm 1913) hat die latinische Herrschaft des Aeneas drei Jahre gedauert, von 1179 bis 1176; diejenige des Ascanius 38 Jahre, die des Silvius 29, die des Aeneas Silvius 31 und die des Latinus Silvius 50 Jahre.

den Aboriginern würde gesichert bleiben durch die Herabsetzung der relativen Chronologie hinsichtlich ihrer Ausbreitung in Latium.[25] Saturnus gilt als Sohn des Caelus[26] und als Vater des göttlichen Königs Picus, wodurch sich seine Herrschaft logischerweise zwischen die Zeit des Janus und die Herrschaft des Picus einschiebt.[27]

[25] In einer Version der Überlieferung soll es Picus gewesen sein, der die Aboriginer aufnahm (Orig. gent. Rom. 4), wodurch die chronologische Verbindung zwischen letzteren und ersterem bekräftigt würde. Zu Picus als Sohn des Mars, eines typisch aboriginischen Gottes, dazu, daß er ein aboriginischer König und aboriginischer Abstammung war, vgl. §§ 106 ff.

[26] Enn. ann. 26–27 Vahl.

[27] Auch Stercutus, Gottheit der Exkremente und des Abfalls, der mit Saturnus gleichgesetzt wurde, gilt als Vater des Picus: Marbach 1929. Stercutus wurde auch für den Sohn des Faunus gehalten: Plin. nat. 17,50. Die Porta Stercoraria befand sich auf dem Kapitol (Platner-Ashby 1929), was nahelegt, daß auch der Kult für die gleichnamige Gottheit auf dem Mons Saturnius Aufnahme gefunden haben mag. Picus soll für seinen Vater Stercutus einen Altar errichtet haben: Isid. orig. 17,1,3 (in Verbindung mit einem Zugang zum Kapitol?). Der Synchronismus Stercutus-Saturnus deutet darauf hin, daß die der Herrschaft des Picus vorhergehende Generation noch als ein Teil der Zeit des Saturnus gedacht wurde. Die Porta Stercoraria sei so genannt worden, weil ihr *tigillum*, anstatt – wie im wohlbekannten *iugum* bei der Velia – Iuno Sororia zu verkörpern, Stercutus verkörpert habe; er habe so, wie es sich für einen Vater gegenüber den Söhnen gehört, über Picumnus-Pilumnus aufgeragt, die die *postes* verkörpern konnten; damit scheint es richtiger, Stercutus in väterlicher Beziehung zu Picus denn in einer Sohnesbeziehung gegenüber Faunus zu sehen, der das *limen* der Tore verkörperte (vgl. § 112 mit Anm. 32). Die Porta (oder Schlupfpforte) Stercoraria führte vom Clivus Capitolinus in eine Gasse, die wohl zum Velabrum führte und dazu diente, Unrat (und Kadaver?) zum infernalischen Sumpf zu befördern, dem geeigneten Platz für eine Begräbnisstätte und eine Abfallhalde.

4 Kritik der herkömmlichen Topographie

72. Laurentum, Aboriginer und Trojaner. Von einem nur schwer bestimmbaren Moment an, wahrscheinlich zwischen der Zerstörung von Alba und der Zeit der Tarquinier,[1] werden die mythischen Gestalten des Picus, Faunus und Latinus mit Laurentum verbunden; die Aboriginer werden mit den Trojanern verbunden, und aus dieser Vereinigung sollen die Latiner hervorgegangen sein. Offensichtlich ist das eine Neubearbeitung des ursprünglichen Mythos, die zur Erfindung von Laurentum führt, dem künstlichen Sitz der göttlichen Könige, das es in Latium nie wirklich gegeben hat, und die die trojanische Komponente in der Formierung des latinischen *nomen* voraussetzt. Mit dem Ende von Alba war, von Rom abgesehen, Lavinium das bedeutendste religiöse Zentrum Latiums geworden, und es hat so wiederum eine wichtige Rolle übernommen, die es vielleicht auch ursprünglich hatte, was aber durch den Aufstieg von Alba verdunkelt worden wäre.[2] Aufgrund seiner neuen oder erneuerten Vorrangstellung dürfte Lavinium versucht haben, den eigenen Gründungsmythos (wieder) aufzuwerten, indem es zum Nachteil von Alba einen Alleinanspruch erhob. Wichtig war es dabei, für die Stadt die ausschließliche Anwesenheit des Latinus zu reklamieren, dem die wesentliche Aufgabe zukam, Aeneas nach seiner Landung an der laurentinischen Küste als Gast aufzunehmen.[3] In der späten Version der Sage gründet Ascanius eine Generation nach der Gründung Laviniums Alba und die dortige königliche Dynastie. Über diesen komplizierten Ablauf und durch weitere Verschiebungen solcher Art – wie etwa der Abstammung des Romulus und seiner Mutter

---

[1] Vgl. Addendum IV.

[2] Delpino 1987 denkt an eine Blüte von Lavinium und Ardea in der Epoche vor dem Primat von Alba: Colonna 1981b.

[3] Möglicherweise verbirgt sich hinter dem Pater Deus Indiges Numicus, dem Stammvater der Numicienses, eine lokale Manifestation des mit Jupiter gleichgesetzten Latinus: Grandazzi 1988 (vgl. Addendum IV). Auch wenn man, auf der Basis wackeliger Beweise (Sil. 1,658; 8,356), auf den Gedanken kommen könnte, Lavinium habe einen Gründungsmythos gekannt, vergleichbar mit dem von Alba, von Ardea und von Rom, bleibt der Zweifel, ob dies ein authentischer Mythos war, mit anderen Worten, ob er nicht Ergebnis eben der mythischen Manipulation war, die aus Laurentum/Lavinium den Hauptsitz der göttlichen Könige gemacht hat (Alföldi 1965). Stichhaltiger bezüglich des Gründungsmythos von Lavinium ist der Hinweis auf einen Adler (= Specht?) und einen Wolf als Beschützer der Stadt gegen einen Fuchs (Dion. Hal. 1,59,4), in denen man Picus, Faunus und Mezentius erkennen könnte (der Fuchs richtet, wie der teumessische Fuchs, ein Blutbad an: Graves 1955, 89h). Grandazzi 1988 vermutet richtig, daß die Gestalt des Aeneas nach jener des Latinus geformt wurde.

von Aeneas und einer albanischen Prinzessin – wurde die frühere Metropole der Latiner für das Gedächtnis wiedergewonnen, allerdings unter Verlust ihres Gründungsmythos, der wichtigsten Legitimation für die Vormachtstellung, die nach ihrer Zerstörung auf Lavinium übergegangen war. Dank dieser Wiedergewinnung konnte Romulus mit Alba, seiner Geburtsstadt, und mit seinen wahren Vorfahren – wie es seine Sage voraussetzte – verbunden bleiben, wenn jetzt auch nur noch indirekt und weitläufig.[4]

III **73. Picus, Faunus und Latinus und ihre Rückführung nach Alba** (Abb. 11). Die kritische Überprüfung der Manipulationen des Mythos, die zum Ergebnis der herkömmlichen Überlieferung der Vulgata geführt haben, ist überhaupt nur möglich, weil gewisse römische Antiquare zwei Nachrichten bewahrt haben, die die Rekontextualisierung der Sage wunderbarer Weise überlebt haben und auf das wahre Wesen des Ursprungsmythos der Latiner ein Licht werfen können. Die erste Notiz, die wahrscheinlich auf Varro zurückgeht, sieht in Faunus den Gründer des albanischen Kults des Iuppiter Latiaris. Die zweite Notiz, wohl auf *De etymis deorum* des Cornificius Longus zurückgehend, sieht Latinus nach seinem Tod mit Iuppiter Latiaris gleichgesetzt.[5] Diese Nachrichten führen zu der Annahme, daß in einer weit zurückliegenden Zeit, noch vor der Aufnahme des trojanischen Mythos, Faunus und Latinus, und also auch Picus, der Vorgänger des Faunus, als Gründer nicht des erfundenen Laurentum galten, wie in der Vulgata, sondern in erster Linie des ganz realen Alba, seiner Dynastie, seiner *regia*, seines Hauptkultes, des Bundes von Alba und damit seiner Hegemonie über Latium. Es ist eine Sache, den Einfluß der göttlichen Könige auf die verschiedenen Gemeinschaften Latiums zu erkennen, die in ihnen die Stammväter des *nomen* sahen, wie Rom, Ardea und wohl auch Lavinium – die Gemeinden des Bundes hatten auf mythischer Ebene eine bestimmte Autonomie –, und es ist eine andere Sache, ihren Hauptsitz zu erkennen. Es ist kein Zufall, daß die Vulgata die göttlichen Könige einem Hauptort wie Laurentum zuweist, während wir aufgrund der erwähnten Quellen dieses Zentrum in Alba sehen, dem Hauptort Latiums nach der Ankunft der Abori-

---

[4] Vgl. § 73.
[5] Schol. Cic. Planc. 23 und Fest. 212 L. sind Quellen, die oft nicht beachtet oder nicht richtig bewertet werden (wie von Bremmer-Horsfall 1987 und von Mastrocinque 1993); eine angemessene Gewichtung bieten hingegen Alföldi 1965 (für den der ursprüngliche Sitz des Latinus Alba und nicht Lavinium war), Galinsky 1969a (für den die lavinatische Überlieferung gegenüber der albanischen sekundär ist), Cornell 1975 und Grandazzi 1988. Dem Latinus wurde eine Tochter Leucaria zugeschrieben, deren Name auf Griechisch gleichbedeutend mit Alba ist (Manni 1963; Lepore 1989); vgl. § 74, Anm. 18.

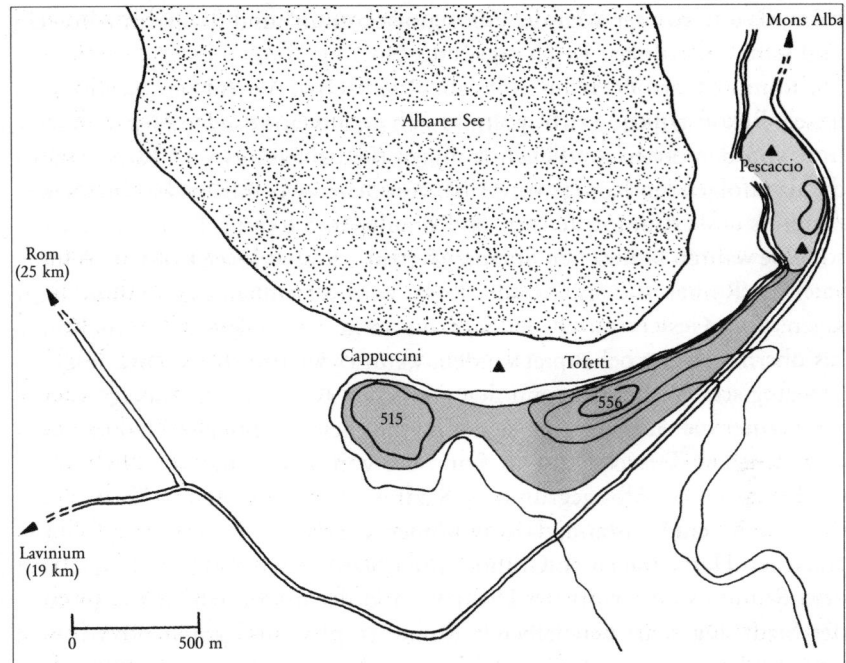

Abb. 11   Die Burgen von Alba Longa, Endbronzezeit bis latiale Stufe IIB (dunkelgraue Rasterung; die Quellen sind durch Dreiecke angezeigt)

giner und vor seiner Zerstörung durch Rom.[6] Saturnus und Stercutius als Väter des Picus[7] würden es möglich machen – mehr als Mars es ermöglichen würde –, die göttlichen Könige auf römischem Boden einzuwurzeln, aber die Bearbeitung des Mythos hat Rom nie zu ihrem Hauptsitz gemacht, wohl aber Lavinium.[8] Saturnus und Stercutius scheinen nicht mit Alba verbunden werden zu können, auch nicht mit Lavinium, und ihre Rolle als sekundäre Väter (verständlich vor allem in Rom) ist in keiner Weise ein Hindernis für die Tatsache, daß Picus in erster Linie als Sohn des Mars gesehen werden

---

[6] Auch in den Chiefdoms darf man nicht die obersten göttlichen Häuptlinge und ihren Einfluß in der Peripherie mit den örtlichen Häuptlingen verwechseln und ebensowenig das zentrale Dorf mit Sitz des obersten Häuptlings mit den kleineren Dörfern (vgl. Appendix 3).

[7] Verg. Aen. 7,45-49; Aug. civ. 18,15.

[8] Brelich 1955 unterscheidet sinnvollerweise Janus und Saturnus, die beide an das Gebiet von Rom gebunden sind, von Picus und Faunus, die durch die Vulgata an Laurentum (siehe auch Scarpi 1979-80) und nach unserer Rekonstruktion an Alba gebunden sind. D'Anna 1980 macht diese Unterscheidung nicht und verbindet ohne gute Argumente Saturnus mit Laurentum, um die Zugehörigkeit der göttlichen Könige nach Alba zu verneinen.

kann, daß er aus der Welt der Aboriginer kommt[9] und daß er in Alba sein und seiner Nachfolger Reich gegründet hat.[10]

74. Romulus erhält seine wahren albanischen Vorfahren zurück.

Ist unsere Rekonstruktion richtig, ergibt sich daraus eine direkte Abstammungslinie von den ersten göttlichen Königen (Picus, Faunus und Latinus) über die nachfolgenden Könige von Alba, von denen wir nur die beiden letzten, Amulius und Numitor, kennen, zu Romulus und Remus. Romulus gewinnt so seine wahren latinischen Stammväter zurück, und seine Rolle als Stammvater der Römer und als Gründer Roms wird verstehbar. Man könnte sogar sagen: Vom Gesichtspunkt der Sage aus kann die Authentizität des Romulus überhaupt erst behauptet werden, wenn es zuvor gelingt, eben über die genealogische Verbindung mit den göttlichen Königen der Aboriginer und der Latiner die Authentizität seiner mythischen albanischen Herkunft festzustellen. Die Tatsache, daß in Rom, der von einem direkten Nachfahren der Dynastie von Alba gegründeten Stadt, kein Kult des Aeneas bestand, verdankt sich dem Umstand, daß die Römer, anders als die Griechen,[11] im trojanischen Heros nie einen Gründer ihrer Stadt gesehen haben, da sie allein dem Romulus den Ritus der Urfurche und der ursprünglichen Gründung der Stadt zugeschrieben haben.[12] Romulus, *pater* und *genitor* Roms, wird nach seinem Tod mit (Ianus) Quirinus Indiges gleichgesetzt, noch bevor

---

[9]   Vgl. §§ 106 ff. Mars, ein typisch aboriginischer Gott, verbunden mit dem Specht des Picus und dem Wolf des Faunus, fügt sich gut in den Kontext von Alba und dann von Rom: Er erscheint auch mit Sol im Himmel über dem Cermalus und angesichts des Mons Albanus auf einem pompejanischen Fresko: Cappelli 1994 und i. Dr. Zum Verhältnis des Picus zu Circe und Sol vgl. Addendum V.

[10] Gegenteiliger Meinung ist D'Anna 1980.

[11] Zu Aeneas als Gründer von Rom nach den Griechen siehe D'Anna 1980 und Vanotti 1995.

[12] Ausgenommen Sall. Catil. 6,1, der einer griechischen Überlieferung folgt, die auf das Ende des 5. Jh. zurückgeht (Hellanikos), wonach die Stadt Rom von Trojanern unter Führung des Aeneas gegründet worden sei (Schröder 1971; Cornell 1975), und ausgenommen Servius (Aen. 1,273), der in Euander den Gründer Roms sah. Es gab für die Römer den Gott Aeneas, aber sein Kult war in Lavinium beheimatet, dem Ort, den der Heros gegründet haben soll: Alföldi 1965. Auch Hercules, der Vater von Stammvätern war und für den es in Rom, außerhalb des Pomeriums, einen Kult gab, ist nie als Gründer der Stadt betrachtet worden, außer in der Phantasie des Commodus, die ihn auf einer Münze aus dem Jahr 192 darstellen läßt, wie er die Urfurche zieht (Mastrocinque 1993). Die Überlieferungen, die Romulus mit Latinus und Leucaria/Alba verbunden sehen und ihn so fälschlich, anstelle der ersten göttlichen Könige, zu einem präurbanen Gründer der Siedlung auf römischem Boden machen anstatt zum Gründer der Stadt Rom, lassen im Rückschluß in Latinus einen Herrscher von Alba erkennen (vgl. § 74, Anm. 18), da Romulus eben hier verwurzelt ist und so in direkter Linie zum Nachkommen des Latinus wird, wenn auch erst nach einer langen Zwischenzeit. Romulus ist ein in einem anderen historischen Kontext wiedergeborener Latinus (siehe Romus oder Romanus als Sohn des Odysseus und der Circe, in Ersetzung des Latinus, und die Verbindung Latinus-Romulus auf dem Spiegel von Bolsena).

Indiges in Rom mit Sol und in Lavinium mit Aeneas gleichgesetzt wird.[13] Dazu kommt, daß die angesehensten römischen Familien, die als »trojanisch« angesehen wurden, sich von Alba und nicht von Lavinium herleiteten,[14] daß die Via Latina von Rom zum Mons Albanus (Cabum) führte, und nicht zu dem von Aeneas gegründeten Zentrum, und daß die Römer die Metropole der Latiner in Alba sahen. Tatsächlich standen die *prisci Latini*,[15] »qui tenuerunt loca ubi Alba est condita«,[16] unter der Vorherrschaft des Königs von Alba, die *coloniae* Albas zählten zu den *prisci Latini*,[17] und von den Latinern nahm man an, sie stammten aus Alba.[18] Die Authentizität des

---

[13] Cazzaniga 1974 setzt in Rom Quirinus und Sol Indiges gleich, während wahrscheinlich Quirinus selbst der Indiges von Rom ist; die Gleichsetzung mit Sol ist wahrscheinlich erst später erfolgt (§ 219). Aeneas wird in Lavinium mit Indiges gleichgesetzt, wie Romulus in Rom mit Quirinus Indiges gleichgesetzt wurde; Indiges scheint also die Entsprechung des (Ianus) Quirinus Indiges in Lavinium zu sein. Daß es in Rom keinen Kult des Aeneas gibt, und auch keine Vorstellung von Aeneas als Gründer Roms, setzt voraus, daß die Angleichung des Romulus an Quirinus ein sehr frühes mythisches Element ist (richtig gesehen von D'Anna 1992, mit Bibliographie; es reicht allerdings nicht, wie der Autor meint, in das 4. Jh. zurück, sondern mindestens in das 7. Jh.). So kam es, daß (Ianus) Quirinus Indiges-Romulus dem Indiges Numicus den Zutritt auf römischen Boden verwehrt hat – dem ersten König von Lavinium, der mit Latinus und dann mit Aeneas gleichgesetzt wurde (vgl. Addendum V). Zur Angleichung des Romulus an Quirinus vgl. §§ 243 ff.

[14] Dion. Hal. 3,29; Liv. 1,30 (Alföldi 1965; Palmer 1970; Cornell 1975).

[15] Enn. ann. 23–24 Vahl. Die Untertanen des Latinus konnten nur Latiner sein.

[16] Serv. Aen. 5,598.

[17] Dion. Hal. 1,45. Das mit Latinus verbundene Vorzeichen der Wildsau sei eher eine albanische als eine lavinatische Sage: Alföldi 1965.

[18] Liv. 1,52: »omnes Latini ab Alba oriundi«. Romulus wurde verächtlich als ein aboriginischer Hirte gesehen, als ein herumziehender Bandit; so die Aussage einer feindlichen griechischen Geschichtsschreibung (Metrodorus aus Skepsis?), die dem Mithridates in den Mund gelegt wird (Solin. 38,6,7); es ist aber wahrscheinlich, daß die antirömische Polemik frühe Bestandteile der Sage verwendet (Briquel 1975). Eine Überlieferung, die Aeneas ausschließt und eine unbestimmte Dauer der Aboriginer in Latium annimmt, ist nicht denkbar. Das verhindert die Anwesenheit des Latinus und des latinischen *nomen*, die jedenfalls früher sind als Romulus. Eine Erklärung kann gefunden werden mit Bezug auf Überlieferungen, die Romulus mit den göttlichen aboriginischen Königen von Latium und im besonderen mit Latinus (und mit Leucaria = Alba) verbinden statt mit Aeneas und mit Ascanius, weil der erste König Roms so schließlich als ein Herrscher des regierenden aboriginischen Hauses erscheint, gegründet zur Zeit der Aboriginer von aboriginischen Königen. Das war umso eher möglich, als Romulus als Sohn oder Enkel des Latinus vorgestellt wurde, was für einen griechischen Historiker üblich war, auch nachdem die Vulgata literarische Gestalt angenommen hatte (Cornell 1975). Zu Latinus als Vater des Romulus und Remus: Kallias von Syrakus, ap. Dion. Hal. 1,72,5 = FGrHist 564 F 5a; Galita (Kallias?) ap. Fest. 329 L. = FGrHist 818 F 1. Zu Latinus als Großvater des Romulus: Anon. ap. Plut. Rom. 2,3 = FGrHist 840 F 40e; Anon. ap. Dion. Hal. 1,72,4 = FGrHist 840 F 11. Zu Leucaria/Alba, Frau des Italus oder Telephos, Mutter der namengebenden Rhome: Anon. ap. Plut. Rom. 2,1 = FGrHist 840 F 40e; Tochter des Latinus, Frau des Italus und Mutter des Romus: Alkimos ap. Fest. 326–328 L. = FGrHist 560 F 4; Anon. ap. Dion. Hal. 1,72,6 = FGrHist 840 F 11. Nicht zu reden von Rhome, Romus und Romulus in Verbindung mit Ascanius, der als Gründer von Alba gilt.

Mythos des Romulus ist genau darin begründet, daß der Stadtgründer mit
Alba verbunden ist – Rom war der Hafen Albas am Tiber –, und nicht mit
Lavinium, dem Hafen Albas am Meer, und das bedeutet, daß der Kern des
Mythos des Romulus nur verstehbar ist in einem Kontext, der der Zerstö-
rung Albas und dem damit verbundenen Aufstieg Laviniums vorangeht, in
einem Kontext also, der der Zeit zwischen Tullus Hostilius und den Tarqui-
niern vorangeht, was von der Sage des angenommenen ersten Königs von
Lavinium (der vielleicht der im Heroon begrabene Mann ist) nicht gesagt
werden kann. Tatsächlich wurden sowohl Romulus wie der erste König von
Lavinium mit Indiges gleichgesetzt, mit Indiges Quirinus (dem Gott der
Quiriten) in Rom und mit Indiges Numicus (dem Gott der Numicienses) in
Lavinium. Aber während ersterer seine Verwurzelung in der örtlichen Gegebenheit (als Janus) bewahrt hat – was bedeutet, daß das schon geschehen war,
als der Mythos des Aeneas aufkam –, hat letzterer diese Verwurzelung verloren, insofern Aeneas an die Stelle des Latinus trat. Aeneas hat in Lavinium
Wurzel gefaßt, aber nicht in Rom, weil der Mythos des Romulus hier eine
viel zu angesehene Rolle eingenommen hat und weil er seit allzu langer Zeit
in das Gedächtnis eingegraben war, als daß er einer radikalen Rekontextualisierung sich angeboten hätte, während der Mythos des angenommenen
ersten Königs von Lavinium sich erst sehr viel später gebildet hat, da die
Gründung dieser Stadt viel später erfolgt sein dürfte (der Tumulus von Lavinium geht nicht vor das zweite Viertel des 7. Jahrhunderts zurück), in einem
kulturellen Umfeld, das der Zerstörung Albas folgte und das daher auch
bereit war, den trojanischen Mythos aufzunehmen.

75. Latinus in Alba (nach den Philologen). Daß Latinus ursprünglich zu
Alba gehört haben könnte, haben schon einige Philologen gesehen, zuletzt
Paolo Frassinetti,[19] und zwar dank der erwähnten Hinweise, die Latinus und
die Latiner mit Alba verbinden; allerdings schreiben sie die Zugehörigkeit
einer falschen, viel zu späten »mythistorischen« Schicht zu, einer Schicht
nämlich, die nach der Einfügung des trojanischen Mythos anzusetzen ist.
Nach diesen Gelehrten ist der »rex Albai Longai« des Ennius,[20] dessen Schwester Aeneas geheiratet hat, von der Ilia, die Mutter des Romulus, geboren
wurde,[21] nicht der gottlose Amulius gewesen, der Ilia und die Zwillinge als
Opfer dem Tiber übergeben hat,[22] sondern der gute Latinus. Aber die Sage

---

[19] Schur 1924; Boas 1938; Perret 1942; Frassinetti 1976.
[20] Enn. ann. 33 Vahl.
[21] Serv. Aen. 1,273; 6,777.
[22] Serv. Aen. 1,273; Porph. in Hor. carm. 1,2,18 Hold. Rea Silvia, Remus, Titus Tatius und wohl
auch Romulus starben in gewisser Hinsicht alle als Opfer. Zum Opfer der Rea Silvia auf einem
Fresko in Pompeji: Cappelli 1994 und i. Dr.

des Aeneas in Latium setzt folgende Mytheme voraus: 1. die Identifikation der indigenen Penaten von Lavinium mit den trojanischen Penaten, was ermöglicht wird durch die Gründung dieses Ortes durch Aeneas,[23] und 2. die Verortung der Dynastie und der albanischen Sage in Laurentum,[24] damit Latinus den Aeneas als Gastfreund aufnehmen und ihm ein Reich an der Küste Latiums übergeben kann, in der Nähe des Troja genannten Ortes, wo der Heros gelandet war[25] und wo er Lavinium gegründet hat.[26] So wie diese beiden Mytheme bei Naevius und Ennius auftreten, als der Mythos des Aeneas seit langem in der römischen Kultur verwurzelt ist, folgt daraus, daß der »rex Albai Longai« nur Amulius sein kann, da Latinus nunmehr fest und irreversibel an Laurentum gebunden ist. Sind die göttlichen Könige so für die Metropole der Latiner verloren, bleibt dennoch das unauflösliche Band des Romulus mit Alba, und zwar über Rea Silvia und Amulius und Numitor; um aber bei der Manipulation der Sage den unumgänglichen authentischen und ältesten Kern des Mythos zu retten, war es nötig, die sagenhaften Anfänge der Dynastie umzugestalten. Man ließ also Aeneas auf der Suche nach einer Frau von Lavinium nach Alba hinaufsteigen, das man sich demnach als schon bestehend dachte, man verheiratete ihn mit der Schwester des Königs von Alba und man identifizierte diesen König – der Latinus hätte heißen müssen, was aber nicht mehr möglich war, da dieser auf Laurentum beschränkt war – mit Amulius, den man sich noch nicht im Rahmen der Dynastie von Alba, und zwar an deren Ende, vorstellte. Aber dieser Eingriff, ebenso notwendig wie ungeschickt, Romulus von der Schwester des Amulius und von Aeneas abstammen zu lassen, um die Verbindung des Gründers von Rom mit Alba zu sichern – die Sage von Romulus war eben so tief verwurzelt, daß sie in ihrem Hauptzug nicht gefälscht werden konnte –, brachte keine Lösung für die Frage nach den Vorgängern des Amulius, also für die ersten Könige von Alba. Dazu war ein weiterer Eingriff nötig, und zwar entfernte man unter Inkaufnahme der Bloßstellung der ganzen mythischen Rekontextualisierung den Gründungsmythos von Alba und erfand einen neuen Anfang. Die oben genannten Philologen sind so weit gekommen, sich Latinus in Alba vorzustellen, sie haben es aber nicht gewagt, wohl aufgrund des späten chronologischen Rahmens, an den sie

---

[23] Aeneas ist *penatiger,* Penatenträger: Ov. met. 15,450.
[24] Aus dem Gründer in erster Linie von Alba wird Picus so zum ausschließlichen Gründer von Laurentum (Serv. Aen. 7,678), behält aber dennoch den Rang des Gründers des Hauptortes der Latiner (nach der Zerstörung von Alba war dies Lavinium), womit die mythische Grundaussage glücklicherweise erhalten bleibt.
[25] Enn. ann. 34 Vahl. Zu Troja als Ort der Landung und des ersten Lagers des Aeneas: Dion. Hal. 1,53,3.
[26] Naev. b. P. 3 Morel.

in ihrem Studium der lateinischen Literatur gewöhnt sind, das Mythem in einer Zeit anzusetzen, die der mythischen Rekontextualisierung vorausgeht, und doch ist dies die einzig mögliche Zeit, in der Latinus ruhig auf diesem Thron sitzen konnte, ohne unlösbare Widersprüche in der Sage des Aeneas auszulösen, die noch gar nicht erfunden war. So fiel ihre These dank der Arbeit eines weiteren Philologen, Giovanni D'Anna, in sich zusammen, der die Widersprüche aufgezeigt hat, aber die berechtigte Richtigstellung läuft Gefahr, mit einem teuren Preis bezahlt zu werden, nämlich damit, eine Nachricht von fundamentaler Bedeutung fallen zu lassen: die ursprüngliche Verbindung des Latinus mit Alba.

76. Auswirkungen der mythischen Rekontextualisierung. Am Anfang dürfte die Sage von Aeneas, die wahrscheinlich von Kampanien nach Lavinium und in andere Siedlungen Latiums gelangte, sich unabhängig vom lokalen Mythos des Romulus und der anderen Mythen, deren Protagonisten achäische Heroen waren, entfaltet haben. Aber ab einem bestimmten Moment – sicher zur Zeit der mittleren Republik, wahrscheinlich aber schon früher – wurde diese Sage so sehr zu einem Brennpunkt fataler Attraktion, daß sogar der Mythos von Romulus und Remus zumindest zum Teil von ihr verschlungen wurde, während die anderen griechischen Mythen in den Hintergrund gedrängt wurden (aber die Übersetzung der *Odyssee* durch Livius Andronicus scheint wieder einen griechischen Heros als Stammvater der aboriginischen Könige Latiums einzuführen). Um eine ebenso eindeutige wie ungeschickte Fusion von einheimischer albanisch-römischer Sage und heroischer trojanisch-lavinatischer Sage vornehmen zu können, wurden die verwandtschaftlichen, chronologischen und topographischen Manipulationen des ursprünglichen Mythos, den wir oben beschrieben haben, vorgenommen. Das aboriginische Lavinium wird zum Hauptort der Latiner, mit einem Anfang sogar noch vor Alba und Rom selbst, wie Vergil in seinem Exordium der *Aeneis* zu behaupten nicht zögert (Augustus setzt den Schlußpunkt der wahrscheinlich von den Tarquiniern begonnenen mythischen Rekontextualisierung). Amulius, der vorletzte König von Alba, wird bis in die Zeit des Aeneas zurückversetzt, und mit ihm Romulus und die Gründung Roms, wodurch unmittelbar auf den Tod Trojas die Geburt seines Erben folgt.[27] Nach diesem eher groben sagenhaften Szenarium half es auch

---

[27] Der Gedanke, daß der Verfall und die Zerstörung von Alba und das Ende von Troja die Voraussetzung für das Entstehen der neuen Stadt waren, ist ein wohlbekanntes ideologisches Motiv, aber vielleicht noch mehr auch eine irdische Realität. Das Entstehen einer neuen Siedlung, die aufgrund veränderter wirtschaftlicher und gesellschaftlicher Gegebenheiten auf dem Gebiet besser gelegen ist als die ältere Ansiedlung, von der sich inzwischen herausgestellt hat, daß sie geographisch ungünstig gelegen und folglich zum Untergang verurteilt war, ist ein Vor-

nicht viel, daß Ascanius anstelle von Picus Alba gründet, da sich ein Loch von Jahrhunderten auftut, das mit erfundenen Königen aufgefüllt werden mußte, wodurch das Ende von Troja und der Beginn der Urbs unrettbar voneinander getrennt wurden. Der Kompromiß des Naevius, der darin besteht, den Fall Trojas ins 9. Jahrhundert herabzusetzen (Begegnung von Dido und Aeneas im Jahr 814/813, das Timaios für die Gründung Karthagos angibt, und Gründung Roms zwei Generationen später, in der Mitte des 8. Jahrhunderts),[28] setzt sich nicht durch. Diokles von Peparethos und Fabius Pictor registrieren den Abstand der Zeit zwischen dem Fall Trojas im 12. Jahrhundert und der Gründung Roms, die in der Mitte oder im dritten Viertel des 8. Jahrhunderts angesetzt wird.[29] Amulius, Rea Silvia und die göttlichen

gang, für den konkrete Fälle bekannt sind. Man denke an Xeropolis/Lefkandi, wo man ein *heroon/regia* gefunden hat, das in die erste Hälfte des 10. Jh. datiert werden kann, in dem ein oberster Anführer der Siedlung vom Typ der homerischen Helden begraben war (Popham u. a. 1993), der sich vielleicht von den Königen von Alba gar nicht allzu sehr unterschied; dieses Xeropolis/Lefkandi wurde abgelöst von Eretria (Altherr Charon-Bérard 1980; Ridgway 1984), so wie Alba von Rom abgelöst wurde. Nach Antonaccio 1995 handelt es sich um einen Grabbau, der geschaffen worden war, um dort die Totenzeremonien auszuführen (das Gebäude sei nach den Gräbern errichtet worden); um das Grab des Begründers des Geschlechts hätten sich die Gräber der Mitglieder des *genos* gruppiert, bis zum dritten Viertel des 9. Jh. einschließlich. Die Interpretation als Grabbau ist auch möglich, wenn sich herausstellen sollte, daß das Grab nach dem Gebäude anzusetzen ist, da Bestattungen in zwei Phasen vorstellbar sind: mit der Zurschaustellung des Körpers im Bau und anschließender Beerdigung. Hier kommt einem die Yinglingasaga in den Sinn: »quand Freyr tomba malade, son entourage tînt conseil. Ils le séquetrèrent et firent construire un grand tertre avec une porte et trois fenêtres. Quand il fut mort, il y portèrent secrétement, disant aux Suédois qu'il continuait d'y vivre. Ils le gardèrent ainsi pendant trois ans ...« (Dumézil 1994, S. 132, 135). Nach Snodgrass 1996 handelt es sich um den Bau eines Anführers, der nur kurze Zeit bewohnt wurde, wegen des Todes der Inhaber, die in ihm begraben wurden (es hätte das Gebäude also vor den Grabstätten gegeben). Die *regia* sei demzufolge in den Tumulus des Stammvaters eines Clans umgewandelt worden.

[28] Es scheint das Thema der Dichtung des Naevius – die Rivalität zwischen Karthago und Rom – zu sein, das die gleichzeitige Gründung der beiden Städte voraussetzt und durch die Verbindung zwischen Dido und Aeneas bekräftigt wird; man hat daraus geschlossen (D'Anna 1976), Naevius habe das von Timaios überlieferte Gründungsdatum von Karthago und Rom übernommen. Amulius und die Zwillinge in der Zeit anzuheben oder sie an ihrem Platz zu belassen und die dadurch entstehende Lücke mit erfundenen albanischen Königen aufzufüllen, sind verschiedene Weisen, ein und dasselbe Problem chronologisch zu lösen, das bedingt ist durch die nicht-logische Natur der mythischen Zeit. In der Frühzeit hat man den Widerspruch wohl hingenommen und keine Notwendigkeit für punktuell genaue Lösungen gesehen. Romulus konnte mit Latinus gleichgesetzt und zur gleichen Zeit durch ein dunkles Loch von ihm getrennt werden; Menschen, die an die Diskontinuität der sagenhaften Zeit gewöhnt waren, beunruhigte das nicht (vgl. §§ 14-18; 293; und Appendix 9). Mit der Entwicklung der unilinearen Zeit wurden solche Zweideutigkeiten nicht mehr geduldet und es mußten vernünftige Auswege gefunden werden, die jedoch Widersprüche und Fehler produzierten, weil die zyklische Zeit sich nicht in die eindimensional zielgerichtete Zeit einsperren läßt.

[29] Ampolo 1988 (Kommentar zu Plut. Rom. 12,13); Manganaro 1974. Das Gründungsdatum

von Karthago ist im wesentlichen von der archäologischen Forschung bestätigt worden. Die frühesten Funde stammen aus einer Zeit knapp vor der Mitte des 8. Jh. (Rakob 1989 und Vegas 1989). Timaios könnte am Ende des 4. Jh. in Lavinium die Nachricht von einer Gründung Roms am Ende des 9. Jh. erhalten haben (Cornell 1975); das könnte eine gewisse historische Gültigkeit haben, zwar nicht im Hinblick auf die Gründung der Stadt, sondern bezüglich des vorangehenden Synoikismos zwischen »Berg-« und »Hügelbewohnern«, der auf dem Höhepunkt der protourbanen Entwicklung erfolgte (§§ 265 ff.). Es stimmt aber nicht, daß das Datum des Timaios mit der ersten Besiedlung aus der Eisenzeit auf römischem Boden übereinstimmt: Cornell 1975, der auf Pallottino 1960 verweist. Man ziehe auch die zeitgleichen Gründungen der indigenen Zentren von Capua und von Nola in Betracht: Vell. 1,7,2 (Colonna 1992). Entscheidend ist der Beitrag des Timaios für die Kenntnis der lokalen Traditionen Latiums, und es ist seine nicht hellenozentrisch ausgerichtete Orientierung, die es ihm erlaubt, die Trennung der Gründung Roms vom Fall Trojas anzunehmen: Dion. Hal. 1,74,1 = FGrHist 566 F 60 (Cornell 1975). Die Datierung der Gründung der Stadt Rom um die Mitte oder im dritten Viertel des 8. Jh. – in Übereinstimmung mit der archäologischen Forschung, die die Erbauung der ältesten Mauern des Palatin um das dritte Viertel des 8. Jh. datiert – scheint nicht, wie allgemein angenommen wird, von der Zählung von sieben Generationen, bezogen auf die sieben Könige von Rom, abgeleitet zu sein (Martínez Pinna 1989; De Cazanove 1992). Die 243 oder 244 Jahre der Königszeit (die Interregna eingeschlossen) sind nämlich nicht durch sieben teilbar (Cornell 1995 korrigiert eine schätzenswertere Einstellung von Cornell 1975, wenn er die These von 35 x 7 Jahren vorlegt, was aber 245 ergibt, eine Zahl, die in der Überlieferung nicht bezeugt ist), woraus O. de Cazanove folgenden Schluß zieht: »Die Dauer der Königszeit ist abgeleitet von dem der Gründung zugewiesenen Datum und nicht umgekehrt«. Wir wissen nicht, wie die Erinnerung an diese Entstehungszeit sich in irgendeinem Winkel des lebendigen Gedächtnisses Roms erhalten hat und wie sie dann aufgewertet worden ist bis zur endgültigen Aufnahme in die Vulgata. Es könnte sich um eine Art Synchronismus gehandelt haben, dieses mal mit Bezug auf ein Ereignis wie, zum Beispiel, das erste Jahr des zehnjährigen Archontats des Charops in Athen (Dion. Hal. 1,75,3) oder den Beginn des Ephorats in Sparta (Bickerman 1968). Als Demaratos nach Italien kommt, so entnehmen wir der Überlieferung, waren die Ereignisse der zweiten Hälfte des 8. und der Anfänge des 7. Jh. zeitlich noch recht nahe, und er konnte eine zeitliche Verbindung, einen Synchronismus, aufgestellt haben, den sein Sohn und König von Rom Tarquinius Priscus in der Folge vielleicht übernommen, in gewisser Weise fixiert und so ermöglicht hat, daß die Erinnerung daran erhalten geblieben ist. Die Mauern, die sich im großen und ganzen mit ihren Toren und ihren Kulten erhalten haben, haben diese Erinnerung wohl bekräftigt und konsolidiert, aber sie konnten sie nicht für sich genommen ex novo aufbauen, denn die (zwei) frühesten Phasen lagen unter der Erde und waren bestimmt unbekannt, jedenfalls waren sie von den Römern der Zeit der Tarquinier chronologisch nicht zu entziffern, da diese nicht in der Lage waren, die stratigraphische Archäologie anzuwenden (Carandini 1992 und in Palatium e Sacra via, 1; vgl. auch §§ 359 ff., Addendum VIII und Appendix 8). Unter diesen Umständen könnte es sein, daß die Tarquinier nicht nur die Neugründer von Rom waren, die mit der Rekontextualisierung der indigenen Mythen begonnen haben, sondern daß sie auch die Urheber der Bewahrung und der Fixierung der Sage des Romulus in ihren ursprünglichsten Aspekten waren. Etwas anderes als die ursprünglichen Gründer der Stadt! Da sieben Könige für 244 Jahre wenig erscheinen, reduziert Cornell 1995, anstatt (wie es vernünftig wäre) die Zahl der Könige zu erhöhen, die Zahl der Jahre und rückt Numa in die Zeit des Tarquinius Priscus herab (vgl. Appendix 8). Amüsant ist in dieser Hinsicht die Überlegung von P. Leopold, der in einem Brief an das TLS (26. 4. 1966) folgendes bemerkt: »Had the French Revolution held off till 1804, and Louis XVI attained the ripe age of fifty, France would then have been ruled by only seven kings in 244 years.« Allerdings zählen in der Geschichte die »Wenn« nur wenig.

Zwillinge werden also an das Ende der Dynastie der Silvier versetzt. Die Gründung von Alba wird gegenüber der Gründung von Lavinium um eine Generation verschoben und dem Ascanius zugeschrieben, wodurch der ursprüngliche Hauptort der Latiner letztendlich zu einer Kolonie von Lavinium wird.[30] Die Verbindung der Sage des Aeneas mit der Sage des Romulus erschien mit diesen Ergänzungen weniger grob und eher vorzeigbar, das narrative Gewebe schien wirkungsvoll geflickt zu sein, aber man stützte sich dabei auf eine wachsende Zahl von Doubles, die den künstlichen Ursprung verraten. Wie dem auch sei, die narrativen Unstimmigkeiten blieben sichtbar, als nicht tilgbare Anzeichen der am ursprünglichen mythischen Gedächtnis vorgenommenen Eingriffe. Diese Eingriffe sind von solcher Tragweite, daß sie nicht im Rahmen einer einfachen und natürlichen Entwicklung des mythischen Erbes gesehen werden können. Sie sind vielmehr ein Hinweis auf eine tiefgreifende kulturelle Zäsur; begonnen hat dies, als in den Städten Rom und Lavinium der Wille zur Neugründung hervortrat und damit der Versuch, sich eine neue und anspruchsvolle Identität zu verschaffen; man bediente sich dafür des Mythos, aber nunmehr in einer schon wesentlich ideologischen Weise. Auf der Grundlage dieser außergewöhnlichen Fälschung ihrer Vergangenheit wurde die Stadtwerdung beider Siedlungen abgeschlossen. Während der Kultplatz des Aeneas in Lavinium verblieb, war der Ort, wo die mythische Rekontextualisierung geplant und ausgeführt wurde, wahrscheinlich Rom, das zu dieser Zeit die Vormacht an der Küste Latiums war.

---

[30] Die Überlegungen der letzten beiden Paragraphen beruhen auf den grundlegenden Studien von A. Alföldi, T. J. Cornell und G. D'Anna. Alföldi vermutet, daß die Kulte der patriarchalischen Königsherrschaft des latinischen Stammes ursprünglich albanisch waren und nach dem Niedergang des Zentrums Alba von den Anführern der anderen Siedlungen übernommen wurden (Alföldi 1965); Cornell stellt fest: »daß Latinus ursprünglich nicht mit Laurentum-Lavinium verbunden war, ist eine glaubwürdige Annahme«, aber er überträgt die Hypothese nicht auf die anderen beiden Könige von Laurentum (Cornell 1975); D'Anna kommt, obwohl er Schol. Cic. Planc. 23 nicht in Betracht zieht und daher die dynastische Verbindung zwischen Latinus und Amulius nicht annimmt, immerhin zu der Aussage: »Daß Latinus ursprünglich nicht mit Laurentum/Lavinium verbunden war, ist eine glaubwürdige Annahme.« (D'Anna 1980a; vgl. auch Ders. 1976, mit Rezension von P. Frassinetti, in: »Athenaeum« 66 (1978), S. 441 ff., 1980, 1983; siehe auch seinen Beitrag zur Diskussion in: Zevi 1980). Zur albanischen Dynastie der Silvier siehe Trieber 1894; Laroche 1982; Brugnoli 1983; Bandiera 1986. Die Vorwegnahme der Gründung von Lavinium in bezug auf die Gründung von Alba könnte eher aus Gründen der mythischen Rekontextualisierung erfolgt sein als daß es Reflex eines möglichen Vorrangs der südlichen Küste Latiums vor der Zeit der albanischen Hegemonie ist (vgl. § 72, Anm. 2). Siehe zuletzt D'Anna 1996.

5 Janus, der erste Gott, und die ersten Menschen: Mittlere Bronzezeit (ca. 1600–1300)

IV **77. Die erste feste Siedlung (das erste große »Ereignis«).** Vor der mittleren Bronzezeit war das Gebiet von Rom mehr oder weniger vereinzelt von Wanderdörfern besiedelt. Spuren davon gibt es auf dem Esquilin, dem Nordhang des Palatin und auf dem Cermalus,[1] aber die Zufälligkeit der Funde erlaubt nicht die Aussage, die *montes* wären die am frühesten besiedelten Stätten dieses Gebietes gewesen. Das erste große »Ereignis« der Besiedlung, das eine tiefe Zäsur mit der früheren Bronzezeit und der vorhergehenden Zeit bedeutet, beginnt mit der ersten festen Siedlung, die in die mittlere Bronzezeit datierbar ist. Die ersten Siedlungskerne sind bis jetzt auf dem linken Ufer des Tiber, auf der Höhe des Kapitols und an seinem Fuß, in der Richtung der Anlegestelle des Flusses, bezeugt.[2] Eine verteidigbare Anhöhe, die das Umfeld beherrscht, ist in dieser Zeit denn auch der ideale Ort zu siedeln, und diese Gegebenheit wird ab nun zu einer wesentlichen Bedingung für das Bestehen der Siedlung. Eine Anhöhe über einem fischreichen

[1] Zur aktuellen Chronologie der mittleren Bronzezeit (1700–1350) vgl. Appendix 2: Chronologien. Zum Begriff des »Wanderdorfes«: Gianni 1991. Unter einer »festen« Siedlung versteht man eine Wohnstätte, die nicht ein oder zwei, sondern mehrere Jahrhunderte überdauert: Peroni 1996. Äxte, die der frühen Bronzezeit zugeordnet werden, sind auf dem Esquilin gefunden worden, auf den Plätzen Sant'Antonio und Vittorio Emanuele: Peroni 1971. Funde aus dem Paläolithicum, dem (mittleren und späten) Neolithicum und dem Äneolithicum sind jetzt auf dem nördlichen Abhang des Palatin bezeugt, nicht weit entfernt vom Wasserlauf zwischen Palatium und Velia; es handelt sich um Überreste, die man in den Mauern der palatinischen Befestigungsanlage aus romuleischer Zeit fand (Palatium e Sacra via, 1; vgl. Addendum VIII). Funde aus dem Paläolithicum sind auch auf dem Cermalus aufgetaucht (Pensabene u. a. 1995).

[2] Grabung von Sant'Omobono: Peroni 1959–60. Man hat gemeint, die vorgeschichtlichen Funde könnten vom Gipfel des Kapitols heruntergefallen sein, aber in der Frühzeit war die Kante des Hügels durch Terrassierungen geschützt, weshalb es eher wahrscheinlich ist, daß sie vom nahen Fuß des Hügels zum Fundort getragen wurden; ein frequentierter Platz oder ein Siedlungskern ist vorstellbar an der entsprechenden ursprünglichen Anlegestelle, an der Stelle der Begräbnisstätte und des Kults der Carmenta: Serv. Aen. 8,337. Zur Grabung auf dem Kapitol beim Tabularium siehe Sommella Mura 1978, der für den Hang des Kapitols Richtung Senke des Asyls auf vermutlich aus der Bronzezeit stammende Funde hinweist, die dann von Peroni untersucht und in die mittlere Bronzezeit datiert worden sind: Peroni 1989 (das zur Bestimmung herangezogene Bruchstück stammt von einer »kielförmigen Schale mit Trennwand über dem gewölbten Rumpf und ausladendem Rand«: Mitteilung von R. Peroni).

Fluß, der große Sumpfgebiete bildete, dürfte in vorteilhafter Weise die Notwendigkeit der Verteidigung mit den Erfordernissen der Bewegung und der Nahrungsmittelversorgung verbunden haben.[3] Es ist schwer zu rekonstruieren, welches Gebiet damals vom Kapitol aus kontrolliert werden konnte, aber es gehörten sicher dazu die Ufer des Velabrum, des Tibers bis zum Collis Latiaris, der selbst vermutlich außerhalb lag, der Campus Tiberinus bis zum Ufer des Palus Caprae, d. h. die natürliche nähere Umgebung des Hügels.

78. Reich, Zeit und Wesen des Janus. Diese erste Zeit einer festen Siedlung auf römischem Boden kann in Zusammenhang gesehen werden mit der Ursprungszeit, in der Janus, der Gott der Anfänge, mit der indigenen Camese über die Siedlung herrschte.[4] Er war der erste Gott und auch der erste als indigen betrachtete Herrscher,[5] dessen Reich sich auf dem Janiculus konzentrierte,[6] vermutlich stand dort die von ihm selbst gegründete Haupt-

---

[3] Zum Beginn fester Siedlungen in Italien seit der mittleren Bronzezeit und zu ihren Merkmalen: Peroni 1989; vgl. auch § 78, Anm. 12. Cornell 1995 setzt unverständlicherweise die feste Siedlung im Bereich von Rom auf das Jahr 1000 an (es ist eines der typischen Beispiele für Spätansetzungen, wie sie bei Historikern und Philologen beliebt sind).

[4] Janus, mit der Wurzel *ey-, gehen, vorbeigehen (Schilling 1960; Capdeville 1973). Vgl. Cic. nat. deor. 2,67 und Ov. fast. 1,126 ff. Nach der früh ansetzenden Chronologie regiert in Griechenland seit jener Epoche Zeus, seine Zeit entspricht in Latium der Summe der Zeit von Janus und Jupiter zusammen. Janus wurde als eine frühe Gottheit des Himmels interpretiert, als ein früher Jupiter (Cook 1925 ff.), basierend auf der etymologischen Rekonstruktion *Dianus (Macr. Sat. Sat. 1,9,8), die jetzt allgemein abgelehnt wird (Schilling 1960; Capdeville 1973). Janus soll zusammen mit Camese regiert haben, der Nymphe, die (noch chaotisch) unterschiedslos Tochter-Schwester-Gattin war, »aeque indigena«, in der Regio Camesene: Ath. 15,692; Macr. Sat. 1,7,19. Kronos und Zeus, Bruder und Sohn der Göttin, gehören zu Rhea.

[5] Hdt. 1,16; Macr. Sat. 1,7,19. Mit Camese hat Janus dem Thybris das Leben geschenkt (Serv. Aen. 8,330). Janus war also Vater des Tiber wie Numicus / Iuppiter Indiges Vater des Flusses Laviniums war. Wenn die Indigetes, Götter der Orte, mit deren Wasserläufen verbunden waren, erklärt es sich, warum die Fische als ihre Emanationen angesehen wurden: vgl. Goldmann 1942 und § 94, Anm. 26. Zur Verbindung mit Quirinus Indiges vgl. §§ 74, Anm. 13; 78, Anm. 16; 220–221. Peroni 1996 verlegt die Gleichsetzung der Häuptlinge mit den Göttern in die mittlere Bronzezeit zurück, da sie gesonderte und die Gemeinschaft transzendierende Wesen seien, und ebenso die Annahme, die Gottheiten hätten ihren Wohnsitz im Himmel. Es gibt auch eine Version weniger authentischen Charakters, nach der Janus, das Modell von Saturnus antizipierend, als ein Flüchtling aus Thessalien angesehen wird (analog zu den Pelasgern): Solin. 34 ff.; Plut. q. R. 22 (Brelich 1955).

[6] Der Hügel entspricht einem Teil der heutigen Erhebung gleichen Namens: Castagnoli 1985. Im allgemeinen versteht man unter dem alten Janiculus die Anhöhe des Berges und den zur Tiberinsel gerichteten Abhang, der sich deutlich ausbuchtet im Vergleich zur restlichen Vorderseite des Hügels; es ist das Gebiet, das dann innerhalb der Aurelianischen Mauer liegt (Liverani, i. Dr.) und die augusteische Regio XIV bildet, und zuvor den pagus Ianiculensis. Vom vorgeschichtlichen Janiculus wissen wir nichts, es wäre deshalb angebracht, in der Gegend zwischen der Porta San Pancrazio und San Pietro in Montorio Grabungen durchzuführen. Zur Hypothese, daß der Janiculus ursprünglich ein Gipfel des Kapitols gewesen sei, siehe D'Anna 1992

burg,[7] die seinen Namen angenommen hat und an deren Fuß das sumpfige Trastevere lag.[8] Aufgrund seiner beträchtlichen Höhe, nicht weit entfernt vom rechten Ufer des Tiber, beherrschte der Hügel die andere Erhebung, das Kapitol, auf dem linken Ufer des Flusses, das zu dieser Zeit wohl eine Erhebung von nur sekundärer Bedeutung war.[9] Mittelpunkt der mythischen Siedlung dieser Zeit war also ein Hügel auf dem rechten Ufer des Tiber, der nicht zufällig mit der höchsten Erhebung des gesamten Hügellandes zusammenfiel, auf dem sich Rom erheben sollte; er nahm eine hervorgehobene strategische Stellung ein und war geeignet, eine Gottheit mit deutlich himmlischen Merkmalen aufzunehmen.[10] Das Gebiet dieses mythischen Reiches hatte die Form eines Rechtecks, das vom Tiber – mit der Tiberinsel, die zwischen den Erhebungen lag und die Überquerung des Flusses erleichterte – in zwei Quadrate geteilt wurde; im Westen und Osten lagen die beiden Erhebungen, die südlichen und nördlichen Grenzen wurden von den beiden »Lacken« oder Biegungen (*rumae?*) des Tibers gebildet: dem Sumpfgebiet von Trastevere und dem Gebiet des Campus Tiberinus;[11] die Siedlung mit ihrem Umfeld wirkt dadurch fast symmetrisch, und sie erscheint als ein sowohl von fließenden wie stehenden Gewässern geprägtes Ensemble.[12] Das Kapitol soll dann von Janus dem Saturnus übergeben worden seien,[13] dem von außen kommenden Gott. Während die Zeit des Saturnus am Ende des

---

(mit Bibliographie). Aber der Gipfel eines kleinen Hügels kann schlecht mit einer *regio* gleichgestellt werden (Macr. Sat. 1,7,19) und erst recht nicht mit einer Antipolis (Plin. nat. 3,67 ff.), die Hypothese ist deshalb nicht zu halten. Auch die Hypothese von D'Anna 1992 überzeugt nicht, wonach der Janiculus das Kapitol bezeichnet habe und erst am Ende des 6. Jh. den entsprechenden Hügel.

[7] Orig. gent. Rom. 2; Solin. 2,5.

[8] Trastevere muß zur Regio (Camesene?) gehört haben, wie es in der Folge Teil des Pagus Ianiculensis und der augusteischen Regio XIV ist.

[9] Der Mons Janiculus ist der höchste Hügel auf römischem Boden (85 m ü.d.M); das Kapitol ist 42 m hoch.

[10] Vgl. Anm. 15

[11] Der Tiber oder Rumon war bekannt als ein Fluß, der die Ufer verschlang – »stringentem ripas radentem, inminuentem: nam hoc est Tiberini fluminis proprium, adeo ut ab antiquis Rumon dictus sit, quasi ripas ruminans et exedens«: Serv. Aen. 8,63 – und auf diese Weise sumpfige Buchten schuf. Der Sumpf von Trastevere kann, ausgehend von den im Vergleich zu heute niedrigeren Höhen des Viertels, als eine Verlängerung des Velabrum zum Janiculus hin rekonstruiert werden. Der sog. Ziegensumpf (Palus Caprae) konnte auf der Grundlage einer Rekonstruktion von F. Coarelli so rekonstruiert werden, daß den heutigen Niederungen von Valle und Vallicella Rechnung getragen wurde. Beide Hypothesen müßten durch Kernbohrungen bestätigt werden. (vgl. Appendix 1; eine andere Form haben die beiden Sümpfe in der Rekonstruktion *La geologia di Roma* 1995, S. 182, Abb. 2). Die Hauptbuchten des Flusses sehen aus wie die Brüste des Flusses, die beiden *rumae* des Rumon.

[12] Carancini 1986.

[13] Aug. civ. 7,4.

14. Jahrhunderts beginnt und die gesamte Spätbronzezeit umfaßt, paßt zur
alleinigen Herrschaft des Janus gut die vorhergehende Epoche, d. h. die mittlere Bronzezeit, genau die Zeit also, in der auf dem Gebiet eine ständige
Besiedlung beginnt und jeder Beginn per definitionem ganz und allein dem
Janus zukommt. Janus ist zugleich ein chaotischer »Klumpen« und ein erster
Schöpfergott, der aus dieser Unordnung emporsteigt, aber die Monstruosi-
tät seiner beiden Antlitze, zusammen mit der Nichtunterschiedenheit der
verwandtschaftlichen Rolle der Camese, die ursprünglich mit ihm herrscht,
offenbart den präkosmischen Ursprung des Gottes.[14] Er teilt und vereint
die schweren Elemente des Wassers und der Erde, die zu den Abgründen
tendieren, und die leichteren Elemente des Feuers und der Luft, die nach
oben streben. Aus diesem Grund erscheint der Gott als der oberste Türhüter
der himmlischen Aula.[15] Außer Schöpfer schlechthin ist Janus auch der Gott
der Anfänge und der Übergänge von einem Zustand zum anderen,[16] der
Schöpfer des Raumes, der Zeit und sogar der Götter, also auch Stammvater

[14] Orientalische zweigesichtige Dämonen als Türsteher befinden sich auf einem Siegel aus dem
Jahre 2300 v. Chr. und in Gräbern der 19. und der 20. Dynastie. Auch Argos war als ein doppel-
gesichtiges Wesen bekannt: Pettazzoni 1955-56; Simon 1989; Chiodi 1994. Der indische Gott
Ganesh, mit Elefantenkopf, war der Behüter der Türen.
[15] »Me Chaos antiqui (nam sum res prisca) vocabant ...«: Ov. fast. 1,103 ff. (Scarpi 1979-80);
siehe auch M. Messalla in Macr. Sat. 1,9,14. Janus scheint mit Sol verbunden, und so eröffnet
dann auch er das Sonnenjahr, mit dem nach ihm benannten Monat: Ov. fast. 1,163-64; Macr.
Sat. 1,9,9; 1,9,5; 1,9,16. Seinem ersten Fest, dem Agonium des 9. Januar, ging am 11. Dezember
das Agonium des Indiges voraus. Janus hatte jeweils bei Neumond den Vorsitz, wenn der rex
wohl dem Ianus Iunonius bei der Curia Calabra das Opfer darbrachte: Macr. Sat. 1,15,19; 1,9,14
(Brelich 1949, 1955; Pettazzoni 1955-56). Er ist der Gott der Monate, der Jahreszeiten und des
Jahres (Quellen in: Cook 1925 ff.). Janus wurde auch mit Caelus in Verbindung gebracht, und
Varro sprach die himmlische Interpretation den Etruskern zu: Lyd. mens. 4,2. Gleichzeitig ist
Janus das Chaos, der den Elementen freien Lauf läßt, der »ianitor caelestis aulae« und der
»custos mundi« (Ov. fast. 1,104 ff.). Zu den sumerischen Königen, die Türhüter des Himmels
wurden: Chiodi 1994. Zu Janus als Gott der Türen: Colonna 1985; vgl. auch §§ 194-195. Kosmo-
gonischer Mythos und Ursprungsmythos scheinen in der Gestalt des Janus zusammenzufallen:
Eliade 1963. Schilling 1951 und Capdeville 1973 glauben nicht an die kosmischen Interpretationen des Gottes, weil diese nur von späteren Autoren bezeugt würden, aber das Argument
ist nicht zwingend. Den solaren Zügen des Janus in der Regio Camesene dürften die lunaren
der Nymphe Carmenta in der Regio des Mons Saturnius entsprechen (Pettazzoni 1941; Brelich
1954-55; Aronen 1989a). Zur Verbindung von Carmenta mit Venus (Lucifer und Vesper) anstatt
mit dem Mond: Magini 1996.
[16] Janus, der dem Saturnus vorangeht, steht nach Brelich 1955 im Widerspruch zur Festordnung
(die Saturnalia gehen im Kalender den Agonalia des Janus voran), obwohl er parens ist (Paul.
Fest. 45 L.), also Stammvater, und obwohl der Gott immer als erster bei den heiligen Handlungen genannt wird (Orig. gent. Rom. 3). Dem (Ianus) Quirinus Indiges der protourbanen Zeit
(§ 220) könnte im präurbanen Zeitalter ein Ianus Indiges, pater und parens, entsprochen haben.
Dem Gott wurden »initia factorum« zugeschrieben: Aug. civ. 7,9; vgl. auch Paul. Fest. 45 L.: »et
a quo rerum omnium factum putabant initium« (Del Ponte 1988). Der Meinung von Dumézil

und Gründer (Pater Indiges) der ersten festen präurbanen und indigenen Siedlung von Rom, wie Ianus Quirinus / Curiatius Indiges dann für die protourbane Siedlung und Romulus / (Ianus) Quirinus (Indiges) für die städtische Siedlung.[17] Diese erste Siedlung bildet auch die ursprüngliche Bühne, auf der für die Bewohner des Ortes der Übergang vom Chaos zu einer ersten geordneten Welt stattfindet.

79. Erste Siedler an den Ufern des Tiber. Die Überlieferung weiß nichts über das Gebiet von Rom aus der Zeit vor den Siculern, d. h. vor der Spätbronzezeit. Als indigener Gott und Herrscher über die Indigenen erscheint Janus also, zumindest im Ursprung, wie ein prä-siculischer Gott. Wir wissen nicht, aus welchen Gruppen die Bevölkerung der mittleren Bronzezeit bestand. Die Prä-Siculer sind, wie die Prä-Aboriginer, Stämme, die zur gleichen Zeit wie die Oinotrer, vielleicht auch wie die Tyrrhener leben, sie sind aber früher als die Pelasger, die Italer und die Morgeten, die wie die Siculer[18] und die Aboriginer während der Spätbronzezeit ebenfalls auf der Halbinsel bezeugt sind.[19] Wenn wir uns vorstellen wollen, wie die Alten sich jene »ersten Menschen« vorgestellt haben, können wir an die Arkader denken, die

1951, wonach Janus ein genauso alter Gott wie Jupiter sei, kann nicht zugestimmt werden, da er davon ausgeht, daß beide als statische Strukturen außerhalb der Zeit zu betrachten seien. Janus wurde tatsächlich als der älteste der Götter betrachtet (Iuv. 6,393 ff.; Hdt. 1,16,1), als ihr Schöpfer (vgl. § 219).

[17] Zu Janus als Cerus, also *creator*: Varro ling. 7,26; Paul. Fest. 109 L.; siehe auch Nemes. Cyn. 104 und Varro ling. 7,27 (Salierlied). In der Abfolge der Gründungen scheint Saturnus im Schatten zu bleiben, aber wenn er nicht der erste Gründer der präurbanen Siedlung gewesen ist, eine Rolle die Janus vorbehalten blieb, konnte er als Gründer des irreversiblen Vorrangs der *regio* am linken Tiberufer, die sich bis zum Saturnius erstreckte, gelten, und damit als der Gründer der zweiten präurbanen Siedlung auf römischem Boden: vgl. § 81, Anm. 7.

[18] Die Siculer sind als Indogermanen eingestuft worden, die der Sprachgruppe des »West-Italischen« angehörten (These von G. Devoto, weiter aufgegriffen von Pallottino 1984). Die »protolatinische« Verwandtschaft des Siculischen mit dem Latinischen ist in Zweifel gezogen worden, aufgrund der Geringfügigkeit der epigraphischen Dokumente, die sie unter Beweis stellen sollten. Man könnte annehmen, daß es das Paläoeuropäische (linguistische Schicht, die zwischen dem üblichen Indoeuropäischen und den historischen Sprachen läge) während der Bronzezeit schon als eine Gesamtheit von Dialekten, die sich zwar unterschieden aber untereinander ähnlich waren, gegeben habe und daß der Übergang von ihnen zu den Sprachen des historischen Zeitalters sich erst am Beginn der Eisenzeit ereignet habe (aus einem Gespräch mit C. de Simone und R. Peroni). Die Frühdatierung der Ankunft des Indoeuropäischen in Europa stammt von Renfrew 1988 und i. Dr.; ihm zufolge kam es nach Europa und nach Italien dank der Wanderung von Stämmen, die die agrarische Revolution des Neolithicum von Anatolien mitgebracht hatten. Die Spätdatierung stammt von Drews 1988; danach waren die ersten, die in Griechenland, dem Tor Europas, Indoeuropäisch sprachen, über Thessalien eindringende Invasoren aus Ostanatolien (Armenien) gewesen, deren Kriegstechnik sich auf das Zweigespann stützte; er zählt dazu die im Grabbezirk A von Mykene (um 1600) begrabenen Häuptlinge.

[19] Vgl. §§ 65 ff.

noch vor dem Mond gelebt haben;[20] diese werden ab dem Ende des 18. Jahrhunderts datiert, und man meinte, sie hätten wie die Tiere gelebt: nackt, geschützt vom Laub, von Pflanzen und vom Wasser sich ernährend.[21] Wir werden die Menschen, die sich als erste auf römischem Boden niedergelassen haben, allerdings anders sehen: Wir stellen sie uns im Rahmen einer tribalen Gemeinschaft vor;[22] ihre Gemeinschaft dürfte eine der bedeutendsten, wenn nicht die bedeutendste überhaupt gewesen sein,[23] aufgrund der zentralen Lage zwischen den Gebieten, wo man am rechten und am linken Ufer des Tibers lateinisch sprechen wird.[24]

80. Ein vom Tiber durchfurchtes Gebiet. Damals bezeichnete der Tiber, der als ein Sohn des Janus und der Camese angesehen wurde,[25] noch keine Grenze zwischen unterschiedlichen ethnischen Gruppen, wie etwa im folgenden zwischen den Etruskern und den Latinern. Die Siedlung des Janus erstreckte sich also entlang des Wasserlaufs, sie war in zwei symmetrische Teile gegliedert, die wahrscheinlich mit einer Fähre verbunden wurden; sie lag auf beiden Seiten auf den Erhebungen des Ianiculus und des zukünf-

---

[20] Im Gebiet von Rom könnte man an die Zeit vor Carmenta denken, einer Mondgottheit, die man für die Mutter des Euander hielt und die damit in die erste Phase der Spätbronzezeit einzuordnen ist. Die Göttin besaß einen ambivalenten Charakter, sie war, ähnlich wie Janus, nach vorne und zurück gewandt. Die etymologische Bedeutung ihres Namens könnte »die doppelt Gekrümmte« sein (Pagliaro 1947-48) und würde auf den zunehmenden *(antevorta)*, den vollen und den abnehmenden *(postvorta)* Mond verweisen. Auch die lunare Göttin Hekate war dreiköpfig. Zur Verbindung des Janus mit dem Mond und mit der ersten Aussaat *(consevius,* im Salierlied): Schilling 1960; Capdeville 1973. Zur Verbindung mit Mater Matuta und Venus: Magini 1996.

[21] Zu der Zeit, die der Ordnung der Gestirne und den geregelten Niederschlägen vorausging und in der man sich zuerst von Gräsern und dann von Eicheln ernährte, siehe Piccaluga 1968.

[22] Die »Stammesgemeinschaft« wird hier im Sinne von Peroni 1989 verstanden; sie hat nichts zu tun mit dem »tribalen Stadium« womit die angelsächsischen Anthropologen die Gesellschaften »egalitären« Typs klassifizieren, wie es sie in Italien vor der frühen Bronzezeit und vor dem Äneolithicum gegeben hat. Die »Stammesgemeinschaften« von R. Peroni würden nach deren Klassifikation zu den einfachen Chiefdom gehören. Ein solche Gemeinschaft erinnert an eine Stammeseinheit von der Art der *teuta,* ein Begriff, dem man in fast allen Sprachen begegnet, die auf die wahrscheinlichen Dialektgruppen des Paläoeuropäischen zurückgehen, aber nicht im Lateinischen (aus einem Gespräch mit C. de Simone und R. Peroni; de Simone 1988). Siehe *tota* auf den Tafeln von Gubbio, womit eine »ganze« (lat. *tota)* Gemeinschaft auf dem eigenen Territorium gemeint ist: Coli 1958; Palmer 1970; Catalano 1974; Colonna 1988a; Cristofani 1990a (Inschriften aus Cures) und Filippi-Pacciarelli 1991. Zu einer von R. Peroni unterschiedlichen Auffassung des Stammesverbandes: Bietti Sestieri 1992a. vgl. auch Appendix 2.

[23] Die Ausdehnung scheint darauf hinzuweisen, daß der Ianiculus einen Ort hegemonialen Typs darstellt: Janiculus (Höhe 80 m ü.d.M.) 6,84 ha + Kapitol (30 m ü.d.M.) 6,22 ha = 13,06 ha.

[24] Vgl. § 101.

[25] Fontus, der einen Altar in Trastevere hatte (Cic. leg. 2,56), war hingegen der Sohn von Janus und von Juturna (das Agonium des Janus am 9. Januar ist mit dem Fest der Juturna am 11. desselben Monats verbunden).

tigen Mons Saturnius und bildete einen einzigen Bezirk, noch ohne jene
Unterscheidungen, die sich, wohl seit Beginn der Spätbronzezeit, mit der
Herrschaft des Saturnus herauszubilden begannen. Der Tiber war zur damaligen Zeit wohl mehr Anziehungspunkt als Barriere, ein vereinheitlichender
Pol eher als eine teilende Grenze, und deshalb haben die Siedlungen entlang
des Tibers wohl auch ein kulturelles Kontinuum zwischen den beiden Ufern
gebildet.[26] Die Tiberinsel könnte damals einen ersten Übergang zwischen
dem Ianiculus und dem künftigen Mons Saturnius erleichtert haben, an
der Stelle des Anlegeplatzes, der zum bedeutendsten der Siedlung werden
sollte.[27] Die aktive Präsenz des Janus auf römischem Boden erschöpft sich
nicht mit diesem Zeitalter. Sie dauert, etwas zurückgenommen, unter der
Herrschaft des Saturnus fort und tritt zur Zeit der Ankunft des Picus, des
ersten Königs der Aboriginer, auf römischem Boden erheblich transformiert
wieder kraftvoll hervor, und dies wiederholt sich noch mehrmals; in der
Aufeinanderfolge der verschiedenen Gründungen der Siedlung ist Janus
in jeweils aktualisierter Version präsent und wahrt dennoch immer seinen
ursprünglichen, unverwechselbar indigenen Aspekt.

---

[26] Die Bewohner des Gebietes von Rom in der frühen Eisenzeit sind nicht darauf aus, eine
Hochebene zu suchen, die sich für das künftige protourbane und urbane Los der Siedlung
eignet, sie blieben vielmehr mit dem alten Platz verbunden, der aus einem Gefüge von Erhebungen bestand, die auf der Höhe der Tiberinsel zum Fluß hin ausliefen und somit der atavi-
stischen Neigung zur Überquerung des Flusses, zu einer Vielfalt von Siedlungskernen und zum
Austausch zwischen verschiedenen Stämmen entgegenkamen: Colonna 1986.
[27] Adams Holland 1961 meinte, der Janustempel bei der Tiberinsel könnte auf einen sehr alten
Kult hinweisen, der mit der Überquerung des Tibers zu tun hatte. Der Kult scheint neben
dem Gebiet des zukünftigen Hafens ausgeübt worden zu sein, zusammen mit dem Kult des
Portunus, dessen Jahresfeier ebenfalls am 17. August stattfand. Im übrigen ist Portunus nichts
anderes als eine Emanation des Janus, beide sind Gottheiten der Tore, deren wichtigstes Attribut der Schlüssel ist: Paul. Fest. 48 L. (Schilling 1960). Der Pons Sublicius hingegen ist dann
eher auf den Aventin ausgerichtet und übernimmt so die Funktionen eines späteren Übergangs,
der nicht vor der Ausweitung der Siedlung zum Palatin und zum Aventin hin vorstellbar ist
(vgl. §§ 89 ff.).

6 Der Gott Saturnus und Siculus, der erste göttliche Anführer der Siculer: Spätbronzezeit, Stufe I (ca. 1300–1200)

81. Erste Verdoppelung des Gebietes. Saturnus[1] gelangt nach langen IV Wanderungen, den Tiber aufwärts ziehend,[2] auf römischen Boden.[3] Der vertriebene Gott wird vom indigenen Janus aufgenommen, der ihm einen Herrschaftsbereich im Bezirk des Kapitols[4] oder des Mons Saturnius übergibt.[5] Janus behält den Janiculus und das zugehörige Gebiet für sich, das der Regio Camesene entspricht und in der Folge den gelehrten Namen Antipolis erhält,[6] während die vom Fremden am Fuß des Mons Saturnius gegründete Siedlung Saturnia genannt wird.[7] Saturnus inauguriert im Gebiet von Rom das mythische Schema des Gastes, der Herrscher des Ortes wird – ein Schema, dem unmittelbar danach im Süden der Insel Morges und Siculus entsprechen[8] –, und er wird damit zum Träger eines der für die göttlichen Könige, verstanden im Sinne von Frazer, typischen Merkmale: unvermittelt aus der Ferne anzukommen.[9]

[1] Zur neueren Chronologie der Epoche (1350–1250) vgl. Appendix 2: Chronologien. Der Name des Gottes scheine etruskisch: de Simone 1988. Nach Stehouwer 1956 wäre Saturnus der von den Etruskern eingeführte phrygische Kronos.

[2] Ov. fast. 1,233 ff.

[3] Verg. Aen. 8,320; Macr. Sat. 1,7,21.

[4] August. civ. 7,4; Orig. gent. Rom. 3.

[5] Die Griechen siedelten den Streit zwischen Zeus und Kronos in Olympia an, wo sich der Berg des Kronos befand, eine konisch geformte Erhebung, die das Heiligtum und das Stadion überragte, die den Kult des Gottes beherbergten. Die Berge des Kronos in Olympia und des Saturnus auf römischem Boden wurden von den Mythographen der Antike zueinander in Beziehung gesetzt: Dion. Hal. 1,34. Zur herkömmlichen Bezeichnung des Kapitols, ohne Anhalt in der Überlieferung, als Mons Saturnius: Briquel 1981.

[6] Vgl. § 85, Anm. 29.

[7] Zu Saturnus als Gründer von Saturnia: Solin. 2,5. Vgl. auch § 135, Anm. 76.

[8] Zu Aeolus bei Liparus in Lipara: Diod. 5,7; zu Siculus bei Morges: Dion. Hal. 1,12; 1,73 (Bernabò Brea 1985; Peroni 1989a). Das Modell gilt auch noch in der Zeit der Stadtwerdung: Romulus kommt aus Alba, Numa aus Cures, usw. Bei dem im Grab 601 von Osteria dell'Osa mit Prunkwaffen beigesetzten »Fürsten« (Bietti Sestieri 1992a und 1996), fast identisch mit dem des Grabes 871 der Nekropole Grotta Gramiccia in Veji, um 725, der vielleicht der erste oder einer der ersten Könige der Stadt Gabii war, könnte es sich um einen Fremden handeln, um einen Etrusker. Auch von dem Verstorbenen königlichen Ranges im Grab 104 des Fondo Artiaco kann angenommen werden, daß er ein in Cuma aufgenommener Fremder war: Sirano 1995.

[9] Valeri 1980. Der Terminus »göttlicher König« bezeichnet Kulturheroen (A. Brelich). Die Lati-

82. Die Zeit des Saturnus. Die Zeit des Saturnus, die von den Chronographen ab ca. 1329 angegeben wird, erschöpft sich kaum innerhalb einer einzigen Generation,[10] handelte es sich doch um eine mit Janus vergleichbare Gottheit mit Zügen der Souveränität und nicht um einen schlichten göttlichen König. Verschiebt man die Zeit der göttlichen Könige von Alba, die zwischen dem Ende des Saturnus und der ersten Zeit des Jupiter eintreten, nach vorne, erhält Saturnus die Herrschaft über das linke Ufer des Tibers für ein ganzes Zeitalter, das der Spätbronzezeit entspricht.[11] Saturnus wurde als Sohn des Caelus[12] angesehen und als Vater des göttlichen Königs Picus,[13] dem seine Herrschaft also vorangegangen sein muß.

83. Das Verschwinden des Saturnus und die Inseln der Seligen. Saturnus wurde auch noch an anderen Orten der Halbinsel verehrt, so daß Italien Land des Saturnus genannt werden konnte, aber der Ort seines ursprünglichen und wichtigsten Kultes bleibt der Mons Saturnius auf römischem Boden. Saturnus beschließt seine Zeit in der folgenden Phase, er verschwindet unvorhergesehen, plötzlich, wie es dann auch mit Acca, mit Latinus, mit Romulus und mit Aeneas geschieht, vermutlich in der Nähe seines späteren Kultortes, der auch in späterer Zeit als Eingang des Mons Saturnius in die Unterwelt angesehen wird, repräsentiert vom Sumpf des Velabrum. Die Unterwelt des Saturnus ist die Entsprechung zum Tartarus des Kronos, der dort verschwindet, nachdem er von einem Turm aus[14] über die Inseln der Seligen geherrscht hat (als solche sind zu verstehen die von Sümpfen, Flüssen und Seen umgebenen Siedlungen Latiums, und im besonderen vielleicht gerade dieser Mons Saturnius).[15] Es handelt sich um die göttlichen

---

ner kannten dämonische Gestalten, aber nicht die Heroisierung der Griechen, und stellten diese dann als vergöttlichte Menschen dar (Schilling 1980).

[10] Vgl. §§ 63, 66. Verg. Aen. 8,324-325: »Aurea quae perhibent illo sub rege fuere saecula«.

[11] Die herkömmliche absolute Chronologie der Spätbronzezeit (1300-1150) könnte von der schweizerischen Dendrochronologie in Frage gestellt werden, die die Daten anheben würde (1350-1200); insbesondere die Spätbronzezeit, Stufe I, die zwischen 1300 und 1250 angesetzt wird, würde nach der neuen Chronologie zwischen 1350 und 1280 liegen: Bietti Sestieri 1996, Tabelle 8.4. Vgl. auch Appendix 2: Chronologien.

[12] Enn. ann. 26-27 Vahl. Zur Gleichsetzung des Janus mit Caelus vgl. § 78, Anm. 15.

[13] Also zwischen 1329 und 1176 (Beginn der Herrschaft des Picus): Verg. Aen. 7,45-49; Aug. civ. 18,15.

[14] Van der Valk 1985. Es sei daran erinnert, daß man die Tyrrhener für die ersten Erbauer von Festungen hielt und sie als das Volk der Türme bekannt waren; sie nannten nämlich die befestigten Wohnstätten *turseis* oder Türme: Dion. Hal. 1,26. Die Griechen unterschieden zuerst nicht zwischen Tyrrhenern und Latinern: vgl. Addendum V. Der Zugangsort zur Unterwelt beim Kultort des Saturnus ist der *mundus*.

[15] Hes. erg. 170-171; Pind. Ol. 2,75 ff. (Sabbatucci 1988). Über die Lokalisierung des Tartaros im Westen: Arrighetti 1966. Zur Unterwelt des Lacus Curtius und des Velabrum: Coarelli 1983; Torelli 1991. In diesem Stadium der Sage handelt es sich vielleicht noch um die Küste und um

Inseln, die an den westlichen Grenzen der Erde beim Oceanus liegen, über die, nach der *Theogonie*, nach dem Verschwinden des Saturnus und des Cacus Agrios (= Faunus) und Latinus, Söhne des Odysseus (= Picus), herrschen.[16] Saturnus wird dann auch als eine unterirdische Macht verehrt, und es ist wohl kein Zufall, wenn die Pelasger außer dem Kult des Saturnus auch den eng mit ihm verbundenen Kult des Dis Pater wieder begründen.[17] Die Siedlung auf römischem Boden, die schon als Bühne für eine Kosmogonie betrachtet wurde, erscheint jetzt als ein Ort der Theogonie, geteilt zwischen die Hügel der Götter und die Sümpfe der Unterwelt: die Inseln der Seligen, die die Heroen aufnehmen werden. Es stimmt, daß Saturnus, nach der unter den Römern verbreiteten Meinung, den Caelus nicht entmannt, daß er nicht von Jupiter entthront wird, daß er von ihm auch nicht in den Tartarus gesperrt wird –aber das ist eben nur die Vulgata, die sich auf eine schon gänzlich demythisierte Religion bezieht.[18]

84. Siculus und die Siculer.   Saturnus ist der Gott, der die Herrschaft begründet, wie Kronos in Griechenland.[19] Nicht zufällig wird eben der Zeit des Saturnus die erste Form der heroischen Herrschaft zugeschrieben, die Herrschaft des Siculus, des barbarischen Königs, die in die Anfänge des 13. Jahrhunderts datiert werden kann; dieser war vermutlich Sohn eines unbekannten Gottes (des früheren Volcanus?) und wahrscheinlich das Haupt der einheimischen Bewohner des Gebietes von Rom, die wir von diesem Zeitpunkt an, dank des Namens ihres ersten Herrschers, als Siculer bezeichnen können. Saturnus scheint zur gleichen Zeit wie Siculus am Fuße des Mons Saturnius zu leben. Es war dies die Zeit, in der die Götter noch die Wohnungen der Herrscher aufsuchten (wie Zeus die Königsburg des Lykaon auf dem Lykaiongebirge).[20] Siculus wird gezwungen, sein Wohngebiet zu verlassen, er zieht, wie Saturnus, vertrieben umher, wendet sich Richtung Süden der Halbinsel, wo er von Morges als Gast aufgenommen wird und wo es ihm gelingt, ein eigenes Reich zu errichten, dessen Untertanen, die früheren Morgeter, jetzt Siculer genannt werden (nicht zu verwechseln mit den Siculern

die tyrrhenischen Inseln (Braccesi 1993), wahrscheinlicher aber um die sumpfigen Siedlungen Latiums, also nördlich vom Mons Circeius. In der Tat hatten Faunus und Latinus nicht zu tun mit Capri, Ischia, Ventotene und Ponza (Wiseman 1995). Die Grenze der Welt wird in der Folge weiter verschoben: vgl. Addendum V.

[16] Hes. erg. 166-173; Hes. theog. 1015. Unter »Insel der Seligen« oder »Göttliche Inseln« verstand man die Inseln der Götter: Die Seligen oder *makares* sind ursprünglich die Gottheiten (Manfredi 1993).

[17] Vgl. § 58, Anm. 16. Aber der Kult des Dis Pater scheint, wie die ebenfalls chthonischen Kulte des Faunus und des Consus, schon der Zeit des Jupiter zuzugehören.

[18] Dion. Hal. 2,19. Versnel 1987. Vgl. Addendum V.

[19] Vernant 1971; Versnel 1987.

[20] Ov. fast. 1,247-248.

von Saturnia). Wir wissen nicht, aus welchen Gründen Siculus gezwungen war, aus dem Gebiet von Rom wegzuziehen. Nach einem Hinweis der Vulgata und in Symmetrie mit viel späteren Ereignissen könnten wir an einen ersten Einfall der Aboriginer von Reate denken, eines Volksstamms aus der Zeit der Siculer, die mit den Pelasgern (deren goldene Zeit von der Vulgata auf 1355 bis 1247 datiert wird) verbündet waren. Aber der Aufbruch der Aboriginer, wenn er denn stattgefunden hat, konnte keine große Wirkung haben, da die Siculer weiterhin, mindestens noch vier Generationen, im Gebiet von Rom und in Latium lebten, bis sie dann zur Zeit des Cacus, der wahrscheinlich ihr letzter Herrscher war, vom großen (zweiten?) Einfall der Aboriginer – der allein größere Auswirkungen des Stammes auf die Region mit sich gebracht zu haben scheint – vertrieben wurden. Die Tatsache, daß Siculus, der namengebende Begründer der Siculer, wie dann auch Cacus seinen Sitz auf römischem Boden gehabt hat, legt nahe, daß Saturnia[21] der Hauptort der Siculer gewesen ist, von denen wir wissen, daß sie teilweise in Latium (bis zum Liris) und teilweise in Etrurien (im Gebiet der Falerier und von Fescennium) und auch im Picenum gesiedelt haben.[22] Wir sind also im Zentrum der Gebiete, die dann zu Rom, Veji, Capena und Falerii gehören werden und wo man lateinisch sprechen wird.[23] Wenn es so war, könnte der Einfluß der Siedlung auf dem Territorium von Rom weit über den eigenen Bezirk hinausgegangen sein, und der Ort könnte einen kleinen Vorrang gehabt haben, der dem Vorrang von Alba Longa vorausgegangen wäre.[24]

85. Saturnia und seine Kulte (das zweite große »Ereignis«). Der Kult des Saturnus am Fuße des gleichnamigen Hügels,[25] der in bezug auf die tullianische Quelle und vielleicht auch auf eine der Anlegestellen des Mons Saturnius gesehen werden muß,[26] wird den Siculern zugeschrieben. Er war tatsächlich um vieles älter als die Ankunft des Hercules in Italien und der

---

[21] Zu Saturnia als Land der Siculer: Dion. Hal. 1,19 (Briquel 1984).

[22] Dion. Hal. 1,21 (Pais 1913, I, S. 211-212; Briquel 1984). Zu Fescennium: Colonna 1990a.

[23] Colonna 1988. Vgl. § 101.

[24] Auch Lavinium und Ardea könnten noch vor der Hauptstadt der Latiner eine wichtige Rolle gespielt haben: vgl. § 72, Anm. 2. Der Erfolg der Siedlungen an der Küste und am Tiber hängt zusammen mit den Beziehungen zur Ägäis. Der Aufstieg von Alba folgt dem Zusammenbruch der mykenischen Welt.

[25] Brelich 1955 bemerkt, die Lage des Kultes des Saturnus am Fuße des Mons Saturnius und am Ufer des Velabrum, in einer »unteren« Zone, stünde im Gegensatz zum späteren Jupiterkult in der »oberen« Zone, auf dem Gipfel dieses Hügels. Aus dieser Sicht erscheint Janus als der Vorgänger des Jupiter, in dem Sinne, daß er die erste himmlische Gottheit ist, die auf dem Gipfel eines Hügels auf römischem Boden, am linken Tiberufer, herrscht. Zum bergbezogenen Charakter der Kulte des Zeus und des Jupiter vgl. § 127, Anm. 26.

[26] Zum Zusammenhang zwischen Saturnus/Kronos und den Quellen immer fließenden Wassers: Mondi 1990. Vgl. Addendum I.

Fall von Troja.[27] Die Menschenopfer dieses Kultes bewahrten barbarische Merkmale, denen Hercules ein Ende setzte. Janus herrschte in dieser Zeit weiter in der Regio Camesene,[28] aber mit Saturnus und Siculus scheint die Hierarchie zwischen den ersten beiden Hügeln auf römischem Boden umgekehrt zu sein. Es ist jetzt der Mons Saturnius, der das gegenüberliegende Ufer beherrscht, das den bezeichnenden wenn auch späten Namen Antipolis erhält, der genau dazu dient, die Nachrangigkeit des Janiculus[29] in bezug auf den Hügel auszudrücken, der nun an die erste Stelle gerückt ist. Die Gründung von Saturnia von seiten des Saturnus ist also das zweite große Ereignis der Siedlungsgeschichte Roms, die von dieser Zeit ab hauptsächlich mit dem linken Ufer des Tiber verbunden ist. Dieser Epoche kann vielleicht auch der Kult der Carmenta,[30] der Mutter des Euander, zugewiesen werden, die im Jahr 1253 an der Hauptanlegestelle des Mons Saturnius ihren Wohnort aufgeschlagen hat.[31] Mit der Ankunft dieser Göttin von möglicherweise lunarer Bedeutung zu Beginn der Zeit des Saturnus scheint sich auf römischem Boden die kosmogonische Phase zu schließen und ebenso das tierische Leben seiner ersten Bewohner – nach dem Modell der ersten Arkader, die noch vor dem Mond gelebt haben sollen – zu Ende zu gehen. Saturnus hat den Getreideanbau eingeführt, so daß die Siculer die ersten gewesen sein dürften, die sich von Emmer ernährt haben.[32]

86. Die trennende Funktion des Tiber. Seit dieser Zeit scheint das Territorium von Rom zum ersten Mal in Teile gegliedert, d.h. in zwei Gemeinschaften geteilt zu sein, die an den Ufern des Tiber liegen, voneinander unterschieden und doch miteinander verbunden (beim Verschwinden des Saturnus übernimmt Janus wiederum die Herrschaft über den Bezirk, den er dem Fremden übergeben hatte). Diese Aufgliederung symbolisiert einen ersten in gewisser Weise organisierten, vom Fluß getrennten Raum, bezogen auf ein Gebiet, das ursprünglich relativ ununterschieden war und über das Janus allein geherrscht hatte. Die Ausdehnung der beiden Siedlungen ent-

---

[27] Dion. Hal. 1,34; Paul. Fest. 106, 430, 432 L.; Serv. Aen. 3,407; Plut. qu. R. 11; Cato or. 48,14 Jord.

[28] Mit dem Verschwinden des Saturnus tritt der Gott Janus wieder in den Vordergrund, er macht seinen Einfluß auf Saturnia wieder geltend und geht eine verwandtschaftliche Beziehung mit dem Fremden Picus ein; auf diese Weise wird eine Kontinuität zwischen der siculischen Siedlung und der Siedlung der aboriginischen göttlichen Könige hergestellt: vgl. § 114.

[29] Beide Siedlungen bilden dann zwei der 20 *clara oppida* Latiums, von denen sich die Spuren verloren haben: Plin. nat. 3,68. Vgl. § 149. Nach Palmer 1970 ist Antipolis die griechische Entsprechung von Forentum/Furina (auf dem Janiculus gab es einen *lucus* der gleichnamigen Nymphe), von Namen also, die sich von **fora* ableiten.

[30] Für den Ort der Wohnung, des Grabes und des Kultes der Carmenta hat Palmer 1970 den Ortsnamen **Carmentum* angenommen.

[31] Ov. fast. 1,501 (wo die Furt des Tarentum genannt wird).

[32] Vgl. §§ 88, Anm. 41; 79, Anm. 21.

spricht dem der ältesten »Stammesgemeinschaften«,[33] auch wenn in der zweiten Phase der Zeit des Saturnus die Siedlung sich ausdehnt, bis sie den Palatin und vielleicht auch den Aventin umfaßt, Hügel, die zu einem anderen
Bezirk der Region gehören konnten (worauf die künftigen *populi* in diesem
Bezirk hinweisen). Für die Alten war die Zeit des Saturnus durch eine noch
weitgehend egalitäre gesellschaftliche Situation charakterisiert.[34] Aber die
bemerkenswerte Ausdehnung der Siedlung, die sich ankündigt, deutet auf
neue Entwicklungen in der Struktur der Gemeinschaft hin.[35]

87. Vorrang des linken Ufers. Saturnus wird als der göttliche Gründer
von Latium angesehen,[36] d. h., daß er als erster die ursprüngliche Einheit
zwischen den beiden Ufern des Tibers getrennt hat, und damit erscheint
er als ein Bahnbrecher der künftigen Gliederung in unterschiedliche Regionen, die miteinander rivalisieren. Die Schaffung einer in gewisser Weise
unabhängigen siculischen Gemeinschaft mit der Hauptburg auf dem Mons
Saturnius läßt bereits erkennen, daß der Ort eine besondere Anziehung für
die Gebiete links des Flusses entwickelt, die dann durch die Ausdehnung
Richtung Palatin weiter verstärkt wird. Aber diese neue Gliederung und Pola-
risierung des Gebietes und die Schaffung der Saturnia Tellus als der ersten
Siedlung der Region darf nicht vermischt werden mit der künftigen ethnischen Entgegensetzung zwischen Etruskern und Latinern und damit mit der
eigentlichen Schaffung Latiums, die eher den göttlichen Königen von Alba
zuzuschreiben ist, näherhin dem Latinus (in der mythischen Rekontextualisierung dem Aeneas, dem Sieger über Mezentius).

88. Von den Eicheln zum Getreide. Die Zeit des Saturnus, des göttlichen
Herrschers, Patriarchen und Vorfahren,[37] erscheint friedvoll und von weiträumigen Kontakten, Züge, die sich gut dem glücklichen Zeitalter des
Honigs zuteilen lassen, als das Wasser ewig floß, als von den Eichen die
Bienen entsprangen und Honig wie Pflanzensaft von den Bäumen tropfte,
wodurch die Menschen ihn ohne jede Mühe gewinnen konnten,[38] als gehör-
ten zu sie zu dem Geschlecht, das die Griechen das goldene nannten. Sei-
nen Namen soll Saturnus aber, entsprechend einer falschen Etymologie der
Alten, »a sationibus« erhalten haben, d. h. von Samen, worin immerhin ein
Hinweis auf erste Getreidesamen liegen könnte, die noch nicht im Rahmen

---

[33] Vgl. §79, Anm. 22.
[34] Iust. 43,1,9; Macr. Sat. 1,7,25 ff.
[35] Die Entwicklung scheint in Richtung der »präurbanen gentilizisch-clientelaren Gemeinschaft« zu gehen: Peroni 1989; vgl. Appendix 3.
[36] Verg. Aen. 8,320; Solin. 2,5 ff. (Briquel 1981).
[37] Zu Kronos als gute, gerechte und irrationale Gottheit im Gegensatz zur Rationalität des
Zeus: Van der Valk 1985 und Mondi 1990.
[38] Tib. 1,344; Ov. am. 3,8,37 u. 40; Ov. met. 1,112; Plin. nat. 16,32 (Piccaluga 1974).

eines regelrechten und entwickelten Getreideanbaus zu sehen wären.[39] Offenbar stellte man sich vor, daß in der Zeit davor, als Janus alleine herrschte, die ersten Menschen sich von Pflanzen oder höchstens von Eicheln ernährten, wie die von den Eichen geborenen ersten Arkader.[40] Saturnus ist also eine Gestalt, die an die gleichzeitige Gestalt des Italus erinnert, einen anderen Entdecker des Getreidesamens,[41] dessen hölzernes Bild zusammen mit den Bildern des Sabinus, des Saturnus, des Janus und des Picus in der *regia* des Latinus verehrt wurde, wie die *Aeneis* es beschreibt. Die Siculer stehen also nicht mehr auf der Ebene ihrer geheimnisvollen Vorfahren, die keine Viehzucht und keinen Pflug gekannt hatten. Sie laufen nicht mehr nackt umher, wie das Volk, das älter ist als der Mond, sondern sie tragen schon Felle, wie es es für die ersten Viehzüchter üblich ist, und wahrscheinlich ernähren sie sich schon von Emmer.

---

[39] Fest. 202, 432 L.; Varro ling. 5,64; Macr. Sat. 1,7,21. Aufgrund der Gleichsetzung mit Stercutus wurde Saturnus auch mit dem Kot als Überbringer von Reichtum in Bezug gesetzt: Brelich 1955. Briquel 1981 erfaßt gut den überschwenglichen schöpferischen Aspekt der Macht des Saturnus, den er mit dem chaotischen und wilden Aspekt verbindet, wodurch das goldene Zeitalter wie ein anormaler Zustand erscheint, wie eine Umkehrung der Zeit des Jupiter. In dieser Gegenwelt scheint das Wachstum des Getreides eher von der Kraft der Natur herzurühren als von einer Technik des Landanbaus.

[40] Stat. Theb. 4,340. Vgl. § 118, Anm. 59.

[41] Aristot. pol. 7,10. Italus, König der Oinotrer, die er Italer nannte, hat im Süden Italiens die Gemeinschaftsmähler eingeführt, die auf Kreta von Minos eingerichtet worden waren. Sie setzten, so Peroni 1989a, gemeinsame Lebensmittelreserven voraus. Das Gemeinschaftsmahl (wie jenes auf dem Mons Albanus) sei der Beginn eines Gemeinschaftsbewußtseins und der Kultur: Manni 1957 (gegen Cornell 1995). Siehe auch Lombardo 1994. Wir werden das Thema der Getreideaussaat im folgenden Abschnitt im Zusammenhang mit Euander wieder aufgreifen, der um 1253, noch im Zeitalter des Saturnus, das Pflügen und die Aussaat eingeführt habe: Orig. gent. Rom. 4-5 (D'Anna 1992). Für die Alten handelte es sich um einen Übergang von einer Ernährung, die auf den Früchten der Eichen basiert, zu einer Ernährung durch die Früchte des Getreides: Ov. fast. 1,676. Diese Berichte darf man nicht wörtlich nehmen, da es den Pflug und die Aussaat schon seit Jahrtausenden gab (zu einem rituellen Pflügen in der Nähe von Aosta, datierbar im Äneolithicum, siehe Mezzena 1982; zu Zeugnissen von Ackerbestellung in der frühen Bronzezeit siehe Peroni 1989; zum Anbau von Emmer in Latium im 3. und 2. Jahrtausend siehe Gianni 1991). Hier sei an die Pflugriten in Griechenland erinnert, an das Pflügen des Kadmos in Theben und des Triptolemos in Eleusis, vom Marmor Parium zwischen 1500 und 1400 datiert (Piccaluga 1968), was zwei Jahrhunderte Vorsprung im Vergleich zur angenommenen Gründung der Getreidekultur in Italien bedeutet. Auch die Gründung von Tarquinia durch Tarchon ist mit einem Pflügen verbunden (vgl. §§ 105, Anm. 27; 135, Anm. 81). Aber diese Berichte über den Getreideanbau dürfen dennoch nicht völlig beiseite geschoben werden, da sie auf erste Fortschritte in der Art des Getreideanbaus hinweisen, die wohl mit der zeitgleichen Entwicklung der im Ackeranbau angewandten Metallurgie zusammenhängen: Guidi 1992; Bietti Sestieri 1996 (zur Metallurgie vgl. auch § 93). Man muß zwischen einer niederen Agrikultur, unzutreffenderweise »prä-cerealikolisch« (Chirassi Colombo 1968) und treffender als »prä-demetrianisch« bezeichnet, und einer höheren (»demetrianischen«) Agrikultur unterscheiden, um sich der Teminologie von A. Brelich zu bedienen.

7 Der Gott Volcanus und Cacus, der letzte göttliche Anführer der Siculer: Spätbronzezeit, Stufe II (1200–1150)

V **89. Das Große Saturnia (das dritte große »Ereignis«).** In dieser Epoche sind in Latium Kontakte zu Mykene bezeugt[1] und auf römischem Boden eine bemerkenswerte demographische Entwicklung der Siedlung, die sich nun vom Mons Saturnius bis zum Palatin[2] und vermutlich auch zum Aven-

[1] Die Spätbronzezeit, Stufe II, wird herkömmlicherweise zwischen 1200 und 1150 datiert, nach der neuen Chronologie zwischen 1250 und 1200: vgl. Appendix 2: Chronologien. Zur kleinen Amphore mit Bügel aus mykenischer Zeit IIIB (13. Jh.) in der Ortschaft Casale Nuovo bei Astura und zum Anker ägäischen Typs aus der Tibermündung: Quilici 1971; Colonna 1988; Angle u. a. 1993. Zum ägäischen Beitrag zu den Verteidigungswaffen Italiens zwischen dem 15. und 12. Jh.: Colonna 1991. Ein Aufkreuzen ägäischer Seeleute entlang der Küsten Latiums ist also anzunehmen, was dennoch die Sagen des Euander und des Aeneas nicht »beweist«. Peruzzi 1974, 1978, 1980 glaubte, die Sage des Euander auf linguistischer Basis bestätigen zu können. Man beachte in diesem Zusammenhang die Stellungnahmen von Peroni 1981 und von Musti 1988. Peroni 1983 meint, die Kontakte in Mittelitalien wären indirekt erfolgt, durch das Zirkulieren der Manufakturwaren im Bereich der indigenen Welt. Vagnetti 1993 denkt an kleine Gruppen, die aus der Ägäis kamen und in den örtlichen Gemeinden den Handel aufrecht erhielten. Ich stimme mit Cornell 1995 überein, daß auch dann, wenn wir mykenische Keramik am Fuße des Cermalus fänden, damit der Mythos des Euander nicht bewiesen wäre (aber nicht die ganze archäologische Dokumentation besteht aus ärmlichen Scherben, der Archäologe kann auch Monumente oder weitaus aussagekräftigere komplexe Funde machen, wie die palatinischen Mauern).

[2] Es gibt Funde, wahrscheinlich aus der Spätbronzezeit, am nordöstlichen Ausläufer des Palatin (Richtung Velabrum, beim Augustusbogen) und auf dem Cermalus. Während auf dem Gipfel des Palatin eine Siedlung angenommen werden kann, lassen sich die Hinweise auf Frequentierung am Fuß des Hügels besser im Zusammenhang mit besonderen Gegebenheiten interpretieren, wie einem Anlegeplatz, einer Quelle (man denke an die Quelle der Juturna), einem Kult, einer Begräbnisstätte, einer besonderen wirtschaftlichen Aktivität. Andererseits ist die kleine sandige Landzunge, auf der später die *regia* steht, mit etwa 330 qm – der einzige Platz, der in diesem Talgrund bewohnbar erscheint (12 m. ü.d.M.) - nicht groß genug, um ein Dorf zu beherbergen. Zur Grabung am Augustusbogen: Gjerstad 1956 und Peroni 1979. Eine Spange, die in einer Senkgrube der Sacra Via gefunden wurde (Bartoloni 1986), scheint in die Spätbronzezeit datierbar und könnte aus einem Grab stammen, das im Zusammenhang steht mit der Frequentierung des Palatin zu dieser Zeit. Bei der Grabung im Bezirk der Victoria auf dem Gipfel des Cermalus sind zwei von A. Guidi und R. Peroni festgestellte, noch nicht edierte Bruchstücke, vermutlich aus der Spätbronzezeit, gefunden worden. Die Frequentierung des Gipfels des Cermalus bezog allem Anschein nach auch den Fuß des Hügels ein, die Grotte mit Quelle, die später das Lupercal bildet, und die beiden Siedlungskerne dürften seit dieser Zeit durch Stufen verbunden sein, die Scalae Caci. Aber von diesem unteren Abhang des Cermalus wissen wir nichts. Vgl. Addendum I.

tin[3] erstreckt und so ein neues und größeres Saturnia bildet.[4] Die Siedlung hat jetzt die größte für Siedlungen der Endbronzezeit in Südetrurien und in Latium Vetus bekannte Ausdehnung erreicht und zeigt damit, daß es zum Vor-Ort geworden ist.[5] Dies kann als das dritte große »Ereignis« in der Siedlungsgeschichte Roms bezeichnet werden. Die Ausdehnung der Siedlung setzt eine erste Verbindungsstraße zwischen Palatin und Mons Saturnius voraus, die später zur Sacra Via wird; sie dürfte eine erste (dem Janus geweihte?) Brücke über den Wasserlauf vorgesehen haben, der vom Argiletum kam und sich zum Velabrum wandte und so zwei noch nicht rivalisierende Ufer entlang der Grenze des kleinen Saturnia trennte.[6] Die Siedlung des großen Saturnia ähnelte jetzt einem Quadrat, das von der Biegung des Tibers und dem durch die Sumpfgebiete Murcia und Velabrum gebildeten Winkel in vier Teile geteilt wurde. Diese vier Teile umfassen die vier Erhebungen des Janiculus, des Mons Saturnius, des Palatin und des großen Aventin, die alle in gewisser Weise von Wassern umgeben sind. Diese Verschiebung der Siedlung nach Südosten – in Richtung auf den ältesten Verlauf

[3] Der Aventin scheint in die Erweiterung der Siedlung einbezogen worden zu sein. Siehe die Zeugnisse des Cacus auf diesem Hügel und bei den Salinen: Solin. 1,7. Cacus wäre demnach präsent an der Anlegestelle des Aventin (von der wir bezüglich dieser Epoche nichts wissen), fast als wäre er ein Wächter und Beschützer dieses Umschlagplatzes gewesen, der dann zum Forum Boarium wird: Coarelli 1988. Der Aventin konnte ein Ableger der Gemeinschaft sein, die auf dem Cermalus ihre Hauptburg hatte. Es sei auch an den *lucus* des Aventin erinnert, der in den Herrschaftsbereich des Euander gehörte und wo die Mänaden Ausoniens wohnten: Ov. fast. 6,503 ff. (Bonnet 1986). Vgl. Addendum I. Palatium-Velia und Aventin erscheinen dann auch im Bezirk der Velienses miteinander verbunden.

[4] Das Gebiet von Rom habe vor Euander und Aeneas, die es Rhome genannt hätten, Valentia geheißen: Hyperochos ap. Fest. 328 L. = FGrHist 576 F 3. Valentia ist nichts weiter als die Übersetzung von Rhome, dem griechischen Namen von Rom, der anscheinend nicht weiter als bis zum 3. Jh. zurückreichen kann (D'Anna 1983).

[5] Wenn wir zu den 13,06 ha des kleinen Saturnia die 12,08 ha des Palatium (25 m ü.d.M.) hinzufügen, die 4,40 ha des Cermalus (25 m ü.d.M.) und die 31,27 ha des Großen Aventin (30 m ü.d.M.), erhalten wir insgesamt 60,81 ha (bzw. 29,54 ha ohne den Aventin). Stellt man sich die Siedlung auf dem Kapitol und dem Cermalus konzentriert vor, also ohne den Ianiculus und den Großen Aventin einzubeziehen, die als Randgebiete zu verstehen sind, erhalten wir eine Siedlung von 22,8 ha. Es sind in Mittelitalien keine Siedlungen aus der Bronzezeit bekannt, die mit Sicherheit größer als 20 ha sind, die größten Siedlungen könnten aber bis zu 50 ha erreicht haben (Peroni 1993–94; vgl. auch di Gennaro 1986; Peroni 1989).

[6] Es handelt sich wahrscheinlich um die älteste Brücke auf römischem Gebiet, zusammen mit der Brücke über den Tiber, die Hercules errichtet haben soll. Im funktionalen Kontext des Janus scheint der Begriff »porta« sekundär gegenüber dem für vorrangig gehaltenen Begriff »pons« (Adams Holland 1961); er ist vielleicht in der Zeit der Formierung der *populi* auf römischem Boden dazugekommen, im Zusammenhang mit den protourbanen Gegebenheiten; wir können uns diesbezüglich auf römischem Boden zwei Gemeinschaften vorstellen und damit verbunden eine neue Sensibilität für die Grenzen der Vogelschau durch das Wasser (Coarelli 1981; Ampolo 1987) und für Grenzen überhaupt (vgl. § 194).

der Appia und damit also in Richtung der Albaner Berge – ist das irreversible
Zeichen, daß auf römischem Boden jetzt die Region des künftigen Latium
gegenüber der Region des künftigen Etrurien das Übergewicht gewonnen
hat, denn drei Viertel des genannten Quadrats befinden sich auf dem linken Ufer des Tibers. In dieser neuen Ordnung ist nicht mehr die Tiberinsel
das neuralgische Zentrum der Siedlung und des Flußübergangs, sondern
die Sümpfe zwischen dem Aventin und Trastevere, die dann vom Pons
Sublicius – dessen erste Errichtung dem Hercules zugeschrieben wurde –
überquert werden, und seit dieser Zeit ist es auch nicht mehr der Mons
Saturnius, sondern der Cermalus, der die Rolle der Hauptburg der Siedlung einnimmt. Erst seit dieser Zeit beherrscht die Siedlung wirklich die
Biegung des Tibers und die anderen damit verbundenen Kommunikationswege, womit die grundlegenden Voraussetzungen für das zukünftige Schicksal Roms gelegt werden. Das Merkmal der Siedlung, von Flüssen und Seen
umgeben zu sein, bleibt erhalten, ja es verstärkt sich noch dadurch, daß
zusätzlich ein weiterer Arm des Tiber und ein weiteres Sumpfgebiet, das Tal
Murcia, kontrolliert wird. Die verschiedenen Siedlungskerne auf den Höhen
und die Nutzung der Anlegeplätze werden aufgrund ihrer Nähe zueinander
nicht als unabhängige Dörfer interpretiert, sondern als unterschiedliche
Teile eines Siedlungssystems, das sich auf diesen Hügeln und entlang dieser
Gewässer ausbreitet und unter der Kontrolle einer Hauptburg steht, die vom
Cermalus gebildet wird. Zur Doppelbildung Saturnia–Antipolis kommt jetzt
die neuere und länger dauernde Doppelbildung Cermalus/Palatium – Mons
Saturnius hinzu, die jene überlagert. Das Siedlungsgebiet von Rom ist jetzt
so weiträumig, daß es bis zur Endbronzezeit, Stufe III, dauert, bis, nach
einer Krisenzeit, die in der späten Bronzezeit, Stufe II, erlangte Ausdehnung
wieder erreicht wird. Es beginnt damit der Vorrang des Palatin, der auf den
Aventin ausgerichtet und mit ihm verbunden ist, eine Gegebenheit, die in
der Endbronzezeit wieder zur Geltung kommt, zur Zeit der *populi*, wobei
der Palatin dann allerdings in erster Linie mit der Velia verbunden ist. Dieser
Vorrang dauert unangefochten lange Zeit. Es müssen zur Siedlung nur noch
die Velia und die *colles* hinzugefügt werden, damit das Siedlungsgebiet von
Rom seine vollständige präurbane Konfiguration erreicht (aber damit wären
wir schon an der Schwelle der ersten protourbanen Gegebenheiten). Eine
so komplexe Gliederung des Siedlungsgebietes auf römischem Boden in dieser Epoche braucht nicht zu überraschen. Es sind in der späten Bronzezeit
auch sonst einheitliche, gegliederte Siedlungen bekannt, die auf Höhen und
an Hängen liegen oder geradezu auf zwei Erhebungen ausgerichtet sind.
Die Siedlungen von Rom und von Luni sul Mignone, die beide in der
mittleren Bronzezeit entstanden sind, erstrecken sich in der späten Bronze-

zeit von den ältesten Höhen (Kapitol und Pian di Luni) zu den jüngsten (Palatin und Fornicchio).[7] Die eben beschriebenen Ausdehnungen der Siedlungen können im Rahmen eines geschichtlichen Prozesses von langer Dauer verstanden werden, der in der zunehmenden Konzentration der Siedlungen besteht, die immer größer werden und immer weitere Territorien umfassen.[8]

90. Der Gründer des Cermalus. Es ist nicht bekannt, wer der Urheber dieser Ausdehnung Richtung Palatin und Aventin und der Gründer der Burg des Cermalus war,[9] aber man kann sich kaum der Versuchung entziehen, diese »mythistorischen« Verdienste dem Cacus und seiner Zeit zuzuschreiben.[10] Die Herrschaft des Cacus scheint auch noch in die Zeit des Saturnus zu reichen, worauf einige Reste chaotischer Züge, die mit seiner Gestalt verbunden sind, wie sein mißgestaltiges Äußeres, seine Dreiköpfigkeit und sein Feuerspeien andeuten.[11] Aber andere Hinweise, wie seine Tötung und das Fehlen eines ihm gewidmeten Kultes, die Zeichen einer tiefen Zäsur gegenüber der folgenden Zeit sind, lassen es geraten erscheinen, ihn am Ende der Zeit des großen Einfalls der Aboriginer anzusetzen. Mit Siculus und mit Cacus scheint sich das mythische Denken noch einmal entlang der Schnittstelle einer Epoche zu verdichten, deren Beginn und Ende es anzeigt.[12] Aber während Siculus zu gleicher Zeit wie Saturnus am Fuß des Kapitols lebte, wo

---

[7] Pacciarelli 1979. In Fornicchio ist auch Material aus der Endbronzezeit vorhanden, wie auch auf dem Palatin, von dem ein Fund stammt, der der Endbronzezeit, Stufe III, oder der latialen Stufe I zugeschrieben werden kann (Mitteilung von A. Guidi). Über die Besetzung *ex novo* der Hochebenen in der späten Bronzezeit siehe auch Pacciarelli 1991.

[8] Peroni-di Gennaro 1986. Zu Distrikten aus der Endbronzezeit von 20-60 qkm in Südetrurien: di Gennaro 1986; Peroni 1989. Eine unterschiedliche Interpretation, die in der Endbronzezeit hegemoniale und kleinere Zentren in der Gegend der Tolfa und der Albaner Berge in Betracht zieht, mit Distrikten von mehr als 85-110 qkm, siehe Peroni 1993-94.

[9] Das Kapitol hatte, im Vergleich zum geräumigeren Palatin (16,58 ha), bescheidene Ausmaße (6,2 ha) und war besonders abschüssig (Dion. Hal. 3,69). Der Gipfel des Cermalus (ca. 45 m ü.d.M.) war höher als das Kapitol (42 m), ein Grund für den Vorrang des Cermalus könnte daher auch unter dem Gesichtspunkt der Höhenmessung zu finden sein. Vgl. Appendix 1.

[10] Bayet 1926; Brelich 1955; Sutton 1977; Small 1982; Camassa 1983. Die Namen Cacus/Caca wären, wie Saturnus, eine Entlehnung aus dem Etruskischen: de Simone 1988. Cacus sei der Gründer des Cermalus, der Hauptburg auf dem Gebiet Roms, so wie Caeculus dann der Gründer von Praeneste sei: Pais 1913; Brelich 1955 (wo Caeculus, Cacus und Romulus als »Variationen über ein Thema« betrachtet werden); Bremmer-Horsfall 1987 (gegen die Annäherung Cacus-Caeculus); Jurgeit 1980; Coarelli 1987. Zum Hellenozentrismus der griechischen Historiker und Antiquare, die es - vor und nach der Redaktion der Vulgata am Ende des 3.Jh. - fertigbringen, die gesamten lokalen Überlieferungen Latiums zu ignorieren: Cornell 1975, der den Fall von Zenodotos aus Troizen zitiert, nach dem der Gründer von Praeneste Praenestus, Sohn des Latinus, gewesen sei (FGrHist 821 F1).

[11] Wie Typhoeus: Ov. fast. 1,573 (Mondi 1990). Vgl. §95, Anm. 31.

[12] Vgl. §§14-18, 156-158.

die Hauptsiedlung des kleinen Saturnia lag, hat Cacus jetzt seine königliche Höhle und die *scalae*, die zu ihr hinaufführen, auf dem Cermalus, der die Hauptburg des großen Saturnia geworden ist. In der *regia* des Cacus können wir uns die Kulte seiner göttlichen Eltern Volcanus und, wie wir vermuten können, Maia vorstellen; auf diese Weise würde das Modell des königlichen Kultes vorweggenommen, der die folgenden Epochen kennzeichnen wird, wenn dann Mars und Ops als die göttlichen Eltern der Herrscher deren Wohnsitze schützen.[13] Mit der Blüte der siculischen Siedlung auf dem Cermalus – deren griechische Version dann das sagenhafte Pallantion des Euander ist[14] – erscheinen die alten Burgen von Saturnia auf dem Mons Saturnius und dem Janiculus als Überbleibsel einer vergangenen Zeit, die in der *Aeneis* dichterisch als Ruinen vorgestellt werden.[15]

91. Cacus. Die Gestalt des Cacus ist doppeldeutig: Er ist ein edler Häuptling[16] und zur gleichen Zeit ein barbarischer Räuber. Der Widerspruch erstaunt nicht, ist er doch typisch für die Kulturheroen[17] wie z. B. Faunus, der in einer Version der Sage, ebenso wie Cacus, von Hercules getötet wird. Wenn wir die Gründung des großen Saturnia dem Cacus zuschreiben, so auch deshalb, weil es dafür einen Anhaltspunkt in seiner Sage gibt. Danach soll Cacus ein Reich bei Volturnus erobert haben.[18] Die Eroberung wurde als eine Ausdehnung seiner Besitztümer vom Gebiet Roms nach Kampanien interpretiert, wo der Volturnus fließt: ein wahrhaft außergewöhnlich großes Reich für jene Zeit. Aber Volturnus war auch einer der etruskischen Namen des Tibers,[19] und so könnte die Eroberung des Cacus eine sehr viel begrenztere und für die Zeit realistischere Ausdehnung seiner Herrschaft vom Mons Saturnius aus über den Palatin und wohl auch den Aventin – für Palatium/Cermalus durch archäologisch Funde bezeugt – gewesen sein, was der Siedlung auf römischem Boden die volle Kontrolle über die weiten großen

---

[13] Zu den Verbindungen zwischen Maia, Terra und Bona Dea: Macr. Sat. 1,12,20–28.

[14] Das Pallantion ist eine sagenhafte Schöpfung, die schwerlich eine archäologische Entsprechung finden kann, da achäische/mykenische Kolonien in Italien nicht bekannt sind: Ampolo 1990; Musti 1991; Vagnetti 1991.

[15] Verg. Aen. 8,355–356.

[16] Diod. 4,21.

[17] Angenommen das Ende des Cacus hätte dem letzten Tarquinier als mythisches Modell gedient, um die Tötung von Servius Tullius zu rechtfertigen (Mastrocinque 1993), so bedeutet dies nicht, daß der böse Aspekt des Cacus nicht authentisch sei. Über den zweideutigen Charakter von Picus und Faunus vgl. § 38. Man ziehe auch die Zweideutigkeit von Romulus heran, die von Ampolo 1988 anders aufgefaßt wird.

[18] Solin. 1,7. Volturnus war auch der Name von Capua. Colonna 1987a glaubt zum einen an die These eines Flusses Volturnus auf römischem Boden und zum anderen an ein Reich, das sich zwischen diesem Fluß und Kampanien erstreckt.

[19] Momigliano 1966; de Simone 1975; Coarelli 1988.

Sümpfe und ihre Überfahrten und Anlegeplätze ermöglicht hätte.[20] Die Ausdehnung der Siedlung kann aber über den demographischen, ökonomischen und militärischen Gesichtspunkt hinaus auch in kosmogonisch-theogonischer Sicht gelesen werden. Zum Janus des Janiculus und zum Saturnus des Mons Saturnius tritt jetzt nämlich der Volcanus des Cermalus (schon in Verbindung mit Maia?) hinzu. Der Hügel erscheint also als eine Art dritte Insel der Inseln der Seligen, die mehr noch als die anderen von Wasserläufen und Sümpfen umgeben war.

92. Ohne griechische Heroen. Euander (der achäische König des Pallantion) und Faunus (der aboriginische König von Laurentum) unterstreichen ihre Präsenz am Fuß des Cermalus (beim Lupercale), während der Rivale Cacus, zum Häuptling eines barbarischen Volksstammes geworden, auf der Höhe wohnt. Eine derartige Anhäufung von Häuptlingen auf engstem Raum ist recht seltsam. Außerdem können diese Barbaren keine Siculer sein,

---

[20] Salinae / Forum Boarium hätten den Namen von Cacus erhalten: Aethicus. Cosmogr. 1,83 (Coarelli 1988). Tricaranus, wohl der wirkliche Totschläger des Cacus, kann als ein Dämon des Flusses, des Sumpfes und der Anlegestelle, der Plätze für den Fischfang, der Lagerung des Salzes und des Salzhandels aufgefaßt werden, und dies waren möglicherweise die wahren Gegenstände des Streites zwischen den beiden Ungeheuern. Cacus tritt daher auf römischem Boden – einem Ort der Grenze, der unvermeidlichen Wegstation schlechthin und folglich des Konfliktes – als lokaler (siculischer) Beschützer der Viehzucht und der Salzlagerung auf, als Gegner anderer aboriginischer Dämonen oder achäischer Heroen, und er geht in dieser Funktion dem präurbanen Tricaranus und dem protourbanen und urbanen Hercules/Melquart voraus, von denen die beiden letzteren einen sehr viel weitreichenderen Einfluß ausüben. Cacus wohnt auf dem Cermalus, innerhalb der präurbanen Siedlung, steigt aber hinab, um an den Ufern des Murciasumpfes seiner Aufgabe nachzukommen, dort, wo die spätere Via Salaria und Via Campana vermittels eines Handelsplatzes und des Flusses aufeinandertreffen. Die Verstaatlichung der Salinen von Ostia durch Ancus Marcius hat also eine lange Geschichte von Auseinandersetzungen um die Kontrolle über das Salz hinter sich, die mindestens am Ende der Spätbronzezeit begann. Cacus, Dämon des Salzes, ist ein päurbaner Gründer auf römischem Boden, wie es Hercules dann für Pompeji und seine Salinen an der Mündung des Sarnus ist (Murolo 1995, auch über die Bedeutung des Salzes). Zu Cacus vgl. auch §§ 95, Anm. 31; 96, Anm. 37. Mastrocinque 1993 sieht die Einnahme des Cacus im Zusammenhang mit der Einnahme Roms durch Servius Tullius, und er erkennt darin eines der Mytheme, die dem Zeitalter der Tarquinier zuzuordnen sind. Er mag Recht haben bezüglich der Art, in der das Ereignis in der annalistischen Erzählung dargestellt wird, aber das schließt nicht aus, daß die Einnahme des Cacus ein authentisches Element seiner Sage sein kann. Im Zweifel zwischen zwei »Schichten« der sagenhaften Erinnerung geht es nicht an, systematisch die ältere zugunsten der jüngeren zu eliminieren, wie Mastrocinque 1993 es macht. Saturnia, der »Hauptort« der Siculer, kann das Zentrum einer sehr frühen Stammeskonföderation gewesen sein, Siculus und Cacus können der Reflex einer ersten Form von Königtum sein, und der Kult des Saturnus kann als ein für die Föderation bedeutsamer Kult aufgefaßt werden (man beachte im Gegensatz hierzu den strikt lokalen Charakter des Janus); damit könnten auf römischem Boden gemeinschaftliche Organisationsformen erprobt worden sein könnten, die Alba Longa dann übernommen und weiterentwickelt hat (zum Begriff der »Stammesföderation«: Peroni 1996).

sind diese doch nach der Vulgata schon vor einiger Zeit von den Aboriginern vertrieben worden; wenn der Stamm des Cacus andererseits ein aboriginischer Stamm gewesen sein soll, ist nicht verständlich, warum er unzwei-
felhaft für barbarisch gehalten wurde, wenn er doch demselben Stamm
angehörte wie die Untergebenen des halb zivilisierten Faunus. Diese Reihe
von Seltsamkeiten und Widersprüchen machen die überlieferte Erzählung
insgesamt unwahrscheinlich, auch vom rein narrativen Gesichtspunkt aus,
und weisen deutlich auf die Nähte einer mißlungenen Zusammenfügung
verschiedener Mytheme hin, die zu dem Zweck erfolgte, Cacus mit Euander
und mit Hercules, der ihn ja töten sollte, zu verbinden. Es erweist sich
damit eine Restauration und eine Rekonstruktion als notwendig, die uns
zwingt, Cacus schließlich für sich allein zu betrachten, ohne griechische
Heroen an seiner Seite, festgelegt nur durch die Logik seiner eigenen Sage.
Auf diese Weise hat das Gedränge auf dem Cermalus ein Ende, und eine
chronologisch später angesetzte Vertreibung der Siculer gibt dem barbarischen Häuptling seine Untergebenen zurück.

93. Der Metallurg als positiver Heros. Wir können uns also Cacus vorstellen, wie er in seiner *regia* auf dem Cermalus herrscht, als ein Dämon,
der zum Häuptling der barbarischen Siculer bestellt wurde (die noch nicht
von den Aboriginern vertrieben sind). Das Feuer seiner Behausung auf dem
Cermalus wird von seiner Schwester oder Tochter Caca besorgt – eine Doppeldeutigkeit des präkosmischen Typus, der an die Doppeldeutigkeit der
Camese erinnert –, und es ist das Feuer, mit dem das große Saturnia gegründet wird.[21] Während Caca eine Art Vorläuferin der Acca/Vesta ist – sie wird
im folgenden von den Vestalinnen verehrt[22] –, ist Cacus ein Sohn des Volcanus, und seine herrscherliche Gewalt ist eng verbunden mit dem Feuer[23] und

---

[21] Auf eben diesem Hügel und an eben dieser Stelle gründet dann Romulus Rom, indem er
dort sein neues Feuer anzündet, das mit Acca/Vesta verbunden ist: Ov. fast. 4,820 ff.

[22] Serv. Aen. 8,190. Zu Caca, die sich dem barbarischen Cacus widersetzt und mit Herakles
zusammenwirkt, siehe Hetzner 1963 (der sie in Beziehung zu Tarpeia und deren Kollaboration
sieht) und Mastrocinque 1993. Ihr Kult wird von den Siegern über Cacus eingerichtet, während
ihm keinerlei Verehrung zuteil wird.

[23] Zum Verhältnis zwischen Volcanus und dem Feuer vgl. §94, Anm. 27. In dieser Epoche
befindet sich die Metallurgie in einer bemerkenswerten Entwicklung, sie ist in diesem Fall
mit einem Häuptling übernatürlichen Wesens verbunden, also in die Spitze der Gemeinschaft
integriert: Guidi 1992. Carancini 1991–92 meint, die Integration des ursprünglich marginalen
Metallurgen in die Gemeinschaft habe seit der Spätbronzezeit und vor allem in der frühen
Eisenzeit stattgefunden. Durch ein Abhängigkeitsverhältnis könnte der metallverarbeitende
Handwerker an den Häuptling der Gemeinschaft gebunden gewesen sein: Peroni 1996. Es gibt
gemeinsame Merkmale, die Cacus, Caeculus und Cocles verbinden, z.B. die Einäugigkeit, die
bevorzugte Verbindung mit dem Feuer zur Bearbeitung des Metalles und die gleichzeitige Bega-
bung mit Kraft, Verschlagenheit und Hellsichtigkeit. Andererseits scheinen Cacus, der Metall-

mit der Metallbearbeitung; diese erscheint als eine mit dem Haupt einer Gemeinschaft verbundene Tätigkeit, an einem Platz außerhalb der damals wohl um das Kapitol gruppierten Siedlung. Dieser Ort am Rand, an dem metallurgische Tätigkeiten und vielleicht auch Initiationen stattfinden, wird mit Cacus zur Hauptburg der Siedlung, von der aus der Dämon seine Macht als Häuptling und Seher ausübt. Es könnte dies ein allererstes Anzeichen für die Aufgliederung der Siedlung in zwei Teile sein, in eine Siedlung (auf dem Kapitol) und in eine Burg (auf dem Cermalus), die in der Siedlungsgeschichte der Latiner dann eine große Rolle spielt. Und vielleicht können wir in diesem Licht auch den Charakter der Ausweitung der Siedlung besser verstehen, insofern sie den Höhepunkt der siculischen Macht bezeichnet und die stärkste Bekräftigung dafür ist, daß die Siedlung auf römischem Boden die Hauptstadt der am Tiber bezeugten Barbaren war. Während die Siedlung zusammen mit dem Janiculus den Fluß beherrschte, kontrollierten andere Zentren dieser Zeit wie Casale Nuovo (wo mykenische Keramik gefunden wurde), Cavallo Morto, Rimessone und Campo del Fico die Küste, in Verbindung mit den in den Bergen von Tolfa vor und im Hinterland von Cerveteri gelegenen Zentren.[24] Eine weniger bedeutende Rolle dürfte zu dieser Zeit das Gebiet des inneren Latium gespielt haben, d.h. das Gebiet der Albaner Berge. Wäre eine Gruppe von Achäern zu Schiff der Strecke von der Küste zu den Ufern des Tiber gefolgt, die diese Inseln der Seligen ver-

---

urg *(chalkeus)*, die Zyklopen und Kalchas einem gemeinsamen mythischen Erbe anzugehören, wonach der metallurgische Heros in der Dunkelheit besser sieht als bei Sonnenlicht und sich hieraus seine Fähigkeit als Seher ableitet (Camassa 1980 und 1982). Zu ethnologischen Vergleichen siehe Moeller 1975. Das bewaldete und wilde Tal zwischen Cermalus und Aventin, wo die Taten des Cacus angesiedelt sind, konnte Sitz nicht nur metallurgischer Aktivitäten sondern auch von Initiationen sein, an deren Ende den Jungen die Waffen übergeben wurden und bei denen die Schmiede eine Hauptrolle gespielt haben dürften: Brelich 1969 und Capdeville 1993a (letzterer mit Bezug auf die Daktyloi Idaioi, die Erfinder der Metallverarbeitung, auf den kretischen Talos, auf Hephaistos, den Handwerker und zugleich Herrscher, auf Pygmalion, auf Chalkenor und auf Kinyras auf Zypern und auf Adranos in Sizilien). Deschamps 1988 verbindet Caeculus mit dem Feuer, das den Platz rodet, auf dem Praeneste entsteht – man erinnere sich des wohltätigen Feuers im Gründungsmythos von Lavinium, das vom Adler (= vom Specht?) und vom Wolf, d.h. von Picus und Faunus, am Brennen gehalten wird und das der feindliche Fuchs, sprich Mezentius (eher als die Rutuler oder Robigo, wie Preller 1881 meinte), zu ersticken versucht (Dion. Hal. 1,59,4). Es geht bei Cacus um das Feuer, das ursprünglich an einen im Verhältnis zum älteren Kern der Siedlung am Rand gelegenen Ort gebunden ist; ein ähnliches Los ist dem Kult des Volcanus bestimmt, der am Comitium abgehalten wird, also außerhalb des romuleischen Pomerium (Plut. q. R. 47). Unter diesem Gesichtspunkt versteht man den geheimnisvollen Zusammenhang besser, der zwischen den Laren der Siculer und der Aboriginer-Latiner und dem Feuer besteht (der häusliche Herd war beseelt vom Lar Familiaris oder von Volcanus).

[24] Vgl. § 72, Anm. 2.

band, dann hätten sie sich Gestalten wie Cacus gegenüber gesehen, mit denen sie sich hätten auseinandersetzen müssen – Metallurgen und Räuber, die Fremde als Opfer darbringen. Hercules repräsentiert also die siegreiche Rache der Griechen an diesen wenig gastfreundlichen Barbaren an den Enden der Welt, wo die Metalle zu finden sind und wo die Sonne untergeht.[25]

94. Volcanus, der Vater von Häuptlingen. Männliche Glieder aus Feuer oder phallische Funken, die vom Herdfeuer des Hauses des Häuptlings aussprühen, die in Praeneste und vielleicht auch in Rom dem Caeculus und dem Cacus das Leben schenken, erinnern explizit an Volcanus, eine sehr alte Gottheit, anscheinend älter als Jupiter, die an das Feuer gebunden ist, wie die Verbindung mit dem Blitz, mit der Metallurgie und mit dem künftigen Feuer der Vesta anzeigen. Diese Gottheit dürfte außerdem zu den größten Göttern der Gemeinschaft gehört haben, da sie die Schöpferin der ersten Gründer der Siedlungen und der ersten Häuptlinge war, Geberin also der Herrschaft und Begründerin der Herrschaftssitze. Volcanus war auch ein Gott, der Fruchtbarkeit und Sieg brachte; er reinigte die Waffen der Gemeinschaft, und die Waffen, die dem Feind abgenommen wurden, wurden ihm gewidmet. Dem Volcanus wurden die kostbarsten Opfer dargebracht, auch Menschenopfer, wie vielleicht auch dem Cacus.[26] Es sind dies göttliche Funktionen, die wir auf Kreta bei *F*elchanos, auf Zypern bei *F*alchanos und in Etrurien bei Velchans wiederfinden,[27] denen an anderen Orten Latiums,

---

[25] Camassa 1983: »Es scheint schwierig, die Vermutung abzuweisen, daß zwischen diesem Mythologem und der metallurgischen Krise, die die Achäer entlang der Metallstraßen nach Latium und nach Etrurien trieb, ein Zusammenhang besteht.«

[26] Dem Volcanus des Comitium wurden *pisciculi pro animis humanis* geopfert: Fest. 275–276 L. (Le Gall 1953; Coarelli 1983; Manacorda 1990), wie dem Iuppiter Latiaris das *aes piscatorium* anstatt der *pisciculi*, die ihrerseits Ersatz für *animae*, also für menschliche *vitae* waren: Paul. Fest. 212 L. (Cecamore 1993). Die *pisciculi* waren verbunden mit den *indigetes*: »Indigetes illi qui flumen repunt et in alveis Numici cum ranis et pisciculis degunt«: Arnob. nat. 1,36 (Goldmann 1942). Zu Ianus Indiges und Numicus / Iuppiter Indiges und zu den Fischen als ihren Emanationen vgl. §78, Anm. 5. Die *kouroi* (= Abbilder von Menschen) und die durchbohrten Kieselsteine *(= oscilla)*, die im Volcanal gefunden und als Ersatz für Menschenopfer ausgelegt wurden (Mastrocinque 1988), sind vielleicht in bezug auf den Tod des Romulus zu deuten. Die menschlichen Knochen, die die Höhle des Cacus zierten, erweisen ihn als jemand, der Menschenopfer darbrachte: vgl. §95, Anm. 31. Vgl. auch §§ 130–132.

[27] Guarducci 1937a meint, die Gottheit habe in Italien den Charakter des Feuers angenommen, den die ursprüngliche kretische Gottheit nicht besessen habe. Nach Dumézil 1975 habe Volcanus erst seit seiner Gleichsetzung mit Hephaistos mit dem metallurgischen Feuer zu tun gehabt. Nach Rix 1981 sei Volcanus hingegen von Anfang an Herr des Feuers gewesen (**uolka* < **ulka* = altindisch *ulka* »brennendes Holzscheit«). Der Zusammenhang von Volcanus mit dem kretischen *F*elchanos, einer Gottheit vor Zeus, bleibt problematisch, aber die Präexistenz des Volcanus gegenüber Jupiter hat gute Gründe für sich. Rose 1933 sieht in Volcanus einen Gott,

wie zum Beispiel in Alba, in Lavinium und in Ardea, Sol Indiges entspricht, eine andere mit der Königsherrschaft, dem Handwerkertum und dem Feuer verbundene Gottheit (man denke an Daedalus).[28] Es ist nicht schwer, die generative Potenz des Gottes des Feuers zu erklären, sind doch das Feuer und die Seelen der verstorbenen Vorfahren eng miteinander verbundene Wesenheiten, erster Ursprung jeder Geburt und Element jenes Übergangsritus, der der Tod ist.[29] Wenn wir uns also den Komplex der um die Königshöhle des Cacus stattfindenden Kulte vorstellen wollen, würden wir an Volcanus denken, den Vater des Cacus, einen Vorläufer des Mars, und vermutlich auch an Maia, eine Vorläuferin der Terra-Ops (dann Vica Pota) – der bedeutendsten Mutter der Häuptlinge –, deren priesterliche Prinzessin Caca (als Vorwegnahme von Acca, Rea Silvia und Vesta) wäre, die mit der Göttin gleichgesetzt wird.[30] So könnte der Kultkomplex der Regia des Romulus und der anderen

der (wie Saturnus) von außerhalb, vielleicht von Kreta, gekommen und in Ostia gelandet sei, und dies sei der Grund dafür, daß sein Kult sich an der Tibermündung konzentrierte, wo er eine analoge Funktion ausüben konnte wie auf römischem Boden und in Praeneste. *Contra*: Deschamps 1988. Zur nicht nachvollziehbaren Identifizierung des Volcanus mit Thybris: Le Gall 1953. Die Frage ist jüngst systematisch von Capdeville 1995 wiederaufgegriffen worden; er rekonstruiert einen jungen, ursprünglich minoischen, himmlischen Gott, auf Kreta *Felchanos* genannt , der den Vorsitz bei Initiationen und beim Aufbau der politischen Gemeinschaften hatte und zwischen dem 7.Jh. v.Chr. und dem 3.Jh. n.Chr. noch in vier Zentren der Insel verehrt wurde (von denen drei in der Nähe des Idagebirges liegen); seine Ikonographie sei mit einem Vogel (einem Hahn?) und einem Baum verbunden gewesen, er sei ein Gott der Vegetation und Fruchtbarkeit gewesen, verbunden mit dem von der Axt symbolisierten Blitz, dessen Erbe auf Kreta Zeus und dessen Entsprechung auf Lemnos und in Athen Hephaistos sei, auf Zypern *Falchanus*, in Etrurien Velchans, in Rätien Velchanu (?) und in Latium Volcanus: alles parallele Gottheiten, ableitbar aus einem gemeinsamen Substrat. Zeus wird als Erbe des *Felchanos* betrachtet, aber, so der Autor, »dies will nicht heißen, daß Volcanus ein Herrschergott vor Jupiter war« (ein Satz, den man als eine Hommage gegenüber der statisch-atemporalen Theorie von Dumézil sehen kann). Die Etrusker von Lemnos dürften den lokalen Kult des Hephaistos zwischen dem Ende des 8. und dem Ende des 6.Jh. gekannt haben: de Simone 1996.
[28] Volcanus und Sol sind beide mit dem Feuer verbunden, ein Element, das in der kosmischen Ordnung die höchste Stelle einnimmt, über der Luft des Himmels: Ov. fast. 1,105ff. Zur Verbindung zwischen Volcanus, Sol und Mars: Serv. Aen. 3,35.
[29] Der tote Ahne wurde eingeäschert, um ihm das Betreten des Jenseits zu ermöglichen: Bietti Sestieri 1995a. Die ältesten Einäscherungen sind in Cavallo Morto bei Aprilia bezeugt, zwischen dem 13. und dem 12.Jh.
[30] Zur Verbindung von Volcanus mit Cacus: Verg. Aen. 8,198 (Rose 1933). Zur Verbindung Maia-Ops siehe zu den Kalenden des Mai Sabbatucci 1988 (*ops* ist die Überfülle und die Macht, Eigenschaften, die mit der *maiestas* der Maia übereinstimmen). Mastrocinque 1993 denkt an Rhea. Zu den mit der Regia verbundenen Kulten vgl. §§ 47, 115 und 136. Nach einer figurativen etruskischen Version soll auch Mars aus dem Feuer geboren sein, wie auf einer Cista aus Praeneste und auf zwei Spiegeln aus Chiusi zu sehen ist. Der Gott des Feuers ist mit dem neuen Feuer des neuen Jahres verbunden. Nach dem römischen Kalender wird das neue Feuer am Neujahrstag des 1.März gefeiert, der auch ein Fest des Mars ist. (Etruskischer) Mars, Cacus, Caeculus und Servius Tullius werden also aus dem Feuer geboren. Insbesondere Caeculus, Sohn

Könige Roms in seiner sakralen Struktur an die Struktur der protourbanen und präurbanen Häuptlinge, der Gründer und Neugründer des Cermalus angeglichen sein: des Faustulus (für die Latiner), des Picus mit Faunus (für die Aboriginer) und des Cacus (für die Siculer).

95. Das Monster als negativer Heros. Aber der siculischen Macht war auf ihrem Höhepunkt der Niedergang bestimmt, sie endete mit Saturnus, der in der Unterwelt verschwand, und mit Cacus, der unter den Trümmern seiner Höhle begraben wurde. Das Monstrum, ein Barbar und Räuber, Häuptling eines wilden Volkes und Darbringer von Menschenopfern,[31] mußte eines gewaltsamen Todes sterben, insofern er die Macht des Bösen darstellte, er mußte sterben durch die Mächte des »Guten«,[32] die in der Überlieferung von den zivilisierten Achäern und den halb zivilisierten Aboriginern repräsentiert wurden (in unserer Rekonstruktion handelt es sich allein um die Aboriginer, die erklärten Feinde der Siculer, die dazu bestimmt waren, sie zu verjagen und in Latium an ihre Stelle zu treten). Cacus erhält nach seinem Tod keinen Kult,[33] im Gegensatz zu Caca (die mit seinen Feinden zusammengearbeitet haben soll), und dies ist ein Hinweis auf die Unterbrechung der Kontinuität, die auf römischem Boden zum Zeitpunkt seines Todes begonnen hat, wie sie von der Sage vorausgesetzt und von der Archäologie bekräftigt wird. Es gelingt Cacus also nicht, seine von Siculus abgeleitete Macht zu behaupten. Vom Druck der Aboriginer gedrängt, müssen die Siculer, geführt von anderen Häuptlingen, deren letzter Patronus ist, nach Süden auswandern, zur Zeit, da sie sich in Sizilien niederlassen.[34] Die Überlieferung sieht Faunus als Gegenspieler des Cacus, und das scheint, verglichen mit den viel späteren und unwahrscheinlichen Verbindungen mit den grie-

des Volcanus, wird von den Schwestern der Digidii aufgezogen, wie Erichthonios, Sohn des Hephaistos, von den Kekrops-Töchtern aufgezogen wird (Robertson 1985).

[31] Dion. Hal. 1,42. Zu Cacus als geryonisches Ungeheuer mit drei Köpfen: Prop. 5,9,10-15. Zu Cacus, der Menschenopfer darbringt: Ov. fast. 1,557 (»ora super postes adfixaque bracchia pendent, | squalidaque humanis ossibus albet humus«). Das dreigehörnte Stierwesen der daunischen Stelen sei niemand anderer als der *Trecaranus, der den Recaranus oder *Caranus hervorgebracht habe, von dem sich Garanus herleiten ließe: Capdeville 1995. Es handle sich um einen gütigen Dämon, der die infernalen, dreifachen Ungeheuer wie Herulus und Mares/Maris bekämpfe: Hermansen 1984; Adam 1985. Vgl. auch §90, Anm. 11.

[32] Euandros ist per Definition der »gute« Mensch. Zum Zusammenhang Cacus-*kakos*: Serv. Aen. 8,190.

[33] Zum ursprünglich göttlichen Charakter des Cacus siehe Brelich 1955. Cacus wie Picus haben einen Mythos ohne Ritus. Es ist interessant zu bemerken, daß sie im wesentlichen entgegengesetzte Gestalten sind, Rivalen und Zeitgenossen. Cacus ist nicht mehr ein großer Gott, wie Janus und Saturnus, und er ist noch kein eigentlicher göttlicher König im Sinne von Picus, Faunus und Latinus, aus diesem Grunde erscheint er uns als Häuptling als eine Art Übergangsgestalt, dessen Prototyp Siculus hätte sein können.

[34] Vgl. §98.

chischen Heroen Euander und Hercules, im Kern plausibel zu sein, da die einzige Macht, die dem Vaterland der Siculer ein Ende bereiten konnte, die nach Latium eingedrungenen Aboriginer waren. Picus und Faunus, Dämonen und Könige von Alba, die auch in anderen Orten Latiums und darunter auf römischem Boden präsent sind,[35] waren Numina und Herrscher, die die Tradition als aboriginisch bezeichnete und in denen wir die wirklichen Gegenspieler des Cacus erkennen können. Es könnte einen Zusammenhang geben zwischen der Expansion der Aboriginer, den ersten göttlichen aboriginischen Königen von Alba, dem Vorrang von Alba als erster Metropole der Latiner und dem Ende der Siedlung der Siculer auf römischem Boden und ihrer Vorrangstellung über die Barbaren entlang der Ufer des Tibers. In der Vulgata erscheint nach dem Sieg über Cacus, der von den Aboriginern, den Arkadern und den anderen Griechen gefeiert wird, Euander als Erbe seiner Besitztümer auf dem Cermalus (die Kulte des Faunus Lupercus, der Victoria und des Consus wurden dem arkadischen König zugeschrieben) und auf dem Aventin (der Kult der Ceres wurde dem selben König zugeschrieben und die Kulte des Iuppiter Inventor dem Hercules und dem Euander), wodurch der Aventin wieder einmal eng mit dem Cermalus verbunden erscheint. Aber Euander ist, wie später Hercules, nichts anderes als das griechische Doppel des Faunus.

96. Das Ende des Cacus. Nach der Vulgata bestand das Vergehen des Cacus darin, nach den Besitztümern der Arkader gestrebt und die Rinder des Hercules geraubt zu haben, die dieser seinerseits in Spanien dem Geryon (einem weiteren dreiköpfigen Ungeheuer, wie Cacus) entwendet hatte.[36] An Stelle dieses gänzlich unwahrscheinlichen Berichts, der Ergebnis der mythischen Rekontextualisierung ist, ist es möglich, sich statt dessen vorzustellen, daß der indigene siculische Häuptling seinerseits das Opfer eines von außen kommenden Angriffs war, der Aboriginer nämlich. Entsprechend einer Variante der Überlieferung war es nicht Hercules, der Cacus getötet hat, sondern Tricaranus, der Herr der Herden in alter italischer Tradition, mit drei Hörnern und also ebenfalls von monströsem Charakter.[37] Trica-

---

[35] Ov. fast. 3,292.

[36] Hercules hatte die Herden auf dem Gebiet des Cacus weiden lassen, dieser könnte damit das Recht gehabt haben, sich einen Teil davon zu nehmen. Der Zehnte und Abgaben dürften für einen so typischen Durchgangsort wie Rom die Hauptquelle des Reichtums gewesen sein.

[37] Nach Verrius Flaccus war es Garanus, der Cacus getötet hat: Serv. Aen. 8,203. Zu Tricaranus: Orig. gent. Rom. 6. Zu Hercules/Tricaranus aufgefaßt als dreigehörnt: Ferri 1966. Siehe auch Liou Gille 1980, D'Anna 1992 und §95, Anm. 31. Carna war die Beschützerin der Türen des Hauses, die »dea cardinis«: Ov. fast. 6,101 (vgl. §326, Anm. 20), gleichzustellen mit Tacita (Mastrocinque 1988). Caranus könnte sich zu Car(a)na verhalten wie Faunus zu Fauna. Zum *tarvos trigaranos*, Stier mit drei Hörnern, möglicherweise Inkarnation eines Flusses: Czarnowski

ranus könnte also als der tribale Häuptling des fatalen *ver sacrum* erscheinen, der der siculischen Macht in Saturnia ein Ende gesetzt hat und dessen griechisches Doppel Hercules geworden wäre. Der Heros, Beschützer der Viehzucht, des Weidewechsels und der Fremden, die in diese Tätigkeit eingebunden waren, soll bei seinem Unternehmen dank der Hilfe des Arkaders Euander[38] und des Faunus, des göttlichen Königs der Aboriginer (in seinem Aspekt als Ziegenbock zweihörnig), den wir uns eher als die achäischen Heroen an der Seite des Tricaranus vorstellen können, Erfolg gehabt haben, erst recht zusammen mit Picus.[39] Aber die beiden sagenhaften – mit Faunus angeblich gleichzeitigen – Gründer von Pallantion und Saturnia,[40] der achäischen Entsprechungen der beiden siculischen Siedlungskerne auf dem Capitol und dem Palatin, konnten im ursprünglichen Mythos keine Rolle spielen, vielmehr wurden sie in die Erzählung eingefügt, als die griechischen Mythen mit den Anfängen Roms in Verbindung gebracht wurden.[41] Von der dichtgedrängten und unwahrscheinlichen Gefährtenschaft bleibt also als möglicher Gegner des Cacus nur Faunus auf der Bühne, ein Repräsentant auch des Picus auf dem Cermalus. Saturnus, Siculus und Cacus verschwinden alle drei auf plötzliche Weise, und es ist interessant, daß das Ende der siculischen Epoche einen bedeutsamen Augenblick und fortgeschrittenen Moment der Theogonie bezeichnet, den Moment, bevor in Latium Jupiter dem Saturnus und Mars[42] dem Volcanus folgt und bevor die göttlichen Könige der Aboriginer die Szene betreten, die wahrscheinlich diese neuen Kulte eingeführt haben.

97. Der Einfall der Aboriginer. Die Aboriginer zeigen sich uns mit doppeltem Gesicht. Einerseits sind sie, wie die Proto-Osko-Umbrer im Stadium der »tribalen Gemeinschaft«[43] verblieben, die die Überlieferung als länd-

---

1925. Der prähistorische Vorgänger dieses italischen und protohistorischen Hercules könnte das dreigehörnte Ungeheuer gewesen sein, das auf Malereien aus dem Äneolithicum, wenn nicht aus dem Neolithicum, abgebildet ist: Graziosi 1971. Es handle sich um eine Schutzgottheit für den Bereich der Unterweltmonster, verbunden mit dem Fluß und mit den unterirdischen Gewässern oder Sümpfen (Adam 1985), vielleicht einen Dämon des Tibers und des Velabrum.

[38] Orig. gent. Rom. 6.

[39] Es sei daran erinnert, daß Picus die Aboriginer aufgenommen haben soll: vgl. §108, Anm. 22.

[40] Zu Euander = Faunus, Hercules = Faunus: Bayet 1926; Liou Gille 1980; Mastrocinque 1993.

[41] Anderer Meinung ist Peruzzi 1974; um die Vulgata zu retten, behauptet er, die kulturelle Distanz zwischen Indigenen und Mykenern sei so groß gewesen, daß eine höherentwickelte Kultur in Latium nicht Wurzeln schlagen konnte, weshalb, als die Verbindungen mit der ägäischen Welt zurückgingen, die Einwanderer selbst schließlich barbarische Züge angenommen und sich den Indigenen angeglichen hätten (wie es den Pelasgern gegenüber den Aboriginern ergangen war).

[42] Ov. fast. 3,79: »Et tamen ante omnes Martem coluere priores«.

[43] Vgl. Appendix 3.

lichen Volksstamm, ohne Gesetze, ohne Regierung, als frei und ungebunden beschreibt;[44] auf der anderen Seite erscheinen sie wie eine relativ zivilisierte Bevölkerung, die sich mit den göttlichen Königen von Alba Picus und Faunus als Häuptlingen in Latium niedergelassen hat. Die primitive Vorstellung gehört vielleicht einer älteren Zeit an (Beginn des 13. Jahrhunderts), in die die Überlieferung den Einfall der Aboriginer ansetzt. Die Ausdehnung der Aboriginer im 12. Jahrhundert könnte jedoch einen weniger wilden und zivilisierteren Charakter gehabt haben. Dem Einfall der Aboriginer scheint ein Rückgang in der Entwicklung der Siedlungsgeschichte von Rom zu entsprechen, der darin zum Ausdruck kommt, daß die Siedlung sich wieder um den ältesten Sitz auf dem Mons Saturnius zu konzentrieren scheint.[45] Aber ungeachtet der Zerstörung der Burg des Cacus durch die Aboriginer blieb die Erinnerung an sie für immer bestehen, so daß die aboriginisch-albanische Siedlung eben auf dem Cermalus neu gegründet worden zu sein scheint; zu erschließen ist dies aus dem Mythos, wonach Janus, diesmal als Gatte der Venilia, seine Tochter Canens, die indigene Nymphe des Palatin, dem fremden König Picus, dem ersten König der Aboriginer, der auf der Bühne erscheint, zur Heirat anbietet. Entsprechend der für die Herrschaft des Picus rekonstruierten Chronologie sind wir in der Zeit um 1180,[46] und dies ist folglich ein *terminus ante* für das Ende der Zeit des Saturnus, das durch die Ausschaltung des Cacus und durch die Ankunft der Aboriginer angezeigt wird.

---

[44] Sall. ap. Orig. gent. Rom. 3.
[45] Es gibt auf dem Palatin keine Zeugnisse aus der Endbronzezeit, Stufe I und II.
[46] Vgl. § 98, Anm. 1.

8 Der Einfall der Aboriginer. Modius Fabidius und andere Gründer in Latium (um 1150)

98. Woher und wohin (Abb. 12). Bei der Darlegung der Frage der Aboriginer auf römischem Boden ist es notwendig, mit ihrer Herkunft zu beginnen. Die Aboriginer bewohnten jene Gebiete, die später Amiternum, Reate und Interamna hießen, und sie folgten auf Stämme, die früher hier eingetroffen waren, deren Namen wir aber nicht kennen, und die bis in die mittlere Bronzezeit an diesen Orten wohnten. Wie die einheimischen Bewohner des Gebietes von Rom zu Beginn der späten Bronzezeit zum ersten Mal den Namen Siculer erhielten, so kann man annehmen, daß Bewohner des Gebietes um Reate wahrscheinlich seit derselben Zeit als Volksstamm erkennbar und mit einem Namen versehen wurden. Man sprach davon, es habe in dieser frühen Phase ein Bündnis der Aboriginer und der Pelasger gegeben, über ein ersten möglichen Einfall von ihrer Seite entlang des Tibers darf man jedoch zweifeln. Wahrscheinlich ist hingegen, daß zu Beginn der Endbronzezeit[1] ein Teil der Aboriginer[2] aus ihren von Bergen umschlossenen Mulden aufgebrochen und das Tal des Tibers entlang gezogen ist und sich unter Volksstämme unterschiedlicher Herkunft, möglicherweise vom Stamm der Siculer, gemischt hat. Die Gründe und der Umfang einer solchen Bewegung bleiben im dunkeln, aber dies ist im Mittelmeerraum kein einzigartiger Fall, denn dunkel bleibt auch der noch berühmtere gleichzeitige Einfall der Dorer in Griechenland.[3] Die Überlieferung spricht von *veria sacra*, d.h. von

---

[1] Nach der herkömmlichen absoluten Chronologie ist die Endbronzezeit, Stufe I, zwischen 1150 und 1100 zu datieren, nach der neuen Chronologie zwischen 1200 und 1150: Bietti Sestieri 1996, Tabelle 8.4; vgl. Appendix 2: Chronologien.

[2] Der Name der Aboriginer ist offensichtlich artifiziell, aber diese Offensichtlichkeit berechtigt nicht dazu, die Existenz dieses Volkes und seine Wanderung auszuschließen: Briquel 1984.

[3] Dazu, daß die Migrationen eher als eine Machtübernahme durch Eliten zu verstehen sind: Peroni 1996. Zur dorischen Einwanderung, datiert um 1200 und interpretiert als Infiltration kleiner Gruppen, die schnell von den Bewohnern vor Ort assimiliert wurden, siehe Cartledge 1979 und Hooker 1980. Dazu, daß die dorische Migration, wie die Völkerwanderung der Barbaren der Spätantike, keine Spuren hinterlassen habe, siehe Musti 1985. *Contra*: Kilian 1985, der von einem allmählichen Verlöschen der mykenischen Kultur zwischen dem späten 12. Jh. und der Zeit um 1050 spricht, wodurch der Einfall der Dorer allenfalls in das *Dark Age* datiert werden könnte; siehe diesbezüglich auch den Beitrag von R. Peroni, in: Musti 1985, S. 370 ff. Zur Datierung der dorischen Invasion in die erste Hälfte des 12. Jh., zu den Zerstörungen

Ritualen der Emigration, um das Problem der Überbevölkerung zu lösen,[4] aber es ist nicht gesagt, daß diese Rituale immer nach dem Buchstaben befolgt wurden – das gilt auch hinsichtlich der Sabiner[5] –, es besteht viel-

in Griechenland zu dieser Zeit und zu den Dorern als wesentlicher Bestandteil der mykenischen Kultur, was hieße, daß es keine ihnen eigene materielle Kultur gäbe: Brillante 1981. Die aboriginischen Anführer hätten die der Siculer in Latium abgelöst wie die Herakliden mit der dorischen Invasion in Griechenland die ersten Könige von Sparta: Calame 1987, Abb. 8.3 (Genealogie der ersten Könige von Sparta). Briquel 1992 betrachtet das Erscheinen der Proto-villanovakultur im Licht der dorischen Invasion und der Bewegungen der Seevölker, und er sieht um 1200 im gesamten Mittelmeerraum einen großen Kontinuitätsbruch. Zu den Einfällen der ägäisch-anatolischen Stämme (der »Seevölker«) zwischen Kleinasien und Ägypten, zur Auflösung von Ahhijava, zur fortschreitenden Auflösung des Imperiums von Hatti, zu den phrygischen Einfällen in Kleinasien und zu den Einfällen der Gräko-Illyrer (der Dorer) in Griechenland siehe Pugliese Carratelli 1962. Vgl. auch § 99, Anm. 9. Nach Drews 1988 hätte die Migrationswelle der Mykener in Griechenland (um 1600) Tausende oder höchstens Zehntausende Menschen betroffen, etwa ein Zehntel der örtlichen Bevölkerung. Die Dorer (interpretierbar als Stämme, die zu Fuß und mit dem Speer kämpften), seien zu ihren Wanderungen von Dryopis aus (einer Stadt des Spechts?) aufgebrochen, wären dann nach dem Ende der Palastzeit in Griechenland eingetroffen, wo die griechisch sprechende Führungsriege geflohen und auf dem Land die ansässige Bevölkerung verblieben sei, die kein Griechisch sprach; sie hätte während der Palastzeit ein Drittel oder die Hälfte der Bevölkerung gebildet und hätte innerhalb weniger Generationen als zweite Sprache das Dorische erlernt (wie die Heloten). Die Sage von der Rückkehr der Herakliden hätte demnach eine reale Grundlage in dem Sinn, daß nach der ersten Ankunft der Mykener aus Thessalien eine zweite Ankunft (oder eine »Rückkehr«), wiederum aus Thessalien, kurz nach 1200, von griechisch sprechenden Stämmen stattgefunden hat, den Dorern nämlich, Nachfahren von Herakles, die die Argolis, Lakonien und Messenien besetzten. Siehe auch Pairault-Massa 1996. Schließlich sieht Snodgrass 1996, der den Einfall der Dorer nur für einen Mythos hält, in den Migrationen das bedeutendste Ereignis des dunklen Zeitalters in Griechenland. Es handelt sich um Wanderungsbewegungen von weiten und meerüberschreitenden Ausmaßen, mit den Euböern als Protagonisten, bis nach Zypern (ab dem 12. und vor allem seit dem 11. Jh.), nach Kleinasien und zur Halbinsel Chalkidike und in die Nordägäis (Bewegungen, die vor dem Jahre 1000 begonnen haben und im Laufe des 9. Jh. andauern). Zu den in Wellen erfolgenden Verschiebungen von zehn bis zwanzig Kilometern pro Generation; zum stammbildenden Prozeß in Verbindung mit der Wanderung; zu dem Drittel der Jungmänner, die wegen einer Hungersnot aus Skandinavien auszuwandern gezwungen waren und zum Ursprung des Stammes der Langobarden wurden; zu einer Gruppe von Goten, die bei einer Wanderung zurückblieben und so zu den Gepiden, d.h. »den Langsamen« wurden: Gasparri 1997.

[4] Dion. Hal. 1,16; Serv. Aen. 11,317. Nach Heurgon 1957 und Briquel 1974 könnte es sich um die Projektion von späteren sabinischen Ereignissen in die ferne Vergangenheit handeln.

[5] Briquel 1974. Das Hauptsiedlungsgebiet der Aboriginer hieß Lista und lag nahe bei Tiora Matiene, dem Sitz des Marsorakels, nicht weit entfernt von Amiternum, Testruna (dem heutigen Vittorino bei L'Aquila) entsprechend, das zur ursprünglichen Siedlung der Sabiner wird, von der aus sie zur Eroberung des aboriginischen Territoriums aufbrechen. Aboriginer und Sabiner dürften daher verwandte Völker gewesen sein, deren Hauptorte nahe beieinander lagen und mit einem lokalen Orakel verbunden waren. Im Velinabecken bei Rieti ist die Siedlungskrise, die zwischen der Spätbronzezeit und der Endbronzezeit an anderen Orten, z.B. auf römischem Boden, bezeugt ist, nicht feststellbar. Die Aboriginer dürften zu Beginn im Rahmen

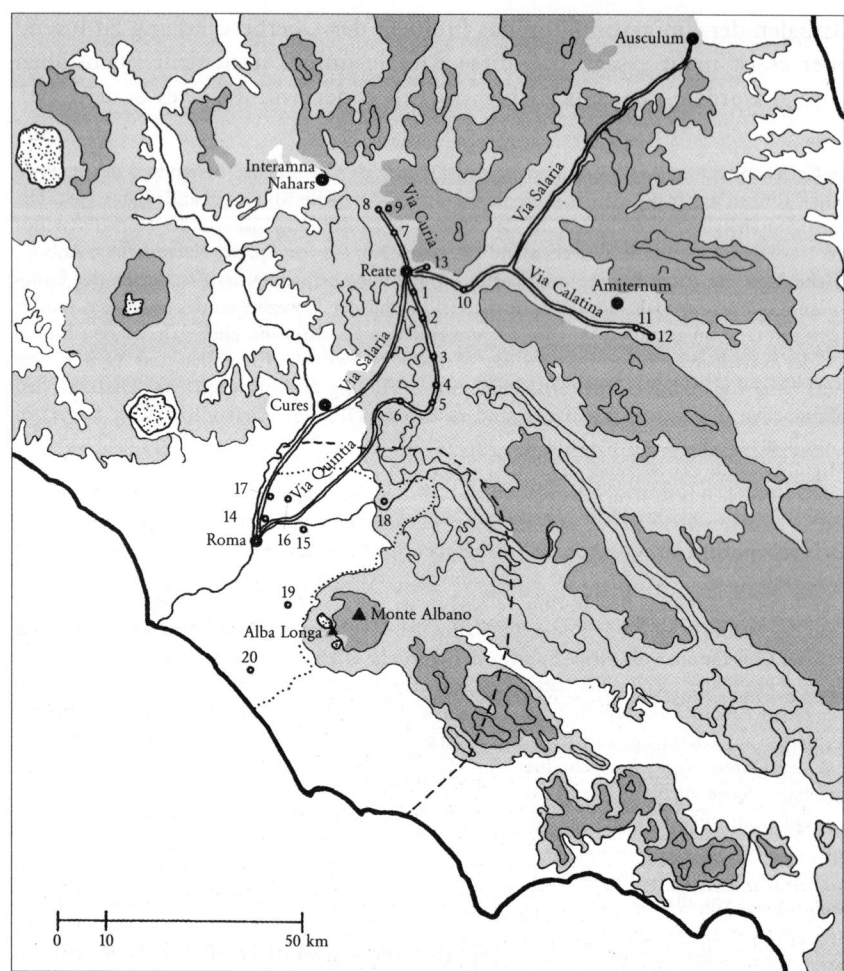

*Abb. 12   Die aboriginischen Zentren zwischen Reate und Amiternum (Nr. 1-13) und in Latium
(Nr. 14-20); vgl. Appendix 4 und § 109, Anm. 25; gestrichelte Linie: Grenze von Latium vetus;
aboriginische Zentren innerhalb der punktierten Linie.*

*1. Palatium, 2. Tribula, 3. Suesbola, 4. Suna, 5. Mefula, 6. Orvinium, 7. Corsula, 8. Issa, 9. Maruvium,
10. Batia, 11. Tiora Matiene, 12. Lista, 13. Cutilia, 14. Antemnae, 15. Caenina, 16. Ficulea, 17. Fidenae,
18. Tibur, 19. Tellenae, 20. Lavinium*

mehr die Möglichkeit, daß die *veria sacra* in erster Linie das mythische Kleid sind, das jene säkularen Bevölkerungsbewegungen[6] aus dem Inneren der Berge der Halbinsel in Richtung Tiber, das Meer und das Salz angenommen haben.

99. Aboriginer in Latium und das latinische »nomen«.

Wenn wir aus der Umfangslinie von den Albaner Bergen zum Anio, zum Tiber und zum Meer die von der Tradition klar bezeugte Anwesenheit der Aboriginer ausschließen, sind wir genötigt anzunehmen, Latium wäre immer ethnisch homogen gewesen, während es, in Übereinstimmung mit der Tradition und der Kritik, um vieles wahrscheinlicher ist, bezüglich der Entstehung der Latiner einen um vieles komplexeren Vorgang anzunehmen; diese Enststehung dürfte weniger auf ethnischer Reinheit und einer einfachen Entwicklung (von den Siculern zu den Latinern) basieren, sondern eher auf einer Vermischung unterschiedlicher Stämme, die im Gebiet der Albaner Berge besondereWirkungen hatte; diese waren von den für die aboriginische Expansion typischen Bereichen abgesondert, aber vom Fluß der Neuankömmlinge nicht ausgenommen, zumindest nicht in der oberen gesellschaftlichen Schicht: Die ersten beiden göttlichen Könige von Alba, Picus und Faunus, sind näm-

---

einer expansionistischen Bewegung, die auf Übervölkerung zurückzuführen war – »ob inopiam domiciliorum« (Fest. 328 L.) –, nach Latium ausgegriffen haben. Man kann sich eine sukzessive Einnahme der angrenzenden Gebiete und Weiden durch die neuen Generationen vorstellen, und erst in einer fortgeschrittenen Phase des Phänomens kann man einen Druck von seiten der Sabiner in Betracht ziehen, die schließlich, nach Verlassen ihrer Abstammungsorte, die Stelle der Aboriginer einnahmen, zunächst im Gebiet von Reate und dann entlang des Tibertales (Pacciarelli 1986). Die Aufgabe der sabinischen Gebiete, bezeugt seit dem Latiale IIA2, ließe sich vielleicht mit synoikistischen Bewegungen zu den Zentren von Terni und vielleicht auch von Rieti erklären, entsprechend zu denkbaren Vorgängen um Cures und die Siedlung des Quirinals (aus einem Gespräch mit F. di Gennaro und A. Guidi); es ist jedoch keineswegs sicher, daß das protourbane Phänomen auch im Inneren Italiens stattgefunden hat (aus einem Gespräch mit R. Peroni), und eine Untersuchung zu Terni scheint dies eher auszuschließen (Leonelli i. Dr.); die Aufgabe der Abstammungsorte scheint deshalb die natürlichste Erklärung in einem ersten Einfall der Sabiner entlang des Tibertales zu finden. Die Grabungen datieren Cures ab dem Latiale IIA2/IIB, aber in Cures ist auch ein Henkel aus der Spätbronzezeit gefunden worden, der dem Fund auf dem Cermalus ähnlich ist (Information von A. Guidi). Anderseits kann eine Gründung dieser Siedlung durch Modius Fabidius eben zur Zeit der Expansion der Aboriginer nicht ausgeschlossen werden. Die Tatsache, daß die Mutter des Modius Fabidius, des Gründers des präurbanen Cures, anscheinend eine aboriginische Prinzessin aus dem Gebiet von Reate war, deutet darauf hin, daß Modius Fabidius ein Aboriginer war, der den Tiber hinunterzog, und noch kein Sabiner. Es gibt keine archäologischen Indikatoren, die es erlauben würden, auf römischem Boden die ersten Aboriginer (Proto-Osco-Umbrer) von den ersten Latinern zu unterscheiden bzw. die Sabiner (Osco-Umbrer) von den Latinern: Peroni 1989. Aber die Einheitlichkeit der archäologischen *facies* berechtigt nicht dazu, Bevölkerungsverschiebungen zu negieren, die nachdrücklich von der Überlieferung bezeugt werden.

[6] Prosdocimi 1989.

lich nicht Siculer oder Latiner, sondern Aboriginer. Die Latiner erscheinen
also als das Ergebnis einer Überlagerung und daher einer Vermischung zwischen einer einheimischen (siculischen) Bevölkerung, die sich wahrscheinlich im Zentrum des Gebietes, wo die ursprünglichen Lebensumstände leichter bewahrt wurden (das Gebiet der Albaner Berge wird in den Quellen als
nicht eigentlich aboriginisch betrachtet), besser erhalten hat, und einer herrschenden elitären aboriginischen Gruppe, die aus dem Inneren der Halbinsel hierher gekommen ist. Das völlige Verschwinden der Siculer aus Latium
hat Sinn nur in der historiographischen Perspektive, die bei Dionysios von
Halikarnassos ihren Höhepunkt erreicht und die Latium von jedem sicher
barbarischen Element reinigen wollte, um den Aboriginern, von denen
man glaubte, sie würden von den Griechen abstammen und wären daher
edler Herkunft, den vollständigen Sieg zuzuschreiben. Daß die Latiner das
Ergebnis einer Vermischung verschiedener Volksstämme waren, wird von der
Überlieferung bestätigt, wenn diese auch von den Aboriginern und den
Trojanern handelt, nicht von den Siculern und den Aboriginern. In der
Schaffung des latinischen *nomen* folgt in einer ersten formativen Phase, die
vor allem durch die neue aboriginische Komponente gekennzeichnet ist
(siehe die göttlichen aboriginischen Könige Picus und Faunus), eine zweite
Phase der vollen Vermischung (beginnend mit Latinus, dem Namengeber
der ethnischen Gruppe). Die fremde Elite wird in lokalen Verwandtschaftsgruppen assimiliert, ohne allerdings ihre organisierende Funktion und die
leadership aufzugeben. Das Gebiet, in dem das *nomen* sich zu formen begonnen hat, muß im Inneren der Albaner Berge gelegen haben, nicht im Bereich
des Ager Latiniensis;[7] zwischen dem Gebiet von Rom, dem Tiber und dem
Anio gelegen, befand dieser sich, bezogen auf die Albaner Berge, in einer
Randlage und stand vermutlich zu sehr unter dem Druck der italischen
Bergbewohner, die das Gebiet durchqueren mußten, wenn sie sich Richtung
Meer wandten; bezogen auf den weiteren geographischen Kontext zwischen
dem Albaner See und dem Sabatinischen See (von Bracciano) jedoch befand
er sich in zentraler Lage. Die Randlage der Albaner Berge in bezug auf das
Meer, den Tiber und den Anio und im Verein damit die Herrschaft einer
aboriginischen Gruppe hohen Ranges stehen vermutlich am Ursprung der
künftigen Hegemonie von Alba Longa, wodurch das frühere Randgebiet
jetzt zum Zentrum der frühen Latiner wird.[8] Auch die Dorer, die vom Epi-

---

[7] »Latinienses« scheint Bewohner Latiums zu bedeuten, ohne die direkte ethnische Konnotation, die der Ausdruck Latiner beinhaltet: vgl. §152.
[8] Vgl. §108. Mit dem mangelnden Widerstand der indigenen Stämme in Latium während der
Spätbronzezeit kontrastiert in der Folge die Widerstandskraft der Latiner gegenüber den Sabinern und den Etruskern: Bietti Sestieri 1992a. Quilici 1979 meint, der albanische Bund wäre ab

rus gekommen sind und – drei Generationen nach dem Fall von Troja – die Achäer von der Peloponnes vertrieben haben, wurden von neuen Dynastien geführt, die sich durchgesetzt und damit die heroischen Zeiten geschlossen und bis zum Ende der Monarchien regiert haben.[9]

100. Das Geheimnis der Aboriginer. Der Grund für den Erfolg der Aboriginer ist nicht leicht zu erklären, aber es fällt schwer anzunehmen, er könnte in einem nur ethnischen, vor allem in quantitativen Begriffen schätzbaren Beitrag bestanden haben. Die Formation des ethnischen Bewußtseins der Latiner erfolgt nicht in Begriffen des Widerstands der Einheimischen gegen die Neuankömmlinge, sondern im Gegenteil, es ist die neue fremde Elite, die die neue linguistische, religiöse und kulturelle Identität von Latium vetus bestimmt hat,[10] wie es die Präsenz der mythischen aboriginischen Könige Latiums nahelegt. Den Häuptlingen von Alba Longa war es gelungen, zum ersten Mal einen Zusammenhalt der Stämme in dieser Region zu erreichen, wobei sie vielleicht Nutzen ziehen konnten aus der Krise der weiten Verwandtschaftsbeziehungen, durch die zuvor unterschiedliche Regionen vereinigt worden waren und die wahrscheinlich als Folge der Expansion der Aboriginer und der Vertreibung der Siculer an Bindekraft verloren hatten und so die Möglichkeit schufen, daß sich ein neuer Stammbaum bilden konnte, der nur noch auf die Region entlang des linken Tiberufers blickte. Nach der Zerschlagung der siculischen Herrschaftsverbände und ihres Verwandtschaftssystem ist es den Aboriginern wohl gelungen, sich über die Region in Form eines Netzes von ausgewählten Familiengruppen zu verbreiten, die untereinander vermutlich verschwägert und mit der aboriginisch-pelasgischen Oberschicht von Reate verbunden waren; sie gelangten an die Spitze der größeren Gemeinschaften, übernahmen dort die Kontrolle, gründeten die Siedlungen neu und bestimmten auf diese Weise das Schicksal dieser Gemeinschaften. Einige römische Historiker waren der Meinung, die Aboriginer seien griechischer Abstammung, von Dionysios von Halikarnassos wurden sie sogar als ein »heiliges Volk«, das von Zeus abstamme, ange-

---

dem 10. Jh. gegen die Sabiner gebildet worden, und zwar gegen Sabiner, die ursprüngliche Siedlungsgebiete der Aboriginer besetzt hätten, da er sich einen Einfall der Sabiner vor dem Verlassen der Siedlungen im Abstammungsgebiet, was seit dem Latiale IIA2 erfolgte (vgl. §§ 239 ff.), nicht vorstellen konnte. Zum Defensivcharakter des Bundes von Alba siehe auch Capogrossi Colognesi 1979.

[9] Carlier 1984; Brillante 1981; Ward-Joukowsky 1992; Drews 1988 (die Sage von der Rückkehr der Herakliden besäße einen eigenen Wahrheitskern, da die Dorer nichts anderes wären als die letzten Griechen, die aus dem Norden auf der Halbinsel eingetroffen sind) und 1993 (die Katastrophe der mykenischen Reiche wäre in die Jahre 1190-1175 zu datieren). Vgl. § 98, Anm. 3.

[10] Zur Frage der Volkscharaktere: Renfrew i. Dr.

sehen.[11] Diese Oberschicht, die, wie man annahm, aus der weit entfernten zivilisierten Welt gekommen war, scheint ihre eigene Hierarchie gehabt zu haben, die in einer frühen Form des (nemorensischen) Königtums in der Art des »Paramount Chief« gipfelte, identifizierbar im göttlichen König von Alba, der im gesamten formativen Prozess des *nomen* an der Spitze stand, seinen Sitz in dieser Siedlung hatte, nahe am Albaner Berg, dem Sitz des großen Kultes des Jupiter, um den sich das Einheitsbewußtsein der Latiner zu formen begann. Es entsteht der Eindruck einer weiten, gegliederten und hierarchischen Struktur, wo das lokale Element in ein regionales System eingegliedert zu sein scheint, wie es die Existenz des Bundes nahelegt, und wo der »konische Clan« der neuen Oberhäupter der Region sich als eine eigene Gegebenheit über die örtlichen Familien mit ihren genealogischen Verbindungen, die jetzt beeinträchtigt und marginalisiert sind und damit nur noch untergeordnete Bedeutung haben, darüber schiebt. Diese Reihe von Annahmen findet ihre gesellschaftliche Form im ethnisch-anthropolo-gischen Modell des »komplexen Chiefdom«,[12] das unserer Meinung nach als

---

[11] Nach Gabba 1991 und Cornell 1995 wäre die griechische Abstammung der Aboriginer eine pseudo-historische Konjektur des Dionysios von Halikarnassos, aber diese späte hellenozen-trische Auffassung konnte an wesentlich ältere Überlieferungen anknüpfen. Die griechische Abstammung der Aboriginer ist nicht nur Ausfluß der Ideologie des Dionysios. Es gab sie schon in den *Origines* des Cato und konnte auch auf die Griechen zurückgehen, die eine »wis-senschaftliche« Vorgeschichte geschaffen hatten, gegründet auf einem gemeinsamen hellenis-chen Erbe aller Menschen, die dann auch von den barbarischen Völkern anerkannt wurde (Bickerman 1952). Aber die Idee einer gemeinsamen Verwandtschaft unter den Häuptlingen, mit weit zurückliegendem Ursprung in Griechenland und zusammenhängend mit der frühen genealogischen Verbindung mit Zeus, darauf ausgerichtet, die Herrschaft in Italien zu legitimie-ren, kann zeitlich sehr wohl weit zurückreichen, entsprechend einer komplexen Stratigraphie, wonach die augusteische Ideologie des Dionysios, die darauf abzielt, den zusammengesetzten und offenen Charakter des römischen Volkes in Begriffen griechischer Kultur und isokratischer Moralität zu erklären, nichts anderes wäre als die jüngste Schicht, unabhängig und zugleich auf sehr viel ältere Überlieferungen bezogen. Linguistische Daten, archäologische Funde und Mytheme (importierbar wie die Keramik) können nicht unmittelbar über das historische Bild des Dionysios gelegt werden (Gabba 1991), aber ein grundlegendes diachronisches Element kann doch die ganze Stratifikation durchziehen und bis zur römischen Kaiserzeit gelangen, wonach die Römer, die Latiner und wohl auch die Aboriginer nicht in ausschließlich barbari-schem Rahmen erklärbar wären, da sie mit der ägäischen Welt seit der Bronzezeit in Verbin-dung standen. Vgl. §§107 und 157. Nach Snodgrass 1996 hätten die Griechen schon seit der Bronzezeit zwischen sich und der Welt der Barbaren eine Demarkationslinie gezogen, d. h. seit der Zeit der Definition der griechischen Welt, wie sie sich mit den Migrationen nach Zypern, nach Kleinasien und in die nördliche Ägäis abzeichnet, die zwischen dem 12./11. und dem 9. Jh. erfolgten. Die Geschichte des Hellenozentrismus der Griechen hat also möglicherweise eine recht lange Geschichte.

[12] Zu den Begriffen »konischer Clan« und »Chiefdom« siehe insbesondere Kirchhoff 1959 und Appendix 3. Im »konischen« oder »aristokratischen Clan« - im Gegensatz zum »egalitären Clan« - manifestiert sich die vertikale Differenzierung von Rang und *status* durch die unter-

schiedliche genealogische Stellung des Mitglieds der Gemeinschaft, die mehr oder weniger nah ist zum gemeinsamen Vorfahren und Gott der Gemeinschaft (Mars im Falle der aboriginischen Aristokratie). Bietti Sestieri 1992a und 1996 nimmt hingegen an, die Umstände in Latium würden in jener Epoche einem egalitären Tribalismus (anthropologischen Typs) entsprechen. Der Bezugspunkt der Region war, nach der Überlieferung, nicht so sehr das Gebiet der Albaner Berge im allgemeinen (dies ist allenfalls eine Annahme der heutigen Kritik), sondern die Siedlung Alba Longa, die als der Hauptort der Latiner galt, und das Heiligtum des Jupiter auf dem bezeichnenderweise gleichnamigen Berg, ein religiöses Zentrum, so die Überlieferung, aller *populi* Latiums, die offensichtlich untereinander verbündet waren, und nicht einiger Stämme, weshalb die Klassifikation »intertribal« unangemessen erscheint. Bietti Sestieri nimmt noch nicht einmal die Frage des Königtums regionalen Ranges auf, die sich mit dem kritisch rekonstruierten Mythos der Latiner stellt, und auch nicht das Problem der nemorensischen Nachfolge, da die Quellen unzuverlässig und Begriffe wie »Reiche« und »Könige« Signifikanten ohne Signifikat wären. Aber der Mangel an Vertrauen rührt daher, daß man es nicht versteht, hinter den Fiktionen des Aeneas, Ascanius und der anderen Scheinkönige, die spätere Mythographen erfunden haben, die göttlichen Könige Latiums auszumachen, und es weiter nicht versteht, hinter dem in jedem Fall und immer allgemeinen Begriff *rex* die Gestalt eines präurbanen Häuptlings auszumachen (aber der Titel *rex* könnte auf die Könige von Alba zurückgehen, wie die Existenz des Rex Nemorensis des Bundes vermuten läßt, des letzten – in seinen Funktionen *ad sacra* beschränkten – Erben des des Rex Albanus (Magdelain 1995). Es gibt einen Vorort der Latiner und ein Ganzes von kleineren Gemeinschaften, wie es regionale Oberhäupter gibt und Häupter der lokalen Gemeinschaften. Es ist also möglich, eine territoriale Organisationsform zu rekonstruieren, die auf embryonalen Formen der Zentralisierung und der Hierarchie beruht. Schon die Vorstellung eines albanischen Oberhauptes regionalen Ranges, ganz gleich welche Nachfolgemechanismen galten, impliziert eine beständige Differenzierung im Verwandtschaftsgefüge, die die Überwindung der tribalen Ordnung (mit ihren »Big Men«) voraussetzt. Schließlich impliziert das Chiefdom ein vorrangiges *vicus/oppidum* als Bezugspunkt für eine zahlreiche Gruppe kleinerer Ortschaften, und nicht eine Proto-Stadt mit wenigen Satellitenzentren (was schon ein Early State wäre); und Alba war eben dies: ein großes Dorf, und kein protourbanes Zentrum, und die *populi* bildeten ein weitläufiges Netz von Dorfgemeinschaften, nicht vereinzelte Festungen an der Peripherie eines *ager*. Nach Alföldi 1965 hätte der albanische Bund einem einzigen Stammeskomplex entsprochen. Die göttlichen Könige Latiums lassen eher an die »Pre-State Community« in der »formative Era of the State« oder im »Dark Age« denken (1050–750), wie sie Thomas 1976, Donlan 1985 und 1989 und Donlan-Thomas 1993 für Griechenland beschrieben haben, wonach »small scale Societies are capable of developing into (pre-)States ...«. In diesem Prä-Staat gäbe es 1. eine Verbindung zwischen »central person« und »central place«, wo der oberste Häuptling seine offizielle Wohnstätte hat: Siehe die großen königlichen Hütten von Lefkandi und von Nichoria (Picus ist mit Alba verbunden, der Hauptstadt der Stammesnation, wo wir seine *regia* ansetzen können); es gäbe 2. ein »pattern of political leadership«, hierarchisch organisiert wie eine regionale Pyramide, wodurch dem »Paramount Basileus« die anderen *basileis* im Bereich eines »Chiefdom« untergeordnet sind, das heißt, es gäbe eine ethnische Vorherrschaft in wohl definierten Grenzen (Picus erscheint bedeutender als die anderen Gründer von Siedlungen in Latium, und die göttlichen Könige von Alba scheinen ihren Einfluß auf die Gesamtheit der *populi* und auf deren einzelne Anführer auszuüben); es sei daran erinnert, daß z. B. die Dorer, angeführt von Kresphontes, Messenien in fünf Teile aufteilten und in jedem Teil eine Siedlung errichteten, daß aber Kresphontes Stenyklaros als seinen Sitz wählte, während die anderen Siedlungen anderen Häuptlingen anvertraut wurden (Moggi 1976). Diese Hierarchie der Häuptlinge würde 3. die Überwindung der stammesmäßigen Segmentierung bedeuten, und sie würde die Macht eines »politischen« Zentrums voraussetzen, das in der Lage ist, mehrere Dörfer miteinander in einem Bundeskult zu verbinden, wie im Falle des Synoikismos des Theseus, dem mythischen Vertreter der »Paramount Baseleis« von Athen (man denke an das *nomen* und an den Bund der *populi,* die von Latinus begründet wurden). Es gäbe 4. das Recht / die Ehre, das »Chiefly Office« zu übertragen (man denke an die Reihe Picus-Faunus-Latinus). Der »Paramount Chief« wäre 5. ein *primus inter pares,* seine Befugnisse wären begrenzt, da Kraft und Weisheit notwendige Voraussetzungen für sein Amt wären, weshalb es sich eher um eine »loose Sovereignity« als um eine regelrechte Monarchie handelte (die Machtbefugnisse der göttlichen Könige von Alba dürften geringer gewesen als jene, die die Könige Roms und der anderen Stadt-Staaten innehatten); es kann jedoch nicht ausgeschlossen werden, daß die Herrscher von Alba sich schon mit dem Titel *rex* schmückten (Magdelain 1995). Nach Snodgrass 1996 habe die »neue Ordnung« des dunklen Zeitalters in Formen des Zusammenschlusses und Zusammenhalts bestanden, die, wie schwach sie auch gewesen sein mögen, über die einzelne Siedlung hinausreichten. Die Kommunikation innerhalb ein und derselben Region hätte sich in einem Maß intensiviert, daß sie zu Integration, Identität und Abgrenzung führte. Der »Fürst« von Lefkandi konnte an der Spitze eines Gebietes stehen, das größer war als seine Siedlung. Die Existenz eines (obersten) Häuptlings würde die Existenz einer Gruppe von »Herren« oder *basileis* innerhalb der Gemeinschaft als ganzer (d. h. als ein Ganzes verschiedener Siedlungen) nicht ausschließen. Zu den Königen, die die Stammes-Staaten in Griechenland regierten, siehe Larsen 1968. Nicht annehmbar ist Antonaccio 1993 und 1995, für den der *basileus* in jedem Falle ein »Big Man« ist, Typus des Stammeshäuptlings, der in der anthropologischen Theorie eine Vorform des weiter entwickelten Häuptlings als Ausdruck einer Dauerinstitution in einem Chiefdom ist. Es ist kein Zufall, daß Snodgrass 1996 nur bezüglich einiger Dörfer von »Big Men« spricht und nicht im Bezug auf die großen Ortschaften oder die großen Zentren des dunklen Zeitalters, die eben ein erbliches Häuptlingstum kannten. Lefkandi zum Beispiel war eine sehr bedeutende Ortschaft, auch wenn es nicht zu einer Stadt werden sollte, und die Wohn- und Grabstätte eines ihrer Oberhäupter und seiner Gattin, datierbar am Ende des 10. Jh., läßt an alles denken außer an einen einfachen »Big Man«. Die oben zitierten Autoren kennen den Begriff »protourban« nicht, mit der Folge, daß der Anschein entsteht, in Griechenland hätte, in der Mitte des 8. Jh., ein unmittelbarer Übergang vom »präurbanen« zum »urbanen« Stadium stattgefunden; und es wird auch kein Bezug genommen auf die Gegebenheiten in Italien, die durch die Gegebenheiten in Griechenland indirekt erhellt werden können und umgekehrt (vgl. § 358, Anm. 81). In Latium dürfte die Nachfolge weniger vom Vater auf den Sohn, sondern mittels Initiationen in die königliche Macht erfolgt sein, auf der Grundlage von Bewährungsproben, die in einem heroischen Duell gipfelten, mit dem Ziel, nach dem Ritual des Rex Nemorensis, die Prinzessin für sich zu gewinnen und/oder den vorherigen Herrscher oder jedenfalls einen Rivalen zu besiegen (vgl. § 123). Ursprünglich konnte nicht jeder sich am Duell für die Nachfolge beteiligen, wie in der späten »Verfallsform«, die wir für den Priester der Diana in Nemi kennen. Das Duell könnte anfangs Mitgliedern des konischen Clans vorbehalten gewesen sein oder dem Haus, das dem gemeinsamen göttlichen Vorfahren am nächsten stand; man könnte also von einem Nachfolgerecht sprechen, das einem engen Kreis von Geschlechtern oder nur einem Geschlecht vorbehalten war (sieheTorelli 1996a; Carandini i. Dr.; § 41, Anm. 26). Hierzu fällt mir ein Passus aus dem *Mahabharata* ein: »this prince, who is ready to fight with thee, is the son of Pritha and Pandu and a scion of the Kuru race. Reveal, O mighty armed, thy parentage and the race rendered illustrious by thy birth. It is only after knowing thy lineage that Partha can fight with thee, for high-born princes cannot engage in single combat with unknown adventurers«. Die »kollaterale« Nachfolge scheint der »vertikalen« vorausgegangen zu sein: Meillassoux 1995 und 1995a. In Griechenland und in Italien waren die Könige mit den ansässigen Familien nicht verwandte Fremde, von denen man glaubte, sie stammten von Heroen und von Göttern ab: Carlier 1984; Finkelberg 1991.

einziges die vom Mythos angezeigte Wirklichkeit zu erklären vermag. Der neuen von Picus in Alba begründeten Herrschaftsform gelang es dann, den Stammesbereich in Latium vetus zu umschreiben, zu vereinheitlichen und ihm eine religiöse und kulturelle Identität zu verleihen, dessen schließliches Ergebnis der albanische Bund war, der aber schon von Anfang an von der einheitlichen Verwandtschaftsstruktur der aboriginischen Abstammungslinie der Häuptlinge vorgebildet war. Es könnte dies das Geheimnis des qualitativen Beitrags der Aboriginer zur Formation des latinischen *nomen* und seiner Organisation gewesen sein, die von Alba ausging, dem Sitz der obersten Spitze dieser pyramidalen Clan-Struktur, die wir vielleicht schon als gentilizisch-klientelar bezeichnen können, allerdings noch präurbanen Typs, der nicht mit dem Typus, der die reife protourbane Zeit charakterisiert, verwechselt werden darf.[13] Wenn es uns im folgenden Kapitel gelingt, Zeugnisse beizubringen, die das, was bis jetzt nur eine Annahme ist, bekräftigen, könnte die gedankliche und gesellschaftliche Organisation der Formation der Latiner sehr viel klarer werden; diese Organisation erstaunt uns durch ihre Originalität und Komplexität im Vergleich mit der primitivisierenden Sicht, die eine Gleichförmigkeit annimmt, an die zu glauben immer schwieriger wird, weil damit die neue und bedeutende Rolle von Alba Longa und die komplexe Struktur des Mythos der Latiner nicht genügend berücksichtigt ist, der seinen Schwerpunkt in einem besonderen Typus »pyramidaler« Herrschaft und »regionaler« Bedeutung hat.

101. Falisker, getrennte Brüder der Latiner (Abb. 13). Argumente aus der Linguistik lassen auf eine ursprüngliche territoriale Nachbarschaft von Latinern und Faliskern schließen, die wahrscheinlich dadurch unterbrochen wurde, daß sich ein Stamm, der aus dem Inneren Italiens kam, zwischen sie eingeschoben hat. Bei dem Versuch, diese Unterbrechung zu datieren, hat die Kritik die Endbronzezeit nicht ausgeschlossen. Denkt man in diesem Zusammenhang an die Sabiner, ergeben sich bezüglich einer so frühen zeitlichen Ansetzung allerdings erhebliche Probleme. Auf archäologischer Basis erscheint der Einfall der Sabiner nämlich, wie wir gesehen haben, erst ab Beginn der frühen Eisenzeit plausibel. Zieht man jedoch die Aboriginer in Erwägung, in dem Rahmen, wie wir sie rekonstruiert haben, kann die frühe Datierung dieses Phänomens wiederum in Betracht gezogen werden.[14]

---

[13] Zu dem Begriff »comunità gentilizio-clientelare pre-urbana«, der von R. Peroni stammt, vgl. Appendix 3.
[14] G. Colonna hat für diesen Einfall einer Population (die er als »sabinisch« bezeichnet) die Endbronzezeit nicht ausgeschlossen, während R. Peroni für diese Wanderung, die er ebenfalls als »sabinisch« bezeichnet, eine spätere Zeit annimmt (Peroni 1973, Schlußdiskussion), das 9. und 8. Jh. Colonna 1986 erinnert daran, daß die capenatische Sprache eher mit dem Sabini-

Auf eine auch linguistische Einheit der künftigen Ager Faliscus, Capenatis und Veientanus mit Latium vetus in der Zeit der Siculer, als ihre Metropole Saturnia das Zentrum bildete, könnte die Formierung des latinischen *nomen* in Latium vetus erfolgt sein; die früheren Verbindungen mit den Stämmen jenseits des Tibers, die jetzt durch eben den Einfall der Aboriginer von Latium abgetrennt waren, könnten damals beendet worden sein. Die Verlagerung des geographischen Bereichs auf das linke Ufer des Tibers und der Beginn der Formierung des Volksstammes der Latiner scheint sich einerseits dem neuen Zentrum Alba zu verdanken und andererseits der parallelen Formierung des *ethnos* der Etrusker. Der Tiber bezeichnet jetzt nicht länger einen Bereich der Anziehung, sondern ein Randgebiet mit Grenzen zwischen unterschiedlichen ethnischen Gruppen, die sich herausbilden. Die Sabiner hätten dann nichts anderes gemacht, als dem Weg zu folgen, auf dem ihnen die Aboriginer schon vorangegangen waren.

102. Modius Fabidius gründet Cures (Abb. 14). Bei ihrem Zug aus dem Gebiet von Reate entlang des Tibers Richtung Anio könnten die Aboriginer Cures gegründet haben. Sein mythischer Gründer soll Modius Fabidius gewesen sein, Sohn eines jungen Mädchens aus aboriginischem Adel und des Mars, des Gottes der aboriginischen Krieger, der ihr in seinem Heiligtum auf dem künftigen Ager Amiternus beigewohnt haben soll,[15] so daß der Heros ebenfalls als ein Aboriginer angesehen werden muß. Seine Sage enthält das kostbare mythische Modell, nach dessen Schablone andere mythische Ereignisse geschmiedet wurden und geschmiedet werden sollten, wie die Zeugung des Picus und die Zeugung des Romulus, auch sie beide Söhne des Mars, des Gottes, der sich jetzt auch in Latium zeigt, und einer ihm geweihten Göttin oder Prinzessin. Das Modell der Grotte des Mars am Lupercal Roms und im Lucus Martis von Alba, beide verbunden mit der Geburt und der Rettung des Romulus und Remus, könnten im aboriginischen Heiligtum ihr frühes Vorbild gehabt haben.

103. Gründet Modius Fabidius auch den Quirinal? Es ist möglich, daß die Aboriginer bei ihrem Zug über Cures hinaus weiter gezogen sind, daß

schen als mit dem Faliskischen verwandt ist (siehe seine Abb. 1, mit der geographischen Lage der Falisker, Capenaten, Sabiner und Latiner und vgl. hier Abb. 13). Schon Briquel 1972 hatte für Capena ein dem Faliskischen analoges linguistisches Substrat und ein »sabinisches« Superstrat angenommen, das dann dominant wurde. Siehe auch Filippi 1986, der die traditionelle Chronologie bezüglich des Einfalls der Aboriginer keiner kritischen Revision unterzieht .

[15] Der Tempel des Mars im Gebiet von Amiternum könnte der Tempel in Suna sein, da bekannt ist, daß es dort einen Tempel dieses Gottes gab, oder der Tempel in Tiora Matiene (bei Aquila), da man weiß, daß es dort ein Marsorakel gab, bei dem ein (von Mars) vom Himmel geschickter Specht, auf einem hölzernen Balken hockend, geweissagt hat: Dion. Hal. 1,14-15. Vgl. § 60, Anm. 23, Addendum II und Appendix 4.

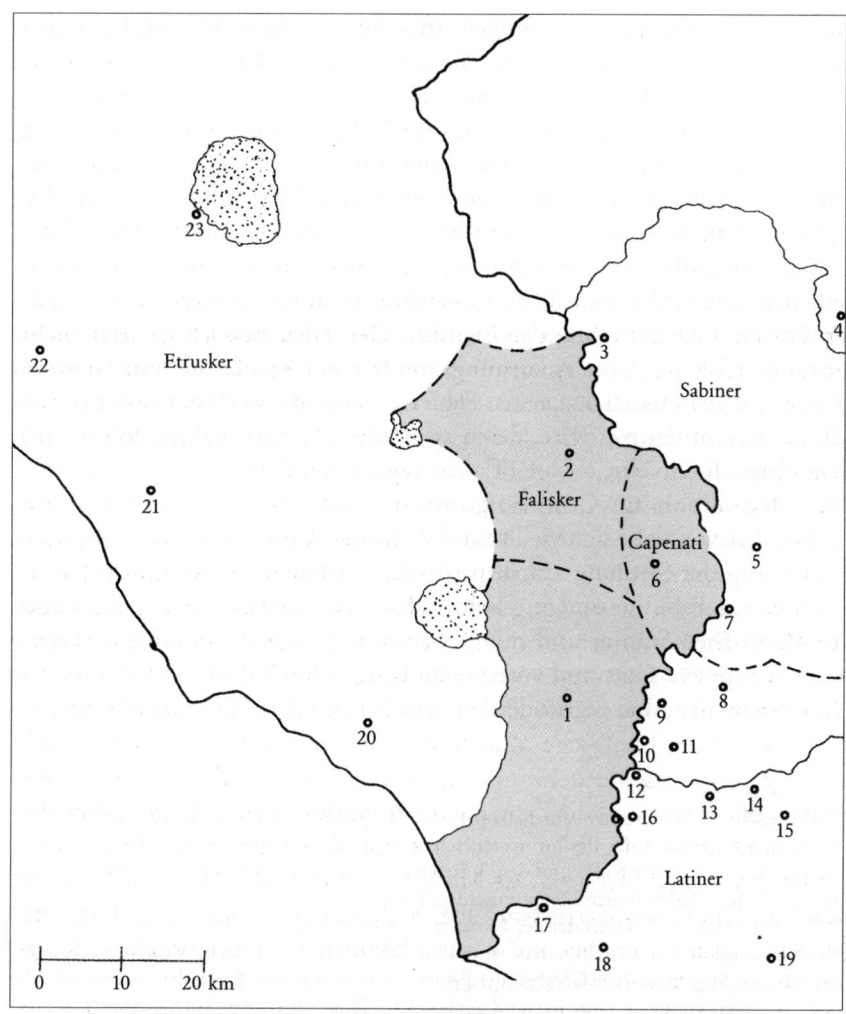

Abb. 13   Die Gebiete der von den Latinern getrennten Populi (Falerii, Capena, Veji)

1. Veji, 2. Falerii, 3. Ocriculum, 4. Reate, 5. Cures, 6. Capena, 7. Eretum, 8. Nomentum,
9. Crustumerium, 10. Fidenae, 11. Ficulea, 12. Antemnae, 13. La Rustica (Caenina?), 14. Collatia,
15. Gabii, 16. Rom, 17. Ficana, 18. Decima, 19. Alba Longa, 20. Caere, 21. Tarquinia, 22. Vulci,
23. Bisenzio

sie den Anio überschritten und Saturnia, den Hauptort der Siculer, erreicht
haben, daß sie ihn eingenommen haben, daß sie die Siculer verjagt und die
Siedlung neu gegründet haben. Man könnte die Ankunft der Aboriginer auf
römischem Boden mit der Zäsur zu Beginn der Endbronzezeit in Beziehung
zu setzen,[16] die durch Aufgabe und Umwidmungen im Gebrauch charakterisiert ist, so daß zum Beispiel an die Stelle von Siedlungen Gräber und Heiligtümer treten; dies offenbart eine Identitätskrise in der Gemeinde von Saturnia und in anderen Zentren, die wir nur mit Bevölkerungsverschiebungen
erklären können.[17] Es wurde die Hypothese vertreten, Fabidius, der Gründer
von Cures, könnte auch der aboriginische Gründer der *colles* von Rom gewesen sein. Eher als Hercules könnte er es gewesen sein, der mit einer gewissen
Fabola (Fauna/Acca?) den ersten Fabier gezeugt hat, wodurch er der *princeps*
dieser berühmten *gens* wäre, deren *sacra* auf dem Quirinal gefeiert wurden
und deren Totem eine eßbare Pflanze war, die *faba*.[18] Er könnte als Anführer
einer Expedition aus Cures aufgebrochen sein und den Quirinal erreicht
haben.[19] Davon ließe sich vielleicht der genetische Zusammenhang zwischen
Cures und der Siedlung auf dem Quirinal herleiten, den die Alten festgestellt haben. Fabidius und sein Sohn Fabius wären also mit dem königlichen
aboriginischen Stamm und mit Mars verbunden, wie Romulus, der ebenfalls von diesem Gott und von diesem königlichen Stamm abstammt, über
den Zweig, der Alba gegründet hat und der in Picus, nicht in Modius, sei-

---

[16] Vgl. § 151.

[17] Die Schaffung des großen Saturnia am Ende der Spätbronzezeit und die »Einweihung« der
Via Salaria am Beginn der Endbronzezeit scheinen die Voraussetzungen zu bilden für diesen
Austausch zwischen der Küste und dem Inneren Italiens, der sich um das Salz dreht und dann
auf römischem Boden seinen Hauptumschlagplatz hat.

[18] Enyalios/Mars als Stammvater der Fabier wird in der mythischen Rekontextualisierung von
Hercules abgelöst: Liv. 5,46; Plin. nat. 18,10; Plut. Fab. 1,2; Fest. 77 L. Siehe Montanari 1976 (für
den Faunus die gentilizische Gottheit der Fabier ist); Franciosi 1980 (nach dem es eine sehr alte
italische Totemkultur gegeben hat und auch eßbare Pflanzen zu den Totems gezählt werden
können); Ruggiero 1984 (nach dem die Fabier etruskischen Ursprungs wären); Mastrocinque
1993. Zu der Verbindung der Bohne mit Faunus: Aronen 1989. Der Mythos der Fabier würde
mit der Theorie übereinstimmen, wonach der Ursprung des ersten gentilizischen Systems in
die präurbane Zeit zurückreicht (vgl. Appendix 3).

[19] Eher als von einem Specht, dem Vogel des Picus, dürfte Modius von einem wilden Täuberich
oder *titus* – es sei an die Sodales Titii erinnert (nach dem Vornamen des Gründerkönigs der
sodalitas) – geführt worden sein, in dem man den Gründer-*genius* der »Sabinität« in Rom gesehen hat: Prosdocimi 1989; siehe auch Peruzzi 1969 und 1995 und §§ 116, Anm. 54; 135, Anm. 83.
Wenn die *sodales* eher mit der Curia Titia (Paul. Fest. 503 L.) verbunden waren, muß man sich
ihren Sitz wohl eher auf dem Quirinal vorstellen als auf dem Kapitol, einem außerhalb der
Kurien gelegenen Ort. Die Pelasger (= die Aboriginer?) hätten am Fuße des Mons Saturnius die
Kulte des Saturnus und des Dis Pater gegründet: Macr. Sat. 1,7,30–31. Tarchon hätte die Plätze
der etruskischen Siedlungen Dis Pater geweiht: Serv. Aen. 10,198 (Roncalli 1985).

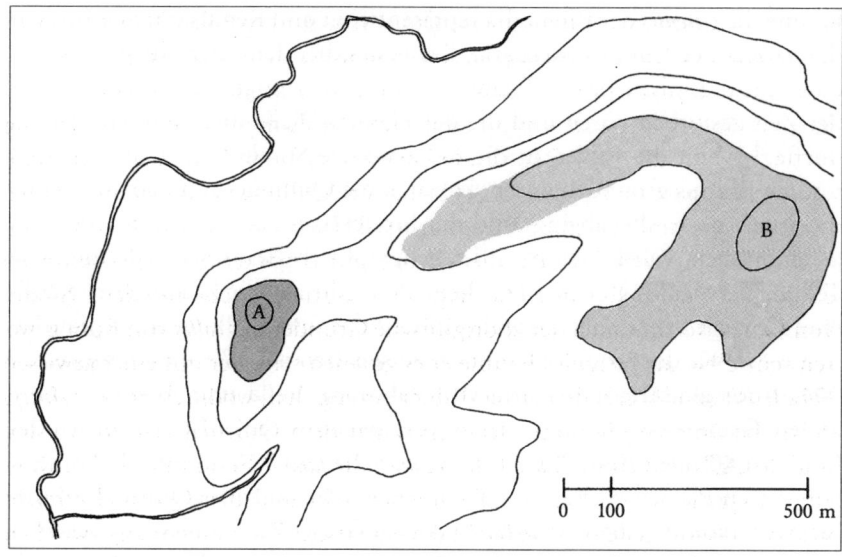

Abb. 14   Cures

A: Ende 9. bis Ende 8. Jh. v. Chr.; A-B: ab Ende 8. Jh. v. Chr.

nen gemeinsamen Vorfahren hatte. Wenn die Fabier eine Familie waren, die ursprünglich vielleicht aus Cures kam, waren die Quinctier eine Familie, die ursprünglich vielleicht aus Alba kam, womit die beiden Bruderschaften der Lupercer, die Fabiani und die Quinctiales, sich auf zwei unterschiedliche aboriginische Linien beziehen könnten, von denen eine eine führende Stellung in Cures und die andere in Alba innehatte. Von diesen beiden Linien erhielt dann die albanische den Vorrang, die mit dem Prinzip der Ordnung verbunden war, unter dem Vorsitz des Jupiter (der Gottheit des Mons Albanus), dem dann auch Romulus angehört, der bei den Lupercalia eben die Quinctiales anführt und im Wettkampf unterliegt, während Remus als Sieger hervorgeht, der Anführer der Fabiani, die eher mit Cures und mit dem Prinzip der Unordnung verbunden sind, das unter der Leitung des Faunus steht, der sich bei den Lupercalia durchsetzt, nicht aber das restliche Jahr, während dem die Ordnung herrschen muß.[20] Romulus mit den Quinctiales

[20] Remus und die Fabier gewinnen beim Wettstreit der Lupercalia, sie befinden sich in einem Zustand irreversibler Wolfsnatur (Remus verzehrt die für Faunus bestimmten *exta,* einem Räuber oder einem Wolf gleich), sind Ausdruck wilder, ungezügelter Vitalität (vergleichbar der mit dem Wein verbundenen Wirkung) und einer chaotischen Randsituation, wodurch sie die Welt des Faunus widerspiegeln. Zu Remus und den Fabiern, die außerordentlich schnell und daher die siegreichen Lupercer sind: Wiseman 1995. Romulus und die Quinctii gewinnen dafür in der Welt des Latinus und des Jupiter, ihre Wolfsnatur ist ein reversibler Zustand, sie sind besonnen und achten die Institutionen, sind Anhänger der Ordnung, die im Siedlungszentrum herrscht:

könnte die *parentes* der Parentalia repräsentieren und Remus mit den Fabiani
die *lemures* der Lemuria/Remuria, des Festes, bei dem man die *fabae* wirft,
das Nahrungsmittel, das die Phantasmen derer beruhigt, die (wie Remus) vor
der Zeit gestorben waren und die der Flamen Dialis nicht einmal nennen
durfte.[21] Wenn die Fabier an die *colles* (wo die Straße nach Cures abging)
und an Faunus gebunden waren, konnten die Quinctier mit den *montes* (wo
die Straße nach Alba abging) und mit Jupiter/Latinus verbunden sein. Dies
angenommen, würde schon in der geographisch-sakralen Gliederung jene
Teilung der Siedlung in zwei Teile bemerkbar, die auch in Zukunft beträchtli-
ches Gewicht haben sollte, sowohl zur Zeit der zwei Siedlungen der präurbanen *populi* wie der protourbanen Gemeinschaften der *colles* und der *montes*.

104. Aboriginische Gründung von Palatium, Velia und Aventin. Eine
andere Gruppe von Aboriginern als die angenommenen Kolonisatoren des
Quirinal könnten das Palatium und die Velia besetzt und die Siculer auch
von diesen Plätzen vertrieben haben. Sie wurden Sacrani genannt, und dieser Name könnte einen *ver sacrum* aus dem Gebiet von Reate voraussetzen.[22]
Sie kamen aus dem Palatium genannten Dorf (und deshalb wurden sie auch
palatinische Aboriginer genannt) und aus dem Velia genannten Bezirk, der
vorher aboriginisch und dann pelasgisch war. Es sind wahrscheinlich diese
Aboriginer, die zweien der berühmtesten Hügel Roms die Namen gegeben
haben, die sie aus ihren Heimatgebiet von Reate mitgenommen haben,[23]
während der aboriginische König Aventinus (ein weiterer Heros, den man
für einen Sohn des Hercules hielt) Namengeber für den gleichnamigen
Hügel war. Zu diesen aboriginischen Besetzungen auf römischem Boden
kommt die Anwesenheit der göttlichen Könige von Alba, die vielleicht anderen Hügeln Roms ihren Namen gegeben haben: die ersten *luperci germani*
Picus und Faunus dem Cermalus[24] und Latinus / Iuppiter Latiaris dem Col-

Briquel 1980; Corsano 1977; Mastrocinque 1993. Wenn Remus die Mauer entweiht, ist das so,
als würde Faunus in die Stadt einbrechen, die von Romulus verteidigt wird, der Ausdruck des
Mars ist, des Vaters der Laren und der Lares Praestites Picumnus-Pilumnus (vgl. § 112, Anm. 32).
Auf dem praenestinischen Spiegel ist Remus zum Kopf der Wölfin (= Fauna) und zu Faunus hin
gewandt, während Romulus zu Latinus (verbunden mit Jupiter) gewandt ist, der auf ihn als den
Liebling des höchsten Gottes deutet, dem es bestimmt ist, Rom zu gründen. Zu den Quinctii
von Alba: Liv. 1,30,2. Nach Piganiol 1920 wären Quinctilii mit den Lupercalia verbunden, nicht
die Quinctii, die wahrscheinlich Tusculaner sind. Nach Wiseman 1995 und 1995a wären die
beiden Bruderschaften der Lupercer eine Erfindung vom Ende des 4. Jh.
[21] Sabbatucci 1988; Mainoldi 1981 (über vorzeitig Verstorbene in Griechenland).
[22] Nach Serv. Aen. 11,317 wären die Sacrani den übrigen Aboriginern auf römischem Boden
vorangegangen. Nach Fest. 328 L. wären die Aboriginer sehr stark auf dem Palatin vertreten
gewesen. Zu den »Söhnen des Mars« und den *veria sacra*: Tagliamonte 1994.
[23] Vgl. Addendum II.
[24] Cic. Cael. 26; Varro ling. 5,54; Plut. Rom. 3,6. Die *germani*, die dem Cermalus seinen Namen

lis Latiaris. Alle diese Benennungen weisen auf die große Bedeutung hin, die der aboriginischen (Wieder-)Gründung der Siedlung auf römischem Boden zukam. Archäologische Zeugnisse betreffend die Endbronzezeit, Stufe I und II, wurden bis jetzt allerdings weder auf dem Quirinal noch auf dem Collis Latiaris, nicht auf dem Palatium, auf der Velia noch auf dem Aventin gefunden – ein ähnliches Bild ergibt sich auch für Cures, wo wir keine auf diese Stufen bezogenen Zeugnisse kennen –, aber der mythische Diskurs muß sich frei entfalten können, ohne sich a priori und in einer mechanischen Weise mit einer völlig unabhängigen Dokumentation messen zu müssen, die oft unzureichend ist und sich in ständiger Entwicklung befindet wie die, die von der Archäologie versorgt wird.[25]

105. Gründung weiterer Siedlungen. Wir wissen von weiteren Gründungen in Latium, die gleichzeitig zu dieser aboriginischen Präsenz in Cures und in Saturnia erfolgen und uns helfen, letztere in einem weiteren Kontext zu interpretieren. So soll Tibur nach der Vertreibung der Sicaner (= Siculer) von den Zwillingen Catillus und Coras und ihrem Bruder Tiburtus/ Tiburnus/Tibur[26] wiedergegründet worden sein, die leichter als Aboriginer denn als Griechen zu interpretieren sind. Nach den Alten würden wir uns drei Generationen nach dem ersten Fall Trojas, also in der Zeit um 1170 (1250 minus 81 ergibt 1169) befinden. Diese Epoche entspricht, nach unserer Rekonstruktion, der Zeit der Ankunft der Aboriginer in Latium und der Zeit anderer Gründungen, die diesem Stamm in Latium zugeschrieben werden können. Gründer wie Tibur könnten die zwei Digidii und Caeculus in Praeneste sowie Picus (oder Pilumnus) und Faunus (oder Daunus) in Alba, in Ardea, möglicherweise auch in Lavinium und in Rom, gewesen sein. Die

verliehen, wären Romulus und Remus gewesen; es gab den Ortsnamen aber schon vor den göttlichen Zwillingen, er taucht in der Liste des Septimontium auf, daher müßte man, anstatt an die zweiten, an die ersten *luperci germani* denken.

[25] Vgl. §§ 28-31. Das Gebot einer Neubewertung der Dokumentation muß abgestimmt werden mit dem Gebot, daß für die unterschiedlichen Genera der Dokumentationen und der Quellen unabhängige Diskurse stattfinden müssen.

[26] Diese mythischen Gestalten erinnern an Picus, Faunus und Latinus (in Alba) – Tiburtus, der dritte der Gruppe, ist wie Latinus, dritter auch er, der Namengeber – oder an Pilumnus, Daunus und Turnus (in Ardea). Catillus und Coras wurden als *gemini fratres* betrachtet: Verg. Aen. 7,670. Sie waren mit dem anderen Bruder Söhne des Catillus, Enkel des Amphiaraos und Urenkel des Oikles, eines Gefährten des Herakles in dem Unternehmen gegen Troja zur Zeit des Laomedon, des Vaters des Priamos: Solin. 2,8; Amphiaraos ist in Theben gestorben, eine Generation vor dem Trojanischen Krieg: Plin. nat. 16,237 (Graf 1985). Tiburtus erinnert an Praenestus (zu ihm Cornell 1975). Daher war auch Tibur eine Siedlung, die ursprünglich von Siculern bewohnt war (siehe auch sein Viertel oder *meros*, genannt Sikelikos: Cato orig. fr.5P, ap. Solin. 2,8; Dion. Hal. 1,16,5), später besetzt und neugegründet von den Aboriginern: Weinstock 1936. Vgl. § 69.

Gründungen von Lavinium und von Alba werden – nach den Alten – auf
1181 und auf 1151 datiert, d.h. in die Generation, die auf Cacus folgt. Es ist
dies auch die Zeit des Tarchon, eines Enkels des Hercules und Zeitgenossen
des Cacus, des Gründers von Tarquinia, verbunden mit dem Ziehen einer
heiligen Furche, wobei Tages an den Tag kommt, vielleicht der Archetyp der
folgenden Stadtgründungen, die entsprechend den *Tagetica sacra* erfolgen.[27]
An diese großen aboriginischen Gründungen in Latium vetus können wir
vielleicht die wohl zu gleicher Zeit erfolgende Gründung von Ausculum im
Picenum anschließen, bei der, wie in Alba, der dem Mars heilige Specht die
Hauptrolle zu spielen scheint.[28]

---

[27] Pallottino 1930; Alföldi 1974. Die Gründung des Tarchon ist wohl im Zusammenhang mit
der Gründung des protourbanen Tarquinia zu sehen, mit einer archäologisch bezeugten Gründungsgrube vom Ende des 10.Jh., vielleicht eine Art von *mundus*, die mit Dis Pater zusammenhängt: Serv. Aen. 10,198 (Bonghi Jovino 1987). Nach den Etruskern und den Römern gibt es im
Leben eines Volkes das erste *saeculum* (= höchste Lebensdauer eines Menschen) und das letzte,
deshalb gibt es die Gründung eines *nomen*, wie es die Gründung einer Siedlung gibt: Sordi 1972.
Zu dem ganzen Problem Pairault-Massa 1996. Die Aboriginer hätten ihren Ursprung auf dem
Peloponnes gehabt, wie die Pelasger; dem Picus/Faunus/Latinus hätte Tarchon/Tyrrhenus entsprochen, die als Wölfe angesehen wurden, wie Faunus (Lyc. Alex. 1245 ff.); Alba, dem Hauptort
der Latiner, hätte Cortona entsprochen, der Hauptort der Tyrrhener; dem von den Latinern
kolonisierten siculischen Latium hätte das von den Tyrrhenern kolonisierte umbrische Etrurien entsprochen; dem Beginn des etruskischen *nomen*, den man an den Beginn der *saecula*
im zweiten Viertel des 10.Jh. legen muß (an den Beginn der Eisenzeit, nach Pacciarelli i. Dr.),
hätte die Gründung des latinischen *nomen* zur Zeit des Latinus entsprochen; dem Bund der
etruskischen *populi* hätte der Bund der latinischen *populi* entsprochen.
[28] Vgl. § 108.

9 Der Gott Mars und Picus, göttlicher König der Aboriginer. Endbronzezeit, Stufe I (1150–1100)

106. Woher kommt Picus, der erste göttliche König von Alba? (vgl. Abb. 2).

VI
1–3

Der erste Könige von Latium, Picus,[1] der Specht,[2] erweckt die Vorstellung des Waldes, wie dann auch Faunus, der Wolf. Es könnte sich, entsprechend dem üblichen mythischen Schema, um einen König handeln, der von außen gekommen ist, von den wilden Rändern der Siedlung, um einen nemorensischen König. Man denke an die Verbindungen von Picus, dem Specht, mit Circe, dem Falken,[3] und mit Sol, einem Gott, der mit den

[1] Zur absoluten Chronologie dieser Phase vgl. § 98, Anm. 1. Von den Chronographen her argumentierend könnte man dem Picus die Chronologie zusprechen, die Eusebios / Hieronymus Ascanius, dem Nachfolger des Aeneas (1179–1176), zuschreiben (Helm 1913). Es handelt sich um die 40 Jahre zwischen 1176 und 1136. Nach Eus. Chron. 283 Schoene hat Picus 37 Jahre regiert, also von 1176 bis 1139. Das Datum der Gründung von Alba (1151) fiele demnach in die *akme* des Picus. Dazu, daß Picus 120 Jahre gelebt hat: Diod. 6,5.

[2] Santi 1988 betrachtet Picus als einen euhemerisierten Gott und nicht, wie A. Brelich, als einen Kulturheros. Der Ahnherr der Aboriginer-Latiner Picus ist mit dem Specht verbunden (Capponi 1979), insofern er das Totemtier der von ihm begründeten Dynastie ist: Mazzarino 1966, III, Anm. 555. Zum Bedürfnis der Clans, sich durch die Wahl unterschiedlicher Totemtiere zu unterscheiden, siehe Levi-Strauss 1962. Eine andere Interpretation bei Szemerényi 1971, wonach das Tier der Gastgeber der Seele des Vorfahren wäre. Es ist ungewiß, ob der Storch am Ursprung der Pelasger gestanden haben kann, die Myrmidonen schienen von den Ameisen abzustammen und die Lykaonier, die Hirpiner, die Hyrkaner, die Lukaner und die Daunier von den Wölfen. Es handelte sich um Völker, die aus Tieren hervorgehen statt aus Felsen oder Bäumen (Mastrocinque 1993). Es sei in diesem Zusammenhang an folgende sagenhaften Gestalten erinnert: 1. Mares/Maris, der erste der autochthonen Ausonier, verbunden mit dem Pferd, ein Kentaur wie Virbius (Hermansen 1984; Lepore 1989), der im Zusammenhang mit Marica (Cerchiai 1995) gesehen werden muß; 2. Periphas, der indigene König von Attika, dort verehrt, weil er vor Kekrops regiert hat, verbunden mit dem Adler (Chirassi Colombo 1975); 3. Kekrops, der Gründungsheros von Athen (wie Picus Gründer von Alba war), der in Megara als Vogel erscheint und in Athen als Schlange (auch Faunus konnte Wolf, Ziegenbock und Schlange sein), Sohn der Gaia und Beschützer der Palastzitadelle der Akropolis; 4. Aristeas von Prokonnesos, Begleiter des Apollon auf der Reise nach Metapont, der die Gestalt eines Raben angenommen hat: Hdt. 4,15. Das Marmor Parium datiert Kekrops auf 1580 (FGrHist 239), 400 Jahre vor Alba (vgl. § 65, Anm. 5). Circe ist eine Herrin der Vögel, sie hat einen Namen, der an eine Art von Falken erinnert (wie die Kirkoi, die von Lydien aufgebrochen sind und Caere eingenommen haben, wie Lykophron bezeugt), und sie ist fähig in einen Vogel zu verwandeln, z. B. den Picus in einen Specht (Kerényi 1944; Marazzi 1982). Die Metamorphosen seien zu verstehen mit Bezug auf den mythischen Ursprung der Tiere: Piccaluga 1968.

Vögeln verbunden ist; sie erinnern an Lavinium[4] und an Ardea,[5] auf dessen Territorium der Mons Circeus liegt, und beide sind, wie wir sehen werden, mit Faunus verbunden. Die Geschicke der Circe und auch des Sol könnten auf eine sicherlich alte, aber nicht ursprüngliche Schicht des Mythos hinweisen, nämlich auf die Schicht der ersten Aufpfropfungen griechischer Mythen in Latium, die ab der zweiten Hälfte des 8. Jahrhunderts, nach der Gründung der griechischen Kolonie Cumae, datiert werden kann.[6] Eine Reihe von Hinweisen läßt vermuten, daß Picus aus weiterer Ferne als aus den Wäldern Latiums gekommen ist. Er war nämlich ein aboriginischer König, also ein Fremder, der zur Zeit der Wanderung dieses Volksstammes aus dem gebirgigen Zentrum der Halbinsel nach Latium gekommen ist. Der Specht war der Orakel-Vogel von Tiora Matiene, dem – allerdings dem Mars geweihten – Dodona der Aboriginer, und der Specht war ein eben dem Mars und der Feronia heiliger Vogel,[7] die beide typisch aboriginische Gottheiten sind, in denen möglicherweise die göttlichen Eltern von Picus, dem Specht, gesehen werden können, so wie von dem Sohn des Picus, Faunus dem Wolf, einem anderen dem Mars heiligen Tier, angenommen wurde, daß er von diesem Gott abstamme.[8] Es werden eben dieser Specht und die Wölfin die Tiere

[3] Aristoph. av. 477 ff. In Italien ist das Symbol des Vogels, oft verbunden mit der Sonne, zwischen Spätbronzezeit und früher Eisenzeit weit verbreitet, als die Flugtiere als Mittler zwischen den Gottheiten und den Menschen verstanden wurden: Peroni 1989. Picus (= Odysseus), der mit Circe (abgeleitet von einem Vogelnamen) verkehrt, der Tochter des Indiges Sol, ist wahrscheinlich die lavinatische Version des Picus, der sich mit Canens (ebenfalls von einem Vogelnamen abgeleitet) vereinigt, der Tochter des Indiges Ianus, so die Version auf römischem Boden.
[4] Vgl. Addendum IV.
[5] Circe soll Kolchos, einen König der Dauner (Parthenios 12,1-3, in: Mythogr. gr. 2,1,24-25), der vielleicht König von Ardea war (Mastrocinque 1993), in ein Schwein verwandelt haben.
[6] Zur Verbindung Sol-Aphrodite in Lavinium: Torelli 1984. Vgl. Addendum V.
[7] Der Specht von Tiora Matiene weissagte von einer wahrscheinlich hölzernen Stange aus, die einen ursprünglichen Baum ersetzte, etwa eine Eiche, die dann dem Jupiter heilig war, aber auch dem Mars heilig sein konnte: Suet. Vesp. 5,2; Val. Fl. 5,250-51. Fest. 214 L.: »Picus Martius Feroniusque« (Brind'Amour-Brind'Amour 1975; Scarpi 1979-80). Zum Picus oder Picovius Martius von Gubbio: Bianchi 1978. Feronia war eine Nymphe (Serv. Aen. 8,564), Beschützerin der Quellen und daher auch des Ackerbaus. Feronia/Faronia wurde in Beziehung gesetzt zum far, zu Ceres und Ops, zu Fruchtbarkeit und Ernährung (Krappe 1941). Sie wurde in luci verehrt, die im umbrisch-sabinischen Gebiet besonders zahlreich waren, zwischen der Via Flaminia und der Via Caecilia: Monacchi 1985 (mit einer Karte der Verbreitung der Kulte). Die Göttin spielte nicht zufällig bei den »Novensiles a Sabinis« eine Rolle (Varro ling. 5,71). Als Mutter des Jupiter in Anxur war sie mit Rhea/Ops vergleichbar. Vgl. § 106, Anm. 8.
[8] Zu Faunus als einem Nachkommen des Mars: Dion. Hal. 1,31. Zu Mars als dem Vater des Faunus: App. Reg. fr.1. Zu Mars Silvanus (= Faunus) und zu Silvanus Lar Agrestis: Preller 1881. Zur Verbindung Faunus-Laren: Calp. Buc. 5,24. In der Königsburg des Latinus wird Picus von Vergil mit dem heiligen Schild dargestellt, wie ein Salier, ein Priester des Mars. Zur Verbindung des Mars mit den Laren und mit Consus: Tert. spect. 5,7 und das Arvallied (Tabeling 1932).

sein, die von Mars geschickt werden, um die göttlichen Zwillinge Romulus und Remus beim Lupercal zu nähren.[9] Picus der Specht, der Gründer von Alba, wäre also ebenso der Vater des Modius Fabidius und des Romulus, der Gründer von Cures (und vielleicht auch der *colles* des aboriginischen Saturnia) und von Rom. Was die Mütter betrifft, könnten Modius Fabidius und Picus in aboriginischer Umgebung von einer priesterlichen Prinzessin, die mit Feronia gleichgestellt wurde, oder von der Göttin selbst, geboren worden sein, während Romulus von einer priesterlichen Prinzessin und Göttin abstammen könnte, die der Feronia in Latium gleichkommt: Ops/Rea (= Fauna/Silvia).[10] Dieser gemeinsame verwandtschaftliche Zusammenhang, der ursprünglich in den Bergen im Zentrum der Halbinsel angesiedelt war und dann in der Ebene Latiums erneuert wurde, läßt denn auch die Einheit der kulturellen und religiösen Provenienz dieser aboriginischen Häuptlinge besser verstehen, von denen man annahm, daß sie außer von den indigenen Göttern Mars und Feronia (Ops für die Latiner) über Oinotros auch von Zeus abstammten. Aber die Ähnlichkeiten, die es in den Mythen dieser Könige Latiums, der Gründer oder Neugründer seiner Siedlungen,

---

[9] Ov. fast. 5,465.

[10] Zur Authentizität der genealogischen Reihe Juno – Mars/Stercutus – Picumnus/Pilumnus/Picus – Faunus/Daunus – Latinus/Turnus: Köves-Zulauf 1990. Feronia ist die Mutter des Herulus, dessen Name als Diminutiv von *erus (= dominus)* interpretiert wird, eines Monsters mit drei Körpern und drei Seelen (Serv. Aen. 8,564), des Häuptlings von Praeneste, der von Euander getötet wird, eine Art Cacus dieser Siedlung, während die Göttin in Anxur die Mutter des Jupiter ist. Feronia ist demnach also eine Mutter von *eri*, und vielleicht war *erulus* oder *erus* der Titel der ältesten Häuptlinge in der Art des Cacus und vielleicht auch der ersten Herrscher von Alba. Allerdings wurde der Zusammenhang zwischen (H)erulus und *erus*, den Scholz 1970 angenommen hatte, schon von Schulze 1904 zurückgewiesen, da das *e* von (H)erulus lang, das *e* in *erus* aber kurz ist, so daß eher ein Zusammenhang zwischen Erulus und *ferus* (dialektaler Wechsel von f/h) zu bestehen scheint: Adam 1985. Dieser Zusammenhang kann auch angenommen werden für Feronia, Mutter des *Ferulus*, die sich zu den *fera* und zur Welt der Wildnis verhalten kann wie Fauna zu Silvia *(= agrestis)* und der Welt des Waldes. Man könnte hinzufügen, daß Feronia mit Silvia wie entsprechend mit Rhea (Ops) verbunden werden kann. Ops würde also in Alba und auf römischem Boden die Funktion der Feronia einnehmen, insofern sie die mit der Nahrung, der Reproduktion und der Zeugung der Häuptlinge verbundene Göttin ist (zur Verbindung Feronia-*far*-Ops siehe Krappe 1941). Im Fall der Feronia und der Rea Silvia scheint die Bühne der Liebesvereinigung mit Mars eher ein Wasserlauf gewesen zu sein als das Herdfeuer einer *regia* (wie wahrscheinlich im Fall der Zeugung des Cacus, Caeculus und Servius Tullius durch Volcanus). Andererseits könnte Mars selbst, in Rom mit Tempestas, mit dem *lapis manalis* und mit der Ernährung verbunden sein, insofern er der Gott ist, der den Specht und die Wölfin zu Romulus und Remus schickt und insofern er Vater des Spechtes ist, ursprünglich ein Gott gewesen sein, der möglicherweise selbst das Aussehen eines Spechtes hatte und der Verursacher und Ankündiger des Regens war: eine Art höchster himmlischer Gottheit der Italiker. Auf diese Weise wäre seine Verbindung mit Feronia, der Göttin der Aboriginer/Sabiner (Mutter des Jupiter in Anxur), und mit Ops, der Göttin der Latiner, besser zu verstehen.

gibt, darf nicht die hierarchischen Bezüge vergessen machen, die auf einen
Rangunterschied hinweisen. Picus, Faunus und Latinus sind in der Tat oberste Häupter von Alba, um vieles bedeutender als die lokalen Häuptlinge
wie Fabidius, Aventinus, Catillus und Coras, die beiden Digidii und Caeculus, denn erstere erscheinen als die Herrscher der ganzen aboriginisch-
pelasgischen Oberschicht Latiums, deren Teil letztere zu sein scheinen.

107. Picus: eine Neuausgabe des Pelasgos? Picus der Specht, der erste
König in Latium, Gründer und oberster Häuptling von Alba, Begründer
einer Dynastie und erster Kulturheros, Faunus der Wolf, der auf ihn folgt
und den Kult des Jupiter auf einem Latium beherrschenden Berg begründet, und Latinus, sein Sohn, der das *nomen* und den Bund der Latiner gründet und der nach seinem Tod an Iuppiter Latiaris angeglichen wird, entsprechen einem sehr alten mythischen Schema, das aus der Ägäis in das
Tyrrhenum gelangt sein kann oder das ein gemeinsames Schema der Länder beider Meere ist. Folgen wir den Chronographen, finden wir ein halbes
Jahrtausend vor den göttlichen Königen Latiums die gleichen sagenhaften
Vorstellungen am Ursprung des Volksstammes der Pelasger, die nach Italien
kommen und ihr Schicksal mit dem der Aboriginer verbinden. Pelasgos
erinnert tatsächlich an Picus: Er gehört der ersten Generation von Menschen an, er ist der erste König des künftigen Arkadien und auch der erste
Kulturheros. Sein Sohn Lykaon, der Wolf, erinnert an Faunus, einen anderen Wolf: Er ist der Gründer von Lykosura (das als erste Siedlung der griechischen Welt galt) auf dem Lykaiongebirge, ist der Gründer des Kultes
des Zeus Lykaios, des Gottes, der auf dem gleichnamigen Berg geboren
wurde, er ist Vater von Dutzenden von Söhnen, die Gründer von Siedlungen
und Volksstämmen sind, darunter Arkas als Namengeber für die Arkader,
Sohn des Zeus, der erste Mensch, der gänzlich von den Göttern und den Tieren getrennt erscheint, also aus der chaotischen und prälunaren Phase der
Giganten hervorgegangen, dann zum Objekt des Kultes geworden ist, und
Oinotros, Namengeber der Oinotrer in Italien, die beide an Latinus, den
Namengeber der Latiner erinnern. Es können also folgende Äquivalenzen
aufgestellt werden: Pelasgos = Picus = der erste menschliche König, Lykaon =
Faunus = Gründer des Kultes des Zeus/Jupiter und Arkas/Oinotros = Lati-
nus = namengebender Gründer eines *ethnos*.[11] Hinter diesen heroischen

---

[11] Piccaluga 1968; Borgeaud 1979. Vgl. §§ 129–132. Während Lykaon den Namen des Wolfes hat,
wie Faunus, hat Pelasgos, wie Picus, einen Namen, der an einen Vogel erinnert, den Storch.
Pelasger bedeutet »Umherziehende« und Pelarger »schnell Umherschweifende«, wie die »Störche«, so daß es zusätzlich zur formalen auch eine partielle semantische Überschneidung gibt.
Andererseits waren die Pelasger des Pelasgos ein ursprüngliches Volk, mit anderer Sprache und
umherschweifend, nicht identisch mit den Hellenen, an deren Genealogien sie aber teilhatten

Gestalten Griechenlands und Italiens wird eine mythische Verwandtschaft mediterraner Dimension sichtbar. Die aboriginisch-pelasgischen Häuptlinge des Gebietes von Reate, die aboriginischen Häuptlinge von Latium und auch die Häuptlinge der Tyrrhener sind in der Tat miteinander und ebenso mit den Häuptlingen des südlichen Italien, Italus und Morges, verwandt, insofern von allen angenommen wird, daß sie von Oinotros abstammen, dem Sohn des Lykaon, dem Enkel des Pelasgos und Urenkel des Zeus, der also als der gemeinsame göttliche Vorfahr dieser ältesten mediterranen Nobilität figuriert.[12] Diese großartige mythische Genealogie, die so kunstvoll ist (aber nicht aus diesem Grund auch schon nicht authentisch und spät), hilft uns zu verstehen, warum in der *regia* des Latinus, die in der *Aeneis* beschrieben wird, unter den Bildern der Vorfahren auch Italus und Sabinus/Sabus (abstammend auch er von Iuppiter Fidius) figurieren.[13] Die Signatur der neuen Epoche könnte in der Tatsache bestehen, daß die weiten Verwandtschaftsbeziehungen, die einen großen Teil der Halbinsel geeinigt haben, jetzt sich zu gliedern und in Dynastien von weit begrenzterer geographischer Relevanz zu unterscheiden beginnen, die, ohne die vage Erinnerung des gemeinsamen Ursprungs zu verlieren, immer mehr die Besonderheit der eigenen Abstammung, der eigenen Herrschaft, der eigenen Länder schätzen und auf diese Weise die Entwicklung der verschiedenen ethnischen Gruppen ermöglichen, die in diesen Verwandtschaftssystemen des regionalen Bereichs ihr Fundament finden. Die Tatsache, daß Morges den Siculus aufnimmt und die Herrschaft mit ihm teilt, könnte zu dem Gedanken verleiten, auch die siculische Nobilität pelasgischen Ursprungs zu halten.[14] Andererseits wurde Siculus nach einer Version des Mythos für einen Sohn des Italus gehalten, vielleicht aus dem Wunsch, alle mythischen Häupter der Halbinsel untereinander verwandt zu sehen. Als Repräsentanten der höchsten Gottheit auf Erden mußten die Könige dieses Landes *diogeneis* sein, sie konnten ihr

(zur gesamten Frage siehe de Simone 1996), wie auch die Aboriginer, die italischen Pelasger, mit Bezug auf die Latiner. Die Pelarger wären ausschließlich das Volk, das sich vom Westen nach Osten bewegt und die nach ihm benannte Mauer von Athen (Pelargikon) gebaut haben soll, und nicht das Volk, das in die Gegenrichtung von Griechenland nach Italien gewandert ist (Briquel 984). Zur Zurückweisung des Zusammenhangs zwischen den Pelasgern und den Störchen siehe auch De Sanctis 1898. Es sei an die Kirkoi oder Falken erinnert, die wie die Pelasger-Etrusker aus Lydien aufgebrochen sein sollen und Caere und Pisa eingenommen haben: Lyk. Alex. 1245 ff. (Pairault-Massa 1996).
[12] Auch aus diesem Grund, abgesehen von den von Italus begründeten gemeinsamen Mählern, wurden die Völker Italiens von den Griechen nicht für Barbaren gehalten, im Unterschied zu den Persern, den Ägyptern und den Skythen, oder besser: auf halbem Weg zwischen Barbaren und Hellenen: Manni 1957.
[13] Dion. Hal. 2,42.
[14] Vgl. § 67.

Zepter nur von Zeus/Jupiter ableiten wie in Griechenland Minos auf Knossos, Arkas in Arkadien, Zethos und Amphion in Theben und Lakedaimon in Sparta. Aber Zeus seinerseits hatte des Zepter vom Specht empfangen, wie wir gleich sehen werden, und so wenden wir uns dem Vogel-Totem zu, um das es hier geht. Diese allgemeine Rekonstruktion der mediterranen Vorgeschichte wurde bis jetzt als späte Frucht einer hellenozentrischen Sicht der Welt angesehen.[15] Aber es ist nicht auszuschließen, daß sie sich auf entsprechende sehr viel ältere Überzeugungen von mythischen Verwandtschaften stützen kann.[16]

108. Der Specht, der führt und gründet: in Alba und auch in Ausculum? Die Expedition, die Picus, der Specht, aus dem Gebiet von Reate in Richtung auf das gebirgige Alba herabsteigend, angeführt hat, gleicht der der Picenter, die von Sabina (= das aboriginische Reate) aufgebrochen, dem Verlauf der Salaria gefolgt und nach Ausculum im Picenum gelangt sind, geführt von einem Specht, vielleicht sogar von einem Picus genannten Häuptling.[17] Wenn ein Specht/Picus »Sabiner« (= Aboriginer) geführt hat, Ausculum zu gründen, warum sollte nicht eine anderer Specht/Picus ebenfalls einen Volksstamm geführt haben, Alba zu gründen?[18] Der Specht

---

[15] Cornell 1995.

[16] Vgl. § 60. Zu den griechischen Herrscherhäusern, die Zeus als Ahnen hatten: Schwabl 1978. Auch halbbarbarische Völker wie die Skythen konnten Könige haben, die sich für Nachkommen des Zeus hielten, analog zu den Königen der Aboriginer, weshalb deren Abstammung von Zeus mythisch plausibel und vielleicht authentisch ist.

[17] Sil. 8,439 (Picus Gründer von Ausculum); Paul. Fest. 235 L.; Strab. 5,3,1; 5,4,2; Plin. nat. 3,13 (Rix 1950-51; Merkelbach 1955; Briquel 1984; Landolfi 1988). Zu den Dryopes, Volk der Eichen (= lat. Querquetulani) oder der Spechte: Fourgous 1989-90. Nach Szemerényi 1971 kann die Wurzel des Stammesnamens Picenter keinen Bezug haben zur Wurzel von *picus*. Prosdocimi 1983 deutet »Pico (vio) Martio« der Tafeln von Gubbio als Picenus. Zur Darstellung auf einer picenischen Vase von wahrscheinlich weissagenden Vögeln, die auf einem Balken sitzen, wie der Specht von Tiora Matiene, datierbar in die Endbronzezeit, Stufe II oder III: Colini 1913 (vgl. § 40; Abb. 2). Die Führungsrolle des Spechtes ist bekannt bei den Italikern und in anderen ethnographischen Fällen, aber es ist bezogen auf diesen Vogel einzigartig, daß die Griechen sie nicht kennen (Krappe 1941), sie scheint also ausschließlich italisch zu sein, ausgenommen der Fall des Zeus-Spechtes, der Io nach Nemea führt (Graves 1955, 56a).

[18] Es sei erinnert an die Existenz einer Picetia genannten Siedlung in Latium vetus, nicht weit von Fidenae (Dion. Hal. 5,40; Liv. 2,16; Plut. Publ. 21), deren Namen mit dem Wort Specht in Zusammenhang gebracht werden kann. Wir wissen andererseits, daß die Peuketier Rom belagert haben sollen: Kallim. 107 Peiffer (Briquel 1974). Man hat in ihnen Äquer oder Fidenati sehen wollen, auch mit Bezug auf Picetia, oder »Sabiner« (Plin. nat. 3,107). Nach Mazzarino 1966 (II.1, Kap. 11) wären sie im 5. Jh. vor die Mauern Roms gekommen. Nach Briquel 1974 ist das Zeugnis des Kallimachos schwer zu datieren, aber er schließt eine Zeit vor der Gründung Roms nicht aus. Nach de Simone 1984 haben die Daunier Apuliens und Kampaniens und der König Daunus von Ardea ihren Namen von der Wurzel *dhauno-(-(i)yo-)* abgeleitet, was »Wolf«, »Würger« bedeutet, weshalb Daunus = Faunus. Die Sacrani von Ardea (Philipp 1914) könnten

wurde bei den Italikern als ein von den höchsten Göttern Mars und Jupiter geschickter Vogel verstanden, der deshalb imstande war, die authentischsten Zeichen zu geben, was deren Wille war.[19] Ein Herrscher, der in der Lage war, als die Manifestation dieser Vögel auf Erden zu erscheinen, von denen man meinte, sie hätten sich nie auf Erden niedergelassen und die also per Definition als himmlische Wesen erschienen,[20] und der in der Lage war, das Orakel des Mars in Tiora Matiene, dem Dodona der Italiker[21] (oder eine seiner Filialen), zu kontrollieren, war der ideale Häuptling, um einen *ver*

als Osko-Umbrer interpretiert werden, was gut passen würde zu Turnus, dem Sohn des Daunus (= Faunus), der seinerseits Sohn des Pilumnus (= Picus) ist, was darauf hinausliefe, daß die Rutuler dieselben Vorfahren hätten wie die Latiner, die, wie wir wissen, aboriginischen Ursprungs waren (Serv. Aen. 7,410; Plin. nat. 3,56). Dazu und zur angenommenen Verbindung von Picus, Faunus und Latinus mit Lavinium vgl. §72, Anm. 3. Ardea dürfte ursprünglich mit dem Mythos des Aeneas verbunden gewesen sein, wie aus dem Aphrodisium geschlossen werden kann, auch wenn in der literarischen Überlieferung sich keine Spur erhalten hat, aufgrund der Rivalität Roms mit Ardea und seiner Verbindung mit Lavinium. Aber die Ähnlichkeit der Gründungsmythen, die Komplementarität zwischen den beiden Heiligtümern der Aphrodite und der mythische *foedus* zwischen Aeneas und Lanoios, dem Namengeber von Lanuvium (Mangarano 1974), dem Ort, dessen Hafen Ardea war – weshalb Aeneas von Ardea nach Lanuvium, wie von Lavinium nach Alba, hinaufgezogen sei, um die Schwester des Königs zu heiraten –, erinnern an eine andere, wohl viel frühere Situation. Zu einer in den Albaner Bergen (Grottaferrata) gefundenen plastischen Darstellung des 9. Jh. von wahrscheinlich weissagenden Vögeln, die auf einem Balken sitzen, wie der Specht von Tiora Matiene: Müller-Karpe 1959, Tafel 28.3 (vgl. auch §40; Abb. 2). Siehe dazu ein bronzenes Zepter in Form eines Balkens für Vögel mit vier Vögeln darauf aus Enkomi (Zypern), datiert in die zweite Hälfte des 12. Jh.: Buchholz 1991. Zu Vögeln aus Terrakotta auf hölzernen Balken von Knossos: Carter 1995, Abb. 18.1. Der Specht als Führer zur Gründung könnte in Alba (wie der Adler in Lavinium) eine Funktion vorweggenommen haben, die dann von der Wildsau übernommen wurde, es ist nämlich letztere und nicht der Specht, die mittels der 30 Ferkel mit den 30 *populi* des albanischen Bundes verbunden wird, und damit mit Latinus, dem letzten der göttlichen Könige, die mit dem Gründungsmythos verbunden sind. Auch der Name von Kapys, dem Gründer von Capua, ist mit einem Vogel verbunden, dem Falken (Pairault-Massa 1996). Es fehlt nicht an weiteren Beispielen, daß ein Vogel anzeigt, wo eine Siedlung gegründet werden soll. Tenochtitlan, »die Burg des Kaktus« (das spätere Mexiko-Stadt) wurde von den Azteken 1325 gegründet. Die Stelle, an der die Siedlung entstehen sollte, wurde von einem Adler angezeigt und vom Gott Huitzilipochtli ausgewählt (Matos Moctezuma 1988, Abb. 13). Es handelte sich um den Schutzgott des Krieges, des Sieges, der Herrschaft und der Macht, der in den Codices als ein Vogel erscheint, mit Helm und in vogelgestaltiger Rüstung (Matos Moctezuma 1988, Abb. 18, 25, 59, 114, Tafel VII). Der Adler ist das Zeichen des aztekischen Kriegsgottes und wohl auch des Gründungshäuptlings der Siedlung. Ein Text erzählt von der Ankunft der Azteken auf der kleinen Insel, wo die Stadt entstehen soll: »Sie gingen voran, um das Wahrzeichen des Adlers zu suchen, sie kamen von der einen Seite und von der anderen Seite, sie sahen den Feigenkaktus und darüber einen Adler, mit Flügeln, die zu den Strahlen der Sonne hin ausgebreitet waren ... Als sie das sahen, warfen sie sich nieder und verehrten ihn als heilig« (Matos Moctezuma 1988).

[19] Ov. fast. 1,447.
[20] Aristot. hist. an. 593a, 614a.
[21] Dion. Hal. 1,14. Zum Zusammenhang des Spechts mit Zeus-Jupiter vgl. §115.

sacrum anzuführen und um in Latium einen Volksstamm zu gründen, eine
Siedlung, eine königliche Dynastie und eine neue religiöse Kultur, die in
Mars und Jupiter ihren Mittelpunkt hatte.[22] Genau dies scheint die Bestimmung des Picus gewesen zu sein. Ein Häuptling aus dem Gebiet von Reate,
der König von Alba wird, entspricht vollkommen dem mythischen Thema
des Königs aus der Fremde, der die Bühne der Gemeinschaft betritt und der
vorhergehenden Ordnung ein Ende setzt, indem er die eigene Vorherrschaft
errichtet.[23] Die aboriginischen Könige sollten bald in Latium heimisch werden und in bestimmender Weise mit ihrem neuen System der Macht zur
Bildung des Volksstammes der Latiner beitragen.

109. Die Wurzeln des »nomen« (vgl. Abb. 12). Eine Zeitlang war die These,
die Aboriginer und prisci Latini gleichsetzte und als ihren Urprungsbezirk
den Ager Latiniensis angab, gelegen zwischen Rom, dem Tiber und dem
Anio, sehr beliebt.[24] Aber diese Gleichsetzung ist allzu schlicht. Erstere kommen nämlich aus einer anderen Region, und das Gebiet der Albaner, in der
Mitte von Latium vetus, gehört nicht zu den Gebieten, die die Alten für
typisch aboriginisch hielten, die eher am Rand der Region gelegen waren,
zum Anio, zum Tiber und zum Meer hin (in der Mitte Latiums zum Tiber
hin).[25] Die Albaner scheinen sich in einer Situation befunden zu haben,
die in mancher Hinsicht paradox war: Auf der einen Seite erscheinen sie
von der Ausdehnung der Aboriginer weniger betroffen und andererseits am
engsten mit den höchsten Häuptlingen der Aboriginer, die die göttlichen
Könige von Alba sind, verbunden zu sein. Aber vielleicht ist es ja gerade
dieser widersprüchlichen Situation zu verdanken, daß die Vermischung von
ansässiger albanischer Bevölkerung und von außen kommmender aborigi-

---

[22] Nach einer Version der Überlieferung war es Picus, der, gleichsam als Führer einer aboriginischen Vorhut, die (übrigen) Aboriginer aufgenommen hat (Orig. gent. Rom. 4), die in der
Folgezeit nach Latium gekommen sind.

[23] Sahlins 1985; Valeri 1985. Vgl. auch § 46, Anm. 45.

[24] Die Thesen von Bernardi 1964, die Briquel 1984 einer harten Kritik unterzogen hat, scheinen nicht überzeugend: Er leitet 1. die Aboriginer von den Boreigonoi des Lykophron (Alex.
1253-54) her statt umgekehrt, was wenig wahrscheinlich erscheint; er lehnt sich 2. an eine falsche
Etymologie an, die ihn die »Bewohner der montes« (Dion. Hal. 1.13), analog zu den Albanern,
als »Stamm des mons« verstehen läßt, um auf dieser Basis Aboriginer und Albaner gleichzusetzen; er nimmt 3. an, daß die ersten Latiner vom Ager Latiniensis stammten. Diese Anschauun-
gen sind von verschiedenen Autoren übernommen worden, darunter von Catalano 1965 und
1978, von Ampolo 1988 und im besonderen von Colonna 1988: »Wir können annehmen, daß
die Latiner eben die Bewohner des vom Tiber umspülten Streifen Landes waren, zwischen dem
Zufluß des Anio und dem Meer« (mit Verweis auf den Ager Latiniensis und auf Latinion); weiter: »Von diesem schmalen Grenzbezirk aus ... wurde der Stammesname dann zur Bezeichnung
der latinischen Nation verwendet«, offensichtlich von den Etruskern.

[25] Folgende Orte sollen Zentren der Aboriginer gewesen sein: Antemnae, Caenina, Ficulea,
Cameria, Tivoli, Rom, Tellene und Lavinium (Briquel 1984).

nischer Nobilität sich zum ersten Mal in äußerst wirkungsvoller Weise im Bereich der Albaner, und nicht der Latinienses,[26] vollzogen hat, in der wir die Matrix des latinischen *nomen* erkennen können.

110. Picus gründet Alba und den Lusus Troiae (vgl. Abb. 11). Als Grün-   III der von Alba im Jahre 1151 erscheint Ascanius, der Sohn des Aeneas, als ein Double des gleichzeitigen Picus, der im Gegensatz zu Ascanius eine völlig authentische Figur des Mythos der Latiner ist. Ascanius soll die Gründung von Alba mit einem Ludus Troiae abgeschlossen haben.[27] Diese Art des Rennens wird oft in Verbindung mit dem Labyrinth genannt, es scheint daher mit Theseus, dem Gründer von Athen, verbunden zu sein.[28] Auch Caeculus und Romulus gründen Praeneste bzw. Rom mit der Feier von *ludi* wie den Lupercalia und Consualia.[29] Die Bewegungen in Form eines Labyrinths, die im 7. Jahrhunderts im etruskischen Bereich *truia* genannt wurden,[30] sind vielleicht der Ursprung des Lusus Troiae, der mit Troja in Kleinasien keinerlei Verbindung haben kann und am ehesten an die rituellen Kämpfe erinnert, die jedweder Art von *lustrationes* folgten.[31] Hinter Ascanius, dem Gründer des Lusus Troiae in Latium, wird so vielleicht der göttliche König Picus sichtbar, der wahre Gründer von Alba – und nicht von Laurentum, wie die Überlieferung will, aber wie dem auch sei, jedenfalls der Metropole der Latiner –, in einer Epoche, die jetzt, weit entfernt vom friedlichen Zeitalter des Saturnus, gekennzeichnet ist vom ersten großen Krieg um Land in Latium, dem Krieg der Aboriginer-Pelasger gegen die Siculer.

111. Pilumnus, Picumnus und die Dioskuren der Latiner. Früher als die einzelne Gestalt des Picus ist wahrscheinlich die entsprechende Doppelgestalt des Picumnus und Pilumnus anzusetzen, die möglicherweise ein Stadium repräsentieren, in dem die Totalität noch zeitlos, synchron, bipolar und

---

[26] Vgl. § 152.

[27] Verg. Aen. 5,588 ff.

[28] Theseus wird vom Marmor Parium auf 1259 datiert: FGrHist Nr. 239.

[29] Siehe diesbezüglich die von Lykaon gegründeten Lykaia, vom Marmor Parium auf die Jahre 1324–1309 datiert (FGrHist 239), und die von Euander (= Faunus Lupercus) begründeten Lupercalia. Es überrascht nicht, daß Picus und Faunus, die als erste mit dem Königtum verbundene Wettkämpfe eingerichtet haben, mit den Daktyloi Idaioi gleichgesetzt wurden, hatte doch der Daktylos Herakles den ersten *dromos* in Olympia gegründet (Chirassi Colombo 1975). Den ersten kriegerischen Initiationen entsprechen die ersten Initiationen zur Ehe, welch letztere Institution ebenfalls von Picus begründet wurde: vgl. § 114. Die Empfängnis, die Gefangenschaft und die Geburt Rea Silvias erfolgen in der Sage des Romulus in Alba, in einem Umfeld, das an das Lupercal auf römischem Boden erinnert, das ebenfalls ein Lucus Martis ist (mit Grotte, Wolf = Faunus, Fluß, Mars, usw.).

[30] Siehe die Inschrift *truia* auf der *oinochoe* von Tragliatella: Pairault-Massa 1992; Capdeville 1993.

[31] Liv. 40,6.

prä-genealogisch ist. Diese Doppelgestalt könnte das folgende Stadium vor-weggenommen haben, in dem bereits die Zeit eindringt und das repräsen-tiert wird von der Abfolge Stercutius-Picus-Faunus, die üblicherweise als nicht authentisch gilt und des Euhemerismus bezichtigt wird, die aber, wie wir sehen werden, ebenso authentisch ist wie erstere Doppelgestalt, wenn auch vielleicht nicht ebenso alt. Um diese ursprünglichen Gottheiten der Latiner zu verstehen, ist es nötig, so seltsam das erscheinen mag, beim Haus zu beginnen, in dem eben ein Kind geboren wurde. In der Nacht, die auf die Geburt folgte, wurden in einem sehr bedeutungsvollen Ritus drei obere Dämonen – Picumnus, Pilumnus und Stercutius – angerufen, um die Wöch-nerin vor den Angriffen eines vierten, unteren Dämons – Faunus – zu schüt-zen; dieser Ritus wurde von Varro beschrieben und von Augustinus über-liefert. Drei Männer laufen um die (wohl inneren) Begrenzungen *(circuire limina)* der *domus*, danach schlägt der erste von ihnen mit einem Beil *(securi ferire)* auf die Schwelle *(limen)* der Tür des Hauses, der zweite schlägt mit einem Wurfspieß oder einer Mörserkeule *(postea pilo)* darauf, und der dritte reinigt die Schwelle mit einem Besen *(deverrere scopis)*. Diese drei Handlungen waren verbunden mit Durchhauen *(intercidere)*, Brechen oder Zerstoßen *(pin-sere)* und mit Putzen oder Reinigen *(deverrere)*. Die drei für die Durchführung des Ritus notwendigen Werkzeuge *(securis, pilum, scopa)* entsprechen einigen der grundlegendsten Tätigkeiten *(culturae signa)*: Verteidigung/Angriff (Axt und Spieß sind die wichtigsten Waffen), Rodung, Holzbearbeitung, Getrei-deanbau sowie Beseitigung allen Unrates und Reinigung der Behausung. Diesen drei Waffen/Werkzeugen entsprechen drei Gottheiten oder Gruppen von Gottheiten, besser gesagt, diese Werkzeuge werden als die materielle Gestalt, als Fetisch folgender Numina angesehen: 1. Picumnus und/oder Intercidona, 2. Pilumnus und 3. Stercutius (der Gott nicht nur des *fimus*, sondern von *omne immundum*) und/oder Deverra. Picumnus war der anthro-pomorphe Aspekt: a) der *pinna (*pic-na)*, des Schneidewerkzeugs *(pinnum = acutum)*, das identisch ist mit *securis* oder *bipinnis* (die Doppelaxt als Bild des Blitzes) und b) des *picus*, des Vogels mit dem scharfen und schneidenden Schnabel, der beim Durchbohren der Bäume wie eine Doppelaxt arbeitet (auch der Schnabel hatte eine doppelte Schneide und gab den Laut des Werk-zeugs wieder). Pilumnus stellte den anthropomorphen Aspekt des *pilum* dar, d.h. einer Wurfwaffe, die zwei Spitzen hatte, oder des Mörsers, der zwei gerundete Enden hat, oder einer Waffe / eines Werkzeugs mit einer Lanzenspitze und einer Mörserrundung an den Enden. Stercutius war der anthropomorphe Aspekt des *stercus*, d.h. des Unrats und allgemeiner aller Unreinheiten, die das Ergebnis jeder kriegerischen, handwerklichen und bäuerlichen Tätigkeit war, was eine Reinigung erforderlich machte, die eben dieser Dämon leitete. In genealogischer Sicht, in der Stercutius als der Vater des Picus erscheint und letzterer Picumnus und Pilumnus in sich aufgenommen hat, verschwinden die Vierfachheit, die Dreifachheit und die Doppelheit, die Symbole einer synchronen Totalität, um einer diachronen Totalität Raum zu geben, die sich in der Zeit bestimmt und zur zeitlichen Abfolge von Stercutius-Picus-Faunus-Latinus führt. Die Mächtigkeit zum *ferire* des *picum/picus* und des *pilum*, der grundlegenden Waffen/Werkzeuge des Menschen, erinnert an die Mächtigkeit des himmlischen Werkzeugs, das sich im Gewitter im Blitz zeigt (doppelt wie die Doppelaxt, wie der Schnabel des Spechts und wie Lanze/Mörser) und im Donner (lärmend wie die eben genannten Waffen/Werkzeuge). Die Zwillinge von Latium, Picumnus und Pilumnus, und die Zwillinge von Lakonien, Castor und Pollux, erinnern an die Gottheiten und an die göttlichen Könige, die vor Jupiter und Zeus die blitzeschleudernden Mächte waren mit der Fähigkeit, zu schneiden, zu zerstoßen und zu zertrümmern: Picus für die Aboriginer und Tyndareos (»der Zerstampfer«, »der mit dem harten Schlag«), der Vater der Dioskuren, für die Achäer. Daher das Band, das diese göttlichen Brüder schicksalhaft an Jupiter und an Zeus bindet. So erklärt sich, warum es die Spechte sind und nicht der Blitz, der Anchises auf der Bronze von Decima blendet, die aus der Zeit des Numa stammt, des Königs, der in Picus ein Numen des Blitzes gesehen hat. 4

112. Stercutus, Pilumnus-Picumnus, Faunus und das Symbol des »iugum« 22–24 **(Abb. 15).**   Dem *pilum*, Spieß/Stößel, entspricht die *pila*, der Mörser oder der Balken, letzterer ein konstitutives Element der Schwelle, der Pfosten und des Architravs eines *iugum*. Mit der *securis* und mit dem *pilum* schlagen zwei Männer, die das oben angeführte Ritual ausführen, in der Nacht auf die Schwelle, die aus einem Balken besteht, und der dritte putzt den Unrat (die Späne) weg, die von diesem *ferire* herrühren, indem er die *scopa* über die Oberseite des Balkens der Schwelle führt. Es ist offensichtlich, daß die übernatürlichen Subjekte dieses Tuns die drei oberen, das Haus und die Wöchnerin schützenden Dämonen Picumnus, Pilumnus und Stercutus sind, auf Erden dargestellt von den drei Männern, während das übernatürliche Objekt dieser Handlungen ein vierter, unterer und feindlicher, nicht von einem Menschen dargestellter Dämon ist, der mit Faunus identifiziert werden kann. Während die ersten drei Dämonen als Schützer des Hauses und seiner Bewohner (insbesondere der geschwächten Wöchnerin) vorgestellt werden, wird der vierte als bedrohlich wahrgenommen, fähig, von unten oder von außen einzudringen, sogar sich auf das Bett der Mutter zu werfen *(incubus)*, und daß die ersten drei Dämonen das verhindern sollen, indem sie seine Materialisation in der Tür des Hauses schlagen und reinigen: den Balken der Schwelle, außerhalb derer sein Aufenthaltsort ist. Während Faunus nicht nur der Gott der *termini*, sondern auch der Schwelle *(limen)* ist, sind Picumnus und Pilumnus das Götterpaar, das sich in den beiden Pfosten *(postes)* der Eingangstür materialisiert – wie der doppelte Janus und die zwei Lares Praestites –, und Stercutus ist der Gott, der sich wahrscheinlich im Architrav *(tignum, tigillum)* materialisiert, unter dem der Unrat und die Leichen hinausgetragen werden (vgl. Abb. 15). Die Porta Stercoraria des Kapitols könnte ihren Namen vom Namen des Dämons ihres *tigillum*, Stercutus, ableiten, wie der Name des *iugum* am Fuße der Velia Sororium genannt wird, da es die Materialisation der Iuno Sororia ist, einer Iuno Iugalis oder Ianaia. Stercutus ist der Dämon der Unreinheit, aber auch der Dämon der Reinigung vom Unrat – so ist seine Stellung am Scheitel des Türsystems besser verständlich –, der unter seinem Blick über die Schwellen der Häuser und der Siedlung hinausgetragen wird, um verstreut und in den Tiber geworfen zu werden. Symbol der Dioskuren war das *dokanon*, d. h. ein *iugum*, das wahrscheinlich ursprünglich nicht nur als Tür zu ihrem Grab, sondern auch als das Tor der Siedlung oder des Palastes von Therapne verstanden wurde, der Heimat der göttlichen Zwillinge in Lakonien, und das mit dem Tigillum Sororium und vielleicht auch der Pila Horatia in Rom vergleichbar sein dürfte. Die Tore trennten die gereinigte Wohnstätte der Lebenden (der inneren Welt) von der Siedlung der Toten und vom Unrat (der äußeren Welt) – man denke an die Gehenna außerhalb Jerusalems, einen Ort der Menschenopfer, der Gräber und des Abfalls in ewiger Verbrennung –, aber zugleich waren sie die einzige Stelle, über die der Unrat und die toten Körper aus dem bewohnten Ort nach draußen gebracht werden konnten; diese mußten also unter dem *tignum* des Stercutus, des Gottes der Abfälle und ihrer Beseitigung, über das *limen* des Faunus/Limentinus, des Gottes des unterirdischen Bereichs, getragen zu werden. Das Tor scheint also eine Wohn- und Siedlungsstruktur zu symbolisieren, die zugleich eine kompakte Zusammenfassung der Kosmogonie und Heroogonie der Latiner ist.[32] Wir sind so von einem Ritus zu

---

[32] Diese Anm. bezieht sich auf die §§ 111–112. Vgl. auch §§ 40, 113 und 116. Grundlegend Jiráni 1919; Krappe 1930 (zum Phänomen der Dioskuren) und 1941 (zum Specht als dem Vater der Zwillinge, wie bei den alten Preußen Perkuns, ein heiliger Specht, Gott des Regens und Vater der beiden Zwillingsspechte, Numina, die mit Picumnus und Pilumnus vergleichbar sind); Vetters 1966; Köves-Zulauf 1990. Zum Geburtsritual: Aug. civ. 6,9 (= Varro ant. 14, fr. 111 Card.): Die mit den Dämonen verbundenen Waffen/Werkzeuge erinnern an die mit dem Krieg (= Spieß als Waffe), dem Ackerbau (= Zerstoßen des Getreides) und dem Handwerk (= Beil zur Holzbearbeitung) verbundenen produktiven Handlungen; sie sind, im Zusammenhang mit der Zeremonie anläßlich der Geburt, isomorph zur Entstehung des Menschen (Empfängnis und Aufzucht, Stillen und Abstillen). Vom symbolischen Gesichtspunkt des Kalenders aus entspricht die Nacht nach der Geburt den Terminalia, die das Ende des Jahres, des Raumes und der Zeit, im

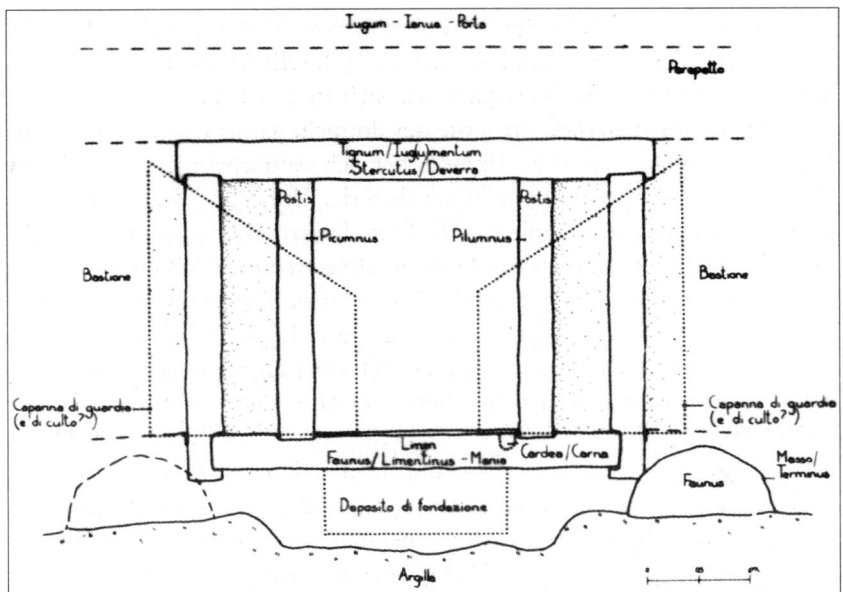

Abb. 15   *Die Dämonen des* iugum

besonderen der Zeit der Schwangerschaft symbolisieren; das Regifugium (vgl. Addendum VII), das auf den Tag danach fällt, repräsentiert die Krise der Königsherrschaft; das Ende des Jahres bringt, da es das Ende der Schwangerschaft bezeichnet, die Krise der Fruchtbarkeit der Frau mit sich, die auf die Geburt folgt und unvereinbar ist mit Faunus, dem Gott der Fruchtbarkeit. Zum Zusammenhang der *fratres dii* Picumnus und Pilumnus mit den Dioskuren: Serv. Aen. 9,4. Sie sind *dii coniugales* (Serv. Aen. 9,4), deren Symbol das *iugum* ist, die Tür bzw. das Tor. Zum Zusammenhang zwischen Laren, Aius Locutius, Limentinus und Faunus: Arnob. nat. 1,28. Zum *tignum-tigillum* als *templum*: »templum significat ... tignum quod in aedificio transversum ponitur« (Fest. 367 L.). Das Gründungsdeposit des Tores des Palatins, das wir gefunden haben (Carandini 1992; Palatium e Sacra via, 1; vgl. auch §§ 359 ff., Addendum VIII und Appendix 8) – interpretierbar als die Grabbeigabe eines realen oder symbolischen Menschenopfers –, wurde unter dem inneren Teil der Schwelle deponiert, nicht unter dem Balken, der die Grenze zwischen innen und außen bezeichnet, es scheint daher die Funktion gehabt zu haben, den Zutritt der unterirdischen Gottheiten wie Faunus/Limentinus(/Aius Locutius?) und Mania/Tacita/Carna von außen und von unten zu verhindern und auf diese Weise das schützende Handeln der oberen Dämonen, die von Picumnus-Pilumnus und von Stercutus personifiziert werden, zu verstärken (es sei erinnert an die Opfer im Inneren der Tore auf den Tafeln von Gubbio). Zu Selvans/Faunus und Culsans/Ianus, Beschützer der Tore, gesehen im Zusammenhang mit dem zweibogigen Tor von Cortona und mit dem Nordtor von Tarquinia: Neppi Modona 1977; Colonna 1985a. Janus, mit doppeltem Antlitz, ist vielleicht interpretierbar als Beschützer der beiden *postes* der Tore (Ov. fast. 1,253). Pilumnus und Picumnus, Erben der vielen früheren Doppelheit des Janus, schützen ebenfalls die *postes*, weshalb sie als die ältere Manifestation der Lares Praestites *di gemelli* erscheinen: Ov. fast. 5,143 (Schwegler 1853, S. 434 ff). Die weibliche Entsprechung der Praestites ist Praestana oder Paraestita, auf umbrisch Praestota. Zu den Laren, von denen es heißt »stant quoque pro nobis et praesunt moenibus urbis«: Ov. fast. 5,135. Zu den Lares Hostiles: Paul. Fest. 90 L. Zu Iuno Ianaia vgl. § 195, Anm. 56. Auch die *arbores* der *torcularia* wurden als Numina verehrt (siehe die »sacrificia Libero, Liberae et vasis pressoriis« des 15. Oktober: vgl. Addendum VII). Das palatinische Tor des 8. Jh., interpretierbar als die Porta

XXII ff. Mugonia, veranschaulicht den Bau in Form des *iugum*, das aus vier untereinander verbundenen Balken gebildet wird. Zu *pinnum* = *acutum*: Quint. 1,4,12. Zu *penna* = *securis*: Isid. orig. 19,19,11. Die *securis* war Symbol des Blitzes und daher der Herrschaft (sie kann etwas zu tun haben mit dem Stein, mit dem die Sau zur Bekräftigung von Verträgen erschlagen wurde), darüber hinaus aber auch die Waffe der Liktoren und bei Enthauptungen (*securi perussio*): Magdelain 1986. Siehe auch Polytechnos, den Zimmermann von Kolophon in Lydien, Gatte der Aedon (= Nachtigall), der in einen Specht verwandelt wurde, weil Hephaistos ihm die Axt gegeben hatte, und der Specht war ein glückbringender Vogel für die Zimmerleute: Ant. Lib. 11 (Pollard 1977). Vgl. auch C. Collodi, *Die Abenteuer des Pinocchio*, Kap. XVIII. Bilder von Vögeln und von Äxten sind auch auf minoischen Darstellungen miteinander verbunden: Wide 1910. In der minoischen und mykenischen Welt zeigen die Vögel oft die Erscheinung einer Gottheit in einem rituellen Kontext an, während bei Homer die Verbindung Gottheit-Vogel zwar häufig vorkommt, aber nun eine poetische Konvention ist, die viel ältere religiöse Glaubensvorstellungen reflektiert: Carter 1995. Zum Specht, auf Griechisch auch *dryokolaptes* (aus *drys*, Eiche, Holz, und *kolapto*, ich schlage) genannt, was *Holzschläger* oder *Wood-pecker* bedeutet: Schwentner 1956. Zum Namen des Spechtes: André 1967. Zu *stercus* = *omne immundum*: Sen. nat. 3,26,7. Zum Saft der Feigen, der Kindern als Nahrung gegeben wird: Ath. 78d. Die zentrale symbolische Bedeutung Spieß/Stößel findet sich im Zepter des Zeus, Hermes, Pelops, Atreus, Thyestes und schließlich des Agamemnon, dem in Chaironea Opfer dargebracht werden (Paus. 9,40,11), in der in der Regia verehrten *hasta* des Mars, in der *fala* des Falacer und der Fales/Pales, der Gottheiten des Cermalus, in der *curis* (= Lanze auf sabinisch) des Quirinus, vielleicht auch in den symbolischen *caducei* der Penaten in Lavinium. Zu den Waffen als Reliquien: Pfister 1909-12. Zum Unrat und zu den Leichen, die aus den Toren getragen werden konnten (Plut. q. R. 27), aber nicht die Ketten aus dem Haus des Flamen Dialis, die, einmal im Haus, über das Impluvium auf die Straße geworfen werden mußten (d. h., sie durften die Tür nicht nochmals überqueren): Gell. 10,15,8; Serv. Aen. 2,57. Der Name Tyndareos kann in Zusammenhang gebracht werden mit der Sanskrit-Wurzel *tud*, lat. *tundere*, die etwas mit Ton zu tun hat. Die Namen weiterer griechischer Zwillinge - etwa Aloaden und Moliones - haben einen Bezug zum *tundere* des Blitzes und des Dreschflegels auf der Tenne: Krappe 1939 und 1941. Zur Axt, verstanden als Blitz, und zu den Vögeln in Verbindung mit der Sonne: Peroni 1996. Der Zwillingscharakter von Romulus und Remus und der Lares Praestites ist verwurzelt in den ursprünglichen Zwillingen Picumnus und Pilumnus und in den zahlreichen folgenden Fällen, die nichts mit der Doppelheit der Siedlung und der protourbanen Gemeinschaften Roms zu tun haben (Cornell 1975 und 1995), sondern allein in der Dämonologie der Latiner gründen. Vgl. auch § 121, Anm. 13. In indischen Tempeln

22–24 finden sich an der Außenseite der Schwelle Kopfplastiken von »Löwen« und anderen Wesen, die auch um den äußeren Umfang des Tempels dargestellt werden, als wäre es eine vom heiligen Bau zerquetschte Schicht von Dämonen, woraus hervorgeht, daß diese »Löwen« unter dem und außerhalb des Tempels stehen (es ist eine vorbeugende Gewohnheit für den, der von außen an die Schwelle herantritt, bevor er sie überschreitet und den Tempel betritt, den Löwen-Dämon mit dem Fuß zu treten). Diese so explizit dargestellte Gegebenheit kann uns helfen, besser zu verstehen, welche Position Faunus bezogen auf Bauten und Eingangsschwellen innehat. Der apotropäische Dämon mit dem Löwenkopf heißt Kirtimukha (Dank an M. Taddei für diese Information). Es scheint sich um ein Wesen aus der Urzeit zu handeln, über das man in mythischer Hinsicht wenig weiß. Unter diesen Umständen kann Faunus vielleicht helfen, seine strukturelle Funktion zu erklären.

einer mythisch-symbolischen Struktur von bemerkenswerter Komplexität gelangt, die im Widerspruch steht zu der vereinfachten und ärmlichen Sicht der geistigen Welt der Latiner.

113. Picus, Sohn des Stercutus, Vater des Faunus und Großvater des Latinus. Überführt man die synchrone Struktur des *iugum* in eine diachrone Entfaltung der Genealogie der göttlichen Könige, stellen sich die Dämonen der Latiner in einer zeitlichen Abfolge dar, die mit der räumlichen Anordnung der Tür oder des Tores von oben nach unten isomorph ist. An erster Stelle steht Stercutus, der Vater des Picus, der Architrav. Es folgt Picus (= Picumnus/Pilumnus), der Vater des Faunus, die Pfosten. Die Reihe beschließt Faunus, der Vater des Latinus, die Schwelle. Interessant ist, daß Latinus kein Teil dieses Systems ist, da er keine Entsprechung einer Waffe/eines Werkzeugs ist, wie er auch nicht Teil der synchronen Struktur des *iugum* ist. Daraus ergibt sich, daß die diachrone oder genealogische Sequenz, insofern sie der räumlichen Ordnung der synchronen Struktur entspricht, die die ältere zu sein scheint, ebenfalls sehr alt sein muß. Vor Picus gab es das obere Numen Picumnus, verbunden mit dem Specht, vor dem göttlichen König Faunus gab es den gleichnamigen unterirdischen Dämon, verbunden mit dem Wolf, während Latinus nicht direkt mit Werkzeugen oder Tieren verbunden zu sein scheint und ein eminent menschliches Aussehen hat; er kennt kein »vorher« und scheint sich als letzter der Reihe angeschlossen zu haben; andererseits ist das logisch, denn im Entwicklungsstadium des Mythos der Gründung von Alba erscheinen Picus und Faunus als ältere Elemente, die im Gründungsmythos von Alba wieder eingesetzt werden, während Latinus als eine Invention erscheint, die gleichzeitig ist mit der folgenden Realität des albanischen Bundes. Diese Dämonen, positiven und negativen Charakters, obere und untere, sind die ältesten Vorfahren, also die Laren, der Latiner. Die genealogische Abfolge der göttlichen Könige, die Vergil bezeugt, kann nichts anderes sein als die Widerspiegelung von Meinungen einer alten und beglaubigten Überlieferung,[33] da sie den gebildeten Lesern der *Aeneis* plausibel erscheinen mußte.

---

[33] Zur Abfolge der göttlichen Könige: Verg. Aen. 7,45–49. Zu Sol als Vorfahr des Latinus: Verg. Aen. 8,345. Zu Pilumnus (= Picus), Vater des Daunus (= Faunus), Vater des Turnus (= Latinus) in Ardea: Verg. Aen. 7,371 ff.; 9,3; 10,75.619 und Serv. Aen. 7,410; Plin. nat. 3,56. Zu Picus als erstem König: Eus. Chron. 283 Schoene; Aug. civ. 18,15 (Scarpi 1979–80); vgl. auch § 107. Picus ist ein erster König wie Keleos, der Specht, in Eleusis (vgl. § 114, Anm. 39). Für die Authentizität der Genealogie: Grandazzi 1988; dagegen Cornell 1975, aber siehe auch Scarpi 1979–80. Zur Authentizität der Genealogien: Rudhardt 1977 (der richtig unterscheidet zwischen gelehrtem Mißbrauch und authentischem Gebrauch der Genealogien in den Mythen); Brillante 1981. Vergil, mehr gelehrter Dichter als Erfinder, spürt alte und seltene Mythen auf: vom griechisch-kolonialen Beispiel der Anwesenheit des Daedalus in Cumae (Zevi 1993) bis zum einheimischen

Sie entsprach nicht zufällig der Genealogie des Gründungsmythos von
Ardea: Pilumnus (= Picus), Daunus (= Faunus), Turnus (= Latinus). Das brü-
derliche Band zwischen Agrios/Faunus und Latinus, beide Söhne der Circe
und des Odysseus,[34] bezeugt in der *Theogonie* – wo Agrios/Faunus bedeutsamer Weise vor Latinus erwähnt wird, als wäre letzterer ersterem gefolgt –,
und das Band zwischen Picus und eben dieser Zauberin – aufgrund dessen
hinter dem griechischen Heros der latinische Dämon sichtbar wird[35] – führen zu der Aussage, daß Picus tatsächlich der Ahnherr der göttlichen Könige
der Aboriginer ist. Diese Abfolge der drei göttlichen Könige, die unterein-
der in bestimmter Weise verwandt sind, impliziert eine Auffassung der Zeit,
die im Vergleich mit den vorhergehenden Epochen viel genauer bestimmt
ist – es zählen jetzt mehr die Generationen als die Jahrhunderte – und
das Hervortreten einer hinreichend komplexen und hierarchisierten Gesellschaft voraussetzt, an deren regionaler Spitze ein Geschlecht steht, das fähig
ist, die Rolle und den Rang eines obersten Häuptlings weiterzugeben.

VI   **114. Picus begründet die Ehe und erobert die Siedlung über der Albula
(das vierte große »Ereignis«).** Picus ist der einzige der göttlichen Könige,
der keine Spur eines Kultes oder eines Festes in Rom hinterlassen hat,
obwohl er über eine eigene Sage verfügt und unter den Göttern dieser
Stadt aufgezählt wird.[36] Der göttliche König scheint nach der aboriginischen Eroberung auf römischem Boden präsent zu sein, um davon Besitz zu
ergreifen und die Verbindung mit Alba zu bekräftigen. Der göttliche König
Picus, der sich von Alba nach Saturnia begibt, könnte die Strecke eingeweiht
haben, die später die Via Latina oder die Via Appia bildet, die seither die
Albaner Berge mit der Tiberebene verbinden, Alba mit dem Hafen an diesem Fluß.[37] Nach seiner Ankunft auf römischem Boden begründet Picus das

---

Beispiel der Genealogie der göttlichen Könige in Latium. Vgl. auch Addendum V. Zum besonderen Charakter der latinischen Monarchie vgl. § 100 und Anm. 12.

[34] Auch Telegonos, der Gründer von Caere (Serv. Aen. 8,479) und von Tusculum (Liv. 1,49;
Dion. Hal. 4,45), wurde für einen Sohn des Odysseus und der Circe gehalten, ebenso Auson
(Serv. Aen. 8,328), Anteias, der Gründer von Antium, Ardeias und Rhomos: Dion. Hal. 1,72
(Lepore 1989). Diese Söhne des Odysseus und der Circe befinden sich so in einer analogen
genealogischen Stellung wie Faunus. Zu den Mamilii von Tusculum als Nachkommen des Tele-
gonos: Scholz 1970.

[35] Scarpi 1979-80; Mastrocinque 1993, Anm. 718.

[36] Min. Fel. 27,7-8; Aug. civ. 4,23 und 18,15; Lact. inst. 1,22,9 (Scarpi 1979-80). Picus wird zusammen mit Faunus für einen Dämon gehalten, wie die Daktyloi Idaioi (Plut. Num. 15), und für
ein Numen (Ov. fast. 3,285 ff.). Nach Halliday 1922 und Harrison 1912 wären die Vögel nie
Götter gewesen, und deshalb hätte es für sie keinen Kult geben können.

[37] Picus herrscht zwischen Laurentum und Rom: Eus. Chron. 283 Schoene. Die Präsenz der
göttlichen Könige von Alba in Rom, auf der die Überlieferung besteht, ist ein Argument zugunsten der Hegemonie der Metropole der Latiner über die Bezirke Latiums. Aber auch wenn der

Eheinstitut und beendet damit die doppeldeutigen und gewaltsamen Verbindungen, und er heiratet Canens, eine auf dem Palatin geborenen Nymphe, Tochter einer anderen Nymphe, der Venilia, und des Janus,[38] der nach dem Weggang des Saturnus der göttliche Herrscher des gesamten Gebietes von Rom geworden war. Der fremde König-Dämon erhält auf diese Weise ein Reich, so wie der Gott Saturnus seines erhalten hatte. Der Cermalus bewahrt also seine Funktion als Hauptburg, die er seit der Zeit des Cacus innehatte, auch nach dem Weggang seines ersten Herren. Mittels der gründenden und exemplarischen Hochzeit mit Canens[39] nimmt Picus dann – als

Hauptsitz Alba war, konnten auch an anderen Orten wie Rom, Ardea und vielleicht auch Lavinium oberste Häuptlinge Latiums präsent sein.

[38] Zu den Nymphen und den Kultorten in einer Grotte: Brelich 1953-54. Zu den Nymphen als weiblichen Laren: Mastrocinque 1988. Janus erscheint in dieser Phase in Beziehung sowohl zum Cermalus der Venilia, die möglicherweise die Nymphe der Quelle des Lupercal ist (siehe weiter unten zu ihrer vermuteten Identifikation mit Fauna), und der Canens wie zum Palatium der Juturna (Arnob. nat. 3,29; Aronen 1989a), mit der er Fons gezeugt haben soll, deren Altar sich in Trastevere befand, in der Nähe des heutigen Ministero della Pubblica Istruzione: Cic. leg. 2,22,56; Liv. 40,29,3; Solin. 1,21 (Palmer 1969). Der Kult der Juturna ist möglicherweise relativ spät aus Lavinium nach Rom gekommen, da ihr Fest in den republikanischen Fasten mit Kleinbuchstaben bezeichnet ist (Aronen 1989a datiert den Kult nach dem Ende des 7. Jh.). Zu Venilia als Mutter des Turnus und damit als möglicher Frau des Daunus (= Faunus), des Vaters des Königs der Rutuler: Verg. Aen. 10,76. Zu den Verbindungen zwischen Venilia, Cupra-Matuta/Leucothea und Neptunus: Palmer 1974. Zur Etymologie der Venilia: Prosdocimi 1969. Zum Zusammenhang zwischen Canens und Carmenta und zu Canens = Aedon, die Nachtigall, die Frau des Spechtes Polytechnos: Capponi 1977 (mit neuerer Bibliographie). Zum Zusammenhang von Janus mit Carna: Ov. fast. 6,101 ff. Zur Verbindung des Janus mit den Gewässern: Adams Holland 1961. Zu den Binnengewässern des Sumpfes Murcia, die den Cermalus begrenzten und dem Neptunus/Consus heilig waren: Torelli 1993.

[39] Ov. met. 14,326 ff. Picus erhält das Land von Rom durch den ersten bekannten und daher grundlegenden Ehevertrag, der dem mythischen Schema des »königlichen Schwiegersohns« entspricht: Préaux 1962; Brugnone 1995. In der griechischen Mythologie ist Keleos, der Specht, der erste Herrscher von Eleusis (wie Picus der erste Herrscher von Latium ist), und er ist auch der erste treue Gatte und der beste Vater. Picus ist also der Gründungsheros der Familienordnung und der legitimen Ehe in Latium. Kekrops war der erste Stifter der Ehe in Attika: Athen. 13,5,555 (Scarpi 1984). Picus war verbunden mit Pilumnus-Picumnus, die ebenfalls Gottheiten der Ehe waren, verbunden mit der Zeugung, mit der Geburt und mit der Morgenröte (zum *dies lustricus*: Brind'Amour-Brind'Amour 1975). Vgl. auch §§ 112, Anm. 32; 113, Anm. 33. Wie Picus die Ehe gründet, so scheint Faunus den Kult (des Jupiter) zu gründen und das entsprechende Opfer (vgl. § 127). Zur Ehe und zum Opfer als typischen Institutionen einer neuen Ordnung: Graf 1985. Archäologische Spuren des Eheinstituts sind im tyrrhenischen Mittelitalien ab der ersten Phase der frühen Eisenzeit feststellbar (Pacciarelli 1991), aber sie können auch schon für die Endbronzezeit angenommen werden: Die Hüttenurnen deuten eine Lebenssituation an, die schon die bedeutende Funktion der Familie, und damit das Eheinstitut, und eine für die Familie vorgesehene Landzuteilung vorauszusetzen scheinen (Bartoloni 1987; Gnade 1994; Peroni 1996; Torelli 1996a, i. Dr.). Der Zusammenhang des Eheinstituts mit dem Ackerbau, evident im Wagen von Bisenzio (vgl. § 40), ist vorausgesetzt auch bei Picus, dem Prototyp des *pater familias*, Sohn des Stercutius, des Gottes des Mistes, und ist verbunden mit Pilumnus, einem Gott des

der oberste Häuptling von Latium – Besitz vom Palatin, vielleicht vom Aventin[40] und dann auch von der Siedlung des Mons Saturnius,[41] und erscheint so, wenn nicht direkt als der, der Cacus getötet hat, doch als der wahre

far, wenn denn sein Name von *pilum*, Mahlstein, kommt. Auch der zweite König von Sparta, Myles, hatte einen Namen, der an den Mahlstein erinnerte: Calame 1987. Zum Zusammenhang von Circe und Picus auf der einen und dem Zirkus, den Pferdewettkämpfen wie den Consualia und dem Ludus Troiae auf der anderen Seite vgl. §§136, Anm. 95; 110. Poseidon wurde als Stifter der Wettkämpfe mit Koggen gesehen (Graves 1955, 16 f.). Der in der romuleischen Sage bezeugte Raub an den Consualia und die ursprüngliche Ehe können besser verstanden werden, wenn man sich erinnert, wie oft in manchen Gebieten der griechischen Welt, wo der Ritus des Übergangs der Jugendlichen zum Erwachsenenstatus einen hochzeitlichen Wettkampf einschloß, eine kollektive und obligatorische Eheschließung in der Art vorkommt, wie sie auf Kreta (Strab. 10,4,20), in Sparta (Plut. Lyk. 15,1-3) und in Kyrene (Pind. Pyth. 9,111 ff.; 3,12) bezeugt ist. Wer den Lauf beendet hatte, wählte das bevorzugte Mädchen, indem er ihr das Kleid in Nachahmung des Raubes wegnahm. Mythische Präzedenzfälle waren der vom Vater Ikarios gestiftete und von Odysseus gewonnene Wettkampf der Anwärter auf Penelope und die von Antaios und Danaos gestifteten Wettkämpfe. Dem Verständnis helfen auch die Beschreibungen der sehr ähnlichen *agorai* in Sparta und Argos, wobei letztere auch dank der Grabungen bekannt sind. Die bauliche Entsprechung für diese Art Rituale ist der *dromos* (wo die Anwärter liefen), dessen Start mit einem *orchestra* verbunden war (wo die neuen Danaiden, Prämie des Wettstreits, im Chor tanzten). Schutzgottheiten solcher Anlagen waren die Dioskuren, Apollon Karneios und Poseidon (Gernet 1976a; Marchetti 1996). Kollektivheiraten gab es auch bei den Samniten (Strab. 5,4,12), die man für lakonischen Ursprungs hielt (Mele 1995), und auf römischem Boden, wo es zahlreiche Bezüge zum dorisch-spartanischen Modell gibt. Der Wettstreit des Odysseus legt den Gedanken nahe, daß Picus einen ähnlichen Wettkampf führen mußte (beide Heroen sind verbunden mit Circe), wo dann Canens, die Tochter des Janus, die Rolle der Penelope einnehmen würde, der Tochter des Ikarios (des Stifters des *dromos* in Lakonien), der ein Bruder des Tyndareos (eines blitzeschleudernden Dämons wie Picus) war, des Vaters der Dioskuren, deren Entsprechungen in Latium Picumnus und Pilumnus oder Picus und Faunus sind (vgl. §§111; 112, Anm. 32). Andererseits lassen die mit dem *dromos* des Apollon Karneios (= der Ziegenbock) und des Poseidon verbundenen Kulte an Faunus, den Bock, am Lupercal und an Consus, das Pferd (= Poseidon Hippios) denken, die die Wendemarken des ursprünglichen Zirkus am Fuße des Cermalus bildeten, der vielleicht eine Entsprechung des *dromos* von Sparta sein sollte. Janus, Vater der Canens, und Sol, Vater der Circe (der Gott des Zirkus, der Urheber der Spiele), die beide mit Picus verbunden sind, könnte man sich als die Indigetes vorstellen, die die hochzeitlichen Wettkämpfe im Zirkus stifteten, anläßlich des Festes des Consus (vgl. §136, Anm. 95). Der Raub der Sabinerinnen würde in dieser Perspektive als eine letzte Sage erscheinen, die mit einer sehr viel älteren mythischen Struktur verbunden ist, die sich auf die Einweihungsriten der Jugendlichen in die Ehe und ihre Aufnahme in die Kurien bezieht.

[40] Die Anwesenheit des Picus auf dem Aventin (Ov. fast. 3,295 ff.) legt nochmals die enge Verbindung dieses Hügels mit dem Palatin nahe und zeigt Picus auf dem Gebiet, das dem Cacus und dem sagenhaften Euander gehört hat. Vgl. auch §89, Anm. 3.

[41] Auf dem Mons Saturnius scheint Picus nicht bezeugt zu sein, wohl aber dann Faunus-Silvanus, aber Picus wurde auch als Sohn des Stercutius betrachtet (Serv. Aen. 10,76; Aug. civ. 18,15), einer Gottheit, die mit dem Kapitol verbunden ist, deren Kult Picus begründet haben soll (vgl. §§71, Anm. 27; 88, Anm. 39; 112-113) und die dann mit Saturnus identifiziert wurde. Zum Zusammenhang Pitumnus-Sterculinius: Serv. Aen. 9,4 (Krappe 1941).

Hercules[42] – man denke an Tricaranus und an die aboriginischen Sacrani und Palatini –, als sein Nachfolger in der Eigenschaft als erster aboriginischer Heros auf römischem Boden. Der Cermalus erscheint dann von diesem Zeitpunkt an wie eine Replik der Burg von Alba, was darauf hinweisen könnte, daß Alba nicht isoliert entstanden ist, sondern sich von Anfang an auf ein Netz von Verbindungen stützte, wobei an erster Stelle die Verbindung mit dem Gebiet von Rom stand, dessen Fluß Albula (= Tiber) an den Namen der Metropole erinnerte.[43] Der fremde König Picus hatte die Najaden von Alba zurückgewiesen, von denen er nach dem am meisten verbreiteten mythischen Schema eine hätte heiraten können, um sich unauflösbar mit Canens zu verbinden, der Vogel-Nymphe des Cermalus.[44] Picus erscheint also als Stifter der Ehe, der erste ideale Gatte und Vater, wie es dem gemeinsamen Vorfahren der Aboriginer-Latiner und dem Ahnherrn ihrer königlichen Dynastie zukommt.[45] In seiner Treue gegenüber Canens, die das Symbol der Verbindung zwischen Alba und der Siedlung über der Albula ist, widerstand Picus den magischen Verführungskünsten der Circe, die ihn aus Rache in einen Specht verwandelt hat. Aber die Verwandlung des Picus in einen Specht läßt eher daran denken, daß der göttliche König von Circe, dem weiblichen Falken – Canens hingegen war eine Nachtigall – verführt worden ist, denn die Verwandlung eines Mannes in ein Tier ist eine typische Folge, wenn er einer Göttin beigewohnt hat.[46] Aber die Geschichte von

[42] Hercules zerstört die Höhle des Cacus und begräbt den barbarischen Häuptling unter ihren Ruinen (Dion. Hal. 1,38), weshalb der Cermalus über dem Grab dieses Dämons und über dem Grab des Pallans, des Sohnes des Hercules und der Launa (= Dauna = Fauna), wieder ersteht. Über dem Grab eines anderen Opfers des Hercules, des Lokros, das dann von ihm geschmückt wird, erhebt sich Locri: FGrHist 26, Konon, F1 (Mastrocinque 1993). Die große unterirdische Gruft von Monte Rovello (Allumiere), datierbar in die Spätbronzezeit (Peroni 1989, fig. 51), könnte die archäologische Entsprechung der königlichen Höhle des Cacus bieten.

[43] Varro ling. 4,16; Paul. Fest. 4,16 L. Die Kulte auf dem Cermalus könnten die Kulte von Alba replizieren (zu denken ist dabei an erster Stelle an die königlichen Kulte des Mars und der Ops). Eine Malerei aus Pompeji zeigt auf dem Cermalus die schlafende Rea Silvia, am Fuße eines Tempels (der Victoria oder der Magna Mater), in Erwartung des Mars, der auf dem Himmel erscheint, mit dem Mons Albanus im Hintergrund: Cappelli 1994 und i. Dr.

[44] Picus zieht Canens, die auf dem Palatin geborene Vogel-Nymphe, den Dryaden und Najaden Latiums vor: Ov. met. 14,320 ff. (Palmer 1969; Prosdocimi 1969). Zu den Dryaden als Nymphen der Eichen (des bevorzugten Baums der Spechte) und Begleiterinnen des Faunus: Verg. Aen. 8,316 ff. Zur Myrte des Tales Murcia, zum Kult der Murcia und zu ihrem ehelichen Charakter: Coarelli 1983 und 1988.

[45] Die Hochzeit war die letzte Zeremonie am Neujahrfest in Babylonien; dabei schloß der Sieg des Königs über die Unordnung, der auf deren punktuelles Übergewicht folgte, die Inthronisierung, den Triumph und die heilige Hochzeit des Herrschers ein: ein weit verbreitetes mythisches Thema (Hooke 1958; Torelli 1993; Coarelli 1995). Zur Hochzeit in Verbindung mit den Quinquatrus des des 19. März, dem fünften Tag des Jahres: Torelli 1984; Addendum VII.

[46] Ardea, zu dessen Territorium wahrscheinlich auch das Vorgebirge des Circeus, die Grenze

Picus und Circe gehört wahrscheinlich zu einer relativ jungen mythischen
Schicht, in die Zeit der Verbreitung der griechischen Mythen in Mittelitalien seit der zweiten Hälfte des 8. Jahrhunderts.[47] Die (zwar nur schwach
bezeugte) Anwesenheit des Picus auf dem Palatin, auf dem Aventin und
vermutlich auch auf dem Kapitol ist, zusammen mit der Anwesenheit des
Faunus, als das vierte große »Ereignis« in der Siedlungsgeschichte Roms zu
werten, insofern sie ein früher Hinweis der Neugründung und Albanisierung unter der Ägide der aboriginischen Herrschaft ist. Wir hätten auf diese
Weise eine Ausdehnung der Hegemonie des Picus von Alba »bis zu dem Ort,
wo jetzt Rom liegt«,[48] Zeichen einer ersten Verbindung föderativen Typs, die
durch die Heirat des obersten Häuptlings mit der Tochter des Gottes und
des Herrschers des Ortes erfolgte.

115. Picus, Mars und Jupiter. Außer als Gatte der Canens ist Picus der
Specht am Fuße des Cermalus auch bei der Rettung und der ersten Ernährung des Romulus und Remus präsent, und zur Zeit des Numa, dem es
gelingt, ihn zu fangen, um von ihm die Geheimnisse der Entsühnung nach
dem Blitzschlag zu erhalten, erscheint er dann schließlich auf dem Aventin.
Die ikonographischen Darstellungen lassen dann die Gegenwart des mit
dem Orakel verbundenen Spechts auch im Gebiet von Rom, der Filiale von
Alba, das seinerseits eine Filiale von Tiora Matiene ist, vermuten.[49] Außer-

---

des frühesten Latium gehörte, hatte seinen Namen vom Reiher: Verg. Aen. 7,798 ff.; Plin. nat.
3,56; Serv. Aen. 7,412. Zu Pomona und Circe als weiteren Gattinnen des Picus: Serv. Aen. 8,190;
Verg. Aen. 7,189; Plut. q. R. 21; Val. Fl. 7,232; Aug. civ. 18,15 (Grottanelli 1987; Mondi 1990;
Mastrocinque 1993). Es ist interessant festzuhalten, daß Anchises, der ebenfalls einer Göttin,
Aphrodite, beigewohnt hatte, am Ende des 8. Jh. in Latium umstellt und geblendet von Spechten, den Vögeln des Picus, dargestellt wurde (vgl. § 40). Zum Zusammenhang zwischen Circe,
Marica und Aphrodite: Trotta 1986–87. Zu Aphrodite in Kampanien und in Latium siehe die
geometrische Schale aus Rhodos aus dem dritten Viertel des 8. Jh., mit einer Inschrift, die auf
den Zusammenhang Wein-Aphrodite anspielt, das Aphrodisium von Ardea, zwischen Ardea
und der Meereslagune, auf dem Hügel von Banditella, sowie das Aphrodisium von Lavinium,
das wahrscheinlich in der Lagune in der Nähe des Meers, nicht weit von der Grenze zu Ardea
lag (Colonna 1995), wobei letztere untrennbar mit dem Mythos des Aeneas verbunden sind
(vgl. Addendum IV).
[47] Vgl. Addendum V.
[48] Chronograph von 354, in: Chronica minora III, 14, 19 Frick. Aus der mythischen Struktur
scheint hervorzugehen, daß es in den verschiedenen Siedlungen von Latium keine göttlichen
Könige von der Bedeutung und dem Einfluß der Könige von Alba gegeben hat, als würden
letztere als oberste Häuptlinge fungieren, die in Beziehung stehen zu untergeordneten Häuptlingen der örtlichen Gemeinschaften (der sich bildenden *populi*?), in der Art zum Beispiel des
aboriginischen Königs Aventin auf römischem Boden – zu unterscheiden vom gleichnamigen
König von Alba –, des Sohnes einer Launa (= Fauna) und des Hercules, der auf diesem Hügel
getötet und begraben worden sein soll: Serv. Aen. 7,657.
[49] Zum Specht, der auf römischem Boden als Ernährer der Zwillinge am Fuß des Cermalus
dargestellt wird: Ov. fast. 3,37; Plut. Rom. 4; Fab. Pict. in Non. 518 M; Denar des Sex. Pompeius

dem ist der Vater des Picus Mars, ihm war die Grotte des Lupercal geweiht, und es ist gut denkbar, daß in der Hütte der Häuptlinge auf dem Cermalus sein königlicher Kult mit dem Kult der Ops verbunden war, und Erbe dieses Kults ist auf diesem Hügel dann die Hütte des Mars oder die Curia Saliorum.[50] Die Ankunft des Mars auf dem Cermalus dürfte die viel ältere Anwesenheit des Volcanus in den Schatten treten haben lassen, des Gottes, der seine Funktionen in siculischer Zeit vorweggenommen hat. Mars war nämlich mit dem *lapis manalis* verbunden, einem Meteoriten, der Regen brachte, und mit Tempestas, der Göttin der Gewitter, mit dem Blitz in seinem *lucus* außerhalb der Porta Capena, bezeichnenderweise an einer Straße, die nach Alba führte. Wie seine organische Verbindung mit Ops und Volcanus es andeutet, könnte Mars ursprünglich ein mit der Fruchtbarkeit verbundener Gott gewesen sein. Mars ist außerdem, wie schon Volcanus vor ihm, Vater von Herrschern und Geber der Herrschaft, der Modius Fabidius, Picus und Romulus gezeugt hat. Der Bezug zwischen *Felchanos* und den Kureten entspricht dem Verhältnis von Mars zu den Saliern. Mars und Volcanus sind außerdem die Götter der zwei Tubilustria.[51] Schließlich werden die Salier als Kureten interpretiert, und Picus hatte mit ihnen gemein die Lanze und die Besonderheit, den Honig, die erste Speise des Zeus-Kindes, entdeckt und als Nahrung verwendet zu haben.[52] Der Vater des Picus Mars erbte in Rom vielleicht auch die Aufgabe des Schutzes der *limina*, die dem Stercutus zukam, einem weiteren Ahnen der göttlichen Könige. Während die Verbindung von Picus, dem Specht, mit Mars einfach und offensichtlich ist, ist die Verbindung dieses Dämons mit Jupiter, von dem er die

Fostlus (Mitte des 2. Jh. v. Chr.) und Schale aus Cales (3. Jh. v. Chr.) (Crawford 1974, Nr. 235, Tafel 36.1; Scarpi 1979-80, Anm. 44; Santi 1988; D'Anna 1992). Vögel auf einem hölzernen Balken in Form eines Baumes sind dargestellt auf dem praenestinischen Spiegel vom Ende des 4. Jh., mit der Szene der Säugung der Zwillinge am Lupercal: Harrison 1912, Abb. 17-18; Adam-Briquel 1982; Pairault-Massa 1992; Wiseman 1993 und 1995. Eine analoge Szene ist dargestellt auf der Rückseite einer Münze des Jahres 137 v. Chr. mit Faustulus, dem Specht, der Wölfin und den Zwillingen (Crawford 1974, Nr. 235, Tafel 36.1). Zu vorgeschichtlichen Darstellungen weissagender Vögel, wahrscheinlich Spechte, die im Picenum und in Grottaferrata gefunden wurden, vgl. § 40 und Abb. 2. Der Specht würde also zusammen mit dem ersten König der Albaner und mit dem letzten Abkömmling seiner Dynastie, beide Söhne des Mars, erscheinen. An der Quelle unter dem am Rand liegenden Saxum Remorium des Kleinen Aventin (wahrscheinlich an der Stelle, wo dann Fauna-Bona Dea verehrt wird) stellt Numa dem Picus und dem Faunus die Falle auf, um ihnen das Geheimnis der Blitze zu entlocken: Ov. fast. 3, 295 ff.

[50] Plut. Cam. 32, 6; Dion. Hal. 14, 2, 2.

[51] Capdeville 1995. Vgl. § 94. Zum Zusammenhang zwischen Mars, Volcanus und Ops im römischen Kalender vgl. § 308 und Addendum VII.

[52] Zu dem mit einem ovalen Schild bewaffneten *iuvenis*, mit *pater* und *mater familias* von königlichem Rang, identifizierbar mit den etruskischen Entsprechungen des Mars und der Ops auf dem Wagen von Bisenzio, vgl. § 40.

25–26

3

6–21

Funktionen des Blitzeschleuderers und Herrschers vorwegnimmt, um so komplexer. Ursprünglich »herrschten nicht die Götter über die Menschen, sondern die Vögel, und sie waren Könige«, sagt Pisthetairos in den *Vögeln* des Aristophanes (477 ff.), und Euelpides antwortet ihm: »Ich glaube nicht, daß Zeus es eilig hat, das Zepter dem Specht zurückzugeben«. Zu diesem Thema siehe unten.

116. Die Macht über Blitz, Donner und Regen. Die Griechen nahmen an, daß die Vögel vor Kronos, den Titanen, der Gaia und den Göttern Könige waren. Mehr noch als in Griechenland scheint in Latium die Erinnerung an Picus als Vogel-König-Zauberer-Prophet durchzuscheinen, an den, der das gute und das schlechte Wetter macht, an den Blitzeschleuderer – Kräfte, die er von Volcanus und von Mars geerbt hat und die im folgenden dem Jupiter zugesprochen werden. In einer späten Version des Mythos wird Picus bei Jupiter vorstellig, dem Numa die Möglichkeit zu geben, die Blitze zu entsühnen, aber diese eher sanfte Funktion hätte keinen Sinn, wenn der Vogel und König-Dämon nicht früher eine analoge Rolle gespielt hat, die dann dem höchsten Gott zukam. Nach der Ankunft des Jupiter müssen die ursprünglichen Kräfte von Picus dem Specht schwinden, da es nicht zwei miteinander in Konkurrenz stehende blitzeschleudernde Mächte geben kann, aber Picus, der Specht, behält die Merkmale seiner ursprünglichen Funktion.[53] Mit der Annahme, daß Picus der Specht ein Vorläufer des Gottes des Gewitters und der Blitze gewesen sein kann, verbindet sich die Vermutung, daß die ersten heiligen Eichen auf dem Mons Albanus und auf dem Kapitol, die Honig absonderten, ursprünglich mit dem heiligen Vogel und mit dem ersten göttlichen König von Alba Longa verbunden gewesen sein

---

4   [53] Zum Schnabel des Spechtes, der mit seiner doppelten Schneide der Doppelaxt entspricht, in Latium am Ende des 8. Jh. als Werkzeug des Blitzeschleuderers Jupiter/Zeus verstanden, vgl. §§ 40; 112, Anm. 32. Zu *picus*/Picus und Zeus: Aristoph. av. 477 ff.; Diod. 6,5; Suid. s.v. »Pekos«. Siehe ferner: Harris 1916 zum anthropologischen Aspekt; Harrison 1912 zu den Vögeln, die ursprünglich mehr Magier als Boten der Gottheit sind, und zum Specht als Magier-König in Italien; Cook 1925 ff., III, S. 45 ff. zur gesamten Dokumentation; Krappe 1941 zum Specht als der mit dem Regen, dem Blitz und mit den Eichen verbundenen Gottheit, die der Jupiter vorangeht und ähnliche Merkmale aufweist bei Italikern, Griechen und Semiten, und auch zur Verbindung des Keleos, König von Eleusis, mit Demeter, d.h. des prophetischen Spechtes und Besorgers des Regens mit der Göttin, die das Getreide hervorbringt, die vielleicht analog ist zum Verhältnis zwischen Mars und Ops; Halliday 1922, Nilsson 1927, Pollard 1977 zur Identifikation des Spechtes mit Zeus, verstanden als späte gelehrte Spekulation, zu den Vögeln als Manifestationen der Götter und zu Zeus, der in Gestalt eines Vogels sich mit Leda und mit einer Baum-Nymphe vereinigt. »Man muß einen Funktionsbezug zwischen Picus und Jupiter feststellen: Ersterer vermittelt in der ›Geschichte‹ den übergeordneten Willen des zweiten«: Scarpi 1979–80. Picus ist Bruder des Jupiter (Arnob. nat. 2,71) nur insofern, als er Sohn des Saturnus ist, nach einer sekundären Version des Mythos, die darauf abzielt, Picus mit Rom zu verbinden.

können. In Latinus, der mit Iuppiter Latiaris gleichgesetzt wird, scheint der ganze Prozeß zusammengefaßt, der vom Vogel-Dämon Picus der Aboriginer zum Jupiter der Latiner geführt haben dürfte, von der Welt der orakelartigen Stimmen (des Faunus) zu den (mit Jupiter verbundenen) Auspizien, vom Totem des Ahnherrn (der mit Latinus verbundenen Sau) zur höchsten Gottheit (Jupiter) in ihrer noch nicht demythisierten Form.[54]

117. Die Orakelmacht. Bei den Umbrern und Latinern war der Specht der Wahrsagevogel schlechthin,[55] der einzige, zusammen mit der *parra*, der unter die *alites* und die *oscines* gezählt wurde, d. h. unter die Vögel, die als Auspizium dienten, insofern sie, sei es im Flug, sei es durch den Gesang, auf die vollkommenste und deutlichste Weise den göttlichen Willen ausdrückten. Der Specht war für die Umbrer der typische Vogel des guten Wahrzeichens, wenn er oberhalb der Vögel des schlechten Wahrzeichens erschien, wahr-

---

[54] Der Specht konnte ein Gast der heiligen Eichen Latiums sein, wie es die Spechte der Eiche/des Balkens von Tiora Matiene und die Tauben der Eiche von Dodona waren: Hes. Katalog. 97 (Parke 1967; Fourgous 1989–90; Gartziou Tatti 1990; Capdeville 1990). Die Sodales Titii haben dann einen Bezug zur Wildtaube, aber sowohl die Tauben wie die Spechte waren verbunden mit den Blitzen des Jupiter: Krappe 1941 und Capdeville 1990 (vgl. auch §§103, Anm. 19; 135, Anm. 83). Der Zusammenhang dieser Orakel Mittelitaliens mit dem Orakel von Dodona wurde schon von den Alten festgestellt: Dion. Hal. 1,4 (Olck 1905; Harrison 1912, S. 101, Abb. 17, mit Darstellung des Orakels auf einer Gemme, auf der ein Vogel auf einem Holzbalken dargestellt ist). Zu *Felchanos*, einer kretischen Gottheit vor Zeus, dargestellt in einem Baum, der einen großen Vogel trägt, im allgemeinen als Hahn interpretiert, der ein typisch königlicher Vogel ist (Aristoph. av. 481 ff.), aber auch ein Specht sein könnte (es gibt Spechte, die zwischen 24 und 49 cm messen: Capponi 1979), wenn es nicht die Andeutung eines Kammes gäbe (die aufgerichtete Tiara des zitierten Abschnitts aus Aristophanes), die auf einer Münze zu sehen ist (Capdeville 1995, Umschlagabbildung). Der Orakelspecht von Tiora Matiene und wohl auch der Specht des Picus in Alba weissagten auf einem hölzernen Balken sitzend (Dion. Hal. 1,14,5; vgl. §40). Die Alten stellten eine Beziehung her zwischen den ersten autochthonen Menschen, wie den Arkadern, und den Eichen, die wiederum für die ältesten Bäume gehalten wurden: Plut. q. R. 92 (Mazzarino 1966, III, Anm. 555). Eine Eiche kann über ein halbes Jahrtausend alt werden (Parke 1967). Zu den Arkadern als einem rohen Volk, vor Zeus, die die von Pelasgos eingeführten Eicheln aßen, der auch der erste Begründer eines Kultes des Zeus war: Piccaluga 1968 und Vernant 1979. Zu den von den Eichen geborenen Menschen: Verg. Aen. 8,314 und 347 ff.; Stat. Theb. 4,340. Die Geburt aus einem Felsen oder von einer Eiche ist Zeichen ursprünglicher Autochthonie seit den homerischen Dichtungen: Vadé 1977. Zur Erschaffung des ersten Menschenpaares aus Eschenholz: Hes. erg. 143 ff. (Di Nola 1970). Die latialen Begräbnisse zuerst in wirklichen Baumstrünken (Latiale IIB) und dann in Strünken aus Terrakotta (Stufe IIIB) könnten interpretiert werden als die Wiederkehr des Toten in der ursprünglichen Matrix, dargestellt durch die Eiche (Colonna 1988b). Siehe ferner die Nymphen und die Lares Querquetulani (Mastrocinque 1988), d. h. eines *populus* auf römischem Boden, der festhielt, von den Eichen abzustammen. Es ist möglich sich vorzustellen, daß es Stämme gegeben hat, die daran glaubten, daß sie nicht von den Eichen, sondern von den Spechten, die in ihrem Geäst zu Hause waren, hervorgegangen sind (etwa die Picentes?). Zu Jupiter vor der Demythisierung: Montanari 1986.

[55] Plin. nat. 10,40–41 (Prosdocimi 1978).

scheinlich insofern er Regen ankündigte.[56] Der Specht erscheint also, zusammen mit der Eiche, als der höchste Mittler zwischen den Menschen auf Erden und den Göttern im Himmel. Picus wird von Vergil in der *regia* des Latinus mit der Lanze dargestellt, d. h. in seiner Eigenschaft als Salier, also in der Funktion des Priesters des Mars, und mit dem Lituus, in der Eigenschaft als Augur, d. h. in der Funktion des Priesters des Jupiter, d. h. als Herrscher, der mit den höchsten religiösen Fähigkeiten ausgestattet ist. In diesem zweiten Fall könnte es sich möglicherweise um die Projektion der viel späteren auspikalen Qualitäten des Latinus auf Picus handeln.[57]

118. Die Macht der Ernährung. Außer Herr der Blitze und Wahrsager war Picus der Specht, wenn wir ihn im Zusammenhang mit Picumnus und Pilumnus betrachten, auch der Stifter der Ehe und der Beschützer der Geburten, wie wir schon gesehen haben.[58] Außer Besorger des Regens, also des Getreides, ist er auch Entdecker des Honigs, wie die Kureten, die

---

[56] Auch Merops, ein Vogel, der Bienen frißt, also ein Specht, hat den Tod seiner beiden Söhne angekündigt: Krappe 1941. Zum »peico mersto« der Tafeln von Gubbio als *picum optimum* verstanden: Coli 1958.

[57] Verg. Aen. 7,188 ff.; Aug. civ. 18,15; Plin. nat. 16,237. Dazu, daß der Specht eher ein Orakel-Vogel als ein Auspizien-Vogel war: Brelich 1955. Vgl. auch § 116, Anm. 54. Der von Jupiter dem Numa geschickte Schild, der vor seiner *regia* herabfiel, der Kult der Vesta und der Penaten könnten als eine Ableitung der *sacra* von Alba interpretiert werden, die von Romulus (Lituus), von Numa (Feuer der Vesta und Schild) und von Tullus Hostilius (Penaten) nach Rom verpflanzt wurden. Nach Zevi 1981 wären die Penaten von Alba nach Rom übertragen worden (bestritten wurd diese Hypothese von Poucet 1992a und Thomas 1990). Zu den Vestalinnen, den Saliern und den albanischen Priestern: Alföldi 1965. Als Gründer der *regiae* Roms scheinen Romulus und Numa die Handlungen des Picus zu wiederholen, und in diesem Zusammenhang versteht man auch besser das Einfangen des Dämons, der der erste König der Albaner gewesen war, von seiten des zweiten Königs von Rom auf dem Aventin, als würde letzterer damit die Kräfte des Ursprungs wiedergewinnen wollen. Wenn dies der Fall ist, könnten auch die königlichen Kulte des Mars und der Ops an analoge Kulte von Alba erinnern, vgl. § 47 und Anm. 51). Der Zeus auf dem Tonziegel mit der Darstelleung eines *concilium deorum* der *regia* von Murlo ist mit einem *lituus* bewaffnet (Torelli 1992) wie Picus, der erste König von Alba, und wie Romulus, der letzte legitime Anwärter auf den Thron von Alba von seiten der Mutter (Martin 1982). Zur wahrscheinlich viel späteren Version, die die Vestalinnen und die Penaten Roms im Bezug zu Lavinium sieht: Alföldi 1965. Tiburnus, der aboriginische Gründer von Tibur, wurde bei drei alten *ilices* dieser Siedlung inauguriert: Plin. nat. 16,237. Als die ebenso mythische wie kurze Dynastie der Abacwezi die Herrschaft von Nkore aufgab, ließ sie einen heiligen Tambour als Zeugnis der Kontinuität und der Legitimität der Macht zurück. Er erklang nur bei den Inthronisierungen und wurde in einer Kapitale aufbewahrt, die nicht die Königsstadt war, da die Quelle der Macht nicht mit ihren Inkarnationen zusammenfallen sollte. Der Tambour, der regelmäßig restauriert und über einem Feuer erhitzt wurde, war ein Talisman mit dem hohen Alter von 300 oder 400 Jahren (Remotti 1993): ein Alter, das dem zeitlichen Abstand entspricht, der Latinus von Numa oder Tullus Hostilius trennt. In Rom scheinen die *sacra* der Curia Saliorum, der Regia und des Penus Vestae eine dem eben erwähnten afrikanischen Tambour vergleichbare Funktion gehabt zu haben.

[58] Vgl. §§ 111–113 und Anm. 32.

ersten Imker vom Idagebirge.[59] Auch Fauna Luperca ist dann eine ernäh-
rende Macht, ebenso Iuno Rumina, aber sie werden tierische und pflanzliche Milch anbieten und nicht die Frucht jener kleinen fliegenden Wesen,
die die Bienen sind. Es ist an diesem Punkte leicht festzustellen, daß ein
großer Teil der dem Picus zuschreibbaren Funktionen dann schließlich auf
Zeus/Jupiter zurückgeführt werden kann; beide Numina manifestieren sich
auch in Gestalt eines Vogels, beide sind mit der Eiche und der Königsherrschaft verbunden, beide sind Überbringer der Blitze, des Donners und des
Regens und Schützer der zivilen Institutionen.[60]

[59] Mars, Picus und Pilumnus haben zu tun mit dem Ackerbau, mit der Bienenzucht und mit
dem Getreideanbau, den wichtigsten Mitteln der Ernährung für eine Menschheit, die an der
Schwelle zur Zivilisation steht. Für Griechenland sei erinnert an die Gestalten des Tantalos (für
die Ambrosia) Prometheus (für das Feuer) Keleos (für den Honig) und Ceres/Triptolemos/
Arkas (für das Getreide). Demeter und Triptolemos werden vom Marmor Parium zwischen
1409 und 1408 datiert (FGrHist 238). Mit der Ankunft des Jupiter wird der Honig nicht länger
als ein pflanzliches Produkt verstanden, sondern als ein Tau, der mit der ersten Morgenröte
vom Himmel auf die Blätter der Eiche fällt, hergestellt und ausgeschieden von den Bienen
und gesammelt von den Menschen, Frucht jetzt also der tierischen Tätigkeit und des menschlichen Geistes: Piccaluga 1974. Der Specht wäre ein Liebhaber des Honigs und würde dazu
dienen anzuzeigen, wo das Nahrungsmittel gefunden werden kann, so daß die Imker einen
Spechtschnabel trugen, um nicht von den Bienen gestochen zu werden: Plin. nat. 30,92 und
147 (Brind'Amour-Brind'Amour 1975). Zu den Bienen: Ransome 1937. Zum Honig: Tornow
1893 und Triomphe 1989. Keleos der Specht, der erste König von Eleusis und Heros der Familienordnung, ist auch dafür bekannt, daß er versucht hat, aus der Grotte des Zeus in Kreta den
Honig zu rauben, den die Melissen in den Höhlungen der Bäume gesammelt hatten, als wollte
er diese Entsprechung von Nektar und Ambrosia an die Menschen verteilen, die nach Gesit-
tung und Unsterblichkeit verlangten: Pind. Ol. 1,100; Verg. georg. 1,131; Plin. nat. 9,30 (Piccaluga
1974; Scarpi 1984; Mastrocinque 1993, Anm. 711). Zu den Vögeln und den Bienen als Ernährern
des Zeus: Cook 1895. Nach der ersten Bienenzucht der Kureten soll Aristaios den domestizierten Bienenstock und die entwickelte Bienenzucht erfunden haben, den Auszug des Öls, die
Weidewirtschaft, den Käse, die Fruchtbäume und das Spinnen von Wolle. Die ersten Arkader
liefen nämlich nackt umher oder bekleidet mit Fellen, die Pelasgos eingeführt hatte, und scher-
ten die Schafe nicht: Ov. fast. 2,289 ff. (Piccaluga 1968). Zum Zusammenhang der Bienen mit
den Eichen und mit der königlichen Macht: Brosse 1989.

[60] Daß es auf römischem Boden einen regelrechten Kult des Picus nicht gegeben hat, ist auf
verschiedene Weisen erklärt worden: mit seinem hohen Alter oder mit dem Argument, daß
zwar der Mythos sich – in reduzierter Form – erhalten habe, der Ritus aber im späteren Kult
des Jupiter aufgehen hatte können, oder damit, daß seine Gestalt noch zu einem relativ chaotischen, mythischen und an Riten noch armen Zeitalter gehörte, aber keine diese Erklärungen
wirkt überzeugend. Siehe diesbezüglich Brelich 1955 und Scarpi 1979-80. Auch auch bezüglich
Kronos wurde, wie für Picus, beobachtet, daß sein Mythos viel reicher ist als der Ritus: Versnel
1987.

10 Der Gott Iuppiter Albanus und Faunus, göttlicher König der Aboriginer. Endbronzezeit, Stufe I (1150–1000)

119. Der zweite göttliche König von Alba. Von dem göttlichen König Faunus,[1] der in der Folge mit dem griechischen Pan identifiziert

[1] Zur absoluten Chronologie dieser Phase vgl. § 98, Anm. 1. Unter Heranziehung der Chronographen könnte man Faunus der Chronologie zuordnen, die Eusebios/Hieronymus (Helm 1913) für Silvius ansetzen, es handelte sich dann um die 29 Jahre zwischen 1136 und 1107. Nach Eus. Chron. 283 Schoene hat Faunus 44 Jahre regiert, von 1139 bis 1095.

[2] Pan, der griechische Faunus, war ein Sohn des Hermes und der Nymphe Dryope, die mit dem Specht *(dryops)* zusammenhängt: H. Pan 34; Apollod. epit. 7,38; Cic. nat. deor. 3,56. Der Kult des Pan sei in Rom zwischen dem Ende des 5. und dem Beginn des 4. Jh. eingeführt worden (Wiseman 1995 und 1995a), aus Sybaris, wo er in der zweiten Hälfte des 5. Jh. bezeugt sei (Lucca 1995), aber der Kult des Faunus im Lupercal dürfte sehr viel älter sein: Das Opfer und die Ziegenfelle stehen keineswegs im Widerspruch mit der Natur des Dämonen, der auch ein Wolf und eine Schlange war (wie Mastrocinque 1993 richtig gesehen hat). Die Wildheit (Faunus bedeutet »der Würger«, und die Luperci sind wild wie die Wölfe) und die pastorale Komponente (Faunus als Ziegenbock) passen in diesem Wesen bestens zueinander, und ebenso weitere noch gegensätzlichere Eigenschaften, die typisch sind für die Kulturheroen (vgl. §§ 121, Anm. 12; 125), weshalb es auch keinen Grund gibt, den Mythos des Faunus am Lupercal als nicht ursprünglich und aus dem Ritus hervorgehend einzustufen (Wiseman 1995). Der ursprüngliche Gott des Lupercal ist also Faunus, daher können wir die Fabel von Euander und dem Pan Lykaion / Lupercus für eine Sage halten, die einem späteren Zeitpunkt der Geschichte dieses Dämons zuzuordnen ist, als nämlich Hermes, Vater des Pan und des Euander (eines jüngeren Pan?), auch Vater des Faunus geworden ist und letzterer sich schließlich als die neu angekommenen Pan und Euander maskiert (wir befinden uns vermutlich im 4.-3. Jh.). Deshalb erscheint Mercurius als Vater der Laren keineswegs als ein ursprüngliches Element der römischen Religion, sondern er ist vermutlich in der Zeit der mittleren Republik in das Lupercal eingeführt worden (Wiseman 1995a). Es überrascht daher nicht, daß Faunus hellenisiert als Pan auf den Spiegeln des 4.-3. Jh. und sogar in der Kultstatue am Lupercal (Iust. 43,1,7) begegnet. Es handelt sich also um eine relativ späte Angleichung, wenn man sie mit der des Volcanus-Hephaistos vergleicht, die wenigstens bis in das 6. Jh. zurückreicht. Aber vor dieser Zeit war beim Lupercal ausschließlich der von seinen Luperci – die Ausdruck einer vorzivilisatorischen Welt sind (Cic. Cael. 26) – begleitete Faunus Lupercus der latinische Gott der Wildheit und der Fruchtbarkeit, gleichgesetzt auch mit Inuus, Incubus, Silvanus, mit dem Gott *ficarius*, der mit der Ficus Ruminalis und dann mit der Ficus auf dem Comitium verbunden war, den Bäumen, die ihrerseits Symbole der Fruchtbarkeit waren (und Ausgangs- und Endpunkt des Laufes der Luperci um den Palatin, so Wiseman 1995a), gleichgesetzt auch mit dem Dämon, der die Wöchnerin in der ersten Nacht nach der Entbindung bedroht (vgl. §§ 111-112). Pan wurde, auf den Spuren von Faunus, mit dem kriegerischen Gott Enyalios gleichgesetzt (Serv. Aen. 8,343), was im ersten Moment erstaunt und an eine späte Interpretation denken läßt. Der Gott verliert so seinen befruchtenden Aspekt, um einen kriegerischen anzunehmen. Andererseits wird das Lupercal

wurde,[2] nahm man an, er sei ein Enkel des Mars und Sohn des Picus,[3] oder des Odysseus und der Circe, wenn der Agrios der *Theogonie*, was sehr wahrscheinlich ist, mit ihm, der unter anderem den Beinamen *agrestis* hatte,[4] gleichgesetzt werden kann.[5] Der zweite König von Alba, Silvius, kann als

als die Höhle des Mars bezeichnet (Verg. Aen. 8,630 und Serv. Aen. 8,343; 1,273), und Faunus ist, bevor er als Sohn des Hermes/Mercurius gilt, auch Sohn oder Enkel des Ares/Mars (Dion. Hal. 1,31; App. Reg. fr. 1). Mars ist also der Großvater des Faunus (wie dann des Romulus), der ursprüngliche Vater der Laren, Gott der Zeugung und zugleich des Krieges. Nach Wiseman 1995a (aber auch schon nach Pestalozza 1933) stünden die beiden Aspekte des Pan/Faunus hingegen im Widerspruch, sie würden aufeinander folgen, und den kriegerischen Aspekt hätte er erst zur Zeit der Censur des Q. Fabius Rullianus im Jahr 304 angenommen, im Zusammenhang mit dem Sieg von Sentinum und der Einweihung der Tempel der Bellona und der Victoria (296 und 294 v. Chr.), und dies aufgrund von gelehrten Spekulationen, die ebenso unwahrscheinlich wie elegant erscheinen. Faunus kann mit Pan gleichgesetzt werden, kann vielleicht auch sein Aussehen eines Ziegenbocks angenommen haben, aber seine Abstammung von Mars ist nicht auf der Grundlage von Ereignissen der Zeit der mittleren Republik zu erklären, sondern damit, daß ein Mars, zusammen mit Ops (Rhea), ursprünglich Vater von Dämonen und göttlichen Königen war, wie vor ihm Volcanus, der Vater von Cacus und Caeculus. Dies ist die Rolle, die der aboriginische Mars in Alba in der Endbronzezeit einnimmt, der wahrscheinliche Vater des Picus, des ersten göttlichen Königs und Gründers der Metropole der Latiner (anstatt Laurentum, wie die Vulgata will). Zur Austauschbarkeit von Hermes und Ares: § 130, Anm. 49. Vgl. auch § 133, Anm. 59. Dem siegreichen Q. Fabius Rullianus wäre die Röte ins Gesicht gestiegen, wenn er erfahren hätte, daß ein Bewunderer ihm die Erfindung des zentralen mythischen Kernes der Latiner zuschreibt.

[3] Nachkomme *(apogonos)* des Mars: Dion. Hal. 1,31; aber auch Sohn des Mars: App. Reg. fr. 1; zu dem Zusammenhang Mars–Wölfe, siehe das *signum Martis* mit *simulacra luporum* im Marstempel: Liv. 38,28,3 (Briquel 1980 denkt an den Krieg wegen der Verbindung Mars–Faunus, die jedoch rein genealogischen Charakters ist). Der Dämon wurde auch für einen Sohn des Hermes gehalten, dem Hercules opfern wollte (Derkyllos: FGrHist 288), vielleicht ist dies Mercurius, der Vater der Laren, der wahrscheinlich infolge der Gleichstellung von Faunus mit Pan (vor dem Spiegel von Bolsena) den Platz von Mars eingenommen hat. Nach Wiseman 1995 wäre Mercurius zweifellos dem Mars als Vater des römischen Volkes vorangegangen, der seinen Platz erst am Ende des 4. Jh. eingenommen habe, als die Geschichte der Zwillinge Romulus und Remus erfunden wurde. Unter dieser Voraussetzung hätte sich das gesamte Gefüge der indigenen Mythen der Latiner und der Römer im Rom der mittleren Republik herausgebildet (von Mythenerfindern für die szenischen Aufführungen). Vgl. auch Anm. 2. Zur Beziehung zwischen Mercurius-Maia und den Laren siehe das Opfer für diese Gottheiten an den *compita* am 1. Mai, dem *dies natalis* der *aedes Larum*, und weitere Hinweise bei Mavrojannis 1995. Zu Faunus als Sohn des Picus: Diod. 6,5; Verg. Aen. 7,45 ff. Vgl. auch § 113. In der Nähe von Ardea lag das Castrum Inui (= Fauni): Verg. Aen. 6,77 und Serv. Aen. 6,77. Die Rutuler, die von Daunus (= Faunus) abstammten, hielt man für *Faunigenae*: Verg. Aen. 6,550 f. (Mastrocinque 1993). Faunus ist in seinem göttlichen Aspekt auch in Albunea bei Lavinium präsent: Prob. Verg. georg. 1,10, p. 27 Keil (Palmer 1974). Eine analoge mythische Struktur gab es in Rom und vermutlich auch in Lavinium (vgl. § 72, Anm. 3). Zum Wirkungskreis von Faunus außerhalb von Latium vetus vgl. § 119, Anm. 8.

[4] Verg. georg. 1,10; Ov. fast. 2,193. Dem Faunus werden weit mehr Feste und öffentliche Kultplätze zugeordnet als dem Silvanus, welchen Namen der Dämon im privaten Kult annahm: Brelich 1955.

[5] Vgl. Addendum V.

sein Double betrachtet werden, wie es schon der Name andeutet, der auf
den Wald anspielt und damit an den Rex nemorensis schlechthin, Agrios/
Faunus/Silvanus. Wie Amphiaraos wurde Faunus eher als vergöttlichter
Mensch denn als Gott gesehen.[6] Er kann deshalb als ein erster Mensch
gedeutet werden, der dahin kommt, sich von der Gottheit zu unterscheiden, nicht aber von der Roheit, wie im exemplarischen Fall des Lykaon.
Ganz menschlich wird sich erst Latinus nennen können, der nichts Monströses oder Tierhaftes mehr in seiner Natur hat (die Sau ist nur ein Symbol
seines föderativen Unternehmens), wie im exemplarischen Fall des Arkas.
Die Geschichte dieser Dämonen, die mit wilden Tieren oder Werkzeugen
entsprechend ihren Funktionen verbunden sind – Faunus ist Wolf insofern
er die Kehle durchtrennt, und Bock oder Schlange, insofern er zeugt[7] –,
reicht wahrscheinlich zurück in die Nacht der Zeiten, vielleicht sogar in
die Vorgeschichte – wie wir schon für Picumnus, Pilumnus und Stercutus
gesehen haben –, aber uns geht es hier nicht darum, einen so weit entfernten
Ursprung zu verfolgen. Außerdem ist der geographische Rahmen des Hand-
lungsfeldes dieses Numen weitgespannt; war der Einflußbereich des Picus
schon weit, so erscheint der des Faunus noch viel weiter, er ist ein Dämon,
der bei den Völkern von Etrurien bis Daunien verehrt wird.[8] Aber wie wir

---

[6] Serv. Aen. 8,275; Prob. Verg. georg. 1,10, p. 27 Keil. Die Götter *patrii Indigetes* wären »ex hominibus facti« gewesen: Serv. georg. 1,498. Auch die Laren wären »animae ... hominum redactae in
numerum deorum« (Fest. 108 L.) und »genii et functorum animae« (Varro ap. Arnob. nat. 3,41).
Vgl. auch §§ 52, 55.

[7] Es besteht kein Widerspruch zwischen den verschiedenen Tierrollen des Faunus, wie es auch
kein Widerspruch ist, daß bei den Lupercalia, dem Fest des Wolfes Faunus, diesem Ziegen
geopfert werden und die Lupercer sich mit Ziegenfellen bedecken. Die Gestalten der Kulturheroen sind nämlich im wahrsten Sinn des Wortes doppeldeutig und polymorph, sie können
die unterschiedlichsten und auch gegensätzlichsten Rollen in sich vereinen, die sich nicht in
eindeutige und rationale Kategorien zwingen lassen: Ampolo 1988 zu Romulus, Wiseman 1995
zu Faunus, Romulus und Remus (amüsant und typisch rationalistisch ist folgende Frage des
letzteren: »Wenn du Remus brauchst, warum ihn töten?«; es ist dies die aristotelische Logik des
Entweder-Oder, die auf die Mythen nicht anwendbar ist; zur Antwort vgl. §§ 113, 130 f.). Faunus
ist der Dämon der wilden Welt der Wölfe, aber auch der Welt der Ziegenhirten: Er wird auch
corniceps, bicornis, semicaper genannt, wie Briquel 1980 richtig gesehen hat. Vgl. § 38.

[8] Wir denken hier an die Tonmaske des Faunus-Pan aus dem Heiligtum Cannicella in Orvieto
und an die Zeugnisse von Mlacuch-Bona Dea, also Fauna, die ihrerseits mit der umbrisch-sabi-
nisch-picenischen Gottheit Cupra verbunden ist, in Atri und Volsinii: Colonna 1987; Mastrocinque 1993. Faunus ist im Wald bei Alsium präsent, nicht weit entfernt von einem Castrum
Inui (= Fauni) (Plut. Publ. 9.5; Rut. Nam. 1,225 ff.), wo die Stimme des Gottes bestätigt, daß die
Etrusker die Schlacht verloren haben, weil sie einen Mann mehr auf dem Schlachtfeld zurückgelassen haben als die Römer (der Sieg verschafft Valerius Publicola den Triumph). Daunus,
König der Daunier in Apulien, soll ein Sohn des Lykaon gewesen sein und Diomedes getötet
haben: Hor. carm. 3,30,11 ff.; 4,14,25 ff.; Ov. fast. 4,76; Serv. Aen. 8,9. In Ardea waren die Könige
Daunus (= Faunus) und Lukeros bekannt: Cataldi 1992.

diese Wesen nicht allzu weit in der Zeit zurückverfolgen können, müssen
wir uns im Blick auf die Begrenzung des Themas auch hinsichtlich des Raumes beschränken, nämlich auf Latium und auf die Siedlungen, in denen
diese Wesen sich mit größerer Eindringlichkeit gezeigt haben.

120. Eine genauere Auffassung der Zeit. Picus, Faunus und Latinus herrschen in drei aufeinanderfolgenden Generationen im Bereich, so scheint es,
einer und derselben Abstammungslinie, wodurch ihre Herrschaft sich von
den älteren mythischen Ereignissen unterscheidet, die durch größere zeitliche Verschwommenheiten und durch längere Dauer gekennzeichnet waren.
Nach Latinus bleibt das mythische Gedächtnis stehen, und es schließt sich
auf diese Weise das heroische Zeitalter oder die Zeit der präurbanen Vorfahren. In der Tat kennen wir keine weiteren authentischen obersten Häuptlinge Latiums, die nicht in späterer Zeit erfunden wurden, bis auf Amulius
und Numitor und auf Romulus und Remus – eine Art Renaissance des
heroischen Zeitalters –, als könnte die gesamte Epoche zwischen Latinus
und der Gründung Roms in diesen wenigen göttlichen Königen am Beginn
und am Ende zusammengefaßt werden, die als »Gründer« betrachtet werden,
und daher als die einzigen, die der Erinnerung wert sind. Mit den Königen
Roms beginnt eine Epoche, die schon viel stärker historisch gekennzeichnet
ist. Auf die Gestalt des Romulus folgt nämlich nicht die übliche Lücke des
Gedächtnisses, sondern zum ersten Mal sechs Könige authentischen Charakters, die zumindest theoretisch die gesamte Zeitspanne der Monarchie in
Rom auffüllen, wobei es in dieser Hinsicht keine Rolle spielt, wenn der eine
oder andere »kleine« König, der eine oder andere Prätendent ohne Erfolg
oder der eine oder andere Usurpator nicht in die Zählung aufgenommen
wird.[9] Die Königszeit könnte also als eine Zeit des Übergangs oder des
Beginns der historischen Zeit verstanden werden, die dann seit der ersten
jährlichen republikanischen Magistratur völlig etabliert ist, als schon eine
gänzlich unilineare Jahreschronologie vorausgesetzt ist. Es erfogt so ein
Übergang von den dunklen Jahrhunderten zu den Generationen und von

[9] Die nur wenige Monate oder wenige Jahre regierenden Könige von Kuba wurden für nicht
würdig befunden, in die offiziellen Listen aufgenommen zu werden: Vansina 1978, App. A. Derartige Lücken sind also nicht als Rechenfehler zu bewerten, sie sind das Ergebnis einer institu-
tionalisierten Praxis, wonach nur der Herrscher des Gedenkens würdig war, der sich durch die
Dauer seiner Herrschaft und durch seine Taten verdient gemacht hatte. Es ist also möglich, daß
die sieben Könige Roms nur die kanonischen Könige sind und jene, die der Erinnerung nicht
für würdig gehalten wurden, nicht in die Zählung einbezogen wurden, womit die Überlegungen
zur übermäßigen Dauer ihrer Herrschaft um eine falsche Frage kreisen würden. Cornell 1995
verwirft diese vernünftige Lösung des Problems und zieht es vor, den Beginn der Königszeit
um ein Jahrhundert zu verzögern, wirft damit aber mehr Probleme auf, als er löst (vgl. Appendix 8).

den einzelnen erinnerten Generationen zur offiziellen Zählung der einzelnen Jahre.[10]

121. Zwei Brüder. Noch bevor die göttlichen Könige in eine genealogische Abfolge gebracht werden, werden sie als Heroen-Paare gesehen.[11] Hinter Picus steht ein Dämonen-Paar: Picumnus und Pilumnus, die in einem weiteren Moment aufgesogen scheinen in die Gestalt des göttlichen Königs Picus, der vom ersten Dämon abgeleitet wird (eine Fügung ähnlich der Bestimmung von Romulus und Remus). Außerdem sind Picus und Faunus einander affine mythische Gestalten und daher leicht miteinander zu verbinden: Sie sind halbgöttliche Wesen, verbunden mit Mars und mit Jupiter, sie haben die Gestalt von Tieren, ihre Umgebung ist der Wald, sie lieben die Verwandlungen, sind gebunden an Blitze, sie machen Prophezeiungen, sie lenken Zeugung und Ernährung, sie begründen das Königtum, die Kulte und Institutionen, sie sind Vorfahren der Latiner und Kulturheroen, die mit der Agrikultur und dem Beginn des jahreszeitlichen Jahres verbunden sind.[12] Diese enge Verbindung könnte dazu führen, diese göttlichen Könige als Brüder, vielleicht sogar als Zwillinge zu sehen. Aber es ist auch möglich, die göttlichen Könige in anderer Weise miteinander zu verbinden, indem Picus als erster Vater und König für sich genommen wird, wobei er selbst eine in den Zwillingen Picumnus und Pilumnus verdoppelbare Gestalt ist, und statt dessen Faunus und Latinus als Brüder zu vereinen. Tatsächlich erscheinen die beiden in der *Theogonie* als Söhne des Odysseus (= Picus), vielleicht sogar als Zwillingsbrüder, ist doch der Specht per definitionem ein Vater und auch ein Vater von Zwillingen.[13] Unter dieser Voraussetzung

---

[10] Vgl. §§ 16 ff.

[11] Vgl. §§ 111 f. und 133. Pan ist Zwillingsbruder des Arkas, des Namengebers der Arkader (Borgeaud 1979), wie Faunus der Zwilling von Latinus sein könnte, dem Namengeber der Latiner: Epim. fr. 16 Freeman. Andere mythische Paare in Latium sind: Cacus und Caeculus, die Digidii (= Daktyloi Idaioi), Pilumnus und Picumnus, Pilumnus (= Picus) und Daunus (= Faunus), Catillus und Coras und die Lares Praestites, deren verschiedene Inkarnationen die vorher genannten Gestalten sind: Mastrocinque 1993; Capdeville 1995. Vgl. § 52, Anm. 79. In diese Paartradition des lateinischen Diokurentums fügt sich wahrscheinlich das Paar Romulus und Remus ein (abgelehnt von Wiseman 1995, der darin eine Erfindung des 4./3. Jh. sieht).

[12] Wie antinomische Aspekte in der Gestalt des Kulturheroen vereint sein können, hat Brelich 1955 gut gesehen (vgl. § 38). Picus und Faunus haben, wie Kekrops, noch chaotische, strukturell widersprüchliche Züge, die für die mythische Zeit des Kronos und Saturnus typisch sind: Versnel 1987. Leider gelingt es auch heute noch vielen Historikern nicht, ihren Rationalismus zu überwinden, weshalb sie dort widersprüchliche Überlieferungen, narrative Lösungen und Totemtiere sehen, wo der Widerspruch in der Natur der mythischen Gestalt angelegt ist, um die es geht: von Faunus bis Romulus.

[13] Zum Gott Amma, der sich mit der Erde verbindet, woraus Zwillingswesen, genannt Nommo, hervorgehen, die im oberen Teil menschliche, im unteren Teil Schlangengestalt haben, nach der in den 1930er Jahren von einem Homer der Dogon, eines westafrikanischen Stammes, erzählten

würden im Mythos der Gründung von Alba (Picumnus und Pilumnus) und des Kultes des Iuppiter Latiaris (Faunus und Latinus) Zwillinge handeln, genauso wie im Fall der Gründung Roms (Romulus und Remus). Vorfahr des Faunus ist Mars,[14] er ist Vater des Picus, des ersten Königs von Alba, wie auch des Modius Fabidius, des ersten Königs von Cures, und von Romulus, dem ersten König von Rom, womit das Ende der albanischen Dynastie ihren Beginn widerspiegelt, in einer Art zyklischer Rückkehr des Zwillingsmodells der immerwährenden Lares Praestites. Auch Amulius und Numitor sind als Zwillinge gesehen worden, aufgrund der symmetrischen Art, wie zwischen ihnen das väterliche Erbe geteilt wurde.[15] Wie dem auch sei, die binäre (zwillinghafte) Beziehung zwischen unterschiedlichen göttlichen Prinzipien, die mit dem Specht und dem Wolf verbunden sind, steht nicht im Widerspruch zum genealogischen Zusammenhang, aufgrund der fundamentalen nicht-logischen Natur des Mythos, der unterschiedliche sagenhafte Schichten bewahrt und kompatibel macht, die ursprünglich in der Zeit

Kosmogonie: Griaule 1966. Zum australischen Motiv der Zwillinge, Söhnen des Totemtieres, siehe Mazzarino 1966, III, Anm. 555. Zu den Zwillingen als übernatürlichen Wesen, Söhnen von Gottheiten, mit Macht über die Orakel, über die Phänomene der Luft und über die Fruchtbarkeit: Eitrem 1902; Hartland 1921; Krappe 1933; Bickel 1940; Binder 1964; Griaule 1966. Über die Zwillinge Nasatya: Dumézil 1966, und allgemeiner Dumézil 1994 und Wiseman 1995 (mit Zusammenfassung und Erledigung der komparativen Fragestellung). Vgl. auch §112, Anm. 32. In den skandinavischen, germanischen und armenischen Mythologien kommt es vor, daß ursprüngliche Zwillinge in ein Vater-Sohn-Paar verwandelt auftreten, wodurch die Theologie eine Art diachronische Umwandlung erfährt. Der Einführung eines solchen dynastischen Schemas begegnet man in den Aufzählungen der ersten Häuptlinge, Gründer und Vorfahren der verschiedenen Gesellschaften, da die Könige nur jeweils allein regieren können. Aber die Umwandlung eines ursprünglichen Zwillingstums in eine Dynastie kann nicht als Hinweis auf eine späte und rationalisierende Intervention gelten: »on ne peut écarter a priori qu'il y ait eu, dès les temps indo-européens, une variante dynastique de ce type« (Dumézil 1994, S. 136). Eine solche Feststellung ist wesentlich für das Verständnis des Zwillingstums vor Romulus und der göttlichen Könige in Latium, auf die G. Dumézil nicht verweist.

[14] Dion. Hal. 1,31.

[15] Die Auslegung des Spiegels von Bolsena durch Wiseman 1993 und 1995 ist nicht überzeugend. Er interpretiert die stehende Figur mit Lanze als Quirinus und die Zwillinge als Lares Praestites statt als Romulus und Remus, um die späte Datierung von Romulus und vor allem von Remus (Anfang 3. Jh.) zu bekräftigen. Aber es waren Romulus und Remus, die von einer Wölfin gesäugt wurden, und nicht die Lares Praestites als solche, und außerdem besteht kein Widerspruch zwischen den beiden Zwillingspaaren. Von daher die Unhaltbarkeit von Quirinus neben Faunus: Was sollte dieser Gott auf dem Palatin anfangen, wie sähe die Interpretation der Zwillinge aus? Es sei daran erinnert, daß Quirinus nicht unter den Kulten der *regiae* Roms vorkommt. Zu Latinus als Gründer des Palatium: Lyd. mens. 4,4. Der pränestinische Spiegel bildet also für Romulus und Remus (für ihre Inkarnation als die letzten Lares Praestites) einen *terminus ante* und nicht *post*, wie es Wiseman 1995 gerne hätte. Ampolo 1988 und Briquel 1992 (zum Thema der Zwillinge), sehr viel überzeugender als Wiseman 1995. Zu den Laren Stercutus, Picumnus, Pilumnus und Faunus im System des *iugum* vgl. § 111 ff.

aufeinander gefolgt sind, dann aber verbunden und untereinander kompatibel gemacht wurden.

25–26 **122. Der praenestinische Spiegel von Bolsena und die Laren.** Eine vollständige Darstellung der Laren der Latiner und der Römer findet sich auf einem praenestinischen Spiegel von Bolsena (ca. 340 v. Chr.), die, abgesehen von wenigen Änderungen, auf wunderbare Weise die mythische indigene Überlieferung widerspiegelt. Es werden dargestellt: 1. Mercurius (= Mars) und Lara, die Eltern der Laren; 2. der *picus* des Picus (der die Zwillingshaftigkeit von Picumnus und Pilumnus in sich aufgesogen hat), der auf der Seite des Mercurius (= Mars) steht, und die *parra* (die mit dem Specht zur Kategorie der *alites* und der *oscines* gehört), die auf der Seite der Lara steht, beide unter einem ausgetrockneten Baum, vielleicht das, was von der ursprünglichen Ficus Ruminalis übrig war oder was man glaubte, daß davon übrig sei; 3. Faunus (mit den späteren Zügen des Pan) und Latinus (die in der *Theogonie* Brüder sind) – vielleicht, weniger wahrscheinlich, der Hirt Faustulus des gottlosen Amulius und der Hirt Faustinus des frommen Numitor – und schließlich 4. Remus und Romulus, die vor dem Lupercal von der Lupa Luperca gesäugt werden. Remus ist zum Kopf der Lupa Luperca (= Fauna) hin und Richtung Faunus Lupercus gewandt, der das *pedum* in Händen hält, den Stock oder das Zepter des Königs des Waldes und des obersten Hirten oder »Haupthirten«, das als einziges diesem Zwilling zusteht. Romulus hingegen ist zu Latinus hin gewandt, dem Begründer des *nomen*, der die *hasta sanguinea* in der Hand hält, die er von Mars erhalten hat, *signum iusti dominii* des Königs der Felder und der Siedlung, der mit der anderen Hand auf ihn weist, den künftigen Werfer dieser Waffe vom Aventin aus auf den Palatin und Gründer Roms und des römischen Volkes. Unten ist ein Wolf, eher als ein Löwe, dargestellt, der an Faunus erinnert (erinnern wir uns, daß nach einer Version der Sage des Romulus ein Wolf Rea Silvia veranlaßt hat, eine Grotte zu betreten, wo Mars ihr beiwohnen sollte, die der vorgestellte albanische Prototyp des römischen Lupercal gewesen zu sein scheint). Alle diese Gestalten sind die aufeinander folgenden und zugleich ähnlichen Inkarnationen der Lares Praestites, unter denen die Paare der göttlichen Eltern und der zwei Paare der präurbanen (Faunus und Latinus) und der urbanen *luperci germani* (Romulus und Remus) besonders hervorgehoben sind.[16] Auch der

---

[16] Vgl. auch §§ 52, 55, 111 f. und 133. Zum Adler als Stellvertreter des Spechts auf einer spätrepublikanischen Münze, zur mit Alba verbundenen fruchtbaren Sau und zur *parra* als Vogel der Vesta: Briquel 1976a (aber hier ist es eher die *parra* der Lara). Zur Person mit der Lanze als Latinus: Cappelli 1994. Zum Wolf in der *lucus*-Grotte des Mars in Alba: Serv. Aen. 1,273. Zur *hasta*, wenig überzeugend mit Quirinus in Verbindung gebracht: Briquel 1980a und Magdelain 1984. Diese Verbindung mag Wiseman 1995 veranlaßt haben, die Person fälschlicherweise mit

Komplex der Ficus Ruminalis verweist uns auf den Komplex der Laren: 1. der Baum (oder seine vertrocknete Reliquie) verweist, wie wir sehen werden, auf Faunus und Fauna; 2. der Specht auf dem Baum verweist auf den Specht auf dem Balken von Tiora Matiene, von dem aus er im Heiligtum des Mars weissagte (die Ficus Ruminalis erscheint unter diesem Gesichtspunkt als die Filiale von Tiora Matiene auf römischem Boden; 3. Mars wurde mit Faunus im Lupercal verehrt; 4. die Wölfin, die die Zwillinge im Schatten der Ficus Ruminalis säugt, erinnert an Fauna Luperca und 5. ebenso an Acca, die Frau des Faustulus (= Faunus), die die Zwillinge aufziehen wird. Es handelt sich also um einen Komplex, der verbunden ist mit (Wieder-)Geburt und Ernährung, wo Picus und Faunus – nach dem Specht zu urteilen zusammen mit Latinus – und die göttlichen Zwillinge mit Mars verbunden erscheinen, dem Vater der Laren, und Fauna mit Rumina, mit Acca und wahrscheinlich auch mit Ops, d.h. mit der Mutter der Laren. Ein *lucus*, eine Grotte, eine Quelle, ein Baum, Tiere (weissagende Vögel, eine Wölfin und vielleicht auch ein Wolf) und menschliche Gestalten sind die irdischen Manifestationen der übernatürlichen Protagonisten der latinischen Mythologie, gebunden an die Vorfahren und an die Gründung von Volksstämmen, Siedlungen und Städten. Andererseits sind die Gründungsmythen der präurbanen Siedlungen von Alba, Rom, Lavinium und Ardea alle verbunden mit den aboriginischen Königen von Latium und mit den Tieren, die sie darstellen: mit dem Specht (oder dem Adler), dem Wolf / der Wölfin und der Sau. Auch die Stadt Rom mußte unter ihren Zeichen entstehen. Diese göttlichen Tiere nehmen in Rom nicht nur an der Geburt der Zwillinge teil, sondern sie zeigen auch das Gebiet an, auf dem die Stadt gegründet werden soll, und sie legen ihren Namen fest.

123. Vom Wald zur Siedlung: der Rex Nemorensis. Faunus *agrestis, silvanus, silvius* ist ein numinoser und tierischer Ausdruck der Wälder und der Wildnis (oder *tesca*), dessen Gegenwart und Stimme sich im Wald Arsia, im Hain der Vesta (wo Faunus als Aius Locutius erscheint) und im *lucus* des kleinen Aventin (wo er an der Seite von Picus auftritt) in unbestimmter und zufälliger Weise manifestiert; von seiten des Menschen ist dies alles nicht kontrollierbar, nur wenn er, wie Numa es macht, den Dämon einfängt, kann

---

Quirinus gleichzusetzen. Der Spiegel, der im Verdacht stand, gefälscht zu sein, zeigt eine vollkommene Übereinstimmung bezüglich der von uns rekonstruierten *heroogonia* der Laren, was ein entscheidendes Argument zugunsten seiner Echtheit ist. Die *ficus Ruminalis* war, noch vor der Kornelkirsche, ein Fetisch des Staates. Die Verbindung mit der auf dem Comitium replizierten *ficus* könnte, aus Symmetriegründen, auf einen ursprünglichen Versammlungsplatz am Fuß des Cermalus hinweisen, an dem Ort, wo die Läufe der Lupercalia und der Consualia begannen.

er ihn befragen, und noch weniger kann er in einen divinatorischen Ritus eingebunden werden, etwa in den Ritus des Spechtes des Picus, des typischen mit dem Orakel verbundenen Vogels.[17] Aber Faunus ist Herr des *nemus* nicht schlechthin, sondern insofern der Wald das kultivierte Feld begrenzt, die Lichtung für die Versammlung, und zwar für die Versammlung des Kultes und der Siedlung. In dieser Sicht erscheint er uns wie ein Grenzdämon, vergleichbar den Laren, der mit den ältesten Grenzsteinen und Schwellen verbunden ist. Es besteht also kein Gegensatz zwischen seiner wilden Natur und seinem Wesen als Kulturheros (ebensowenig wie zwischen Romulus, dem tapferen Jüngling, und dem Räuber), es gibt keinen Vorrang des ersten gegenüber den zweiten Aspekt, zumindest nicht in der mythologischen Gestalt, die wir kennen, wie es auch keinen Gegensatz gibt zwischen Wald und Siedlung, zwischen Wald und Abholzung, zwischen Nutzholz und Bauholz, zwischen Initiation und Zugehörigkeit zur Gemeinschaft; dies alles sind vielmehr einander begleitende und ergänzende Wirklichkeiten, auch später noch, aber in besonderer Weise in der präurbanen Zeit. Es ist kein Zufall, daß das ursprüngliche Rauschen des Faunus schon dem anfänglich zivilen Rhythmus der saturnischen Verse folgt, von denen man sich vorstellen kann, wie mit ihnen die Lieder der präurbanen oralen Kultur skandiert wurden. Ja, Picus und Faunus können, vor allem insofern sie Gründer einer Siedlung, einer Dynastie und, wie wir sehen werden, des ersten Kultes des Jupiter sind, nichts anderes sein als der erste ein Vogel und der zweite ein Wolf, typische Tiere des Waldes eben, entsprechend einem im östlichen und zentralen mediterranen Raum verbreiteten mythischen Schema, wonach der die Kultur bringende Herrscher im Wald geboren wird und aus ihm zur Gemeinschaft kommt, um ihr von den Rändern der Siedlung her seine Ordnung aufzuerlegen. Das späte Double des Silvius, der fingierte Namensgeber der fingierten albanischen Dynastie, könnte eine ursprünglich an den Dämon Agrios/Faunus gebundene Sage geerbt haben. Sohn einer Prinzessin (Lavinia), der Erbin eines Königs (Latinus) und Gattin eines anderen Königs (Aeneas), wird der künftige König auf bewaldeten Bergen geboren und im geheimen von einem Haupthirten (Tyrrhenus) aufgezogen, der dem Gedächtnis des königlichen Vaters der Prinzessin (Latinus) treu ist und den Kleinen vor dem Stiefbruder (Ascanius), der jetzt auf dem Thron sitzt, rettet. Vom Wald erbt der Prinz den Namen (Silvius/Hylaios), und aus dem Wald tritt er beim Tode des Königs und Stiefbruders (Ascanius) heraus, um ihm auf dem Thron zu folgen, nachdem er einen Wettkampf (nach der Vul-

---

[17] Fraschetti 1990a; Briquel 1993a meint, daß Faunus als Kulturheros und weissagende Gottheit (wie in Albunea) einer späten Phase des Mythus zuzuordnen sei, was sich, wenn überhaupt, nur auf den zweiten Aspekt beziehen kann.

gata eine Wahl) mit einem Prätendenten (Julus), dem Sohn des Stiefbruders, gewonnen hat. Unter dieser Voraussetzung – ein mythisches Schema von authentischem Geschmack kann nicht zu einem Double gehören – ist der wahre Rex Nemorensis Faunus (= Silvius), der in hervorgehobenem Sinne *silvestris* ist (auch Silvanus genannt wird), der –man könnte sagen: auf mühselige Weise – dem Begründer des Reiches Picus (= Ascanius) folgt. Es ist dies ein Königtum, in dem bedrohte Könige und geheime Geburten eine Rolle spielen, die Aussetzung von Jünglingen, die als Strauchdiebe leben, wo Haupthirten als Beschützer fungieren, Hirtengenossen Banden bilden, Wettkämpfe zur Erringung des Thrones stattfinden, wo der Sieg über die Mitbewerber die Voraussetzung der Herrschaft ist und wo der Wettstreit auf den Umkreis einer verwandtschaftlich verbundenen Gruppe an der Spitze der Hierarchie des Clans beschränkt scheint. Dieses – ursprünglich albanische – Modell der Herrschaft, gegründet auf einem Banditen, der König wird, breitet sich dann über Latium aus, so in den Fällen der Räuber Caeculus und Romulus, der Gründer von Praeneste und von Rom.[18] Der Beginn

[18] Tyrrhenus, oder besser Tyrrhus: Verg. Aen. 7,485, gleichbedeutend mit Faustulus: Gagé 1976. Capdeville 1993. Picus und Faunus sind Waldwesen, und während Faunus und Latinus Söhne der *agria* Circe sind (Wiseman 1995), der Herrin der Wildnis (wie Feronia), sind Romulus und Remus Söhne einer Ilia/Silvia, einer anderen Herrin des Waldes (eher als einer Trojanerin) – Idaia entspricht Silvia –, und ist Servius Tullius Sohn einer Ocrisia, einer Herrin des Berges, wie ihre Namen nahelegen (siehe auch Vica Pota, die Herrin des *vicus*). Zeus und Kyros haben die Kindheit auf einem bewaldeten Berg verbracht *(Ida = Ide = Ule)*, um nicht von Miletos zu sprechen, dem Gründer der gleichnamigen Stadt, der als Kind von seiner Mutter im Wald ausgesetzt wurde, die den Zorn ihres Vaters Minos fürchtete; er wurde dort – wie Romulus und Remus – von Wölfinnen genährt, auf Anordnung seinesVaters Apollon (Ant. Lib. 30), offensichtlich Apollon Lykeios, womit die in Latium von Mars und von Faunus eingenommenen Rollen vereint erscheinen. *Felchanos*, Vorgänger des Zeus auf dem Idagebirge, wurde als Jüngling dargestellt, eingenistet in den Zweigen eines Baumes wie ein Vogel, und an einen Baum (eine Eiche?) war die Wiege des Zeus gehängt worden, der ein Gott war, der sich in ein Flugwesen verwandeln konnte (Capdeville 1995). Zu Silvius Postumus: Dion. Hal. 1,70. Zu Caeculus: Cato orig. fr. 59 Peter; Verg. Aen. 7,678; Serv. ad loc.; Solin. 2,9: eine Schwester der Degidii, befruchtet von einem Feuerfunken, also von Volcanus, bringt in ländlicher Umgebung Caeculus zur Welt, ein Kind mit schlechten Augen, das dann in einem Feuer wiederentdeckt wird von Jungfrauen, wahrscheinlich den Schwestern der Degidii, während sie Wasser holen gingen; als Erwachsener gründet Caeculus dann Praeneste, mit bunt zusammengewürfelten Hirten und Räubern und mit Männern, die zu einem Spiel herbeigelaufen sind, das er angesagt hat, als er im Angesicht aller, umgeben von Feuer wieder aufgetaucht war, wodurch er als Sohn des Volcanus ausgewiesen war und somit, als Sohn eines Gottes, berechtigt war, eine neue Siedlung zu gründen (Deschamps 1988). Cornell 1975 hat mit Bezug auf die Sage von Romulus richtig gesehen, daß für das Verständnis der in der Vorgeschichte Latiums wurzelnden Mythen griechische Sagen wie jene von Miletos nicht bemüht zu werden brauchen. Briquel 1992 hat richtig gesehen, daß die nemorensischen Initiationen nicht über die romuleische Sage hinausgehen, ein Grund, weshalb der romuleische Mythos auch in dieser Hinsicht an Mythen gebunden erscheint, die zwischen der Endbronzezeit und der frühen Eisenzeit »aktiv« waren.

der Kultur zeigt also den doppeldeutigen Aspekt der Wildnis und der Kultur miteinander vereint, und es ist nicht zulässig, bis zu den Gründungen der Städte nur die Wildheit dauern zu lassen, wie es die herkömmliche Haltung der Historiker ist. In dieser Sichtweise erscheint Faunus wie der Prototyp des Rex Nemorensis. Faunus wird tatsächlich getötet (von Hercules, der eine mythische indigene Gestalt ersetzt haben dürfte: Latinus?). Getötet wird dann Amulius (damit Numitor wieder auf den Thron gesetzt werden kann), und getötet wird schließlich auch Remus (von Romulus). Die Tötung des Vaters, des Bruders und des Zwillings ist also ein mit der Erringung des aboriginisch-latinischen Königtums verbundenes Mythem. Die Nachfolge des Rex Nemorensis, losgelöst von jedweder verwandtschaftlichen Umgebung, ist nichts anderes als die letzte Erinnerung sehr viel älterer Rituale der hierarchischen (eher als tribalen) Clans, die jetzt zum Fossil geworden sind. Das Vorherrschen des Themas der Brüder und der Mechanismus der auf dem Duell basierenden nemorensischen Nachfolge lassen vermuten, daß es in Alba ursprünglich den Typus einer nicht vertikalen Nachfolge gegeben hat, wonach die Glieder eines oder mehrerer vorherrschender Geschlechter, die dem gemeinsamen vergöttlichten Vorfahren am nächsten standen, die Herrschaft antreten konnten.[19]

124. Der Ziegenbock und die fruchtbringende Feige. Faunus als *sacer hircus* ist *bicornis, semicaper, inuus, incubus* und gleichzeitig *ficarius*, d.h. verbunden mit dem wilden Feigenbaum oder *caprificus* wahrscheinlich (wenn auch nicht bezeugt) beim Lupercal (Kultstatue des Faunus, Opfer des *caper*), neben der Ficus Ruminalis, wahrscheinlich im Gebiet des Comitium, und sicher am Ziegensumpf. Schon im Namen des *caprificus* ist die Synthese dieser beiden Naturen des Faunus zu beobachten, die mit dem Bock *(semicaper)* und mit der männlichen Feige *(ficarius)* verbunden sind. Erinnern wir uns, daß die Messener die wilde Feige Bock *(tragos)* nannten, womit sie einen engen Zusammenhang zwischen dem Fruchtbaum und dem fruchtbaren Tier schlechthin herstellten. Im Ritual der Lupercalia sind die Fellstreifen des Ziegenbocks, die befruchtende Kraft haben, und das Blut und die Inne-

---

[19] Der *nemus* des Wagens von Bisenzio, der bevölkert ist mit Vögeln, Affen, Hirschen (dem typischen Wild der Könige), Wölfen, Hasen, fürstlichen Jägern, die von Hunden begleitet werden und in ein tödliches Duell verwickelt sind, erscheint umgeben von der gesitteten und geordneten und vom *rex* regierten Welt. Bleibt festzustellen, ob diese Art der Darstellung den Sieg der bewohnten und kultivierten Welt über die Wildnis bezeichnet (Torelli 1996a i. Dr.) oder ob es sich nur um eine Darstellungsweise handelt, wonach der *nemus* im Zentrum des Wagens abgebildet sein mußte, wenn man beabsichtigte, die Angelegenheiten des *rex* im Vordergrund, entlang der äußeren Kante des Wagens, darzustellen, wo sie für den Blick von außen auf den Ritualgegenstand deutlicher zu sehen waren: vgl. §40. Wiseman 1995 versteht dies nicht; vgl. auch §131. Zur kollateralen und vertikalen Nachfolge vgl. Appendix 3.

reien des geopferten Bockes symbolische Äquivalente des Gliedes und des Samens dieses Tieres. Einen analogen Symbolismus können wir voraussetzen für den Zweig der *caprificus* und den Saft, der aus ihrer Rinde kommt (Rinde der Feige = Fell des Bocks), der als *libamen* »quod ex caprifico manat«, verwendet wird. Auch aus diesen Gründen scheint der *sacer hircus* Faunus dem Pan *tragos* auf römischem Boden vorauszugehen. Fauna ist beim Lupercal, noch vor der Juno mit dem *amiculum* oder Sospita die caprotinische Gottheit schlechthin, die heilige Ziege (ein Tier der Unterwelt, das der Flamen Dialis nicht sehen darf, um rein zu bleiben), verbunden mit der Schlange (der Manifestation des Faunus). Der Fauna/Rumina des Feigenbaums des Murciasumpfes am Fuß des Cermalus entspricht die Fauna/Murcia des Murciasumpfes am Fuß des Aventin. Unter dieser Voraussetzung wäre der Ziegensumpf ursprünglich als der Sumpf der Fauna zu verstehen, der Göttin der unterirdischen Wasser, analog zum Sumpf der Murcia (= Fauna), und wenn der Rumon etwas mit Rumina zu tun haben sollte, dann könnte auch der Fluß, der die sumpfigen Einbuchtungen (*rumae?*) geformt hat, mit dieser Göttin des unterirdischen Sumpfes (die ihrerseits verbunden ist mit Tacita, der Mutter der Laren) im Zusammenhang stehen. Fauna ist andererseits die ursprüngliche göttliche Rumina der Ficus Ruminalis, der weiblichen Feige des Lupercal, verbunden mit der Fruchtbarkeit (man denke an an den Zusammenhang zwischen der Frucht der Feige und dem weiblichen Geschlechtsorgan) und mit der Säugung (*rumis* = mammella), wie sie die ursprüngliche göttliche Murcia ist. Rom hätte dann seinen Namen von den Brüsten der Fauna erhalten, der Schutzgöttin der Siedlung und ihrer Wasser, die dann auch die Zitzen der Wölfin sind, die die Zwillinge gesäugt hat, und wohl auch die sumpfigen Einbuchtungen des Tibers, die sie gerettet haben, indem sie sie aufgenommen und im Schlamm und in der Sumpfvegetation vor dem reißenden und gefährlichen Flußlauf des Tibers geschützt und sie der Mutter Erde, der Acca Larentia, zurückgegeben haben. Es sind also Faunus (mit Mars) und Fauna (mit Acca/Ops) die ursprünglichen Gottheiten des Lupercal, und Fauna (verbunden mit Acca/Ops) ist die Gottheit, die mit Mars die Zwillinge geboren hat, deren jungfräuliche Mutter nicht zufällig Silvia-Rea heißt. Es ist interessant festzuhalten, daß die weibliche Feige oder Ruminalis am Lupercal und die männliche Feige wahrscheinlich am Comitium (und am Ziegensumpf) Bäume sind, die mit den Sümpfen des Flusses verbunden sind, mit den Ziegen und den Ziegenböcken, mit den Gottheiten der Fruchtbarkeit (wie Caprotina/Tutula) also, vermutlich die Orte des Anfangs und des Endes des Laufs der Lupercer aber auch der Rettung und der Tötung des Romulus im Sumpf Murcia (beim Lupercal) und im Sumpf des Velabrum (beim Comitium).

Sümpfe, Feigenbäume, vielleicht auch Myrten und Ziegenböcke, verbunden
mit dämonischen Vorfahren, den Laren und deren göttlichen Eltern, bilden
einen einzigartigen göttlich-heroischen Komplex, der mit der Fruchtbarkeit
und mit dem Tod verbunden ist. Bei den Römern gab es eine mythische
Vorstellung von der Fortpflanzung, analog der Vorstellung der Akamba im
englischen Ostafrika, für die jede verheiratete Frau zugleich die Frau ihres
Gatten und die Frau eines Vorfahren ist, und es bestand in dieser Paarung
das Geheimnis der ursprünglichen Kraft der Fortpflanzung. In analoger
Weise wurde die *nova nupta* zuerst von Mutunus Tutunus (dem vergöttlichten Vorfahren) sexuell in Besitz genommen und dann vom neuen Gatten,
und der König und die Königin, das irdische Paar schlechthin, verehrten
Mars und Ops, das mit dem Königtum verbundene göttliche Paar. Die
Gelehrten, die mit rationalen Ableitungen und wenig mit der besonderen
Logik des Mythos vertraut sind, der das Prinzip der Widerspruchsfreiheit
nicht kennt und der seine Doppeldeutigkeit auf die Kulturheroen projiziert,
sind im allgemeinen nicht so weit gekommen, sich ethnologisch kundig zu
machen und dann einzusehen, daß Fauna und Faunus zugleich Ziegenbock-
Ziege und Wolf-Wölfin sein können, d. h. Haustiere, die angegriffen werden,
und wilde Tiere, die angreifen, Hirten zugleich und Räuber. Der Gedanken-
gang, der dieser Haltung zugrunde liegt, ist folgender: »Der Eintritt des
Mars war das Element, das die ursprüngliche Form veränderte ...« (T. P. Wiseman). Aber Faunus und Fauna haben das Merkmal des Wolfes (also auch des
Mars) schon in ihrem Namen, und zwar noch vor ihrer lupercalen Eigenschaft, und deshalb haben sie von Anfang an sowohl die chaotische und
kriegerische Welt des Waldes und die Welt der Hirten, die die bewohnten
Lichtungen umgaben, gelenkt.[20]

---

[20] Zur wilden Feige - *tragos*: Paus. 4,20,1-3 (ausführlicher zu diesem Thema Porte 1973 und
Robertson 1987). Der Zusammenhang zwischen dem Ziegenbock und der Ziege und dem
männlichen und dem weiblichen Feigenbaum, der in der Verbindung Faunus/Fauna - Wolf/
Wölfin mit Bock/Ziege und dem wilden Feigenbaum / der weiblichen Feige impliziert ist,
basiert auf der starken Fruchtbarkeit der männlichen Feige und des Ziegenbockes, aber vielleicht auch auf einer anderen Eigenschaft von gleicher Bedeutung, die sich auf das Lab und
also auf die Käseherstellung bezieht, wobei der Magen des säugenden Zickleins mit dem Saft
des Feigenbaums gleichgesetzt wird: »Die Rinde der Bäume enthält eine Flüssigkeit ..., die beim
Feigenbaum milchig ist (sie besitzt die gleichen Eigenschaften wie das Lab bei der Käseherstellung)«: Plin. nat. 16,181; schon bei Hom. Il. 5,902 ff.; bei den Thargelia wurde den Opfern Käse
verabreicht, der mit dem Saft von unreifen Feigen versetzt war (Paton 1907). Die Nymphen der
Myrte haben den Aristaios die Käseherstellung gelehrt; dies könnte heißen, daß auch die Myrte
als Lab gedient hat. Von daher die mögliche Beziehung zwischen dem wilden Feigenbaum der
Fauna Caprotina vom Ziegensumpf und der Myrte einer Fauna-Ziege des Murciasumpfes (der
zukünftigen Venus Verticordia), insofern die Säfte der Feige und der Myrte die Aufgaben des
Labs und des Spermas erfüllen konnten, d. h. die Milch zum Gerinnen zu bringen, um Käse

125. Der Wolf als Würger und Kulturheros. Während Picus der Specht
des Mars ist, ist Faunus der Wolf des Mars. Wenn sie den Menschen Schaden zufügen, so blendet der erste wie ein Blitz, und der zweite tötet wie eine
unterirdische Macht, wie ein Tier, das die Kehle durchtrennt. Dennoch hat
Picus der Specht Verbindungen mit der geordneten Welt des Jupiter, und
mehr noch Faunus, wie wir sehen werden. Es ist aber leichter, Picus in Harmonie mit den Funktionen des höchsten Gottes zu sehen (daß er blendet,
kommt selten vor), weniger leicht ist das für Faunus, der Jupiter immer als
Herausforderer gegenübertritt (wie bei den Lupercalia), wobei er dann auf
seiten der Wildheit, der Barbarei und der Unordnung steht. Andererseits ist
in eben dieser Figur des Wolfes auch ein Aspekt der Kultur erkennbar. Der
Wolf ist in der Tat kampfeslustig, ein Räuber, ein Jäger, aber durch seine
Fähigkeit, eine Jagd zu organisieren und die Beute in seiner Bande zu verteilen, ist er auch fähig, eine Art ursprünglichen »politischen« Raum iso-
nomischen Charakters zu schaffen, auch wenn diese seine Berufung zur
Zusammenarbeit mit Gleichen und zum gleichberechtigten Mahl oft von
seinem Wesen als Beutetier unterlaufen wird, das nicht unterdrücken kann,
den größten Teil für sich haben zu wollen. Daher sein widersprüchlicher

und den milchigen Saft herzustellen, aus dem, wie man glaubte, das menschliche Wesen in den
ersten Tagen bestand und den man für die Bildung des Embryos für notwendig hielt (Magini
1996). Zum Trankopfer, das aus der Milch des wilden Feigenbaums entnommen wurde, unter
eben diesem Baum anläßlich der Nonae Caprotinae: Macr. Sat. 1,11,36 ff. Zum Saft des wilden
Feigenbaumes, der die Eigenschaft hat »aperire vulvam«: Plin. nat. 23,126. Der Name der Magd
Tutula in der Sage der Nonae Caprotinae verweist auf das männliche Glied, das zwischen Velia
und Palatium nicht mehr direkt von Faunus, sondern von Mutunus Tutunus dargestellt wird,
vom *fascinus*, der von den Vestalinnen verehrt und im Triumphzug mitgetragen wird (Plin. nat.
28,39) und mit dem Lar Familiaris und dem Genius Domesticus zu verbinden ist und damit
wohl wiederum mit dem neuen Lar Faunus (später über Mars durch Volcanus ersetzt). Zu den
Phallen aus Feigenholz (Arnob. nat. 5,29; Clem. Alex. protr. 2,64,2; Paus. 2,37,5), zu Mars Fica-
nus (CIL, 14, 309) und zu Faunus Ficarius (Isid. orig. 8,103) und Fircus siehe Porte 1973 und
zuletzt Coarelli 1997. Pestalozza 1933 entdeckte die ursprünglichen Gottheiten des Lupercal, er
ist Wiseman 1995 und 1995a vorzuziehen (der ihn nicht zu kennen scheint). Aber U. Pestalozza,
der bezüglich der ursprünglichen Gottheiten des Lupercal sich auf Juno beschränkt, bekommt
Fauna nicht in den Blick, womit er, mit Berufung auf Deubner, Wiseman vorangeht, indem
er die Verbindung des Gottes vom Lupercal Faunus mit Mars und mit dem Wolf irrtümlicherweise für spät hält. Zum Beginn und Ende der Läufe der Lupercer beim Lupercal und beim
Comitium: Wiseman, a. a. O. Zu den Akamba: Pestalozza, a. a. O. Pais 1913 hatte vermutet, der
ursprüngliche *palus Caprae* (= Faunae?) sei nichts anderes gewesen als das Velabrum am Fuße
des Kapitols, beim Comitium, dem wahren Ort des Verschwindens des Romulus. Zur Vereinigung von Phytalos (Herr einer Region in Attika, der den Feigenanbau einführt) und Demeter,
zu verstehen im Sinn einer Kaprifikation: Pestalozza 1930, 1931. Iuno Rumina und Caprotina
sind zwei Göttinnen, die mit Feigenbäumen an einem Sumpf *(palusca ficus)* verbunden sind; sie
erinnern an die Iuno Paloscaria, die in Praeneste bezeugt ist (Whatmough 1922; vgl. auch Macr.
Sat. 3,20,1).

Charakter, sozial und zugleich gierig, also antisozial und tierisch, und damit ist er eine Präfiguration der menschlichen Gesellschaft (ähnliche Gegensätze finden sich auch in Romulus und Remus). Eine ähnliche, ebenso widersprüchliche göttliche Struktur ist auch in Griechenland bekannt, im besonderen bei den Dorern. Es handelt sich um Apollon Karneios (Widder) und Lykeios (Wolf), der gerade durch seine entgegengesetzte raubtierhafte Natur Schützer der zahmen Herden ist, wie eben Faunus Lupercus.[21] Analoge geistige Strukturen in der latinischen Welt (aboriginischer Herkunft) und in der griechischen Welt (dorischer Herkunft) bestärken uns, daß der gewählte Weg, in diesem Fall der Annahme der Synchronizität der Widersprüche, der wahrscheinlichere und produktivere Weg ist.

126. Der Wolfsmensch, der Bandit und die ursprüngliche Herrschaftsgewalt. Faunus, der die Kehle durchtrennende Wolf, der also mit der Gewalt und der Tötung verbunden ist, ist auch ein herrscherlicher Dämon, der seine Macht auf der Verschwommenheit zwischen Natur und Norm, Gewalt und Recht, äußerer und innerer Welt gründet. Er ist der göttliche Geist des *limen* und des *terminus*, wie wir sehen werden. In ihm konzentriert sich die ursprüngliche Macht des Häuptlings über Leben und Tod, also das ursprüngliche »politische« Element, die Macht des *pater*, die sich nun über alle Mitglieder der Gemeinschaft erstreckt. Es ist die Macht, die auf das »nackte Leben«, ohne Recht und Politik, zurückgeht, also auch die Macht

---

[21] Altheim 1938; de Simone 1984 wundert sich, wie Wiseman 1995 und andere vor ihm, daß die Etymologie von Faunus (*dhauno-(-(i)yo-), dem Beschützer der Herden, zu dem die Kehle durchtrennenden Wolf zurückführt, aber das Wesen des Faunus ist eben zweideutig und beinhaltet beide Eigenschaften, die des Beschützers und die des Angreifers: Mastrocinque 1993, Anm. 752; zu dem Zusammenhang zwischen dem Verbrechen und der Verunreinigung, die dadurch entsteht, einerseits und dem Hervortreten einer neuen sakralen Energie andererseits: Dougherty 1993. Zu den an den offensichtlich nicht nur bösen Fetisch Wolf gebundenen Volksstämmen wie Lucani, Dauni, Hirpi Sorani und Hirpini und zum arkadisch-pelasgischen Ursprung der Lucani von den Lykaones: Cataldi 1992. Zur Zweideutigkeit des Wolfes als positives und negatives Erscheinungsbild in der indischen und skandinavischen Mythologie: Bernard 1981; Detienne-Svenbro 1979; Buxton 1987. »Niemand bestreitet die außerordentliche Entwicklung seiner sozialen Organisation, die in vielen Aspekten derjenigen des Menschen ähnelt«: Bernard 1981, der bezogen auf den Wolf von Solidarität, Arbeitsteilung, gegenseitigem Verständnis und Organisation, besonders bei der Jagd, spricht. Zu Apollo Karneios-Lykeios, verstanden als typisch dorische Gottheit: Eder 1990. Faunus verhielte sich in diesem Fall zu den Aboriginern wie Apollo zu den Dorern: ein Gott, dessen ursprüngliche Natur in der wilden Hirtenwelt der Abstammungsplätze dieser wandernden Bergvölker verwurzelt gewesen sei. Miletos, Sohn des Apollon, Gründer und Namengeber von Milet, wird von seiner Mutter aus Angst vor Minos in einem Wald auf Kreta ausgesetzt, nach dem Willen des Gottes von Wölfinnen gesäugt und dann von Hirten aufgezogen, wie Romulus, aber diese Tiere werden von Apollon geschickt (Ant. Lib. 30), so daß dieser Gott noch einmal wie die Entsprechung zum martialischen Dämon Faunus erscheint.

zu töten, die am Ursprung jeder Herrschaft steht. Typischer Ausdruck des nackten Lebens ist der aus der Gemeinschaft Verstoßene, der Gesetzlose, der vom Raub lebt, der Mensch, der *sacer* ist, den die alten Germanen und Skandinavier als Wolfs-Menschen *(wargus)* interpretiert haben, ein undifferenziertes Monstrum, Ausdruck der Siedlung und der Wildnis, d. h. jenes Ausnahmezustands, der dem Niemandsland oder der Schwelle eigen ist, die zwischen Aufbau und Auflösung der Zivilisation liegt, zwischen dem Kulturzustand und dem Naturzustand, zwischen Menschheit und Raubtierhaftigkeit. Daher rührt die besondere Nähe zwischen dem Werwolf und dem Herrscher, wie im *Bisclavret*, einem der schönsten *lais* der Maria von Frankreich, aber auch schon in der *Respublica* Platons, in der der Tyrann dem Wolf angeglichen wird, dessen mythisches Beispiel Lykaon ist. Daher rührt auch der Zusammenhang von Banditentum, Initiation und Gründung der Siedlungen – wie in den Fällen von Praeneste und Rom –, insofern letzteres nichts anderes ist als eine große herrscherliche Entscheidung. Im Ausgestoßenen, wie im jungen Mann, der initiiert wird – beide sind Gestalten von Exilierten –, enthüllt sich das ursprüngliche politische Element, das ursprüngliche Band zwischen zwei Extremen: das nackte Leben dessen, der jedes Recht verloren hat, und die Macht dessen, der verstoßen, das Leben auf die einfachste Form bringen und zu töten vermag, die eben dem Herrscher eigen ist.[22]

127. Der erste Kult des Jupiter auf dem Albaner Berg. Außer als ein die Kehle durchtrennender Wolf wurde Faunus auch als ein Herrscher betrachtet, der als erster Kulte eingerichtet hat: »et primus loca certis nominibus et aedificia quaedam lucosque sacraverit a quo fana sunt dicta«.[23] Einer antiquarischen Nachricht zufolge[24] hat Faunus, der König der Aboriginer, das Opfer an Jupiter auf dem Mons Albanus eingerichtet; zum eigentlichen »Latiaris« wird dieser Gott aber wohl erst mit Latinus, dem ersten Herr-

---

[22] Überraschend nahe kommt unserem Ergebnis Agamben 1995. Zu dem Tyrannen, dem Wolf und Lykaon: Plat. rep. 565d.

[23] Prob. Verg. georg. 1,10, p. 27 Keil; Lact. inst. 1,22,9: »sed ut Pompilius apud Romanos institutor ineptarum religionum fuit, sic ante Pompilium Faunus in Latio, qui et Saturno avo nefaria sacra constituit et Picum patrem inter deos honoravit et sororem suam Fentam Faunam eamdemque coniugem consecravit«. Aber schon Picus soll den Kult für Vater Stercutus eingerichtet haben: vgl. § 71, Anm. 27. Picus ist dennoch vorwiegend ein Gründer von Siedlungen (von Laurentum = Alba) und Faunus ein Stifter von Kulten; ein ähnlicher Unterschied ist dann bei Romulus und Numa anzutreffen.

[24] »Nam Latinae feriae a quo fuerint institutae, dissentiunt plerique autores. Alii ab L. Tarquinio Prisco ... existimant, alii vero a Latinis priscis. Atque inter hos ipsos causa sacrificii non convenit. Nam quidem id initum ex imperato Fauni contendunt, nonnulli post obitum Latini regis et Aeneae, quod ii nusquam comparuerant«: Schol. Cic. Planc. 23 (Grandazzi 1988). Lykaon, Faunus, Tarquinius: alle Gründer einer neuen Art des Königtums?

scher der prisci Latini und ihres Bundes, der nach seinem Tod mit diesem Bundesgott gleichgesetzt wird.[25] Wie Picus wohl der authentische mythische Gründer von Alba ist, der Dynastie und der *regia* der albanischen Könige, so dürfte Faunus den Kult des Iuppiter Albanus auf dem nahen gleichnamigen Berg gegründet haben, der ganz Latium überragte,[26] analog zu dem, was Lykaon auf dem Berg Lykaion gemacht hat, der ganz Arkadien überragte. Es scheint seltsam, daß der Dämon des *nemus* ohne Ritus, von präauspicalem Wesen, Hauptgegenspieler des Jupiter, als der Stifter seines Kultes in Latium erscheint, aber wir sind ja inzwischen an die Scherze dieses satirischen Dämons gewöhnt, der sich auch als weiser Kulturheros darzustellen weiß und manchmal als ein *alter ego* des höchsten Gottes. Es gibt im mythischen Komplex des Picus eine Weissagung auf Jupiter, die sich aber erst mit Faunus zu bewahrheiten scheint. Faunus ist auch mit einem Titan oder einem Daktylos verglichen worden, wodurch er zu einer dem Zeus vorausgehenden Generation gehören würde, aber er wurde auch als Prometheus gesehen, der ein Verbündeter und Widersacher der höchsten Gottheit war, wodurch er zur Generation des Gottes gehören würde, dessen Gegenbild er zumindest zum Teil wird.[27]

128. Baumzucht, Feuer und Grenzsteine. Faunus/Silvanus und Latinus sind nicht mehr Gestalten, die mit der Entwicklung des Getreideanbaus verbunden sind wie die Götter und Kulturheroen Saturnus, Italus, Euander, Stercutius, Pilumnus und vielleicht auch Mars und Picus. Die Zeit des Saturnus, deren Kennzeichen nach den Alten das Fehlen von Gesetzen und das Gemeineigentum sind, d. h. das Fehlen von dauerhafter Landzuweisung, die

---

[25] Fest. 212 L. Analog dazu wird Romulus dann mit Quirinus gleichgesetzt. Die Angleichung des Königs an eine Gottheit scheint ein authentisches Merkmal des latinischen Mythos seit der präurbanen Zeit zu sein, weshalb keine Notwendigkeit besteht, auf späte griechische Formen zurückzugreifen: Grandazzi 1988 (der unter diesem Gesichtspunkt Bremmer-Horsfall 1987 kritisiert; vgl. §56, Anm. 2).

[26] Vgl. §73. Zu Heiligtümern in Wäldern, die außerhalb des Territoriums oder jedenfalls am Rand der Siedlungen liegen: Ceretti 1987. Zum Kult des Zeus als typisch montan und ländlich: Cook 1925 ff., Appendix B; Dietrich 1982 (zum Kult des Zeus Hombrios auf dem Hymettos in Attika, den man ab dem 12.–10. Jh. datieren könnte); *Le sanctuaire grec* 1992. Parker 1996 datiert die Kulte des Zeus am Hymettos und Parnes ins 10.–9. Jh.; es handle sich um Kulte auf einem regional bedeutsamen Berg, die an den Kult des Zeus Atabyrios auf Rhodos, des Zeus Lykaios in Arkadien und des Zeus (Ithomatas) in Messenien erinnern.

[27] Plut. Num. 15. Zur Verbindung mit Prometheus: Iuv. 8,131 ff. (Vernant 1971). Die Lupercalia (und dann der *dies natalis* des Faunuskultes auf der Tiberinsel) fallen auf die Iden des Februar, die gewöhnlich Jupiter vorbehalten sind, was als Zeichen der Verbindung und der Entgegensetzung der beiden gegensätzlichen und sich ergänzenden Gottheiten gesehen werden kann. Andererseits ähnelt Faunus ebenso den *lemures* wie auch den *parentes* (wie aus dem kalendarischen Zusammenhang der Parentalia mit den Lupercalia ersichtlich ist): vgl. Aronen 1989 und Addendum VII.

durch Samen, die sich jedes Jahr erneuern, möglich wird, ist jetzt endgültig vorbei. In dieser jüngeren Epoche scheint jetzt die Baumzucht eine neue Rolle zu bekommen, eine entwickelte Form des Anbaus, die zum ersten Mal eine ständige Kontrolle des Landes von seiten der ersten gentilizischen Familien präurbanen Typs mit sich gebracht haben dürfte, die aufgrund des langsamen Wachstums der Pflanzen und der folgenden schrittweisen Nutzung sowie der langen Haltbarkeit der Bäume und der Stauden notwendig wurde. Daraus ergab sich dann für die großen Familien, die sich der Baumzucht widmeten, auch die Notwendigkeit, gesicherte Grenzen zu haben, die durch Grenzsteine angezeigt wurden, die von der Gemeinschaft anerkannt waren und als unverrückbar galten. Faunus war erfahren in der Bestellung der Bäume und im Entfachen des Feuers (mit Feuerstein); er hatte diese Kunst von seiner Mutter Circe gelernt, der Tochter des Sol, und vermutlich ist dies der Grund, warum er als Prometheus der Latiner gesehen wurde.[28] Die Alten schrieben die Erfindung der ersten Grenzsteine dem Faunus/Silvanus zu[29] und setzten sie in Beziehung mit den *plantationes*, also mit der ersten Baumzucht.[30] Die ersten Grenzsteine sind ein Hinweis auf das Hervortreten der ersten Vorstellung von der Unverletzlichkeit der Grenzen und

---

[28] Iust. 43,1,9 zum Gemeineigentum. Nonn. Dion. 37,56 ff. zu Faunus als Fachmann für die Bestellung der Bäume und als Überbringer des Feuers (Wiseman 1995); auch die Hirpi Sorani waren mit dem Feuer verbunden.

[29] Grom. vet. 302 L.: »primus in terram lapidem finalem posuit«; Hor. epod. 2,21: »tutor finium« (Piccaluga 1974). Aus dieser Sicht ist Faunus/Silvanus, Vorläufer von Terminus, die Entsprechung des arkadischen Gottes Hermes (= Faunus: Diod. 6,5), des Vaters des Euander, verbunden mit den Grenzsteinen und den Hermen, den Schäfern und den Seelengeleitern (Raingeard 1935). Colonna 1966 bringt Silvanus, den italischen Sancus und Terminus mit dem etruskischen Selvans Sanxuneta (= lat. *Sanquinus) auf einer Inschrift in Volsinii in Verbindung und meint, die Idee der *sanctitas*, die zu den Funktionen dieser Gottheiten gehört, läge der römischen religiösen und rechtlichen Tradition fern und wäre eher mit der etruskischen Mythologie zu verbinden, mit dem *ius terrae Etruriae*, das durch die Offenbarung des Tages kodifiziert worden wäre. Es ist jedoch eine zumindest teilweise umgekehrte Auslegung möglich, wonach Selvans sich zu Tinia verhält wie Silvanus/Faunus zu Jupiter (Torelli 1986). Zu Selvans tularia, zu verstehen als *pater Silvanus tutor finium*: Hor. epod. 2,22 (Rendeli 1993a; Cataldi 1994). Faunus, göttlicher König des ländlichen und wilden Latium, dürfte verstanden worden sein als ein Schöpfer und Beschützer der Grenzen, und dies erscheint natürlich in einer Zeit, in der Wälder das bebaute und von Siedlungen besetzte Land begrenzten, weshalb er den Dämon-Lar repräsentiert, der an der Schnittstelle zwischen dem *nemus* und dem *vicus* herrscht. Wenn Faunus in den Aufgaben Sancus gleichgestellt ist, versteht man besser, warum Sabus, Sohn des letzteren, Latinus, dem Sohn des Faunus, zu entsprechen scheint, insofern beide namengebende Gründer der Sabiner und der Latiner sind. Das vorhergehende Zeitalter der Siculer und der Aboriginer, umfangen von der Zeit des Saturnus, wurde abgeschlossen, und es brach die Zeit des Dius Fidius und des Jupiter an.

[30] Isid. orig. 17,6,12. Für die Baumkultur stellt Peroni 1996 sich eine andauernde Kontrolle der für die Anpflanzungen vorgesehenen Flächen seitens erster genitilizischer Gruppen vor.

der äußersten Strafe, der *sanctitas*, und damit auch der ersten Formen des
Rechts[31] und der Herrschaft.[32] Diese gesamten Umstände führen zu fortgeschritteneren und geplanten Bedingungen des bäuerlichen Lebens, zu einer
größeren Bewußtheit der räumlichen Unterscheidungen,[33] zumindest dort,
wo raffiniertere Anbaumethoden eingesetzt werden wie in der Baumzucht
oder in einer Mischkultur, die in besonderer Weise für die hügelige Landschaft der Albaner Berge geeignet ist, und sie führen schließlich zu einer entwickelteren gemeinschaftlichen Organisation, die sich im Mythos (also im
»Begriffsrahmen« dieser Gesellschaft) der göttlichen Könige Latiums und
des Bundes der *populi* wiederfindet, die auf einen »königlichen Rahmen«
von der Art des Chiefdom verweisen, die wir besser als eine »präurbane
Herrschaft« definieren könnten, die von der Versammlung von *patres* gelenkt
wird, die einen privilegierten Rang einnehmen, der den engeren Verwandten der gemeinsamen vergöttlichten Vorfahren vorbehalten war. Bei dieser
Hinwendung zur Baumzucht ist es sicher kein Zufall, daß Faunus, wie wir
gesehen haben, mit der ältesten Pflanzung der Feige verbunden war, einer
typischen Nährpflanze, mit ihren Früchten, deren Saft geeignete Nahrung
für die Kinder war, und mit der symbolischen Milch des »ruminalen« Saf-
tes, der als Lab dienen konnte, d. h. die Kraft hatte, die Milch in Käse zu
verwandeln.[34] Faunus und Fauna waren darüber hinaus mit der edelsten und

---

[31] Serv. Aen. 4,587: »ex agrorum divisione nata sunt iura«.

[32] Wer die Grenzsteine versetzt, ist *sacer.* Garofalo 1990. Der *sacer* sei weder ein Geopferter noch
ein zum Tode Verurteilter (Magdelain 1995), sondern lediglich ein völlig entrechteter Mensch:
Agamben 1995 (der einen Zusammenhang zwischen *homo sacer* und dem Ursprung der Herrschaft herstellt). Zur ursprünglichen Bedeutung von *ius*: Ciferri 1994.

[33] Unsicher ist die Interpretation von *dolmens, menhirs* und Steinhaufen als »territorial markers«:
Compatangelo 1989.

[34] Die Obstbäume konnten Symbole für Fruchtbarkeit und Ernährung und zugleich Hinweise
auf Grenzen sein, wie die *ficus Ruminalis* vom Cermalus und der *arbor Caprificus* beim Ziegensumpf (Chirassi Colombo 1968; Muzzioli 1992), beide verbunden mit Iuno Rumina/Sospita/
Caprotina, die ihrerseits eng verbunden war mit Faunus als dem fruchtbaren Ziegenbock
(Mastrocinque 1993). Zum Feigensaft für die Kinder: Athen. 78d. Zu den honigsüßen milch-
reichen Feigen: Enn. ann. 264 Vahl. Die beiden ältesten heiligen Feigenbäume Roms lagen
an chaotisch-infernalen Plätzen, als welche die Sümpfe galten, entlang derer in der Eisenzeit
vielleicht die Grenzen der Siedlungen verliefen, so daß sie auch die Bedeutung von Grenzen
haben konnten: Bremmer 1983; F. Coarelli, Vortrag über das Marsfeld an der Universität »La
Sapienza« im Jahr 1993. Wenn die ersten Grenzen Holzpflöcke waren oder mit Anpflanzungen
von Bäumen zusammenhingen, würde sich eine noch signifikantere Deckungsgleichheit von
Baumzucht und Begrenzungen des präurbanen Familienbesitzes ergeben. Zu den in der romuleischen Mauer des Palatin erhaltenen Grenzsteinen: Carandini 1992 in: Palatium e Sacra
via, 1; vgl. auch Addendum VIII. Zu den *Fauni ficarii*: Brelich 1955 und Wiseman 1995a (mit
entsprechenden Quellen). Erinnert sei an die feststellbare Verbindung zwischen einer *ficus* vor
dem Tempel des Saturnus und einer Statue des Silvanus während eines Ereignisses in Rom
zur Zeit der späten Republik: Plin. nat. 15,77. Zur Grotte des Silvanus am Fuße der *arx*: Prop.

entwickeltsten Form der Baumzucht verbunden, d. h. mit der Weinkultur und dem Wein, dem festlichen Getränk, das mit den ursprünglichen *ovationes* verbunden war. In der bereinigten Version des Mythos peitscht Faunus Fauna, um sie wegen der Trunkenheit zu bestrafen, aber in der authentischeren Version schlägt er sie mit einem Myrtenzweig, vom Strauch der Liebesvereinigungen und des Triumphes, der typisch ist für den Murciasumpf (Murcia ist eine weitere Fauna des Sumpfes), um sie zum Wein zu verführen und ihr in Gestalt einer fruchtbaren Schlange beizuwohnen.[35] In einem

4,4,3 ff. Wiseman 1995 meint, der Lauf der Luperci hätte an der *ficus* des Lupercal begonnen und an der *ficus* des Comitium geendet, in der Nähe des Kultortes des Silvanus, wo die Hundeopfer stattgefunden haben könnten. Faunus scheint die aboriginisch-latinische Entsprechung zu Phytalos (Paus. 1,37,2) zu sein, dem mythischen Vorfahren des vornehmen *genos* der Phytaliden, der Herren über einen Teil Attikas, der die Feigenkultur einführte, die ihm von Demeter offenbart wurde (Pestalozza 1930, 1931). Der Vereinigung des Phytalos mit Demeter, als Kaprifikation verstanden, scheint die des Faunus, des Ziegenbocks und der männlichen Feige, mit Fauna, der Ziege und weiblichen Feige, zu entsprechen.

[35] Plut. q. R. 20; Macr. Sat. 1,12,24 ff.; Lact. inst. 1,22,11 (Bottini 1995). Die Myrte war eine der ältesten gezogenen Sträucher, verbunden mit den Hochzeiten (»mirtus coniugula«: Plin. nat. 15,122) und den *ovationes*, aus der man besondere Weine gewann (Plin. nat. 14,104; 15,118), vielleicht den Wein, mit dem Fauna sich berauscht hat: Chirassi Colombo 1968. Der Myrtenwein und vielleicht auch schon der Traubenwein galten als zauberische und aphrodisierende Getränke, als bevorzugte Droge siegreicher Häuptlinge. Samen des *vitis sativa* sind in Italien seit der mittleren bzw. späten Bronzezeit nachweisbar (Peroni 1989, S. 133 ff.; Van der Mersch 1996; siehe auch Bömer 1941); wichtig ist ein Fund aus dem Ende des Protovillanovianum vom Pian di Civita in Tarquinia, bestehend aus einem kleinen Graben in der Grundschicht, ausgekleidet mit Lehm und mit einem Stein verschlossen, in dem sich Weihegaben mit Kernen der *vitis sativa* fanden (Bonghi Jovino – Chiaramonte Treré 1997); in Piediluco wurden kleine Sicheln mit axtförmigem Appendix gefunden, datierbar nicht später als auf die Mitte des 9. Jh., wahrscheinlich ins 12. Jh., die für die Pflege von Rebstöcken gebraucht worden sein könnten (Delpino i. Dr.). Zu Amphoren, die als Weinbehälter aus der frühesten Eisenzeit in Latium interpretiert wurden, und dazu, daß man sich die Toten als Teilnehmer an einem ewigen Bankett vorstellte: Mastrocinque 1988 und Torelli 1996a i. Dr. So ist der Gedanke besser nachvollziehbar, wonach man die Verstorbenen, also die Laren, unterhalten, sie zum Tanzen bringen und trunken machen sollte; man stellte sie sich wahrscheinlich seit dem archaischen Zeitalter – zu denken ist an die Einrichtung der Compitalia unter Servius, ein Fest, das an die Lenaia und an die derben Dionysia erinnert, die Gelegenheiten für großes Gelächter und Trinkgelage waren – in dionysischer Attitüde vor: Mastrocinque 1988. Der Zusammenhang zwischen Laren und Wein erinnert an jenen zwischen der Mutter der Laren und Fauna (vgl. §§ 136 f.). Faunus als Schlange, der der betrunkenen Tochter beiwohnt, ist das Symbol einer wilden und fruchtbaren sexuellen Kraft (auch Zeus ist ein Gott, der vergewaltigt, z. B. Kallisto, die Tochter des Lykaon), vielleicht im Zusammenhang mit der Entführung, die der ehelichen Legitimation vorausgeht, die wohl von Picus gestiftet wurde. Fauna wird dann mit Semele und Faunus verbunden, dem Erfinder der Baumzucht, mit Dyonisos, dem Gott, der den Weinstock in Kleinasien entdeckt hat (Vian 1994), aber es handelt sich dabei um sekundäre und relativ späte Verbindungen: In Rom ist der Wein nämlich vor allem Jupiter heilig (Coarelli 1995). Fauna und Lara stellen komplementäre Mythen bezüglich des Bruches mit korrektem weiblichem Verhalten dar. Während Fauna betrunken ist, ist Lara geschwätzig, weshalb beide von Faunus und von Jupiter bestraft werden;

solchen Kontext fortgeschrittener Agrikultur und erneuerter Produktions-
weise des Käses, im Zusammenhang mit einer neuen Sensibilität für die
Grenzen, kostbaren Drogen und einem neuen Sinn für die Herrschaft dürfte
sich der Kult der Laren entwickelt haben, der heroisierten Vorfahren als
Schützer der Felder, der Siedlungen, der Viertel und der Häuser, d.h. der
Grenzen der vom Menschen frequentierten Räume. In dieser Sicht erscheint
Faunus als der bedeutendste dieser Dämonen, der mit den *termini* und den
limina verbunden ist und dem in dieser Aufgabe Tacita und Carna zur
Seite stehen. Als Entsprechung zu den neuen räumlichen Unterscheidungen dürften sich auch entwickeltere zeitliche Unterscheidungen, betreffend
das Jahr, die Jahreszeiten und die Mondphasen, ergeben haben.[36] Das älteste Neujahrsfest vom 21. April, von den Römern nicht zufällig »Hirtenfest«
genannt, das mit dem Fest der Pales zusammenfällt, einer dem Faunus nahen
Gottheit,[37] die die Geburt der Ziegen und der Schafe beschützt, erlaubt es
vielleicht, zu den ersten kalendarischen Erfahrungen der Aboriginer-Latiner zurückzugehen; als Romulus dann an eben diesem Tag Rom gründete,
konnte er sich an die aboriginische, auf albanisch vollzogene Neugründung
des Cermalus anschließen; er hätte damit einen mit dem ältesten Jahresbeginn verbundenen Geburtstag gewählt. Einer entwickelteren Agrikultur
dürfte eine Viehzucht entsprochen haben, die sich mehr an den Anbaumethoden orientierte, die also spezialisierter war, und die in der Käseproduk-
tion fortgeschrittener war. Das Gesamt der bisher beschriebenen Umstände
weist auf einen Qualitätssprung im Prozeß der Zivilisation hin; mit der
genaueren Bestimmung und Individualisierung der atmosphärischen Phänomene und der göttlichen Sphäre, die jetzt auf den Himmel beschränkt
ist – die Götter werden jetzt nicht länger in den Behausungen der Menschen

sie werden getötet oder in die Unterwelt verbannt, verwandelt in Bona Dea und in Muta (Trunkenheit und Gesprächigkeit sind Symbole des Lebens, während das Schweigen ein Symbol für
den Tod ist): Aronen 1989a. Das korrekte weibliche Verhalten beim Weingenuß wird archäologisch ab Ende 8. Jh. belegt in faliskischem und latinischem Umfeld, in dem Sinn, daß die *mater
familias* die Aufsicht über die Abhaltung des Gelages übernimmt, als Hüterin des *penus*, des
Weines und der für den Verzehr notwenigen Gerätschaften (Sirano 1995).
[36] Piccaluga 1974.
[37] Pales und Faunus sind Gottheiten (des Cermalus), Beschützer der Viehzucht: Brelich 1955.
Der Jahreswechsel des »Hirtenjahres« im April könnte dem mit Mars verbundenen Neujahr
im März vorangegangen sein. Die Schäfereigenschaft des Faunus ist wahrscheinlich verstärkt,
aber nicht bestimmt worden durch die Gleichsetzung mit Pan. Tarchon soll die Plätze der
etruskischen Siedlungen (dem mit Faunus verbundenen) Dis Pater geweiht und die Ordnung
des Jahres eingeführt haben: Serv. Aen. 10,198. Die *termini* führen zu Terminus und zu seinem
Fest am Ende des Jahres und am Ende der Schwangerschaft (vgl. § 308 und Addendum VII). Die
Vorstellung, daß das Jahr mit dem (menschlichen, tierischen und pflanzlichen) Lebenszyklus
übereinstimmt, dürfte sehr alt sein.

gastlich empfangen –, geht einher eine erste Ordnung der irdischen Welt, die jetzt hochwertige Anpflanzungen kennt, sichere Grenzen, eine fortgeschrittene Viehzucht und damit zusammenhängend erste Formen des festen »Besitzes« von Land von seiten der großen Familien, die die Zuteilung des Landes kontrollieren. In dieser Hinsicht erscheint Faunus wie ein Aristaios, dem die Griechen Erfindungen wie die Bienenzucht in domestizierten Bienenstöcken, Gewebe aus Wolle, den Gebrauch des Labs und die Baumzucht zuschrieben. Nach einer Version der Überlieferung soll nicht Faunus/Silvanus die Grenzsteine eingerichtet haben, sondern Jupiter, wodurch Faunus und der höchste Gott sich in der Ausfüllung der gleichen fundamentalen Funktion überlagern.[38] Faunus und Fauna erscheinen außerdem die Funktionen vorwegzunehmen, die dem Jupiter und der Venus im Fest der Vinalia zugesprochen werden, dessen Einrichtung mit Ascanius verbunden wird, dem Gründer von Alba, der als Double des Picus erkennbar wird.[39] Mit Faunus erscheint also ganz klar die Zeit des Jupiter eröffnet zu sein. Beide lenken unterschiedliche und gegensätzliche Notwendigkeiten des Kosmos (es sei auch an das Band zwischen Pan und Zeus bei den Riten auf dem Lykaion in Arkadien erinnert). Jupiter scheint also zwei Jahrhunderte später als Zeus in Arkadien auf die Bühne Latiums zu treten, in Übereinstimmung mit den kulturellen Entwicklungen des tyrrhenischen mittleren Italien, die mit Bezug auf Griechenlang immer später erfolgen, da die Halbinsel am westlichen Rand der bekannten mediterranen Welt liegt. Die mythischen Erzählungen Latiums sind zu fragmentarisch und zu vereinzelt, um aus sich selbst erklärt werden zu können, ohne eine äußere Hilfe komparativer Art; deshalb besteht die einzige Methode, die sie zu verstehen erlaubt, darin, die strukturellen Analogien mit den griechischen Mythen herauszustellen, die viel zahlreicher, vollständiger, phantasiereicher und ausgeformter sind.

129. Lykaon und Faunus trennen die Menschen von den Göttern. Wenn Picus mit Pelasgos verbunden werden kann, so ist das Band zwischen Faunus und Lykaon noch viel deutlicher; Lykaon ist der Sohn des Pelasgos, aus dem Geschlecht der *Gigantes*, der namengebende König von Lykaonien oder Gigantis, Gründer von Lykosura am Hang des Lykaiongebirges – mit seinen 1420 Metern Höhe Arkadien überragend –, wo Zeus geboren wird. Lykaon war Vater von über 70 Söhnen, die dann zu Gründern von Siedlungen

---

[38] Verg. georg. 1,125: »ante Iovem ... ne signare quidem aut partiri limite campum fas erat«; Grom. vet. 251, 350 L. (Lambrechts 1970; Piccaluga 1974; Gladigow 1992). Eine ähnliche Doppelfunktion ist zwischen Picus und Jupiter zu verzeichnen, was zum Beispiel die atmophärischen Phänomene betrifft: § 116.

[39] Dion. Hal. 1,65. Zum Zusammenhang von Wein und Jupiter: Coarelli 1995.

und Volksstämmen wurden.[40] Lykaon soll auch der erste menschliche König von Arkadien und der Gründer des Kultes des Zeus Lykaios gewesen seien sowie der Lykaia genannten Wettkämpfe auf dem gleichnamigen Berg. Wir haben so einen König, eine Region, eine Siedlung, einen Berg, einen Kult und Wettspiele verbunden mit einem Wolf-König, wie sich aus dem Namen selbst ergibt. Nach dem Marmor Parium ist der Kult des Gottes vom Lykaion in den Jahren 1324 bis 1308 eingeführt worden.[41] In der mythischen Erzählung erscheint Lykaon als eine Gestalt an der Grenze zweier Epochen; die eine ist verworren und rebellisch, die Ordnung des Zeus ist noch nicht vollständig errichtet, während in der folgenden Zeus schließlich als Herrscher regiert. Es ist also eine doppeldeutige Zeit, noch eingetaucht in die Barbareien der Monster, die sich aber schon ausstreckt auf die menschliche Welt und so das Heraufkommen der Kultur bezeichnet. Es ist eine Zeit mit chaotischen Aspekten, gekennzeichnet durch Trockenheit und Hungersnot - deren äußerstes Heilmittel Menschenopfer sind, die dargebracht werden, um den Fruchtbarkeit spendenden Regen zu besorgen[42] -, die schließlich zu einer regenreichen und für die Bestellung der Felder förderlichen Zeit wird. In seiner Königsburg auf dem heiligen Berg beherbergt Lykaon Zeus, der den Tisch mit ihm teilt. Eines Tages entschließt sich der König, den Gott herauszufordern, indem er Arkas - dem Enkel des Lykaon, dem Sohn des höchsten Gottes und Zwilling des Pan, dem Namensgeber der Arkader - die Kehle durchschneidet, ihn zerteilt, kocht, opfert und dem Gott als Speise vorsetzt. Als Zeus den Frevel bemerkt, verläßt er erzürnt den Tisch des Banketts und unterbricht für immer die Tischgemeinschaft mit Lykaon und bestraft ihn zusammen mit den Söhnen, indem er sie in Wölfe (die verräterischen Tiere schlechthin und Verschlinger von ihresgleichen) verwandelt und indem er den tyrannischen Giganten mit einem Blitz tötet und seine Burg zerstört. Der zerteilte Arkas wird dann wieder zusammengesetzt, gewinnt das Leben zurück, er wird zum Heros des Getreideanbaus, der Schur und des Webens von Wolle, und er wird in der Folge von den Arkadern als namengebender Vorfahr verehrt. Die frevlerische Provokation des Lykaon hat dennoch bedeutsame Erneuerungen gebracht wie das (menschliche) Opfer und

---

[40] Piccaluga 1968 zieht auch analoge mythische Gestalten in Betracht wie Tereus, Thyestes, Prometheus, Busiris, Tantalos und Athamas, alles Sagen, die seines Erachtens eine gemeinsame Wurzel haben.

[41] FGrHist 239.

[42] Die Trockenheit und die Unfruchtbarkeit, die in Italien das Ende der Pelasger bedeuten, datiert ab 1235, waren bedingt dadurch, daß dieses Volk versäumt hatte, für Jupiter und für Apollo (= Soranus = Suri, verbunden mit Dis Pater) das wertvollste Opfer, nämlich das Menschenopfer, darzubringen: Dion. Hal. 1,23 ff. Zum Menschenopfer für Apollo, verstanden als Zehnt: Colonna 1984.

die entsprechenden Wettkämpfe, die eine neue Weise des Verhältnisses zu
den Göttern initiieren, wo die Menschen und ihr Lebensraum endgültig
von der himmlischen Sphäre getrennt erscheinen. Es ist diese ursprüngliche Trennung, die die Organisation des Lebens auf der Erde, der atmosphärischen Phänomene (die Gestirnsordnung, Regelung der Regentätigkeit)
und der göttlichen Manifestationen ermöglicht. Die Ordnung herrscht nun
überall, unter der Erde und im Wasser, auf den bearbeiteten Feldern und in
den Siedlungen, im Himmel; Raum und Zeit können jetzt zum ersten Mal
formell begrenzt werden. In der Trennung von den Göttern und den Tieren
werden die Menschen schließlich voll und ganz menschlich, erhalten sie
die Mittel, die wesentlich sind, um sich selbst zu erhalten und um zu arbeiten.[43] Die große Sage des Lykaon erinnert in vielen Punkten an die viel einfachere des Faunus und hilft uns, sie besser und in der Tiefe zu verstehen.
Das Lykaiongebirge, das Arkadien überragt, wo Zeus und Pelasgos geboren
werden und wo sich die Königsburg des Lykaon befindet, erscheint wie die
Entsprechung des Mons Albanus, der Latium überragt, der den von den
göttlichen Königen der Latiner begründeten Kult des Jupiter aufnimmt.
Aber während Lykaon und vor allem Arkas das Zeitalter der Erfindung
des Getreideanbaus einleiten, ist – aufgrund des üblichen chronologischen
Spalts, der Mittelitalien von Griechenland trennt – Faunus hingegen der
Dämon, der es beschließt, indem er die Zeit der Baumzucht und der Pflan-
zer-Herren eröffnet.

130. Der Wolf-König, der Menschenopfer darbringt. Dem Hercules wird
die Reform der religiösen Gebräuche der barbarischen Siculer zugeschrieben. Auf sein Eingreifen wurde zurückgeführt, daß die frühesten Kulte, die
man in der Zeit vor dem Fall Trojas ansetzte, wie der Kult des Saturnus
und des Hercules, nach einem Ritus griechischen Typus (mit unbedecktem
Haupt) ausgeübt wurden, und nicht dem albanischen Typus (mit bedeck-
tem Haupt) folgten, der das Merkmal der Kulte nach dem Fall von Troja
sei,[44] die man sich von Aeneas eingerichtet dachte, der nicht zufällig auf
einem Relief der Ara Pacis *velato capite* dargestellt ist.[45] Zum *ritus graecus* fügt
Hercules eine weitere Reform hinzu, die Abschaffung der Menschenopfer.
Die Menschen für Saturnus werden durch brennende Kerzen ersetzt, die für

---

[43] Zu Bruch und Wiederaufnahme der Beziehungen der Menschen zu den Göttern im Mythos
von Prometheus und Deukalion: Rudhardt 1970. Siehe dazu allgemeiner auch Vernant 1977
und Valenza Mele 1982. Die Titanen schlagen Dionysos in Stücke und kochen seine Glieder,
die dann von Demeter wieder zusammengefügt werden, wodurch der Gott wiedergeboren wird:
Diod. 3,62,6-8.
[44] Fest. 430 L.; Serv. Aen. 3,407; Liv. 1,7,3.
[45] Ampolo 1992.

Volcanus durch *pisciculi*, die Menschenköpfe für Dis Pater durch Figuren
in Form eines Menschen oder *oscilla*[46] und schließlich die im Tiber geopferten Argeer durch aus Weideruten geflochtene Figuren, die von der ersten
Brücke geworfen werden, die der griechische Heros über den Tiber gebaut
hat.[47] Welche mythische Gestalt die Opfer der Argeer angeordnet hat, erklärt
keine Quelle, aber es ist nicht schwer, es zu erraten. Wir wissen, daß Faunus

---

[46] Briquel 1984. Zu den Menschenopfern und ihrem Ersatz: Capdeville 1971 und Mastrocinque
1988. Dis Pater/Hades war Sohn des Saturnus/Kronos und der Ops/Rhea und Bruder von
Diespiter – Jupiter/Zeus. Es handelte sich um einen chthonischen Jupiter, dessen Kultort als
ein Eingang vom Mons Saturnius zur Unterwelt betrachtet werden konnte, die man durch
den Sumpf des Velabrum repräsentiert sah. Zum Sumpf als chaotischem Ort, an dem Wasser
und Erde noch nicht recht unterschieden sind: Borca 1995. Ein weiterer Eingang zur Unterwelt
befand sich am Fuße des Palatium, auf dem anderen Ufer desselben Sumpfes, nahe der Begräbnisstätte und dem Kultplatz der Tacita, der Nymphe, die vielleicht an eben dieser Stelle in die
Unterwelt geführt wurde (wo dann auch Rea Silvia geopfert wird?), und zwar von Mercurius
(= Hermes, Vater des Faunus, vielleicht Nachfolger des Mars): Ov. fast. 2,610 (Coarelli 1983;
Aronen 1989a). Weitere Eingänge zur Unterwelt befanden sich am Fuß des Cermalus, entlang
dem Murciasumpf, in der Grotte des Lupercal, wo Faunus (= Dis Pater) verehrt wurde, und
beim unterirdischen Altar des Consus (= Dis Pater). Zur infernalen Bedeutung des Sumpfes sei
auf die Sage vom Grab des Argos verwiesen, das Euander im Argiletum errichtet habe, und auf
die an der Via Sacra gefundene Fibel, die ein Hinweis auf ein mögliches Grab ist, das
früher in die Endbronzezeit datiert wurde (Bartoloni 1986), jedoch in die Spätbronzezeit gehört
und also zu der am Augustusbogen bezeugten Besiedelung in Beziehung stehen muß. Zum
Thema der Unterwelt: Valenza Mele 1991–92. Im Rahmen der traditionellen Chronologie wären
wir damit etwa ein Jahrhundert vor den frühesten Gräbern, die am Fuß des Palatin gefunden
wurden, am Ufer des Velabrum, in der Nähe des Augustusbogens, die ab der Endbronzezeit,
Stufe III, datiert werden können, welcher Begräbnisplatz wahrscheinlich für Palatium, Velia und
Cermalus vorgesehen war. Die Siedlung des Kapitols dürfte schwerlich die Begräbnisstätte am
Fuße des Palatium genutzt haben, vermutlich verfügte sie über einen eigenen Begräbnisplatz,
den wir uns als Vorläufer des palatinischen entlang des Ufers des Velabrum vorstellen können,
wahrscheinlich jenseits des rechten Ufers des Wasserlaufs des Argiletum, also nahe der Gegend
des Comitium, an einer Stelle, die von den archäologischen Grabungen noch nicht erreicht
wurde. Am Comitium sind keine Gräber gefunden worden, weil es Wohngebiet war, auch unter
der Basilica Aemilia wurden keine gefunden (Romanelli 1982), weil der Ort ursprünglich wohl
vom Wasser des Velabrum überdeckt war. Die Tatsache, daß man die ursprüngliche Begräbnisstätte der Bewohner des Kapitols nicht gefunden hat, heißt nicht, daß es sie nicht gegeben
hat. Es sei diesbezüglich erinnert an die als Busta gallica erinnerten Menschenopfer, die vielleicht am Clivus Capitolinus anzusiedeln sind; enstanden sein mag diese Überlieferung bei
der Entdeckung protohistorischer Gräber an dieser Stelle, deren Präsenz an diesem Ort für
unerklärlich gehalten woren sein dürfte, da er inzwischen Teil des Zentrums der Stadt geworden
war (Coarelli 1993a). Erinnert sei auch an das *habitaculum/fanum/ara* der Carmenta am Fuß
des Kapitols. Das Grab und das *heroon* des Faustulus und des Romulus, die man sich auf dem
Comitium vorgestellt hat, sind anders erklärt worden, mit dem Wunsch, die griechischen *heroa*
an den Versammlungsplätzen nachzuahmen: Ampolo 1983a. Auch das Grab des Orestes wurde
in der Nähe, beim Tempel des Saturnus, vorgestellt. (Für die Neuzeit siehe das Mausoleum mit
der Mumie Lenins am Roten Platz in Moskau.)

[47] Zum Problem vgl. §§ 285 ff.

Fremde geopfert hat. Er hatte versucht, seinem Vater Hermes den Hercules zu opfern, der ihn schließlich getötet hat.[48] Es ist dies ein mythisches Geschehen, das an andere analoge Geschehen erinnert, wie das Schicksal des Diomedes, der nach Daunien gekommen war, wo der König Daunus (= Faunus = der Wolf) regierte, einer der vielen Söhne des Lykaon (= der Wolf), der ihn aufgenommen und schließlich getötet hat. Nach einer anderen Version wäre Diomedes nach Lydien gekommen, wo der König Lykos (= der Wolf) regierte, der seinem Vater Ares Fremde opferte und versucht hat, ihn zu töten. Faunus, Daunus und Lykos sind also alles mythische Gestalten, die mit dem Wolf, der die Kehle durchtrennt, und mit Menschenopfern von Fremden, an Hermes oder an Ares gerichtet, verbunden sind.[49] Sie entsprechen dem Prototyp der ungastlichen und fremdenfeindlichen Einheimischen, die sich den Griechen entgegenstellen, die auf der Suche nach Metall entlang der Grenzen der Welt unterwegs sind und in Hercules den Beschützer dieser Unternehmungen sehen. Die im Ritual der Lupercalia angedeuteten Opfer (die Stirn zweier Jungen wird mit dem blutigen Opfermesser berührt) – vielleicht zu interpretieren als ursprüngliche Menschenopfer am Ende des Jahres (man denke auch an das fehlgeschlagene Opfer der Kinder Romulus und Remus)[50] – und die Verbindung des Faunus mit Dis Pater, einer unterirdischen Gottheit, an die Menschenopfer gerichtet wurden, lassen verständlich erscheinen, daß der aboriginische König für einen würgenden Wolf gehalten wurde, für jemanden, der Menschen opfert, wie schon der siculische Häuptling Cacus, sein Vorgänger. Es sieht so aus, als wäre die aboriginische Phase noch von religiösen Praktiken barbarischen Ursprungs charakterisiert, personifiziert in Faunus, in seinem Aspekt des negativen Heros, im Kontrast zu Picus und vor allem zu Latinus, der, als möglicher Begründer des Stieropfers für Iuppiter Latiaris (siehe unten), als der erste wirkliche Überwinder der Menschenopfer (anstelle des Hercules) erscheint und als der erste Begründer des albanischen Ritus (anstelle des Aeneas).

[48] Derkyllos: FGrHist 288; Plut. mor. 315 C (Bayet 1926).

[49] Ant. Lib. 31; Plut. mor. 311 B-C (Mastrocinque 1993). Zur Rekonstruktion des Vaters der Laren ist es aufschlußreich zu bemerken, daß in den o. g. Mythen Hermes und Ares austauschbar auftreten, denn bevor Faunus dem Pan angeglichen wurde, galt nicht Mercurius als Vater der Laren, sondern Mars, der Gott des Spechts und des Wolfs. Vgl. § 119, Anm. 2.

[50] Plut. Rom. 21,4-6. Zum mythischen Opfer der beiden Jungmänner in Patrai: Massenzio 1968. Die beiden jungen Männer, die bei den Lupercalien mit einem in Blut getränkten Messer an der Stirn berührt und also symbolisch geopfert wurden, könnten Romulus und Remus und deren Schicksal darstellen. Zum Opfer der zwei Argeer vgl. §§ 285 ff. Zum Menschenopfer am Jahresende, die erniedrigende Entthronung des Königs und das Regifugium: Brelich 1955. Zum Zusammenhang von Entthronung, Krönung, Triumph und Hochzeit vgl. §§ 114, Anm. 45; 138, Anm. 113.

Wäre es möglich, in ihm, anstatt in Hercules, den wirklichen Totschläger des Faunus zu sehen, gemäß dem Ritual des Rex Nemorensis? Leider wissen wir das nicht, aber wenn es so wäre, könnten wir eine Reihe von Tötungen und Nachfolgen rekonstruieren, wonach Picus ein Verhältnis zu Cacus hätte wie Latinus zu Faunus, wie Numitor zu Amulius und wohl auch wie Romulus zu Remus. Wir hätten so einen ersten Grund dafür gefunden, warum Remus schließlich sterben mußte.

131. Die Schicksale des Faunus und des Remus. Der Opferschrot war nicht aus Körnern des Speltweizens gemacht, sondern aus unreifen Ähren (mit Körnern, die keimhaft vorhanden waren, in Form von Milchsaft), die von den Vestalinnen zur Zeit der Lemuria geerntet wurden. Die von diesem Ritus geforderte vorzeitige Ernte impliziert den vorzeitigen Tod des Speltweizens, der nicht zur Reife gelangt ist und der nicht weiteres Korn hervorbringt, genau wie die *lemures*, die vorzeitig gestorben sind, keine Familie gebildet haben und daher nicht Eltern, Vorfahren, *parentes* geworden sind. Die Parentalia waren denn auch in der Tat mit den Fornacalia verbunden. Den zur Reife gelangten Jugendlichen entsprach das zur Reife gelangte Korn, das im Ofen geröstet wurde und dann für den Gebrauch bereit war. Während der Tod des Remus mit dem vorzeitigen Tod des Speltweizens und der *lemures* verbunden wird, wird der Tod des Romulus mit der Röstung des Korns und mit dem Schicksal der *parentes* verbunden. Auf Romulus, der auf die Kurien verteilt bestattet wurde, folgten andere Könige Roms, wie neuer Weizen auf den gesäten Weizen, aber auf den Weizen und die *lemures*, die vorzeitig gestorbenen sind, folgt keine Frucht und keine neue Generation, womit der Lebenszyklus unterbrochen wird, bevor er seine natürliche Ordnung durchlaufen hat. Über den vorzeitig gestorbenen siegt also der Vorfahr. Das Erstlingsopfer dessen, was sich da herausbildet, ist darauf gerichtet, es, sobald es geformt ist, vor den Übeln zu bewahren, die immer auftreten können, wie die *lemures*, und die also, wie letztere, abgewiesen und verjagt werden (in dem man zum Beispiel Bohnen anstelle des Weizens opfert). Zu sterben, nachdem man gezeugt hat, ist eine Weise zu überleben, während sterben, ohne gezeugt zu haben, für immer sterben bedeutet, wie die als Keim geerntete Ähre, wie der geopferte Embryo des Tieres (bei den Fordicidia), wie der menschliche Abortus, der die Ausreifung und die Geburt nicht erreicht hat. Aber die Beschlagnahme der Keimkraft bei ihrem Hochkommen, also zur Zeit ihrer höchsten Entwicklung, zugunsten von Gewächsen und Lebewesen, die bestimmt sind zu reifen, bedeutet, für die Gemeinschaft die Fortdauer des Lebenszyklus mittels eines Opfers zu garantieren. Dank des Parallelismus zwischen dem agrarischen Zyklus des Weizens und dem Zyklus der Lebewesen, worin die tiefste Bedeutung des Jahres liegt, kann man den Tod des Remus zu erklären versuchen, als eine Art von Erstlingsopfer und Voraussetzung des unbedingt notwendigen Erfolgs des Romulus. Aus der Opferung des Remus (der nach der Initiation nicht dazu kommt, sich in die Kurien einzufügen, sich in die Gemeinschaft zu integrieren) ergibt sich im Austausch das Heil des Gründers, so wie durch das Opfer der Argeer das Heil der (in die Kurien eingegliederten) Bewohner des Siedlungsraumes Rom gewonnen wird. Ohne Annahme des Todes gibt es kein Leben, weshalb es einen geben muß, der vor der Zeit stirbt, und einen, der das Leben vollendet, einen, der das Ziel nicht erreicht, und einen, der es erreicht. Aber schon vor Remus und Romulus war Faunus, chaotisch und zur Unterwelt gehörend, als die Voraussetzung des geordneten und zur oberen Welt gehörigen Latinus aufgetreten. Faunus wird schließlich getötet, und er wird deshalb von den Häusern vertrieben, wo gerade eine Geburt stattgefunden hat, wie die *lemures* und wie Remus, die keine Eltern sind und es nie sein werden.[51] Das ist also ein zweiter guter Grund, warum Remus sterben muß.

132. Von den barbarischen zu den zivilisierten Festen. Faunus kann als ein latinischer Lykaon betrachtet werden, als Tischgenosse des Jupiter auf

---

[51] Zu Lemuria und Parentalia und zur Erscheinung des Remus, der ein Fest forderte, das dem des Romulus, der mit Quirinus gleichgesetzt wurde, entsprach: Drossart 1972. Wiseman 1995 sucht den Grund für Remus' Tod, wo er nicht zu finden ist, nämlich bei einem historischen Ereignis der in der Zeit der mittleren Republik, während die strukturelle Logik dieses Todes im Kalender der frühen Königszeit verankert ist (vgl. Addendum VII), so wie er von Brelich 1954–55 und von Prosdocimi 1991 und 1996 ausgelegt wurde. Außerdem sind Romulus und Remus zwar nicht von Anfang an verschieden, wie die Dioskuren, von denen einer Sohn eines Gottes und unsterblich ist und der andere Sohn eines Menschen und damit sterblich, aber sie haben ähnliche Schicksale, insofern der eine die Bestimmung hat, mit Quirinus gleichgesetzt zu werden und unter die Götter und zur Unsterblichkeit aufzusteigen, und der andere dazu bestimmt ist, in der Erde begraben zu werden und in die unterirdische Welt des Faunus hinabzusteigen. Verfeindete Zwillinge, die sich töten, gibt es in den griechischen, vedischen und biblischen Mythen: Krappe 1936. Zu den Paaren Kain-Abel, Seth-Osiris, Esau-Jakob, zum Gründungsopfer, zum König Oineus, der seinen Sohn Toxeus tötet, weil er den Graben übersprungen hat (Apollod. 1,8,1): Krappe 1933. Zu Esau und Jakob: »Isaak betete zum Herrn ..., und der Herr ließ sich von ihm erbitten. Als seine Frau Rebekka schwanger war, stießen die Söhne einander im Mutterleib« (Gen 25,21 f.); und weiter: »Daher kommt es, daß Esau abgewichen vom Samen Jakobs, und daß Quirinus ...« (Dante, Par. 8,130 f.). Zum Mythos der Ojibwa in Wisconsin von einem Mädchen, das vom Wind schwanger wird, worauf es Zwillinge gebiert, von denen einer den anderen tötet und so den »ersten Tod« schafft: Brelich 1973–76. Zu Livius, der Hercules-Cacus und Romulus-Remus in Parallele setzt, zum Gründungsopfer, zur Binarität im Gegensatz zur absoluten Macht (denkbar im protourbanen Zeitalter?), der der Zentralismus des Stadtstaates folgt, der die einheitliche Macht des *rex* erfordert, quasi eine Rückkehr zum ursprünglichen (präurbanen?) göttlichen Königtum, wie Octavian-Romulus, der der Antonius-Remus ausgeschlossen hat: Johner 1991. Zum Thema Dumézil 1994, der auf andere Fälle von Rivalität zwischen mythischen Zwillingen verweist.

dem Mons Albanus, der den Gott herausfordert, indem er ihm einen Menschen zum Mahl anbietet und auf diese Weise seine Trennung vom Gott vollzieht.[52] Es ist wohl kein Zufall, daß sich mit Bezug zum albanischen Kult des Jupiter die Erinnerung an Menschenopfer erhalten hat, die Faunus, der neue Lykaon, als erster dargebracht haben soll. Statt Hercules oder Aeneas könnte Latinus dann den albanischen Ritus vollendet haben, indem er die Zeit des Faunus (mit seiner Tötung?) beendet, das Menschenopfer abgeschafft und durch das Opfer des Stiers ersetzt hat, mit dem vermutlich das Opfer von *oscilla* und *pisciculi* verbunden war, eine Erinnerung an das ursprüngliche barbarische Opfer. Eine ähnliche Abfolge der religiösen Vorgänge könnte auf römischem Boden stattgefunden haben, in Verbindung mit der Eiche des Jupiter auf dem Mons Saturnius[53] und vielleicht auch mit Bezug auf Faunus Lupercus am Fuß des Cermalus und in den Kapellen der Argeer. Auf diese Weise würde sich die Unsicherheit der Alten erklären, die nicht wußten, ob der Kult des Iuppiter Latiaris dem Faunus oder den *prisci Latini* zuzuschreiben sei.[54] Faunus und Latinus waren in der Tat beide Initiatoren, der erste wahrscheinlich eines Kultes, der noch von barbarischen Riten (und von eher lokaler Bedeutung?) durchdrungen war, und der zweite eines schon zivilen Kultes, gerichtet an einen Jupiter, der jetzt sicher schon Latiaris ist, des Kultes, der das litinische *nomen* begründete, den entsprechenden Bund und seine Identität, wobei Latinus die Rolle zu wiederholen scheint, die den Söhnen des Lykaon Arkas, Oinotros und Daunus zugekommen war. Ohne Lykaon und andere ähnliche mythische Gestalten wären wir nicht imstande gewesen, die mythische Logik des Faunus zu verstehen, des Gründers des ersten Kultes des Jupiter und des Wolfes, der den Menschen

---

[52] Der Ritus der Einäscherung, der in Latium seit der Spätbronzezeit oder seit Beginn der Endbronzezeit bezeugt ist (Gräbergruppe von Cavallo Morto bei Aprilia), scheint den Verstorbenen einem Opfer gleichzusetzen, das als ein in die andere Welt überführtes übernatürliches Wesen weiterlebt. Sowohl die gemeinschaftlichen wie die von den einzelnen Familien dargebrachten Opfer setzen jetzt von den Menschen geschiedene Götter als Adressaten voraus (Peroni 1994), die weit entfernt sind von der Erde, die sie früher häufig besuchten. Aber die Seelen der Verstorbenen konnten wieder auf die Erde kommen, zumindest unter gewissen Bedingungen und bei bestimmten Gelegenheiten, und das zum Erschrecken der Lebenden, die deshalb in früherer Zeit nur symbolische Waffen, in Miniaturform, als Grabbeigabe niederlegten (Bietti Sestieri 1992a).

[53] Zu Menschenopfern auf dem Kapitol anläßlich des Latiar: Plin. nat. 27,45; Gell. 5,12,12; Tert. apol. 9,5 (Latte 1960). Im Gegensatz zu K. Latte hält Alföldi 1965 den Bericht über diese Opfer für echt. Zum Opfer, verbunden mit dem Ausgang eines Wettstreits oder *munus*, vorsorglich betäubt mit Wermut: Malvolta 1996. Es könnte sich vielleicht um ein *munus* handeln, das mit dem Tod und dem Verschwinden des Latinus in Zusammenhang steht: vgl. § 145, Anm. 29. Wenn der Eichenkult auf dem Mons Saturnius die Entsprechung zu dem auf dem Mons Albanus von Faunus gegründeten Kult war, der einem Hügel des Quirinal seinen Namen verleiht, konnte der Collis Latiaris den auf dem Mons Albanus von Latinus wiedergegründeten Kult spiegeln.

die Kehle durchtrennt, wie wir auch nicht Picus ohne Pelasgos und Latinus ohne die Söhne des Lykaon, große Gründer von Volksstämmen, verstanden hätten. Latinus und sein trojanisches Doppel Aeneas wurden nicht zufällig als die Laren oder die ersten Heroen der Latiner verstanden. Latinus, ein positiver Heros wie Picus, sein Großvater, vertreibt die Schatten derer, die Menschen opfern, des Cacus und Faunus, der letzten negativen Heroen der Siculer und der Aboriginer, mit seiner Gestalt des menschlichen und frommen Häuptlings (die zum Modell für das Bild des Aeneas wird). Auf Cacus (den negativen Heros), der von Tricaranus getötet wird – dessen Double dann Hercules wird –, war Picus (der positive Heros) gefolgt, so wie auf Faunus (den negativen Heros) Latinus (der positive Heros) gefolgt war, der neue Picus, dessen Verdienste dann den griechischen Heroen Hercules und Aeneas zugeschrieben wird (siehe dann auch noch die guten Numitor und Romulus, die den bösen Amulius und Remus folgen). Mit Latinus weichen die barbarischen Feste wie die Menschenopfer an Jupiter und vielleicht auch an Faunus den zivilen Festen, mit Tieropfern an eben diese Götter und mit einem symbolischen Menschenopfer, das durch die Opferung eines Hundes, des Tieres der Laren,[55] umgangen wird. Hinter den trojanischen Laren

---

[54] Vgl. §§ 73, Anm. 5; 127, Anm. 24.

[55] Die Laren stellte man sich von Hunden begleitet und mit Hundefellen bekleidet vor: Ov. fast. 5,129 ff.; Plut. q. R. 51 (Scholz 1937; Kretschmar 1938; Marcos Casquero 1977; Masson 1950; Mainoldi 1981; Mastrocinque 1993; Blaive 1995). Zu den Hunden im Zusammenhang mit der Mutter der Laren, zu den Laren, zu den Mauern und den Toren siehe: 1. die Gründungsbeigaben mit einem Hundeskelett in Entsprechung zu a) einem Tor etwa aus dem Jahr 525, wahrscheinlich die Porta Mugonia, vom Palatin (Palatium e Sacra via, 1; vgl. auch Addendum VIII), b) einem Tor in Paestum aus dem Jahr 273, c) den Mauern von Rimini aus dem Jahre 268 (siehe auch Gianferrari 1995); 2. das Hundeopfer an der Porta Catularia in Rom: Fest. 39 L.; 3. das Hundeopfer für Faunus Lupercus und für Genita Mana, Mutter der Laren: Plut. Rom. 21,8; Plin. nat. 29,58; Plut. q. R. 52; 4. Euander (= Faunus) begleitet von zwei Hunden: Verg. Aen. 8,459 ff. (Robert 1993); 5. Abbildung des Faunus, mit einem Schaffell bedeckt, mit Früchten in der Hand und einem Hund bei seinen Füßen (Reifferscheid 1866); 6. das Hundeopfer mit Bezug auf ein Tor auf den Tafeln von Gubbio. Das Gründungsdeposit mit Grabbeigabe (= symbolisches Opfer?) unter der Schwelle eines Tores der palatinischen Mauer, als Porta Mugonia interpretierbar und datierbar in das dritte Viertel des 8. Jh., und die Kinder und Erwachsenen, die mit spärlicher Ausstattung im Zusammenhang mit dem Auflassen dieser Mauer am Beginn des 7. Jh. gefunden wurden, sind als rituelle Tötungen oder Menschenopfer zu verstehen, die also in romuleischer Zeit noch verbreitet scheinen und den späteren Hundeopfern vorangegangen sind: Carandini 1992 und in: Palatium e Sacra via, 1; vgl. auch Addendum VIII. Zu Tarquinia und allgemein: Chiaramonte Treré 1995. Zu dem unter den Mauern von Arpi aus dem 6. Jh. beigesetzten Kind: Mazzei 1995. Zu Griechenland: Wells 1988 (geopfertes Kind unter der Schwelle eines der Türme von Nauplia aus dem 3. Jh. n. Chr.). Zu einer jungen in einem Tor begrabenen Frau: Paus. 5,4,4 und auch 4,9,1 ff. Zu den Hundeopfern: Blaive 1995 und Gianferrari 1995, der weitere Opferreste von Hunden nennt. Siehe auch das *augurium canarium*, zu sehen in Verbindung mit der Porta Catularia: Fest. 39 L.

Anchises, Aeneas und Ascanius, die auf einem Bild in Pompeji als Hunde
dargestellt werden,[56] werden die latinischen Laren Picus, Faunus und Latinus
sichtbar, auf die die römischen Laren Remus und Romulus folgen, wobei
letzterer ebenfalls als Hund, aber auch als ein Wolf vorgestellt wird: der neue
Latinus, aber auch der neue Faunus der frühen Stadt, entsprechend dem
doppeldeutigen Modell des Kulturheros und Gründers, der nun nicht mehr
zwillingshaft verdoppelt wird, sondern mit dem Opfer des Remus zum alleinigen Herrscher geworden ist.[57]

133. Der Specht, der Wolf und die zwei Sphären des Kosmos. Das Konzept der Laren ist höchst doppeldeutig, insofern es die Vorstellung des positiven wie auch des negativen Heros beinhaltet, wie wir schon gesehen haben.
Während als Lares Praestites der Römer sowohl der fromme Romulus wie
der frevlerische Remus anzuführen sind,[58] sind als Lares der Latiner sowohl

---

[56] Zu dem pergamenischen Lar Anchises: Verg. Aen. 5,719.744 (Phillips 1976). Zur Inschrift
von Tor Tignosa, die Aeneas als Lar erwähnt: Guarducci 1956–58 und 1971; in: Roma medio
repubblicana 1973, Nr. 472; CIL I/II, Nr. 2843. Noch unsicherer erscheint die Lesart: »Lare[bus]
Vesu[v]ia Q[uincti] f[ilia]«: Kolbe 1970; Palmer 1974; Cornell 1975. Zu Anchises, Aeneas und
Ascanius, auf einem Gemälde in Pompei mit Hundekopf dargestellt, die beiden letzteren als
Ithyphallen: De Vos 1991 (Hinweis von R. Cappelli). Ithyphallisch, angeglichen an eine dem
Mars entsprechende Gottheit und verbunden mit einer Gottheit, der Ops entspricht, ist auch
der etruskische König-Lar, der auf einem Wagen dargestellt ist, der in einem königlichen Grab
von Bisenzio gefunden wurde (Torelli 1996a i. Dr.) und vielleicht als ein Romulus der etruski-
schen Stadt zu interpretieren ist (Carandini 1996 i. Dr.). Es sei auch auf den Phallus des Lar
Familiaris verwiesen, der Servius Tullius zeugt, usw.
[57] Zu Mars und den Laren, siehe das Arvallied: Tert. spect. 5 und Cato agr. 87. Zu Faunus Lar
Agrestis: CIL 6,646. Zum *lucus* des Faunus in Albunea (bei Lavinium): Verg. Aen. 7,81 ff.; zu
dem Problem: Weinstock 1960 und Palmer 1974. Zu Romulus mit wölfischer Kopfbedeckung:
Prop. 4,10,21 (siehe auch *Romulus sive lupus* des Naevius); zu Romulus als Sieger über Acro mit
hündischer Kopfbedeckung auf einem Bild in Pompei: De Vos 1991. Auch Odin wurde mit
einem Wolfskopf dargestellt: Bernard 1981. Die Sau und die 30 Ferkel verhalten sich zu Latinus
und den *populi* wie die Lares Grundiles zu Romulus und den 30 Kurien Roms, die also in
irgendeiner Beziehung zu den *populi* stehen, wie Romulus auf Latinus bezogen erscheint (und
also als Sohn oder Enkel des Aeneas aufgefaßt wird). Der Name dieser Laren ist nicht von
grunda, sondern von *grundire*, grunzen, abgeleitet, und sie sind zu sehen 1. im Bezug zu dem
Vorzeichen der weißen Sau mit ihren 30 Ferkeln, die den Platz anzeigte, wo Aeneas Lavinium
gründen sollte (Verg. Aen. 3,388 ff.) – aber das Vorzeichen ist auch in Verbindung mit der Gründung Roms gesehen worden (Cass. Hem. fr. 11 Peter; Non. 164 L.). – und 2. im Bezug zum
Vorzeichen der 30 Ferkel, die von der schwarzen aus Troja mitgebrachten Sau geboren werden
(Lyk. Alex. 1235 ff.), die auf die 30 Festungen anspielten, die Aeneas von Lavinium aus gründen
sollte – wahrscheinlich ein Verweis auf die Siedlungen der 30 *populi*, die Latinus von Alba aus
gegründet hat (vgl. § 149, Anm. 24). Das Heiligtum der Lares Grundiles in Rom ist wohl im
Zusammenhang mit dem zentralen Sitz der Curiae Veteres zu sehen. Die Kapelle der Lares
Querquetulani auf dem Oppius erinnert vielleicht an die Laren eines der *populi* auf römischem
Boden und seines *ager*. Vgl. auch Schilling 1976 und §§ 52, 55.
[58] Cornell 1975. Zu Remus als Vertreter der äußeren und wilden Welt, der mit Gewalt abgewehrt
werden muß (wie ein Faunus?): Briquel 1990 (sehr viel überzeugender als Wiseman 1995).

der fromme Latinus wie der frevlerische Faunus zu nennen.[59] Wie könnten andererseits ohne die Gegenwart des Faunus auf der Bühne die für die Laren und ihre Mutter bestimmten Menschenopfer erklärt werden, die mit den *compita* (ursprünglich vielleicht mit den *curiae*) und wahrscheinlich auch mit den Toren der Siedlung verbunden sind? In umgekehrter zeitlicher Folge impliziert also Romulus den Remus, Latinus den Faunus und Picus (oder Tricaranus) den Cacus: Paare, die die Tötung des einen der beiden Glieder vorauszusetzen scheinen. Später wird Hercules an ihre Stelle treten, indem er einmal Faunus, dann Tricaranus und dann Latinus ersetzt, vermutlich etwa zu der Zeit, als Odysseus (wie in der *Theogonie* bezeugt) den Picus als den Vater des Faunus ersetzt. In diesem Kontext ist es viel leichter zu verstehen, daß die Gründer der Volksstämme – Latinus, Daunus und Oinotros – die zwei Repräsentanten der beiden kosmischen Grundprinzipien – wir würden übertreibend sagen des Guten und des Bösen – hinter sich haben, die antinomisch und doch komplementär sind und sich einmal in einem Bruder- oder Zwillingspaar und dann in einer genealogischen Folge von Herrscher-Dämonen manifestieren. Diese beiden Repräsentanten des Kosmos gehören der Sphäre des Waldes an, da der Wald die Matrix des menschlichen Lebens ist, die ganz normale Bedingung des vorgeschichtlichen Latium, wo die Lichtungen (die *luci*) die Ausnahmen darstellten. Es ist im Wald, wo die ersten Tiere auftreten, die ersten Menschen und die ersten Könige, die die ersten urwüchsigen Nahrungsmittel (Gräser, Laubwerk und Eicheln) gefunden haben und die ersten Unterkünfte (aus Zweigen). Es ist der Wald, in dem die Bäume wie Verbindungsleitern zwischen Himmel und Erde erscheinen, und es ist der Wald, in dem sich die unterschiedlichsten Mächte und Ausdrucksformen der Natur begegnen. Im Wald leben die Vögel des Himmels, die dem Leben der Menschen günstig sind (die sie aber auch mit ihren Schnäbeln, scharf wie eine Doppelaxt und wie der Blitz, blenden können); sie werden geschickt von den oberen Göttern, die über die Lebenden Auf-

---

[59] Faunus ist als der wirkliche Vergewaltiger der Lara anstelle des Mercurius ausgemacht worden (Coarelli 1993; Aronen 1989a) und wird so zum Vater der Laren (die Paarung des Mercurius mit Lara und die Zeugung der Laren ist in der Unterwelt angesiedelt und ist mit dem Tag der Feralia verbunden). Es ist leicht zu verstehen, wie Faunus, der an Pan angeglichen wurde, zum Vater der Laren werden und mit Mercurius/Hermes gleichgesetzt werden konnte. Es scheint sich aber nicht um eine ursprüngliche Identifikation zu handeln, da Faunus selbst ein Lar ist (Arnob. nat. 1,28), wodurch er wie ein unwahrscheinlicher Vater seiner selbst erschiene, während sein Vater Hermes (= Mercurius) wahrscheinlich die Stelle des Mars einnimmt (es sei an Lykos, den Sohn des Ares erinnert), des Vaters oder Großvaters des Faunus. Vielleicht war es dieser Gott, der sich ursprünglich mit Lara, der Mutter der Laren (= Ops-Fauna) vereinte, wie er sich dann, in eben dieser Rolle, mit Rea Silvia vereint, ist Mars doch, nach Volcanus, der große Vater der ersten Häuptlinge und folglich auch der öffentlichen Laren (vgl. § 119, Anm. 2 f.).

sicht führen und Ausdruck des Himmels und des Sonnenfeuers sind (man
denke an die Vögel, die in vorgeschichtlichen Darstellungen den Sonnen-
wagen ziehen);[60] im Wald leben aber auch die Wölfe und die Wölfinnen,
die Würger der Menschen (aber auch ihre Ernährer), geschickt von den Göttern der Unterwelt, Ausdruck der Höhlen, der unterirdischen Welt und der
Binnengewässer. Der Specht und der Wolf, notwendige Voraussetzungen für
Latinus, den Gründer des *nomen* und des Bundes der *populi*, haben – vielleicht schon vor der Zeit der göttlichen Könige (die ihre letzten und bedeutendsten Manifestationen sind) – die beiden Hälften des Kosmos repräsentiert, horizontal zweigeteilt in die Sphäre des Jupiter und in die Sphäre des
Dis Pater und des Neptunus/Consus, wobei die erste auf die institutionelle
Ordnung bezogen ist und die zweite auf die chaotische Doppeldeutigkeit,
Prinzipien, die etwa bei den Lykaia und den Lupercalia, wo die Befreiung
vom Chaos und die Gründung des Kosmos und des gemeinschaftlichen
Lebens neu inszeniert wird, in Wettstreit miteinander treten. Der Specht, der
in den Eichen Aufenthalt findet, ist also der Repräsentant des Himmels, der
blitzt, der Regen spendet und der blendet, und der Wolf und die Wölfin,
beheimatet in den Höhlen, sind die Repräsentanten der Unterwelt und der
Sümpfe, aus denen das Leben hervorgeht und wo es endet. Eine getreue
Illustration dieser mythischen Konstellation findet sich im königlichen
Wagen von Bisenzio, der ein relativ spätes (8. Jahrhundert) peripheres Zeugnis des ältesten und zentralen Mythos der Latiner ist.[61] Von der Verdoppelung oder der alternierenden Aufeinanderfolge dieser fundamentalen Prinzipien scheint die ganze Schöpfung abzuhängen, in Griechenland wie in
Italien: von der Gliederung der Tierarten und der Erschaffung der Menschen und der Könige bis zur Gründung der Volksstämme und ihrer Siedlungen. Nach der Überlieferung hat Euander 1253 die griechischen Kulte
nach Latium gebracht. Dieses Jahres gehört zur Spätbronzezeit, und es ist
möglich, daß zu dieser Zeit – außer der Zirkulation der mykenischen Keramik und anderer Güter und östlicher zeremonieller Bräuche, wie sie von der
Archäologie dokumentiert sind – von der Ägäis aus auch ein erster Import
mythischer Vorstellungen erfolgt ist, und es könnte eben dies der kulturelle

---

[60] Green 1991. Zu den vogelgestalteten Kopfplastiken auf dem Dach der Hütten vgl. § 40,
Anm. 25.
[61] Mondi 1990 (zu den Vögeln am Himmel, den Menschen und Tieren auf der Erde und den
Fischen im Wasser); Chirassi Colombo 1968 (zu den als Seelen der Toten verstandenen Fischen).
Zum Zusammenhang des Wolfes mit dem Wind, der aus Hohlräumen und Höhlen bläst: Ger-
schenson 1991; Roscalla 1994. Zum Wolf als Vertreter der äußeren Welt: Mainoldi 1984 und
Buxton 1987. Zum Wolf als Repräsentant der Finsternis und der Welt der Toten, im Gegensatz
zur Welt des Feuers, das die Sonne, den Mond und den Vater des Himmels verschluckt, bei den
Germanen: Di Nola 1970; Bernard 1981. Zum Wagen von Bisenzio vgl. § 40.

Beitrag gewesen sein, der von dem sagenhaften Arkader Euander symbolisiert wird, und zwar eher als die anachronistischen Errungenschaften von
Schrift, Musik und Gesetzen.[62] Das Binom Specht und Wolf kann auch mit
Bezug auf die Doppelköpfigkeit des Janus gesehen werden, der die oberen
und unteren Elemente öffnet und schließt (man denke auch an die Doppelheit der Carmenta). Aber die klare Trennung der Arten, die es erlaubt, den
Specht vom Wolf zu unterscheiden, stellt im kosmischen Prozess der Differenzierung einen Fortschritt dar bezogen auf die noch chaotische Homogenität des Janus, ob man ihn nun als »globus« oder als »sine imagine
moles« auffaßt, oder als den ersten Gott, der in Glieder differenziert ist und
zwei Gesichter hat.[63] Andererseits ist es Janus, der in einem großen Moment
des mythischen Übergangs auf römischem Boden die Macht auf Picus und
damit auch auf Faunus überträgt, d. h. auf den Specht und den Wolf, die
ersten Tiere, die ersten Menschen und die ersten göttlichen Könige, die
direkt mit den ersten Latinern verbunden sind. Auch die Dioskuren und
ihre Pferde, eines weiß und eines schwarz, waren mit dem Licht und mit der
Dunkelheit verbunden, mit dem Leben und mit dem Tod, mit dem Himmel
und mit der Unterwelt, waren Zwillinge, die ebenfalls mit den kosmischen
antithetischen Prinzipien verbunden sind. Picus und Faunus sind also die
ersten Laren, die ursprünglichen Dioskuren der Latiner. Die Dioskuren,
Söhne des Königs Tyndareos, waren die heroisierten Vorfahren und Schützer
des Herrscherhauses der Lakedaimoner. Sie wurden *Anakes* genannt, was der
Titel der mykenischen Herrscher ist, die in ihnen eben die *Fanakes* verehrt
haben dürften, die verstorbenen Eltern, im häuslichen und chthonischen
Kult ihrer Königsburg. Jedes mykenische Reich dürfte einen Kult dieser
Art gehabt haben, aber der Kult von Therapne, der dann von Sparta übernommen wurde, dürfte in postmykenischer Zeit eine panhellenische Funktion gewonnen haben, nach der großen Rolle zu schließen, die er im *epos*
der lakonischen Dynastie angenommen, und daraus, daß er im Sparta
der Dyarchie und in anderen Einrichtungen und Kulten mykenischen
Ursprungs fortbestanden hat. Mannigfaltig waren wohl auch die Kulte der
vergöttlichten Vorfahren, die mit den Familien der Häuptlinge verbunden
waren, aber der Kult der ursprünglichen Laren Picumnus und Pilumnus
und der Kult des Faunus und des Latinus waren und blieben die berühmtesten, da sie mit dem hegemonialen Zentrum von Alba und mit der *regia* der
obersten Häuptlinge dieses Zentrums verbunden waren. Symbol der Dioskuren war das *dokanon*, d. h. zwei parallele Hölzer, die mit zwei Balken ver-

---

[62] Vgl. Dion. Hal. 1,33; vgl. auch §157.
[63] Ov. fast. 1,105 ff.

bunden wurden, die »das Tor« darstellten – das Tor der Unterwelt und des Grabes, der Siedlung und der Königsburg – eine Art kosmischen Eingangs, dessen Pfosten die Dioskuren repräsentierten und schützten. Aber auch die Laren – Stercutus, Picumnus-Pilumnus und Faunus (Picus und Faunus in abgekürzter Form) – waren die Beschützer des *iugum* und des *limen*, so daß sie auch in dieser Hinsicht als die Tyndariden Latiums erscheinen. Diese Dämonen verweisen auf einfache und zahlenmäßig wenige Mythen, wobei wir nicht wissen, ob durch Verschleiß der Zeit oder als ursprüngliches Merkmal. Die Latiner lebten fernab von der unerschöpflichen Quelle von Mythen, die der Orient war und aus der die Griechen mit vollen Händen geschöpft haben, und deshalb sind sie nie zu deren phantastischem Reichtum gekommen. Und doch hatten auch sie eine mythische Welt, und wir müssen versuchen sie zu erfassen, wie sie gewesen ist, ohne sie zu verkleinern oder zu vergrößern. Die massenhafte Verbreitung der griechischen Mythen in Italien und die vom römischen Staat gewollte Demythisierung haben einen Schleier über diese Welt geworfen, durch den allein es möglich ist Einblick zu gewinnen in das verlorene spirituelle Erbe der frühen Latiner.[64]

[64] Die Penaten der Velia hat man sich als Dioskuren vorgestellt (Alföldi 1965), eine archaische Interpretation der viel älteren göttlichen Brüder. Die Bruderschaft von Picus und Faunus scheint früher oder zumindest alternativ zu derjenigen von Faunus und Latinus, die in der *Theogonie* bezeugt ist, bestanden zu haben. Die Verbindung des Spechts und des Wolfs – in der Gründungssage von Lavinium des Adlers und des Wolfs (Ehlers 1949; Alföldi 1965) – und ihre Andersartigkeit im Vergleich zu der mit Latinus verbundenen Sau – die ebenfalls in einer Sage von Lavinium auftaucht – verleitet dazu, vorzugsweise Picus und Faunus zu verbinden, sie als vorgeschichtliche Dioskuren Latiums zu verstehen und sie klar von Latinus zu unterscheiden (die Sau tritt unabhängig von den Penaten/Laren auf den Münzen auf: Alföldi 1965). Zu beachten ist außerdem, daß der Lar Latinus nicht zufällig vom System des kosmischen *iugum* ausgeschlossen ist (vgl. §§ 111 ff.). Latinus setzt außerdem der noch halbbarbarischen Zeit des Faunus ein drastisches Ende. Aber die Verbindung von Faunus und Latinus mit dem Kult des Jupiter scheint im Gegensatz dazu die letzten beiden göttlichen Könige zu vereinen und sie von Picus zu unterscheiden. Zu den spartanischen Königen, Nachfahren von Zeus und von Herakles, die sich für Achäer, nicht für Dorer hielten: Vignolo Munson 1993. Zu den Dioskuren im mykenischen Zeitalter und zu den *dokana* als ihrem Zeichen: Waites 1919; Pugliese Carratelli 1962 und 1979; Salviat 1964; Guarducci 1979; Dobrowolski 1994; Colonna 1996a. Das *dokanon* war ursprünglich ein Tor – wie M. Guarducci richtig erkannt hat – oder genauer das Gerüst eines offenen Tores *(Etymologicum Magnum)*, bestehend aus zwei parallelen Hölzern, die mit zwei Querbalken (ursprünglich die Schwelle und der Tragbalken?) verbunden waren, und wurde dann zum Weiheobjekt im Bezug auf die Dioskuren wegen der Untrennbarkeit seines Aufbaus, der der Liebe, die die göttlichen Zwillinge vereinte, glich (Plutarch, Peri philadelphias). Ein *dokanon*-Tor mit den Dioskuren im Inneren ist auf einem Relief im Museum von Sparta ausgestellt, datiert auf das dritte Viertel des 6. Jh. (LIMC, III, Dioskuren, Abb. 58); verkleinerte Votivgegenstände, die an ein Tor erinnern, sind auf Reliefs im Museum von Taranto und im Museum von Pergamon dargestellt (Guarducci 1979). Nicht zu vergessen die Porta Marzia von

134. Kulte des Faunus und der Fauna. Mit Faunus wird die albanische I–II
Vorherrschaft über die Siedlung auf römischem Boden offensichtlich, wie
die mit diesem göttlichen König in Beziehung stehenden Kulte anzuzeigen
scheinen, die im Vergleich mit den spärlichen Zeugnissen bezüglich Picus
sehr viel zahlreicher sind.[65] Es sind zu festzuhalten: 1. der Kult des Faunus
Lupercus in der Grotte des Lupercal am Fuß des Cermalus,[66] 2. die mögliche Präsenz auf der Kuppe des Cermalus,[67] 3. die mögliche Präsenz auf
dem Aventin,[68] 4. die mögliche Präsenz am Fuß des Palatium Richtung
Velabrum,[69] 5. der Kult des Silvanus (= Faunus) am Fuß des Kapitols am

Perugia, auf der Jupiter und die Dioskuren mit ihren Pferden dargestellt sind (3. Jh.). Ab einem
gewissen Zeitpunkt, nicht nach dem 5. Jh., tritt neben das Modell *dokanon*-Tor ein weiteres,
mehr oder weniger verkleinert, mit einfacher Öffnung, mit doppelter Öffnung oder mit zwei
horizontalen Querstreben, die sich im oberen Teil des Aufbaus befinden, manchmal mit zwei
oder mehreren vertikalen Elementen verbunden. Dieser zweite und wohl auch spätere *dokanon*-
Typ ist als Rückenlehne eines Thrones ausgelegt worden (Guarducci 1979); aber es handelt sich
eher um eigenständige Gerüste oder um mit Altartischen verbundene Aufbauten in verschiedenen Formen, geeignet zur Aufnahme von Gegenständen wie den erforderlichen Gefäßen bei
den Mählern und für die Opfer (Colonna 1996a).

[65] Faunus galt als typische Gottheit der Latiner und des Gebietes von Rom: Serv. georg. III;
Ov. fast. 3,292.

[66] Die Grottenkulte sind – abnehmend – zwischen der mittleren und der Endbronzezeit, Stufe I
und II, bezeugt (Ulf 1982; Guidi 1989–90; Miari 1995; Pacciarelli 1997). Man denke an das
habitaculum-fanum der Carmenta, an den Kult des Faunus in einer Grotte und bei einer Quelle,
der einen vorausgehenden Kult einer Nymphe, der Venilia, überlagert haben könnte; und es
ist kein Zufall, daß man sich auch die *regia* des Cacus und das Feuer der Caca in einer Höhle
vorgestellt hat. Auch der Kult der Rhea auf dem Berg Thaumasion in Arkadien war in einer
Grotte beheimatet: Paus. 8,36,2 (Lane 1996, auch zur idäischen Höhle auf Kreta). Der Kult
des Faunus wird später als eine Ableitung vom Kult des Pan auf dem Lykaion in Arkadien
gesehen. Beide Kulte setzten einen nahegelegenen für die Läufe geeigneten Platz voraus (für
die Lykaia und für die Lupercalia). Pan wurde in Griechenland für einen relativ jungen Gott
gehalten, Herodot (2,145,4) hat ihn 800 Jahre vor seiner eigenen Zeit, also nicht nach 1230,
datiert, berechnet nach der Zeit, in der der Historiker Ägypten besucht hat (Graf 1985). Zu
seiner Verbindung mit Zeus und mit Arkas, dessen Zwilling er war: Piccaluga 1968 (vgl. §§ 119,
Anm. 2; 121, Anm. 11). Die Lupercalia können als die Spiele zur Gründung und zur Initiation
bezüglich des albanisierten Cermalus betrachtet werden – die Initiationen spielten sich außerhalb der Siedlung ab, in der Welt, über die Faunus regierte –, analog zum Ludus Troiae bezüglich der Gründung von Alba (Capdeville 1993; vgl. §§ 110; 136, Anm. 95). Es ist nicht nachvollziehbar, warum der Kult in der Höhle sich besser für Pan eignen soll als für den infernalen
Faunus und seinen göttlichen Großvater Mars, so Wiseman 1995.

[67] Faustulus, der lokale Häuptling (des protourbanen Zentrums), der seine Hütte auf dem Cermalus hatte, verweist auf Faunus: Pais 1906 und 1913; Otto 1909. Nach Briquel 1980 ist Faustulus die menschliche Mittelsperson des Faunus.

[68] Siehe den Altar des Euander (= Faunus) und die Gefangennahme des Faunus durch Numa
auf dem kleinen Aventin oder Mons Murc(i)us (Plut. Num. 15,3 ff.), wahrscheinlich beim Kult
der Bona Dea.

[69] Faunus als Lar war ein Sohn der Acca, deren Grab am Fuße des Palatium lag. Zu den Ver-

Ende des Velabrum, 6. der Kult der Fabier auf dem Quirinal, 7. der Kult auf der Tiberinsel,[70] vielleicht die chthonischen Kulte 8. der Prata Flaminia, 9. des Tarentum und 10. der Palus Caprae in Richtung der Grenzen der Siedlung und ihres Bezirks.[71] Fauna/Bona Dea[72] ist präsent vor allem 1. auf dem Aventin, wo sie mit Semele, der Mutter des Dionysos, in Verbindung steht und mit Leukothea, der Schwester der Semele und der Amme des Dionysos und Palemon, die typische Meeres- und Hafengötter sind (den Bökken und Satyrn des Faunus, die sich am Fuß des Cermalus herumtrieben, haben also am Fuß des Aventin die ausgelassenen ausonischen Mänaden aus archaischer Zeit entsprochen, die im phallisch-dionysischen Kult der Fauna-Semele eine Rolle spielten),[73] 2. beim Lupercal am Fuße des Cermalus, insofern sie mit Acca gleichgesetzt werden kann, der wölfischen Göttin Luperca/Rumina, die dann die göttlichen Zwillinge säugt, 3.a vielleicht auch auf der Kuppe des Cermalus, insofern sie gleichgesetzt werden kann mit (Pales/)Acca, der Mutter der Laren, die hier als Gefährtin des Faunus/ Faustulus ihre Hütte hat, und 3.b insofern sie mit Vica Pota gleichzusetzen ist, die an eben diesem Ort ihren Kult hatte, 4. am Fuß des Palatium aufgrund ihrer Verbindung mit Lara und 5. am Palus Caprae (durch die Verbindung der Göttin mit der Ziege), während eher unsicher ist ihre Gegenwart 6. am Fuß des Kapitols zum Tiber hin durch ihre Verbindung mit

bindungen zwischen Maia, Bona Dea, Terra, Fauna, Ops und Acca: Macr. Sat. 1,12,21 (Pais 1906; Krappe 1942). Beim Grab der Acca, im Lucus Vestae, erscheint Faunus als Aius Locutius: Cic. div. 1,45,101 (Pais 1906; Coarelli 1988; Aronen 1989a sieht darin ein Faunus-Orakel). Im Heiligtum der Vesta fanden die Kulte der Laren Aufnahme, als hätten die Könige dort ihre Wohnstatt gesucht, wo sie als erste gewohnt hatten.

[70] Orig. gent. Rom. 4. Die Pelasger, Begründer des Kultes des Dis Pater, wären auch die ersten gewesen, die Silvanus einen Hain weihten, in der Nähe von Caere und auf römischem Boden (Verg. Aen. 8,600; Prop. 4,4,5), vielleicht »ante Saturni aedem« (Plin. nat. 15,77), sein einziger öffentlicher Kult auf römischem Boden. Zum Feigenbaum (ein *caprificus* wie am Ziegensumpf) des Comitium vgl. §§ 119, Anm. 2; 122, Anm. 16. Einen Kult des Faunus hat es wohl auch auf dem Quirinal gegeben, in Verbindung mit der gens Fabia (Montanari 1976), und es gibt dann einen auf der Tiberinsel (Ziolkowski 1992), dessen *dies natalis* bezeichnenderweise mit den Parentalia zusammenfiel: vgl. auch § 127, Anm. 27.

[71] Aronen 1989; La Rocca 1984.

[72] Zur göttlichen Wölfin Luperca: Varro ap. Arnob. nat. 4,3; Lact. inst. 1,20,1-2 (Aronen 1989a).

[73] Piccaluga 1968; Turcan 1988; Brouwer 1989; Montanari 1976; Mastrocinque 1993. Vgl. Addendum I. Faunus und Fauna sind mit Liber und Venus verbunden, noch vor der Verbindung mit Dionysos, dessen Anwesenheit in Rom scheinbar nicht vor das archaische Zeitalter zurückreicht (der Triumph der Tarquinier war mit dem Phallus verbunden, mit den Silenen und den Satyrn, mit anzüglichen Versen und mit dem *thriambos = triumpus, triumphus*): Mastrocinque 1988; Coarelli 1995. Zum Zusammenhang zwischen Wein, Trunkenheit, Lüsternheit und Ehebruch, zur Milch als weiblichem Blut und dem Wein als männlichem Samen: Bottini 1995.

Carmenta[74] und dann 7. auf dem Oppius, durch ihre Verbindung mit Cupra.[75]

135. Kulte des Dis Pater und des Jupiter. Der Überlieferung nach hätten die Pelasger den früheren siculischen Kult des Saturnus neu gegründet[76] und den Kult des Dis Pater begründet,[77] einer anderen Gottheit, der sie am Fuß des Kapitols Menschenopfer darbrachten.[78] Dis Pater scheint in gewisser Weise an die Stelle des Saturnus zu treten.[79] Möglicherweise hat Servius Tullius sich auf dieses mythische Gründungsereignis der aboriginischen Siedlung bezogen,[80] als er seine Neugründung Roms auf den *mundus* konzentrierte.[81] Die Gegenwart von Dis Pater am Fuß des Mons Saturnius setzt die

[74] Pettazzoni 1941; Tels De Jong 1959; Mastrocinque 1993 glaubt an enge Verbindungen, aber nicht an Gleichsetzungen von Carmenta und Fauna, während Montanari 1976 ihre Gleichsetzung befürwortet; Euander stünde dann zu Faunus wie Nikostrate/Carmenta, die den Sieg begünstigende Göttin und Mutter des Euander, zu Fauna(/Ops) stehen könnte: ein göttlicher Komplex, der verbunden ist mit dem Sieg, der Trunkenheit, dem Überfluß und der Zeugung der Häuptlinge.

[75] Zu Cupra = Bona Dea (*ciprius* = *bonus* auf sabinisch): Colonna 1993. Die Anwesenheit dieser Gottheit ist vorstellbar beim Vicus Cuprius oder Ciprius, weshalb Palmer 1970 das Vorhandensein einer Gottheit Ciprus/Cipra in Rom angenommen hat. Zur Verbreitung des Kultes der Fauna = Mlacuch und Cupra in Italien: Mastrocinque 1993.

[76] Macr. Sat. 1,7,30–31; 1,11,48. Nach Pouthier 1981 wäre der Kult des Dis Pater ein Konstrukt der Gelehrten. Zur Lokalisierung des Kultes des Saturnus (Ara Saturni) im archaischen Zeitalter: Sciortino-Segala 1990.

[77] Vgl. §§ 58, Anm. 16; 83, Anm. 17; 103, Anm. 19; 105, Anm. 27; 128, Anm. 37; 129, Anm. 42; 130, Anm. 46; 134, Anm. 70; 135, Anm. 79; 136, Anm. 94.

[78] Die älteste auf dem Comitium gefundene Keramik ist ab der Endbronzezeit datierbar: Romanelli 1981. Die Bruchstücke sind in der Verfüllung des *lacus* am südlichen Rand des Comitium gefunden worden: Carafa i. Dr. a. Die Zeichnungen auf den Bruchstücken erlauben aufgrund ihrer Qualität keine genauere Datierung, die Originale sind bisher nicht zugänglich.

[79] Aufgrund des chthonischen Charakters des Saturnus und aufgrund seines möglichen Verschwindens in der Unterwelt (Brelich 1955) läßt sich vermuten, daß man sich vorgestellt hat, der Zugang vom Mons Saturnius *(mundus)* zum Totenreich erfolge durch das Velabrum (vgl. § 130, Anm. 46). Zur Gleichsetzung von Saturnus mit Dis Pater: Sabbatucci 1988. Es sei daran erinnert, daß Hades und seine göttlichen Brüder Kronos entmachtet haben.

[80] Ob der Ort den Namen Saturnia beibehalten hat oder ob er geändert wurde, wissen wir nicht. Zum aboriginischen Valentia: Fest. 328 L.; Serv. Aen. 1,273 (Letta 1988). Zum Namen Albula für den Tiber: Varro ling. 5,30. Zu den Ruinen der vorausgehenden Siedlungskerne der Siculer vgl. Addendum I.

[81] Diese Gründungsgrube schrieb Plut. Rom. 11 fälschlicherweise Romulus zu (Carandini 1992; Grandazzi 1993). Es ist zweckmäßig, die folgenden Informationen in ihrer Gesamtheit zu nehmen (Mastrocinque 1994; Sassatelli 1994): 1. Tarchon, der die Plätze der etruskischen Siedlungen und insbesondere jene der padanischen Gebiete Dis Pater weiht (= Apollo, Suri), 2. die Gründungsgrube oder *mundus* von Marzabotto (ein Sockel mit einer Öffnung in der Mitte für einen Brunnen, der in das Innere der Erde eindringt), 3. die in Tarquinia entdeckte Gründungsgrube und entsprechende Menschenopfer, datierbar ans Ende des 10. Jh., in Übereinstimmung mit dem Beginn der *saecula* (vgl. §§ 105, Anm. 27; 203, Anm. 100), 4. die pelasgisch-aboriginische

Gegenwart Jupiters auf seiner Kuppe voraus.[82] Bleibt die Frage, warum die Einführung des Kultes des Dis Pater und vielleicht auch des Kultes des Jupiter auf römischem Boden den Pelasgern/Aboriginern zu verdanken ist, so wie der Kult des Jupiter auf dem Mons Albanus. Dazu muß daran erinnert werden, daß einige der Alten sich vorstellten, die Aboriginer und die Pelasger würden von Zeus abstammen, womit sie als heilige Völker von höchster Nobilität gelten konnten. Im besonderen die Pelasger, die von Pelasgos, einem Sohn des Zeus, abstammten, waren im Laufe ihrer Wanderungen dahin gekommen, vom heiligen, mit ihnen verwandten Stamm, der das Heiligtum von Dodona und den entsprechenden Kult des pelasgischen Zeus gegründet hatte, als Gäste aufgenommen zu werden. Es wäre das Orakel dieses Zeus gewesen, das sie bis Cutilia im Gebiet von Reate und dann nach Saturnia geführt hätte, und dies würde erklären, warum das Orakel von Tiora Matiene von den Alten mit dem Orakel von Dodona verbunden wurde und warum ein ferner Widerschein von Dodona auf auch römischem Boden aufleuchtet.[83] Als typischer Schöpfer von Kulten, wobei der Kult des Jupiter auf dem Mons Albanus an erster Stelle steht, ist Faunus die am besten geeignete Gestalt, die man sich als Gründer des Kultes an der heiligen Eiche auf dem Mons Saturnius vorstellen kann,[84] der vielleicht eine erste Reduplikation, eine Filiale, des Kultes auf dem Mons Albanus ist.

136. Kulte der Vica Pota / Victoria und des Consus. Schwer zu interpretieren, aber sicherlich von großer Bedeutung ist der Kult, der auf der Kuppe des Cermalus der beherrschenden weiblichen Gottheit gewidmet war, die zur Zeit der mittleren Republik Victoria genannt wurde, wahrscheinlich eine viele ältere Vica Pota, wie oft vertreten wurde.[85] Der Kult soll, zusammen mit den Kulten des Faunus Lupercus, des Consus und der Ceres von Euan-

---

Gründung des Kultes des Dis Pater am Fuß des Mons Saturnius (am *mundus*). Siehe auch das versprochene, aber unterlassene Opfer der Pelasger an Apollon, der als eine Entsprechung des Dis Pater gesehen werden kann (Dion. Hal. 1,23). Es gibt Verbindungen zwischen Suri, Soranus, Selvans, Dis Pater, Apollon und Vediovis, letzterer ein Gott des Asylum, also Beschützer der fremden Gäste (in bezug zum Hafen) und der Besiegten (in bezug auf den Jupiterkult), dargestellt mit Wurfwaffen (dem *pilum* des Pilumnus, Symbol des Blitzes) und mit der Ziege (das mit Fauna und Faunus verbundene fruchtbare Tier): Gell. 5,2,2 (Colonna 1994a).

[82] Zum Kult an der heiligen Eiche vgl. Addendum I.

[83] Hom. Il. 16,233 (zum pelasgischen Zeus von Dodona); Dion. Hal. 1,14; 1,18 (zu Tiora Matiene und dem heiligen Volk von Dodona). Die Sodales Titii ware mit den Wildtauben verbunden, die an die Tauben von Dodona erinnern (Momigliano 1966 zu Gaius und Titus als Gottheiten, Tiere und Vornamen; Palmer 1970).

[84] Der Überlieferung nach gehen der Kult des Iuppiter Inventor und der Kult bei der Eiche des Kapitols auf die Zeit von Faunus und von Latinus zurück. Vgl. Addendum I.

[85] Peruzzi 1978 meinte, das Binom Vica Pota (= Victoria) sei eine volksetymologische Fortentwicklung eines mykenischen *woikos potnias*.

der gegründet worden sein, dem Heros, hinter dem leicht der königliche Dämon Faunus zu erblicken ist. Zu dem Kult gehört ein heiliger Bezirk, der bezeichnenderweise während der gesamten Geschichte Roms bewahrt wurde und mit dem Gedächtnis an Faustulus, Acca und Romulus verbunden ist.[86] Dem Kult der Vica Pota könnte ein viel älterer Kult vorangegangen sein, der Kult der Terra-Maia-Ops[87] – die sich in archaischer Zeit als Iuno Sospita darstellt –, der zusammen mit den Kulten des Volcanus und des Mars auf dem Cermalus beherrschend gewesen sein dürfte, wie der Kult des Saturnus und des Jupiter das Kapitol beherrschten.[88] Es dürfte sich um einen und denselben funktionalen Komplex handeln, der mit Bezug auf die siculische Gründung und die aboriginische Neugründung des Cermalus und des gesamten Ortes von seiten der göttlichen Könige der Albaner betrachtet werden kann. Für die Alten war Vica Pota eine Göttin des Sieges und der königlichen Macht,[89] während nach einer modernen Rekonstruktion in ihr

---

[86] Der heilige Bezirk der Victoria ist der einzige auf dem Palatin, der von den immer mehr überhandnehmenden kaiserlichen *domus* und den mit ihnen verbundenen Zweckgebäuden verschont bleibt. Zum Areal siehe die vorläufigen Grabungsberichte von Pensabene 1978. Der Kult der Ceres ist im Kalender der frühen Königszeit enthalten: Spaeth 1996.

[87] Das Feuer war mit Vesta und mit Terra, mit der Vesta gleichgesetzt wurde, verbunden: Ov. fast. 6,249 ff., aber Terra war auch mit Ops und mit Maia verbunden: Macr. Sat. 1,12,21 (Sabbatucci 1988). Vacuna, gleichzusetzen mit Terra-Ops/Victoria, war charakterisiert durch die »Vacunales ... focos«: Ov. fast. 6,308 (vgl. auch Prosdocimi 1969). Das von Caca gehütete Feuer in der Höhle des Cacus könnte der Vorläufer des Feuers der Terra-Ops gewesen sein, der Göttin der *regiae* Roms, oder wäre mit ihm gleichzusetzen. Zu Victoria als aboriginischer Göttin vgl. Addendum II. In historischer Zeit wurden die Kulte der Victoria und der Ops Consivia kalendarisch unterschieden (1. und 25. August), waren jedoch ortsmäßig miteinander verbunden (beide auf dem Cermalus, bei der *regia*) und auch zeitmäßig (erstes und vorletztes Fest im August).

[88] Varro ling. 5,57: »principes dei Caelum et Terra ... idem principes in Latio Saturnus et Ops«. Es handelt sich um zwei große königliche Kulte in Rom: Pouthier 1981. Serv. Aen. 11,532: »nam Ops Terra est, uxor Saturni, quam Graeci Rheam vocant«. Vgl. auch Aug. civ. 4,11 und 4,24 und Non. 289 L. Zu der Verbindung Terra-Ops: Macr. Sat. 1,10,20 ff. (Brelich 1949). Zu der Verbindung Tellus-Victoria: Varro ling. 5,62. Ops und Victoria sind nebeneinander unter den »abstrakten« Gottheiten genannt in Cic. leg. 2,11,28 und nat. deor. 3,88. Für Pouthier 1981 sind die o. g. Gleichsetzungen nichts weiter als Erfindungen von Varro, aber die großen Antiquare ziehen es vor, zu überliefern anstatt zu erfinden (siehe auch die Frage des Septimontium, als Siedlung verstanden: vgl. §§ 273 ff.).

[89] Die an den Sieg gekoppelte Gottheit könnte dann mit Nike gleichgesetzt worden sein, der Göttin, die Zeus geholfen hat, die Giganten zu bezwingen (Serv. Aen. 6,134.324: »bello Gigantum Iovi favisse«). Nach einer Version hätten die Giganten in der Ebene von Phlegra, beim späteren Cumae, mit Herakles gekämpft, als noch das Chaos herrschte und die Macht des Zeus noch nicht gefestigt war: Valenza Mele 1979. Nike war die Tochter des Styx und des Heroen Pallas, der seinerseits ein Sohn des Lykaon war, des Großvaters des Euander: Dion. Hal. 1,33. Pallas und Lykaon sind die Namensgeber von Pallantion in Arkadien und von Pallantion am Fuß des Cermalus, des Lykaion in Arkadien und des Lupercal auf römischem Boden (Wiseman 1987). Strenia war eine andere mit dem Sieg verbundene Gottheit: Lyd. mens. 4,4 (Coarelli 1983).

die »Herrin des *vicus*« zu sehen wäre, d. h. die Göttin des *pagus* und der Siedlung des Cermalus – ursprüngliche Bewohnerin und Eigentümerin des Landes, wie Acca, die Mutter der Laren;[90] letzteres ist eine Weise, die titelgebende
und schützende Funktion der Gottheit zu benennen, ohne ihren Namen
nennen zu müssen, d. h., sie wird genannt nur als »Herrin des Landes«, als
sollte ihr Name geheim bleiben (analog zum Namen der Bona Dea, deren
Ritual ebenfalls als geheim galt). Es ist kein Zufall, daß Diespiter (oder besser Dis Pater) als »Vicae Potae filius« betrachtet wird,[91] was einen weiteren

[90] Vica Pota von *vincere* und *potiri*: Cic. leg. 2,28. Zu Vica Pota als Umsetzung von **weik(o)-poti-*,
was »Herr des *vicus*« heißen würde, in die weibliche Form: Prosdocimi 1989. Stimmt diese Etymologie, träte der ursprünglich präurbane Charakter dieser Gottheit hervor: also die Herrin
eines *pagus/vicus* und nicht einer (protourbanen oder urbanen) *curia*. Zu Acca als der urprüngli-
chen Bewohnerin und Eigentümerin des Landes, zusammen mit den Laren, und folglich auch
als Vorfahrin, siehe Sabbatucci 1988, der einen bedeutsvollen Zusammenhang herstellt zwischen
den *opes* der Acca (Ov. fast. 3,55 ff.) und Ops und zwischen den nahe beieinanderliegenden
Festen (19. und 21. Dezember) der Opalia und der Divalia (des Festes der mit Acca verbundenen
Göttin Angerona). Wenn Ops mit der Mutter der Laren gleichzusetzen ist, dann steht Mars
zu Ops wie Mercurius zu Lara, und es wird besser verständlich, warum Feronia/Ops-Mars
die wahrscheinlichen Eltern von Picus sind, des feronianischen und martialischen Spechtes.
An der Vorderseite des Quirinustempels, wie er auf dem Hartwig-Relief abgebildet ist (Paris
1988; Wiseman 1995), sieht man von rechts nach links: 1. einen Vierfüßler, Remus mit Krummstab auf dem kleinen Aventin nahe bei Bona Dea Subsaxana, oder besser noch Romulus mit
Krummstab auf dem großen Aventin nahe bei Murcia, der die Auspizien-Vögel in der Ferne in
günstigem Flug sich von rechts nach links bewegen sieht, genauer von der Porta Mugonia zur
Porta Romanula; 2. auf dem Hintergrund muß man sich ein erstes kleineres Tor, vermutlich
die Porta Romana, am Fuße der Scalae Caci vorstellen; 3. vor dem Tor befinden sich Hercules
(= Faunus), Mercurius (= Mars) und die Mater Larum, die Gottheiten des Murciatales; 4. es
folgt, in der Mitte der Vorderseite, ein großes Tor, wahrscheinlich die Porta Mugonia, das
Haupttor des Palatium, von dem aus nach links einige Vögel ausschwärmen, von denen einer
sich (ein Adler?) niederläßt 5. auf dem dritten kleineren Tor, wahrscheinlich der Porta Romanula, die zu den *colles* führte; vor diesem sind zu sehen 6. Jupiter mit Victoria und Mars, die die
Hora Quirini zu Romulus Quirinus führen, der wahrscheinlich auf dem Quirinal vorgestellt
wird. Zu Selvans mit einer Kapuze wie Hercules siehe Colonna 1985a. Die Gestalt ganz links
mit Füllhorn ist dann der *genius* des Romulus, der nun Teil der präkapitolinischen Trias wird.
Der *genius* des Romulus scheint keine Auspizien zu nehmen. Nur die Gestallt ganz rechts außen
ist in Verbindung mit den Vögeln zu sehen, die sie weit entfernt im Flug beobachtet. Die drei
Tore sind wahrscheinlich die Tore des inaugurierten und befestigten Palatin. Die ersten beiden,
Porta Romana und Porta Mugonia, befinden sich in der Achse der *spectio*, die man sich vom
höchsten Punkt des großen Aventin ausgehend vorstellen muß. Die Porta Romanula hingegen
liegt nicht auf dieser Achse und ist auf den Quirinal hin ausgerichtet. Auf diese Weise wäre
demnach auf der Vorderseite des Tempels des Quirinus das Leben des Romulus zusammengefaßt und symbolisch dargestellt, von den Auspizien bis zur Apotheose, und er wäre in seinen
beiden wesentlichen Aspekten dargestellt, als Lar der Römer unter den Laren der Latiner, die
durch seine göttlichen Eltern repräsenteirt sind, und in seinem Aspekt als drittes Glied der
präkapitolinischen Trias, die im Zusammenhang mit dem Capitolium vetus und dem Tempel
des Quirinus zu sehen ist (ich bedanke mich bei R. Cappelli für die diesbezüglichen Hinweise).
[91] Sen. apocol. 9,4. Hier scheint bereits Ops (= Rhea) als Mutter des Jupiter vorausgesetzt, ein

Grund dafür darstellt, Vica Pota/Victoria als eine Ops zu interpretieren, die jetzt mit Rhea gleich gesetzt wird, der Mutter der Götter. Unter dieser Voraussetzung würde sich auch die zukünftige Präsenz der Rea Silvia und der Magna Mater auf dem Cermalus besser verstehen lassen. Andererseits war Terra-Maia-Ops auch mit Fauna verbunden,[92] also mit Faunus, dem mythischen Gründer der Kulte und Ankündiger des Sieges, von dem wir ausgegangen sind.[93] Mit dem Kult der Vica Pota war der Kult des Consus verbunden, ein *consivius*, entsprechend der *consivia* Ops/Victoria, mit der er im Kalender verbunden war: 21. August Consualia und 25. August Opiconsivia, 15. Dezember Consualia und 19. Dezember Opalia, mehr noch als mit Volcanus (23. August Volcanalia) und mit Saturnus (17. Dezember Saturnalia).[94] Consus ist der Gott der Läufe der Esel und der Maulesel, der Tiere, die

wahrscheinlich nicht ursprünglicher Bezug (Pouthier 1981; aber es sei daran erinnert, daß nach Kretschmer sowohl Ops wie auch Rhea etymologisch mit den Begriffen Überfluß und Reichtum verbunden sind: Stehouwer 1956). Faunus würde Jupiter vorausgehen wie Nike dem Zeus (Vernant 1971).

[92] Zu dem von Labeo und den Pontifikalbüchern hergestellten Bezug zwischen Terra und Maia, aber auch Lua und Fauna sowie zwischen Angerona, Ops, und Bona Dea: Macr. Sat. 1,12,21 ff. Das *amiculum caprinum* der Juno Sospita führt zu Caprotina und zur Ziege schlechthin, zu Fauna; zu ihrer Verbindung mit Juno Februa: Dury Moyaers 1986 (zur Terrakottafigur der Juno Sospita, die auf dem Cermalus gefunden wurde, vgl. Anm. 99). Es sei erinnert, daß die Ziegen-Nymphe Amaltheia die Halbschwester von Pan ist (Graves 1955, 7b). Der Name Bona Dea machte es möglich, den wahren Namen der Gottheit nicht auszusprechen: Serv. Aen. 8,314 (Peruzzi 1969). Der am meisten beglaubigte Name der geheimen Schutzgöttin war bei den Alten Ops Consivia. Es handelte sich um eine Mater Magna mit königlichem Zepter: Maia und Lua waren nämlich mit Volcanus verbunden (dem Vater des Cacus) und mit Mercurius (dem Vater der Laren), Fauna mit Faunus (dem Vater des Latinus), Angerona war eine der Erscheinungsformen der Mater Larum und Ops war mit Mars verbunden (dem Vater des Modius Fabidius, des Picus und des Romulus). Rea Silvia, die Mutter des Romulus, steht zu Rhea auf dem Cermalus wie Rhea, die Mutter des Aventin, zu Fauna / Bona Dea auf dem kleinen Aventin steht, hierdurch entstünde ein Zusammenhang zwischen Ops/Rhea und Fauna / Bona Dea (Mastrocinque 1993) auf der einen Seite und zwischen Cermalus und Aventin auf der anderen. Zur Verbindung Maia – Bona Dea (= Fauna) siehe auch Sabbatucci 1988.

[93] Faunus verkündet den Sieg der ersten Konsuln über die Etrusker: Plut. Publ. 9,5 (Briquel 1993).

[94] Zum Verhältnis von Victoria und Consus: Stehouwer 1956. Faunus und Consus wurden gleichgesetzt mit Dis Pater und konnten so als Söhne des Saturnus auftreten und als Brüder des Jupiter erscheinen. Zu Faunus »infernus deus« und zum Lupercal als Eingang zur Unterwelt: Serv. Aen. 7,91; Serv. georg. 1,43; Lyd. mens. 4,25; Lact. inst. 6,20,35 (Brelich 1955). Zu den Hirpi Sorani als Wölfen verbunden mit Dis Pater, zur Ikonographie des Eita, des etruskischen Hades, mit Wolfsfell, zu Faunus als Gott der Toten, zu den Luperci als Seelen der verstorbenen Vorfahren: Kerényi 1949 (Essay über die Lupercalia); Binder 1964; Mastrocinque 1993; zum Bezug zwischen Soranus, Dis Pater und Apollo: Briquel 1980 und Comella 1993. In Taranto fanden Spiele um den unterirdischen Tempel von Dite und Proserpina statt (Tramonti 1989). Zu Consus/Neptunus als Gottheit der Unterwelt und der Binnengewässer – »Neptunus fluminibus et fontibus et aquis omnibus praeest« (Serv. georg. 4,24) – dem man wie dem Mars ein

dazu dienten, die Lebensmittelreserven, die in den Silos der Ops verwahrt wurden, hinzubringen und abzuholen. Andererseits wurden auch der Kult des Consus und das Fest der Consualia von der Überlieferung den Arkadern zugeschrieben, wodurch sie mit den anderen oben erwähnten Kulten auf Faunus zurückgeführt werden können, den ersten großen Begründer der Kulte in Latium.[95] Wir können dann in den Luperci das Bild der einheimischen Vorfahren (die Aboriginer, die ersten Untergebenen des Faunus?) sehen, die aus dem unterirdischen Reich des Murciasumpfes und des Velabrum durch die Grotte des Lupercal heraufgestiegen sind und als Wieder-

Pferd opferte: Lambrechts 1946; Bloch 1981; Rix 1981; Scholz 1970. Poseidon Hippios hatte Demeter bedrängt, die Stutengestalt angenommen hatte (Pais 1913, I,2, S. 588, Anm. 3). In Sparta lag das Hyppodrom beim Tempel des Poseidon Gaiaochos (Tramonti 1989). Zu Votivpferdchen mit Bezug zum Wasser vgl. § 139, Anm. 114. Über die Beziehung zwischen Ops, Consus, Volcanus und Saturnus: Brelich 1954-55; Dumézil 1961; Pouthier 1981, nach dem die Beziehungen der Ops zu Consus und Volcanus (er glaubt nicht an eine Ops Vulcani) älter wären als die zu Saturnus, die allerdings im Zusammenhang mit Tullus Hostilius bezeugt sind (Dion. Hal. 3,32). Zu den Leichenspielen der Etrusker, zum *puteal* als Medium der Kommunikation mit den Geistern der Unterwelt und zum Kultort des Consus als Tor zur Unterwelt: Piganiol 1923. Zu den Gründungsspielen: Capdeville 1993. Ops ist eine Göttin, die die Nahrung lagert, konserviert und verteilt. In diesem Zusammenhang sollte man die Gründungsgrube, die nie aufgelassenen archaischen Silos des Cermalus (ähnlich den *thesauroi* von Smyrna) und die Grube der Regia sehen. Ops wäre die Terra, die in einer ihrer Gruben die Früchte des Feldes aufbewahrt, das Öffnen und Schließen dieser Grube würde Consus schützen (Stehouwer 1956). Analog zu Ops ist auch die im Murciatal verehrte Tutilina eine mit Consus verbundene Gottheit, deren Name nicht ausgesprochen werden durfte und die die unterirdischen Getreidelagerbestände beschützte: Aug. civ. 4,8. Schließlich ist Consus, wie Romulus, ein *conditor*.
[95] Dion. Hal. 1,33. Die Zuschreibung des Kultes des Consus an die göttlichen Könige von Alba paßt zeitlich zu Circe, die als die erste mythische Stifterin der Pferdewettkämpfe in Italien gilt, »quod spectaculum primum a Circe habent: Soli (patri suo, ut volunt) editum affirmant; ab ea et circi appellationem argumentantur«: Tert. spect. 8,2 (Préaux 1962; Wiseman 1995). Zu Picus »utilium bello studiosus equorum«: Ov. met. 14,321. Zu Picus als Stifter des Ludus Troiae in Latium, im Zusammenhang mit der Gründung von Alba, vgl. § 110. Der Kult des Consus könnte das erste Ziel der frühesten Läufe der Luperci gewesen sein. Zu den Wettrennen am Fuße des Cermalus vgl. § 114, Anm. 39. Den Olympischen Spielen, beginnend mit dem Jahr 776, wären Wettkämpfe vorausgegangen, die entweder der ältere der Daktyloi Idaioi (= Degidii = Picus-Faunus) gestiftet hat, also vor dem Zeitalter des Zeus, oder Zeus selbst, der damit den Sieg über Kronos feiern wollte, oder auch Herakles, um Zeus zu ehren: Paus. 5,7,6 ff. (Chirassi Colombo 1975). Erichthonios soll der erste *auriga* gewesen sein, der nach der Stiftung des Kultes der Athene auf der Akropolis den ersten Wagen gelenkt hat (Robertson 1985). Die ältesten archäologischen Spuren im Altis würden auf die Anfänge des 12. Jh. zurückgehen: Kyrieleis 1990; Snodgrass 1996 datiert sie in das 10. Jh. Man hat Statuetten aus Terrakotta mit der Darstellung von Zweigespannen gefunden, die in das 10. Jh. datiert werden können: Rolley 1983; aber vgl. auch Peiser 1993. Zu Wagenrennen datierbar ab 1100: Crouwel 1992. Zu den in der zweiten Hälfte des 10. Jh. in Lefkandi begrabenen Pferden: Popham u. a. 1993. Sourvinou Inwood 1993 hingegen glaubt nicht an Wagenrennen in einer so frühen Epoche. Die Spiele auf römischem Boden, die dem Faunus zugeschrieben werden können, könnten für die von Caeculus eingeführten Spiele in Praeneste als Vorbild gedient haben: Pairault-Massa 1992.

belebte zwischen den von den Kulten repräsentierten Wendemarken, beide verbunden mit Dis Pater, nämlich dem Kult des Mars-Faunus Lupercus einerseits und des Consus / Neptunus Equester andererseits, in einem ursprünglichen mythischen Zirkus Wettkämpfe abhalten.[96] Die zuletzt Genannten sind die beiden einzigen Numina, denen auf römischem Boden das eindrucksvolle Pferdeopfer dargebracht wird. Die königliche Göttin und Mutter der Häuptlinge, die sich in der *regia* des Cermalus niedergelassen haben, wird, zuerst vielleicht in der Gestalt der Maia mit Volcanus (Vater des Cacus), dann der Ops mit Mars (Vater des Picus und des Romulus, Beginn und Ende der albanischen Dynastie) und im Folgenden noch in der Gestalt von weiteren Gottheiten gesehen, gerade aufgrund dieser ihrer Funktion als die höchste Schutzgottheit der Königsburg, der Stadt und des Staates Rom, deren Name, zusammen mit dem zweiten Namen der Stadt, unter Androhung der Todesstrafe geheim bleiben mußte.[97] Wir sehen also auf dem Cermalus die Präsenz eines Komplexes von weiblichen Gottheiten, deren eine sich hinter der anderen verbirgt, wie um uns zu verwirren, die wir aber zurückführen

---

[96] Zum Zusammenhang des Consus mit Mars und den Laren siehe die entsprechende Inschrift am Altar des Gottes: Tert. spect. 5,5,7. Die Luperci liefen um den inaugurierten Palatin erst, als die Zeit der Lares Praestites und der *luperci germani* Romulus und Remus und damit des inaugurierten Palatin gekommen war, aber es ist möglich, sich eine sehr viel frühere Version des Wettlaufs vorzustellen, der ausschließlich am Fuß des Cermalus stattgefunden haben könnte.

[97] Macr. Sat. 1,12,21; 3,9,2-5; Plin. nat. 3,65 (Peruzzi 1969; Pouthier 1981). Zum Bezug zwischen Ops und Tutilina, einer anderen mit Consus verbundenen Göttin, deren Name nicht ausgesprochen werden durfte: Köves-Zulauf 1972. Es ist wohl gerade die Geheimhaltung des Namens der Göttin, was die Interpretation der Vica Pota, der ursprünglichen Göttin des *vicus*, so schwierig gestaltete. Es wurde von weiteren Gottheiten vermutet, sie könnten die höchsten Beschützer des römischen Staates sein: Fortuna, Angerona und Pales: Macr. Sat. 3,9,1 ff. (Brelich 1949). Auch der Name der Indigetes mußte geheim bleiben (Paul. Fest. 94 L.). Wenn Angerona = Acca Larentia = Pales = Fauna (Pales ist, wie Cacus–Caca, Faunus–Fauna, männlich und weiblich), dann könnte der zwecks Vermeidung der *evocatio* geheimgehaltene göttliche Komplex identifiziert werden als der Komplex Ops-Fauna; vermuten läßt dies der Komplex Rea/Silvia, der Mutter des Romulus, deren Name, von der gelehrten Sprache geschickt geschminkt, den der geheimnisvollen Schutzgöttin tarnte, die auf dem Cermalus zuerst mit Volcanus (Pouthier 1981) und dann mit Mars (vgl. §§ 115 und 137) verbunden wurde. Pales kann auch mit Rumina gleichgesetzt werden; wenn erstere die Göttin des Gründungstages (und vielleicht auch des geheimen Namens von Rom) ist, so ist dann die zweite die Göttin des bekannten Namens von Rom. Vielleicht ist es das ganz besondere sakrale Merkmal des Palatin, verbunden mit der bedeutsamen Anwesenheit von Ops und Mars, das lange Zeit außer im königlichen Kult einen Jupiterkult auf diesem Hügel verhindert hat (der Weihe des Tempels Iuppiter Victor im Jahr 295 durch P. Fabius Maximus Rullianus geht um ein Jahr voraus die Weihe des Tempels der Victoria durch M. Postumius Megellus und des Iuppiter Stator durch M. Attilius Regolus). Zur Verbindung von Rea (= Ops) Silvia (= Fauna) mit Alba: Torelli 1996a und § 40. Vgl. auch § 137, Anm. 102 und 104. Ops beschützte also als Terra Mater nicht nur die Fülle der Ernten, sondern auch die Abstammung, beginnend mit der Zeugung der Häuptlinge und der Könige. Zum Bezug zwischen Feronia und Ops-Fauna vgl. § 106, Anm. 7 und 10.

können auf eine einzige und hauptsächliche Funktion, die zu erkennen uns möglicherweise gelungen ist.[98]

137. Götter und Heroen auf römischem Boden (vgl. Abb. 3). Durch die Gleichsetzung von Vica Pota/Victoria, Ops und Terra erhalten wir eine Vorstellung vom Charakter der »göttlichen Inseln« des dem Saturnus heiligen Mons Saturnius und des dem Mars und der Ops heiligen Cermalus,[99]

[98] Mastrocinque 1993 hat die Verbindungen zwischen Ops/Rhea, Terra Mater, Fauna, Bona Dea, Juno Sospita, Caca, Acca, Vesta bekräftigt, mit der richtigen Annahme: »Mehr als der Name oder die mythische Geschichte charakterisieren die rituellen und sozialen Funktionen die Gottheiten Mittelitaliens«. Vgl. auch Aronen 1989a: »In einem polytheistischen Pantheon steht keine überirdische Wirklichkeit für sich allein, sie ist vielmehr Teil eines ganzen Netzes von reziproken Beziehungen«. Die Religion der Römer zu verstehen heißt deshalb, ein weites System von Äquivalenzen zu berücksichtigen. Ein und dieselbe Funktion erscheint in den unterschiedlichsten göttlichen Personifikationen inkarniert zu sein, und deshalb verlieren wir uns in ebenso vielen Vereinzelungen, wenn wir sie nicht in ihren unterschiedlichen Manifestationen erkennen, und laufen Gefahr, die strukturelle Logik der Mythen-Riten nicht zu verstehen. Auch in Griechenland gibt es die großen Mütter mit *paredros*, in Olympia Rhea–Kronos, Hilethyia–Sosipolis (die Schlange), Physkoa–Dionysos, hierogamische Paare, verbunden mit der Kosmogonie, der Fruchbarkeit der Böden und der Beherrschung der Naturgewalten, die bis ins 2. Jahrtausend zurückkreichen und dem auf Zeus ausgerichteten Paar, das erst ab dem 1. Jahrtausend auftaucht, vorangegangen sind: Lévêque 1973; Levi 1978.

[99] Am Fuße des Cermalus, in der Grotte des Mars und seines Enkels Faunus, dem Lupercal, sind zahlreiche übernatürliche weibliche Wesen aufeinander gefolgt: 1. Venilia, Nymphe und Gattin des Janus; dazu, daß Venilia mit Salacia, der Gattin des Neptunus gleichzusetzen ist: Serv. Aen. 10,76 (Palmer 1974); ihre Lokalisierung am Fuße des Cermalus spiegelt die des Consus/Neptunus; 2. Canens, Nachtigallen-Nymphe, Tochter der Venilia und Gattin des Picus, des wahrscheinlichen Neugründers des albanisierten Cermalus an dem Ort, wo Cacus sein großes Saturnia gegründet hatte und gestorben war; 3. der heilige Specht und folglich auch Picus (Synthese von Picumnus und Pilumnus); 4. die heilige Wölfin Fauna Luperca; 5. Rumina, verbunden mit Fauna und Juno Sospita. Auch im heiligen Bezirk auf dem Cermalus, dem Sitz der Caca und dann der Acca, der Gottheiten, die der Vesta vorangegangen sind, folgten zahlreiche übernatürliche weibliche Wesen aufeinander: 6. Tellus-Maia-Ops, eng verbunden mit Fauna; 7. Fauna, eng verbunden mit Terra-Maia-Ops, mit Acca (wie Faunus mit Faustulus) und wohl mit Rumina – Juno Sospita und mit Pales; 8. Acca, die mit Fauna gleichgesetzt werden kann; 9. Vica Pota / Victoria, die mit Terra-Ops/Fauna gleichgesetzt werden kann; 10. Juno Sospita, deren Abbild auf Terrakotten von Bauten auf der Kuppe des Cermalus aufscheint (Mastrocinque 1988); 11. Pales, mit Fauna gleichsetzbar, die in Verbindung mit Falacer gesehen werden muß (aber nicht mit Palatua verwechselt werden darf, die mit dem Palatium und dem Fest Septimontium verbunden ist), an deren Festtag dort, wo Cacus und Picus-Faunus den präurbanen Cermalus gegründet und neugegründet hatten, Rom gegründet wird (Palmer 1969 und 1974 setzt Pales mit Matuta/Leucothea, mit Venilia und mit Cupra gleich); Pales war verbunden auch mit Anna Perenna (Varro in: Gell. 13,23,16), einer weiteren Gottheit des Jahreswechsels, Ernährerin des römischen Volkes (wie Ops); 12. Rea Silvia (eine Schöpfung griechischer Autoren, so Ampolo 1988, oder eine prä-Ocrisia, so Capdeville 1993a), Neuauflage der Ops-Fauna, die Mutter des Romulus, die sich mit Mars, dem Vater des Gründers, vereinigt hat und von Amulius im Velabrum (wo schon die Mutter der Laren verschwunden war) geopfert wurde; 13. Magna Mater, eine Göttin, die man nach Rom kommen ließ, um im zweiten punischen Krieg einen Sieg zu erringen; ihre Aufnahme auf dem Cermalus könnte durch die ihr voran-

der Haupthügel der siculischen und aboriginischen Siedlung. Die *regia/tabernaculum* des Romulus dürfte, vielleicht einem alten Brauch der Hütten der Häuptlinge des präurbanen Cermalus folgend,[100] in ihrem Komplex die königlichen Kulte und im besonderen die Hütte des Mars aufgenommen haben, und damit die Curia Saliorum, das Heiligtum, in dem der *lituus* des Gründungsherrschers aufbewahrt wurde.[101] Unter diesem Gesichtspunkt verstehen wir schließlich die geheimnisvolle Natur[102] der Rea-Silvia/Ilia, der Mutter der zweiten Laren Romulus (des neuen Latinus) und Remus (des neuen Faunus);[103] ihr künstlicher und gräzisierend gebildeter Name verdeckt und offenbart zugleich den authentischen göttlichen Komplex, auf den er sich bezieht, in erster Linie wohl eher auf die Burg von Alba als von Albula:

gehenden göttlichen Gestalten begünstigt worden sein, beginnend mit Ops/Rhea (der heilige Stein der Göttin wird zu Beginn nicht zufällig im Tempel der Victoria aufgenommen). Die Anwesenheit einer Rhea, Mutter des Aventin auf dem Aventin, des Namensgebers dieses Hügels, und einer Rea Silvia auf dem Cermalus, dessen Namensgeber zuerst die *germani* Faunus und Latinus und dann Remus und Romulus sind (wenn Cermalus nicht von Carmenta/*carmen* abzuleiten ist: Wiseman 1995), weist wieder einmal auf die enge Verbindung zwischen Palatin und Aventin hin. Andererseits wurden Pallas, der Namensgeber des Palatin, und Aventin, Namensgeber des gleichnamigen Hügels, von der mythischen Rekontextualisierung als Söhne des Hercules ausgegeben.

[100] In Peroni 1993–94 wird vertreten, der Hütte aus romuleischer Zeit (des 8. Jh.) sei eine andere, noch viel größere (77 qm), vorausgegangen, die auf des 9. Jh. zurückgehen könnte. Vgl. Appendix 6.

[101] Auf einem pompeianischen Fresko sind die Curia Saliorum und die Roma quadrata zu sehen – mit dem Tempel von Rhea/Victoria davor –, nicht eine Hütte des Romulus, die von der Curia Saliorum zu unterscheiden wäre (Cappelli 1994 und i. Dr.; die Autorin vertritt den Zusammenfall von Hütte, *tabernaculum*, Kultort des Mars und Curia Saliorum).

[102] Rea Silvia (= Ops-Fauna) ist als eine einheimische, vergessene Gottheit interpretiert worden, die vielleicht an den Ufern des Albanersees verehrt wurde: De Sanctis 1907; Pais 1913; Ampolo 1988. Auch Ops/Vica Pota, später mit Rhea gleichgesetzt, könnte als eine ursprünglich albanische, mit Mars verbundene Gottheit ausgelegt werden, die mythisch die Könige Albas beschützt haben könnte, auch bei der Neugründung der Siedlung auf römischem Boden. Bemerkenswert ist, daß auf dem Bild eines Kolumbariums des Esquilin, das den albanischen Mythos darstellt, Rea Silvia Mars umarmt, ermutigt von einer geflügelten Victoria, die ihr den Schleier abnimmt: Bonanome 1996.

[103] Der auf einem Fresko aus Pompeji dargestellte Tempel, zu dessen Füßen Rea Silvia schäft (Cappelli 1994 und i. Dr.) und der gegenüber der Curia Saliorum (oder der Hütte des Romulus und des Mars) steht, kann als der Tempel der Victoria und also der Ops/Fauna – des göttlichen Komplexes, auf den sich der Name der Rea Silvia bezieht – interpretiert werden, und da das pompeianische Fresko einen Cermalus darstellt, der mit der Burg von Alba gleichgesetzt ist, läßt sich denken, daß auch die beiden Hügel der Metropole der Latiner Kulte beherbergt haben, zum Beispiel der eine (die Kuppe der Cappuccini) die Kulte des Mars und der Ops(-Fauna), verbunden mit der *regia* der göttlichen Könige (wie der Cermalus und dann das Palatium), und der andere weitere Kulte, die womöglich ebenfalls in Roma vorhanden waren, von denen wir nichts wissen, während der Kult des Jupiter dem Mons Albanus vorbehalten war, so wie in Rom dem Mons Saturnius und dem Collis Latiaris.

auf den Komplex der Ops (= Rhea)-Fauna (= Silvia), der latinischen Mutter
der Häuptlinge, der Vorfahren und der Laren, und daher auch des Gründers
von Rom, die dann im folgenden an Rhea, die Mutter der Götter, angeglichen wird. Alle weiblichen Gottheiten, die wir bisher betrachtet haben, können als verkörperte Verweise auf die Terra Mater in ihren auf das Land und
die Unterwelt bezogenen Implikationen gesehen werden. Mater Larum, Acca
Larentia, Larentia, Larentina, Larunda und Lara ergeben eine erste Gesamtheit, die sich mit Tacita und Muta verbindet, die sich ihrerseits mit Angerona verbinden, die sich wieder verbindet mit Mania und Genita Mana, die
wiederum an Volupia anschließen, und dieser ganze große göttliche Komplex ist schließlich in Beziehung mit Faula, Fabola und also Fauna / Bona
Dea zu sehen.[104] Man muß die Schönheit dieser mythisch-topographischen,

---

[104] Der Zusammenhang Tacita-Mercurius mit Rea Silvia – Mars ist aufgegriffen von Pestalozza
1933a. Die Mutter der Laren ist auch die Mutter der Arvalbrüder, und wenn sie, wie Demeter
und Kybele, eine Stifterin der *lustratio segetum* ist, ist es vielleicht möglich, in ihr die Stifterin
der Lustrationen der Siedlung zu sehen (hiervon handeln die §§ 170 ff.). Romulus ist ebenso ein
Arval wie ein Lar. Mania ist die Mutter der Manen *(manus = bonus)*. Tacita ist die Nymphe des
infernalischen Sumpfes, aber Fauna ist die Ziege der Palus Caprae und von daher die Verbindung zwischen beiden. Angerona ist mit Angitia in Verbindung zu bringen, mit Bona Dea und
vielleicht auch mit Iuno Sospita, alles Gottheiten, die mit Schlangen verbunden sind (die auf
Faunus verweisen). Angitia ihrerseits ist zu verbinden mit Marica und mit Circe, den Müttern
des Faunus und Latinus (gleichgesetzt bei App. fr. 1). Pan hatte sich mit der Megale Meter verbunden wie Hercules und Faunus (= Hercules) mit Omphale (= Megale Meter): Ov. fast. 2,303,
weshalb hinter der Verbindung des Hercules mit Acca Larentia eine Verbindung des Faunus
(= Hercules) mit Acca (= Fauna) rekonstruierbar ist. Diese Probleme hat Pestalozza 1933a gut
gesehen, der auch einen Zusammenhang sieht zwischen Volupia-Flora-Fauna, womit der dirnen-
hafte Charakter der Acca nicht sekundär (aus archaischer Zeit stammend) wäre, sondern konstitutiv, was zumindest zweifelhaft ist, da die Einführung des Gedankenmodells der Ischtar als
der großen Prostituierten besser in der verfeinerten Zeit der Tarquinier vorstellbar ist (Coarelli
1988). Es ist dennoch möglich, daß Acca von Anfang mehr die sexuelle Liebe als die eheliche
Liebe repräsentiert hat, aber dieser Aspekt einer Frau, die weder Jungfrau noch Mutter ist (ein
Aspekt der Caprotina?), scheint im Gegensatz zu stehen zur Mutter der Laren: Sabbatucci 1958.
Möglich, wenn auch problematisch, ist der Zusammenhang zwischen Ops und Vesta, auch sie
eine Mater und eine Terra (Varro in: Aug. civ. 7,24; Dion. Hal. 2,66; Ov. fast. 6,267 und 460;
Serv. Aen. 1,292; 2,29). Siehe auch den proto-vestalischen Aspekt der Caca und die vestalische
Seite der Rea Silvia und den Aspekt der *Stadtgottheit* der Acca, analog zu Ops (Brelich 1949).
Hinter den Mythen von Acca Larentia und von Rea Silvia scheint ein und derselbe mythische
Prototyp zu stehen. Das Heiligtum der Vesta auf dem Palatium ist in Rom Spiegel und Nachfolger des Heiligtums der Victoria auf dem Cermalus. Die Kulte der Vesta und des *fascinum*, der
Vesta und des Volcanus (an den Enden des Forums), spiegeln die Kulte der Ops und des Mars,
fallen aber nicht mit ihnen zusammen. Das Herdfeuer der Vesta ist nicht gleichzusetzen mit
dem des Mars des October Equus (wie Brelich 1949 es gesehen hat); höchstens fügt es sich ihm
an und aktualisiert es. Man könnte folgendes vertreten: Als Vesta mit Numa gegenüber Ops
gewichtiger zu werden beginnt anstatt umgekehrt (wie bei Rea Silvia, die Vestalin ist, Vesta aber
nicht in ihrem Namen führt, womit zumindest im Namen der noch ältere göttliche Komplex
überwiegt), da erfolgt der Übergang vom protourbanen Zentrum, dem Septimontium, zum

kosmogonisch-theogonisch-heroischen Architektur sehen, wo der Cermalus, außer als Burg auf römischem Boden, von Mal zu Mal figuriert als Mons Ida auf Kreta, als Mons Lykaios und Thaumasios von Arkadien, als die Burg von Alba Longa, die Akropolis von Athen (durch die Verbindung des Erichtheion mit dem Tempel der Athene), als Mons Ida der Troas (durch den Kult der Magna Mater) und als die Akropolis von Pergamon (durch den Komplex Tempel-Theater, der das Glacis bestimmen wird). Die Bedeutung dieser so zentralen Erhebung auf römischem Boden in indigener, griechischer, albanischer, attischer, trojanischer und pergamenischer Zeit führt dahin, sich vorzustellen, einen Zipfel der überirdischen Welt der Siculer, der Pelasger-Aboriginer, der Latiner und der Römer zu fassen bekommen zu haben, projiziert in dieser langen Dauer auf einen der Hügel auf römischem Boden. In dieser Perspektive liegt die Gründung Roms im Zwischenraum zwischen der Schließung des letzten mythischen Zyklus und der Eröffnung der neuen Zeit der Stadt, gefeiert am Tag des 21. April, der der Pales (= Fauna/Rumina-Ops?) heilig ist und mit dem Beginn des Hirtenjahres zusammenfällt,[105] wahrscheinlich das älteste Neujahr, an das es eine Erin-

urbanen Zentrum, zu Rom. Während Ops die königliche Schutzgottheit für das Gebiet von Rom ist, »gut« schlechthin für die Siedlung, deren Kult geheim bleibt, ist Vesta schon ein öffentlicher, offensichtlicher Kult, vielleicht schon nach griechischer Art: Sie ist die Hestia von Rom. Im Kalender der frühen Königszeit stehen Mars und Ops, aber auch Vesta, woher ihr schon deutlich urbaner Charakter rührt (vgl. Addendum VII). Das Paar weiblicher Gottheiten, das hinter Rea Silvia verborgen ist, d. h. Ops Fauna, taucht später bei anderen göttlichen Paarungen auf, wie Minerva-Juno und Fortuna-Mater Matuta (siehe dazu Torelli 1984). Zum Thema der zwei Mütter, der *mater* und der *matertera/nutrix*, Schwester der Mutter oder auch vertauschte Mutter, im Falle der Schwestern Ino-Leucothea und Semele bezüglich Dionysos und im Fall der Nicht-Schwestern Kunti und Radha bezüglich Karna im indischen Mythos: Dumézil 1955; Magini 1966; Bettini 1979. Fauna / Bona Dea / Silvia könnte dem Prototyp der *bona mater* entsprechen, der empfängnisfähigen *matrona*, der Fortuna, dem Mond und damit der Nacht (Fauna ist eine Göttin der Unterwelt), während Ops/Rea der Carmenta und der Mater Matuta entsprechen könnte, dem Lucifer-Vesper/Venus (Augena/Aurora/Ino/Leucothea-Vesperna), Göttin des Tages, Prototyp der *matertera/nutrix*, der putativen Mutter, die für die Aufzucht sorgt (Magini 1996). Unter dieser Voraussetzung wäre zu erkunden, ob es möglich wäre, auf mythischer Ebene eine Verwandtschaft festzustellen zwischen Fauna/Silvia und Ops/Rea, womit im Namen der Mutter der Zwillinge sich die Beziehung zwischen zwei Schwestern als *mater* und *matertera* (oder *mater matuta*) verbergen könnte. Auf dem Cermalus ging dem Tempel der Victoria ein archaischer Tempel voraus, dessen Göttin einen Namen gehabt haben dürfte, der mit den Buchstaben *Ma* begann, wie sich aus Inschriften auf Keramikbruchstücken ergibt, die in dem Bereich gefunden wurden und in das 5. bis 3. Jh. datierbar sind (nach einer Mitteilung von P. Pensabene); vielleicht handelt es sich um Iuno Sospita *Mater*. Der Tempel der Magna Mater und der Victoria auf dem Cermalus scheinen Funktionen zu erben, die ursprünglich mit Ops und Fauna verbunden gewesen sein könnten. Zu den mythischen Schichten der Acca Larentia vgl. § 46, Anm. 42.

[105] Ov. fast. 4,775 ff.; Tib. 2,5,81 ff.; Fast. Praen. und Esq. Aprilis 21.

nerung gibt, bezogen auf eine erste Organisation der Zeit, die wir hypothetisch dem Faunus zugeschrieben haben, dem wahrscheinlichen mythischen
Gründer des aboriginischen Kalenders der präurbanen Siedlung von Alba.
Die Tiefe, die Kraft und die Harmonie der Zeit des Ursprungs wird also
in dieser Wiederaufnahme der ursprünglichen Gründungen, die die Gründung Roms darstellt, wiedergewonnen.[106] Unter dieser Voraussetzung wäre
das Geheimnis des göttlichen Komplexes des präurbanen Cermalus und der
Schutzgottheit Roms enthüllt. Ops = Rhea – Fauna = Silvia (= Pales/Rumina)
ist der geheime konstitutive sakrale Kern der Siedlung, der an anderen Orten
Mittelitaliens Fortuna Primigenia (= Ops) und Feronia (= Fauna-Ops) entsprechen. Dieser weibliche Komplex, vereint mit dem männlichen Komplex
des Mars(/Falacer?), repräsentiert das große göttliche Paar, das die Dämonen und die göttlichen Könige von Latium zeugt. Es ist kein Zufall, daß
der zehnmonatige Kalender der frühen Königszeit das Jahr im Zeichen des
Mars eröffnet, des Gottes des Ackerbaus, des Krieges, aber auch der Fruchtbarkeit (ein im allgemeinen vergessener Aspekt), des Vaters der Laren, und
daß es endet im Zeichen seiner Gefährtin, der unaussprechlichen Mutter
der Laren oder Acca Larentia, der Herrin des *vicus* und in besonderer Weise
Bona Dea / Mania (= Bona), Tacita und Muta, Dea Dia: alles Formen,
auf eine Schutzgottheit (wie auch Tutilina) anzuspielen, ohne ihren Namen
nennen zu müssen.

138. Kulte, Spiele und Zeremonien. Während der an die weiblichen Gottheiten gerichtete Kult auf dem Cermalus, der später der Victoria gilt, der
aboriginisch-albanischen Präsenz auf römischem Boden entspricht – nach
einer Zeit der Wanderungen von Stämmen und vielleicht auch von Kriegen,
die dem siculischen Saturnia ein Ende gesetzt haben –, wollen wir uns nun
die Frage stellen, welches die Zeremonien waren, die die Neugründung der
Siedlung begleitet haben könnten: von der Benennung der Orte zu der Einführung der Kulte, der Einrichtung von Wettspielen und vielleicht einer
anfänglichen *ovatio*.[107] Der Konflikt, der als Protagonisten auf der einen

---

[106] Pales (= Fauna?) und Faunus, beide Gottheiten des Cermalus, sind auch die mächtigsten
Beschützer der Pferche (Brelich 1955), weshalb sie logischerweise angerufen werden, bei der jähr-
lichen Feier der Hirten zum Jahreswechsel den Vorsitz zu übernehmen. Zur Wiederholung der
Ursprungsgründung: Eliade 1963.

[107] Die *ovatio* wurde als eine ursprünglich mit dem Mons Albanus verbundene Zeremonie verstanden: Coarelli 1983 und 1988. Siehe in diesem Zusammenhang die in die Mitte des 4. Jh.
datierte Ziste von Berlin, auf der die *ovatio* des Aeneas und des Ascanius dargestellt ist, vor
Jupiter, dem Gott der Auspizien, und vor den Dioskuren oder Penaten, verbunden mit einem
Weintrankopfer nach dem Sieg über den ruchlosen Mezentius (Menichetti 1994; nach Colonna
1995 wäre das *votum* des Weines vor der Schlacht mit dem Aphrodisium von Lavinium in
Zusammenhang zu bringen, die *dedicatio* des Weines nach der Schlacht hinge mit dem Aphro-

Seite Tricaranus (oder Hercules), Picus und Faunus und auf der anderen
Seite Cacus gesehen hat, erscheint isomorph mit dem Konflikt des Zeus
gegen die Monster des Chaos, Titanen und Kyklopen, die eine Variante der
mythischen Erzählung in Kampanien ansiedelt. Die Feier eines Sieges mit
der Einrichtung von Kulten und Zeremonien triumphalen Charakters wird
in der Vulgata für die Ursprünge Roms bezeugt. Nach der Tötung des Cacus
errichtet Hercules am Fuße des Aventin dem Iuppiter Inventor einen Altar
(es ist nach der Überlieferung der älteste Kult des Jupiter auf römischem
Boden), und die Aboriginer feiern zusammen mit den Arkadern den Sieg,
indem sie Lorbeerzweige aufnehmen, mit denen sie sich selbst und den
Sieger Hercules bekränzen. Schließlich opfert Euander dem Hercules und
erweist ihm damit zum ersten Mal göttliche Ehren.[108] Das Fest des Hercules
schließt mit einem Bankett, in dem die Salier eingeführt werden – deren
Namensgeber Salius ist, der arkadische Gefährte des Aeneas –, die einen
Hymnus zu Ehren des Heros singen, der Cacus besiegt hat. Aber hinter diesen mythischen griechischen Gestalten (an erster Stelle hinter Euander, der
als ein Gründer Roms gilt) scheint wieder einmal Faunus durch, der wirkliche Urheber der Lupercer und der Salier, der Initianden und der Waffen-
träger der ursprünglichen Gemeinschaft, deren Rituale an Faunus selbst und
an seinen Großvater Mars gerichtet sind, den Gott des Lupercal und der
Salii Palatini (da sie nicht wußten, wie sie den zusammenhang Salier-Hercu-
les erklären sollten, haben sich die Alten zurechtgelegt, daß der griechische
Gott dem Mars entspreche). Es ist kein Zufall, daß Faunus und Fauna, die
übernatürlichen Herrscher des Cermalus und des Aventin, mit der Myrte
verbunden sind, dem typischen Strauch des Tales Murcia (oder nach einer
alten Etymologie *myrtea*), das diese beiden Hügel trennte, ein Strauch, aus
dem ein geschätztes Getränk gewonnen wurde und aus dem in historischer
Zeit die Kronen für die *ovationes* geflochten wurden.[109] Wenn wir die Erzäh-

disium von Ardea zusammen, das vielleicht mit der Festung des Mezentius gleichzusetzen ist).
Es ist nicht schwierig, hinter Aeneas und Ascanius die göttlichen Könige der Latiner zu entdek-
ken – man erinnere sich an die Verbindung des Faunus mit dem Wein (vgl. § 128, Anm. 35) –,
die Stammeshäuptlinge und ersten Inhaber des Instrumentes des *rex-augur*, des Krummstabs,
der auf der Ziste in einer Prozession hinter Jupiter hergetragen wird. Die Dioskuren der Latiner
treten hier als griechische Heroen verkleidet auf, während sie auf dem Spiegel von Bolsena als
die erscheinen, die sie wirklich sind: Faunus und Latinus (vgl. § 122).

[108] Dion. Hal. 1,39-40.

[109] Plin. nat. 14,125. Zum Zusammenhang zwischen dieser Art Wein und Faunus-Fauna im
Kontext einer Hierogamie und einer *ovatio* vgl. § 128, Anm. 35. Die Myrte ist dann ein der
Venus Vincitrix heiliger Strauch, sie konnte aber ursprünglich auch der Vica Pota heilig sein,
der Gottheit des Glücks und des Sieges der Anfänge, die von der Höhe aus das Tal der Myrten
oder Murciatal beherrschte. Die Myrte ist dann der Strauch der Hochzeit, einer auf römischem
Boden von Picus eingeführten Institution, und der *ovatio*, einer von Faunus gegründeten Ein-

lung der Vulgata in die Schemata des indigenen Mythos übersetzen, ist es möglich, einen göttlichen König von Alba zu rekonstruieren, wie etwa Faunus, der auf römischem Boden eine *ovatio* durchführt, die zu einer *regia* und deren Kulten auf dem Cermalus führt oder zu der heiligen Eiche des Kapitols, während derer der mythische Herrscher in seiner Herrschaft bestätigt worden sein konnte und vielleicht schon mit Jupiter gleichgesetzt und also vergöttlicht wurde, wie es dann bei Latinus der Fall ist. Als ihn begleitend und ihn mit dem Myrtenzweig krönend können wir uns eben die sehr alte Gottheit vorstellen, die mit der Zeugung, mit der Inthronisierung und mit dem Sieg der Häuptlinge verbunden ist, Vica Pota,[110] die eine triumphale Rolle gespielt haben mag analog der, die Victoria dann in den *ovationes* zur Zeit des Romulus spielt, und die ihren Höhepunkt im neuen städtischen, von der *regia* getrennten kapitolinischen Kult des Iuppiter Feretrius hat.[111] Eine ähnliche Rolle wurde dann in archaischer Zeit von Fortuna geerbt, einer anderen wie Ops mit der Frage des geheimen Namens von Rom verbundenen Gottheit, *paredra* des Königs in der Hierogamie und seine Begleiterin im Triumph, weshalb man sich nach diesem Modell eine analoge Hierogamie zwischen Faunus, gleichgesetzt mit Mars, und Fauna (berauscht vom Wein) / Pales / Rumina (die Göttinnen des Cermalus), gleichgesetzt mit Ops, und d. h. mit ihren göttlichen Vorfahren, vorstellen kann.[112] Die ersten Spiele zu Ehren des Faunus Lupercus und des Consus, die auf die Einrichtung der neuen Kulte folgen, sollten im Lichte dieses mythischen Komplexes betrachtet werden, als *ludi* der Initiation in das Königtum, als Zeremonien der Heroisierung und als Riten der Neugründung der Siedlung

richtung, der auch der der Gründer des Jupiterkultes sein könnte (zur Myrte siehe Coarelli 1983 und 1988).

[110] Auf einer Amphore des Grabes der Pania und auf einem Pflasterstein aus Cerveteri erscheint Theseus von einer Schutzgottheit begleitet, die eine Krone trägt (Pairault-Massa 1992). Man vergleiche auch die Tonfriese (aus der »ersten Phase«) der etruskischen und latinischen *regiae* der archaischen Zeit (Torelli 1992 und 1993).

[111] Die von Romulus in Cameria gegründete Kolonie hatte den gleichen Gründungstag wie der Tempel der Victoria auf dem Palatin (Plut. Rom. 24,4; Cappelli i. Dr.). Im Heiligtum des Volcanus sei nach dem Sieg über Cameria ein Standbild des Romulus, wie er von Victoria bekränzt wird, errichtet worden (Plut. Rom. 24,4).

[112] Der Deckel einer Aschenurne von Pontecagnano aus dem 9. Jh. stellt eine weibliche Figur dar, die eine männliche umarmt, eine mögliche Hierogamie zwischen dämonisch-heroischen, wahrscheinlich an die Unterwelt gebundenen Gestalten, die auf animalische und monströse Art dargestellt werden (Menichetti 1994, Abb. 9). Es könnte sich um eine Mischung zwischen einem Wolf und einem Flugwild handeln. Die heilige Hochzeit dürfte mit der Aufnahme von berauschenden Substanzen wie Wein von Myrthen und Trauben verbunden gewesen sein (man erinnere sich an die betrunkene Fauna und ihre Verbindung mit Semele) wie dann bei den mit dem Triumph verbundenen dionysischen Ritualen: Champeaux 1982; Grottanelli 1987; Coarelli 1988; Torelli 1992; Menichetti 1994; Coarelli 1995.

von Rom durch einen göttlichen König von Alba; man mag sich vorstellen, daß sie in einem von Faunus begründeten präurbanen mythischen Kalender verzeichnet waren als durchzuführen am Neujahrstag des Hirtenjahres, am 21. April, dem Fest der Pales und der Geburt der Böcke und der Schafe, an dem Tag, den Romulus dann – anstelle des Neujahrs seiner Zeit an den Iden des März – wählen wird, um die *Urbs* zu gründen, womit er die Geburt Roms von der Geburt des Septimontium abhob und sie mit den lang zurückliegenden aboriginisch-albanischen Ursprüngen der Siedlung über der Albula verknüpfte und mit den göttlichen Königen Latiums, seinen direkten Vorfahren.[113]

139. Das heroische Zeitalter: eine archäologische Lücke. Sämtliche Kulte, von denen die Rede war, konzentrieren sich auf dem Palatin zu einer Zeit, für die auf diesem Hügel – zumindest bis jetzt – archäologische Zeugnisse fehlen. Andererseits war die Erhebung ein besonders geeigneter Ort für Kulte und für den Sitz der Häuptlinge, sie war Teil der Ansiedlung, befand sich aber außerhalb des Siedlungsgebietes des Mons Saturnius. Wir können uns also den Palatin zu dieser Zeit als eine heilige Burg vorstellen,

[113] Zum Neujahr eines (präurbanen) »Hirtenjahres« eines vielleicht mit Faunus verbundenen mythischen Kalenders vgl. § 128. In der oben entfalteten Perspektive wird auch das Angebot der königlichen Krone für Caesar durch Antonius während der Lupercalia besser verständlich, fast als wäre jener ein neuer Faunus: Pouthier 1981; Fraschetti 1985. Antonius hätte dem Caesar das Diadem als einem *lupercus* angeboten, der rituell aus der Stadt ausgeschlossen ist, aber man muß bedenken, daß die Könige generell vom Rand des Waldes kamen und Erben der ursprünglichen Herrschaft des Faunus waren. Inthronisation, Triumph und Hochzeit sind Bestandteil der gesamten Festlichkeiten am Ende des alten und zu Beginn des neuen Jahres: Hooke 1958; Coarelli 1987a; Torelli 1993; Coarelli 1995. Eine ähnliche mythische Thematik begegnet im bewaffneten *iuvenis*, der gerade die Praktiken zur Initiation in das Königtum durchgeführt hat, begleitet von der großen Göttin Ops, der Verteilerin der Herrschaft und der Nahrung (Speltweizen und Wein?) im Wagen von Bisenzio: vgl. § 40. Zu den Saliern im präurbanen Zeitalter: Verg. Aen. 8,285–302. Zu diesen Themen im Zusammenhang mit Olympia: Lévêque 1973 (der Lauf ermögliche es, die Lebenskraft des Kosmos wiederherzustellen und so das Königtum zu erneuern). Hinter dem Sieg des Q. Fabius Rullianus bei Sentinum im Jahre 295 und der Weihe des Tempels der Victoria auf dem Cermalus im darauffolgenden Jahr kann man weitere mythische Siege annehmen: vom Sieg der Luperci Romulus und Remus, die über Amulius gesiegt und Numitor wieder auf den Thron von Alba gebracht haben (Wiseman 1995a) bis zu dem Sieg des Faunus, der vielleicht der mythische Prototyp des siegreichen Triumphators ist. Trägt man der mehrschichtigen Mentalität des mythischen Gedankens und der rituellen Praxis der Römer nicht Rechnung, d. h. der ganzen Tiefe der Vergangenheit und ihrer zyklischen Wiederkehr, gelangt man sehr schnell dahin, nur das Ereignis oder den Schlüsselmoment zu suchen, in dem »all these things fit most confortably« (Wiseman 1995a), und da man die Ereignisse erst ab der Zeit der mittleren Republik zu kennen beginnt (vorher haben wir nur »Strukturen« und »gründende Augenblicke«), besteht die Gefahr, daß das gesamte mythisch-historische Gefüge in nur ein Ereignis oder eine kurze, und meist späte, Phase gepreßt wird, die aber nichts anderes ist als ein einzelnes Glied in einer langen Kette, die früher beginnt und später endet. Die §§ 136-138 finden ihre Integration und Ergänzung in den Paragraphen §§ 300-301.

weitgehend unbewohnt oder wenig bewohnt, Sitz der Häuptlinge und ihrer königlichen Kulte,[114] im übrigen mit Bereichen für Schafställe, Nutz- und Obstgärten und vielleicht auch für handwerkliche Aktivitäten (es sei erinnert an die metallurgische Komponente bei Cacus).[115] Es ist auch denkbar, daß die mit dem Cermalus verbundene oben beschriebene phantastische Welt erst seit der Endbronzezeit, Stufe III, oder seit den Anfängen der frühen Eisenzeit einen archäologisch wahrnehmbaren Niederschlag in der materiellen Welt gefunden hat; mit Bezug auf diese Zeit beginnt die archäologische Dokumentation auf dem Cermalus zum ersten Mal ergiebig zu werden, und das mythische Material bezüglich seiner Kulte, das sich vielleicht früher herausgebildet hat, mag damals zum ersten Mal in einer solideren mündlichen Tradition aufgearbeitet worden sein, als Erinnerung an ein bereits untergegangenes heroisches Zeitalter.[116]

[114] Ceretti 1987. Eine Siedlung oder ein frequentierter Platz, verbunden mit einer Quelle und einem Weiher in der Örtlichkeit Banditella, fünf Kilometer in Luftlinie von Vulci entfernt, bezeugt in der mittleren und in der Endbronzezeit, ist am Beginn der Eisenzeit (zugunsten Vulci?) aufgegeben worden. Von diesem Augenblick an ist ein mit einer heiligen Quelle verbundener Kult belegt. Bedeutsam ist in diesem Kontext das Vorhandensein eines bronzenen Pferdchens aus dem 8. Jh. (d'Hercules-Trucco 1992). Es ist also möglich, daß ein bereits besiedelter oder frequentierter Ort verlassen wird und nur die Kulte dort weiterbestehen (wie es die Tradition bezüglich Alba nach seiner Zerstörung annimmt). Es ist also möglich, daß der Palatin der späten Bronzezeit stärker frequentiert war als der der Endbronzezeit, Stufe I und II.
[115] Bemerkenswert ist, daß eine Burg wie das Kapitol lange Zeit den Status eines *pagus* bewahrt haben dürfte; vgl. § 228.
[116] Eine Untersuchung R. Peronis und seiner Arbeitsgruppe hat gezeigt, daß nach wenigen Bruchstücken, wahrscheinlich aus der Spätbronzezeit, die archäologische Dokumentation ab der Stufe Latiale IIA1 wiederum beginnt. Hinzuweisen ist aber auf ein keramisches Bruchstück, das der Stufe Latiale I zugeordnet werden kann (vgl. § 151, Anm. 36).

Bildteil

I.-II. Sog. Kapitolinische Wölfin, Bronze, 6. Jh. v. Chr., Gesamt- und Teilansicht (beachtenswert die gefüllten Zitzen; die Zwillinge wurden in der Neuzeit hinzugefügt)

III. Blick auf den Mons Albanus vom Cermalus, Rom

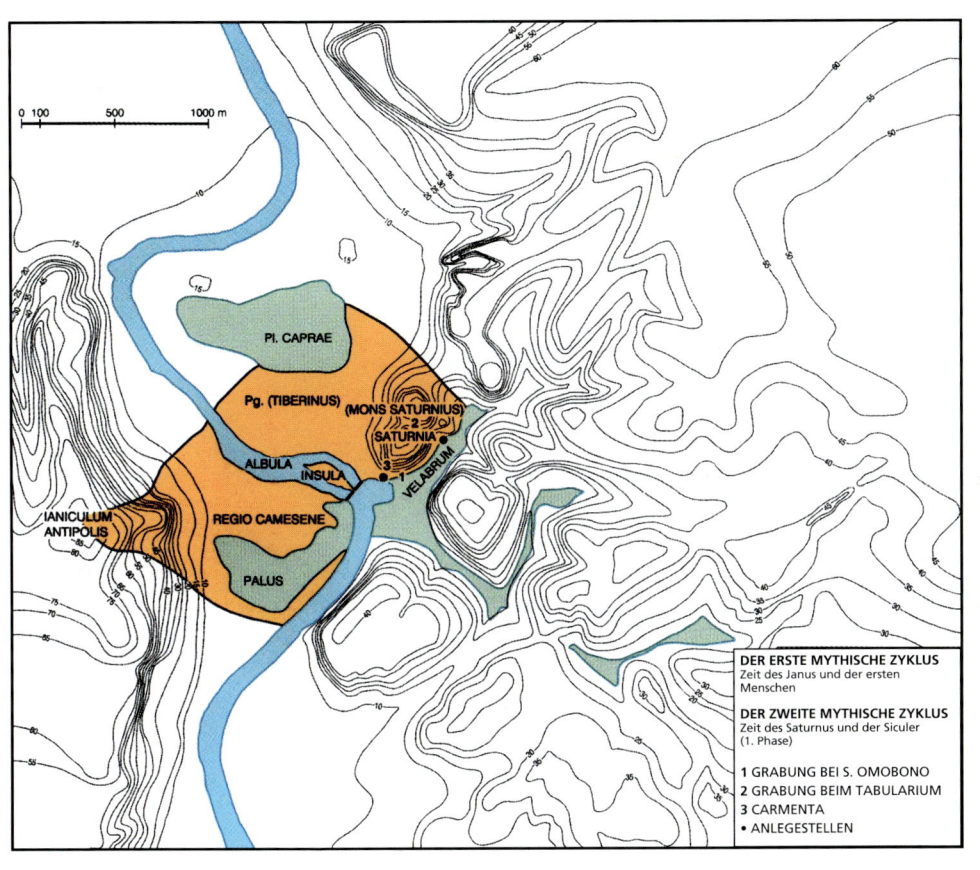

IV. Das Territorium Rom: Zeit des Janus, des ersten Gottes, und der ersten Menschen und Zeit des Gottes Saturnus und des Siculus, des ersten göttlichen Häuptlings der Siculer; mittlere Bronzezeit und Spätbronzezeit, Stufe I

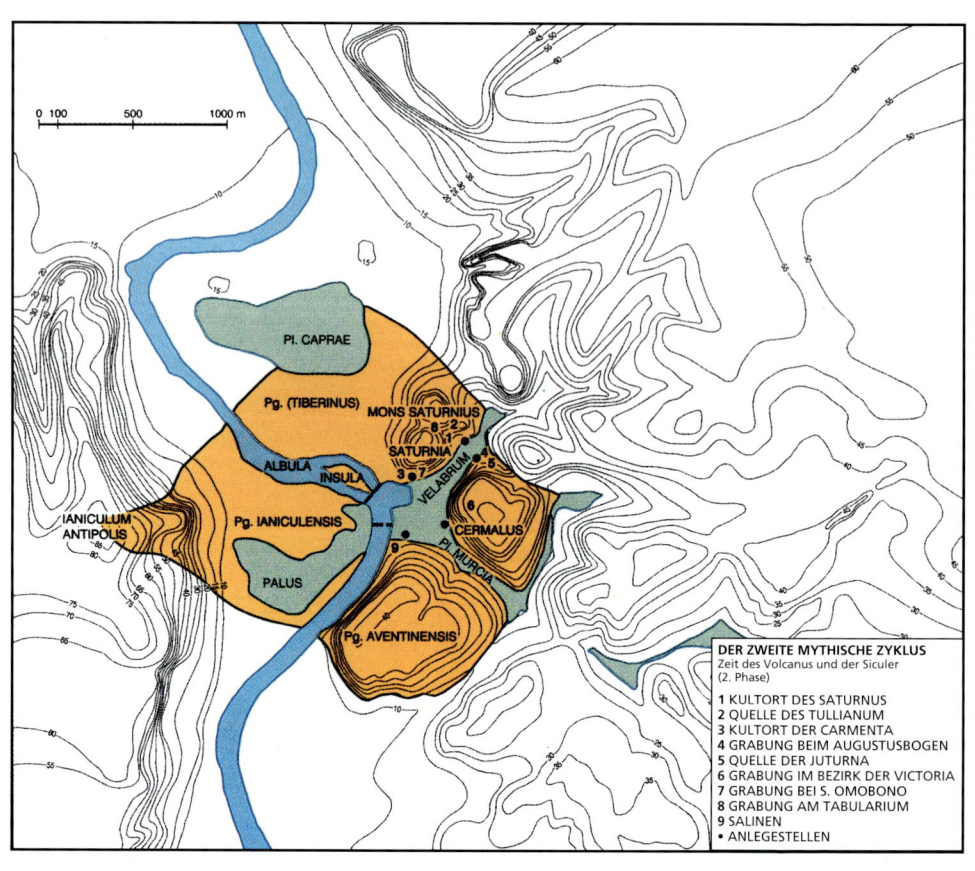

Scale: 0 100   500   1000 m

Pl. CAPRAE

Pg. (TIBERINUS)

MONS SATURNIUS

ALBULA

SATURNIA

INSULA

VELABRUM

IANICULUM
ANTIPOLIS

Pg. IANICULENSIS

CERMALUS

PALUS

Pl. MURCIA

Pg. AVENTINENSIS

DER ZWEITE MYTHISCHE ZYKLUS
Zeit des Volcanus und der Siculer
(2. Phase)

1 KULTORT DES SATURNUS
2 QUELLE DES TULLIANUM
3 KULTORT DER CARMENTA
4 GRABUNG BEIM AUGUSTUSBOGEN
5 QUELLE DER JUTURNA
6 GRABUNG IM BEZIRK DER VICTORIA
7 GRABUNG BEI S. OMOBONO
8 GRABUNG AM TABULARIUM
9 SALINEN
• ANLEGESTELLEN

V. Das Territorium Rom: Zeit des Gottes Volcanus und des Cacus, des letzten göttlichen Häuptlings
    der Siculer, Spätbronzezeit, Stufe II

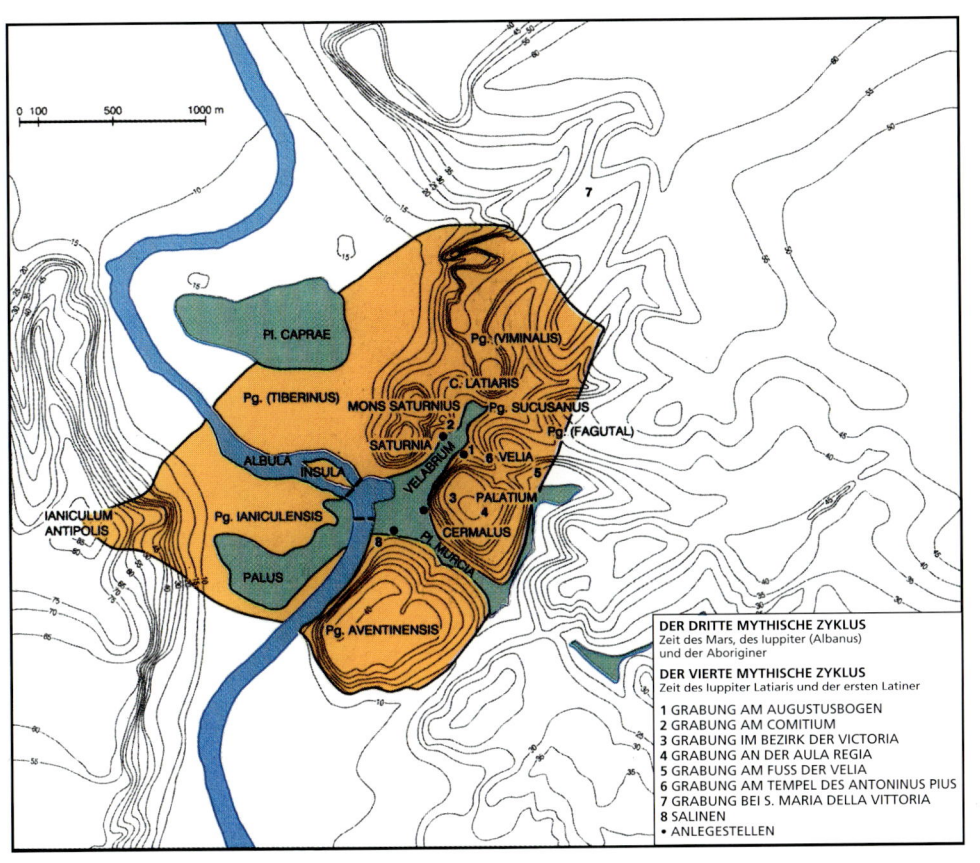

VI. Das Territorium Rom: Zeit des Mars, des Iuppiter Albanus und der aboriginischen göttlichen Könige und Zeit des Iuppiter Latiaris, des Latinus und der ersten Latiner, Endbronzezeit und Latiale, Stufe II A 1

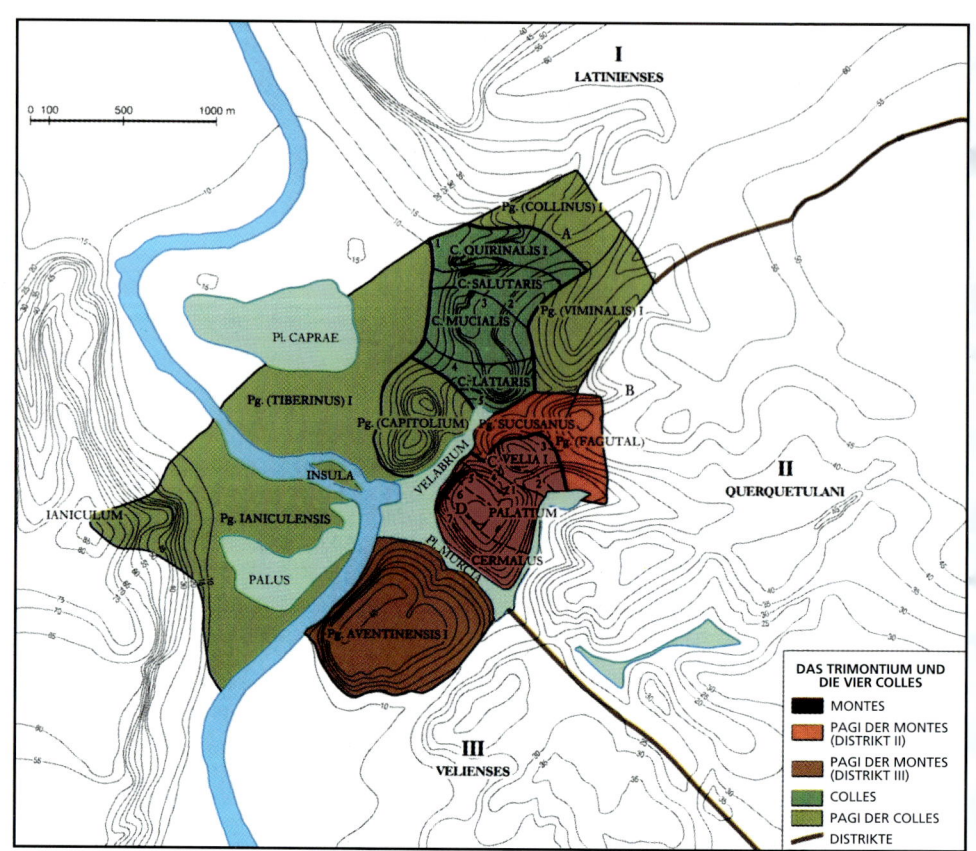

I
LATINIENSES

0 100   500   1000 m

Pg. (COLLINUS) I

A

1 C. QUIRINALIS I

C. SALUTARIS

3   2

C. MUCIALIS   Pg. (VIMINALIS) I

Pl. CAPRAE

4   C. LATIARIS

Pg. (TIBERINUS) I   B

Pg. (CAPITOLIUM)   Pl. SUCUSANUS   Pg. (FAGUTAL)

INSULA   C. VELIA I   II

VELABRUM   1   QUERQUETULANI

IANICULUM   D   PALATIUM

Pg. IANICULENSIS   2

Pl. MURCIA   CERMALUS

PALUS

Pg. AVENTINENSIS I

III
VELIENSES

DAS TRIMONTIUM UND
DIE VIER COLLES

■ MONTES

■ PAGI DER MONTES
(DISTRIKT II)

■ PAGI DER MONTES
(DISTRIKT III)

■ COLLES

■ PAGI DER COLLES

— DISTRIKTE

A. Gräber an der Via XX Settembre.
B. Esquilinische Nekropole? (aus dem Latiale II A 2)
C. Begräbnisstätte beim Tempel des Antoninus und der Faustina
D. Grab des Hauses der Livia

VII. Das sog. Trimontium und die vier *colles*

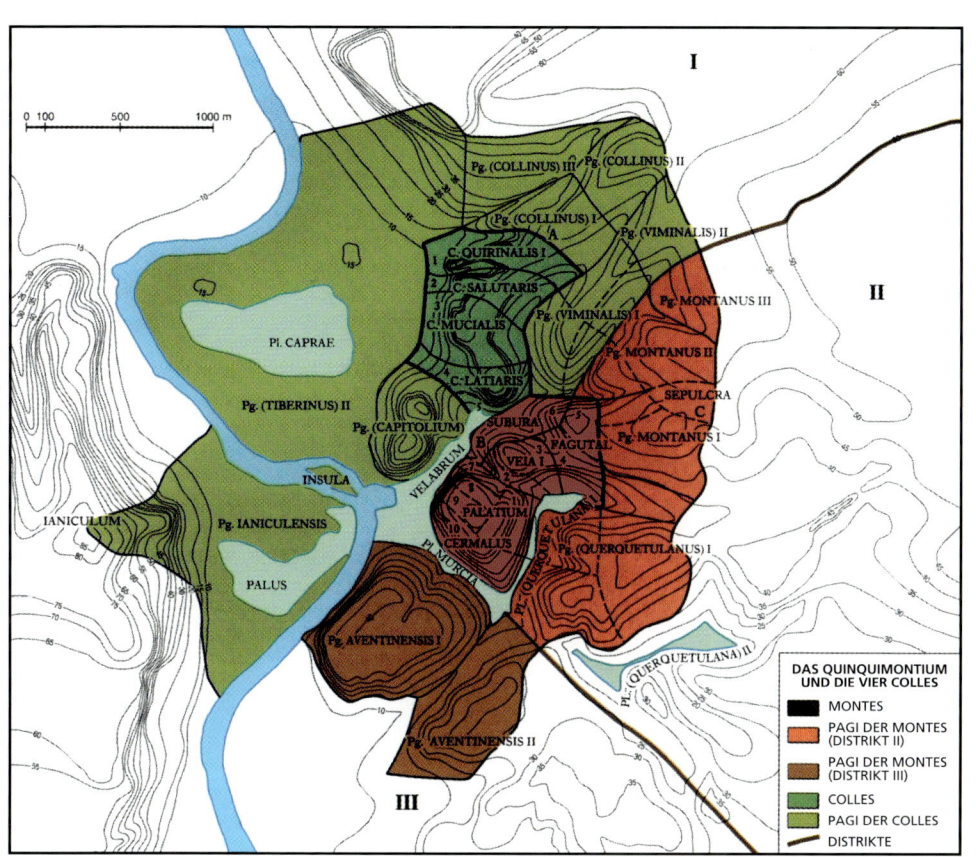

A. Gräber an der Via XX Settembre.
B. Nekropole beim Tempel des Antoninus und der Faustina
C. Esquilinische Nekropole

VIII. Das sog. Quinquimontium und die vier *colles*

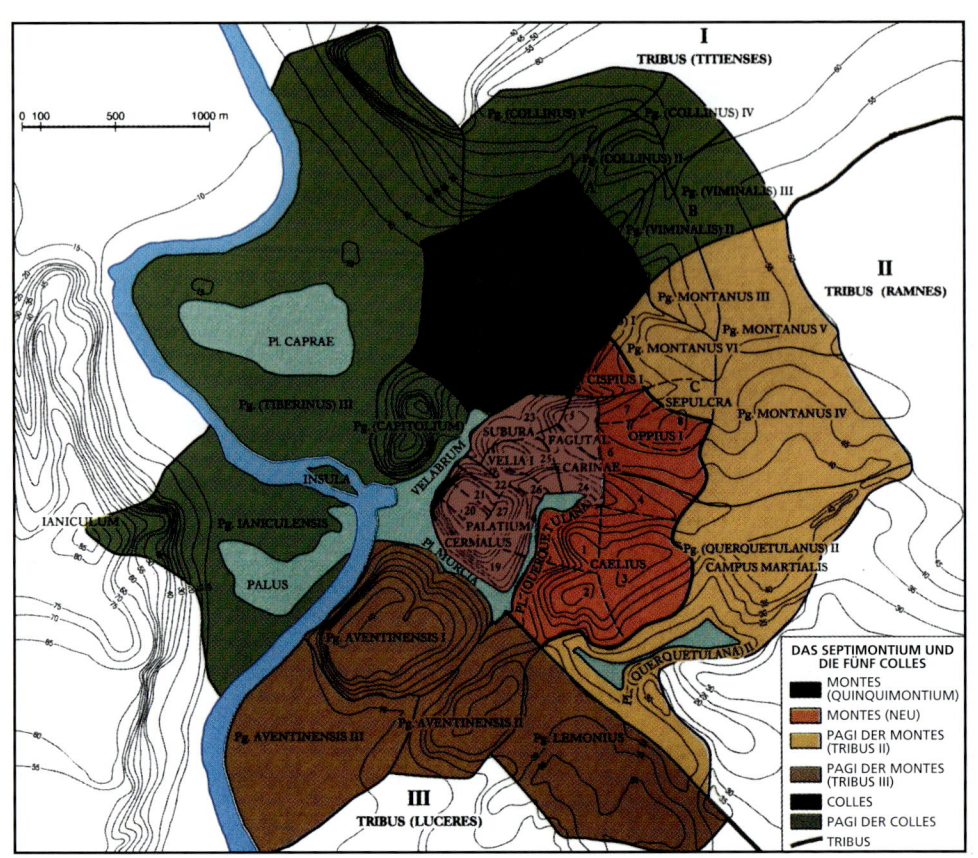

A. Gräber an der Via XX Settembre
B. Gräber an der Via Magenta
C. Esquilinische Nekropole

IX. Das Septimontium und die fünf *colles* (das sog. zweite Septimontium)

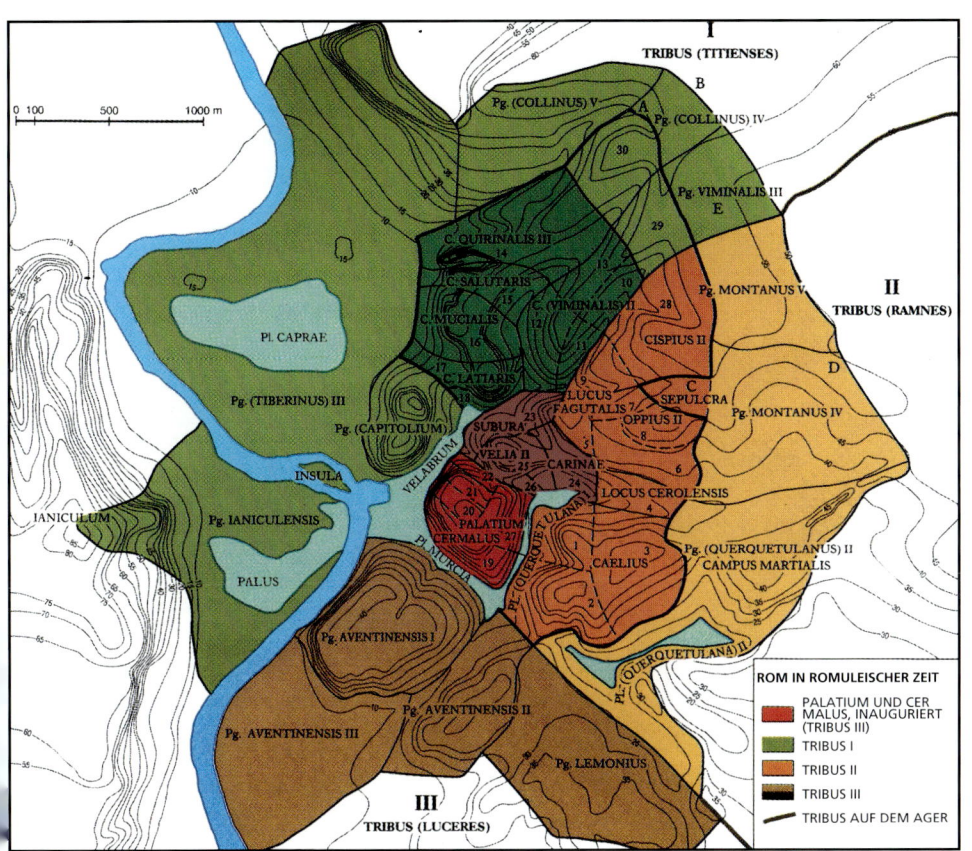

X. Rom in romuleischer Zeit

A. Gräber der Villa Spithöver
B. Nekropole an der Via Salaria
C. Esquilinische Nekropole
D. Gräber bei Santa Croce in Gerusalemme
E. Gräber an der Via Magenta

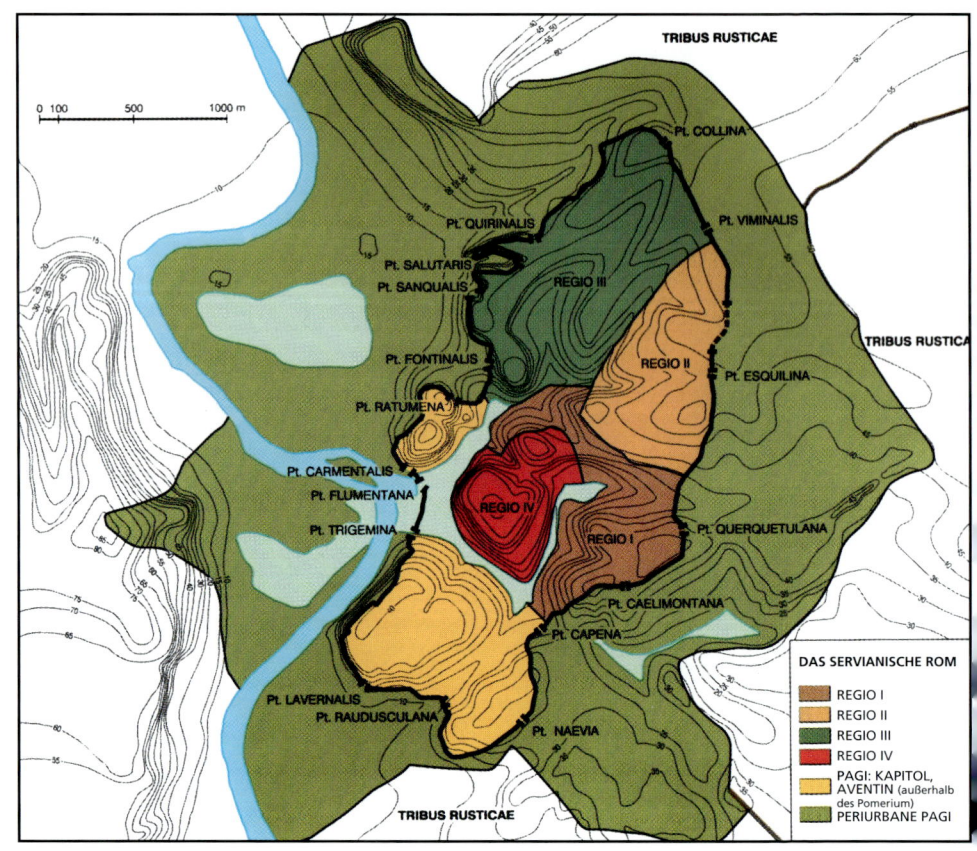

XI. Das Rom des Servius Tullius: Die urbanen Regionen I-IV

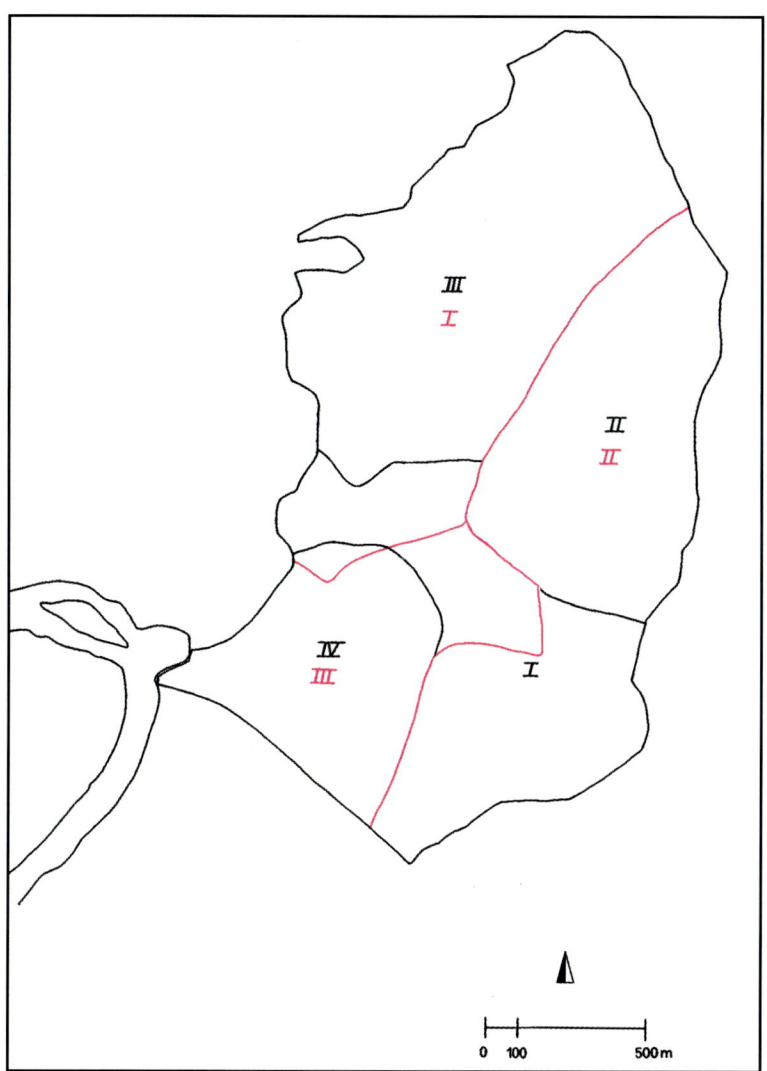

XII. Die ursprünglichen Tribus (rot) und die vier servianischen Tribus (schwarz)

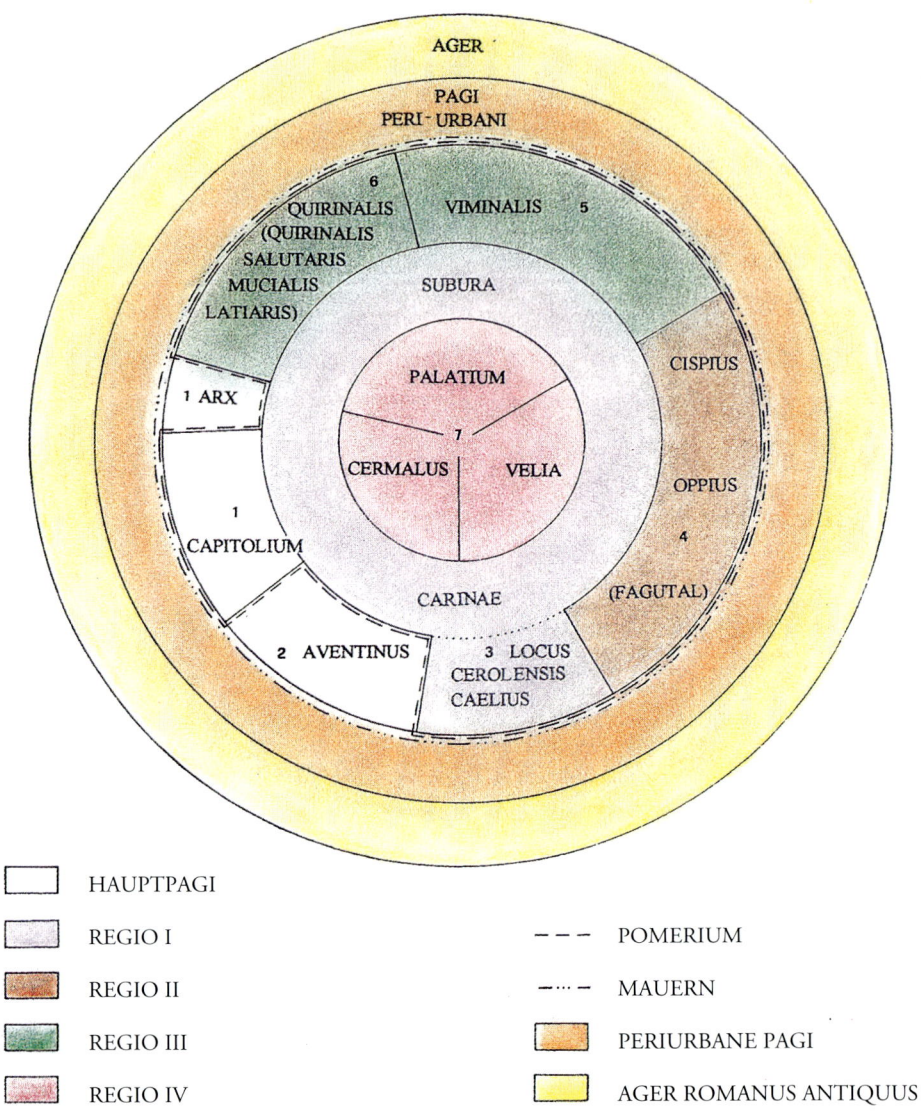

AGER

PAGI PERI-URBANI

6 QUIRINALIS (QUIRINALIS SALUTARIS MUCIALIS LATIARIS)

VIMINALIS 5

SUBURA

PALATIUM

1 ARX

CISPIUS

7

CERMALUS VELIA

OPPIUS

1

CAPITOLIUM

4

(FAGUTAL)

CARINAE

2 AVENTINUS

3 LOCUS CEROLENSIS CAELIUS

☐ HAUPTPAGI

☐ REGIO I

☐ REGIO II

☐ REGIO III

☐ REGIO IV

- - - POMERIUM

- · - MAUERN

☐ PERIURBANE PAGI

☐ AGER ROMANUS ANTIQUUS

XIII. Die Haupt-*pagi*, die vier Regionen, die »sieben Hügel«, das Pomerium, die Mauern, die periurbanen *pagi* und der *ager*, schematisiert in einem *orbis*

XIV. Rom, palatinische Mauern: Grab eines (geopferten?) Mannes, ausgehoben auf dem Kamm einer ehemaligen Mauer (und von einem Graben durchzogen), eingefügt in eine Einfriedung, Anfang 7. Jh. v. Chr.

XV. Rom, palatinische Mauern: Grab eines Mannes mit einem Kind (beide geopfert?) in einem keramischen Gefäß, unmittelbar innerhalb der ehemaligen Mauer und eingefügt in eine Einfriedung, Anfang 7. Jh. v. Chr.

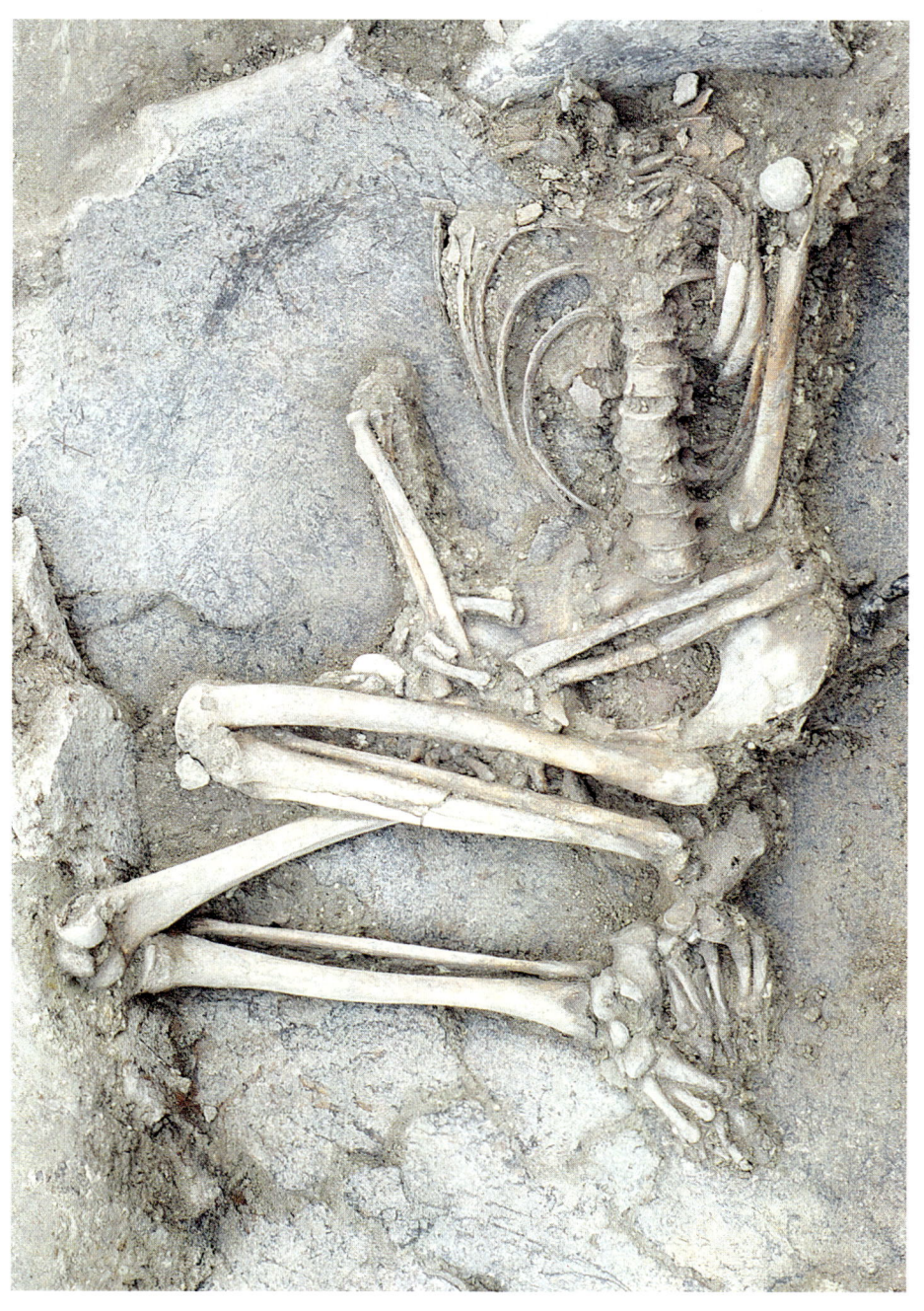

XVI. Rom, palatinische Mauern: Grab einer kauernden (geopferten?) Frau, auf der Grenze einer
Einfriedung, Anfang 7. Jh. v. Chr.

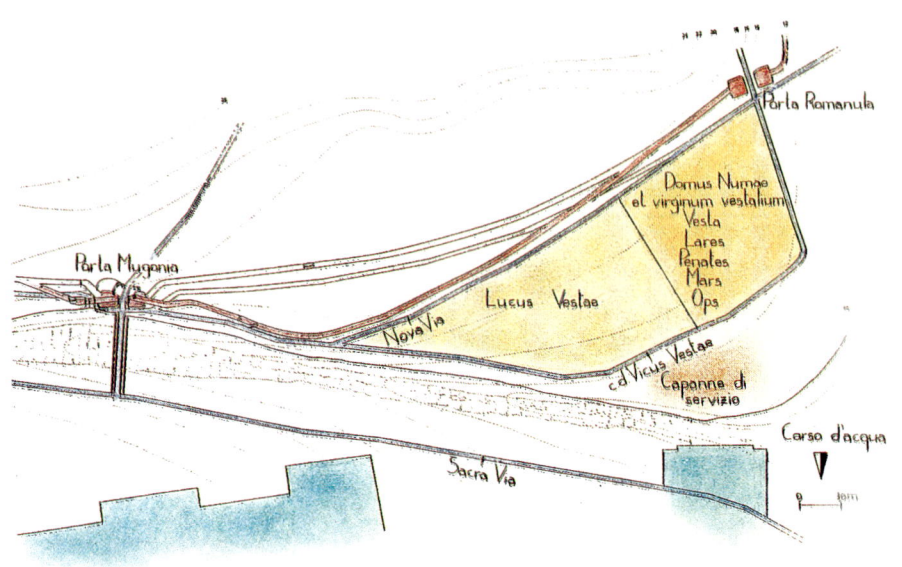

XVII. Zwischen dem sog. Vicus Vestae und der Nova Via, frühe Königszeit (Numa, Tullus Hostilius): Rekonstruktion

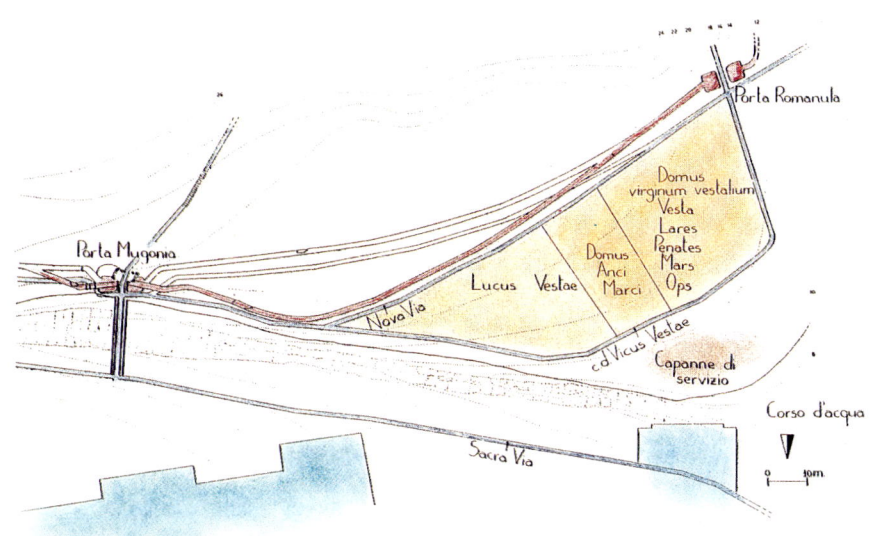

Porta Romanula

Domus
virginum vestalium
Vesta
Lares
Penates
Mars
Ops

Porta Mugonia

Nova Via

Lucus Vestae

Domus
Anci
Marci

cd Vicus Vestae

Capanne di
servizio

Corso d'acqua

Sacra Via

0   10m

XVIII. Zwischen dem sog. Vicus Vestae und der Nova Via, frühe Königszeit (Ancus Marcius):
Rekonstruktion

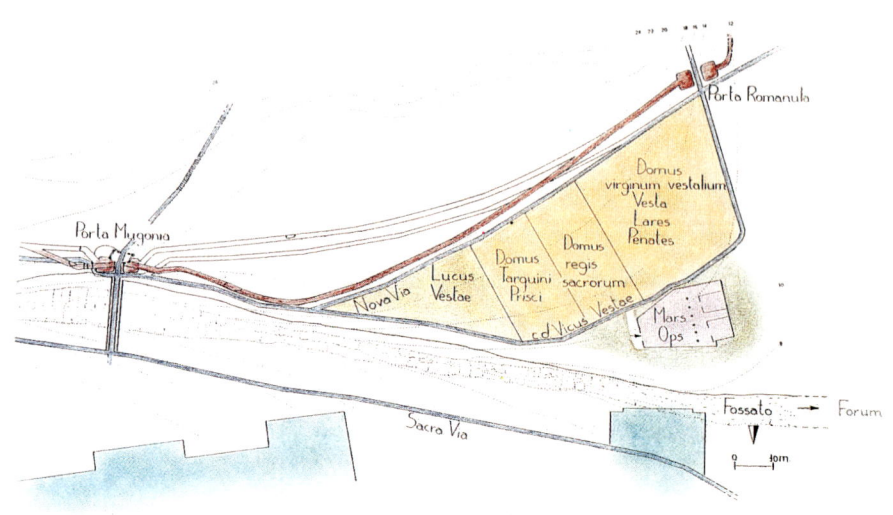

XIX. Zwischen Graben und Nova Via, späte Königszeit (Tarquinius Priscus, Servius Tullius?):
Rekonstruktion

XX. Zwischen Sacra Via und Nova Via, späte Königszeit (Servius Tullius? Tarquinius Superbus):
Rekonstruktion

XXI. Zwischen Sacra Via und Nova Via, frühe Republik: Rekonstruktion.

Limite del colle
(pendio ripido)

Limite del banco tufaceo

Fossato

XXII. Siedlung der frühen Eisenzeit: Rekonstruierter Plan der Bauten (zwei Hütten und eine
Feuerstelle)

XXIII. Siedlung der frühen Eisenzeit: Axonometrische Rekonstruktion der Bauten

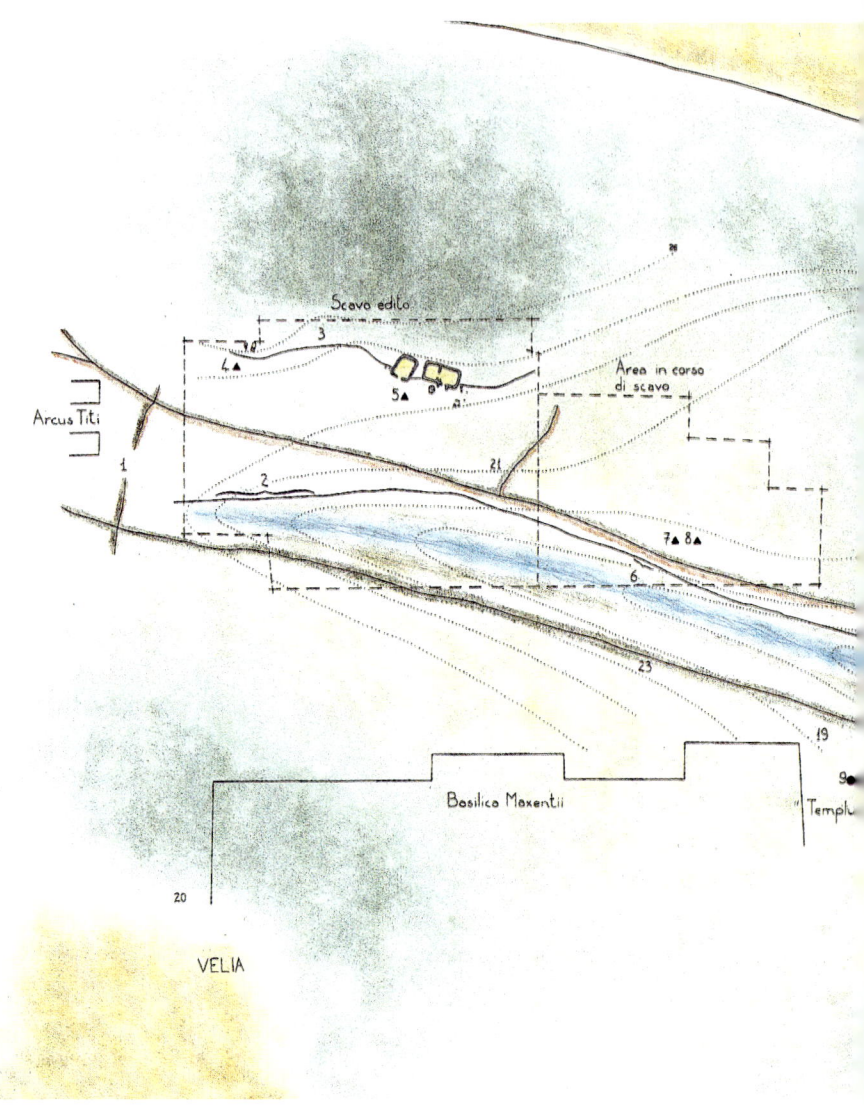

1.   Sattel zwischen Palatium und Velia
2/6/12. Orte, wo der Graben bezeugt ist
3.   Grenze zwischen Tuff und Lehm und vielleicht auch zwischen bewaldeter und gerodeter Fläche
4–5/7–8/14. Hütten aus der Stufe Latiale II B - III
9.   Fibel aus der Spätbronzezeit, in zweiter Lage
10. Nekropole der Stufe Latiale II A
11/15. Keramik-Bruchstücke, Reste aus der Spätbronzezeit in ursprünglicher Lage
13. Gräber der Stufe Latiale I
16. Corneta
17. Verlauf des künftigen Clivus Victoriae
18. Begräbnisstätte der Acca Larentia und mögliche Argeer-Kapelle

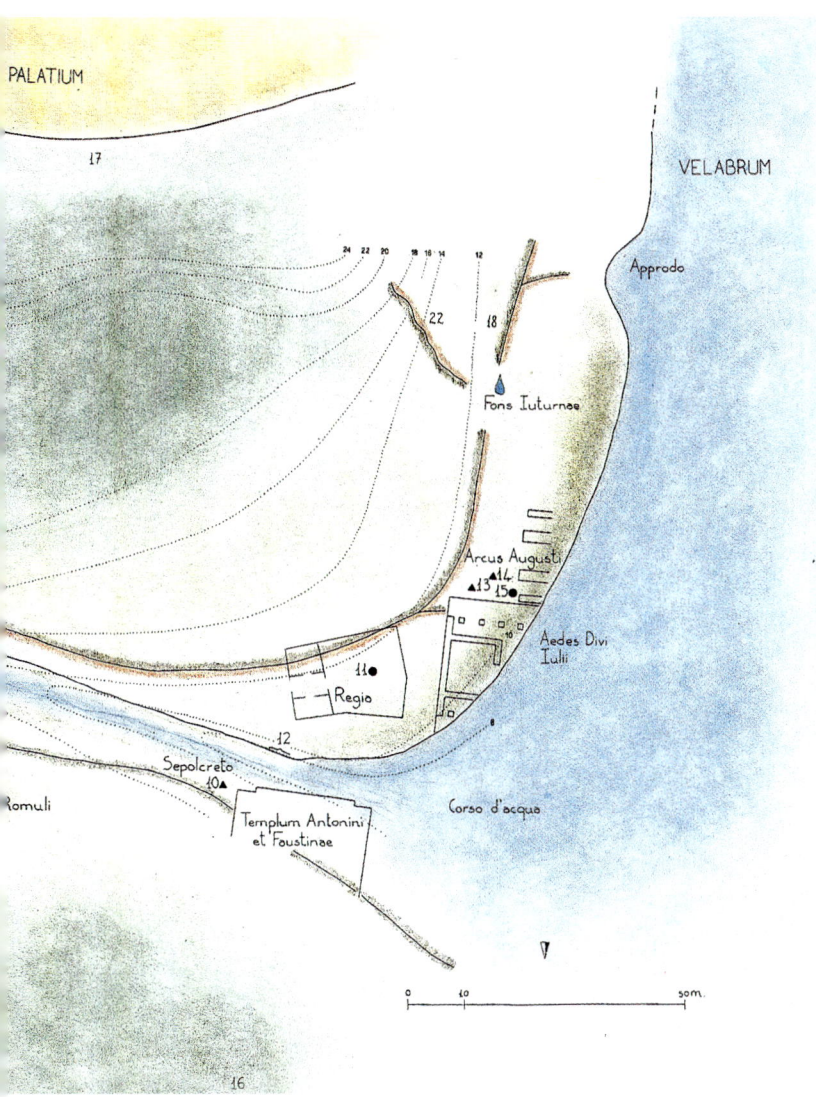

PALATIUM

VELABRUM

17

24 22 20 19 16 14 12

22 18

Approdo

Fons Iuturnae

Arcus Augusti
▲13 ▲14
15●

Aedes Divi
Iulii

11●

Regio

12

Sepolcreto
10▲

Romuli

Templum Antonini
et Faustinae

Corso d'acqua

16

0 10 50m.

19. Kult der Vica Pota
20. Kult des Mutinus Titinus und entsprechende Argeer-Kapelle
21. Zugangsweg zum Palatin (künftige Porta Mugonia)
22. Zugangsweg zum Palatin (künftige Porta Romanula)
23. Verlauf der Sacra Via

XXIV. Rekonstruierter Plan des Tales zwischen Palatium und Velia, letztes Viertel 9. bis 3. Viertel
8. Jh. v. Chr. (traditionelle Chronologie), mit Hinweisen auf Funde aus der späten Bronzezeit

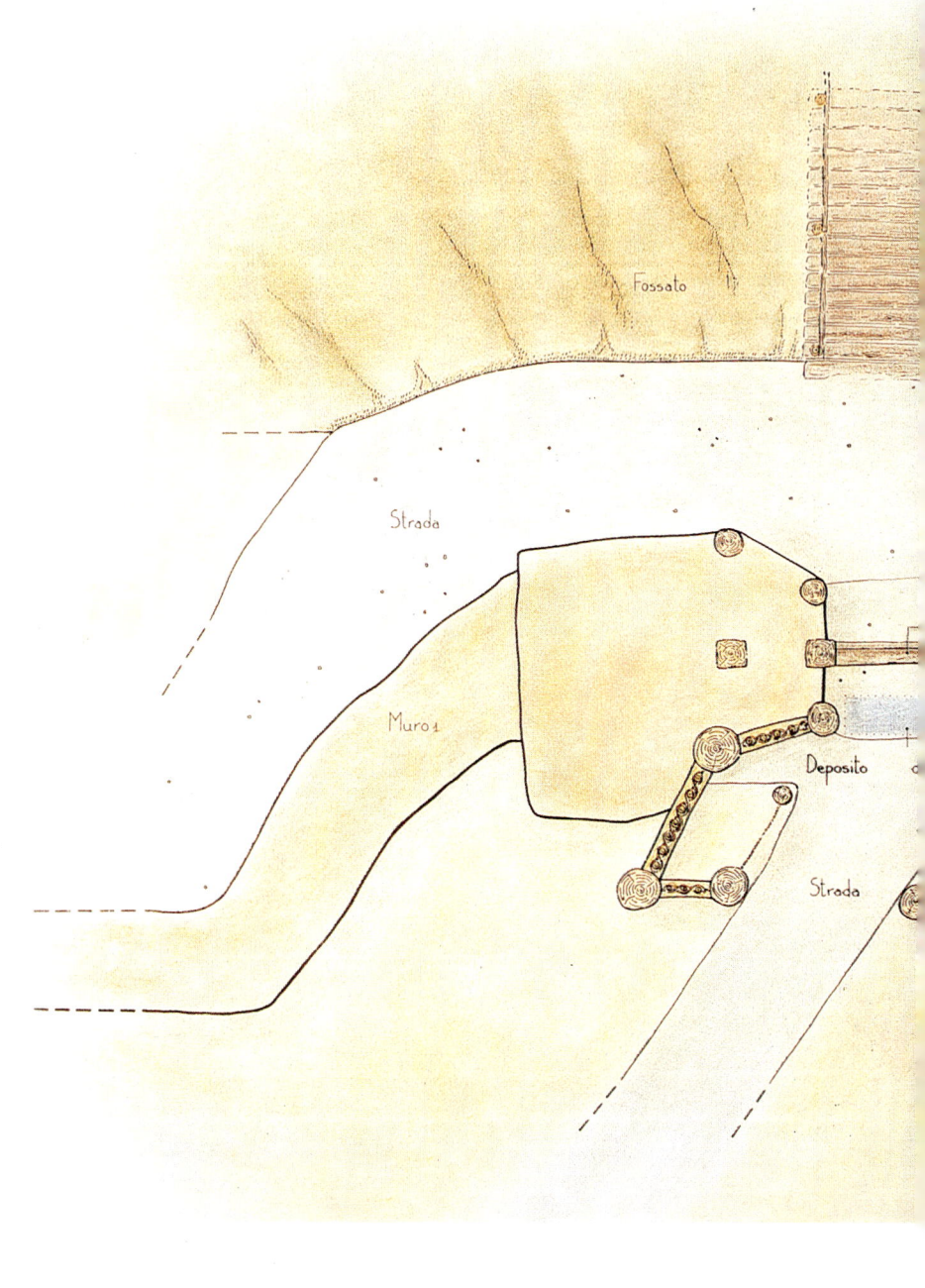

Ponte

Bastione della
porta

stis

Palo

Strada

Capanna di guardia
(e di culto?)

Muro

Palatium

XXV. Die Mauern der romuleischen Zeit: Rekonstruierter Plan der Porta (Mugonia?) und der Mauern
(daneben eine Variante)

Fossato

Strada

Muro

Frammenti di dol

Strada

Ponte

Strada

Bastione della
porta

Palo

Capanna di guardia
(e di culto?)

Muros

Palatium

XXVI. Die Mauern der romuleischen Zeit: Rekonstruierter Plan der Überdeckungen der Porta
(Mugonia?) und der Mauern

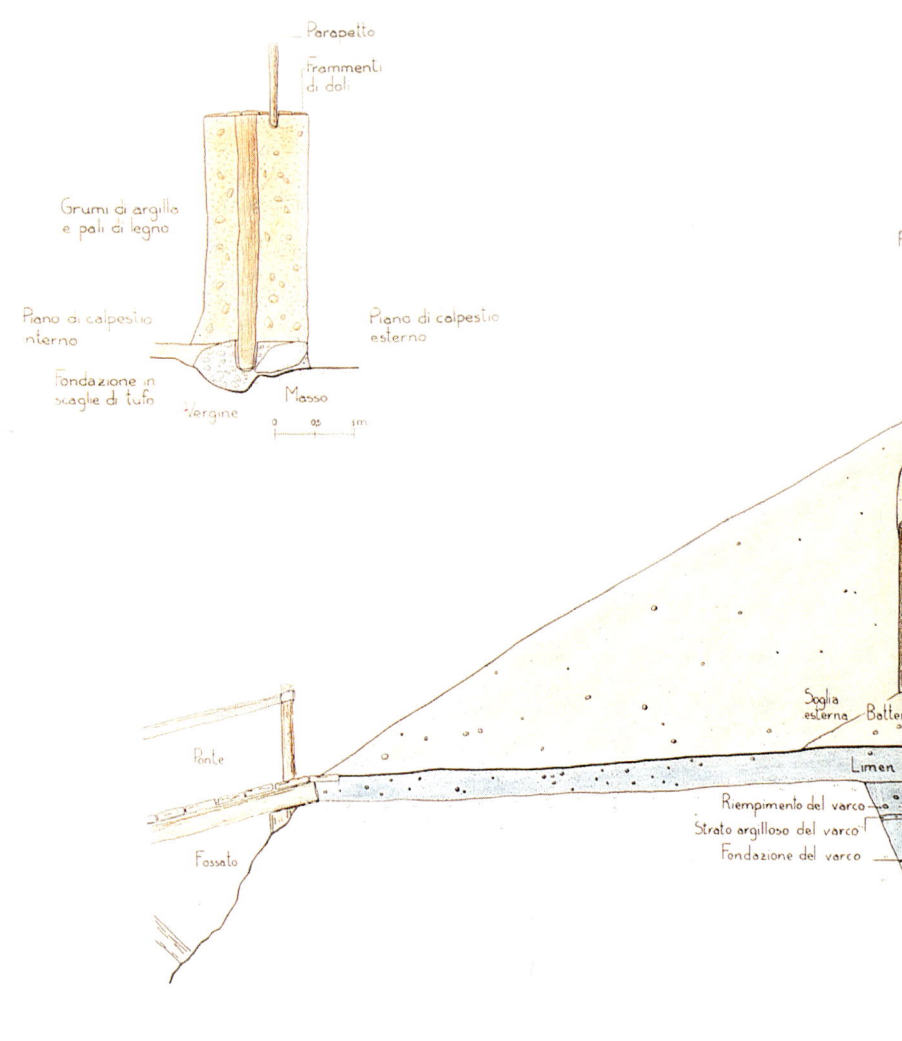

Parapetto

Frammenti
di doli

Grumi di argilla
e pali di legno

Piano di calpestio   Piano di calpestio
interno   esterno

Fondazione in
scaglie di tufo
Vergine   Masso

0   0,5   1 m

Ponte

Fossato

Soglia
esterna   Batter

Limen

Riempimento del varco
Strato argilloso del varco
Fondazione del varco

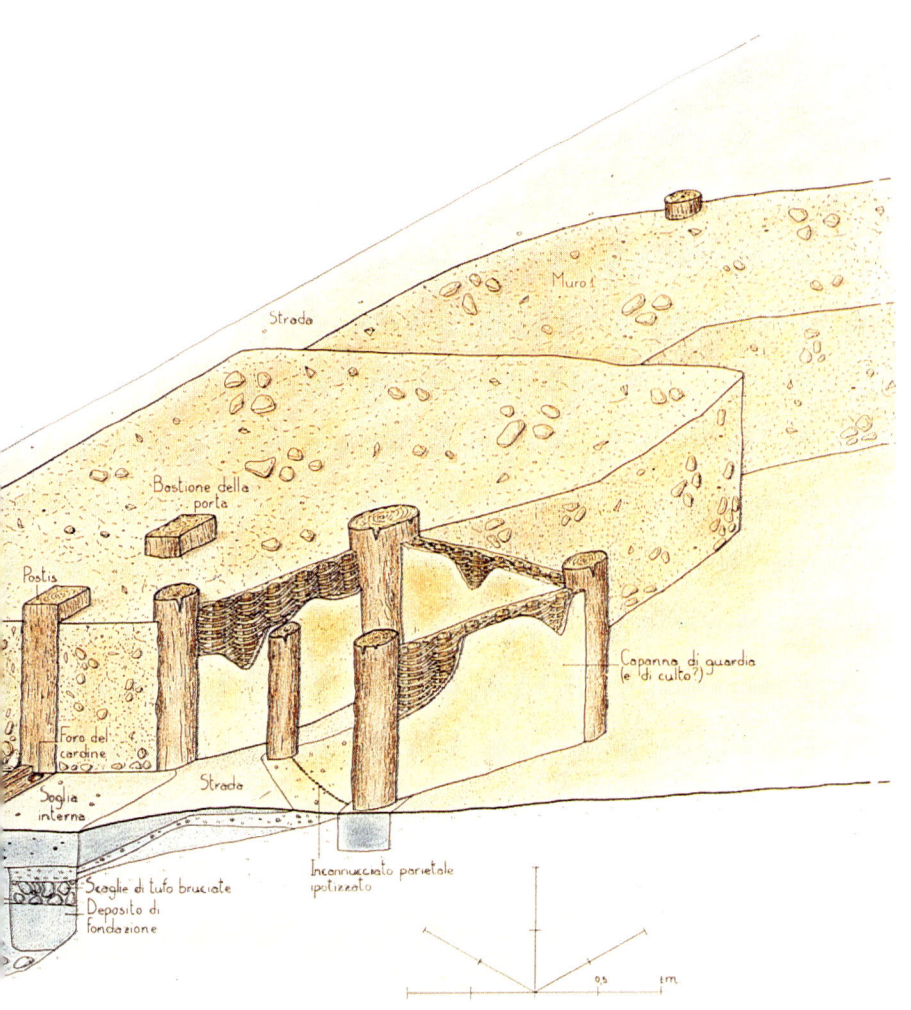

Strada

Muro 1

Bastione della
porta

Postis

Foro del
cardine

Soglia
interna

Strada

Scaglie di tufo bruciate
Deposito di
fondazione

Incannucciato parietale
ipotizzato

Capanna di guardia
(e di culto?)

0,5   1 m

XXVII. Die Mauern der romuleischen Zeit: Axonometrie der Porta (Mugonia?) und der Hütte an der
        Mauer 1; links oben Schnitt der Mauer 1

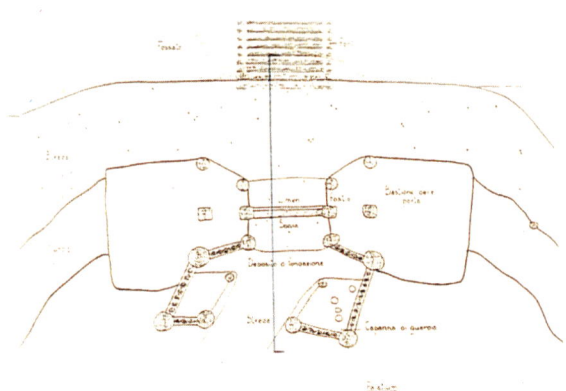

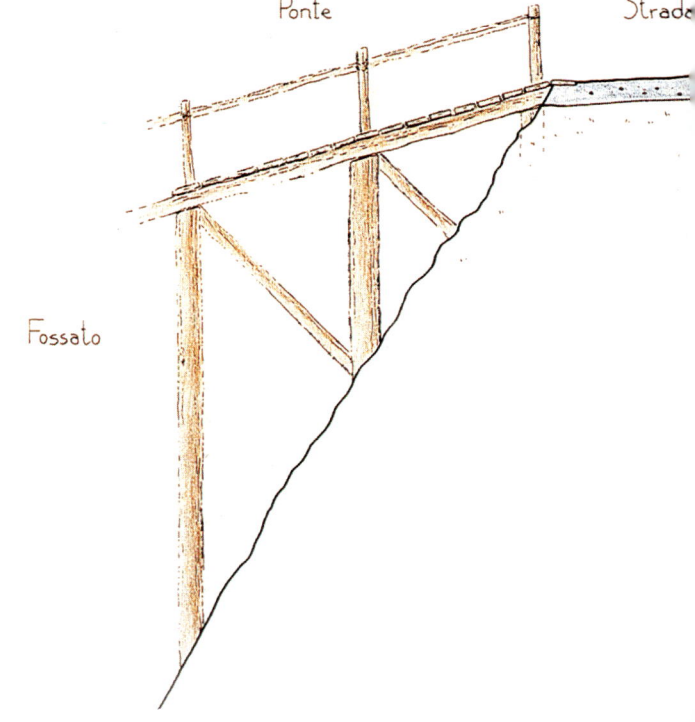

Ponte

Strada

Fossato

Bastione

Capanna di guardia (e di culto?)

0   1   2m

XXVIII. Die Mauern der romuleischen Zeit: Schnitt Nord-Süd, Blickrichtung nach Osten auf Bastion, Porta (Mugonia?) und Hütte (links oben: die Schnittlinie)

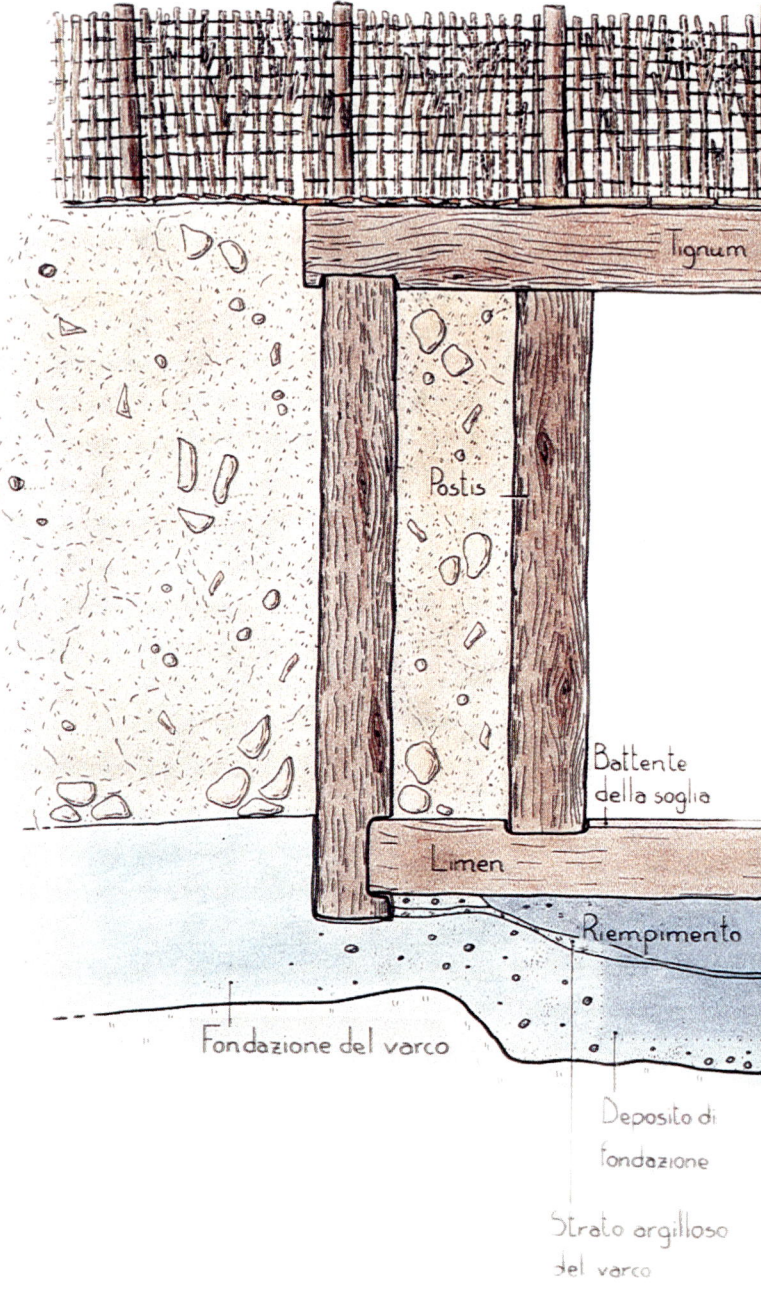

Tignum

Postis

Battente
della soglia

Limen

Riempimento

Fondazione del varco

Deposito di
fondazione

Strato argilloso
del varco

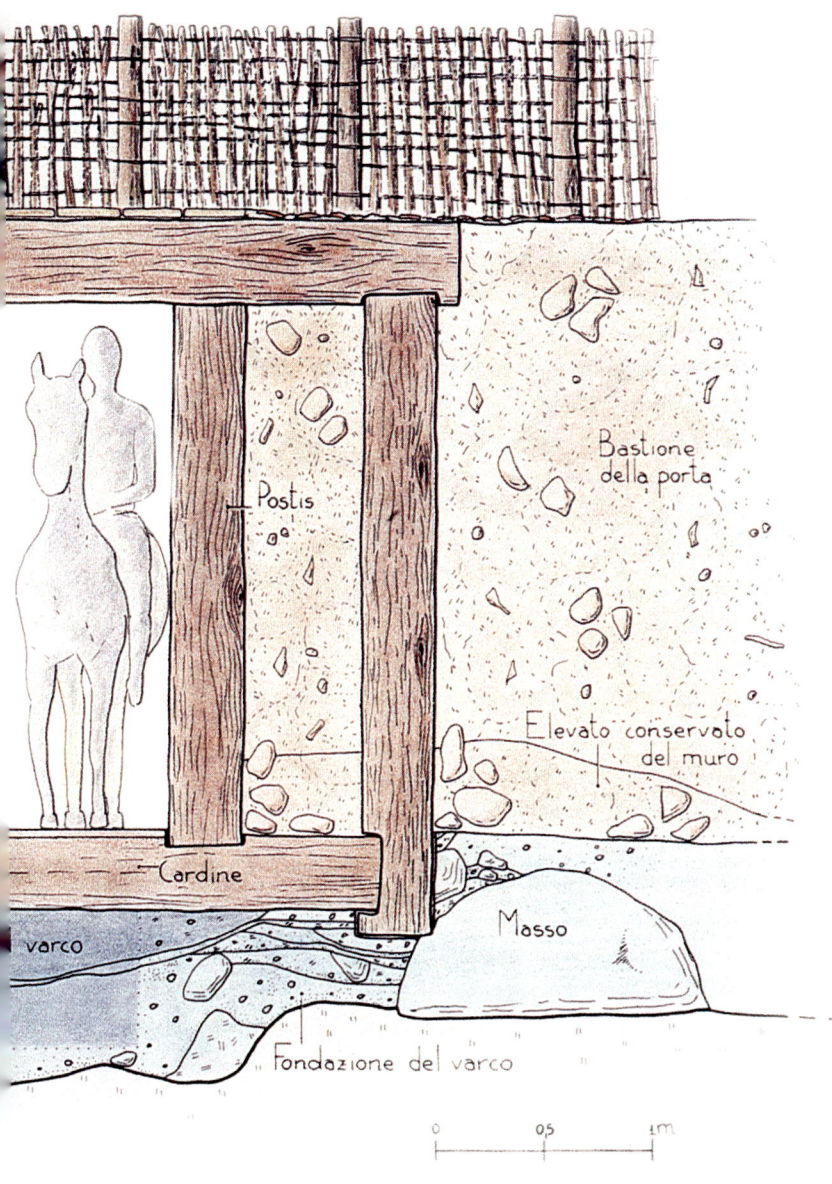

Bastione
della porta

Elevato conservato
del muro

Postis

Cardine

Masso

varco

Fondazione del varco

0   0,5   1m

XXIX. Die Mauern der romuleischen Zeit: Aufriß Ost-West, Blickrichtung nach Norden auf die Porta (Mugonia?) und die Mauer, mit stratigraphischem Schnitt

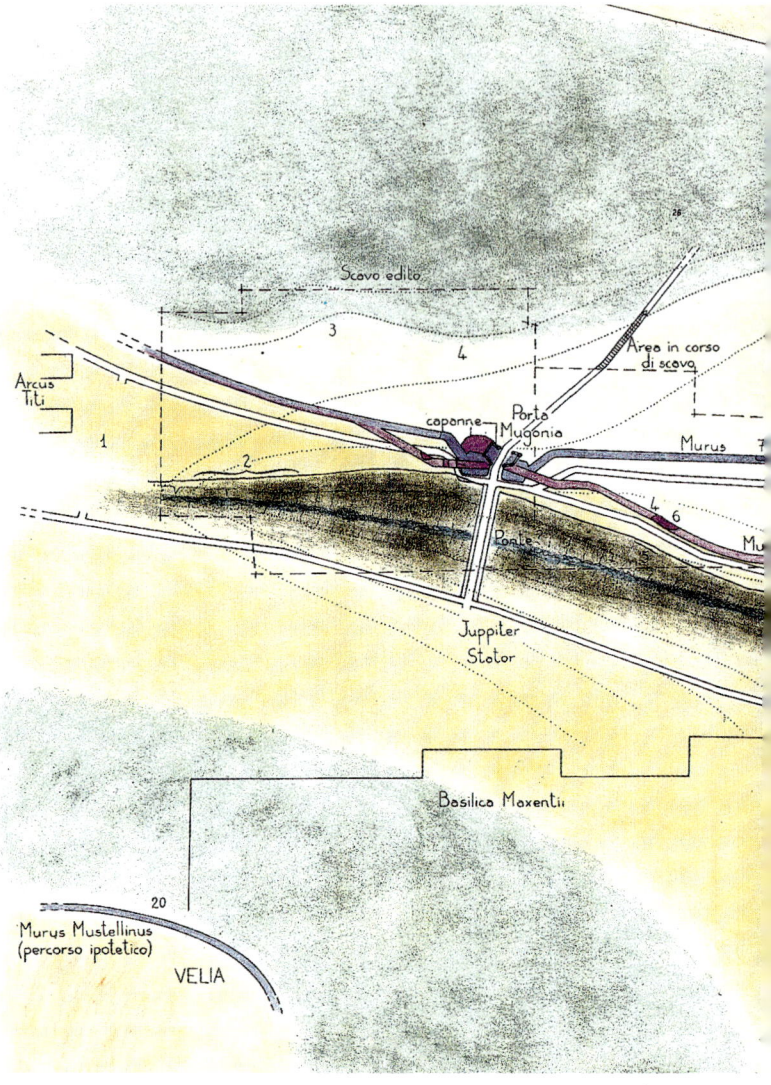

1. Sattel zwischen Palatium und Velia
2. Abschnitt des Grabens, rekonstruiert durch Kernbohrungen
3. Grenze zwischen Tuffstein und Lehm
4. Gebiet, auf dem schon in den latialen Stufen II B - III (s. Tafel XXII) Hütten standen
5. Neulich entdeckter Abschnitt des Grabens
6. Neulich entdeckter Abschnitt der Mauer 2
7. Neulich entdeckter Abschnitt der Mauer 1, mit Schlupfpforte, kleiner Schotterstraße, begrenzt von Tuffsteinplatten, die zur Zeit des Septimontium einen Bach einfaßten
8. Verlauf des Clivus Victoriae
9. Künftige Scalae Graecae
10. Curia Acculeia und eventuelle Argeer-Kapelle
11. Heiligtum der Larunda
12. Quelle der Juturna
13. Altar des Aius Locutius
14. Brunnenschacht im Heiligtum der Vesta

Labels visible in figure:

PALATIUM

VELABRUM

8

Porta Romanula

Approdo

24 22 20 18 16 14 12

9 10 11

Zona Pomeriale

12

13

Nova Via Fase 2

Lucus Vestae

Domus Virginum Vestalium et Domus Numae (?)

Nova Via Fase 3

Domus Anci Marci

Lares

Vesta

15 14

c.d Vicus Vestae

10

16

17

sacravienses

19

Sacra Via

18

Templum Antonini et Faustinae

Corso d'acqua

23

22

0   10   50 m.

15. Abschnitt einer Schotterstraße
16. Spuren von Hütten
17. Abschnitt des Grabens
18. Frühere Begräbnisstätte beim Tempel des Antonius und der Faustina, Latiale II A
19. Kult der Vica Pota
20. Kult des Mutinus Titinus und entsprechende Argeer-Kapelle
21. Corneta
22. Gebiet mit Hütten in früherer Zeit, Latiale II B - III
23. Doliola

XXX. Rekonstruierter Plan des Tales zwischen Palatium und Velia. Zeit der Mauern der ersten und zweiten Phase, letztes Viertel des 8. und 7. Jh. v. Chr. (traditionelle Chronologie)

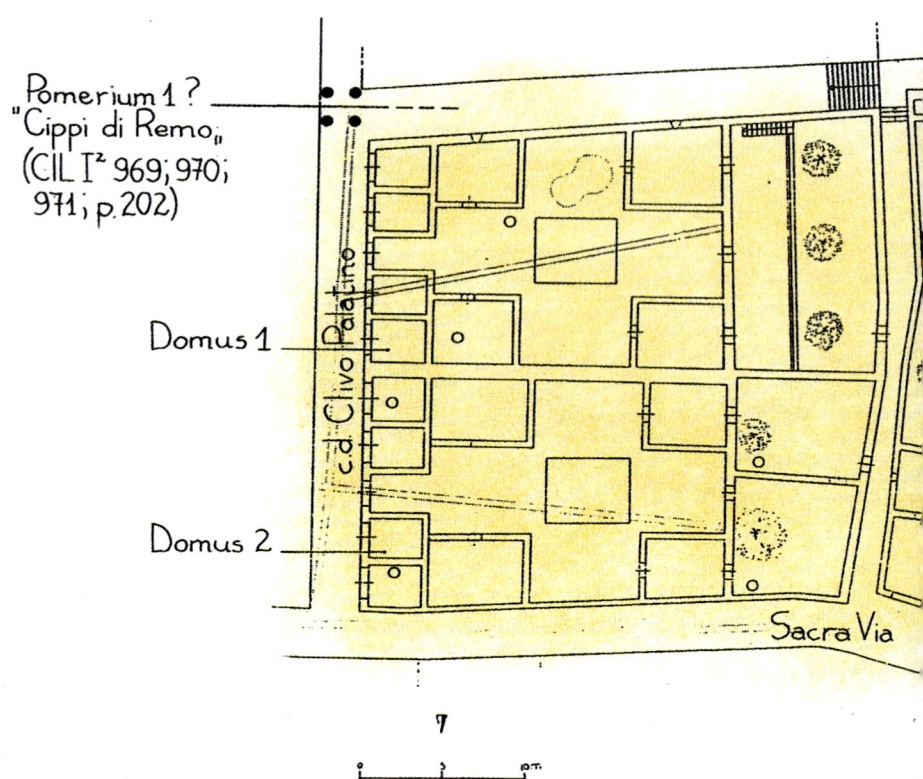

Pomerium 1 ?
„Cippi di Remo„
(CIL I² 969; 970;
971; p. 202)

Domus 1

c.d. Clivo Palatino

Domus 2

Sacra Via

7

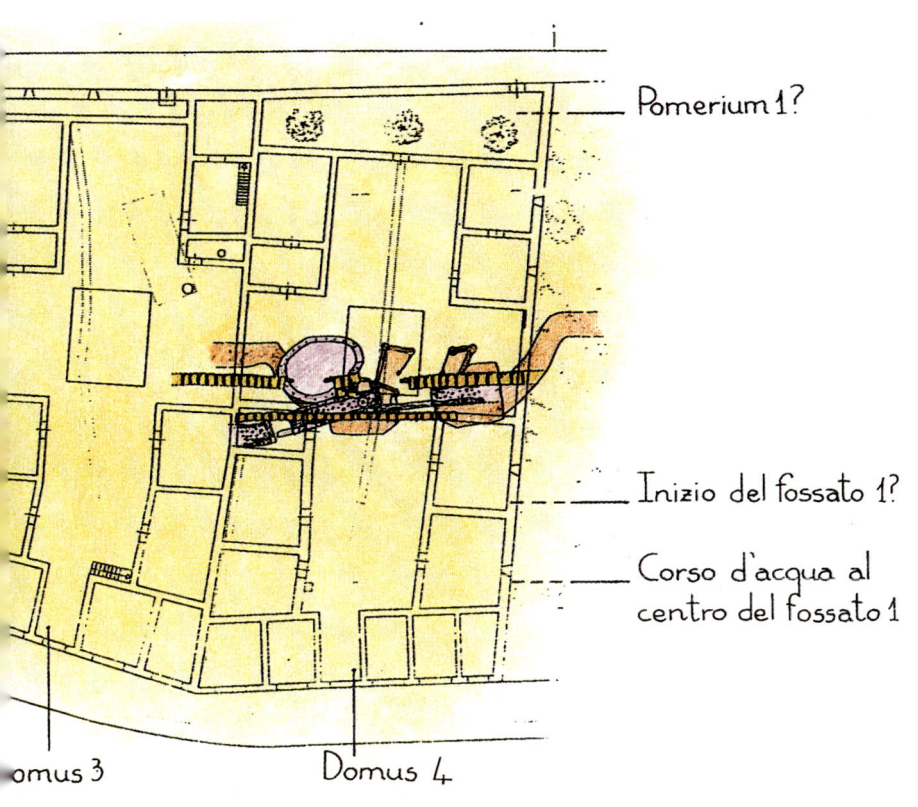

Pomerium 1?

Inizio del fossato 1?

Corso d'acqua al
centro del fossato 1

omus 3   Domus 4

XXXI. Rekonstruierter Plan der Mauern und der Tore (Mugonia?) in den verschiedenen Phasen (ca.
725–525 v. Chr.) mit dem darüber errichteten archaischen Viertel

1. Säulenstümpfe mit Inschriften aus augusteischer Zeit, die einen dem Gedächtnis des Remus gewidmeten Platz begrenzten
2. Schotterstraße unter der sog. Nova Via der Kaiserzeit
3. Mauern aus der archaischen Zeit, gefunden entlang dem sog. Clivus Palatinus
4. Kanal des sog. Clivus Palatinus, entdeckt von G. Boni 1905
5. Pflasterung und Kanal der Sacra Via
6. Lage der Porta Mugonia im 8. u. 7. Jh. v. Chr.
7. Öffentliche nicht bebaute Flächen
8. Vorverlegung der Befestigungsmauer des Palatin, Ende 6. Jh. v. Chr.
9. Kanal der Sacra Via, aufgefunden von G. Boni 1903
10. Bastion Ost mit zwei Räumen eines Tores (Porta Mugonia?), mit Ablage von Opferresten im Inneren
11. Pflasterungen von Stufenrampen aus der archaischen Zeit
12. Brunnenschacht aus der archaischen Zeit
13. Kanal in Opus quadratum aus Cappellaccio
14. Bauten in Opus quadratum aus Cappellaccio, entdeckt entlang der Sacra Via: wahrscheinlich das Haus des letzten Tarquiniers, versehen mit einem unterirdischen Durchgang, der zum Lucus Vestae führte
15. Einfassungsmauer, die den Höhenunterschied zwischen dem Bereich der *domus regia* und dem Heiligtum der Vesta markiert (s. Nr. 16)
16. Heiligtum in Opus quadratum aus Cappellaccio des Lucus Vestae, entdeckt von G. Boni 1911 und von uns wiederentdeckt
17. Bauten und Böden aus der archaischen Zeit, entdeckt im Bereich der Domus regis Sacrorum
18. Archaische Brunnenschächte im sog. Vicus ad Carinas
19. Haus der archaischen Zeit, entdeckt von G. Boni 1902
20. Archaische Straße zwischen Atrium Vestae und Regia (Vicus Vestae?), ausgegraben von E. Gjerstad 1956
21. Cappellaccio-Pflasterung einer möglicherweise überdachten Fläche, aufgefunden hinter dem Atrium Vestae aus spätrepublikanischer Zeit, in der F. Coarelli einen Abschnitt der Nova Via erkannt hat
22. Mögliche Lage des Hauses des Flamen Dialis (Domus Flaminia)
23. Pflasterung mit Cappellaccio, am oberen Ende der Scalae Graecae
24. Curia Acculeia
25. Ursprüngliche Lage der Porta Romanula

26. Grab der Acca Larentia
27. Heiligtum der Volupia
28. Verlauf des Vicus Tuscus, festgestellt von H. Hurst
29. Cappellaccio-Pflasterung, vielleicht unter einer über dachten Fläche, festgestellt von G. Boni im Bereich des Lacus Iuturnae
30. Mauern und Pflasterungen aus archaischer Zeit, fest gestellt unter dem Tempel der Castoren
31. Stratigraphien aus archaischer Zeit, ausgegraben von E. Gjerstad und R. Gamberini Mongenet 1958
32. Mögliche Lage des Hauses des Flamen Quirinalis
33. Offener Straßenkanal in Opus quadratum aus Cappellaccio an der südlichen Seite des Tempels der Castoren, vielleicht zur unteren Nova Via gehörend (nach P. Carafa)
34. Bauten aus Cappellaccio, gefunden von G. Carettoni unter der Basilica Iulia 1965

35. Lacus Curtius
36. Mauer in Opus quadratum aus rotem Tuffstein, erbaut auf dem zweiten Boden des Forums (um 625 v. Chr.), entdeckt von G. Boni beim sog. Equus Domitiani
37. Heiligtum der Venus Cloacina
38. Heiligtum des Ianus Geminus
39. a/b. Zisterne und Kanäle aus archaischer Zeit, entdeckt von G. Carettoni unter der Basilica Aemilia
40. Schnitt der Cloaca Maxima, rekonstruiert nach der Zisterne, die unter dem Atrium der Domus 3 entdeckt wurde; zur Verdeutlichung ist der Schnitt in einem größeren Maßstab wiedergegeben
41. Säulenstumpf des Comitium mit Inschrift
42. Votivdeposit des Niger Lapis
43. Comitium
44. Curia Hostilia

XXXII. Rekonstruierter Plan des Tales zwischen Palatium und Velia (um 525 v. Chr.)

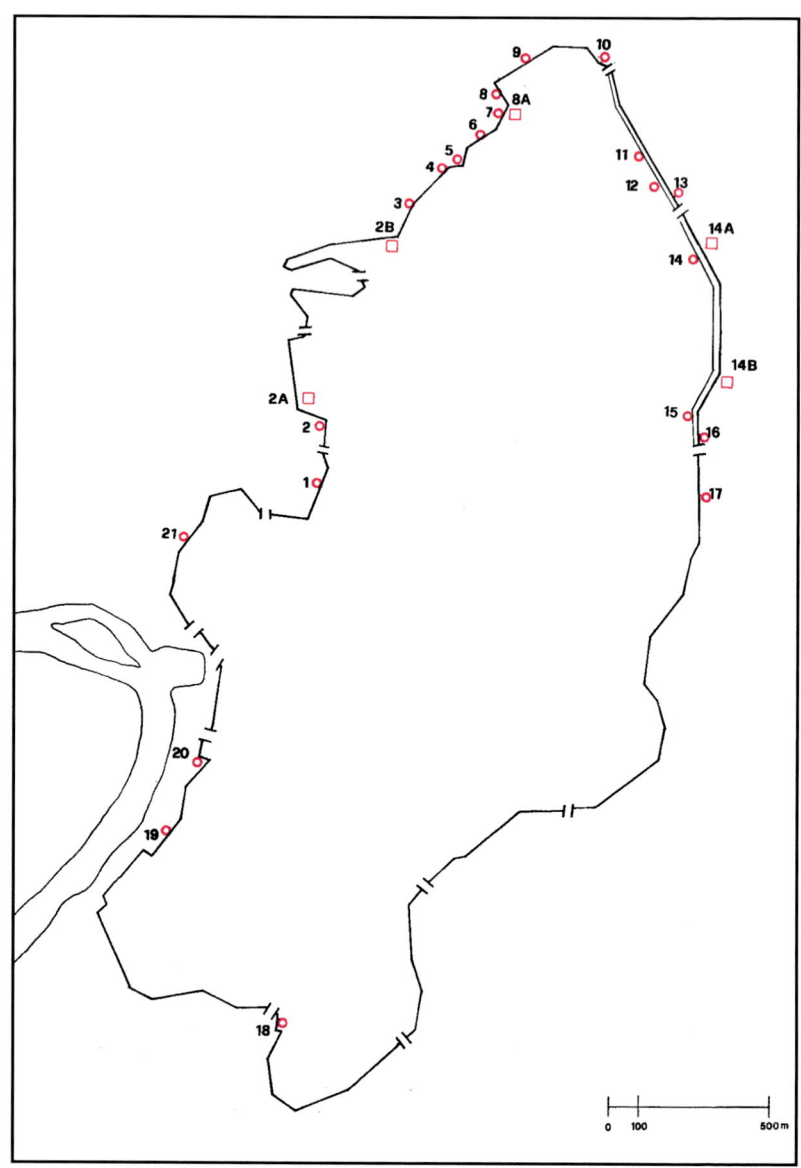

XXXIII. Rom, die servianischen Mauern; die Kreise bezeichnen die Abschnitte aus archaischer Zeit, die Quadrate die Abschnitte aus dem 4. Jh. v. Chr., die Blöcke aus der archaischen Zeit wiederverwenden

1. Der Große Buntspecht

2. Vulci, Tomba François: Vel Saties, Knabe und Specht; Fresko, Ende 4. Jh. v. Chr.

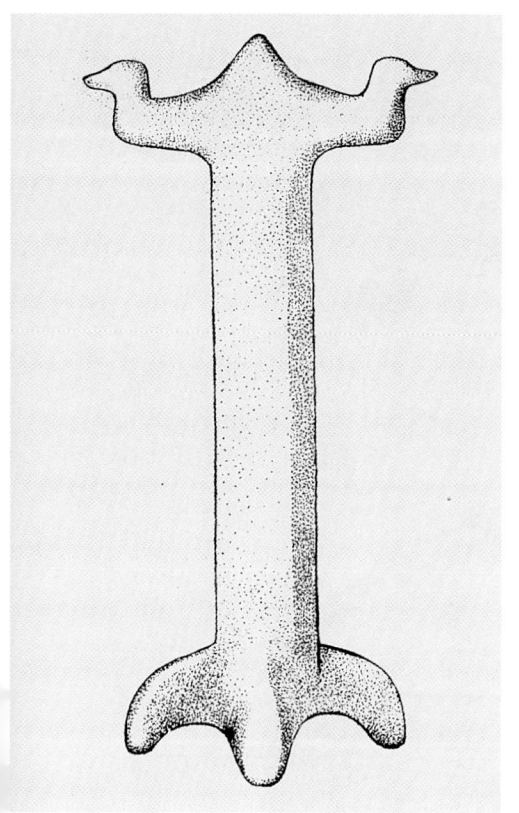

3. Villa Cavalletti, bei Grottaferrata, Nekropole: Tönernes Gestell mit zwei Vögeln, Latiale II A 1,
   Strichzeichnung
4. Castel di Decima, Grab 101: Bronzener Abstandhalter mit dem von Spechten geblendeten Anchises
   und Aphrodite mit Aeneas an der Brust, Ende 8. Jh. v. Chr.

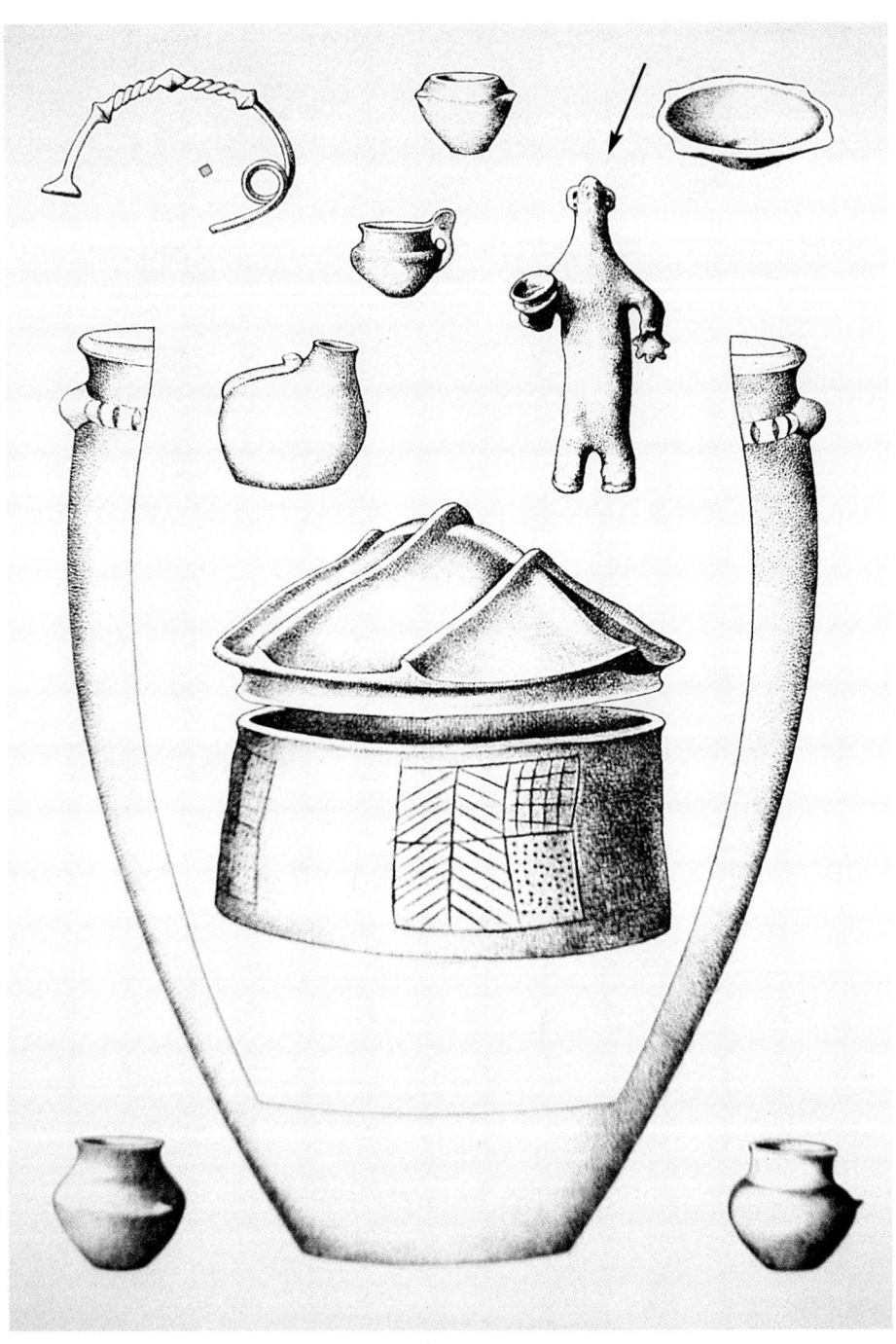

5. San Lorenzo Vecchio, bei Marino, Grab 1: Beigaben mit tönernen weiblichen Statuetten (Ops?), Latiale I, Strichzeichnung

PALATIUM

29. Luigi Rossini, Der Palatin vom Kapitol aus gesehen, mit dem Bogen des Septimius Severus, 1828, Radierung

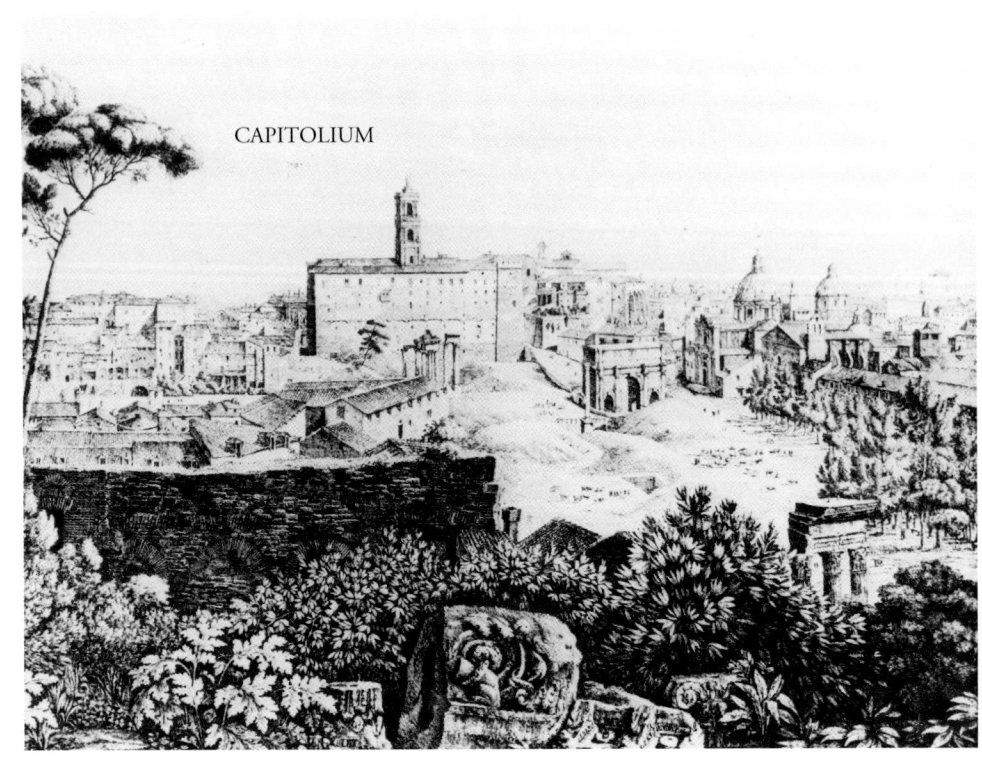

CAPITOLIUM

30. Luigi Rossini, Das Kapitol vom Palatin aus gesehen, 1827, Radierung

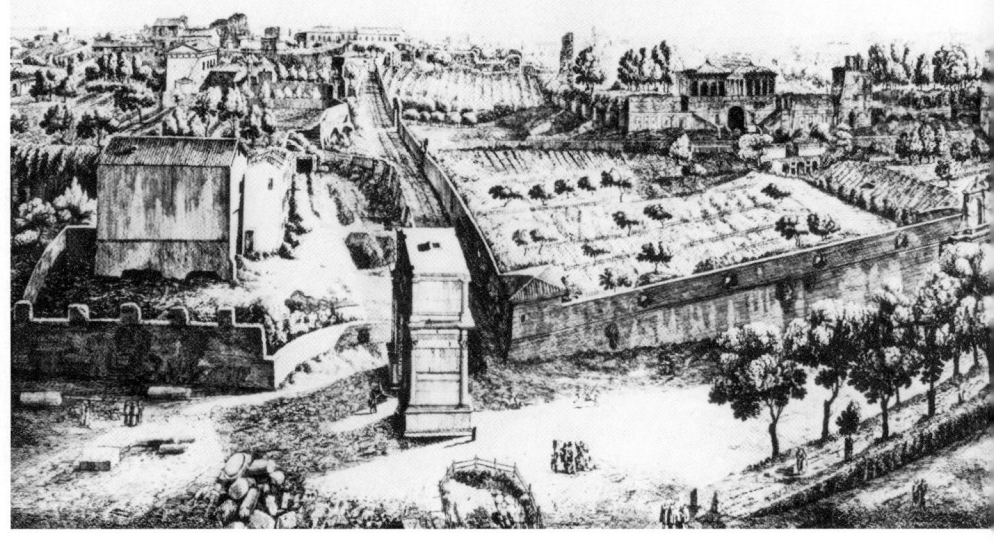

PALATIUM

31. Luigi Rossini, Der Hang des Palatin vom Campanile von Santa Francesca Romana aus gesehen, 1827, Radierung (die Ansicht wird von der Bildtafel 32 nach rechts fortgesetzt)

CAPITOLIUM   COLLIS
                                                             LATIARIS

32. Luigi Rossini, Ansicht von Rom, 1827, Radierung. Links der Palatin, das Forum Romanum und
    das Kapitol, die Basilika des Maxentius, erbaut wo sich der südliche Hang der Velia erhob, und der
    Collis Latiaris (Fortsetzung der Ansicht nach rechts auf Bildtafel 33)

COLLIS
VIMINALIS

MONS OPPIUS

33. Luigi Rossini, Die Velia vom Campanile von Santa Francesca Romana aus gesehen, ohne Datum,
 Radierung. Im Vordergrund die Gemüsegärten des Hügels der Velia (abgetragen 1931); im
 Hintergrund der Viminal und der Oppius (Fortsetzung der Ansicht nach rechts auf Bildtafel 34)

MONS CAELIUS

PIANTA
DIMOSTRATIVA
DEGLI ABITATI ROMANI
DALLA ETÀ DEL FERRO
al IV° secolo a. C.

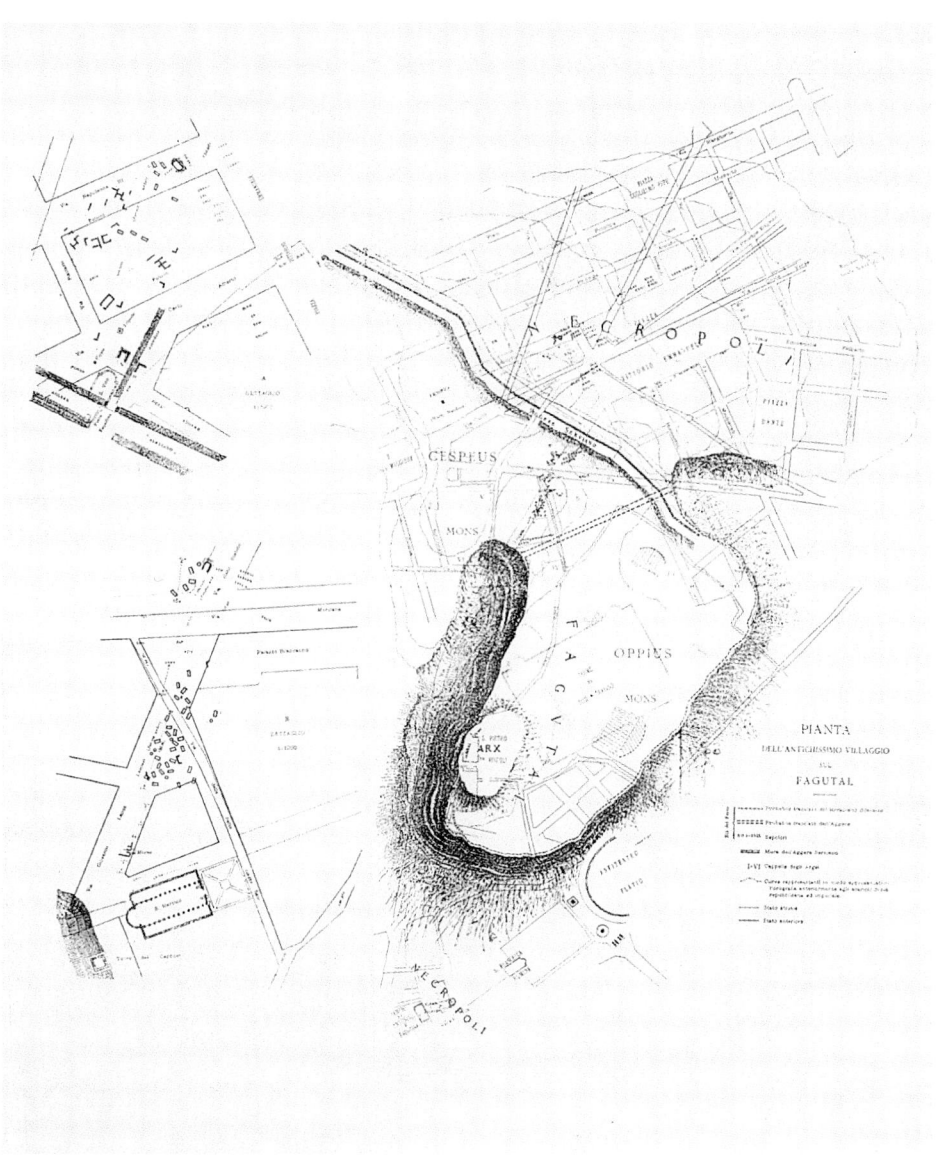

34. Luigi Rossini, Das Tal zwischen Oppius und Caelius mit dem Kolosseum und dem Bogen des
    Konstantin, 1827, Radierung (die Ansicht setzt sich rechts auf Bildtafel 31 fort)
35. Die Erhebungen von Rom (nach G. Pinza)
36. Der Esquilin (nach G. Pinza)

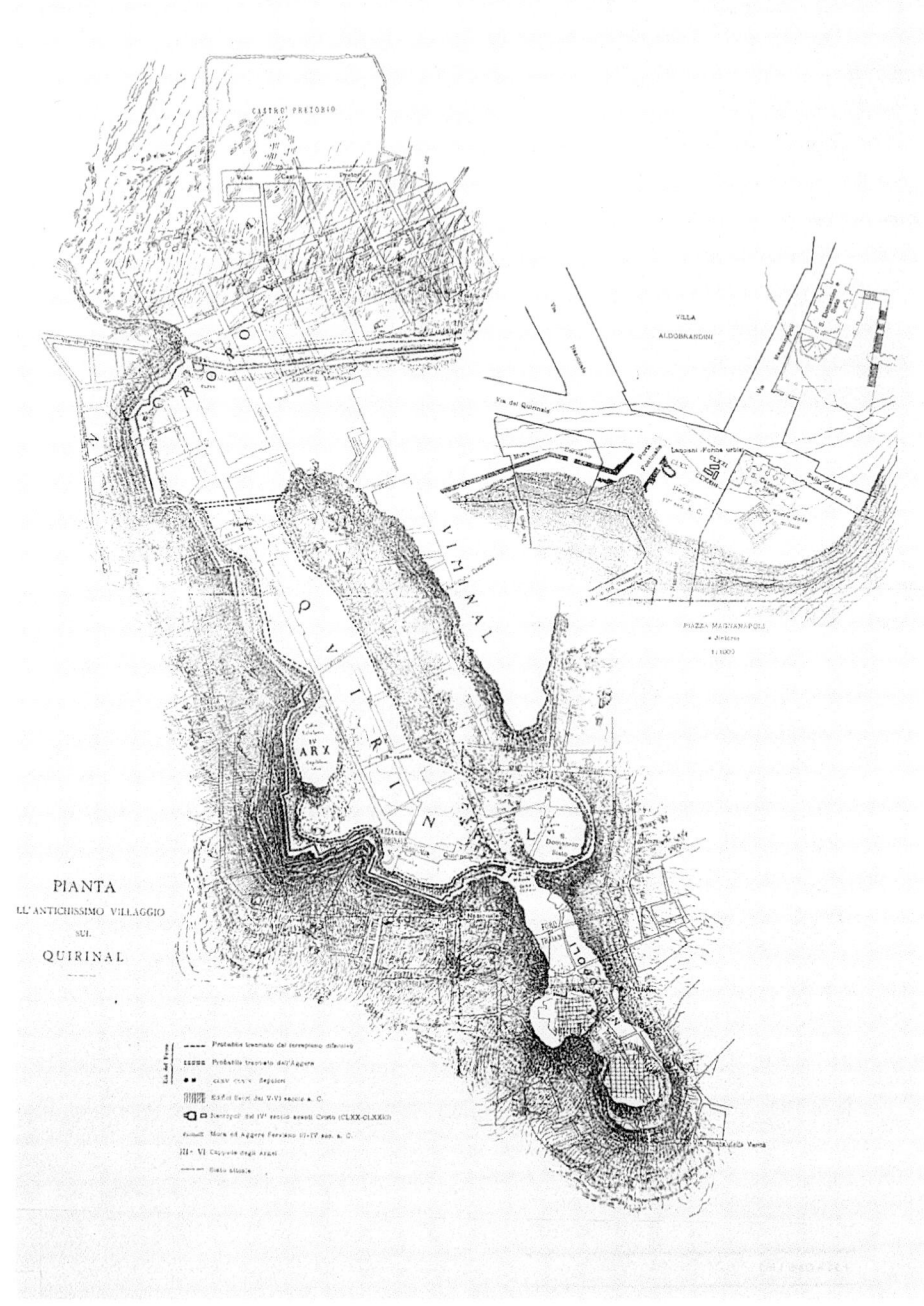

37. Der Quirinal (nach G. Pinza)

6–7. Bisenzio, Nekropole Olmo
Bello, Grab 2: Ritualwagen
aus Bronze, zweite Hälfte 8.
Jh. v. Chr.

8. Bisenzio, Nekropole Olmo Bello, Grab 2: Ritualwagen aus Bronze, zweite Hälfte 8. Jh. v. Chr., Sicht von oben

9–10. Bizenzio, Nekropole Olmo Bello, Grab 2: Ritualwagen aus Bronze, zweite Hälfte 8. Jh. v. Chr., Detail: Zwei Männer im Duell, dazu entsprechende Strichzeichnung

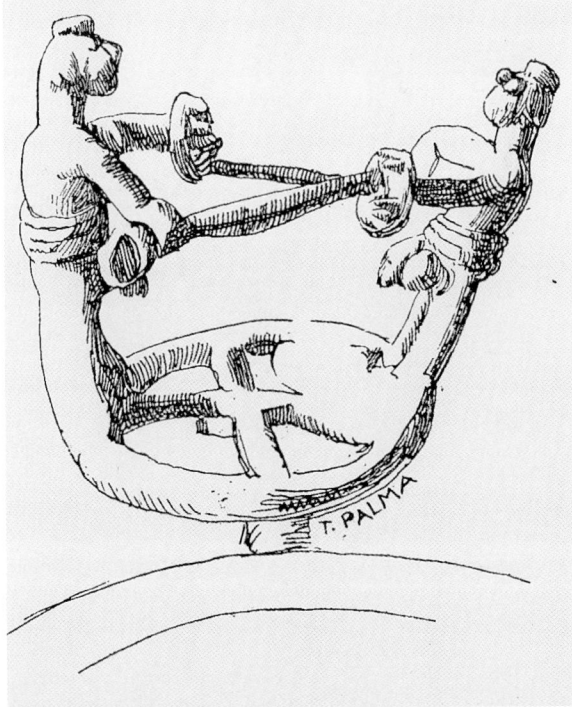

T. PALMA

11. Biszenzio, Nekropole Olmo Bello, Grab 2: Ritualwagen aus Bronze, zweite Hälfte 8. Jh. v. Chr., Detail: Jäger mit Lanze (vielleicht ein König) und Hirsch, Bogenschütze (seitlich), Affe und Vogel

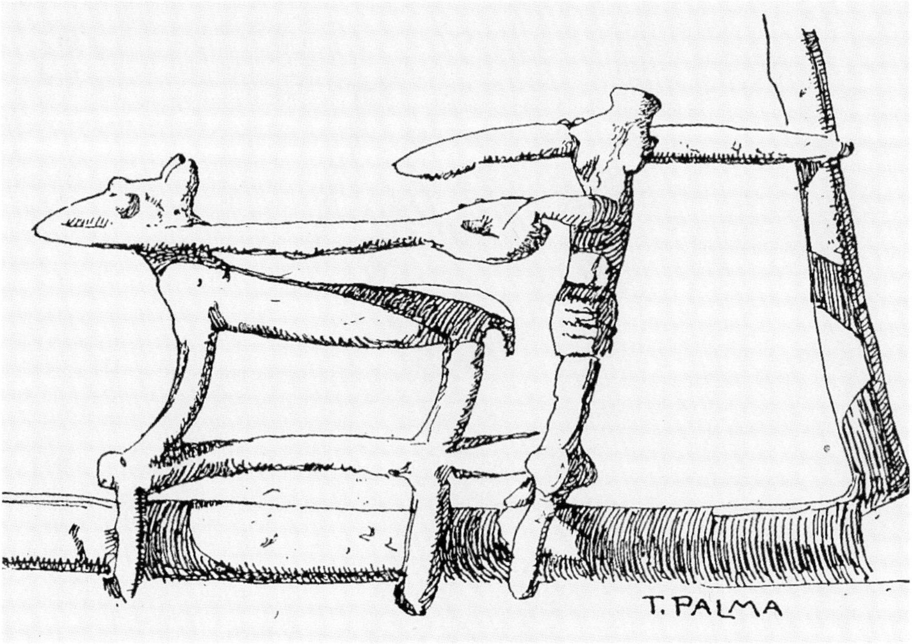

12–13. Biszenzio, Nekropole Olmo
Bello, Grab 2: Ritualwagen
aus Bronze, zweite Hälfte 8.
Jh. v. Chr.: Strichzeichnungen
des Jägers mit Lanze (vielleicht ein König) und Hirsch
und des Bogenschützen (von
vorne)

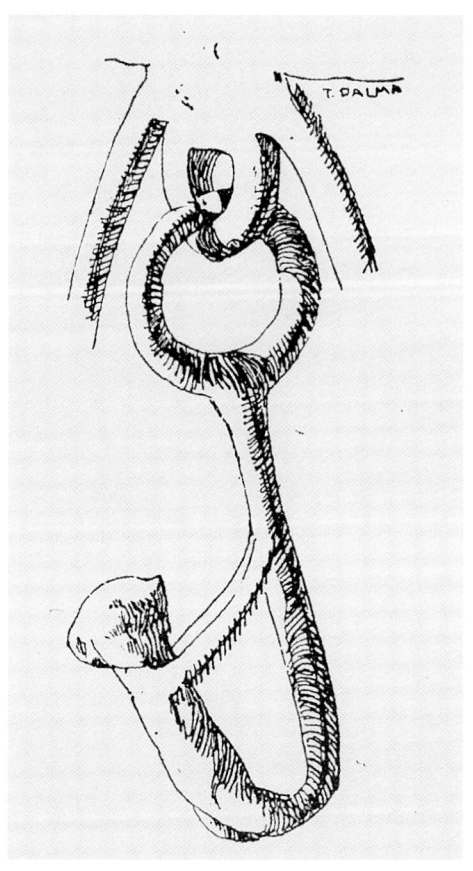

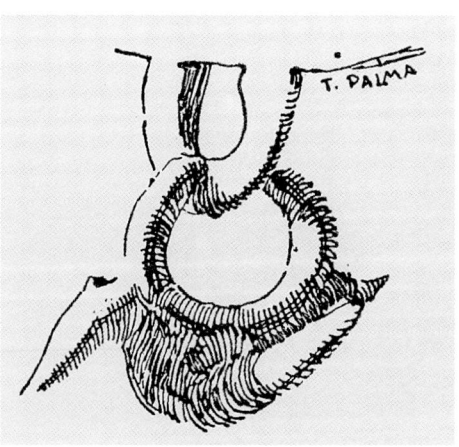

14–15. Bisenzio Nekropole Olmo Bello, Grab 2: Ritualwagen aus Bronze, zweite Hälfte 8. Jh. v. Chr.: Strichzeichnungen des hängenden Affen und des Vogels im Flug

16–17. Bisenzio, Nekropole Olmo Bello, Grab 2: Ritualwagen aus Bronze, zweite Hälfte 8. Jh. v. Chr., Detail: Göttin (Typus Ops) und bewaffneter Mann (vielleicht ein König, gleichgestellt mit einer Gottheit des Typus Mars), dazu entsprechende Strichzeichnung

18–19. Bisenzio, Nekropole Olmo Bello, Grab 2: Ritualwagen aus Bronze, zweite Hälfte 8. Jh. v. Chr., Detail: Bewaffneter Mann (vielleicht ein König, gleichgestellt mit einer Gottheit des Typus Mars), Gemahlin (vielleicht eine Königin, gleichgestellt mit einer Gottheit des Typus Ops) und junger Mann (vielleicht ein Prinz) mit Schild, dazu entsprechende Strichzeichnung

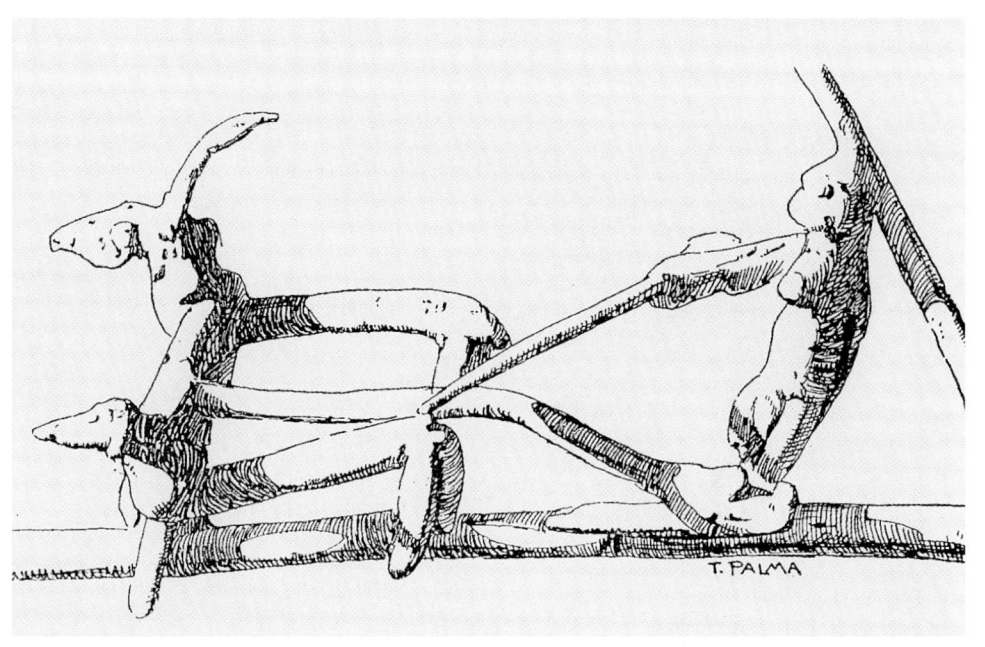

20–21. Bisenzio, Nekropole Olmo Bello, Grab 2: Ritualwagen aus Bronze, zweite Hälfte 8. Jh. v. Chr., Detail: Mann (vielleicht ein König), der ein Feld pflügt oder rituell eine Stadt gründet, dazu entsprechende Strichzeichnung

22. Rajasthan (Indien), Tempelschwelle, zwei Dämonen (auf die man beim Eintreten mit dem Fuß tritt)

23–24. Rajasthan (Indien), Tempelschwelle, vier Dämonen, zwei katzenartige und zwei
anthropomorphe Wesen, Detail

25–26. Praenestinischer Spiegel, aus Bolsena, mit Darstellung der Laren der Latiner und der Römer, Ende 4. Jh. v. Chr.; gegenüber die entsprechende Strichzeichnung

PALATIUM

27. Luigi Rossini, Der Aventin vom Kapitol aus gesehen, 1829, Radierung
28. Luigi Rossini, Der Palatin vom Kapitol aus gesehen, 1827, Radierung; von links: Circus Maximus, Kaiserpalast, Bogen des Konstantin

11 Der Gott Iuppiter Latiaris und Latinus, göttlicher König der Aboriginer/Latiner. Endbronzezeit, Stufe IIA (1100–1050)

140. Der dritte göttliche König von Alba. Latinus[1] ist der Nachfolger VI
des Faunus,[2] nach der *Theogonie* sein Bruder,[3] nach einer anderen Version
sein Sohn.[4] Der dritte und wohl auch der vierte König von Alba, Aeneas
Silvius und Latinus Silvius, sind sein Double, wie aus ihren Namen hervor-

[1] Die Endbronzezeit, Stufe II (1100–1000), ist nach der neuen Chronologie zwischen 1150
und 1085 [1150-1050, nach Pacciarelli i. Dr.] anzusetzen: vgl. Appendix 2: Chronologien. In
der Denkweise der Chronographen könnte man Latinus die Chronologie zuschreiben, die
Eusebios/Hieronymus (Helm 1913) Aeneas Silvius zuschreibt: Es handelte sich hier um die
31 Jahre zwischen 1107 und 1076; aber man könnte auch an einen Latinus Silvius denken: dann ginge
es um die 50 Jahre zwischen 1107 und 1057. Nach Eus. Chron. 283 Schoene hat Latinus 36 Jahre
regiert, zwischen 1095 und 1059. Vgl. auch § 71.
[2] Faunus steht zu Latinus und zu Alba, wie Daunus zu Turnus und zu Ardea steht: Verg.
Aen. 10,616 ff., 688; 12,90 ff., 932 ff. Mit diesen mythischen Gestalten, die Latinern und Rutu-
lern gemeinsam sind - zusätzlich zu Pallas, Aventin und dem ersten Fabius (Mastrocinque
1993) -, endet in Latium das heroische Zeitalter. In einer späteren Version des Mythos ersetzt
Hercules den Faunus und zeugt mit Fauna den Latinus. Mit Acca hätte der griechische Heros
höchstens Latinus zeugen können, aber niemals Romulus (wie jedoch Mastrocinque 1993
annimmt, auf den wir bezüglich der Quellen zu Hercules verweisen). Wenn Tacita = Ops
und Mercurius = Mars, als ursprüngliche Eltern der Laren, ist Latinus ihr Urenkel und demnach selbst einer der Laren. Nach Mastrocinque 1993 ist Latinus die letzte echte Mythengestalt
vor dem Zeitalter der Tarquinier, die Gestalt des Romulus ist ihm zufolge im 6. Jh. erfunden
worden.
[3] Hes. theog. 1011-16. Die Zauberin Circe, Tochter des Sol, habe von Odysseus (= Picus) Agrios
und Latinus geboren (man beachte die Symmetrie, nach der Ascanius auf Silvius Postumus,
einen anderen Sohn des Aeneas, folgt). Nach Eusebios/Hieronymus (Helm 1913) war Aeneas
Silvius der Sohn von Lavinia und Melampus, wodurch er ein Halbbruder des Silvius war, des
postumen Sohnes von Aeneas und Lavinia. Er hätte also nach dem Stiefbruder regiert, und
ihm soll Latinus Silvius, Sohn des Silvius (D'Anna 1992) nachgefolgt sein. Nach den hier vorgeschlagenen Gleichsetzungen und einem analogen Schema folgend wäre Latinus (= Aeneas
Silvius / Latinus Silvius) der Bruder des Faunus (= Silvius) und sein Nachfolger auf dem Thron
von Alba, wie schon in der *Theogonie*. Latinus ist ein möglicher Zwillingsbruder des Faunus
(vgl. § 122), wie Arkas der Zwillingsbruder des Pan ist.
[4] Außer für den Sohn des Odysseus (= Picus) und der Circe wurde Latinus für den Sohn des
Faunus und der Fauna (Serv. Aen. 7,47) oder der Nymphe Marica gehalten: Dion. Hal. 1,43;
Ov. met. 14,449; Serv. Aen. 10,76; Aug. civ. 18,16 (Mastrocinque 1993, Anm. 732), oder auch
eines hyperboreischen Mädchens: Dion. Hal. 1,43. Die emporischen Gottheiten Feronia, Circe
und Marica (Trotta 1986-87) sind verbunden mit Mars, Picus und Faunus, wie Aphrodite mit
Anchises verbunden ist. Vgl. § 114, Anm. 46.

geht.[5] So wie auf Pelasgos, den ersten König, und auf Lykaon, den Wolf, Oinotros folgt, der namengebende Gründer der Oinotrer, und Daunus, der Gründer der Dauner, so folgt auf Picus, den ersten König, und auf Faunus, den Wolf, Latinus, der namengebende Gründer der Latiner. Latinus wurde von der mythischen Rekontextualisierung in einen König von Laurentum verwandelt, der Phantasiestadt,[6] die erfunden wurde, um den göttlichen König einem anderen Ort als Alba zuzuweisen, als dessen Gründer man Ascanius ersonnen hatte, und einem anderen Ort als Lavinium, als dessen Gründer Aeneas herhalten mußte. Bemerkenswert ist, daß in der *regia* von Laurentum nur Picus, sein Gründer, und der regierende König Latinus auf dem Thron der Ahnen sitzend dargestellt werden, während andere königliche Vorfahren wie Italus, Sabinus, Saturnus und Janus stehend dargestellt sind.[7]

141. Der Bund der Latiner und der Kult des Iuppiter Latiaris. Während Picus und auch Faunus als Tier-Menschen (Specht und Wolf) erscheinen und mit Latium äußerlich verbunden waren, erscheint Latinus als eine völlig menschliche Figur – er ist keine Sau, auch wenn er mit dem Vorzeichen der Sau und den 30 Ferkeln in Verbindung steht –, und er ist ausschließlich an Latium gebunden.[8] Er setzt einen Schlußpunkt unter den aboriginischen Abschnitt der Volkwerdung und tritt als Gründer der Latiner und ihres Bundes auf und damit als derjenige, der für Alba Longa, die Metropole des *nomen*, die Vorrangstellung beansprucht. Der Gründung des *ethnos* entspricht die Gründung der prisci Latini. Latinus erscheint so als der, der die *populi* Latiums als solche bestimmt und zu einem Bund zusammenschließt.[9] Einige der Siedlungen der Region werden dann von seinen Söhnen gegründet.[10] Latinus erscheint demnach auch als derjenige, der das Gebiet von

---

[5] Pais 1913 hatte bereits vermutet, daß Latinus Silvius nichts weiter als die Verdoppelung von Latinus »dem Alten« war. Zu Lausus Latinus: Radke 1991.

[6] D'Anna 1992.

[7] Verg. Aen. 7,187-93 (Préaux 1962).

[8] Wenn Latinus vor allem König von Alba ist und erst in zweiter Linie König von Lavinium, überrascht es nicht, daß Fabius Pictor die Sage von der Sau mit Alba verbindet: Hist. Rom. Rel. fr. 4 Peter (Alföldi 1965). Die Sau repräsentiert das von Latinus gegründete *nomen* und ist auf einigen Münzen mit zwei Laren oder Penaten verbunden, in denen man Picus und Faunus wiedererkennen kann. Die Tochter des Latinus Leucaria = Alba (vgl. § 73, Anm. 5) verweist auf die Metropole der Latiner, wie Lavinia auf Lavinium verweist.

[9] Es ist kein Zufall, daß die Vulgata die »Kolonien« von Alba ausgerechnet König Latinus Silvius zuschreibt, der eben das Double von Latinus ist: Liv. 1,10; 11, 33. 35. 38; Dion. Hal. 1,16; 2,35; 3,38.49-51; Orig. gent. Rom. 17 (D'Anna 1992). Von diesen Kolonien, 30 an der Zahl, kennen wir nur sechs Namen (Appendix 5). Zur Unterscheidung zwischen *nomen* Albanum und *nomen* Latinum vgl. Magdelain 1995 und § 149, Anm. 22.

[10] So soll der Gründer von Praeneste ein Sohn des Latinus und Enkel des Odysseus gewesen: Solin. 2,8.

Latium vetus endgültig festlegt, als das entlang dem linken Tiberufer liegende Gebiet, das von dem Gebiet am gegenüberliegenden Ufer des Flusses
völlig getrennt ist.[11] Hier zeigen sich auch Analogien zwischen dem Eponym
der Latiner und Theseus, dem Gründer von politischen Bündnissen im
Saronischen Golf mit dem Zentrum in Kalaureia und in Attika mit dem
Zentrum Athen.[12] Der mythische Komplex der göttlichen Könige bildete das

---

[11] Die Niederlage des Mezentius, des Königs von Caere, der Turnus, dem Sohn des Daunus
(= Faunus), König von Ardea, zu Hilfe kommt, bezeichnet das Ende einer Situation, in der
es wenig Unterschiede, ja eine gewisse Einheitlichkeit zwischen den Territorien dieser beiden
Siedlungen gegeben hat. Der Frieden nach dem Sieg des Aeneas über Rutuler und Etrusker
hatte dazu geführt: »ut Etruscis Latinisque fluvius Albula ... finis esset« (Liv. 1,3). Es ist nicht
schwer, das Verdienst der Schöpfung Latiums, das gekünstelt Aeneas zuerkannt wurde, dem
Latinus zuzuschreiben, dem Namensgeber des *nomen* und Gründer des Bundes, der folglich
auch die regionalen Grenzen festgelegt hat. Es scheint sich um den Abschluß eines langen Glie-
derungsprozesses betreffend die Gebiete rechts und links des Tibers zu handeln, der mit der
Aufwertung des linken Flußufers zur Zeit des Saturnus und des siculischen Saturnia begonnen
haben dürfte (vgl. §§ 86–87). Wir können uns vorstellen, wie Latinus, der oberste Häuptling
Latiums, vom *auguraculum* des Mons Albanus aus (das im *auguraculum* des Collis Latiaris sein
Pendant auf römischem Boden hatte) die Region abgrenzt, wohl in der Weise, wie die ersten
Könige von ihren Burgen aus mit dem Wort die Territorien der von ihnen gegründeten Städte
festlegten und sie von den bösen Geistern befreiten: Varro ling. 6,53; Cic. leg. 2,8 (Coli 1958;
Cecamore 1996). Vgl. auch Addendum IV.
[12] Theseus galt als Gründer der Amphiktyonie, die im Heiligtum des Poseidon in Kalaureia
(Poros) bei Troizen, das auf das 10. Jh. zurückgehen könnte, ihren Mittelpunkt hatte (Sourvinou Inwood 1979). Diesem Heros wurde auch die »politische« Vereinigung Attikas nach dem
mykenischen Zeitalter zugeschrieben (Andrewes 1982). Dem Synoikismos des Theseus sei der
Zusammenschluß der kleinen Dörfer Attikas vorangegangen, der dem Kekrops zugeschrieben
wurde (Moggi 1976). Die politische Vereinigung durch Theseus habe einen Rat und ein gemein-
sames Prytaneum mit Sitz in Athen mit sich gebracht, das zum hegemonialen Zentrum der
Region wurde, aber die Bewohner von Attika hätten weiterhin in ihren Dörfern gelebt. Die
Regierungsform des Theseus und seiner Nachfahren war eine Art Monarchie und erschien den
Griechen wie eine erste Form des »Staates« (Aristot. Ath. pol. 412; Thuk. 2,15; Paus. 1,3,3). Wenn
wir in der mythischen Gestalt des Theseus die *basileis* wiedererkennen, die Urheber des attischen
Synoikismos, hätten wir den historischen Kern seiner Sage gefunden (Moggi 1976; Thomas
1976; Bertelli-Giannotti 1987). Das Marmor Parium datiert Theseus in die Jahre 1259–1230 (De
Sanctis 1898; Brillante 1981), über ein Jahrhundert vor Latinus, wodurch die Verschiebung zwischen der griechischen und der lateinischen Chronologie wieder bestätigt wird. Nach der Vulgata ist Latinus aber im wesentlichen ein Zeitgenosse des Theseus, da sie die Ereignisse künstlich synchronisiert hat, indem sie die Regierungszeit des Latinus in die Jahre 1215–1179 datiert.
Der Bund des Theseus wurde zwischen die Jahre 950 und 700 datiert, wahrscheinlicher an
den Beginn der Epoche: Van Gelder 1991; Parker 1996. Siehe auch Plut. Kim. 8,7, wo Theseus
400 Jahre vor Kimon wirkte, also in das zweite Viertel des 9. Jh. Der Vereinigungsprozeß
Attikas sei erst im 8. Jh. zum Abschluß gekommen: Snodgrass 1996. Aber es müßte genauer
untersucht werden, ob der Synoikismos des Theseus nicht eher dem Schemata des komplexen
Chiefdom bzw. des Early State entspricht – dies die beiden wahrscheinlichsten Hypothesen – als
dem Schema des Stadtstaates. Zu einer Konföderation auf Patrai vor der Ankunft des Dionysos
und des Gründers Patreus: Massenzio 1968. Dionysos wurde um 1440 datiert: Hdt. 2,145.

Rückgrat der latinischen Stammesidentität und seiner präpolitischen Organisation, die an den Kult des Iuppiter Latiaris gebunden ist, eines Jupiter,
der nun zum Beschützer aller Latiner und also von ganz Latium geworden
ist. Und mit diesem Bundesgott wird Latinus nach dem Tod gleichgesetzt.[13]
Auf diese Weise gehen die mit Jupiter verbundenen Eigenschaften auf den
vergöttlichten König über, der sie jetzt als ausschließlich latinisch entge-
gennimmt, so wie es dem heiligen und königlichen Geschlecht der Aboriginer zukommt, das einige der Alten mit dem Stammbaum von Argos,
dem ältesten und vornehmsten Geschlecht von Griechenland, das von Zeus
abstammte, verbunden sahen.[14] Jupiter dürfte in diesen fernen Zeiten ein
Gott gewesen sein, der sich sehr von dem Iuppiter Optimus Maximus der
Tarquinier (siehe den Kalender der späten Königszeit) unterschied und wohl
auch von dem Iuppiter Feretrius des Romulus (siehe den Kalender der
frühen Königszeit), die beide demythisiert und in die Staatsreligion der
Römer eingegliedert erscheinen. Während der Jupiter des Faunus einfach
der Beschützer der Albaner sein konnte, ist der Jupiter des Latinus inzwischen sicher der Beschützer nicht von einem oder mehreren *populi*, sondern
des gesamten *nomen*. Außer göttlicher Stammvater, zusammen mit Mars, des
königlichen Stammbaumes der Aboriginer-Latiner ist der Gott jetzt auch
der große *pater* Latiums, einer stammesmäßigen Vorform des Staates, ähnlich den anderen göttlichen *patres* Mittelitaliens, soweit diese ihre ursprüngliche örtliche Bedeutung (vergleichbar der des Jupiter des Faunus?) bewahren konnten, und doch aufgrund seiner viel größeren Macht von ihnen
unterschieden.[15] Die Gleichsetzung des Latinus mit Iuppiter Latiaris könnte
die Ablösung von der Autochthonie und von exemplarisch vom Stammvater Mars verkörperten aboriginischen Blutsbanden bedeuten sowie die Verwurzelung der latinischen Königswürde in einer Gottheit von allgemeine-

---

[13] Paul. Fest. 212 L. Aus dem gleichen Grund ist auch Quirinus vor Romulus anzusetzen, der
mit ihm gleichgesetzt wird. Im Zeitalter der Tarquinier erscheint der Triumphator wie eine
Inkarnation des Jupiter (Wagenvoort 1947), aber frühe Formen des Triumphes und der Angleichung an den höchsten Gott, wie die *ovatio*, waren schon in der frühen Königszeit und wahrscheinlich schon in der präurbanen Zeit bekannt. Es wäre zu fragen, ob die Zerteilung des
Romulus, sein Verschwinden und seine Wiedergeburt als Gott nicht in Latinus einen mythischen Vorläufer gehabt haben könnte, der auf der Burg von Alba gestorben war (vgl. §145,
Anm. 29), verschwand und mit Iuppiter Latiaris gleichgesetzt wurde, da der Stier, den den Gott
in der Tierwelt verkörperte, zerteilt und an die *populi* verteilt wurde und da die arkadische Entsprechung des Latinus, nämlich Arkas, der Zwillingsbruder des Pan, zerteilt, wiederaufgeweckt,
vergöttlicht und als Vorfahr der Arkader verehrt wurde. Zu Arkas-Latinus-Romulus als *dema*:
Brelich 1960; Chirassi Colombo 1968; Piccaluga 1968; Sabbatucci 1984.
[14] Brillante 1981.
[15] Erinis, Pyrgensis, Reatinus, Sabinus, Soranus und Turpenus: CIL 10,3710; 14,2902 (Briquel
1984; Letta 1992).

rer und aktuellerer Bedeutung, die jetzt geordnet, dauerhaft und rechtlich verankert herrscht. Es ist der Jupiter einer königlichen Institution und eines Geschlechts von Häuptlingen, die, wie wir dem Mythos entnehmen können, nicht mehr einem einzelnen Volksstamm, sondern einem Gesamt von Gemeinschaften vorstehen, die eine neue Art von größerer regionaler »Herrschaft« darstellen. Es ist ein Jupiter als Gottheit des Himmels, ein Blitzeschleuderer, der die Eigenschaften des Spechtes übernommen hat, und er ist vermutlich auch ein unterirdischer Gott, der (wie schon der italische Mars) die Eigenschaften des Wolfes übernommen hat.[16]

142. Das Opfer an Iuppiter Latiaris. Zum Iuppiter-Latiaris-Kult gehörte außer den Opfergaben der einzelnen Gemeinschaften auch die Opferung eines weißen Stieres,[17] dessen Fleisch, wohl zu gleichen Teilen, unter den

---

[16] Sabbatucci 1978. Erinnern wir uns, daß Sabus, namengebender Gründer des sabinischen *ethnos*, wie Latinus es für das latinische ist, Sohn des Sancus war, dann mit Iuppiter Fidius gleichgesetzt wurde, so wie Latinus Sohn des Silvanus-Faunus war (zum Zusammenhang Selvans/Silvanus und Sancus siehe Colonna 1966). Sabus könnte der Heros sein, der sein Volk zum historischen Sitz, nach Sabina, geführt hat. Es folgt die Wanderung mit Testruna bei Amiternum, dem ursprünglichen Zentrum der Sabiner, zum Cutilia der Aboriginer: Dion. Hal. 2,49. Im Zusammenhang mit dieser Wanderung betrachtet, scheinen die Bildung des sabinischen und des latinischen *ethnos* zeitgleich zu erfolgen, weshalb Sabus und Latinus als im wesentlichen zeitgenössische Gründer gelten können, die mit der Bildung dieser beiden Volksgruppen verbunden sind. Die Verbindungen mit Mars und mit den »martialischen« Tieren des Spechtes und des Wolfs scheinen nunmehr weit zurückzuliegen und eher zur aboriginischen als zur latinischen Epoche zu gehören. Man hat Sabus für eine Erfindung Catos gehalten, in: Dion. Hal. 2,49 (aber siehe auch Sil. 8,420 ff. und Verg. Aen. 7,178), während es sich um eine wertvolle Tradition bezüglich des *conditor gentis* handelt. De Simone 1992 hat gezeigt, daß *Sab-ino von Sabus (*Sabhos) abgeleitet ist, dessen lexikalische Bedeutung »der eigene« ist, während die Bedeutung von Sabh-ih-no »abstammend von« oder »gehörend zu« *Sabhos ist, und als solche glaubten die Sabiner, daß sie sich von den anderen Menschen unterscheiden würden. Simone schließt: »Selbst wenn der Sabus der Tradition völlig erfunden sein sollte, müßte auf jeden Fall notwendigerweise ein *Sabhos rekonstruiert werden.« Ein Volksstamm des präurbanen Zeitalters war ohne Gründer nicht denkbar, wie dieser der historisch-literarischen Überlieferung äußerliche linguistische Hinweis betreffend Sabus bekräftigt, der gegen jede Logik und Vernunft des historischen Rationalismus steht. Keine Sabiner ohne Sabus, keine Latiner ohne Latinus und folglich auch keine Römer ohne Romulus, den ersten der Römer. Unter dieser Voraussetzung ist die Formierung des mythischen Begriffs von Latinus der von Sabus zeitgleich, wodurch das gesamte Gebilde dieser ethnischen Gruppen einen *terminus ante* für die Formation der mythischen Auffassung von Faunus, Picus und Stercutus zu bilden scheint, die ein offensichtlich älteres System bilden. Romulus = Romanus: Peruzzi 1969a; Pallottino 1960; Cornell 1995. Grundlegend in diesem Zusammenhang de Simone 1975a, Nr. 22. Etruskische Inschrift auf dem Architrav des Grabes 35 von Orvieto (6. Jh.). *Rumelnas*. Gentilname Rumelna, abgeleitet von dem Vornamen *Rumele (= lat. Romulus). Von Romulus der Gentilname Romilius und die Tribus Romilia, sicher alt: T. Romilius T. f. Rocus Vaticanus (cons. 455 v. Chr.). Paul. Fest. 331 L.: »Romilia tribus dicta, quod ex eo agro censebantur, quem Romulus ceperat ex Veientibus«. Vgl. § 189, Anm. 35.

[17] Arnob. nat. 2,68. Die Opfergaben der einzelnen Gemeinschaften und das gemeinsame Opfer

populi der großen latinischen Versammlung aufgeteilt wurde. Die Opferung des Stieres könnte ursprünglich mit der Gründungszeremonie des Bundes der prisci Latini einhergegangen sein. Es scheint sich um die erste Opferung eines Rindes zu handeln, des Opfertieres schlechthin, da es für die höchste Gottheit stehen konnte.[18] Die Opferung des Tieres schließt aus, daß die Menschen noch an den Mählern der Götter teilnahmen, aber auch daß – wie in der Sage des Lykaon und vielleicht auch des Faunus – Menschen dem Gott als Opfer dargebracht werden. Diese Unterscheidung könnte, infolge einer Projektion der neuen Opferreligion auf die Erde, zur Folge gehabt haben, daß die Orte der Götter zum ersten Mal von denjenigen des allgemein menschlichen, sterblichen Lebens unterschieden wurden. Dies bringt im albanischen Ritus die definitive und institutionalisierte Unterscheidung der Welt der Tiere, der Welt der Menschen und Könige und der Welt der Götter mit sich. Diese Unterscheidung könnte eine Projektion auf dem Territorium der neuen Opferreligion bedingt haben, wodurch die Orte der Götter sich zum ersten Mal von denjenigen des allgemeinen menschlichen Lebens zu unterscheiden begannen.[19] Das Heiligtum des Iuppiter Latiaris könnte ursprünglich aus einem heiligen Bezirk unter freiem Himmel bestanden haben, vielleicht einer Lichtung im Wald, die man vor einer großen heiligen Eiche geschaffen hatte – ähnlich der, die auf dem Kapitol und dem Collis Latiaris vermutet werden kann –, abgetrennt von dem profanen gerodeten Platz, der mit der nahe gelegenen Siedlung von Cabum in Verbindung stand. Der König von Alba, Gründer des Bundes, wird auch der erste Schiedrichter bei den Abgaben und der Verteilung des Fleisches zu gleichen Teilen unter den 30 Gründer-*populi* des Bundes gewesen sein, denen man durch ihre Teilnahme an dem Opfermahl wohl schon eine im Kern »politisch« verstandene Gemeinschaft, ein einheitliches Bewußtsein als Latiner unterstellen kann. Die Versammlung der Stämme, das gemeinsame Mahl und das Feuer (das dann den Ritus auf dem Mons Albanus prägt) lassen an einen einzigen Rat und an ein einziges Prytaneum denken, wie Theseus es in Attika einrichtete. Kadmos hatte Theben mit dem Pflug gegründet, wobei er die Zähne des erlegten Drachen säte und Athene eine Kuh opferte, deren Fleisch in gleiche Teile zerlegt worden war,[20] und Erichtheus hatte als erster

---

des Stieres stehen nicht im Widerspruch zueinander (erstere sind als ein Relikt einer vorherigen Opfersituation einzustufen: Pasqualini 1996).

[18] Die gemeinsamen Mahle des Italus kannten das Opfer noch nicht: Antiochos von Syrakus, in: Aristot. pol. 7,10.

[19] Die Trennung zwischen Menschen und Göttern habe sich auch im post-mykenischen Griechenland manifestiert: Rolley 1983; Valenza Mele 1982.

[20] Nonn. Dion. 4,407 ff.; 5,1 ff. (Piccaluga 1968; Vian 1963). Für Nilsson 1932 gibt es außer dem thebanischen keinen weiteren Gründungmythos bezüglich einer griechischen, nicht kolonialen

der Athene einen Ochsen auf dem Zeusaltar geopfert – Kekrops hatte sich darauf beschränkt Pflanzen zu opfern –, ein Mythos, an den dann das Ritual der Bouphonia erinnerte.[21] Das grausige Blutopfer, das der Menschenwürger Faunus Jupiter dargebracht hat, scheint überwunden – könnte es statt Hercules Latinus gewesen sein, der Faunus tötete? –, es hat sich jetzt zu einem religiösen Ritus gewandelt, in dem sich schon die Heraufkunft einer Kultur abzeichnet.

143. Von den Orakeln zu den Auspizien. Cacus, Picus, Carmenta, Faunus und Fauna waren noch Gestalten mit wahrsagerischen Fähigkeiten.[22] Es handelt sich um vor-orakelhafte, mit dem Gehör verbundene Formen, die vielleicht erst jetzt von Formen der Erkundung durch das Sehen abgelöst werden; diese neuen Praktiken erfolgen von der Höhe der Burgen aus,[23] die fortan immer deutlicher von den Siedlungen getrennt gehalten werden, eben aus Gründen der Vogelschau und aus kultischen Gründen, wie es für den Cermalus zutrifft, der schon seit der Zeit des Cacus, aber besonders seit Picus und Faunus als Burg für die Siedlung zu dienen scheint, die hauptsächlich noch auf das Kapitol beschränkt ist. Eine ähnliche Gliederung könnten die beiden Erhebungen (Cappuccini und Tofetti) vermuten lassen, auf die Alba ausgerichtet gewesen sein dürfte. In dieser Epoche, die bereits vollständig der Zeit des Jupiter zuzurechnen ist, also gekennzeichnet ist von der notwendigen Mühe der Arbeit, der nötigen Veranlagung für die Künste,[24] scheint Latinus der erste König und Augur gewesen zu sein, der nicht summt, singt oder tönt, um zu beschwören, noch lediglich hinhört, son-

---

Stadt, ausgenommen vielleicht den Fall von Halos in Thessalien. Nach Brillante 1980 hätte Kadmos nach seiner Ankunft in Böotien um 1400 den Palast in Theben errichtet (das ergäbe sich aus der Tradition, aus der Generationenberechnung und aus der archäologischen Dokumentation).

[21] Paus. 8,2,3 (Kekrops habe sich geweigert, ein Lebewesen zu opfern); 1,28,10 (als Erechtheus über die Athener herrschte, tötete der *bouphonos* zum ersten Mal einen Ochsen auf dem Altar des Zeus Polieus). Nach Africanus hat Kekrops in den Jahren 1581–1532 regiert und Erechtheus in den Jahren 1430–1378 (De Sanctis 1898). Zu den rein vegetarischen Opfern zur Zeit des Kekrops: Durand 1977. Zum Verbot, Jupiter einen Stier zu opfern: Macr. Sat. 3,10,3–7. Es ist der Ochse – männlich, erwachsen und kastriert –, das wichtigste Tier bei der Bestellung der Felder, nicht der Stier, der nicht geopfert werden durfte: Grottanelli 1991.

[22] Das Merkmal des Auguren sei später auf die älteren göttlichen Könige zurückprojiziert worden (zu Picus mit dem Attribut des Krummstabs: Verg. Aen. 7,187 ff.), die man sich ursprünglich eher als weissagende Gottkönige vorstellen müsse (Brelich 1955). Der Specht auf dem Balken, Vorbild für das Orakel von Tiora Matiene, dürfte tatsächlich eher durch den Schlag als durch den Flug geweissagt haben.

[23] Small 1982; Sabbatucci 1988; Champeaux 1990. Zuerst habe man dem Ruf und dem Gesang der Vögel (*oscines*) gelauscht und sich erst danach der Beobachtung ihres Fluges (*alites*) zugewandt.

[24] Pavan 1984.

dern der auch Ausschau hält von einem Augurentempel aus, den man sich
auf der Burg von Alba vorstellen kann, wo die Vögel die weite Ebene Richtung Tiber und Meer überfliegen,[25] und der so als erster Augurenkönig
das Schicksal seines direkten Nachfahren Romulus, des Gründers von Rom
dank der Vogelschau, vorwegnimmt.

**144. Der Collis Latiaris und die neue Doppelsiedlung auf römischem
Boden (das fünfte große »Ereignis«).** Auf römischem Boden dürfte der
Collis Latiaris, ein Ort, der bis dahin außerhalb der Siedlung lag, eine der
ersten Burgen gewesen sein, der bald darauf[26] eine augurale Funktion zukam,
die dem albanischen Modell nachempfunden war und an den Grenzen des
Bundes wiederaufgenommen wurde, wie schon der Name des Hügels nahelegt.[27] Mit der Gründung des Collis Latiaris und dem entsprechenden Kult
des Jupiter – die Hügel des Quirinals nahmen den Namen der Hauptgottheit an, die dort verehrt wurde – erscheint die Siedlung über der Albula nun
ausdrücklich wie eine Replik der Metropole der Latiner am Tiber. Mit dem
Collis Latiaris entsteht so ein neuer auf Jupiter bezogener Kultmittelpunkt,
der sich vom Kult an der heiligen Eiche auf dem Kapitol unterscheidet.[28]
Wollten wir ausschließen, daß der Kult des Iuppiter Latiaris auf eine derart
frühe Epoche des gleichnamigen Hügels zurückgehen kann, ergäbe sich ein
kaum zu erklärendes Fehlen des Kultes des Latinus auf römischem Boden,

---

[25] Wir können uns ein solches *auguraculum* als einen Anbau an die *regia* vorstellen, die von
Picus auf dem Felsen von Alba errichtet wurde. Die in der *Aeneis* (7,170 ff.) beschriebene *regia*
des Picus und Latinus ist eine *casa/curia*, die sich nicht von einem Tempel mit hundert Säulen
unterscheidet. Der Tempel des Iuppiter Optimus Maximus auf dem Kapitol, der Entsprechung
des Mons Albanus in Rom, könnte das von Vergil aufgegriffene Muster gewesen sein, nach dem
er das Bild der *regia* des Picus geschaffen hat (Rosivach 1980); aber man hat auch an die *regia*
des Domitius Calvinus gedacht (Torelli 1992). Zum Thema: Cecamore 1996.

[26] Logisch gesehen müßte der Kult des Latinus auf römischem Boden den Kulten des Semo
Sancus, Salus und Quirinus vorangehen, die eher den protourbanen und sabinischen Gegebenheiten auf dem Quirinal am Beginn der frühen Eisenzeit zuzuordnen sind (vgl. §§237 ff.).
Zu Latinus als Gründer einer Burg auf römischem Boden, jedoch auf dem Palatin: Lyd. mens.
4,4; Fest. 329 L. (Préaux 1962). Die Darstellung des Latinus beim Lupercal auf einem pränesti-
schen Spiegel (vgl. §122) bestätigt den Zusammenhang dieses göttlichen Königs auch mit dem
Cermalus.

[27] Das *auguraculum* des Collis Latiaris ist im Zusammenhang mit dem Ovile und den Versammlungen auf dem Marsfeld zu sehen, weshalb es nicht vor Servius Tullius anzusetzen sein dürfte
(Coarelli 1981). Man kann jedoch nicht ausschließen, daß ein früherer Vorgänger durchscheint
(Grandazzi 1986). Die Interpretation des Collis Latiaris als Burg des Quirinals verdankt sich
weniger der Höhe der Erhebung – er ist der niedrigste Hügel des Quirinals – als vielmehr
seiner vorgeschobenen Position im Gesamt dieser Hügel in Richtung auf das Kapitol und den
Palatin.

[28] Das *auguraculum* der kapitolinischen *arx* war wohl auf den Mons Albanus ausgerichtet
(Coarelli 1981 und 1983), wodurch sich ein Sichtverhältnis zwischen diesen beiden Erhebungen
und den beiden Jupiterkulten auf diesen Höhen ergeben hat.

der die *populi* der prisci Latini bestimmt und zu einem Bund zusammengeschlossen hat, also auch jene, die gerade ihre Hauptsiedlungen am Tiber gründen oder im Begriff sind zu gründen. Der Collis Latiaris und sein Kult legen daher eine bis dahin nicht gegebene Gliederung der Ansiedlung nahe, eine neue Art der Doppelsiedlung, die auf die früheren und anders gearteten Doppelsiedlungen Janiculus – Mons Saturnius und Mons Saturnius – Cermalus folgt. In dieser Siedlung, die sich in zwei Richtungen ausdehnt, zu dem neuen Gebiet am Quirinal und, wie wir sehen werden, zur Velia hin, können wir sehen, wie die prisci Latini auf römischem Boden ursprünglich dual in Erscheinung treten. Dieses ist das fünfte große »Ereignis« auf römischem Boden, das wir im folgenden Kapitel analysieren werden. Die fünf großen »Ereignisse« auf römischem Boden, die wir bis hierher herausgestellt haben, stehen mit den folgenden Göttern und Heroen, die ihrerseits vorgeschichtliche Zeiträume der Siedlung personifizieren, in Verbindung: 1. Janus, 2. Saturnus und Siculus, 3. Volcanus und Cacus, 4. Mars – Iuppiter Albanus und Picus–Faunus, 5. Iuppiter Latiaris und Latinus.

145. Der Ritualtod des Romulus: eine Replik des Endes des Latinus? Unter den Votivgaben des albanischen Iuppiter-Latiaris-Heiligtums und des Comitium von Rom, das mit dem Volcanal in Beziehung steht, sind durchbohrte, zum Aufhängen bestimmte Kieselsteine gefunden worden, die man als *oscilla*, Ersatz für Menschenschädel, interpretieren kann, die auf dem Mons Albanus mit dem Verschwinden und der Vergöttlichung des Latinus und in Rom mit dem Verschwinden und der Vergöttlichung des Romulus in Zusammenhang gebracht werden können (eine entsprechende Überlegung ließe sich zum *aes rude* und *aes piscatorium* anstellen, die ebenfalls Menschen ersetzen). Der Mons Albanus und das Comitium in Rom hatten den Rat der Latiner bzw. den Rat der Römer, beide bestehend aus 30 Vertretern, in einem Heiligtum aufgenommen, im ersten Fall waren es die Vertreter der präurbanen *populi* und im zweiten der urbanen *curiae*; in ebensoviele Teile war der Stier für das Gemeinschaftsmahl auf dem Mons Albanus zerteilt worden. Getötet und wahrscheinlich in 30 Teile zerlegt wurde auch Romulus, und zwar, so glaubte man, von seiten der Senatoren während einer Versammlung des königlichen Rates *(patratus, senatus)*, die im Heiligtum des Volcanus auf dem Comitium stattfand; diese hätten dann seine Körperteile wie Reliquien in ihre Wohnstätten, d. h. in die einzelnen Kurien, getragen und dort begraben. Wenn die *oscilla* wie auch die *pisciculi* einen Ersatz darstellen für rituell getötete Menschen und man die *pisciculi* in einen Zusammenhang bringen kann mit den Indigetes-Göttern (wie Arnobius will), müßten demnach die mit obigen Riten gefeierten Toten menschliche indigene Stammväter sein, Söhne von Dämonen und von Göttern, die ihrerseits mit göttlichen *patres* wie Iuppiter oder Ianus Quirinus gleichgesetzt wurden, womit wir zu Latinus und zu Romulus zurückkehren. Latinus, verschwunden und vergöttlicht wie Romulus, könnte im Albanersee verschwunden sein, wie Romulus im Sumpf des Velabrum verschwunden ist, er könnte aber auch wie Romulus getötet worden sein, und zwar von den Vertetern der »in arce« vereinten *populi*, beim Kult des Iuppiter Latiaris, die dann die Teile seines Körpers wie Reliquien in ihre Dörfer getragen und begraben hätten. Wir hatten ja schon des öfteren Gelegenheit festzustellen, daß in dieser Wiederbelebung des heroischen Zeitalters, das die Zeit der urbanen Gründungen prägte, Romulus als Doppelgänger des Latinus erschien. In dieser Epoche werden keine neuen mythischen Schemata mehr erfunden, folglich auch keine Unterhäuptlinge, die den Oberhäuptling in Stücke teilen, wie es nur von Romulus behauptet wird, was sich jedoch an das vorhergehende Modell des Latinus anzulehnen scheint. Je mehr wir forschen, desto stärker stellt sich uns die Theologie der Stadt wie eine Wiederauflage der Proto-Stadt und davor noch der Prä-Stadt dar.[29]

---

[29] Chirassi Colombo 1975; Grottanelli 1988 und 1988a; Milano 1988; Nagy 1988; Lissarrague – Schmitt Pantel 1988. In der archaischen Zeit übernimmt dann Tarquinius Superbus diese Funktion: Dion. Hal. 4,49. Den 30 Teilen des geopferten Stieres entsprechen die 30 Ferkel der Sau, die ursprünglich eher an das Vorzeichen bezüglich der Gründung der Siedlung und an die Zeit einer solchen Gründung an ein Vorzeichen der Gründung von 30 Gemeinden gebunden gewesen sein dürften, also an die Gründung der 30 *populi* des *nomen*, eine Gründung, deren Feier in einer Zeremonie erst vorstellbar ist, seit es die Burg des *ethnos* im Zentrum Latiums, also auf dem Mons Albanus gibt. Zur Sau, die auf dem Mons Albanus wirft: D'Anna 1996. Latinus sei »in arce« gestorben (Serv. Aen. 9,742). Grandazzi 1988 denkt an die albanische *arx*, was auch als Mons Albanus (idealer Sitz für eine Vergöttlichung) verstanden werden kann. Unter dieser Voraussetzung hätte das topographische Zusammenfallen des Todes des Königs und seiner Gleichsetzung mit Iuppiter Latiaris, dessen Kult auf diesem Berg ausgeübt wurde, eine noch viel unmittelbarere Bedeutung. Das *aes piscatorium*, Ersatz für *pisciculi*, die ihrerseits Ersatz sind für *animae humanae*, und die *oscilla*, Ersatz für Körper und Köpfe/Masken von Menschen, lassen an Sühneopfer denken, die vielleicht mit dem Verschwinden und damit mit dem Fehlen eines Grabes des Latinus zusammenhängen. Zu diesen Fragen und zum Parallelismus zwischen Latinus auf dem Mons Albanus und Romulus beim Volcanal: Cecamore 1996; vgl. auch § 132, Anm. 53. Pasqualini 1996 verneint den ursprünglichen Zusammenhang der göttlichen Könige mit Alba und meint, Iuppiter Latiaris wäre nicht der Gott der Sacra Albana (als vorwiegend chthonisch vorgestellt), sondern der Gott der Feriae Latinae, die, von den Sacra Albana abgeleitet, von den Tarquiniern gegründet worden wären (ein weiteres Beispiel für eine Kritik, nach der keine mythisch-rituelle Gegebenheit vor der archaischen Zeit erfunden worden sein kann).

12 Iuppiter Latiaris und die *populi* der ersten Latiner. Endbronzezeit, Stufe II und III oder Latiale I (1050–900) und frühe Eisenzeit oder Latiale IIA1 (900–870)

146. Ende des Zeitalters der Heroen, Beginn des dunklen Zeitalters und kulturelle Identität der Latiner. Der Tod des Latinus zeigt das Ende des heroischen Zeitalters in Latium und zugleich den Beginn des dunklen Zeitalters an, das bis Amulius und Romulus dauert, d. h. bis in das Jahrhundert der Erneuerung des heroischen Zeitalters.[1] Nach der Überlieferung hat das dunkle Zeitalter acht oder neun Generationen gedauert, und diese Lücke im mythischen Gedächtnis wurde in der Folge mittels Listen mit bis zu neun Königen von Alba aufgefüllt – von Alba bis Proca völlig frei erfunden –, die nach den von Dionysios von Halikarnassos gelieferten Daten[2] 234 Jahre lang regierten, von 1027 bis 793.[3] Auch wenn die Zahl, die Namen und die Regierungsdauer dieser Könige erfunden sind, kann man bezüglich des Zeitumfangs nicht ausschließen, daß es sich um eine im wesentlichen korrekte Zeit-

---

[1] Die Endbronzezeit, Stufe III (1000–900), ist nach der neuen Chronologie zwischen 1085 und 1020 [1050–960, nach Pacciarelli i. Dr.] anzusetzen; die Stufe Latiale IIA1 (900–870) liegt nach der neuen Chronologie zwischen 1020 und 980 [960–930, nach Pacciarelli]. Bettelli 1994; Peroni 1994 und 1996; Bietti Sestieri 1996, Tabelle 8.4; vgl. Appendix 2: Chronologien.

[2] Dion. Hal. 1,71. Die 425 Jahre zwischen Ascanius und Amulius entsprechen 14 Generationen von ca. 30 Jahren.

[3] Der aus den drei göttlichen Königen bestehende mythische Zyklus könnte eine eigenständige Einheit gebildet haben. Die Nachfahren des Theseus hätten die Macht nicht länger als vier Generationen innegehabt: Paus. 1,3,3 (Bertelli-Giannotti 1987). Im Reich der Nkore in Binnenafrika soll die mythische Dynastie der Abacwezi ihre Macht innerhalb von drei Generationen aufgebaut und gefestigt haben (Remotti 1993). Das mythische Gedächtnis setzt am Ende der albanischen Dynastie wieder ein. Der Name des Amulius taucht schon bei Naevius und Ennius auf (konnte also bei Fabius Pictor als Gestalt auftreten), so daß sein und Numitors, seines Bruders und Rivalen (und Vaters der Ilia, wenn Aeneas wegfällt), Name einer alten und echten Schicht des Mythus angehören können: Ampolo 1988. Eine ähnliche Lücke im mythischen Gedächtnis ist auch in den griechischen Genealogien festzustellen, wo man eine Unterbrechung des Gedächtnisses seit dem Ende des 11. Jh. verzeichnet (das Submicaenum beginnt 1050–1030); damit ist es nicht möglich, genealogische Beziehungen zwischen dem heroischen und dem darauffolgenden Zeitalter herzustellen und also ohne Kontinuitätsbruch vom 2. zum 1. Jahrtausend überzugehen (die Genealogien des 1. Jahrtausends erscheinen im allgemeinen widersprüchlicher und weniger zuverlässig als die des 2. Jahrtausends): Brillante 1981. Der Gedächtnislücke folgt in Latium keine Genealogie minderer Qualität, sondern das komplette Vergessen, bis zu Amulius. Zum »floating gap« vgl. Appendix 9.

spanne handelt.[4] Die ersten vier Könige – Ascanius, Silvius, Aeneas Silvius und Latinus Silvius –, die von 1176 bis 1027 regiert haben sollen, wurden wahrscheinlich erfunden, um die Lücke von vier Generationen zu schließen, die zwischen der indigenen Chronologie, die wir versucht haben zu rekonstruieren, und der durch die mythische Rekontextualisierung abgeänderten Chronologie entstanden ist, deren Ziel es war, den trojanischen Mythos mit einzubinden und diese Chronologie mit den älteren Chronologien der griechischen Mythen in Einklang zu bringen. Diese vier Könige ersetzten die ersten drei authentischen göttlichen Könige Picus, Faunus und Latinus, die wir in Alba wiederentdeckt haben. Auf das dunkle Zeitalter folgt die Zeit der Renaissance des heroischen Zeitalters, das – laut Dionysios – von der Herrschaft des Amulius (794–751) und des Romulus (751–713) eingenommen wird.[5] Der Beginn des klassischen Zeitalters der *populi* fällt, wie wir sehen werden, mit dem Beginn der ersten latinisch geprägten materiellen Kultur zusammen, die ab der Stufe Latiale I, d. h. ab der Endbronzezeit, Stufe III, datiert werden kann, als die Zeit der göttlichen Könige von Alba abgeschlossen war und die der Sage nicht bekannten latinischen Nachfolger auf ihrem Thron saßen. Andererseits ist es natürlich, daß die Gründungsphase Albas und der anderen *populi* der Endbronzezeit, Stufe III, unmittelbar vorausgeht, als die demographische und kulturelle Entwicklung der prisci Latini statt-

---

[4] Zu den verschiedenen Königslisten und zur chronologischen Distanz von weniger als 430 oder 300 Jahren zwischen dem Fall von Troja und der Gründung Roms: Pais 1913; Laroche 1982; Cassola 1991; D'Anna 1992. De Cazanove 1992 hält es nicht für möglich, die Dauer der Regierungszeiten der Könige Roms oder ihrer Summe auf eine mathematische Formel zurückzuführen (siehe auch Martínez Pinna 1989); dagegen Cornell 1995. Das Datum der Gründung Roms würde sich demnach aus einer Vorwärtszählung und nicht aus einer Rückrechnung oder durch einen Synchronismus ab dem Datum des Falles Trojas ergeben; die Dauer der Königszeit ergäbe sich deshalb als Ableitung aus dem Gründungsdatum und nicht umgekehrt. Es bleibt jedoch zu klären, warum das Intervall zwischen dem Fall Trojas und der Gründung Roms auf ca. viereinhalb Jahrhunderte festgesetzt wurde, obwohl es eine andere Tradition gab, die das Intervall auf weniger als ein Jahrhundert reduzierte, aufgrund des erdachten Vater-Sohn-Verhältnisses von Aeneas und Romulus. Nach Newton 1728 fallen die Regierungszeiten (mit einer mittleren Dauer von 18-20 Jahren) nicht zusammen mit den Generationen (mit einer mittleren Dauer von 30-33 Jahren), aber das Ergebnis einer solchen Rationalisierung ist nicht brillant: Alba wäre am Ende des 10. Jh. gegründet worden und Rom am Ende des 7. Jh. (Raskolnikoff 1992). Zu diesem Thema und dazu, daß es Könige gegeben habe, die nicht in die kanonische Liste aufgenommen wurden, vgl. § 120, Anm. 9.
[5] Ohne die Unterschiede zu verwischen, steht Alba zu Rom und stehen die albanischen Häuptlinge zum König Romulus wie Xeropolis/Lefkandi und seine Häuptlinge zu Eretria und dem Gründerkönig, dessen Grab wir kennen. Der Häuptling von Lefkandi, mit seiner *regia-heroon* aus der ersten Hälfte des 10. Jh. (Morris 1991; Calligas 1988; Popham u. a. 1993), scheint in anthropologischer Sicht einem der Nachfolger des Latinus zu entsprechen. Zur Wohnstätte der Häuptlinge dieser Epoche und in Italien siehe das in die Endbronzezeit datierbare Hypogäum von Luni sul Mignone: Peroni 1989, Abb. 60.

findet, die in die ersten beiden Stufen dieses Zeitalters anzusetzen ist.[6] Eine Homogenität und Besonderheit im Bereich der materiellen Kultur, wie sie von der archäologischen Forschung registriert wird, hätte sich nicht manifestiert, wenn die Verbindung zwischen den *populi* nicht so stark gewesen wäre, daß aus dem Verband die effektivste Gemeinschaftsorganisation der gesamten Region entstand, die für diese Epoche sehr weitreichend war, bis jenseits des Anio, wo die Fidenates und die Tutienses waren, und bis zum Oberlauf des Anio und des Sacco, wo die Sessolenses und die Tolerienses waren, und entlang der Küste bis zum Fluß Astura, wo die Sicani oder Satricani und wohl auch die Polluscini waren.[7] Von daher stammt die bemerkenswert geschlossene Einheit der latinischen Gemeinschaften und ihre Fähigkeit (vom Beginn der frühen Eisenzeit an), dem Druck standzuhalten, der von den benachbarten Stämmen ausging.[8] Die mythische Welt der Latiner würde uns nicht so kohärent strukturiert erscheinen, wenn sie nicht den geistigen Interessen der Gesamtheit der *populi* entsprochen hätte. Eben in dieser Epoche, die wegen nicht vorhandener Mythen als dunkel bezeichnet wird, aber in archäologischer Hinsicht inzwischen reich dokumentiert ist, könnte das mythische Material, das wahrscheinlich sehr viel älteren Ursprungs war, im Blick auf das heroische Zeitalter der Latiner ausgearbeitet worden sein. Eher als auf die Zeit, von der sie handeln, scheinen die Mythen auf eine vergangene Welt zurückzublicken, die für die eisenzeitlichen Gemeinschaften der Folgezeit rekonstruiert werden, deren Stärke eher in der Überlieferung als in der Kreativität lag.[9] Im Laufe zahlreicher Generationen kann die Botschaft sich verändert haben und ärmer geworden sein, bevor sie wieder neu belebt wurde, aber der wesenliche Geist des ursprünglichen mythischen Kerns scheint bewahrt worden zu sein.[10]

147. Der Bund der prisci und casci Latini. Wir können uns fragen, ob es irgendeinen Hinweis auf die latinisierten Aboriginer in Latium gibt. Wir wissen daß den prisci Latini die casci Latini entsprochen haben.[11] *Casci*

---

[6] Vgl. Addendum III.

[7] Vgl. Appendix 5. Die Anwesenheit der Populi Albenses jenseits des Anio deutet auf eine starke Position der prisci Latini ihrer Umgebung gegenüber hin (vgl. §99, Anm. 8). Das Latium dieser Epoche ist wesentlich ausgedehnter als das sog. Latium vetus, wie es gewöhnlich rekonstruiert wird: Alföldi 1965; Solin 1996. Zu den starken regionalen Integrationen im Griechenland des dunklen Zeitalters: Snodgrass 1996.

[8] Bietti Sestieri 1992a hebt die unter diesem Gesichtspunkt bestehende Verschiedenheit zwischen den Gemeinden in Latium und jenen zwischen Kampanien und Kalabrien gelegenen hervor, stellt sie aber zuletzt gleich, indem sie auch den ersteren einen niedrigen Grad gesellschaftlicher Organisation zuerkennt, der einem tribal-egalitären Niveau entspricht (siehe die Definition des Begriffes »tribù« auf S. 2).

[9] Vgl. §§ 22, 139 und Appendix 9.

[10] Vgl. § 158.

bedeutet auf »sabinisch« *prisci*.[12] Die mit den casci und den prisci Latini angesprochenen Gegebenheiten scheinen parallele und gleichzeitige Wirklichkeiten zu sein, und zu den casci könnten ursprünglich aboriginische Stämme gehört haben, die aus dem Gebiet von Reate gekommen sind und sich in Latium niedergelassen haben. Nach seinem Tod und seiner Vergöttlichung erscheint Latinus den *populi*, die im Heiligtum des Iuppiter Latiaris auf dem Mons Albanus ihr religiöses Zentrum sehen, als der gemeinsame namengebende Vorfahr, als ihr Stammvater, der letzte König der Aboriginer und der erste König der Latiner.[13] Die Alten hielten fest, daß es keine Latiner vor Latinus oder Sabiner vor Sabus – wie jetzt linguistisch argumentiert wird[14] –, keine Siculer vor Siculus, Tyrrhener vor Tyrrhenus, Morgeter vor Morges, Italer vor Italus, Oinotrer vor Oinotros und Dauner vor Daunus gegeben hat, so wie es keine Römer vor Romulus geben wird. Vor Latinus gab es die in ethnischer Hinsicht weniger vermischten und auf und um die Albaner Berge orientierten Gemeinschaften (die künftigen prisci Latini) und die Gemeinschaften der Randgebiete Latiums mit stärker aboriginischem Akzent (die künftigen casci Latini). Mit Latinus und unmittelbar nach ihm, d. h. ab dem Ende des heroischen Zeitalters in Latium, beginnt die Existenz der latinischen *populi* in Latium (und der sabinischen Stämme noch nur in Sabina, der gebirgigen Mitte der Halbinsel, der früheren Heimat der Aboriginer). Prisci Latini und casci Latini, miteinander vereint, bilden dann die 30 *populi* der klassischen Zeit der albanischen Hegemonie (Latiale I und IIA1). In einer weiteren Stufe werden als prisci Latini die über 40 *populi* der zweiten Stufe des Bundes (Latiale IIA2-III) betrachtet, als der erste Einfall der Sabiner (für den wir in der Aufgabe der Siedlungen im Gebiet von Reate einen archäologischen Hinweis haben), die Entwicklung der protourbanen Zentren in Latium und die erreichte Hegemonie des Gebietes von Rom in Latium völlig neue Bedingungen zu schaffen beginnen, die für Alba Longa immer nachteiliger werden.[15]

---

[11] Zu den Casci als Aboriginer und zu den prisci Casci: Serv. Aen. 1,6; Varro ling. 7,28 (Ferri 1962; Bernardi 1964).

[12] Varro ling. 7,28: »primum cascum significat vetus, secundo eius origo Sabina, quae usque radices in Oscam linguam egit. Cascum vetus esse significat Ennius quod ait: quam prisci casci populi tenuere Latini«.

[13] Latinus ist der Namensgeber des *nomen*, wie Romulus der Namensgeber für die *urbs* ist. Gegen die Vorstellung, die Namensgebung sei ausschließlich ein griechisches Phänomen: Cornell 1975, der an die Fälle von Aventinus, Lavinia, Sabus, Marsus und Paelignus erinnert.

[14] De Simone 1992. Vgl. § 141, Anm. 16.

[15] *Prisci Latini* werden noch im Zusammenhang mit Romulus genannt (Plut. Rom. 23,6). Prisci Latini seien die Latiner vor der Gründung Roms: Paul. Fest. 253 L. Aber siehe Liv. 1,38,4, bezüglich Tarquinius Priscus. Zur Periodisierung vgl. §§ 149 f.

148. Die große albanische Herrschaft. Die Umwandlung der früher schwächsten und isoliertesten Stammeseinheiten, die bis einschließlich der späten Bronzezeit bestanden, in eine Gruppe von *populi*, die einer Föderation auf regionaler Ebene angehören, kann so interpretiert werden, daß diese Gemeinschaften jetzt das Stadium der Reife erreicht haben, insofern sie untereinander verbunden sind und von lokalen Anführern gelenkt werden, die wahrscheinlich höheren Anführern mit Sitz in Alba verantwortlich waren; wir können eine solche Struktur ein komplexes Chiefdom nennen, d. h. eine größere Herrschaft, die über das Stadium des »Stammesverbandes« hinausgewachsen ist, das sich wohl schon seit der Zeit der Erweiterung der Siedlungen der zweiten Stufe der späten Bronzezeit in der Krise befand.[16] Das neue und einflußreichere Königtum, auf mythischer Ebene durch die göttlichen Könige der Albaner ausgedrückt, ist Anzeichen für eine neue Art der Auffassung von Herrschaft und für die Schaffung einer neuen Hegemonie, die einer fortschrittlicheren rechtlichen, religiösen und materiellen Organisation entspricht, auf göttlicher Ebene mit der Gestalt des großen Vaters und Stammvaters Iuppiter Latiaris / Latinus, der jetzt die zahlreichen kleinen örtlichen göttlichen *patres* überragt, so wie der oberste Anführer Albas die verschiedenen Anführer der örtlichen Gemeinschaften überragt. Es dürfte also ein gewisser Isomorphismus bestanden haben zwischen der Struktur des albanischen Bundes und der Struktur der himmlischen Sphäre. Es wäre ein Fehler anzunehmen, im Bereich der albanischen Föderation wären die Bindeglieder ausschließlich religiöser Natur gewesen,[17] als ob in dieser Zeit

---

[16] Alföldi 1965 vertrat die Meinung, die *populi* hätten nie die Zahl dreißig überschritten, aber die literarischen Quellen und die archäologischen Daten (vgl. §§ 149–150) führen zu der Annahme, daß die kanonische Anzahl für die prisci/casci Latini als die Gründer des Bundes identisch geblieben ist – und ein numerisches Beispiel bildet, dem dann auch anschließende Gegebenheiten gefolgt sind, wie die 30 Kurien in Rom und die 30 Kolonien des römischen Volkes im Jahre 209 (Liv. 27,9,7) –, aber nicht für die prisci Latini des protourbanen und urbanen Zeitalters, deren Gemeinden mit der Zeit angewachsen sind und die Natur des *nomen* erweiterten und komplizierten. A. Alföldi glaubte auch, daß das *nomen* ursprünglich einer »tribù latina« entsprochen hätte, was ihn dazu führte, sein Wesen auf eine frühere Wirklichkeit festzuschreiben und den Aspekt des Neuen nicht wahrzunehmen. Die bezeugten Ausdehnungen der Siedlungen, z. B. in Luni sul Mignone und in Rom (zur Zeit des Cacus), lassen nämlich an das Aufkommen von Gemeinden denken, die nicht nur größer, sondern auch komplexer sind (Pacciarelli 1979), die sich schon dem Typus des einfachen Chiefdom nähern und die Voraussetzung bilden für die entwickeltere Form des komplexen Chiefdom, die offenbar dem albanischen Bund entspricht (vgl. § 100, Anm. 12 und Appendix 3).

[17] Cornell 1989 spricht den Bündnissen jegliche politische und militärische Bedeutung ab (»procrustean notion that the political and religious associations of the Latins are inseparable«) und verneint folglich auch die Möglichkeit einer albanischen Vormachtstellung; er argumentiert folgendermaßen: Alba ist keine Stadt, und die Siedlungen Latiums sind nicht deren Kolonien, die Hegemonie Albas ist also, wenn sie denn je bestanden hat, rein religiösen Charakters

die Religion eine Komponente wäre, die man von den anderen Bereichen des gemeinschaftlichen Lebens trennen könnte. Die gleiche Vermischung von Göttlichkeit und Königtum, die in der den Königen Latiums entsprechenden mentalen Struktur zu beobachten und unendlich oft bei den von den Ethnologen in anderen Kontinenten untersuchten Häuptlingen anzutreffen ist, zeigt im Gegenteil, daß die Religion unter solchen Umständen Teil eines sehr viel weiteren und unauflöslichen Gefüges ist. Die Macht war damals, wie jeder andere Lebensaspekt, in eine »totale« Struktur eingebunden, weshalb sie sich auf eine »integrale« Weise äußerte, indem sie an erster Stelle die Religion und dann alle Aspekte der Gesellschaft umfaßte.[18] Im Latium dieses Zeitalters, und auch in der Folge, muß es eine Gemeinschaft von Mythen, Sitten und Rechten gegeben haben,[19] über die Sprache und die materielle Kultur hinaus, die bereits, zumindest keimhaft, »politischen« Charakter hatte.[20] Es handelt sich um präurbane Organisationsformen, durchdrungen vom Mythos, vergleichbar den von Theseus unternommenen Vereinigungen, denen die Griechen genau das zuerkannt haben: eine Art »politischen« Charakter.[21]

149. Die »populi« nach den literarischen Quellen. Plinius führt für das früheste Latium 30 (eher als 31) *populi*[22] und 20 *clara oppida* an, insgesamt,

gewesen: Cornell 1995 (der das ethno-anthropologische Modell des komplexen Chiefdom nicht erwähnt). Wie erklärt sich aber dann die außergewöhnliche Entwicklung von Alba, der im Latium des präurbanen Zeitalters nichts vergleichbar ist und die von der Tradition und der archäologischen Dokumentation breit bestätigt wird? Andererseits, wenn die *populi* Latiums Albenses genannt werden konnten, sozusagen als »albanisiert« galten, dann muß man logischerweise einen Primat Albas über diese Gemeinschaften einräumen, auch wenn man sie als gleichrangig ansah (aber siehe einen Vorbehalt für diese Auslegung in § 149, Anm. 22 und 24). Auch der Mons Albanus entlehnt seinen Namen von Alba, obwohl auf ihm die »heilige« Siedlung von Cabe/Cabum liegt: Cato orig. 15 Chassignet. Letztendlich setzt die Rekonstruktion der Mythen der Latiner die zentrale Stellung Albas voraus. Nach Zevi 1980 stehen die religiösen Zentren von Latium nicht an der Spitze der Bündnisse, sondern sind schlicht »panlatinische« Heiligtümer (vergleichbar den »panhellenischen« Heiligtümern), was auch möglich ist, aber erst ab einer späteren Epoche, und sicher seit der archaischen Zeit.

[18] Vidal Naquet 1972.

[19] Sitten und allgemeine Rechte werden von Cornell 1989 interpretiert als Frucht eines tribalen präurbanen Erbes (wir würden eher sagen eines komplexen Chiefdom). Zu Picus als Gründer der Ehe vgl. § 114. Zum allgemeinen Recht, das die *sponsalia* bei den Latinern regelte: Liv. 8,14; Strab. 5,3,4; Gell. 4,4 (Alföldi 1965). Zu den gemeinsamen Aspekten in den Kalendern der Latiner vgl. § 308.

[20] Luzzatto 1962; Catalano 1965; Capogrossi Colognesi 1979. Gegen die obligate Koinzidenz von »Stadtstaat« und »Politik«, allgemein von den Historikern vorausgesetzt, und zum möglichen Bestehen einer politischen Dimension auch unter präurbanen Bedingungen: Terray 1987–89. Bietti Sestieri 1992a glaubt zu Recht, daß zu den allgemeinen Fragen bezüglich der Menschen in Latium auch die wirtschaftlichen Aktivitäten, die Zirkulation des Metalls, die Transhumanz, der Kult, die Schiedsurteile und die »politischen« und militärischen Aktivitäten zählen.

[21] Vgl. § 141, Anm. 12.

[22] Die von Plinius aufgezählten *populi* (nat. 3,56 ff.) sind 30, wie die von der mythischen Sau

was aber nicht aufgeht, 53 *populi*.[23] Abgesehen von einzelnen Irrtümern bieten die von Plinius überlieferten Listen eine im wesentlichen zuverlässige Dokumentation.[24] Daß die *populi* des albanischen Bundes ursprünglich 30 waren, ist sehr wahrscheinlich und wird indirekt auch von anderen Quellen bestätigt.[25] Die nötigen *clara oppida / populi* zur Erlangung der Zahl 47 (zur

<hr />

geworfenen 30 Ferkel (vgl. §§ 108, Anm. 18; 132, Anm. 57; 141, Anm. 8; 145, Anm. 29; 149, Anm. 25), wenn die Albenses nicht als erster *populus* interpretiert werden, sondern als die kollektive Bezeichnung aller *populi* der Aufzählung, so daß das erste genannte *populus* das der Albaner ist. Im allgemeinen werden die *populi* denn auch als Gemeinschaften der prisci Latini bezeichnet, nur in der Textstelle bei Plinius treten sie als Albenses auf. Es wird jedoch ein Nomen Albanum erwähnt: Liv. 1,23,4 (Magdelain 1995). Im übrigen sind die Albenses in historischer Zeit die Bewohner der latinischen Kolonie von Alba Fucens (Varro ling. 8,35), der ganz am Rand Richtung Mittelitalien liegenden latinischen Stadt, die schon in das Gebiet der Marsi hineinreicht (Strab. 5,3,13), so daß Plinius sie der Regio IV anstatt der Regio I zuordnet (nat. 3,106).

[23] Plin. nat. 3,68 ff.

[24] Catalano 1965 und Briquel 1991 glauben, wie viele andere Gelehrte, daß Plinius seine Information einem ehrwürdigen Dokument der lokalen Überlieferung entnommen habe. Cornell 1995 macht die folgenden möglichen Stationen aus: 1. eine archaische Inschrift, 2. Cato, Origines, 3. Plin. nat. 3,56 ff. Plinius scheint zwei Dokumente verwendet zu haben (Capogrossi Colognesi 1990), ein älteres, bezogen auf die Zeit der Gründung des Bundes (Latiale I und vielleicht auch IIA1) und ein jüngeres, bezüglich der *clara oppida* der *populi*, die sich in der Blütezeit der Entwicklung des Bundes anschlossen (Latiale IIA2-III). Die Hinzufügung der Albenses, wenn diese als die Bewohner von Alba Fucens interpretiert werden, a) zu den *populi* von Latium (wie in Strab. 5,3,7.250 C und 5,3,13.240 C) und b) ihr Verschwinden, ohne Spuren zu hinterlassen, läßt eher als an einen Fehler an einen Widerspruch denken (das Gründungsdatum der Kolonie von Alba Fucens muß am Ende des 4. Jh. bekannt gewesen sein), weshalb wir es für umsichtiger halten, die Möglichkeit offen zu lassen, daß der Terminus Albenses in seiner ältesten Bedeutung (die ein *hapax* geblieben ist) nicht ein unwahrscheinliches 31. *populus*, sondern die Gesamtheit aller *populi* des unter der Vormacht von Alba stehenden Bundes bezeichnet hat. Wie dem auch sei, auch wenn wir die Albenses als Intrusion sehen wollten, müßten wir deswegen unser Urteil über die grundsätzliche Authentizität der Aufzählung und im besonderen hinsichtlich der Gründungsmitglieder des albanischen oder latinischen Bundes nicht suspendieren, die zu Beginn am Mahl auf dem Mons Albanus teilgenommen haben. Wer die Informationsquelle in ihrer Gesamtheit verdächtigt, begeht den gleichen Fehler wie jene Archäologen, die, weil sie von der Grabung nichts verstehen, die Freilegung mit der Entschuldigung rechtfertigen, es handle sich um »durchwühltes Gelände«, was wissenschaftlich unhaltbar ist, da jede Störung, wie schwerwiegend sie sein mag, von dem getrennt werden kann, was aus früheren Funden bleibt, und darin besteht in erster Linie die Kunst und der Nutzen der Stratigraphie. Man kann die Liste der *populi* auch deshalb für vollständig halten, weil man der Meinung sein kann, die aufgezählten präurbanen Gemeinschaften wären als solche alle verschwunden, auch wenn einige Plätze, an denen sich ihre Siedlungen befanden, eine weitere, allerdings völlig unterschiedliche Geschichte gehabt haben könnten. Zum gesamten Fragenkomplex siehe Ampolo 1996. Magdelain 1995 unterscheidet zwischen Nomen Albanum (Liv. 1,23,4), was mit dem Bund der Populi Albenses zusammenfalle, der damit ausdrücklich unter der Vorherrschaft von Alba stünde, und dem Nomen Latinum, was mit den Populi Latini des urbanen Zeitalters zusammenfiele (Cincius in: Fest. 276 L.). Dieser Unterscheidung entspräche die zwischen Dictator Albanus und Dictator Latinus.

[25] Liv. 2,18,3 (im Jahr 501); Dion. Hal. 3,34,1 und 6,63,4. Vgl. auch 3,31,4; 6,74,6; 6,75,3. Dreißig

Zeit des Tarquinius Superbus[26] oder der 53 *populi* (bei Plinius), die ebenfalls verschwunden sein sollen, ohne Spuren zu hinterlassen, scheinen sich auf verschiedene und aufeinanderfolgende Stadien des Wachstums des Bundes zu beziehen, und es ist sehr interessant, daß diese 17 und später 23 *populi* (die prisci Latini der zweiten Stufe) von den älteren (den ersten prisci und casci Latini), den Gründungsmitgliedern des Bundes, unterschieden werden, so daß sie in gewisser Weise als überzählig erscheinen.[27]

150. Die »populi« nach den archäologischen Quellen (Abb. 16). Es ist nicht leicht darzulegen, was ein *populus* eigentlich ist. Es handelt sich wahrscheinlich um eine Stammesgemeinschaft bescheidenen Ausmaßes, die unter den gegebenen präurbanen gesellschaftlichen Bedingungen den höchsten Entwicklungsgrad erreicht hat und die in *vici* oder untereinander verbundenen Siedlungskernen um eine Burg oder einen vorrangigen Ort herum gruppiert ist, was der Siedlung eine Art von Einheit verleiht.[28] Alle *populi* in Latium gehörten wahrscheinlich zum albanischen Bund, einschließlich jener der Gebiete von Lavinium[29] und Fidenae.[30] Die Forschung im Bereich

betrug auch die Zahl der durch Aeneas von Lavinium aus gegründeten Siedlungen, entsprechend der von der schwarzen Sau geworfenen 30 Ferkel: Lyk. Alex. 1250 ff. (D'Anna 1992). Von letzteren nahm man auch an, sie hätten zu einem weiteren rechtlich-religiösen Bund gehört, verbunden mit dem Heiligtum der Aphrodite, dessen Leitung sich Lavinium und Ardea streitig machten: Strab. 5,3,5 (Catalano 1965), oder verbunden mit dem Heiligtum des Indiges von Lavinium (Zevi 1980). Dreißig Ferkel hatte auch die weiße Sau von Lavinium, die Aeneas opferte. Der Mythos der Sau und ihrer 30 Ferkel scheint eher albanisch als lavinatisch gewesen zu sein, und er wäre mit Bezug auf den Bund der 30 albensischen *populi* zu sehen: Alföldi 1965. Vgl. §§ 108, Anm. 18; 132, Anm. 57; 141, Anm. 8; 145, Anm. 29. Dreißig an der Zahl sind dann auch die romuleischen Kurien, die unter dem Schutz der Lares Grundiles von Rom stehen, die vielleicht einen Hinweis auf die klassische Anzahl der Gründer-*populi* des albensischen Bundes enthalten (Magdelain 1995).

[26] Dion. Hal. 4,49; Liv. 1,52.

[27] Palmer 1970 behauptet, wenig überzeugend, daß die Anzahl der *populi* von den 30 Kurien von Rom abhänge und diese Zahl erst nach Servius Tullius erreicht worden sei. Zu dem zweckmäßigen Ausdruck der überzähligen *populi*: Magdelain 1995.

[28] Colonna 1988 und 1988a schreibt den *populi* aus mehreren Dörfern bestehende Siedlungen zu und interpretiert sie als präurbane Gemeinschaften von Kriegern, die zu einer Festung gehören. *Populus* entspräche dem etruskischen *spura* und dem umbrischen *tota*. Die folgenden protourbanen Synoikismen könnten eine Vereinigung mehrerer *populi* bedeuten, so auf römischem Boden (vgl. §§ 313 und 322 ff.). Andere protourbane Zentren, wie Gabii, könnten Doppelsiedlungen gebildet haben (Gebiet zwischen dem Graben von San Giuliano und dem See und das von der Via Prenestina durchquerte Gebiet). Wenn Alba Longa aus zwei präurbane *populi* bestanden hat (Albani und Longani), könnte man daraus schließen, daß auch eine präurbane Siedlung, wie die des *populus* der Albani, eine Doppelsiedlung gewesen sein kann, aus einer Art Prä-Synoikismos hervorgegangen. Einige Gelehrte diskutieren noch, unserer Meinung nach wenig sinnvoll, über die Einheit der protourbanen Zentren (vgl. § 205), aber eine gewisse Form der Einheit dürften auch die präurbanen Zentren schon gehabt haben (vgl. Addendum III).

[29] Der *populus* der Numicienses, dessen Gründer-Lar und Beschützer der Pater Deus Indiges Numicus gewesen zu sein scheint, dürfte sich mit dem Distrikt von Lavinium decken, da er den

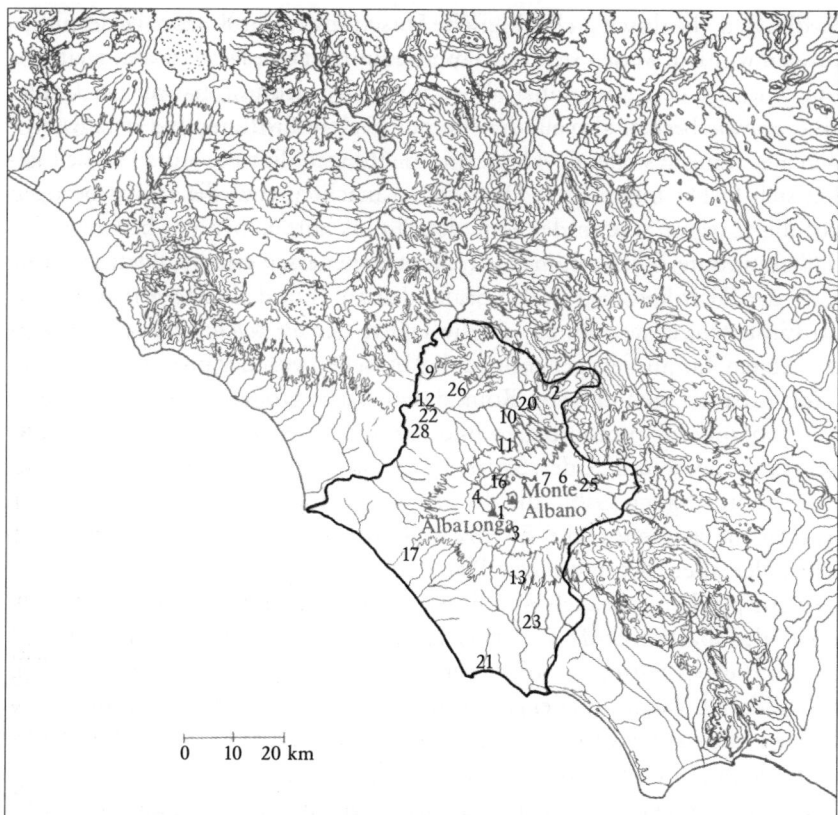

Abb. 16   Latium vetus und die populi Albenses, latiale Stufen I–IIA1; vgl. Appendix 5, § 478

der vorgeschichtlichen Siedlungen kann uns zahlreiche Informationen über die Natur und die Verteilung der *populi* in Latium vetus liefern.[31] Nicht alle

Namen des Wasserlaufes trug, der an dieser Siedlung vorbeifloß. Dies ließe vermuten, daß auch der Distrikt von Lavinium in den Einflußbereich der Vormacht Alba geraten wäre, und ebenso das Gebiet von Ardea, wenn man dessen Gründungsmythos betrachtet, der dem der latinischen Metropole sehr ähnlich ist. Andererseits war Lavinium der Hafen Albas am Meer – wie Ardea der Hafen von Aricia und von Lanuvium war, wie das Gebiet von Rom der Hafen Albas am Tiber war – und demnach auch das Ende der Straße, die Alba und den Mons Albanus mit der Küste verband.

[30] Fidenae ist aus dem albanischen Einflußbereich verbannt worden (Bietti Sestieri 1992a), ohne zu berücksichtigen, daß die Fidenates in die Liste der 30 *populi* gehören, die Plinius überliefert. Auch Crustumerium und Nomentum wurden als albanische Gründungen betrachtet (Dion. Hal. 2,53). Zur Lokalisierung der 30 *populi* vgl. Appendix 4.

[31] Pini-Seripa 1986; Pacciarelli 1986. In dieser Hinsicht ist Peroni 1993–94 sehr wichtig gewesen,

Siedlungen, die durch archäologische Forschung in der Region wieder aufgefunden wurden, weisen sich als Hauptsiedlungen eines *populus* aus, vielmehr
nur jene, die den Rang einer »hegemonialen« Siedlung haben; das Gebiet
eines *populus* besteht also aus der »hegemonialen« Siedlung und im allgemeinen aus wenigen weiteren »kleineren« Siedlungen. Für die Stufe Latiale I lassen sich bisher ungefähr 15 Distrikte ausmachen, etwa die Hälfte bezogen
auf die 30 *populi*, die in der Liste des Plinius auftauchen (zu bedenken ist,
daß bestimmte Teile Latiums noch nicht angemessen erforscht wurden). Die
Zahl der Distrikte steigt in den Stufen Latiale II und III und erreicht 19 bis
20 Einheiten, etwas weniger als die Hälfte der 47 *populi*, die aus der Zeit
des letzten Tarquiniers genannt sind. Abgesehen von der protourbanen und
dann urbanen Siedlung von Rom, das als »sehr großes« Zentrum gilt, und
wenigen anderen protourbanen und dann urbanen Zentren, die als »groß«
gelten, wie Lavinium, Ardea, Satricum, Crustumerium (eines der *clara oppida*)
und eventuell auch Gabii, die die Neuerungen jener Zeit darstellen, ist die
Region die gesamte frühe Eisenzeit hindurch geprägt sowohl vom Überleben der alten hegemonialen Plätze, die denen der *populi* der frühesten
Zeit entsprechen, wie auch vom Entstehen weiterer ähnlicher Plätze, die den
populi der späteren Stufe der prisci Latini entsprechen und im allgemeinen
als »mittlere« Zentren definiert werden. Dem in den literarischen Quellen
geschilderten Wachstum der *populi* entspricht der Zuwachs an hegemonialen
Plätzen, die man bis jetzt in Latium kennt: von 15, wovon vier jenseits des
Anio liegen, auf 20, davon drei jenseits des Anio, bilden sie ungefähr die
Hälfte der uns bekannten Plätze, die wir dank schriftlicher Quellen kennen.
Wenn wir die Gegebenheiten der *populi* und ihrer *oppida* (»mittlere« Zentren von 7 bis 20 Hektar) mit den präurbanen oder sich formierenden urbanen Zentren (»große« Zentren von 20 bis 60 Hektar) vergleichen, zeigt sich
die Rückständigkeit ersterer gegenüber letzteren in dem Sinn, daß sie sich
nicht zu protourbanen Zentren wandeln, sondern in ihren Distrikten der
kleineren Wohngebiete überleben. Es handelt sich hier noch um die für
die Bronzezeit typischen dörflich-ländlichen Siedlungen, die in der frühen
Eisenzeit aufgrund des Beharrungsvermögens in den konservativen Distrikten der Albaner Berge überleben und zumindest anfänglich mit Erfolg den
Expansionsbestrebungen der protourbanen Zentren widerstehen, die durch

der mir seine Schlußfolgerungen mündlich mitteilte und dessen Ergebnisse ich zusammenfassend in diesem Paragraphen wiedergebe. Es ist möglich, daß die Siedlung des einen oder anderen
populus in jenem Seminar mit einer kleineren Siedlung verwechselt wurde, die zu einer anderen
Vormacht gehörte, wie es beispielsweise anscheinend der Fall war bei Fidenae, das man (unserer Meinung nach fälschlicherweise) für eine Satellitensiedlung von Crustumerium hielt (vgl.
Anm. 30).

diesen hartnäckigen Überlebenswillen gezwungen werden, sich innerhalb relativ begrenzter Räume zu bewegen. In den Albaner Bergen verdoppeln sich die Hegemonialplätze in der frühen Eisenzeit fast auf ein Dutzend, und in der Stufe Latiale III dehnt Alba sein Siedlungsgebiet von Capuccini-Tofetti nach Pescaccio aus und erreicht eine Fläche von 25 Hektar. Die Albaner Berge erscheinen in dieser Zeit wie ein Überbleibsel des alten Bundes, der sich in der Mitte der Region wie eine mumifizierte Landschaft erhalten hat, umgeben vom Land der Siedlungen, denen es gelungen ist, zu »großen« protourbanen und dann urbanen Zentren zu werden. Auf den Gebieten letzterer überleben einige »mittlere« Zentren, die jetzt politisch untergeordnet sind, aber ihren Status als *populi*, die berechtigt sind am gemeinsamen Mahl im Heiligtum auf dem Mons Albanus teilzunehmen, wahren konnten. Aus diesem Grund empfiehlt es sich, anstatt an einen kleinen Bund aus einem Dutzend *populi* zu denken, die sich um Alba und den Mons Albanus gruppieren, in dieser fortgeschrittenen Phase sich eher einen im wesentlichen intakten Bund vorzustellen, dessen Zahl an Mitgliedern sogar angestiegen ist, deren Kontakt untereinander sich aber inzwischen ausschließlich auf religiöser Ebene abspielt, der also ein Museum seiner selbst geworden ist, abgesehen vielleicht von den wenigen *populi* der Albaner Berge, die nicht in die protourbanen Landbereiche mit einbezogen worden sind und die weiterhin, auch »politisch« gesehen, die Vormachtstellung von Alba Longa in ihrem Gebiet anerkennen.[32] Die Ansiedlungen Latiums in der Endbronzezeit sind allerdings auch auf eine völlig andere Weise interpretiert worden. Anstatt mit den 30 und mehr *populi* zu rechnen, die aus den schriftlichen Quellen bekannt sind und in beträchtlichem Ausmaß auch durch die Archäologie bestätigt werden, *populi*, die in Latium eine recht ausgefranste Gegebenheit bilden, auch wenn sie in erste hierarchische Siedlungsformen gegliedert sind, hat man es vorgezogen, die Region in etwa sechs große Gebiete aufzuteilen, die ebenso vielen »Stammes«einheiten entsprechen, von denen die der Albaner Berge die größte gewesen wäre.[33] Aber ein solches Bild steht im Widerspruch zu den archäologischen Gegebenheiten aus dem 10.

[32] Das protourbane Phänomen könnte als erstes die »Totalität« der mythisch-religiösen Erfahrung der Latiner aufgebrochen haben, beginnend mit der Stufe Latiale IIA2 (vgl. §§ 241, 264 und 322), indem es zum ersten Mal die religiöse Unabhängigkeit von der »politischen« loslöste. Dem *populus* in Latium entspricht in Griechenland, seit der Mitte des 11. Jh., der *laos* innerhalb eines *damos* oder Gebietes, der zu einer *polis* oder befestigten Siedlung gehört, die von einem *basileus* oder lokalen Häuptling gelenkt wird: es ist der »Pygmy State« von Donlan 1989 (vgl. § 100, Anm. 12).

[33] Bietti Sestieri 1992a. Bei der Interpretation des vorgeschichtlichen Latium müßte die kulturelle Entwicklung ethno-anthropologischen Charakters – die in Italien, obwohl äußerst nützlich, ungerechtfertigterweise wenig entwickelt und oft sogar mißachtet wird – zumindest

und teilweise aus dem 9. Jahrhundert und zum Vorhandensein zahlreicher
verbündeter Gemeinschaften, die von den literarischen Quellen bezeugt
sind. Ausgedehnte Gebiete dieser Art bilden sich erst in einer fortgeschritteneren Phase, und sie fallen dann im wesentlichen mit dem Landgebiet der
zukünftigen Protostädte und dann Städte in Latium zusammen, aber dieser
letzte Entwicklungsstand sollte nicht mit dem vorhergehenden verwechselt
werden, der seinem Wesen nach anders ist. Die Einheit der latialen Kultur
und ihre Ausdifferenzierung, zum Beispiel gegenüber der Villanovakultur,
basiert auf dem engen Zusammenhalt, nicht so sehr zwischen wenigen großen »Stammes«einheiten, sondern unter zahlreichen kleinen *populi*, die in
einem Bund zusammengeschlossen sind – in einem Chiefdom komplexer
Art, würden wir sagen, also bereits in einer »posttribalen« Wirklichkeit –
und die sich auf das hegemoniale Zentrum Alba und den Bundeskult des
Iuppiter Latiaris auf dem Mons Albanus beziehen.

**151. Kulte, Begräbnisstätten, Wohnbereiche und archäologische Daten
auf römischem Boden.** Man kann das Auftreten der *populi* Latiums auf
römischem Boden nachzeichnen, und wir verfügen hierfür über eine beachtliche Menge an Quellen. Die Siedlung auf dem Kapitol besteht fort, aber
im Bereich des späteren Comitium entsteht ein neuer Siedlungskern, wahrscheinlich eine Nutzung im Zusammenhang mit der Quelle des Tullianum
und vielleicht auch des benachbarten Anlegeplatzes des Velabrum.[34] Auf
dem Palatin, nicht weit entfernt von der Stelle, wo jetzt ein heiliger Bezirk
mit den Kulten der Acca und der Tacita entstehen dürfte, in der Nähe
des künftigen Lacus Iuturnae, wurde der Siedlungskern oder das Nutzungsgebiet der späten Bronzezeit, dessen Ende wir hypothetisch mit dem Einfall
der Aboriginer in Zusammenhang gebracht haben, von einer Schicht wahrscheinlich aus der Endbronzezeit überlagert, in der die Siedlung aufgrund
einer Überschwemmung oder Versumpfung aufgegeben worden war.[35] Nach-

---

einer Entwicklung historischen und religionsgeschichtlichen Charakters begleitend an die Seite
gestellt werden.

[34] Der Bestattungsort des Kapitols konnte sich zu dieser Zeit, wie der des Palatin, am Ufer des
Velabrum befunden haben, auf einem dem Hügel benachbarten Gebiet; vgl. §§ 130, Anm. 46;
151, Anm. 39.

[35] Um das Verlassen des oben genannten Siedlungskernes und die Bildung der entsprechenden
Schicht zu erklären, könnte man an klimatische Umstände denken, z. B. an höhere Nieder-
schläge. Aber die Chronologie der Aufgabe der am Wasser gelegenen Siedlungen ist recht unterschiedlich: Jenseits der Alpen, zwischen Savoyen und Österreich, am Ende des 8. Jh.; in der
Poebene im 12. Jh.; in Etrurien zwischen mittlerer und später Bronzezeit; im Velinabecken am
Beginn der frühen Eisenzeit; in Latium in der Endbronzezeit. Solche Unterschiede haben die
Gelehrten bewogen, klimatischen Bedingungen im Vergleich zu den sozio-ökonomischen Ver-
hältnissen weniger Bedeutung beizumessen (Carancini 1986: Diskussionsbeiträge von R. Peroni
und A. Guidi; Coccia-Mattingly 1992).

dem der Bereich über ein Jahrhundert, d. h. bis zum Beginn der Stufe Latiale I, leer geblieben war, wurde damit begonnen, hier einige Urnengräber anzulegen. Der Siedlungskern oder das Nutzungsgebiet, das sich in der Spätbronzezeit am Fuß des Palatin befand, könnte sich ab dem Latiale I und IIA wieder herausgebildet haben oder von einem anderen Kern auf dem Cermalus[36] oder dem Palatium[37] absorbiert worden sein, den Erhebungen, zu denen die Begräbnisstätte am Fuß des Palatium entlang des Velabrum gehört haben dürfte[38] – wobei wir hinsichtlich der Velia uns des Urteils enthalten müssen, da wir darüber zuwenig wissen.[39] Die Vorstellung vom Velabrum als einem mit der Unterwelt verbundenen Sumpf könnte zumindest bis auf diese Epoche zurückgeführt werden, wegen der Anwesenheit der ältesten Gräbergruppe, die bis jetzt sicher auf römischem Boden bezeugt ist. In die Zeit des Latiale IIA1 ist auch der Beginn der Nekropole bei der Regia und

---

[36] Ein kleines mit Rillen und »Höckern« dekoriertes Bruchstück, datierbar in die Stufe Latiale I, ist jüngst im heiligen Bezirk der Victoria gefunden worden (Information von A. Guidi). Das auf dem Cermalus gefundene Keramikbruchstück, das in die Endbronzezeit, Stufe II, datiert wurde und das Ampolo 1976 erwähnt, ist hingegen aus einer späteren Epoche: Peroni 1979. Auf dem Cermalus ist Material aus dem Latiale IIA1 gefunden worden (Untersuchung der von R. Peroni koordinierten Arbeitsgruppe), aber das Grab des Hauses der Livia stammt aus der Stufe IIA2 (Pacciarelli 1994; vgl. auch Appendix 2a.

[37] Vom Palatium kennen wir im Augenblick keine Funde, die in die Endbronzezeit datierbar wären; die Zeugnisse beginnen im Latiale IIA (Pinza 1905, cc. 513-514, fig. 158, bei der Kapelle von San Sebastiano gefundenes Bruchstück; Müller-Karpe 1962, Tafel 41, 7 und vielleicht auch 11), da es jedoch am Cermalus Funde aus der Endbronzezeit, Stufe III, gibt, fällt es schwer, sich das Palatium in dieser Phase unbewohnt vorzustellen, auch wenn es noch nicht die Bedeutung erreicht haben dürfte, die es dann ab dem Beginn des protourbanen Phänomens auf den *montes* hat (es ist der erste *mons* des Septimontium und der erste überhaupt, von dem man den Namen des Opfers kennt: das Palatuar). Ein Bruchstück eines Bechers aus Ton mit Henkeln, das am nördlichen Hang des Palatium gefunden wurde, weist Merkmale auf, die auf ähnlichen Zeugnissen der ägäischen Welt und der Liparen Entsprechungen finden (P. Brocato, in: Palatium e Sacra via, 1). Die ältesten bei den Grabungen am nördlichen Hang des Palatium angetroffenen Funde stammen aus dem Latiale IIA (Untersuchung der von R. Peroni koordinierten Arbeitsgruppe; Carandini 1992; A. Carandini, in: Palatium e Sacra via, 1; vgl. auch Addendum VIII), die auf das erste Entstehen des Viertels am Fuße dieses Hügels hindeuten.

[38] Vgl. §§ 89, Anm. 2; 130, Anm. 46. Peroni 1988 hat die beim Bogen des Augustus aufgefundene Gräbergruppe dem Kapitol zugeordnet, zu einer Zeit, als die Funde vom Cermalus aus der Endbronzezeit, Stufe III, und die Bruchstücke aus dem Latiale IIA vom Palatium und vom Cermalus noch nicht bekannt oder noch nicht bestimmt waren. Pallottino 1972 hatte die Gräbergruppe vom Augustusbogen mit dem Palatium (verstanden als Gebiet der Domus Tiberiana) in Verbindung gebracht.

[39] Noch unveröffentlicht sind die Funde der Brunnen der Velia, aber es scheint als enthielten sie keine Funde aus der Zeit vor dem 8. Jh. (freundliche Information von A. Magannini); dies schließt jedoch keineswegs aus, daß es auf dem Hügel ab der Endbronzezeit oder der frühen Eisenzeit eine Siedlung gegeben hat. Würde die Stadt Palazzo und Giardino Rivaldi ankaufen, könnte eine Grabung an diesem einzigen von der Velia noch erhaltenen Rest erfolgen.

beim Tempel des Antoninus und der Faustina anzusetzen, die vielleicht eine
Fortsetzung der älteren Nekropole ist, die man am Fuß des Palatin beim
Bogen des Augustus fand. Die Gräber aus dem Latiale IIAı, die unter dem
Augustusforum gefunden wurden, bilden den *terminus ante* für die Besetzung des Collis Latiaris.[40] Die in das Latiale I und IIAı datierbaren Funde,[41]
an zwei unterschiedlichen Stellen des Siedlungsgebietes bezeugt, können als
die ersten archäologischen Zeugnisse interpretiert werden, die sich auf zwei
populi beziehen, die ihre Festungen auf römischem Boden hatten: die Latinienses auf dem Kapitol und dann auf dem Collis Latiaris[42] und die Velienses auf der Velia, dem Palatium und dem Cermalus.

**152. Latinienses und Velienses, die ersten »populi« auf römischem
Boden.** Von den 30 *populi*, die Plinius nennt, scheinen zwei sich von
Beginn an auf das Gebiet von Rom beziehen zu lassen: zum einen die Latinienses, die in einem Bezirk im Norden Roms bezeugt und in Verbindung
mit dem Collis Latiaris zu sehen sind, vermutlich ihrer namengebenden
Burg, und die, wie gesagt, einer Gruppe von latinisierten Aboriginern (casci
Latini) entsprechen, und zum andern die Velienses, die in Verbindung mit
der Velia zu sehen sind, ihrer namengebenden Burg, und die man einem
Bezirk im Süden Roms zuordnen kann (man beachte die enge Beziehung
zwischen Velia-Palatin-Cermalus auf der einen Seite und Aventin auf der
anderen Seite); wahrscheinlich gehören auch sie zu den casci Latini, angesichts der möglichen Verknüpfung der beiden Hügel Velia und Palatium
mit aboriginisch-pelasgischen Örtlichkeiten im Gebiet von Reate, die die
gleichen Namen tragen. Das Gebiet von Rom erscheint deshalb wie ein
Zentrum, dessen wichtigste ethnische Komponente zu einem gewissen Zeitpunkt proto-oskisch-umbrisch ist, wenngleich sehr bald albanisiert und latinisiert. In dieser Epoche befanden die Aboriginer sich nicht mehr an ihren
ursprünglichen Sitzen, die inzwischen von den Sabinern besetzt waren, und
sie überlebten latinisiert in Latium, im albanischen Bund, wie wir schon
Gelegenheit hatten zu sehen. Unter diesen *populi* stellen aufgrund ihres
Namens und ihrer Lokalisierung die Latinienses bezüglich des Ursprungs

---

[40] A. Guidi hat von Gefäßen aus der Stufe Latiale II berichtet, die in den Grundmauern der
Regia des Domitius Calvinus gefunden wurden, vielleicht ein Hinweis auf eine Nekropole an
dieser Stelle. Zu der Nekropole beim Tempel des Antoninus und der Faustina siehe Gjerstad
1956. Zu den Gräbern am Fuße des Collis Latiaris, unter dem Forum des Augustus, datierbar in
die Stufe Latiale IIAı wie jene der Regia und des Tempels des Antoninus und der Faustina siehe
Paroli 1978.

[41] Die schweizerische Dendrochronologie würde es nahelegen, die Stufe Latiale IIAı von
900–865 auf 1020–985 zurückzusetzen: Bettelli 1994; Bietti Sestieri 1996, Tabelle 8.4; vgl. Appendix 2a.

[42] Vgl. § 153.

des *nomen* und im Blick auf das Gebiet von Rom das Hauptproblem dar. Der Ager Latiniensis, der sich unmittelbar südlich des Anio befindet[43] – für die Aboriginer, die aus dem Gebiet von Reate eingewandert waren, am Eingang zu Latium –, könnte an ein Gebiet denken lassen, das vorwiegend von latinisierten Aboriginern bevölkert ist.[44] *Latiniensis kann als ein Adjektiv gedeutet werden, das die Zugehörigkeit zu Latium impliziert, im Unterschied zu Latinus, das außer der Zugehörigkeit zur Region auch die Volksgruppe zu bezeichnen scheint, möglicherweise schon seit ältester Zeit.[45] Das Adjektiv *Latiniensis* könnte benutzt worden sein, um bestimmte Latiner von anderen *populi*, die in der gleichen Region wohnten, zu unterscheiden, die man vielleicht für erste quasi-Latiner halten konnte oder besser erste latinisierte Nichtlatiner, die entlang dem bedeutsamsten Randgebiet Latiums siedelten, zwischen der Mündung des Anio in den Tiber und dem Tiberübergang auf römischem Boden.[46] Aus diesem Grund konnte der Distrikt der Latinienses von der angrenzenden – aborigisch-sabinischen und etruskischen Bevölkerung (von Veji) – als das Tor über der Albula[47] zur Welt der

---

[43] Dem Gebiet von Crustumerium (das möglicherweise nicht von Anfang an zum albanischen Bund gehörte) hätte jenseits des Tibers das Landgebiet von Veji entsprochen, während dem Gebiet der Fidenates, gleich über dem Anio, und dem Gebiet der Latinienses, gleich unterhalb dieses Flusses und über dem Gebiet der Velienses, jenseits des Tibers die Montes Vaticani gehört hätten: Plin. nat. 3,53 (Grandazzi 1991 scheint irrtümlicherweise den Ager Latinerensis auf dem rechten Tiberufer anzusiedeln). Es ist kein Zufall, daß der Vorort im Norden Roms (die Gegend von Parioli) noch im augusteischen Zeitalter als »sabinisch« bezeichnet wurde: Cic. har. resp. 20; Hor. Ep. 1,6,76. Zum Anio als Grenze Latiums (aber in einer späteren Epoche): Dion. Hal. 5,34,4; Plin. nat. 3,5,54 (siehe auch Cic. har. resp. 20,62; Plin. nat. 14,67; 3,63; Varro ling. 5,52). Zum sabinischen Charakter des Landgebietes von Tibur: Uda 1990. Die Zuordnung der Latinienses außerhalb der Porta Latina, zwischen Rom und dem Landgebiet von Tusculum (Solin 1996), überzeugt nicht.

[44] Die Hypothese, die Latinienses wären keine Latiner, sondern Proto-Osco-Umbrer geht auf Ph. Cluverius zurück (*Italia antiqua*, Lugduni Batavorum 1624): Catalano 1978. Zur Frage der Peuketier in Rom vgl. §108, Anm. 18.

[45] Castrén 1981 hält das Suffix *-inus* für älter als das Suffix *-iensis*.

[46] Catalano 1965 (Latinienses, um sie von den Latinern des *nomen* zu unterscheiden). Siehe Latinium, ein Ort an der Küste Latiums (Dion. Hal. 1,72,3), die eine noch weitere (und ältere?) Ausdehnung der Latinienses bis zur Mündung des Tibers nahelegen. Der Ager Latiniensis wird banaler als Latinus bezeichnet bei Plin. nat. 3,53 und 63. Das Suffix *-iensis* bildet Adjektive aus den Namen von Regionen und Orten. Es handelt sich um »Zugehörigkeit oder Abhängigkeit von«. Die Linguistik als solche ist also nicht in der Lage, das Problem bezüglich des Wesens des *populus* der Latinienses zu lösen, da konnotative Bewertungen über die oben genannten hinaus nicht in der Ableitungsbeziehung enthalten sind (Mitteilung von C. de Simone). Die Latinienses stünden zu den Latinern wie die Albenses (= albanisiert) – wenn sie nicht ein *populus* sind (vgl. §149, Anm. 22) – zu den Albanern stehen und die *Romanuli zu den Romani (Colonna 1988). Castrén 1981 hat darüber hinaus beobachtet, daß zehn *populi* das indoeuropäische Suffix *-anus* haben und 14 das Suffix *-ensis*, das nicht-indoeuropäisch sein könnte.

[47] Isid. orig. 13,21,27; Serv. Aen. 3,500; 8,332.

Latiner betrachtet werden, die ihren Kulminationspunkt im Zentrum der Region fand, in der Metropole Alba Longa.[48] Das religiöse Zentrum des albanischen Bundes und die Hauptstadt der Latiner waren mit dem Territorium Rom durch die Via Latina bzw. den älteren Verlauf der Via Appia verbunden. So wurden zwei Wirtschaftsräume miteinander verbunden, die eine Schlüsselfunktion in der Region innehatten, das Gebiet der Albaner Berge, das sich als Weide- und Forstland eignete, eher typisch latinisch, und die Ebene entlang des Tibers, die sich vor allem für den Anbau von Getreide und für den Handel eignete, eher typisch latiniensisch.[49] Der Collis Latiaris könnte auf römischem Boden zum namengebenden Hügel der Latinienses geworden sein, so wie die Velia für die Velienses namengebend wurde, und die Bezeichnung dieser Hügel könnte, zusammen mit weiteren anderen, eben in dieser Zeitspanne erfolgt sein.[50] Die hochtönenden Namen des *collis* Latiaris und des *populus* der Latinienses heben sich ab vom zurückgenommener klingenden aboriginischen Charakter des Namens der Velia und der Velienses. Das sind die *populi*, die die älteste und bestimmendste Rolle auf römischem Boden spielten, die einzigen, deren Distrikte an den Ufern des Tiber liegen (stromaufwärts von den Polluscini).

153. Die Gebiete der Latinienses, Velienses und Querquetulani (Abb. 17).   Das Gebiet der Latinienses lag zwischen dem Tiber, dem Anio – jenseits davon lag das Gebiet der Fidenates – und dem Verlauf der Via Tiburtina / Vicus Patricius, die zwischen dem Viminal und Cispius endigte und damit zum Quirinal, zum Viminal und zum Kapitol führte. Das Gebiet der Velienses lag zwischen dem Tiber, dem Wasserlauf bei der Siedlung Acqua Acetosa – jenseits dessen das Gebiet der Polluscini lag – und dem Verlauf der Via Appia, die zwischen Caelius und Aventin endete und damit zum Palatin und zur Velia führte.[51] Das Gebiet der Querquetulani lag zwischen dem Verlauf der Via Tiburtina / Vicus Patricius, die zwischen Cispius und Viminal endete, und dem Verlauf der Via Appia, die zwischen Caelius und Aventin endete und damit zur Subura, zum Fagutal, zum Oppius (der Hauptburg?), zum Caelius und Cispius führte. Der *populus* der Querquetulani scheint

---

[48] Colonna 1988 rekonstruiert eine frühe Ausdehnung der latinischen Stämme auf die Gebiete von Veji und Capena, zwischen dem Lacus Sabatinus und dem Tiber. Die Zäsur zwischen diesen Stämmen und den Latinern Latiums sei bedingt durch die Etrusker (in Veji) und die Sabiner (in Capena). Colonna meint, Latinienses sei der Name, den die Etrusker den Latinern gegeben hätten, an die sie unmittelbar angrenzten.

[49] Guidi 1982.

[50] Vgl. Addendum II.

[51] Vgl. §§ 89, Anm. 3; 114, Anm. 40; 137, Anm. 99. Auf diesen Distrikt könnte sich das Lemma von Fest. 213 L. beziehen: »ea parte in qua plurimum erat agri Romani ad mare versus et qua mollissime adibatur Urbs«. Vgl. §§ 322 ff.

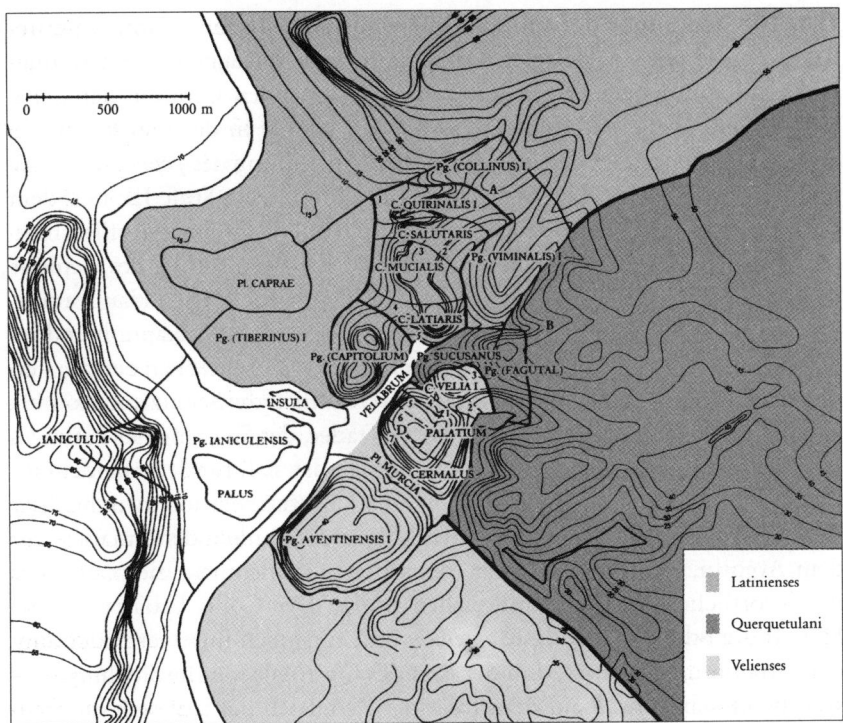

Abb. 17   Die drei populi *auf römischem Territorium: Latinienses, Querquetulani, Velienses, latiale*
Stufen I–IIA1

auf römischem Boden nach den Latinienses und den Velienses ins Spiel
zu kommen, vor allem als der Oppius, der Caelius und der Cispius *montes*
werden, zur Zeit des Septimontium, also im Latiale IIB.[52] Es könnten so
die *populi* der präurbanen Zeit die Dreiteilung des Territoriums von Rom
im protourbanen Zeitalter bewirkt haben, die mit den ältesten *tribus* Roms übereinstimmte. Die Latinienses, die auf den *colles* siedelten, wurden dann zum
tribus der Titienses. Die Velienses, die auf den älteren *montes* (Palatin, Velia,
Cermalus mit Fagutal und Subura) siedelten, wurden zum *tribus* der Luceres,
und die Querquetulani, die auf den jüngeren *montes* (Oppius, Caelius,
Cispius) siedelten, wurden zum *tribus* der Ramnes oder Ramnenses.[53]

[52] Zu den *populi* vgl. Appendix 5. Wahrscheinlich war die Subura ursprünglich ein Teil des
Gebietes des *populus* der Querquetulani, zu schließen aus dem Konflikt seiner Bewohner mit
den Bewohnern der Velia, der im Fossil des October Equus durchscheint. Das gleiche gilt wahrscheinlich auch für das Fagutal, das zum Oppius gehörte.
[53] Wir ziehen hier einige Ergebnisse zum protourbanen Zeitalter vor: vgl. §§ 322 ff. Nach Martínez Pinna 1985 wären die Querquetulani nicht auf den Caelius (Mons Querquetulanus), son-

154. Die Siedlungen der »populi« auf römischem Boden. Unter Zugrundelegung der oben dargelegten Daten kann man versuchen, die Siedlungskerne auf römischem Boden mit den entsprechenden Gebieten der *populi* in Zusammenhang zu bringen. Das Kapitol könnte in der Endbronzezeit, Stufe III, der enge Sitz der ursprünglichen Ansiedlung des *populus* der Latinienses gewesen sein, aber zwischen der Endbronzezeit, Stufe III, und dem Beginn der Eisenzeit scheint die Siedlung sich auf den weitaus großflächigeren Quirinal ausgedehnt zu haben, wobei sie die Bevölkerung des Gebietes längs des Tibers, gleich südlich des Anio, mit einbezog, dessen Hauptstraße, die Salaria, auf diesem Hügel und an den Anlegestellen des Kapitols endete. Das Kapitol, das einen eigenen Jupiterkult hatte, wahrscheinlich den ältesten in dem gesamten Gebiet, übernahm jetzt vermutlich die Schutzfunktion für einen Anlegeplatz, vielleicht den »Port of Trade«, der Siedlung der Latinienses,[54] auf neutralem, extraterritorialem Gebiet, das sich für den Handel und Bündnisse eignete, man könnte sagen eine Übergangsstation zwischen der Welt des Flusses und der Welt der Siedlung, recht ähnlich der Situation auf dem Aventin, wo es möglich war Menschen aufzunehmen, die man nicht in die örtliche Gemeinde einbeziehen wollte. Der Collis Latiaris war die Hauptburg oder das wichtigste *oppidum* und entsprach in seiner Bedeutung der Velia für die Velienses, und der Rest des Quirinals war die Siedlung, entsprechend dem *populus* auf dem Palatin.[55] Zeitgleich hat sich sich die Sied-

---

dern auf Querquetulum (Corcolle) zu beziehen, aber damit würden sich in der Gegend von Tibur zuviele *populi* konzentrieren, weshalb es besser ist, die Querquetulani auf römischem Boden anzusiedeln; dafür spricht, daß außer dem Mons Querquetulanus und der Porta Querquetulana es auch den *lucus* der Virae Querquetulanae gab und das *sacellum* der Lares Querquetulani, die vielleicht die Lares (Grundiles?) dieses *populus* waren, eine Kapelle, die sich auf dem Oppius befand, was es nahelegt, daß es in erster Linie diese Burg war, auf die die Querquetulani hauptsächlich ausgerichtet waren. Vgl. Appendix 5. Daß Rom vor der Mitte des 7. Jh. auch einen Siedlungskern umfaßte, der sich auf den Mons Querquetulanus konzentrierte, ist eine Hypothese von Mazzarino 1966. Die Vimitellarii können nicht auf den Collis Viminalis bezogen werden. Zu der Zuschreibung der Gebiete an die *populi* auf römischem Boden: Pallottino 1960; Pareti 1953; Catalano 1965. Pallottino 1972 hat die Blüte der *populi* zu spät angesetzt, im 9. Jh., das schon von den protourbanen Veränderungen gekennzeichnet ist; diese sind Gegebenheiten vor der Stadt aber nach der präurbanen »klassischen« Zeit der *populi*.

[54] Wenn das Kapitol seit diesem Zeitpunkt die Funktion als Arx und als wichtigster »Port of Trade« für das gesamte Gebiet von Rom innegehabt hätte, fiele der duale Aspekt, den das Vorhandensein zweier *populi* auf römischem Boden zumindest zu Beginn annehmen ließe.

[55] Der Name des Collis Latiaris und der entsprechende Kult (»tertiae regionis colles quinque ab deorum fanis appellati«: Varro ling. 5,51) dürften auf die Zeit des Latinus oder mindestens der Latinienses zurückgehen. Zu der möglichen Verbindung zwischen Modius Fabidius, dem ersten Fabius und dem Quirinal vgl. § 103. Zu Latinus und dem Collis Latiaris vgl. § 144. Zu einem Fund aus der Stufe Latiale I, gefunden als ein Rest im Votivdepot von Santa Maria della Vittoria, siehe Müller-Karpe 1962, Tafel 42, B 1.

lung des *populus* der Velienses bilden können, zwischen der Velia (der Burg) und dem Palatin (der Siedlung), deren Gebiet sich, vom Aventin aus, entlang des Tibers erstreckt haben dürfte, unmittelbar südlich von den Latinienses; die Endpunkte ihrer Hauptverkehrswege, der Appia und der Ardeatina entsprechend, dürften die Anlegestellen des Aventin und des Palatium/Cermalus gewesen sein. Weiteren Aufschluß zu den Velienses können die Namen der Hügel Velia und Palatium geben, da sie ihren Ursprung im aboriginisch-pelasgischen Gebiet von Reate haben dürften, wie möglicherweise auch der Kult der Vica Pota, der für die Zeit der frühen Republik auf der Velia bezeugt ist, aber zeitlich noch weiter zurückreichen könnte, vermutlich eine ursprüngliche Terra/Tellus-Ops,[56] die große Gottheit des Cermalus, die auf dieser Erhebung, wo sich früher eine abgelegene Weide befand und die zur namengebenden Burg des entsprechenden *populus* geworden war, wieder eingesetzt wurde. Man kann versuchen zu rekonstruieren, wie die ursprüngliche Struktur der Ansiedlung der Velienses ausgesehen haben mag. Sie dürfte in drei *pagi* gegliedert gewesen sein, entsprechend den drei Bezirken (dann *montes*) der Velia, des Palatium und des Cermalus, mit hypothetischen weiteren peripheren Verbindungen spezieller Art, wie zur Subura, einem wichtigen Durchgangsort,[57] zum Fagutal, dem Heiligtum der dem Jupiter geweihten Buche (anscheinend hat es in den genannten Bezirken keine anderen Jupiterkulte gegeben), und zum Aventin, der Anhöhe, die einen Landeplatz kontrollierte, vielleicht den »Port of Trade« dieser Siedlung mit Funktionen vergleichbar dem Kapitol.[58] In diesen drei *pagi* können wir uns eine gewisse Anzahl von *vici* vorstellen, mindestens drei, eines pro *pagus*, und nicht mehr als sieben, oder vielleicht genau sieben, wenn wir die

---

[56] Eine Vica Pota wird zu Beginn der republikanischen Zeit an den Ausläufern der Velia verehrt, aber es ist möglich, daß es sich um die Neuauflage eines analogen viel älteren Kultes handelt, der die Zentralität dieses Hügels begründet hätte: vielleicht eine frühe Terra oder Tellus (Varro ling. 5,62) / Ops. Eine Tellus wird im 3. Jh. in den Carinae verehrt, unterhalb des Lucus Fagutalis (Information von D. Palombi: § 208, Anm. 7), aber auch dieser Kult konnte an einen ähnlichen und sehr viel älteren Kult wiederanknüpfen, der ursprünglich mit der Velia verbunden war. Zu den Kulten im Lichte ihrer topographischen Kontinuität in Rom und in der der Stadtgründung vorausgehenden Epoche: Ziolkowski 1992. Die beiden Kulte der Vica Pota / Victoria auf dem Cermalus und der Vica Pota auf der Velia verweisen auf die Bindungen, die zwischen diesen beiden Hügeln entstanden waren und die von Servius Tullius mit der Schaffung seiner IV *regio* wieder bekräftigt werden, die ein schwacher Abglanz des ursprünglichen veliensischen Kerns (Cermalus-Palatium-Velia) ist, der den Ausschlag gab für den Ursprung des protourbanen Phänomens im Teilgebiet der *montes* des Territoriums von Rom (§§ 181 ff.).
[57] Vgl. § 208.
[58] Die ersten Anzeichen für einen Handel über mittlere und lange Distanz über die Via Tiberina reichen bis in die Endbronzezeit zurück: Bartoloni 1991. Bibliographie zu dem von Polanyi geprägten Begriff des kontrollierten Handels und zu »Port of Trade«: Hodges 1982 und 1988; Cunliffe 1988; Ampolo 1994a.

Siedlungswirklichkeit, die in der Zeit der protourbanen Formierung zu den sieben Curiae Veteres führt, in diese frühe Zeit zurückprojizieren können. Der *pagus* der Velia dürfte den Anschein einer Hochburg erweckt haben, weshalb wir ihn eher als *oppidum* auffassen können. Wenn das stimmt, hätten wir das Glück, den Aufbau des Ortes in einem präurbanen *populus* zu kennen, bestehend aus einem *oppidum* und aus zwei *pagi* auf der Anhöhe: ein in Italien wahrhaft einzigartiger Fall. In einer ersten Phase dürften die beiden *populi* in einer Gemeinschaft zusammengelebt haben, die man doppelköpfig nennen könnte, mit ihren jeweiligen Jupiterkulten auf den Burgen (dem Kapitol und dem Fagutal), vermutlich getrennt von den entsprechenden Siedlungen, wie der Mons Albanus von Alba getrennt war. Die alte Nabelschnur, die den Palatin seit der Spätbronzezeit mit dem Kapitol verbunden hatte, scheint jetzt durchschnitten (das Kapitol war durch einen Sattel mit dem Quirinal verbunden, wie die Velia mit dem Palatium). Der Wasserlauf der Subura/Argiletum dürfte die beiden Territorien getrennt haben, die durch eine Straße verbunden waren, die vielleicht gerade jetzt zwischen der Velia und dem Kapitol eingeweiht wird, die spätere Sacra Via, die ihren Ausgang nicht zufällig vom Sacellum Streniae nahm, einem Platz, der zu den Carinae bei der Velia gehörte.[59] Das Auftreten dieser *populi* hat eine Gliederung des Territoriums von Rom in zwei Siedlungsepizentren mit sich gebracht, beide auf Erhebungen, die früher außerhalb der Siedlung lagen: Collis Latiaris und Velia. Diese Ausdehnung der Siedlung über die vorher erreichten Grenzen bedeutet eine Zäsur mit der vorhergehenden Epoche und eine Präfiguration des Siedlungsumfangs, wie er für die protourbane Periode typisch ist. Dieser Ausdehnung des Siedlungsraumes von Rom entspricht ein Aufgeben von Siedlungsraum im Latiale I und IIA an Orten wie La Rustica, Acqua Acetosa, Ficana und Castel di Decima. Es ist möglich, daß in dieser Zeit Stämme, die nicht weit von der Biegung des Tiber wohnten, innerhalb oder nicht weit entfernt vom künftigen Ager Romanus antiquus, es vorgezogen haben, sich direkt an der Biegung anzusiedeln, trotz der damit verbundenen Konzentration in diesem Bereich durch zwei Siedlungen, die für diese Zeit recht groß waren (21 und 26 Hektar), und trotz der Nähe der beiden ersten »Ports of Trade« mit den entsprechenden Übergängen (vielleicht schon einer ersten Brücke), um aus dieser Position die beträchtlichen Vorteile zu ziehen, die sich offensichtlich schon abzeichneten. Wir befinden uns mitten im fünften großen »Ereignis« der präurbanen Situation auf römischem Boden, das sich schon zur Zeit des Latinus angekündigt hatte.[60]

---

[59] Coarelli 1993.
[60] Zum Verlassen der Standorte: Bietti Sestieri 1992a. Zum ersten Handel über mittlere und

155. Verwechslungen zwischen dem zweiten und dritten Rom.

Die Annalisten kannten drei Siedlungen auf römischem Boden: die siculische, die aboriginisch-latinische und die römische Siedlung.[61] Daß die mythischen Identifikationen des Romulus mit Latinus dazu verleiten konnten, ihn in der Zeit an Latinus und damit an Aeneas heranzurücken, überrascht nicht, wie auch die daraus abgeleitete Konsequenz nicht überrascht, und d. h., daß Romulus, oder ein anderer, der seinen Namen trägt, zum Sohn, Schwiegersohn oder Enkel des Latinus/Aeneas werden mußte und zum Gründer eines albanisch-latinischen Rhome-Aeneia, chronologisch angesiedelt zwischen dem Saturnia der Siculer und dem Rom der Römer.[62] Diese Vermischung zwischen dem dritten und dem zweiten Rom hat dann Dichter wie Ennius beeinflußt, der die Gründung Roms um das Jahr 1086 ansetzte.[63] Diese Konfusion, die sich schlecht verstandenen mythischen Identifikationen verdankt, die direkt in genealogisch-chronologische Begriffe übersetzt, aber dann noch von den Alten selbst korrigiert wurden, darf nicht länger für die modernen Historiker den Vorwand liefern, mit großer Leichtfertigkeit die Authentizität der romuleischen Gründung des dritten Rom zu entwerten.[64] Es ist offensichtlich, daß die Siedlungen der Latinienses und der Velienses, d. h. des zweiten Rom, nichts zu tun haben weder mit Romulus noch mit Rom, noch mit den Römern, daß sie aber, wie wir gesehen haben, sehr viel zu tun haben mit Picus, Faunus und Latinus, so wie die noch ältere Siedlung des ersten Rom mit Siculus und Cacus zu tun hatte. Mehr dürfte das protourbane Zentrum des Septimontium mit Romulus zu tun gehabt haben, das die Annalisten aber absichtlich getilgt haben (oder in der Tilgung fortfuhren), um Rom aus dem Nichts beginnen lassen zu können, wie es für eine Kolonie von Alba paßte, als das exklusive Ergebnis dessen, der die Stadt

---

lange Distanz über die Via Tiberina und die »Ports of Trade« vgl. Anm. 58; vgl. auch § 144. Die Maße der veliensischen Siedlung: Cermalus (25 m ü.d.M.) 4,50 ha + Palatium (25 m ü.d.M.) 12,08 ha + Velia (30 m ü.d.M.) 4,79 ha = 21,37 ha. Großer Aventin (30 m ü.d.M.): 31,27 ha. Die Maße der latiniensischen Siedlung: Latiaris (30 m ü.d.M.) 3,13 ha + Mucialis (30 m ü.d.M.) 7,96 ha + Salutaris (30 m ü.d.M.) 5,32 ha + Quirinalis (30 m ü.d.M.) 9,33 ha = 25,74 ha. Kapitol (30 m ü.d.M.) 6,22 ha. Es handelt sich um Werte, die leicht über den aus archäologischer Sicht sicher bestätigten höchsten Werten für die präurbanen Siedlungen zwischen Südetrurien und Latium vetus liegen.

[61] Dion. Hal. 1,73.
[62] Dion. Hal. 1,73.
[63] Enn. 389 B Skutsch (Pareti 1953: 1090–1080; Manni 1963: 1084; De Cazanove 1992: um 1086).
[64] Mastrocinque 1993. Die Stadt Rom wird deshalb als drittes anstatt als viertes Rom bezeichnet, weil das protourbane Zentrum von Rom durch die annalistische Überlieferung beseitigt bzw. in die romuleische Zeit eingefügt wurde, indem ihr der erste Synoikismos und die erste Fusion mit den Sabinern zugeordnet wird, die jedoch einer vorhergehenden Zeit angehören (vgl. § 170 ff.).

gegründet hatte. Möglicherweise sind die Ausräumung der protourbanen Siedlung und die Vermengung des dritten und des zweiten Rom gar nicht so sehr auf die Beliebigkeiten griechischer Historiker und römischer Annalisten zurückzuführen, sondern darauf, wie vorgeschichtliche Gesellschaften sich erinnern; die »Lücke« zwischen einer näheren Vergangenheit (das dritte Rom) und einer zurückliegenden Vergangenheit (das zweite Rom) war wohl für die Art und Weise, wie sie im Stande waren sich an die Vergangenheit zu erinnern, konstitutiv.[65]

---

[65] Vgl. Appendix 9.

13 Der Mythos in Latium: Gründungen und Formierungen

156. Die großen »Ereignisse«. In unserer Rekonstruktion haben wir acht Jahrhunderte Vorgeschichte durchschritten, ein unsicheres Meer, auf das sich hinauswagt, wer von einer mythischen und doch wirklich existierenden Zeit erzählen will, in der Imagination und Wirklichkeit unentwirrbar miteinander verbunden erscheinen. Wir haben Textfragmente und Materialfunde, manchmal kleinsten Ausmaßes, zusammengestellt und haben versucht einen Abriß zu geben von dem, was geglaubt wurde und was vielleicht auch stattgefunden hat in jener fernen Zeit, in denen das Glauben eine Weise des Seins und das Sein eine Weise des Glaubens war. Wenn die wenigen Ereignisse, die in der Dunkelheit der Dokumentation umrißhaft sichtbar wurden, sich nicht von einem sagenhaften Lichtschein umgeben und in die Paradoxien der mythischen Logik verstrickt darbieten würden, dann müßten wir sicherlich an ihrer Authentizität zweifeln. Es ist gerade die sie kennzeichnende besondere Vermischung von Gottheit, dämonischem Wesen, Königtum und Wirklichkeit, die uns in unserem Glauben, einen Kern von »unsicheren Wahrheiten« zu erfassen, bestärkt. Der Rationalismus der späten Epochen hätte es nicht vermocht, derart spezifische Entsprechungen zwischen den verschiedenen Aspekten jener Gesellschaft und eine so zu den Ursprüngen passende Fabel zu erfinden; er hat nur vermocht, die Erzählung zu verwirren und damit ihre Abwertung zu erleichtern. Aber die Hinweise auf die ungeschickten Eingriffe bleiben erkennbar, und paradoxerweise sind es gerade sie, die es uns möglich machen, den von einer authentischen oralen Überlieferung abgeleiteten Stil von dem zu unterscheiden, was im Gegenteil den künstlichen und gelehrten Geruch der mythisch-ideologischen Manipulationen einer Zeit (wie die der Tarquinier) an sich hat, als die Macht und das Wissen dahin gelangt waren, sich auf tyrannische Weise der Gesellschaft überzustülpen, so wie von dem Stil der folgenden Epochen, in denen der nicht gehobene Gebrauch der Schrift sich zu verbreiten begann. Die fünf großen »Schichten« der latinischen Epoche und die fünf großen »Ereignisse« (die Kernpunkte der »unsicheren Wahrheiten« auf römischem Boden, die zu unterscheiden uns gelungen ist) sind zwar nicht viel, aber sie stellen ebenso viele Pfähle dar, an denen die schmächtige Rampe festgemacht werden

konnte, von der aus wir in diesem großen Dunkel jene Ursprünge erkunden
konnten.[1]

157. Vorpremiere der Mittelmeer-Kultur in der Vorgeschichte? Nach

dieser ersten Erkundung zeigt sich, wie stimmig und komplex die geistige
Welt der Latiner gewesen ist, wie wirkungsvoll sie war in der Formierung
von Volksstämmen und Siedlungen – wobei Götter, Heroen, Menschen und
Orte innerhalb desselben Brechungsspektrums zu existieren scheinen – und
wie wenig barbarisch diese Welt war im Vergleich mit der um vieles fortgeschritteneren geistigen Welt der Ägäis, so daß der Gedanke aufkommen
kann, es habe – abgesehen von mediterranen Kontakten in prähistorischer
Zeit, von gemeinsamen Strukturen des indoeuropäischen Denkens und von
gedanklichen Ähnlichkeiten, die sich unter allen Völkern finden lassen,
die einen bestimmten Grad der Entwicklung erreicht haben – eine »Vorpremiere« der mediterranen Kultur in der Vorgeschichte gegeben, für die
die aus der Ägäis stammenden Funde, die jetzt auch in Latium entdeckt
wurden, die greifbare Bestätigung, aber nicht die alleinige Essenz wären. Die
griechischen Mythen begannen im Latium des 8. Jahrhunderts wieder zu
zirkulieren, aber da sind wir schon an der Schwelle der »Geschichte«, und
die mythische Kreativität der Gemeinschaften Latiums lebt jetzt in ihrem
letzten unschuldigen Stadium. Jene »Vorpremiere«, vor dem 8. Jahrhundert,
hätte in einer *koine* von mythischen Vorstellungen bestanden, in bezug auf
die Schöpfung der Welt, der Götter, der Heroen und der ersten Menschen,
in bezug auf die Häuptlinge und die Könige, die untereinander und mit
den Göttern genealogisch verbunden waren, aus denen die Volksstämme, die
Siedlungen, die Riten, die Techniken, die Herrschaftsgewalt und die Institutionen hervorgegangen sind, deren Zeiten und Merkmale noch genauer
umschrieben werden müssen, die aber das Heraufkommen einer Kultur auf
der Halbinsel bestimmt haben. Wenn das, was im mythischen Erbe Latiums
am authentischsten und ältesten ist, mythische Merkmale hat, deren Grund-
motive sich auch in der Ägäis finden, ist es zulässig anzunehmen, daß seit
der späten Bronzezeit Kontakte bestanden haben, die auf gemeinsame Weisen des Denkens und des Glaubens in der Ägäis und im tyrrhenischen Raum
verweisen. Natürlich ist es nicht ganz einfach, zu unterscheiden zwischen
den mentalen Strukturen, die bis in die Bronzezeit zurückreichen können,
und denen, die besser in der frühen Eisenzeit angesetzt werden, oder auch
sehr viel später, aber deswegen hört das Problem nicht auf zu bestehen, und
es kann auch nicht beseitigt werden.[2]

---

[1] An dieser Stelle ist es von Nutzen, die »ersten Klärungen« zu unserer Untersuchung noch
einmal zu lesen, sie nochmals darzulegen, wäre nicht zweckmäßig (vgl. §§ 28 ff.).
[2] Die Konzentration von mythischen lakonischen Gründungen im Golf von Amunclae (Amun-

clae soll von den Dioskuren gegründet worden sein), die Kulte der Feronia in Terracina, der Circe am Circeus und der Marica in Garigliano (Gottheiten, die von der Überlieferung mit den Vorfahren der Latiner, Mars, Picus und Faunus, in Zusammenhang gebracht werden) und die Anwesenheit der Lästrygonen bei Formiae, wurden interpretiert im Licht einer an Cumae orientierten Lesart der *Odyssee*, aber auch im Licht möglicher Begegnungen im Rahmen von Handelsbeziehungen mit dem südlichen Latium in spätmykenischer Zeit von seiten griechisch-illyrischer Stämme aus Lakonien, die mykenische Überlieferungen bewahrten und von Stämmen der westlichen Peleponnes und aus Kreta begleitet wurden (Pugliese Carratelli 1962; Trotta 1986–87; nach ihm wären die Sabiner, die den Kult der Feronia in Terracina gegründet haben, die Volsker von Anxur gewesen, man könnte aber eine Version rekonstruieren, wonach die Aboriginer den Kult eingeführt hätten, da die Ereignisse in der Sage mit einer Vertreibung der Siculer in Zusammenhang gebracht wurden). Pugliese Carratelli 1983 hat für die Magna Graecia »eine Kontinuität der Frequentation seit der mykenischen Zeit bis in die der historischen Kolonisation unmittelbar vorhergehenden Epochen« rekonstruiert; Torelli 1984 folgt diesem Hinweis (im Zusammenhang mit dem Schild der Athena Ilias). Nach G. Pugliese Carratelli bezieht sich die Datierung des Eusebios von Cumae auf 1051 (Helm 1913) wahrscheinlich »auf einen Handelsplatz, der vor der Gründung der Kolonie errichtet wurde«. Nach Marazzi-Tusa 1994 gehen die ersten Beziehungen zwischen dem Westen und der Ägäis sogar bis in die mittlere Bronzezeit zurück (in das zweite Viertel des 2. Jahrtausends), bis in die Zeit der Entstehung der mykenischen Welt, und hätten auch den phlegräischen Archipel mit einbezogen (Castiglione d'Ischia und Vivara). Cline 1994 handelt von keramischen Importen von Italien in die Ägäis, größtenteils nach Kreta, datierbar in das 13. bis 8. Jh., das eine Zwischenstation auf dem Weg nach Zypern war. Pacciarelli i. Dr.: [mit der neuen absoluten Chronologie der frühen Eisenzeit] »verringert sich die Zeitspanne zwischen den letzten Bezeugungen mykenischen Handels und der Phase der ›präkolonialen‹ Kontakte der frühen Eisenzeit ... Eine weitere sich ergebende Konsequenz ist die längere Dauer der Kontakte ..., die der Errichtung fester griechisch-kolonialer Siedlungen an der Küste des Tyrrhenischen Meeres vorausgehen, eine Epoche, die so als historisch autonome Phase intensiver überseeischer Kontakte erscheint«. Brillante 1981 rekonstruiert für Griechenland eine Erinnerungsgrenze im 10. Jahrhundert, die es verbieten würde, Beziehungen zwischen dem heroischen Zeitalter und der nachfolgenden Periode, die zwei Generationen nach dem Fall Troias einsetzte, herzustellen, eine Barriere, die vielleicht durch eine Unterbrechung der für das 2. Jahrtausend üblichen Überlieferung durch Dichtung bedingt war (wir befinden uns chronologisch in der Zeit der zu Ende gehenden Herrschaft des Latinus). Vgl. Appendix 9. Möglich scheint, daß die aus dem Orient kommenden Mytheme (Burkert 1987) nicht im östlichen Mittelmeerraum stehengeblieben, sondern – zum Teil von den Griechen neu bearbeitet – auch in den westlichen Mittelmeerraum gelangt sind. Siehe auch Di Nola 1970. Mondi 1990 meint, die mythischen Ideen hätten sich im Mittelmeerraum des 2. Jahrtausends zwischen Ägypten, Asien und Griechenland verbreitet, und zwar in der Weise, wie sie für die folkloristischen Motive bekannt ist. Ross Holloway 1992 meint, das Italien des 12. Jh. sei in einem Verhältnis zu Griechenland gestanden wie die Indianer Amerikas zu den Europäern des 17. Jh., die Halbinsel habe vom östlichen Mittelmeerraum aus gesehen die äußerste westliche Peripherie dargestellt. Siehe auch Karageorghis 1993. Colonna 1991 schreibt von »der Intensität und Kontinuität des ägäischen Beitrags zur Ausrüstung Mittelitaliens mit Verteidigungswaffen zwischen dem 15. und dem 12. Jahrhundert« und bezieht sich auf Machtinsignien wie den Schild des Picus. Borgna 1993 rekonstruiert Kontakte mit der Ägäis am Ende der Bronzezeit und zu Beginn der frühen Eisenzeit. Bietti Sestieri 1996: »Es ist auch wahrscheinlich, daß die Anwesenheit von Gruppen ägäischer Abstammung Formen des symbolischen Mitnehmens ... innerhalb der indigenen Gemeinschaften stimuliert hat«; es sei erinnert an die Anwesenheit eines Metallurgen aus Italien, vielleicht aus Mittelitalien, in Mykene. Vgl. auch § 89, Anm. 1. Zu den sakralen Geräten von Piediluco aus dem 12. Jh., wahrscheinlich zyprotischen Ursprungs,

158. Die Säulen der mythischen Architektur. Die »Ereignisse«, auf die
sich die mythischen Erzählungen stützen, scheinen keine unzusammenhän-
genden Teile zu sein, die zufällig in dem riesigen Trümmerhaufen überdauert haben, sondern sie sind ausgesprochene sinnbildliche Knotenpunkte, die
als Vertreter für eine ganze Zeit-»Schicht« fungieren. Der wichtige »Teil«, der
den mythischen »Ereignissen« entspricht, steht unter diesen Umständen für
das »Ganze«, das sich ja wohl ereignet haben muß und von dem wir gewöhnlich nichts wissen, als vereinnahmten die Haupt-»Ereignisse« die ganze zur
Verfügung stehende Raum-Zeit, ohne für den Rest etwas übrig zu lassen. So
hat der romuleische Mythos das Septimontium verschlungen, indem er es
in der annalistischen Tradition, wahrscheinlich aber schon früher, in sich
aufgenommen hat. Diese mythischen »Ereignisse« sind im Grunde (kosmogonische und theogonische) Anfänge und (heroische) Gründungen. Im
Umfeld dieser epochalen Ereignisse bekommt die Zeit eine besondere Qualität, sie erscheint besonders »stark« und »wertvoll« im Vergleich zu den anderen Zeiten, die man für »minderwertiger« hält und die man ohne Bedauern
vergessen kann. Solche epochalen »Ereignisse« haben die Tendenz, sich im
Laufe der Zeit innerhalb des Rahmens der Epoche zu verdichten, für sich
stehende Vorgänge beginnen sich zu verflüssigen, zu relativieren und in eine
Abfolge zu gliedern, wodurch sie immer weniger als ein plötzlicher Blitzschlag und immer mehr als miteinander zusammenhängende Teilerschei-
nungen wahrgenommen werden, und ihre Schichtung scheint immer weniger lückenhaft und nähert sich immer mehr einer sich entwickelnden und
damit geschichtlichen Realität an. Wir müssen wohl hinnehmen, daß viele
Momente der Vorgeschichte der latinischen Kultur unwiederbringlich ver-

siehe *Enea nel Lazio* 1981. Dazu, daß das Gedankenmodell der Götterhochzeit von den ersten
phönizischen Ankömmlingen in der Endbronzezeit importiert worden wäre: Torelli 1996a. Zu
den Phöniziern, Syrern und Zyprioten, die in sporadischen Seefahrten im 11. Jh. Sizilien und
im 10.–9. Jh. Spanien erreichen: Antonelli 1997. Cornell 1995 glaubt hingegen nur an »popular
expressions of some universal human need or experience occurring indipendently in times and
places that are worlds apart«. Nach Bickerman 1952 sei jede genealogisch-mythische Verbindung
mit der heroischen und göttlichen Welt der Ägäis ein Konstrukt der »Greek Scholarship«, die
versucht habe, die Vorgeschichte der bekannten, also auch der barbarischen Welt zu verstehen,
indem sie die ferne Vergangenheit aller Völker rationalisierte, verwissenschaftlichte und helle-
nisierte, die auf diese Weise durch gemeinsame Verwandtschaft verbunden erscheinen. Aber
jenseits der Unkenntnis barbarischer Traditionen und der von Mal zu Mal von den Griechen
angewandten genealogischen Lösungen, die auch sehr späte Epochen betreffen können, ist es
doch denkbar, daß im Mittelmeerraum seit ältester Zeit Theologeme und Mytheme zirkuliert
sind, die in ihrer Struktur isomorph waren oder sogar ursprünglich induziert wurden von
der fortgeschritteneren ägäischen Welt (vgl. § 100, Anm. 11). Die indische Zivilisation besitzt
keine eigentliche Geschichtsschreibung, aber sie kennt dafür mehrere Jahrtausende umfassende
Genealogien, wie die von Rama und von Königen aus Rajasthan, von denen man glaubte, sie
stammten von der Sonne ab: Tod 1829–32.

loren sind, doch die Grundpfeiler der mythischen Architektur können sich erhalten haben, wenn auch verarmt und von den in geschichtlicher Zeit vorgenommenen Bearbeitungen durcheinander gebracht.[3]

159. Die weitestmögliche Perspektive. Aus der Gesamtheit der Untersuchung geht hervor, daß eine Betrachtung Roms als protourbanes Zentrum und als Stadt in der Entstehung während der frühen Eisenzeit nicht möglich ist ohne Anknüpfung an die mythischen Zyklen Latiums, die wahrscheinlich bis in die Bronzezeit zurückgehen, d. h., ohne in die lange Dauer einzutauchen, die dank der Fortschritte auf dem Gebiet der archäologischen Forschung heute endlich erkennbar und meßbar geworden ist. In dieser weiten Perspektive, die bis in das 2. Jahrtausend zurückreicht, erscheint die Gründung Roms nicht mehr als ein absoluter Neuanfang, sondern als einer von mehreren Ursprüngen der Siedlung, als eine der verschiedenen »starken« Zeiten der mythischen Architektur in bezug auf das Territorium von Rom, als eine große Konsequenz, die ermöglicht wurde von einer langen Reihe von ebensoso bedeutenden Voraussetzungen. Die romuleische Gründung wurde von den Römern für den Beginn schlechthin gehalten, da sie nicht nur einen einzigen Zyklus, sondern die gesamte »klassische« Epoche des Mythos beschließt und folglich die Zeit der urbanen Geschichte eröffnet, die zunehmend von der ideologischen Manipulation der Sage von seiten der Tyrannen und der Oligarchen charakterisiert ist, die sie dem römischen Volk verändert und modernisiert vorstellen. Aber wenn wir die Gründung Roms nicht, wie wir es gewohnt sind, unter dem Blickwinkel des »nachher« beurteilen, also der Stadt, sondern unter dem Blickwinkel des »vorher«, also der präurbanen und protourbanen Siedlung, erscheint sie uns vielmehr als der Abschluß der letzten mythischen Stufe, als eine Gründung, die auf jene verweist, die es zuvor gegeben hat. Sogar die romuleische Sage selbst ist in dieser umgekehrten Sichtweise leichter verständlich, nämlich als eine relativ späte Sage, als eine Renaissance des heroischen Zeitalters Latiums. Die protourbane Siedlung auf römischem Boden, die weder zum heroischen Zeitalter noch in dessen Renaissance gehört, fiel in eine auslaufende Zeit, also in eine Lücke des mythischen Gedächtnisses, weshalb sie zwangsläufig beiseite geschoben, vergessen und erst sehr viel später von den Antiquaren wieder entdeckt wurde.

160. Die Gründer auf römischem Boden. In einem solchen kulturellen Kontext ist die Gründung eines Volkes oder einer Siedlung nicht denkbar, ohne daß es einen Gründer gibt, wie – linguistisch argumentiert – der Fall von Sabus und den Sabinern zeigt. Es gibt keine Siculer ohne Siculus, keine

---

[3] Vgl. §§ 1 ff.; 40 ff. und Appendix 9.

Aboriginer in Latium ohne Picus und Faunus, keine Latiner ohne Latinus und also auch keine Römer ohne Romulus, weshalb der Gründer von Rom keinen anderen Namen außer dem überlieferten haben konnte, der ihn als den ersten Römer ausweist; es ist dies ein konventionelles Schema, das für das mythische Repertoire typisch ist, aber keineswegs die Existenz eines ersten Gründerkönigs ausschließt. Für den Ort Rom ist Janus der beständige Indiges, der sich jedoch immer fortentwickelt. Wir haben den Janus als den alleinigen Herrn des Janikulus-Kapitols in einer noch chaotischen und unbekannten Zeit (der mittleren Bronzezeit), den Janus, der mit Saturnus zusammen in Saturnia wirkt und das Zeitalter beschließt (in der späten Bronzezeit), den Janus, der (mit Mars?) wirkt und über der Albula die Ansiedlung der göttlichen Könige Picus, Faunus und schließlich des Latinus und seiner *populi* begründet, wir haben den Janus-Quirinus/Curiatius, der dem protourbanen Phänomen, welches im Septimontium gipfelt, Leben einhaucht, und schließlich den (Janus-)Quirinus-Romulus, der die Stadt Rom gründet. Für das homogene und ungeteilte Erscheinungsbild des Mythos genügt es, von einem dieser Gründer auszugehen, die zugleich identisch und untereinander verschieden sind, um das ganze System zu erfassen, wie das bei jeder Struktur totalen Charakters der Fall ist. Das ist der Grund, weshalb wir, wenn wir zum Beispiel von Romulus ausgehen, der letzten Manifestation des ursprünglichen Indiges, die gesamte mythische Struktur rekonstruieren können. Wenn wir Romulus jedoch in eine spätere Epoche datieren und die anderen Sagen als eine Projektion dieser Invention in eine weit zurückliegende Vergangenheit auffassen, bleibt nichts anderes übrig, als die Ursprünge in das absoluteste Dunkel einzuschließen.

161. Der Gründer Roms und sein Geschlecht (Abb. 18). Als Sohn des Mars erscheint Romulus als ein Picus oder ein Modius Fabidius redivivus, da auch letztere Söhne dieses Gottes sind: Romulus tritt also als erster König von Rom auf, der dem ersten König der Aboriginer in Latium angeglichen ist. Als namengebender Gründer der Römer erscheint er wie ein Latinus redivivus, der namengebende Gründer der Latiner. Insofern er mit Quirinus gleichgesetzt wird, erscheint er als Ianus Quirinus, der zum letzten Mal zu seinen ursprünglichen Funktionen wiedererweckt wird, und die Verbindung mit dem ersten Gott oder Indiges auf römischem Boden ist garantiert durch die Heirat des Picus, seines Ahnen, mit Canens, einer Tochter eben des Janus. Die Abstammung von den ursprünglichen Dämonen und vergöttlichten Königen Latiums garantiert die Verbindung mit Picumnus und Pilumnus, der ursprünglichen Manifestation des Picus in Zwillingsgestalt, dem ersten Modell der Zwillinge Romulus und Remus und der gesamten Dualität der Lares Praestites. Die Abstammung von den vergöttlichten Köni-

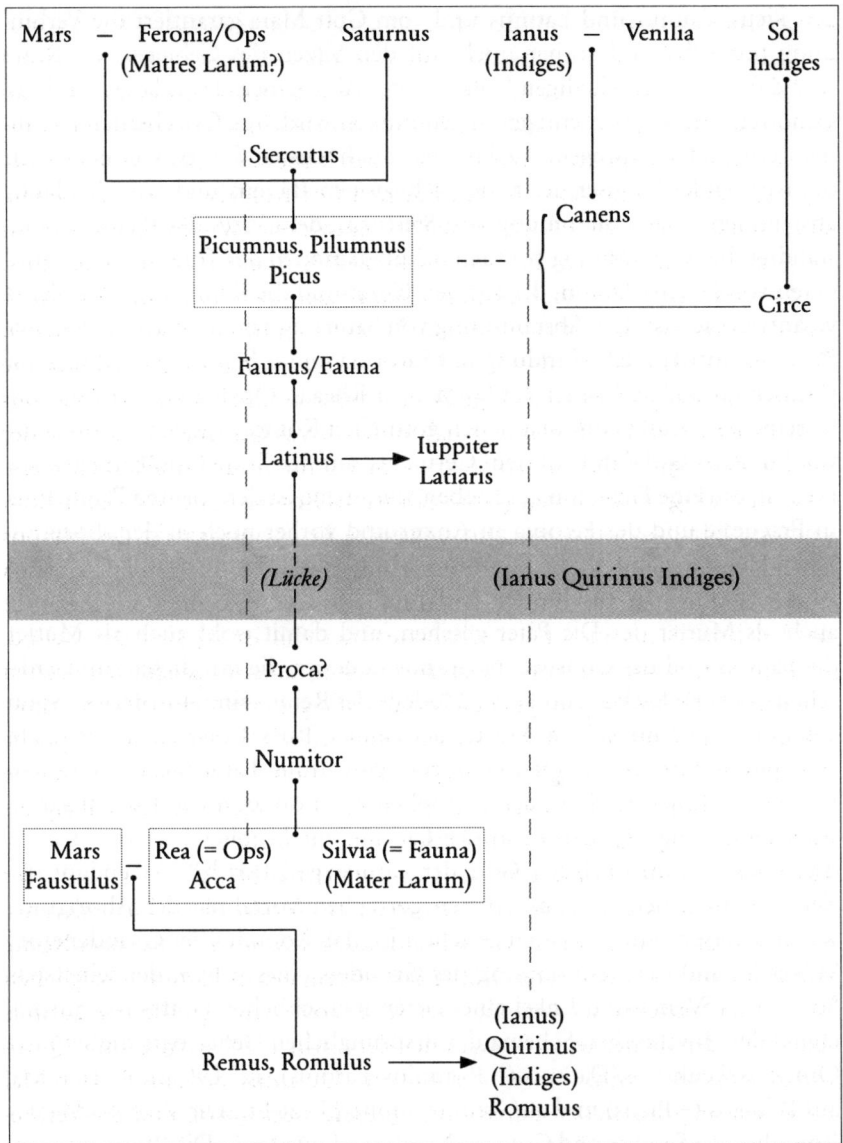

Abb. 18 Romulus und sein Geschlecht

gen Picus, Faunus und Latinus und vom Gott Mars garantiert die Verbindung mit Alba und vorher noch mit den Sitzen des Gebietes von Reate und daher mit den »heiligen Völkern« der Aboriginer, der Pelasger und der Oinotrer, die, wie von einigen angenommen wird, aus Griechenland stammen und Abkömmlinge des Zeus sind, des höchsten Gottes, von dem auch die regierenden Häuser der anderen Regionen Italiens und Griechenlands abstammen. Die Abstammung von Stercutus, dem Vater des Picus, vervollständigt die Abstammung von den Schutzdämonen der Tore und im besonderen von jenem Dämon, der für den Unrat und die Reinigung vom Unrat verantwortlich ist. Die Abstammung von Saturnus, einem anderen Vater des Picus, garantiert die Verbindung mit Saturnia und d. h. mit der Siedlung auf römischem Boden. Insofern er Sohn einer Rhea (= Ops) Silvia (= Fauna) ist, ist seine Beziehung zum weiblichen göttlichen Komplex gesichert, zunächst wohl in Alba und dann auf dem Cermalus, auf den Terra-Ops/Rhea gekommen ist, um eine Funktion auszuüben, die analog ist der Fortuna Primigenia in Praeneste und der Feronia in Anxur und vorher noch in der aboriginischen Heimat, nämlich die Funktion, Mutter der Dämonen und der Götter zu sein, von Picus bis Jupiter und Juno. Vica Pota (= Terra-Ops) wurde auch als Mutter des Dis Pater gesehen, und damit wohl auch als Mutter des Faunus und des Consus / Neptunus Equester, die mit diesem unterirdischen Gott vergleichbar und erste Modelle des Remus sind. Insofern er Sohn einer Silvia (= Fauna/Acca, Mutter der Laren = Pales/Rumina?) ist, ist seine Verbindung mit den heroisierten Vorfahren Latinus, Faunus und Picus (den Laren der Latiner) und mit den Nymphen von Rom und von Latium garantiert. Durch die Identifikation des Latinus mit Iuppiter Latiaris ist auch die Abkunft vom höchsten Gott der Latiner gesichert,[4] dem Pendant des Zeus der Griechen, dem möglichen göttlichen Vorfahren der Aboriginer, was andererseits auch dadurch gesichert ist, daß Romulus der Gründer eines Volkes ist und der Abkömmling des Gründers eines *nomen*, der seinerseits Sohn eines Wolfes und Enkel eines ersten menschlichen Gottes ist, entsprechend dem mythischen Schema der ursprünglichen Genealogie die sich auf Oinotros/Peuketios/Daunus (= Romulus/Latinus), auf Lykaon (= Faunus), auf Pelasgos (= Picus) und auf Zeus (= Jupiter) bezieht.[5] Die Verbindung des Romulus mit Faunus und Consus/Neptunus Equester (= Dis Pater) wird verstärkt durch die Rolle, die Romulus in den Lupercalia und in den Consualia

---

[4] Der Zusammenhang Jupiter-Romulus ist Montanari 1988 entgangen.
[5] Auch die mythische Rekontextualisierung machte, über Ascanius, aus Romulus einen Nachfahren des Zeus. Die trojanische Königsdynastie ging nämlich über Dardanos auf Zeus zurück: Hom. Il. 20,215 (Wiseman 1974). Aeneas stammte außer über Anchises auch über Aphrodite von Zeus ab.

einnimmt, und durch seinen faunischen Zwillingsbruder. Die Abstammung der heroischen Vorfahren ist wieder aufgenommen von den Adoptiveltern Faustulus (= Faunus) und Acca, Mutter der Laren (= Fauna), die noch einmal zurückführen zu Remus (= Faunus) und Romulus (= Latinus), den beiden Laren der Römer, Abkömmlingen der beiden Laren der Latiner (beginnend mit Picumnus und Pilumnus). Romulus wohnt auf dem Cermalus und gründet dort Rom, an der Stelle, wo Cacus den Cermalus und seine königliche Höhle gegründet hatte, Cacus, der letzte siculische Herrscher (der erste war Siculus), Sohn des Volcanus, des Gottes, der Vater von Häuptlingen ist, die nicht direkt mit Romulus verbunden sind (außer in einer Bearbeitung aus archaischer Zeit, die von der Sage des Servius Tullius entlehnt wird), und wohl auch der Maia, der möglichen Vorgängerin der Terra-Fauna; beide, Volcanus und Maia, sind Vorgänger des göttlichen Paares Mars und Ops, das zur Zeit des Picus und des Faunus, der aboriginischen Neugründer des Cermalus, die königlichen Funktionen des Volcanus erbt. Die Verbindung des Picus mit Circe, nicht ursprünglich, aber wohl doch relativ alt, sicherte dem Romulus auch die Abkunft von Sol, einem Indiges von Lavinium (Picus verhält sich zum Indiges Janus über Canens wie zum Indiges Sol über Circe).

162. Die Gründung Roms, erster und letzter großer authentischer Mythos der Römer. Die Gründung Roms fügt sich so zwischen das dem heroischen Zeitalter folgende dunkle Zeitalter und das bereits im Kern geschichtliche Zeitalter der Könige von Rom, die Romulus nachfolgen, ein. Die romuleische »mythistorische« Zeit ist gekennzeichnet durch rituelle Aspekte, die wahrscheinlich nicht neu sind, wie die etruskische Verfahrensweise, die Stadt von einer Gründungsgrube aus und mit einer Furche (nach dem Vorbild Tarquinias) rituell abzugrenzen, und durch wieder aufgegriffene überlieferte sagenhafte Aspekte. Die Welt ist schon vor langer Zeit geschaffen und geordnet worden, weshalb nur noch die Aufgabe bleibt, den Kosmos in den bedeutsamen Augenblicken des gemeinschaftlichen Lebens durch Wiederholung derselben mythischen Phantasien und derselben Riten neu zu aktualisieren.[6] Romulus kann eine Herrschaft begründen, weil er dem bedeutendsten Geschlecht Latiums angehört und demnach die nötige gött-

---

[6] Zur Notwendigkeit, die sich bei jedem Gründungsakt ergibt, die Vergangenheit von den ersten Anfängen an zu rekapitulieren, um exemplarische Modelle des Verhaltens einzuholen, siehe Eliade 1963. Romulus wiederholt mythisch das Leben des Picus, da auch er ein Sohn des Mars ist, und er wiederholt das Ritual der Furche, das vielleicht mit Tarchon verbunden ist, und den Ritus der Gründungsgrube, die in Tarquinia archäologisch dokumentiert und datiert ist am Beginn der *saecula*, also in der Zeit der protourbanen Gründung am Ende des Protovillanovianum (Bonghi Jovino – Chiaramonte Treré 1997).

liche und heroische Energie besitzt, um die neue hegemoniale Siedlung
Latiums zu gründen, und nicht umgekehrt. Die Gründung des Staates und
der Stadt ist nicht ausschließlich in den entmythisierten und historischen
Termini einer Stadtwerdung verstehbar, wie man allgemein geneigt ist anzunehmen.[7] Sie geht vielmehr, vielleicht zum letzten Mal (ausgenommen die
verblaßte Replik der Neugründung durch Servius Tullius), von einer noch
authentischen mythischen Matrix,[8] d.h., von einem eher königlichen als
gentilizischen Privileg aus, das in der vorgestellten oder rekonstruierten
direkten genealogischen Verbindung mit den großen dämonisch-heroischen
und vergöttlichten Vorfahren Latiums gründet. Die Stadtwerdung stellt sich
also noch als ein grundlegend vorgeschichtliches Phänomen dar, d.h., sie
erhält in der Wiedergeburt der heroischen Welt, die das 8. Jahrhundert kennzeichnet, die »theologische« Form der Gründung.[9] Dies ist das Paradoxon,
das viele Gelehrte des Klassischen Altertums irritiert, daß die Geburt der
Stadt, per definitionem der Anfang der Kultur, ein großteils nicht rationa-
les Phänomen sein soll.[10] Anstatt in Romulus nur späte Elemente zu sehen,
sollten diese Gelehrten ihn auch als die geronnene Form sehr viel älterer
mythisch-sakraler Geschehnisse betrachten, als einen Anwärter auf die Nachfolge der sagenhaften Könige, der seine Legitimation aus der Abschaffung
der Zeit und der Unterscheidungen zieht, die ihn von seinen heroischen Vorfahren trennen. Diese Renaissance des heroischen Zeitalters, ein Phänomen,
das in Griechenland besser bekannt ist,[11] das wir aber auch in Latium vor-

---

[7] Sabbatucci 1978.

[8] Rossi 1994 hat den Unterschied richtig gesehen, den Mastrocinque 1993 nicht ausmachen
kann, zwischen authentischem Mythos und Manipulation oder sekundärer mythischer Interpolation, die man als »unerlaubte« Interpolation bezeichnen könnte, insofern sie wie ein chir-
urgischer Eingriff am Körper der gemeinschaftlichen Glaubensinhalte vorgenommen wird von
seiten einer aristokratischen Gruppe, die sich vom Rest der Gesellschaft abhebt und den Staat
kontrolliert (auch Henrichs 1987 und Wiseman 1995 haben die von Rossi aufgeworfene Frage
nicht verstanden). So sehr der trojanische Mythos im archaischen Zeitalter wurzelt und die
lateinischen Dichter es verstanden haben, ihm Popularität und Zauber zu verleihen, hat er
doch seinen Charakter als kosmopolitisches, aus dem griechischen Orient importiertes Luxus-
gut behalten, und er zeigt noch heute die Narben der Operation, die am Körper der älteren
Glaubensinhalte vorgenommen wurde.

[9] Vgl. Anm. 11.

[10] Accame 1959 erklärt irrtümlicherweise Romulus, unter Ausschluß jeder genealogisch-dyna-
stischen Überlieferung, nur in Begriffen der Wahlmonarchie (siehe zuletzt auch Cornell 1995),
weshalb auch der erste König ein Abgeordneter des Volkes und kein Herr sei.

[11] Das Phänomen beginnt im 9. Jh., kulminiert aber in der zweiten Hälfte des 8. Jh; der neuerli-
che Wohlstand würde es erlauben, die heroische Vergangenheit wieder zu beleben und auferste-
hen zu lassen: Hiller 1983; De Polignac 1984. Eine letzte Neuauflage der römischen mythopoetischen Periode ist zur Zeit des Galliereinfalls ausgemacht worden (Episode der Tarpeia): Torelli
1984. Aber die Renaissance des vorgeschichtlichen mythischen Denkens war seit Jahrhunderten
abgeschlossen.

finden, dauert in dieser Region nicht einmal ein Jahrhundert und hinterläßt eine Art Lichtschein, mit dem die letzten Tyrannen-Könige sich schlau zu umgeben verstehen. Aber nach Romulus wird kein König mehr die mythischen Hütten der Häuptlinge auf dem Cermalus bewohnen, die in der geschichtlichen Zeit mumifiziert und restauriert im Museum der ältesten Erinnerungen Roms (Casa Romuli – Roma quadrata) erhalten bleiben, wie es dann auch den romuleischen Zugangstoren zum Palatin ergeht, die, immer wieder erneuert, bis in die Zeit des Prinzipats erhalten bleiben. Der nur noch menschliche König Numa, der allerdings (entsprechend dem mit der Mutter der Laren verbundenen hierogamischen Modell) im Verkehr mit Egeria göttliche Geheimnisse verfolgt und mit einer List Picus und Faunus fängt, verläßt denn auch das Heiligtum des Cermalus und den inaugurierten Palatin, um mit den Vestalinnen gleich außerhalb des Pomeriums und der Mauern zu wohnen, am Fuß des Palatin, im Heiligtum der Vesta, einer Art Wache der *Urbs*, wo weiterhin Mars, Ops, die Laren und die Penaten verehrt werden. Dies ist auch der Grund, weshalb wir die Gründung Roms nicht dem zweiten König zuschreiben können, da die Errichtung der Mauern um den Palatin und die Schaffung des entsprechenden Pomeriums durch Romulus ein geschichtlicher Kern ist, den man aus den anderen wunderbaren Aspekten seiner Sage nicht extrahieren kann. Heldentaten und Fabel erscheinen strukturell verwoben, und eine beliebige mythische Gestalt oder ein beliebiger Mensch, so fromm er sein mochte, konnte nicht das Wunder der Stadtgründung vollbringen; er konnte höchstens die Ordnung vervollständigen. Sage und Gründung bilden daher ein unzertrennliches System. Entweder gelten beide, oder beide gehen verloren. Einen Bestandteil zu retten, indem man ihn aus seinem mythischen und chronologischen Kontext herausnimmt und den Rest beiseitelegt, riskiert, mehr Schaden anzurichten, als die unerbittliche Erosion der Zeit bewirkt.

163. Augustus und Romulus. Im Jahre 36 v. Chr. übersiedelt Octavian auf den Cermalus, um dort neben der Casa Romuli zu leben, die er wie das Lupercal und mehrere Tempel – den Tempel der Laren, des Iuppiter Feretrius, des Iuppiter Stator und des Quirinus – wiederherstellen läßt. Am 6. März des Jahres 12 v. Chr. wird Augustus zum Pontifex Maximus ernannt. Damit endet in Rom die Trennung zwischen politischer und religiöser Macht, die schon für kurze Zeit von Cäsar, Diktator und Pontifex auf Lebenszeit, vereint worden war. Am 28. April des gleichen Jahres kommt Vesta, zusammen mit den Penaten, zu Apollo in den öffentlichen Teil des Hauses des *princeps*, wahrscheinlich um auf diese Weise eine Replik der Roma quadrata zu schaffen, während Mars und Ops in der Regia bleiben; sie sind jetzt nicht mehr aktuelle kultische Relikte; die Könige und Cäsar hatten sie in oder neben ihrer

Behausung gewollt, aber der neue *princeps* hält sie von sich fern. Augustus findet so wieder zur vollen Machtentfaltung, die Romulus als Rex und Augur innehatte. Wie die *regia* des Romulus die häuslichen und staatlichen Kulte des Mars, der Ops und der indigenen Penaten beherbergte (die Penaten von Alba wurden in der Folge auf der Velia, der Burg eines Populus Albensis, aufgenommen), so nimmt die Domus Publica, die neue *regia* des Augustus, also sein Haus, jetzt die häuslichen und staatlichen Kulte des Apollo, der Vesta und der trojanischen Penaten auf. Im selben Jahr werden die Laren des Augustus auch die Laren der *vici* von Rom, wie vorher die Laren des Romulus: Die Vorfahren der Familie sind in beiden Fällen auch die Heroen des *nomen Latinum* und des römischen Volkes.[12] Familie und Gemeinschaft, privat und öffentlich, fallen so wieder zusammen in einer typischen »totalen« kulturellen Struktur, wie sie auch die Vorgeschichte Roms gekennzeichnet hatte. Das Feuer und das Haus des Gründers und Neugründers des Staates stellen als Mikrokosmos die Stadt dar (die Roma quadrata ist der Altar der *regia* des Romulus und des Hauses des Augustus, aber sie bedeutet auch die auf dem Palatin gegründete *Urbs*). Als Sohn des göttlichen Cäsar hat Augustus den Prinzipat und aufgrund gentilizischer Abstammung das Amt des Pontifex Maximus inne, wie Romulus, der seine Autorität als König und Augur von den Ahnen ableitete, den vergöttlichten Königen von Alba. Romulus hat die Könige von Alba hinter sich, den mit Jupiter gleichgesetzten Latinus, Faunus, Picus, Mars und Ops. Augustus hat Cäsar, die Julier, Julus, den Sohn des Ascanius, Aeneas, Anchises, Aphrodite und Zeus. Indigetes, Penaten und Laren verschmelzen in der Ideologie des Augustus zu einer einzigen Genealogie, wo Troja, Lavinium, Alba und Rom wie verschiedene Gesichter ein und derselben Realität erscheinen, je nach den Erfordernissen der mythischen Rekontextualisierung, die nun ihre höchste Entfaltung und Legitimation, ihren Kanon, erhält: in der *Aeneis* des Vergil. Wie das Chiefdom die Vornehmheit und höchste geistige Energie in der Familie des obersten Häuptlings anerkannte, so erkennt der Prinzipat am Gipfel der gesellschaftlichen Hierarchie nur eine einzige Familie an. Es sind also die Geister von Romulus und der *summi viri* der Republik, die die von den aristokratischen Rivalitäten gereinigte Welt des Prinzipats beseelen. Hatte nicht Cäsar sich vom Dictator Albanus inspirieren lassen?[13] Mehr als die Geschichte ist es die Vorgeschichte, die den *principes* die Waffen liefert. Ein letzter Strahl des ursprünglichen Mythos beleuchtet noch den Cermalus des Augustus. Der strahlende Klassizismus gründet auf dem dunklen Zeitalter.

---

[12] Fraschetti 1990.
[13] Magdelain 1995: »Es ist nicht das erste Mal, daß Autokraten wie Caesar und Augustus das öffentliche Recht der dunklen Zeiten beleuchten, die sie imitieren«.

164. Ewige Wiederkehr und Säkularisierung. Bei den Initiationen, die der Einführung der Jungen in die Gemeinschaft vorangingen, erfolgte eine Rückkehr in die wilde Welt der Ursprünge, und das Ende des Jahres und der Tod des Königs brachten den Rückfall in die ursprüngliche Unordnung mit sich;[14] diesem Modell entsprechend waren auch die Gründungen der Siedlungen mit einem Übergangsritus verbunden, und damit mit einem Rücklauf. Praeneste und Rom wurden von Geächteten gegründet – als ob es darum ginge, zur ersten Gründung der Siedlung zurückzukehren, mit der das Zeitalter des Chaos abgeschlossen wurde. Nur dem modernen, säkularisierten und entzauberten Menschen gelingt es, die Mißlichkeit, die Unvorhersehbarkeit und die Unverständlichkeit des unaufhaltsamen Flusses der Ereignisse zu ertragen, und gleichzeitig gelingt es ihm, sich in der Unordnung der Erfahrung zu orientieren und sich auf eine durchgängig bedingte Identität zu stützen.[15] Die viel schwächeren archaischen Gesellschaften ertrugen keine Flucht der Zeit ohne Wiederkehr, weshalb sie diese negierten; es gelang ihnen in der Phantasie, und sie versuchten in der Realität die Absorption der allmählichen Formung und der Anhäufung von Verschleiß und Entstellung, indem sie sie konzentrierten und in einen Block zusammenschlossen, in die Intervalle zwischen den Gründungsmomenten, und es gelang ihnen so, die verbleibende Zeit von Unruhe zu befreien. Das Sein konnte auf diese Weise das Werden neutralisieren, und der Fächer der Möglichkeiten, der als ein Rückfall in die Unordnung erlebt wurde, wurde nur bei besonderen Anlässen, wie den Gründungen, geöffnet und dann sofort wieder geschlossen, um es der Gemeinschaft zu ermöglichen, den Zahn der Zeit von sich fernzuhalten und ihre Form mit dem wunderbaren Bindeglied der Sakralität wieder zu festigen. Was zählte, auch im kollektiven Gedächtnis, war die Wiederholung beispielhafter Augenblicke innerhalb langer Zyklen, und der Rest stellte sich wie eine Wiederholung oder eine ungeordnete Variation dar, die es verdiente, vergessen zu werden. Die »Gründungen« waren daher das ausdrückliche Leitmotiv und die »Formierungen« der dazugehörende Basso continuo, und dies gilt im besonderen für die latinischen Völker, die mehr an der Projektion des Kosmos und der göttlichen Welt auf die Plätze dieser Erde interessiert waren als an den Phantastereien eines für sich betrachteten Jenseits, mehr an den wesentlichen Momenten des Lebens ihrer Siedlungen, an den Gründungen also, als an den wunderlichen Abenteuern der Götter.

---

[14] Brelich 1955; Mastrocinque 1993. Vgl. §§ 130, Anm. 50; 138, Anm. 113.
[15] Die Ideologien waren die letzte Verkörperung der ewigen Werte der früheren Religionen, der letzte Archaismus, der in der zeitgenössischen Gesellschaft überlebt hat, ausgerichtet darauf, die Zeit zu fixieren, bevor sich die aktuellen Zeiten ausbreiteten, die eher von funktionierenden Regeln als von moralischen Codices bestimmt werden: G. Carandini 1995.

165. Sakralisierung der Institutionen. Stabilität, Einheit und Identität gründeten sich also früher auf die Mumifizierung besonders vitaler, bedeutungsdichter Augenblicke, die der Verehrung würdig und der Erinnerung wert waren. Die Verwandlung der gesellschaftlichen Form in eine Art unvergänglichen Gegenstandes, der nicht zerfällt, zumindest nicht in der Zeit seines Zyklus – wir könnten sagen: die Verdinglichung der gemeinschaftlichen Entwicklung –, wurde erreicht durch eine Sicht der gesellschaftlichen Phänomene, die sie auf die Zyklen der Natur rückführbar erscheinen ließ, sie in ihrem vorübergehenden Aspekt auflöste und sie in ihrem wesentlichen Aspekt konsolidierte, sakralisierte und zu einem Widerschein eines unzerstörbaren Jenseits erhob. Nichts vermag mehr als das Heilige die zerbrechlichen menschlichen Übereinkünfte als fest und ewig darzustellen, als wären sie unumstößlich und sicher. Die Abfolge der Ereignisse wurde den Mythen, Riten und Gewohnheiten der Ahnen untergeordnet, eben den Gründungen, die auch die Grenzen in sich geschlossener Welten repräsentierten, wo es an der Gottheit war zu handeln, direkt oder durch Werkzeuge, Pflanzen, Tiere oder göttliche Menschen; allein die Gottheit garantierte die Güte, die Einmaligkeit und die Unwiderruflichkeit der gemeinschaftlich getroffenen Entscheidungen, und dem Menschen blieb nur, die göttlichen Befehle auszuführen und ihrer zu gedenken. Damit diese Entscheidungen nicht wie gefährliche Neuerungen wirkten, nahmen sie »quasi« die Form vorhergehender großer Ereignisse an, ahmten sie nach und bewahrten sie im Gedächtnis, insofern sie sie völlig kompatibel, ja als Modelle des Handels verstanden, weshalb das Neue neu und zugleich nicht neu war: ein unhaltbarer Widerspruch für die Logik der reinen Vernunft.[16]

166. Notwendige Fiktionen. Auch der moderne Mensch kennt Naturalisierungen, Sakralisierungen und Verdinglichungen, wie die Ideologien und die Moralanschauungen, die das Surrogat der Religionen und die Mythen unserer Zeit sind, aber in geringerem Ausmaß und in verborgenerer Weise und unter der Hülle der Rationalität und des Laizismus, die gewöhnlich den Harnisch abgeben, der es ihm erlaubt, sich gegen Mythen, Riten und Magie zu stellen, die er als »irrational« abtut. Unser Verstand erscheint so erleuchtet und geometrisch konsequent, und der des primitiven Menschen konfus und Monster produzierend. Auch die historische Kritik gründet auf dieser

---

[16] Remotti 1993. Die zeitlosen Elemente, die es im öffentlichen Leben nicht mehr gibt, werden vom Menschen der Moderne im inneren Leben entdeckt, etwa in *Le temps retrouvé* von M. Proust, wo die Essenz der Dinge, permanent und verborgen, darin besteht, aufeinander folgenden Stadien, unterschiedlichen Zeiten anzugehören, also in einem zeitlosen Sein, wie in der zeitlosen Logik des Unbewußten (Matte Blanco 1975).

Dichotomie,[17] die vom anthropologischen und historischen Standpunkt aus unhaltbar ist. Aus diesem Grunde sind die »Gründungen« mit Mißtrauen betrachtet worden, man hat sie exorzisiert, als handle es sich um irrige Vorurteile, die aufgedeckt und in die begründeteren »Formierungen« der großen historischen Momente aufgelöst werden müßten.[18] Die Art, wie gerade die Alten die exemplarischen Ereignisse dargestellt haben, wäre nichts als eine wenig bedeutungsvolle Oberfläche, unter der man den rationalen Kern der Vorgänge entdecken müßte, den tieferen Hintergrund der Geschichte. Aber auch wenn die Naturalisierungen und die Sakralisierungen nichts weiter sind als die Symbole, die eine Gesellschaft teilt, also artifizielle Schöpfungen von Menschen, erweisen sie sich dennoch so sehr als angemessene und überzeugende Fiktionen, daß sie sich in autonome Entitäten verwandeln, die ein Eigenleben haben und in der Lage sind, das Leben der Gemeinschaft mit ihrem so weisen konkreten Idealismus zu gestalten.[19]

167. Die Primitiven und wir. Die Sakralisierungen sind also »Oberfläche« und »Wesen« zugleich und verkörpern sehr gut den geistigen Charakter der Wirklichkeit. Aus diesem Grunde löst die Entdeckung der gesellschaftlichen »Formierungen«, wenngleich sie höchst bedeutsam ist, keineswegs die historische Bedeutung der »Gründungen« auf. Denn deren rituelle Erscheinung ist eine essentielle Komponente des Bestehens dieser Gesellschaften; entfernt man diese, werden diese Gesellschaften völlig mißverstanden, modern ausgedrückt erscheinen sie ohne den Zauber, der sie lebendig und liebenswert gemacht hat. Es sind die Menschen, die die Götter gemäß ihren Bedürfnissen schaffen, aber dann sind es die Götter, die die Menschen nach ihrem Bild und Gleichnis gestalten, und sie vermögen ebensoviel wie die schlechten Alpträume (die Neurosen) und die guten Träume (die vitalen Impulse), die die Momente unseres Lebens heute bestimmen. Wie die frühen Menschen die Vorstellung des Chaos in eine Zeit vor der Entstehung des Kosmos zurückdrängten, in der es alles bestimmt hätte, und wie sie es im Leben nur in minimalen und rituell begrenzten Zwischenräumen, am Rande der

---

[17] Remotti 1990.

[18] Von daher die Notwendigkeit, die Gründung schlechthin, die Gründung der Stadt durch Romulus, abzuwerten; ihre Negation ist eine Art letzte Bastion des historischen Rationalismus, nach deren Schleifung alles verloren wäre (nicht zufällig wendet Mastrocinque 1993 sich erregt gegen die Gründung Roms durch Romulus, nicht aber gegen die Gründung des *nomen* durch Latinus, da diese nicht dieses symbolische Gewicht hat und also weniger beunruhigend ist). Unser kulturelles Erbe hat sein Fundament im Ursprung Roms - wir werden die Gründung Roms nie so empfinden können wie die Gründung von Tenochtitlan -, und dieser Ursprung gründet, wenn er in einer Gründung bestanden hat, auf einem irrationalen Ereignis, was für eine kulturelle Tradition, die den Triumph des Verstandes zelebriert, äußerst paradox ist.

[19] Malkin 1994: »Belief is itself a historical fact which played its own role«.

Zyklen, zuließen, so lassen wir die Unordnung nur in den Verliesen unseres Bewußtseins zu, das wir vollkommen von Vernunft beherrscht wissen wollen, als wären das ursprüngliche und das unbewußte Element nur schlechte Komponenten der Existenz, die man vermeiden und unterdrücken müsse.[20] Die Menschen der Frühzeit flüchteten sich in die Perfektion der zyklischen Zeit des Mythos, und wir trösten uns mit der Perfektibilität der unilinearen Zeit, mit dem illusorischen Fortschritt der Geschichte (an den wir, ungeachtet der Entzauberung, weiterhin glauben). Und auf der Basis dieses kleinsten gemeinsamen Nenners können wir auch Menschen verstehen, die erheblich anders sind als wir, und identifizieren uns zuerst mit ihnen, bevor wir sie kritisieren, weil wir sie als Menschen wiedererkennen, die etwas mit uns gemein haben, bevor wir uns von ihnen unterscheiden wollen, und wir vergnügen uns an ihren Sonderlichkeiten, bevor wir diese untersuchen, weshalb ein tieferes Verständnis der weitest entfernten Ereignisse, aber auch unserer Gegenwart, im Grunde nur von mythisch-historischer Natur sein kann, in dem Sinne nämlich, daß wir sowohl auf die Geschwindigkeit der unilinearen Zeit wie auch auf die Aussetzer und Verfestigungen der zyklischen Zeit Rücksicht nehmen müssen, daß es sowohl die strenge aristotelische Logik zu berücksichtigen gilt wie auch die antinomische Logik, die die Mythen der Frühzeit charakterisiert hat und die noch im Charakter der Völker und in unserem Sein fortlebt, in den Religionen, den Ideologien, im Unbewußten, in den Emotionen, den Idealen und in den Träumen, und d. h. in einem sehr großen und nicht entfernbaren Teil von uns selbst und unserer Gesellschaften, der sich nur schwer in das traditionelle Konzept von Geschichte einfügen läßt.

168. Die Gründung schlechthin.   Auch wenn wir jedes Ereignis des vorgeschichtlichen Latium kennen würden, könnten wir es nicht ausschließlich in Termini der »Formierung« verstehen, als Ereignisse, von denen eins auf das andere folgt, wir müßten auch dann auf jene Inter-Facies der historischen Stratifikation zurückgreifen, die die »Gründungen« darstellen, Schichten, die brüsk große geschichtliche Lagen durchbrechen, die in ihrem Inneren relativ homogen sind, aber untereinander diskontinuierlich. Wenn die romuleische »Gründung« den Römern als die erste Gründung ihrer Siedlung vorkam, bezogen auf die Gründungen des Janus, des Saturnus, des Cacus, des Picus, des Faunus, des Latinus, so deshalb, weil sie die Gründung mit Bezug zur Zeit der Römer war, und nicht der Siculer, der Aboriginer oder der ersten Latiner; weil sie, heißt das, die Gründung der Kultur war, die auf dieser Stadt und diesem Staat aufbaute, deren Geschick es war, mit

---

[20] Remotti 1990.

einem König Romulus geboren zu werden und mit einem Augustus gleichen Namens zu sterben. Das bedeutet nicht, daß es auf römischem Boden keine früheren Gründungen gegeben habe oder daß die Spätantike in eben diesem Rom nicht über ein Jahrhundert lang den letzten Romulus überdauert hat. Aber es sind die Sakralisierung und die Verdinglichung des romuleischen Rom, die die klassische römische Antike souverän beherrscht haben, und dies kann nicht einfach auf einer Fälschung beruhen, die es verstanden hat, die vom Ende der Vorgeschichte bis zum Beginn des Mittelalters reichende Zeit irrezuführen. Wenn es ein Volk gegeben hat, dem es gelungen ist, die eigene Identität zu bewahren und in eine Dimension zu erweitern, die universal schien, in einem Maße, daß der Fall des Römischen Reiches schließlich die größte geschichtliche Katastrophe darstellte, die die Menschheit des Abendlandes sich vorstellen konnte, dann war dies eben das römische Volk. Ein solch unerhörter geschichtlicher Erfolg rührt von der Tatsache her, daß dieses Volk es besser als die anderen verstanden hat, seine illusorischen Sicherheiten gegen die Prekarietät des gesellschaftlichen Lebens in Mittel umzusetzen, die dauerhafter waren als Erz. Wenn die gedanklichen Erfindungen stärker werden als Metall, wirken sie schließlich wie gewaltige Kräfte, wie tragende Strukturen einer Gruppe von Menschen, so dauerhaft, daß sie ewig scheinen, und davon heißt es Kenntnis zu nehmen.[21]

---

[21] Gabba 1993 meint, die Römer hätten die Gestalt ihres ursprünglichen Staates nach Kriterien der mittleren und späten Republik rekonstruiert, und sie hätten ihn sich von Anbeginn genauest organisiert vorgestellt. Romulus würde aus der Geschichte heraustreten, indem er in verbindlicher Weise die urbane, soziale und verfassungsmäßige Struktur der Stadt festlegt wie ein Gründer und Gesetzgeber einer griechischen Kolonie, entsprechend einer in die Zeit des Cornelius Silla datierbaren Rekonstruktion (Gabba 1991). Wenn die Stadt jedoch seit der Zeit des Romulus auch ein Staat war, muß sie doch irgend eine Organisation gehabt haben, da der Widerspruch eines amorphen Staates nicht zulässig ist (womit der Autor sich allerdings nicht aufhält), und der anfängliche konstitutionelle Kern (ohne den institutionellen Apparat, der in den folgenden Epochen zur Vervollständigung hinzugefügt wurde) schließt zukünftige Entwicklungen nicht aus (auf der Basis von Cic. rep. 2,1,1–3, wo aber kumulativ von entstehender, wachsender und reifer *res publica* die Rede ist, da die Verfassung des Servius zur Verfassung des Romulus hinzutritt und sie verändert, usw.). Gabba 1993 glaubt an die (unseres Erachtens völlig ungreifbaren) »indoeuropäischen kulturellen Elemente«, er glaubt an die Möglichkeit einer mündlichen Überlieferung, die ohne allzu große Deformation – weil unter öffentlicher Kontrolle – weitergegeben wird, und er glaubt an die Unveränderlichkeit der religiösen und rituellen Elemente; aber diese Elemente der Kontinuität würden nicht die politischen Institutionen und die verfassungsmäßigen Verfahren betreffen, die hingegen höchst änderbar und leicht modernisierbar wären, weshalb wir über ihre Ursprünge nichts wissen könnten (mit diesem radikalen Skeptizismus folgt Gabba eng der angelsächsischen historiographischen Manier). Aber das mythische und rituelle Moment durchdringt auch die fundamentale Struktur der öffentlichen Organisation, vor allem an den Anfängen, weshalb eine blasse Erinnerung sich hätte doch erhalten müssen (wie Cornell 1955 richtig annimmt). Die oben dargelegte Thematik der »geronnenen Form« der Institutionen liegt nicht im kulturellen Blickfeld von E. Gabba,

169. Die Stadt des Mittelalters ist nicht die Stadt des Romulus. Die Stadt des Mittelalters erhält dann den Gedanken an die Stadt der Antike aufrecht, sie hat die Illusion, deren verarmte Nachfolgerin zu sein, während es sich, zumindest zu Beginn, um eine Regression zu Formen handelt, die an die protourbane Siedlung erinnern, ein Absacken in posturbane Lebensweisen, wo der ländliche Aspekt gegenüber den Siedlungs-Inseln überwiegt, bevor schließlich, in anderem Gewand, das Phänomen Stadt wieder Gestalt annimmt. Die Stadt der Antike stirbt, und mit ihr ihr Gründungsmythos, und wenn es auch scheint, daß sie auf irgendeine Weise fortlebt, geschieht dies in wesentlich unterschiedlichen »Formen«, deren wichtigste Epizentren die Kirchen sind. Aber die Kontinuität der Kirche, von Petrus bis heute, bedeutet nicht die Kontinuität der Stadt. Und vom »ewigen Rom« kann nur in ideologischen Begriffen gesprochen werden, auch wenn wir noch heute am Ort der römischen Pontifices leben. Mit der Aufgabe des größten Teils der Wohnstätten, der Foren und der Tempel verschwindet die Stadt des Romulus im Laufe des 5. Jahrhunderts n. Chr. unter der Erde. Wir sind weder Römer, noch sprechen wir Latein, auch wenn uns Romulus näher ist als der erste König von Hawaii.[22] Vor allem aber ist der Mythos von Romulus gestorben, auch wenn die Religion des Christus sich ebenfalls auf eine jungfräuliche Mutter gründet. Er kann nun nur noch kulturell, aber nicht mehr substantiell wiederentdeckt und verstanden werden.

---

weil sie mehr ethnologisch als philologisch ist (A. Brelich meinte, daß für sehr frühe Epochen die komparative Methode ertragreicher ist als die philologische Methode).
[22] Carandini 1993. Man fällt leicht in zwei Extreme, in das Extrem der »Fortdauer« (typisch im Fall der »Roma eterna« der katholischen Ideologie) und in das andere Extrem, wonach die ersten Römer nichts anderes gewesen wären als eines der vielen frühen Völker. Mit der Vernunft können wir die Alten als »verschieden« von uns wahrnehmen (siehe Settis 1996), aber mit den Gefühlen können wir uns darüber hinaus eine Stimmung erlauben, die uns mit ihnen vereint. Diese kann der Mystifikation dienen, aber auch der historiographischen und kulturellen Kreativität, wenn wir sie mit Weisheit und nicht ohne Ironie zu nutzen verstehen.

3. Teil
Die protourbane Zeit

Das Septimontium stellt keinesfalls ein fortgeschrittenes
Stadium in der Stadtwerdung Roms dar, es ist wahrscheinlich
noch vor der Entstehung einer regelrechten Stadt auf dem
Palatin anzusetzen.
G. De Sanctis

1 Die Frage des Septimontium

170. Das Septimontium vor Rom. Nach der Erörterung der präurbanen 27–37
Siedlung auf römischem Boden[1] können wir nun die Frage der protourba-
nen Siedlung angehen.[2] Wir beginnen mit der bedeutendsten antiquarischen
Quelle, die sich auf die *montes* bezieht und das geheimnisvolle Fossil namens
Septimontium[3] betrifft; es ist eine einfache und kurze Notiz, die die anna-
listische Erzählung über Romulus, die sich von Fabius Pictor herleitet, in
Unordnung bringt. Nach der Vulgata hätte Romulus die Stadt aus dem
Nichts gegründet, auf den verlassenen Ruinen der mythischen Siedlungen
Saturnia und Pallantion. Aber diese fabulöse Rekonstruktion fällt in sich
zusammen, wenn es eine juridisch-religiöse Formation nach diesen mythi-
schen Siedlungen und vor der Stadt gegeben hat, und genau das scheint das
Septimontium zu sein. Die von den Antiquaren bewahrte Nachricht über das
Septimontium wird von der ältesten Sage (wegen der mythischen Lücke, die

[1] Zur Vereinfachung des Textes beschränken wir uns auf ein Minimum an Verweisen auf Teil I
und II, deren Lektüre wir also voraussetzen.
[2] Es ist hier nicht der Ort, die Geschichte des Terminus »protourban« darzulegen, wer ihn
befürwortet und wer ihn für ungeeignet hält. Wir erinnern nur daran, daß F. Rittatore Vonwiller in seinen letzten Schriften (vor 1976) die Zentren im Etrurien der Endbronzezeit als »protourban« definierte. Der Ausdruck wurde dann von R. Peroni für die Siedlungen von Tarquinia
und Cerveteri zwischen der Endbronzezeit und dem Beginn der Eisenzeit wieder aufgegriffen:
Negroni Catacchio - Peroni 1979 (in der Diskussion wendet G. Colonna sich gegen die Verwendung des Begriffes »protourban« für die Endbronzezeit, während M. Pallottino ihn hingegen
akzeptierte). Der Begriff wird nunmehr von den Vorgeschichtlern und einem gut Teil der Etruskologen akzeptiert, in erster Linie und in der geeignetsten Weise von G. Colonna, von den
Historikern hingegen im allgemeinen vermieden, die weiterhin an der Vorstellung eines unmittelbaren Übergangs von der präurbanen Realität der *pagi*, der *vici* und vielleicht auch der *oppida*
zur Gegebenheit der *civitas* festhalten. Nach Ampolo 1983 ist die Formierung der »antiken«
Stadt in Italien nicht vergleichbar mit der Stadt im Orient; sie könnte im übrigen zeitlich
nur der in Griechenland folgen. R. Peroni (in der Dikussion, ebd.) meint, außer den historisch
festgelegten Definitionen der »orientalischen« und der »antiken« Stadt, die er völlig teile, wäre
auch eine Definition möglich, die für die »protourbanen« Zentren zutreffe. Peroni 1993-94 verwendet für die protourbanen Zentren mittlerer Größe folgende Definitionen: »semi-proto-urba-
nes-Zentrum« oder »mit teilweise proto-urbanem Charakter«. Der Terminus »pseudo-urban«
(erneut vorgeschlagen von Rendeli 1991) würde eher passen für Gegebenheiten, die den urbanen
zwar ähneln, aber nicht eigentlich urban sind. Die protourbanen Zentren der Vorgeschichte
würden sich zu den römischen *civitates* so verhalten, wie die hochmittelalterlichen Zentren, die
wir »posturban« nennen können, zu den urbanen Gegebenheiten der klassischen und spätantiken Zeit (Carandini 1994; vgl. § 169).
[3] Vgl. § 181, Anm. 1.

das protourbane Zeitalter einschließt) und von den Annalisten ausgeschieden, vielleicht um die Verdienste des Romulus größer erscheinen zu lassen, als sie es sind. Damit hat das kulturelle Gedächtnis und haben die Historiker Roms einen Leerraum zwischen dem Pallantion des Euander und dem Rom des Romulus geschaffen, ganz zum Vorteil des letzteren, und es ist genau dieser Leerraum, den wir auffüllen müssen, wenn wir das wirkliche Schicksal der Stadt erkennen wollen, wobei wir Gebrauch machen können vom nicht so einheitlichen, aber um so freieren und vielfältigeren Wissen der Antiquare, die die einzigen sind, die uns ohne Vorurteile und mit Gelehrsamkeit über jene so dunkle und vergessene Zeit mit Informationen versorgen. Im Fall des Septimontium handelt es sich zum ersten Mal nicht um die Rekonstruktion der ursprüngliche Version eines Mythos, um seine verborgene Bedeutung zu verstehen, wie das für die Bronzezeit der Fall war, sondern darum, eine Nachricht zu analysieren und zu interpretieren, die zum ersten Mal einen grundlegend historischen Charakter hat und uns erlaubt, zur Siedlung der frühen Eisenzeit zurückzugehen, die älter ist als Rom. Leider informiert uns das Septimontium nur über die *montes* und nicht über die *colles*, über die wir sehr viel weniger wissen (warum, werden wir im Folgenden sehen).

171. Der Charakter der Siedlung. Das Fehlen einer einzigen großen Hochebene, vor allem im Bereich der *montes*, hat wohl länger als gewünscht dazu beigetragen, daß die Siedlung aus Kernen bestand, die auf verschiedene Anhöhen verteilt waren, mit Nekropolen, die ebenfalls getrennt voneinander in den Talsohlen lagen. Es wäre allerdings ein Irrtum, diesen Sachverhalt, die er auf die orographischen Bedingungen um die Biegung des Tibers auf römischem Boden zurückzuführen ist, mit einer Gegebenheit präurbanen Charakters zu verwechseln.[4] Daß die Subura und die Suburanenses im Opferritus des October Equus unter den *montes* präsent sind, worüber noch zu handeln sein wird, ist ein Hinweis auf die Besetzung der Talsohlen, die von den am Nordhang des Palatium gefundenen Hütten, die zwischen Latiale IIB und IIIB (bis ca. 725, nach der herkömmlichen Chronologie) datierbar sind, bestätigt wird; es handelt sich um ein Viertel, das mit dem Viertel der Sacravienses vergleichbar ist, das wir uns am Fuße der Velia vorstellen, wo der älteste Weg, die spätere Sacra Via, vorbeiführen mußte. Die protourbane Siedlung auf römischem Boden geht also von Bedingungen aus, die präurbanen Zuständen gleichen, überwindet diese aber recht bald,

---

[4] C. Ampolo hat Schwierigkeiten, den Begriff protourban zu übernehmen, weil er in den literarischen Quellen keine Entsprechung findet, und er mißt den hydrographischen und orographischen Hemmnissen eine »politische« Bedeutung bei: »Die natürlichen Gegebenheiten der Plätze begünstigten sicher nicht das Entstehen einer großen einheitlichen Siedlung, sondern die Aufteilung in kleinere Einheiten« (Ampolo 1988).

es entsteht ein zusammenhängendes, wenn auch (wie wir sehen werden) weit-
maschiges Siedlungsnetz, was dann die Verlagerung der Nekropolen an den
Rand mit sich bringt.[5]

172. Die Bedeutung von Septimontium. Die Siedlung des Septimontium
hat ihren Namen von dem Gesamt der *montes,* aus denen sie sich zusam-
mensetzt. Man hat versucht, dem Begriff jede topographische Bedeutung
abzusprechen und ihn auf den Namen des Festes zu reduzieren, das am
11. Dezember *pro montibus* (d. h. also nur für einen Teil von Rom, den wir im
Folgenden »Bergsiedlung« nennen wollen) gefeiert wurde (das Fest war im
Kalender nicht vermerkt, da es sich um ein Teilfest handelte, das nicht
das ganze römische Volk betraf). Aber ein Fest von so hohem Alter, das *mons*
für *mons* am selben Tag gefeiert wird, mit zwei Opfern auf den beiden
Haupthügeln an die entsprechenden Schutzgottheiten, das wahrscheinlich
aus einer Prozession *(lustratio)* besteht, die am Palatium beginnt und am
Cispius endet, und das wahrscheinlich von Banketten und Spielen (Merkmale, die wir im Folgenden noch prüfen werden) begleitet wird, mußte einfach über die proto-politische Bedeutung hinaus auch eine topographische
Bedeutung gewonnen haben, wie aus aus den Zeugnissen der zwei bedeutendsten römischen Antiquare Varro und Verrius Flaccus hervorgeht.[6] Die
Hügel der Bergsiedlung hingen denn auch nicht in der Luft, sondern untereinander durch die einheitliche Bedeutung des Festes und die topographische Zusammengehörigkeit (betreffend den östlichen Teil des Siedlungsgebietes von Rom) verbunden, grenzten sie ein protourbanes Siedlungsgebiet
ab, das archäologisch gut dokumentiert ist und sich von den zunächst gelegenen Bezirken der *pagi,* vom *ager* und vom weiteren Siedlungsgebiet der
colles (im Folgenden als »Hügelsiedlung« bezeichnet) abhob, und das konnte
nicht eine ausschließlich religiöse Bedeutung haben.[7] Auf der anderen Seite

---

[5] Weitere Viertel im Talgrund kommen dann zu den oben genannten hinzu, wie das Argiletum,
die Carinae und der Locus Ceroliensis. Sobald die Siedlung einen zusammenhängenden und
homogenen Charakter gewonnen hat, macht es keinen Sinn mehr, bei der Berechnung ihrer
Größe von den Angaben zur Mindesthöhe auszugehen, statt dessen werden die höchsten Angaben für die einzelnen *montes* in Betracht gezogen werden müssen (A. Carandini, in: Palatium e
Sacra via, 1; vgl. auch Addendum VIII). Zum October Equus vgl. §§ 210 ff. Zur Orographie und
Hydrographie des Gebietes von Rom vgl. Appendix 1.

[6] Varro ling. 5,41; Fest. 424 L.

[7] Ursprünglich »totale« (politisch-sozial-religiöse) Phänomene haben die Tendenz, sich erst im
Laufe der Zeit auf partielle, rein religiöse, Phänomene zu reduzieren, aber dieses Endergebnis
kann nicht auf die Anfänge rückprojiziert werden (vgl. §150, Anm. 32). Die Feriae Latinae
könnten sich zu den Sacra des albanischen Bundes verhalten wie der *dies* Septimontium zum
Septimontium auf römischem Boden. Ein analoges Problem ist von Brelich bezüglich der
Initiationen behandelt worden, die in historischer Zeit nicht mehr in ihrer ursprünglichen
Gestalt greifbar sind, sondern in der Form von Überresten bestimmter Riten (wie das Anlegen

erinnert der Begriff Septimontium an andere ähnliche Ortsnamen, die eine
Mehrheit von *pagi* oder *vici* bezeichnen, an erster Stelle an den Namen Septempagi, der ein Viertel in der Nähe des römischen Siedlungsgebietes auf
dem rechten Tiberufer bezeichnet.[8] Dazu kommt, daß der Verbund, um
den es hier geht, nicht Septimontes heißt – analog zu Septemvici, Septempagi, Septemaquae –, sondern Septimontium, und dieses Neutrum Singular
betont stärker die Einheitlichkeit als die Pluralität der Organisation.

173. Untrennbarkeit von Fest, Gemeinschaft und Viertel.   Die *montes*
sind nicht nur die Träger der *feriae*,[9] sie bilden auch die unumstößliche territoriale Basis der organisatorischen und gemeinschaftsbildenden Formen
der einer einzigen Gemeinschaft angehörenden Mitglieder, die der Stadt
vorausgeht, aber auch in der Stadt noch weiterlebt, die ganze späte Republik hindurch, nämlich in Form der *conventicula* und *concilia* der Plebs (dies
ist ein weiterer Fall, wo das »danach« dazu dient, das »zuvor« zu erklären).
Bei dieser Gegebenheit ist es nicht möglich, im Rahmen der protourbanen
Struktur zwischen dem territorialen und dem auf die Gemeinschaft bezogenen Aspekt zu unterscheiden, wie dann auch im Bereich der fertigen urbanen Struktur die vier urbanen *tribus* des Servius Tullius mit ebenso vielen
regiones des urbanen Zentrums zusammenfallen.[10] Zur einheitlichen Wirklichkeit der Siedlung tritt hinzu das die Vorfahren betreffende vereinheitlichende Konzept der Laren, der ältesten Beschützer des verteilten Landes und
der Häuser, die als heroisierte Ahnen der gesamten Gemeinschaft zugleich
Dämonen der Familie sind.[11]

174. Ein Verbund von »septem montes«.   Daß das Septimontium seinen
Namen von den sieben Hügeln hat, aus denen es zusammengesetzt ist, und

---

der *toga virilis*) und in der Liturgie einiger öffentlicher Feste zur jährlichen Erneuerung, die in
Rom in den Monaten Februar und März stattfanden (Brelich 1960–61 und 1969), am Ende und
zu Beginn des Jahres (vgl. Addendum VII). Es ist für uns schwer, diese »totalen« Phänomene
zu verstehen, und wir empfinden auch deshalb Abneigung gegenüber dem islamischen Fundamentalismus, bei dem ein enges Band religiöse, politische und soziale Phänomene miteinander
verbindet, als lebendiges Fossil einer untergegangenen Zeit, die wiederkommt.

[8] Septempagi bei Rom (Dion. Hal. 2,55; Plut. Rom. 25); Novempagi (Plin. nat. 2,5,52); Decem-
pagi in Etrurien (Plin. nat. 3,52).

[9] Grimal 1959; Poucet 1960; Richard 1978. Die Religion in der Proto-Stadt war eng mit dem
Proto-Staat verbunden (wie es dann in der Stadt mit dem Staat der Fall ist), weshalb der religiöse
Aspekt nicht getrennt von den juristischen, militärischen und politischen Aspekten vorstellbar
ist: Luzzatto 1962; Catalano 1965; Talamanca 1979. Vgl. auch Anm. 7.

[10] Fraschetti 1990 sieht ganz richtig eine Verbindung zwischen Kult, Topographie und Soziabi-
lität. *Montes* und *pagi* befassen sich mit Gebäuden und »dekretieren« die Rückkehr Ciceros aus
dem Exil, sie schalten sich also in das urbane und politische Leben ein. Wenn dies für die bis
in die späte Republik bewahrten Fossile sozialen Lebens gilt, muß es um so mehr am Beginn
dieser Einrichtungen gegolten haben.

[11] Waites 1920, S. 244, Anm. 3, wo der russische ethnologische Fall zitiert wird, wonach beim

daß es der Gründung der Stadt vorangegangen ist, hat Varro aufgrund einer alten Tradition behauptet.[12] Niemand würde sich auf die Erklärung des Septimontium als eines Verbunds von *saepti montes*,[13] d. h. von Erhöhungen, die in irgendeiner Weise eingezäunt sind, beziehen, wenn die in der septimontialen Aufzählung erwähnten Hügel sieben wären; aber es tauchen, wie allgemein bekannt ist, acht Ortsnamen auf, weshalb von einigen Gelehrten die Vorstellung von sieben Hügeln verworfen wurde, während andere die Zahl übernehmen und sich auf die Jagd nach dem mißbräuchlich genannten Hügel begeben, um ihn zu eliminieren.[14] Beide Lösungen sind nicht zufriedenstellend und nicht notwendig, denn der Widerspruch kann, wie wir sehen werden, gelöst werden, in dem die septimontiale Aufzählung in ihrer chronologischen Schichtung interpretiert wird (das Fagutal wird zu einem Teil des Oppius, wodurch die beiden Ortsnamen ein einziges Viertel umfassen).[15] Sieben war eben eine vollkommene Zahl, nach Varro die Zahl der Woche, die mit Bezug auf folgende Erweiterungen der Siedlung nicht mehr geändert werden konnte.[16]

Umzug einer Familie das Feuer aus der alten in die neue Wohnung getragen und dort mit den Worten empfangen wurde: »Willkommen Väterchen«; das Feuer / die Feuerstelle wurde also als eine lebendige (brennende) Manifestation des Ahnen betrachtet. Wer gemeinschaftlich wohnt, setzt ursprünglich gemeinsame Ahnen voraus, und die Gesamtheit der Feuerstellen für die entsprechenden einzelnen Lares Familiari drückt die Einheit der Siedlung aus, wahrscheinlich schon in präurbaner Zeit, wie wir noch sehen werden.

[12] Varro ling. 5,41: »ubi nunc est Roma, Septimontium nominatum ab tot montibus ...« Die Überlieferung von den sieben Hügeln konnte auf Ennius zurückgehen: Cic. rep. 2,6; Att. 6,5 (Paratore 1975). Cornell 1995 meint, das Septimontium sei der Stadt vorausgegangen, weil es der Vereinigung des Palatin vorausgegangen sei; diese Überlegung ist richtig, aber das Argument ist schwach, da der inaugurierte (= vereinigte) Palatin sich in zwei Viertel gliedert, Palatium und Cermalus. Der Einheit der Siedlung widersprechen keineswegs ihre Unterteilungen, was ja auch für die mittelalterlichen und modernen Städte gilt (man denke an den typischen Fall von Siena).

[13] Die seit dem Beginn des 20. Jh. vorgebrachte Hypothese (Richard 1978) ist dann von Adams Holland 1953, Poucet 1960, Gelsomino 1975 und Fridh 1987 wieder aufgegriffen worden. Die von einigen Philologen vorgebrachten Argumente gegen die auf die »saepti montes« bezogene Interpretation sind also noch aktuell: Paratore 1975 und 1979-80 und D'Anna 1992, die beide Gelsomino 1975 widersprechen.

[14] Es wurde vertreten, die Subura wäre zuletzt als achter Hügel angehängt worden (De Sanctis 1907, S. 185), oder sie wurde zu einer Spezifikation des Fagutal gemacht: Fagutal Suburae (Erkell 1981, 1985, angeregt von Fridh 1987). Andere haben einen Hügel von der Liste gestrichen, damit die Rechnung wieder aufgeht: den Caelius (Sexti Pompei Festi De verborum significatione, ed. K. O. Müller, Lipsiae 1837, p. 341; Wissowa 1904; Lugli 1943; Pareti 1953; Pallottino 1960; Adams Holland 1953, 1961; Colonna 1974, 1988; Fayer 1982; Martínez Pinna 1985), die Subura (Wissowa 1904; De Sanctis 1907; Ciaceri 1937; Gerkan 1953; Fridh 1987; Erkell 1987), das Fagutal (Fridh 1987) und den Cermalus (Pareti 1953). Zu dem Problem siehe Fraschetti 1990, der richtigerweise vorschlägt, die Liste des Antistius Labeo bei Festus unverändert zu lassen (vgl. § 181, Anm. 1).

[15] Vgl. § 254.

[16] Gell. 3,10 (Grilli 1979). Auch Sparta bestand, zumindest von einem gewissen Zeitpunkt an, aus sieben Vierteln oder *obai*: Den Boer 1954.

175. Das Fest am 11. Dezember.   In den republikanischen Kalendern wird
der Tag des 11. Dezember vom Fest des Agonium des Indiges eingenommen,
das vielleicht ein ursprüngliches Fest der *colles* war und dann zu einem Fest
pro populo, d. h. ein Fest der ganzen Gemeinschaft wird.[17] Am selben Tag fand
das Fest des Septimontium statt, das allerdings ein Fest *pro montibus* geblieben ist, d. h. beschränkt auf die *montes*, weshalb es im Kalender nicht auf-
tauchte. Über das Datum des Septimontium sind wir nur durch Kalender
und Autoren der Kaiserzeit informiert,[18] als dieses Fest, das schließlich ebenfalls ein Fest *pro populo* geworden war, neben den Agonalia des 11. Dezember
angeführt wurde.[19]

176. Welche sieben Hügel?   Während die Hügel des Septimontium
wahrscheinlich seit Beginn der Organisation dieses Namens sieben gewesen
sind, haben die Alten damit doch nicht immer die gleichen Hügel gemeint.
Wir haben auf der einen Seite die sieben kleinen Hügel (acht Ortsnamen
umfassend) der septimontialen Aufzählung in der Version des Antistius
Labeo, die nur die Bergsiedlung berücksichtigt,[20] und wir haben andererseits die großen Hügel, *montes* und *colles*, der septimontialen Aufzählung
bei Varro, die alle Erhebungen einbezieht, die innerhalb der servianischen
Mauern liegen (Abb. 19).[21] Daß es diese zwei Versionen der sieben Hügel
gegeben hat, dessen waren sich auch die Alten bewußt. Servius unterscheidet in seinem Vergilkommentar nämlich: 1. die kleinen Hügel, die er in
die romuleische Zeit setzt[22] und die das begrenzte Gebiet umfassen, das wir
das erste Septimontium nennen wollen und das wahrscheinlich mit den
Hügeln der Aufzählung des Antistius Labeo zusammenfällt, und 2. die großen Hügel des viel späteren offiziellen Kanons, dessen angesehenster Zeuge
Varro ist und der die gesamte Siedlung innerhalb der Mauern umfaßte und,
weit entfernt, eine ausschließlich spätrepublikanische Wirklichkeit zu spiegeln, wie allgemein gedacht wurde, bis zur Stadt des Servius Tullius selbst
und vielleicht noch weiter zurückreichen könnte, in die Zeit der durch
den ersten Synoikismos vereinigten Siedlung, die wir das zweite Septimontium nennen wollen; dieser Kanon sollte im folgenden ohne bedeutende

---

[17] Vgl. §§ 223, 258, 268, 278 und 302.

[18] Das älteste Zeugnis ist der Kalender des Esquilin: Levin 1982.

[19] Zum unterschiedlichen Status der septimontialen *feriae* in den republikanischen und kai-
serzeitlichen Kalendern: Platner 1906 (das Septimontium wird in der Kaiserzeit zum Fest *pro
populo*, d. h., es erhält allgemeine Bedeutung für die Stadt) und Fraschetti 1990 (richtig gegen
Poucet 1960, der das Septimontium für ein bewegliches Fest hält).

[20] Fest. 474. 476 L. (vgl. § 181, Anm. 1).

[21] Varro ling. 5,41: »montibus quos postea Urbs muris comprehendit«.

[22] Serv. Aen. 6,783: »breves semptem colliculos a Romulo inclusos, qui ... aliis nominibus appel-
labantur« (D'Anna 1992).

Abb. 19 Die »sieben Hügel« Roms innerhalb der servianischen Mauern

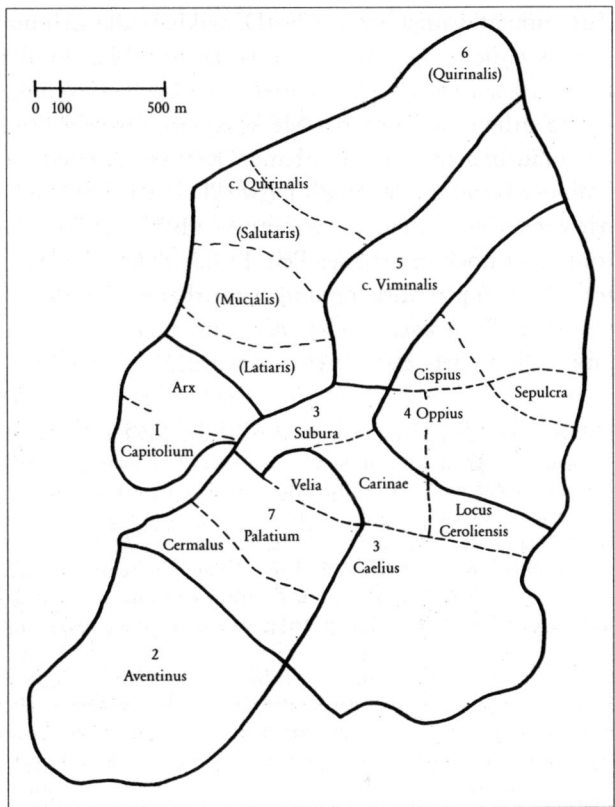

Änderungen für die gesamte Geschichte Roms, die Stadt der sieben Hügel, gelten.[23]

177. Präurbaner Bund von Dörfern oder protourbanes Zentrum? Das Septimontium richtig zu verstehen ist nicht leicht. Manche Gelehrte haben es als eine Gesamtheit von »unterschiedlichen Dörfern« verstanden – nach dem Modell der Konföderationen und der Systeme der *demoi*[24] – oder als

---

[23] Vgl. § 278.

[24] Ampolo 1981 denkt an eine dem »System der *demoi*«: Strab. 8,3,2; 14,2,25 (Moggi 1976; Sakellariou 1989) analoge Struktur, aber dieses Konzept bietet nicht die Möglichkeit, zwischen einem präurbanen Bund von verstreuten Siedlungen und einer protourbanen Siedlung zu unterscheiden. *Kome* bedeutet Dorf, aber auch interne Gliederung einer *polis*: Hansen 1995; im Bereich einer *polis* könnten die *demoi* auf dieselbe Weise aufgefaßt werden, also als Stadtviertel. Ampolo 1996b entwickelt die Theorie aristotelischen Ursprungs von einem Übergang von den Dörfern zur Stadt (durch Synoikismos von 5 bis 9 Dörfern) und vom Dorf als einer ursprünglichen Komponente in der Stadt, die er wie folgt erklärt: Athen, Eretria, Argos und Korinth hätten im 8. Jh. das Aussehen von verstreuten Dorfgruppen gehabt. Ebenso Pithecusa: »Insgesamt bieten

Zusammenfassungen von *pagi* (Distrikten), die sich um einen oder mehrere hauptsächliche Siedlungskerne (Palatium-Velia, Quirinal) gebildet hätten, die als *oppida* zu verstehen wären. Eine solche Interpretation schließt keinerlei eigentlich protourbanes Merkmal ein, d. h. eine Zwischenstufe zwischen der präurbanen und der urbanen Realität, sondern verbleibt völlig innerhalb der Kanones der Siedlungswirklichkeit der Bronzezeit. Aber Rom hat, wie wir sehen werden, nie *pagi* innerhalb der Siedlung gekannt, weder in protourbaner noch in urbaner Zeit. Es hat vielmehr außer den im *ager* verstreuten *pagi* peri-protourbane und peri-urbane *pagi* gekannt, so daß die Wohnviertel in Rom *montes* oder *colles* und nicht *pagi* genannt wurden, und es gibt auch, anders als es vertreten wurde,[25] keinen Grund anzunehmen, daß

Pithecusa und Cumae im 8. Jahrhundert ein den *poleis* in Griechenland selbst sehr ähnliches Aussehen [im Vergleich zum besonders fortgeschrittenen Modell von Megara Hyblaea]: eine Mehrheit verstreuter Dörfer [in Pithecusa], die sich jedoch auf einen zentralen starken Kern beziehen [in Cumae].« Der Zusammenhang zwischen *polis* und Dörfern im 8. Jh. wäre viel stärker, als man bisher angenommen habe, weshalb die *polis* äußerlich ursprünglich das Aussehen eines Gefüges von Dörfern gehabt habe, die auf ein Zentrum ausgerichtet waren (ein Hauptdorf, eine Zitadelle), und in diesem Zentrum wären dann »die Zeichen der Stadt« zu finden; dies würde erklären, warum die Beteiligung am Leben der *polis* sich von »kleineren Einheiten« ausgehend organisiert hat. Bleibt der ländliche Charakter der Städte an ihrem Ursprung bestehen (wie auch im bereits fortschrittlichen Megara Hyblaea), gälte es nun zu prüfen, ob zur äußeren, physischen Gestalt des Dorfes eine für das Dorf typische organisatorische Gegebenheit hinzukam oder ob sich zur äußeren Gestalt eine qualitativ unterschiedliche und neue organisatorische Gegebenheit der »kleineren Einheiten« gebildet hat. Für Aristoteles waren die Arkader eine Föderation geblieben, ein *ethnos*, auch nach der Gründung von Megalopolis im Jahre 368. So »groß« dieses Siedlungszentrum gewesen sein mochte, es stellte sich noch als ein Aggregat aus Dörfern dar, nicht nur dem Aussehen nach, sondern auch in der Substanz. Es hatte das Aussehen einer Stadt, war in quantitativer Sicht eine Stadt, aber die substantielle, qualitative Umwandlung war noch nicht erfolgt, was höchst instruktiv ist. Bleibt noch eine letzte Überlegung anzustellen. Wenn die griechischen *poleis* die Antwort auf eine Pluralität von Modellen sind und wenn an deren Ursprung, im 8. Jh., noch ein Gesamt aus Dörfern mit einem Zentrum steht, warum sollen dann, nach C. Ampolo, das Septimontium, ausgerichtet auf Palatium-Velia, und mehr noch das romuleische Rom, ausgerichtet auf den inaugurierten Komplex Palatium-Cermalus, keine Stadt gewesen sein? Der hier aufgedeckte Widerspruch ist bemerkenswert, wenn man nicht glaubt, auch die griechischen Städte im 8. Jh. wären nur protourbane Zentren gewesen, was C. Ampolo aber nicht behauptet, sieht er doch im Gegenteil das »Merkmal der Stadt« gerade in diesen Zentren, um die herum sich das gruppiert, was unserer Meinung nach nur das Aussehen von Dörfern hat (unserer Ansicht aber eher Stadtviertel, Bezirke, *montes* sind).

[25] Das Mißverständnis der »urbanen« *pagi* liegt schon bei De Sanctis 1907, S. 186 vor, der Fest. 247 L. zitiert (nach dem *pagus* sich zu *regio* verhalte wie *paginae* zu *liber*) und behauptet, die *pagi* würden Distrikte des Territoriums und nicht die städtischen Viertel bezeichnen, außer in Rom: »Die einzige Ausnahme ist Rom«. Auch De Francisci 1959 nimmt *pagi* innerhalb der Siedlung an, und zwar die von den *montes* umschlossenen Talgründe, er stellt sich also die Siedlung als ein Gesamt von Dörfern vor, die sich um ein befestigtes *oppidum* gruppieren, was verglichen mit dem *vicus* eine fortgeschrittene Siedlungsentwicklung darstelle (aber auch die präurbanen *vici*

scheinen auf ein Haupt-*vicus* oder *oppidum* ausgerichtet gewesen zu sein: vgl. Addendum III).
Selbst der romuleische inaugurierte Palatin wäre für diesen Autor nichts anderes als die Bildung
eines *oppidum*, um das herum sich Dörfer gruppieren. Diese in ihrer Art noch ganz präurbane
Sichtweise wirkt wie ein Vorspiel zu Ampolo 1988b, für den das romuleische Zeitalter lange vor
der Entstehung der Stadt liegt. Ampolo 1981 hat damals den Begriff protourban abgelehnt: Es
handelte sich nach ihm entweder um den *vicus* oder die *civitas* (eine kaum haltbare These, wie
wir sehen werden, weil sie die ausschließlich urbane Herkunft der Kurien voraussetzen würde).
Ampolo 1988b hingegen akzeptiert den Terminus protourban, neutralisiert aber seinen Gehalt,
indem er von einem fließenden Übergang zwischen Dörfern und Stadt ausgeht, was faktisch
nicht über die präurbane pagisch-dörfliche Gegebenheit hinausführt, und diesen Übergang
zwischen der Mitte des 9. und der Mitte des 7. Jh. datiert: »Es ist zweifelhaft, ob diese Gegebenheiten [der protourbanen Zentren] eine große Neuheit darstellen«, in dem Sinn, daß der
eigentliche Sprung zwischen den protourbanen und den urbanen Zentren stattfinde und nicht
zwischen den präurbanen und den protourbanen Zentren. Auf diese Art wird die Einheitlichkeit der protourbanen Zentren negiert, und das bringt mit sich, daß die inzwischen überholte
Interpretation von Veji von Ward Perkins 1961, der auf der Hochebene nur wenige Siedlungskerne oder Dörfer erkannt hat, auf eine Ebene gestellt wird mit den jüngsten topographischen
Untersuchungen von Guaitoli 1981, 1981a und 1981b, die auf der Hochebene von Veji und auf
anderen ähnlichen eine lockere aber gleichmäßige Besiedlung feststellten, was einen Verbund
von Dörfern ausschließt. Eine ähnliche Position vertreten Bietti Sestieri 1992 und 1992a und
Rendeli 1993. Hinsichtlich der Daten aus Oberflächenuntersuchungen und der Daten, die die
Nekropolen liefern, stützt Bietti Sestieri 1995 sich vornehmlich auf die letzteren (aber die verschiedenen Nekropolen um die Hochebenen sind keine Hinweise auf Dörfer auf diesen Ebenen, da diese auch in präurbaner und in städtischer Zeit bezeugt sind). Sie meint, J. Ward
Perkins habe Veji erforscht, als das Terrain vom Pflügen noch nicht so durcheinandergebracht
war, was sie dazu führt, der Theorie der Dörfer im Gegensatz zur Theorie der von Anfang
an einheitlichen Siedlung den Vorzug zu geben. Das Tiefpflügen kann mit der Zeit die freien
und die zum Anbau genutzten Flächen zwischen den verschiedenen Siedlungskernen verringert haben, aber die Gegebenheit einer dünnen aber kontinuierlichen Besetzung, Ergebnis der
Erkundungen der letzten 15 Jahre, die mit ausgefeilten Methoden erfolgten, scheint in groben
Zügen eine wirkliche Situation widerzuspiegeln. Andererseits widerspricht weder die spärliche
aber kontinuierliche Besetzung mit Freiräumen um die Siedlungskerne noch die verstreute
Anordnung der Nekropolen wirklich der Theorie von der politischen Einheit, da beides Aufteilungen nomaler verwandtschaftlicher und organisatorischer Art widerspiegeln kann, die vor
und während der Formierung der Stadt möglich waren (vgl. § 205). Bietti Sestieri i. Dr. betont
die Dörfer auf den Hochebenen, die den ursprünglichen Dörfern entsprechen, räumt aber
ein, daß die Nachbarschaft einen Prozeß Richtung politische Integration beschleunigt haben
könnte, der schon in den ursprünglichen Gemeinschaften wirksam war. Dies impliziert eine
wesentliche Kontinuität zwischen den angenommenen präurbanen Bündnissen der Dörfer
und den auf den Hochebenen entstandenen protourbanen Systemen, deren einzige Rolle darin
bestanden hätte, den Integrationsprozeß durch die Nähe der Dörfer zu beschleunigen. Aber
die protourbanen Zentren lassen sich nicht minimalistisch als topographisch »intensivierte«
präurbane Bündnisse definieren, da es sich um eine grundlegend neue Organisation handelte.
Vgl. § 335, Anm. 8. Die »primitivisierende« Sicht auf das protourbane Phänomen, das noch in
präurbanen Termini autonomer oder höchstens in einem Bündnis vereinter Dörfer erfaßt wird,
trifft man bei den folgenden Autoren an: De Sanctis 1903; De Francisci 1956; Poucet 1960;
Gjerstad 1962 (»heiliges Bündnis«, »Übergangsstadium« zwischen isolierten Dörfern und ein-
heitlicher Stadt«); Palmer 1970 (unabhängige Gemeinschaften mit eigenen Verwaltungen und
religösen Bräuchen); Richard 1978; Ampolo 1981 (die Formation der antiken Stadt in Italien
könne nicht der Formation der Stadt in Griechenland vorangehen oder zeitgleich geschehen,

die Talsohlen zwischen den *montes pagi* genannt worden wären; diese wurden vielmehr in die Viertel der Berg- oder Hügelsiedlung eingegliedert, auch wenn sie gelegentlich mit besonderen Ortsnamen bezeichnet werden konnten.[26] Einige *pagi* sind nur den Gelehrten als innerhalb der Siedlung gelegen erschienen, die die Siedlung statisch betrachtet haben, während es sich doch um eine Entwicklung in der Zeit handelt – das Septimontium selbst ist, wie wir sehen werden, das Ergebnis einer stufenweisen Formierung –; offensichtlich ist dies im Fall des Pagus Succusanus, der ursprünglich außerhalb des ältesten Kerns der *montes* lag – den wir Trimontium zu nennen vorschlagen – und erst in der Folge zur Würde eines *mons* erhoben wurde, zu der Zeit, als sich der Verbund bildete, den wir Quinquimontium nennen wollen, als die Subura neu benannt wurde.[27]

178. Quantitative und qualitative Probleme. Die Ausdehnung der Siedlungskerne auf den Höhen zum Fuß der Erhebungen hin und die größere Konzentration der Siedlungskerne sind mit Sicherheit wichtige Phänomene, in dem Sinn, daß nun mehr Familien Aufnahme finden und der Raum ruralen Charakters in der Siedlung reduziert wird. Aber die Aufmerksamkeit der Gelehrten hat sich bis jetzt fast ausschließlich auf die quantitativen Phänomene des »Settlement Nucleation«[28] gerichtet, das ein wesentliches Äquivalent des protourbanen Phänomens darstellt. Bei der protourbanen

---

sondern könnte ihr nur folgen); Guidi 1982 und 1983 (das Septimontium sei ein Gesamt von unterschiedlichen Dörfern, die sich in eine einheitliche Ansiedlung verwandelt hätte zur Zeit der protourbanen Siedlung im 8. Jh.). Ganz anders ist die Haltung G. Colonnas, der in der Diskussion bei Ampolo 1983 den Begriff des protourbanen Zentrums akzeptiert, verstanden als eine einheitliche Siedlung eines allerdings noch nicht zentralisierten Staates, wie er von R. Peroni und seiner Schule vertreten wird (vgl. § 334, Anm. 7). Fraschetti 1990 meint, das Fest des Septimontium halte ein »prä-städtisches« Stadium fest, ein wunderbares Fossil, das als solches in die Strukturen und in das festliche Leben der Stadt der historischen Zeit integriert wurde. Dies ist eine der besten Definitionen, die es zu dieser Gegebenheit gibt, auch wenn das »prä-städtisch« in Gefahr steht, als »präurban« interpretiert oder vielleicht auch mißverstanden zu werden.

[26] Vgl. § 171, Anm. 5.

[27] Es ist möglich, daß dort, wo es keine *montes* und *colles* gab, wie in den Siedlungen auf den großen Hochebenen, sich ein Begriff des protourbanen und dann urbanen *pagus* entwickelt hat, der in Rom nur für das servianische Zeitalter bezeugt ist, etwa auf einem Papyrus, auf dem der Palatin als *primus pagus* bezeichnet wird, was jedoch im Kontext weniger einem Bezirk als der palatinischen Tribus entspricht (Piganiol 1937). Aber ein ähnlicher Begriff des protourbanen und dann urbanen *pagus* sollte nicht verwechselt werden mit dem Begriff des peri-protourbanen oder peri-urbanen *pagus* oder des Ager, die beide für Rom und sein Territorium geläufig sind. Eine entsprechende Überlegung könnte man für *demoi* und *komai* in Griechenland anstellen (vgl. Anm. 24).

[28] Bietti Sestieri 1992a. Der quantitative Aspekt des protourbanen Phänomens ist auch in einem Synoikismos der *populi* gesehen worden: Colonna 1988. Cornell 1995 erkennt »large nucleated centers« im protourbanen Zeitalter, verneint aber, daß es sich um einheitliche Gemeinschaften

Transformation geht es jedoch vor allem um die Unterordnung der Satellitensiedlungen unter ein Zentrum, das die Kontrolle und Verwaltung des Territoriums übernimmt, um die Hierarchie unter den unterschiedlichen Vierteln der Siedlung *(montes* und *colles)* und um die Organisation der Bezirke
(curiae) innerhalb dieser Viertel, d. h. um die proto-staatliche Struktur, die
darauf ausgerichtet ist, die allgemeinen Interessen der Gemeinschaft zu
schützen.[29] Das protourbane Zentrum ist also nicht nur das Resultat einer
sozusagen »urbanistischen« Intensivierung, sondern es ist das Ergebnis einer
wirksamen öffentlichen, rationalen und bewußten Organisation auf der
Ebene von Familienverbänden, Geschlechterverbänden und der Gemeinschaft im weiteren Sinn. Den »urbanistischen« Aspekt erfaßt man – besonders wenn das protourbane Zentrum nicht mit einem Mal oder zumindest
in kurzer Zeit geschaffen wurde, sondern das Ergebnis einer langen Siedlungsgeschichte ist, die wie im Fall der Siedlungen auf römischem Boden
und an anderen Orten Latiums zum Beispiel sogar schon in der mittleren
Bronzezeit begonnen hat – erst in einem zweiten Moment, als Materialisation eines siedlerischen und organisatorischen Geistes, den es schon seit längerer Zeit gibt.[30] Es ist also nicht angebracht, den Beginn der Formierung
des protourbanen Phänomens auf römischem Boden hinauszuschieben und
chronologisch mehr als nötig von den fortgeschritteneren etruskischen Siedlungsgegebenheiten abzusetzen. Der Weg zur Realisierung des protourbanen
Zentrums auf römischem Boden ist ein anderer als in den großen Zentren
des Protovillanovianum. Das bedeutet allerdings nicht, daß es sich nur um
eine grobe und späte Imitation der fortgeschritteneren Wirklichkeit auf dem
Gebiet jenseits des Tibers handeln würde. Die Lage des römischen Territoriums, in der Nähe von Veji, hat sicher die Kontakte mit Etrurien erleichtert, aber seine günstige topographische Lage, entlang der Grenze von zwei
Regionen und am wichtigsten Wasserlauf des südlichen Etrurien und von
Latium vetus, haben ein protourbanen Ergebnis gezeigt, das viel origineller
ist, als man es sich bis heute vorgestellt hat.

**179. Das Septimontium ist später als die präurbane Siedlung und früher
als die Stadtwerdung.** Die chronologische Definition der protourbanen

---

gehandelt habe, die ihrer selbst bewußt und daran interessiert waren, eine Erinnerung zu hinterlassen.

[29] Colonna, in: Ampolo 1983, gehört zu den wenigen nicht mit der Vorgeschichte befaßten
Archäologen, die den Begriff des protourbanen Zentrums voll aufgreifen. Er meint, daß die
protourbanen Dörfer keine ländlichen Dörfer seien, weshalb es notwendig sei, sie auf andere
Weise zu definieren (und kommt damit unserer Auffassung eines nicht konzentrierten Systems
von Kurien sehr nahe).

[30] Zu den *montes* und *curiae* als charakteristischen Unterteilungen des protourbanen Zentrums
vgl. §§ 197 ff.

Siedlung auf römischem Boden hängt ab von der Bedeutung, die man dem protourbanen Phänomen im allgemeinen gibt. Liegt die Interpretation zu sehr in der Nähe der präurbanen Siedlung, wird die Festlegung, wann sie beginnt, schwierig, da die präurbane Siedlung auf römischem Boden seit der mittleren Bronzezeit besteht. Das Ende der protourbanen Siedlung hängt wiederum davon ab, wann man den Beginn des urbanen Phänomens ansetzt. Wenn man nur eine abgeschlossene, fertige Stadt vor Augen hat, dann läßt man die protourbane Siedlung bis in die Zeit der Tarquinier dauern. Wenn das Zeitalter des Romulus in die reife protourbane Phase einbezogen wird, zwischen dem Ende des 9. und der Mitte des 8. Jahrhunderts, führt das dazu, daß das Zeitalter des Romulus vom protourbanen Phänomen aufgesogen wird, womit das Merkmal der urbanen Formierung nullifiziert wird. Setzt man jedoch eine Phase der urbanen Formierung an, die mit dem Zeitalter des Romulus, im weiteren Sinne verstanden, zusammenfällt, d. h. die frühe Königszeit einschließt, dann ist es nicht möglich, die protourbane Siedlung über die Mitte des 8. Jahrhunderts hinaus fortdauern zu lassen.[31] Wie wir

---

[31] Colonna 1974, in: Ampolo 1983 und 1988 glaubt, daß ab der Stufe Latiale IIB die Siedlung auf römischem Boden eine Art vorgezogenes romuleisches Rom sei (die annalistische Erzählung hätte eine Periode, die vom Ende des 9. bis zum 8. Jh. gedauert habe, auf wenige Jahrzehnte komprimiert), das auf diese Weise mit dem protourbanen Phänomen verschwimmt und noch die Epoche der letzten Könige streift. Siehe in diesem Zusammenhang die Datierungen des Septimontium in die Zeit unmittelbar vor dem Rom der Tarquinier: Pallottino 1971 und 1972 (zweite Hälfte des 8. Jh.); Martínez Pinna 1985 (Epoche des Numa); Capogrossi Colognesi 1979; D'Anna 1992 (erste Hälfte des 7. Jh.); Wiseman 1994 (für den das Septimontium bis zum letzten Viertel des 7. Jh. gedauert hat, dem Zeitpunkt, in dem der Synoikismos erfolgt wäre). Ampolo 1981a schlägt die folgenden Entwicklungsstadien vor: 1. Palatin, 2. Palatin-Velia-Forum-Carinae, 3. Septimontium, 4. Vierregionenstadt. Aber ein Septimontium, das sich zwischen eine vermeintliche, aber nie existierende allein palatinische Stadt und das Rom der servianischen Regionen schieben würde, ist seit dem Beginn des 20. Jh. ganz richtig als »eine Erfindung deutscher Topographen« bezeichnet worden (Graffunder 1914). De Sanctis 1907 hatte zu Recht vertreten, das Septimontium stelle »keinesfalls ein fortgeschrittenes Stadium in der Stadtwerdung Roms dar«, es sei vielmehr »wahrscheinlich noch vor dem Entstehen einer regelrechten Stadt auf dem Palatin anzusetzen«. Das Septimontium darf also nicht mit der Phase der Stadtwerdung verwechselt werden, die unserer Ansicht nach etwa ab der Mitte des 8. Jh. zu datieren ist (Bartoloni 1989). Datieren wir es bis in die Zeit der Tarquinier hinab, dann wird Rom sozusagen schon als erwachsene Stadt geboren, und das Zeitalter der urbanen Kurien reduziert sich auf eine kurze Zeitspanne, da unmittelbar darauf, mit der Verwaltungsreform des Servius Tullius, die urbanen *compita* folgen. Eine Schicht, die sich bildet, besagt, daß *diese* Schicht sich bildet, und nicht eine vorhergehende frühere, weshalb es zumindest logisch falsch ist, die Stadtwerdung – die Formierung oder Herausbildung der Stadt (nicht der Proto-Stadt) – der protourbanen Phase zuzuordnen und damit als urbane Form nur die voll anerkannte Stadt des archaischen Zeitalters gelten zu lassen, die höchstens der frühe Typus der fertigen, in sich abgeschlossenen Stadt ist (das Mißverständnis findet sich auch bei Torelli 1984). Die fertige, in sich abgeschlossene Stadt ist nichts anderes als der *terminus ante* für die Stadtwerdung, die Formierung der Stadt, die offensichtlich auf die eigentliche Gründung folgt (vgl. § 507).

sehen werden, stellt das Septimontium das reife protourbane Phänomen auf römischem Boden dar. Vermengt man es mit der präurbanen Formation oder mit der Stadtwerdung, hat das zur Folge, daß man gerade seine Besonderheit negiert, dann löst sich aber sein Wesen auf, mit schwerwiegenden Folgen, denn das Septimontium ist die wichtigste historische Quelle des protourbanen Phänomens auf römischem Boden und indirekt der Siedlungen des tyrrhenischen Mittelitalien.[32]

180. Abriß einer Chronologie. Es ist in dieser Hinsicht wichtig, die präurbane Zeit der albanischen *populi* von der protourbanen Zeit zu unterscheiden; die präurbane Zeit läßt sich der Zeit der Hegemonie Albas in Latium zuordnen – für das Gebiet von Rom haben wir für die Formierung die Endbronzezeit, Stufe III, angesetzt, und für die Reifezeit die ersten Dezennien der frühen Eisenzeit (Latiale IIA1); die protourbane Zeit, in der die Bedeutung der *populi,* ausgenommen in den Albaner Bergen, angesichts der Formierung des protourbanen Phänomens abnimmt, wäre auf römischem Boden zwischen Latiale IIA2 und IIIA/IIIB anzusetzen, während ab der Stufe Latiale IIIB, die mit der Generation des Romulus zusammenfällt, die eigentliche Stadtwerdung einsetzen würde. Macht man diese Unterscheidungen nicht, führt das dazu, daß die »klassische« Zeit der *populi* sich bis in das 9. Jahrhundert oder sogar in die erste Hälfte des 8. Jahrhunderts verlängert,[33] wodurch dann keine Zeit mehr bleibt für die verschiedenen Phasen der protourbanen Formierung, die die den Bereich von Rom betreffenden Quellen uns jedoch zu erkennen erlauben und die auch für andere Zentren von Latium vetus vorausgesetzt werden können. In den Begriffen der traditionellen absoluten Chronologie wäre die protourbane Zeit im Gebiet von Rom also zwischen 870 und 725 anzusetzen.[34] Die von Timaios auf das Jahr 813 datierte Gründung Roms[35] könnte sich dann statt auf den zweiten Syn-

---

[32] Bartoloni u. a. 1994 begrenzt ohne Grund die Nützlichkeit der Informationen zum Septimontium nur auf Rom.

[33] Solche Unterscheidungen gibt es bei Pallottino 1960 und bei Bietti Sestieri 1992a nicht. Letztere datiert das protourbane Phänomen des größten Teils der latialen Zentren zwischen der Mitte des 8. und der Mitte des 7. Jh. (vgl. in diesem Zusammenhang auch Pallottino 1972).

[34] Nach der sich aus der schweizerischen Dendrochronologie ergebenden Chronologie würde diese Zeit auf die Jahre 980-750 angehoben [930-725; die Daten in eckigen Klammern beziehen sich, auch im Folgenden, auf Pacciarelli i. Dr.], wobei den diversen Abschnitten des protourbanen Phänomens 115 [55] mehr Jahre zur Verfügung stünden, die Epoche der *populi* aber erheblich reduziert würde (Pacciarelli i. Dr.). Nach der traditionellen absoluten Chronologie würde die Stufe Latiale IIA2 von 865 [875] bis 830 [850] dauern, nach der neuen Chronologie von 980 bis 950 [930-890]. Vgl. Bettelli 1994; Peroni 1994, 1996; Bietti Sestieri 1996, Tabelle 8.4, Appendix 2 u. 2a.

[35] Timaios hätte diese Information über die Gründung Roms am Ende des 4. Jh. in Lavinium erhalten: Alföldi 1965. Vgl. § 76, Anm. 29.

oikismos – d. h. auf die Gründung der Stadt durch Romulus, die die traditionellen Chronologien und die archäologische Dokumentation in die Mitte oder in das dritte Viertel des 8. Jahrhunderts datieren[36] – eher auf den ersten Synoikismos beziehen, der das reife protourbane Zentrum betrifft, das wir zweites Septimontium zu nennen vorschlagen[37] (das erste Septimontium geht nämlich dem Synoikismos voraus). Eine solche Gliederung steht im Einklang mit den archäologischen Hinweisen, nach denen die erste Vereinigung in die Stufen Latiale IIB2–IIIA zu datieren ist. Das erste Septimontium geht demnach also dem zweiten voraus und wäre datierbar in die (fortgeschrittene) Stufe Latiale IIB1; die protourbane Formierung, die wir vorschlagsweise in »Trimontium« und »Quinquimontium« gliedern, geht der protourbanen Realisierung des ersten und des zweiten Septimontium voraus, weshalb sie in die Stufen Latiale IIA2/IIB1 (Beginn) zu datieren wäre; aber es ist hier nicht der Ort, weiter ins Detail zu gehen, unter Vorwegnahme der archäologischen Daten, auf die die genannten Datierungen sich gründen.[38] Wir haben aus Gründen der Klarheit unsere chronologische Rekonstruktion schematisch vorweggenommen, die Argumente dafür können wir erst auf den folgenden Seiten darlegen.

---

[36] Carandini 1992 und in: Palatium e Sacra via, 1; vgl. auch §§ 359 ff., Addendum VIII und Appendix 8.

[37] Colonna 1974 datiert die erste »politische« Vereinigung auf römischem Boden nicht später als in die erste Hälfte des 8. Jh.. Man muß wahrscheinlich zurückgehen bis in die Stufe Latiale IIB (Guidi 1982 und 1992 und Pacciarelli 1994).

[38] Die traditionelle absolute Chronologie datiert die Stufe Latiale IIB1 in die Jahre 830–800 [850–825], die Stufe IIB2 in die Jahre 800–770 [825–800], die Stufe IIIA in die Jahre 770–750 [800–750] und die Stufe IIIB in die Jahre 750–725. Die von der schweizerischen Dendrochronologie vorgeschlagenen absoluten Chronologien wären: 950–910 [890–850], 910–880 [850–810], 880–810 [810–780], 810–750 [780–725] (Bettelli 1994; Peroni 1994, 1996; Bietti Sestieri 1996, Tabelle 8.4; Pacciarelli i. Dr.; Appendix 2 u. 2a).

2 Das »Trimontium« (Palatium, Velia, Cermalus)

181. Das »Quinquimontium« vor dem Septimontium. Die Aufzählung der *montes* des Septimontium durch den großen Rechtsgelehrten Antistius Labeo bietet dem, der sie aufmerksam liest, mehr Informationen, als man zunächst vermuten würde: *Septimontio, ut ait Antistius Labeo, hisce montibus feriae: Palatio, cui sacrificium quod fit, Palatuar dicitur; Veliae, cui item sacrificium; Fagutali, Suburae, Cermalo, Oppio, Caelio monti, Cispio monti.*[1] Diese »septimontiale« Aufzählung, wie wir sie der Einfachheit halber im folgenden nennen wollen, schließt vor allem eine Formierung in zwei unterschiedlichen Zeiten ein, von denen nur die zweite das Septimontium im engeren Sinn betreffen dürfte, während die erste sich auf eine vorangehende Gegebenheit beziehen könnte, die ähnlicher Natur war, deren Namen wir aber nicht kennen. Das erste Ensemble der Hügel der septimontialen Aufzählung wird gebildet von den ersten fünf Ortsnamen Palatium, Velia, Fagutal, Subura und Cermalus, die eine topographisch zusammenhängende Gruppe bilden. Der zweite Teil wird gebildet von den letzten drei Ortsnamen, Oppius, Caelius und Cispius, die ebenfalls untereinander topographisch zusammenhängen, aber nicht im Bezug auf die ersten fünf Hügel, da der erste Hügel, der Oppius, zum *mons* des Fagutal gehört, von dem er eine Erweiterung ist, während die letzten beiden als einzige in dem von Labeo überlieferten Text ausdrücklich als *montes* bezeichnet werden, vielleicht deshalb, weil sie die letzten sind, die diesen

---

[1] Fest. 474-476 L. Das Lemma könnte auf *De iure pontificum* des Antistius Labeo zurückgehen. Dann würde es sich um eine Information aus pontifikaler Quelle handeln, wäre also als höchst wertvoll einzustufen (Fraschetti 1990). Vgl. auch Paul. Fest. 459 L.: *Septimontium appellabant diem festum, quod in septem locis faciebant sacrificium: Palatio, Velia, Fagutali, Subura, Cermalus, Caelio, Oppius et Cispius.*. Die Version des Antistius Labeo ist im Vergleich zu der des Paulus bei Festus sicher vorzuziehen, weil sie genauer und weniger vereinheitlicht ist (Fraschetti 1990): 1. Sie beschränkt die Opfer auf die ersten beiden *montes*, und sie nennt den Namen des ersten Opfers; 2. sie bietet eine *lectio difficilior* für die Abfolge der letzten drei *montes*, die topographisch weniger geordnet, aber vielleicht zuverlässiger ist, und sie unterscheidet 3. die ersten fünf *montes* (mit sechs Ortsnamen), die älter sind, von den letzten beiden, die jünger sind, was dazu führt, daß man im Text das Bemühen merkt, noch einmal hervorzuheben, daß sie keine *pagi* mehr sind, sondern *montes* (in der Hinzufügung dieser beiden Hügel liegt die große Neuigkeit des Septimontium). Richard 1978 und Mastrocinque 1988 ziehen die überlieferte anerkannte Lesart des Paulus vor, mit Opfern auf allen Hügeln, was unannehmbar scheint, wie Fraschetti 1990 richtig gesehen hat.

Rang erhalten haben, was also ausdrücklich bekräftigt würde. Weiter ist zu beobachten, daß die ersten fünf *montes* alle nur eine geringe Ausdehnung haben, während die letzten viel größer sind, was einen weiteren Unterschied zwischen den beiden Gruppen bedeutet. Man darf also vermuten, daß die letzten drei Stadtbezirke an die ersten fünf erst in einem späteren Moment angefügt wurden.[2] Zur leichteren Verständigung können wir die Gesamtheit der ersten fünf Hügel, die sich auf die ältere Phase beziehen, mit dem formellen Namen »Quinquimontium«[3] bezeichnen und den bezeugten Namen des Septimontium für die Gesamtheit der Hügel reservieren, die in der genannten Aufzählung enthalten sind. Die ersten fünf Ortsnamen beziehen sich auf eine Siedlung, die noch mit der »Formierung« des protourbanen Zentrums zu tun hat, während die letzten drei späterer hinzugefügter Ortsnamen die erste Realisierung des protourbanen Zentrums betreffen.

VII   **182. Das Trimontium vor dem Quinquimontium.**   Wenn wir die Untersuchung der ersten fünf Hügel vertiefen, stellen wir fest, daß sie weiter in zwei kleinere Einheiten geteilt werden können. Die erste Einheit wird gebildet von den ersten beiden *montes*, den einzigen, auf denen nach Antistius Labeo die septimontialen Opfer dargebracht wurden: das Palatium, mit dem Palatuar genannten Opfer, das an die göttliche Palatua gerichtet war, und die Velia, mit dem an eine Gottheit, deren Namen nicht überliefert ist, gerichteten Opfer. Es ist ratsam, zu diesen beiden ersten Hügeln einen weiteren hinzuzufügen, den Cermalus, aufgrund der orographischen Übereinstimmung, die ihn mit dem ersten Hügel verbindet – Palatium und Cermalus befinden

---

[2] Pais 1906 hatte bereits eine stratigraphische Lesung der septimontialen Aufzählung versucht, wobei er folgende Phasen unterschied: 1. Palatin, Velia und Cermalus; 2. die eben genannten Hügel mit Hinzufügung der Esquiliae; 3. die genannten Hügel mit Hinzufügung des Caelius; 4. die genannten Hügel mit Hinzufügung der Subura; 5. die genannten Hügel mit Hinzufügung der *colles*. Durch Einfügen von (4) zwischen (1) und (2) erhält man die Reihenfolge, die wir vorschlagen. Auch Martínez Pinna 1985 unterscheidet zwei Phasen, verlegt aber irrtümlicherweise das Fagutal in die zweite, während er den Caelius ausschließt. In einem weiteren Schritt werden wir das Problem des aus acht Ortsnamen bestehenden Septimontium behandeln: vgl. §255. Ampolo 1981a erkennt in den ersten fünf Hügeln einen einheitlichen Kern, den er mit dem Tigillum Sororium und dem Murus terreus Carinarum verbindet. Letzterer scheint eine spätere veliensische Gegebenheit zu sein (wahrscheinlich nicht vor dem romuleischen Zeitalter, wie die kürzlich gefundenen palatinischen Mauern: Carandini 1992 und in: Palatium e Sacra via, 1; vgl. Addendum VIII). Die anderen drei Hügel des Septimontium werden von Ampolo als verstreute Örtlichkeiten gewertet, während es sich um Gemeinschaften handelt, die den ersten analog sind, allerdings zu einer späteren Phase gehören, die dieser Autor jedoch nicht identifiziert.

[3] Man kennt in Griechenland »Systeme von *demoi*« (Strab. 8,3,2) mit mindestens fünf solcher »Gaue«: Sakellariou 1989. Zu den fünf »Teilen« von Megara und Pompeji: Vallet u. a. 1976; Svenbro 1982. Zu den Stadtvierteln *(obai)* von Sparta: Den Boer 1954. Zu den Hügeln von Narce = Fescennium: Colonna 1990a.

sich nämlich auf derselben Erhebung – und aufgrund des Alters und des Ansehens des Ortes, die in die Zeit des mythischen Cacus zurückreichen. Der Cermalus steht in der septimontialen Aufzählung an letzter Stelle der ersten fünf *montes*, anstatt an dritter, wie wir erwartet hätten, wohl aus Gründen der Lustration des Quinquimontium, worüber im folgenden zu handeln sein wird.[4] Die zweite Einheit wird gebildet von den anderen beiden Hügeln der ersten Fünfergruppe, die sich an dritter und vierter Stelle der septimontialen Aufzählung finden: Fagutal und Subura, deren ursprünglicher Randcharakter gleich zu prüfen sein wird. Auch diese beiden Einheiten von Hügeln scheinen aufeinanderfolgende Phasen zu repräsentieren, weshalb wir der ersten den formellen Namen »Trimontium« geben, um sie vom Quinquimontium unterscheiden zu können.

183. Eine genauere Rekonstruktion. In dieser Sicht erscheint die protourbane Formierung der Siedlung auf römischem Boden gegliederter und gestuft, anders als in der vereinfachten Sicht, die sich von einer kumulativen (nicht stratigraphischen) Lektüre des Septimontium und von einer allzu schematischen Interpretation der archäologischen Daten herleitet, wonach das protourbane Phänomen erst ab der Stufe Latiale IIB begonnen hätte. Die protourbane Formierung der Siedlung auf römischem Boden dürfte also früher beginnen, als man bisher angenommen hat, nämlich ab der Stufe Latiale IIA2, wie wir sehen werden, und sie dürfte sich in folgenden Schritten entfaltet haben: 1. präurbane Siedlung des *populus* der Velienses, 2. Trimontium, 3. Quinquimontium, 4. erstes Septimontium, 5. zweites Septimontium (= erster Synoikismos), 6. Stadtwerdung (= zweiter Synoikismos) und 7. fertige Stadt (= Zeit der Tarquinier). Auf diese Weise würde das theoretische Schema des »Settlement Nucleation« überwunden, d. h. das Schema der Attraktion der Siedlung um einen Kern,[5] das ungenügend erscheint. Ein einzelner von den anderen klar unterschiedener und die anderen beherrschender Kern nämlich, der also wirklich zentral war und als Zentrum fungierte, scheint nicht vor dem Palatin des Romulus bestanden zu haben.

184. Von der Siedlung der Velienses zum Trimontium. Der ursprüngliche Siedlungszusammenhang der Velienses, den zu bestimmen wir schon Gelegenheit hatten, scheint mit dem ersten Siedlungskern, der auf die drei Hügel Palatium, Velia und Cermalus konzentriert erscheint und der wahrscheinlich am Ursprung der protourbanen Formation in diesem Teil der Siedlung steht, zusammenzufallen. Aber die Gleichheit des Ortes darf nicht verwechselt werden mit einer Gleichheit im Charakteristikum der Gemein-

---

[4] Vgl. § 209.
[5] Bietti Sestieri 1992a.

schaft. Zwischen der Siedlung der Velienses und der Siedlung des Trimontium gibt es eine Zäsur, die – zumindest in qualitativer Sicht – größer ist als
die zwischen der Siedlung der Velienses und den vorhergehenden Siedlungen der Bronzezeit. Der Unterschied liegt nicht so sehr in den Orten, im
topographischen »Reißbrett«, auf dem die Ereignisse sich abspielen, sondern
im stärker hierarchisch bestimmten und d.h. stärker einheitlichen Geist,
der die Beziehungen zwischen den verschiedenen Siedlungskernen des Trimontium zu bestimmen scheint.[6] Schon zur Zeit der *populi* scheinen diese
Kerne miteinander durch Beziehungen einer funktionalen Komplimentari-
tät verbunden gewesen zu sein, einmal in mehr ökonomischer und dann
in eher strategischer Hinsicht, aber mit der frühen Eisenzeit schließen die
Beziehungen zwischen den verschiedenen Teilen der Siedlung, die jetzt
eine Abhängigkeit darzustellen scheinen, aus, daß es sich um voneinander
getrennte und autonome Siedlungseinheiten handelt, in der Art von Dörfern, nur daß sie eben auf demselben Gebiet liegen[7] oder zu demselben
Verbund gehören würden. Es handelt sich nämlich um ein jetzt stärker einheitliches und strukturiertes System, mit qualitativ unterschiedlichen Merkmalen: nicht mehr eine Gesamtheit von Distrikten oder *pagi*, die einige
Dörfer oder *vici* um ein *oppidum* herum umfassen, wie in den präurbanen
Siedlungen, sondern ein einheitliches System von *montes* oder von *colles*, d.h.
von Stadtvierteln, die Bezirke oder *curiae* umfassen.

185. Die Hierarchie des Trimontium.   Wir gehen jetzt nach der hierarchischen Ordnung diesen ersten der Anlage nach schon protourbanen Kern
der ersten drei *montes* durch und versuchen auch festzuhalten, welches seine
wahrscheinlichen peri-protourbanen pagischen Außenbezirke sind.

    1. Das Palatium. Die erste Erhebung der Gemeinschaft ist jetzt nicht
mehr wie zur Zeit des *populus* der Velienses die Velia, sondern das Palatium,

---

[6] Die Beziehungen hierarchischer Natur sind im Bereich der protourbanen Zentren aus archäologischer Sicht nicht leicht auszumachen, aber es ist leichter, sie zwischen den verschiedenen
Siedlungen innerhalb ein- und desselben Gebietes anzunehmen, vor allem ab der frühen Eisenzeit (vgl. §§338–339), mit Vorwegnahmen schon seit der Endbronzezeit, für die im Bereich
des modernen Latium »hegemoniale Zentren« und »kleinere Zentren« feststellbar sind (Peroni
1993–94; vgl.§150). Die Feststellung von Ampolo 1988b ist also nicht überzeugend: »Erst mit
dem Entstehen eines politischen und religiösen Mittelpunktes im Rahmen des Stadt-Staates
gibt es eine Unterordnung von Landgauen« (seiner Auffassung nach also erst seit dem letzten
Drittel des 7.Jh.). Nicht überzeugend auch Rendeli 1991, wenn er Satellitenzentren erst ab
der orientalisierenden Epoche feststellt (vgl. §§336f.). Die Stadt erfindet nicht die Hierarchie
und die Unterordnung, sondern den staatlichen Zentralismus, gebunden an die konzentrierte
Macht des *rex* und den inaugurierten Teil der Siedlung. Analog dazu erfindet die Stadt nicht
die Einheit, sondern höchstens eine andere und stringentere Art der Einheit im Vergleich zu
den präurbanen und protourbanen Siedlungen, die auf ihre Weise aber auch einheitlich waren.
[7] Bietti Sestieri 1992a.

der erste Hügel der septimontialen Aufzählung. Dies ist eine absolute Novi-
tät, war dieser Hügel doch früher (in der späten Bronzezeit) auf den Cermalus hin ausgerichtet, damals wahrscheinlich die Hauptburg, wo seit der Zeit
des mythischen Cacus die Häuptlinge der Siedlung wohnten. Das Palatium
fügt sich so zuletzt der Reihe der topographisch vorrangigen Orte auf römischem Boden an, die so aufeinander folgten: 1. der Janiculus, 2. der Mons
Saturnius (oder Kapitol), 3. der Cermalus, 4. die Velia und 5. das Palatium.
Der Vorrang des Palatium wird auch nahegelegt vom Opfer, das dort der
Palatua dargebracht wurde, das einzige, von dem sich nicht zufällig die
Erinnerung bewahrt hat. Mit dem Vorrang des Palatium verlagert sich der
Siedlungsschwerpunkt mehr nach Norden, in Richtung auf die Straßen, die
in das Innere Latiums führen, und d.h. weiter weg vom Tiber mit seinen
Sümpfen und seinen Anlegeplätzen.

2. Die Velia. Die Velia bewahrt noch ein bestimmtes Ansehen, aber
sie ist nicht mehr die erste Erhebung der Siedlung, sie findet sich in der
septimontialen Liste an zweiter Stelle. Sie ist der einzige weitere Hügel,
auf dem ein Opfer dargebracht wird, ähnlich dem Palatuar, an das sich
aber keine genauere Erinnerung erhalten hat, was auf seine geringere
Bedeutung schließen lassen könnte. Das Palatium erscheint also zu dieser
Zeit eher mit der Velia verbunden zu sein (mit der es durch einen Sattel
verbunden war) als mit dem Cermalus (mit dem es dieselbe Hügelkuppe
teilte).

3. Der Cermalus. Der Cermalus, schon in der späten Bronzezeit eine
Burg auf römischem Boden, steht jetzt an dritter Stelle, aus Gründen, die
wir schon dargelegt haben. Auf ihm ist kein Opfer vorgesehen, wodurch er
auf eine niedrigere Ebene im Hinblick auf die beiden ersten Hügel zu stehen kommt, auch wenn es wahrscheinlich ist, daß die Häuptlinge der protourbanen Gemeinschaft weiterhin oder neuerlich dort gewohnt haben.[8]

4. Der Aventin. Der große Aventin, das Fagutal und die Subura sind zu
dieser Zeit wahrscheinlich *pagi*, jetzt nicht mehr nur funktional, sondern
abhängig vom Hauptkern der Siedlung, die durch das Trimontium dargestellt wird. Der Anlegeplatz des großen Aventin übte wahrscheinlich weiterhin die Funktion des »Port of Trade« für diesen Teil der Siedlung aus (es
sei erinnert an die topographischen Begebenheiten bezüglich der Salinen,
am Forum Boarium und an den emporischen Kult des Hercules), war also
ein Anlegeplatz, der sich gut in einem Randgebiet mit neutralem Charakter
ansiedelt. Der Hügel wird in der septimontialen Liste nicht erwähnt, eben

---

[8] Es gibt eine rekonstruierbare Stratigraphie der Hütten des Cermalus, deren erste wahrscheinlich auf das 9.Jh. zurückgeht (vgl. § 47, Anm. 53 und auch Appendix 6).

weil er ein *pagus* ist, und damit ein Distrikt außerhalb der Siedlung. Die
Beziehungen dieser Erhebung mit dem Cermalus waren seit Beginn der
Spätbronzezeit immer sehr eng, wie die literarischen Quellen wiederholt
andeuten. Dieser so verwurzelte und alte Zusammenhang läßt vermuten,
daß der Distrikt des Trimontium sich eben im Süden des Territoriums von
Rom befunden hat, entlang des Tibers.[9] Auch ein Absenker des kleinen
Aventin (Mons Murcus), wenn nicht der ganze Hügel, mußte auf den großen Aventin hin ausgerichtet sein, wie die Gegenwart des außerhalb der Siedlung gelegenen Heiligtums der Bona Dea nahelegt, das vielleicht ebenfalls
einem Anlegeplatz am Murcia-Sumpf entspricht. Vom pagisch-emporischen
Charakter der Erhebung könnte sich das lange Zeit bestehende diesbezügliche Mißtrauen herleiten, das dann im auspikalen Mißerfolg des Remus gipfelte, der sie zum Zentrum seiner urbanen Siedlung machen wollte.[10] Außerdem trennte der Murcia-Sumpf den Cermalus vom Aventin, und das kann
ein weiterer Grund dafür gewesen sein, warum dieser in einer Zeit, in der der
auspikalen Unterbrechung durch Gewässer Bedeutung beigemessen wurde,[11]
den Status eines *pagus* behalten hat, d. h., nicht in einen *mons* mit *curiae*
umgewandelt wurde, wie es dann auch beim Kapitol der Fall war, weshalb
dieses in der Folge wenigstens mit einem Teil (der Arx) nicht innerhalb des
Pomeriums des Servius Tullius zu liegen kam. Aus diesen Gründen wurden
dann der Aventin und das Kapitol auch nicht in die servianischen *tribus/
regiones* einbezogen. Aber das Kapitol wurde schließlich, anders als der Aventin, doch zumindest teilweise (Capitolium) in die inaugurierte Stadt des Servius Tullius einbezogen, aufgrund seiner immer stärker akzentuierten Funktion als sakrales *caput* der Stadt.[12]

---

[9] Vgl. §§ 322 ff.

[10] Anderer Meinung ist Mastrocinque 1993, er interpretiert die Geschehnisse am Aventin ausschließlich im Licht der späteren patrizisch-plebeischen-Konflikte. Zu Romulus und Remus im
Licht der Kämpfe zwischen Patriziern und Plebejern siehe auch Wiseman 1995. Bis zum Jahr
456 sei der Aventin Teil des *ager publicus* (*compascuus*) gewesen, mit Caenina, Antemnae und den
anderen *pagi*: Hermon 1978. Der Aventin dürfte stark bewaldet gewesen sein: Lucus Herculis
(Verg. Aen. 8,271), Lucus Stimulae (Liv. 39,12; Ov. fast. 6,503), Loretum (Varro ling. 5,152; Dion.
Hal. 3,43), Lucus des Saxum (Ov. fast. 3,295 ff. 329; 5,149). Zum Pagus Aventinensis: CIL, XIV,
2105. Erst Claudius schließt dann den *pagus* vom Pomerium ein.

[11] Adams Holland 1961. Wasserläufe, die aus geheiligten Quellen stammten, unterbrachen die
Auspizien, stehende Gewässer möglicherweise nicht: Fest. 284,146 L. (Coarelli 1997).

[12] Die ursprünglich unauflösliche Einheit zwischen Mauern und Pomerium zerbricht dann
also in der späten Königszeit, als die Notwendigkeit entsteht, den Aventin und die Arx mit
Mauern zu schützen, zur gleichen Zeit aber das Verbot weiterbesteht, erstere und vielleicht auch
letztere Erhebung zu inaugurieren. Hier zeigt sich, daß es absurd ist, das erste Pomerium Servius Tullius zuzuschreiben (Carandini 1992 und in: Palatium e Sacra via, 1; vgl. auch §§ 359 ff.,
Addendum VIII und Appendix 8).

5.-6. Das Fagutal und die Subura. Den Kult des Jupiter kann man sich gut auf der Höhe einer Randerhebung wie dem Fagutal vorstellen. Die Subura trägt schon im Namen den Hinweis auf ihre ursprüngliche Randlage. Auf eben diesen Ort kann das sehr alte Fossil des Pagus Succusanus bezogen werden, der in der Folge nie – wie es bei den anderen *pagi* offenbar der Fall war – an den Rand verlegt wurde, da es nicht möglich war, diesen *pagus* nach Osten zu verschieben, da dort die Hügelsiedlung lag, die das verhinderte. Wie der Aventin wohl auf den Cermalus ausgerichtet war, so waren es das Fagutal und die Subura auf die Velia. Das Fehlen von Handelstätigkeiten und Wasserläufen und Sümpfen zwischen dem Trimontium und diesen Bezirken ermöglichte dann die Beförderung dieser beiden *pagi* zu *montes* im Bereich des künftigen Quinquimontium.

7. Die Sümpfe. Die Sümpfe und die Wasserwege des Velabrum, des Tales Murcia und des Tales zwischen Cermalus-Palatium-Velia und Caelius (oder des Zentralkerns der Domus Aurea oder des Amphitheater Flavium) treten nicht in die eigentliche Siedlung ein, insofern sie Binnengewässer sind, von höchst infernalem Charakter, daher per definitionem außerhalb der Wohnorte der Lebenden, aber recht nützlich durch die hohe Wirtschaftlichkeit des Sumpfes und als Wasserweg. Diese Zonen, die ursprünglich unbewohnbar waren, werden auch nach ihrer Meliorisierung nicht Bestandteile der servianischen Regionen. Sie werden dann in die augusteischen *regiones* I und XI aufgenommen, die allerdings alle älteren *montes* ausschlossen.

186. Die Ausdehnung des Trimontium. Das Trimontium erreicht eine Ausdehnung von 33 Hektar.[13] Damit sind wir über den sicher bezeugten Ausdehnungen für die größeren Siedlungen der Endbronzezeit im südlichen Etrurien und in Latium vetus. Das gleichzeitige Alba Longa hatte ein Ausmaß von 25 Hektar.[14] Die *pagi* umfassen 82 Hektar.[15] Wir befinden uns also

---

[13] Die Berechnung der Flächen kann nun nicht mehr auf die Hügelkuppen beschränkt bleiben, sondern sie muß die Viertel in ihrer Gesamtheit einbeziehen. Palatium 14,59 ha + Velia I 6,74 ha + Cermalus 11,22 ha = 32,55 ha. Interessant ist die Gegenüberstellung mit der ältesten »Hügel-Siedlung«, also der Siedlung auf den *colles*. Latiaris 10,97 ha + Mucialis 18,15 ha + Salutaris 11,04 ha + Quirinalis I 12,01 ha = 52,17 ha. Die »Hügel-Siedlung« ist also in dieser Phase erheblich weiträumiger als die »Berg-Siedlung« auf den *montes*.

[14] Alba Longa umfaßte zur Zeit seiner größten Ausdehnung, als es die Erhebungen Cappuccini, Tofetti und Pescaccio mit einschloß, etwa 25 ha (Peroni 1993-94).

[15] Pagus (Fagutal) 14,97 ha + Pagus Succusanus (Subura) 9,47 ha + Pagus Aventinensis I 57,61 ha = 82,05 ha. Interessant ist die Gegenüberstellung mit den *pagi* der Hügelsiedlung nach unserer Rekonstruktion. Pagus (Viminalis) I 29,49 ha + Pagus (Collinus) I 22,93 ha + Pagus (Tiberinus) I 81,77 ha + Pagus (Capitolinus) 20,78 ha + Insula 1,76 ha + Pagus Ianiculensis 75,59 ha = 232,32 ha. Die peri-protourbanen *pagi* der Hügelsiedlung erscheinen sehr viel größer als die *pagi* der Bergsiedlung, was an einen Berechnungsfehler denken lassen könnte. Nimmt man aber den Pagus Tiberinus und Pagus Ianiculensis heraus (ausgenommen die Höhe des Janiculus), beide mit aus-

auf dem Niveau der bescheidensten protourbanen Zentren, was insgesamt plausibel erscheint.[16]

187. Identifikation des Palatium. Wir wollen jetzt angeben, welche topographische Realität wir unter Palatium, Velia und Cermalus verstehen, da es zu diesem Thema unterschiedliche Ansichten gibt. Das Palatium besteht aus dem Hügel, den wir Palatin nennen, ausgenommen sein Südhang, der zum Cermalus gehört. Früher glaubte man, daß der Palatin zwei Gipfel gehabt habe, weshalb man den Hügel unterteilte in das Palatium, worunter man die östliche Kuppe und den entsprechenden Teil der Erhebung verstand, und in den Cermalus, verstanden als westliche Kuppe und entsprechender Teil der Erhebung.[17] Aber eine genauere Rekonstruktion der Erhebung zeigt, daß es nur einen einzigen Gipfel gegeben hat,[18] weshalb es auch natürlicher erscheint, den Hügel von diesem einzigen Gipfel aus in seine zwei Haupthänge zu teilen: einen weiteren, den nördlichen Hang oder das Palatium, und einen weniger weiten, den südlichen Hang oder Cermalus.[19] Andererseits betrafen die zwei Kerne der ältesten Nutzung oder Besiedlung des Palatin, datierbar in die Spätbronzezeit, eben den Nordhang und den Südhang, wo in der Folge die zwei hauptsächlichen heiligen Bezirke – auf dem Gebiet der künftigen Porta Romanula und im Bezirk der Victoria – entstanden sind, was bedeutet, daß die Zweiteilung der Erhebung sehr alte Ursprünge haben kann. Das unter dem Haus der Livia gefundene Grab, datierbar in die Stufe Latiale IIA2, könnte an der Grenzlinie zwischen den beiden Hügelgemeinschaften angelegt worden sein.[20] Wo die Mitte des Palatium anzusetzen ist, darauf weisen die vier Kurien/Argeer hin, deren Bezirke man sich so vorstellen kann, daß sie zwischen dem Gipfel des Hügels, seinem westlichen Rand und dem Fuß am Nordwestwinkel der Erhebung angeordnet waren,

---

gedehnten Wasser- und Sumpfgebieten bedeckt, kommt man auf 81,8 ha, eine Größenordnung, die den *pagi* der Bergsiedlung entspricht. Zwischen den Erhebungen des Janiculus und des Vaticanus und den Erhebungen der *montes* und der *colles* schiebt sich das Überschwemmungsgebiet des Tiber, wozu insbesondere Pagus (Tiberinus), Ianiculensis und Aventinensis III (Gebiet des Testaccio) gehören, die häufig vom Fluß überschwemmt wurden: *La geologia di Roma*, 1995, Abb. 318, Abb. 111.

[16] Die Gelehrten haben den Nekropolen sehr viel Aufmerksamkeit gewidmet, weniger den Wohngebieten und fast keine den *pagi*. Die Siedlung von Calvario bei Tarquinia könnte ein *vicus* eines peri-protourbanen *pagus* sein (vgl. §348, Anm. 53). Für die Angaben zu den *pagi* gibt es in anderen Zentren mangels literarischer Quellen und aufgrund der Schwierigkeit, sie durch die archäologische Forschung zu bestimmen, keine Vergleichsmöglichkeit.

[17] Lugli 1946, Tafel VII.

[18] Mocchegiani Carpano – Marazzi 1978. Vgl. Appendix 1.

[19] Coarelli 1993b.

[20] Carettoni 1954-55, Abb. 15. Bettelli 1994; Bietti Sestieri 1996, Tabelle 8.4; Peroni 1994 und 1996; Pacciarelli i. Dr.; vgl. Appendix 2.

wie wir sehen werden. Das Palatium muß mindestens seit dem Latiale IIA besiedelt worden sein, wie ein Keramikfund im Ostteil zeigt. Im bedeutenderen Westteil sind weitere Keramikfunde der Stufe Latiale IIA zutage getreten,[21] aber die Tiefenuntersuchungen sind eingestellt worden, es würde aber nicht überraschen, sollte man dort in Zukunft Material finden, das in die Endbronzezeit Stufe III und in die Stufe Latiale IIA zu datieren ist, entsprechend der Chronologie der Nekropole zwischen dem Augustusbogen, der Regia und dem Tempel des Antoninus und der Faustina, deren Gräber ganz nahe bei den kleineren palatinischen Kurien liegen, die vielleicht auch die ältesten dieses Hügels sind.[22] Das Palatium beherbergte vier Kurien, dies ist die höchste bekannte Zahl für einen *mons*, was seine Rolle als Haupthügel bekräftigt.

188. Identifikation der Velia. Was unter der Velia zu verstehen ist, ist nicht schwer zu bestimmen, wenn man versucht, den fast vollständig zerstörten Hügel im Norden des Palatium zu rekonstruieren.[23] Es ist wahrscheinlich, daß in sehr alter Zeit der untere Teil des nordöstlichen Hangs des Hügels noch nicht dem künftigen Bezirk der Carinae zugeordnet war. Wir kennen zwei Zugänge zur Velia, einen am Osthang, auf der Höhe des Tigillum Sororium, und einen am Westhang, den Vorläufer der Treppe, die zum Tempel der Penaten führen wird. Die Velia war ursprünglich eine zum Schutz der Zugänge entlang des Nordhangs des Palatium angesiedelte Burg,[24] aber zur Zeit der protourbanen Formation wird die Velia voll in die Siedlung einbezogen, sie beherbergt zwei Kurien, also halb so viel wie das Palatium.

189. Identifikation des Cermalus. Die einzige Kurie, die dem Cermalus zugeordnet werden kann, hilft die untergeordnete Bedeutung verstehen, die einem Ort zugesprochen wurde, der in der Spätbronzezeit und vielleicht auch in der Endbronzezeit die Hauptrolle gespielt hatte. Der in der septimontialen Liste auftauchende Ortsname ist vor- romuleisch, er könnte sich deshalb auf die ersten *luperci germani* beziehen, die wohl als die vergöttlichten

---

[21] Müller-Karpe 1962, Tafel 41, 7 und vielleicht auch 11.

[22] Vgl. §55.

[23] Die alte Hypothese von P. Rosa, wonach die Velia am angenommenen östlichen Gipfel des Palatin zu lokalisieren wäre, jüngst von Tomei 1994 wieder aufgegriffen, überzeugt nicht: Terrenato 1992; Ziolkowski 1989.

[24] De Francisci 1959; Colonna 1988. Die Zusammenhang präurbanes Zentrum – Burg taucht wieder auf beim Zusammenhang *urbs-arx*, der dem Zusammenhang von *tota-ocar* entspricht (Coli 1958; Prosdocimi 1978). Entlang des nördlichen Abhangs des Palatium erhoben sich seit romuleischer Zeit zwei der drei Hauptzugänge zum Palatin: die Porta Romanula und die Porta Mugonia, während die dritte (vielleicht die Porta Romana) am Fuße des Cermalus gestanden haben dürfte, in Verbindung mit dem Ortsnamen Ruma/Roma.

Könige der Aboriginer zu verstehen sind, die die Neugründer des Cermalus
und wohl auch des Palatium gewesen sein dürften.[25] Man hat gemeint, der
Cermalus könnte sich nur auf den unteren Teil des Südhangs beziehen,[26]
aber die Kurie/Argeerkapelle des Cermalus fand sich in der Nähe der Aedes
Romuli,[27] d.h. am oberen Teil dieses Hanges, der also in den Cermalus einbezogen gewesen sein muß.[28] Wahrscheinlich ist, daß der ganze Südhang Teil
des Hügels war, wobei auch die Verbindung zwischen den beiden chthonischen Kulten des Consus und des Faunus Lupercus in Rechnung zu stellen
ist, die vielleicht zusammenfallen mit den beiden Wendemarken des Laufs
der Consualia und der Lupercer, bevor ihr Lauf nach der romuleischen Inauguration den ganzen Palatin umrundet hat.[29] Der untere und westliche Teil
des Cermalus, wo wir uns einen Anlegeplatz vorstellen, könnte ursprünglich
mit einem anderen Ortsnamen Ruma/Roma bezeichnet worden sein, dessen
Etymologie allerdings recht unsicher ist;[30] vielleicht ist er erklärbar durch die
Anwesenheit einer Biegung *(ruma)* des Rumon (ein Name des Tibers), des
Flusses, der hier tatsächlich Biegungen bildet, wobei dieser Name den viel
älteren Namen Albula ablösen würde,[31] oder er kann mit der Ficus Rumina-

---

[25] Varro ling. 5,54; Plut. Rom. 3,6. Vgl. §§ 104, 114 und 138.

[26] Castagnoli 1964 und 1977; Fraschetti 1990, Abb. 2 (wo irrtümlicherweise der Cispius auf dem
Viminal angesiedelt wird). Der untere Teil des Hügels gehört sicher zum Cermalus, aber man
kann den oberen Abhang nicht ausschließen.

[27] »Germalense quinticeps apud aedem Romuli«: Varro ling. 5,54. Man müßte vielleicht *aedem*
in *aedes* korrigieren (gleich danach wird *aedem* deum Penatium erwähnt). Es handelt sich
bestimmt um eine Anspielung auf das Hütten-Heiligtum des Romulus / die Curia Saliorum,
die sich eben am oberen Hang des Cermalus befand, nahe dem Haus des Augustus: Dio. Cass.
53,16. Zur Beteiligung der Pontifices an einem Opfer (auf dem Altar der Roma quadrata?) bei
der Casa Romuli im Jahr 38 v. Chr.: Dio. Cass. 48,43,4; 54,29,8 (Richard 1966).

[28] Auch die imperiale Topographie des Palatin scheint die älteste topographische Unterscheidung zu berücksichtigen, mit der Domus Tiberiana und ihren Nebengebäuden (West-Palatium)
und dem Bezirk der Victoria (West-Cermalus) auf der einen und mit der Domus Augustana
(Ost-Palatium und Ost-Cermalus) auf der anderen Seite, womit die Grenze zwischen Domus
Tiberiana und Bezirk der Victoria die ehemalige Grenze zwischen Palatium und Cermalus
widerspiegeln könnte.

[29] Der östliche Cermalus könne gleichgesetzt werden mit dem Cermalus minusculus, den eine
Inschrift in einen Bezug zum Obelisken des Augustus im Circus bringt, der genau gegenüber
dem östlichen Cermalus lag: Coarelli 1993b.

[30] Ruma wäre eine Entlehnung aus dem Etruskischen: de Simone 1975a, 1988 und in: Palatium
e Sacra via, 1 (vgl. Anm. 35).

[31] De Simone 1975: Alba/Albula wäre der ursprüngliche latinische Name des Tibers. Wir wissen nicht, ob der Name der mit den göttlichen Königen zusammenhängenden Siedlung noch
Saturnia war oder ob er eher mit dem Namen des Flusses zusammenhing, als würde es sich
um ein zweites Alba handeln. Rumon (Serv. Aen. 8,63,90) wäre hingegen der etruskische Name
des Flusses (Peruzzi 1991), mit zweitrangiger Bedeutung im Vergleich zu Volturnus. Volturnus
wäre nicht der Name des Flusses, sondern nur der Flußgottheit, so Momigliano 1966. Die latinischen und etruskischen Namen des Tibers könnten aufeinanderfolgende historische Phasen

lis am Anlegeplatz erklärt werden,[32] die mit der Göttin Rumina verbunden ist, der göttlichen Wölfin – Ziege – weiblichen Feige, der Ernährerin schlechthin, insofern sie Göttin der *ruma* oder Brust ist,[33] die beim Sumpf des Rumon, an einem Ruma/Roma genannten Ort verehrt wurde, an dem vielleicht ein sehr alter Aufstieg zum Cermalus seinen Ausgang nahm.[34] Unter dieser Voraussetzung hätte Romulus dem Ort der Gründung, dem inaugurierten Palatin und der ganzen Siedlung den Namen des Ortes gegeben, wo er im Fluß mit seiner Mutter und mit Remus geopfert werden sollte, wo er wiedergeboren wurde, gerettet und ernährt auf Veranlassung des Mars vom Specht und von der Wölfin, den tierischen Verkörperungen des Picus und des Faunus, die wie Romulus von diesem zeugenden Gott abstammten, und von wo aus der künftige König vom Palatin Besitz zu nehmen gedachte.[35]

widerspiegeln, die erste, in der das Territorium von Rom eher unter dem Einfluß von Alba stand, in präurbaner Zeit, und die zweite Phase, in der es eher unter dem Einfluß von Veji stand, in protourbaner Zeit (zu Alba und zu Veji im Bezug zum Gebiet von Rom siehe Bartoloni 1991 und Bietti Sestieri 1992a). Zum Rumon als Fluß, der seine Ufer verschlingt, vgl. § 78, Anm. 11.

[32] Inakzeptabel ist die Hypothese, die Ficus Ruminalis könnte sich ursprünglich im Bereich des Comitium befunden haben (De Sanctis 1903, gefolgt von Brelich 1961), wie es Coarelli 1983 und Ampolo 1988 gesehen haben. Zu den beiden Feigenbäumen am Lupercal und am Comitium, möglicher Start und Ziel des Laufes der Luperci: Wiseman 1995 und 1995a. Sie repräsentieren auch die Orte, wo Romulus wiedergeboren und gestorben ist.

[33] Plut. q. R. 57. Es könnte sich um eine tierische und pflanzliche Manifestation der Fauna Luperca handeln (die ihrerseits mit Acca verbunden war). Der männliche Feigenbaum, z. B. am Ziegensumpf, ist hingegen ein mit Faunus verbundener Baum. Vgl. § 124.

[34] Rumina scheint der Iuno Sororia voranzugehen, und der Zugang über die Scalae Caci scheint als Tor der Initiationen und präurbanen Ovationen dem protourbanen Tor des Tigillum Sororium vorausgangen zu sein.

[35] Die Zwillinge werden aus dem Schlamm wiedergeboren, einem chaotisch-infernalen Element, insofern es eine Mischung aus Erde und Wasser ist (Borca 1995); es ist deshalb so, als kämen sie, wie die Laren, aus der Unterwelt. Es gibt keinen Anlaß zu der Annahme, die gesamte Ansiedlung, bevor es die Stadt Rom gab, könne den Namen Velia gehabt haben (Pallottino 1960 und 1972; Colonna 1977b). Velia hieß die Burg des *populus* der Velienses und höchstens deren Siedlung, aber nicht die Siedlung der Latinienses, für die man, wenn überhaupt, an Latinium denken könnte: Dion. Hal. 1,72,3. Zu *Latia als Sitz der Latinienses: Palmer 1970. Im protourbanen Zeitalter hieß die Siedlung wahrscheinlich Septimontium, nicht mehr Velia und noch nicht Rom (wie hingegen Colonna 1988 glaubt, der dazu tendiert das romuleische Zeitalter mit dem septimontialen zu verquicken). Vom etr. Appellativ *ruma / lat. ruma (wofür das indoeuropäische Etymon nicht gefunden wurde, wodurch der etruskische Stamm wahrscheinlich ist; die römische Überlieferung liefert dafür die Bedeutung mammella) sind abgeleitet 1. der Stadtname etr. *Ruma / lat. *Ruma, Roma und 2. der Vorname etr. * Rume / lat. *Romus, wovon der Vorname mit Diminutivsuffix etr. *Rumele / lat. *Romelos, Romulus abgeleitet ist, wovon der Gentilname etr. *Rumele-na, Rumelna (bezeugt in Orvieto im 6.Jh.) / lat. Romilius abgeleitet ist. Die Austauschbarkeit zwischen den beiden Sprachen ist bedingt durch die »multiple onomastische Kompetenz«. Der Vorname Romulus ist daher eine vollkommen reguläre Form im etruskisch-italischen linguistischen Rahmen, weshalb es nicht notwendig ist, eine

190. Geprägt vom Wald. Die Südseite der Velia dürfte bewaldet gewesen sein, während im östlichen Teil der Lucus Streniae und im westlichen Teil die Corneta[36] lagen. Auch auf dem Nordhang des Palatin dürfte sich ein Wald befunden haben, in dem dann zur Zeit des Numa der Lucus Vestae angelegt wird, ebenso auf dem unteren Hang des Cermalus, wo der Lucus des Lupercal lag. Die Wälder dürften vor allem die Hänge der Plateaus bedeckt haben, wie es heute noch in der römischen Campagna zu sehen ist, während die Höhen selbst frei gewesen sein dürften, da sie kultiviert und bewohnt waren. Die einzelnen Hügel Roms sind also als ebenso viele kleine Plateaus zu sehen, die durch Wälder an ihren Hängen voneinander getrennt waren, auf deren Lichtungen die ersten Begräbnisstätten lagen. Die Rodungen nahmen im folgenden immer größeren Raum ein, da die Siedlung sich von den Höhen immer weiter in Richtung der Talsohlen, die zwischen den Hügeln lagen, ausdehnte.[37]

191. Von Inseln zu den Hügeln. Der Hauptsiedlungskern Palatium–Velia unterscheidet sich von den vorhergehenden Siedlungsgegebenheiten dadurch, daß er auf zwei Hügel konzentriert ist, die durch einen Sattel verbunden und durch zwei Täler, die im Osten und im Westen dieses Sattels liegen, getrennt sind; die beiden Hügel liegen relativ entfernt von den Sümpfen und den durch diese Gewässer »isolierten« Erhebungen (wie dem Cermalus und dem Kapitol), die in der Bronzezeit die Siedlungskerne aufgenommen hatten. Wenn die Hügel auf römischem Boden je als »Göttliche Inseln« betrachtet wurden, betraf dies die präurbane Zeit.[38] In der protourbanen Zeit erfolgt der Übergang von den »Inseln« zu den »montes« und den »colles«. Der größere Hang des (westlichen) Tals zwischen Palatium und Velia, das jetzt das Herz der Siedlung darstellt, d.h. der Nordhang des Palatium, bildet jetzt den wichtigsten Teil der Siedlung, und der kleinere Hang, d.h. der Südhang

Ableitung aus dem Stadtnamen anzunehmen. Remus stellt vielleicht nichts anderes dar als eine absichtsvolle und »mythische« onomastische Schöpfung, eine funktionale Verdoppelung von *Romus, die eine Differenzierung auf formaler Ebene implizierte (Zusammenfassung von C. de Simone, *Considerazioni sul nome di Romulus*, in: Palatium e Sacra via, 1; vgl. auch § 141, Anm. 16).

[36] Dieses Wäldchen könnte neben dem *nemus* des Argiletum gelegen haben (Verg. Aen. 8,345).

[37] Zu dem Zusammenhang Wald-Siedlung in den präurbanen Siedlungen vgl. Addendum III. Wenn eine protourbane Siedlung auf einer weiten Hochebene lag, befanden sich die steilen, bewaldeten oder von Nekropolen eingenommenen Teile außerhalb der Hochebene, also außerhalb der Siedlung. Dies ist unter Bedingungen, wie sie in Rom bestanden, nicht möglich; die verschiedenen Plateaus sind klein und liegen nahe beieinander, die Täler schieben sich zwischen sie und folglich auch die ältesten Nekropolen, und dies nicht aus Freude daran, die Welt der Lebenden und der Toten zu vermengen, sondern aus einer geomorphologischen Notwendigkeit heraus.

[38] Vgl. Addendum V.

der Velia, den wichtigsten Teil seiner Burg. In diesem Zusammenhang ergibt
ein als orographische Einheit von der Velia getrennter Palatin keinen Sinn,
Bedeutung gewinnt dieser erst in der romuleischen Zeit.[39] Es ist schwierig,
die Siedlung zwischen Palatin, Velia und Cermalus zu rekonstruieren, wenn
wir die *montes* als ganze orographische Einheiten betrachten. Zu dieser Zeit
waren die Siedlungskerne eher auf einzelnen »Hängen« oder »Pässen« der
Erhebungen angesiedelt, die manchmal, wie zum Beispiel der Cermalus, von
recht bescheidener Ausdehnung waren. Das bedeutet nicht, daß die Täler
oder die weniger bedeutenden Hänge als solche autonom hätten bestehen
können, außerhalb der strategischen Kontrolle der Hauptsiedlungskerne.
Es soll damit nur gesagt sein, daß der Schwerpunkt der Siedlung sich im
engeren Bereich der *montes* konzentrierte und daß die anderen Besitzungen
wie die eher ländlichen Teile der *montes*, die *montes* sekundärer Bedeutung
und die *pagi*, die wie ein Kranz um die Siedlung lagen, untergeordnete oder
wenigstens unterschiedliche Rollen spielten, insofern sie kleinere Siedlungskerne, Anlegeplätze, Weiden, Obst- und Gemüsegärten beherbergten. Das
Land ist jetzt schon ein von der Siedlung (vom System der Kurien) getrenntes Element, aber es dringt noch, wie ein unentbehrliches lymphatisches
System, zwischen die Hütten vor.

192. Die wichtigsten Plätze der »montes«. Palatium und Cermalus teilen den Palatin in zwei Teile, einen nördlichen und einen südlichen. Aber
wenn wir diese Erhebung auch in der anderen Richtung teilen, wodurch
wir eine westliche und eine östliche Hälfte erhalten, stellen wir fest, daß das
Gewicht der Siedlung in den vier Vierteln, die sich so ergeben, nicht gleich
ist. Das Viertel im Südwesten (der größte und bedeutendste Teil des Cermalus) und das nordwestliche Viertel (der größte und bedeutendste Teil des
Palatium) haben gegenüber den anderen beiden Vierteln ein Übergewicht,
das sie bis in die julisch-claudische Zeit behalten. Die Sitze der vier Kurien
des Palatium und der einzigen Kurie des Cermalus und die beiden wichtigsten heiligen Bezirke betreffen vor allem die beiden westlichen Viertel dieses
Hügels, was daran denken lassen könnte, daß die östlichen Viertel zumindest ursprünglich für Ackerbau und Viehzucht reserviert waren, wodurch sie
länger eine ländliche Natur bewahrt hätten und dann von den am nächsten
gelegenen Kurien aufgesogen wurden, die nicht zufällig die größten Kurien
des Palatin sind, wie wir sehen werden. Auch die drei romuleischen Tore
und die entsprechenden Kulte, die wir uns ursprünglich am Fuß und zu

---

[39] Deshalb können die von uns gefundenen Mauern des Palatium(-Cermalus) (Carandini 1992
und in: Palatium e Sacra via, 1; vgl. §§ 359 ff. und Addendum VIII), die die Velia ausschließen,
nichts mit der protourbanen Siedlung zu tun gehabt haben, sondern müssen einer nachfolgenden Epoche angehören, derjenigen der Stadtwerdung.

Seiten der ältesten Zugänge zur Erhebung vorstellen, scheinen nur den westlichen Sektor dieser Hügel zu betreffen.[40] Für die beiden anderen östlichen
Viertel, die dann schließlich vom Komplex der Domus Flavia und deren
Nebengebäude eingenommenen werden, haben wir keine topographischen
Daten und keine archäologischen Funde, die der frühen Eisenzeit zugeschrieben werden könnten. Wir kennen nur den Altar des Consus im südöstlichen Viertel (bzw. Cermalus minusculus?), und von den östlichen Grenzen
des nordwestlichen Viertels stammt ein Keramikbruchstück aus dem Latiale
IIA.[41] Vielleicht war die älteste Siedlung seit der Zeit des *populus* der Velienses
auf das (westliche) Palatium, auf die Corneta, auf die Kuppe der Velia und
auf den (westlichen) Cermalus begrenzt, während das östliche Palatium, der
Lucus Streniae und der östliche (bzw. minusculus?) Cermalus den ältesten
Rand der Siedlung bildeten. Andererseits waren Palatium und Velia selbst
ihrerseits in der späten Bronzezeit und in der Endbronzezeit, Stufe I und
II, ein Randgebiet im Hinblick auf den Cermalus, der damals die Hauptrolle gespielt hat. Wenn es auch nicht an Tendenzen zu einem neuerlichen
Ausgleich im Sinne einer Entwicklung Richtung Norden und Osten gefehlt
hat – man denke an die Ausdehnungen des Quinquimontium und des Sep-
timontium und an die Eingriffe der romuleischen Zeit (wie den zentralen
Sitz der Kurien) –, bleibt doch der siedlerische Schwerpunkt der zum Wasser
des Tiber und des Velabrum hin gelegenen Sektoren ein nicht verwischbares
Datum der Siedlung.[42] Aber der Verbund der *montes* kann sich nicht in die-
ser gewünschten Richtung ausdehnen, aufgrund der Präsenz einer anderen
Gemeinschaft auf den *colles*, so daß die Ausdehnungen nach Norden und
Osten mehr auferlegt als gewollt sind.

193. Der Verlauf der Sacra Via und das Argiletum.   Der Verlauf der Sacra
Via ist wahrscheinlich sehr alt. Seit der Spätbronzezeit (der Zeit des mythischen Cacus) dürfte eine Straße bestanden haben, die, das Velabrum umge-
hend, den Palatin mit dem Kapitol verbunden hat. Aber die Sacra Via wie
wir sie kennen, begann nicht am Palatium, sondern am Sacellum Streniae,
d. h. am Osthang der Velia.[43] Die Strecke hat wohl in das Tal am Fuße dieses
Hügels hinabgeführt, entlang des rechten Ufers des Baches im Talgrund,[44]
also am Ufer des Sumpfes des Velabrum entlang, über eine Brücke den

---

[40] Zur Lage der Porta Mugonia im westlichen Viertel des Palatium: Coarelli 1983 und Carandini 1992 und in: Palatium e Sacra via, 1; vgl. auch Addendum VIII.
[41] Pinza 1905, cc. 413–514, fig. 158. Den zentrale Sitz der Kurien, später den *curiae Veteres* vorbehalten, ergibt vor der Gründung des romuleischen Staates keinen Sinn.
[42] Zum Velabrum als weitbekanntem Platz der Stadt: Macr. Sat. 1,10,15.
[43] Varro ling. 5,45; Fest. 372 L. (Coarelli 1983).
[44] Carandini 1992 und in: Palatium e Sacra via, 1; vgl. auch Addendum VIII.

Wasserlauf des Argiletum überquert und schließlich den Bereich des künftigen Comitium erreicht,[45] bei einem vorausgesetzten Anlegeplatz und einer
bedeutenden Straßenkreuzung am Fuße des Kapitols,[46] nicht weit vom Collis Latiaris. Eine solche Anlage des Weges ist erklärlich seit der Zeit der
populi, die auf den genannten Erhebungen ihre Burgen und in dieser Straße
ihre Hauptverbindung hatten, danach dürfte die Strecke wieder benutzt
worden sein zur Zeit der Formierung der zwei protourbanen Kerne, als die
Velia, *caput* des Weges, ihren Vorrang schon verloren hatte. Die Kulte des
Ianus Curiatius / der Iuno Sororia im Osten und des Ianus Quirinus /
der Cloacina im Westen dürften den Anfang und das Ende der Strecke im
Bereich der *montes* anzeigen, zumindest seit der protourbanen Formierung.
Vom Abschnitt der Sacra Via, die sich entweder am Fuße der Velia[47] oder des
Kapitols nach Norden wandte, wurden die *colles* erreicht, der Sitz der ande-
ren Gemeinschaft, die damals ihre protourbane Siedlung formte. Nördlich
des Abschnitts der Sacra Via war die Talsohle, die das Velabrum begrenzte,
Argiletum genannt.[48] Es handelte sich um ein Randgebiet der Subura (des
Bezirks zwischen Velia, Kapitol und Collis Latiaris), durchquert von normalen Straßen auf der Trasse der Sacra Via, ein geeigneter Platz zur Aufnahme
von Gräbern (man erinnere sich an das mythische Grab des Argos) und Ton-
gruben, wie der Name selbst andeutet (Argiletum abgeleitet von *argilla*),[49]
durchquert von einem Wasserlauf und daher der ideale Platz für ein Kera-
mikerviertel, von dem wir allerdings nichts wissen (wir sind nämlich nicht
sicher, daß der Wasserlauf mit dem Spino oder dem Nodinus gleichgesetzt
werden kann). Wie dem auch sei, der Pagus Succusanus und der Sumpf des
Velabrum repräsentieren den Grenzbereich zwischen den beiden Gemeinschaften auf römischem Boden. Die Strecke der Sacra Via sollte dann ein
wesentliches Segment des Weges bilden, der von Veji, durch das Gebiet von
Rom, nach Gabii und in das Innere von Kampanien führte. Die Strecke
wurde also von den beiden protourbanen Gemeinschaften kontrolliert. Mit
dem ersten und dem zweiten Synoikismos wird sie die Hauptachse der Verbindung und der Vereinigung der Siedlung und damit die zeremonielle
Straße schlechthin, wie wir sehen werden.

---

[45] Ammerman 1990; Carafa i. Dr. a.
[46] Vgl. Addendum I.
[47] Ging man geradeaus zum Fuß der Stiege an der nordwestlichen Ecke des Palatin (wo in
romuleischer Zeit dann die Porta Romanula errichtet wird), gelangte man zum Aufgang (des
heutigen Grillo), der auf den Collis Latiaris führte.
[48] Tortorici 1991. Argiletum erinnert an andere Ortsnamen mit gleicher Endung: Aesculetum,
Codeta, Corneta, Loretum: Platner-Ashby 1929.
[49] Varro ling. 5,157.

194. Die geheiligten Grenzen der Siedlung. Die Grenzen dieser ersten
Siedlung im Bereich der *montes* waren bestimmt durch Gewässer, deren infer-
nale Bedeutung und Funktion der auspikalen Unterbrechung daher kam,
daß sie eine Grenze festlegten, und sie waren verbunden mit Schwellen-
kulten des Janus, die wahrscheinlich mit *iuga* zusammenhingen, die rituell
die Zugänge in den bewohnten Bereich repräsentierten, in der Art des Tigillum Sororium (vielleicht auch der Pila Horatia?) am Abschnitt der späteren
Sacra Via. Im Westen, Richtung Kapitol und *colles* (in Richtung des früheren
Distrikts des *populus* der Latinienses), handelte es sich um den Kult des Ianus
Quirinalis und im Osten, in Richtung auf die *pagi* (den früheren Bezirk des
populus der Querquetulani), um den Kult des Ianus Curiatius, wenn es möglich ist, diese für die frühe Königszeit bezeugten Kulte[50] in die Anfangsphase
der protourbanen Formierung hinaufzusetzen. Ihre Lage ist ein wichtiger
Hinweis zur Bestimmung ihres Ursprungs, der wohl vor dem ersten und
dem zweiten Septimontium anzusetzen ist, in eine Zeit, als die Grenzen der
Siedlung sich gegenüber dem viel engeren und alten Siedlungsbereich aus-
dehnten und die früheren Zugänge zwar im Kult und in den entsprechenden Riten weiter bestanden, aber ihre Bedeutung als Schwellen verloren,[51]
wodurch es zu jenen topographischen Inkongruenzen kam, die die wertvoll-
sten Spuren darstellen, die wir verfolgen können. Es läßt sich daraus ableiten, daß die protourbane Formation der *montes* die Räume der Siedlung seit
dieser weit zurückliegenden Zeit sakral definiert hat, wobei in erster Linie
die *montes* (mit ihren *curiae*) von den Gewässern geschieden wurden, von
den peri-protourbanen *pagi*, von den ländlichen *pagi* und vom übrigen Territorium, das die Bergsiedlung umgab.[52] Das weist hin auf ein klares Selbst-

---

[50] Ov. fast. 1,257 ff.; Fest. 380 L. (Coarelli 1983; Terrenato 1992). Es besteht keine Notwendigkeit,
sich diese Tore als Teil eines ursprünglichen Pomeriums und Verteidigungssystems vorzustellen
(Schilling 1960), von dem uns keinerlei Zeugnisse vorliegen. Zum Zusammenhang Tigillum
Sororium – Pila Horatia: Reinach 1907. Die Iuno Sororia, Beschützerin des Tigillum Sororium,
war die Göttin, die für das Wachstum sowohl der *mammae* wie der *spicae* sorgte: Bettini 1979.
[51] Einen Verlust ihrer Bedeutung als Schwelle wird man, ab dem dritten Viertel des 6. Jh., auch
für die Tore der palatinischen Mauer verzeichnen können (Carandini 1992 und in: Palatium e
Sacra via, 1; vgl. §§ 359 ff. und Addendum VIII). Der Gott Janus, der dann mit seinen Wassern
die Römer vor den Sabinern in Schutz nimmt und der noch direkter mit dem Beginn und dem
Ende der Kriegszüge in Verbindung gebracht wird, wurde Quirinus genannt, da er vom Namen
und von der Sache her auf den Quirinal ausgerichtet war, was darauf hindeuten würde, daß
sich ursprünglich um einen Kult der Gemeinschaft auf dem Palatin gehandelt hat: Ov. fast.
1,257 ff. (Wagenvoort 1947). In dieser Zeit könnte die »Brücke« des Janus schon die Bedeutung
auch von »Tor« oder besser von »iugum in specie Iani« angenommen haben: Fest. 394 L. (Adams
Holland 1961). Die *porta* des Ianus Quirinus trennte also die *montes* von der anderen Siedlung,
die jenseits dieser *fores* lag, die dann dem *forum* der Römer den Namen gaben.
[52] Ampolo 1981a schließt jede sakrale Unterscheidung zwischen Siedlung und Territorium im
Umfeld des Septimontium aus.

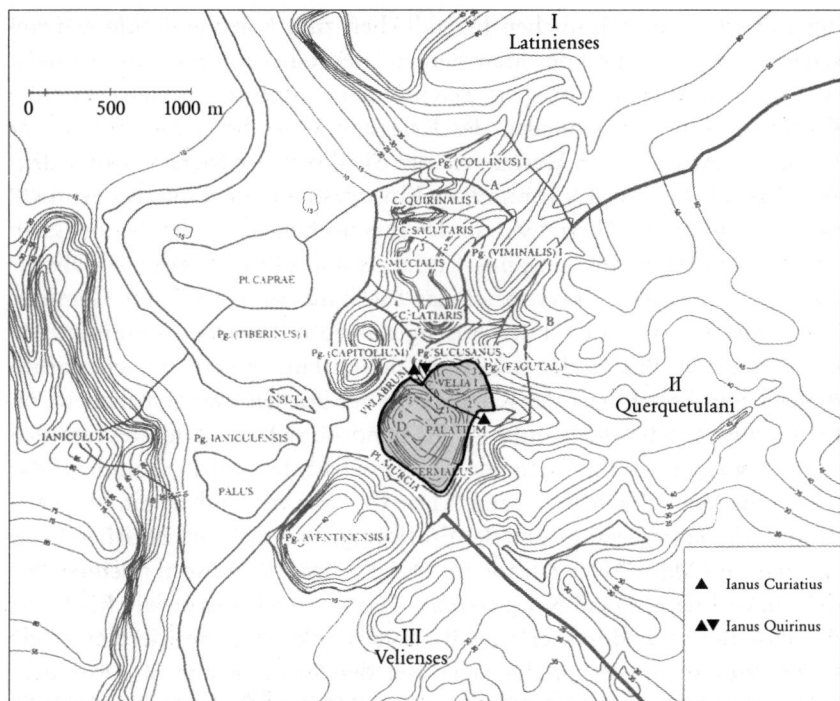

Abb. 20   Das sog. Trimontium; die Kulte des Ianus Quirinus und des Ianus Curiatius (Tigillum Sororium) an den Grenzen des Verlaufs der Sacra Via und der Siedlung

bewußtsein zu Beginn des protourbanen Phänomens, ein Umstand, den die Historiker gerne exklusiv, aber falsch, für die abgeschlossene Stadt reservieren wollen.[53]

195. Die Kulte des Janus, der Krieg und der Frieden (Abb. 20).   Janus kündigte den Beginn des Sonnenjahres an. Er war auch der Beschützer der Geburten und der Übergänge der Zeit und des Raumes.[54] Es überrascht also nicht, an den Grenzen und an den Zugängen des Trimontium den Kulten des Janus zu begegnen, an der künftigen Sacra Via, einer Straße, die begann eine interregionale Bedeutung zu gewinnen (zwischen Etrurien, Latium und Kampanien); entlang dieser Straße dürften die protourbanen Zeremonien

---

[53] Cornell 1995.
[54] Es sei erinnert an die Agonalia am 9. Januar. Siehe: Schilling 1960; Capdeville 1973. Zu Janus, Juno und den Laren als Beschützer der Tore: Colonna 1985a (insbesondere zu Funden von Skulpturen des Culsans = Janus im Bezug zu Heiligtümern bei den Toren von Vulci, Tarquinia und Cortona).

der Initiation der männlichen Jugendlichen zum Krieg und zum gemeinschaftlichen Leben und der Mädchen zur Reproduktion und zur Hochzeit
vollzogen worden sein und die Zeremonien stattgefunden haben, die die
Eröffnung und das Schließen des Kriegszustandes bezeichneten. An der
Kreuzung zwischen der Westgrenze der Siedlung, der Sacra Via und dem
Wasserlauf haben wir das Tor und die Kulte des Ianus Geminus (Quirinus)[55]
und der Cloacina, während wir an der entsprechenden Kreuzung im Osten
das Tor und die Kulte des Ianus Curiatius und der Iuno Sororia haben.[56]
Der westliche Zugang (wo später das Sacellum-Porta des Ianus Geminus
/Quirinus stand) dürfte für den Auszug zum Krieg *(profectio)* bestimmt gewesen sein, der zu Beginn der Kriegsmonate stattfand. So erklärt sich, warum
dieser Janus Ankündiger des Krieges und des Friedens war, je nachdem, ob
er als *patulcius* oder *clusius* auftrat.[57] Es handelte sich nicht zufällig um den
in Richtung auf die rivalisierende Gemeinschaft des Quirinals und auf das
feindliche Veji gelegenen Zugang.[58] Der Ort war verbunden mit den Zeremonien des Jahresbeginns und der Eröffnung der Kriegszeit, zwischen Ende
Februar und März.[59] Der Zugang im Osten hingegen war wohl reserviert für
die Rückkehrer aus dem Krieg *(reditus)* – erinnern wir uns an die Rückkehr
des Horatius –, wodurch er eine ähnliche Funktion hatte wie die spätere
Porta Triumphalis. Bevor die Velia Teil der Siedlung war, also vor dem
populus der Velienses, konnte der Zugang am Fuß der Scalae Caci eine ähnliche Funktion für den Palatin einnehmen; bezeichnend für diesen war der
Kult der Rumina, einer Gottheit der Brüste, ähnlich der Iuno Sororia, die
an jenem Ort verehrt wurde, der vielleicht der älteste des Gebietes ist, der
Ruma/Roma genannt wurde. Andererseits könnte Mater Matuta am Zugang
zu den *colles* in der Nähe des Anlegeplatzes am Tiber eine ähnliche Funktion eingenommen haben wie die Iuno Sororia für die *montes*. Der Ort
war verbunden mit den Zeremonien bezüglich des Endes des Frühlingsfeld-
zugs, die im Mai stattfanden, und mit dem endgültigen Ende der militäri-

---

[55] Die Statue des Janus von diesem Kultort hatte die Köpfe nach Westen und nach Osten
gewandt: Procop. Bell. Goth. 1,25, also entlang der Achse der Sacra Via. Zur Statue: Staccioli
1985 und 1994.

[56] Fest. 380 L. Zu Iuno Ianaia, der Gefährtin des »Torwächters« Janus, siehe G. Colonna, in:
Panella 1996. Es ist interessant, daß Janus, Iuno Sororia (vorher Rumina?) und Cloacina diese
iuga beschützen, und nicht (mehr?) Stercutus, Picumnus, Pilumnus und Faunus: vgl. §§ III ff.
Hier hat offensichtlich das lokale, mit Janus und Jana verbundene System Vorrang vor dem
System der Dämonen und Laren des *nomen*.

[57] Liv. 1,19,2; Verg. Aen. 7,607 ff.; Ov. fast. 1,129–30. 279.

[58] Deubner 1921–22.

[59] 27. Februar, Equirria Marti; 1. März, Kalendae Marti NP; 9. März, die Salier bewegen die
Schilde; 14. März, Equirria Marti; 17. März, Agonalia Marti; 19. März, Quinquatrus Marti;
23. März, Tubilustrium Marti (vgl. Addendum VII).

schen Aktivitäten, das in den Oktober fiel.[60] Das Vorhandensein von zwei
Toren/Jochen an den Enden der Hauptstraße, mit der sie ein einziges sakrales System bildeten, eines für die *profectio* und eines für den *reditus*, erinnert
an die beiden Seitentore, eines für die *profectio*, eines für den *reditus*, die
dann das Charakteristikum der Porta Triumphalis sind.[61] Die Öffnung und
Schließung des Tempels des Janus ist also eine Wiederentdeckung und nicht
eine Erfindung der Zeit des Augustus.[62] Es scheint sich in der Tat um einen
sehr alten jahreszeitlichen Ritus zu handeln, den wir nur dann zu verstehen
hoffen können, wenn wir ihn in den Kontext der ursprünglichen Orte
und Umstände zurückversetzen. Wir können hypothetisch folgendes Ritual
rekonstruieren. Der westliche Zugang wurde im März geöffnet, wenn man
aus der Siedlung auszog, um in den Krieg zu ziehen, und er wurde im Oktober geschlossen, wenn definitiv der Friede einkehrte. Der östliche Zugang
hingegen wurde im Oktober geöffnet, wenn zum Ende der Kriegszeit die
Reinigung von den Metzeleien erfolgte, um die Stadt wieder betreten zu
können, und er wurde geschlossen im März, wenn zum Beginn der Kriegszeit sich das andere Tor öffnete. Die Grenze der protourbanen Siedlung,
die noch nicht Natur und Wirksamkeit des städtischen *pomerium* hat,[63] hat
also dennoch schon den von der Gemeinschaft hauptsächlich zur Siedlung
bestimmten Bezirk von der umliegenden bäuerlichen Welt unterschieden,
und sie hat den Bezug zwischen innerer und äußerer Welt, zwischen der
Zeit des Friedens und der Initiation in die Gemeinschaft und der Zeit des
Krieges und des Eintritts in das Reich der Toten jahreszeitlich geregelt. Das

---

[60] 23. Mai Tubilustrium Volcanus; 1. Oktober Tigillum Sororium (zu interpretierten in bezug zu
einem ursprünglichen *reditus*); 15. Oktober October Equus (zu interpretieren in bezug auf eine
ursrüngliche *ovatio*); 19. Oktober Armilustrium Marti (Torelli 1990, 1996). Im romuleischen
Jahr entsprach der Oktober dem September: vgl. Addendum VII.

[61] Coarelli 1988. Es sei daran erinnert, daß das *caput* der Sacra Via mit dem Zugang zur Sied-
lung zusammenfiel, mit dem Tor des *reditus* und also mit dem Tigillum Sororium. Zu den
Tonplatten mit *profectio* und *reditus* aus archaischer Zei: Torelli 1993. Zum »Auszugs- und Krieg-
Eröffnungs-Ritual«: Rüpke 1990.

[62] Simon 1989 plädiert für die Erfindung in augusteischer Zeit. Es handelt sich eher um eine
augusteische Wiederaufnahme: Schilling 1960.

[63] Vgl. § 194, Anm. 50. Das *pomerium* legte den Unterschied *domi* und *militiae* fest, darin ist
begründet, daß das Heer den romuleischen Palatin oder die servianische Stadt nicht betreten
durfte. Magdelain 1995 hat schließlich, im Anschluß an unsere Entdeckungen (Carandini 1992
und in: Palatium e Sacra via, 1; vgl. §§ 359 ff. und Addendum VIII) eingeräumt, daß das romuleische Pomerium das älteste war und daß das servianische Pomerium zu einer Neugründung
gehörte (Carandini 1990, wieder aufgegriffen von Grandazzi 1993), behält aber die Unterscheidung *domi* und *militiae* dem zweiten, servianischen Pomerium vor; dies ist wohl das letzte Erbe
aus der Zeit, in der der Autor nur an das servianische Pomerium glaubte. Das System der Iani
der Sacra Via scheint antithetisch zu dem des Pomerium und ist demnach als prä-pomerial zu
betrachten.

Ufer des Velabrum, des infernalen Sumpfes, erreichte man nämlich durch das westliche Tor.

196. Die Nekropolen und die Chronologie. Der unter dem Augustus-bogen gefundene früheste Begräbnisplatz, der sich zu dieser Zeit entlang des Abschnitts der Sacra Via zu den Orten hin fortsetzt, wo später die Regia und der Tempel des Antoninus und der Faustina gebaut werden, bleibt wei-terhin die Begräbnisstätte der Bergsiedlung, und es ist bezeichnend, daß er entlang den Seiten der Hauptstraße liegt.[64] Die erste protourbane Siedlung wird also, wenn auch nur im Talboden, vom System der Begräbnisstätten und der Sacra Via unterbrochen. Das bedeutet nicht, daß die Nekropole in das System der Kurien einbezogen worden wäre, denn dieses könnte den Bereich der Begräbnisstätte und der Sacra Via im Talgrund ausgespart haben, der auf diese Weise seinen ursprünglich pagischen Status bewahrt hätte, was auch mit dem Charakter einer *via* mit starkem interregionalen Verkehr zusammenpaßt.[65] Wie dem auch sei, der zergliederte Grundcharakter der Orographie des Gebietes erlaubte keine bessere Lösung, weshalb man in der Nekropole nicht so sehr eine noch präurbane Situation sehen sollte als viel-mehr deren Rest, ermöglicht durch die Tatsache, daß die Siedlungskerne sich noch hauptsächlich auf den Kuppen der Hügel konzentrierten. Das protourbane Phänomen erscheint also an seinem Beginn auf römischem Boden noch unrein und unreif, wie es immer der Fall ist in Zeiten am Über-gang zweier Welten. Die Fortführung der Nekropole der latialen Stufe I, noch bezogen auf das *populus* der Velienses, nach Osten entlang der Sacra Via, wird datiert in die latiale Stufe IIA,[66] und es ist zur Zeit dieser Ausdeh-nung des Begräbnisplatzes, daß wir die Gründung des Trimontium datieren

---

[64] Peroni 1960. Die Nekropole konnte sich nicht entlang der Straße nach Westen ausdehnen, weil sie dann schließlich an den Bereich des Kapitols angegrenzt hätte, das zur Gemeinschaft der *colles* gehörte. Das Erwachsenengrab beim Haus der Livia, datiert in die Periode Latiale IIA2, dürfte einen isolierten Fall darstellen, der allein nicht ausreicht, um eine Begräbnisstätte an den Grenzen des Cermalus zum Palatium hin vermuten zu lassen: Bettelli 1994; Bietti Sestieri 1996, Tabelle 8.4; Peroni 1994 und 1996; Pacciarelli i. Dr.; Appendix 2. Das Vorhandensein gen-tilizischer Begräbnisstätten innerhalb der Siedlung (Capogrossi Colognesi 1994) ist ein Brauch, der in einer fernen Vergangenheit zu wurzeln scheint, als die Nekropolen oder einzelne Gräber an den Rändern der *montes* lagen, wodurch später der Anschein entstand, sie würden innerhalb der Siedlung liegen. Wie dem auch sei, die Nutzung scheint der Entstehung der großen peri-pheren Nekropolen in der Periode Latiale IIB vorangegangen zu sein.

[65] Nur in diesem räumlich und zeitlich sehr begrenzten Sinn ist es zulässig, sich an den Anfän-gen der protourbanen Entwicklung Landstreifen pagischen Gepräges innerhalb der Siedlung vorzustellen, die Straßen und Nekropolen einfaßten; De Francisci 1959 geht von einer solchen Situation aus, aber bezogen auf eine viel spätere Epoche und damit unter nicht akzeptierbaren Umständen.

[66] Bettelli 1994; Bietti Sestieri 1996, Tabelle 8.4; Peroni 1994 und 1996; Pacciarelli i. Dr.; vgl. Appendix 2.

können, höchstwahrscheinlich in die Stufe IIA2.[67] In einer der Talsohle vergleichbaren Lage, in der Nähe des Sumpfes und am Fuß des Collis Latiaris, lag die Nekropole der Gemeinschaft der *colles*, deren Gräber in das Latiale IIA1 datiert werden.[68] Es ist also möglich, daß der Übergang von der präurbanen Siedlung eines *populus* zu einem ersten Kern schon protourbanen Charakters auf den *montes* und den *colles* zur gleichen Zeit erfolgt ist. Diese Gleichzeitigkeit der Formation spricht für eine ursprüngliche Autonomie der beiden Siedlungen, trotz ihrer Nähe zueinander, die bedingt war durch die Notwendigkeit, daß beide die Nähe zur Biegung des Tibers suchten und die höchst bedeutsame Straße kontrollieren wollten.

197. »Montes«, »pagi« und »curiae«. Wir haben bisher von *montes, colles, pagi* und *curiae* gesprochen, ohne genauer anzugeben, was wir unter diesen Begriffen verstehen. Ein *mons* oder ein *collis* ist vor allem ein Viertel der Siedlung, wir könnten auch sagen ein protourbaner *pagus*, d. h. ein Ort, der nicht mehr Dörfer oder *vici* beherbergt, die Siedlungsformen ruralen Charakters oder allgemein präurbanen Charakters sind, sondern Bezirke oder *curiae*, die die typischen protourbanen und dann auch urbanen Gliederungsformen einer Siedlung bilden. Ein *pagus*, der an ein protourbanes Zentrum anschließt, d. h. ein peri-protourbaner *pagus*, ist ein Distrikt, in dem *vici* oder Dörfer liegen, die mehr oder weniger verteidigbar sind, mehr oder weniger ruralen Charakter haben und auf Dienstleistungen und Verteidigung des protourbanen Zentrums ausgerichtet sind. Diese peri-protourbanen *pagi* müssen unterschieden werden von den ruralen *pagi*, in die sich der Rest des Territoriums gliedert;[69] an diesen Gebieten hatten die Mitglieder der protourbanen Gemeinschaft ein ganz unmittelbares Interesse, da auf

---

[67] Es handelte sich nicht um ein singuläres Phänomen. Die protourbanen Entwicklungen würden in Gabii, Satricum, Palestrina und Tivoli beginnen, ab der Stufe Latiale IIA2 (Pacciarelli 1994), also ab ungefähr 870 nach der herkömmlichen absoluten Chronologie oder ab 980 [930], nach der von der schweizerischen Dendrochronologie empfohlenen Chronologie (Bettelli 1994; Bietti Sestieri 1996, Tabelle 8,4; Peroni 1994 und 1996; Pacciarelli i. Dr.; Appendix 2a). Anderer Meinung ist Bietti Sestieri 1992a, die das protourbane Phänomen in Rom frühestens ab dem Ende des 9. und den Anfängen des 8. Jh. zuläßt und in den anderen Zentren Latiums nicht vor der Mitte des 8. Jh. (nach der traditionellen Chronologie).

[68] Paroli 1978. Zum Zusammenhang zwischen der Nekropole am Augustusforum und dem Collis Latiaris: Pallottino 1963. Zur Chronologie vgl. Bettelli 1994, Appendix 2: Chronologien.

[69] Die *pagi* sollen von Numa geschaffen worden sein (Dion. Hal. 2,76), man sollte hinzufügen: im Bezug zur Organisation der Stadt und des Staates, da *pagi* auch zur Zeit der protourbanen Zentren und noch davor bestehen konnten. Der peri-protourbane *pagus* ist, oder besser wird, der Ort der »continentia aedificia«, wie es gewöhnlich in den Vorstädten der Fall ist. Die peri-urbanen *pagi* sind die dann deren Erben und werden letztendlich von Augustus in sein neues Regionensystem eingegliedert (Fraschetti 1990).

ihnen die Parzellierungen fortgesetzt wurden, die in den Kurien der Siedlung ihren Ursprung hatten, für den Lebensunterhalt der Familien aber
nicht ausreichend waren, während am Rand des Territoriums sich länger
kollektivistisch-gentilizische Systeme der Bestellung des Landes erhielten,
doch davon wird weiter unten zu handeln sein.[70] Die Kritik ist sich nahezu
einig, die *curia* als eine Einrichtung zu interpretieren, die nicht nur die Stadtwerdung,[71] sondern zuvor schon das protourbane Zentrum charakterisiert.
Basierend auf der Einheit des Geschlechts, und damit auf noch grundsätzlich solidarischen Verbindungen, weist sie auf eine Epoche zurück, in der
die Verwandtschaftsbeziehungen noch eine bedeutende Form der Gemeinschaft dargestellt haben.[72] Solche Merkmale könnten an eine Zeit vor der

[70] Zu den Mitgliedern der Kurien (oder Quirites) in der Siedlung und zu den *clientes* auf dem
Land und zu den *patres* und ihren bewaffneten Parteigängern: Magdelain 1995. Vgl. auch Capogrossi Colognesi 1988, Colonna 1991b und §§ 340 ff.

[71] Einer der größten Schwachpunkte der Rekonstruktion, die den Beginn des urbanen Phänomens an das Ende des 7. Jh. setzt (zuletzt Wiseman 1994 und Cornell 1995), besteht in der Tatsache, daß die Periode der Stadt, in der das Kuriensystem bestimmend ist, welches die Quellen
mit der frühen Königszeit verbinden, in der Zeit unwahrscheinlich komprimiert wird, da ab
der Mitte des 6. Jh., ab der Zeit des Servius Tullius, die goldene Zeit dieses Systems vorbei zu
sein scheint und das System der *compita* beherrschend wird (Mastrocinque 1988). Hätte das
Kuriensystem nur so kurz gedauert, hätte es nicht eine so unauslöschliche Spur hinterlassen.
Es ist vielleicht kein Zufall, daß die Befürworter einer späten Entstehung der Stadt generell das
Thema der Kurien nicht berühren oder vertiefen, das jedoch von zentraler Bedeutung ist.

[72] Fustel de Coulanges 1864; De Francisci 1956; Palmer 1970 (auch zum Vorhandensein von
Kurien in Tivoli, Lanuvium und Caere); Torelli 1987 (zum möglichen Sitz einer protourbanen
Kurie in Tarquinia); Capogrossi Colognesi 1979. Anderer Meinung sind Pareti 1953 und Drummond 1972 (der nicht an die Kurie als ethnischer Gruppe glaubt). Cornell 1995 verbindet die
Entstehung der Kurien und der Tribus mit der Gründung der Stadt, die er Numa zuordnet und
um 625 datiert, womit Servius Tullius ein Verwaltungssystem abgeschafft hätte, das nur wenig
länger als zwei Generationen gedauert hätte (A. Carandini, in: Palatium e Sacra via, 1; vgl. auch
Appendix 8). Die Kurie wird auf den Tafeln von Gubbio *tekvias* (auf lateinisch *decuria*) genannt,
eine Bezeichnung, die auf den Umstand· anspielt, daß sie einen zehnten Teil der einzigen Tribus
dieser Siedlung gebildet hat. *Tekvias* hieße also zehnter Teil der *trifo*, so wie die *curia* in Rom den
zehnten Teil der *tribus* bildete: Palmer 1970. Gegen diese Interpretation spricht sich mit guten
Gründen Coli 1958 aus. Die Tatsache, daß in Rom die *curia* nicht *decuria* heißt, läßt vermuten,
daß diese Ordnung dem dezimalen System vorangegangen ist, das in Rom wahrscheinlich erst
in romuleischer Zeit eingeführt wurde: Gjerstad 1972. Die protourbanen Zentren des Quirinals
(*Quirium?) und von Cures lassen in ihren Namen eine Struktur vermuten, die auf den Kurien
basiert. Die Existenz von Kurien in der Zeit vor der Stadt setzt eine protourbane Phase voraus,
da es schwerfällt, die Kurien, wie wir sie kennen, sich in einem präurbanen Kontext vorzustellen (und tatsächlich finden wir sie nicht auf dem Kapitol, dem am frühesten besiedelten
Hügel auf römischem Boden). Siehe zuletzt Linke 1995, nach dem die *lictores curiati* ursprünglich die Vollstrecker der Anordnungen der *curiones* waren und die auf das Kapitol einberufenen
comitia calata die erste institutionelle Manifestation des Willens der »Gesamtgesellschaft«. Nach
Mastrocinque 1988 ist die Schaffung der Stadt Servius Tullius zuzuschreiben, der durch die
Gliederung der Siedlung nach *compita* die Gliederung nach *curiae* ersetzt habe. Er gelangt dahin,

Formierung der *gentes* denken lassen, verstanden als protourbane aristokratische Familien, die völlig unterschieden sind von den *familiae* im allgemeinen Sinn.[73] Die Formierung der *gentes* und der *clientes*, d. h. eines Adels, der vertragliche Beziehungen der Abhängigkeit einsetzt, dürfte zum ersten Mal, zumindest als materiell wahrnehmbares Phänomen wie in der Nekropole von Gabii (Osteria dell'Osa), ab der Stufe Latiale IIB/IIIA aufgekommen sein, aber im Gebiet von Rom, das bedeutender und wahrscheinlich fortgeschrittener war, könnte das Phänomen schon vorher begonnen haben.[74] Die Schaffung der ersten Kurien auf römischem Boden dürfte also auf die präurbane Zeit der *populi* (Latiale IIA1) folgen und der ersten Realisierung des reifen protourbanen Zentrums (der Periode IIB) vorangehen, als die ersten gentilizisch-klientelarischen Beziehungen begonnen haben könnten das Leben der Kurien auf römischem Boden zunächst zu charakterisieren und dann zu kontrollieren. Wir wären also zwischen dem Ende der Stufe IIA1 und der Stufe IIA2, d. h. im zweiten Drittel des 9. Jahrhunderts, am Beginn der protourbanen Formierung in Latium.

198. Die Kurie und die Phratrie. Der *curia* entspricht in Griechenland die *phratria*, eine analoge Einrichtung, die ab dem 9. Jahrhundert datiert wurde.[75] Im Wort *phratria* wird der verwandtschaftliche Zusammenhang

---

Tarquinius Superbus als einen letzten Häuptling noch protourbanen Charakters einzustufen, darauf gerichtet, die Geburt des Stadtstaates, die Servius Tullius schon konzipiert hatte, zu kontrastieren. Es handelt sich um unhaltbare Positionen, folgend aus dem Phänomen der fatalen Attraktion, wonach Jahrhunderte menschlicher Erfahrung von der Kritik in ein einziges, das 6. Jh., gepreßt werden.

[73] Der Proto-Staat berücksichtige nicht die Zugehörigkeit zu einer *gens*, er gründe auf einem egalitären Konzept *viritim*, das der ersten »politischen« Gemeinschaft zugrundeliege: Richard 1992.

[74] Bietti Sestieri 1992a.

[75] Nach Guarducci 1937 wäre die Phratrie ein Organ, das neben dem Staat, aber unter der Autorität des Staates steht, urprünglich egalitären Charakters, also ohne die Unterscheidungen zwischen Adeligen und Plebejern, die in der Folge aufkommt. Vor Kleisthenes fügte die Phratrie sich in eine Verfassung ein, die vier Tribus (wie die Jahreszeiten) vorsah, jede bestehend aus 3 Phratrien, was insgesamt 12 Phratrien (soviel wie das Jahr Monate hat) ergab; jede Phratrie bestand aus 30 Familiengruppen, insgesamt also 360 (soviel wie das Jahr Tage hat), jede bestehend aus 30 Personen, insgesamt also 10 800 (Aristot. Ath. pol. fr. 3). »Diese Aufteilung ist zu exakt und ich würde sagen fast geometrisch genau, um nicht artifiziell zu wirken« meinte Guarducci 1937, die die in archaischen Gesellschaften geltende Struktur des Numerus clausus nicht sieht, wohl aber Coli 1958. Cornell 1995 läßt die gesellschaftlichen Veränderungen außer acht, die in der Nekropole von Gabii festzustellen sind (Bietti Sestieri 1992a) und unterscheidet nicht die gentilizische protourbane Wirklichkeit von der urbanen (die von der Verbindung *praenomen-nomen* bezeugt wird: Hostus Hostilius, Mettius Curtius, Numa Pompilius, usw.). Andrewes 1961 datiert die Phratrien in das 9.–8. Jh.; Snodgrass 1971 betrachtet sie als gesellschaftliche Einheiten auf verwandtschaftlicher Basis, die im zivilen und militärischen Bereich ab ungefähr 800 anzutreffen wären; Donlan 1985 und 1989 hält die Phratrie für eine im 9. Jh. ent-

deutlicher als im Wort *curia*, dessen plausibelste Etymologie *(*co-viria)*[76] auf eine Gesamtheit oder auf die Versammlung eines Teils des Volkes in Waffen anzuspielen scheint. Die *curia* der Latiner scheint also dem recht nahezukommen, was bei Kretern und Spartanern die *andreia* ist (d. h. die Zusammenkunft der Mitglieder, die an Gemeinschaftsmählern teilnahmen) und bei den Oskern die *vereias*.[77] Wir wissen allerdings, daß die *curia* aus *genera hominum*[78] gebildet wurde, d. h. aus zusammengehörigen Gruppen, die sich zumindest ursprünglich untereinander für verwandt und daher gleichgestellt *(homoioi, aequi)* hielten, womit wir wieder beim noch verwandtschaftlichen und grundsätzlich egalitären Charakter dieser Institution der Latiner wären.

199. Zu den Kurien. Jede Kurie hatte wohl ihren Anteil an Land innerhalb der Siedlung, der für religiöse und proto-politische gemeinsame Tätigkeiten und das Leben der miteinander verbundenen Gruppen und der (gentilizischen und gewöhnlichen) Familien bestimmt war, weshalb man sich vorstellen muß, daß jedes Viertel oder jeder *mons* eben in Bezirke oder Kurien unterteilt war.[79] Im Fall, daß ein *mons* nur eine einzige Kurie beherbergte, fielen Viertel und Bezirk zusammen.[80] Die Kurien konnten neu geschaffen werden, oder sie konnten mit vorangehenden *vici* eines früheren *pagus* zusammenfallen (wie im Fall des Cermalus).[81] Das den einzelnen Kurien zugeteilte Land war wohl seinerseits in kleinere Parzellen von etwa gleichem Wert unterteilt, die den zusammengehörigen Gruppen und den einzelnen Großfamilien als Eigentum zugewiesen wurden, die sich zumindest in der Siedlung mit kleinsten Anteilen an Land zufrieden geben mußten, die gerade für einige Wohn- und Diensthütten sowie für Gemüse- und Obstgärten und für Einfriedungen für Tiere ausreichten, mit einer Ausdehnung, die nicht die romuleischen *bina iugera* oder das *heredium* überschreiten durften: wenig Land in bäuerlicher Sicht, aber ein beträchtlicher Raum innerhalb der Siedlung und von wesentlicher Bedeutung für die proto-politische Würde und Freiheit der Proto-Städter. Das protourbane Zentrum dürfte auf diese Weise

---

standene Institution und das Mitglied der Phratrie für einen Teil eines *oikos*, eines »joint family clan« *(*bhrater)*. Siehe auch Morani 1995.

[76] In einer Inschrift von Velletri taucht der volskische Begriff *covehria* auf (Palmer 1970).

[77] Coli 1958.

[78] Gell. 15,27 (Palmer 1970). Nach Coli 1958 würde die Definition *genera hominum* sowohl die gewöhnlichen *familiae* als auch die *gentes* bezeichnen.

[79] Zu einer solchen Unterteilung in romuleischer Zeit: Dion. Hal. 2,7.

[80] Palmer 1970 glaubt, es habe keine territoriale Übereinstimmung von öffentlichen und privaten Plätzen gegeben, aber aufgrund eines schwachen Argumentes bezüglich der Kurie Acculeia.

[81] Colonna 1988 und 1988a (zum Siedlungswesen der *populi*); La Regina 1970-71 (zu dem Verhältnis von drei *vici* pro *pagus*).

einer großen, weitmaschigen aber organisierten Anhäufung von Hütten geglichen haben, einer Art Gartenstadt. Den Familien waren zur Ergänzung der Parzellen in der Siedlung, beginnend mit den peri-protourbanen *pagi*, wohl noch weitere Parzellen des Landes zugeteilt gewesen.[82] Beschützer der Parzellen waren die Lares Domestici oder Familiares oder Praestites,[83] der Wege und der Kreuzungen (als die Siedlung sich dann verdichtete und in *insulae* gliederte) die Lares Viales und später dann die Lares Compitales, Beschützer der Bezirke oder Kurien die Lares Curiales oder Grundiles[84] und Beschützer des für den Ackerbau vorgesehenen Landes die Lares Rurales.[85] Wir kennen nicht die Anordnung der öffentlichen Gebäude in den Bezirken, da sie seit der archaischen Zeit immer mehr an Bedeutung einbüßten oder außer Gebrauch kamen,[86] weshalb diese alten Sitze des gemeinschaftlichen Lebens auch bald vergessen wurden. Geblieben sind jedoch die von Varro überlieferten topographischen Hinweise, betreffend die *sacella* oder

[82] Die Argumentation wird weitergeführt in den §§ 340 ff. Palmer 1970 hat die Existenz von kurialem Land außerhalb der Grenzen der Ansiedlung behauptet, gestützt auf Plin. nat. 18,8: »Fornacalia ... farris torrendi ferias et aeque religiosas Terminis agrorum«. Die Stelle könnte an die Grundstücke der Kurien denken lassen (besonders in den *pagi* rund um die Siedlung?), wo man Dinkel anbaute (in der Art der Prata Mucia und Quinctia?) Zu den Lares Curiales: CIL, 6,36811. Es ist also möglich, daß die peri-protourbanen *pagi* von den *montes* oder den *colles* und von deren *curiae* abhingen. Gabba 1991 merkt an, daß die Überlieferung der *bina iugera* sich in Texten des antiquarischen Genus oder der Gromatiker finden und nicht der Geschichtsschreibung, aber diese Feststellung impliziert keine chronologische Schlußfolgerung. Nach E. Gabba geht die Tradition der *bina iugera* »auf Techniken der Feldvermessung in republikanischer Zeit zurück, die bei der frühesten Landverteilung für die römischen Kolonien angewandt wurde und die man sich daher auch für die Gründung von Rom als zutreffend vorstellte«. Aber auch bei Nichtvorliegen einer in die archaische Zeit zurückreichenden Überlieferung könnte die Rekonstruktion der römischen Antiquare zutreffend sein.

[83] Es sei erinnert an die italische Göttin Prestota, also die, die stehenbleibt: Prosdocimi 1989.

[84] Der Kult für die Lares Grundiles (die Laren waren *daimones*: Dion. Hal. 2,23) soll von Romulus zum Gedenken an das Vorzeichen von der Sau eingerichtet worden sein, die zur Zeit des Latinus die 30 Ferkel geworfen hat (Diom. 1,379; Non. 164 L.; Serv. Aen. 5,64 und 6,152; siehe auch die Laren und das Wunder der Sau auf dem Altar von Belvedere), die einerseits auf die 30 *populi* des albanischen Bundes verweisen und andererseits auf die 30 romuleischen *curiae* von Rom (Palmer 1970 setzt zehn *populi* mit zehn Kurien des Gebietes von Rom gleich). Faunus und Latinus als Laren der Latiner und Romulus und Remus als Laren der Römer (Rubino 1868) konnten in den Kurien verehrt werden (Palmer 1970), vor und nach der Gründung der Stadt. Die Lares Grundiles (oder der Kurien) werden zusammen mit Aius Locutius und mit Limentinus bei Arnob. nat. 1,28 genannt, innerhalb einer Reihe von Beschützern der Häuser, aber Aius Locutius ist mit Faunus gleichzusetzen, ebenso Limentinus, insofern Faunus ein Schutzdämon der Grenzen und der Schwellen ist (vgl. Abb. 15), weshalb der Dämon wie einer der Lares Praestites erscheint (der Altar des Aius Locutius im Lucus Vestae dürfte nicht weit vom *sacellum* der Lares Praestites und vielleicht auch der *aedes Larum* entfernt gewesen sein). Dem Problem der Laren sind die Teile I und II gewidmet.

[85] Palmer 1970.

[86] Mastrocinque 1988.

22–24

sacraria der Argeer, die wenig wahrscheinlich mit den *auguracula* der Kurien gleichgesetzt wurden,[87] sondern zu den heiligen Orten gehören, die an die Sitze der Fokolare angeschlossen waren, wo die Gemeinschaftsmahle der Kurien abgehalten wurden, von denen wir also, wenn auch nur indirekt und nicht vollständig, wissen können, wo sie lagen, wie die Mehrheit der Gelehrten annimmt.[88]

200. Die »Curiae Veteres«. Daß Palatium, Velia und Cermalus in dieser Phase der Gründung und der Formierung der protourbanen Gegebenheit die einzigen drei *montes* gewesen sind, daß die *montes* Viertel waren, die Bezirke oder Kurien einschlossen, und daß bezüglich der Hügel die oben skizzierte Hierarchie gegeben war, wird auch durch die Tatsache angezeigt, daß es diese drei Hügel sind, die in der Folgezeit, aber möglicherweise schon ab jetzt, die sog. *curiae Veteres* beherbergt haben, die wahrscheinlich den Sacraria der Argeer, bezogen auf dieses früheste besiedelte Gebiet, entsprachen.[89] Diese sieben Kurien, sicher die ältesten der *montes*, sollen seit der romuleischen Zeit zusammen mit den anderen 23 ihren zentralen Sitz auf dem Palatium gehabt haben, und erstere konnten, als der Sitz auf den Caelius verlegt wurde, auch nicht vom Palatium abgezogen werden, so sehr waren sie im ältesten siedlerischen Kontext der *montes* verwurzelt.[90] Die Zahl der

---

[87] Palmer 1970. Drummond 1972 glaubt weder an den Zusammenhang Argeer-*auguracula* noch an Argeer-Kurien.

[88] Wir werden das Ritual der Argeer in Verbindung mit dem zweiten Septimontium ausführlich behandeln (§§ 285 ff.). Auch im urbanen Zeitalter gab es weiterhin im Bereich der einzelnen Kurien Plätze für Opfer (Dion. Hal. 2,23; man denke auch an die Fordicidia), für gemeinschaftliche Feuerstellen (Dion. Hal. 2,66), für Mähler oder *mensae* (Dion. Hal. 2,23) und für *figlinae* (= *fornaces*), die für die Zubereitung der Speisen für die Gemeinschaftsmähler nötig waren (Palmer 1970). Diese dezentral gelegenen Plätze des Gemeinschaftslebens kamen zu den zentralen öffentlichen Plätze hinzu, zu denen der von Romulus am Fuße des Palatin Richtung Caelius gegründete zentrale Sitz der Kurien gehörte sowie das von Numa gegründete städtische Herdfeuer der Vesta und die Regia (Dion. Hal. 2,66), die Curia Calabra auf dem Kapitol und die Curia Hostilia am Comitium. Die fortschreitende Zentralisierung der Tätigkeiten der Kurien ab der frühen Königszeit (Dion. Hal. 4,43) und die anschließenden servianischen Verwaltungsreformen erklären, warum Varro bei der Beschreibung der einzelnen Plätze der Stadt sich nicht auf die Sitze der Kurien stützt, sondern auf die Heiligtümer der Argeer (ling. 5,45), den letzten Überrest der öffentlichen Aktivitäten, die sich in den einzelnen Bezirken abspielten. Die Kurien lagen innerhalb des servianischen Pomeriums (Varro ling. 5,41 ff.), aber dies heißt nicht automatisch, daß sie das gesamte Gebiet innerhalb der Mauern abdeckten. So gab es sie zum Beispiel nicht an den für öffentliche Zwecke vorbehaltenen Orten (Forum, Comitium und Kapitol), nicht auf dem Aventin (der *pagus* geblieben war) und nicht in den einst von Wasser bedeckten Flächen (wie dem Velabrum), worauf die servianischen *regiones* hinweisen.

[89] Besonders deutlich ist das Verhältnis zwischen der Velia und der Curia Veliensis (Magdelain 1995), einer der Curiae Veteres.

[90] Torelli 1993a. Der zentrale Sitz der 30 romuleischen Kurien (wo die Gemeinschaftsmähler stattfanden) befand sich an der Nord-Ost-Ecke des Palatium (Tac. 12,24), also in einer Rand-

Kurien/Argeer beträgt dann, wie wir sehen werden, vier für das Palatium (die für einen Hügel rekonstruierbare Höchstzahl an Kurien), zwei für die Velia und eine für den Cermalus, was genau sieben macht, wobei die abnehmende Tendenz der Zahl in Übereinstimmung steht mit der schon dargelegten Hierarchie dieser Hügel. Die Existenz dieses ursprünglichen Verbundes von drei *montes* bekräftigt schließlich eine Gegebenheit, die viel später ist, aber deswegen nicht mit der ältesten topographischen Tradition nichts zu tun hat, nämlich die servianische *regio* IV,[91] die dann eben ausschließlich diese drei *loci* umfaßt. Von dieser ersten Gesamtheit der *montes* ging eine siedlerische Energie aus, die zur Schaffung des in sich geschlossenen proto-

lage im Bezug auf den Palatin, aber zentral im Bezug zum System der Kurien der *montes* (was G. Colonna bei Ampolo 1983 anführt, aber nicht Ampolo 1983). Im Folgenden, wir wissen nicht genau wann, fällt die Entscheidung, den Sitz der Kurien vom Palatium zum Caelius zu verlegen, auf einen weiträumigeren Platz, beim Compitum Fabricium, in der *regio* I (CIL, 6,975a), vielleicht gegenüber dem alten palatinischen Sitz, aber zum Zeitpunkt des Umzugs wollten sieben Kurien den alten Sitz nicht verlassen, der deshalb beibehalten wurde, um weiter die *curiae Veteres* zu beherbergen – wir kennen nur vier ihrer Namen: Foriensis, Raptae, Veliensis und Velitiae (Fest. 180.182 L.) – während die 23 *Novae* in die Verlegung einwilligten. Wahrscheinlich ist die Verlegung in einem fortgeschrittenem Stadium der frühen Königszeit anzusetzen, da in der späten Königszeit mehr die *compita* als die *curiae* die Struktur der Aufteilung der Stadt bildeten. M. Torelli hat an die Zeit von Tullus Hostilius gedacht, als nach dem Sieg über Alba die Albaner nach Rom übergesiedelt wurden und eben auf dem Caelius Aufnahme fanden: Dion. Hal. 3.31 (Torelli 1993a; Colonna 1996). Der Versuch von Hermon 1978, die drei bei Fest. 180.182 L. nicht genannten *curiae Veteres* festzustellen, überzeugt nicht. Die ältesten Kurien wollten nicht vom palatinischen Sitz im romuleischen Zeitalter verlegt werden, weil es die Kurien des Palatin, der Velia und des Cermalus waren, während die anderen, die einerseits zu den neuen *montes* Caelius und Esquilin und andererseits zu den *colles* gehörten, die Verlegung aus entgegengesetzten Gründen gut fanden: Für die Kurien des Caelius und Esquilin ergab sich so, daß der neue Sitz auf dem Caelius in ihrem urbanen Umfeld lag, und für die Kurien der *colles* dürfte das Palatium ebenso fremd gewesen sein wie der Caelius. Wie dem auch sei, die Lokalisierung beider Kuriensitze fällt mit dem Ort zusammen, wo die Prozession der Argeer begann, wodurch diese noch unter dem Einfluß des protourbanen Zeitalters steht, als das Tal des Amphitheaters den Mittelpunkt der Siedlung bildete, zumindest der Bergsiedlung. Mit dem ersten und vor allem dem zweiten Synoikismos beginnt der siedlerische Schwerpunkt sich in Richtung auf das Tal des Velabrum zu verlagern, aber noch nicht so weit, daß der Sitz der Kurien auf das Comitium verlegt würde.

[91] Wir wollen hier nicht noch einmal die zu Recht von Magdelain 1976 kritisierte These prüfen, wonach die vier servianischen Tribus der Reflex vier noch älterer Regionen wären; aber die Annahme, die servianischen Regionen seien aus dem Nichts entstanden, ohne in irgendeiner Weise an vorhergehende topographische und organisatorische Ordnungen anzuknüpfen, ist angesichts des topographischen Traditionalismus der Römer genauso unvernünftig. Die Tatsache, daß die *tribus/regio* IV auch als *primus pagus* interpretiert werden konnte (auf dem Papyrus aus Ägypten, der Servius Tullius erwähnt), ist ein Hinweis darauf, daß diese Region, außer daß sie diese drei Hügel umfaßte, aufgrund ihrer Bedeutung und ihres Alters als erstrangig betrachtet wurde, da sie der ursprüngliche Kern der Bergsiedlung war. Dazu, daß die *regio* Palatina als erste angesehen wurde, die Suburana als zweite, die Collina als dritte und die Esquilina als vierte, siehe auch: Dion. Hal. 4,14 (Piganiol 1937).

XI-XIII

urbanen Zentrums des Septimontium und schließlich zur Gründung der
Stadt Rom führte.

201. Die Gründungshügel. Gründungshügel des Trimontium ist nicht
ein einzelner Hügel, das Palatium, sondern eine hierarchisierter Verbund
von drei Hügeln: das Palatium, mit großer protourbaner Bestimmung, die
Velia, aus der kurz zurückliegenden präurbanen Vergangenheit, bezogen
auf das *populus* der Velienses, und der Cermalus mit weiter zurückliegender
präurbaner Vergangenheit, bezogen auf die aboriginische Neugründung der
siculischen Burg des mythischen Cacus. Noch vorher war der Cermalus, der
jetzt an dritter Stelle steht, die bedeutendste Erhebung der Siedlung gewesen.
Das ist ein Hinweis darauf, daß der protourbane Aspekt, repräsentiert vom
Palatium, jetzt das bestimmende Element ist – erste Stelle in der septimontialen Aufzählung, vier Kurien/Argeer und Palatuar-Opfer –, was den präurbanen Aspekt der Velia auf die zweite Stelle verweist – zweite Stelle in der
septimontialen Aufzählung, zwei Kurien/Argeer, Opfer an eine unbekannte
Gottheit – und den präurbane Aspekt des Cermalus an die dritte Stelle –
letzte Stelle in der septimontialen Aufzählung, eine Kurie/Argeer und kein
Opfer,[92] wobei diese beiden letzteren *montes* dennoch die Voraussetzungen
und die Matrizen des neuen Vorrangs bilden. Der Cermalus im besonderen
findet sich an letzter Stelle, aber er war immerhin und ist geblieben der Ort
der Wohnstätte der Häuptlinge der Bergsiedlung. In verschiedenem Ausmaß
haben so die drei *montes* zur Schöpfung des ersten protourbanen Siedlungs-
verbandes beigetragen.

**202. Die Opfer an die Götter der »montes« und die ursprüngliche »lustra-
tio«.** Welche Zeremonien die Umwandlung der *pagi* in *montes* (oder in *colles* in der Hügelsiedlung) und der *vici* in *curiae* bekräftigt haben, ist nicht
leicht zu eruieren. Die Tatsache, daß die beiden septimontialen Opfer auf
den beiden Haupthügeln des Trimontium, auf dem Palatium und der Velia,
abgehalten wurden und daß sie an die entsprechenden Schutzgottheiten
gerichtet waren – an Palatua, die Gottheit des Palatium und an die unbekannte Gottheit (Ianus Curiatius oder Tellus / Vica Pota?) der Velia[93] –,
könnte daran denken lassen, daß sie die Opfer der Gründung des Trimontium darstellten. Die Reihenfolge der ersten drei Hügel könnte im Licht der

---

[92] Daß Palatium/Velia inzwischen bedeutender waren als der Cermalus, kann auch aus der
Gewichtigkeit der Nekropolen, die im Talgrund bei der Regia und dem Tempel von Antoninus
und Faustina gefunden wurden, geschlossen werden, im Vergleich mit der Grabstätte, die im
Haus der Livia auf dem Cermalus ans Licht gekommen ist, die nur ein einziges Grab umfaßte,
also von unsicherem Bestand ist.

[93] Zu Vica Pota oder Gottheit des *vicus*, übernommen vielleicht vom Cermalus, vgl. §§ 136–137.
Daher der ursprünglich dörfliche und präurbane Charakter dieser Gottheit. Zur italischen
Dorfgottheit Trebu: Prosdocimi 1989.

anschließenden Prozession der Argeer[94] vermuten lassen, daß die Opfer von einer *lustratio* durch die Kurien begleitet wurden, die sich wohl nicht sehr von den Lustrationen unterschieden hat, die wir für die *pagi* und für die *vici* kennen. Man kann sich vorstellen, daß die *lustratio* des Trimontium begonnen hat auf der Kuppe des Palatium (1. Kurie), wo das erste und bedeutendste Opfer stattfand, daß sie in das Tal am Fuß der Velia hinabführte (2. Kurie), auf die Kuppe der Velia hinauf (3. Kurie), wo das zweite Opfer stattfand, daß sie dann wieder, weiter westlich, in eben dieses Tal Richtung Fuß des Palatium hinunterführte (4. Kurie), dann auf dessen Höhe hinauf, mit Verlauf entlang des Hügels an seiner Westseite (5. und 6. Kurie), um schließlich die Kuppe des Cermalus zu erreichen (7. Kurie), den Ort, der dann mit der Kuppe des Palatium zusammenfiel (1. Kurie), womit der Umlauf dort, wo er begonnen hatte, schloß.[95] Diese *lustratio* schloß also auf dem Cermalus, wie auch dann die für das Quinquimontium hypothetisch angenommene Lustration, und vielleicht ist dies der Grund, daß in der septimontialen Aufzählung dieser Hügel an fünfter anstatt an dritter Stelle steht, wie er es aus hierarchischer Sicht verdient hätte. Die septimontiale Aufzählung gibt nämlich nur teilweise die Wirklichkeit des Trimontium wieder, über die sich, sie abändernd, die Gegebenheit des Quinquimontium darüberschiebt, die dann als solche in das weitere und spätere Gesamt des Septimontium übernommen wird. Die Strecke scheint einem Verlauf im Gegenuhrzeigersinn zu folgen, und sein Zweck ist nicht so sehr das Umrunden der Siedlung – wie es dann beim *amburbium* der Fall ist, bei den reformierten Läufen der Lupercalia, bei der Prozession des Triumphes und bei den pagischen Lustrationen[96] –, sondern das Durchschreiten der einzelnen Kurien, wie in den

---

[94] Vgl. Addendum VI.

[95] Es ist vielleicht möglich, den Verlauf dieser ursprünglichen *lustratio* noch genauer zu rekonstruieren, wenn man auch die bekannten Tore bezüglich des Palatium und der Velia in Betracht zieht, die an den ältesten Zugängen zu diesen Hügeln standen. Man konnte vom Palatium hinuntergehen auf den Platz zu, wo dann die Porta Mugonia errichtet wird, dann die Velia hinauf bis zum Sattel, der das Palatium mit diesem Hügel verband, sich durch den vom Tigillum Sororium markierten Zugang auf die Kuppe begeben, die Treppen zum gegenüberliegenden Rücken des Hügels hinuntergehen, das Palatium durch den Zugang, wo dann die Porta Romanula stehen wird, wieder hochgehen und dem Clivus Victoriae folgen bis zur Kuppe des Cermalus. Zur Lage der Porta Romanula und der Porta Mugonia aufgrund der Quellen siehe Coarelli 1983; zu einer möglichen archäologischen Bestimmung der Porta Mugonia siehe Carandini 1992 und in: Palatium e Sacra via, 1. Vgl. §§ 359 ff. und Addendum VIII.

[96] Zum *amburbium*: Serv. Ecl. 3,77; Paul. Fest. 5, 16 L. Zu den Lustrationen, die den Grenzen der *pagi* folgen: De Francisci 1959; Salmon 1967 (zur *lustratio finium* eines *pagus* bei Benevent). Palmer 1970 meint, die Kurien könnten gegründet worden sein, wie später die Stadt gegründet wird, aber es gibt dazu keinerlei Nachweis. Zu *lustrare* als Äquivalent zu *circumire*: Bennet Pascal 1988. Zur Reinigung als Voraussetzung für die Gründung: Briquel 1987. Auch der Lauf der Luperci war zu einer Lustration um den inaugurierten Palatin herum geworden. Die Mauern

hypothetischen *lustrationes* des Quinquimontium und des ersten Septimontium und wie in der gut dokumentierten *lustratio* der Argeer, die, wie wir
sehen werden, mit dem zweiten Septimontium zu verbinden ist. Es ist, als
wären die Lustration der Faden und die Kurien die Perlen des Schmuck-
stücks Siedlung, was darauf hindeutet, daß Palatium und Velia *primi inter
pares* sind und daß der Umfang der Siedlung (siehe die Kulte des Janus)
nicht weniger bedeutend ist als die Sitze der einzelnen Kurien. Diese mit
dem Territorium verbundenen Zeremonien, ausgerichtet auf die *montes*, die
curiae und die *sacella*, begründen den öffentlichen Aspekt der zunächst protourbanen und dann urbanen Siedlung, in dem Sinn, daß sie die allgemeinen Rechte der Gemeinschaft betreffen, die sich in Gegensatz setzen
zu den traditionellen und kollektivistischen Privilegien der gentilizischen
Geschlechter; diese tendieren dazu, sich zu widersetzen, setzen sich jedoch
insgesamt nicht durch, sondern erfahren angesichts der Macht der in sich
geschlossenen urbanen Welt ihren Niedergang.[97]

**203. Eine hypothetische protourbane Gründungsgrube und die Konti-
nuität zwischen Proto-Stadt und Stadt** (vgl. Abb. 4-10).   Auf dem Pian di
Civita in Tarquinia wurde eine über einer natürlichen Vertiefung gestaltete
Höhlung – vergleichbar der Cosa quadrata – gefunden, die mit den Resten
der ersten protourbanen Siedlung, datierbar in die letzte Generation des
Protovillanovianum (Fußböden, Löcher für die Pfeiler der Hütte, Ofen und
Reste eines Hirschgeweihs) zu verbinden ist, die möglicher Sitz der bedeutendsten Kurie dieses Zentrums und vermutlich auch der Wohnstatt des
Häuptlings der Siedlung war (das Hirschgeweih paßt gut zu rituellen Praktiken, die mit der Herrschaft verbunden sind); wenn diese Vertiefung als ein
(dem Dis Pater geweihter?) *mundus* interpretiert werden könnte oder als eine
Gründungsgrube des protourbanen Tarquinia, wie ich es für wahrscheinlich halte, dann könnte auch die romuleische Gründungsgrube des Cermalus einen protourbanen Vorgänger gehabt haben, in einer Gründungsgrube des Trimontium auf ebendiesem Hügel, in Verbindung mit der Hütte
des Häuptlings, dessen mythische Entsprechung die literarisch überlieferte
Hütte des Faustulus sein könnte. Auch die Kurie und die Wohnstätte des
Häuptlings des protourbanen Tarquinia scheint sich in einen Ort königli-

---

von Pompeji waren entgegen dem Uhrzeigersinn numeriert: Overbeck 1884, S. 56 ff. Auch die
augusteische Wiederherstellung der servianischen Tore wäre im Gegenuhrzeigersinn erfolgt:
Coarelli 1988.

[97] Der Gedanke, daß die Territoriumsfeste die »Stadt« gründeten, ist von Mastrocinque 1988:
eine sehr fruchtbare Idee, die aber vor allem auf das Zeitalter vor der Stadt bezogen werden
sollte. Vgl. anschließend, im Zusammenhang mit dem October Equus und den Argeern,
§§ 210 ff.; 285 ff. Zum Verhältnis *urbs-gentes* vgl. § 340.

cher Kulte gewandelt zu haben, vielleicht sogar in die *regia* der Stadt,[98] am ehesten in der ersten Hälfte des 8. Jahrhunderts (erste Einfriedung des Opferbezirks in Mauerwerk) – eine als romuleische Phase interpretierbare Zeit – und sicher ab Beginn des 7. Jahrhunderts (genaue Ausrichtung und beste »pilasterförmige« Bautechnik der Mauern der Einfriedung und des ersten Sakralraums, mit einem mit der Höhle verbundenen Opferaltar bzw. einer Opferbank)[99] – eine als numanische Phase interpretierbare Zeit. Die Verbindung Altar-Höhle folgt außerdem dem Modell eines alten Rituals, das sich wiederfindet im Aufbau der Roma quadrata, wie sie in den Quellen beschrieben wird, bezeugt auf einer pompejanischen Malerei und von den Resten des Cermalus (vgl. Abb. 3). Von großer Bedeutung im Komplex der *regia* von Tarquinia sind die Gründungsgruben, die von der Höhle unterschieden sind, vor dem Gebäude und seitlich vom Eingang zum eingefriedeten heiligen Bezirk liegend, datierbar an den Beginn des 7. Jahrhunderts; diese Gruben können wahrscheinlich auf die erste Stadtgründung bezogen werden; sie enthielten einen Lituus, einen Schild und eine Axt, die nie benutzt worden waren – religiöse und militärische Symbole der Herrschaft – zusammen mit Eßgeschirr; das führt uns zurück zur (mit dem Kult des Mars verbundenen) Curia Saliorum des Cermalus, wo (nach dem Galliereinfall) der Lituus des Gründers der Stadt gefunden werden sollte.[100] Würde diese

[98] Zu beachten sind die Bereiche innerhalb des heiligen Bezirkes, neben dem Raum mit Altar/Opferbank, datierbar ab dem 7. Jh., von dem ein Teil im 6. Jh. in ein Atrium verwandelt worden sein könnte (wenn das rechteckige Becken ein Impluvium ist): das *atrium Regium* von Tarquinia? (Bonghi Jovino – Chiaramonte Treré 1997 glauben dies nicht). In diesem Atrium oder in diesem eingezäunten und überdachten Raum gibt es auch eine runde Höhlung: vielleicht ein Silo (wie im Hof der Regia von Rom). Aber es ist auch möglich, daß die königliche Residenz ganz nah beim heiligen Bezirk lag, aber nicht dazu gehörte und noch zu entdecken ist. Der heilige Bezirk, wo die Tiere getötet wurden, deren Blut in die Mulde floß, setzte sich von dem umgrenzten Bereich ab, wo wahrscheinlich das eigentliche Heiligtum lag und wo man Reste von Opferscheiterhaufen, von Menschen und von Hirschgeweihen fand (zur Bedeutung letzterer, siehe Torelli 1996a, i. Dr.)

[99] Die Opferbank an der Rückwand und die pilasterförmige Bautechnik haben an ein syrischpalästinisches Vorbild denken lassen, an einen levantinischen Baumeister (Bonghi Jovino – Chiaramonte Treré 1997). Die Verbindung der Feuerstelle mit einer darunter liegenden Gründungsgrube findet man auch bei der Kulthütte von Satricum wieder und im Zusammenhang von Gründungsgrube und Altar der Roma quadrata: Grandazzi 1993.

[100] In Tarquinia hält sich das an einem erhöhten Punkt des Pian di Civita liegende sakralinstitutionelle Epizentrum, das auch Menschenopfer umfaßte (vielleicht auch eines Erwachsenen), in seiner Gesamtheit bis zum Beginn des 5. Jh., also etwa 400 Jahre lang. Die Einfassungen und die Gebäude des königlichen Komplexes werden ab dem 5. Jh. wieder benutzt und neu errichtet, aber die älteste Mulde wird von einer Straße bedeckt, die den Komplex heute überquert. Dies impliziert die Auflassung der protourbanen Gründungsgrube, aber nicht des übrigen mit der Stadtgründung verbundenen Monuments. Was wir oben ausgeführt haben, ist unsere Interpretation dessen, was wir in zwei römischen Vorträgen von M. Bonghi Jovino erfah-

Interpretation bestätigt, könnte man sagen, die Gründungsgrube der Roma quadrata könne einem alten etruskischen Ritus des protourbanen Synoikismos entsprechen, der an eine natürliche Höhle gebunden ist, in Tarquinia bis zum Ende des 10. Jahrhunderts zurückgeht und an diesem Ort bei der Stadtgründung genau so wiederholt wird. Es könnte dann also auf dem Cermalus (und auf dem Quirinal) Gründungsgruben gegeben haben, die bis zum Beginn der frühen Eisenzeit zurückgehen können. Auf ähnliche Weise könnte die von einer bronzenen Pflugschar gezogene Urfurche einem weiteren etruskischen Ritus entsprochen haben, der ebenfalls vielleicht in Etrurien auf die Endbronzezeit zurückgehen mag (man denke an das Pflügen bei der Gründung von Tarquinia, das Tarchon durchgeführt hat) und in Latium in den Beginn der Eisenzeit, und auch dieser Ritus mag wieder aufgegriffen und ebenfalls an die Erfordernisse der neuen Gegebenheit der urbanen Inaugurationen angepaßt worden sein. Das alles würde, wie im Fall von Tarquinia, eine rituelle und kultische und vielleicht auch mythische Kontinuität in den herrschaftlichen und kultischen Gebäuden der Häuptlinge und der Könige bedeuten, die die urbanen Zentren mit den protourbanen Zentren verbinden würde. Nicht zufällig war der Cermalus von der späten Bronzezeit bis zur romuleischen Zeit der Sitz des Cacus (des siculischen Häuptlings), des Picus und Faunus (der obersten aboriginischen Häuptlinge), des Faustulus (des protourbanen Häuptlings) und des Romulus (des ersten urbanen Königs). Am Sitz des Häuptlings oder der *regia* fanden wahrscheinlich die protourbanen *lustrationes* ihren Abschluß, dort, wo das Volk dem König gegenübertrat, wie es für die romuleische Zeit bezeugt ist.[101] Dieses Gesamt von Umständen würde ein außerordentliches Alter und eine Kontinuität des Gedächtnisses, des Bewußtseins und des Gefühls der Identität der proto-städtischen und städtischen Gemeinschaft bezeugen. Das

ren haben, der Leiterin dieser äußerst wichtigen Grabung, der ersten, die in einer großen etruskischen Stadt durchgeführt wurde (Bonghi Jovino–Chiaramonte Trerè 1997). Die erste Besetzung der großen etruskischen Zentren am Ende des Protovillanovianum, ab etwa 950 (nach traditioneller Datierung), würde gut übereinstimmen mit dem Beginn der acht etruskischen *saecula*, der auf das Jahr 967 angesetzt wird (Nilsson 1920; Radke 1990); gemäß den chronologischen Annahmen, die auf der Dendrochronologie basieren, müßten wir um etwa ein Jahrhundert weiter zurückgehen (vgl. Appendix 2 u. 2a). Wie dem auch sei, die Identität der Gemeinschaft von Tarquinia beginnt in der Anfangszeit des protourbanen Phänomens und hält sich durch bis zur Stadt des archaischen Zeitalters.

[101] Auch auf dem Kapitol ist, wie auf dem Cermalus, der Zusammenhang zwischen *regia* und Versammlungsplatz bezeugt: zweite Casa Romuli und Curia Calabra. Erst mit dem Comitium erscheint der Ort der Begegnung zwischen der Gemeinschaft und dem *rex* getrennt von der Wohnstatt des Herrschers, und es schiebt sich das Forum zwischen die beiden Komplexe; analog zum Tempel des Iuppiter Feretrius, der als Ort eines autonomen städtischen und vom königlichen Bereich getrennten Kultes erscheint.

Glück will es, daß wir auf dem Cermalus für dieses Gesamt der Umstände eine archäologische Entsprechung haben, nämlich in der großen Hütte des 9. Jahrhunderts mit einem Rundgraben beim Eingang (wie in Tarquinia), die wir im Licht der romuleischen Hütten, die nach ihrer Aufgabe im folgenden Jahrhundert mit noch viel größeren Gruben gebaut wurden, als die Hütte der ersten Häuptlinge der protourbanen Bergsiedlung interpretieren können. Die beiden Gruben des 9. und des 8. Jahrhunderts liegen nahe beieinander und nahe bei der in archaischer Zeit wiedergefundenen und in der mittleren Republik monumentalisierten Grube, die wir der Roma quadrata zugeordnet haben. Wir hätten dann also eine Kontinuität des Sakralen und des Gedächtnisses, die sich von der Vorgeschichte (Latiale IIA), d. h. von der Zeit der Gründung des Trimontium, bis an das Ende des Altertums bewahrt hätte.[102]

204. Beschreibung der sieben »curiae Veteres«. Wir werden Gelegenheit haben, die Kurien auf römischem Boden mit Bezug auf die Sacraria der Argeer zu untersuchen, wenn wir vom zweiten Septimontium handeln.[103] Einige Daten bezüglich der ersten sieben Kurien wollen wir hier vorwegnehmen. Die erste Kurie der angenommenen *lustratio* hat sich wohl auf der Kuppe des Palatium befunden, sie war wahrscheinlich die älteste, angesehenste und weiträumigste. Hier wurde das Opfer an Palatua oder Palatuar dargebracht,[104] und hier hatte wahrscheinlich der Flamen Palatualis seinen Sitz. Die zweite Kurie dürfte sich am Fuß der Velia befunden haben (die Kurie des Bezirks der Sacravienses?). Die dritte Kurie lag wohl auf der Höhe der Velia. Es handelte sich wahrscheinlich um die Curia Veliensis, wo wohl das Opfer an eine unbekannte Gottheit stattfand, die die Schützerin dieses Hügels war. Die vierte eher kleine Kurie befand sich wahrscheinlich auf dem Hang des Palatium, in der Nähe der *scalae* des Zugangs zum Hügel, die später Scalae Graecae genannt werden. Es handelte es sich wahrscheinlich um die Curia Acculeia,[105] in der ein heiliger Bezirk lag, der mit dem Hauptzugang zum Palatium verbunden war und zahlreiche Kulte umfaßte (Mutter der Laren, Laren und Aius Locutius). Der Bezirk hatte schon einen in der späten Bronzezeit frequentierten Ort beherbergt. Die fünfte und sechste Kurie, ebenfalls

---

[102] Vgl. Appendix 6.

[103] Vgl. §§ 285 ff.; Addendum VI.

[104] Palatua ist eine Gottheit, die den aboriginischen Ortsnamen Palatium vorauszusetzen scheint; sie wird in der septimontialen Aufzählung genannt, weshalb ihr Kult in eine Zeit zurückzureichen scheint, die zwischen dem aboriginischen und dem reifen protourbanen Zeitalter liegt, also zwischen der Endbronzezeit und der latialen Stufe IIB.

[105] Zum Zusammenhang zwischen den Arvalbrüdern und der Curia Acculeia: Palmer 1970. Die Arvalen waren wie die Laren Kinder der Acca, die beide im Bereich dieses Bezirks verehrt wurden.

von kleinem Ausmaß, müssen sich an der Westseite des Hügels befunden haben, entlang dem künftigen Clivus Victoriae. Erstere lag wahrscheinlich am oberen Ende der Scalae (Graecae), wo dann wahrscheinlich der Flamen Dialis seinen Sitz hatte.[106] Die siebte und letzte Kurie befand sich auf dem Cermalus, am oberen Ende der Scalae Caci. Sie beherbergte einen heiligen Bezirk mit zahlreichen Kulten (Vica Pota / Victoria, Volcanus?, Mars und Ops, Pales und wohl auch Falacer), in Verbindung mit dem Aufstieg zum Hügel aus dem Murciatal. Der Bezirk hatte schon einen Siedlungskern der Spätbronzezeit beherbergt und nahm traditioneller Weise die Residenz der Häuptlinge der Gemeinschaft und also auch des Häuptlings des Trimontium auf. Hier konnte der Sitz des Flamen des Falacer sein, wenn der Gott in Zusammenhang zu sehen ist mit Pales/Fales und wenn letztere als die Patronin des Cermalus betrachtet werden kann.[107] Die auffallend kleinen Ausdehnungen der vierten, fünften und sechsten Kurie lassen daran denken, daß dieser Teil des Palatium der seit längstem bewohnte war und daher in der vorangehenden Zeit präurbane *vici* beherbergt haben könnte (von denen es bis jetzt allerdings keine sichere archäologische Spur gibt). Die siebte Kurie, wo der Häuptling der Gemeinschaft residierte, grenzte an die erste Kurie, wo das Opfer an Palatua dargebracht worden sein dürfte, und dies sind auch die Orte, wo die älteste *lustratio*, die wir schon ansatzhaft als protourban bezeichnen können, begann und endete.

205. Drei falsche Fragen. Nach dem bisher Gesagten ist es offensichtlich, wie sehr einige Fragen, die fortwährend mit Bezug auf die protourbanen Zentren gestellt werden, müßig sind: 1. ob die Siedlungskerne »Dörfer« sind; 2. ob ein protourbanes Zentrum eine polyzentrische oder nur »prospektiv« einheitliche Natur hat; 3. ob es einen direkten Übergang von den (präurbanen) *vici* zur (urbanen) *civitas* gegeben hat. 1. Der Begriff »Dorf« ist äquivok, er schließt sowohl die Realität des *vicus* wie die der *curia* ein, und es ist klar, daß dann, wenn ein *vicus* sich in eine *curia* wandelt, dieser seinen ländlichen oder allgemeinen präurbanen Charakter verliert, weshalb es ratsam ist, die *vici* weiter »Dörfer« zu nennen, nicht aber die *curiae*, die nur als solche identifiziert werden sollten.[108] 2. Kurien, *montes* und andere

---

[106] Coarelli 1983. Die *domus* des Flamen Dialis könnte auch in der vierten Kurie gestanden haben. Siehe auch Palatium e Sacra via, 1, Album.

[107] Pales ist gleichzusetzten mit anderen weiblichen Gottheiten, die mit dem Cermalus verbunden sind: vgl. §§ 136-137. Eine der *curiae Veteres* hieß Raptae, in Anspielung auf die Sabinerinnen, die am Fuße der Kurie des Cermalus geraubt wurden.

[108] Das terminologische Mißverständnis wird dadurch verstärkt, daß die griechischen Städte im 9. Jh. aus »clusters of small villages« hervorgegangen sein sollen: Donlan 1989. Der mißverständliche Charakter des Begriffes »Dorf« findet sich auch bei entsprechenden griechischen Ausdrücken, die zugleich eine ländliche Siedlung und den Bezirk einer protourbanen und

eher großräumige Organismen dieser Art charakterisieren die protourbanen Zentren, aber sie charakterisieren dann auch die urbanen Zentren, insofern beide sich nicht auf eine vage Wirklichkeit gründen, wie man sich verleiten hat lassen zu glauben, sondern auf eine definierte und hierarchische Gliederung der Teile – die *montes* zum Beispiel sind größer als die Kurien, da sie sie enthalten –, weshalb sowohl die protourbanen wie die urbanen Zentren als einheitlich, wenn auch in Teile gegliedert, betrachtet werden müssen, wie Fustel de Coulanges es richtig gesehen hat.[109] 3. Nur die terminologische Äquivozität *vici/curiae* = »Dörfer« ermöglicht es, die protourbane Zeit exzessiv hinauf- oder herunterzudatieren, sie schiebt sich strukturell notwendig zwischen die präurbane und die urbane Zeit, beginnend mit dem Moment, wo folgender Übergang erfolgt: a) von *vici*, die höchstens verbündet sind, b) zu zunächst protourbanen *curiae*, die in bestimmter Weise einheitlich untereinander organisiert sind, wenn auch ohne eine *potestas* und eine zentralisierende königliche Gewalt urbanen Typs,[110] c) dann zu städtischen *curiae*, die durch eine königliche *potestas* urbanen Typs zentralisiert sind. Die Änderung besteht ursprünglich, in Fällen wie auf dem Territorium von Rom, in der Organisation der verschiedenen siedlerischen Funktionen innerhalb einer klareren topographischen Hierarchie, entsprechend wahrscheinlich ersten Ungleichheiten zwischen den Geschlechtern, die für diese Epoche aufgrund der Lektüre der Dokumentation der Nekropolen nicht leicht benennbar, aber auf jeden Fall schon aufgrund der Organisation einer komplexen Siedlung wie der auf römischem Boden vorauszusetzen sind. Die Erweiterung der protourbanen Siedlungen auf römischem Boden erfolgt dann nämlich in aufeinanderfolgenden Schritten, indem zunehmend an die Siedlung angrenzende *pagi* zu *montes* erhoben werden. So erfolgen die Übergänge vom Trimontium zum Quinquimontium, zum ersten und zum zweiten Septimontium. Zur Zeit der Realisierung des protourbanen, reifen Zentrums erscheinen die Änderungen in den sozialen Beziehungen schließlich auch

urbanen Siedlung bezeichnen (vgl. § 177, Anm. 24). Die dem Begriff protourban innewohnende Problematik hat das Studium der griechischen Siedlungen vor ihrer Umformung zur Stadt noch nicht berührt (vgl. § 358).

[109] Fustel de Coulanges 1864 sah in der städtischen Föderation vorhergehende unabhängige und kleine Einheiten erhalten, so daß jedes Mitglied der Gemeinschaft vier verschiedenen Sozialformen anzugehören schien: der Familie, der Phratrie, der Tribus und der Stadt: »Die Stadt war eine Konföderation von Gruppen, die sich vor ihr gebildet hatten.« Die protourbanen Kurien waren jedoch nie und nicht von Anfang an unabhängig; der Begriff »Föderation« scheint uns deshalb passend für die präurbanen Bündnisse, jedoch irreführend mit Bezug auf protourbane und urbane Verbünde.

[110] Da eine *regia potestas* fehlt, wären die Kurien untereinander nicht durch ein Band föderalistischer (Coli 1951), sondern organisatorischer Art verbunden (De Francisci 1952–53).

in der Dokumentation der Gräber klar auf.[111] Das Trimontium hat also,
zumindest äußerlich, alle Aspekte einer großen präurbanen Siedlung, aber
es handelt sich eher um die Merkmale einer vergangenen Zeit, so daß bei
genauerem Hinsehen *in nuce* alle die Umstände vorhanden sind, die die
Aussage erlauben, daß eine andere Wirklichkeit von schon protourbanem
Typ im Entstehen ist und daß der Übergang vom Trimontium zum Quinquimontium und dann zum ersten und zum zweiten Septimontium nur
eine logische und rasche Entwicklung desselben Keimlings in Richtung auf
die volle Realisierung eines großen protourbanen Zentrums auf römischem
Boden ist. Die Besetzung der Hochebenen der großen Zentren des Villanovianum in Etrurien erfolgt, wie wir sehen werden, in einer völlig unterschiedlichen Weise.[112]

---

[111] Bietti Sestieri 1992a. Vgl. §§ 345, 354.
[112] Vgl. §§ 331 ff.

3 Das »Quinquimontium« (Palatium, Velia, Fagutal, Subura und Cermalus) und die *colles* (Latiaris, Mucialis, Salutaris und Quirinalis)

206. Vom Trimontium zum Quinquimontium. Zum Kern der ersten drei Hügel – Palatium, Velia und Cermalus – kommen bald weitere zwei hinzu, das Fagutal und die Subura/Carinae, wodurch der Übergang von einer Siedlung aus drei Hügeln zu einer aus fünf Hügeln zusammengesetzten Siedlung erfolgt. Wie später die Hinzufügung der *colles* zu den *montes* zur Bildung des zweiten Septimontium führt und wie die Erhebung von Oppius, Caelius und Cispius in den Rang von *montes* und ihre Hinzufügung zum Quinquimontium zur Bildung des ersten Septimontium führte, so führt die Erhebung der *pagi* des Fagutal und der Subura zu *montes* zur Bildung des Quinquimontium. Die Entwicklung der Siedlung erfolgt nur zum Teil in der natürlichen Richtung ihrer Interessen, d. h. zum Velabrum, zum Argiletum und zur Subura hin, bedingt durch die damals nicht überschreitbare Grenze, die mit dem Vorhandensein einer autonomen Siedlung auf den *colles* gegeben war. Aus diesem Grund dehnt die Siedlung sich auch in die entgegengesetzte Richtung aus, nach Nordosten, auf einen Teil des Gebietes, der deutlich hügeliger, waldreicher und weiter entfernt liegt von der Biegung des Tibers und seinen Sümpfen.

207. Das Fagutal. In der septimontialen Aufzählung wird das Fagutal nach der Velia genannt, an die es offensichtlich angrenzt. Zu dieser Zeit dürfte das Fagutal aus dem Hang bestanden haben, der vom östlichen Fuß der Velia auf die Höhe des Hügels führte (auf die näher bei der Velia gelegene Kuppe des Oppius), auf dem man sich den *lucus* des Iuppiter Fagutalis vorstellen kann, da die Kulte des Jupiter sich im allgemeinen auf dem Gipfel der Hügel befanden. Aber in einer Zeit, die auf das erste Septimontium folgte (also nach der latialen Stufe IIBı), und wahrscheinlich vor dem dritten Viertel des 8. Jahrhunderts (wenn der Murus terreus Carinarum wie die Mauern des Palatin in die romuleische Zeit datiert werden kann) nimmt ein Teil des Fagutal den unterschiedlichen Ortsnamen Carinae an, der in der septimontialen Aufzählung fehlt.[1] Nur der Bezirk des Heiligtums auf der

---

[1] Zur Lokalisierung der Carinae vgl. Anm. 5. Es ist wahrscheinlich, daß die Befestigungen der Velia (Murus Mustellinus und vielleicht auch Murus terreus Carinarum) und des Fagutal

Kuppe des Hügels bewahrte den Namen Fagutal oder besser Lucus Fagutalis. Der neue Bezirk der Carinae löste sich dann vom Fagutal im engeren Sinn und orientierte sich in Richtung auf die Subura, denn in archaischer Zeit gehörte er in administrativer Hinsicht nicht zum Fagutal/Oppius (*regio* II Serviana) sondern eben zur Subura (*regio* I Serviana).[2] Der Name Carinae könnte vom Typus der Bäume abgeleitet sein, die den Ort charakterisierten, d. h. von den Walnußbäumen, die ihn unterschieden haben vom Baumbestand des Fagutal, der von Buchen gebildet wurde, und in diesem Fall könnten die Carinae auch nur einen einzelnen Hang bezeichen, den des Fagutal/Oppius, der Name könnte aber auch von der Schale einer Nuß *(putamen nucis)* abgeleitet sein, d. h. von deren Form des Schiffskiels *(carina, infima pars navis)*, und in diesem Fall hätten sie sich auf zwei Hänge beziehen können: die beiden Hänge der Velia und des Fagutal.[3] Das Fagutal bezeichnete schließlich die Höhe der Burg, wo das Heiligtum des Iuppiter Fagutalis war, das dann vielleicht (seit der romuleischen Zeit?) befestigt wurde. Es handelte sich ursprünglich um einen pagischen Außenbezirk, wo in einem *lucus* die dem Jupiter heilige Buche verehrt wurde, vielleicht schon seit der Zeit des *populus* der Velienses.[4] Es legte sich nahe, das Heiligtum auf die näher bei der

(Murus Carinarum?) eine Neuformulierung der Ortsnamen nach sich zogen, wobei man dem Raum zwischen den Mauern den Namen Carinae gegeben hat. Varro nennt die Carinae (ling. 5,48), als er die servianische regio I beschreibt, im Zusammenhang mit der Sacra Via und dem Murus terreus Carinarum, womit wahrscheinlich der auf die Carinae ausgerichtete Nordost-Abschnitt der Verteidigungsmauer der Velia aus romuleischer Zeit gemeint ist. Der Murus terreus (Carinarum) verhielte sich zu den Carinae wie der Murus Mustellinus – wahrscheinlich die Verlängerung des ersteren auf der Südwest-Seite der Velia – zu den Corneta und zum Lucus Streniae (Terrenato 1992), aber der Murus (Carinarum) könnte auch mit der Befestigung des Fagutal zusammenfallen (Varro ling. 5,50). Der Umstand, daß manche Täler, wie die Carinae, besondere Ortsnamen angenommen haben, die sie von den jeweiligen montes unterscheiden, deutet auf eine andere Wertung dieser Plätze rund um das Trimontium hin – Sacravienses, Suburanenses, locus Ceroliensis, Argiletum, Velabrum und Murciatal –, datierbar in die Zeit, in der die Siedlung sich auch in den Talgründen ausbreitete, ab der latialen Stufe IIB.

[2] Erkell 1981. Augustus vereint dann Velia, Carinae, Subura und Fagutal in seiner *regio* IV. Sie ist nichts anderes als das Fossil des Quinquimontium, geschmälert um den Cermalus und das Palatium, die die augusteische *regio* X bilden, weil es sich um von Romulus inaugurierte Hügel handelt, also nicht mehr mit ihrem ursprünglichen Umfeld verwechselt werden sollen. Die Trennung der *regio* X von der *regio* IV hätte ohne die Voraussetzung der romuleischen Inauguration keinen Sinn.

[3] *Carina* vielleicht aus dem griechischen *karyon* = *nux*, *karyinos* = *nuceus*. Eine Notiz (Flor. 2,18) impliziert den Zusammenhang zwischen dem Ortsnamen und den Kielen der Schiffe, während eine andere (Serv. Aen. 8,361) die Ableitung des Ortsnamens von Gebäuden nahe dem Tempel der Tellus impliziert, die kielförmig gewesen sein sollen.

[4] Auf dieser Burg werden dann das Dianium und das Haus des Tarquinius Superbus errichtet (Coarelli 1986 denkt an das Haus des Servius Tullius, das bei den Sette Sale anzusetzen und mit dem Kult der Fortuna Virgo zu verbinden sei; Terrenato 1992; Ziolkowski 1989 und 1992;

Velia gelegene Kuppe des Oppius zu setzen, also auf einen ebenen Bereich der Burg – wo sich jetzt San Pietro in Vincoli erhebt –, der einen besonders abschüssigen Hang zum Collis Latiaris hin hat.[5] Zur Zeit der protourbanen Formierung hat das Fagutal wohl an die Velia angegrenzt, und es war der erste *mons*, der in das Quinquimontium eingegliedert wurde, nach der Reihung der Hügel in der septimontialen Aufzählung zu urteilen. Eine Kurie konnte sich auf dem Hang des Hügels (innerhalb der künftigen Carinae) finden, und sie dürfte die erste gewesen sein, die den sieben *curiae Veteres* des Trimontium hinzugefügt wurde (und damit war sie also die achte Kurie des Quinquimontium), und eine weitere Kurie wurde wahrscheinlich auf der Kuppe des Hügels eingerichtet, angeschlossen an das Heiligtum des Jupiter, die zweite, die an die sieben älteren Kurien des Trimontium angeschlossen und also die neunte Kurie des Quinquimontium wurde. Das Fagutal sollte also, wie schon die Velia, zwei Kurien haben. Es handelt sich um den einen Teil der Erhebung, dessen zweiter Teil zur Zeit des ersten Septimontium ein *mons* mit dem Namen Oppius wird. Der Hügel des Oppius im weiteren Sinne (also das Fagutal einschließend) bildet dann zusammen mit dem Cispius, der als letzter dem Septimontium eingegliedert wird, die servianische *regio* II der Esquiliae (so der zusammenfassende Ortsname verschiedener Hügel, analog zu Agonus, Collinus und Quirinalis, letzterer in extensivem Sinne verstanden). Sollte der Name dieser *regio* sich von »excolo«

zu den Hinweisen auf einen Tempel auf der Höhe von San Francesco di Paola in der Zeit der mittleren Republik: Colonna 1995; siehe auch Ampolo 1996a).

[5] Zur Orographie der Burg: Pinza 1905. Einige Verwirrung könnte die Existenz von *magistri* des Vicus Iovis Fagutalis stiften, die ein Heiligtum in der augusteischen *regio* III (CIL, 6,452) restaurieren. Da die hier in Frage kommende Kuppe des Oppius zur augusteischen *regio* IV gehört, könnte man versucht sein, das Fagutal auf die andere Kuppe des Oppius zu verlegen, zu den Sette Sale (Coarelli 1993c). Dies würde bedeuten, daß der gesamte Mons Oppius seit dem Quinquimontium der Siedlung einverleibt gewesen wäre; dies widerspricht jedoch der Integration des Oppius (oder besser der zweiten Hälfte des Oppius, die die Kuppe der Sette Sale einschließt) zur Zeit des ersten Septimontium, die sich aus der septimonialen Aufzählung ergibt. Bezüglich der genannten Inschrift ist anzumerken: 1. daß der Bezirk des Vicus Iovis Fagutalis an den Lucus Iovis Fagutalis angrenzen konnte, ohne ihn miteinzuschließen; 2. daß es auch dann, wenn der *vicus* den *lucus*, wo die *magistri* in ihrem Viertel gewirkt haben, mit umfaßt hätte, es keinen Grund gegeben hätte, die *regio* des fraglichen Heiligtums zu nennen, weshalb seine Erwähnung vermuten läßt, daß die *magistri* eines *vicus*, der zu dem am frühesten in die Siedlung aufgenommenen Teil des Oppius gehörte (der in die augusteische *regio* IV einbezogen war), an einem Ort tätig waren, der in kultischer Hinsicht mit ihrem *vicus* verbunden war, verwaltungsmäßig aber zum benachbarten Teil des Oppius gehörte, der erst später in die Siedlung einbezogen wurde und dann in die augusteische *regio* III aufgenommen wurde. (Ich kam zu dieser Überzeugung, nachdem ich D. Palombi gehört und mit ihm über seine Doktorarbeit zur *regio* IV gesprochen hatte, der es allerdings nicht für nötig hielt, diese Diskussion im Vorwort seiner Veröffentlichung zu erwähnen.)

herleiten, was »außerhalb der Siedlung« (des Quinquimontium) bedeutet, wäre im Ortsnamen die ursprüngliche Randlage des Ortes vorausgesetzt, wie wir es schon im analogen Fall der Succusa/Subura gesehen haben, was außerdem auch von den zahlreichen *luci* offenbart wird, die dieses Gesamt von Erhebungen charakterisieren.[6] Das besagte Heiligtum des Jupiter des *populus* der Velienses, des Trimontium und des Quinquimontium – das einzige, das man ihnen zuordnen kann – befand sich also im Hinblick auf das Palatium in exzentrischer, aber beherrschender Lage, vergleichbar dem Heiligtum des Iuppiter Latiaris auf dem Collis Latiaris bezüglich des Quirinals. Fagutal und Collis Latiaris sind zwei benachbarte Erhebungen, fast einander gegenüber, getrennt nur durch die Subura: eine Grenzzone und jetzt vielleicht auch eine Grenze. Mit dem Einschluß des Fagutal, vielleicht auch der Subura (vgl. Abb. 17), und dann des Oppius, des Caelius und des Cispius kommt es dazu, daß der frühere Distrikt des *populus* der Velienses sich den Distrikt des früheren *populus* der Querquetulani einverleibt, womit das Quinquimontium und dann das Septimontium einen ersten Synoikismos zwischen den Bevölkerungen dieser beiden Distrikte voraussetzen. In dieser Sicht ist es auf das Quinquimontium zurückzuführen, daß ein auf einen *populus* beschränktes Gebiet, also von noch präurbaner Dimension, überschritten wird in Richtung der größeren Ausmaße der protourbanen Zentren und deren Landgebiete, was den Zusammenschluß mehrerer ursprünglicher territorialer Einheiten impliziert.

208. Die Subura.   Ein weiterer *pagus*, der in dieser Zeit in den Rang des *mons* erhoben wird, ist der Pagus Succusanus, der als neuer Hügel den Namen Subura erhält. Es handelt sich um den nordwestlichen Hang der Velia und des Fagutal, benachbart also dem südöstlichen Hang des Fagutal, den Carinae, mit dem er eng verbunden ist, wie aus ihrer gemeinsamen Zugehörigkeit zur *regio* I Serviana hervorgeht.[7] Die Subura findet sich an vierter Stelle in der septimontialen Aufzählung, danach könnte sie, nach dem Fagutal, als letzter *mons* zum Quinquimontium hinzugekommen sein. Die Subura muß zumindest teilweise mit dem alten Pagus Succusanus

[6] Varro ling. 5,49–50. Esquiliae könnte auch als von dem Baumnamen *aesculus* abgeleitet interpretiert werden (Rodríguez Almeida 1993a), einem weiteren dem Jupiter heiligen Baum (Plin. nat. 12,3 ff.). So gesehen mußte der Lucus Esquilinus im Gebiet der Esquiliae und auf dem Oppius liegen, zwischen dem Lucus Fagutalis auf der näher zur Velia gelegenen Kuppe des Oppius und dem Lucus Libitinae, der außerhalb der servianischen Mauern lag, auf dem Campus Esquilinus (zu einer anderen Zuordnung des Lucus Esquilinus und Lucus Libitinae: Coarelli 1993c). Vgl. Addendum VI.

[7] Die Subura lag am Fuße der Carinae (Fraschetti 1990). Man kann vermuten, daß die Subura ursprünglich auch das Argiletum umfaßte, welcher Ortsname wie die Carinae in der septimonialen Aufzählung nicht auftaucht.

zusammenfallen,[8] ein wertvolles Fossil, das den ursprünglich pagischen Status dieses Randgebiets des Trimontium anzeigt. Der Name Succusa/*Sub*ura ist nicht leicht zu erklären,[9] aber das Präfix scheint eine untergeordnete Position anzudeuten, und das ist tatsächlich eine Eigenheit der Subura. Einige Gelehrte haben der Subura wegen der Lage im Talgrund nicht den Rang eines *mons* zuerkennen wollen, den die Aufzählung des Septimontium ihr aber sehr wohl zuerkennt. Aber wenn der Begriff *mons* in dieser Zeit nicht eine gesamte orographische Einheit bezeichnet, wie wir schon gesehen haben, sondern ein Viertel, das einen oder mehrere Bezirke oder Kurien beherbergt, die auf einem Paß oder Hang, also auch auf einem einzelnen Teil einer Erhebung liegen kann, scheint jede Schwierigkeit behoben. Die Hinzufügung der Subura bedeutet den Beginn der Besetzung der Talsohlen durch die Bergsiedlung, die sich dann zur Zeit des ersten Septimontium erweitert und komplettiert, was, wie wir sehen werden, zur Verlagerung und Zusammenfassung der Begräbnisstätte der *montes* an die Peripherie führt. Der ursprüngliche Entstehungsgrund der Subura war mit der Straße verbunden, die am Argiletum begann und unmittelbar jenseits der Subura, zwi-

---

[8] Varro ling. 5,48; Fest. 402 L. (Erkell 1981). Zu einer zu weit gefaßten Bedeutung des Pagus Succusanus, wonach er das Tal zwischen Caelius und Esquiliae oder den östlichen Teil des Caelius miteinschlösse: Platner 1906 (der eine Hypothese von G. Wissowa aufgreift); Poucet 1960; Martínez Pinna 1985; Fridh 1987. Solche Auslegungen waren von der Überlegung bestimmt, daß die Subura, als Standort einer Garnison zum Schutz des Esquilin vor Einfällen aus Gabii (Fest. 402 L.), besser auf dem Caelius plaziert wäre, aber die Garnison befand sich in der Regio Suburana, was nicht unbedingt heißt auf dem Hügel namens Subura (Fraschetti 1990). Weitere Garnisonen sind dann in den Carinae und auf dem Esquilin bezeugt. Der Cispius und der Oppius sollen ihren Namen von mit Tullus Hostilius verbündeten latinischen Heerführern haben. Oppius Tuscolanus hätte seine *castra* »in Carinis« gehabt, während Cispius Anagninus »eam partem Esquiliarum, quae iacet ad vicum Patricium versus, in qua regione est aedis Mefitis, tuitus est«: Fest. 476 L. (Ampolo 1996). Der Pagus Succusanus ist der einzige innerhalb der Servianischen Mauern, damit ist er ein sehr altes Fossil, das in der Folge wegen der nahen Grenze mit den *colles* keinen topographischen Verschiebungen unterlag. Dies läßt vermuten, daß die anderen peri-protourbanen *pagi*, bei denen die Möglichkeit bestand, sie nach außen zu verschieben, ursprünglich viel näher am alten Siedlungszentrum gelegen waren (vgl. §§ 212 ff.). Vgl. auch § 212, Anm. 30.
[9] Die Etymologie »sub antiqua urbe« des Iunius Gracchanus, in: Varro ling. 5,48, darf nicht darüber hinwegtäuschen, daß der *pagus* sehr viel älter war als die Stadt (Fraschetti 1990 denkt an die palatinisch-veliensische-Stadt, die als solche nie existiert hat). Im Quinquimontium gab es nämlich keinerlei *urbs*, also einen mit einer Pflugfurche rituell begrenzten Siedlungsraum (*urbs* von *urbus*, von daher das Verb *urbare*: Casavola 1992). Nach Ferri 1962a: Saturnini von Urini (Plin. nat. 5,3), Urini von **Urna*, Erweiterung der Grundform *Ura* mit Suffix -*na*, daher Subura. Nach Erkell 1981 erklärt Sucusa sich aus der lateinischen Form **Sugura*, vor dem Rhotazismus **Sugusa/Suguza*, während Subura sich aus der sabinischen Form **Subusa/Subuza* erklären würde. Es gibt das Verb *suburare*, versengen, vielleicht in Verbindung mit den *ustrina* der frühesten esquilinischen Nekropole zu sehen (aus einem Gespräch mit D. Manacorda).

schen Cispius und Oppius, zum Clivus Suburanus wurde,[10] dem Weg, der
nach Gabii führte. Die Subura konnte ursprünglich eine Art *statio*[11] gewesen
sein, beherrscht von der Burg des Fagutal, über die man vom Tal des Sacco
und vom inneren Latium das Herz der Bergsiedlung erreichte und von der
man dann Richtung Etrurien vorrücken konnte.[12] Die Einbeziehung der
Subura brachte für das Quinquimontium die direkte Kontrolle des Talgrun-
des an der Grenze zu den *colles* und des Endpunktes der Straße, die vom Caelius und vom Fagutal/Carinae zum Collis Latiaris führte, was der Gemeinschaft der *montes* einen großen strategischen Vorteil brachte. Die Kurie der
Subura dürfte als dritte zu den sieben Kurien des Trimontium dazugekommen sein (womit sie also zur zehnten Kurie des Quinquimontium wird). Ihr
Sitz konnte mit einem viel älteren *vicus* des Pagus Succusanus zusammenfallen. Die Subura hat also, wie der Cermalus, nur eine einzige Kurie. Zum
Randgebiet des Quinquimontium gehörten auch die Gewässer der Sümpfe
am Fuße vielleicht schon der Subura, des Palatium und des Cermalus; will
man diese Siedlung in ihrer Gesamtheit verstehen, muß dies unbedingt
beachtet werden. Es ist möglich, daß das Viertel ursprünglich zum Distrikt
der Querquetulani gehört hat.

209. Neufassung der »lustratio«.   Die Reihenfolge, in der die fünf Hügel
in der septimontialen Aufzählung angeordnet sind, scheint, über die zwei
Opfer *pro montibus* auf den ersten beiden Hügeln hinaus, eine erweiterte und
neu gestaltete *lustratio* bezüglich des Trimontium anzudeuten. Sie konnte
von der Kuppe des Palatium (1. Kurie) ausgehen, den nördlichen Hang
hinabführen (in Übereinstimmung mit der Strecke, die die künftige Porta
Mugonia überqueren wird?), sie konnte entlang dem südlichen Hang der
Velia verlaufen (2. Kurie), auf die Höhe der Velia hinaufführen (3. Kurie)
über die Sacra Via und das Tigillum Sororium, von der Velia wieder hinab-
steigen und den Hang hinaufsteigen, der die Carinae (4. Kurie) bilden wird,
die Kuppe des Fagutal (5. Kurie) erreichen, hinabführen durch die Subura
(6. Kurie) zum Velabrum, das Palatium am Fuß der *scalae* (Graecae) (7. Kurie)
erreichen, am westlichen Rand dieses Hügels verlaufen (8. und 9. Kurie) und
den Cermalus (10. Kurie) erreichen, wo die Prozession auf der Kuppe endete,
wo sie ihren Ausgang genommen hatte. Mit Bezug auf diese *lustratio* muß
der Cermalus von der dritten auf die fünfte Stelle in der Aufzählung der
montes verschoben worden sein, um die letzte Position zu behalten, die der
letzten Station der Prozession besser entsprach.

[10] Mart. 5,22,5; App. 1,58.
[11] Es gibt *mansiones*, die in ihrem Ortsnamen die Vorsilbe *sub* haben, wie Succosa (Geogr. Rav.
4,32; 5,21) am Fuße des Hügels von Cosa. Zu Cosa siehe: *Cusi (*Cusia, *Cusa?) (Pallottino 1937).
[12] Vgl. § 264.

210. October Equus und die Feier des Quinquimontium. Außer den Opfern *pro montibus* des Trimontium und außer der neugefaßten *lustratio* können wir dieser Zeit auch ein besser bekanntes Ritual zuschreiben, die Zeremonie des October Equus, die auf der Rivalität der beiden benachbarten Bergbezirke der Sacravienses[13] und der Suburanenses[14] beruhte. Die Rivalität kam in einem Pferdewettkampf zum Ausdruck, der mit dem Opfer des rechten Pferdes des siegreichen Wagens bzw. der *triga*[15] beendet wurde. Nur diese beiden Bezirke am Fuß der Velia, d. h. die alte Kurie der veliensischen Talsohle (die 2. Kurie des Trimontium und des Quinquimontium) und die neue Kurie der Subura (die 6. Kurie des Quinquimontium), scheinen zur ursprünglichen Version der Zeremonie zu gehören, während die anderen topographischen Einheiten, die in das Ritual, wie es auf uns gekommen ist, einbezogen sind, anscheinend auf spätere Versionen des Ritus zu beziehen sind. Der Wettstreit könnte sich auf die gewaltsame Angliederung der drei neuen Viertel bezogen haben, die, in Bezirke/Kurien umgewandelt, zu den sieben alten Bezirken/Kurien des Trimontium hinzukamen. Es ist interessant, daß der Pagus Succusanus, die künftige Kurie der Subura, und eine der beiden Kurien der Velia gegeneinander antreten, und nicht eine Kurie

---

[13] Fest. 190 L. Es handelt sich um Bewohner an den Ausläufern der Velia, wo entlang des Baches im Talgrund die ursprüngliche Strecke der Sacra Via verlief, aber das Viertel konnte das Trimontium in seiner Gesamtheit repräsentieren. Im 8. Jh. handelt es sich dann um ein Viertel aristokratischen Gepräges: Colonna 1977c und 1981a.

[14] Unter Suburanenses sind die Bewohner der Subura zu verstehen, aber das Viertel konnte auch die Carinae/Fagutal repräsentieren, also die anderen Erwerbungen, die das Quinquimontium bildeten. Wie die Sacravienses den Verlauf der Sacra Via kontrollierten, der von der Velia und vom Trimontium zum Kapitol führte, so kontrollierten die Suburanenses die Straße, die von den Carinae und vom Quinquimontium zum Collis Latiaris führte. Es handelte sich um die beiden wichtigsten Straßen der *montes*, die die Grenzen überquerten und zu den Burgen der Gemeinschaft der *colles* führten.

[15] Zu dem Pferd, das über der Schicht gefunden wurde, die die Begräbnisstätte entlang der Sacra Via bedeckte: Ampolo 1981a; zur Datierung in die Stufe Latiale IV: Martínez Pinna 1985; die Stratigraphie läßt eher an eine Epoche unmittelbar nach der Stuferiode IV denken, um den Beginn des 6. Jh.. Zu dem Pferd der *triga*, das geopfert werden muß: Coarelli 1997. Die Wagen sind in den Fürstengräbern ab dem Ende der Stufe Latiale III (ab etwa 725) bezeugt: Bedini 1984 und 1990; Bartoloni 1993. Zum Pferdeopfer in Argos in der geometrischen Periode: Courbin 1966. Zum königlichen Gepräge des Pferdeopfers, zu seiner Verbindung mit Heroen und Gottheiten, die mit den Gewässern und, wie Ares, mit dem Krieg verbunden sind: Guaitoli M. T. 1995. Zur Bedeutung des Reittiers in den villanovianischen Zentren: di Gennaro 1982. Das Pferd wird durch Menschenopfer ersetzt bei einer von Caesar im Jahr 46 v. Chr. durchgeführten exemplarischen Bestrafung, die Anleihe macht beim Ritus des October Equus: Dio. Cass. 43,24 (Pouthier 1981), insofern die Köpfe vor dem Pontifex Maximus und dem Flamen Dialis Geopferten bei der Regia aufgehängt werden. Das Pferdeopfer könnte frühere Menschenopfer ersetzt haben, die Cäsar ausnahmsweise wieder aufgegriffen hätte. Zur Verbindung des siegreichen Pferdes oder Wagenlenkers mit dem Opfer siehe das Menschenopfer beim Kult des Iuppiter Latiaris: vgl. § 132, Anm. 53.

des Palatium, des ersten Hügels des Trimontium und des Quinquimontium. Das könnte sich mit der Nachbarschaft zwischen diesen beiden miteinander im Wettstreit liegenden Bezirken erklären, aber es fällt eben auch die Bedeutung der zentralen Präsenz der Velia ins Auge, des zweiten Hügels des Trimontium und des Quinquimontium, der hier die erste Stelle einnimmt, weil die Ausdehnung zum Fagutal und der Subura ihren Ausgang eben von diesem Hügel genommen haben dürfte, der zur Zeit des *populus* der Velienses der erste gewesen war. Im Lichte dieser Überlegungen könnte die Zeremonie als Wettkampf und als triumphales Opfer interpretiert werden, mit dem die Einbeziehung der Subura unter die *montes* gefeiert wurde, die Komplettierung also des Quinquimontium.[16] Daß mit dem October Equus ursprünglich die Gründung des Quinquimontium gefeiert wurde, wird auch vom proto-städtischen Charakter des Festes nahegelegt, eines Festes, das nur an sehr spezifische, begrenzte und zentrale Plätze gebunden ist, an einen Wettstreit heroischen Charakters zwischen einer Kurie und einem *pagus (/vicus?)*, der eine Kurie werden soll, das in seiner Art dem Fest der zwei Opfer auf dem Palatium (für Palatua) und auf der Velia (für eine unbekannte Gottheit) ähnlich ist, die die Gründung des Trimontium gefeiert zu haben scheinen. Ähnlich könnten die septimontialen *feriae*, mit den üblichen zwei Opfern *pro montibus* und möglicherweise einer nochmals neugefaßten *lustratio* an das Septimontium erinnern, und die *sacra* der Argeer würden schließlich *pro curiis* und *pro sacellis* an den Synoikismos zwischen den Kurien der *montes* und der *colles* und damit also an die Gründung des vereinten protourbanen Zentrums oder des zweiten Septimontium erinnern. Eine solche Reihe von Ritualen weist darauf hin, mit welcher Bewußtheit die protourbane Gemeinschaft die grundlegenden Schritte ihrer Formierung erinnert und sie möglicherweise schon in einen Festkalender eingefügt hat.[17] Die Zeremonie des October Equus bezieht sich – in der Version, die wir kennen – auf Örtlichkeiten wie das Trigarium beim Tarentum, wo der Wettstreit der Dreigespanne stattfand, auf den Altar des Mars, wo das rechte Pferd des siegreichen Zwei- oder Dreigespanns geopfert wurde, auf die Regia, wo der Schwanz des geopferten Pferdes angeheftet wurde, und auf die Regia oder die Turris Mamilia, wo der Kopf des Pferdes angeheftet wurde wie eine Trophäe, je nachdem, welcher der beiden Wettkampfparteien es gelungen war, sich sei-

---

[16] A. Brelich dachte irrtümlicherweise an Konflikte zwischen den unabhängigen Einheiten des Palatin und des Quirinals. Das October Equus gehört zu den ältesten Festen im Kalender: Brelich 1954-55 (vgl. Addendum VII). Coarelli 1977 erfaßt, unabhängig von dieser Untersuchung, daß die Zeremonie eine Zeit vor der Annexion des Esquilin (also vor dem Septimontium) voraussetzt , aber er sieht sie noch als »präurban«.

[17] Vgl. § 309.

ner zu bemächtigen;[18] es sind dies Örtlichkeiten, die wohl zwischen dem ersten Synoikismos und dem Ende der Königszeit (zwischen dem 8. und dem 6. Jh.) zu datieren sind, womit sie sich auf viel spätere Versionen des Ritus zu beziehen scheinen. Die ursprüngliche Zeremonie dürfte sich in einem topographisch viel engeren Rahmen, im Bereich des Quinquimontium abgespielt haben.[19] Andererseits würden diese Rangeleien der Viertel jede Bedeutung verlieren, wenn wir sie uns zur Zeit des Septimontium oder der Stadt Rom vorstellen würden, als diese Viertel seit geraumer Zeit in die Siedlung eingegliedert waren und die möglichen Konflikte sich mehr an die Peripherie verschoben hatten.

211. Rekonstruktion des ursprünglichen October Equus. Die Zeremonie des October equus scheint sich, wie wir gesehen haben, auf die erste Ausdehnung der *montes* zu beziehen, ihre erste Eroberung und damit auf ihren ersten Triumph. Einen solchen ursprünglichen Triumph können wir uns als eine Zeremonie zu einem bestimmten Datum und aus folgenden Riten zusammengesetzt vorstellen: 1. Ein ritueller Wettstreit zwischen Zwei- oder Dreigespannen,[20] 2. ein Pferdeopfer, dargebracht vom Flamen Martialis[21] und 3. die Darbringung der Glieder des Pferdes am Heiligtum des Mars der *regia*.[22] Der ursprüngliche Wettkampf hat wohl nicht auf dem Campus

---

[18] Scholz 1970; Dumézil 1975; Ampolo 1981a; Radke 1990.

[19] Scholz 1970 (»Fünf-Berge-Fest«); Martínez Pinna 1985.

[20] Der Wettstreit des October Equus dürfte die Härte der ursprünglichen Schlacht bewahrt haben (»non levis contentio«: Fest. 190 L.), was die Vermutung nahelegt, daß der Proto-Synoikismus im Quinquimontium erzwungen war. Es ist kein Zufall, daß unabhängig vom Streit um den Kopf des Pferdes (wenn ihn die Sacravienses gewannen, wurde er an der Regia, wenn die Suburanenses ihn gewannen, an der Turris Mamilia aufgehängt) der Schwanz in jedem Fall über der Feuerstelle des Heiligtums des Mars in der Regia aufgehängt wurde, was ein Hinweis ist auf den Vorrang der Regia vor der Turris Mamilia, was wiederum erlaubt, den Vorrang des Trimontium (des Sitzes der *regia*) gegenüber den Erwerbungen des Quinquimontium zu rekonstruieren (die diese Entsprechung der *regia*, die die Turris Mamilia dann ist, beherbergt haben dürften). Das Quinquimontium erscheint also als das Resultat der expansiven »Politik« des Trimontium.

[21] Das dem Mars geopferte Pferd erinnert an das Opfer für Consus / Neptunus Equester, das vom pränestinischen Kalender für die Consualia des 15. Dezember bezeugt ist: »rex equo [immolat]« (Coarelli 1983). Beide Opfer könnten ursprünglich am Fuße des Cermalus stattgefunden haben, bei der Höhle des Mars oder beim Lupercal und beim Altar des Consus, die wahrscheinlich die beiden Wendemarken der ursprünglichen Läufe der Lupercalia, der Consualia und demnach also wohl auch des Wettkampfes des October Equus bildeten. Mars und Consus waren untereinander und mit Ops verbundene Gottheiten. Es ist nicht leicht zu entscheiden, welches der an den beiden Festen geopferten Pferde das als Opferrest verwendete Blut für das *suffimen* der Parilia lieferte. Wir wissen, daß es von einem »curtus equus« stammte (Prop. 4,1,20), also von einem Pferd mit abgeschnittenen Gliedern (Kopf und Schwanz?). Brelich 1968a dachte an das October Equus.

[22] Zur ursprünglichen *ovatio*: Coarelli 1988.

Martius/Marsfeld, sondern auf dem Campus Martialis[23] des Caelius stattgefunden (seit dem Septimontium) und zuvor am Fuße des Cermalus, wo
die Consualia, ebenfalls mit Pferdeopfer verbunden, und die ersten Lupercalia stattfanden. Auch das Pferdeopfer für Mars dürfte ursprünglich nicht
am Altar des Mars auf dem Marsfeld stattgefunden haben, sondern auf
dem Campus Martialis, am Rand des Caelius (seit dem Septimontium) und
davor am Fuße des Cermalus, wahrscheinlich in dem Heiligtum des Mars,
das mit dem Lupercal verbunden war: Es war wohl das älteste »Marsfeld«
auf römischem Boden, mit eigenem Marskult, wie auch die beiden späteren
Marsfelder – außerhalb der Porta Capena und am Altar des Mars (dessen *dies
natalis* einen Jahresbeginn am 1. März voraussetzt, der dem auf den 15. März
festgelegten Jahresbeginn des romuleisch-numanischen Kalenders folgt) –
eigene Kulte hatten. Ein weiteres mögliches ursprüngliches Marsfeld ist im
Bereich des künftigen Forum identifiziert worden (nach einer Hypothese
von Ettore Pais). Der Schwanz des Pferdes wurde ursprünglich wohl nicht
zum Heiligtum des Mars in der *regia* am Fuße des Palatium gebracht, d. h.
zur *regia* der Könige Roms seit Numa, sondern zum Heiligtum des Mars
der ursprünglichen *regia*, die sich auf dem Cermalus befand, der Wohnstätte
der Häuptlinge der Gemeinschaft der *montes* noch vor Romulus, und das
konnte der Höhepunkt dieser protourbanen Zermonie gewesen sein.[24] Der
Kopf des Pferdes wurde, wenn die Sacravienses ihn gewonnen hatten, die
Repräsentanten des Trimontium (des früheren Distrikts der Velienses), zur
regia gebracht, wo er am Heiligtum der Ops als Beute aufgehängt werden

---

[23] Der *flamen* heißt, wie der *campus* des Caelius, »Martialis« und nicht »Martius«, was einen
zeitlichen Vorrang des Campus Martialis vor dem Campus Martius nahelegt (Scholz 1970).
[24] Zum Cermalus als Ort der mythischen präurbanen *ovatio* des Faunus vgl. §138. Zum königlichen Komplex des Cermalus und der Hütte des Häuptlings der protourbanen *montes* vgl.
Appendix 6. Andererseits fällt die Höhle des Mars mit dem Kultplatz seines Nachfahren Faunus
Lupercus überein. Das Blut des Pferdeschwanzes, über der Feuerstelle des Marsheiligtums in
der *regia* vergossen, reinigte vor allem die Feuerstelle des Marsheiligtums vom Krieg: Plin. nat.
28,146 (Dumézil 1975). Wir wissen auch, daß die Reinigungsrituale oftmals mit Fruchtbarkeits-
ritualen verbunden sind, etwa bei den Lupercalia. Der indische Ritus der *açvamedha* beinhaltete das Opfer des Pferdes duch den König, des Tieres des göttlichen Stammvaters und der
Sonne (Menschen- und Pferdeopfer bleiben allgemein den Königen vorbehalten). Aus Anlaß
dieser jährlichen Erneuerung des Königtums vereinigte sich der erste Gattin des Königs, die
von ihm schwanger war, mit dem toten Pferd als Stellvertreter des Gottes, das dann in 36 Teile
zerlegt wurde, offensichtlich ein Hinweis auf die Fruchtbarkeit: D'Onofrio 1953–54; Calasso
1996, Kap. VII. Es ist daher nicht auszuschließen, daß die römische Zeremonie im Ursprung
die Vereinigung des Häuptlings und seiner Gattin beinhaltete, als rituelle Wiederauflage der
mythischen Vereinigung von Mars und Ops, und daß sie daher auch eine an die Fruchtbarkeit
gebundene Bedeutung hatte (der Schwanz des Pferdes ist auch als Phallus interpretiert worden,
und in Verbindung mit der Feuerstelle kann er mit dem Phallus des Lar Familiaris oder des
Volcanus gleichgesetzt werden, der, wenn er aus der Feuerstelle hervortrat, Häuptlinge zeugte).

mußte, von der man sich gut vorstellen kann, daß sie diese Beutestücke entgegennahm;[25] wenn die Suburanenses, die Repräsentanten des Fagutal und der Subura (des früheren Distrikts der Querquetulani) den Kopf gewonnen hatten, wurde er zur Turris Mamilia gebracht, die ursprünglich vielleicht eine Entsprechung der *regia* auf dem Fagutal/Carinae oder in der Subura war.[26] Wir könnten abschließend eine Reihe von Spielen und Zeremonien rekonstruieren, die im Laufe der Zeit aufeinander gefolgt sind, angesetzt jeweils mit Bezug auf Gründungsmomente der Bergsiedlung, und zwar für die präurbane und die protourbane Phase, für die Phase der Stadtwerdung und für die fertige Stadt: 1. mit Bezug auf die aboriginische Neugründung des Cermalus (Faunus, Lupercalia und Consualia), 2. mit Bezug auf die Gründung des Quinquimontium (Häuptling der protourbanen *montes* und October Equus), 3. mit Bezug zur Gründung der Stadt (Romulus, Lupercalia und neu geordnete Consualia) und 4. mit Bezug zur Neugründung der Stadt zur Zeit der Tarquinier (Tarquinius und Ludi Romani im Circus Maximus). Solche einmal jährlich entsprechend dem Kalender[27] im September oder

[25] Es sei daran erinnert, daß Pompeius die Beute dem Tempel der Ops auf dem Kapitol anvertraute (Pouthier 1981), und an das von Caesar veranlaßte Menschenopfer (vgl. § 210, Anm. 15).

[26] Die Turris Mamilia stand nicht auf dem Caelius, wie man geglaubt hat, wo lediglich eine Grabinschrift gefunden wurde (CIL, VI 33837), die dieses Denkmal erwähnt (Scholz 1970). Es könnte sich um die Residenz des römischen Zweiges der mächtigen *gens* von Tusculum handeln (vielleicht auch um eine Garnison, die mit Tusculum zu tun hatte). Octavius Mamilius, Diktator von Tusculum, hatte die Tochter des letzten Tarquiniers geheiratet. Die *turris*, wahrscheinlich vom Ende des 6. Jh., könnte eine frühere Garnison abgelöst haben. Diese konnte in den Carinae gelegen haben, wo die *castra* eines anderen Tuskulaners errichtet worden waren, des Oppius, der dem Oppius seinen Namen gegeben hat, und wo auch die stehende Garnison der *regio* I Suburana sich befunden haben könnte, die den Esquiliae gegen die Angriffe von Gabii zu Hilfe kam (eine mit den Antistii verbundene Garnison?). Der *regio* II Esquiliae ordneten die Alten die »excubiae regis« zu, den Ort, wo sich der von Romulus angeführte Teil des römischen Heeres zur Verteidigung gegen Titus Tatius niedergelassen hatte und wo sich die Befestigungen des Fagutal befanden und der Aufenthaltsort des letzten Tarquiniers in der Nähe des Lucus Fagutalis: also Orte königlicher Häuser. Auf dem Cispius lag schließlich der von Cispius Anagninus verteidigte Ort: Varro ling. 5,50; Solin. 1,21 Momm; Fest. 476 L.; Fest. 402 L.; Varro ling. 5,49; Dion. Hal. 2,37 (Monaco 1984; Minieri 1988; Fraschetti 1990; Ampolo 1996). Vgl. auch § 208, Anm. 8. Carinae, Oppius und Cispius waren also Orte von Garnisonen, Befestigungen und befestigten Häusern. Einer von ihnen entsprach und war entgegengesetzt zuerst der *regia* des Cermalus und dann des Palatium.

[27] Vgl. Addendum VII. Torelli 1990 meint, daß der früheste Kriegsfeldzug mit dem Tubilustrium am 23. Mai abgeschlossen worden sei, während der Jahrestag des October Equus erst zur Zeit der Tarquinier in ein Siegesfest umgewandelt worden wäre, da vorher ein sechs Monate dauernder Feldzug nicht vorstellbar wäre. Die Neugestaltung des Festes des October Equus zur Zeit der Tarquinier ist sehr wahrscheinlich, aber die Feier eines Sieges durch einen Wettstreit scheint ein sehr altes Element zu sein, und der Krieg, der normalerweise im Frühling stattfand, konnte dann ausnahmsweise im Sommer fortgeführt werden, wodurch ein endgültiger Abschluß der militärischen Aktion eben auf den Herbstanfang fallen mußte. Man konnte

Oktober abgehaltenen Zeremonien scheinen auf die Erneuerung der königlichen Macht zu zielen, durch die Identifikation des Königs mit dem Gott und durch die Vereinigung des Häuptlings und seiner Frau und dann des Königs und der Königin in Form der Hierogamie,[28] die rituelle Wiederholung der mythischen Gründung der Königsherrschaft und der mythischen Vereinigung des Mars und der Ops. Es ist bedeutsam, daß in diesem Kontext der ältesten Wurzeln Jupiter völlig abwesend zu sein scheint.

212. Der pagus Montanus.   Mit dem Quinquimontium hat sich das Zentrum der Siedlung erweitert, und wir können uns vorstellen, daß sich als Folge ein neuer pagischer Randbezirk ergeben hat im Gebiet der *luci*, die zwischen dem Caelius und dem Cispius lagen,[29] der – entsprechend dem schon im Zusammenhang mit dem Trimontium beobachteten Siedlungsmodell – hinzutritt zu dem auf den Cermalus ausgerichteten aventinischen Randbezirk. Wir leiten das auch aus der folgenden Geschichte der Siedlung und aus der Koppelung der von den servianischen Regionen eingeschlossenen Bezirke ab. Der Erhebung des Fagutal zum *mons* könnte der Erwerb des restlichen und mehr zum Inneren hin gelegene Teil des Oppius (um die Burg der Sette Sale herum) als seine pagische Dependenz entsprochen haben, wo auch der Pagus Montanus seinen ersten Sitz gefunden haben könnte, und des Cispius, der vielleicht ebenfalls Teil dieses *pagus* war,[30] wenn man in Betracht zieht, daß Oppius und Cispius in der Folge in die gleiche *regio* II Serviana der Esquiliae eingebunden werden. Die Reihenfolge der Erwerbung der *pagi* könnte ihrer Erhebung zu *montes* zur Zeit des ersten Septimontium entsprechen (Oppius, Caelius und Cispius). Daß der Cispius

nicht das Risiko eingehen, den Sieg zu feiern und die Waffen niederzulegen, um dann die Kriegshandlungen wieder aufzunehmen. Es ist nicht so, daß die Kriege sechs Monate dauern mußten (von Mitte März bis Mitte September des romuleischen Kalenders); sie konnten auch aus kurzen Feldzügen bestehen, die jedoch in diese sechs Monate fielen.

[28] Coarelli 1995. Vgl. § 211, Anm. 24.

[29] Zu zwei Wäldern, die vielleicht zu den beiden Kuppen des Caelius gehören: Tyr. Trig. 25. Siehe auch den Lucus Camenarum und die Haine des Esquilin: Fagutalis, Esquilinus und Libitinae auf dem Oppius und Poetelius, Iunonis Lucinae und Mefitis auf dem Cispius: Thédenat 1904; Platner-Ashby 1929 und Coarelli 1993c.

[30] Rodríguez Almeida 1983 und 1993a. Der Pagus Montanus wird dann weiter an die Peripherie verlegt, wo er seinen endgültigen Sitz jenseits des Agger findet, bei der Porta Esquilina, wie ein *in situ* gefundener Meilenstein mit Inschrift zeigt: CIL, I/2 591 (Fraschetti 1990). Der Pagus Montanus dürfte sich zum Palatin-Velia verhalten haben wie der hypothetische Pagus Collinus (vorstellbar zwischen dem Quirinal und der Porta Collina) zu den *colles* des Quirinal (Carafa 1993). Während der *pagus* Collinus, vermutliches *caput* der Via Salaria, ein wichtiger Ort für die Kontrolle des Vieh- und Salztransportes gewesen sein dürfte, könnte der *pagus* Montanus, umgeben von Wäldern und Endpunkt wichtiger Straßen durch das innere Latium, ein Kontrollpunkt für den Transport, zum Beispiel von Holz, gewesen sein. Latium war nämlich berühmt für seine Wälder: Theophr. hist. plant. 5,8,3 (Ceretti 1987; Grandazzi 1991).

als letzter dazugekommen ist, überrascht nicht, da er ein Viertel war, das jenseits des Clivus Suburanus lag, eines Grenzwegs, entlang dem in dieser Zeit eine Nekropole entstand, die in der Folge die große Begräbnisstätte der *montes* wurde. Der Pagus Montanus und der folgende auf den Caelius bezogene Pagus waren wahrscheinlich Teile des präurbanen Distrikts des *populus* der Querquetulani, der jetzt von den *montes* erworben wurde.

213. Der sogenannte pagus Querquetulanus. Der *pagus* unbekannten Namens,[31] den wir Querquetulanus zu nennen vorschlagen, dürfte den Hügel Querquetulanus oder Caelius besetzt haben, mit dem Locus Ceroliensis im Tal, das sich zwischen den Caelius und die Carinae schob, Orte, die mit dem Caelius in die *regio* I Serviana eingegliedert wurden.[32] Man kann vermuten, daß der Erwerb des Caelius als territoriale pagische Dependenz derselben Zeit zuzuordnen ist wie die Erhebung des Fagutal in den Rang eines *mons*. Der *pagus* des Caelius konnte nicht mit Palatium-Cermalus verbunden sein, da der östliche Teil des Palatin einem anderen Bezirk angehörte, dem früheren Bezirk des *populus* der Velienses, und er vom Caelius außerdem durch einen Sumpf und durch einen Wasserlauf getrennt war, während alte Verbindungen den sog. Pagus Querquetulanus an den südwestlichen Hang des Fagutal binden mußten, die künftigen Carinae, und letztere an die Subura, die ebenfalls zu einem Teil der *regio* I Serviana wurde.

214. Die Rangordnung des Quinquimontium. Man kann, von der Spitze ausgehend, die Siedlungshierarchie des Quinquimontium folgendermaßen rekonstruieren:

1.a) Die Hügel der septimontialen Opfer, die in die *lustratio* einbezogen sind und in der septimontialen Aufzählung (insofern »Gründer«) als erste genannt werden (Palatium, Velia); 1.b) die Hügel, die mit älteren Burgen der älteren Siedlungen zusammenfallen, die von den Opfern ausgeschlossen, aber in die *lustratio* einbezogen sind und in der septimontialen Aufzählung genannt werden (Cermalus).

2. Die Hügel, die zuvor *pagi* am Rand waren, von den Opfern ausgeschlossen, in die *lustratio* einbezogen, und in der septimontialen Aufzählung genannt werden (Fagutal und Subura).

3.a) Die *pagi* am Rand von hohem Alter, die *pagi* bleiben, von den Opfern ausgeschlossen, in die *lustratio* nicht einbezogen sind und in der septimontialen Aufzählung nicht genannt werden: der Pagus Aventinensis (I oder großer Aventin und II oder kleiner Aventin); 3.b) die an die Siedlung

---

[31] Siehe die bei Santi Quattro Coronati aufgefundene Inschrift: CIL, I/2 984 = VI 30888 (Fraschetti 1990).
[32] Rodríguez Almeida 1993.

angrenzenden *pagi*, die in jüngerer Zeit gebildet wurden, von den Opfern ausgeschlossen, in die *lustratio* nicht einbezogen sind und in der septimontialen Aufzählung nicht genannt werden: Montanus (I, künftig Oppius, II, zum Teil künftig Cispius, und III) und Querquetulanus (I).

4. Die Sümpfe (Velabrum, Murcia-Tal und Tal zwischen Palatium/Velia und Caelius), die die in 1. a) und 1. b) aufgezählten Hügel umgaben.

215. Die Ausdehnung des Quinquimontium. Die Siedlung des Quinquimontium hat jetzt die beträchtliche Ausdehnung von 57 Hektar erreicht,[33] und die zugehörigen *pagi* umfassen 214 Hektar.[34] Der Bereich der *pagi* ist fast viermal so groß wie die Siedlung (3,7). Es sind dies die Ausmaße der kleineren protourbanen Zentrum in Etrurien und Latium. Das Quinquimontium ist in dieser Phase etwas größer als die Gemeinschaft der *colles* (52 ha) und um die 30 Hektar größer als Alba Longa. Die *pagi* der Bergsiedlung (214 ha) sind etwas größer als die *pagi* der Hügelsiedlung (186 ha). Die Hegemonie der Bergsiedlung gegenüber der Hügelsiedlung auf römischem Boden und bezüglich der Gründungsstadt könnte also in dieser Phase beginnen, auch wenn die Wirkungen sich vor allem ab dem Septimontium zeigen werden.

216. Die Nekropolen und die Chronologie. Mit dem Entstehen der neuen *montes* Fagutal und Subura, wodurch sich das Quinquimontium formiert, beginnt im Latiale IIA2 eine neue Nekropole zu entstehen, die sich entlang der damaligen Landstraße des Clivus Suburanus erstreckt. Zu Beginn kann diese Begräbnisstätte zusammen mit der älteren entlang der Sacra Via benutzt worden sein, aber sie verwandelt sich bald in die große Nekropole der *montes*.[35] Die neue Nekropole des Clivus Suburanus befand sich nicht mehr an der Grenze zwischen zwei Hügeln, sondern in einer pagischen Zone außerhalb der Siedlung und völlig am Rand, ausdrücklich reserviert als Begräbnisstätte. Das Aufgeben der alten Nekropole, Voraussetzung für die Schaffung des Viertels der Sacravienses, und das Entstehen des symmetrisch gelegenen Viertels am Nordfuß des Palatium sind gleichzeitige Phänomene, datierbar

---

[33] Trimontium 32,55 ha + Fagutal 14,97 ha + Subura 9,47 ha = 56,99 ha.

[34] Pagus Aventinensis I 57,61 ha + Pagus Aventinensis II 37,45 ha + Pagus (Querquetulanus) I 59,47 ha + Pagus Montanus I 24,72 ha + Pagus Montanus II 23,55 ha + Pagus Montanus III 11,45 ha = 214,25 ha.

[35] Pacciarelli 1994: »Der Mangel an verfügbaren Daten erlaubt es nicht, mit Sicherheit festzustellen, ob diese Materialien (der latialen Stufe IIA2) später sind als die des Forums und somit einen chronologischen Übergang zwischen zwei Momenten der Erweiterung der Siedlung mit anschließender Verlagerung der Nekropole darstellen oder ob diese Funde nicht auf einen gleichzeitigen und vom Forum abzusetzenden Begräbnisplatz hinweisen«. Schon Meyer 1983 war der Meinung, der Beginn der Nekropole sei in der zweiten Hälfte der latialen Stufe IIA anzusetzen. Siehe auch Bettelli 1994; Bietti Sestieri 1996, Tabelle 8.4; Peroni 1994 und 1996; Pacciarelli i. Dr.; Appendix 2.

ab dem Latiale IIB1.[36] Unter dieser Voraussetzung wäre das Quinquimontium zwischen dem Ende des Latiale IIA2 und dem Anfang des Latiale IIB datierbar. Mit der Entstehung des Begräbnisplatzes auf dem Esquilin wird die Trennung zwischen Nekropole und Siedlung klar und vollständig.

217. Eine autonome Gemeinschaft der »colles«.   Das Quinquimontium bildet eine organische Kette von *montes* entlang der Achse Tiber–Velabrum–Argiletum–Subura. Der Siedlungsschwerpunkt lag, wie schon beim Trimontium, eher auf dem Nordhang und Westhang der Siedlung als auf dem Osthang, der auf das sumpfige Tal am Rand zwischen Cermalus–Palatium–Velia und Caelius gerichtet war. Und doch sind es die östlichen, hügeligen und waldreichen Gebiete, in deren Richtung sich diese lange und schmale Siedlung erweitert und in Zukunft erweitern wird, bedingt dadurch, daß sie die vom Velabrum und der Subura bezeichnete Grenze nicht zu überschreiten vermag, da jenseits davon eine weitere unabhängige Gemeinschaft auf römischem Boden bestand, die die *colles*, das Kapitol und die übrigen *pagi* besetzte. Insgesamt hat es den Anschein, daß Pol der Anziehung der frühere Distrikt der Latinienses war; da es aber, die Subura ausgenommen, nicht gelang, dahin vorzustoßen, hat der frühere Distrikt der Velienses begonnen, sich in Richtung auf das Innere Latiums auszudehnen, auf das Fagutal, jenseits des *iugum* des Tigillum Sororium,[37] in Richtung auf den früheren Distrikt der Querquetulani, d. h. auf den Oppius (Kuppe der Sette Sale) und den Caelius. Mit der Besetzung der Talsohlen und mit der Ausdehnung in die *pagi* (der früheren Querquetulani) des Oppius, des Caelius und des Cispius hat das Quinquimontium jetzt die Voraussetzungen geschaffen, um die Ausdehnung des Septimontium und das Merkmal eines in sich geschlossenen protourbanen Zentrums zu erreichen.

218. Wir wissen nur wenig von der Gemeinschaft der »colles«.   Wir wissen leider nur recht wenig über die Gemeinschaft der *colles*,[38] weil das erste und vor allem das zweite Septimontium schließlich den Vorrang auf römischem Boden gewonnen haben, was wahrscheinlich der Grund dafür ist, daß es von den *montes* eine reichere Erinnerung gibt. Es bleibt also nichts anderes übrig, als zu versuchen die Wirklichkeit der *colles* auf der Grund-

---

[36] Zum palatinischen Bezirk: Carandini 1992 und in: Palatium e Sacra via, 1; vgl. auch Addendum VIII.

[37] Das *tigillum Sororium* verliert seine funktionale Bedeutung mit dem Septimontium - wie die romuleischen Tore des Palatin mit der servianischen Neugründung -, als der Zugang zur Siedlung an die Stelle der künftigen Porta Capena verlegt wird (Pais 1913).

[38] Wir haben für die *colles* kein der septimonialen Aufzählung vergleichbares Dokument, auch die Tatsache, daß alle fünf *colles* in die eine *regio* III Serviana und dann in die eine *regio* VI Augustana zusammengefaßt wurden, hilft nicht viel zur Kenntnis dieses Teiles des Territoriums von Rom.

lage der wenigen Hinweise, die wir haben, im Licht der besser dokumentierten, spiegelbildlichen und gleichzeitigen Gegebenheiten der *montes* zu rekonstruieren.[39] Von der Siedlung der *colles* wissen wir nicht einmal den Namen,[40]
während wir den Namen der Siedlung der *montes* kennen, aber auch nur
den der latialen Stufe IIB, als aus den fünf Hügeln sieben werden und diese
das Septimontium bilden, was eben ein einheitliches Gesamt von sieben
Hügeln bedeutet. Wie auch immer, der Ausgangspunkt besteht darin, daß
gleichzeitig mit dem Trimontium und dem Quinquimontium sich eine weitere Siedlungseinheit entwickelt, die zumindest ursprünglich unabhängig
ist, zusammengesetzt aus vier *colles*.[41]

219. Die Gottheiten und die Opfer der vier »colles«. Ein Merkmal der
colles besteht darin, daß sie ihren Namen von den Gottheiten ableiten, die
dort verehrt wurden[42] – Collis Latiaris, Collis Sanqualis/Mucialis, Collis
Salutaris und Collis Quirinalis – wie in den Fällen Janiculus (Janus), Saturnia (Saturnus), Cermalus (Luperci germani) Palatium (Palatua) und Fagutal
(Iuppiter Fagutalis). Die vier *colles* und ihre Zugänge scheinen also von einzelnen Schutzgottheiten beschützt zu sein, wie aus den Namen selbst oder
aus dem Namen der künftigen Tore der servianischen Mauern hervorgeht,
aber sie haben auch eine gemeinsame Definition, insofern sie Agoni genannt
werden, da auf ihren Höhen ganz besondere Opfer abgehalten wurden:
»Agonia sacrificia, quae fiebant in monte; hinc Romae mons Quirinalis

---

[39] »Für den Bezirk der Quirinalstadt mag eine dem Septimontium analoge Sondereinrichtung
verschollen sein«: Mommsen 1887-88 (III.i, S. 115). Fraschetti 1990 kritisiert diese Symmetrie,
die seiner Meinung nach »zu systematisch« ist. Aber die historische Plausibilität der Gegenüberstellung ist durch den Umstand garantiert, daß die Bezeugungen bezüglich der *montes* an
das Vorliegen einer protourbanen Erfahrung denken lassen und daß die Namen Quirinus und
Quirinal ebenfalls auf eine in Kurien gegliederte Siedlung verweisen (vgl. §§ 220, 243 ff.). Erkell
1987 hat gemeint, der Quirinal wäre ein *pagus* gewesen, aber diese Hypothese ist abzulehnen
weil die *pagi*, solange sie solche sind, *vici* aufnehmen, aber keine Kurien.

[40] Zur Hypothese, daß sie Quirium hieß, siehe Wissowa 1902.

[41] Die Siedlung des Palatium scheint der Siedlung auf dem Quirinal nicht voranzugehen, die
daher, zumindest im Ursprung, als unabhängig betrachtet werden kann (vgl. §§ 196 und 230).
Früher einmal wurde das Gegenteil angenommen, auf der Grundlage einer unterschiedlichen
Evidenz und folglich einer anderen Interpretation: Colonna 1974. Für die Unabhängigkeit war
noch Peroni 1989 und 1994, aber sie wird seit neuestem wieder verneint, zugunsten einer einheitlichen protopolitischen Organisation seit dem Beginn der frühen Eisenzeit, so Pacciarelli
1994.

[42] Varro ling. 5,42. Ein anderer Name des Collis Mucialis, vielleicht der ursprüngliche, ist vom
Namen des entsprechenden servianischen Tores abgeleitet, das Sanqualis hieß (vom Kult für
Semo Sancus Dius Fidius). Auch der Collis Salutaris scheint einen ursprünglichen Collis San-
qualis vorauszusetzen, wegen der engen Verbindung zwischen den beiden Gottheiten. Zum
Opfer »Fiso[vio] Sancio«, das man vor einem der Tore von Gubbio darbrachte: Prosdocimi
1989.

Agonus et Collina Porta Agonensis«.[43] Die Salii Collini hieß auch Ago-
nenses.[44] Daraus folgt die Vermutung, daß zwischen den *agonia* genannten
Opfern und den *colles* ein enger Zusammenhang bestand. Die Gesamtheit
der vier *colles* der Opfer könnte Agonus geheißen haben, wie die Porta
Collina Agonensis hieß, mit extensiver Bedeutung des Begriffs, analog zu
dem, was wir vom Quirinal wissen. Aber die besonderen Bezeichnungen der
vier *colles*, darunter der Name des Quirinal im engeren Sinn, und die Bezeichnung Agonus für den Quirinal im weiteren Sinn scheinen viel älter zu sein
als die anderen generalisierenden Bezeichnungen, die die vier *colles* umfassen
(Collinus, Quirinalis), die wahrscheinlich in die Zeit des Servius Tullius und
seiner *regio* III Collina datierbar sind. Die Agonia, später Agonalia genannt,
waren feierliche Opfer eines *aries*, typisch für die vier *colles*, dargebracht in der
Königszeit vom *rex* in der *regia* – was auf ihren Rang und ihr Alter hinweist –,
aber in der Zeit der protourbanen Formierung mußten sie vom Haupt der
Gemeinschaft der *colles* auf den vier *colles* zelebriert werden. Das Agonium des
März, dem Mars geweiht, wurde wohl auf dem Kapitol gefeiert (wo ein der
späten Königszeit vorausliegender Kult des Mars bezeugt ist), das Agonium
des Mai, geweiht Maius/Vediovis, wird ebenfall auf dem Kapitol begangen,
das Agonium des Dezember, geweiht (Quirinus?/ Sol) Indiges, wird auf dem
Quirinal und das Agonium des Januar, geweiht Janus, außerhalb der Porta
Carmentalis begangen.[45] Die *agonia* wenden sich also an den namengebenden Gott des Monats – an Mars im März, an Maius/Vediovis im Mai und
an Janus im Januar –, was aber aufgrund dieses Automatismus nicht erwähnt
wird, ausgenommen im Fall des *agonium* im Dezember, das dem Gott Indiges
geweiht ist, der im Kalender ausdrücklich genannt ist.[46] Das kalendarische
Zusammenfallen (11. Dezember) dieses besonderen *agonium*, des einzigen, das
mit dem Quirinal verbunden ist (und damit wohl auch mit Quirinus), mit
dem Fest des Septimontium läßt an eine bezeichnende Analogie zwischen
den Agonia der *colles* im allgemeinen und im besonderen des Indiges und den
Opfern des Septimontium, von denen wenigstens eines der namengebenden
Gottheit des Palatium geweiht ist, denken.

220. Der Indiges des Agonium: der protourbane Gründer des Quirinal?

Das bisher Gesagte legt nahe, daß der Indiges des *agonium* so zum Quirinal

---

[43] Paul. Fest. 9,304. 458 L.
[44] Varro ling. 6,14. Das heißt nicht, daß die Opfer der Agonia mit den Saliern zu tun gehabt
haben, wie Torelli 1984, 1990 und 1996 meint.
[45] Lyd. mens. 4,15 setzt Indiges mit Sol gleich (Torelli 1984; Magdelain 1995). Zum Kult des
Mars auf dem Kapitol: Varro bei Aug. civ. 4,23. Alföldi 1974 siedelte fälschlicherweise das *agonium* des Indiges am 11. Dezember auf dem Palatin an.
[46] Wagenvoort 1947; Radke 1963; Magdelain 1995.

steht wie die Palatua des septimontialen Opfers zum Palatium und wie die
unbekannte Gottheit des septimontialen Opfers zur Velia. Unter dieser Voraussetzung könnte Indiges etwas mit Quirinus zu tun haben, dem namengebenden Gott des Quirinal, in Anbetracht dessen, daß Palatua die namengebende Göttin des Palatium war. Wir wissen, daß Quirinus, zusammen
mit Faunus (einem anderen von den Fabiern auf dem Quirinal verehrten
Gott, vermutlich im Zusammenhang mit Modius Fabidius, dem möglichen
aboriginischen Gründer der *colles*),[47] als ein Gott *Indiges/Genialis* betrachtet
wurde.[48] Daraus könnte man ableiten, daß der Indiges des Dezember und
des Quirinal ursprünglich mit Quirinus gleichzusetzen gewesen wäre,[49] eher
und mehr als mit Sol, wie allgemein angenommen wird,[50] dem von Titus
Tatius wahrscheinlich aus Lavinium (wo er hauptsächlich verehrt wurde)
eingeführten Gott, dessen *pulvinar* nicht zufällig an den Tempel des Quirinus angeschlossen war[51] und dessen Fest, das wir nicht dem ältesten Kalender zuschreiben können, auch auf ein anderes Datum, den 9. August, fiel.
Quirinus Indiges, ein protourbaner Gott, könnte dann an den Sol Indiges
angeglichen worden sein, eine Gottheit, die in der frühen Königszeit nach
Rom gekommen zu sein scheint. Andererseits verbirgt sich hinter Quirinus
Ianus (Quirinus Indiges), und dieser Gott könnte in bestimmter Hinsicht
als Spiegelbild des Sol Indiges betrachtet werden, wenn beide die Väter der
Canens und der Circe waren, der beiden Frauen (auf römischem Boden und
in Lavinium/Ardea), die mit Picus verbunden waren, dem ersten vergöttlichten aboriginischen König in Latium.[52] (Ianus) Quirinus Indiges würde also
als der göttliche Gründer der Colles Agonii erscheinen, in Symmetrie zu
den göttlichen Gründern des Systems der *montes*, der aboriginischen Palatua

[47] Vgl. § 102 ff.

[48] Zu Faunus und Quirinus als Indigetes / Dei genitales (geniales): Ov. met. 15,862; Sil. 9,294
(Cazzaniga 1974; Magdelain 1995). Faunus und Quirinus erscheinen auf dem Quirinal und im
römischen Kalender miteinander verbunden: 13. Februar Faunus (auf der Tiberinsel), 15. Februar
Lupercalia und 17. Februar Quirinalia, mit den Parentalia verbundene Feste, begangen zwischen
dem 13. und dem 21. Februar (vgl. Addendum VII). Wenn die Feste von Faunus und von Quirinus mit den Parentalia verbunden sind, erklärt sich, warum diese Indigetes auch *patres* waren.

[49] Vgl. § 244.

[50] Magdelain 1995.

[51] Varro ling. 5,74; Quint. inst. 1,7,12.

[52] Vgl. § 244. Zu Ianus Indiges und Numicus / Iuppiter Indiges, beide Väter von Flüssen, von
denen die Fische Emanationen sind, vgl. §§ 78, Anm. 4; 94, Anm. 26. U. Bossi, der zum Indiges
des zu gründenden Padania werden will, versucht den Padanern eine Identität zu verleihen,
indem er sich wie jeder Gründer eines Volkes (egal wie überheblich) auf einen Mythos stützt,
in diesem Fall auf den Mythos des Gottes Po: »Schaut auf dieses Wasser aus der Quelle, aus
der der Po entspringt, dieses Wasser ist in jedem von euch, und es heiligt euch mit seiner göttlichen Essenz«, soll er in ekstatischer Verzückung gesagt haben (E. Scalfari, in: »La Repubblica«,
15. 9. 1996, S. 6).

und der unbekannten Gottheit, an die das zweite septimontiale Opfer auf
der Velia gerichtet war und die möglicherweise der indigene Ianus Curiatius
war.[53] In dieser Perspektive verstehen wir besser, warum Romulus, der Gründer Roms, nach seinem Tod an (Ianus) Quirinus (/Curiatius Indiges), die
traditionelle Gottheit des Territoriums von Rom, und nicht an den fremden
Gott Sol Indiges angeglichen wurde.

221. Nochmals zu den Indigetes. Im Indiges des *heroon* von Lavinium,
der mit Numicus oder Jupiter eher als mit Sol gleichgesetzt werden kann,
können wir im Licht der bisher vorgelegten Überlegungen Iuppiter / Latinus Indiges – die Entsprechung des Iuppiter / Latinus Latiaris von Alba –
erkennen, den mythischen Gründer des *populus* der Numicienses und des
präurbanen Lavinium, der in der Folgezeit mit Aeneas gleichgesetzt wurde.
Der lavinatische Kult des Sol tritt, wie wir gesehen haben, später dem Kult
des Quirinus auf dem Quirinal zur Seite, aber ein Kult des Aeneas wird in
Rom nie aufgenommen, und die Römer wollten in dem Heros nie einen
Gründer ihrer Stadt sehen.[54] Der Mythos des Romulus, durchwoben von
Verbindungen zwischen Alba und Rom, nicht zwischen Lavinium und Rom
(weshalb wir ihn für älter als den Fall von Alba halten), sperrt für den lavinatischen Mythos des Aeneas den Weg nach Rom, der folglich nur in Lavinium in Szene gesetzt werden kann. Der im Tumulus/*heroon* von Lavinium
beigesetzte Mann, wahrscheinlich der erste König der Stadt, wird in der Tat
bei seinem Tod dem Iuppiter / Latinus Indiges – Aeneas angeglichen,[55] während Romulus an Quirinus angeglichen wird.[56] Indiges ist der heimische
Gott, Herrscher und Gründer, der vergöttlichte Vorfahr schlechthin.[57] Auf
römischem Boden blockiert Ianus Indiges den Weg für den Iuppiter Indiges
aus Lavinium aus folgenden Gründen: 1. Rom war ursprünglich, wie gesagt,
mit Alba und nicht mit Lavinium verbunden, wie die Sage von Romulus
andeutet, und das erklärt auch, daß dem Ianus Quirinus Indiges auf dem
Quirinal auf dem Collis Latiaris der albanische Iuppiter / Latinus Latiaris
entspricht. 2. Iuppiter Indiges wird mit Numicus Indiges gleichgesetzt, d. h.
mit der örtlichen Gottheit von Lavinium, die nicht in eine andere Siedlung
transferiert werden konnte. 3. Der alte örtliche Gott der präurbanen Siedlung
von Rom, Ianus (Indiges), hat sich erfolgreich wie kein anderer der neuen
Situation angeglichen, indem er zum Quirinus/Curiatius wurde, d. h. zum

---

[53] Vgl. § 245.
[54] Vgl. § 74, Anm. 12.
[55] Vgl. Addendum V. Dies ist ein weiterer Grund dafür, den romuleischen Mythos für authentisch und alt zu halten (gegen Mastrocinque 1993).
[56] Vgl. § 246.
[57] Sabbatucci 1988.

göttlichen Beschützer der Kurien, der auf römischem Boden keine Rivalen kennt. Alba bleibt bis zuletzt an den präurbanen Gott Iuppiter Latiaris / Latinus gebunden, Lavinium umkleidet seine protourbane und urbane Realität mit Iuppiter / Latinus Indiges und mit Aeneas, die ebenfalls die präurbane Vergangenheit ins Gedächtnis rufen, während das Gebiet von Rom die protourbane Revolution in Latium unter dem Zeichen des Quirinus/ Curiatius anführt, des alten Indiges des Ortes, verwurzelt in seinem Fluß, der zum Patron der Kurien geworden ist.

222. Vorrang der »montes« und Unterordnung der »colles«. Bleibt zu erklären, warum die feierlichen Opfer der Hügelsiedlung, die im Prozeß des Zusammenschlusses als untergeordnet erscheint, in den Rang von Festen *pro populo*, d. h. für die gesamte Gemeinschaft, erhoben wurden, während die Feste der Bergsiedlung, die als Siegerin erscheint, bis zum Ende der Republik den ursprünglichen Charakter eines Festes *pro montibus* bewahrt haben. Man könnte denken, das Septimontium habe die Erinnerung an seinen Ursprung gerade deswegen bewahren wollen, weil es das Hauptsubjekt des Synoikismos war, so daß, wie wir sehen werden, die gesamte Siedlung, auch nach dem ersten Synoikismos, den einseitigen Namen des Septimontium bewahrt hat, und dies bis zur Gründung von Rom, in Erinnerung und zur Unterscheidung der Viertel, die das vereinigte protourbane Zentrum vorangetrieben und realisiert haben. Unter dieser Voraussetzung wäre das Datum des *agonium* des Indiges ursprünglich ein anderes gewesen als das traditionelle Datum des Septimontium, und es wäre dann mit ihm synchronisiert worden, vielleicht schon zur Zeit des ersten und auf jeden Fall zur Zeit des zweiten Synoikismos. Maskiert als allgemeine Feste, während sie nur Feste der Hügelsiedlung gewesen sind, und verbunden mit dem größten Fest der Bergsiedlung am Tag des Septimontium, sind die Agonia auf diese Weise neutralisiert worden, so sehr, daß es für uns schwierig ist, ihre ursprüngliche Bedeutung zu rekonstruieren. Etwas Analoges zu diesem Willen des Septimontium, als Teilwirklichkeit fortzudauern, könnte auch für Rom gelten, dessen Name die Gesamtheit der vereinigten Siedlung bezeichnete, aber sich ursprünglich auf den inaugurierten Palatin bezogen hatte, die Roma quadrata des Cermalus, und davor noch vielleicht nur die kleine Örtlichkeit bei der Einbuchtung oder *ruma* des Rumon am Fuße des Cermalus, des Flusses der sumpfigen Biegungen (des Velabrum, des Murciatales und von Trastevere), Ort auch des Kultes der Rumina, der Göttin der weiblichen Feige und der *rumae* (Brüste), wo Romulus ausgesetzt und wieder geboren wurde, dank eben der *ruma* des Rumon, die ihn vor der Strömung des Flusses gerettet hat, und dank der *rumae* der Wölfin (= Fauna Luperca), die angeglichen werden kann an die Feige der Rumina (= Fauna Luperca), die ihn ernährt hat.[58] Die *colles* erscheinen also in protourbaner wie auch in urbaner Zeit als Objekt des Synoikismos, durch den sie im Gesamt der Siedlung aufgehen, während die *montes* des Septimontium und der Stadt als Subjekte des ersten und zweiten Synoikismos figurieren und dieses Septimontium sich stolz vom Gesamt der Siedlung unterscheiden will, insofern es Urheber und Protagonist Roms ist und deshalb den ursprünglichen Teilcharakter bewahrt. Der Vorrang der *montes* betrifft also nicht die Chronologie, wie man früher glaubte, sondern die Initiativkraft, die sie dazu gebracht hat, das protourbane Zentrum und das urbane Zentrum von Rom zu bilden und zu gründen.

223. Das Gepräge der »colles«.   In der Aufzählung der Kurien/Argeer ist an erster Stelle der Collis Quirinalis genannt, der, da wir ihn uns in der Nachbarschaft der künftigen Porta Quirinalis vorstellen müssen,[59] sich auf einem ziemlich landeinwärts gelegenen Gebiet, weit ab vom Velabrum, befunden haben muß; da er aber den Ankunftspunkt der Salaria darstellte, erscheint er als der Haupthügel der neuen Siedlungsformation, so daß er ab einem bestimmten Moment das Gesamt der Erhebung bezeichnet, von der er ursprünglich nur einen Teil benannte.[60] Der Collis Latiaris könnte, ähnlich wie das Kapitol, eine Burg der *colles* dargestellt haben,[61] die Burg der Latinienses, wie der Cermalus, die Velia und das Fagutal Burgen für die *montes* gewesen sind. Kapitol und Collis Latiaris dürften die evidenteste präurbane Komponente der protourbanen Gegebenheit der Hügelsiedlung gewesen sein (wie die Velia und wohl auch der Cermalus für die Bergsiedlung), während sich die innovative und daher protourbane Komponente auf dem

---

[58] Vgl. §§ 78, 124.

[59] Eine große Anziehungskraft dürfte die Quelle des Ortes, die *Cati fons*, ausgeübt haben, gelegen neben der Porta Salutaris, wahrscheinlich in der Nähe des Collis Catialis: Platner-Ashby 1929; Coarelli 1997. Die Porta Collina und ihre Gegend könnte ihren Namen von einem hypothetischen Pagus Collinus übernommen haben, der bezüglich des Quirinal eine ähnliche Rolle spielen konnte wie der Pagus Montanus bezüglich Fagutal/Subura. Auch aus diesem Grunde ist der Collis Quirinalis im Bereich der Palastgärten des Quirinals anzusiedeln (Carafa 1993), und nicht weiter darüber hinaus. Im Verlauf der servianischen Mauer ist eine Unterbrechung zu beobachten, die vielleicht einer früheren Unterscheidung zwischen Collis Quirinalis und Pagus Collinus entspricht. Nach La Regina 1997 wäre der Tempel des Quirinus mit den Resten unter dem Palazzo Barberini gleichzusetzen.

[60] Der Quirinal wird nicht von Süden her betrachtet, aus veliensischer Sicht, sondern von Norden aus, mit latiniensischer Optik (der Quirinal war nämlich der erste *collis*). Der Hügel des Quirinal hat seinen Namen kaum in den Anfängen des 3. Jh. bekommen, als der Tempel des Quirinus gegründet wurde (Palmer 1970), sondern als in protourbaner Zeit der Kult des Quirinus an dem Ort gegründet wurde, wo dann sein Heiligtum steht (Paul. Fest. 303 L.), das zur Zeit des Titus Tatius nur neugegründet wird (Varro ling. 5,74; Dion. Hal. 2,40).

[61] Zur möglichen Verbindung zwischen der *porta Fontinalis*, dem *vicus Insteianus* und dem *auguraculum*: Carafa 1993.

Quirinal konzentriert haben dürfte (analog dem Palatium für die *montes*), im Blick darauf, daß sein Name an eine in Kurien gegliederte Siedlung erinnert.[62] Die Colles Salutaris und Sanqualis/Murcialis, die man sich mit den gleichnamigen Toren verbunden vorstellen muss, scheinen hingegen, aufgrund des Charakters ihrer Kulte, mit den Sabinern verbunden zu sein, wie wir noch sehen werden.[63] Diese letzten beiden *colles* scheinen sich zwischen die beiden ersten von albensisch/latinischem Charakter (dem Latiaris) und einheimischem Charakter (dem Quirinalis) geschoben zu haben. Die vier *colles*, für die wir keinen eigenen gemeinsamen Namen kennen, scheinen dem Trimontium und Quinquimontium der *montes* zu entsprechen.

224. Die »lustratio« der »colles«. Es ist nicht schwer, sich den Weg einer hypothetischen *lustratio* durch die Kurien der *colles* vorzustellen: Quirinal (1. Kurie), Salutaris (2. Kurie), Mucialis (3. Kurie), Latiaris (4. Kurie), Hang des Latiaris zum Argiletum (5. Kurie) und schließlich Rückkehr zum Quirinal, und d. h. zum Ausgangspunkt. Die auf den Latiaris ausgerichteten Kurien scheinen die kleineren zu sein, wodurch sie auf ein höheres Alter ihrer Einrichtung Anspruch haben könnten. Die Tatsache, daß es zwei sind, könnte den alten Vorrang dieses Hügels bestätigen.[64]

225. Ausläufer der »colles«. Wahrscheinlich hatte der Quirinal ursprünglich kleinere Ausmaße, d. h., daß er sich nicht weit über die Straße, die zur Porta Quirinalis führte, hinaus erstreckt haben wird und daß außerhalb dieser Grenze der pagische Bereich der Hügelsiedlung begonnen hat. Ausläufer von Hügeln und nicht ganze Hügel bilden die ersten vier *colles*, wie wir es schon bei den *montes* gesehen haben; die Hinzufügungen in der folgenden Phase – des Viminal als *collis* und des Oppius, Caelius und Cispius als *montes* – sind hingegen Erhebungen, die als ganze in die Siedlung eingegliedert werden, was die substantielle Gleichzeitigkeit dieser Eingliederungen zwischen Caelius und Viminal andeuten könnte, die wohl in die Zeit des ersten Septimontium datiert werden können. Eine Änderung von solch bedeutsamem Rang bekräftigt die Priorität der kleineren Organisationen des Trimontium/Quinquimontium und der vier *colles* im Hinblick auf die größeren des ersten Septimontium und der fünf *colles*.

226. Die Siedlung und ihr Bereich. Kulte und Siedlungsschwerpunkt scheinen sich auf den *colles* im Westen der Hauptstraße, die über den Rücken

---

[62] Curenses würde sich zu *curia* und zu Cures verhalten wie Quirites zu *quiria* und zu *Quirium*. Quirinus, Quirites und *curia* würden sich von den Formen *k(o)-vir-ino-, *k(o)-vir-iti und *ko-vir-ia herleiten (zur Frage siehe Radke 1963). Gegenteiliger Ansicht zuletzt Magdelain 1995.
[63] Vgl. §§ 237, 239, 244.
[64] Zur Frage einer möglichen aboriginischen und damit präurbanen Gründung eines Teiles des Quirinals durch Modius Fabidius vgl. § 103.

des Quirinal verlief (die künftige Alta Semita), zu konzentrieren, also eher Richtung Campus Tiberinus und Martius mit ihren Wegen, als in Richtung Viminal und Subura.[65] Dieser Aspekt bringt eine weitere Differenz zur Berg-siedlung mit sich, die eher zum Velabrum, zur Subura und zum Clivus Sub-uranus ausgerichtet ist. Es ist außerdem zu beobachten, daß die von der Beziehung Siedlung–Burg der *colles* (Quirinal-Latiaris/Kapitol) bestimmte Ausrichtung (von Nord nach Süd) entgegengesetzt ist der Ausrichtung der *montes* (Aventin/Palatin – Velia/Fagutal, von Süden nach Norden). Diese Unterschiedlichkeit könnte mit Bezug auf die Lage der Distrikte der frühe-ren *populi* verstanden werden, auf die die verschiedenen Teile der Siedlung sich beziehen, und auch mit Blick auf die Notwendigkeit, daß sie die Nähe der Tiberbiegung suchen.

227. Die »pagi«. Wie die *montes* dürften auch die *colles* ihre peri-proto-urbanen *pagi* gehabt haben, den Pagus Viminalis, Collinus, Tiberinus, des Kapitols und des Janiculus mit der Tiberinsel.[66] Es handelt sich um ein sehr weites pagisches Gebiet, das zu einem guten Teil für den Ackerbau unbrauchbar ist, da es oft vom Tiber überschwemmt wird; wir haben es hypothetisch rekonstruiert, auch wenn wir nicht viel darüber wissen.

228. Der »pagus« des Kapitols und sein Anlegeplatz. Wohl schon zur Zeit des *populus* der Latinienses (Latiale I/IIA1) war das Kapitol nicht länger der Hauptsitz der Siedlung, der sich jetzt auf den weiträumigeren Quirinal verschoben hatte. Das Kapitol übernimmt seither die Funktion des »Port of Trade«, analog zum Aventin, der diese Funktion für die Bergsiedlung hat. Diese beiden Erhebungen sind in der Tat die einzigen, die direkt am Tiber liegen und die wichtigsten Standorte für Schutztruppen,[67] die ersten Anlegeplätze[68] und die Endpunkte der Hauptstraßen[69] repräsentieren. Die

---

[65] Auf 28 topographische Einheiten, die westlich der Alta Semita bekannt sind, kommen nur 10 östlich von dieser Straße: Carafa 1993. Die Funde auf der Piazza della Pilotta könnten, falls sie nicht von der Kuppe des Hügels gefallen sind, Spuren eines Siedlungskernes sein, analog zur Subura, entlang einer möglichen Straße am Fuße des Quirinals, die mit der Salaria vetus gleichgesetzt worden ist (Colonna 1996), die eher ein seitlicher Verbindungweg zwischen der Flaminia und der Salaria gewesen ist (Ashby 1927, S. 415).

[66] Es handelt sich genauer um den Pagus (Viminalis) I–II, den Pagus (Collinus) I–III, den Pagus (Tiberinus) II, den Pagus (Capitolinus), die *insula*'Orto in Trastevere gefundene Inschrift, die den *pagus* erwähnt: CIL, I/2 1000-1001 (Fraschetti 1990).

[67] Mommsen 1854-56 betrachtete diese Hügel und den Janiculus als *pagi* und »Bundesfestun-gen«. Das Kapitol und der Aventin waren geprägt von den beiden *saxa*, dem Tarpeium und dem Remorium.

[68] Vgl. §§ 77, 80, 85, 154 und Addendum I. Die Ausdehnung der Siedlung in der Spätbronzezeit (zur Zeit des Cacus) vom Kapitol zum Palatin/Aventin hin war möglicherweise durch die Not-wendigkeit bedingt, die beiden *saxa* und die Schleife des Tibers zu kontrollieren.

[69] Lugli 1963; Coarelli 1988. Es folgt ein schematischer Überblick über die großen Straßen. Die

steile und enge Beschaffenheit der Kuppe und die Bewaldung des Kapitols[70] machten es ungeeignet für die Aufnahme einer protourbanen Siedlung, die vor allem Platz brauchte. Daraus ergab sich die Notwendigkeit, vielleicht schon für die Latinienses, sich in Richtung auf die lange und schmale Hochebene des anschließenden Quirinals zu wenden, die für die neuen Siedlungserfordernisse besonders günstig war. Das ist vielleicht auch der Grund, warum das Kapitol seine ursprüngliche Beschaffenheit eines *pagus* (bis zum Ende der archaischen Zeit) bewahrte, jedenfalls keine Kurien beherbergte und nicht in eine der servianischen Regionen einbezogen wurde, wie es auch beim Aventin der Fall war.[71] Seine besondere Situation, die wir bald näher bestimmen werden, erlaubte es der Gemeinschaft der *colles,* zwischen der Zone des Hafens am Fuße des heiligen Bergs und der benachbarten Zone der Siedlung Abstand zu halten und sie zugleich zu verbinden. Obwohl es vom Quirinal abhängig war, präsentierte das Kapitol die Merkmale der Extra-

---

A. Von Trastevere zum Forum Boarium: 1. Campana (Porta Trigemina) und 2. Aurelia (Porta Trigemina); *B. Vom Gebiet der vatikanischen Hügel zum Forum Boarium*: 3. Triumphalis (Porta Carmentalis); *C. Vom Marsfeld und dem Gebiet der Horti zum Kapitol-Quirinal*: 4. a–c) Clodia, Cassia und Flaminia (Porta Ratumena, nach Carafa 1993, und Fontinalis) und 5. Talstraße zwischen Quirinal und Pincio in die die Straßen der Porta Quirinalis, Salutaris und Sanqualis münden; *D. Zum Quirinal*: 6. Salaria (Porta Collina) und 7. Ficulensis/Nomentana (Porta Collina, Alta Semita); *E. Zum Argiletum*: 8. Tiburtina (Porta Viminalis, Vicus Patricius), 9. Collatina (Porta Esquilina, Clivus Suburanus) und 10. Gabina-Prenestina (Porta Esquilina, Clivus Suburanus); *F. Zum Tal des Amphitheaters*: 11. Labicana (Porta Querquetulana) und 12. Tusculana (Porta Querquetulana); *G. Zum Gebiet zwischen Caelius und kleinem Aventin*: 13. Latina (Porta Capena) und 14. Appia (Porta Capena); *H. Zum kleinen Aventin*: 15. Ardeatina (Porta Naevia); *I. Zum großen Aventin*: 16. Laurentina (Porta Raudusculana) und 17. Ostiense (Porta Lavernalis?). Nach De Rossi 1981 hätte die Via Triumphalis der archaischen Zeit über den Gianicolo, die Prati und den Monte Mario geführt, während sie für Coarelli 1988 am Trigarium entlang verlief.

[70] Dion. Hal. 3,69; 4,59. Außer den beiden Wäldern auf den beiden Kuppen (Dion. Hal. 2,15) sei der Lucus Sylvani genannt, bei dem Brunnen, wo Tarpeia Titus Tatius getroffen haben soll (Prop. 4,4,3 ff.), vielleicht mit der Quelle des Tullianum gleichzusetzen. Die Fläche des Kapitols, die höher als 30 m ü.d.M. lag, betrug 6,22 ha.

[71] Zum Kapitol als *pagus*: Mommsen (1854–56); Mommsen 1887–88 (III.1, S. 115, Anm. 2): »ein *pagus* wird hier freilich nicht genannt; aber das *collegium Capitolinorum* scheint wesentlich gleichartig«. Collegium Capitolinorum »ex iis qui in Capitolio atque arce habitarent« (Liv. 5,50,4; 5,52,11). Die Bewohner des Kapitols wären ebenso *pagani* gewesen wie die des Aventin (man beachte die *magistri* in den *collegia* auf territorialer Basis von zwei *pagi*). Das Kapitol und der Aventin trugen dann dazu bei, daß die Aufteilung der Bewohner in drei Gruppen nötig wurde, und zwar in *montani, collini* und *pagani*, die mit der Stadtgründung und der Angleichung der Voraussetzungen für die *montani* und die *collini* sich auf eine Zweiteilung reduzierte: »*pagani aut montani*«: Cic. dom. 28,74; Q. Cic. De pet. cons. 8,30 (Fraschetti 1990), noch bevor das Septimontium ein Fest *pro populo* wurde. Siehe auch Kornemann 1900. Zu den Kollegien der Capitolini auf dem Kapitol und der Mercuriales auf dem Aventin siehe Coarelli 1987; er interpretiert die ersteren als Sklavenhändler und letztere als Getreidehändler, die an »marginale« Orte der Siedlung gebunden wären (*contra* Fraschetti 1990).

territorialität und der Neutralität, die notwendig waren, um Fremde auf-
zunehmen, Begegnungen, Austausch und Bündnisse zu fördern, in einem
Kontext der Garantie und der Sicherheit eines Freihafens.[72] Zur Zeit der
Formierung des *populus* der Velienses war wahrscheinlich die traditionelle
(auf die späte Bronzezeit zurückgehende) Beziehung dieses Hügels mit dem
Palatin unterbrochen worden, von dem er zum größten Teil durch die Wasser des Velabrum getrennt war. Die Erhebung war denn auch nicht Teil des
Trimontium, des Quinquimontium und des Septimontium. Wir leiten das
nicht daraus ab, daß das Kapitol in der septimontialen Aufzählung nicht
auftaucht, da diese die *pagi,* beginnend mit dem Aventin, überhaupt nicht
nannte, sondern aus der Tatsache, daß das Kapitol zum Siedlungskontext
der *colles* zu gehören scheint, mit denen es durch einen Sattel verbunden war.
Es ist wahrscheinlich kein Zufall, wenn die (Wieder-)Eroberung des Titus
Tatius dann den Quirinal einbezieht und auf dem Kapitol ihren Abschluß
findet, wo der sabinische König seine *regia* errichtet. Es wäre also ein Fehler,
die Position der Äquidistanz des Kapitols zwischen den beiden protourbanen Kernen und seiner Funktion als *caput* der gesamten Siedlung in eine so
frühe Zeit vorzuziehen, was frühestens dem ersten Synoikismos zur Zeit des
zweiten Septimontium zugeschrieben werden kann.[73] Das schließt nicht aus,
daß das Kapitol aus mythischen und rituellen Gründen für die Gemein-

---

[72] Die Fetialen (**foediales* von *foedus*: Sgarbi 1992) schlossen Bündnisse durch Berühren des *lapis
silex,* der im Tempel des Iuppiter Feretrius auf dem Kapitol aufbewahrt wurde: Paul. Fest. 81 L.
(Valvo 1992). Man könnte sich vorstellen, daß der erste Synoikismos zwischen Hügel- und Bergsiedlung (vgl. §§ 265 ff.) tatsächlich auf dem Kapitol besiegelt wurde, bei der heiligen Eiche
des Jupiter, wie dann das Bündnis zwischen Titus Tatius und Romulus, angesiedelt auf dem
Comitium. Diese Situation der Offenheit des Kapitols blieb im Lauf der Zeit erhalten: Man
denke an die Porta Pandana, die immer offen ist (»quod semper pateret« Paul. Fest. 246 L.),
an das Asylum, eine Institution, die eine indigene juridisch-religiöse Gegebenheit sein konnte:
Ampolo 1988 (anders Mastrocinque 1993). Das besondere Gepräge des Kapitols wird in der
Zukunft auf seiner Kuppe (Curia Calabra) und am Fuß seiner beiden Hänge (Comitium –
Curia Hostilia und Forum, Ovile und Villa Publica) die Entstehung zahlreicher öffentlicher
Bauten der Stadt begünstigen (Ceretti 1987). Das Kapitol und das Marsfeld werden zu öffentlichen Bereichen schlechthin, Eigentum der Könige, der Priesterkollegien und der Flamines
(Palmer 1970). Der Handelsverkehr erfolgt oft über die Fremden und die Frauen, und es ist
auch kein Zufall, daß die Asyle auf dem Kapitol und auf dem Aventin Platz finden und daß
dann die mit der Hochzeit zusammenhängenden Kulte der Cloacina und der Murcia am Fuße
dieser beiden Hügel stattfinden (Coarelli 1983). Das Kapitol/Forum wird zum zentralen Sitz
der Politik, als die Kurien nicht mehr jeweils an ihren Sitzen die Entscheidungen treffen, sondern zusammen auf dem Comitium. Zum »Port of Trade« vgl. § 154.
[73] Zum Kapitol als Teil des Septimontium: Mommsen 1854-56. Die Beobachtungen von
Momigliano 1963 bezüglich des »allgemeinen« Opfers auf dem Kapitol anläßlich der Fordicidia reflektieren Bedingungen, die erst ab dem zweiten Septimontium entstanden sind und sich
mit der romuleischen Stadt konsolidiert haben.

schaft des Ortes einen symbolischen Wert allgemeinen Charakters bewahrt
hat – als ältester besiedelter Hügel auf römischem Boden auf dem linken
Ufer des Tibers und als Sitz von Saturnia, dem Hauptort des Siculus und der
Siculer –, aber seine Funktionen haben sich im Laufe der Zeit den Umständen entsprechend geändert. Am Fuße des Kapitols war der Anlegeplatz des
Tibers, der der bedeutendste Hafen von Rom wurde. Die archäologischen
Zeugnisse beginnen (bei Sant'Omobono) im Latiale IIA.[74] Vielleicht wurde
ab dieser Zeit dem ältesten Kult der Carmenta jener der Mater Matuta hinzugefügt (zu dem in archaischer Zeit der Kult der Fortuna hinzukam), einer
Gottheit, die mit ersterer die Geschicke des Anlegeplatzes bestimmt haben
dürfte; und den Zugang zum *pagus* des Kapitols und damit in das System,
wenn auch vielleicht nicht direkt in die Siedlung der *colles*, den Abschnitt
des Vicus Iugarius eröffnend, können wir uns durch ein *iugum* vorstellen,
analog zum Tigillum Sororium der Sacra Via (Mater Matuta konnte für die
colles eine analoge Funktion haben wie Iuno Sororia für die *montes*).[75] Mit
den Synoikismen und mit der Reform des Servius wird dieser Zugang zu
den *colles* dann für die gesamte Siedlung die Funktion der Porta Triumphalis
übernehmen, die für die *montes* das Tigillum Sororium eingenommen hatte,
und vielleicht zuvor noch der Zugang bei den Scalae Caci.

229. Die Ausdehnung der vier »colles«. Die vier *colles* hatten ein Ausmaß
von 52 Hektar.[76] Viel schwieriger zu schätzen sind die Ausmaße der pagischen Randbezirke, die 186 Hektar erreichen konnten, also dreieinhalbmal
die Ausdehnung der Siedlung.[77] In quantitativer Sicht liegen die vier *colles*
und ihre pagischen Außenbezirke leicht hinter dem Quinquimontium, ein
erster Hinweis auf ihre untergeordnete Position. Die *colles* haben außerdem
eine Kurie je Hügel, wie auf seiten der *montes* die weniger bedeutsamen
Hügel des Quinquimontium (Cermalus und Subura), ausgenommen der
Collis Latiaris, der zwei hat, während der wichtigste Hügel der *montes*, das
Palatium, vier umfaßt, wodurch die vier *colles* im Vergleich mit dem Quinquimontium wenig mehr als die Hälfte an Kurien haben. Die Bergsiedlung

---

[74] Peroni 1959–60.

[75] Torelli 1984.

[76] Collis Quirinalis (I) 12,01 ha + Collis Salutaris 11,04 ha + Collis Mucialis 18,15 ha + Collis
Latiaris 10,97 ha = 52,17 ha.

[77] Pagus (Viminalis) I 29,49 ha + Pagus (Viminalis) II 12,50 ha + Pagus (Collinus) I 22,93 ha +
Pagus (Collinus) II 17,50 ha + Pagus (Collinus) III 27,62 ha + Pagus (Tiberinus) II 175,85 ha +
Pagus (Capitolinus) 20,78 ha + Insula 1,76 ha + Pagus Ianiculensis 75,59 ha = 384,12 ha. Wenn
wir Pagus Tiberinus und Pagus Ianiculensis, die von stehenden Gewässern und Sumpfgebieten
bedeckt waren, abziehen und nur die Hälfte des angegliederten Pagus (Tiberinus) II und einen
Teil des Pagus Ianiculensis rechnen, würden die Abmessungen der *pagi* der Hügelsiedlung
186,46 ha ergeben, etwas weniger als die *pagi* der Bergsiedlung.

ist also nur wenig größer, aber beträchtlich stärker gegliedert und vermutlich auch viel dichter besiedelt als die Hügelsiedlung.

230. Hinweise zur Unterscheidung von »montes« und »colles«. Die Hinweise, die für eine zumindest ursprüngliche Unabhängigkeit der ersten zwei protourbanen Formationen auf römischem Boden sprechen, sind verschiedenartig und von unterschiedlichem Gewicht.[78] 1. Eine Gruppe der Erhebungen wird *montes* und eine Gruppe wird *colles* genannt. 2. Kult des Ianus Geminus, der im Zusammenhang mit den *montes* zu sehen ist, an der Stelle der Grenze zwischen *montes* und *colles*, zusammenfallend mit dem *iugum* der *profectio*, deren Öffnung und Schließung Zeichen des Krieges oder des Friedens waren. 3. Entgegengesetzte Ausrichtungen des Schwerpunkts der beiden Siedlungen, sowohl hinsichtlich Siedlung–Burg als auch in der Erstreckung auf unterschiedliche Distrikte. 4. Unterschiedliche Schutzgottheiten für die Siedlungsschwerpunkte der beiden Systeme: Palatua, Ianus Curiatius (?), Mars und Ops / Vica Pota und Pales/Falacer auf der einen Seite und (Ianus) Quirinus Indiges und Iuppiter Latiaris (zusätzlich zu Semo Sancus und Salus) auf der anderen Seite. 5. Opfer *pro montibus* des Septimontium und *agonium pro populo* des Quirinus Indiges auf dem Quirinal am 11. Dezember. 6. Heilige Hauptbezirke auf dem Palatium-Cermalus und auf dem Quirinal. 7. Nekropolen im Bereich Regia–Tempel des Antoninus und der Faustina und dann auf dem Esquilin einerseits und auf dem Forum des Augustus und dann auf dem sog. Pagus Collinus und Pagus Viminalis andererseits. 8. Burgen mit Kult des Jupiter auf dem Fagutal einerseits und auf dem Collis Latiaris und dem Kapitol andererseits. 9. *Auguracula* auf dem Cermalus und vielleicht auch auf dem Aventin[79] einerseits und auf dem

---

[78] Einige dieser Hinweise hat Alföldi 1972 zusammengetragen, der so sehr von der Unabhängigkeit des Quirinals überzeugt war, daß er ein nicht mögliches *pomerium* des Quirinals neben dem des Palatin annahm: Alföldi 1974. Aber die Gründung der romuleischen Stadt fußte gerade auf der Zentralisierung der Siedlung, die auf dem Privileg der *inauguratio* beruhte, die nur für den Palatin erfolgt war, der auf diese Weise zum unangefochtenen Mittelpunkt der gesamten Siedlung (auch der Hügelsiedlung) wurde. Wenn auch der Quirinal inauguriert worden wäre, hätte die Duplizität nicht nur ein frühes protourbanes Stadium bestimmt, sondern wäre auf den Staat und auf die Stadt projiziert worden, wodurch wir paradoxerweise zwei Rom vor uns hätten. Cornell 1995 glaubt an die beiden Gemeinschaften, von denen eine sabinisch wäre (aber diese Duplizität hat nichts mit der Duplizität der Laren zu tun, die vielmehr den »Dioskurismus« in Latium betrifft). Wiseman 1995 meint andererseits, die Zwillinge Remus und Romulus würden zwei Gemeinschaften implizieren (der Autor hat die Geschichte Roms zwischen 367 und 342 im Kopf). Schwegler 1853 hat richtig die Zwillinge mit den Lares Praestites verknüpft. Diese Duplizität ist mit dem ursprünglichen dämonisch-heroischen Aufbau der Latiner in Beziehung zu setzen und nicht mit einer irgendeiner doppelten Gemeinschaft auf römischem Boden, auch nicht in der ganz frühen Eisenzeit.

[79] Carandini 1990; Colonna 1994.

Kapitol und vielleicht auch auf dem Collis Latiaris andererseits.[80] 10. Campus Martialis auf dem Caelius und Campus Martius auf dem Campus Tiberinus. 11. Kult des Hercules am Fuße des Aventin in Richtung zum Sumpf Murcia und Kult des Semo Sancus auf dem Collis Mucialis.[81] 12. Symmetrische Kulte der Strenia (= Hygieia) auf der Velia und des Salus auf dem Collis Salutaris.[82] 13. Symmetrische Kulte der Ops an der Regia und *ad Forum*, vielleicht auf dem Bezirk des Saturnus (die Saturnalia gingen den Opalia zwei Tage voraus). 14. Anwesenheit des Volcanus auf dem Cermalus als Vater des Cacus und Kult des Volcanus auf dem Comitium. 15. Luperci Quinctiales, die vielleicht dem Palatin zuzuordnen sind, und Luperci Fabiani, die mit dem Quirinal verbunden sind. 16. Zwei Gruppen von Saliern, Palatini und Collini, die ersten mit Mars und die zweiten mit Quirinus verbunden.

231. »Regiones« und »aedes publicae«.   Aber es gibt noch einen weiteren Hinweis bezüglich der ursprünglichen Duplizität auf römischem Boden zur Zeit der protourbanen Formierung, der vielleicht am bezeichnendsten ist. Von den *aedes publicae populi Romani* der mittleren und zum Teil auch der späten Republik befindet sich nur eine in der *regio* I Serviana (Tempel der Tellus, gelegen in den Carinae, unmittelbar unter dem Lucus Fagutalis),[83] und ebenfalls nur eine befindet sich in der *regio* II Serviana (Tempel der Iuno Lucina,[84] ursprünglich ein privater Kult der römischen Matronen), weshalb es sich um Ausnahmen zu handeln scheint. Es finden sich hingegen zehn in der *regio* III und zwölf in der *regio* IV.[85] In der *regio* I und II und in dem Teil der *regio* III, der den Viminal betrifft, sind also die *aedes publicae* im wesentlichen nicht vorhanden, aber es gibt statt dessen die *sacraria* der Argeer, die, wie wir sehen werden, der Logik der Kurien folgen, ein weiteres Argument dafür, die Argeer in Beziehung zu den ältesten Bezirken der Siedlung zu sehen. Die Orte des öffentlichen Kultes konzentrieren sich also im wesentlichen auf bloß zwei servianische Regionen: auf die *regio* IV und

---

[80] Coarelli 1981. Erinnert sei auch an die Aves Sanquales, verbunden mit dem Kult des Semo Sancus und vielleicht auch mit einem *auguraculum*.

[81] Zum Zusammenhang Dius Fidius und Hercules: Varro ling. 5,66; Tert. nat. 2,9 (Prosdocimi 1989; Levi 1989). In Gubbio gab es eine Burg, die ihren Namen von (Semo Sancus) Dius Fidius herleitete. Andererseits waren die Burgen heilige Berge, und es war natürlich, daß sie den Namen von Göttern und Dämonen annahmen (wie alle *colles*, der Janiculus, Saturnia, der Cermalus, das Palatium und das Fagutal): Coli 1958.

[82] Zu den Verbindungen zwischen Salus, Strenia und Carna: Mastrocinque 1988.

[83] Terrenato 1992; Ziolkowski 1989.

[84] CIL 6,358 (eine 1770 im Kloster der Paolotte, via Santa Maria in Selci, gefundene Inschrift).

[85] Mitgezählt ist dabei der unbekannte Kult der Velia, dessen *dies natalis* in den Fasti Amiternini am 25. Mai verzeichnet ist, nicht aber der Tempel der Tellus.

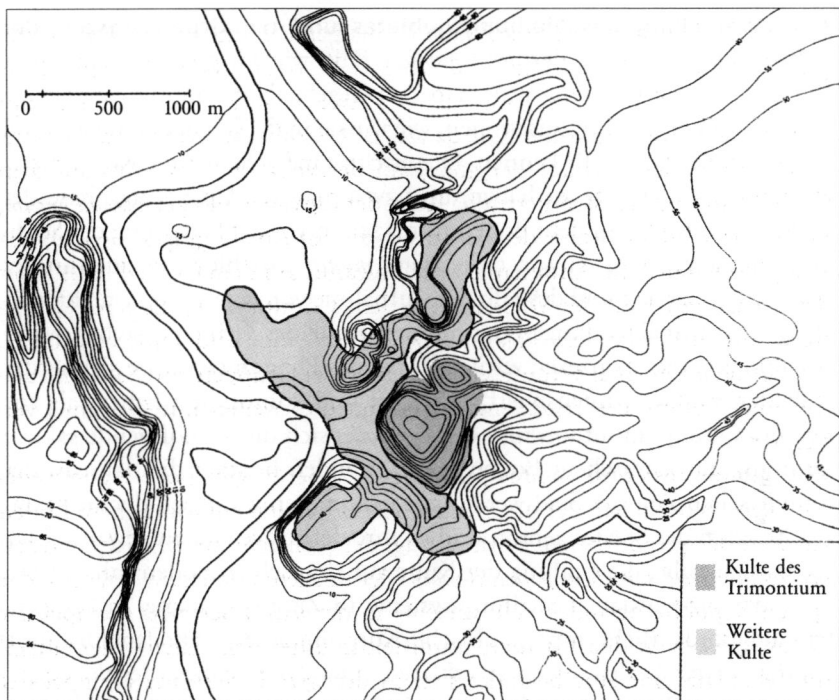

Abb. 21   Das Gebiet der aedes publicae populi Romanae, *entsprechend dem sog. Quinquimontium, den vier* colles *und den anschließenden* pagi

teilweise auf die *regio* III, d. h. auf den Palatin-Velia und auf den Quirinal, die eben die zwei Epizentren der protourbanen Formation auf römischem Boden sind.

232. »Pagi« und »aedes publicae« (Abb. 21).   Auf dem Gebiet außerhalb der Regionen, aber innerhalb der Mauern und des servianischen Pomeriums, das vom Kapitol beherrscht wird, gibt es 18 *aedes publicae*. In der ältesten pagischen Zone – außerhalb der Regionen, der Mauern und des Pomeriums –, die das Marsfeld, den Circus Flaminius, die Tiberinsel und den Hafen umfaßt, gibt es 29 Tempel. In den Gebieten – außerhalb der Regionen, innerhalb der Mauern, aber außerhalb des Pomeriums – des südlichen Tales Murcia und des Aventin, ein *pagus* von kaum geringerem Rang als der des Kapitols, gibt es 18 Tempel. In den Gebieten – außerhalb der Regionen, der Mauern und des Pomeriums – von vermutlich jüngerem pagischen Charakter gibt es hingegen nur 3 Tempel außerhalb der Porta Collina und weitere 3 außerhalb der Porta Capena (der Zugänge zur Siedlung von Cures und von Alba).

233. Zweiteilung des Siedlungsgebietes und die Gründungszeit der Kulte. Die Verteilung der *aedes publicae* fällt, wie wir gesehen haben, mit den beiden Epizentren der protourbanen Gegebenheit und mit ihren wichtigsten zugehörigen *pagi* zusammen, wie wir sie in der latialen Stufe IIA und zu Beginn der Stufe IIB1 kennen. Dieser Umstand scheint eine Konsequenz von großer Bedeutung zu haben, und zwar, daß die Gründungsphase der öffentlichen Kulte auf dem Boden Roms schon vor der Schaffung des Septimontium abgeschlossen war, da letzteres *montes* einschloß, die auch in der Folgezeit als zu neu und deshalb der Aufnahme von *aedes publicae* nicht würdig galten. Die Gründungen der ältesten Kulte des Gebietes reichen wahrscheinlich in die Bronzezeit zurück,[86] aber das Phänomen dürfte sich in der frühesten Eisenzeit intensiviert, präzisiert und konsolidiert haben, als zur Zeit des Quinquimontium und der vier *colles* sich die grundlegende sakrale Ordnung auf römischem Boden herauszubilden begann, die dann in der romuleischen Zeit der Stadtwerdung übernommen wurde, in der sie sakral zur Religion des Staates gerann und so ihre definitive Gestalt gewann.[87] Da legt es sich nahe, die Bildung der Kulte auf römischem Boden mit der Bildung der protourbanen Siedlungssysteme in Zusammenhang zu bringen. Die außerordentliche topographische Kontinuität der sakralen Ordnung auf römischem Boden ist nur zu erklären unter der Annahme der Voraussetzung, daß seit Beginn der Zeit der protourbanen Formationen bis in die Zeit der Republik Kultbezirke und -gebäude immer innerhalb heiliger Einfriedungen für identische oder funktional vergleichbare Gottheiten geschaffen wurden. Ein solche topographische Gerinnung der Kultorte – ein Hinweis von fundamentaler Bedeutung, der bis heute nicht angemessen ausgewertet worden ist – erlaubt es, die grundlegenden Konturen der Siedlung ab der frühen Eisenzeit zu rekonstruieren und führt dazu, sie unter dem Zeichen einer zumindest ursprünglichen Duplizität zu betrachten.[88]

234. Unterschiedliche sakrale Satzungen der verschiedenen Teile der Siedlung. Die *pagi*, die seit ältester Zeit frequentiert wurden und nahe dem Zentrum der Siedlung lagen, wie der auf das Kapitol ausgerichte *pagus*

[86] Torelli 1991; vgl. §§ 40 und 41.

[87] Analoge Stadien dürfte auch die Formung des Kalenders durchlaufen haben: Carandini 1992; vgl. §§ 307 ff. und Addendum VII.

[88] Die Forschung zu den *aedes publicae* und ihrer Topographie ist das Verdienst von Ziolkowski 1992. Aber siehe hierzu bereits Ross Taylor 1952-54 und 1960 und Bernardi 1964, der eine Konzentrierung von Tempeln in bestimmten Bereichen der Stadt beobachtet hatte. Nach diesen Forschungen ist nunmehr die Praxis, die von den Quellen überlieferten Weihetage von Tempeln als Datum für den Beginn eines bestimmten Kultes zu betrachten, anstatt sie als schlichte *termini ante* zu werten, definitiv obsolet. Zur Kleidung der Vestalinnen und der Salier, die anscheinend auf das 9.-8. Jh. zurückgehen: Torelli 1984, 1990.

mit seinen Dependenzen zwischen dem Marsfeld und dem Hafen und wie der auf den Aventin bezogene *pagus* mit seinen Dependenzen im Murciatal, hatten einen klar höheren sakralen Rang als die *pagi*, die erst vor kurzem in den Rang von *montes* und *colles* erhoben worden waren, angefangen bei denen, die zur Zeit des ersten Septimontium aufgenommen wurden wie Querquetulanus, Montanus, Viminalis und Collinus, die man wegen ihrer erst kürzlich erfolgten Eingliederung in die Siedlung nicht für geeignet hielt, *aedes publicae* aufzunehmen. Es muß also, zumindest bis in die mittlere Republik, ein Bewußtsein davon gegeben haben, welches die ältesten und sakral legitimierten Teile Roms waren, unabhängig davon, ob es sich um *montes, colles* oder *pagi* handelte. Das, was im Blick auf die Kulte zählte, waren nicht so sehr der juridische Status der Teile der Siedlung, als die Geschichte dieser Orte und ihre Nähe zu den ersten Siedlungskernen. Die servianische administrative Revolution suchte den Status der Randgebiete zwischen Caelius und Quirinal durch Aufgabe der alten Hierarchie zu erhöhen, allerdings ohne Erfolg, zumindest was den sakralen Aspekt betrifft. Das großartige an die öffentlichen Kulte gebundene topographische Fossil ist so glücklicherweise bewahrt geblieben, und es offenbart uns ebenfalls die ursprüngliche doppelköpfige Verfassung der Siedlung auf römischem Boden.[89]

235. »Fana«, »profana«, »loca sancta« und »religiosa«. Man kann, unter Verwendung der Kategorien des Pontifikalrechts, versuchen, das zu rekonstruieren, was bezüglich der Kulte auf römischem Boden seit Beginn der frühen Eisenzeit geschehen ist. Die protourbane Formierung des Quinquimontium und der vier *colles* könnte zu einer ersten Unterscheidung zwischen den Orten geführt haben: 1. öffentliche den Göttern geweihte *loca* oder *fana;*[90] 2. entsakralisierte *loca* der Siedlung oder *profana*, verteilt auf die Kurien und die Geschlechter zum Gebrauch der Familien;[91] 3. *loca sancta*, mit Bezug auf die Verteidigung wie die Mauern; 4. *loca religiosa*,[92] d. h. die Begräbnisstätten und ähnliche Orte. Die ersten beiden Kategorien stehen klar einander gegenüber: einerseits die Domänen der Götter und anderer-

---

[89] Ziolkowski 1992 muß in zwei Punkten korrigiert werden. Die heilige Topographie von Rom ist ein Indiz, das uns erlaubt, nicht nur bzw. nicht ausschließlich die »präurbanen« Bedingungen zu rekonstruieren, wie es der Autor vertritt, sondern mehr noch die des protourbanen Stadiums. Solche Bedingungen muß man im übrigen in die latialen Stufen IIA2/IIBI datieren und nicht allgemein in die Stufe IIB. Und es ist anzumerken, daß Ziolkowski aus seiner Entdeckung nicht immer die erforderlichen Konsequenzen bezüglich der Kultgeschichte der Stadt zieht.

[90] Zu diesen Kategorien: Macr. Sat. 3,3,1-4. Die *fana* umfaßten Grund und anderes unbewegliches Eigentum, die nominell Eigentum der Titulargottheit waren.

[91] »Profanum est quod fani religione non tenetur«: Fest. 298 L. Dazu, daß *profanus* »entsakralisiert« bedeutet: Benveniste 1960.

[92] Fest. 348 L. Vgl. §§ 373 ff.

seits die für die Menschen reservierten Gebiete. Eine der fundamentalen
Funktionen, die die protourbanen Organismen zur Zeit der Formierung
ausgeübt haben dürften, muß das *fana sistere* gewesen sein, d. h. das Festsetzen
der *fana*, indem sie auf bestimmte Orte begrenzt und diese den Göttern
geweiht wurden.

236. Kontinuität der »fana«. Das erste Septimontium, das zweite Septimontium und die *civitas* der frühen Königszeit scheinen die topographische
Unterscheidung zwischen *fana* und *profana*, die der Zeit des Trimontium-
Quinquimontium und der ersten vier *colles* zugeschrieben werden kann,
nicht zur Diskussion gestellt zu haben; als Romulus den fundamentalen
Akt der Aufteilung des Landes vollzog, mußte er deshalb, bevor er es in
30 gleichwertigen Teilen den Kurien zur Nutzung durch die Familien zuwies,
das als königliches Eigentum und für die öffentlichen und sakralen Tätigkeiten bestimmte Land neu festlegen und von der Verteilung ausnehmen,[93]
durch Bestätigung der *fana* an ihren traditionellen Plätzen: »sistere fana cum
in urbe condenda dicitur, significat loca in oppido futurorum fanorum con-
stituere«.[94] Insofern bezüglich des Kalenders die gleiche Haltung bestanden
habe dürfte, könnte auch seine Struktur und Gliederung in zehn Monate
auf den ersten Synoikismos zurückgehen, d. h. auf die Zeit des zweiten Septimontium.[95] Dem äußersten Konservativismus bezüglich der Lokalisierung
der *fana* und später der *aedes publicae* entspricht dann eine recht dehnbare
und innovative Haltung, was die *profana* und die *religiosa* betrifft. Tatsächlich implizierte die zunehmende Erweiterung der Siedlung die Schaffung
neuer Kurien und neuer Heiligtümer (wie die der Argeer), also auch neue
Landverteilungen auf den neu hinzugekommenen *montes* und *colles* und die
Neuorganisation der Begräbnisstätten.

237. Zweiteilung der Siedlung und die Sabiner. Es gibt gute Gründe,
sich auf römischem Boden zwei protourbane Einheiten in Fomierung vorzustellen, die zu Beginn autonom waren, wobei wir nicht wissen, wie weit
sie im Streit lagen oder untereinander Frieden hatten. Diese ursprüngliche
Duplizität protourbanen Charakters muß unterschieden werden von der
nachfolgenden Duplizität der Stadtwerdung, die sich auf die mythisch-historischen Begebenheiten der Besetzung des Quirinals und des Kapitols durch
Titus Tatius, den König von Cures, und seine Sabiner bezieht. Es wird nicht
gesagt, daß Titus Tatius der erste Sabiner war, der nach Rom gekommen
ist, wie die Tradition es will, die alles mit Romulus beginnen läßt. Andere

---

[93] Dion. Hal. 2,7,4. Die Curia Hostilia wird ein öffentlicher inaugurierter, aber nicht konse-
krierter Platz: Varro ling. 7,11.
[94] Fest. 476 L. (Bouché Leclercq 1896).
[95] Vgl. §§ 307 ff.

sabinische Häuptlinge könnten seinen Heldentaten vorangegangen sein, etwa ein Jahrhundert zuvor, in der Nachfolge des mythischen Modells des Modius Fabidius, des aboriginischen Häuptlings und Gründers von Cures und vielleicht auch des Quirinals. In diesem Fall wäre die Eroberung des Titus Tatius eher eine Wiedereroberung in einem anderen historischen Zusammenhang. Im Fall des Quirinals, des Kapitols und des Pagus Tiberinus[96] könnte die protourbane Formierung sich mit der Ausdehnung des sabinischen *ethnos* – das sich im bergigen, aboriginischen Zentrum des Landes gebildet hat, zur gleichen Zeit, als sich das latinische *ethnos* herausbildete[97] – überkreuzt haben, das zu dieser Zeit die *colles* erreicht haben mag. Der Übergang über den Tiber auf der Höhe des späteren Rom, an der Grenze verschiedener Regionen und Distrikte und über den Hauptwasserweg zwischen dem südlichen Etrurien und Latium vetus dürfte auch weit von der Küste entfernte und im Inneren der Halbinsel lebende Stämme interessiert haben, zumindest ab der Endbronzezeit, d. h. ab der Zeit des Einfalls der Aboriginer. Die dringliche und alte Notwendigkeit für verschiedene Stämme, sich an dieser Biegung des Flusses niederzulassen, um sie zu kontrollieren – wo die Via Salaria und die Campana sich mit der Via Latina und der Straße nach Veji kreuzten und so Osko-Umbrer, Etrusker und Latiner in Kontakt zueinander brachten –, dürfte in der frühen Eisenzeit angehalten haben und stärker geworden sein, aufgrund des Drucks der Sabiner, dem die Latiner dieses Mal nur in einem einzigen Gebiet von Latium und nur in einem Teil des Gebietes von Rom standhalten sollten, was den Siculern in der Auseinandersetzung mit den Aboriginern, die nach Latium eingedrungen waren, nicht gelungen war.[98] Die Existenz zweier sich formieren-

---

[96] Zum Quirinal: Strab. 5,2,13,7. Sowohl Tarentum wie die Prata Flaminia, und vielleicht auch das Zentrum des Marsfelds, die alle wahrscheinlich vom Kapitol abhängig waren, waren mit sabinischen Mythen verbunden, soweit wir das Sagen und Kulten entnehmen können: Serv. Aen. 2,140 (La Rocca 1984; Aronen 1989), was mit einem sabinischen Kapitol und Quirinal übereinstimmt. Es handelt sich um Gegenden pagischen Gepräges, anfänglich vielleicht Eigentum der Gemeinschaft, dann königliches Eigentum und schließlich Eigentum der Priesterkollegien (Palmer 1970). Die sabinische Besetzung des Esquilin scheint hingegen eine wenig fundierte Hypothese der modernen Kritik: Pallottino 1971 und 1993.

[97] Nach Cato hätten die Sabiner, aus dem Ager Amiterninus von Testruna vorstoßend, den aboriginischen Ager um Reate erobert: Dion. Hal. 2,49 (Briquel 1984), wahrscheinlich in der Endbronzezeit. Die Sabiner scheinen tatsächlich ein zu den Latinern paralleles *ethnos* zu sein, das sich im wesentlichen zur gleichen Zeit gebildet hat. Sabus, der namengebende Gründer der Sabiner, war ein Sohn des Iuppiter Fidius, wie Latinus, der namengebende Gründer der Latiner mit Iuppiter Latiaris gleichgesetzt wurde. Vgl. §§ 128, Anm. 29; 141, Anm. 16.

[98] Es mag seltsam erscheinen, daß die Chronologie der sabinischen Expansion im Vergleich zur Vulgata hinaufgesetzt werden kann, anstatt daß wir sie, wie es die Historiker gewöhnlich tun, herabsetzen. Nach Pareti 1953, Bernardi 1964, Poucet 1985, Jannot 1992 und Mastrocinque 1993 könnte man dem 8. Jh. keine sabellischen Migrationen zuschreiben, die mit Sicherheit erst

der protourbaner Epizentren auf römischem Boden ist nicht überraschend, wenn wir uns erinnern, daß der Ort schon für zwei *populi* (die Velienses und die Latinienses) von Bedeutung war und daß der Aspekt der Doppelgemeinschaft mit dem Janiculus des Janus und dem Mons Saturnius des Saturnus eine Charakteristik des Gebietes zumindest seit Beginn der Spätbronzezeit war. Die protourbane Formierung der *colles* könnte also mit den »ersten« Sabinern in Zusammenhang gebracht werden, analog zur präurbanen Gründung, die mit den Aboriginern, und zur Stadtwerdung, die mit den »zweiten« Sabinern des Titus Tatius in Beziehung gesetzt wurde. Während im Distrikt des *populus* der Velienses, der wahrscheinlich von latinisierten Aboriginern bewohnt wurde, immer mehr Latiner Aufnahme fanden, die vielleicht auch mit anderen *populi* in Latium verwandt waren, könnte es im Distrikt des *populus* der Latinienses, der ebenfalls aus latinisierten Aboriginern bestand, zu einem Eindringen der Sabiner gekommen sein, und es könnte von einem sabinischen Häuptling neu gegründet worden sein und so den Endpunkt der Wanderungsbewegung der Sabiner über den Anio und entlang dem Tiber dargestellt haben, die zum Ziel hatte, das Gebiet an der Biegung des Tibers einzunehmen, dort, wo die Via Salaria endete. Wir befänden uns also in der Zeit nach der Gründung von Cures (und des Quirinals?) durch den aboriginischen Modius Fabidius und vor den Gründungen von Lucus Feroniae auf dem Gebiet von Capena durch den König Propertius von Vulci oder von Capena[99] und vor der Neugründung des Quirinal-Kapitols durch Titus Tatius von Cures. Wir haben jetzt das Glück, über einige

zwischen dem Ende des 6. und der ersten Hälfte des 5. Jh. bezeugt wären und für die es keinerlei archäologischen Beweis gäbe, so daß die Vulgata nichts weiter böte als die Projektion von Ereignissen aus der frühen Republik in die Anfänge der Stadt. Momigliano 1989 meinte hingegen, die Fusion von Latinern und Sabinern in Rom wäre ein achtbares Datum der Tradition (241 werden Reate, Amiternum und Nursia in die Tribus Quirina eingegliedert). Auf dieser Spur glaubt auch Cornell 1995 an die Sabiner und die Zweiteilung der Siedlung (aber er datiert sie in die zweite Hälfte des 7. Jh.). Vgl. auch §§ 98 ff. Nach unserer Annahme ist das Gegenteil geschehen: Die Annalistik hat den ersten Einfall der Sabiner nicht vorgezogen, sondern ihn später angesetzt – so wie sie mit der Stilisierung der Gründung Roms als eines absoluten Anfangs das Gedächtnis des Septimontium und des ersten Synoikismus verwischt hat –, und sie hat in der exemplarischen Sage von Titus Tatius Ereignisse zusammengedrängt, die früher begonnen haben. Die Vulgata konnte nämlich eine Siedlung auf römischem Boden vor Rom – außer dem sagenhaften, arkadischen und sehr viel früheren Pallantion – nicht gelten lassen, und das ist auch der Grund, weshalb sie eine Ankunft der Sabiner auf römischem Boden in präromuleischer Zeit nicht zulassen konnte, so wie sie die protourbane Siedlung des Septimontium nicht zulassen konnte.

[99] »Hos dicit Cato Veientum <iuvenes> condidisse auxilio regis Propertii, qui eos Capenam, cum adolevissent, miserat«: Cato fr. 48 Peter, in: Serv. Aen. 7,697. Die agrarische und unterirdische Göttin Feronia (verehrt auf dem Marsfeld) soll sabellischer Abstammung sein; sie steht im Zusammenhang mit den Asylen und den Handelsplätzen (Torelli 1981; Monacchi 1985).

archäologische Hinweise auf den ersten Einfall der Sabiner zu verfügen, die es uns erlauben, diesen Einfall mit einer gewissen Wahrscheinlichkeit anzunehmen und ihn auch zu datieren.[100]

238. Archäologische Hinweise auf den ersten Einfall der Sabiner. Die archäologische Forschung konnte feststellen, daß die sabinischen Siedlungen im Velina-Becken nicht über den Beginn der Eisenzeit hinaus bestanden haben und mit Beginn der latialen Stufe IIA2 aufgegeben wurden. Diese Aufgabe könnte ihren Grund in einer ersten Wanderungsbewegung der Sabiner entlang dem Tibertal und nach Latium finden, auf die weitere Wanderungen gefolgt wären, wobei die zweite dieser Bewegungen in der Sage des Romulus ein Echo und damit im weiteren Sinn eine Bestätigung finden würde.[101] Der Ausgang dieser ersten Wanderung der

[100] Ampolo 1996c schreibt von einem »langen Prozeß des Umherziehens und des Eindringens der Italiker in Rom (und nicht nur hier), eine Erscheinung, die geschichtlich vielleicht das gleiche Gewicht hatte wie die Einfälle«; eine Invasion des 8. Jh. wird von diesem Autor für »übertrieben, wenn nicht sogar erfunden« gehalten. Man kann sich ein anhaltendes Eindringen mit migratorischen Schüben vorstellen. Daß die Kriege gegen die Sabiner im 5. Jh. in der Vulgata viel realistischer und historisch genauer berichtet werden als die des 8. Jh. erstaunt nicht. Das heißt aber nicht, daß der Krieg in romuleischer Zeit eine Kopie späterer Ereignisse wäre (gemäß dem üblichen Interpretationsmodell der hyperkritischen Geschichtsschreibung), wie ganz richtig sogar C. Ampolo festgestellt hat. Auch die Welle des 8. Jh. muß nicht, wenngleich sie in der Vulgata in modernisierter Form beschrieben ist, eine reine Erfindung sein, und es ist möglich, daß sie nicht die erste Invasion war (anders als Cornell 1995 weist Wiseman 1996 die Überlieferung über die Sabiner ab).

[101] Das Territorium der Sabiner dürfte ursprünglich ausgedehnter gewesen sein als dann in historischer Zeit. Daher rührt der doppeldeutige Charakter zwischen Sabinität und Latinität der Gebiete am Anio (zum suburbanen Sabina und dessen Abhängigkeit von Cures: Uda 1990). Es scheint, als könnte der Ager Latiniensis, der Rom benachbart war und für suburban gehalten wurde (Cic. har. resp. 20), mit den »rura suburbana Sabina« bei Horaz (Ep. 1,7,76) zusammenfallen. Diese Gegebenheit scheint später zu sein als die entgegengesetzte Situation, zur klassischen Zeit der *populi* Albenses (latiale Stufen I und IIA1), als die Latiner auch jenseits des Anio bezeugt sind (vgl. §§ 146 ff.). Die latinisierten Sabiner der *colles* der ersten urbanen Zeit (unmittelbar nach der Gründung Roms) könnten von den echteren Römern der *montes* *Romanuli genannt worden sein, woran der Name der Porta Romanula denken läßt (Colonna 1988), von der die Straße ausging, die vom Palatium zum Collis Latiaris führte. Es waren sicher nicht die Sabiner oder die Albaner als solche, die das protourbane Phänomen erfunden haben, da weder Alba noch die sabinischen Zentren im Landesinneren und entlang des Tibers ein protourbanes Stadium erreicht hatten (Guidi 1982; Filippi-Pacciarelli 1991). Nach Guidi 1992 ist das Verlassen der Sitze in Mittelitalien durch die Sabiner durch die Siedlungskonzentrationen in den protourbanen Zentren von Terni und Rieti bedingt (Carancini 1986), weshalb man sich eventuelle Wanderungsbewegungen der sabinischen Bevölkerung Richtung Rom als vom Gebiet von Cures aus erfolgend vorstellen muß. Aber nach R. Peroni hat das protourbane Phänomen in dieser Zeit das Zentrum Italiens nicht erreicht (Leonelli i. Dr.), weshalb das Verlassen der Ursprungsdörfer eher durch den Einfall der Sabiner entlang des Tibertales bedingt sein dürfte. Anderseits haben die kleinen, von den Sabinern entlang des Tibers gegründeten Dörfer nichts Protourbanes an sich und scheinen nach dem Bild der verlassenen Siedlungen im Gebiet von

Sabiner Richtung Latium und die folgende Schaffung einer Reihe von kleinen Dörfern (unter zwei Hektar) im Tibertal erlaubt uns schließlich, die erste Bewegung der Sabiner zwischen den latialen Stufen IIA2 und IIB1 zu datieren.[102]

239. Die Schaffung einer sabinischen Gemeinde auf den »colles«.

Das Vordringen der Sabiner ist in den Begriffen einer friedlichen Infiltration nicht angemessen interpretierbar,[103] denn das unvermittelte Aufgeben der ursprünglichen Sitze und die Gründung neuer Siedlungen entlang des Tibers, wie sie die archäologische Forschung offenbart, und auch die drastische Ritualität der *veria sacra* lassen eher das Gegenteil vermuten.[104] Der sabinische Mythos, der in der annalistischen Erzählung in den kurzen, einzigartigen, emblematischen, mit Titus Tatius verknüpften kriegerischen Vorgang komprimiert wird, muß wahrscheinlich vor dem Hintergrund eines Phänomens von weit größerer Tragweite und längerer Dauer interpretiert werden, dessen erste Version eben auf den Beginn der protourbanen Formierung auf den *colles* zurückzugehen scheint. Typische Momente dieser beiden mit den Sabinern verbundenen mythischen »Ereignisse« könnten der Krieg, die Schaffung einer Gemeinschaft und ein Bündnis oder Synoikismos gewesen sein, wie es die in der Sage des Titus Tatius verborgene Struktur andeutet. Nach der Ankunft der Sabiner wurde Semo Sancus, der Jupiter, unter dem sie schworen und der ihre *foedera* bestätigte, analog dem Fisius Sancius

Reate angelegt worden zu sein. Die ersten Impulse für die neue Art des Siedelns dürften eher von Etrurien und insbesondere von Veji ausgegangen sein, und es ist nicht von Bedeutung, ob es Latiner, Sabiner oder beide waren, die sie auf römischem Boden einführten. Ein Einfall der Sabiner im 9. Jh. scheint wahrscheinlicher als ein Einfall im 8. Jh., da man in dieser Zeit von Zusammenstößen und Eroberungen zwischen Cures und dem Territorium Rom eher ausgehen kann als von der Migration einer Bevölkerung: »Für das Eintreffen der Sabiner im Tibertal müssen wir wenigstens bis in die Anfänge der Eisenzeit zurückgehen«: Colonna 1974. Für den faliskischen und capenatischen *ager* ist im 9. Jh. eine Lücke bezeugt, die G. Colonna mit der protourbanen Entwicklung von Veji und von Capua in Zusammenhang bringt (Akten des Studientages über »Die archaischen Nekropolen von Veji«, Rom 9. 11. 1995, i. Dr.).

[102] Die Siedlungen von Cures, Campo del Pozzo, Poggio Sommavilla und Ocriculum sind ab Ende des 9., Anfang des 8. Jh. zu datieren, sie sind zu dieser Zeit aber kleine Dörfer, unter 2 ha, und keine protourbanen Zentren. Cures wird erst am Ende des 8. Jh. ein protourbanes/urbanes Zentrum (Pacciarelli 1994; Guidi u. a. 1996; Bistolfi u. a. i. Dr.), als es von 3 auf 30 ha anwächst (vgl. Abb. 14), und die Sage von Titus Tatius (Proto-König oder erster König dieses Zentrums) wird vielleicht erst im Rahmen dieser Reifung von Cures im urbanen Sinne wirklich verständlich. Titus Tatius wird König von Rom, und er kommt von Cures wie Romulus von Alba. Im 8. Jh. verschwindet Corcolle, wahrscheinlich zum Vorteil von Cures (Peroni 1993-94), Zeichen seiner Vitalität in diesem Jahrhundert. Die Epoche der Migrationen habe sich in der Ägäis bis ins 9. Jh. hingezogen, wie aus der ionischen Wanderung hervorgeht: Snodgrass 1996.

[103] An eine »friedliche« Infiltration im 8. Jh. haben gedacht: Pallottino 1960; Causo 1973 (vielleicht unter dem Einfluß der Migrationen in Mittel- und Norditalien in jenen Jahren).

[104] Del Ponte 1988.

von Iguvium,[105] Vater des Sabus, des Gründers der Sabiner, auf dem *collis* Sanqualis/Mucialis und auf dem Collis Salutaris verehrt, in Verbindung mit Salus.[106] Semo Sancus und Salus schieben sich so zwischen den Iuppiter Latiaris des gleichnamigen Hügels – mit dem Latinus, der Gründer der Latiner, gleichgesetzt worden war – und den (Ianus) Quirinus Indiges des Collis Quirinalis. Auf diese Weise wurden zwei *colles* sabinischen Charakters geschaffen,[107] die zwischen weitere zwei typisch latinische *colles* eingefügt wurden, der erste präurbanen Charakters, der einen Bezug zu Alba herstellte (Collis Latiaris), und der zweite protourbanen Charakters, mit örtlichem Bezug (der Collis Quirinalis). Wie die Aboriginer sich zu Latinienses latinisiert haben dürften, den Vorläufern der Sabiner, ebenso dürften die Sabiner der *colles* sich latinisiert haben, sowohl aus linguistischer wie kultureller Sicht. Die sabinischen *colles* erscheinen umfaßt und zusammengedrängt zwischen den latinischen *colles* des Latiaris und des Quirinalis, in einem kleinen Synoikismos, der von den Latinern kontrolliert erscheint, ähnlich dem, was für das Gesamt der latinisch-sabinischen *colles* im großen Synoikismos gelten wird, den dann das Septimontium anführt.[108]

240. Die Siedlungsformen der Bronzezeit sind überholt.   Schon mit dem Trimontium, vor allem aber mit dem Quinquimontium sind die Ausmaße der größeren Siedlungen der Endbronzezeit zwischen dem südlichen Etrurien und Latium vetus überholt, was es ohne weiteres erlaubt, auch unter rein quantitativem Gesichtspunkt, jetzt von einem protourbanen Zentrum in Formierung zu sprechen.[109] Das System der *montes* hat noch nicht die gro-

---

[105] Briquel 1978.

[106] Zu Salus Semonia: CIL VI,30975; Macr. Sat. 1,16,8; Varro ling. 5,74.

[107] Mit dem Collis Latiaris (und seinem *auguraculum?*) verbunden sind wahrscheinlich die von Titus Tatius (der auf dem Kapitol seinen Aufenthalt hatte) zur Erhaltung der sabinischen Kulte eingerichteten Sodales Titii (Tac. Ann. 1,54,1), wenn das Kollegium mit der Curia Titia zu tun hatte (Paul. Fest. 503 L.), die man sich nicht auf dem Kapitol, außerhalb des Kuriensystems, vorstellen kann. Der *titus* war der Gründungsgenius der Sabinität in Rom (Prosdocimi 1989), wie es der *picus* für das aboriginische Alba gewesen war.

[108] Vgl. § 302.

[109] Peroni 1993–94. Die großen Zentren (zwischen 20 und 60 ha) Latiums in der frühen Eisenzeit sind – wie Crustumerium, Lavinium, Ardea, Satricum (und unserer Ansicht nach auch Gabii) – in diesem Seminar als »semi-proto-urban« oder »mit teilweise proto-urbanem Gepräge« beschrieben worden. Man könne in ihrem Fall einer raschen Expansion beiwohnen, die dann von einer ungenügenden Anzahl von Abwanderungen aus den mittleren und kleinen Siedlungsplätzen in Mittellatium gebremst wird, wo sie um Alba herum die typische Landschaft der Endbronzezeit verewigt haben (vgl. § 150). Jedoch kennt man auch in Etrurien, dem klassischen Boden der protourbanen Zentren, »semi-proto-urbane« Zentren wie etwa Bisenzio und Orvieto. Mehr als um eine nicht überwundene Beharrung oder ein unvollständiges Phänomen scheint es sich um eine Formation zu handeln, die in einem bestimmten Stadium der protourbanen Entwicklung zum Stillstand gekommen ist. Es wäre vielleicht genauer, diese Siedlungen als

ßen Ausmaße der größeren protourbanen etruskischen Siedlungen wie Vulci, Tarquinia, Caere und Veji, die sich auf 150 bis 200 Hektar belaufen, eine Ausdehnung, die dann erst vom ersten Septimontium erreicht wird.[110] Es handelt sich also um ein protourbanes Zentrum bescheidenen Ausmaßes, das wir anderen kleineren protourbanen Siedlungen wie Bisenzio und Orvieto in Etrurien und Gabii (55–85 ha), Crustumerium (40–60 ha), Fidenae (40–45 ha), Lavinium (40–45 ha), Ardea (40 und dann 80 ha) und Satricum (40–45 ha) in Latium gegenüberstellen können.[111] Würden wir die zwei protourbanen Siedlungen auf römischem Boden zusammenfassen und sie fälschlicherweise als eine einzige Siedlung betrachten, würde sie die größte Ausdehnung in Latium erreichen (109 ha), jedoch noch nicht den Standard der großen protourbanen Zentren in Etrurien (um oder über 150 ha).

241. Von der föderativen zur protourbanen Einheit. Die protourbanen Gemeinschaften waren mit den überholten Gegebenheiten des Albanerbundes kompatibel,[112] und insofern sie Erben der früheren *populi* waren, konnten sie am gemeinsamen Mahl auf dem Mons Albanus teilnehmen, als wären sie immer noch »hegemoniale Zentren« der Endbronzezeit. Andererseits konnten andere Zentren mittlerer Größe, die früher eine hegemoniale Stellung innehatten, jetzt aber zu Satelliten der protourbanen Zentren geworden waren, am gemeinsamen Mahl auf dem Mons Albanus teilnehmen und so eine Autonomie vorweisen, die jetzt auf den rein sakralen Aspekt reduziert war. Die anderen hegemonialen Zentren, die sich im Gebiet um Alba erhalten hatten und von den protourbanen Entwicklungen nicht berührt wurden, waren die einzigen und letzten kleinen, substantiell noch autonomen Gemeinden, die am gemeinsamen Mahl teilnahmen. Diese unterschiedlichen Gegebenheiten offenbaren die fortschreitende Abnutzung und Verarmung des Bundes der Latiner, der immer mehr auf eine rein religiöse Funktion reduziert wird, und das allmähliche Übergewicht völlig neuer Formen proto-politischer Integration. Wahrscheinlich waren es die protourbanen Zentren, die die geschwächten föderalen Verbindungen, die in den alten Organisationsformen der präurbanen Zeit wurzelten, in die Krise führten.

»kleine« oder »sich herausbildende« protourbane Zentren zu definieren, im Vergleich zu den »fertigen«, »in sich abgeschlossenen« Zentren, die etwa 150 oder mehr Hektar erreicht haben.

[110] Vgl. § 261.

[111] Guidi 1982; Pacciarelli 1994 (die Ausmaße von Tivoli sind schwer zu berechnen). Der methodologische Purismus von Rendeli 1991 mit seiner Skepsis gegenüber der Möglichkeit, die maximalen Abmessungen der etruskischen protourbanen Zentren festzulegen, scheint deplaziert, wie die auf den Hochebenen der großen villanovanischen Zentren durchgeführten Untersuchungen zeigen, die bereits ein ausgezeichnetes methodologisches Niveau erreicht haben (Pacciarelli 1991). Vgl. Abb. 26–27.

[112] Catalano 1965.

Das protourbane Phänomenen stellt also einen radikalen Bruch mit der vorhergehenden Wirklichkeit der *populi* dar, die nur noch als Restbestände, Bilder einer vergangenen Zeit, weiterbestehen. Die *populi* hatten nämlich, auch wenn sie in einem Bund vereinigt waren, vielfältig gegliederte Einheiten als Basis. Ein protourbanes Zentrum hingegen war, auch wenn es in der Vereinigung einiger *populi* seine ursprüngliche Matrix finden konnte, auf einem Weg, an dessen Ende die Befreiung von den ursprünglichen Voraussetzungen stand, indem eine sehr viel größere Siedlung und ein konzentrierter, starker Proto-Staat entstand, wie die protourbanen Zentren der Etrusker zur Genüge zeigen, die auf ihren Hochebenen die Bevölkerung angezogen haben, die früher in zahlreichen, über das Land verteilten Dörfern siedelten. Es geschah unter diesen Gegebenheiten, daß an die 30 etruskische *populi*, die untereinander verbündet waren,[113] sich als solche auflösten und schließlich ein protourbanes Zentrum bildeten, das sogar in eine gleiche Zahl von *curiae* gegliedert war. Das protourbane Zentrum erscheint also wie ein »melting-pot«, dessen verschiedene Zutaten, so sehr sie auf allgemeiner Ebene vereint erschienen, an der Basis unterschieden bleiben konnten, womit das Überleben alter Bindungen des Blutes und religiöser Bindungen ermöglicht wurde, während zusätzlich neue Verbindungen von Vertragscharakter entstanden. Das Fest des Septimontium etwa wird Hügel für Hügel gefeiert, und nicht an einem repräsentativen gemeinsamen Ort der Gesamtheit der Gesellschaft, den dann das Forum für die Fornacalia und das Kapitol für die urbanen Fordicidia darstellen wird.[114] Eine Gegebenheit dieser Art entspricht einer einheitlichen, weil hierarchischen, Einrichtung, die dem protourbanen Zentrum eigen ist, das dennoch noch nicht in urbaner Art zentralisiert ist, noch kein Leitungszentrum des Staates hat, wie die Zeremonie der Argeer zeigen kann, die eben Kurie für Kurie abgehalten wird und auf diese Weise ihre noch protourbane Natur offenbart.[115] Andererseits wird das protourbane Zentrum nicht aus einer Gesamtheit untereinander verbünde-

---

[113] Guidi 1992, S. 445: »Es ist nicht abwegig, sich schon im 10. Jahrhundert Bündnisse von Dörfern vorzustellen ... deren Häuptlinge, angesichts eines permanenten Konfliktzustands, eine radikale Neuordnung des Bevölkerungsgefüges befürworteten«. Zu einer konfliktreicheren These bezüglich der Formation der protourbanen Zentren vgl. §§ 331 ff.

[114] Ein Großteil der Kulte, der Heiligtümer und Feste soll von Numa eingeführt worden sein: Plin. nat. 18,8 und Plut. Num. passim. Die *sacra* der Kurien waren *publica*, auch wenn sie nicht *publico sumptu* gefeiert wurden, sondern auf Kosten der einzelnen Sektion bzw. des jeweiligen Stadtbezirks. Auch aus diesem Grund scheint die These von Coli 1951, nach der es im *regnum* die öffentliche Dimension und den Status des freien Menschen nicht gegeben habe, auszuscheiden, wie De Francisci 1952-53 vertreten hat; nach ihm sind in der Königszeit die Beziehungen zwischen den freien Mitgliedern der Gemeinschaft auf der Basis von *obsequium* und *fides* geregelt worden.

[115] Vgl. §§ 185 ff.

ter und also noch unabhängiger Gemeinschaften gebildet,[116] sondern aus
Gemeinschaftskernen, die – am selben Ort und mit demselben organisatorischen Band verbunden – topographisch konzentriert und politisch strukturiert sind und, verglichen mit der noch schwachen Weise, die den präurbanen Bünden eigen ist, in sehr viel stärkerer Weise miteinander verbunden
sind, allerdings weniger wirksam verglichen mit der streng zentralisierten
Weise, die dann der Stadt eigen ist. Diese Zwischensituation zwischen Bund
und Stadt kann als typisch für den Proto-Staat und die Proto-Stadt angesehen werden. Sie kann als eine hierarchische organisatorische Struktur definiert werden, die vom Besonderen zum Allgemeinen fortschreitend stufenweise zur Einheit führt: von der *gens* oder *familia* zur *curia*, zu *mons/colles/* etc.,
zur *tribus*, bis zum Proto-Staat.

242. Die Kompetenzen des Proto-Staates. Der Proto-Staat war nur mit
den fundamentalen Problemen der Gemeinschaft befaßt wie den juridisch-
religiösen Bindungen, den Riten zur Bewahrung der *pax deorum* und der
Identität der Gemeinschaft, der Eingrenzung der Kultplätze, der Verteilung
des Landes, der Anordnung der Nekropolen, der Organisation der Fest-
zeiten, des Verkehrs und Handels, den internen Konflikten und der Verteidigung. Daher rührte die Notwendigkeit, kleinere Gruppierungen wie
die Kurien zu bilden, die in der Lage waren, der Familie jenen Schutz zu
sichern, den die größere Gruppierung (auf öffentlicher Ebene) und die verwandtschaftliche Gruppierung (auf privater Ebene) nicht bieten konnten.
Die kleineren Einheiten waren proto-politische Organismen, in dem Sinn,
daß sie Funktionen erfüllten, die sich dann der Staat zu eigen macht, wenn
er genügend komplexe Formen ausgebildet hat. Es handelte sich jedenfalls
nicht um souveräne Körperschaften, insofern diese Einheiten sich voll in
die organisatorische Form des Proto-Staates einfügten. Die Kurien stellten
also ein Zwischenglied zwischen dem Proto-Staat und den familialen Gruppen dar, die allerdings dem Proto-Staat näher waren als den Familien, insofern es sich schon um eine erste Institution öffentlichen Charakters handelte.[117] Man mußte nämlich zum Eintritt in die Kurien zugelassen werden,
um Teil der Gemeinschaft zu werden. Um Entscheidungen auf der Ebene
der Bezirke oder der Viertel über Probleme zu treffen, mit denen der Proto-
Staat nicht befaßt war, versammelten sich die Menschen entsprechend den

---

[116] Capogrossi Colognesi 1979 stellt sich eine Zeit vor, in der die Kurien nicht in einer einzigen
Gemeinschaft zusammengebunden waren. Aber wenn es schon schwerfällt, sich vollkommen
autonome Dörfer vorzustellen, so daß man oft präurbane Föderationen und Bündnisse rekonstruiert, so fällt es noch schwerer, sich unabhängige Kurien in einem protourbanen Rahmen
vorzustellen.
[117] Luzzatto 1962.

curiae. Um aber Entscheidungen auf der Ebene des Proto-Staates zu treffen, fanden Begegnungen zwischen den Repräsentanten der Kurien statt, in einer Art Rat der Alten; daß kein Leitungszentrum vorhanden war,[118] schloß dies nicht aus, zumindest nicht in Momenten der Notwendigkeit.

243. Quirinus, ein Gott der Tribus? Quirinus ist als ein tribaler Gott interpretiert worden, Schützer nicht nur des Quirinals, sondern der ganzen Gemeinschaft auf römischem Boden.[119] Aber um sich die Siedlung auf dem Boden Roms vereint vorstellen zu können, muß man in die Zeit des zweiten Septimontium und in das Rom des Romulus hinabgehen. Dennoch konnte derselbe Gott in zwei benachbarten Siedlungskernen verehrt werden, vor allem wenn seine frühen Wurzeln – die sich unserer Ansicht nach in Janus finden – auf eine Zeit zurückgehen, die noch vor der Zeit der *populi* liegt. Der Vorgänger des Quirinus soll der Tradition nach eine aboriginische Gottheit gewesen seien, mit dem auf Griechisch überlieferten Namen Enyalios, eine Gottheit des Krieges, vielleicht Mars, ein großer Gott der Aboriginer, dem die Sabiner und die Römer dann den Namen Quirinus gegeben hätten.[120] Es wurde auch die Hypothese einer Gründung des Quirinals durch den Aboriginer Modius Fabidius vorgebracht, der ein Sohn des Mars und wahrscheinlich der mythische Stammvater der Fabier war, deren *sacra* an Faunus, einen Abkömmling des Mars, gebunden und auf dem Quirinal angesiedelt waren.[121] Aber Quirinus ist als solcher nicht interpretierbar als ein präurbaner tribaler Gott oder als lokale Fortentwicklung eines aboriginischen Mars oder als ein allgemeiner Gott des Krieges, der Fruchtbarkeit, des Ackerbaus und der Röstung des Getreides,[122] auch nicht als gründender »dema«, der mit der Nährpflanze der Gemeinschaft schlechthin verbunden ist und ihre Gestalt annimmt.[123] Quirinus ist nichts von all dem. Er ist ein-

---

[118] G. Colonna bei Ampolo 1983 betont, daß es in den protourbanen Zentren kein Leitungszentrum gab.

[119] Brelich 1960 betrachtete Quirinus nicht als Schutzgottheit der *colles*, weil er nicht glaubte, daß Mars eine ähnliche Funktion für die *montes* haben könnte (siehe auch Sabbatucci 1984), im Gegensatz zu dem, was er früher (Brelich 1955) vertreten hatte. Man hat versucht, Quirinus aus seiner Verankerung auf dem Quirinal zu lösen, indem man in dem Gott nicht so sehr den Beschützer der *colles* oder des sabinischen Teils der Siedlung sah, sondern vielmehr den Beschützer des gesamten römischen Staates (Palmer 1970). Aber eine solche Gegebenheit gilt, wie wir sehen werden, für die historischen Epochen, die dem zweiten Septimontium und dem romuleischen Rom entsprechen (man beachte die Aufgaben des Flamen Quirinalis). Vorher konnte die Situation eine andere gewesen sein.

[120] Dion. Hal. 2,47-48.

[121] Vgl. §§ 102 ff.

[122] Brelich 1960. Der größte Teil der Bürger feierte nämlich die Röstung des Dinkels an den Fornacalia, nicht an den Quirinalia.

[123] Brelich 1960; Sabbatucci 1975.

fach ein typischer Gott der protourbanen Zeit auf römischem Boden. Wenn er Vorläufer in präurbaner Zeit hatte, müssen diese, wie wir sehen werden, im großen indigenen Gott Janus gesucht werden, der sehr wohl eine Gottheit ist, die als »tribal« betrachtet werden kann.

244. Ianus Quirinus, der Quirinal und die »colles«. Quirinus ist der typische Gott des Gebietes von Rom, der einer Gesamtheit von Kurien vorsteht,[124] weshalb er nicht als solcher der präurbanen Zeit zugewiesen werden kann, die, so weit wir wissen, nicht *curiae* sondern *vici* kannte, was in Rom vielleicht noch ein Echo findet im Namen der präurbanen Göttin Vica Pota, der wohl als »Herrin des *vicus*« zu verstehen ist. Quirinus hat außerdem dem Collis Quirinalis den Namen gegeben, auf dem seine Kultstätte war, wie Iuppiter Latiaris, Semo Sancus und Salus den anderen *colles* ihren Namen gegeben haben. Als Beschützer des Quirinals ist Quirinus an diesem Ort nicht gut vorstellbar vor dessen Frequentierung, die an das *populus* der Latinienses gebunden ist, und vor allem nicht vor der protourbanen Formierung auf den *colles*, die als erste ein System von Kurien impliziert. Quirinus ist sicher ein lokaler Gott, es ist daher schwer vorstellbar, daß er, wie Semo Sancus und Salus, von den aus Cures kommenden Sabinern eingeführt worden wäre. Wenn sich Curenses (die Bewohner von Cures)[125] zu Quirites, den Bewohnern des Collis Quirinalis (von *Quirium?),[126] verhält wie Iuno Curis zu Iuno Quiris, den in den Kurien verehrten Junonen,[127] und wie *curia* zu *quiria*, ist es nicht schwierig, zwischen diesen Begriffen einen Zusammenhang zu sehen; das einigende Element wird dabei weniger

---

[124] Quirinus von *Co-virino-, Quirites von *Co-vir-iti-, wie curia von *Ko-vir-ia: siehe Kretschmer 1919; Richard 1981. Die Namen Quirinus und Quirinal an sich bestätigen also sowohl den protourbanen Charakter der Kurien wie auch das Vorhandensein einer protourbanen Formation auf den *colles*. Romulus wird dann also einer Gründergottheit gleichgesetzt, dem Quirinus, der ihm vorausging und also vor ihm existiert haben muß und mit dem er, als neuer Gründer, nach seinem Tod oder seinem Verschwinden identifiziert wurde. Eine Etymologie bringt Quirinus mit dem Pflug durch die Wurzel *Qrs in Verbindung (Radke 1981, 1987 und 1993) und macht aus ihm einen Gott, der mit dem Palatin und mit der Gründungsfurche verbunden ist, eine vollkommen unwahrscheinliche Hypothese, man braucht nur daran zu denken, daß Quirinus im Kultsystem der Regia (und auf der Darstellung auf dem Spiegel von Bolsena) fehlt. Der etruskische Ritus der Gründungsfurche könnte auf die sehr alten Pflügungen heiliger Bezirke zurückgehen (heilige Pflügung bei Aosta, die dem Äneolithicum zugeordnet werden kann: Mezzena 1982). Zu den mythischen Pflügungen und zu den Gründern als Urbarmachern der Scholle siehe Tarchon für Etrurien und Jason, Triptolemos und Erechtheus für die griechische Welt (Pestalozza 1930, 1931). Zur Gründung von Theben mit dem Pflug und zu den heiligen Pflügungen am Hang der Akropolis in Athen und in Skiron: Brelich 1954-55.

[125] Ov. fast. 3,94; Plin. nat. 3,107.

[126] Wissowa 1902; Latte 1960.

[127] »Curiales mensae in quibus immolabatur Iunoni, quae Curis appellata est« (Paul. Fest. 56 L.). Zu Juno Curis und pater Curris: Eisenhut 1963.

von dem Wort repräsentiert, das die Lanze *(quiris)* bezeichnet, wie die Alten meinten,[128] sondern eher von dem, das den protourbanen Bezirk oder die *curia* bezeichnet, nach der modernen Etymologie, die von den Gelehrten vorgezogen wird *(*ko-vir-ia)*. Die Verwandtschaft zwischen diesen Begriffen zwingt also keineswegs zu glauben, daß Quirinus ein aboriginischer oder sabinischer Gott gewesen sei, wie die Alten, von falschen Etymologien in die Irre geführt, meinten.[129] Die Begriffe Quirinus und Quirites haben in der Tat einen unauslöschlich latinischen Geschmack.[130] Außerdem ist Quirinus nichts anderes als ein Adjektiv des Janus, des indigenen Gottes schlechthin – mehr noch als Mars –, wie die Kulte des Janus an den Enden des Abschnitts der Sacra Via im Bereich der Bergsiedlung zeigen.[131] Schließlich ist wahrscheinlich (Ianus) Quirinus und nicht Sol der ursprüngliche Indiges des *agonium* im Dezember, dem Fest des Quirinals, das mit dem Septimontium für Palatium und Velia vergleichbar ist.[132] Wenn wir die Reihenfolge der Kulte auf den *colles* rekonstruieren, steht an erster Stelle Iuppiter Latiaris auf dem Collis Latiaris, die gemeinsame präurbane Gottheit der Latiner; an zweiter Stelle (Ianus) Quirinus Indiges auf dem Collis Quirinalis, die

---

[128] Eisenhut 1963.

[129] Porte 1981 meint, die Römer hätten keine Gottheit aus einer feindlichen Stadt importieren können, das Argument hält aber nicht stand, weshalb es dafür, daß Quirinus ein latinischer Gott ist, andere Begründungen geben muß. Es gibt keinen Grund, warum Cures zu Beginn der frühen Eisenzeit gegenüber der protourbanen, zumindest teilweise sabinischen Siedlung auf dem Quirinal als feindlich eingestuft werden sollte. Die Tatsache, daß Quirinus wahrscheinlich ein latinischer Gott ist, schließt die Anwesenheit der Sabiner und ihrer Kulte (Semo Sancus, Salus) auf den *colles* nicht aus.

[130] Accame 1959: »Von der latinischen Form *quiris* leitet sich, außer Quirinus, die Form Quiritis ab, aber das Äquivalent auf sabinisch war *curis*, und von *curis* leitete sich die Form *curiatius* oder *curitis* ab, und weil die Bewohner des Quirinal sich eben Quiriti nannten und nicht Curiatii oder Curites, kann man nicht annehmen, daß diese ursprünglichen Bewohner alle Sabiner gewesen wären, wie es die Sage darstellt; sie dürften in ihrer Mehrheit ebenfalls Latiner gewesen sein, genauso wie die Bewohner des Palatin«.

[131] Zum Kult des Ianus Quirinus und der Verbindung zwischen Janus und Quirinus: Schilling 1960 (»les anciens n'ont jamais signalé un Ianus Martialis, mais seulement un Ianus Quirinus«) und 1976; Capdeville 1973; Porte 1981; Radke 1963, 1979, 1981. Zum Alter dieser göttlichen Struktur siehe das Gesetz von Numa bezüglich der *tertia spolia opimia* an Ianus Quirinus: Fest. 204 L. und den Spruch der Fetialen: Liv. 1,32,10. Zum Zusammenhang mit Mars: Palmer 1970. Quirinus ist in Rom die Entsprechung des Vofiono von Gubbio, und dieser war eine von Mars gänzlich verschiedene Gottheit, wie die Triade dieser Siedlung zeigt, die aus Jupiter, Mars und Vofiono besteht (Radke 1963; Prosdocimi 1989). Aber auch in der ältesten Triade von Rom, bestehend aus Jupiter, Mars und Quirinus, sind Quirinus und Mars unterschieden. Vofiono (Vofion- aus *Leudhyon-) bedeutet »Gott der Gemeinschaft«: Dumézil 1949. So tritt Quirinus als lokaler Gott der Gemeinschaft auf römischem Boden auf (Janus), die in Kurien (Quirinus) gegliedert ist. Andererseits, was hätte es für einen Sinn gehabt, einen Sohn des Mars, der Romulus war, postum eben dieser Gottheit gleichzusetzen? Vgl. auch § 248, Anm. 166.

[132] Vgl. §§ 220–221.

ausschließliche protourbane Gottheit der Latiner der *colles*; an dritter Stelle Semo Sancus und Salus, auf den *colles* Sanqualis/Mucialis und Salutaris, Gottheiten der Sabiner der *colles* in protourbaner Zeit. Die Schlußfolgerung lautet, daß es keine Kolonie von Cures auf römischem Boden gegeben haben dürfte, möglicherweise aber zwei Bezirke des protourbanen Zentrums auf den *colles* für die Aufnahme der Sabiner vorgesehen waren.[133] Wie wir schon gesehen haben, könnte man also in (Ianus) Quirinus Indiges den latinischen Gott, den Gründer und Schützer der Kurien auf dem Quirinal und damit der protourbanen Siedlung auf den *colles* sehen, so wie man in Ianus (Indiges?), dem Gott der Anfänge, den Gründer und Beschützer der ersten präurbanen Siedlung auf römischem Boden erkennen kann.[134] Romulus, Neugründer und Integrator der Kurien von Rom, der ihre Aufgaben neu bestimmt, wird im Prinzip das Tun des Quirinus auf der Ebene des Staates und der Stadt wiederholen, und aufgrund dieses Unternehmens wird er dann mit (Ianus) Quirinus Indiges, seinem mythischen Modell, gleichgesetzt.

245. Ianus Curiatius, die Velia und die »montes«. Aber in seinem tiefsten Wesen war Quirinus früher kein auschließlich lokaler Gott des Quirinals. Wir kennen nämlich für die *montes* eine analoge Gottheit, Ianus Curiatius, dessen Kult mit dem *iugum* (oder Tigillum Sororium) des Zugangs zum Trimontium von Alba und von Gabii aus verbunden war, dort, wo die Sacra Via begann, die im Bereich der *montes* am anderen *iugum* endete, das auf die *colles* hin ausgerichtet und mit dem Kult des Ianus Quirinus verbunden war.[135] Wenn man in Ianus Quirinus den Indiges erkennen kann, der Gründer und Beschützer der protourbanen Siedlung der *colles* ist, kann man in Ianus Curiatius eine spiegelbildliche Gestalt des Indiges erkennen, den Gründer und Beschützer der protourbanen Siedlung der *montes* (Trimontium-Quinquimontium). Wie Ianus Quirinus das System der *montes* gegen das System der *colles* abschließt[136] und den Distrikt der Velienses gegen den Distrikt der Latinienses - die Curiatii der *montes* von den Quirites der *colles* trennend -, so scheint Ianus Curiatius das System der *montes* gegenüber der neueren pagischen Umgebung abzuschließen, die sich zwischen Caelius

---

[133] Aus Cures waren die Aboriginer Latiums gekommen (vgl. §§102ff.), kommen dann die Sabiner der präromuleischen und der romuleischen Zeit (Varro ling. 5,51; Liv. 1,13; Dion. Hal. 2,36. 46. 48; Plut. Rom. 19) und kommt dann auch Numa, der ein Haus auf dem Quirinal besaß. Die 30 romuleischen Kurien sollen ihren Namen nach den Sabinerinnen erhalten haben (Plut. Rom. 14).

[134] Vgl. §§77ff.

[135] Simon 1986; Terrenato 1992.

[136] Macr. Sat. 1,9,17ff. (Wasserbäche wären vom Tempel des Janus herabgestürzt, um die Römer vor den Sabinern zu schützen).

und Oppius erstreckt, also gegen den früheren Distrikt der Querquetulani. Den Kulten des Janus an den Enden der Sacra Via entsprachen die Kulte der Iuno Quiritis und Curitis, die in den Kurien gefeiert wurden.[137] Ianus Quirinus/Curiatius ist also als eine Gottheit sowohl des Quirinals wie der Velia, eine präurbane Gottheit (als Janus), die für das gesamte Territorium Rom zuständig ist, die in protourbanen Begriffen auf ähnliche aber nicht identische Weise für die beiden Teile der Siedlung, für die *colles* (Quirinus) und für die *montes* (Curiatius) abgewandelt wird. Es scheint, daß die Bewohner der *montes* ihren protourbanen Janus von dem der *colles* unterscheiden wollten, indem sie ihn – Ironie des Schicksals – auf sabinisch benannten, was vielleicht einen zeitlichen Vorrang des Ianus Quirinus in bezug auf den Ianus Curiatius implizieren könnte. In dieser Sicht erklärt sich, daß Ianus Curiatius die »innere« Gottheit der Gemeinschaft der *montes* ist, der die initiierten Jugendlichen und die gereinigten Rückkehrer aus dem kriegerischen Kampf in die Gemeinschaft der Kurien der *montes* zuläßt oder wieder zuläßt, während Ianus Quirinus sich auf eine sakrale »äußere« und andere Realität zu beziehen scheint, die den Auszug des Volkes lenkt, das, gegen die *colles* gerichtet, zum Krieg oder ins Jenseits auszieht. Der erste ist ein Gott des *reditus* und der zweite ein Gott der *profectio*.[138]

246. Quirinus als allgemeine Gottheit des Gebietes von Rom. Mit Romulus scheint die göttliche Königsherrschaft der Latiner von Alba nach Rom transferiert zu werden, so daß Alba wahrscheinlich keinen König mehr hat – Romulus weist die Nachfolge Numitors zurück –, sondern nur Magistrate, die, wie es scheint, von den Königen von Rom ernannt werden.[139] In diesem Fall hätten wir ein weiteres Indiz der Unterordnung von Alba in bezug auf die Siedlung über der Albula, da es seit mindestens einem Jahrhundert (mindestens seit der latialen Stufe IIB) nicht mehr auf der Höhe der Zeit ist. Aber mit dem Transfer nach Rom könnte die Königsherrschaft ihr Aussehen geändert und sich an den neuen urbanen Stil angepaßt haben, gestützt auf die größtmögliche Konzentration der Macht. Bei seinem Tod wird Romulus nicht mit Iuppiter Latiaris, dem Gott der Latiner gleichgesetzt, wie es entsprechend dem Geist von Alba bei Latinus, seinem Vorfahren, der Fall war, und auch nicht mit Iuppiter Indiges (= Aeneas), ent-

---

[137] Eisenhut 1963.
[138] Vgl. §§ 194–195.
[139] Plut. Rom. 27. Die Monarchie wäre in Alba vor der Eroberung durch Rom abgeschafft worden (siehe den Dictator Albanus): Momigliano 1966c. Gegenteiliger Meinung: Alföldi 1965. Ein ähnlicher Vorgang könnte sich mit der wahrscheinlichen Verlegung von Xeropolis/Lefkandi nach Eretria durch dessen Gründerkönig ereignet haben, der in letzterer Stadt um 720 begraben wurde (vgl. §§ 76, Anm. 27; 136, Anm. 95; 146, Anm. 5).

sprechend dem Geist von Lavinium,[140] sondern mit (Ianus) Quirinus, der ausschließlich für das Territorium Rom zuständigen indigenen Gottheit, mit dem Indiges und Beschützer der Kurien der *montes* und der *colles* vielleicht schon zur Zeit des zweiten Septimontium und sicher in romuleischer Zeit.[141] Romulus knüpft also in seiner urbanen Praxis an die protourbane Praxis des Quirinus an, und als Gründungsvater und Schutzherr Roms und einziger und erster Ahnherr der Römer – Remus ist kein Vorfahr, da er vor der Zeit stirbt – kann er gar nicht anders, als sich nach seinem Tod mit Ianus Quirinus und Ianus Curiatius gleichzusetzen, den göttlichen Gründern und Schutzherren der zwei ersten protourbanen Gemeinschaften von Rom, die jetzt in der Gestalt des Quirinus vereint sind, des jetzt sicherlich einzigen Beschützers der Gemeinschaft, der damit das göttliche Symbol des vollendeten Synoikismos ist.[142] Die Wahl des Quirinus statt des Curiatius als allgemeiner Gottheit des Territoriums Rom könnte wie eine Kompensation zugunsten der Hügelsiedlung erscheinen, als Ausgleich für das allzu einseitige Gewicht der Bergsiedlung sowohl beim protourbanen Synoikismos wie bei der Gründung der Stadt, die sich beide um den »mons« Palatinus konzentrieren.[143] Die Wahl brachte auch den Vorteil mit sich, den latinischen Aspekt des Gottes der Kurien zu betonen. Von Ianus Curiatius, dem Gott sabinischer Tönung, bleibt dann, zu unserem Glück, eine wesentliche Erinnerung im Tigillum Sororium erhalten, einem verehrungswürdigen Denkmal, das jetzt aber isoliert ist und nicht mehr in seiner ursprünglichen strukturellen Bedeutung verstanden wird. Die Quiriten werden auf diese Weise von Bewohnern des Collis Quirinalis allmählich zu solchen, die genau das bezeichnen, was sie zu Beginn nur zum Teil gewesen sind: die wirklichen Römer. Das ist aber kein Hindernis dafür, daß die ersten Römer der *montes*, Abkömmlinge der Curiatii, d. h. der von Ianus Curiatius beschützten Latiner, die jetzt – wie auch die Latiner-Sabiner der *colles* – ebenfalls Quirites geworden sind, alle jetzt beschützt von Quirinus, die Bewohner der *colles*,

---

[140] Vgl. Addendum V.

[141] Die Quirinalia (17. Februar) überschnitten sich mit einem der Tage, an dem man den Tod des Romulus und seine Gleichsetzung mit Quirinus feierte. Zahlreiche Wissenschaftler glauben höchstens an die Himmelfahrt des Romulus; die Gleichsetzung mit Quirinus wäre eine Erfindung cäsarianischer Zeit (Richard 1966; Gagé 1972; Pietrusinski 1975; Porte 1981 und Domenicucci 1991). Aus unserer Sicht scheint dies völlig absurd. Nur die Episode des Proculus und die Apotheose der Hersilia-Hora erscheinen ohne weiteres als späte Erfindungen.

[142] Liou Gille 1980 interpretiert Quirinus als den vergöttlichten Gründerheros der Kurienorganisation und die Quirinalia als sein Gedenkfest. Aber eine derart allgemeine Kennzeichnung kann für Quirinus erst ab dem ersten Synoikismos gelten.

[143] Liv. 1,13: »ita geminata urbe, ut Sabinis tamen aliquid daretur, Quirites a Curibus appellati«.

die in ethnischer Hinsicht zumindest teilweise Sabiner sind, *Romanuli[144] nennen, als wollten sie die eigene reinere und echtere Eigenschaft als Römer unterstreichen, insofern sie Latiner sind, die sich nicht mit Sabinern vermischt haben, Urheber der Synoikismen und Inhaber des Ortes am Fuße des Cermalus, von dessen Name der Name der Siedlung, des Gründers und des Volkes (Roma, Romulus, Romani) abgeleitet sind, als wären Römer die Bewohner der *montes* und die Bewohner der colles die *Romanuli (etwas Vergleichbares könnte sich in präurbaner Zeit zwischen Alba und Albula abgespielt haben). Der Flamen des Quirinus-Romulus wird als der Beschützer und falls notwendig als der Retter der *sacra* der Stadt und des Staates auftreten, eben in seiner Funktion als Priester des Gottes der, nach Überwindung seines ursprünglich partiellen Charakters, dahin gelangt ist, die Siedlung in ihrer Ganzheit zu schützen, ohne jede weitere Unterscheidung. Die Wohnstätte dieses Priesters befindet sich dann in historischer Zeit weder auf dem Quirinal noch auf dem Palatin-Velia, sondern auf dem Gebiet des Forums, das schließlich das politische Zentrum Roms geworden ist.[145] Der Flamen Quirinalis führte den Vorsitz zweier Kulte, die an zweien der vier Eckpunkte des romuleischen Pomeriums angesiedelt waren: am Begräbnisort der Acca (deren Altar in das Sacellum Larundae eingefügt wurde) und bei dem mit chthonischen Kräften verbundenen Kult des Consus, der seinerseits mit den Laren und mit Mars verbunden ist, offensichtliches Zeichen des jetzt abgeschlossenen Synoikismos.[146] Aber wir können uns die Präsenz dieses Priesters auch an den anderen beiden Eckpunkten des romuleischen Pomeriums vorstellen, einmal aufgrund der Verbindung des Quirinus mit Iuno Curitis, die am von Romulus gegründeten Hauptsitz der Kurien verehrt wird, und dann aufgrund der Verbindung von Mars und Faunus, die im Lupercal verehrt werden, mit Consus und mit Acca. Romulus Quirinus ist der allgemeine Schutzherr der Stadt, wie Janus der allgemeine Schutzherr der tribalen Einheit der Ursprünge war.

247. Palatua auf dem Palatium und Pales/Falacer auf dem Cermalus.
Ianus Curiatius war zwar der Schutzherr des Trimontium und des Quinquimontium, aber er war eine Gottheit, die in besonderer Weise mit der Velia verbunden war und mit der Straße, die an diesem Hügel begann: der Sacra

---

[144] Eines der drei romuleischen Tore des Palatin, das zu den *colles* gewandte, wird dann Porta Romanula genannt, aufgrund der Definition der Bewohner der *colles* als *Romanuli (Colonna 1988).

[145] Zu dieser Gesamtheit von Argumenten siehe Porte 1981. Zum Haus des Flamen Quirinalis: Coarelli 1983; A. Carandini, in: Palatium e Sacra via, 1; vgl. auch §§ 359 ff., Addendum VIII.   XXXII

[146] Tert. spect. 5,7. Der älteste Kalender kann als die *magna charta* des Synoikismos gelten: vgl. Addendum VII.

Via. Das Palatium wurde nämlich von einer anderen Gottheit beschützt, von Palatua, der namengebenden Göttin des Hügels, deren Kult ein *flamen minor* vorstand,[147] den wir mindestens bis in die Zeit des Trimontium zurückverfolgen können, der aber wahrscheinlich noch viel älteren, vielleicht aboriginischen Ursprungs ist (da es ein Palatium im Gebiet von Reate gibt), und jedenfalls in protourbaner Zeit von grundlegender Bedeutung war, denn das bedeutendste Opfer des Septimontium war jenes, das an sie gerichtet war, das Palatuar. Der anliegende Cermalus hatte ebenfalls eine eigene Schutzgottheit, Pales,[148] verbunden mit dem Tag und dem Ort der Gründung Roms. Ihr Fest fiel mit dem früheren Jahresbeginn des Hirtenjahres zusammen (verbunden mit der Geburt der Lämmer?), das älteste Neujahrsfest, das man kennt (vielleicht aus präurbaner Zeit?), dessen Gründer und Patrone wahrscheinlich Faunus und Pales waren.[149] Pales erinnert an die Fales von Falerii,[150] die ihrerseits in Verbindung steht mit *fala*,[151] was eine hölzerne Verteidigungsanlage bezeichnet, womit nicht auszuschließen ist, daß Fales/Pales ursprünglich eine Schutzgottheit der ältesten auf dem Palatin errichteten Palisaden[152] zum Schutz der Bewohner und der Tiere vor den Wölfen der benachbarten Wälder, aus der Welt der Wildnis des Faunus, gewesen sein könnte.[153] Neben Fales/Pales kann man auch den Divus Pater Falacer stellen, wahrscheinlich ihre männliche Entsprechung für den Schutz des Cermalus, der in Rom die Ehre eines eigenen *flamen minor* hatte (auch von Pales gab es die weibliche und die männliche Variante). Eine ähnliche Gottheit dürfte Falacrinae in Sabina beschützt haben – der Ortsname ist eine Ableitung von der Schutzgottheit, analog zu Quirinalis – womit man sich auch für Pales/Fales-Falacer einen aboriginischen Ursprung vorstellen könnte. Diese Gottheiten väterlichen Typs, wahrscheinlich präurbanen Ursprungs, die aber sicher auch in protourbaner und in der darauffolgenden Zeit verehrt wurden, sind aufgrund ihrer Natur sehr zahlreich.[154] Es handelt sich um

---

[147] Der Kult ist mit dem Palatium verbunden: »in tutela eius deae [Palatuae] Palatium est« (Paul. Fest. 284 L.).
[148] Heurgon 1951. Vgl. §§ 128, Anm. 37; 136, Anm. 90 u. 97; 137, Anm. 99 u. 106.
[149] Zu Faunus als möglichem mythischem Gründer des ersten Kalenders vgl. § 128.
[150] »Faleri oppidum a Fale dictum«: Paul. Fest. 81 L.
[151] Walde 1954–56.
[152] Zum etymologischen Zusammenhang von Palatium und *palus*: Sogliano 1929; Lugli 1943; Walde 1954–56; De Francisci 1959. Die Etymologie wird von Pareti 1953 abgelehnt. Zur Etymologie von Palatium siehe auch Battisti 1959 (*paxlatiom*, Dorf mit Palisaden; *pala*, Befestigung; *fala*, Befestigung in Holz: Paul. Fest. 63 L.; *pala-fala*, Palatium-Falerii, Pales, usw.).
[153] Pales würde die Siedlung vor den Überfällen durch Faunus schützen, wie Picumnus, Pilumnus und Stercutus das Haus vor den Überfällen dieses Dämons schützten. vgl. §§ 111 ff.
[154] Es sei erinnert an die *patres* Quirinus, Semo, Indiges, Reatinus, Soranus, Pyrgensis, Curris, Erinis (CIL 9,3808), Turpenus (CIL 14,2902).

lokale Gottheiten, die ursprünglich einzelne *pagi* beschützten, dann *montes* und *colles* auf römischem Boden, wo wir sie im besonderen auf dem Quirinal und auf dem Palatin-Velia versammelt finden, unterschieden von den Gottheiten in angepaßter Neufassung wie Ianus Quirinus und Ianus Curiatius. Wie der Name des Quirinus von den Alten mit *curis* in Zusammenhang gebracht wurde, was auf sabinisch Speer bedeutet, so Falacer mit *falisca*, was ebenfalls Speer bedeutet.[155] Diese beiden männlichen Schutzgottheiten könnten eine Lanze getragen haben, das typische Attribut männlicher Schutzgottheiten (wie Mars und Quirinus), aber auch weiblicher Gottheiten (wie Cloacina, Murcia und dann auch Fortuna Muliebris).[156] Die Schutzgottheiten konnten ursprünglich anikonisch als Lanze dargestellt werden, wie im Fall der Lanzen des Mars, die in der Regia aufbewahrt wurden.[157] Wir sind in der frühen Eisenzeit, als ein relativ zahlreicher Stand von Bauern mit Eigentum und von zu Formationen von Lanzenträgern gehörenden Kriegern entsteht, die »gleichwertige« Mitglieder der Gemeinschaft sind.[158]

248. Mars und Ops / Vica Pota auf dem Palatin. Der Unterschied zwischen Mars und Quirinus ist vorwiegend theologischer Natur, wie die älteste Triade zeigt. Es ist nämlich schwierig, bei diesen allgemeinen Gottheiten eine hauptsächlich topographische Bedeutung auszumachen, wonach Quirinus der Gott der *colles* und Mars der Gott der *montes* wäre. Zwar ist Mars in erster Linie die Gottheit der Grotte des Lupercal[159] und der *regia* (zunächst des Cermalus und dann des Palatium) und des *lucus* außerhalb der Porta Capena, alles Örtlichkeiten im Gebiet der *montes*, und Quirinus ist an erster Stelle die Gottheit des Quirinals. Und es ist auch kein Zufall, daß dann die Salii Palatini den Mars und die Salii Collini den Quirinus verehren.[160] Aber dem Kult des Ianus Quirinus entspricht der des Ianus Curiatius, und dem Kult des Mars des Palatin entspricht ein weiterer Kult, allerdings von

---

[155] Denken wir auch an Pilumnus, zu verbinden mit *pilum*, auch als eine Wurfwaffe interpretierbar, an die Lanzen des Mars und die Merkurstäbe der Penaten: vgl. §§ 347, Anm. 49; 112.
[156] Coarelli 1983.
[157] Wagenvoort 1947. Vgl. § 112, Anm. 32.
[158] Pacciarelli 1989–90.
[159] Zur Höhle des Mars: Serv. Aen. 8,630. Zum Kult der Regia vgl. § 47. Zum Lucus Martis bei der Porta Capena vgl. § 47, Anm. 51.
[160] Läßt man das romuleische Zeitalter bis in die protourbane Zeit zurückreichen (Colonna 1988; vgl. § 189, Anm. 35), versteht man die erst am Ende überwundene Dualität von Quirinus und Romulus nicht mehr, da dann beide von Anfang an in einer einzigen und synchronen Gestalt der Gründergottheit zusammenfallen. Romulus deckt sich nicht mit dem frühen Quirinus, sondern mit dessen anläßlich des protourbanen Synoikismus reformiertem und bei der Stadtgründung in Anlehnung an Romulus neugeformtem Bild.

geringerer Bedeutung, auf dem Kapitol.[161] In der *regia* war Mars mit der Ops verbunden, wohl die Vica Pota / Victoria und auch die Acca/Fauna (Pales?): ein für den Cermalus typischer albanisch-latinischer göttlicher Komplex von hohem Ansehen und Alter,[162] der im Namen der Mutter des Romulus durchscheint: Rea Silvia.[163] Aber das genügt dennoch nicht, aus Mars einen Gott der *montes* und aus Quirinus einen Gott der *colles* zu machen. Überzeugender ist die theologische Unterscheidung, wonach Quirinus der Gott des bewaffneten Friedens ist, der wie ein Vater (ein *pater indiges*) seine in Kurien gegliederte Gemeinschaft beschützt, die von seinem Stellvertreter auf Erden regiert wird, während Mars, außer ein Gott der Fruchtbarkeit,[164] der Gott der Marsfelder und der militärischen Auszüge ist, der die Aufgabe hat, den *ager* zu bewachen, wobei ihn die Laren und vielleicht auch die Semones unterstützen. Die Funktionen des Mars und der Ops werden dann von jenen des Jupiter und der Juno absorbiert und überwunden und schließlich von Iuppiter Optimus (der den zum Frieden notwendigen Reichtum bringt) und Maximus (der die zum Krieg notwendige Gewalt bringt) übernommen, der in der Triade der Zeit der Tarquinier Juno und Minerva zur Seite hat.[165] Schutzgötter besonders der inneren Welt sind also vor allem Ops (aus präurbaner Zeit) und dann auch Quirinus (aus protourbaner Zeit),[166] während Beschützer vor allem der äußeren Welt Mars ist und Faunus, der Dämon, der von diesem Gott abstammt.

249. Vom Septimontium zu Rom.   Romulus gründet Rom auf dem Cermalus anläßlich des Festes der Parilia,[167] am Tag der Verehrung der Pales, dem ältesten Beginn des Hirtenjahres, das vielleicht mit Faunus zu verbinden ist, wahrscheinlich älter als der romuleische Jahresbeginn, der, wahrscheinlich vom Septimontium übernommen, auf Mitte März festgelegt

---

[161] Der Kult wird »exauguriert« durch die Errichtung des Tempels des Iuppiter Capitolinus (Magdelain 1995).

[162] Vgl. §§ 136–137.

[163] Pales, Tochter des Jupiter (Mart. Cap. 1,50–51), gilt, analog zu Ops, als Schutzgottheit der Stadt: Brelich 1949.

[164] Vgl. Addendum VII.

[165] Magdelain 1995.

[166] In der ursprünglichen, mit der *regia* verbundenen Triade würde nach Dumézil Ops Quirinus ersetzen, dank der gemeinsamen agrarischen Eigenschaften. Der sabinische Charakter des Quirinus stünde im Widerspruch zum typisch römischen Kontext des Palatium (Pouthier 1981). Quirinus ist weder im Lupercal noch in der *regia* präsent, und das ist einer der Gründe, warum der Gott auf dem Spiegel von Bolsena nicht zu sehen ist: vgl. § 122.

[167] Zu den Parilia/Palilia, Fest des Pales: Varro ling. 6,15. Parilia von *parere*: Paul. Fest. 248 L., Festtag zur Feier der Produktivität: Wurf der Schafe und Geburt Roms (Sabbatucci 1988). Ceres und Pales verstanden als Penaten: Serv. Aen. 2,325. Pales verhielte sich zum Palatin wie Ceres/Tellus (Vica Pota?) zur Velia.

wird.[168] Der Flamen Portunalis[169] salbte die Lanze der Kultstatue des Quirinus, das Zeichen seines väterlichen Schutzes, der sich jetzt über die ganze Gemeinschaft erstreckt.[170] Die Parilia werden schließlich anläßlich der Weihe des Tempels der Venus an Roma in Rhomaia umbenannt:[171] »Zwischen Roma und Pales besteht nahezu Identität«, hat mit der üblichen Hellsichtigkeit Angelo Brelich geschrieben.[172] Romulus gründet Rom nicht vorrangig auf dem Palatium und in Beziehung zu Palatua, also im Zeichen des Septimontium und in Kontinuität mit diesem, und dies ist ein Hinweis darauf, daß er bei der Inauguration der Stadt sich eher auf die mythischen Erinnerungen des Cermalus beziehen wollte, die nicht nur mit Cacus, dem Gründer des Cermalus, verbunden waren, sondern vor allem mit den vergöttlichten aboriginischen Königen von Latium, seinen Vorfahren und Neugründern dieses Hügels. Die rituell gegründete Stadt war in der Tat etwas anderes als das protourbane Zentrum, und um die Zäsur hervorzuheben, diente für die Gründung ein Ort der edel, nicht identifizierbar mit der vorhergehenden Ordnung und darüber hinaus geeignet war, die Gründungsgrube aufzunehmen, die vom etruskischen Ritus vorgeschrieben war. Für diese Erfordernisse stellte sich der Cermalus als der ideale Ort dar, war er doch der Ort, wo der Überlieferung nach die Häuptlinge des Palatin (von Cacus bis Faustulus) residiert hatten, gekennzeichnet von den untereinander vergleichbaren Kulten der Pales und der Ops, wobei letzterer mit der unterirdischen Grube verbunden war, in der die Lebensmittel aufbewahrt wurden und die normalerweise mit den Wohnstätten verbunden war, die es also auch bei der *regia* gegeben hat und in der das ursprüngliche Modell jeder Grube zu erkennen ist, die für die Erstlingsopfer – der Synoikismen und der Gründungen – bestimmt ist.[173]

250. Schritte zur theologischen Vereinigung der Stadt. Die endgültige Vereinigung der Hügel- und der Bergsiedlung, Ergebnis des protourbanen Synoikismos, und ihre Unterordnung unter den palatinischen und königli-

---

[168] Zum Kalender des zweiten Septimontium vgl. § 309.

[169] Fest. 238 L. Palmer 1970 korrigiert den Flamen Portunalis in Quirinalis.

[170] Portunus ist mit Janus verbunden, dem Gott der Tore und Vater des Tibers (der Tempel des Janus bei der Insel und die Portunalia haben denselben Gedenktag), und mit (Ianus) Quirinus (Salbung der Waffen des Quirinus, sechs Monate Abstand zwischen Portunalia und Quirinalia).

[171] Ath. 8,361. Das Fest galt der Fortuna von Rom. Zu Pales, der Göttin des Gründungstages Roms und zu ihrem geheimen Namen, gleichzusetzen mit Rumina, der Göttin Roms mit dem bekannten Namen, vgl. § 136, Anm. 97.

[172] Brelich 1949; Gjerstad 1976.

[173] Ab der Endbronzezeit, Stufe III, Datum der Gründungsgrube von Tarquinia (Bonghi Jovino – Chiaramonte Treré 1997). Vgl. §§ 162, 203, 244.

chen Zentralismus, der sich aus dem urbanen Synoikismos ergibt, ermöglicht die Überwindung der auf die Viertel bezogenen religiösen Restbestände
und die Durchführung der theologischen Vereinheitlichung der Siedlung,
die wiederum Voraussetzung ist für die materielle, politische, juridische
und kalendarische Vereinheitlichung und Zentralisierung der Stadt, wobei
über die normalen Prozesse der Stadtwerdung hinaus die Mythen und Riten
zunächst des protourbanen Synoikismos und dann der Gründung der Stadt
eine bedeutsame Funktion haben. Die alten Gottheiten der Orte und der
Viertel leben dann weiter, aber sie werden wie Fossile in den Hintergrund des
urbanen religiösen Lebens geschoben, sicherlich erinnert, aber immer weniger empfunden und verstanden. Der vereinigten und immer stärker zentralisierten Hierarchie der Siedlung entspricht letztlich eine analoge Hierarchie
und Zentralisierung der Gottheiten. Der Einfluß von Palatua, Falacer und
Pales wird geringer in dem Maß, in dem der Einfluß des Quirinus, der dann
zum Einfluß des dem Quirinus gleichgesetzen Romulus wird, sich allmählich ausweitet, bis der partielle Gott, der er war, schließlich für die gesamte
Siedlung zuständig ist.[174] Romulus gründet die Kurien nicht nur des inaugurierten Palatin neu, sondern der Berg- und Hügelsiedlung Rom insgesamt.
Dieser König löst das urbane Problem Roms wie Latinus, der die präurbane
Vereinigung der Latiner im Bund von Alba vollzog, insofern der inaugurierte Palatin weithin Alba entspricht und die weiteren *montes* und *colles*
den weiteren Siedlungen Latiums (30 *curiae* wie 30 *populi*). Die vereinigte
protourbane Siedlung und vor allem die Stadt Rom erscheinen also wie ein
Mikrokosmos von Latium, zum ersten Mal in einem einzigen Ort zusammengefaßt.[175] Aber mit der Gründung der Urbs war nicht mehr das Bündnis

---

[174] Die Interpretation des Quirinus und der Schutzgottheiten des Palatin, die in diesem und
den vorhergehenden Paragraphen vorgelegt wurde, greift Thesen von Basanoff 1947 auf und
formuliert sie neu; Brelich 1960 hatte sie damals ignoriert, da er sich in die entgegengesetzte,
jetzt nicht mehr annehmbare Richtung bewegte, wonach Quirinus als ursprünglich tribaler
Gott aufgefaßt wurde (ein tribaler Gott war allenfalls Janus, jedenfalls eher als Quirinus). Siehe
auch Pascal 1894 und Brelich 1949 und 1958. Die Interpretation von A. Brelich ist abhängig von
der heute vollends überholten kritischen Position, wonach es vor der Stadt und vor dem Staat
die Tribus gegeben habe. Auch für die Evolution der Gottheiten, der Dämonen/Heroen und
des gesamten Komplexes der Religion ist es erforderlich, zwischen der Tribus und dem Staat
Zwischenstadien einzufügen, die den Gegebenheiten des Chiefdom, des Early State und des
protourbanen Zentrums entsprechen. A. Brelich hatte den Mut, dem Quirinus ein chronologi-
sches Zwischenstück zuzuweisen, wobei er sozusagen zu weit zurückging, in eine tribale Welt,
und damit die der Stadt vorausgehende Wirklichkeit vereinfachte und mißverstand. Die Mehrheit der Religionsgeschichtler hat den gegenteiligen Fehler begangen: in den Gottheiten der
Römer einzig den urbanen Aspekt zu sehen, und meist den einer späten Phase (Palmer 1970).
[175] Nach dem atemporalen Aspekt des Mythos ist Romulus auch Latinus, insofern er aufgezogen wurde und also in gewissem Sinn ein Sohn des Faustulus = Faunus Lupercus und der Lupa
Acca = Fauna Luperca ist (Otto 1909), die auch als die Eltern des Latinus galten: vgl. § 44.

der autonomen Gemeinden Latiums das Element der Kraft, wie zur Zeit der Hegemonie von Alba, sondern das einzelne urbane Zentrum Rom, das diese Region in seinem Mikrokosmos aufnehmen wollte, im Blick darauf, sie zu beherrschen. Das protourbane Zentrum und vor allem die Stadt Rom, mit ihrem traditionellen *ager* und ihrem *ager* neuester (Fremd-) Erwerbung, verbanden nicht mehr eine Vielheit untereinander gleicher gemeinschaftlicher Einheiten, sondern befahlen über das eigene Territorium und unterwarfen sich zunehmend auch die Gebiete der anderen, ausgehend von einem einzigen Zentrum der Macht.

4 Das »erste« Septimontium und die Einheit der fünf *colles*

251. Die »montes« Oppius, Caelius und Cispius und das erste Septimontium. Vom Septimontium im allgemeinen war schon die Rede.[1] Wir haben auch gesehen, daß das Septimontium nicht mit einem Mal aus dem Nichts geschaffen wurde, wie auch die künftige Stadt dann nicht aus dem Nichts entsteht, sondern es ist das Resultat eines Prozesses der sozialen, siedlungsgeschichtlichen, proto-politischen Entwicklung, die von ihm vorausgesetzt ist. Mit der Hinzufügung der letzten drei Hügel Oppius, Caelius und Cispius kommt das Quinquimontium zur Reife, und es vervollständigt sich im Septimontium. Die Formierung des protourbanen Phänomens kommt zum Abschluß, es entsteht das fertige protourbane Zentrum. Das *iugum* des Ianus Quirinus hatte als Gegenüber die Gemeinschaft der *colles* (des früheren Distrikts der Latinienses). Der Gemeinschaft der *montes* (des früheren Distrikts der Velienses), die sich in beständigem Wachstum befand, blieb nur, sich über das auf der anderen Seite gelegene *iugum* des Ianus Curiatius hinaus auszudehnen, in Richtung der *pagi* zwischen Oppius und Caelius, die schon in den Distrikt der Querquetulani hineinreichten und die das Quinquimontium begonnen hatte, in seinen Bereich einzubeziehen. Es ist diese Gegebenheit, an die wir eine direkte, wenn auch schematische Erinnerung in der antiquarischen Tradition haben, während wir die Existenz der vorausgehenden Stadien (Trimontium und Quinquimontium) nur erschließen konnten, und zwar dank der Hinweise, die wir aus den Überschreibungen und Ausradierungen gewonnen haben, die dem Septimontium geschuldet werden. Das alte Zentrum, das immer dichter besiedelt wurde (schon vom Quinquimontium war die Besetzung der Talgründe begonnen worden), erweitert sich jetzt mit einem Mal und sehr beträchtlich bis dahin, daß die Fläche und die Zahl der Kurien sich verdoppelt und die größten Ausmaße der großen protourbanen Zentren des südlichen Etrurien erreicht werden. An diesem Punkt scheint die Überlegenheit der *montes* über die *colles* erdrückend.

252. Die Ausdehnung des Septimontium. Drei neue Erhebungen, die wahrscheinlich die jüngsten peri-protourbanen *pagi* des Quinquimontium

---

[1] Vgl. §§ 170–180.

waren, werden in diesem Stadium zum Rang von *montes* erhoben, die dies-
mal in ihrer orographischen Ganzheit aufgenommen werden. Auf diese
Weise werden die bescheidenen Ausmaße der ersten *montes* überwunden, was
impliziert, daß die von den Tälern bezeichneten Grenzen und die mit den
Gewässern verbundene auspikale Unterbrechung keine Rolle mehr spielt.
Mit dem ersten Septimontium werden im wesentlichen die großen Wälder
der Zone der *luci* gewonnen,[2] und man kann sich zu der Zeit auf diesen
Höhen große Anstrengungen zur Rodung vorstellen, um für die Siedlung
Raum zu schaffen und sie auszubauen. Die neue Ausdehnung dürfte neue
Hügel, neue Kurien, neue Landverteilungen an die Großfamilien mit sich
gebracht haben, und damit auch neue Grenzen, die dieses Mal auch über
ebenes Gelände gezogen wurden, die schwer zu verteidigen waren.[3] Es ist
jetzt nicht mehr die Natur, die die Grenzen festigt, mit ihren Tälern, ihren
Gewässern und ihren Wäldern, sondern es sind künstliche Notwendigkeiten
des protourbanen Zentrums, die jetzt bestimmend sind. Bäume, Grenzsteine
und wohl auch Verteidigungswälle und -gräben[4] können die Grenzen offener
Abschnitte wie auf dem Esquilin und dem Caelius bezeichnet und befestigt
haben. Ein Kreis von Baumkulten des Jupiter, meistens an den Rändern der
Siedlung angebracht, scheint über die Siedlung gewacht zu haben: vermutlich auf dem Aventin, auf dem Caelius und auf dem Fagutal für die *montes*
sowie auf dem Viminal, auf dem Collis Latiaris und auf dem Kapitol für die
colles. Außerhalb dieses von Jupiter beschützten Kreises, der über den älteren
und engeren von Janus geschützten Bereich hinausragte, war die »Bannwelt«[5]
des Faunus, des anderen mit den Grenzsteinen verbundenen Gottes, der als
chaotisch, wild und räuberisch galt. Mit der Hinzufügung der letzten drei
montes konnte die östliche Hälfte der Siedlung auf römischem Boden sich
für vollendet betrachten, und sie fiel, ausgenommen einige nachfolgende
Begrenzungen und Hinzufügungen am Rand, denn auch mit den Grenzen
des servianischen Rom zusammen. Man darf aber die Entwicklungen der   XI

[2] Stara Tedde 1905. Es sei auch an die von Bäumen abgeleiteten Namen Querquetulanus,
Fagutalis, Esquiliae(?), Viminalis erinnert.
[3] Capogrossi Colognesi 1979 sieht im Rückgang der Wälder und der Sümpfe eine Verwischung
der natürlichen Grenzen zwischen den Dörfern.
[4] Die etwaigen Erdwälle und -gräben des Septimontium, von denen es in den Quellen keine
Spuren gibt und die nur von der Archäologie aufgedeckt werden könnten, dürfen nicht mit den
Mauern einiger Hügel verwechselt werden, die in literarischen Quellen erwähnt werden (wie auf
dem Palatin und auf der Velia) und von denen wir endlich auch einen ersten archäologischen
Beleg haben (Carandini 1992 und in: Palatium e Sacra via, 1; vgl. §§ 359 ff. und Addendum VIII),
datierbar ab dem romuleischen Zeitalter. Bei Acqua Acetosa Laurentina ist ein Erdwall bezeugt,
der wahrscheinlich auf Veranlassung des Septimontium errichtet wurde, datierbar in die erste
Hälfte des 8. Jh. (Colonna 1991b).
[5] Zu den »relegati«: Fest. 348 L. (Corsano 1977).

Siedlung zwischen Quinquimontium und Septimontium nicht mit den
Eroberungen oder den bescheidenen Ausdehnungen dieser Orte verwechseln, die nach der Gründung der Stadt erfolgten,[6] bei denen es sich um
andere Geschehnisse handelt, auch wenn sie auf der gleichen Bühne stattfinden.[7]

253. Merkmale des Septimontium.   Die ursprünglichen Verhältnisse des
Esquilin und des Caelius (Analoges gilt für den Viminal im Bereich der
colles) werden durch die Erhebung in den neuen Rang des *mons* (bzw. *collis*)
nicht grundlegend geändert. Die protourbane Ausdehnung der Kurien auf
diese neuen Hügel, die Erwerbungen der frühen Königszeit, die *regia* des
Tullus Hostilius auf dem Caelius, die Schaffung der zwei ersten servianischen Regionen und der *regiae* auf dem Oppius durch Servius Tullius (auf
der Burg der Sette Sale) und durch Tarquinius Superbus (auf der Burg des
Fagutal), mit den entsprechenden Kulten der Diana und der Fortuna Virgo,
versuchen dann vergeblich, dieses frühere Randgebiet zu adeln, das nie legitimiert wird, *aedes publicae populi Romani* aufzunehmen. Die Erhebung der
pagi in den Rang von drei neuen *montes* und die Schaffung von neun neuen
Kurien auf ihnen dürfte an den *feriae* der *septem montes* gefeiert worden sein,
mit entsprechender *lustratio*, die gegenüber der des Quinquimontium erneuert werden mußte. Mit dem ersten Septimontium ergibt sich, daß die Nordostecke des Palatium (wo dann in romuleischer Zeit der zentrale Sitz der
Kurien ist), die Südostecke der Velia (bei dem Sacellum Streniae) und die
Nordwestecke des Caelius, früherer Grenzbereich und Zugang zum Trimontium-Quinquimontium (wo dann ein zweiter zentraler Sitz der Kurien eingerichtet wird), das neue Zentrum der Bergsiedlung eingrenzen. Auch wenn es
keine direkte Erinnerung daran gibt, muß es sich um einen Versammlungsort der Repräsentanten der alten und der neuen Kurien der *montes* gehandelt haben,[8] die Entscheidungen auf der Ebene des Proto-Staates zu treffen
hatten, wie etwa den Entschluß von entscheidender historischer Bedeutung,
den *colles* den ersten Synoikismos aufzuerlegen. Es könnte sich so erklären,
warum zur Zeit des zweiten Septimontium eben dieser Ort als Ausgangs-

---

[6] Romulus soll den Caelius und den Aventin hinzugefügt haben; Titus Tatius das Forum, das
Kapitol und den Quirinal; Ancus Marcius den Janiculus; Servius Tullius den Esquilin und den
Viminal (Momigliano-Schiavone 1988, Appendix 6).

[7] De Francisci 1956 und Capogrossi Colognesi 1979 haben die Notwendigkeit dieser Unterscheidung richtig gesehen.

[8] De Sanctis 1907, S.186: »Außerdem konnte diese angebliche Stadt des Septimontium ihr
Forum und ihr Comitium nicht am Ort des späteren Forum Romanum haben, sondern auf
der Velia auf der Seite des Kolosseums. Von einer Verlegung des Forums und des Comitium gibt
es aber keinerlei Erinnerung.« Eine zutreffende Beobachtung, daß der protourbane Verbund
der *montes* noch kein richtiges politisches Zentrum hatte.

punkt der Prozession der Argeer gewählt wurde und warum dann in der frühen Königszeit dieser Ort für die Aufnahme des zentralen Sitzes (und dann der zentralen Sitze) aller Kurien gewählt wird.[9] Hier hätte auch das Forum des künftigen Rom entstehen können, wenn nicht der Synoikismos mit den *colles* stattgefunden hätte, der das Zentrum des Siedlungssystems an den Fuß des Kapitols verlegt hat. Das Tal der *Cerolia (Lucus Cerolensis) zwischen Caelius und Carinae und der Campus Martialis (ein Adjektiv das viel älter ist als das Adjektiv Martius)[10] am Rand des Caelius könnten eine Art Erstausgabe des Binoms Forum-Marsfeld dargestellt haben, das dann seine definitive Realisierung zwischen dem Velabrum und dem Campus Tiberinus fand. Während mit dem ersten Septimontium die Ostgrenze des Siedlung radikal verändert wurde, bleibt die Westgrenze unverändert, sie wird nur entlang des Straßenabschnitts des späteren Vicus Patricius verlängert und bildet jetzt die Grenzlinie zwischen dem Mons Cispius und dem Collis Viminalis. Das Fortbestehen der doppelten Gegebenheit der *montes* und der *colles* gibt dem septimontialen Projekt einen Aspekt der Nichtabgeschlossenheit und des Ungleichgewichts im Hinblick auf die Machtverteilung, und zwar völlig zum Vorteil der *montes* (es gibt 18 Kurien der Bergsiedlung gegenüber 9 der Hügelsiedlung). Eine solche anfängliche Unausgewogenheit scheint die Voraussetzung für einen unumgänglichen Schluß zu sein, nämlich die Vereinigung aller 27 Kurien in einem einzigen protourbanen System vom stärksten Siedlungskern aus: dem Septimontium.

254. Der Mons Oppius. Unter Mons Oppius verstehen wir die Zusammenführung des ersten Teils des Hügels, der in der Anhöhe von San Pietro in Vincoli gipfelt, die wegen des Heiligtums des Iuppiter Fagutalis auf dieser Anhöhe Fagutal genannt wird, mit dem zweiten Teil dieses Hügels, der in der Erhöhung der Sette Sale seine Kuppe hat und vielleicht zur Zeit des Quinquimontium den ursprünglichen Pagus Montanus beherbergt hat, einen *pagus*, der jetzt mehr an den Rand verschoben wurde, dorthin, wo er in historischer Zeit bezeugt ist, unmittelbar außerhalb der Porta Esquilina.[11] Dem Oppius in seiner Gesamtheit (mit dem Fagutal) können vier Kurien/Argeer zugewiesen werden, wie dem Palatium und dem Caelius (die Höchstzahl von Kurien, die für einen einzelnen *mons* bezeugt ist). Ein Teil des Nordhanges des Hügels, der früher für die Begräbnisstätten der vom Quinquimontium hinzu erworbenen *montes* reserviert war, wird jetzt erweitert und für Auf-

---

[9] Ampolo 1983 sieht das nicht (im Gegensatz zu G. Colonna, in der Diskussion).

[10] Palmer 1970 (siehe den Flamen Martialis).

[11] Fraschetti 1990. Nach Palmer 1976 wäre der Pagus Montanus zwischen der Porta Esquilina und der Porta Collina gelegen. Wie auch immer, es scheint sehr viel logischer, zumindest für die Anfänge, spiegelbildlich zum Pagus Montanus einen Pagus Collinus anzunehmen.

nahme der Gräber des gesamten Septimontium genutzt. Unter der Voraussetzung daß das Septimontium in den offeneren und damit ausgesetzteren Abschnitten befestigt worden ist, können wir auf diesem Hügel einen Wall und einen Graben nicht weit von dort annehmen, wo dann der Agger Servianus errichtet wird, der in diesem Fall die Monumentalisierung einer viel älteren Grenz- und Verteidigungslinie darstellen könnte.[12]

255. Zwei Ortsnamen für einen Hügel. Mit der Hinzufügung der genannten drei großen Hügel zu den kleinen Hügeln des Quinquimontium wollte man nicht die ursprüngliche Aufzählung der fünf *montes* abändern, die eine sakral konsolidierte und anerkannte Gegebenheit war; deshalb blieb das Fagutal, das eine ursprüngliche und teilweise Erwerbung des Mons Oppius darstellte, schließlich als Ortsname in der septimontialen Aufzählung erhalten, zusammen mit dem Oppius, d. h. mit der Erwerbung der restlichen Erhöhung, deren Ortsname jetzt allerdings den Hügel in seiner Gesamtheit bezeichnete. Man hatte so acht Ortsnamen, wovon zwei (Fagutal, Oppius) den selben *mons* betreffen, zunächst als ein Teil und dann als ein Ganzes betrachtet. Der »Restbestand« Fagutal in der Aufzählung des Septimontium, numerisch inkongruent (insofern diese Anhöhe keinen *mons* mehr bezeichnete, sondern einen besonderen Bezirk davon), stellt ein weiteres Argument dar, daß die vorhergehende Phase des Quinquimontium weiter wirkt, insofern in der neuen Konfiguration der Siedlung jene Höhe mit dem Kult des Jupiter nicht unerwähnt bleiben konnte. Andererseits ist damit zu rechnen, daß man die Zahl der *montes* auf sieben begrenzt halten wollte, als würde diese Zahl die Vollendung ausdrücken: Man beachte die wiederholten Male, in der diese Zahl gebraucht wird: um ein System von *pagi* zu bezeichnen, die sieben Curiae Veteres, die sieben Könige und die sieben *pignora*.[13] Neben die Vollkommenheit der Zahl Sieben tritt jetzt die Vollkommenheit der Zahl Neun, deren Erfolg zur Zeit des ersten Septimontium in den zwei Gruppierungen der neun Kurien erkennbar zu werden beginnt, eine bezogen auf das Quinquimontium und die andere auf die drei neuen septimontialen Hügel. Aber diese beiden Gruppierungen sind noch nicht in die Perfektion des ternaren Systems eingefügt, das das vollendete Werk charakterisieren wird, das

---

[12] Quilici 1994. Im servianischen Verteidigungssystem wäre eine stratigraphische Grabung von einem gewissen Ausmaß erforderlich, um seine Phasen besser datieren und die eventuelle Existenz einer früheren Verteidigungslinie nachweisen zu können. Wir tragen die Hypothese einer Befestigung auch in der Absicht vor, diese Prüfung anzustoßen (es wurde ein Abschnitt der servianischen Mauer aus »Cappellaccio«-Tuff gefunden, entlang der Via XX Settembre, genauer gesagt ein Teil der Porta Collina (vgl. Abb. 37) mit einer Stratigrafie, die sich auf Mauerwerk stützen kann, ein idealer Ort für eine Verifikation, die nicht durchgeführt wurde: vgl. Appendix 7. Zum Wegenetz des Oppius vgl. Appendix 1.

[13] Vgl. § 273, Anm. 4.

zweite Septimontium, mit dem dies durch Hinzufügung der Gruppe von neun Kurien der *colles* zu den ersten beiden Gruppen von neun Kurien auf den *montes* erreicht wird, was 27 Kurien ergibt (3 × 9 = 27).[14] Die Präsenz des Sacellum der Lares Querquetulani auf dem Oppius (an den Sette Sale?) läßt vermuten, daß außer dem Caelius auch dieser Hügel ursprünglich zum *populus* der Querquetulani gehört hat,[15] und die Anwesenheit dieser Laren läßt vermuten, sie könnten ihre Wohnstätte auf dem Oppius gehabt haben, von der wir jedoch nichts wissen.

256. Der Mons Caelius. Als der Cispius, früher ein *pagus*, der vielleicht Querquetulanus genannt wurde,[16] ein *mons* wurde, mußte der frühere *pagus* an die Peripherie verschoben werden,[17] an den Platz, der in historischer Zeit bezeugt ist, östlich des Caeliolus, unmittelbar jenseits der servianischen Mauer, zwischen dieser und dem Campus Caelimontanus oder Martialis,[18] wo die Via Tusculana mündete, die auf direktestem Wege die Albaner Berge mit der Velia verband.[19] Es handelt sich um den größten *mons* der Siedlung, der wie der Oppius und das Palatium vier Kurien/Argeer gehabt haben dürfte. Weniger wahrscheinlich als für den Oppius könnten die Grenze des Septimontium und ein eventueller Wall oder Graben mit der Trasse der servianischen Mauer zusammenfallen, die ausschließlich den westlichsten Teil des Caelius eingeschlossen zu haben scheint.[20] Den Locus Ceroliensis, der

---

[14] Vgl. § 302.

[15] Vgl. §§ 132, Anm. 57; 153, Anm. 53.

[16] Tac. Ann. 4,65. Man beachte auch die *Querquetulanae virae* und die Porta Querquetulana (Plin. nat. 16,37; Fest. 314 L.), die Lares Querquetulani (Varro ling. 5,49) und den Denar (41 v. Chr.) mit der Büste der Acca Larentia auf der Vorder- und drei Nymphae Querquetulanae mit *tigillum* und Bäumen auf der Rückseite (Grueber 1910, I, S. 569, 4211). Die Anwesenheit der Mutter der Laren läßt vermuten, daß die Nymphen das weibliche Pendant der Lares Querquetulani sind.

[17] Der *pagus* ist genannt auf einer Inschrift (CIL 6,30888), die auf dem Caelius bei Santi Quattro Coronati gefunden wurde: Fraschetti 1990.

[18] Der *campus* dürfte nicht weit vom Ager Lutirius gelegen haben oder mit ihm zusammengefallen sein, von Palmer 1970 in Laterius emendiert (der Campus Martialis hätte sich auf dem Gebiet der Laterani befunden), das mit dem Turax oder Tarax (Tarentum auf dem Campus Martius) von Acca Larentia dem römischen Volk überlassen worden sei, so Cato: Macr. Sat. 1,10,6 (Palmer 1970). Zu den Equirria, die auf dem Campus Martialis abgehalten worden sein dürften: Ov. fast. 3,521.

[19] Nach der Zerstörung Albas wären die Albaner nach Rom überführt worden, auf den Caelius, und hätten die Bevölkerung dort verdoppelt: Dion. Hal. 1,85; 3,29; Liv. 1,29–30. Eine Nekropole, datiert ab ungefähr 675, etwa 700 m von der Porta Querquetulana entfernt gelegen, an der Peripherie des Campus Martialis, entlang der sog. Via Tusculana (im Sinne einer Alternative zur Via Latina), ist im Licht dieses Ereignisses interpretiert worden: Colonna 1996.

[20] Zur Topographie des Caelius: Pavolini 1993. Es ist wohl anzunehmen, daß aus Gründen, die mit der Verteidigung zusammenhingen, die servianische Mauer das Siedlungsgebiet des zweiten Septimontium, dessen Grenzen, wo dies möglich war, mit den orographischen Begrenzungen der *montes* und der *colles* übereingestimmt haben werden, eher eingengt als erweitert hat.

den Caelius mit den Carinae verband,[21] kann man sich hingegen im Tal zwischen dem Caelius und dem Fuß des Oppius vorstellen.[22] Er dürfte sich bis zum Caelius erstreckt und seinen Mittelpunkt in dem Tal gehabt haben, das den Vicus Capitis Africae aufnehmen sollte. Der *locus* erlaubte den Bewohnern des Caelius, unter Umgehung des Sumpfes der Täler und ohne das eigene Territorium zu verlassen, die Carinae zu erreichen.[23] Dies ist vielleicht der Grund für die Verbindung dieses Viertels mit den Vierteln der Carinae und der Subura. Daher rührt dann die seltsame Form der *regio* I Suburana, die sich entlang des Abschnitts erstreckte, die den Caelius mit der Velia und der Subura verband, in Richtung des Collis Latiaris. Wir haben die Schaffung der Carinae als einen von der Velia und vom Fagutal unterschiedenen Bezirk der romuleischen Zeit zugewiesen, aber die Tradition scheint den Locus Ceroliensis in die späte Königszeit zu datieren.[24]

257. Der Mons Cispius, Iuno Lucina und die unfruchtbaren Sabinerinnen. Die Geschichte des Cispius dürfte ähnlich der Geschichte der vorhergehenden *montes* verlaufen sein. Es handelte sich ursprünglich um einen *pagus*, möglicherweise um einen Sektor des Pagus Montanus.[25] Der Hügel ist relativ weiträumig, aber es kann ihm (wie dem Cermalus und der Subura) nur eine Kurie zugeschrieben werden. Es handelt sich wahrscheinlich um den letzten Hügel, der angeschlossen wurde, jenseits der Gräberstraße des Clivus Suburanus. Unter der Voraussetzung daß das Septimontium in den offeneren und damit ausgesetzteren Abschnitten befestigt worden ist, können wir auf diesem Hügel einen Wall und einen Graben nicht weit von dort annehmen, wo dann der Agger Servianus errichtet wird, der in diesem Fall die Monumentalisierung einer viel älteren Grenz- und Verteidigungslinie darstellen könnte. Jenseits des Cispius waren keine weiteren Hügel für die Bergsiedlung verfügbar, weil dann die Hügelsiedlung, die Gemeinschaft der *colles*, begann. Der Mythos der unfruchtbaren Sabinerinnen scheint den ursprünglich privaten und an einen der Iuno Lucina heiligen Zürgel- oder Nesselbaum gebundenen Kult auf diesem Hügel mit dem Kult der Iuno

XI

---

[21] Rodríguez Almeida 1993.

[22] Die Porta Querquetulana ist wahrscheinlich diejenige, auf die die Via Tuscolana zuführte, die den Caelius nördlich begrenzte, knapp über dem Wasserlauf zwischen Caelius und Oppius, der noch heute unter San Clemente fließt. Dies könnte man daraus ableiten, daß das Heiligtum der Lares Querquetulani dann in die *regio* II Serviana eingegliedert wird, weshalb man es sich nördlich dieses Tores vorstellen muß.

[23] Zum Sumpf im Tal des Kolosseum: Panella 1996.

[24] Die Anhänger des Caelius Vibenna wären nach seinem Tod von der Höhe des Caelius in die darunter liegende Ebene umgesiedelt worden: Varro ling. 5,46.

[25] Die ursprüngliche Einheit des Pagus zwischen Oppius und Cispius dürfte aus der anschließenden Vereinigung der beiden Hügel in der *regio* II Esquiliae zu erschließen sein.

Februata am Fuß des Cermalus in der Nähe des Lupercal zu verbinden; beide sind kriegerische Gottheiten, mit der Fruchtbarkeit verbunden und Schutzgottheiten; ihre Kulte scheinen die äußersten Grenzen, Nord und Süd, des Septimontium zu definieren und zu verbinden und, wie wir sehen werden, die Grenzen des Jahres. Nach dem Mythos rät die Juno des Cispius den unfruchtbaren Sabinerinnen, sich vom *sacer hircus* (= heiliger Geißbock), d. h. von Faunus Semicaper, dem Gott des Lupercal, schwängern zu lassen, aus den unfruchtbaren Sabinerinnen werden so trächtige *caprae*, d. h. jede wird zu einer Fauna, die von Faunus geschwängert wird. Unter dieser Voraussetzung würde es naheliegen, im Sumpf des Murciatales und des Velabrum einen ursprünglichen Palus Caprae (= Faunae) zu sehen, wo Romulus dann zugrunde zu gehen droht, wo er gerettet wird und in dem er schließlich stirbt. Der hier knapp skizzierte mythisch-kultische Komplex findet seine volle siedlerische Entsprechung erst mit Beginn des ersten Septimontium, mit der Erhebung des Cispius zum *mons*, und dies erlaubt es, diesen Vorgang in etwa zeitlich einzuordnen.[26]

258. Voraussetzungen und Ergebnisse. Um die Siedlung zu erweitern und weiter zu vervollständigen, blieb nur die Möglichkeit, den ersten Synoikismos durchzuführen, womit die *colles* zu den *montes* kamen. Mit dem ersten Septimontium, das aus $2 \times 9 = 18$ Kurien besteht, ist die Voraussetzung für die Durchführung des ersten Synoikismos gegeben, der dann, wie gesagt, auf einem System von $3 \times 9 = 27$ Kurien basiert. Die Lösung ist also schon vorgegeben, zumindest als objektives Ziel, und aus diesem Grund ist das erste Septimontium die unerlässliche Voraussetzung, die aber schon auf die die Realisierung einer notwendigen Konsequenz ausgerichtet erscheint, nämlich das zweite Septimontium.[27] Es könnte scheinen, die Reduktion des ersten Septimontium auf eine Voraussetzung, die auf ein Resultat zielt, würde dazu führen, seine Bedeutung zu mindern, aber diese Bedeutung wird im Gegenteil damit außerordentlich erhöht, durch die Tatsache nämlich, daß das erste Septimontium in dieser Perspektive als das aktive Subjekt der zukünftigen Entwicklungen erscheint. Das erste Septimontium verhält sich

---

[26] Ov. fast. 2,438 ff.; Paul. Fest. 37 L. Vgl. § 124. Zum Zusammenhang zwischen Iuno Sospita, Iuno Caprotina und Fauna: Pestalozza 1933; Dury Moyaers – Renard 1981. Der Komplex Cispius / unfruchtbare Sabinerinnen (Iuno Lucina) – Cermalus / fruchtbare Sabinerinnen (Lupercal) wird in seinem logischen Zusammenhang im Kalender deutlich: 1. März: Fest der Iuno Lucina, Tag der unfruchtbaren Frau (weil sie die Geschlechtsreife noch nicht erreicht oder gerade entbunden hat); 15. März: Fest der Anna Perenna und Neujahr, Tag der geschlechtsreifen und fruchtbaren Frau (vgl. Addendum VII). Die Tatsache, daß die äußersten Grenzen des Septimontium und des Jahres zusammenfallen, gewährt über den romuleischen Kalender einen Einblick in den Aufbau des Kalenders des Septimontium (vgl. § 309).

[27] Zum Zusammenhang Septimontium-Synoikismos: Plut. q. R. 69. Vgl. §§ 222, 268, 278, 302.

nämlich zum zweiten Septimontium wie der Palatin zum Rom des Romulus, beide sind siedlerische Anziehungspunkte, die auf die Realisierung einer Einheit und einer immer stärker entwickelten Zentralisierung der Siedlung aus sind. Der Übergang von einem Kern von »sieben« *montes* (dem Septimontium) zu einem Kern von nur »zwei« *montes* (inauguriertes Palatium mit Cermalus) zeigt die Richtung der historischen Entwicklung an, die schließlich zur Auflösung der Kerne führt, um die sich die Siedlung konzentriert, so daß die *urbs* dann zumindest juridisch in allen ihren Siedlungsteilen gleichwertig und dann zur Zeit des Servius Tullius als in sich geschlossene, fertige Stadt erscheint. Trotz der großen von diesem König in Gang gesetzten Verwaltungsreform bleibt aber die Erinnerung an die beiden siedlerischen Anziehungspunkte in ihrer Besonderheit für immer erhalten: das Septimontium als Fest für die Bergsiedlung und der Palatin als einzige inaugurierte Erhebung. Bis einschließlich Tarquinius Priscus werden die Siedlungen des ersten Synoikismos (des zweiten Septimontium) und des zweiten Synoikismos (des Roms der frühen Königszeit) als Ergebnis einer Voraussetzung erscheinen, die in der Siedlung selbst enthalten war, wie ein Kern in einer Frucht, die sich aber nicht mit der ganzen Siedlung identifiziert. Erst mit Servius Tullius wird Rom in seiner Gesamtheit sichtbar, Voraussetzung und zugleich Ergebnis seiner selbst, mit der Unterscheidung zwischen den urbanen und den ländlichen Tribus.

259. Die »lustratio« des Septimontium.

Eine *lustratio* des Septimontium, die wie die des Trimontium oder des Quinquimontium angelegt wäre, mit Beginn auf der Kuppe des Palatium und Ende auf der Kuppe des Cermalus, ist nicht vorstellbar. Die umfangreiche Hinzufügung von drei neuen *montes* verlangt einen anderen Verlauf, der zum Teil die *lustratio* des zweiten Septimontium oder der Prozession der Argeer vorwegnimmt. Die *lustratio* scheint jetzt vom Caelius ihren Ausgang zu nehmen und auf der Kuppe des Palatium zu enden. Wir können die Abfolge rekonstruieren, indem wir die Äquivalenzen zwischen den Stationen oder Kurien der Prozession des ersten Septimontium und der Prozession des zweiten Septimontium nebeneinanderstellen (vgl. Abb. 31): Kurien (1-4=1-4) des Caelius, Kurien (5-8=5-8) des Fagutal/Oppius, Kurie (9=9) des Cispius, Kurie (10=19) des Cermalus, Kurie (11-13=20-22) des westlichen Palatium, Kurie (14=23) der Subura, Kurie (15=24) des Fagutal (= Carinae), Kurien (16-17=25-26) der Velia und Kurie (18=27) des östlichen Palatium. Die unterschiedliche Zählung der Stationen oder Kurien ergibt sich aus der Einfügung der Kurien der Hügelsiedlung in der Prozession des zweiten Septimontium.[28]

IX

---

[28] Zur gesamten Frage vgl. Addendum VI.

260. Die Rangordnung des Septimontium. Das erste Septimontium zeigt sich, wie die vorangehenden Organisationen, ebenfalls als ein hierarchisch strukturiertes System. Um diese Hierarchie zu explizieren, könnten wir die Orte in folgender Weise gliedern:

1 a. Palatium-Velia, mit Recht auf Opfer, auf die *lustratio* und auf die septimontialen *feriae*.

1 b. Cermalus, mit Recht auf die *feriae*, Abschluß der *lustratio* und Sitz der Häuptlinge.

2. Fagutal und Subura, mit Recht auf die *feriae* und auf die *lustratio*.

3. Oppius, Caelius, Cispius, mit Recht auf die *feriae* und auf die *lustratio*.

4. Pagus Aventinensis I–II (großer und kleiner Aventin) und III (Gebiet des Testaccio).

5. Pagus Lemonius (zwischen Aventin und Caelius);[29] pagus (Querquetulanus) II / campus Martialis; pagus Montanus II–IV und *sepulcra*.

6. Die Wasserläufe, die Sümpfe, die Anlegestellen und der Tiber.

Die pagischen Gebiete sind die einzigen Landstücke, die in der septimontialen Aufzählung nicht genannt werden. Die Aufzählung der *montes* grenzt den Bereich der protourbanen Siedlung ab, während der Bereich der peri-protourbanen *pagi* seinen ländlichen und präurbanen Charakter behält.

261. Die Ausdehnung des Septimontium. Das Septimontium mißt 147 Hektar.[30] Die septimontiale Hinzufügung hat die Siedlung um das zweieinhalbfache erweitert, während die Zahl der Kurien verdoppelt wurde, wodurch die zuletzt eingefügten Bezirke sehr viel größere Ausmaße haben. Die sieben *montes* haben so die Standardgröße der großen Zentren des Villanovianum in Etrurien erreicht, woran kein anderes Zentrum Latiums herankam. Die peri-protourbanen *pagi* erreichen in unserer Rekonstruktion 477 Hektar, womit der pagische Bereich wenig mehr als dreimal so groß ist wie der Bereich der Siedlung (3,23).[31] Der Unterschied zu den *colles* ist schon beträchtlich.

262. Die fünf »colles«. Der Quirinal dürfte sich zu dieser Zeit erweitert IX haben, aber wahrscheinlich nicht über die Stelle der bei Santa Maria della Vittoria gefundenen Weihegaben hinaus, die ab der romuleischen Zeit datierbar sind und wahrscheinlich zu einem mit der Nekropole verbunde-

---

[29] Paul. Fest. 102 L.
[30] Quinquimontium 56,99 ha + Oppius 24,72 ha + Caelius 59,47 ha + Cispius I 5,97 ha = 147,15 ha.
[31] Pagus Aventinensis I 57,71 ha + Pagus Aventinensis II 37,45 ha + Pagus Aventinensis III 71,20 ha + Pagus Lemonius 67,15 ha + Pagus (Querquetulanus) II 91,76 ha + Pagus Montanus III 11,45 ha + Pagus Montanus IV 77,81 ha + Pagus Montanus V 35,83 ha + Pagus Montanus VI 17,58 ha = 476,94 ha. Aber der Pagus Aventinensis III, also das Gebiet des Testaccio, wurde oft vom Wasser des Flusses überflutet: *La geologia di Roma* 1995, S. 318, Abb. 11.

nen Grenzkult, vielleicht dem Kult der Laverna, gehören.[32] Wahrscheinlich wurde in dieser Epoche der Pagus (Viminalis) I in den Rang eines *collis* erhoben, zur gleichen Zeit, als Oppius, Caelius und Cispius in den Rang von *montes* erhoben wurden. In beiden Fällen handelt es sich um Hügel, die von gesamten Erhebungen gebildet werden – eine Neuerung gegenüber der vorhergehenden Periode –, die offen und daher ausgesetzt sind, weshalb nicht auszuschließen ist, daß ein einfacher Wall mit Graben vorhanden war. Wahrscheinlich ist es kein Zufall, daß ab der latialen Stufe IIB die neue Nekropole im Pagus (Viminalis) III beginnt, knapp außerhalb der künftigen Porta Viminalis, verbunden wahrscheinlich mit einen Begräbniskult, der mit dem Kult der Nenia identifiziert werden kann,[33] einer Gottheit ähnlich der Laverna und der Libitina. Diese Nekropole liegt neben der des Pagus (Collinus) II, bezeugt in der vorhergehenden Periode, die dann beide zusammen einen Gräberkomplex der *colles* bilden, der dem Komplex im Pagus Montanus für die *montes* entspricht. Diese Begräbnisstätten und ihre Kulte weisen auf eine globale Reorganisation der Nekropolen hin, als unmittelbare Konsequenz der Reorganisation der Siedlung. Wir wissen nicht, ob der Viminal in dieser Phase alle vier Kurien aufgenommen hat, die ihm zugewiesen werden konnten. Wenn dies der Fall war, wären auch die *colles* seit dieser Zeit in neun Kurien gegliedert. Die Lustration der *colles* konnte zu dieser Zeit am Viminal beginnen und durch die vier *colles* des Quirinal führen. Wie dem auch sei, die ersten fünf Kurien bleiben hierarchisch gewichtiger

---

[32] Carafa 1993; Colonna 1996. Siehe auch die Porta Lavernalis vom Aventin, wahrscheinlich mit Ostia und seinen *salinae* verbunden. Die Kultstätte lag ursprünglich wahrscheinlich bei Santa Maria della Vittoria, wo die archäologischen Funde die Existenz eines Heiligtums bezeugen, das zwischen der Mitte des 8. und mindestens dem Ende des 3. Jh. v. Chr. datierbar ist, sie wurde anschließend, zwischen dem Ende des 8. und dem Beginn des 7. Jh., verlegt, nach Santa Teresa, 400 m von der Porta Collina und 700 m von Santa Maria della Vittoria, im Anschluß an die Erweiterung des Collis Quirinalis, die die Verlegung des entsprechenden Pagus Collinus weiter nach draußen mit sich brachte (zur Zeit der Entstehung einer der drei romuleischen Kurien: ab der latialen Stufe IIIB), wahrscheinlich eine Konsequenz der Stadtgründung. Erinnern wir uns, daß zwischen der Via Salaria und dem Tiber, jenseits der aurelianischen Mauer, der *lucus* schlechthin lag, nämlich der Lucus des Festes der Lucaria (Colonna 1996; man müßte jedoch die erkunden, ob der Lucus sich um die erste Meile der via Flaminia herum befunden hat oder bei der Begräbnisstätte der Via Salaria, im Norden der Via Livenza). Zu vergleichen wären die analogen Fälle des Sacellum Neniae, 200 m von der Porta Viminalis entfernt gelegen, wo eine Nekropole aus der latialen Stufe IIB bezeugt ist, und des Kultes der Libitina an der Porta Esquilina. Eine weitere Begräbnisstätte, datierbar ab der latialen Stufe III, fand etwa 1350 m von der Porta Esquilina (Colonna 1996). Es handelt sich um Kultstätten, die zu Nekropolen gehörten, die in den *pagi* lagen, die das Wohngebiet umgaben (innerhalb der ersten Meile); einige sind bezeugt für die latiale Stufe IIB, weitere aus Stufe III und weiter aus Stufe IV, was auf eine immer intensivere Nutzung dieser *pagi* ab der protourbanen Zeit hindeutet.

[33] Colonna 1996.

als die vier neuen Kurien auf dem Viminal, die keine *aedes publicae* aufnehmen, analog zu den Erhebungen der septimontialen Hinzufügung.[34] Um die erweiterte Einheit der *colles* dürfte sich eine weitere pagische Peripherie entwickelt haben; sie wurde gebildet aus den *pagi* (Viminalis) III, (Collinus) IV-V, (Tiberinus) III, dem Kapitol, der Insel und dem Janiculus. Mit der Schaffung von Kurien auf dem Collis Viminalis und auf dem Mons Cispius werden die beiden Siedlungen der *colles* und der *montes*, die vorher durch *pagi* getrennt waren, ein aneinander grenzendes Gebiet, was den Synoikismos des zweiten Septimontium in naher Zukunft erahnen läßt.

263. Die Ausdehnung der fünf »colles«. Die fünf *colles* haben zu dieser Zeit ein Ausmaß von 104 Hektar. Sie haben ihre Fläche (von vorher 52 ha) verdoppelt und sind so das größte Siedlungszentrum Latiums nach dem Septimontium geworden, das um ein Drittel größer ist. Die *colles* erreichen also nicht die Standardgröße der Zentren des Villanovianum in Etrurien und zeigen auf diese Weise eine fatale Schwäche im Vergleich zur rivalisierenden Gemeinschaft der *montes*.[35] Die *pagi* erreichen nach unserer Rekonstruktion 226 Hektar, wenig mehr als das Doppelte des Siedlungsgebietes und etwa die Hälfte des pagischen Gebietes der Bergsiedlung.[36]

264. Hegemonie des Standorts Rom in Latium und Datierung des Septimontium. Die Schaffung des Quinquimontium und vor allem die Ausdehnung der Siedlung zwischen Caelius und Cispius, die mit der Schaffung des Septimontium erfolgt, können gesehen werden als Folge der jetzt durchgesetzten Überlegenheit der Straße im Landesinneren zwischen Etrurien und Kampanien (Veji, Septimontium, Gabii, Tal des Sacco) gegenüber dem früheren Weg entlang der Küste (Caere, Ficana, Lavinium, Ardea).[37] Die Entwicklung des Quinquimontium und vor allem des ersten Septimontium erfolgt in Richtung auf diese Straße Richtung Gabii und inneres Latium, das nun interregionale Bedeutung gewonnen hat.[38] Die ausbleibende Entwicklung

---

[34] Vgl. §§ 231 ff.

[35] Collis Latiaris 10,97 ha + Collis Sanqualis / Mucialis 18,15 ha + Collis Salutaris 10,04 ha + Collis Quirinalis II 35,70 ha + Collis Viminalis I 29,49 ha = 104,35 ha.

[36] 36 Pagus (Viminalis) II 12,50 ha + Pagus (Viminalis) III 22,72 ha + Pagus (Collinus) II 17,50 ha + Pagus (Collinus) IV 12,50 ha + Pagus (Collinus) V 46,33 ha + Pagus (Tiberinus) 213,61 ha + Pagus (Capitolinus) 20,78 ha + Insula 1,76 ha + Pagus Ianiculensis 75,59 ha = 423,29 ha. Reduziert man wie zuvor die Oberfläche der *pagi* Tiberinus und Janiculensis auf die nichtsumpfigen Gebiete, kommt man auf 225,72 ha.

[37] Der Überlegenheit der Straße im Landesinneren gegenüber der Küstenstraße scheint die Überlegenheit von Veji gegenüber Caere entsprochen zu haben. Veji hätte also das Territorium Roms in das interregionale System der Beziehungen einbezogen: Quilici Gigli 1970 und vor allem Bietti Sestieri 1992a, die die Verflechtungen der Gemeinschaften Latiums wie Gabii mit Kampanien und Etrurien ab dem Beginn der Eisenzeit untersucht hat.

[38] Zum Verhältnis zwischen dem Territorium von Rom und Veji bezüglich der Kontrolle des

der Albaner Berge, die auf präurbanem Niveau bleiben,[39] könnte in den latialen Stufen IIA2–IIB1 zu einer Verschiebung der Bevölkerung in Richtung der *montes* auf römischem Boden geführt haben,[40] spiegelbildlich zu der der Sabiner, die ihre Sitze auf präurbanem Niveau verlassen und sich in zwei Vierteln der *colles* niedergelassen haben dürften. Die Immigranten von den Albaner Bergen dürften hingegen in dem zwischen den künftigen Toren Capena, Celimontana und Querquetulana liegenden Gebiet aufgenommen worden sein, d.h. auf dem Caelius, wie es dann auch zur Zeit des Tullus Hostilius, nach der Zerstörung von Alba, der Fall gewesen zu sein scheint.[41] Das demographische Wachstum, das der Schaffung des ersten Septimontium zugrunde liegt und auch durch die wachsende Zahl der Gräber auf dem Begräbnisplatz des Esquilin verifizierbar ist, könnte also eine Folge des Ungleichgewichts sein, das sich in Latium zugunsten der Bergsiedlung auf römischem Boden ergeben hat, die jetzt die frühere Hegemonie Albas ausübt, aber in einem Bezugsrahmen, der nichts mehr zu tun hat mit dem kommunitären Charakter des albanischen Bundes, der, begrenzt auf die religiöse Sphäre, formell noch überlebte, aber im Wesentlichen durch die anderen Aspekte der neuen Realität überwunden war. Gegenüber der innersten Mitte der Region, auf den Albaner Bergen, gewinnt jetzt die Peripherie das Übergewicht, aufgrund des Vorteils, auf drei Seiten von den Hauptwasserstraßen umgeben zu sein: dem Meer, dem Tiber und dem Anio, entlang derer sich die regionalen (als »international« erlebten) Kommunikationswege der Zeit entwickeln. Mit der Abnahme der Bedeutung von Alba müssen sich allmählich die Beziehungen zwischen dem Territorium Rom und Lavinium verstärkt haben, als Prämisse großer Entwicklungen.[42] Das erste Septimontium liegt chronologisch zwischen dem Quinquimontium und dem zweiten Septimontium: Wir befinden uns also wahrscheinlich auf der Stufe des Latiale IIB1.

Tibers: Bartoloni 1989. Zu den Verbindungen mit Gabii, dem strategischen Schlüssel zum inneren Latium: Colonna 1990.

[39] Daß es sich um einen ausgebliebenen Aufstieg Albas handelt, meint Guidi 1982. Einen Niedergang hingegen sehen die Autoren von Colonna 1974 (die Entvölkerung der Albaner Berge verhielte sich zu Rom wie jene des Tolfagebirges zu Caere und Tarquinia und jene des mittleren Tals der Fiora zu Vulci). Colonna 1988 bezeichnet das Phänomen als eine Diaspora und einen demographischen Aderlaß. Pacciarelli 1994 denkt an eine Entvölkerung seit den latialen Stufen IIA2/IIB.

[40] Wir hätten also auf römischem Boden verschiedene Wellen der Albanisierung und Latinisierung: 1. zur Zeit der göttlichen Könige und der *populi*, 2. zur Zeit der protourbanen Formierung, 3. zur Zeit der Stadtgründung: man denke an Romulus und an seine Schar von Albanern (Colonna 1988), 4. zur Zeit des Tullus Hostilius: siehe die ab etwa 675 bezeugte Nekropole, 700 m von der Porta Querquetulana entfernt (Colonna 1996).

[41] Vgl. § 256, Anm. 19.

[42] Bietti Sestieri 1992a. Vgl. Addendum IV.

5 Das »zweite« Septimontium und der Zusammenschluß von *montes* und *colles*

265. Ein immer dichteres Siedlungsgewebe. Mit dem ersten und vor allem mit dem zweiten Septimontium wird die reife Phase der protourbanen Entwicklung erreicht. Die Beseitigung der im Tal zwischen den zentraleren *montes* gelegenen Nekropole[1] läßt den Willen erkennen, die natürliche Beschaffenheit der Plätze definitiv zu überwinden und die Lücken zwischen den verschiedenen Siedlungskernen wie auch die Randzonen der Täler und der Peripherie zu besetzen; sicher nachweisbar ist dies ab der latialen Stufe IIB2, als die große Nekropole zwischen Oppius und Cispius bereits in voller Entwicklung ist.[2] Es war ein schwieriges Unterfangen, eine systematischere Parzellierung und eine bessere Integration der Siedlung umzusetzen, auf einem Gebiet, das in einer ganz anderen Epoche mit ganz anderen Siedlungszielen ausgewählt wurde, das orographisch und hydrographisch ausgefranst und von daher ungeeignet war, eine protourbane Siedlung aufzunehmen, die andererseits aber eben genau an dieser Stelle des Tibers verwirklicht werden mußte, wegen der Bedeutung der Verkehrswege und der Übergänge, die zu ihr führten und sie durchquerten, im Zusammenhang mit der Straße im Landesinneren zwischen Etrurien und Kampanien, die inzwischen zum Hauptweg geworden war. Ungeachtet der geomorphologischen Schwierigkeiten, breitet die Siedlung sich jetzt auf die Hänge aus, so daß das Siedlungsnetz, obwohl es locker bleibt (um die Hütten können wir uns Silos, Lager, Pferche, Obst- und Gemüsegärten vorstellen), doch immer zusammenhängender wird. Die Schaffung neuer Viertel dürfte Rodungen und die Regulierung von Wasserläufen mit sich gebracht haben, aber noch keine Trockenlegungsmaßnahmen, auf die man noch bis zur Königszeit warten muß. Wo sich früher die ältesten Nekropolen befanden, blieben nur für Familiengruppen ausgewiesene Parzellen, die ihre räumlichen Abgrenzungen mit Kindergräbern anzeigen, den einzigen, die außerhalb der allgemeinen Nekropole noch gestattet sind.[3] Ungeachtet des Fehlens

---

[1] Nekropolen im Umkreis von Siedlungskernen gibt es auch in der Siedlungsphase, die der Entstehung der *poleis* vorangeht: Di Vita-Gafà, *Discussione* in: Vallet 1982; Aupert 1982.

[2] Bietti Sestieri 1992; Bettelli 1994.

[3] Bietti Sestieri 1992a (mit Bibliographie). Modica 1993 (Gräber von Kindern unter fünf Jahren). Zur Ausnahme von Erwachsenengräbern vom Beginn des 7. Jh. in einem nicht inaugurierten

einer großen verteidigbaren Hochebene beobachtet man also auf römischem
Boden einen hartnäckigen Willen, in der protourbanen Praxis fortzuschrei-
ten, ungeachtet der widrigen Natur der Plätze. Die schrittweise Umsetzung
darf nicht zu der Annahme verleiten, man habe es – gegenüber den »klassischen« Entwicklungen in Südetrurien, die sich in einem kurzen Zeitraum
abspielen und die wir in Reinform wahrnehmen[4] – mit einem eher schwachen oder weniger gut geplanten Vorgang zu tun. Auf römischem Boden
spielt eine Rolle, daß die neuen Siedlungen des Palatium-Velia und des Quirinal neben dem Cermalus und dem Kapitol entstehen, die die Brennpunkte
der ältesten präurbanen Siedlungen waren, und diese schon existierenden
Bestände dürften die Umwandlung im protourbanen Sinne erschwert haben,
die jedoch unaufhaltsam voranschreitet und in beschleunigtem Maße zu
einem wahrhaft grandiosen Siedlungsentwurf führt.[5] Eben diese anfängliche Duplizität der protourbanen Praxis ist ein Beweis für die Intensität, die
Dringlichkeit und die vielfältigen Interessen dieser Entwicklung, die jetzt
das Territorium Rom zur wichtigsten Ansiedlung im tyrrhenischen Mittelitalien machen.

266. Gleichzeitige Entscheidungen bezüglich der Begräbnisstätten. Auf
der latialen Stufe IIB entstehen, analog zur Begräbnisstätte auf dem Esquilin, auch die Nekropolen der *colles* in den benachbarten *pagi* (Collinus und
Viminalis).[6] Die Schaffung von zwei oder drei großen Nekropolen in der
nördlichen Peripherie der beiden protourbanen Formationen zeigt, daß
die Gemeinschaften inzwischen aus ähnlichem, wenn nicht gemeinsamem
Antrieb handeln, aufgrund simultaner oder symmetrischer Entscheidungen,
die für die Nutzung der peri-protourbanen *pagi* zu Begräbnis- und Kult-
zwecken Normen voraussetzen,[7] die vielleicht schon im Hinblick auf eine
gemeinsame Verwaltung des Territoriums vereinbart wurden, falls sie nicht
sogar im Rahmen einer bereits vollzogenen proto-politischen Vereinigung
geplant wurden. Es handelt sich also nicht um eine chaotische und spontane

---

Bereich des Palatin, wohl an einem *locus religiosus*, siehe A. Carandini, in: Palatium e Sacra via, 1;
vgl. §§ 359 ff. und Addendum VIII.

[4] Pacciarelli 1991.

[5] Zu strukturellen Analogien zwischen Bisenzio, Cuma und den anderen Zentren Latiums:
Peroni 1989, S. 488.

[6] Vgl. § 262, Anm. 102. Pacciarelli 1994 meint, daß es auch aus der Nekropole des Quirinal
Fundstücke der latialen Stufe IIA2 gibt, während Bietti Sestieri 1992a die Nekropole im Ver-
gleich zur Nekropole auf dem Esquilin auf einen geringfügig späteren Zeitpunkt verlegt. Ab der
Mitte des 8. Jh. wären verschiedene Begräbnisstätten sternförmig entlang der Ausfallstraßen fest-
stellbar: Quilici 1979 (Porta Salaria, Corso d'Italia, Portonaccio, Santa Croce in Gerusalemme,
Porta Latina usw.); Colonna 1996.

[7] Colonna 1988.

Siedlungsexpansion,[8] sondern um eine organisierte Gemeinschaft,[9] die die grundlegenden Richtlinien ihres Siedlungsbereiches, ihrer Begräbnisstätten und ihrer Kulte plant. Der Rationalisierung der Nekropolen dürfte nämlich eine Neugestaltung der Kurien entsprochen haben mit einer nachfolgenden Neuzuteilung des Landes an die Großfamilien. Wie dem auch sei, die proto-urbane Formierung geht der allgemeinen Nekropole auf dem Esquilin vor-aus, die nur den Eintritt ihrer vollen Reife bezeichnet.[10] Diese Dinge hätten ohne eine zentrale – nicht unbedingt zentralistische – Gewalt nicht durchge-führt werden können, die man anscheinend für das Septimontium postulie-ren kann, und andererseits ist nicht anzunehmen, eine Autorität dieser Art wäre erst ab der Schaffung der Stadt denkbar.[11]

267. Die Zeit des zweiten Septimontium. Ein fertiges, in sich abgeschlos-senes Septimontium ohne die Angliederung der *colles* ist nicht vorstellbar.[12] Die Einverleibung dieses Teiles der Ansiedlung ist der protourbanen Phase zugeordnet worden, mit dem Modell im Kopf, das man im wesentlichen für das verbindende Element der großen Zentren der Villanova-Kultur im südlichen Etrurien hielt.[13] Rom hätte erst mit der Zeit das Ziel erreicht, das die etruskischen protourbanen Zentren bei ihrer Konstitution als Voraus-setzung hatten. Die Einverleibung der *colles*, die bei der Konstituierung des ersten Septimontium noch nicht erfolgt war (da die *colles* in der Aufzählung der *montes* fehlen), findet jedoch vor dem romuleischen Zeitalter statt,[14] wes-

IX

---

[8] Pallottino 1993.

[9] Coli 1958.

[10] In Lavinium gibt es in einer Nekropole der Endbronzezeit, die den höchsten Punkt des Pla-teaus einnahm, übereinandergeschichtete Hütten aus der latialen Stufe IIB2, bis jetzt das erste bekannte Zeugnis einer Siedlung außerhalb der Akropolis. Zur gleichen Zeit wird die Nekro-pole nach außerhalb des Plateaus verlegt (Guaitoli 1995). Vgl. Abb. 29.

[11] Cornell 1995.

[12] De Sanctis 1907.

[13] Müller-Karpe 1959, 1962; Colonna 1974 und 1988; Meyer 1983; Peroni 1989; Pacciarelli 1994.

[14] Nachdem Romulus vom Palatin Besitz ergriffen hat, braucht er keine weiteren Teile der Ansiedlung zu erobern, da alles schon in seinen Händen ist: vom Kapitol, wo er den Tempel des Iuppiter Feretrius gründet, bis zum Quirinal, der von Lucumo verteidigt wird, beides ver-fallene und unbewohnte Gegenden – so wird es die Vulgata verstehen und darstellen –, die aber schon zu der Gemeinschaft gehören, die ihren Mittelpunkt auf dem Palatin hat. Auf den *rex-augur* wartet nur die Aufgabe, die Vereinigung zu vervollständigen, die bereits im zweiten Septi-monium vollzogen wurde, indem er das protourbane Zentrum in die Stadt überführt, die mit ihm sich zu formen beginnt. Es ist schwierig zu sagen, ob dieser Stand der Dinge ein indirektes Echo des Bestehens des protourbanen Zentrums war, der in die annalistische Überlieferung ein-fließt, oder ob er sich der Vorstellung verdankt, Rom sei, abgesehen von einigen Hirtendörfern, aus dem Nichts gegründet worden, als handelte es sich um die Schaffung einer albanischen Kolonie an den Orten des früheren Saturnia und Pallantion. Aus archäologischer Sicht scheint es, als wäre die Gründung Roms im Verlauf der latialen Stufe IIIB anzusiedeln (Carandini 1992 und in: Palatium e Sacra via, 1; vgl. auch §§ 359 ff. und Addendum VIII).

halb man es in die latialen Stufen IIB2 und IIIA, höchstens in die ersten
Jahre von Stufe IIIB datieren kann, als dieses einheitliche Gefüge von *montes*
und *colles* geschaffen wurde und sich entwickelt hat, das wir der Einfachheit
halber das zweite Septimontium nennen wollen.[15]

268. Auferlegter oder freiwilliger Synoikismos. Wie sich der Übergang
von einer feindlichen Beziehung oder einem Bündnis zu einer hierarchisierten Vereinigung und schließlich zur Unterordnung vollzog, wissen wir
nicht. Wahrscheinlich waren beide Komponenten, Gewalt[16] und Einverneh-
men, vorhanden, weshalb man von einem »auferlegten Synoikismos« sprechen könnte, der also im Rahmen einer unaufhaltsamen Expansion erfolgte,
aber nicht bar der Anziehung von seiten des protourbanen Zentrums der
montes. In der topographischen Hierarchie sind die *colles* wohl nicht einfach
im Rang den *montes* gleichgestellt worden, als Erhebungen die ebenfalls
Kurien beinhalteten, sondern sie sind eher der Gemeinschaft des Septimontium angegliedert worden, haben also ihre Autonomie eingebüßt und wurden als andersartige Einheiten betrachtet (sie werden in den *sacra* der Argeer
weiter *colles* genannt), sie sind, heißt dies, Objekte des Synoikismos, dessen
einziges Subjekt das Septimontium ist, welches, um seine Hauptrolle anzuzeigen, den Teilcharakter *(pro montibus)* seines Festes beibehält und der ganzen Siedlung den Namen Septimontium auferlegt. Es gibt also einen Teil
der Siedlung, der, wenn er vielleicht auch nicht Sieger ist, so doch die Vorherrschaft hat, und einen Teil, der, wenn vielleicht auch nicht der Verlierer,
so doch der Unterlegene ist.[17]

269. Der neue Vorrang des Kapitols. Das Kapitol, welches der am frühesten bewohnte Hügel war und deshalb die ursprünglichen Kulte beherbergte,

---

[15] Angesichts der hier vorgelegten Rekonstruktion der Quellen ist es nicht möglich, das zweite
Septimontium bis an den Beginn der latialen Stufe IIB1 zurückreichen zu lassen, da damit
keine Zeit mehr für das erste Septimontium bliebe, das man aber notwendigerweise voraussetzen muß. Nach der herkömmlichen absoluten Chronologie befänden wir uns um 800 [825],
wenn wir den Angaben der schweizerischen Dendrochronologie folgen, um 910 [850]. Capua
soll um 800 gegründet worden sein: Vell. Pat. 1,7,2 (Colonna 1992), von dem Trojaner Kapys,
der von einer Hirschkuh aufgezogen wurde (Ampolo 1988), also zeitgleich mit Karthago und
Rom, die beide, so Timaios, im Jahr 813 (als protourbane Zentren?) gegründet wurden (Cornell
1975). Zu Romus als Gründer von Rom und Capua: Hegesianax FGrHist 45 F 8. Bei Rom
könnte es sich statt um die Gründung der Stadt um die Gründung des zweiten Septimontium
handeln. Siehe das »bizzarre« Datum des Ephoros aus Kyme, nach dem Naxos und Megara
beide um 834 gegründet wurden, ein Jahrhundert vor den Daten des Thukydides (Asheri 1980),
20 Jahre vor dem am weitesten zurückreichenden Datum der Gründung Roms, das Timaios
überliefert. Gemäß der Chronik des Eusebios (Helm 1913) regierte zu der Zeit (ab 811) in Alba
Longa König Amulius (der nach den Berechnungen des Dionysios von Halikarnassos erst 793
zu regieren begonnen hat).

[16] Vgl. § 211, Anm. 20.

[17] Vgl. §§ 222, 258, 278 und 302.

das mit den *colles* verbunden war, aber seinen Status als *pagus* beibehielt,[18] könnte ab dieser Epoche die Funktion der ersten heiligen Burg, der ersten Anlegestelle und des ersten Begegnungsortes der gesamten Ansiedlung übernommen und so wieder zur Mittelpunktfunktion zurückgefunden haben, die ihm seit langem abhanden gekommen war (seit der Spätbronzezeit, Stufe II, als der Cermalus als Hauptfestung hervorgetreten war). Als Folge könnte der Jupiterkult dieses Hügels (im Vergleich zu den mehr auf die jeweiligen Viertel bezogenen Kulten des Collis Latiaris und des Fagutal) der wichtigste geworden sein, und auch das *auguraculum* der *arx* könnte als wichtigstes der ganzen Siedlung geschaffen worden oder dazu geworden sein.[19] Der Rang des Kults der Eiche des Jupiter wurde bewahrt und wuchs, als Romulus vor dem heiligen Baum eine Kulthütte errichtete, den ersten und wichtigsten Tempel der Stadt, den Tempel des Iuppiter Feretrius, der schon stadtgottheitlichen Charakter hat, verbunden mit Schwüren, den *foedera* und den *ovationes*.[20] Es wäre nicht verwunderlich, wenn der Bund des ersten Synoikismos bei der dem Jupiter heiligen Eiche auf dem Kapitol bekräftigt, beschworen und gefeiert worden wäre und damit die Rolle dieses Hügels als Haupthügel, der über den Teilen steht, für immer festgeschrieben worden wäre. Mit der Autonomie des Kapitols gegenüber den *colles* könnte sich die Verdoppelung der Kulte auf dem Quirinal erklären: Terminus und Semo Sancus, Fides und Fidius, Maia und Hora und die beiden *capitolia*, wobei das *vetus Capitolium* sich eben auf dem Quirinal befand.[21] Möglicherweise wurde damals auch der Aventin gegenüber den *montes* autonom, so daß er mit dem Kapitol, aber auf einer hierarchisch niedrigeren Stufe, eine einzigartige Gruppe zweier *pagi* von sehr hohem Ansehen bilden konnte, die für die wichtigsten Dienste der Siedlung bestimmt waren.

270. Ein gewaltiges proto-urbanes Zentrum. Die Siedlung erreicht jetzt, abgesehen von wenigen peripheren Hinzufügungen der Königszeit, die Ausdehnung des servianischen Rom. Wir sind bei 251 Hektar, einer Größe, die

---

[18] Vgl. § 228.

[19] Die geweihten Stätten mit ihren Einfriedungen wurden in Griechenland als unantastbar betrachtet, weil sie einem Gott gehörten. Manchmal wurden sie geradezu befestigt, waren idealer Zufluchtsort für Reisende, Flüchtlinge und ihre Habe, so daß sie mit Schutzbereichen ausgestattet wurden, in denen Aufnahme und vorübergehenden Schutz fand, wer auf der Suche nach Zuflucht von weit her kam. Hieraus leitet sich die abgelegene Lage vieler geweihter Stätten ab, weil ihre Anwesenheit innerhalb bewohnter Gebiete Gefahren bergen mochte, da sie sich in Basen für militärische Operationen verwandeln konnten (Sinn 1993). Diese Erwägungen sind vielleicht hilfreich für das bessere Verständnis der Natur des Kapitols.

[20] Carandini 1992 und in: Palatium e Sacra via, 1; vgl. §§ 359 ff. und Addendum VIII. Ausgehend von der *arx* dürfte der *ager effatus et liberatus* worden sein. Zur *terminatio* des *ager* von der *arx* aus siehe Coli 1958.

[21] Zu Maia und Hora: Guarducci 1936; Sabbatucci 1988.

deutlich über der der größten Zentren der Villanova-Kultur in Etrurien, die maximal 200 Hektar erreichen (wie Veji), und nicht weit unter der Größe der Städte in Magna Graecia und Sizilien liegt.[22] Eine derart große Ausnahme, wie sie die Siedlung auf dem Territorium Roms am Höhepunkt seiner protourbanen Entwicklung darstellte, ist erklärbar nur als eine Folge der Zusammenlegung zweier ursprünglich getrennter protourbaner Siedlungen zu einem einzigen Zentrum, wobei die erste die klassischen Ausmaße der größten Zentren der Villanova-Kultur (wenig unter ca. 150 ha) und die zweite größere Ausmaße als die mittleren Zentren (ca. 100 ha) hatte. Es handelt sich also nicht um die Dynamik einer einzelnen Siedlung, die ausschließlich auf sich selbst konzentriert wächst, sondern um den Fall eines außergewöhnlichen Synoikismos, der aus der großen Nähe zweier Zentren hervorgeht, die beide bereits beachtliche Ausmaße haben und in der protourbanen Praxis weit vorangeschritten sind. Die umliegenden peri-protourbanen *pagi* umfaßten ca. 703 Hektar, etwa dreimal (2,7) die Fläche der Siedlung, das ergibt insgesamt 954 Hektar für Siedlung und peri-protourbane *pagi*. Dieser Kranz von *pagi* grenzte an die innerhalb der ersten Meile (berechnet von den Toren der servianischen Mauer aus)[23] eingegliederten Heiligtümer. Diese Weihestätten, die auf die Königszeit und wahrscheinlich auch auf das protourbane Zeitalter zurückgehen, haben uns, zusammen mit den literarischen und inschriftlichen Belegen über die periurbanen *pagi* (beginnend mit dem ältesten Pagus Succusanus), veranlaßt, für jede protourbane Phase einen Kranz von *pagi* zu rekonstruieren. Das Studium der Distrikte der *populi* und des Ager Romanus antiquus – auf den es Hinweise für eine Datierung in der frühen Königszeit und auch im protourbanen Zeitalter gibt[24] –, hat zur Rekonstruktion des *ager* des zweiten Septimontium geführt, das fast vollständig mit dem des frühen Rom übereinstimmt. Im Blick auf die Grenzen der *curiae*, der *montes* und der *colles*, der ursprünglichen Aufteilungen des Proto-Staates oder der *tribus*, die wir noch erörtern müssen, des Kranzes der peri-protourbanen *pagi* und des *ager* stimmt die Siedlung des zweiten Septimontiums im wesenlichen mit dem Rom des Romulus überein, jedoch ohne den exklusiven Zentralismus der Stadt und des Staates. Wir werden auf diese Themen noch zurückkommen.

271. Die peri-protourbanen »pagi« und die Heiligtümer der ersten Meile

(Abb. 22).   Wie das *proastion* der griechischen Städte hat auch das Territo-

---

[22] Gela 200 ha, Rodi 200, Locri 232, Croton 281, Halikarnassos 350, Agrigentum 450, Taranto 510, Athen-Piräus 585: Cornell 1989 und 1995. Athen soll im dunklen Zeitalter 200 ha erreicht haben und Argos 50: Morris 1991.

[23] Vgl. § 271.

[24] Colonna 1991b; Carandini 1992. Vgl. §§ 313 ff.

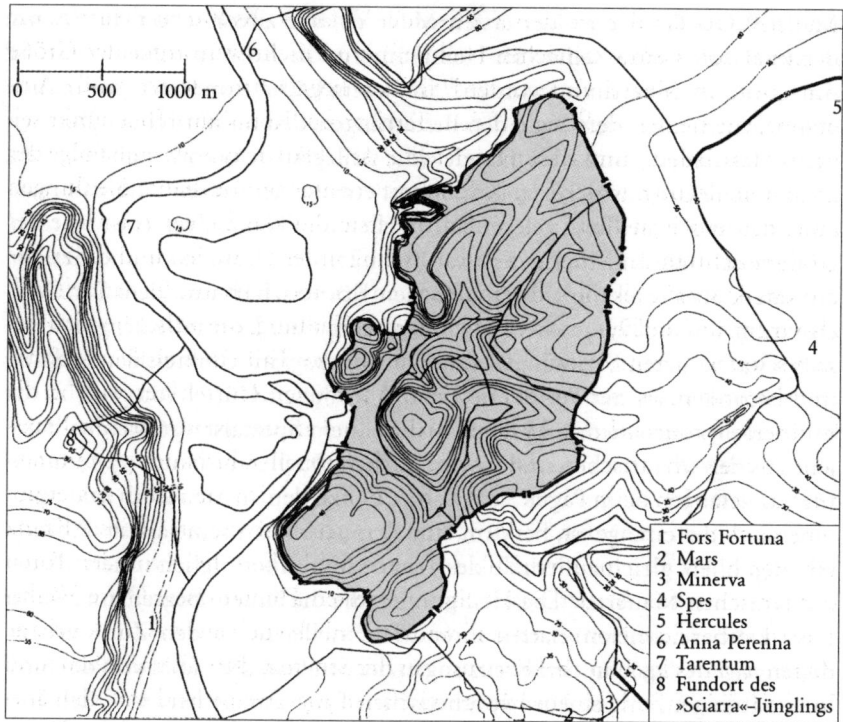

Abb. 22   Die Kulte an der ersten Meile (von den Toren der servianischen Mauern aus)

rium Rom – sicher seit der Königszeit, aber aller Wahrscheinlichkeit nach
schon seit der protourbanen Zeit – eine Grenze gekannt, die weder mit der
Grenze der Siedlung noch mit der Grenze des *ager* gleichzusetzen war. Sie
fiel mit der Grenze der ersten Meile zusammen, die unserer Meinung nach
selbst wieder mit der Außengrenze der peri-protourbanen und dann der periurbanen *pagi* übereinstimmte. Dieser erste Gürtel des *ager* als Kranz der Siedlung wird einer besonderen gesetzlichen Regelung unterworfen, die ihn in
gewisser Weise der Stadt angleicht.[25] Die Grenze der alten *pagi* »außerhalb der
Tore« wird im wesentlichen dann Jahrhunderte später übernommen: 1. von
der Grenze der augusteischen *regiones*, die diese frühesten *pagi* dann in den
Bereich der Stadt aufnehmen, 2. von der Grenze, die die *portae* des städtischen Zolls bezeichnen (wenigstens seit der Vermögensschätzung des Vespa-
sianus und des Titus 73 n. Chr.), und 3. von der Grenze der Aurelianischen

---

[25] Das *imperium militiae* ist dort nämlich durch das *ius provocationis* gemildert: Mommsen
1887–88, I, S. 68 ff.; III, S. 352.

Mauer.[26] Die Grenze an der ersten Meile ist, wie zuvor schon die Grenze des *ager*, durch eine Reihe von Heiligtümern, die Rom in diesem Abstand umgaben, näher bestimmt worden.[27] In diesem Gürtel konnten ursprünglich außer Gebieten, die dem Kult, den Bestattungen, den militärischen Übungen (die »Marsfelder«) und dem Handel (die Anlegestellen) vorbehalten waren, auch weitere Grundstücke der Kurien mit eingeschlossen sein, die als Ergänzung der in der Siedlung gelegenen Parzellen an Familien vergeben wurden. Es waren also Gründstücke, die zwar nicht Teil der Proto-Stadt und der *civitas* waren, aber direkt mit der städtischen Körperschaft und dem Familieneigentum an Land zusammenhingen und damit der Kontrolle der *gentes* entzogen waren, deren Besitzungen außerhalb der *pagi* im Umkreis der Siedlung und besonders an der Peripherie lagen.[28] In diesen Gürtel von *pagi*, zuerst mit peri-protourbanem und dann periurbanem Spezialstatut, werden dann jene aus den literarischen und inschriftlichen Quellen bekannten *pagi* eingefügt, angefangen beim Pagus Succusanus, der zu den ältesten zählt und wahrscheinlich der einzige ist, bei dem eine Erinnerung an seine älteste Position erhalten blieb, gleich außerhalb des Trimontium und folglich innerhalb der servianischen Mauern.[29] Die Heiligtümer, die die äußere Begrenzung dieser Distrikte bezeichneten, hatten ihren Platz vielleicht an den Zugängen zu diesen *pagi* des *ager*, an den Kreuzungen der Straßen, die radial von der Siedlung ausgingen, mit einem hypothetischen Ring um sie herum – vielleicht war dies der Verlauf der *lustrationes pagorum*, analog zu den Ambarvalia –, wo vermutlich die Feiern der Paganalia stattfanden, des den Compitalia entsprechenden Festes auf dem *ager*.[30] Die Tatsache, daß diese vorgeschichtliche Grenze, die erst kürzlich bekannt wurde und die wir auch bei den anderen

---

[26] Die brillante Idee, die auf R. Lanciani zurückgeht, ist von Palmer 1980 entwickelt worden. Der Umfang der Stadt betrug zur Zeit des Plinius 19 522 m, während die Aurelianischen Mauern nur 18 837 m lang waren, weshalb der Mauerring etwas kürzer war als die Stadtgrenze zur Zeit der Flavier (der Unterschied beträgt 685 m).

[27] Colonna 1991b.

[28] Colonna 1991b. Eine grundlegende Erörterung des Themas folgt in den §§ 316 ff.

[29] Fraschetti 1990; vgl. § 185.

[30] Sabbatucci 1988 setzt Paganalia und Feriae Sementivae gleich, die *pagi* mit den *curiae* und den *vici* (also mit den Bezirken der Stadt), oder er interpretiert die *pagani* als Bewohner der Täler (in der Nachfolge von De Francisci 1959), wonach die Bewohner der Subura »geographisch« gesehen *pagani* und »religiös« gesehen *montani* gewesen wären, aber er meint auch, daß die »urbanen« *pagi* Überreste einer älteren Wirklichkeit wären (was für den Pagus Succusanus zutrifft). Da der Begriff des peri-protourbanen bzw. periurbanen *pagus* fehlt, werden spezielle Gebiete dieser Art mit den städtischen Vierteln oder mit den eher ländlich geprägten Distrikten wie den Septempagi vermengt. Es gab jedoch niemals *pagi* im Inneren einer protourbanen oder urbanen Siedlung, zumindest nicht in dem in Kurien organisierten Teil. Contra Capogrossi Colognesi 1994, für den die protourbane Siedlung und die Siedlung der frühen Königszeit noch ein Gefüge aus *pagi* war.

protourbanen Zentren voraussetzen müssen, dann im wesentlichen respektiert wurde, von der Königszeit bis Augustus und dann auch noch während der Kaiserzeit, macht aus einem späten Monument wie den Aurelianischen Mauern eine unverhoffte Quelle für die Rekonstruktion des zweiten Septimontium, so seltsam das anmuten mag, aber dies ist nicht das erste Mal, daß sehr viel spätere Realitäten sich als Überreste früherer Umstände erwiesen, wodurch das Danach schließlich das Davor erklärt. Dieses Szenario des Siedlungsplatzes Rom, das über elf Jahrhunderte vom zweiten Septimontium bis Aurelian dauerte – allerdings mit außerordentlichen Veränderungen, die aus einem protourbanen Zentrum die größte Metropole der antiken Welt und den Mittelpunkt eines riesigen Imperiums machten –, ist ein makroskopischer Fall von Kontinuität, bei dem die »Zementierung« der heiligen Plätze eine wichtige Rolle gespielt haben muß, wahrscheinlich seit der Gründung des ersten und des zweiten Synoikismos.[31]

272. Lokalisierung der Heiligtümer der ersten Meile. Die im Umkreis der ersten Meile identifizierten Heiligtümer sind folgende: 1. Fors Fortuna an der ersten Meile der Via Campana (kleine Bronzefiguren aus der zweiten Hälfte des 6. Jahrhunderts); 2. Lucus Martis bei der ersten Meile der Via Appia, im Zusammenhang mit dem sehr alten Ritus des *lapis manalis* und des *aquaelicium* (mindestens aus der Königszeit); 3. Aedes Minervae bei der ersten Meile der Via Latina, neben einer im 6. Jahrhundert bezeugten Nekropole; 4. Spes Vetus bei der ersten Meile von der Porta Esquilina aus, wo die Via Labicana sich von der Praenestina trennt (mindestens seit 477); 5. Heiligtum des Hercules bei der ersten Meile der Via Tiburtina, bei San Lorenzo fuori le Mura (bezeugt seit 217); 6. Hain der Anna Perenna bei der ersten Meile der Via Flaminia (mindestens seit der frühen Königszeit; 7. Heiligtum von Dis und Proserpina im Tarentum bei der ersten Meile von der Porta Carmentalis aus, entlang der Via »triumphalis« nach Veji, das Volusus Valerius, Stammvater der Gens Valeria, bei seiner Ankunft in Rom aus Sabina gegründet haben soll, wiedergegründet dann 504 von Valerius Publicola, der auch der Gründer der Ludi Tarentini ist.[32] Diese Orte, die dank schriftlicher Quellen und alter Grabungen, die lange unterschätzt wurden, bekannt sind, würden eine Untersuchung mit den fortschrittlichsten Methoden der zeitgenössischen Archäologie verdienen.

---

[31] Vgl. §§ 165 ff.; Carandini 1992.
[32] Colonna 1991b und 1996. Der Ahnherr der Valerier sei von Eretum nach Tarentum gekommen zur Zeit des Titus Tatius, oder während des Krieges zwischen Rom und Alba, oder zur Zeit des Tarquinius Superbus. Der Kult könnte ursprünglich Faunus und der Mutter der Laren gegolten haben: siehe die Verbindung von Acca mit dem Ager Turax (Mastrocinque 1988). Zur Grenze der ersten Meile beim Zugang des Trigarium/Tarentum: Coarelli 1997.

6 Struktur und Darstellung der vereinten Siedlung

273. Varro und das zweite Septimontium. Für Varro ist das Septimontium, wie wir gesehen haben, einesteils ein Festtag – dessen Teilnatur, *pro montibus*, der Ausdruck andeutet –, andererseits ein Ortsname, dessen allgemeine Natur sich auf ganz Rom innerhalb der servianischen Mauern bezieht. Der Widerspruch ist evident. Varro beschreibt den Ortsnamen in einem Abschnitt seines *De lingua Latina*, der von den *loca* handelt. »Wo jetzt Rom ist, war früher das Septimontium, so genannt aufgrund der ebenso vielen Hügel, die die Stadt dann in ihren Mauern einschloß.«[1] Die allgemein akzeptierte Kritik hat in diesem Passus eine Abänderung des ursprünglichen Septimontium gesehen, das der Stadt vorausgeht und nur einen Teil der Siedlung betrifft, während hier die spätrepublikanische und kaiserzeitliche Konzeption des Septimontium vorliege, das sich auf die Stadt insgesamt bezogen habe. Unter dieser Voraussetzung wäre der Ortsname nichts anderes als die Projektion einer späten Gegebenheit in die frühesten Zeiten, womit er für die Rekonstruktion der protourbanen Siedlung wertlos wäre.[2] Diese Interpretation scheint durch folgende Überlegung bestätigt zu werden: Wenn das ursprüngliche Septimontium so gut wie sicher aus sieben Hügeln zusammengesetzt war, dann kann das Septimontium als Gesamtheit der sieben Hügel, die den Raum der gesamten Stadt abdecken, nichts anderes sein als eine späte Erfindung, die erst dadurch möglich wurde, daß die zahlreichen Hügel-Gemeinschaften[3] der Siedlung, nachdem sie ihre Bedeutung einzelner historisch definierter Gegebenheiten verloren hatten, zusammengefaßt und künstlich auf die ursprüngliche vollkommene Zahl reduziert worden waren. Aber wenn die Reduktion des *spatium urbis*, das innerhalb

---

[1] Varro ling. 6,24 und 5,41. Paratore 1975 übersetzt den zweiten Abschnitt bei Varro fälschlicherweise im Lichte des ersten – »Wo jetzt Rom ist, fand früher *die Feier* des Septimontium statt« –, womit er im Unrecht ist gegenüber Gelsomino 1976, daß es sich hier um einen Ortsnamen und nicht um die Begehung eines Festes handelt.

[2] Gelsomino 1975 und 1976 und Fraschetti 1990 meinen, es handle sich um eine völlig neue Vorstellung von Rom, die Varro zuzuschreiben und nach 45 v. Chr. zu datieren sei.

[3] Die Erhebungen oder Orte, die die Kurien der vereinigten Siedlung Rom beherbergten, hatten sich durch den Synoikismos mehr als verdoppelt: Kapitol/Arx, Aventin, Caelius/Caeliolus/ locus Ceroliensis, Subura, Carinae, Fagutal/Oppius, Cispius, Viminal, Quirinal, Salutaris, Mucialis, Latiaris, Palatium, Cermalus und Velia.

der servianischen Mauern liegt, auf nur sieben Hügel nichts anderes ist als eine spätrepublikanische Erfindung, die Varro aufgegriffen hat,[4] folgt daraus nicht, daß das Septimontium, das den Raum einnimmt, der dann von der Mauer umschlossen wird,[5] ebenfalls eine gelehrte späte Erfindung sein muß, denn die Vorstellung von einem großen (zweiten) Septimontium, das sich auf den Raum ausdehnt, der dann von der Mauer eingeschlossen wird, könnte ihre Wurzel in der Erinnerung an eine tatsächliche topographische Gegebenheit haben,[6] die allein der Realität der Siedlung auf römischem Boden, wie sie im Licht der archäologischen Entdeckungen hervortritt, gerecht wird.

274. Die Argeer und die alten Bezirke. Der *excursus* des Varro über die *loca* der Stadt und ihre Namen möchte eine vollständige Darstellung Roms bieten, beginnend mit der Vorgeschichte,[7] wobei der besondere Nachdruck weniger auf dem Rom des Romulus liegt als auf dem protourbanen Zentrum des Septimontium und der Argeer einerseits und der Stadt des Servius andererseits, deren Verwaltungsstruktur noch am Ende der Republik bestand. Varro begibt sich auf die Suche nach den ältesten *partes* der Siedlung, der ursprünglichen Bezirke, in die sich *montes* und *colles* gliederten, aber er nennt die Kurien nicht, spielt nicht einmal auf sie an, was bedeutet, daß sich ihr Bild und ihre territoriale Zuständigkeit in der Erinnerung seit Jahrhunderten verloren haben müssen, und so haben sich nur von vier der sieben *curiae Veteres* die Namen erhalten. Der Antiquar weiß nicht mehr, daß die Argeer, die er zu einem guten Teil aufgrund der Bewahrung ihrer *sacella* zu lokalisieren vermag, den Kurien entsprachen. Dennoch erinnert er das Wesentliche, daß die Argeer das einzige hinterbliebene Zeugnis der ältesten Unterteilung der Siedlung in Bezirke darstellen,[8] was uns ermöglicht, sie mit den Kurien zu verbinden.

275. Von den »curiae« zu den »compita«. Das aus Hütten, Gärten und Obstgärten gebildete Panorama der Proto-Stadt muß sich nach der frühen

---

[4] Zur Vollkommenheit der Zahl Sieben siehe Gell. 3,10: »M. Varro in primo librorum, qui inscribuntur *hebdomades* ..., septenarii numeri, quem Graece hebdomada appellant, virtutes potestatesque multas variasque dicit«, wo gesagt wird, daß der Mond vier vollständige Zyklen von sieben Tagen durchläuft und am 28. Tag zu dem Stand zurückkehrt, von dem er ausgegangen ist, und daß der Mensch im Uterus in sieben Wochen ausreift, usw. (Grilli 1979). Zum Zusammenhang der Ausreifung des Fötus mit dem 9. Mai, dem ersten Tag der Lemuria, vgl. Addendum VII.

[5] Vgl. §§ 172–176.

[6] Anders Fraschetti 1990, der Varro eine Bedeutungsverschiebung unterstellt, vom Fest zur Topographie, die also eine späte Erfindung wäre, eine »mythische ersonnene Topographie«.

[7] Fraschetti 1990.

[8] Varro ling. 5,45 ff.

Eisenzeit mit der Organisation der Stadt in *vicinitates* und Berufsgruppen gewandelt haben. Der Prozeß dürfte mit Numa, dem Begründer der Unterteilung des Volkes nach Handwerken, begonnen haben und mit Servius Tullius, dem Begründer der *compita*, abgeschlossen worden sein. Denn ab der ersten Generation des 7. Jahrhunderts sind in den etruskischen Stätten und in Rom nicht länger Hütten und Verteidigungswälle, sondern regelrechte gemauerte Häuser und Mauern nachgewiesen.[9] Mit der zunehmenden Regelmäßigkeit und Verdichtung der Gebäude und ihrer Anordnung in Häuserblöcken, wie regelmäßig auch immer, beginnen die Viertel der *curiae* an Bedeutung einzubüßen, während die Straßenkreuzungen und Schnittlinien der Häuserblöcke oder *compita* an Bedeutung gewinnen.[10] Beispiele für Kulte an den Straßenkreuzungen einer Siedlung gibt es auch in griechischen Städten, z. B. in Naxos, wo seit dem ersten Viertel des 5. Jahrhunderts quadratische Sockel an den Kreuzungen bezeugt sind, die im Zusammenhang mit Heroenkulten der ältesten Könige und der Namensgeber der Stämme interpretiert werden können. Die Compitalia (in der Siedlung) und die Paganalia (in den periurbanen *pagi*) sind Feste, die Servius Tullius gegründet haben soll, sie sind demnach Feste gewesen, die typisch waren für die die fertige Stadt, auch wenn sie in der sich formierenden Stadt der frühen Königszeit Vorläufer gehabt haben konnten. Diese servianischen Feste konnten im mythischen Geist und in den ursprünglichen Riten an die Feierlichkeiten der *curiae* und der *pagi* der frühen Eisenzeit erinnern. Im besonderen der alte Kult der Lares Curiales, d. h. der verstorbenen heroisierten Schutzherren der Viertel, könnte sich im späteren Kult der Lares Compitales erhalten haben.[11] Unter dieser Voraussetzung könnte das Studium der *compita* ein indirektes Licht auf die vergessene Wirklichkeit der ältesten *curiae*, verstanden als *loca*, werfen. Die Bedeutung des städtischen Kultes der Laren dürfte mit der Reform der Begräbnisbräuche gewachsen sein, die der Zeit der Tar-

---

[9] Zu den ersten Mauern von Tarquinia: Bonghi Jovino 1987 und Bonghi Iovino – Chiaramonte Treré 1997. Zur ersten richtigen Mauer des Palatin, die mehr ist als aufgeschichtete Steine (wie die um 730 datierbare Mauer): Carandini 1992 und in: Palatium e Sacra via, 1; vgl. §§ 359 ff. und Addendum VIII.

[10] Die Entstehung des Atriumhauses im 6. Jh. kann mit der servianischen Reform in Zusammenhang gebracht werden, die die *compita* in den Mittelpunkt stellte. Erst als die Häuser eins neben dem anderen sich zu Blöcken fügten, dürfte die Notwendigkeit entstanden sein, das Zentrum des Hauses von oben zu erhellen, durch *impluvia*, wie P. Carafa in: Palatium e Sacra via, 1, ausgeführt hat.

[11] Opfer, Symposien, Tanzveranstaltungen, Komödien, Wettkämpfe sind kennzeichnend für die Compitalia und könnten auf die ältesten Feste der Kurien zurückgehen. Die Prozessionen oder *lustrationes* dürften den Zeremonien der Kurien, der Kultplätze (der Argeer) und vielleicht auch der älteren (im besonderen der peri-protourbanen) *pagi* das Gepräge verliehen haben, die die Vorläufer der *amburbia* und der Ambarvalia sind.

quinier zugeschrieben werden kann, als die gentilizischen Rituale, die bei den Gräbern abgehalten wurden und auf der Zurschaustellung des Luxus der Familien und damit der sozialen Hierarchie basierten, eingeschränkt wurden und mehr Wert auf die auf Dämonen und Heroen bezogenen städtischen Kulte gelegt wurde, die in der Stadt abgehalten wurden und auf der öffentlichen Organisation des *populus* basierten, also ein wesentlich antihierarchisches Gepräge hatten. Es ist zum Beispiel möglich, daß die Menschenopfer oder die grausamen *ludi*, die früher auf den Friedhöfen bei Gelegenheit der Begräbniszeremonien und vielleicht auch in den Kurien stattfanden[12] – wie noch aus der Zeremonie der Argeer durchscheint, die auf mythische Menschenopfer verzichtete –, von Tarquinius Superbus in die Compitalia eingeführt und dann von Brutus abgeschafft wurden, der die geopferten Menschen, wie bei den Argeern, durch Bilder für die Freien und durch Bälle für die Sklaven ersetzte.[13]

276. Nochmals zu »curiae« und »compita«. Die Feste der Kurien und dann der *compita* hatten einen sakralen Aspekt, wie den Kult der Laren, aber sie hatten auch einen ökonomischen Aspekt, wie die Markttage *(nundinae)*, und sie hatten einen »politischen« Aspekt, wie die Versammlungen der örtlichen Gemeinschaften *(conventicula, concilia)*, wo öffentliche Entscheidungen getroffen wurden *(sententiae, decreta, leges)*. Wir unterscheiden diese verschiedenen Aspekte der besseren Handhabung wegen, aber ursprünglich mußten sie miteinander verknüpft erscheinen, wie im heroischen Kult an die Manen des Servius Tullius – des Neugründers der Stadt, Sohn eines Laren und wohl selbst der letzte Lar der Römer –, einem Kult, der eng mit den von diesem König begründeten *nundinae* verbunden war. Auch die Feste der protourbanen Kurien waren wohl mit den landwirtschaftlichen Aktivitäten und mit den Laren verbunden. Die Kurien waren nämlich die alten Inhaber des aufteilbaren Landes, und das Recht auf Land mußte von den vergöttlichten Vorfahren garantiert werden. Auf diese Weise sind auch die kurialen Feste wie die Fordicidia besser zu verstehen, die der Fruchtbarkeit der Ernte und der Viehzucht geweiht sind, und die Fornacalia, die der rituellen Röstung des Getreides geweiht sind, das wohl auf kurialem Boden gesammelt und bei Gemeinschaftsmählern der Kurien gegessen wurde.[14]

---

[12] Zur Opferung von Kindern und einem Erwachsenen in der Curia-Regia von Tarquinia: Chiaramonte Treré 1995. Zu den *oscilla* im Zusammenhang mit dem Tod des Latinus, der dem Iuppiter Latiaris, und mit Romulus, der dem Quirinus angeglichen wird: §§94, Anm. 26; 145, Anm. 29.

[13] Sabbatucci 1988.

[14] Die Öfen dürften mit dem Sitz der Kurien verbunden gewesen sein: vgl. §199, Anm. 88. Zu dem an eine hypothetische protourbane Kurie in Tarquinia angeschlossenen Ofen: Chiaramonte Treré 1995; Bonghi Jovino – Chiaramonte Treré 1997.

Die protourbanen Kurien dürften auch der Ort für die protopolitischen
Versammlungen der Bezirke (*coviria* = *concilia*?) gewesen sein, solange
periodisch stattfindende zentrale Versammlungen der Mitglieder der Kurien
(*comitia*) noch nicht eingerichtet waren.[15] Diese ursprünglichen Bezirksver-
sammlungen haben lange Zeit überdauert, aber sie haben an Bedeutung
verloren aufgrund der zentralen Macht der Könige und der Tyrannen und
mit der Errichtung des Sitzes der Kurien auf dem Palatin und mit der Einrichtung der *comitia curiata*. Die *concilia* des Volkes in den Bezirken und
in den Vierteln dürften aufgehoben und dann von Servius Tullius wieder
eingeführt, vom letzten Tarquinier wieder aufgehoben und schließlich von
Brutus wieder eingeführt worden sein. Auf diese Weise wird verständlich,
daß die Republik als die Wiederaufnahme einer vorhergehenden »demo-
kratischen« servianischen Ordnung aufgefaßt wurde. Nach einer neueren
Interpretation könnte Servius nicht so sehr ein *magister* des Heeres als vielmehr ein *magister* der *compita* gewesen seien, d. h. ein Anführer der Volksversammlungen auf territorialer Basis, ein *magister* der *magister* der *vicinitates*,
es hätte sich um eine Art Wiederaufnahme der protourbanen Funktionen
eines Curio Maximus oder eines Pater Patratus gehandelt, unter den Bedingungen der Tyrannis.[16] In dieser Sicht wäre Servius Tullius ein König der
compita (anstatt der *curiae*) gewesen, an die er seine Laren gebunden hat, wie
es dann Augustus macht.[17] Das Geheimnis der Formierung der protourbanen Zentren und dann der Städte würde also in den territorialen Organisationen liegen. Es hätte einen Übergang gegeben von den gemeinschaftlichen
Versammlungen der Kurien zu den Volksversammlungen der *compita*, zu
den Versammlungen der Plebs der frühen und der mittleren Republik, deren
»demokratische« Erfahrung in die *comitia tributa* mündet, und das ganze
hätte zu den sozial heruntergekommenen Volksversammlungen der späten
Republik geführt,[18] die von Clodius geschätzt und von Cicero verachtet wurden. Die Versammlungen der ersten protourbanen Kurien scheinen also der
für die frühe Königszeit typischen Epoche der gentilizischen Anmaßung
vorauszugehen, während die Versammlungen der ersten *compita* auf diese
Anmaßung zu reagieren und sich ihr entgegenzustellen scheinen, womit sie
die reifste Frucht der Stadt vorausbilden, d. h. die Idee der *res publica*, und

---

[15] Im Bereich des Comitium hatten die 3000 männlichen Erwachsenen Platz, die die romuleische Verfassung vorsah (Carafa i. Dr. a). Der königliche Rat, ein sehr viel kleineres Organ,
bestand aus 30 Senatoren, einem je Kurie (im Gegensatz zur Überlieferung, die einen sehr viel
zahlreicheren Senat annahm): Magdelain 1995.

[16] Vgl. §§ 318 f.

[17] Die *magistri* oder Vorsitzenden der *vicinitates* trugen bei den Compitalia die *toga praetexta* (mit
Purpur eingefaßt), die eine königliche Insigie war. Vgl. auch § 163.

[18] Cic. dom. 28,74; Q. Cic. pet. cons. 8,30 (Mommsen 1887–88; Fraschetti 1990).

neuerlich ein »demokratisches« Ideal bekräftigen, das mit seinen tiefsten Wurzeln im protourbanen Egalitarismus gründete und ein Streben nach Eintracht gegen die Übermacht und den Machtmißbrauch der Aristokratie darstellte. Die öffentliche Gewalt, organisiert in den *curiae*, den *montes*, den *tribus*, wie wir sehen werden, und im Staat, stellt sich von Anfang an und für lange Zeit der gentilizischen Macht entgegen. Es ist die öffentliche Gewalt, die Rationalität, Ausgeglichenheit und Homogenität für die Gemeinschaft und ihre Siedlung bringt, während die gentilizische Macht Irrationalität, Unordnung, Privilegien und Zwiespalt in sich trägt.[19]

277. Das Septimontium Varros und die Zusammenschlüsse Plutarchs. Varro bezieht sich bei seiner Beschreibung der grundlegenden und ältesten Strukturen der Stadt auf die vier *tribus* und auf die Argeer, aber nicht auf die *compita* oder auf die *vicinitates*, denn sie waren allzu zahlreich und noch nicht formalisiert, wie es dann die augusteischen *vici* sind. Die *sacraria* der Argeer stellten also die einzige territoriale Gegebenheit auf Bezirksebene dar, die sich in gewisser Weise erhalten hat, als Zwischenglieder zwischen *tribus* und *montes* einerseits und *compita* und *vicinitates* andererseits. Für Varro war es nicht von Bedeutung, zum wiederholten Male die Gründung des Romulus hervorzuheben, was das Ziel der Annalisten war (auch auf Kosten der Verdunkelung der Wahrheit der Gründung), Varro wollte vielmehr zur ältesten Erinnerung zurückgehen, die genügend konkrete Spuren hinterlassen hat – was die erste Wahrheit der Siedlung war –, und eben dies war das Ziel der Antiquare. Die Heiligtümer und Bilder der Argeer, die den Untergang der als Bezirke verstandenen Kurien überlebt hatten, wobei jedoch das ursprüngliche Band mit diesen Bezirken verloren gegangen war, mußten notwendigerweise mysteriös erscheinen und mit der servianischen Reform der *tribus* in Konflikt geraten: Es war nämlich unmöglich, die 27 Argeer genau auf die vier servianischen *regiones* aufzuteilen. Der *excursus* des Varro enthält Schwierigkeiten und Widersprüche, die aus der Vermischung dreier unterschiedlicher Gegebenheiten herrühren: 1. das erste Septimontium (sieben Hügel, Unterscheidung der *colles* von den *montes*); 2. das zweite Septimontium (sieben *montes* und fünf *colles*);[20] 3. die von einer Mauer eingefaßte Stadt des Servius, die in ihrer Verwaltungsstruktur bis Augustus überdauert.[21]

---

[19] Die §§ 275–276 basieren auf Mastrocinque 1988.

[20] Wir könnten das *incipit* des *excursus* in *De lingua Latina* korrigieren, indem wir es auflösen und wie folgt erklären: »1. Wo jetzt Rom ist, war früher das Septimontium, so genannt wegen der ebensovielen *montes*, 2. das später auch die *colles*, das Kapitol und den Aventin mit einbezog, 3. die die Stadt dann in ihren Mauern einschließt«.

[21] In spätrepublikanischer Zeit waren die urbanen Tribus des Servius Tullius noch in Kraft, allerdings waren sie in Verruf geraten, da sie schließlich ein Auffangbecken für die unteren Gesellschaftsschichten geworden waren. Der Ausdruck *regio*, vermutlich von Varro geprägt, ist

Es ist die zweite Gegebenheit, die sich auf das zweite Septimontium bezieht und die vor allem von der Archäologie ans Licht gehoben wurde, die die historische Kritik beseitigt hat, ungeachtet der Tatsache, daß Plutarch das Septimontium ganz richtig als ein Fest der zwei Synoikismen verstanden hat, und zwar genauer: 1. eines ersten Synoikismos betreffend die Hinzufügung des siebten Hügels (Cispius?), wodurch die »Stadt« der sieben Hügel gegründet wurde, die für »unvollständig« gehalten wurde, weil sie in einer noch nicht gänzlich vereinten Siedlung realisiert wurde (= erstes Septimontium), und 2. eines Synoikismos, der alle Teile umfaßte und daher als »vollständig« betrachtet wurde (= zweites Septimontium). Trotz der unvermeidlichen Mißdeutungen des protourbanen Zentrums als der Stadt verweist uns der informative Kern dieser Quelle eindeutig auf die reife protourbane Phase.[22] Anders als oft angenommen, hat das Septimontium, als Ortsbezeichnung verstanden, sein eigenes Schicksal gehabt: 1. Vom ersten Septimontium (verstanden als Vollendung des Trimontium/Quinquimontium, 2. zum zweiten Septimontium (komplettiert zur Stadt mit der Hinzufügung von drei Kurien in der frühen Königszeit), 3. zur fertigen Stadt (von der späten Königszeit bis zur Zeit der späten Republik) entsprechend der Interpretation des Varro, 4. zur Hauptstadt des Imperiums (Septimontium des Domitian).

278. Grenzen und Erfolge des Zusammenschlusses.   Das erste Septimontium bleibt in seinem Festaspekt im zweiten Septimontium erhalten, das seine topographische Fortbildung darstellt, denn es realisiert nach den älteren und Teilvereinigungen den ersten großen Synoikismos, d. h. die Vereinigung der sieben *montes* (zusammen mit dem Pagus Aventinensis) mit den fünf *colles* (zusammen mit dem Pagus Capitolinus), wobei letztere in der Vereinigung ihre Autonomie verlieren, aber nicht einfach in den sieben *montes* aufgehen, so daß der neue Organismus, der aus dem Synoikismos hervorgeht, noch den Doppelaspekt bewahrt: In der Zeremonie der Argeer bleiben die fünf *colles* des Viminal-Quirinal neben den *montes* bestehen, und das *agonium* des Indiges wird nicht mit dem Septimontium identifiziert. Aber dieser Doppelaspekt ist ein schwacher Überrest der älteren Unterscheidungen, der nicht dem neuen einheitlichen Geist widerspricht: 1. Das *agonium* des Indiges, das zu einem Fest des ganzen Volkes wird, wird am selben

---

nichts weiter als die Übertragung des Begriffs *tribus* auf städtischen Boden, der ursprünglich eine Gesamtheit von Männern bedeutete, die in einem bestimmten Teil der Siedlung lebten (Fraschetti 1990).

[22] Plut. q. R. 69 (Fraschetti 1990). Der »vollständige« Synoikismos des zweiten Septimontium darf nicht verwechselt werden mit dem Septimontium des Domitian, das sich auf das Rom der sieben Hügel bezieht, wie es in der Zeit des Prinzipats verstanden wurde.

Tag wie das Septimontium gefeiert, wobei letzteres auf die Bergsiedlung beschränkt bleibt; 2. die größte *lustratio* der Siedlung, die mit dem Ritual der Argeer zusammenfällt, bezieht in einer einzigen feierlichen Prozession alle 27 Kurien ein, gegliedert in drei Gruppen von neun, wobei, wie wir sehen werden, jeweils eine Gruppe für eine der drei Tribus steht.[23]

279. Das Rom der sieben Hügel zwischen der späten Republik und der frühen Kaiserzeit (vgl. Abb. 19).	In der späten Republik und in der frühen Kaiserzeit bildet sich, unter vielen Unsicherheiten,[24] ein Kanon der sieben Hügel heraus, der die gesamte Siedlung innerhalb der Mauern umfaßt; vorausgesetzt ist dieser Kanon sowohl in der Darstellung der Roma, die auf den sieben Hügeln sitzt, auf einem Sesterz des Vespasian aus dem Jahre 71 n. Chr. und auf einer Statue aus Korinth wie auch vom Septimontium, das im kaiserzeitlichen Kalender *pro populo* gefeiert und von Domitian mit dem *agonium* des Indiges gleichgesetzt wird, weshalb der Zusammenschluß der Stadt jetzt als vollendet bezeichnet werden kann, auch auf der Ebene des Festkalenders und der öffentlichen Zeremonien.[25] Dieser Kanon ist nichts anderes als eine rationalisierende, vereinheitlichende und künstliche Erfindung, also ohne Anhalt in der Geschichte der Siedlung, der zwei Varianten kennt, je nachdem ob die servianischen Regionen II und III zusammen oder getrennt erscheinen. Erste Variante: 1. Kapitol (mit Arx), 2. Aventin, 3. Caelius (mit Caeliolus, Locus Ceroliensis, Carinae und Subura = *regio* I Suburana), 4. Oppius (mit Fagutal) und 5. Cispius (= *regio* II Esquiliae), 6. Viminal und Quirinal (= *regio* III Collina), 7. Palatium (mit Velia und Cermalus = *regio* IV Palatina). Zweite Variante: 1. Kapitol (mit Arx), 2. Aventin, 3. Caelius (mit Caeliolus, Locus Ceroliensis, Carinae und Subura = *regio* I Suburana), 4. Oppius (mit Fagutal) und Cispius (= *regio* II Esquiliae), 5. Viminal und 6. Quirinal, der früher aus vier Hügeln bestand (= *regio* III Collina), 7. Palatium (mit Velia und Cermalus = *regio* IV Palatina).[26] Die Einfügung des Kapitols und des Aventin in die Aufzählung setzt ihren Einschluß innerhalb der Mauern voraus und vielleicht auch die Überholung der vier servianischen Tribus/Regionen durch Augustus und den endgültigen Einschluß des Aventin in das Pomerium durch Claudius. Wie dem auch sei, im *excursus* des Varro sind das Kapitol und der Aventin, d. h. die bedeu-

---

[23] Vgl. §§ 222, 258, 268, 302.
[24] Serv. Aen. 6,783.
[25] Zum Sesterz des Vespasian, der Statue von Korinth und den damit zusammmenhängenden Fragen vgl. § 284. Zu den *dei Montanenses* und zu einem ihrer Kultorte auf den *colles*: Palmer 1976.
[26] Serv. Aen. 6,783 folgt der zweiten Variante, ersetzt aber das Kapitol durch den Janiculus (siehe Paratore 1975 und D'Anna 1992). Fraschetti 1990, der allerdings die Existenz eines Kanons verneint, folgt der zweiten Variante.

tendsten *pagi* der Siedlung, deutlich unterschieden von den »reliqua Urbis loca«, bei denen es sich um die *loca* der in Kurien/Argeer gegliederten Siedlung handelt, die in den servianischen *tribus/regiones* liegen. Die Darstellung der Stadt, die Varro geben will, folgt also der ältesten und weiträumigen Lustration der Siedlung, die in der Zeremonie der Argeer repräsentiert ist, die einmal alle Kurien der vereinigten protourbanen Siedlung durchschritten hat. Aber Varro kennt die Kurien nicht, weder die romuleischen noch die protourbanen Kurien. Sein Interesse besteht nur darin, die Orte Roms zu beschreiben, beginnend mit den ältesten topographischen Gliederungen, von denen er als Antiquar weiß, daß sie vorromuleisch sind und also dem Septimontium entsprechen. Die von Varro überlieferte Ordnung der Kurien/Argeer bezieht sich offensichtlich im Detail nicht auf die ursprüngliche Ordnung der *lustratio* des zweiten Septimontium, da der Autor der späteren Aufteilung der Kapellen der Argeer auf die vier servianischen Tribus/Regionen folgen muß, und d. h. der Ordnung, die die Prozession zur Zeit der Verwaltungsreform des Servius Tullius erhalten hatte, die in Varros Zeit noch in Geltung war. Es ist also nicht schwer, die Unvereinbarkeit der vier Regionen und der 30 Kurien des Romulus hinsichtlich der 27 Kurien/Argeer aufzudecken, was uns erlaubt, die späteren Überlagerungen abzuheben, um im Detail das ursprüngliche Bild zu rekonstruieren, das in die Zeit des fertigen protourbanen Zentrums zurückgeht.

XI–XII **280. Mit der servianischen Reform der »tribus« verbundene Anpassungen.** Um diese vielfältige Wirklichkeit protourbanen Ursprungs in die strenge und viel spätere Ordnung der vier servianischen Tribus/Regionen einzugliedern, mußte eine Reihe von Anpassungen vorgenommen werden. 1. *Kapitol, Aventin.* Diese beiden Erhebungen wurden zusammengefaßt, weil sie nicht in die Regionen (in das System der Kurien) eingebunden wurden und weil sie die bedeutendsten *pagi* der Siedlung darstellten. 2. *Regio I.* Die Carinae und die Subura konnten, als früheres Randgebiet, nicht in die *regio* Palatium-Velia-Cermalus (oder Trimontium) eintreten, und sie waren auch nicht groß genug, um eine Region für sich zu bilden, weshalb sie mit dem Caelius verbunden wurden, einem der neueren *montes*, der mit den eben genannten Orten eng verbunden war, die die Verbindung mit den *colles* sicherten. 3. *Regio II.* Der Oppius (eingeschlossen der Lucus Fagutalis auf der Kuppe des Fagutal) wurde vereinigt mit dem Cispius in den Esquiliae. 4. *Regio III.* Die Hügel Quirinalis, Salutaris, Mucialis und Latiaris wurden zusammengefaßt in die orographische Einheit, der sie angehörten, und Quirinal genannt, und dann mit dem Viminal in die eine *regio Collina* eingebunden. 5. *Regio IV.* Die beiden Berggemeinschaften des Palatium und des Cermalus wurden in die eine orographische Einheit des Palatin zusam-

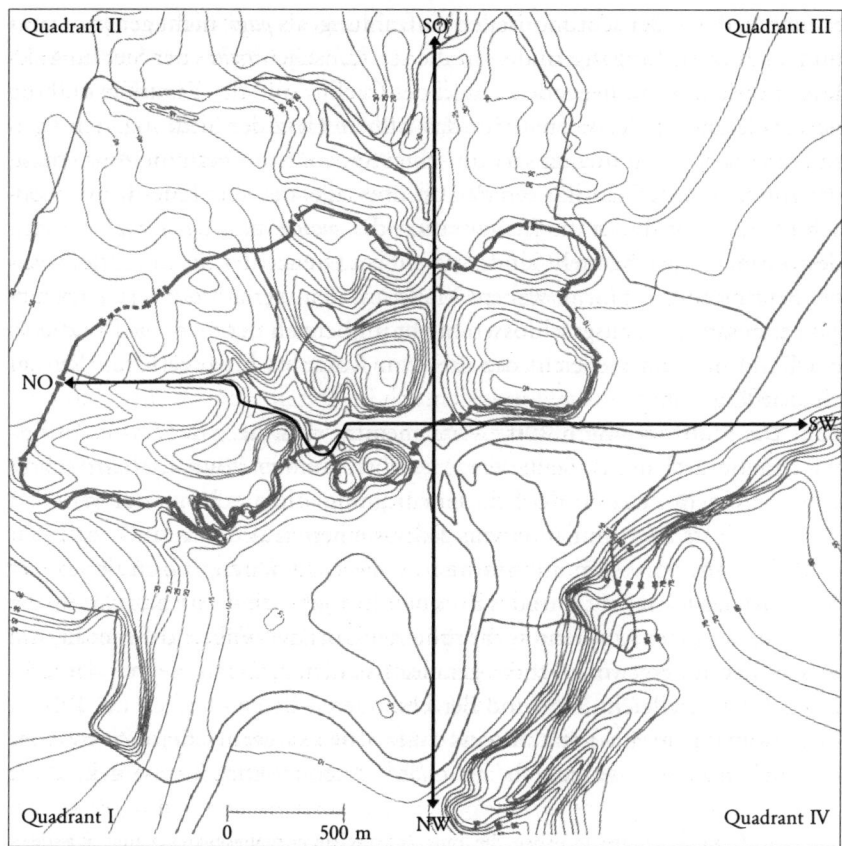

Abb. 23   Das severianische Rom mit den periurbanen pagi; *nach SO ausgerichtete Planimetrie (wie auf der* Forma Urbis)*, in vier Quadranten gegliedert*

mengefaßt, und die zwei Erhebungen des Palatium und der Velia, die miteinander durch einen Sattel verbunden waren, wurden als ältester präurbaner und protourbaner Kern der Bergsiedlung in eben dieser *regio Palatina* vereint.

281. Ummantelung und Kern der Siedlung und die vier servianischen »regiones« (Abb. 23).   In der Beschreibung Varros konfiguriert sich die Siedlung als ein »Mantel«, der sich wie in einer Bewegung im Gegenuhrzeiger-Sinn um den ältesten montanen Kern des Palatium-Velia-Cermalus legt, wodurch das Trimontium als Matrix der protourbanen Entwicklung der Bergsiedlung und als Gipfel des Synoikismos Bestätigung findet. In der Beschreibung der *loca* des Septimontium/Rom bei Varro stehen an erster Stelle die *pagi* des Kapitols und des Aventin, mit ihren Nebengebieten und

Sümpfen, die in der septimontialen Aufzählung, als *pagi*, nicht genannt sind und auch nicht Eingang finden in die servianischen *tribus* der Siedlung. Es folgen die am Rand liegenden Hügel des Caelius und der Esquiliae und die *colles*, während die letzte Stelle für das frühere Herz der Siedlung, den Palatin, reserviert ist. In diesem servianischen System kann man die Aufhebung der romuleischen Priorität des Palatin über alle anderen Teile Roms beobachten, die jetzt durch die Inauguration der *montes* und der *colles* – zumindest formal – gleichgestellt sind. Die äußere Grenze der Siedlung des zweiten Septimontium fällt in weitem Maße mit dem Verlauf der servianischen Mauer zusammen, ausgeschlossen bleibt im Bereich der *colles* wie der *montes* ein Rand, in dem vielleicht die drei von Romulus hinzugefügten Kurien anzusiedeln sind.[27]

XIII   **282. Die Stadt in einem Bild.**   Wir meinen, daß die von Servius Tullius reformierte archaische Stadt wiedergegeben werden könnte, wenn schon nicht in einem Plan, so doch in einem graphischen Schema der Struktur der Stadt oder auch nur in einem gedanklichen Bild. Man muß beachten, daß die Pläne von Rom auf Südwest ausgerichtet waren, wie in der *Forma Urbis* aus der Kaiserzeit,[28] und wahrscheinlich geht diese Art und Weise, die Siedlung zu sehen, auf eine sehr frühe Zeit zurück. Während Romulus die *urbs* in der außergewöhnlichen, geradezu künstlichen Form eines Vierecks gesehen hat, vielleicht aufgrund der besonderen Beschaffenheit des Palatin (die »Roma quadrata«), hat Servius Tullius sie sich wahrscheinlich in einer rundlichen Gestalt vorgestellt, als *orbis*.[29] Aber möglicherweise geht diese

---

[27] Servius Tullius soll versucht haben, die unterschiedlichen Ausgangsvoraussetzungen auf den *montes* und den *colles* durch die weiter gefaßten Gruppierungen der *pagi urbani* auszugleichen, wo der *primus pagus*, zitiert in einem Papyrus, der sich auf Servius Tullius bezieht, eben die *tribus palatina* ist (Levi 1928; Piganiol 1937; Magdelain 1971). Die Homogenisierung der verschiedenen Gliederungen des servianischen Siedlungsgebietes wurde dadurch begünstigt, daß das gesamte Siedlungsgebiet von den Mauern umschlossen war und daß die gesamte von ihnen eingefaßte Siedlung inauguriert wurde, ausgenommen der Aventin und vielleicht die Arx. Aber die alten Unterschiede kamen recht schnell wieder auf, wie die Präsenz der *colles* im Ritual der Argeer und die Präsenz von *montani* und *pagani* noch in ciceronischer Zeit bezeugt (Flambard 1987; Fraschetti 1990).

[28] Das Gesichtsfeld des Auguren war nach Osten gerichtet (Devoto 1951). Die Tabula Peutingeriana ist nach Osten ausgerichtet. Castagnoli 1975-76 meinte, die Orientierung nach Osten wäre ein Merkmal der spätantiken römischen Kartographie, während in der vorhergehenden Kartographie die Orientierung nach Süden überwogen hätte. Trousset 1993 meint, daß die Karte des Agrippa in der Porticus Vipsania nach Osten ausgerichtet sei und Asien sich folglich oben befände. Die Forma Urbis ist nach Südosten ausgerichtet, gemäß der Achse des Murciatales (des Circus Maximus), in Richtung des Mons Albanus: Lugli 1992.

[29] Varro ling. 5,143: »postea qui fiebat orbis, urbis principium ... Quare et oppida, quae prius erant circumducta aratro ab orbe et urvo urbes«; Plut. Rom. 11,2 schreibt von einem *kyklon*, er bezieht sich damit auf das servianische Pomerium Roms, das er allerdings mit dem des

rundliche Vorstellung der Siedlung auf eine viel frühere Zeit zurück, vor Romulus, und sie ist auch die natürlichere Art, um die gesamte Siedlung darzustellen. Es ist möglich, dieses graphisch-symbolische Bild der »Roma non quadrata« zu rekonstruieren, ausgehend vom »pluristratigraphischen« protohistorisch/archaischen (nicht romuleischen) Bild der Stadt, das sich bis in die spätrepublikanische Zeit erhalten hat und das Varro in seinem *excursus* überliefert. Die Siedlung ist durch zwei Hauptachsen in vier Teile gegliedert: Die erste Achse, von Südost nach Nordwest, wird gebildet vom Abschnitt des Tiber mit der Insel und vom Murciatal, die zweite, von Nordost nach Südwest, wird gebildet vom anderen Bügel der Biegung des Tiber, entlang dem Fuß des Aventin, und vom Velabrum. Wenn wir das Bild nach Südost ausrichten, haben wir, links unten beginnend und im Gegenuhrzeigersinn fortschreitend: I. im Quadranten links unten die *colles*, das Kapitol und deren *pagi*, eingeschlossen das Marsfeld, II. im Quadranten links oben die *montes* und deren *pagi*, III. im Quadranten rechts oben die *pagi* Aventinensis und Lemonius, IV. im Quadranten rechts unten den Pagus Janiculensis. Im Zentrum des Bildes liegt das Gebiet des Hafens, wo dann das Forum Boarium entsteht. In der unteren Hälfte, fast im Zentrum, über dem Campus Tiberinus und der Palus Caprae, befindet sich die Arx des Kapitols, darüber das Velabrum und rechts der Aventin mit dem Murciatal, gelegen über der Insel, sowie der Pagus Janiculensis und sein Sumpf; es sind dies die wichtigsten *pagi* außerhalb der servianischen Regionen (und noch vor dem System der Kurien). Links unten erscheinen der Quirinal und der Viminal (*regio* III) mit ihren *pagi* und Begräbnisstätten, getrennt von der *regio* IV durch die *regio* I. Links oben folgen die Esquiliae (*regio* II) mit dem *pagus* und der Begräbnisstätte, durch die *regio* IV von der *regio* I getrennt. In der oberen Hälfte fast im Zentrum liegt der Caelius mit seinen Sümpfen und den benachbarten *pagi* und dem nach unten verlängerten Ausläufer, der vom Locus Ceroliensis, von den Carinae und der Subura gebildet wird (*regio* I). All diese Teile der Ansiedlung bilden die »Ummantelung« der Siedlung. Im Zentrum befinden sich, wie der »Kern« einer Frucht, die drei *montes* Velia, Palatium und Cermalus (*regio* IV) oder das Trimontium, geschützt auf drei Seiten von Sümpfen und auf der vierten vom Absenker des Lucus Ceroliensis, den Carinae und der Subura (*regio* I). Dieser Kern stellt die erste Matrix

---

Romulus verwechselt. Isid. orig. 15,2,1 ff.: »Urbs vocata ab orbe, quod antiquae civitates in orbe fiebant«. Vgl. auch Plin. nat. 3,66. Zu einer Rundansicht Roms aus der frühen augusteischen Zeit, das von der Porticus Octaviae stammt: Dareggi 1992. Es handelt sich nicht nur um eine Rundansicht von Rom, sondern sie ist auch mehrschichtig, wie eine »Zwiebel« oder wie ein Labyrinth. Die Grundmauern der Tholos von Epidauros bilden ein Labyrinth aus vier konzentrischen Kreisen: Duchemin 1970.

des gesamten Synoikismos dar. Die Siedlung ist schließlich umgeben: 1. vom Ring des Pomerium (das den Aventin und die Arx ausschloß, 2. vom Kranz der Mauern (die den Aventin und die Arx einschlossen), 3. vom Nimbus der *pagi* innerhalb der ersten Meile und 4. vom Rest des *ager*, innerhalb der 5./6. Meile. Das ganze System war darüber hinaus ursprünglich in drei Teile geteilt, die, wie wir sehen werden, den drei ursprünglichen *tribus* entsprachen: 1. ein erster Teil, im Quadranten I, gebildet von den *colles*, die im zweiten Septimontium hinzugefügt wurden, mit den *pagi* Tiberinus, Collinus und Viminalis; 2. ein zweiter Teil, im Quadranten II, gebildet von den Hinzufügungen des ersten Septimontium und des Quinquimontium (ausgenommen das Fagutal), mit den *pagi* Montanus und Querquetulanus; 3. ein dritter Teil, mit Schwerpunkt im Quadranten III, gebildet vom Trimontium, mit den *pagi* Lemonius und Aventinensis. Von den vier servianischen Tribus ist also nicht schwer auf die drei ursprünglichen Tribus zurückzukommen, wenn wir die *regio* I zum Teil in die IV und zum Teil in die II aufgehen lassen. Der *regio* IV müssen wir die Carinae und die Subura zuteilen, womit wir den Kern des Quinquimontium rekonstruieren, ausgenommen das Fagutal, das wir der *regio* II zuschreiben müssen. Der *regio* II müssen wir den Caelius mit dem Lucus Ceroliensis zuteilen, der auf diese Weise wieder mit den übrigen *montes* der septimontialen Hinzufügung vereinigt wird, dem Oppius und dem Cispius. Im Projekt des Servius Tullius war der Caelius zu groß (59 ha), als daß er nicht eine eigene *tribus/regio* bilden mußte, und die Carinae und die Subura waren zu klein (ca. 22 ha), um eine *tribus/regio* zu bilden, weshalb sie an den Caelius angeschlossen wurden.

283. Logik und Beständigkeit des Bildes.   Nach der Darlegung des schematischen Bildes der ursprünglichen Siedlung erklärt sich schließlich die Hierarchie der verschiedenen Teile Roms und die Logik der servianischen *tribus/regiones*.[30] Das symbolische Bild der Siedlung wechselt, wie wir gesehen haben, zwischen zweitem Septimontium, Zeit des Romulus und Zeit des Servius, es legitimiert so auf historischer Ebene den unterschiedlichen Charakter und die »persönliche Eigenheit« dieser verschiedenen Epochen. Aber der territoriale Zusammenhang der Siedlung, der Rahmen, in dem die Geschehnisse der Formierung Roms aufeinander gefolgt sind, ist grundlegend derselbe geblieben. Es scheint, als wäre der Raum der Stadt ein für allemal in romuleischer Zeit geformt worden, aber die Ordnung der Zeit des Romulus leitete sich ihrerseits von der Ordnung des zweiten Septimontium her.[31]

---

[30] Die Ordnung bei Varro ling. 5,45 scheint genauer als die ebd. 5,51 bezeugte (Suburana, Palatina, Esquilina, Collina).

[31] Carandini 1992.

Interessant ist, daß der servianische *orbis*, der im Ausgang von einer stratigraphischen Lektüre der Beschreibung der Stadt durch Varro rekonstruierbar ist, die verschiedenen Stadien der Formierung des protourbanen Zentrums (nicht der Stadt des Romulus) spiegelt, allerdings in umgekehrter chronologischer Ordnung, in der sie aufeinander gefolgt sind; es genügt deshalb, die Ordnung umzudrehen, vom Zentrum anstatt von der Peripherie ausgehend, und es enthüllt sich unmittelbar die hierarchische Struktur und die ursprüngliche chronologische Abfolge, so daß auf diese Weise die Wahrscheinlichkeit unserer Rekonstruktion bekräftigt wird. Daß nach den beiden Epizentren der beiden gleichzeitigen protourbanen Organisationen – dem Subjekt des ersten Synoikismos (*regio* IV) und dann dem Objekt des Synoikismos (*regio* III) – die Esquiliae folgen (*regio* II), ist aus dem Gesichtspunkt der Abfolge völlig logisch, was unter anderem die Richtigkeit der Priorität des Anschlusses des Oppius bezüglich des Caelius zeigt, die in der septimontialen Aufzählung ihren Niederschlag findet.[32] Es folgt also der Caelius, an den der bescheidene Absenker der Carinae und der Subura angegliedert ist (*regio* I), für die nicht eine eigene Regio geschaffen werden konnte, und dies ist der Grund, daß sie sich ausnahmsweise außerhalb der chronologischen Ordnung finden. Schließlich hat man die wichtigen *pagi* des Aventin und des Kapitols. Die chronologische Umkehrung der von Servius Tullius vorgenommenen Reihenfolge erklärt, warum zuerst die Bereiche außerhalb der Tribus/Regionen genannt werden und warum die *regio* I die *regio* des Caelius ist. Der Grund der Umkehrung liegt wahrscheinlich im Weiherundlauf im Gegenuhrzeigersinn, der seit dem ersten Septimontium und dann zur Zeit des zweiten Septimontium am Caelius begann und am Palatium endete (im Trimontium und im Quinquimontium begann der Kreis am Palatium und endete am Cermalus). Andererseits wollte Servius Tullius von der Peripherie Roms ausgehen, um die protourbane Hierarchie zwischen den verschiedenen Vierteln der Siedlung zu überwinden, sowohl die auf den urbanen Dualismus bezogene Hierarchie, die davon bestimmt war, daß Romulus allein den Palatin inauguriert hatte, wie auch die an die gentilizische Übermacht gebundene Hierarchie der frühen Königszeit. Sein Ziel war es, die Stadt Rom zu uniformieren. Darauf zielte seine administrative Reform und darauf ist das Wesen der fertigen Stadt rückführbar, in der der »öffentliche« und der »demokratische« Aspekt Vorrang haben mußten gegenüber dem gentilizischen Aspekt. Nur wenn man den verborgensten und dennoch teilweise auffindbaren Spuren im Palimpsest des urbanen Bildes folgt, kann man versuchen, die älteste Geschichte der Stadt und des Sied-

---

[32] Fest. 474. 476 L.

lungszentrums vor der Stadt zu rekonstruieren, im Wissen darum, daß in Rom alles mit dem Wechsel der Zeit sich verliert und gleichzeitig bewahrt wird in der sakralen Verewigung der Urbs. An das dem Wechsel der Zeit geschuldete »Untergehen« sind wir aufgrund des prekären Charakters unserer Epoche schließlich gewöhnt, deshalb sind wir fähig, es aufzudecken. Viel schwieriger ist es für uns, die sakralen »Zementierungen« wahrzunehmen, die uns fremd sind und denen wir mißtrauen, aber mit denen die ganze Geschichte Roms übersät ist.[33]

284. Das Septimontium der Kaiserzeit. Auch vom Rom der 14 augusteischen Regionen hat man sich vorgestellt, daß es sich auf sieben Hügeln erhebt – das ist die Hälfte der Zahl der neuen Regionen[34] –, und das gilt dann auch für die Roma *resurgens* der Flavier und dann des Hadrian. Es sei diesbezüglich auf folgende Zeugnisse verwiesen: 1. Die sieben Hügel innerhalb der servianischen Mauer des Varro (vgl. Abb. 19); 2. die Kalenderreform, wonach das Septimontium nicht mehr ein Fest *pro montibus*, sondern *pro populo* ist; 3. der Sesterz aus dem Jahre 71 n. Chr. mit der Göttin Roma, die auf sieben Hügeln und über dem Tiber sitzt; 4. die Errichtung von sieben *atria* durch Domitian, die wahrscheinlich in Zusammenhang mit der gleichzeitigen Feier des Septimontium zu sehen sind; 5. der hadrianische Tempel der Venus und Roma, der im ältesten Kern der Stadt errichtet wird;[35] 6. die Statue von Korinth mit der Roma Aeterna, die auf sieben Hügeln sitzt, unter denen das Kapitol der erste ist, vielleicht eine Reproduktion der Kultstatue der Roma im Tempel des Hadrian.[36] Wir haben eine künstlerische Verwertung des Septimontium vor uns, die dennoch nicht ohne Bedeutung ist in dem Sinn, daß sie den höchsten erreichten Grad der Vereinigung der Stadt feiert.

---

[33] Vgl. § 164 ff.
[34] Gelsomino 1975.
[35] Den hadrianischen Tempel, der über dem Kernstück der Domus Aurea (Panella 1996) errichtet wurde, muß man kalendermäßig im Zusammenhang mit dem alten Fest der Parilia sehen, das an die Geburt der Lämmer und der Stadt gebunden ist, ein Fest, das nunmehr Rhomaia heißt (Ath. 8,361). Der Sattel zwischen Palatium und Velia ist nicht der Gründungsort Roms, sondern der älteste protourbane Kern.
[36] Robinson 1974, Fraschetti 1990.

7 Bezirke *(curiae)* und Viertel *(tribus)* der vereinten Siedlung und die Struktur des Kalenders

285. Die Argeer und die Quelle des Varro. Wir haben bisher die Probleme behandelt, die zu behandeln möglich ist, ohne die schwierige Frage der Argeer zu berühren, ausgenommen knappe Hinweise auf die drei *tribus* und auf die Argeer selbst, die wir in die Zeit des zweiten Septimontium datiert haben, unter Vorwegnahme der Rekonstruktion, die wir im Folgenden darlegen. Im Ritual der Argeer sind viele Geheimnisse verborgen, an erster Stelle aber stehen die politische Organisation (*curiae, tribus* und Aufteilung des *ager*) und die Struktur des Kalenders des zweiten Septimontium; damit ist es an der Zeit, einige Paragraphen diesem großartigen und problematischen Ritual zu widmen. Für die Zeremonie der Argeer gab es seit dem 3. Jahrhundert (ca. 250–225) ein Ritual, das Teil der *Libri Pontificales* war,[1] genannt *sacra* oder *sacrificia Argeorum*,[2] und es ist dies die Quelle, aus der Varro geschöpft hat. Sie dürfte die mittelrepublikanische Anpassung der Ordnung des alten Festes, die zur Zeit des Servius Tullius festgelegt wurde, darstellen. In die römische Staatsreligion war das Ritual von König Numa eingeführt worden, der die Heiligtümer der Argeer geweiht haben soll,[3] ohne die ursprüngliche Zeremonie, die wir, wie gesagt, dem zweiten Septimontium zuweisen, wesentlich abzuändern.

286. Die Argeer im Mythos: Achäer, die zur Zeit des Hercules auf römischem Boden geopfert wurden. Soweit unter den Argeern Menschen zu verstehen sind, waren sie 2[4] oder 27, vielleicht, aber weniger wahrscheinlich

---

[1] Die Pontifices spielen in dieser Zeremonie eine wichtige Rolle, im Gegensatz zu den nie genannten Auguren (Harmon 1978; Marcos Casquero 1987), weshalb die Heiligtümer der Argeer kaum als *auguracula* der Kurien einzustufen sind (Palmer 1970). Es waren die Pontifices, die die Opfer und die Orte, wo sie dargebracht wurden, Argeer nannten: Liv. 1,21.

[2] Varro ling. 5,50 ff.; Liv. 1,21: »locaque sacris faciendis, quae Argeos pontifices vocant, dedicavit«; Dion. Hal. 1,33.

[3] Enn. ann. 2,121 Vahl., bei Varro ling. 7,43 ff.; Liv. 1,21,5; Paul. Fest. 484 L. (Porte 1986). Del Ponte 1988 weist darauf hin, daß Numa »loca dedicavit«, d.h. den letzten Schritt vollzieht, um die Heiligtümer der Argeer im Rahmen der römischen Staatsreligion verwendbar zu machen. Eine Reform des Rituals gab es unter Servius Tullius, als die 27 Kapellen, so gut es ging, in den vier Regionen untergebracht wurden (27 ist nicht durch 4 teilbar).

[4] Ov. fast. 5,627 (zwei dem Saturnus im Tiber zu opfernde Leiber). Es könnte sich um einen Mann und eine Frau gehandelt haben, in Vertretung für ein gesamtes feindliches Volk: Bémont

30,[5] *prisci viri*,[6] *inlustres*[7] oder *principes*,[8] Argiver[9] oder allgemeiner Achäer,[10] die
nach Saturnia gekommen sind,[11] sich dort niedergelassen haben,[12] gefangengenommen und zur Schau gestellt und dann als Opfer, gebunden an Händen und Füßen, in den Tiber geworfen wurden,[13] bevor Hercules einschritt,
um den barbarischen Ritus zu beenden. Die Argeer waren aber auch 2 oder
27,[14] weniger wahrscheinlich 30,[15] *scirpeae effigies*[16] oder *simulacra*,[17] Puppen
aus Binsen, die bis in die Details der Kleidung und der gefesselten Hände
und Füße nach dem Bild der gefangenen Griechen gefertigt waren, die auf
Anordnung des Herculus in der Siedlung zur Schau gestellt und dann in
den Tiber geworfen wurden, als Ersatz für Menschen, deren Opfer so vermieden wurde.[18] Nach einer Variante wären die 27 Argeer nicht in den Tiber
geworfen, sondern an 27 *loca* (den Heiligtümern, »Kapellen« der Argeer)
bestattet worden.[19] Getötet worden wären die Argiver von den Arkadern
(auf Anordnung des Euander?)[20] oder von der barbarischen Bevölkerung des

1960. Es sei erinnert an die beiden Männer, die Cäsar rituell töten ließ und deren Köpfe wie
der Kopf des October Equus an der Regia aufgehängt wurden (Dio. Cass. 43,24).
[5] Vgl. § 286, Anm. 15.
[6] Ov. fast. 5,621 ff.
[7] Fest. 18 L.
[8] Varro ling. 5,45.
[9] Varro ling. 7,44; Porph. Hor. carm. 26,5: »Argeo pro Argivo antique dicitur«; vgl. auch Priscil-
lian 2,26,26. Ein Großteil der Gefährten des Hercules kam von Argos: Ov. fast. 5,646 ff. Ennius
benutzt immer den Ausdruck *Argivi*, ausgenommen in den vv. 120–121 (fr. 52V), wo es sich ausdrücklich um die Rituale der Argeer handelt. *Argei* stelle den ältesten Stammesnamen dar, mit
dem die Latiner die Griechen benannt hätten: Peruzzi 1974. *Argei* entpräche dem griechischen
Argeioi, mit der Bedeutung Argiver oder auch Achäer, bezeichne also die, die am Troianischen
Krieg beteiligt waren: Brillante 1981. Nach Seppilli 1977 ist die morphologische Äquivalenz
zwischen *Argei* und *Argivi* wenig überzeugend.
[10] Plut. q. R. 32.
[11] Varro ling. 5,45.
[12] Ov. fast. 5,625 ff.
[13] Plut. q. R. 32. Siehe auch den Mann und die Frau mit Kind, die, wohl mit gebundenen Händen,
im Wasser des Velabrum – an der Stelle des späteren Forum (Coarelli 1983) – geopfert wurden;
der Fund stammt aus einer nicht datierbaren Schicht aus der Zeit vor der ersten Pflasterung des
Forums, vor der Mitte des 7. Jh. (Carafa 1995). Zu einem Aschenkrug aus Bisenzio (Olmo Bello,
Grab 22) aus der zweiten Hälfte des 8. Jh., auf dem eine menschliche Gestalt abgebildet ist, die
Hände an den Handgelenken gebunden und in Ketten gelegt sowie die Gestalt eines Gefangenen
mit monströsen animalesken Zügen, vielleicht ein Dämon des Todes, siehe Menichetti 1994.
[14] Varro ling. 7,44.
[15] Dion. Hal. 1,38 (hier wird die rationalisierende Absicht deutlich, die Anzahl der Argeer an
die Zahl der romuleischen Kurien anzugleichen).
[16] Fest. 14, 450 L.
[17] Varro ling. 7,44.
[18] Dion. Hal. 1,38.
[19] Fest. 18 L.
[20] Ov. fast. 5,425 ff.; Plut. q. R. 32; Macr. Sat. 1,11,47 ff.

Ortes (auf Anordnung des Faunus?).[21] Wir wissen, daß Faunus, der König der Aboriginer, Menschenopfer darbrachte, er soll sogar Hercules gastlich aufgenommen und versucht haben, ihn dem Vater Hermes zu opfern, wobei er im Zweikampf vom Heros getötet wurde.[22] Hercules habe, nachdem der letzte Argiver zum Tod verurteilt worden war, dem Blutbad der fremden Opfer die, wie man später glaubte, an Saturnus und Dis gerichtet waren,[23] ein Ende gesetzt, indem er die Ersetzung dieser Menschen durch sie darstellende Figuren anordnete, die er als erster statt ihrer in den Tiber geworfen habe, von einer ersten von ihm selbst gebauten Brücke aus, die dem späteren Pons Sublicius voranging.[24] Dem Los der griechischen Gefangenen, die vor der Ankunft des Hercules geopfert wurden, könnte eine lange Reihe von Opfern vorangegangen sein: Schon Cacus hatte Menschenopfer dargebracht.[25] Jüngere Varianten des Mythos spielten auf die auf den Wanderungen des Hercules verlorenen Griechen an[26] bzw. auf einen Griechen, der auf römischem Boden starb, in den Tiber geworfen werden wollte, aber statt dessen begraben wurde, während an Stelle seiner ein Bild von ihm in den Fluß geworfen wurde,[27] oder auf Jünglinge, die kranke Alte von den Brücken gestoßen hätten.[28]

287. Die Argeer im Ritus. Während der Mythos unsicher und schwer zu interpretieren ist, ist der Ritus, der sich seit undenklicher Zeit jährlich wiederholte, sicher. Die Zeremonie gliederte sich in zwei alljährlich wiederholte lange Prozessionen, die einander glichen, mit der Ausnahme, daß die zweite am Tiber endete. Sie fanden im Abstand von zwei Monaten statt und die Ziele waren unterschiedlich. In der ersten Prozession (16.–17. März) wurden die Voraussetzungen für die zweite (15. Mai) gelegt, die das Ritual

---

[21] Derkyllos, Italika: FGrHist 288, F 2; Macr. Sat. 1,7,31 und 1,11,47 ff.

[22] Vgl. § 130. Es ist aufschlußreich, dem Mythos der Argeer die Sage von der Tötung des Argos durch Euander, unter Mithilfe des Hercules, der ihm ein Grabmal errichtet haben soll, zur Seite zu stellen. Nach einer anderen Version hätte Argos einen Bruder namens Argeos gehabt: »alii Danaem cum duobus filiis Argo et Argeo, quod de Phineo habuit, venisse in Italiam et locum ubi nunc Roma est tenuisse, ibique Argum Aborigenum insidiis interfectum loco nomen dedisse« (Serv. Aen. 8,345). Aber Euander/Hercules haben den Stellenwert des Faunus, weshalb es der aboriginische König sein konnte, der Argos tötete, und in diesem mythischen Ereignis wäre dann der Ursprung des Rituals der Argeer zu sehen.

[23] Dion. Hal. 1,38; 1,41; Plut. q. R. 32.

[24] Dion. Hal. 1,38; Macr. Sat. 1,7,31; 1,11,46 ff. (so viele Figuren wie verlorene Gefährten); Ov. fast. 5,625 ff.; Plut. q. R. 32; Macr. Sat. 1,7,48.

[25] Vgl. § 95, Anm. 31.

[26] Macr. Sat. 1,11,47.

[27] Ov. fast. 5,621 ff.

[28] Ov. fast. 5,623 ff.: »Corpora post decies senos qui credidit annos / missa neci, sceleris crimine damnat avos. ... / Pars putat, ut ferrent iuvenes suffragia soli, / pontibus infirmos praecipitasse senes«.

beschloß. Diese Prozessionen fanden zu Beginn des Jahres statt, zur Zeit des Kriegszuges und des vegatativ-fruchtbaren Prozesses, und sie fielen in die ersten beiden Perioden, in denen es verboten war zu heiraten: zwischen dem 1. und dem 17. März und zwischen dem 1. Mai und dem 15. Juni (die dritte Periode bezog sich auf das Ende des Jahres, zwischen dem 13. und dem 21. Februar). Es gab auf römischem Boden 27 *sacraria* oder *sacella*[29] der Argeer, verteilt auf ebenso viele Bezirke, die im folgenden künstlich in die vier servianischen *tribus/regiones* untergebracht wurden.[30] Beide Prozessionen berührten jeden dieser *loca*, entsprechend einer genau festgeleten Strecke, die *montes* und *colles* einbezog, aber der Ausgang (vom Caelius) und der Schluß (auf dem Palatium) fanden bezeichnenderweise auf den *montes* statt.[31]

288. Typologie der »sacra«.   Die *publica sacra* gliederten sich in drei Bereiche: a) *pro populo*, die gesamte Siedlung und die ganze Gemeinschaft umfassend, b) *pro montibus* und *pro pagis*, bezogen auf die (montanen) Viertel und die Vororte, und c) *pro curiis* und *pro sacellis*, bezogen auf die Bezirke der Siedlung und deren Kultorte. Es folgten die *sacra privata*.[32] Aus c) folgt der enge Zusammenhang zwischen den Kurien und den Kapellen, die eben die Kapellen der Argeer waren, woraus mit einer gewissen Sicherheit auf eine Argeer-Kapelle in jeder Kurie geschlossen werden kann. Das Fest der Argeer, das also kein Fest *pro populo* war, fand auch nicht Eingang in die *feriae publicae*, deshalb war es nicht im Kalender vermerkt[33] wie die anderen Feste *pro curiis* (Fornacalia und Compitalia),[34] das Fest *pro montibus* (Septimontium),[35] das die Bewohner der *colles* und derer, die nicht in den *curiae* eingetragen waren (die *stulta pars populi*), vom Ritus ausschloß,[36] und das Fest *pro pagis* (Paganalia).[37] Die *sacrificia* der Argeer fanden jährlich statt, sie waren Riten

---

[29] Varro ling. 5,45–48; Fest. 422 L.: »Sacella di[cuntur loc]a dis sacrata sine tecto«; Gell. 7,12,5: »sacellum est locus parvus deo sacratus cum ara«.

[30] Varro ling. 5,45.

[31] Vgl. Addendum VI.

[32] Fest. 284 L.

[33] Harmon 1978.

[34] Es handelt sich um bewegliche Feste; die Fornacalia gehörten zu den *popularia sacra*: Fest. 298 L. (Sabbatucci 1988). Die *sacra popularia* waren keine privaten Feste, aber auch nicht vollkommen öffentlich, und wurden daher im offiziellen Kalender nicht aufgeführt (Sabbatucci 1988). Auch die Fordicidia dürften ursprünglich ein Fest *pro curiis* gewesen sein.

[35] Es fand parallel zu einem Fest für die Hügel statt, den Agonalia des Indiges, die zu einem Fest *pro populo* geworden waren; vgl. §§ 219 ff.

[36] Fest. 304 L.

[37] Es handelt sich um ein bewegliches Fest, das möglicherweise den Feriae Sementivae entspricht (= *porca praecidania?*), das zu den *popularia sacra* gehörte, »quae omnes cives faciunt ..«: Fornacalia, Parilia, Laralia, porca praecidania«: Fest. 298 L. (Sabbatucci 1988).

gewöhnlicher Ordnung, die von den Pontifices[38] und nicht von den Decemviri sacris faciundis geleitet wurden.[39]

289. Die Zeremonie im März. Die erste Prozession fand am 16. und 17. März statt, dem zweiten und dritten Tag des Jahres, und dabei legten die Priester die 27 *simulacra* der Argeer in den 27 *sacella* nieder; ob anschließend Opfer stattgefunden haben, wissen wir nicht. Angeführt wurde diese Prozession von der Flaminica Dialis in Trauerkleidung.[40] Am 17. März traf das Fest der Argeer mit dem Fest der Liberalia zusammen, an dem die zur Reife gelangten Jugendlichen die *toga virilis* erhielten und vielleicht ursprünglich in die Kurien aufgenommen wurden. Der 16. März folgte dem ältesten römischen Neujahrsfest, dem Fest der Anna Perenna und der weiblichen Fruchtbarkeit.[41] Am 14. März, dem letzten Tag des Jahres, wurde der alte Mamurius Veturius, das Symbol des alten Jahres, als Sündenbock aus der Siedlung verjagt, und es wurden die Equirria gefeiert, das Fest des Mars, das die Zeit des Übergangs zwischen altem und neuem Jahr abschloß. Die Figuren blieben zwei Monate lang in den Kapellen. In der Mitte der Periode, am 15. April, wurden die Fordicidia gefeiert, mit dem Opfer von trächtigen Kühen, einer je Kurie, wobei die Föten herausgezogen, verbrannt und dann von den Vestalinnen zur Vorbereitung des *suffimen* verwendet wurden, einer reinigenden Substanz – die auch den Opferrest des October Equus oder vielmehr eines besonderen Pferdopfers der Parilia enthält –, die für die Liturgie des Festes am 21. April nötig war, dem Beginn des alten Hirtenjahres.[42]

290. Die Zeremonie im Mai. Die zweite und abschließende Prozession fand zwei Monate später statt, ursprünglich am 14. oder am 15. Mai.[43] An dieser Zeremonie nahmen teil die Pontifices, die Flaminica Dialis in Trauer,[44]

---

[38] Liv. 1,21,5.

[39] Harmon 1978.

[40] Ov. fast. 3,791.

[41] Zu diesem Fest der Fruchtbarkeit und der weiblichen Initiation: Torelli 1984 und 1996. Nach Boëls Janssen 1993 war es nicht das Fest der ersten Menstruation (wie M. Torelli meint), sondern der Defloration, was aber problematisch scheint; vgl. §308, Anm. 150. Siehe auch Burkert 1970 und Bremmer 1983.

[42] Zur Verbindung von Pales und Anna Perenna, den Göttinnen der Jahreswechsel: Sabbatucci 1988. Zum Pferdopfer bei den Parilia: Coarelli 1997.

[43] Sabbatucci 1988. Die 60 Tage, die zwischen den beiden Prozessionen liegen, entsprechen der Zeit, während der der Verbrecher *iudicatus* vor der Hinrichtung, die ihn der beleidigten Gottheit weihte, eingesperrt war: Magdelain 1995. Die *consecratio* des Verurteilten *(securi percussio)* ähnelte einem Opfer, war aber keines, da das Opfer die Reinheit des Opfers voraussetzte; andererseits beförderte man einen Menschen nicht zum Tod, ohne sein Dasein im Jenseits zu regeln: Magdelain 1986. Siehe auch Agamben 1995.

[44] Dion. Hal. 1,38; Plut. q. R. 86; Ov. fast. 5,487 ff.; Gell. 10,15,30. Im Mai war es untersagt zu heiraten, weil es der Monat der Argeer war, der *lemures* und der Laren.

wie schon im März, die Prätoren und alle Mitglieder der Gemeinschaft (später nur die dazu Berechtigten).[45] Bei diesem Anlaß wurden wiederum die Kapellen besucht,[46] nach einem Opfer, das möglicherweise an die Argeer gerichtet war, die geopfert und vielleicht auch zu Heroen erhoben und einer Nachricht zufolge in den Kapellen begraben worden waren, und wahrscheinlich auch an die Laren (wie bei den Compitalia); letztere waren Dämonen, die am 1. Mai als *Praestites* gefeiert wurden, d. h. als Beschützer der Siedlung. Aber über diesen Höhepunkt des Ritus schweigen die Quellen leider. Wir wissen aber, daß im Verlauf der Prozession die *simulacra* der Argeer (mit anderen *purgamina?*) aus den Kapellen genommen und *publice* von den Vestalinnen vom Pons Sublicius in den strömenden Fluß geworfen wurden.[47] Dieser zweiten Prozession der Argeer waren in den Tagen davor (9., 11., 13. Mai) die Lemuria vorangegangen, das Fest, an dem Menschen besänftigt wurden, die, wie Remus, vorzeitig gestorben und daher nicht Vorfahren der Römer geworden waren; damit könnten die Argeer selbst als öffentliche Entsprechung der *lemures* verstanden werden, denn sie waren ebenfalls Menschen, die vorzeitig gestorben waren, ohne Nachkommenschaft zu hinterlassen, im Gegensatz zu den Laren, den typischen *parentes*.[48] An den Tagen eben der Lemuria (8., 10., 12. Mai) erfolgte auch die rituelle Mahd des Dinkels durch die Vestalinnen, aus dessen unreifen Ähren sie die *mola salsa* zubereiteten.[49] Davor noch, an den Kalenden des Mai, war das Fest der Lares Praestites und der Bona Dea (= Fauna), einer Gottheit, die mit der Mater Larum gleichgesetzt werden kann.[50] Einen Monat nach dem Argeerfest des Mai, an den *dies religiosi* zwischen dem 7. und 15. Juni, öffneten die Vestalinnen den *penus* der Vesta und warfen den Unrat (die *purgamina*) in den Tiber: vielleicht ein Äquivalent des Argeerrituals auf nicht mehr kurialer, sondern staatlicher Ebene. Bevor die Strömung des Flusses die *purgamina* nicht in das Meer

[45] Dion. Hal. 1,38. An der Zeremonie durften die bei den 27 Bezirken der Argeer oder Kurien eingeschriebenen Mitglieder der Gemeinschaft teilnehmen, aber nicht die *stulta pars populi* (Ov. fast. 2,531; Fest. 304 L.), die in keiner Kurie eingeschrieben war oder nicht wußte, zu welcher Kurie sie gehörte (Sabbatucci 1988), wahrscheinlich wegen der Krise des Kuriensystems, und wahrscheinlich auch nicht die Mitglieder der drei von Romulus hinzugefügten Kurien, die keine Argeer-Kapelle hatten.

[46] Varro ling. 5,50: »ex Argeorum sacrificiis«; Dion. Hal. 1,38.

[47] Fest. 14, 450 L.; Plut. q. R. 32; Ov. fast. 5,659; Dion. Hal. 1,38; Macr. Sat. 1,11,47.

[48] Zu den Argeern als *lemures*: Harmon 1978; Sabbatucci 1988. Nach Marcos Casquero 1987 kann die Verbindung mit den *lemures*, obschon korrekt, die Maiprozession nicht erklären. Nach Plat. leg. 865d–e verfolgen die frei getöteten Menschen den Mörder, der mit seinem Verbrechen die ganze Gemeinschaft verunreinigt hat, weshalb die Reinigung der Siedlung das einjährige Exil des Mörders vom Ort der Tat einschließt (Dougherty 1993).

[49] Prosdocimi 1996.

[50] Sabbatucci 1988.

gefördert hatte, kämmte sich die Flaminica Dialis nicht, schnitt sich nicht die Nägel mit Eiseninstrumenten und hatte keine geschlechtlichen Beziehungen mit dem Flamen Dialis, und es konnten keine Hochzeiten gefeiert werden.[51] In dieser Perspektive verstehen wir besser, warum die Körper der geopferten Argeer in den *simulacra* mit gebundenen Händen und Füßen dargestellt wurden; auf mythischer Ebene setzt dies ein nicht blutiges Opfer dieser Fremden voraus, die zuvor gebunden und (als zum Tode Verurteilte) getötet und dann in den Tiber geworfen wurden, um jede Ansteckung zu vermeiden. Deswegen war es so wichtig, beim Schreiten über die Brücke die Mitte des Flusses zu erreichen, um die *simulacra* dort hinabzuwerfen, wo die Strömung am stärksten war und den Unrat der Siedlung besser wegschaffen konnte, ohne daß die Ufer des Flusses damit in Berührung kamen.[52]

291. Ein Opfer an den Vater Tiber?　Man könnte im ersten Moment glauben, die in den Fluß geworfenen Argeer wären dem Vater Tiber geopfert worden.[53] Auch Tiberinus, König von Alba, ist im Tiber gestorben, und Rea Silvia wurde ihm, vor der Gründung Roms, von Amulius geopfert. Der Grund für ein solches Opfer könnte eine neue Art des Übergangs oder sogar der Bau einer Brücke gewesen sein.[54] Aber ein neuer Übergang oder eine Brücke scheint kein hinreichender Grund zu sein, um eine Lustration von so großer Bedeutung für die gesamte Siedlung zu rechtfertigen, auch läßt sich damit das zwei Monate lange Verbleiben der Figuren der Argeer in den Kapellen der Kurien nicht erklären.[55] Von grundlegender Bedeutung war wohl die Funktion der Reinigung, die Wegnahme des Unrats durch das Flußwasser, wie im Fall der *purgamina* des *penus* der Vesta,[56] weshalb die hauptsächliche

---

[51] Ov. fast. 6, 219 ff.

[52] Marcos Casquero 1987.

[53] Man opferte dem Tiber – wie der Lua, dem Volcanus und dem Jupiter – Waffen und Rüstung: Liv. 2,10,11; Verg. Aen. 10,420. Zu Lua: Brelich 1955. Zu Thybris / Iuppiter Tiberinus: Momigliano 1966. Es sei erinnert an Darius und die Brücke über die heiligen Wasser des Bosporus: Aischyl. Pers. 739 ff.; Hdt. 7,39 (Brelich 1966–67; Seppilli 1977). Der Bau einer Brücke entspricht einem Gebäude auf der Erde. In Dahomey brachte der König seinen Ahnen anläßlich der Errichtung eines neuen Palastes Menschenopfer dar. In Bangkok ließ man anläßlich der Erbauung oder der Restaurierung der Stadttore im Jahre 1831 drei Menschen in den unterhalb des Tores ausgehobenen Graben steigen und tötete sie durch einen freihängenden Balken, den man auf sie herabfallen ließ: Brelich 1966–67; siehe auch Frazer 1906 und Wagenvoort 1947. Zum Gründungsdeposit, das wahrscheinlich mit einem symbolischen oder realen Menschenopfer verbunden war, siehe Carandini 1992 und in: Palatium e Sacra via, I; vgl. §§359 ff. und Addendum VIII.

[54] Toutain 1925. Zur Holztechnologie in der Bronzezeit: Wright 1990 (in England wurden technisch sehr anspruchsvolle Schiffe entdeckt, die um 1300 v. Chr. datierbar sind).

[55] Marcos Casquero 1987.

[56] Eine Kuh und eine Eule wurden lebend verbrannt und die Asche in den Tiber gestreut 191 v. Chr. (Liv. 36,37,1 ff.) und 135 v. Chr. (Obseq. 85). Auch die zum Tode Verurteilten wurden

Begründung des Ritus mehr die Siedlung als den Fluß im Auge gehabt haben dürfte, mehr die feindlichen und schützenden Geister des Landes als des Wassers.

292. Ein Opfer an die Argeer als die Prototypen der »lemures« und an die Lares als Prototypen der »parentes«.   Bei den *sacra* der Argeer dürften die *sacrificia*, von denen wir nichts wissen, eine ebenso bedeutende Rolle gespielt haben wie die Entsühnungs- und Reinigungsriten, von denen wir viel wissen. Wir können versuchen uns vorzustellen, an wen diese Opfer gerichtet gewesen sein könnten.[57] Die Römer dachten – wahrscheinlich unterschiedliche Riten vermengend und daher irrtümlich – an Gottheiten wie Saturnus und Dis Pater, denen ebenfalls Menschenopfer dargebracht wurden. Wahrscheinlicher ist jedoch, daß es sich um fremde Geister (wie die Argeer) oder um Dämonen (wie die Laren) handelte.[58] Die Familienväter verjagten die *lemures* aus ihren Häusern, indem sie ihnen Saubohnen als Speise gaben, wie die Vestalinnen die Argeer aus der Stadt jagten, indem sie sie in den Tiber warfen und einen Monat später mit den *purgamina* der Vesta einen vergleichbaren Ritus durchführten.[59] Auf die Reinigung der Kurien der Siedlung dank dem Ritual der Argeer vom Mai folgten die privaten Ambarvalia, bei denen die Fratres Arvales (nicht vor dem 17. Mai) in Aktion traten, die zur Reinigung der Felder, der Ernten und der Herden Mars anriefen, wahrscheinlich die Semones (die den Laren entsprechen) und die Laren (Söhne der Acca wie die Arvales). Die *parentes* waren mit den Laren verbunden, wie die *lemures* mit den Argeern. Die Laren waren Dämonen Latiums, die Argeer waren achäische Dämonen.[60] Der Tötung der Argeer, die von weither gekom-

---

an den Scalae Gemoniae getötet, nicht bestattet und in den Fluß geworfen. Vatermörder wurden mit der Kornelle *(arbor infelix)* gepeitscht, auf einem von schwarzen Ochsen gezogenen Wagen transportiert, in einen Ledersack eingeschlossen, den Kopf mit einem Wolfsfell bedeckt, *publice* in den Tiber geworfen und den unterirdischen Gottheiten geopfert, wie es das Wolfsfell und die schwarzen Ochsen nahelegen. Die Hermaphroditen sperrte man lebendig in eine Kiste und warf sie ins Meer.

[57] Man muß unterscheiden zwischen Ritualtötungen, die autonome Riten sind, und Menschenopfern, die an einen Adressaten (Gottheit, Vorfahr, Herrscher) gerichtet sind: Brelich 1966–67. Die Zeremonie der Argeer in Verbindung mit Opfern läßt an ursprüngliche Menschenopfer denken.

[58] Plut. q. R. 83 meint bezüglich der Menschenopfer der Vestalinnen sowie der Gallier und der Griechen, es sei gottlos, Göttern Menschenopfer darzubringen, nicht aber Dämonen und fremden Geistern (Bémont 1960), wir könnten hinzufügen: Dämonen wie die Laren und Fremden wie die Argeern.

[59] Sabbatucci 1988. Der Vergleich mit den *purgamina* der Vesta könnte daran denken lassen, daß die Kapellen der Argeer in irgendeiner Weise mit den Feuerstellen und also mit den Sitzen der Kurien verbunden waren.

[60] Nach Ov. fast. 5,423 ff. wären die Parentalia nach dem romuleischen Kalender im Mai gefeiert worden, also in Verbindung mit den Lemuria.

mene, beunruhigende Fremde waren, durch die Aboriginer (= des Faunus), die Bewohner Latiums, entspricht dann die Tötung des Remus (Ausdruck der *lemures*), des mit dem Aventin (einem Ort außerhalb der Siedlung) verbundenen Zwillings, durch Romulus (Ausdruck der *parentes*), des mit dem Palatin (dem Kern der Siedlung) verbundenen Zwillings. Es ist so, als wären Bruch, Gewalt, Unordnung und Opfer die Voraussetzung der Ordnung in einer Siedlung[61] und des Loskaufs der Bewohner und ihrer Güter vom Übel und vom Tod, so wie die vorweggenommene Ernte (= Tötung) des Emmers die Voraussetzung für die Ernte zur rechten Zeit und der Tod des Remus die Voraussetzung für die Rettung des Romulus ist. Die *parentes*, zufrieden darüber, daß sie gezeugt haben und in den Rang von Vorfahren erhoben wurden, waren Geister, die akzeptierten, in der ihnen reservierten Sphäre außerhalb der Siedlung eingeschlossen zu bleiben, während die *lemures*, unzufrieden aufgrund des vorzeitigen Todes, Geister waren, die periodisch in die Siedlung, die sie verlassen hatten, ohne voll gelebt zu haben, eindringen wollten, und damit eine beunruhigende Vermengung zwischen Toten und Lebenden hervorriefen, zwischen der Welt des Draußen und der Welt des Drinnen. Wie jede Ernte war jede Gründung oder Neugründung eine Verletzung der vorhergehenden Ordnung, war Gewalt, die den Geistern der Vorfahren angetan wurde, die dieses Land zuvor bewohnt und besessen hatten. Die vorgezogene Mahd der fremden Argeer, anstelle von Mitgliedern der Gemeinschaft, symbolisch ausgeführt von den Vestalinnen mit der Zeremonie in den Kapellen und auf dem Fluß, erlöste das Volk der Kurien von den Übeln, so wie die »primitiale« Ernte des Emmers, ausgeführt von den Vestalinnen, um die *mola salsa* herzustellen, die Ernte des reifen Emmers ermöglichte, die im darauf folgenden Monat stattfinden sollte, bestimmt zur Ernährung der Gemeinschaft, und wie das Opfer der Saubohnen an die *lemures*, vorgenommen vom *pater*, die Familie und das im *penus* gelagerte Getreide rettete.[62] Unter dieser Voraussetzung hätten die Figuren aus Binsen die Argeer und diese ihrerseits die Bewohner der Siedlung auf römischem Boden ersetzt, und noch genauer: Wenn die Argeer *principes* waren und 27 an der Zahl wie die Kurien, scheint die Ersetzung sich spiegelungsgleich auf die *patres* zu beziehen, die Repräsentanten der Kurien (und der Vorfahren), d.h. die Honoratioren der Gemeinschaft. Ähnlich hatte Faunus, der aboriginische Dämon, seinen Gast, den Heros Hercules, seinem Vater Hermes opfern wollen, d.h. dem Picus (seinem wahren Vater), auch er ein Lar, und vielleicht auch dem Mars, dem Vater aller Laren. Die Entsühnung der Nach-

---

[61] Briquel 1990. Man beachte den Zusammenhang Tötung eines Menschen – Gründung einer Kolonie: Dougherty 1993.
[62] Ov. fast. 5,425. Zum Thema: Sabbatucci 1988; Prosdocimi 1996; Torelli 1996.

kommen der Menschen in der Siedlung – am ersten Tag der Lemuria waren die Föten entweder schon vorzeitig gestorben, oder sie waren außer Gefahr, da sie zum rechten Grad der Reife gekommen waren[63] – wurde so durchgeführt, daß zu Beginn des Jahres, Kurie für Kurie, fremde Menschen anstelle der Eingeborenen symbolisch den Dämonen zum Opfer angeboten wurden, denen, die die Viertel bedrohten, d. h. den *lemures*, und den beschützenden Dämonen der Viertel, also den Laren, und wohl auch der Acca-Mania, ihrer Mutter (der bei den Compitalia geopfert wurde). Es wurde auch darauf geachtet, daß vom Opfer eine Reliquie übrig blieb, die in den Kurien verehrt werden konnte. Der Lar der Römer, Romulus, wird dann von den Senatoren zerstückelt, den Repräsentanten der Kurien im königlichen Rat *(patratus* oder *senatus)*, und die Teile seines Körpers werden heimlich bestattet, vermutlich am Sitz jeder Kurie.[64] Dieser Mythos findet ein Gegenstück in jener Version vom Ende der Argeer, wonach sie in ihren Kapellen bestattet wurden;[65] der Körper oder die Reliquie[66] des Argeers (Ausdruck der *lemures*) und das verteilte Glied des Romulus (Ausdruck der *parentes*) wären dann gedanklich in jeder Kurie zusammen niedergelegt worden, zum Schutz sowohl des Bezirks[67] wie der entsprechenden Menschengruppe. Wie man sich das *heroon*

---

[63] Vgl. § 273, Anm. 4.

[64] Dion. Hal. 2,56. Zu den Reliquien im Altertum siehe Pfister 1909–12. Zu den Knochen-Reliquien des Pelops beim Heiligtum der Artemis Cordax in Olympia: Paus. 6,22,1 (Lévêque 1973).

[65] Fest. 18 L. In den Heiligtümern und Kapellen bewahrte man geweihte Gegenstände auf: Van Doren 1958.

[66] Grabbeigaben konnten die Geopferten ersetzen wie in den Fällen der Gründungsbeigaben der Doliola (Coarelli 1983) und der Porta Mugonia (A. Carandini, in: Palatium e Sacra via, I; vgl. auch §§ 359 ff. und Addendum VIII). Schädel oder Bälle konnten ganze Körper oder Köpfe darstellen, wie bei den von Cäsar geforderten Opfern 46 v. Chr. (Dio. Cass. 43,24) und bei den Riten der Compitalia. Die Taurer opferten der Jungfrau Iphigenie Schiffbrüchige und auf offenem Meer gefangene Griechen, deren Körper sie von einem Felsen stürzten oder sie bestatteten, während sie die Köpfe auf Stangen an den Firstbalken der Häuser befestigten, deren Beschützer sie wurden: Hdt. 4,103 (Lanza 1989; Graves 1955, 109h, 116b, 143e). Antaios soll den Tempel des Poseidon mit Schädeln von Fremden gekrönt haben: Pind. Isthm. 4,52 ff. Die Körper der Argeer konnten in den Fluß geworfen, ihre Köpfe und ihre Grabbeigaben konnten jedoch in den Kurien begraben werden. Unter dieser Voruassetzung wären die beiden Hauptvarianten des Endes der Argeer miteinander vereinbar. Die Praxis der rituellen Tötungen und der Menschenopfer habe sich in den Randgebieten länger erhalten, wo die höheren Zivilisationen nur zögerlich Einzug hielten, wie an den Grenzen der griechischen Welt, zum Beispiel in Tauris, in Libyen (Mastrocinque 1993, Anm. 752) oder in Daunia und in Latium (vgl. § 130). Zu den Menschenopfern siehe: Sartori 1890; Hartland 1913; Schwenn 1915; Manzini 1925; Toutain 1925; Groh 1933; Bémont 1960; Brelich 1966–67; Green 1973; Fischer Hansen 1976; Henrichs 1981; Wells 1988; Lanza 1989; Brown 1991; Bonnechère 1994.

[67] Die 30 Teile, in die wir uns Romulus zerteilt vorstellen, entsprechen der Anzahl der die Kurien vertretenden Senatoren und der Anzahl der Bezirke Roms, aber auch der Anzahl der

des im Sumpf verschwundenen Romulus auf dem Comitium vorstellte, so stellte man sich vor, seine von den Senatoren zerstückelten Glieder wären bei den *concilia* der Kurien (es sei an die *consilia* des Consus erinnert)[68] begraben, analog zu den Körpern der Argeer nach der Version, die sie nicht im Tiber verschwunden, sondern in ihren Kapellen begraben dachte. Unter den Adressaten der Opfer konnten also außer den Laren (deren letzter Romulus selbst war) die Argeer selbst sein, fremde Edelleute, die dank ihres Opfers zu Heroen geworden waren, deren Geister, wie die der *lemures*, periodisch beruhigt werden mußten. Im Fall der Argeer hätten die Repräsentanten der Kurien anstelle ihrer selbst als Ersatz, der Besonderheit und dem Rang der Opfer Rechnung tragend, ebensoviele *principes* aus der Fremde für das Heil der Siedlung geopfert: Zeichen der kollegialen Gewalt des protourbanen *patratus*, der von einem obersten *pater* gelenkt, aber nicht beherrscht wurde, einem ersten Anführer unter gleichen. Im Fall des Romulus entthronen und opfern die Repräsentanten der Kurien den von außen gekommen König (gefangen im *regifugium*?) und zerteilen ihn in ebenso viele Teile, wie sie selbst sind, die sie dann je Kurie begraben: Zeichen der einen, zentralisierten und absoluten Macht des urbanen *rex*, die im Interregnum zu den Repräsentanten der Kurien zurückkehrt, bevor sie von neuem auf den nachfolgenden König übertragen wird, der (wie Numa) sogar ein Fremder sein kann. Hier liegt der wesentliche Unterschied, der das Septimontium von Rom trennt.[69]

293. Die wichtigste Reinigungszeremonie der Bezirke. Der Ritus der Argeer stellte für die Römer die wichtigste Reinigungszeremonie dar,[70] genauer gesagt der Reinigung der öffentlichen und heiligen Stätten der

Populi Albenses und der Anzahl der Teile, in die der geopferte Stier bei den *sacra* des Mons Albanus zerlegt wurde (Delcourt 1963 und Edlund 1984). Zum Bild der Stadt, die sich in Teile gliedert wie das Opfertier und deren Herz das Feuer der Hestia ist: Svenbro 1982. Der Körper des Romulus kann also der Gestalt der von ihm gegründeten Stadt gleichgesetzt werden. Zur Zerteilung der Götter und der Könige: Frazer 1906, der ägyptische (Osiris), römische (Romulus), griechische (Dionysos, Orpheus, Pentheus und Lykurg) und norwegische Sagen (Halfdan) sammelt. Der Körper des Toten sendet weiter reproduktive Energie aus, er wird deshalb nicht verbrannt, sondern man hebt die Reliquien auf. Im Fall des Romulus war es nötig, daß die Fruchtbarkeit des Bodens, der Tiere und der Menschen Kurie für Kurie gesichert wurde.

[68] Sabbatucci 1978 (bezüglich der Verbindung Consus-Mars-Laren).

[69] Das Menschenopfer, sei es real oder symbolisch, das die *patres* des Septimontium und ihr Häuptling oder der *pater Patratus* (vgl. § 144) veranlassen, und das von den *patres* von Rom und vom *rex* veranlaßte Opfer ist ein Opfer für das gesamte Volk und vom gesamten Volk veranlaßt: Seppilli 1977.

[70] Plut. q. R. 36 (Warde Fowler 1902). Es gibt einen ethnologischen Fall, der dem Ritual der Argeer sehr ähnelt. Im alten Calabar, an der Küste von Guinea, wurden die bösen Geister alle zwei Jahre ausgetrieben. An den Türen wurden mit Unrat und Asche besudelte Figuren aufgehängt. Dann veranstaltete man ein großes Getöse, damit die bösen Geister und die Geister der Verstorbenen sich auf diesen Figuren sammelten, die einen Monat später bei einer Prozession

Kurien, die von den Lares Curiales oder Grundiles geschützt wurden;[71] die Lemuria hingegen waren die wichtigste Reinigungszeremonie der privaten Stätten (der Wohnparzellen und der Häuser), die von den Lares Familiares geschützt wurden, während die Ambarvalia die Reinigungszeremonie in den *pagi* des *ager* waren, bei der die Privatleute die Laren anriefen, daß sie das zu bebauende Land schützen mögen.[72] Der Zweck der Zeremonie der Argeer bestand, wie wir gesehen haben, darin, Kurie für Kurie die Geister der bösen Dämonen *(fauni* und *lemures)*, die regelmäßig wiederkehrten, um in den Vierteln der Siedlung herumzuwandern und in ihre Häuser zurückzukehren, zu besänftigen und fernzuhalten, und gleichzeitig den Schutz der wohlwollenden Dämonen oder Laren zu gewinnen, um die Gemeinschaft von Unreinheit, Sterilität und Tod zu erlösen.[73] Die Zeremonie garantierte die Reinigung der Siedlung für ein Jahr, wonach der Ritus wiederholt werden mußte.

294. Eine »lustratio« des zweiten Septimontium. Nach dieser Darlegung der Zeremonie der Argeer geht es jetzt um den Versuch, ihren Ursprung zu datieren. Die Argeer des 16. und des 17. März bilden ein Doppelfest, das an einem geraden Tag beginnt, und dies ist ein charakteristisches Merkmal für den Kalender der frühen Königszeit und wahrscheinlich auch des protourbanen Kalenders.[74] Wie wir gesehen haben, entsprechen die 27 Argeer und ihre 27 Kapellen sehr wahrscheinlich den 27 Kurien der Siedlung. Wenn dies der Fall ist, muß das Ritual aus einer Epoche stammen, die zeitlich vor den 30 Kurien des Romulus und nach dem ersten Septimontium liegt und zeitgleich ist mit dem zweiten Septimontium, das eben durch die 27 Kurien charakterisiert ist, die das Ergebnis des ersten Synoikismos sind.[75] Die Über-

herumgetragen und schließlich in den Fluß geworfen wurden. Auf diese Weise war die Reinigung der Siedlung für weitere zwei Jahre gesichert (Frazer 1929, S. 87 f.).

[71] Vgl. §§ 199, Anm. 84; 132, Anm. 57.

[72] Bei den Lustrationen der Felder in den *pagi* rief man die Götter an, das Unheil zu vertreiben: Bremmer 1993.

[73] Hingewiesen sei auch auf Stercutus, den Gott des Besens und der Reinigung des Unrates, der mit Hilfe von Picumnus und Pilumnus (oder von Picus) versucht, sich dem feindlichen und infernalen, nach Menschenopfern lechzenden Dämon Faunus zu widersetzen; vgl. §§ 111-112.

[74] Vgl. §§ 308-309.

[75] Die Überlegung ist einfach und logisch, ist aber bisher nicht angestellt worden. Palmer 1970 schließt eine frühe zeitliche Ansetzung für die *sacra* der Argeer aus und datiert die 27 Kurien grundlos in die Königszeit und die 30 Kurien in das 5. Jh. Es ist nicht einzusehen, aus welchem Grund die Kurien zu einem Zeitpunkt vermehrt worden sein sollen, als sie bereits Relikte aus einer vergangenen Zeit waren. Magdelain 1995 meint, das Kapitol habe vor der Reform des Servius Tullius drei Kurien beherbergt, die dann von den Tarquiniern abgeschafft worden wären, um an ihrer Stelle den Jupitertempel zu errichten, wodurch sich der Übergang von 30 zu 27 Kurien in der archaischen Zeit ergäbe. Aber diese chronologische Umkehrung ist nicht stichhaltig, weil das pagische Statut des Kapitols und seine spätere Lage außerhalb der servianischen *tribus/regiones* die Vorstellung von Kurien und Kapellen der Argeer dort verbietet

lieferung verbindet das Ritual der Argeer mit Numa, aber die Rolle dieses
Königs war darauf beschränkt, es in die Religion des Staates einzuführen,
und zwar nach der endgültigen Eingliederung des Quirinals in die Stadt,[76]
wodurch sich eine Art Parallelismus eingestellt hat zwischen Numa und dem
Häuptling des zweiten Septimontium, der den protourbanen Synoikismos
durchgeführt und das Ritual der 27 Argeer eingerichtet hat.

295. Die 27 Argeer des Ritus sind nicht die Argeer des Mythos. Die
Datierung der Argeer in das zweite Septimontium steht allerdings im Widerspruch zur Datierung des sagenhaften Ereignisses. Die Argeer des Mythos
werden nämlich in die Bronzezeit datiert. Aber diese ersten Argeer konnten
nicht 27 sein, eine Zahl, die zu dieser Zeit keinerlei Bedeutung hatte. Es
waren wahrscheinlich nur zwei, wie in einer Version der Sage bezeugt ist
(zwei an der Zahl waren auch die Menschenopfer, die dem Saturnus dargebracht wurden, und ebenso die für die Lupercalia und die Thargelia
angedeuteten Opfer).[77] Die zwei Argeer des Mythos waren auf die heroische
Zeit der aboriginischen Gründung der Siedlung über der Albula beziehbar,
während die 27 Argeer des Ritus auf die Zeit des zweiten Septimontium
zurückgehen, als man am Ende des dunklen Zeitalters damit begann, die
ursprünglichen Mythen wiederzubeleben und wieder vorzulegen, als mit der
Sage des Amulius und Numitor die mythischen Erzählungen wieder aufgegriffen und die Kontakte mit den Griechen wieder aufgenommen wurden.
Es könnte sich um eine Wiederbelebung von ursprünglichen Menschenopfern gehandelt haben, oder um eine schlichte Vertreibung von Griechen
vom römischen Boden, die den ursprünglichen Menschenopfern gleichwertig erlebt wurde, die rituell wiederholt und durch die 27 Figuren der in
den Tiber geworfenen Argeer ersetzt wurden, womit auf der Ebene des zweiten Septimontium die ursprüngliche Abschaffung der Menschenopfer, die

(außerdem hätte der kapitolinische Bezirk aufgrund seiner Enge keine drei Kurien aufnehmen
können). Andererseits hat ein Großteil der Wissenschaftler das Ritual der Argeer spät datiert,
zwischen dem 6. und dem 3.Jh. (Magdelain 1976, zum Beispiel, datierte die Argeer nach den
servianischen Regionen). Im Eintrag über die Argeer im *Lexicon Urbis* 1993 ff. hat F. Coarelli
schließlich eine Datierung in das 8.Jh. vorgeschlagen, was sehr viel wahrscheinlicher ist,
aber vermutlich muß man, wie wir sehen werden, bis zum Ende des 9.Jh. zurückgehen. Der
Umstand, daß die Argeer nicht im archaischen Kalender stehen, heißt nicht, daß es ein neues
Fest war, wie Wissowa 1896 gemeint hat, der es in das 3.Jh. v.Chr. datierte. Der Organisation
der 27 protourbanen Kurien und der 27 Kapellen der Argeer entspricht die strikte Trennung
der Bezirke der Siedlung, der Welt der Lebenden, von den in den peri-protourbanen *pagi* liegenden angrenzenden Begräbnisstätten, der Welt der Toten, wo man die Gottheiten der Unterwelt
verehrte, Laverna, Nenia und Libitina (vgl. § 262, Anm. 32) und die *parentes* und wohin man die
in die Siedlung eingedrungenen *lemures* zurücktreiben wollte.

[76] Dion. Hal. 2,62.

[77] Ov. fast. 5,627. Vgl. §§ 297, Anm. 83; 130, Anm. 50.

dem Hercules zugeschrieben wurde, in Erinnerung gerufen und wiederholt wurde.

296. Die Menschenopfer: von den Compitalia zurück zu den Argeern/ Kurien.

Die Römer wußten, daß an den Compitalia früher den Lares Praestites und der Mania, ihrer Mutter, Kinder geopfert wurden, die dann durch Bälle und Puppen ersetzt wurden.[78] Weitere Menschenopfer hätten bei den Gräbern stattgefunden, wahrscheinlich anläßlich der Feralia, dem Fest am 21. Februar, das die Novene der Parentalia beschloß und an dem eben Mania, die Mutter der Laren, verehrt wurde. Aber die Compitalia könnten eventuell zur Zeit des Servius Tullius die älteren an die Kurien gebundenen Feste der Bezirke ersetzt haben, und sie könnten von diesen die Menschenopfer entlehnt haben, die wir nicht zufällig im kurialen Ritual der Argeer angedeutet finden, deren *simulacra* – wie die Bälle und die Puppen der Compitalia, wie auch die *cerei*, die *pisciculi*, das *aes piscatorium*, die *oscilla* und *sigilla*, die dem Saturnus, dem Volcanus, dem Jupiter und dem Dis Pater dargebracht wurden – ursprüngliche Menschenopfer ersetzten: *pro animis humanis*.[79] Das Ritual der Argeer ist das, was von den ältesten Festen der Kurien übrigbleibt, was die folgenden Feste der *compita* nicht übernommen haben, während die Opfer an die oben genannten Götter von den Alten zwar mit der Zeremonie der Argeer vermischt wurden, damit aber nichts zu tun hatten.

297. Das Opfer oder die Austreibung der Sündenböcke (»pharmakoi«).

Daß zur Zeit des Hercules zwei Argeer geopfert wurden, ist mythisch plausibel, wenn wir an Faunus, den würgenden Wolf denken, den Dämon, der Fremde opfert,[80] und es ist auch historisch plausibel, wenn wir an die mykenischen Funde an den Küsten Latiums denken, die die Anwesenheit von Achäern in diesem Gebiet glaubhaft machen. Daß 27 Argeer geopfert worden wären, ist das Ergebnis einer Kontamination verschiedener Epochen, der Endbronzezeit und der frühen Eisenzeit, als der in die heroische Zeit hinaufreichende Mythos wieder aufgegriffen und erneuert wurde. Eine so zahlreiche Gruppe von Argeern ergibt nämlich zur Zeit der aboriginischen Neugründung der Siedlung auf römischem Boden, wie wir gesehen haben, keinen Sinn, sie gewinnt aber eine neue, man könnte sagen eine »realistische Bedeutung« zur Zeit des zweiten Septimontium, als die Siedlung sich in 27 Kurien gliederte. Es könnte sich nämlich um Griechen von der Peloponnes handeln, die den Tiber hinauffuhren und römischen Boden erreicht haben, gefangengenommen und vielleicht für zwei Monate in den Kurien

---

[78] Macr. Sat. 1,7,34-35. Zu Tarquinius Superbus als Stifter der Menschenopfer und zu Brutus, der sie abschaffte: Mastrocinque 1988. Vgl. auch § 276.

[79] Macr. Sat. 1,7,31; 1,11; Serv. Aen. 3,67.

[80] Vgl. § 130.

untergebracht wurden, die vielleicht sogar in einer Prozession mitgeführt und schließlich von den Autoritäten des zweiten Septimontium nach dem Modell des Mythos der älteren Argeer im Fluß geopfert wurden, einer je Kurie.[81] Oder es könnte sich um Griechen handeln, die gefangengenommen und dann schlicht aus den Kurien ausgewiesen wurden, während die sie ersetzenden Figuren in den Tiber geworfen wurden. Die Argeer würden in diesem Fall wie Repliken der griechischen Sündenböcke *(pharmakoi)* erscheinen, Fremde, die im Prytaneum untergebracht wurden, dann, damit die Miasmen sich auf sie legen konnten, in der Siedlung herumgeführt und schließlich getötet oder häufig auch nur ausgestoßen wurden, wie es bei den Thargelia in Athen der Fall war.[82] Bei den Thargelia wurde unverdünnter Wein verteilt, es war ein orgiastisches Fest der jahreszeitlichen Erneuerung, das an das Fest der Anna Perenna erinnert, das den Argeern des März unmittelbar vorausging. Bei dem Fest in Athen fand mit der Ausstoßung von zwei Sündenböcken auch eine Reinigungszeremonie statt, was an die Vertreibung des Mamurius Veturius am Tag vor dem Fest der Anna Perenna erinnert und an die Opferung/Ausstoßung der Argeer, die zwei Monate danach stattfand. Die Thargelia wurden mit einem Opfer der ersten Früchte beschlossen, das den Schutz des heranreifenden Produkts des neuen Jahres bewirken sollte, das den Gefahren der Krankheit und der Zeit unterworfen war, was an die primatiale Mahd des Emmers durch die Vestalinnen erinnert, die unmittelbar den Argeern des März vorang.[83]

298. Tötung präkolonialer Griechen im Septimontium? Die ersten Fahrten der Griechen über das Meer, die im Westen nach Metallen suchten, müs-

---

[81] In Dahomey gab es Massentötungen beim Tod des Königs, und jedes Dorf mußte einen Mann und eine Frau als Opfer stellen: Brelich 1966–67.

[82] Die Sündenböcke wurden in Marseille und Abdera getötet: Brelich 1966–67. Sie konnten in einem Boot auf dem Meer ausgesetzt oder direkt oder nach ihrer Verbrennung ins Meer geworfen werden: Versnel 1975; Bremmer 1983; Bremmer 1987. Normalerweise wurden sie ausgestoßen, so bei den Thargelia in Athen. Als es, vor der Entstehung der Stadt, das öffentliche Feuer eines Prytaneums oder der *aedes* der Vesta noch nicht gab, könnten die Feuer der Phratrien oder der Kurien eine ähnliche Funktion gehabt haben. Unter diesem Aspekt wird der Zusammenhang zwischen den Argeern und den Sitzen der Kurien (den dezentrierten »Prytaneen«) besser verständlich, insofern die 27 Fremden dort auf öffentliche Kosten als *pharmakoi* Unterhalt genossen hätten, die völlig rechtlos waren und schließlich geopfert oder verbannt wurden. Siehe auch Gernet-Boulanger 1932; Brelich 1969; Bonnechère 1994.

[83] Die Thargelia beinhalteten: 1. die Verstoßung von zwei Sündenböcken am 6. Tag des gleichnamigen Monats, entsprechend dem 19. Mai (man beachte die Übereinstimmung mit den Argeern des Mai) und 2. Agrarriten (Gabe der Erstlingsfrüchte, Kaprifikation) am 7. Tag dieses Monats, welches der Geburtstag von Apollo war. Es handelte sich um ein zweitägiges Fest, bei dem die Reinigung durch magische Übertragung dazu dienen sollte, die Fruchtbarkeit der Felder, der Tiere und der Menschen an einem besonders empfindlichen Zeitpunkt des Jahres zu stärken und zu schützen (Pestalozza 1930, 1931; Parker 1983).

sen sehr gefahrvoll gewesen sein, und dies nicht nur wegen der Schiffahrt. An den Orten des Übergangs und an den Handelsplätzen des Landes,[84] wo die Sonne untergeht, vertrauten sie sich Hercules an, damit er sie gegenüber den ungastlichen und fremdenfeindlichen Einheimischen, die begierig nach Menschenopfern waren, beschütze. Hercules hatte den Antaios herausgefordert, um ihn daran zu hindern, den Tempel des Poseidon mit Schädeln von Fremden zu schmücken,[85] und er hatte den Faunus getötet, der versucht hatte, ihn zu opfern. Die ersten Zeugnisse griechischer Keramik in Latium und in Etrurien konzentrieren sich um Veji und um Rom und sind in die erste Hälfte des 8. Jahrhunderts zu datieren. Diese Funde zeigen die Verbindung, die zwischen diesen Zentren und den Griechen bestand, die nach Kampanien gelangt waren. Der Fund einer Inschrift in euböischem Alphabet in einem Grab von Gabii – Osteria dell'Osa, datierbar in die Stufe Latiale IIB2 (800-775/770), bestätigt einen solchen Umgang vor der Gründung der Kolonie von Cumae.[86] Es ist diese »vorkoloniale« Zeit, während der wir uns das Eintreffen erster Griechen aus Kampanien vorstellen können, in das wegen der größeren Rückständigkeit seiner Gemeinschaften leicht vorzudringen war.[87] Sie sind wohl den Tiber bis zur Kehre von Veji, dem protourbanen Zentrum, das die etruskischen Mineralressourcen kontrollierte, aufwärts gezogen und machten im Septimontium Halt, dem protourbanen Zentrum, das den bedeutendsten Verkehrsknotenpunkt am Tiber zwischen Kampanien und Etrurien bildete.[88] In einem historischen Kontext dieser Art können wir nun die Wiederaufnahme des Mythos und des Ritus der 27 Argeer ansiedeln. Wir wissen von einem sehr frühen aristokratischen Handel, *prexis*, der alternativ zur Piraterie auf der Suche nach Metall und anderen teuren Waren war und als Schiff den *pentekontoros*, den Kriegs-Fünf-

---

[84] Piccaluga 1974; Mastrocinque 1991; Jourdain Annequin 1992.

[85] Pind. Isthm. 4,52 ff.

[86] La Rocca 1974-75 (ab 775-750); Peroni 1996 (»Fehlen von griechischen Einfuhren für das ... 9. Jahrhundert ... im tyrrhenischen Italien ..., ausgenommen ... das Bruchstück eines Dreifußes aus dem Versteck von Piediluco«); Coldstream 1982 (ab 790-780); Rolley 1983 (ab ca. 800); Delpino 1987 (die Krateren, eine nicht indigene Vasenform, in indigener Keramik würden kulturübernehmende Beziehungen mit der griechischen Welt ab dem Ende des 9. Jh. bezeugen). Siehe auch den Beitrag von G. Colonna in: Bietti Sestieri - De Sanctis - La Regina 1989-90; Bartoloni 1991; Bietti Sestieri 1992a; Coldstream 1994; Ridgway 1994; Maddoli 1996. Zur Inschrift aus Osteria dell'Osa siehe zuletzt Ridgway 1996. Folgte man den Ergbnissen der schweizerischen Dendrochronologie, wäre die Stufe Latiale IIIA in die Jahre 880-810 [810-780] zu datieren anstatt in die Jahre 770-750 [800-750] und die Stufe IIIB in die Jahre 810-750 [780-725] anstatt in die Jahre 750-725. Siehe Bettelli 1994; Bietti Sestieri 1996, Tabelle 8.4; Peroni 1994 und 1996; Pacciarelli i. Dr.; Appendix 2 u. 2a.

[87] Bietti Sestieri 1992a.

[88] Bietti Sestieri 1992a.

zigruderer, verwendete. Diese aristokratischen Händler könnten gut den *principes* der Argeer entsprechen. Wenn die homerischen Helden sich einem fremden Land näherten, waren sie besorgt zu erfahren, ob die Einheimischen *philoxenoi* waren oder nicht.[89] Die Achtung gegenüber den Fremden von seiten der Einheimischen hing vom Respekt ab, den sie für deren Götter hegten. Die Weigerung, im Fremden einen Gast zu sehen, konnte die Gefangennahme, den Tod oder die Ausstoßung zur Folge haben. Das könnte vermuten lassen, daß das Opfer oder die Vertreibung (= symbolisches Opfer) der 27 Argeer stattgefunden hat, bevor der kosmopolitische Kult des Hercules an der Anlegestelle des Aventin gegründet worden war, als noch der feindliche Geist des Faunus das Verhalten der *patres* des protourbanen Zentrums des Septimontium prägte.[90]

299. Die Gründungszeremonie des ersten Synoikismos. Beim Vergleich zwischen den Argeern auf römischem Boden und den Sündenböcken der griechischen Siedlungen bleibt ein letztes Element zu betrachten. Die Zeremonie der Sündenböcke stellt einen Ritus nicht nur der Reinigung, sondern auch des Sieges und der Angliederung dar. Die gereinigte Gemeinschaft geht, behütet vor dem Bösen, siegreich und gestärkt im Zusammenhalt und

---

[89] Hom. Od. 6,121; 9,176; 13,202 (Mele 1979).

[90] Der Befreiungsprozeß von der mit Monstern bevölkerten wilden Welt durch Kulturheroen dürfte ein langwährender Prozeß gewesen sein und darf nicht ausschließlich mit der Gründung der Stadt zusammenfallend gewertet werden. Es ist deshalb schwierig, die Befreiung des römischen Territoriums vom Ungeheuer Cacus zu datieren, da es nicht gesagt ist, daß es ursprünglich Hercules war, der ihn tötete. Es ist jedoch wahrscheinlich, daß der erste Kult des Hercules am Fuße des Aventin nicht lange nach der Gründung des zweiten Septimontium und wohl nicht lange vor der Gründung der Stadt durch Romulus eingeführt worden ist (unter Würdigung der Vorgabe der Überlieferung, die darin einen Kult sah, der älter war als die Stadt). Zum Zusammenhang zwischen Hercules und der Kolonisierung von Cumae: d'Agostino 1995; zur Darstellung des Hercules und Cacus (nicht Geryon) auf der Pyxis der Pania: d'Agostino 1991. Auf dem »Buckel-Krater« aus Caere ist die von Neoptolemos getragene Polyxene dargestellt, die über dem Grab des Achilles geopfert werden soll (Fischer Hansen 1976; Menichetti 1994). Vom Stufenaltar erhebt sich ein monströses Wesen mit einem Schlangenhals (und -körper?) und einem menschlichen Kopf, gekennzeichnet durch einen langen Spitzbart, und streckt die Arme aus, um die als Opfer dargebrachte Frau im Jenseits zu empfangen. D'Agostino 1995 hat es als ein »Wesen in der Gestalt eines Ziegenbocks« beschrieben. Der Autor interpretiert das Opfer der Frau als Gegenstück zur Opferung des Stieres, die auf derselben Vase dargestellt ist (bei beiden Darstellungen sind die Altäre identisch). Das ikonographische Programm wird von Hercules bestimmt, dem Kulturheros, der die Menschenopfer abschafft, die die fremdenfeindlichen indigenen Häuptlinge praktizierten. In der monströsen Gestalt kann man vielleicht einen autochthonen und chthonischen Dämonen sehen, von der Art des Faunus, der sich in Gestalt einer Schlange (und auch eines Ziegenbocks) zeigte und den wir als Menschenopferer kennen. Zum Widerstand gegenüber den Griechen von seiten der protourbanen Zentren, die die Ansiedlung griechischer Kolonien in Latium und in Etrurien verhinderten: Peroni 1996.

in der Identität hervor.[91] Im Licht dieser Überlegung und der schon dargelegten Ausführungen kann man die Hypothese aufstellen, daß das Ritual
der 27 Argeer, als es zum ersten Mal gefeiert wurde, nicht nur den Zweck
hatte, zu heiligen, zu sühnen und zu reinigen, sondern daß es auch und vor
allem um die Gründung eines neuen Verbundes der Gemeinschaften und
die Vereinigung der Siedlung ging, also um den ersten Synoikismos oder
das zweite Septimontium.[92] Jede Gründung wurde als ein Akt der Gewalt
gesehen, die den Geistern der Orte angetan wird, die vorher eine andere
Ordnung der Bezirke und eine andere Organisation der Gemeinschaft aufrechterhalten hatten, weshalb es notwendig war, die Rache jener Geister zu
neutralisieren und durch Opfer ihre entschädigende Zustimmung zu erhalten.[93] Die frühesten Bewohner, Eigentümer und Häuptlinge des Gebietes von
Rom waren die erste Herrin des Landes, die Mutter der Laren – erinnern wir
uns an ihre Beziehung zu Terra – Maia – Ops – Fauna – Vica Pota/Victoria[94] –
und die Laren selbst, die seit Faunus nach Menschenopfern begierig waren.[95]
Sie waren die Dämonen, die man sich in Momenten großer Veränderung
gewogen machen mußte. In dieser Perspektive verhalten sich die *feriae* des
Septimontium, das Oktoberpferd und die Agonia, die die Teil-Synoikismen
feierten, zu den ersten *montes* und *colles* auf römischem Boden so, wie sich
das Ritual der 27 Argeer, die Feier des ersten allgemeinen Synoikismos, zu
den 27 *curiae* der großen protourbanen Siedlung verhält. Es ist dann ganz
natürlich, die erste Feier der 27 Argeer mit der Datierung der Gründung
Roms am Ende des 9. Jahrhunderts zu verbinden, oder besser der Gründung
der vereinten Siedlung Roms zur Zeit des zweiten Septimontium, die von
Timaios überliefert wird, die im Gegensatz steht zur Datierung der romuleischen Gründung Roms im dritten Viertel des 8. Jahrhunderts. Timaios hatte
die Nachricht einer so frühen Gründung aus Lavinium übernommen, und
er gibt sie in den Begriffen einer Synchronie mit der (protourbanen) Gründung von Karthago, datiert auf 813, weiter.[96] Dies vorausgeschickt, versteht
man besser, warum Varro, der die *loca* Roms beginnend mit ihrer frühesten
Organisation beschreiben wollte – d. h. vom Septimontium ab, von dem er
wußte, daß es der Gründung Roms durch Romulus vorangegangen war –, als

---

[91] Bremmer 1983, Anm. 84 (zur *circumambulatio*). Beim zweitägigen Fest der Thargelia feierte
man in Athen auch die großen Siege über Troja und über die Perser.
[92] Versnel 1975 hat das *sacrificium lustrale* als eine Reinigungs- und Vereinigungszeremonie interpretiert, im Bezug auf die Vereinigung der Albaner und der Römer, die mit einem Menschenopfer, der Vierteilung des Mettius, beschlossen wurde: Liv. 1,28 (Masson 1950; Ogilvie 1961).
[93] Hartland 1913. Vgl. auch § 291.
[94] Vgl. §§ 136 ff.
[95] Vgl. § 130.
[96] Vgl. § 267, Anm. 15.

Denkmäler, die ihn führen sollten, eben die Heiligtümer der Argeer gewählt hat. Sie stellten nämlich nicht nur den letzten überbleibenden Rest der ältesten Bezirke der Siedlung dar, sondern auch die Stationen der bedeutendsten Reinigungszeremonie am Jahresbeginn der vorromuleischen Siedlung, die über Jahrhunderte erhalten blieb. Die in der frühen Königszeit erneuerten Lupercalia und dann der Triumph im Zeitalter der Tarquinier waren grundsätzlich *lustrationes* um den Palatin, den Verbund der zwei *montes*, der die besondere Weihe erhalten hatte, den zentralen Kern der sich formierenden Stadt darzustellen. Aber diese *amburbia* reinigten, *pars pro toto*,[97] das dominierende Zentrum der sich formierenden Stadt, sie erreichten aber nicht die einzelnen Bezirke der Siedlung, wie es die größere und ältere Lustration der Siedlung auf römischem Boden machte, die der Inauguration des Palatin vorangegangen war. Vielleicht war eben dieses der Grund, daß die Zeremonie fast drei Jahrhunderte später aufgewertet und erneuert wurde. Servius Tullius wollte nämlich nicht eine neue *lustratio* in der Art des *amburbium* einrichten, die dem neuen einheitlichen Verlauf seiner Mauern und seines Pomeriums gefolgt wäre. Er erneuerte vielmehr die protourbane *lustratio*, gerade weil sie gleichmäßig die gesamte Siedlung einbezog, die zu seiner Zeit jetzt insgesamt inauguriert war, beließ es aber dabei, daß der Triumph und die Lupercalia das Gedächtnis des frühesten *amburbium* der Gründung bewahrten, das sakral fest umschrieben war und nie erweitert wurde. Die Lustration der Argeer hatte wahrscheinlich die Besetzung der Täler, die Reorganisation der Kurieren und die folgende Verschiebung der Nekropolen zur Voraussetzung, so wie dann die Purifikation des Epimenides, gut drei Jahrhunderte nach Rom, die Entfernung der Nekropolen aus der Siedlung in Athen voraussetzt (siehe unten, 4. Teil). Die Zeremonie der Argeer ist also ein Argument von beträchtlichem Gewicht zugunsten der Einheit der protourbanen und proto-staatlichen Systeme der Kurien, die von den *vici* und den *pagi* des *ager* deutlich unterschieden sind.

300. Gründungszeremonie und Neujahr. Für die Gründung des großen vereinten protourbanen Zentrums wurde als geeigneter Platz im Festkalender Neujahr gewählt. Der Ritus der Argeer begann nämlich am 16. März, in offensichtlicher Verbindung mit dem 15. März, dem Fest der Anna Perenna und dem Neujahr des romuleischen Kalenders, was die Folgerung erlaubt, daß auch das protourbane Neujahr auf eben diesen Tag gefallen sein dürfte. Rom wird dann nicht am ersten Tag des mit dem 15. März beginnenden

---

[97] In Gubbio wurden die Auspizien auf der Akropolis genommen, sie wurde gereinigt und mit ihr die ganze Stadt: Coli 1958. Analog dazu hatte die Lustration des Palatin eine indirekte Wirkung auf die gesamte Siedlung.

Jahres gegründet, sondern an einem ersten Tag des »Hirtenjahres«, das am
21. April beginnt, an dem Tag, an dem die Geburt der Ziegen und der
Lämmer gefeiert wurde, wahrscheinlich mit einem Rückgriff auf die weit
zurückliegende präurbane Vergangenheit. Für das Rom des Servius Tullius
ist Neujahr der erste Tag des Januar, des ersten Monats des Sonnenjahres,
der vielleicht im Zusammenhang mit der Neugründung der Stadt, deren
Pomerium auf alle Kurien erweitert wurde, und mit der Erneuerung des auf
zwölf Monate erweiterten Kalenders so genannt wurde. Es ist kein Zufall,
daß die Compitalia, das Fest der *vicinitates*, die die servianische Erneuerung
der ältesten Feste auf territorialer Basis darstellen, zwischen dem ersten Tag
des Monats Januar und dem Fest des (Ianus) Quirinus Indiges zu liegen
kamen.[98] An den ersten Tagen des Jahres, die auch die Tage der Gründungen
sind (21. April, hypothetische aboriginisch-albanische Gründung des Cermalus; 15. März, Gründung des zweiten Septimontium; 21. April, Gründung
Roms; 1. Januar, Neugründung Roms), wacht über die Siedlung auf römischem Boden an erster Stelle eine weibliche Gottheit – die Herrin des
Cermalus, Mutter der Vorfahren der Römer, Göttin der Königsherrschaft,
des Sieges, der *ovatio* und der Zeugung (Terra-Maia/Ops-Fauna/Pales[99]-Vica
Pota/Victoria). Sie schützt die Siedlung, mit Hilfe ihrer Söhne, der Dämonen, der göttlichen Könige und Laren Picus, Faunus, Latinus und Romulus,
deren Vater oder Großvater Mars ist, der Gott des März, des ersten Monats
des Jahres.

301. Die Entfaltung der Neujahrsfeste und die Eltern der Laren. Wenn
das präurbane Neujahr wirklich im April war, verbunden mit Pales und
Faunus,[100] dann stellt das protourbane Neujahr im März, verbunden mit
Mars, eine Zäsur mit der vorangegangenen Zeit und ein Grundmodell für
die Theologie der Latiner dar. Der große Befruchter, der das Jahr beginnen
läßt, ist dann nicht mehr der *lupus / sacer hircus* Faunus, ein Gott der Unterwelt, aber auch der Weisen, der das Vieh, die Ziegen, die weiblichen Feigen
und die Frauen befruchtet – vielleicht die Zeiten spiegelnd, in denen die
Aufzucht des Viehs das Schicksal der führenden Gruppen bestimmt hatte –,
sondern Mars, der Vater der Menschen, der Rinder und des Getreides, mehr
pflügender Ackerbauer als Hirte – wahrscheinlich das erste Familieneigentum an Land spiegelnd. Die große fruchtbare Mutter und Ernährerin, Herrin des Landes und des Sieges, ist dann nicht mehr Fauna/Pales/Rumina/
Feronia, die unterirdische und wilde *(silvia)* Göttin der Wölfinnen, aber

---

[98] Vgl. §§ 307 ff. Zum Neujahrsfest: Burkert 1970 und Bremmer 1983.
[99] Zur Verbindung zwischen Pales und Anna Perenna vgl. §§ 289, Anm. 42; 137, Anm. 99.
[100] Vgl. §§ 128 und 138.

auch die für die Weiden zuständige und gute *(bona)* Göttin der Ziegen und der weiblichen Feigen, sondern Ops, die Göttin, die in der in die Erde, auf der auch die Siedlungen gegründet werden, gegrabenen Grube das Getreide bewacht, die Grundnahrung der Gemeinschaft. In dieser Sicht erscheinen Mars und Ops wie eine erneuerte Ausgabe des Vaters und der Mutter der Laren, die die Zeugung und die menschliche Organisation, die Zeit und die Siedlung lenken. Das bedeutet nicht, daß Mars und Ops in der proto-urbanen Zeit geschaffen worden wären, sondern daß sie damals zu Protagonisten der genannten Funktionen wurden. Aber diese erneuerte Ausgabe schließt allerdings auch die vorhergehenden Ausgaben in sich ein, weshalb Faunus-Mars (die männliche Entsprechung von Fauna-Ops = Silvia Rea) als Vater/Großvater (anstelle des Stercutus) des Picus-Faunus-Latinus und Fauna-Ops als Mutter des Picus-Faunus-Latinus erscheinen kann.[101] Am Ende dieser Hypothesenreihe ist wohl offensichtlich, wie schwierig es ist, in der Theologie der Latiner zwischen struktureller und diachronischer Komplexität und Zweideutigkeit zu unterscheiden, die beide gegenwärtig sind, aber immer eng untereinander verflochten, weshalb die Darlegung einer Architektur oder einer Sequenz dieser spirituellen Welt immer ein ebenso schwieriges wie unsicheres Unterfangen ist. Wer in der Wirklichkeit, die der Stadt vorausgeht, nur eine primitive Unordnung sieht, die durch die plötzliche Errichtung der urbanen Ordnung magisch verschwindet, wird über solche Rekonstruktionen nur lächeln können. Wir aber sehen, ganz im Gegenteil, eine Ordnung, die immer mehr voranschreitet und sich immer bewußter wird, bevor die Stadt gegründet wird, oder, wenn jemand dies vorzieht, wir sehen Ordnungen unterschiedlicher Art, einfachere und komplexere, die einander überlagern in der langen Dauer, in deren fruchtbarer Stratifikation die Wurzeln der Stadt und des Staates sich ausbreiten.

302. Die Prozession der Argeer und die »loca« der protourbanen Kurien (vgl. Abb. 31). Die Rekonstruktion der Verteilung der Kapellen der Argeer auf die vier *tribus/regiones* des Servius Tullius, ihrer Lokalisierung in der Siedlung, der entsprechenden Lustrationsprozession und der drei *tribus* vor Servius Tullius erfordert eine detailliertere und komplexe Untersuchung, für die wir auf einen weiteren Text verweisen.[102] Hier soll es genügen daran zu erinnern, daß die administrative Aufteilung der Kapellen auf die vier *tribus* des Servius aufs Ganze gesehen, aber nur teilweise, das ursprüngliche Schema und den Ablauf der Prozession aufgreift, wobei eine Reihe von Änderungen und Anpassungen vorgenommen wurde, um die 27 Kapellen

---

[101] Vgl. §§ 136–137, für die dieser Paragraph eine Ergänzung und Vervollständigung ist.
[102] Vgl. Addendum VI.

möglichst gleichmäßig auf die vier *regiones* aufzuteilen. Mit der Reform des
Servius Tullius wurde es nötig, vom harmonischen System der drei Gruppen von neun Kurien, für jede der drei ursprünglichen *tribus* eine Gruppe,
überzugehen zu einer unharmonischen Gruppe von sechs Kapellen für die
regio I und drei Gruppen von sieben Kapellen für die *regiones* II, III und IV
(wobei eine Rückkehr zur »magischen« Zahl Sieben zu beobachten ist). Es
wurden damals folgende Änderungen vorgenommen: 1. Die Kapellen der
Subura und des südlichen Fagutal (= Carinae) wurden von der Velia (*regio* IV)
getrennt und mit dem Caelius (*regio* I) verbunden; 2. zwei frühere Kapellen
des Viminal wurden wahrscheinlich in den Cispius übernommen; 3. der
ursprüngliche Kern des Trimontium (Palatium, Velia, Cermalus), der früher als Einheit betrachtet wurde (man beachte das enge Band zwischen der
Kurie 26 der Velia und der Kurie 27 des östlichen Palatium), wird getrennt in
Palatium/Cermalus (die von Romulus inaugurierten *montes*) und die Velia.
Diese Änderungen schufen in der archaischen Zeit keine Probleme, da nunmehr die Gliederung der Stadt in Kurien, als Bezirke verstanden, überwunden und die Gliederung in *compita* und *vicinitates* an ihre Stelle getreten
war. Von den Änderungen einmal abgesehen, sind die vollständige Zahl der
27 Kapellen, die von Varro überlieferte Lokalisierung von 13 davon (kannte
man die Position der anderen 14 nicht mehr?) und die Identifikation der
26. Kapelle (also der vorletzten der Prozession) fundamentale Daten, die im
Wesentlichen unversehrt aus der frühen Eisenzeit auf uns gekommen sind;
vereint mit weiteren Daten, die verändert wurden, aber als Wasserzeichen
noch lesbar sind, bieten sie die Möglichkeit, in allgemeinen Linien die verlorenen Lokalisierungen der anderen Kurien/Argeer, deren ursprüngliche
administrative Dreiteilung und ihre Abfolge in der Prozession zu rekonstruieren. Es genügt, in die protourbane Zeit und in die frühe Königszeit
zurückzugehen, und alle Widersprüche, von denen die Schicht der späten
Königszeit und der republikanischen Zeit der Zeremonie durchtränkt ist,
heben sich auf und münden in eine vollkommene Harmonie. Die älteste
und umfassendste *lustratio* der Siedlung auf römischem Boden ist auf folgende Weise strukturiert. Die *lustratio* des ersten Septimontium wird zur Zeit
des zweiten Septimontium in zwei Hälften geteilt – septimontiale Hinzufügung einerseits und Quinquimontium andererseits –, und zwischen diese
beiden Hälften wird die *lustratio* der *colles* eingefügt. In dieser Sicht erscheint
der erste Synoikismos, wie wir schon angedeutet haben, als Absorption eines
Drittels der Siedlung, die früher unabhängig war, durch die anderen zwei
Drittel. Das Bild, das einem einfällt, wenn man das des würgenden Wolfs
Faunus Lupercus aufgreifen will, ist das Bild von zwei Kiefern des Septimontium (die zwei Gruppen der neun Kurien) die das System der fünf *colles*

(gegliedert in eine Gruppe von neun Kurien) als Happen verschlingt. Das Ergebnis dieser Rekonstruktion ist von erheblicher Bedeutung.[103]

303. 27, 9 und 3: vom Ritual der Argeer zum protourbanen Kalender. Die Zeremonie der Argeer ist nicht zu verstehen, wenn man nicht der Frage auf den Grund geht, warum es gerade 27 Kapellen und Figuren sind. Diese Zahl ergibt sich aus der Verdreifachung der Neun ($3 \times 9 = 27$), einer Zahl von offensichtlich sakraler Bedeutung,[104] die außer in der Gliederung des Raumes der Siedlung in *tribus* und *curiae* in der Gliederung der Zeit ihren Grund hat, genauer im Mondumlauf, auf dem diese Gliederung beruht. Für die Erörterung dieser Frage haben wir glücklicherweise eine alte und unübertroffene Studie von Wilhelm H. Roscher zur Verfügung, der eine Woche von 9 Tagen und einen Monat von 3 Wochen rekonstruiert hat, das sind insgesamt 27 Tage, eine Gliederung, die übrigens den Alten wohlbekannt war.[105] Nach Macrobius braucht der Mond wenig mehr als 27 Tage, um den Zodiakus zu durchschreiten, allerdings braucht er fast 30 Tage, um die Sonne wieder zu erreichen, von der er ausgegangen war.[106] Es handelt sich um den

---

[103] Vgl. §§ 222, 258, 268.

[104] Varro bei Arnob. nat. 3,38–39: »Varro führt an, daß die Novensides neun sind, weil diese Zahl immer als die stärkste *(potentissimus)* angesehen wird und als die größte *(maximus)*, um die Dinge in Bewegung zu bringen *(in movendis rebus)*«.

[105] Roscher 1903 (mit Sachregister). Siehe auch Roscher 1906 und 1909; Thomson 1943. In den 1920er Jahren versuchte W. Schultz die Zeitrechnung und die kosmische Ordnung bei den verschiedenen Völkern indogermanischer Sprache zu rekonstruieren. Seiner Meinung nach fänden sich in den »indoeuropäischen« Kalendern Spuren eines ursprünglich reinen, »protoindoeuropäischen« Mondkalenders, bei dem der Monat mit den mondlosen Nächten begonnen habe, die in den Veden die »drei dunklen« genannt werden, und der restliche Teil des Monats von 27 Tagen sei in drei Abschnitte von 9 Tagen aufgeteilt worden. Hieraus leite sich der sakrale Charakter der Neun und der Drei bei Griechen und Römern ab. Das Auftauchen der heiligen Zahlen Sieben und Zwölf sei später, bedingt durch mesopotanischen Einfluß. Zur Frage siehe Brelich 1954–55, der beobachtet, daß die Drei und die Neun auch in nicht-indoeuropäischen, primitiven, ägyptischen und mexikanischen Kontexten vorkommen (wie die in den frühen Dynastien dokumentierten ägyptischen Triaden und Enneaden).

[106] Macr. somn. 1,6,49 ff.: »Der Mond durchläuft den Tierkreis vollständig in ungefähr 28 Tagen. Tatsächlich ist es so, obwohl er 30 Tage braucht, um in Konjunktion mit der Sonne zu treten, scheint er dennoch zirka 28 Tage, um den Kreis des Zodiakus zu vollenden. In der übrigen Zeit erreicht er die Sonne, die sich von dem Punkt entfernt hat, wo sie ihn zurückgelassen hatte ... Nehmen wir also an, die Sonne habe sich im ersten Teil des Widders befunden, als der Mond diesen Kreis verlassen hat, ... also aufgegangen ist. Nach 27 Tagen und ca. 8 Stunden kehrt der Mond in den ersten Teil des Widders zurück, findet dort aber die Sonne nicht: Sie ist nämlich in der Zwischenzeit, aufgrund des Gesetzes, das die Bewegung regelt, weitergezogen. Deshalb glaubt man, der Mond sei noch nicht zu dem Punkt zurückgekehrt, von dem aus er aufgebrochen war, weil ihn damals unsere Augen nicht vom ersten Teil des Widders aus haben weiterziehen sehen, sondern von der Sonne, die er dann in den folgenden Tagen erreicht, was mehr oder weniger zwei sind. In diesem Moment, in dem er sich mit ihrer Umlaufbahn trifft und von neuem von ihr ausgeht, sagt man wiederum, daß er aufgeht.« Macrobius sagt dann,

Monat, der auf der Grundlage des vollständigen Umlaufs des Mondes über den Himmel mit Bezug auf die Sterne berechnet wird, also auf den Zodiakus,[107] und nicht mit Bezug auf auf die Sonne oder die Erde.[108] Die Differenz zwischen diesen beiden Typen des Monats, der eine mit 27 Tagen (»sideraler« oder »tropischer« Monat) und der andere mit 30 Tagen (»synodischer« Monat genannt), besteht in drei Tagen, in denen der Mond nicht sichtbar ist, von den Alten *interlunium* oder *intermenstruum* genannt,[109] wenn der Mond sich auszuruhen scheint, bevor er den neuen Umlauf beginnt (auch der Kalender der frühen Königszeit kannte eine Ruhepause von 20 Tagen zwischen zwei Jahreszyklen, zwischen den Terminalia des Dezember und dem Neujahr im März).[110]

304. 27, 9, 3 bei den Griechen. Bei Homer und Hesiod überwiegt die Woche von 9 Tagen gegenüber der mit 7 Tagen, und diese ursprüngliche Einteilung der Zeit findet sich in einer unendlichen Reihe der Zahlen 9 und 27, die in den Mythen, den Riten, im Aberglauben und in den Zeitperioden begegnen, die die Griechen seit ältester Zeit kennen (9 Jahre für den Krieg um Troja und für jugendliche Initiationen usw.). Der Monat gliederte sich also in 3 Wochen zu 9 Tagen, die erste Woche des hervortretenden Mondes, die zweite des vollen Mondes und die dritte des schwindenden Mondes.[111] In der Woche des vollen Mondes fanden in Sparta die Karneia statt, ein Fest, das neun Tage dauerte, während die Frauen in der Woche des schwin-

---

daß die 28 aus der Sieben hervorgeht. Es handelt sich offensichtlich um eine andere Auffassung des Monats, die zwar ebenfalls auf der Beziehung von Mond und Sternen beruht, aber mit 28 statt mit 27 Tagen (man beachte oben die »ca. 28 Tage«), wodurch der Monat in vier gleiche Teile (in vier Mondphasen) von sieben Tagen oder Wochen teilbar wird. Vgl. auch Plin. nat. 2,44; Gell. 3,10,6; Gemin. 1, S. 12, 30 Man. Nach Nilsson 1920 würde sich der siderale Monat nicht auf die Kalender auswirken.

[107] Die Inder unterschieden 27 Mond-»Häuser«, entsprechend den verschiedenen Konstellationen, in denen der Mond in den 27 Nächten, in denen er zu sehen ist, aufgeht: Brelich 1954-55.

[108] Der »siderale« Monat dauert 27 1/3 Tage, um die Sternenkonstellation wieder vorzufinden, die zu Beginn vorlag, während der »synodische« Monat 27 1/2 Tage dauert, um zur gleichen Position im Vergleich zur Erde und zur Sonne zurückzukehren (Abetti 1934).

[109] Plin. nat. 2,44: »Dann, nachdem er sich zwei Tage in Verbindung mit der Sonne aufgehalten hat, vom 30. Tag spätestens an, bricht er wieder zu dem üblichen Umlauf auf.« Es handelt sich um die drei dunklen, also mondlosen Nächte der Veden: Brelich 1954-55, der meint, die Griechen hätten die Enneaden möglicherweise von den Ägyptern übernommen. Zeitabschnitte von neun Tagen würde man auch im alten keltischen Kalender finden: Phelps 1955.

[110] Vgl. Addendum VIII.

[111] Die Tatsache, daß Hekate am Ende des Monats verehrt wird, läßt vermuten, daß man sich die mondlosen Tage am Ende dieses Zeitabschnittes vorgestellt hat: Mikalson 1975. Die Athener hätten für die Reinigungsriten den 18. und 19. Monatstag bevorzugt (das Ende der zweiten und den Beginn der dritten Enneade): Parker 1983.

denden Mondes an den Kreuzungen der Hekate opferten.[112] Verschiedene Organisationen der Gemeinschaft griffen in Griechenland auf die Struktur des sideralen Monats zurück. Neun *edrai* (eine Art Tribus?) zu je 500 Männern (insgesamt also 4500 Männer) hatten, nach der *Odyssee*,[113] am Strand von Pylos neun Stiere geopfert. In Sparta wurden bei den Karneia neun Zelte aufgebaut, ein Zelt für jede der neun Nonen *(enastai)*, drei Nonen für jede der drei Tribus, und in jedem Zelt nahmen neun Männer am Mahl teil, drei Männer für jede Phratrie, es gab also drei Phratrien in jeder None, neun Phratrien in jedem Tribus und 27 Phratrien insgesamt ($3 \times 9 = 27$).[114] Auch die Organisation Athens basierte auf der Berechnung der Zeit: vier Tribus, wie die vier Jahreszeiten; die Tribus waren in drei Teile geteilt, was 12 Phratrien ergab, wie 12 Monate des Jahres; die 12 Phratrien umfaßten 30 *gene*, und jedes *genos* bestand aus 30 Personen, wie die Tage des Monats, insgesamt waren es 360 *gene*, gleich der Zahl der Tage des Jahres, und 10 800 Personen.[115]

---

[112] Thomson 1943, weniger analytisch als Roscher 1903. Auf Lemnos wurde das Feuer des Hephaistos alle neun Jahre für neun Tage gelöscht, für eine generelle Reinigung der Insel: Philostr. Her. 232 Boisonnade (Burkert 1970). Der König Minos zog sich alle neun Jahre in die idäische Höhle auf Kreta zurück: Hom. Od. 19,178 ff. (Faure 1973). Pythagoras zog sich drei Mal neun Tage in die Höhle von Ida zurück: Porphyr. vit. Pyth. 17. Alle neun Jahre schickten die Athener einen Tribut von Kaben und Mädchen zu Minos: Plut. Thes. 15. Alle neun Tage wurden die spartanischen Könige von den Ephoren bestätigt: Plut. Agis 11. Die Verwandlung der Arkader in Wölfe dauerte neun Jahre: Paus. 8,2,6; Aug. civ. 18,17. Neun *aisymnetai* leiteten einen Tanz: Hom. Od. 8,258 ff. Neun *hellanodikai* überwachten die Olympischen Spiele: Paus. 5,9,5. Es gab neun jährliche Archonten, neun Musen und neun *kouretes* (Strab. 10,3,22). Neun Knaben und neun Mädchen nahmen an der Prozession teil, bei der Zeus Sosipolis in Magnesia am Mäander ein Stier geopfert wurde. Neun Tage wurde Bellerophontes in Lykien gefeiert: Hom. Il. 6,174. Neun Tage lang irrte Demeter auf der Erde umher: Hom. h. 2,51-52. Zum großen Mondjahr von acht Jahren: Lévêque 1973.

[113] Hom. Od. 3,5 ff.

[114] Athen. 141f (Huxley 1962). Nach Hammond 1950 wären den drei genetischen Tribus, denen drei Gruppen von neun Phratrien entsprochen hätten, fünf residenziale Tribus gefolgt, basierend auf fünf *obai* oder Stadtvierteln von Sparta (man beachte auch die fünf *lochoi* des Heeres). Auch auf Kos war eine ähnliche Organisation bezeugt: Dort wurde dem Zeus Polieus ein Stier geopfert, ausgewählt aus 27 Stieren, die von den drei Tribus angeboten wurden, ein Stier pro Phratrie: SIG, 1025. Die 27 Phratrien von Sparta und von Kos erinnern an die 27 Kurien des zweiten Septimontium. Die 27 begegnet als Periode, etwa wenn Nikias dreimal neun Tage abwartet: Thuk. 7,50,4.

[115] Aristot. Ath. pol. fr.5. Guarducci 1937 hat die politische Numerologie der Griechen nicht verstanden, während Coli 1958 sich ihrer perfekt bedient. Vgl. auch §§ 198, Anm. 75; 314, Anm. 11; 315, Anm. 12. Nach Palmer 1970 wären die 30 romuleischen Kurien eine späte Ableitung von der politischen Theorie der Griechen, es ist jedoch möglich, daß die Latiner seit der frühen Eisenzeit den Griechen ähnliche numerologische Symmetrien pflegten. Zur politischen Anwendung des Dezimalsystems in Athen: Lévêque – Vidal Naquet 1964.

305. 27, 9 und 3 bei den Römern. Auch bei den Römern werden die Zahlen 9[116] und 27 in den Riten und in den Bräuchen fast schon zwanghaft wiederholt, wahrscheinlich ein Erbe der protourbanen Zeit. Man denke an die *nonae*, an die *nundinae*, an die *Feriae Sementivae*, die an zwei Tagen gefeiert wurden, die sieben Tage auseinanderlagen, was insgesamt neun Tage ergibt, an die *dies parentales*, die an den neun Tagen zwischen dem 13. und 21. Februar gefeiert wurden, an die *Compitalia* und an andere *feriae conceptivae*, die neun Tage zuvor angekündigt wurden,[117] an den Bündnisvertrag, der in Lavinium neun Tage nach den Feriae Latinae gefeiert wurde,[118] an die *sacra nonalia*,[119] an das *novendiale sacrum*,[120] an die *novenae*,[121] an die *feriae* und die *ludi novendiales*,[122] an die Begräbnisfeiern mit *sacrificium novendiale*, die am neunten Tag nach dem Tod abgehalten wurden,[123] an die Formel der Lemuria, die vom *pater familias* neunmal wiederholt wird, wobei er neunmal Bohnen hinter sich wirft,[124] an den *dies lustricus* oder neunten Tag nach der Geburt, an dem die Kinder gereinigt wurden und ihren Namen erhielten,[125] an die *bis noveni anni*,[126] an das *ter noviens cantare*[127] und an die Chöre, die von *tres novenae* Jugendlicher gebildet wurden.[128]

[116] Varro ling. 9,86ff.: »regula est numerus novenarius«.
[117] Michels 1967.
[118] Dubourdieu 1989.
[119] Varro ling. 6,28.
[120] Liv. 1,31,4; 39,22.
[121] Stat. Silv. 1,2,4.
[122] Varro ling. 17,48; Serv. Aen. 5,64.
[123] Serv. Aen. 5,64; Porph. Hor. ep. 17,48. Es sei auch an Novenen erinnert, die dem Ableben der Päpste folgen.
[124] Ov. fast. 5,435 ff.
[125] Macr. Sat. 1,16,36 (Brind'Amour–Brind'Amour 1975).
[126] Mart. 10,24.
[127] Varro rust. 1,2,27; Ov. met. 14,56 (Circe verfaßt einen Zaubergesang, den sie dreimal neunfach murmelt).
[128] Liv. 27,37,7 (drei Novenen von Jungfrauen), 37,3,6 (wo Chöre von neun Einheiten auf zehn Einheiten gebracht wurden); Zos. 2,5. Im Fall von Vorzeichen richtete man in Rom ein *novendiale* ein, bei dem drei Gruppen von neun Jungfrauen durch die Stadt tanzend ein Lied zu Ehren der Iuno Regina sangen. Im Jahre 207 war das Lied von Livius Andronicus geschrieben worden, und während die Jungfrauen es, zu Gast im Tempel des Iuppiter Stator, erlernten, fuhr auf den Tempel der Iuno Regina auf dem Aventin ein Blitz nieder; daraufhin wurden 25 Matronen auf das Kapitol einberufen (es dürfte sich eher um 27 Matronen gehandelt haben, in Symmetrie zu den 27 Jungfrauen) und dazu aufgefordert, der Iuno Regina eine Opfergabe und ein Opfer darzubringen; es wurde auch ein Hermaphrodit im Meer geopfert (Casson 1943). Diese Art von Sühneriten könnte auf eine sehr frühe Zeit zurückgehen. Man beachte im eben erwähnten Ritual die Wiederkehr der Drei, der Neun und der 27, wie im Fall der Argeer. Es kann vermutet werden, daß ursprünglich 27 Jungfrauen ausgewählt wurden, eine pro Kurie, die in Novenen aufgeteilt, also in drei Gruppen gegliedert wurden, die schon den drei *tribus* entsprochen haben könnten (siehe weiter unten), und daß die drei *novenae* von Jungfrauen ein Lied

306. 8 Tage auf den Feldern und am 9. Tag in der Stadt bei Etruskern und Römern. Zur Rekonstruktion des ältesten Kalenders der Römer sind folgende Textabschnitte von fundamentaler Bedeutung: 1. »Nach dem Neumond mußten die Landbewohner am Tag der Nonen in der Stadt zusammenkommen und vom Rex Sacrorum die Gründe für die Festtage entgegennehmen und das Wissen empfangen, was in diesem Monat zu tun sei ... Ähnlich gab es auch bei den Etruskern mehrere Nonen, insofern sie alle neun Tage dem König die Ehre erweisen und in ihren Angelegenheiten um Rat fragten.«[129] 2. »Am gleichen Tag (an den Nonen) kam das Volk, das auf dem Lande wohnte, beim König in der Stadt zusammen. Spuren dieser Vorgänge sind bei den Opfern an den Nonen auf der Arx zu erkennen, weil dann der König dem Volk ankündigt, welches die ersten Feiertage des laufenden Monats sein werden.«[130] 3. »Einige schreiben den Ursprung der *nundinae* dem Romulus zu; ... Dio Cassius sagt jedoch, Servius Tullius habe die *nundinae* eingerichtet, damit die Landbewohner in die Stadt kämen, um ihre städtischen und ländlichen Angelegenheiten zu regeln ... Geminus sagt, ... der größte Teil des Volkes würde im Gedächtnis an Servius Tullius ihm alle neun Tage ein Totenopfer darbringen ... Rutilius schreibt, die Römer hätten die *nundinae* eingerichtet, damit die Bauern acht Tage Landarbeiten verrichteten und am neunten Tag nach Rom kämen, zum Markt und zur Kenntnisnahme der Gesetze.«[131] Aus diesen Stellen geht hervor, daß seit sehr früher Zeit die Etrusker und die Latiner, zumindest im Umkreis Roms, ursprünglich drei mal acht Tage im Monat auf den Feldern arbeiteten und auf jeden dieser Zeitabschnitte ein Tag (drei im Monat) folgte, an dem sie in das Zentrum kamen, um den *rex* zu grüßen und um ihre juridisch-religiösen und Handelstätigkeiten zu erledigen. Auf diese Weise war der Monat in drei Wochen von (8+1=) 9 Tagen gegliedert, das ergibt insgesamt 27 Tage, wovon die *nundinae* und weitere sakrale Bräuche eine Erinnerung bewahrt haben. Diese Gesamtheit von drei langen Wochen konnte ursprünglich vielleicht *trinum nundinum* heißen,[132] und sie dürfte den drei Phasen des hervortreten-

---

für Juno sangen bei einem Umzug durch die Stadt, von dem wir nur die spätrepublikanische Route kennen, die um die Hafengegend kreiste: Tempel des Apollo, Porta Carmentalis, Vicus Iugarius, Forum, Vicus Tuscus, Velabrum, Forum Boarium, Clivus Publicius und Aventin. Zur Neun im Mittelalter: Brosse 1989 (Stämme, die in Uppsala neun Menschenopfer darbrachten).
[129] Macr. Sat. 1, 15,12 ff. Die Nonen der Römer fielen auf den 7. Tag des Monats (neun Tage vor dem 15., also den Iden). Die Nonen der Etrusker scheinen sich auf Wochen mit neun Tagen zu beziehen, die vielleicht auch die Latiner früher gekannt haben.
[130] Varro ling. 6,28.
[131] Macr. Sat. 1,16,32 ff.
[132] Michels 1967, Appendix 3 (dort wird allerdings die ursprüngliche Bedeutung des Begriffes nicht verstanden, und es wird ihr auch nicht nachgegangen).

den, vollen und schwindenden Mondes entsprochen haben: ein System, das
dem protourbanen Kalender eigen zu sein scheint.[133]

**307. Der vorjulianische Kalender oder der Kalender der späten Königs-
zeit (des Tarquinius).** Es ist nun an der Zeit, im Lichte des bisher Ausge-
führten die beiden für die Königszeit rekonstruierbaren römischen Kalender daraufhin zu prüfen, ob es möglich ist, zumindest in allgemeinen
Zügen den protourbanen Kalender, von dem sie abgeleitet sind, zu rekonstruieren. Der von den Alten dem Numa oder den Tarquiniern[134] zuge-
schriebene Kalender stammt aller Wahrscheinlichkeit nach aus der Zeit der
Tarquinier, er ist wahrscheinlich noch genauer mit der Neugründung der
Stadt durch Servius Tullius und/oder der Gründung des Kultes des Iuppiter Optimus Maximus zu verbinden. Es handelt sich um den ersten römischen Kalender, der aus zwölf Mondmonaten besteht.[135] Die hinzugefügten
Monate können im Blick auf die enthaltenen Feste nicht Januar und Februar
sein, wie die Alten zu schematisierend meinten,[136] da diese beiden Monate
durch sehr alte Feste charakterisiert sind, die im lebendigen Gedächtnis
der Römer unauslöschlich fixiert waren und daher nicht verschoben worden sein konnten. Es ist eher die Übertragung der Namen auf diese beiden
Monate, die auf diese Zeit zurückgeht. Ein Kalender ist nämlich nicht
nur eine chronologische Unterteilung, er ist vielmehr eine Gesamtheit von
Festen, die an bestimmten Tagen der Monate verankert sind.[137] Die Monate,
die in diesem Kalender hinzugefügt wurden, können nur die Monate September und November seien, entsprechend einer glücklichen Eingebung
von Einar Gjerstad[138] (die von den Gelehrten, zusammen mit seinen irrigen

---

[133] Zu Carmenta und den drei Mondphasen: Aronen 1989a. Vgl. auch §§ 78, Anm. 15; 79,
Anm. 20. Zum protourbanen Charakter der Dreiteilung des Monats vgl. § 309, Anm. 174.

[134] Cens. 20 ff.

[135] Liv. 1,19,6; Cens. 20; Macr. Sat. 1,13; Ov. fast. 2,47 ff.

[136] Cens. 22 ff.; Macr. Sat. 1,12 ff.

[137] Cens. 20 ff.; Macr. Sat. 1,15 ff.: »Caesar wollte die festgelegten heiligen Daten bewahren, und
er wollte auch in jenen Monaten, denen er zwei Tage hinzugefügt hatte, die Position der Nonen
nicht ändern, und so fügte er seine Tage unter Beachtung des Kultes nach allen Festen des
Monats ein.«

[138] Gjerstad 1973 geht über Brelich 1954-55 (der an einen unbestimmten Zeitabschnitt am Ende
des Jahres dachte, der mit Januar und Februar zusammenfiel) hinaus. September und November, Monate, in denen die Hauptarbeiten in der Landwirtschaft anfielen (Weinlese, Pflügung/
Aussaat), könnten als profane Zeit (außerhalb des Kalenders) den vorhergehenden (kalendarischen) Monaten angehängt worden sein, so daß sich ein chronologisch doppelter Monat herausbildete, dessen ethnologisches Vorkommen in Sibirien, in Afrika, in Nord- und Südamerika
und im Pazifik bekannt ist. Als Festinhalt bestanden Januar und Februar schon im ältesten
Kalender, sie hatten aber, wie wir sehen werden, andere Namen, weshalb nur die Namen Januar
und Februar in das Zeitalter der Tarquinier zu datieren sind. Hierher rührt das Mißverständnis,
das sowohl den Alten wie heutigen Gelehrten unterlief, daß der (neue) Name der (alten) Sub-

Chronologien, vorschnell zurückgewiesen wurde), da es die einzigen Monate sind, die keine alten Feste (in Großbuchstaben) und überhaupt nur sehr wenige Feste enthalten, abgesehen von einem kleinen Kern von Feiern, die in die letzte Phase der Königszeit datierbar sind: 1. im September: die Kalenden, der Iuno Regina und vor allem dem Jupiter geweiht, die Ludi Magni oder Romani zu Ehren des Iuppiter Optimus Maximus zwischen dem 4. und dem 19., das Fest des Iuppiter Optimus Maximus und der entsprechenden Triade am 13.[139] und die Equorum Probatio am 14. September; 2. im November: die Ludi Plebei zwischen dem 4. und dem 7., das Fest *mundus patet* am 8., die Feriae des Jupiter und weitere Kulte am 13. und die Equorum Probatio am 14. (dieser zweite Monat erscheint als eine Kopie des ersten in plebeischer Version).[140] Der Triumph der archaischen Zeit dürfte auf die Iden des September gefallen sein, und dies war, wie wir sehen werden, der Tag des ursprünglichen September Equus, der auf Mitte Oktober verschoben wurde: October Equus.[141] Beherrscht werden diese Monate von Iuppiter Optimus

stanz des Monats angepaßt wurde. Unbefriedigend ist der Beitrag von Liou Gille 1992, der vom ägyptischen Kalender mit 12 Monaten zu 30 Tagen, mit insgesamt 360 Tagen ausgeht, zu denen 5 weitere überzählige Tage hinzugefügt würden, die in Rom den Tagen zwischen dem 24. und dem 28. Februar entsprächen (Magdelain 1962). Nach B. Liou Gille hätte der älteste Kalender mit 10 Monaten (zu 29 und zu 30 Tagen) seinen Ausgleich mit dem Sonnenjahr dank einer kalendarisch nicht qualifizierten Zeit von zirka zwei Monaten, gleich 65 1/4 Tagen, gefunden. Nach diesem Autor wäre der »numanische« Kalender, der wegen seines kosmopolitischen Charakters für die wirtschaftlichen Beziehungen förderlich war, auf Astrologen Kleinasiens zurückzuführen (die Vorliebe für ungerade Zahlen ginge auf Pythagoras zurück); zur großen astrologischen Tradition, die der »numanische« Kalender voraussetzt: Magini 1996. Unbefriedigend erscheint auch der Beitrag von Magdelain 1962, dem B. Liou Gille folgt, wonach das romuleische Jahr 10 Monate mit 35 Tagen gedauert habe, zu denen man 5 überzählige Tage hinzufügen mußte, zu jährlich insgesamt 355 Tagen.

[139] Das Fest des Iuppiter Optimus Maximus, das auf die Iden fiel (13. September), konnte nicht im Kalender erscheinen, es ist daher theoretisch möglich, es den Festen mit Großbuchstaben zugehörig zu begreifen, aber der September ist an sich ein später Monat, der mit seinem ganzen Festinhalt von den Tarquiniern angefügt wurde. Die gleiche Beobachtung gilt für das Fest der Diana, das den Iden des August zugeordnet ist, mit dem Unterschied, daß *sextilis* ein alter Monat ist, während das Fest der Diana nicht vor Servius Tullius zu datieren ist. Das Siegesfest des Jupiter fällt mit dem ursprünglich im September angesetzten Fest des Pferdeopfers zusammen (vgl. Addendum VII), das nun auf den Oktober verlegt wird, wodurch es vom Siegesfest getrennt wird, jedoch als Rest aus weit zurückliegender Zeit erhalten bleibt.

[140] Möglicherweise waren auch die Kalenden des November außer der Juno auch dem Jupiter geweiht. Dann wären nur die Kalenden von 10 Monaten ausschließlich von Juno beschützt, wie auch im Kalender von Lavinium nur 10 Kalenden von der Göttin beschützt waren, die zwischen März und Dezember: Macr. Sat. 1,15,18. Das Fest der Equorum Probatio wirkt wie eine Neuauflage der Equirria des März.

[141] Coarelli 1988 meint, der Triumph habe sich an den Iden des Oktober erhalten und der Kult des Iuppiter Capitolinus und die Ludi Romani wären ab der Zeit der Republik auf den September verlegt worden, diese Hypothese ist jedoch nicht überzeugend, da die Einfügung

Maximus, verstanden als Gegensatz zum albanischen Iuppiter Latiaris, und
geschaffen wurden sie, mit ihren Kulten, zur Zeit der Tarquinier (die Inauguration des Servius dürfte die gesamte Siedlung der Kurien umfaßt haben
und ausnahmsweise das Kapitol, das außerhalb der Kurien lag, aber den
neuen großen Kult des Jupiter beherbergte, während die Arx und der Aventin zwar von der Mauer umschlossen wurden, aber außerhalb des Pomeriums blieben). Die Monate, die dem September und dem November entsprachen, gehörten zu einer Jahreszeit, die durch einen großen Einsatz der
bäuerlichen Arbeit gekennzeichnet war, in der es nötig war, sich wegen der
Ernte, wegen der Saat und wegen der Olivenernte auf dem Land aufzuhal-
ten, und aus diesem Grund eigneten sie sich nicht für Feierlichkeiten, die
in der Siedlung abgehalten wurden. In die Zeit der Tarquinier ist auch die
beherrschende Rolle datierbar, die Jupiter an den Iden einnimmt, die neue
poliadische Gottheit, die nicht duldete, diese Tage mit anderen Göttern
zu teilen, deren Gedenktage aus diesem Grund verschoben oder im Kalender verschwiegen wurden. Dieser Zeit ist außerdem der Horror vor geraden
Tagen zuzuschreiben, weshalb es Monate mit 29 und 31 Tagen gibt[142] statt,
wie es vom Mondzyklus her logisch wäre, von 29 und 30 Tagen, und das
Jahr hat 355 Tage statt 354, wie es mit Bezug auf den Mond logisch wäre. Dieser Kalender hat sich jetzt also von der Verbindung mit dem Mondzyklus
gelöst, die Fixpunkte des Monats fallen demnach nur noch gelegentlich mit
dem Neumond oder dem Vollmond (mit Annäherungen von zwei oder drei

der zwei neuen Monate und der Kulte und der Zeremonien der Tarquinier in den Kalender
(Monate ohne Feste sind im Kalender nicht vorstellbar) in der späten Königszeit erfolgte. Vgl.
Addendum VII.

[142] Kein Monat dauerte 30 Tage oder hatte überhaupt eine gerade gerade Zahl von Tagen, ausgenommen der Februar: Macr. Sat.1,12 ff. Der März hatte 31 Tage, der April 29, der Mai 31,
der Juni 29, der Quintilis 31, der Sextilis 29, der September 29, der Oktober 31, der November
29, der Dezember 29, der Januar 29 und der Februar 28 (der einzige Monat mit gerader Zahl
von Tagen), das macht insgesamt 355 Tage, aber das Mondjahr hatte 354 Tage und 8 Stunden,
weshalb es um 16 Stunden zu lang erschien: Macr. Sat. 1,12 ff. Da gegenüber dem Sonnenjahr
von 365 Tagen 11 Tage fehlten (Liv. 1,19,6; Cens. 19 ff.; Plut. Num. 18 ff.), wurden alle zwei Jahre
22 oder 23 Tage hinzugefügt (das feste System von Einschaltung scheint es nicht vor dem 5. Jh.
gegeben zu haben, aber ihm könnte ein empirisches System der Einschaltung vorangegangen
sein). Die Schwankung der Nonen (5. oder 7. des Monats) und der Iden (13. oder 15. des Monats)
war notwendig, um die langen und die kurzen Monate so gut wie möglich mit den Mondphasen abzustimmen. Der Horror vor geraden Zahlen wurde von den Alten auf Pythagoras
von Samos zurückgeführt (Macr. Sat. 1,13,5), und wenn das stimmte, könnte er gut im letzten
Viertel des 6. Jh. aufgekommen sein. Der Kalender der späten Königszeit ist von Liou Gille
1992 Astronomen aus Kleinasien zugeschrieben worden, er würde einem weniger lokalen und
mehr kosmopolitischen Kalender entsprechen, dem einzigen, der im archaischen Zeitalter gelten konnte, das eine Zeit weiträumiger kultureller und wirtschaftlicher Beziehungen war (siehe
die Verbindung zwischen Marcedonius und *merx*).

Tagen) zusammen, und folglich wurde damit die Verbindung mit dem Sonnenjahr und die Ankoppelung an die vier Jahreszeiten erleichtert (12 : 4 = Jahreszeiten von 3 Monaten). Daher auch Neujahr im Januar, gebunden an den Beginn des Sonnenjahres, und dann auch die Einfügung des in interkalaren Monats, genannt Marcedonius, unsicherer Datierung, eingefügt alle zwei Jahre zwischen Terminalia und Regifugium.[143] Aber von dieser Neuerung abgesehen, blieb der Kern der ältesten Festtage (in Großbuchstaben), der der frühen Königszeit zuschreibbar ist,[144] in diesem zweiten römischen Kalender unangetastet, und Minerva, die dritte Göttin der neuen Triade, besetzt auch nicht die *nonae*, die doch frei und nicht mit einer Schutzgottheit verbunden waren.[145] Mit dem Jahr zu zwölf Monaten zerbricht für immer das Zusammenfallen des Kalenderjahres mit dem Zyklus des Lebens, d. h. mit der Zeit der zehn Monate, die die Schwangerschaft der Menschen und die Trächtigkeit der Rinder und der Produktionszyklus des Getreides dauert.

308. Der Kalender der frühen Königszeit (des Romulus und Numa) (vgl. Abb. 32).   Der Kalender des Romulus hatte nur 10 Monate: vier (März,

---

[143] Macr. Sat. 1,12 ff. Siehe das lavinatische Jahr mit 13 Monaten: Solin. 1,34.

[144] Th. Mommsen, in CIL 1,1, Berlin 1863, S. 361: »Nimirum illa maioribus litteris perscripta pars tabula est dierum festorum nefastorumque regis Numae«. Die These wurde mehrmals aufgegriffen, von Warde Fowler, Nilsson, Brelich, Gjerstad und schließlich von Degrassi 1963 (siehe zuletzt Torelli 1996, der den ältesten Kalender in das 7. Jh. datiert, und Coarelli 1983 und 1997, der ihn später ansetzt, zwischen dem Ende des 7. und der Mitte des 6. Jh., vielleicht weil er den Anfang mit der angenommenen späten Stadtwerdung am Ende des 7. Jh. zusammenfallen läßt). Natürlich ist der schematisch definierte Kalender der frühen Königszeit eine Schicht, die sich am Ende des 8. oder am Beginn des 7. Jh. zu bilden begonnen und am Ende des 7. oder am Anfang des 6. Jh. vervollständigt hat, aber nur wenige Feste (wie vielleicht die Volturnalia) sind der letzten Phase zuzuschreiben, und nicht der gesamte Kalender. Die Feste dieses ersten Kalenders, die im weiteren Sinn als die Feste des Kalenders der Stadtgründung betrachtet werden können, sind dann mit Großbuchstaben in den Kalender der späten Königszeit eingefügt worden, der seinerseits als Ausdruck der Neugründung des Servius Tullius und der Reform der göttlichen Triade gelten kann, die wohl dem letzten Tarquinier zuzuschreiben ist. Im Jahre 1882 erwog Hartmann, die Feste mit Großbuchstaben wären nicht die »ältesten«, sondern nur die »wichtigsten«, eine modernisierende These, die nicht zwischen Gründung und Neugründung des Kalenders zu unterscheiden vermag, später aber von den Gegnern Mommsens wieder aufgegriffen wurde, wie Michels 1967, der die Entstehungszeit des ersten Kalenders von Numa auf die Dezemvirn herabgesetzt hat (aber der Kalender basiert auf dem Zyklus des Emmer und nicht des *triticum durum*, das in der Mitte des 5. Jh. in Rom eingeführt wurde: Plin. nat. 18,62). Die These von der Rangordnung wichtiger und weniger wichtiger Feste, ausgenommen die Dominanz der Triaden, findet keinerlei Anklang in den Quellen, während die Bewahrung und Herauskristallisierung der ursprünglichen Kerne der Verfassung und der Ordnung der Stadt (Kuriensystem, Festkalender, Tore des Palatin als Erinnerung an das Pomerium, usw.), zusammen mit den Abänderungen und den Hinzufügungen der nachfolgenden Epoche, vielmehr ein typischer Zug der Kultur der Römer sind.

[145] Ov. fast. 1,57.

April, Mai und Juni) hatten Eigennamen,[146] während die restlichen sechs (Quinctilis, Sextilis, September, October, November, December) Zahlennamen hatten,[147] woraus hervorgeht, daß der März der erste und der Dezember der letzte Monat sein mußte, insgesamt also 10 Monate,[148] die weder dem Mond- noch dem Sonnenjahr entsprachen.[149] 10 Monate wie die 10 Monate der Schwangerschaft oder Trächtigkeit[150] und die 10 Finger der Hand und die Unterteilung jeder der drei Tribus in 10 Kurien.[151] Das Jahr fiel im wesentlichen mit der Zeit der Schwangerschaft der Frauen zusammen, die ebenso lange dauerte wie die Trächtigkeit der *fordae boves* und wie der Produktionszyklus des Getreides, eine Dauer, die schon für den protourbanen Kalender charakteristisch war, vielleicht sogar schon für den präurbanen Kalender.[152] Es sind allein diese 10 Monate, auf die sich die ältesten Feste (in Großbuchstaben) verteilen,[153] unter denen verschiedene Kulte hervortreten, die typisch numanisches Gepräge haben. Man kennt ethnologische Fälle mit Kalen-

---

[146] Es handelt sich im wesentlichen um das Frühjahr, und es könnte sich um einen alten kalendarischen Kern handeln. Die Alten kannten nämlich Jahre, die nur drei oder vier Monate dauerten, wie bei den Ägyptern und den Arkadern: Cens. 19.

[147] Ov. fast. 1,149.

[148] Cens. 7 ff. (nach der glaubwürdigsten Meinung und der Mehrheit der antiken Autoren). Andere Autoren hingegen meinten, auch der romuleische Kalender habe 12 Monate gehabt: Cens. 20 ff.

[149] Macr. Sat. 1,12 ff.

[150] Es handelte sich um die 10 »siderale« Monate (= 9 »synodische« Monate). Die Schwangerschaft, nahm man an, dauere 274 Tage: Cens. 11; Ov. fast. 1,33; 2,447; 3,100 und 124 (zuletzt Magini 1996). Die Zahl errechnete sich durch Multiplikation der 27,33 Tage des sideralen Monats mit 10 = 274. Die Rechnung stimmt mit der heute üblichen überein: 39 Wochen vom ersten Tag der letzten Menstruation, insgesamt 273 Tage, und eine ähnliche Rechnung dürften die Alten angestellt haben. Wenn man als ersten Tag der letzten Menstruation den 15. März ansetzte, das Neujahr, an dem man die weibliche Fruchtbarkeit feierte (Anna Perenna), mußte die Geburt am 23. Dezember sein, dem Fest der Terminalia, wenn die ideale Schwangerschaft und das Jahr zu Ende gingen. Der eheliche Beischlaf war im Kalender auf die Quinquatrus festgelegt, vier Tage nach dem Beginn der letzten Menstruation (Torelli 1984; vgl. §289, Anm. 41). Aus diesen Beobachtungen ist zu schließen, daß der 10monatige Kalender eine Erfindung der Zeit war, in der der »siderale« Monat über den »synodischen« überwog, bevor sich das (für die romuleische Zeit typische) Dezimalsystem durchsetzte, daß wir uns also im protourbanen Zeitalter befinden. Magini 1996 versucht den biotischen Zyklus im Kalender der späten Königszeit, losgelöst betrachtet, wiederherzustellen, ohne stratigraphische Perspektive und also jedem Diskurs über den romuleischen Kalender ausweichend; dies hat ihn dazu geführt, zwischen den Matralia des 11. Juni und den Liberalia vom 17. März im Mittel 281 Tage zu rekonstruieren, die den Tagen der Schwangerschaft entsprechen würden; es ist kein Zufall, daß von den alten Quellen eine Zeitspanne von 281 Tagen als Entsprechung für eine Schwangerschaft nicht bestätigt wird; die Entsprechung zwischen der Schwangerschaft und dem Jahr gilt nämlich und hat Sinn nur innerhalb des romuleischen Jahres von 10 Monaten.

[151] Ov. fast. 3,120 ff.

[152] Vgl. §300 und §128, Anm. 37.

[153] Vgl. §307, Anm. 143.

dern zu 10 Monaten und auch historische Fälle wie Alba, Lavinium und Capua.[154] In diesem Kalender war der Monat eng an die Mondzyklen (*mensis* = Mondumlauf) geknüpft, aber er hing nicht länger von der Zuverlässigkeit der direkten Beobachtung ab. Es handelte sich also um konventionelle und nicht empirische Mondmonate, so daß die Kalenden zu einem festen Datum vorgegeben waren, auch wenn schlechtes Wetter die Sicht auf den neuen Mond nicht ermöglichte.[155] Die Fixpunkte des Monats fielen also mit den Mondphasen zusammen: Neumond, wenn sich das erste Viertel des Mondes oder die *nonae* ankündigten, das Datum, an dem die Feste des Monats verkündet wurden,[156] und Vollmond oder *idus*. Da der »synodische« Mondmonat 29,5 Tage dauert, mußten die Monate wechselnd 30 und 29 Tage umfassen (den Horror vor den geraden Zahlen gab es noch nicht, wie wir auch im Hinblick auf die Biduen sehen werden). Nur durch die konkrete Rekonstruktion des romuleischen Kalenders[157] konnten wir uns vergewissern, daß die hier vorgelegte Rekonstruktion richtig war, wie das Zusammenfallen der Terminalia mit dem Ende der Schwangerschaft zeigt, genau 274[158] Tage nach dem auf Mitte März festgelegten Neujahr, das als Tag der Empfängnis vorgestellt ist. Es ist außerdem interessant festzustellen, daß kein altes Fest (in Großbuchstaben) auf einen Tag nach dem 27. des Monats fällt, ein Hinweis auf die verhüllte Fortdauer des dem protourbanen Kalender zuschreibbaren »siderale« Monats zu 27 Tagen im »synodischen Monat« von 30 Tagen, der für diesen Kalender gilt. Es konnte nämlich keine Feste geben, die auf die Tage ohne Mond gefallen wären, während derer die sakral bestimmte Zeit mit einer Art neutralen Zeit unterbrochen wurde.[159] Im romuleischen Kalender dauerte das Jahr also 295 Tage und nicht 304, wie

---

[154] Brelich 1954-55. Verschiedene Gelehrte, unter ihnen Sabbatucci 1988 und Rüpke 1995, haben die Wahrscheinlichkeit des 10monatigen Kalenders verneint, aber der archaische zehnmonatige Kalender von Capua, der kürzlich auf der Grundlage der Tabula Capuana (Cristofani 1995) rekonstruiert wurde, widerlegt ihre These. Zu den 10 Monaten des Kalenders von Lavinium und in Alba vgl. Anm. 163.

[155] Macr. Sat. 1,12 ff. Ursprünglich beobachtete ein Pontifex das Aufgehen des zunehmenden Mondes und informierte den König: »In alten Zeiten, bevor die Fasti veröffentlicht wurden (im Jahre 304 v. Chr.) hatte ein Pontifex minor die Aufgabe, das erste Erscheinen des Neumonds zu beobachten und es dem Opferkönig zu melden« (Macr. Sat. 1,15,9).

[156] Dies erklärt, warum keine Feste vor den Iden bekannt sind, ausgenommen die Poplifugia, ein Fest, das wegen der engen Verbindung mit den Nonae Caprotinae an seinem Platz geblieben ist, was darauf hindeutet, daß die Feste ursprünglich (wir wissen aber nicht wann) ab den Kalenden angesagt wurden und damit den Nonen vorangehen konnten.

[157] Vgl. Addendum VII.

[158] Vgl. Anm. 150.

[159] Es sei daran erinnert, daß der 13., eingeschobene Monat im Kalender von Antium 27 Tage zählte und sein Regifugium hatte.

die Alten entsprechend ihrer willkürlichen Rekonstruktion glaubten,[160] sondern das eigentliche Jahr endete am 23. Dezember, an den Terminalia, d. h.
am Ende des Lebenszyklus, nach dem eine Zwischenzeit begann, zwischen
dem alten und dem neuen Jahr, aber ausgerichtet auf das neue Jahr (deshalb
unter dem Zeichen des Mars), die 21 Tage dauerte und mit der Mindestzeit
zusammenfiel, in der die Frau nach der Geburt nicht fruchtbar war.[161] Die
Schwankung in der Dauer der Monate war im Vergleich mit dem folgenden
Kalender geringer: 30 und 29 Tage anstatt 31 und 29. Wir wissen also nicht,
ob auch die Nonen (6. und 7. des Monats?) und die Iden (14. und 15. des
Monats?) schwankten, aber es ist wahrscheinlich, daß die Schwankung erst
im Kalender der späten Königszeit eingeführt wurde, als sie ein solches
Ausmaß annahm, daß sie kompensiert werden mußte. Es fehlten immerhin
59 Tage zum Mondjahr und 70 Tage zum Sonnenjahr; wir wissen aber
nicht, ob die Differenz von 11 Tagen zwischen den beiden schon berechnet
wurde,[162] auch nicht, ob es eine reguläre Einfügung von etwa zwei Monaten,
die nicht kalendarisch gezählt wurden, gegeben hat, noch ob diese Einfügung auf das Mondjahr oder das Sonnenjahr ausgerichtet war, und auch
nicht mit welcher Genauigkeit die Monate den Jahreszeiten entsprachen
(sicher ist, daß die 10 Monate nicht durch vier Jahreszeiten teilbar sind).[163]

---

[160] Man berechnete irrtümlicherweise Monate mit 31 und 30 Tagen, die so vom Mondzyklus
(der Monate mit 30 und 29 Tagen erfordert) gelöst waren, in der folgenden Weise: März 31 Tage,
April 30, Mai 31, Juni 30, Quinctilis 31, Sextilis 30, September 30, Oktober 31, November 30
und Dezember 30 Tage (Cens. 20 ff.). Liou Gille 1992 trägt diesem Problem nicht Rechnung
und denkt noch an »prä-julianische« Monate mit 31 und 29 Tagen. Magdelain 1962 hatte an
10 Monate mit 35 Tagen gedacht.

[161] Die Erklärung der Terminalia mit Bezug auf die fünf überzähligen Tage zwischen dem 23.
und dem 28. Februar, die man den 360 Tagen des Jahres hinzufügen müßte, um auf die 365 Tage
des Sonnenjahres zu kommen (Magdelain 1962; Liou Gille 1992), geht bezüglich des romuleischen Jahres nicht auf, in dem der Februar wahrscheinlich 29 Tage hatte und Neujahr auf Mitte
März fiel.

[162] Plut. Num. 18–19, wo eine annähernde Dauer des Sonnenjahres von 360 Tagen erwähnt wird.
Ein Jahr mit 360 Tagen ist bekannt in Ägypten, in Persien, in Mexiko, im vedischen Indien und
in Griechenland: Magdelain 1962. Auch das attische Jahr hatte 360 Tage, so viele, wie Familien
in der Verfassung von Athen vorgesehen waren.

[163] Die antiken Autoren schreiben von Kälte in den Sommermonaten und umgekehrt Macr.
Sat. 1,12 ff.; Suet. Iul. 40. Wenn die beiden nichtkalendarischen Monate eine feste Dauer gehabt
hätten, zum Beispiel der zweite 29 und der erste 30 Tage, hätte das romuleische Jahr vollkommen mit dem Mondjahr von 354 Tagen übereingestimmt. Einige Autoren führen die Einschaltung auf Romulus zurück: Liv. 1,19,6 (contra Brelich 1954–55), aber die Entsprechung zwischen
Monaten und Jahreszeiten, zwischen Mondjahr und Sonnenjahr konnte auf andere Weise
erreicht werden: »Man ließ so viele Tage verstreichen ohne sie zu zählen, wie nötig waren, um zu
der Periode des Jahres zu kommen, in der das Klima dem laufenden Monat entsprach« (Macr.
Sat. 1,12), was eben mit Bezug auf die beiden außerkalendarischen Monate möglich war: Die
Trauben reifen immer um dieselbe Zeit herum, usw. In diesem Fall hätten die beiden genann-

Vorgesehen war hingegen das System der Kalenden und der Iden, mit Vorrang der Iden gegenüber den Kalenden (Neujahr am 15. März[164] und die Iden als *feriae publicae*).[165] Die Kalenden standen unter dem Schutz nicht der Iuno Regina, sondern der Iuno Covella, deren Opfer vom König (in der Curia Calabra auf dem Capitol)[166] und von der Königin (in der Regia am Fuße des Palatium) ausgeführt wurden, und die Iden standen unter dem Schutz eines Jupiter, dessen Flamen ihm die *ovis idulis* auf der Arx (nicht auf dem Kapitol) opferte.[167] Diese göttliche Konstellation ist klar früher als die kapitolinische Trias. Daher die Zuschreibung dieses Kalenders an die frühe Königszeit. Wahrscheinlich war der städtische Kult des Jupiter an den Iden vorrangig, aber nicht absolut beherrschend, in dem Sinn, daß er nicht exklusiv war, also mit anderen Kulten am selben Festtag zusammen bestehen konnte.[168] Der Vorrang von Jupiter-Juno über die anderen Götter ist ein Merkmal des städtischen Kultes der frühen Königszeit, d. h. der Periode der Formierung der Stadt, während die absolute Dominanz des Kultes des Jupiter über die anderen Gottheiten, Juno eingeschlossen, den städtischen

ten Monate 35 Tage dauern müssen, entsprechend dem März in Alba und dem Quinctilis in Tusculum: Cens. 22. Das heißt, sie wären nicht Mondmonate gewesen, sondern »nichtlunare Monate-Zeiträume« (Brelich 1954–55), die vielleicht deshalb auch vom Kalender, der auf dem Wechsel der Mondzyklen beruhte, ausgeschlossen blieben (siehe auch Liou Gille 1992). Unter dieser Voraussetzung wäre ursprünglich nur die Zeit kalendarisch gewesen, die mit dem Mond, der Schwangerschaft, den Vegetationszyklen zusammenhing, während die losgelöste Zeit, die notwendig war, um der Sonne zu folgen, extra gerechnet worden wäre.

[164] In Latium (etwa in Alba, Aricia, Tusculum, Praeneste und Rom) war der Monat März generell der dritte, also der erste vor der Einführung der Januar und Februar genannten Monate und der 12 jährlichen Monate – auch Alba und Lavinium hatten einen Kalender mit 10 Monaten (Cens. 20 ff.; Macr. Sat. 1,15,18) gekannt –, während er bei den Sabinern (Cures) und den Pälignern der vierte war, in Falerii und bei den Laurentern der fünfte, bei den Hernikern der sechste und bei den Äquern/Aequiculi (Ov. fast. 3,89 ff.) zehnte. Auch aus dieser Sichtweise geht ziemlich klar die kulturelle Einheit der Latiner hervor, die ganz auf Mars ausgerichtet sind, der am Beginn des Jahres und der Lebenszyklen steht (vgl. §§ 300 f.).

[165] Die Kalenden waren keine *feriae publicae*, ausgenommen die Kalenden des März, die das Sigel NP hatten, das das öffentliche Fest markierte. Das Neujahr am 1. März (Erneuerung des Feuers der Vesta, usw.) scheint später zu sein als das Neujahr am 15. März (zwischen den Iden des März und den Terminalia rechnet man 274 Tage, die zum Austragen der Schwangerschaft nötig sind). Der Jahreswechsel im Januar, im Bezug zur winterlichen Sonnenwende, habe hingegen einen höchst spekulativen Charakter: Liou Gille 1992.

[166] Die Curia Calabra verhält sich zum Haus des Romulus auf dem Kapitol wie die Curia Saliorum zum Haus des Romulus auf dem Cermalus: beides Kult- und Versammlungsorte, während das Comitium zum ersten Mal von der Regia getrennt erscheint.

[167] Varro ling. 5,13.

[168] Aus diesem Grund sind die Feste an den Iden, die nicht mit Jupiter zusammenhängen (Anna Perenna, Fordicidia?, Argeer, Q.ST.D.F.?, October Equus, Consualia?, Carmentalia?, Lupercalia?/Parentalia), und die mit Jupiter zusammenhängenden Feste außerhalb der Iden (Vinalia, Poplifugia, Larentalia) als sehr alt anzusehen: Brelich 1954–55.

Kult der späten Königszeit charakterisiert, d. h. der fertigen Stadt. Es gibt verschiedene Hinweise für die Annahme, daß im romuleischen Kalender die geraden Tage als Festtage und damit die Biduen[169] ebenso zugelassen waren wie Feste vor den Nonen (wie die Poplifugia am 5. Tag des Quinctilis). Mars ist der Gott des ersten Monats des Jahres, wie schon im protourbanen Kalender. Er ist nur dem Anschein nach von der Ops gelöst, die in evidenter Weise mit Volcanus, Consus und Saturnus verbunden ist, da das Jahr mit ihm, dem Vater der Laren, beginnt und mit der Mutter der Laren, die, wie wir wissen, mit Ops gleichgesetzt werden kann, schließt. Die Struktur des romuleischen Kalenders stimmt gut mit der romuleischen Verfassung überein: Beide folgen dem Dezimalsystem; die Kurien werden auf 30 erweitert, das sind so viele, wie der Monat Tage hat, jede Tribus hat 10 Kurien, so viele, wie das Jahr Monate hat.[170] Nach dem Gesagten erscheint der Kalender der späten Königszeit wie eine Rationalisierung eines vorausgehenden Kalenders, die mit der servianischen Neugründung der Stadt und mit dem städtischen kapitolinischen Kult zusammenhängt, der wiederum mit dem letzten Tarquinier in Verbindung gebracht werden kann. Es ist also der Kalender der frühen Königszeit, bezogen auf Romulus-Numa (der aber bis Ancus Marcius und vielleicht noch bis zum ersten Tarquinier gedauert hat), der als erstes bewußtes Werk der einheitlichen Systematisierung erscheint, die in Zusammenhang mit der Gründung und der Formierung der Stadt zu sehen ist. Dieses erste sakrale Statut folgt offensichtlich der Vollendung des Synoikismos: Die Feste beziehen sich auf *montes* und *colles*, die Feste auf den *colles* oder den *montes* sind Feste sowohl für die Bergbewohner wie für die Hügelbewohner (ausgenommen das Septimontium), der Flamen Quirinalis opfert der Acca Larentia und dem Consus, Gottheiten also, die für den Palatin und sein Pomerium typisch sind. Es folgt auch die endgültige Begrenzung des *ager antiquus* (siehe die Terminalia). Es handelt sich also um den exemplarischen Kalender, der ein für allemal geschaffen wurde; er ist unveränderlich und in seinem Gerüst (durch die Großbuchstaben) identifizierbar, und er war weder durch die zwei großen folgenden Modifikationen der späten Königszeit und der Zeit Cäsars noch durch die Detailänderungen

---

[169] Equirria/Mamuralia–Anna Perenna 14.-15. März (der Tag vor Neujahr und Neujahr), Argeer 16.-17. März und Terminalia-Regifugium 23.-24. Februar (Ende des Jahres und Beginn einer Übergangszeit zwischen dem alten und dem neuen Jahr) sind im Kalender der späten Königszeit überdauernde Biduen des vorhergehenden Kalenders. Andere Biduen wurden im Kalender der späten Königszeit durch einen Tag voneinander getrennt, um den geraden Tag zu umgehen (siehe die Poplifugia und die Nonae Caprotinae), weshalb sie theoretisch rekonstruierbar sind. Die athenischen Thargelia nahmen ein Biduum ein.

[170] Zur politischen Anwendung des Dezimalsystems: Lévêque–Vidal Naquet 1964.

zerstörbar.[171] Es ist dies die *magna charta* des frühen Rom, die wir in einem beigefügten Text zu rekonstruieren versucht haben.[172]

309. Dem protourbanen Kalender auf der Spur.

Der griechische Kalender dürfte vorhomerisch sein,[173] aber auch der römische Kalender der frühen Königszeit könnte in die Zeit vor Romulus zurückgehen, in die Stufen IIB2–IIIA des Latiale, d. h. auf das zweite Septimontium. Im romuleischen Kalender wird der Monat bereits aufgrund eines Mondzyklus berechnet, der zur Sonne oder zur Erde in Beziehung gesetzt ist (»synodischer« Monat), also auf einem Monat von 30 Tagen beruht (wie der Kalender von Athen), der theoretisch in drei monatliche Dekaden gegliedert werden kann, bezogen auf den hervortretenden, den vollen und den schwindenden Mond, tatsächlich aber in Viertel des Mondes gegliedert wird. Die tatsächliche Dreiteilung des Monats scheint auf den präurbanen Kalender zurückführbar zu sein,[174] der noch nicht die Dominanz des Systems der Nonen und der Iden gekannt haben dürfte,[175] was wohl vom Hirten-Neujahr des 21. April bestätigt wird, das weder auf die Kalenden noch auf die Iden fällt und vielleicht aus präurbaner Zeit stammt.[176] Andererseits dürfte der Vollmond eine eigene Bedeutung gehabt haben, wenn auch nicht strukturell beherrschend wie im Folgenden, wie die Feste der Argeer denken lassen, die auf die Iden des März und des Mai bezogen sind oder mit ihnen zusammenfallen. Das deutet darauf hin, daß der Jahresbeginn Mitte März protourbanen Ursprungs ist und einen Vorrang des Mars bezeugt, insofern er, allgemein in Latium, am Beginn des Jahres und des biotischen Zyklus steht, was für das (präurbane?) Neujahr des 21. April, das mit Pales und daher auch mit Faunus verbunden ist, nicht gilt.[177] Der von den Alten aufgestellte Vergleich zwischen dem

---

[171] Zu diesen Themen allgemeinen Charakters siehe Brelich 1954–55.

[172] Vgl. Addendum VII. Es wäre zweckmäßig, zu den verschiedenen Kalendern Roms ab der frühen Königszeit, Monat für Monat, die Topographie der verschiedenen Feste neu durchzusehen und dabei die Lokalisierungen, die Verläufe und die feierlichen Umzüge genauer herauszuarbeiten.

[173] Brelich 1954–55 (anzusetzen spätestens am Ende des mykenischen Zeitalters).

[174] Wenn, wie wir sehen werden, der protourbane Monat 27 Tage hatte, dürften die langen neuntägigen Wochen, die ihn dreiteilten, bezeugt in Etrurien und in Latium (vgl. § 307), ebenfalls auf die protourbane Zeit zurückgehen.

[175] Die Dreiteilung steht, zumindest ursprünglich, im Gegensatz zur Vierteilung des Monats, mit dem Mittelpunkt an den Iden und der Gliederung des Mondzyklus in vier Viertel: Brelich 1954–55. Die Teilung in vier lunare Viertel zieht eine Gliederung des Monats in vier siebentägige Wochen nach sich. Die Vierteilung muß, absolut gesehen, nicht später sein als die Dreiteilung: Das Neujahr am 21. April könnte bereits die Vierteilung des Monats einschließen. Zur Vollkommenheit der Zahl Sieben, zum reifen Fötus im siebten Monat, usw.: Cens. 7 ff.

[176] Vgl. § 300.

[177] Vgl. § 300.

Kalender mit 10 Monaten und der Schwangerschaft von 10 Monaten erlaubt den Rückgang auf 10 »siderale« Monate ($27 \times 10 = 270$ Tage, Schwangerschaft 274 Tage) und damit in eine Epoche, die der Zeit, in der der »synodische« Monat und das Dezimalsystem vorherrschen, vorausgeht, in eine Zeit also, die vor dem Zeitalter des Romulus liegt.[178] Der protourbane »siderale« Monat dürfte aus 27 Kalendertagen bestanden haben und dazu aus zwei Tagen, die zwischen den drei Nächten liegen, in denen der Mond nicht sichtbar war, die ursprünglich vielleicht nicht als Kalendertage gezählt wurden, Biduen also, die sich zwischen die Perioden von 27 Tagen schoben, weil die festgesetzte Zeit in dieser Epoche aus juridisch-religiöser Sicht direkt von der Sichtbarkeit des Mondes abhängig war und bei Verschwinden des Mondes eine Situation der kalendarischen Unbestimmtheit eintrat. Daß es im Kalender der frühen Königszeit nach dem 27. des Monats keine Feste gibt, scheint seinen Grund in einem Restbestand des protourbanen Kalenders zu haben. Der protourbane Mondmonat war wahrscheinlich empirisch, d. h. der Monat begann mit dem ersten Tag, an dem der neue Mond konkret sichtbar war. Andererseits ist eben dieser »siderale« Monat, der die Tage, in denen der Mond nicht gesehen wird, ausschließt, offensichtlich auf der Sicht und Sichtbarkeit des Mondes begründet. Das brachte eine unterschiedliche Dauer der einzelnen Monate mit sich und also eine gewisse Zufälligkeit, Irrationalität und Unordnung, die in der Folge von den Alten irrtümlich dem romuleischen Kalender zugeschrieben wurden.[179] Es folgte daraus eine Unsicherheit, sowohl auf der Ebene des Mondjahres wie auf der des Sonnenjahres, aber es ist nicht anzunehmen, daß dies nicht bemerkt wurde. Zwei Monate konnten damals im Kalender nicht untergebracht werden, aber sie mußten irgendwie einbezogen werden in ein Sonnenjahr, das noch empirisch, wohl auf der Basis der Jahreszeiten und des Pflanzenwachstums, wahr-

---

[178] Vgl. § 308. Es soll Romulus gewesen sein, der den zehn Monaten den Namen gab, aber Varro glaubte, er habe sie von den Monaten der Latiner, die vor der Gründung Roms geschaffen wurden, übernommen: Cens. 22. Der gesamte biotische Zyklus, stellte man sich vor, dauere zehn Monate. Nicht zufällig war Neuna, Nona, die Fee der unglücklichen, weil frühreifen Geburten, Morta die Fee der unglücklichen, weil zu späten, und Decima die Fee der Geburten zum rechten Termin und also der glücklichen Geburten (Torelli 1996). Zum protourbanen Charakter der Struktur Sterilität / 1. März – Fruchtbarkeit / 15. März vgl. § 257, Anm. 26.

[179] Plut. Num. 18-19: »Während der Regierungszeit des Romulus berechnete man die Monate auf irrationale und chaotische Weise ... Darüber hinaus machte man sich keine Gedanken über den Unterschied zwischen dem Lauf des Mondes und der Sonne, und man war bloß darauf bedacht, daß das Jahr 360 Tage habe«; Macr. Sat. 1,15 ff.: »Romulus legte den Beginn eines jeden Monats auf den Tag fest, an dem der neue Mond zu sehen war. Da dies nicht immer am selben Tag der Fall war ..., folgte daraus, daß bei späterem Erscheinen dem vorhergehenden Monat einige Tage hinzugefügt wurden ...; es war also von Anfang an der Zufall, der die Länge der Monate bestimmte.«

genommen wurde. Die fehlende Dominanz der Iden schließt nicht aus, aber relativiert sicher die Rolle von etwaigen Festen des Jupiter bei Vollmond, und das führt dazu, einen städtischen Kult dieses Gottes vor der Gründung des Kultes des Iuppiter Feretrius auszuschließen und die Kulte des Jupiter außerhalb der Iden und die mit den Iden verbundenen Kulte anderer Gottheiten in die protourbane Zeit zurückzuführen. Ein Gutteil der Festtage (in Großbuchstaben), die zur ältesten Schicht des ersten Kalenders von Rom zählen, dürften auf den protourbanen Kalender zurückgehen.

8 Die Organisation der Siedlung zur Zeit des zweiten Septimontium

X **310. Die Verfassung des Romulus.** Zur Zeit der Gründung ist die Gemeinde von Rom der Überlieferung nach wie folgt organisiert: 10 Grundeinheiten mit jeweils 10 Männern *(decuria)* – Zehn ist die vollkommene Zahl der romuleischen Reform – bilden eine Gruppe von 100 Personen oder eine *curia*; 10 Gruppen von 100 Männern bilden eine Gruppe von 1000 Personen oder eine *tribus*; 3 Gruppen von 1000 Männern bilden 3000 Personen und somit die Gesamtheit der erwachsenen Männer der *civitas* (ausgenommen 300 *equites*, 10 je Kurie, die ebenfalls in 10 *decuriae* aufgeteilt sind). Der erste Keim des Stadt-Staates gliedert sich also in 3 Tribus, die von Tribunen angeführt werden, 30 Kurien, angeführt von Curionen, und 300 Decurien, angeführt von Decurionen, wobei letztere wahrscheinlich mit den *patres* der Großfamilien gleichzusetzen sind.[1]

311. Die Verfassung des zweiten Septimontium. Die protourbane Gemeinschaft auf römischem Boden zur Zeit des zweiten Septimontium war wohl etwas kleiner. Wenn es damals 27 anstelle von 30 Kurien gab, wie die Anzahl der Heiligtümer der Argeer vermuten läßt, könnte man von einem Organisationsmodell ausgehen, das auf einer Grundeinheit oder Großfamilie von 9 Männern fußt – Neun ist die vollkommene Zahl des zweiten Septimontium[2] –, wonach 10 Großfamilien eine Gruppe von 90 Männern oder eine Kurie bilden würden; 10 Gruppen von 90 Männern würden

---

[1] Dion. Hal. 2,7. Varro ling. 5,91. Die Zahl von 3000 Männern und 300 *equites* gibt wahrscheinlich den Bestand des Heeres in der frühen Königszeit wieder: Ampolo 1988. Die 10 Zeugen der Vermählung durch *confarreatio* scheinen 10 Vertretern von den 10 Dekurien der Kurie zu entsprechen und bestätigen somit den Aufbau letzterer auf dezimaler Basis (Torelli 1984). Siehe auch Del Ponte 1988. Briquel 1976a glaubt, daß die Namen der drei Tribus nichts weiter wären als die Namen der Hundertschaften der Kavallerie; dagegen Coli 1958 und Taglialatela Scafati 1988.

[2] Zur vollkommenen Zahl Neun vgl. § 303, Anm. 104. Neun Personen könnten als das Modell für eine Großfamilie aufgefaßt werden. In der Nekropole von Tarquinia Le Rose stellt man Gruppen von sechs-zwölf (der Durchschnitt ist neun) Gräbern für eine Familie fest, angeordnet um das Grab eines Familienoberhaupt-Paares, datierbar innerhalb einer oder zweier Generationen (Peroni 1994); wahrscheinlich handelt es sich um eine Kernfamilie. Wenn jede Kernfamilie zwei oder drei Söhne hatte, kommt man leicht auf eine Großfamilie von neun oder zehn Mitgliedern, wie sie für das protourbane und das romuleische Rom rekonstruierbar ist. Siehe auch Bietti Sestieri 1992a.

eine Gruppe von 900 Personen oder eine Tribus bilden; 3 Gruppen von 900 Männern ergeben 2700 Personen, also die Gesamtheit der erwachsenen männlichen Bevölkerung des Proto-Staates und des protourbanen Zentrums, ohne die Kavallerie; falls diese aus 300 Personen zusammengesetzt war, ein Kavallerist für jede Grundgruppe mit 9 Personen, ergäbe dies die Zahl von 3000 Männern. Die Gemeinschaft war wohl in 3 Tribus gegliedert, 27 Kurien und 300 Grundgruppen oder Großfamilien, der jeweils 9 Männer angehörten. Auf einer niedrigeren oder verwandtschaftlichen Ebene der Organisation kann man sich die Großfamilie bestehend aus 9 Männern und eine Gruppe von Großfamilien aus 3 Großfamilien mit entsprechend 27 Männern vorstellen. Auf mittlerer Organisationsebene bestünde der Bezirk oder die Kurie (theoretische Entsprechung eines *vicus*) vermutlich aus 10 Großfamilien (ein Geschlecht?), also aus 90 Personen, und das protourbane Viertel bzw. *mons/collis* (theoretische Entsprechung eines *pagus*) kann man sich demnach aus 3 Kurien bestehend vorstellen, was 30 Gruppen von Großfamilien entspräche, also 270 Personen. Auf der höheren Ebene der Organisation des Proto-Staates gab es wohl die Tribus (theoretische Entsprechung eines *pars* des *ager*, wie wir noch sehen werden), die wir uns aus 10 Kurien bestehend vorstellen können, mit 900 Personen, und der Proto-Staat mit protourbanem Zentrum bestand wohl aus 3 Tribus zu 100 Familiengruppen, also aus 2700 Männern. Ein abstraktes Modell dieser Art dürfte von Mal zu Mal den Umständen entsprechend angepaßt worden sein. In Rom zum Beispiel gab es sieben *montes* und fünf *colles*, und jeder »Berg« bzw. »Hügel« beherbergte, wie wir gesehen haben, mindestens eine und nicht mehr als vier Kurien.

312. Die Reform des Romulus. Wenn die Organisation der protourbanen Siedlung auf römischem Boden theoretisch in etwa so ausgesehen hat, hätte die Reform des Romulus im wesentlichen in der Schaffung einer *decuria* bestanden, also in der Basisgruppe von 10 Personen. Unter Anwendung der gleichen Formel, wonach man Familiengruppen, Berge/Hügel und Siedlungszentrum durch Multiplikation mit 3 erhält und Kurien und Tribus durch Multiplikation mit 10, folgt automatisch der Schritt von 27 auf 30 Kurien. Es sieht so als, als wäre die Basis des protourbanen Systems eine Menschengruppe mit 9 Personen, während die Basis des urbanen Systems eine Menschengruppe von 10 Personen bildet, indem auch hier, wie bei den Kurien und den Tribus, der Multiplikationsfaktor 10 angewendet wird. Im protourbanen System hat die Drei (wobei die Vielfachen 9 und 27 vorherrschen) den Vorrang gegenüber der Zehn, während im urbanen System das Gegenteil der Fall ist. Die Zahl 10 erinnert an die Monate des Jahres, die Monate der Witwentrauer, die Monate der Schwangerschaft und spielte wohl

auch schon in protourbaner Zeit eine (untergeordnete) Rolle. Die Absicht
war vielleicht, die Anzahl der Kurien, auf denen der Staat und die Siedlung
beruhte, mit der Zahl der *populi*, die den latinischen Bund gegründet hatten,
in Übereinstimmung zu bringen; das Zentrum hat so über entsprechend
viele Sammelpunkte mit mehr oder weniger künstlichem verwandschaftli-
chem Gepräge verfügt, die geeignet waren, das Bevölkerungswachstum Roms
auf Kosten der präurbanen Dörfer des *ager* und Latiums zu fördern.[3] Es gab
also 300 Dekaden von Decurien, grob gesagt so viele, wie das romuleische
Jahr Kalendertage hatte, und sie haben ursprünglich wohl den – gewöhnlichen und gentilizischen – Großfamilein entsprochen. Früher hielt man
diese institutionelle Geometrie für unwahrscheinlich, aber die umsichtigere
Kritik ist da anderer Meinung und sieht in der konstitutionellen und kalendarischen Harmonie ein typisches Merkmal der primitiven und archaischen
Gesellschaften.[4]

**313. Die drei ursprünglichen »tribus« gehen auf das zweite Septimon-
tium zurück.**   Zwischen den drei Gruppen mit neun protourbanen Kurien,
die für das Gebiet von Rom rekonstruierbar sind, und den drei Tribus, die
für die städtische Organisation der frühen Königszeit bekannt sind, läßt
sich eine Kontinuität ableiten, wonach diese Tribus – weit entfernt davon,
in romuleischer Zeit geschaffen worden zu sein, wie es die Überlieferung
will, die Rom aus dem Nichts entstehen läßt – auf die drei erstgenannten
Gruppierungen zurückgehen, die der Verfassung des zweiten Septimontium
zugeschrieben werden können.[5] Varro führt eine Dreiteilung des *ager* an,

---

[3] In servianischer Zeit wäre man von 26 *pagi* oder Teilen des *ager* auf 15 ländliche Tribus übergegangen: Ross Taylor 1952–54 (»the names of the oldest rural tribes, taken presumably from
the names previously given to *pagi*, were *gens* names«). Der Staat wurde somit aus 4 urbanen
pagi oder *tribus* und aus 26 *pagi* (die dann zu ländlichen *tribus* wurden) gebildet, womit das
Territorium aus insgesamt 30 Teilbereichen bestand, wie es 30 Populi Albenses und in Rom
30 Kurien gab.
[4] Rodriguez Adrados 1948; Coli 1958: Man dürfe »nicht a priori die Möglichkeit der Aufteilung
der Kurien und der Phratrien in eine feste Anzahl von Familiengruppen verwerfen ...« Vgl. auch
§§ 198, Anm. 75; 304, Anm. 115; 315, Anm. 13 f. Die *genera hominum* (Gell. 15,27,5) seien auf Blutsbanden gründende Verbände, Gesamtheiten von gewöhnlichen und gentilizischen *familiae*.
[5] De Sanctis 1907 setzte die Verteilung der Bevölkerung auf die drei Tribus in einer Epoche vor
der Gründung Roms an. Accame 1959 meinte, die Tribus könnten der Gründung Roms vorangegangen sein. De Francisci 1952–53 glaubte an Kerne, die den romuleischen Tribus vorangegangen wären. Ampolo 1988 und 1987–89 meint, die Namen der Tribus stammten aus romuleischer
oder nachromuleischer Zeit, aufgrund des – in Wahrheit recht zweifelhaften – Zusammenhangs
der Titienses mit Titus Tatius, aber er hat den Widerspruch dieser Sichtweise zu der von Varro
bezeugten Dreiteilung des *ager* erkannt (vgl. Anm. 6). Capogrossi Colognesi 1979 hat in der
Entsprechung zwischen Tribus und Stammesbildung der Siedlung eine historische Rationalisierung gesehen; Mommsen habe die von Niebuhr vorgeschlagenen einfachen Stammesverbände
mit Recht zurückgewiesen, aber dennoch das Fortleben älterer Strukturen in den Tribus nicht

die er mit den ursprünglichen drei Tribus in Zusammenhang bringt: »ager Romanus primum divisus in partis tris, a quo tribus appellata Titiensium, Ramnium, Lucerum«.[6] Die drei *partes* könnten die Entwicklung und die Organisation der folgenden drei Komponenten in einem vereinten Dreiersystem darstellen: 1. Die Aboriginer/Latiner und die latinisierten Sabiner der *colles* und des entsprechenden Distrikts; 2. die Aboriginer/Latiner der ersten fünf *montes* (Quinquimontium) und des entsprechenden Distrikts; 3. die zu den drei *montes* zugewanderten Latiner, die zur Zeit des ersten Septimontium hinzukamen.[7] Aber die Dreiteilung scheint weniger einen ethnischen Charakter zu haben, sondern auf die präurbane territioriale Struktur dieses *ager* zurückzugehen, der einmal in drei Distrikte gegliedert war (vgl. Abb. 24), entsprechend den drei *populi* der *prisci Latini*: Latinienses, Velienses und Querquetulani, von denen schon die Rede war (vgl. Abb. 17).[8] Stammes- oder Herkunftsfaktoren haben höchstens viel ältere Unterschiede weiter akzentuiert. Daß die Organisation der Gemeinschaft älteren Einteilungen der Siedlung und des Territoriums entsprechen könnte, braucht nach dem, was wir bezüglich der *montes,* der *curiae* und der *pagi* festgestellt haben, nicht zu verwundern.[9] Aus der Sicht Varros können die *tribus* des Romulus keine Schöpfungen sein, die im Augenblick der Gründung geschaffen wurden, und erst recht keine späteren Schöpfungen, sie müssen die Weiter-

gänzlich für unwahrscheinlich gehalten. Magdelain 1995 hat gemeint, schon die *populi Albenses* wären in drei *tribus* aufgeteilt gewesen seien, die also ursprüngliche Aufteilungen des *ethnos* gewesen wären, die nachfolgend auch von den Römern angewandt wurden, aber es gibt keine Zeugnisse in diesem Sinne.

[6] Varro ling. 5,55; Fest. 468 L. Den sechs Vestalinnen, die auf die ersten und die zweiten Titienses, Ramnes und Luceres zu beziehen sind, dürften in der frühen Königszeit drei Tribus und drei Vestalinnen entsprechen.

[7] Pareti 1953: Titienses = Quirinal-Kapitol (= das Gefüge der *colles*), Ramnes = Palatin-Velia (= das Quinquimontium), Luceres = Esquiliae und Caelius (= die Hinzufügung des ersten Septimontium). Devoto 1953: Tribus entsprechend den Proto-Sabinern, Proto-Latinern und den Proto-Italikern. Scardigli 1961: Titienses = Sabiner, Ramnes = Latiner, Luceres = Vereinigung von Menschen aus mehreren Tribus. Bernardi 1964: Tities = Sabiner, Ramnes = Bewohner des Palatin, Luceres = Albaner. Ampolo 1988b stellt vier Verbünde von *pagi* fest : 1. Palatin-Velia-Esquilin, 2. Kapitol-Quirinal, 3. Aventin und 4. Caelius. Nimmt man den Aventin (als *pagus*) heraus und vereint man Esquilin und Caelius, erhält man drei Verbünde, die der von uns vorgeschlagenen Dreiteilung entsprechen. Eine Reaktion auf die ethnisch-territoriale Interpretation ist die Hypothese, die Tribus wären Gruppierungen der Bevölkerung, nicht Zusammenfassungen von Land: Richard 1981. Auch nach Magdelain 1971 wäre der *ager Romanus antiquus* in der frühen Königszeit nach Tribus aufgeteilt gewesen, da die organisatorische Unterteilung zwischen Stadt und Land erst zur Zeit des Servius Tullius erfolgt sei.

[8] Vgl. §§ 152 ff.

[9] Auch die *tribus* stellten, wie die *curiae*, Teile einer Gemeinschaft, *genera hominum*, dar: Liv. 34,9,1-3 (Palmer 1970). Es handelt sich um Gesamtheiten von – gewöhnlichen und gentilizischen – Familien: Coli 1958.

entwicklung von Organisationen sein, die in der protourbanen und präurbanen Vergangenheit verwurzelt sind und die den Siedlungskern und sein
Territorium betrafen.

314. »Phylai« und »tribus«. Die Ähnlichkeit der drei römischen Tribus
mit den griechischen *phylai* und ihrer Funktion bei der Neuordnung der
Siedlung[10] könnte eine Ableitung ersterer von letzteren vermuten lassen. Aber
wenn das Dreierschema der Tribus auf eine Zeitspanne vor der Gründung
der Kolonie von Cumae zurückgeht, scheint die Ableitung eher unwahrscheinlich. Hier muß man bedenken, daß die protopolitische Ausgereift-
heit der protourbanen Entwicklung im tyrrhenischen Mittelitalien an einem
Punkt derartiger Komplexität angelangt war, daß sie sich mit analogen
Bedürfnissen der bei den Griechen vorhandenen Entwicklungen treffen
konnte, weshalb die von den Griechen gefundenen Lösungen höchstens
dazu beitragen konnten, Äquivalenzen zu stabilisieren und Fragen und
Lösungen, die schon unabhängig davon bei den Bewohnern Latiums aufgetaucht waren, in eine angemessenere Form zu gießen.[11]

315. Symmetrien zwischen Raum, Zeit und Menschen. Der römische
Staat erscheint in diesem Licht wie die endgültige Antwort auf eine erste
organisatorische Neuordnung, die im zweiten Septimontium angesiedelt ist
und durch eine zweite Neuordnung während des romuleischen Zeitalters
vervollkommnet wurde.[12] Die Zahl Neun der Basisgruppe von 9 Personen,
von 90 Männern einer Kurie und 900 Personen einer Tribus findet eine Entsprechung in der Enneade als Folge der Dreiteilung des »sideralen« Monats
von 27 Tagen in Wochen, die in ihrer Länge den drei Mondphasen entsprechen: dem zunehmenden, vollen und abnehmenden Mond. Die Zahl Drei

---

[10] Ampolo 1987–89. Die drei römischen Tribus erinnern an ähnliche Dreiteilungen der Dorer
und des etruskischen Mantua (Coli 1958).
[11] Diese Schlußfolgerung stimmt mit den abschließenden Überlegungen von Bietti Sestieri
1992a, S. 251, 253 überein: »according to Cristofani ... the contact with the Greeks was the determinant factor in the development of the city-state in Etruria ... Based on the analysis that has
been carried on so far, it is possible to propose a somewhat different hypothesis ... By placing
the process of urban formation in Lazio and Etruria, which was completed by the mid-seventh
century B.C., in the wide chronological perspective ..., it will become apparent that the basic
social, economic and political conditions for its development had emerged in the two regions
in the ninth and early eighth century B.C.«; und weiter: »the spread of cultural and ideological
traits, as well as of individuals and groups, of Greek origin, and their influence on the Tyrrhenian societies was made possible by this system, rather than constituting the determinant
factor of change in a social and political vacuum«.
[12] Die Vorstellung, es habe keine organisatorische Ordnung und Zeitordnung vor der Stadt
gegeben und eine solche liege nicht einmal zur Zeit der ersten Gründung vor – wonach die
romuleische Verfassung in Gänze eine Erfindung der späten Republik wäre (Gabba 1978, 1991
und 1993) –, widerspricht der »schematischen Struktur, die man in einem Großteil der Stadt-
Staaten antrifft und die sich in singulären Symmetrien manifestiert« (Coli 1958).

der 3 Tribus, der 300 Basisgruppen (mit 9 Personen) und wohl auch der 300 Kavalleristen und der 3000 Fußsoldaten und Reiter, die die Gemeinschaft bildeten, erinnert an die Dreiteilung des Monats und die ungefähr 300 Kalendertage des zehnmonatigen Jahres. Die Zahl 27 der 27 Kurien, der 270 Personen des Viertels und die 2700 Fußsoldaten der Gemeinschaft verweisen auf den »sideralen« Monat von 27 Tagen. Analog dazu findet in der romuleischen Organisation die Zahl Zehn der 10 Personen der Basisgruppe oder Dekurie, der 10 Kurien pro Tribus, der 100 Personen einer Kurie und der 1000 einer Tribus ihre Entsprechung in der Dekade, in die der »synodische« Monat mit seinen 30 Tagen aufteilbar ist. Es sind die drei Tribus und ihre Vereinigung, die die komplexe Rationalität und Einheit des Proto-Staates und dann des Staates garantieren. Das mit den erwähnten Organisationen gestellte Problem wurde von Ugo Coli sehr deutlich wahrgenommen: »Am Ursprung des Großteils der antiken Staaten, die zu Stadtstaaten wurden, steht eine kollektive Siedlung. Solche kollektiven Ansiedlungen erfolgten nicht konzeptlos, sondern vielmehr nach geometrischen und arithmetischen Schemata, die zur Aufteilung des Landes in eine rituelle Anzahl von Parzellen führten, von denen jede für eine Familiengruppe bestimmt war. Das Gründungssystem der Kolonien in historischer Zeit wiederholte jenes dieser frühen Siedlungen, dessen Normen in den *libri rituales* überliefert wurden. Es ist also nicht verwunderlich, daß die antike Stadt einen *numerus clausus* für Familien kannte. Dies war die notwendige Konsequenz aus der Bindung einer jeden Familie an eine Parzelle Land und aus der beschränkten Anzahl verfügbarer Parzellen.«[13] Wir werden noch sehen, wie die Forscher der Vorgeschichte die Existenz eines protourbanen Zentrums für vollkommen plausibel halten, das programmatisch auf der Basis einer zumindest im Ursprung gleichen Landzuteilung organisiert ist, ähnlich der, die wir für die frühesten griechischen Kolonien kennen.[14] Das Haupthindernis, diese

[13] Coli 1958, womit die kritische Perspektive von Guarducci 1937 überholt ist. Vor Kleisthenes hatte Athen 12 Phratrien (und Attika ebensoviele Kantone), die in 4 *phylai* unterteilt waren, so viele, wie das Jahr Monate hatte und der Monat Wochen; jede *phratria* umfaßte 30 *gene*, insgesamt 360 Familien, die Anzahl der Tage eines Sonnenjahres (Aristot. Ath. pol. fr. 3; Poll. 8,11). 12 waren auch die Kurien der etruskischen Mantua, aufgeteilt in drei Tribus (Verg. Aen. 10,202 und entsprechender Kommentar des Servius), so viele, wie der etruskische Bund Stämme umfaßte. Wir wissen nicht, ob man sich in Gubbio an das duodezimale System der Ionier und der Etrusker oder an das dezimale System der Römer hielt (Coli 1958). Coli bemerkt nicht, daß die begrenzte Anzahl von Parzellen nur Sinn hat, wenn man sich diese innerhalb einer Siedlung vorstellt.

[14] Die Bewohner von Megara waren von Anfang an in fünf Teile aufgeteilt (Plut. q. G. 17). Megara Hyblaea war in Häuserblöcke und Parzellen für jeweils eine Familie aufgeteilt, und die Besitztümer hatten, wenn auch ungleich, im wesentlichen das gleiche Gewicht: Vallet u. a. 1976. Nach Platon (leg. 740) mußte die Parzelle als Gemeineigentum der Stadt betrachtet werden und

kritische Sichtweise einzunehmen, besteht in der Vorstellung, daß es vor der Stadt (die erst ab dem Ende des 7. Jahrhunderts datiert wird) nur Siedlungen gegeben habe, die ein »Durcheinander«[15] bildeten und aus einem mehr oder weniger chaotischen Gewirr von Dörfern um ein *oppidum* herum bestanden. Diese Vorstellung legt dann den Gedanken nahe, daß jede sehr alte Organisationsform nichts anderes sein könne als die Projektion von kolonialen Systemen der mittleren und späten Republik in die Vorgeschichte oder daß sie überhaupt die Erfindung später Schriftsteller ist; man vergißt dabei aber, daß es, wie in den Sprachen, gerade die am stärksten gegliederten, organisierten und komplexen Systeme sind, die die ursprünglichen Organisationen charakterisieren, und daß die Vereinfachung, weit davon entfernt, die Ursprünge zu charakterisieren, ein Ergebnis von Modernisierungen ist. Die Symmetrien zwischen der Organisation des Raumes, der Zeit und der Menschen sind Harmonien der weit zurückliegenden Vergangenheit, die das Heraufkommen der historischen Zeit dann bald zerstört, wie es die verwaltungstechnische Vierteilung und der Kalender von 12 Monaten, die dem Servius Tullius zugeschrieben werden können, zeigen, wodurch die früheren Kontrapunkte – wie das Zusammenfallen von Jahr und Schwangerschaft – im Licht von weniger organizistischen und praktischeren oder spekulativeren Visionen zerstört werden.

316. Organisation und Parzellierung. Wenden wir uns für einen Moment wieder der Verfassung des Romulus zu. Den 100 Männern der romuleischen Kurie des Romulus haben, den Feldmessern zufolge,[16] 100 Erbteile,

---

die Anzahl der Feuerstätten mußte unverändert bleiben (5040 nach diesem Modell), weshalb jeder Familienvater nur einen Erben hinterließ; die anderen Söhne konnten versuchen, Parzellen von verstorbenen Vorfahren einzunehmen, oder sie mußten auswandern. Den Tafeln von Gubbio entnehmen wir eine andere Lösung. Zu Beginn hatten zehn *famedias* der Kurie Atiedia zehn Parzellen, nach dem feststehenden Schema der Uranfänge. Mit dem Fortschreiten der Zeit verzichtet man nicht auf die unveränderte Anzahl, aber man erlaubt es zwei oder drei Familien mit demselben Namen, ein und dieselbe Parzelle zu besetzen, offenbar weiter aufgeteilt und landwirtschaftlich intensiver genutzt. Diese Familiengruppen werden als *primi* und *secundi* unterschieden, ähnlich wie die genetischen römischen Tribus, die von Tarquinius Priscus verdoppelt wurden (Coli 1958).

[15] Pallottino 1993.

[16] Sic. Flacc. De cond. agr. 153,26 L. Aus dieser Sicht hätten die protourbanen Zentren vorweggenommen, was wir bezüglich der ersten Generationen der ältesten griechischen Kolonien im Westen herausgefunden haben, die die gleichberechtigte Verteilung des Bodens an eine begrenzte Anzahl von Mitgliedern der Gemeinschaft kannten. Gabba 1991 interpretiert die *isotes* in Dion. Hal. 2,7,4 nicht in Termini der Gleichheit der individuellen Erbteile innerhalb der Kurien, da er sonst gezwungen wäre, eine gleiche Anzahl von Bewohnern in den Tribus und in den Kurien anzunehmen. Aber sowohl die Gleichheit der Parzellen wie auch der *numerus clausus* der Stadtbürger, die Dionysios unseres Erachtens voraussetzt, sind, wie wir sehen werden, vollends vereinbar mit der Ungleichheit der individuellen Erbteile (nach Dion. Hal. 2,8 gab es

bina iugera oder *heredia* entsprochen, wodurch eine territoriale Zenturie von 200 Joch gebildet wurde. Es handelt sich wahrscheinlich um eine Rationalisierung, die die Feldmesser selbst vorgenommen haben, aber wenn je eine solche Zenturie bestanden hat, kann sie sich sicher nicht auf die Kurien der Siedlung bezogen haben, die nie 3000 *bina iugera*, entsprechend 1500 Hektar, aufgenommen haben können. Die Standardgröße der großen protourbanen Zentren beläuft sich auf etwa 150 Hektar, und auch das zweite Septimontium, das die enormen Ausmaße von 250 Hektar erreicht, kann nie *bina iugera* für alle erwachsenen Männer enthalten haben. Das bedeutet, daß etwaige *bina iugera*, die in der Siedlung verteilt wurden, nur die *patres* an der Spitze der Großfamilien berücksichtigt haben dürften, und d.h. die 300 Decurionen.[17] Das bedeutet, wenn je eine urbane Zenturie bestanden hat, bezog sie sich auf die *tribus*, die von 100 *patres* der Großfamilien gebildet wurden, und nicht auf die *curiae*, die von 10 *patres* der Großfamilien gebildet wurden. Die Einheit von 100 erwachsenen Männern war die organische Einheit sowohl für eine Kurie wie für die entsprechende militärische Einheit. Ursprünglich dürfte der *numerus clausus* der Parzellen nämlich alle erwachsenen Männer und Soldaten betroffen haben.[18] Theodor Mommsen dachte, daß die Grundzuteilung, die für die Teilhabe an der Gemeinschaft Voraussetzung war, sich ausschließlich auf die an die Wohnungen angrenzenden Gärten innerhalb der Siedlung bezogen habe, unter der Annahme, daß der *ager* vollständig von gemeinsamem Land gebildet würde. Seine Hypothese konnte als eine Projektion der Bedingungen des mittelalterlichen deutschen Dorfes in die ferne Vergangenheit erscheinen, weshalb sie allgemein zurückgewiesen wurde, aber die neuere archäologische Forschung bietet neue Argumente für seine brillante Intuition, indem sie eine aufgelockerte, aber kontinuierliche Besiedlung rekonstruiert, die eben an Wohnsitze innerhalb ackerbaumäßig genutzter Parzellen denken läßt.[19] Außerdem scheint das Standardmaß der großen protourbanen Zentren, das sich auf etwa 150 Hektar beläuft, einem Einheitsstandard von 300 *bina iugera* zu entsprechen, die in der Siedlung für die Decurionen reserviert waren. Anderseits hat das Prinzip des *numerus clausus* nur Sinn, wenn die Erstzuteilung des Landes die vom proto-staatlichen System der Kurien umschriebenen Grenzen berück-

---

Reiche und Arme), nicht so sehr innerhalb des Systems der Kurien, sondern unter Berücksichtigung des Komplexes des *ager*, wo die übermächtigen *gentes* der orientalisierenden Zeit – die nichts zu tun haben mit dem späteren Bild des Patriziers als kleinem Landeigentümer – ausgedehnteste Ländereien kontrollierten, vor allem an den Rändern des Territoriums.

[17] Zum Fassungsvermögen des Comitium in Rom vgl. § 276, Anm. 15.

[18] Vgl. §§ 304, Anm. 115; 312, Anm. 4; 315.

[19] Vgl. § 177, Anm. 25.

sichtigte. Die etwaige ergänzende Landzuteilung konnte in den *pagi* mit Sonderstatut erfolgen, die der Siedlung benachbart waren und keine räumlichen Begrenzungen hatten, die für die Mitglieder der Gemeinschaft einen *numerus clausus* erforderlich machten. Die Tatsache, daß die Parzellen auf die *patres* der Großfamilien begrenzt waren, findet ihr Fundament in der in Rom bestehenden Trennung zwischen der politischen und der militärischen Rolle der *cives* und deren Relevanz aus der Sicht des Privatrechts, die man in die frühe Königszeit legt, die aber zeitlich noch weiter zurückgehen kann. Nach dem alten *ius civile* konnten Eigentümer der Parzellen nur die *patres familias* sein, die einzigen, die legitimiert waren, Rechtstitel zu haben, insofern nur sie Personen *sui iuris* waren. Folglich konnten nicht alle 100 erwachsenen Männer jeder Kurie *patres familias* sein, da unter diesen auch *filii* sein mußten, die der *potestas* des Vaters unterstellt waren. Fällt aber die Äquivalenz zwischen den 100 Männern und den 100 *heredia*, fällt auch die Verbindung zwischen den Kurien und den territorialen Zenturien.[20] Der Eigentümer der *bina iugera* in der Siedlung konnte also nur der Decurio sein. Daraus folgt, daß auf den *bina iugera* maximal 10 Wohnhütten stehen konnten, unter der Voraussetzung, daß alle erwachsenen Männer verheiratet waren und daß jede Hütte nur eine Kernfamilie beherbergte. Aber das war wohl nur selten der Fall, da einige erwachsene Söhne wohl nicht verheiratet waren und mehrere Kernfamilien in einer großen Hütte leben konnten. Der Typus des Eigentums war familienbezogen, dauerhaft und vererbbar, aber nicht veräußerbar, weshalb es sich nicht um Privateigentum und individuelles Eigentum im vollen Sinne handelte, sondern um einen von der Kurie garantierten und kontrollierten Besitz, die verantwortlich war für die Zuteilung und den Schutz der Parzelle. Nach dem Stadtmodell Platons wurde das Los als Gemeineigentum betrachtet,[21] also als eine Art Staatseigentum. Das Eigentum der *patres* in den Kurien und die ergänzenden Parzellen, die ihnen auf dem kurialen Land anvertraut wurden, beginnend bei den periurbanen *pagi*,[22] waren also etwas völlig anderes als das Eigentum der *gentes* am Rand

---

[20] Capogrossi Colognesi 1994: »Der Schwachpunkt der angenommenen engen Verbindung zwischen Kurien und territorialen Zenturien besteht … in der Notwendigkeit, 100 Familienhäupter als Empfänger der romuleischen Verteilung für jede Kurie zu finden.« Aber auch wenn die Hypothese von den nur für die *patres familias* reservierten Parzellen sich nicht halten ließe, würde damit die Rekonstruktion, die wir hier vorschlagen, nicht insgesamt hinfällig. In diesem Fall müßten wir annehmen, daß die *bina iugera* eine romuleische Erfindung wären, die mit der Stadtwerdung zusammenhinge, und daß in den protourbanen Zentren die allen männlichen Erwachsenen überlassenen Parzellen kleiner gewesen wären, ein Fünftel Joch, das wären 500 qm.

[21] Vgl. § 315, Anm. 14.

[22] Vgl. § 271.

des *ager*.[23] Das Eigentum der Väter der Großfamilien in den Kurien und in Teilen des von den Kurien kontrollierten *ager* stellte die Urform des eigentlichen Privateigentums dar, da es die Autonomie der Familie in dem Sinn erhöhte, daß der Bezug zwischen der Kurie und dem Land nicht direkt war, sondern durch die autonome Rolle der *patres* vermittelt wurde. Der gentilizische Besitz am *ager* hingegen war ohne Garantien und widerruflich, da das Eigentum auf den direkten Bezug zwischen der *gens* und dem Land gegründet war, was dazu führte, daß sich Abhängigkeitsbeziehungen wie die Klientel entwickelten, zu Lasten der Autonomie der *patres*. Der Klient oder bäuerliche Halbsklave konnte nämlich vom Land und aus der Gruppe ausgestoßen werden. Die städtische Autonomie der *patres* bestand also vor allem in der Freiheit, nicht letztendlich den *gentes* unterworfen zu werden. Nicht alle verfügten über diese Freiheit, gerade weil die Zahl der Stadtbürger ursprünglich geschlossen war und es außerhalb der städtischen Welt nichts anderes gab als die Welt der *gentes*, deren Angehörige, auch wenn sie frei oder halbfrei waren, keine Mitbürger waren.

317. Familieneigentum und Gemeinschaftseigentum: zwei Gesichter des Staates. Das *heredium* stellt den Beginn der Auflösung des gemeinschaftlichen gentilizischen Eigentums dar, auch wenn es sich ursprünglich nur auf die Siedlung und das Land der Kurien in den *pagi* um die Siedlung bezog. Die ärmeren Familien oder Immigranten wurden durch das von den Kurien kontrollierte Eigentum begünstigt. Die *gentes* hingegen wurden vom gentilizischen Eigentum begünstigt. Auch sie besaßen ihre *heredia* in der Siedlung, Bedingung ihrer Zugehörigkeit zur Kurie, aber sie waren nicht sehr interessiert an zusätzlichen Parzellen in den periurbanen *pagi*, da sie über den gentilizischen *ager* jenseits des Kernbereichs des Territoriums verfügen konnten. In der Siedlung herrschten Egalitarismus und Freiheit, in dem Sinn, daß die gewöhnlichen Familien die gleichen Rechte hatten und die gleichen Ressourcen wie die gentilizischen Familien, aber im *ager* war das gentilizische Vorrecht bestimmend mit den daraus folgenden Formen der Unterordnung. Unter diesem Gesichtspunkt erscheint die städtische Ordnung der Ordnung der *gentes* auf dem *ager* fremd und umgekehrt, auch wenn beide Teil der genetisch-territorialen *tribus* waren, die Siedlungszentrum und *ager* umfaßten, und also den Staat bildeten. Die Stadt und vielleicht auch die periurbanen *pagi* waren Ausdruck von neuen und progressiven Lebensformen, für die die Kurien öffentlich einstanden. Die übrigen Ländereien in den weiter entfernten Bezirken, relativ autonom von der *civitas*, bewahrten hingegen

---

[23] Das gentilizische Land wird nach Capogrossi Colognesi 1994 nicht durch Abtretung von den Kurien erworben; gegenteiliger Meinung ist Mastrocinque 1988.

gemeinschaftliche präurbane Lebensformen, wie sie für *vici* und *pagi* üblich
waren, und sie standen im Eigentum der *gentes*, die sie bearbeiteten, indem
sie sich freie Bauern unterordneten und sie zu Klienten und Quasi-Sklaven
machten. Aus diesem Grund war das Familieneigentum des *heredium* und
der ergänzenden Parzellen, das von den weniger wohlhabenden oder zugewanderten Familien bevorzugt wurde, eine revolutionäre Form, die ihren
Ursprung in der Proto-Stadt hatte, was den Weg bereitete für die Stadtwerdung und was von der späten Königszeit ab die gentilizisch-gemeinschaft-
lichen Formen und dann die Privilegien im *ager publicus* untergrub. Der
Grundwiderspruch liegt also zwischen dem Familieneigentum der *patres* an
dem von den Kurien kontrollierten Land in der Siedlung und in den Vorstädten und dem gemeinschaftlichen Eigentum der *gentes*, das in widerruf-
bare, von Klienten verwaltete Besitztümer gegliedert ist.[24]

318. Die Häuptlinge des Proto-Staates: der Curio Maximus. Wir wissen,
daß an der Spitze des Staates, dessen Identität, Einzigartigkeit und Zentralität er als Person verkörperte, der *rex* stand; recht schwierig ist es jedoch
zu rekonstruieren, welcher Art das Oberhaupt eines Proto-Staates war. Die
für die historische Zeit bezeugte Anwesenheit der Flamines und Liktoren in
den Kurien läßt vermuten, daß die Kurienvorsteher ursprünglich auch administrative und militärische Funktionen ausgeübt haben können.[25] So konnte
vielleicht, mindestens ab dem zweiten Septimontium, ein Äquivalent des
künftigen Curio Maximus[26] bestehen, es war dies wohl der älteste Kurienvorsteher oder der Vorsteher der angesehensten Kurie,[27] etwa der Kurie des
Palatium, die den Kult der Palatua beherbergte, wo das Opfer des Palatuar
stattfand. Als *primus inter pares* könnte der Curio Maximus für die Gemein-

---

[24] Die §§ 316–317 stützen sich auf Capogrossi Colognesi 1994, das überzeugendste Werk zum
Thema, und ziehen auf der Grundlage unserer Forschungen dazu neue Schlußfolgerungen. Es
handelt sich in mancher Hinsicht um eine Rückkehr zu Niebuhr und Schwegler, mit kurialem
statt gentilizischem Bezug. Die Frage der romuleischen *heredia* ist von grundlegender Bedeutung auch für das Verstehen der Wirklichkeit des zweiten Septimontium. Aus komparativer
Sicht ist es zweckmäßig, sich die Unterscheidung zwischen *genetai* und *orgeones* in Attika zu
vergegenwärtigen, die auf das 8. Jh. zurückgeführt wurde. Die *orgeones* wären im Laufe des dunklen Zeitalters eingewandert und in die Phratrien, nicht in autochthone Clans aufgenommen
worden, die sich von ihnen absetzten. Die *orgeones* hätten sich nach dem Modell der gentilizischen Clans organisiert, ohne ein Teil von ihnen zu werden, und hätten deshalb gemeinsame
heroische Kulte gehabt (Ustinova 1996).
[25] Taglialatela Scafati 1988; Westrup 1954. In der Nekropole von Gabii – Osteria dell'Osa zeichnen sich Vorrangstellungen ab, die an vertikale Rollen in bezug auf die Familiengruppen
gebunden waren (Bietti Sestieri 1992a), aber man kann nicht ausschließen, daß sie auch auf der
Ebene der Geschlechter und der Kurien bestanden haben können (Guidi 1992).
[26] Paul. Fest. 113 L.: »Maximus curio, cuius auctoritate curiae, omnesque curiones reguntur«.
[27] Palmer 1970.

schaft die Funktionen gehabt haben, die für die einzelnen Kurien von deren
Vorstehern ausgeübt wurden, aber er dürfte in Zeiten der Not und des Krieges weitere Machtvollkommenheiten erhalten haben. Der Widerspruch, der
sich dann in der Königszeit zwischen der Gestalt des Curio Maximus und
der Gestalt des Königs bildet, fiel Arnaldo Momigliano auf, ohne daß es
ihm gelungen wäre, ihn zu erklären.[28] Der Widerspruch ließe sich vielleicht
als das Überleben einer viel älteren Gestalt des Häuptlings in der Königszeit
interpretieren, mit Funktionen, die in der Folgezeit von der königlichen
Gewalt stark eingeschränkt wurden. Unter dieser Voraussetzung hätten wir
neben den *principes, primores, proceres* und *duces*[29] eine ursprüngliche Autorität
an der Spitze aller Kurien bzw. des gesamten Volkes, ein Abbild des Ianus
Quirinus / Curiatius, des göttlichen Beschützers der Kurien, auf Erden, der
von der Versammlung der Kurienvorsteher[30] und von den Priesterkollegien[31]
unterstützt handeln und sich in besonderen Umständen in einen obersten
Führer verwandeln konnte.[32] Eine Autorität dieser Art würde sich von den
vorhergehenden Gestalten der Häuptlinge unterscheiden, insofern sie einem
protourbanen System der Kurien vorstehen würde, nicht einem *populus* und
auch nicht einem Bund von *populi*, wie es bei den obersten Führern von

[28] Die Existenz des Curio Maximus impliziert einen Dualismus zwischen König und System
der Kurien, der sich auch im Binom Regifugium-Poplifugia niederschlagen würde: Momigliano
1963. De Francisci 1956 streift das Problem, insofern er einen Widerspruch feststellt zwischen
dem System der Kurien und der palatinischen Gemeinschaft. Palmer 1970 nimmt den Widerspruch nicht wahr.

[29] Coli 1964.

[30] Die Kurienvorsteher mußten 50 Jahre alt sein, sie waren also typische *senes*, und sie hatten
das Priestertum auf Lebenszeit inne. Es ist gut möglich, daß sie den ursprünglichen *senatus*
gebildet haben, der in der protourbanen Zeit wahrscheinlich aus 27 und in der romuleischen
Zeit aus 30 Mitgliedern bestand, eine eher geringe Zahl im Vergleich zu den von der Vulgata
überlieferten anachronistischen 100 Mitgliedern (Magdelain 1995; vgl. auch §§ 276, Anm. 15;
292, Anm. 67). Es sei daran erinnert, daß die *gerousia* in Sparta aus nur 28 oder 30 *gerontes* zusammengesetzt war: Palmer 1970 (der Curio Maximus hätte das Interregnum eingeleitet). Nach
Cornell 1995 hätte es am Anfang keinen Senat gegeben, sondern nur ein Ratgebergremium,
dessen Mitglieder vom König ausgewählt und ausgewechselt wurden: Fest. 90 L. Unter dieser
Voraussetzung hätte es keinerlei Verbindung zwischen dem königlichen Rat und dem System
der Kurien gegeben, was seit den Tarquiniern, mit der Krise der Kurien, akzeptabel erscheint,
davor aber unwahrscheinlich ist.

[31] Zum protourbanen Charakter der Kollegien: Capogrossi Colognesi 1979. Nach Torelli 1984
und 1990 geht die Kleidung der Vestalinnen und der Salier auf das der Gründung Roms vorangehende Jahrhundert zurück. Die Salier gibt es seit vorgeschichtlicher Zeit – sie priesen die
Taten des Hercules zur Zeit Euanders (Verg. Aen. 8,285 ff.) –, sie wären ein aus Veji stammendes
Kollegium, das König Morrius einsetzte (Serv. Aen. 8,285), und wären von Numa 705 in die
römische Staatsreligion eingeführt worden: Plut. Num. 13,1 (Colonna 1991).

[32] Capogrossi Colognesi 1979 stellt sich eine Form von »Militärdemokratie« vor, mit Versammlungen von waffentragenden Männern und einer Art tribaler und gentilizischer Struktur, die
Cäsar den Germanen zuschreibt (Gall. 6,23).

Alba Longa der Fall war.[33] Die Autorität dieser neuen Häuptlinge dürfte
also größer gewesen sein als die der präurbanen Häuptlinge der einzelnen
populi – man denke an die Notwendigkeit der Programmierung und an die
komplexe Organisation, die ein großes protourbanes Zentrum zur Voraussetzung hat –, aber geringer als die Autorität der ersten Könige der ersten
Städte, die auf dem Monopol der Macht und wohl auch auf der Hegemonie
einer *gens* basierte. Die protourbanen Häuptlinge dürften Repräsentanten
ortsansässiger Geschlechter gewesen sein, die noch fähig waren, untereinander zu kooperieren, weshalb eine staatliche, in einer einzigen Gestalt konzentrierte Macht noch nicht notwendig geworden war; diese Gestalt ist dann
der König, der im allgemeinen von auswärts gerufen wird, um die Konflikte
zwischen den *gentes*, die so stark geworden waren, daß sie die Gemeinschaft
aufzulösen drohten, beizulegen und zu überwinden.

319. Der Pater Patratus. Die Gestalt des Häuptlings der Kurien konnte
sich mit der Gestalt des Häuptlings oder *pater* der *patres* verbinden oder vermischen, d.h. mit dem *pater patrum* oder Pater Patratus *(= senatus)*, dessen
ursprüngliche protopolitische Autorität dann von der Macht des Königs
ad sacra beschränkt wird. Der Pater Patratus bewahrt dann nämlich, als Priester, eine Reihe von Kompetenzen, die sich nur so erklären lassen, daß sie
ursprünglich von einem protopolitischen Häuptling ausgeübt wurden. Die
Erklärung des Krieges nämlich, das *augurium salutis* (das Gebet für das Heer,
das in den Krieg zieht) und vor allem der Abschluß von Verträgen sind alles
Akte, die nicht so sehr von religiöser als von eminent politischer Natur sind.
Ein ähnliches Phänomenen ergibt sich dann beim *auguratus*, der, nachdem
er einmal die erste Bedingung der königlichen Macht gebildet hat, einem
Priester vorbehalten blieb (es sei an die Gestalt des Attus Navius erinnert).
Es ist kein Zufall, daß der Pater Patratus, wenn er auch *ad sacra* beschränkt
wird, dennoch das Zepter behält, so wie der Augur die *trabea* mit Purpur-
streifen: typische königliche Insignien, letztes Erbe der ursprünglichen Sou-

---

[33] Nach Magdelain 1995 wären die Häuptlinge von Alba die ersten gewesen, die den Titel eines
rex trugen. Als oberste *patres* der einzelnen Pater Patratus der *populi* hätten sie wie Latinus als
Vertreter Jupiters auf Erden das Zepter getragen: Verg. Aen. 12,206; Fest. 81 L. Romulus scheint
seinen königlichen Titel und seine göttliche Eigenschaft von den präurbanen Königen von
Alba abzuleiten und den Staat und die Stadt als eine mikrokosmische Kopie und des
Bundes aufzufassen (30 Kurien entsprechend den 30 *populi*); dies würde für Rom ein Abstand-
nehmen von Alba und einen Anspruch auf die Vormachtstellung über Latium bedeuten, die
mit der Gründung der Stadt gegeben wäre. Rom bezöge sich so nicht nur auf seinen *ager*, sondern würde in seinem Aufbau die Essenz des *nomen* selbst wiederholen. Romulus hätte sich
geweigert, Numitors Nachfolge anzutreten, so daß der Titel auf das Oberhaupt von Rom übertragen worden sei; in Alba wären, bis zu seiner Zerstörung, ständige Diktatoren gefolgt, deren
Macht nunmehr mit Bezug auf die »nemorensischen« Vorrechte der göttlichen Könige desakra-
lisiert war (Magdelain 1995).

veränität.[34] Bevor er König wurde, war Romulus schon eine Art Häuptling, und er hatte eine für den Pater Patratus typische rituelle Handlung vollzogen, wie damals, als er vom Aventin eine Lanze auf den Cermalus geschleudert hatte, um vom Ort der Gründung Besitz zu ergreifen. Der König Romulus hatte dann auf dem Kapitol die Tempel-Hütte des Iuppiter Feretrius eingerichtet, eines Kultes, der eng mit den Fetiales und mit dem Pater Patratus verbunden war, der über das Zepter des Jupiter und seiner Repräsentanten auf Erden (beginnend mit Latinus) verfügte, bei dem man schwor, und über den Feuerstein, mit dem er, als neuer Blitzeschleuderer Picus, zur Bekräftigung der Verträge eine Sau (das Tier, das mit Latinus und mit den Bündnissen des albanischen Bundes in Zusammenhang gebracht werden kann)[35] erschlug. Es ist mit gutem Grund vermutet worden, daß die Fetiales – mindestens 20, wenn nicht 30 (kein anderes Priesterkollegium hatte je mehr als ein Dutzend an Mitgliedern) – nichts anderes wären als die ältesten Repräsentanten der Kurien,[36] weshalb der Pater Patratus, aus ihrem Kreis gewählt, schließlich der Repräsentant der Repräsentanten der Kurien oder *patres* auf der Ebene des Proto-Staates wäre. Über den schon genannten Dualismus Rex–Curio Maximus hinaus könnte sich seit der frühen Königszeit ein zweiter Dualismus Rex–Pater Patratus ergeben haben; und es sind eben diese beiden Widersprüche, die sich in Hinweise verwandeln, dank derer wir versuchen können, Hypothesen über die Spitze der protourbanen Ordnung vorzutragen. Ein umfangreiches Kollegium in der Art der Fetiales konnte als Rat der Alten fungieren, unter dem Vorsitz des Anführers der Gemeinschaft, der eine Versicherung für das einheitliche Moment der Regierung des Proto-Staates gewesen sein kann. Ohne die Gestalten dieser Proto-Könige kann man sich die Schaffung der protourbanen Zentren nicht vorstellen. Sofern der Curio Maximus und der Pater Patratus sich die Macht geteilt haben, hätte man eine Doppelführung des Proto-Staates gehabt, analog zur Zwillingsstruktur der Lares Praestites. In diesem Fall würde die Königsherrschaft des sich formierenden Staates und die Einzigartigkeit der Gestalt des *rex-augur* Romulus noch revolutionärer erscheinen (und in der Konsequenz der Tod des Remus erklärbar und notwendig).

320. Stadtkönige in Griechenland und in Italien. In den griechischen Proto-Städten gab es die *basileis*, und einer von ihnen bekleidete die Rolle

---

[34] Serv. Aen. 12,206; Isid. 19,24,8 (Magdelain 1995). Bei seiner Suche nach einem protourbanen Häuptling hat De Francisci 1959 seine ganze Aufmerksamkeit dem Pontifex Maximus zugewandt.

[35] Die Sau ist das Totemtier des albanischen Bundes, der von Latinus eingerichtet worden ist: vgl. §§ 141, Anm. 8; 145, Anm. 29.

[36] Palmer 1970 (ein Fetial pro Kurie).

des Ersten unter Gleichen, aufgrund des Ansehens, der persönlichen Eigenschaften und der Stellung in der Gesellschaft, wobei der ständige Rang des Staatsoberhauptes bis in die zweite Hälfte des 8. Jahrhunderts, d. h. bis in die Zeit der *poleis*, fehlte.[37] Das Fürstengrab von Eretria, in dessen Ausstattung sich ein Zepter mykenischer Tradition, datiert auf ca. 720, befunden hat, kann vielleicht mit dem Grab des Gründerkönigs dieser Stadt identifiziert werden, der mit einem einheimischen Heros gleichgesetzt wurde, eine Gestalt ähnlich dem Amphidamas, König von Chalkis, dessen Leichenspiele Hesiod beschworen hat.[38] Bei dem in der Stadt begrabenen König handelt es sich vielleicht um ein Mitglied der königlichen Dynastie von Xeropolis/ Lefkandi, dem Zentrum, das nach der Gründung von Eretria an Bedeutung verliert. Unter dieser Annahme würde der Fall an Romulus erinnern, den Gründer Roms, den Erben des regierenden Hauses von Alba, das seit ihm keinen König und kein Glück mehr hat, ein der genannten helladischen Siedlung vergleichbares Schicksal.[39] Die Könige, die wir in Italien kennen, von Romulus von Rom bis zu Titus Tatius von Cures, zu Acro von Caenina, zu Fertor Rhesius der Aequiculer,[40] zu Propertius, dem Gründer von Capena,[41] zu Thebris, Morrius und Amos von Veji[42] und zu Lucerus von Ardea, nicht zu reden von Mezentius, scheinen nicht auf Zeiten zurückzugehen, die älter sind als die Städte. Ab dem Ende der Stufe Latiale III finden sich in den Nekropolen von Etrurien und Latium Fürstengräber von Kriegern, große Grabhügel, allgemein Aristokraten zugeschrieben, aber es ist zulässig zu vermuten, angesichts der Epoche und der Art der Grabbeigaben, daß darunter auch Könige zu zählen sind und daß sie den Übergang von der protourbanen gentilizischen Proto-Aristokratie zur urbanen Aristokratie anzeigen, für die eben ein König und seine Familie an der Spitze des Staates steht.[43]

---

[37] Drews 1983; Donlan 1985 meint, daß es einen »Paramount Basileus« gegeben habe, *primus inter pares*, mit leichter Dominanz gegenüber den anderen Häuptlingen.
[38] Hes. erg. 646 ff.
[39] Altherr Charon – Bérard 1980.
[40] Ampolo 1972. Bezüglich des Ager Aequiculanus beachte man den Tumulus eines Häuptlings-Vorfahren von Corvaro mit 71 Grabstätten, der aus einem kleineren Tumulus (Durchmesser 11 m) aus dem 9. Jh. besteht, über den später ein größerer Tumulus (50 m) aus dem 7. Jh. (Alvino-Catalano 1990) errichtet wurde. Guidi 1992 weist hin auf die »Scheiben-Harnische« in Abruzzo vom Ende des 8. Jh., ein Schutz, den auch der viel spätere Krieger von Capestrano trägt, der einer Person gewidmet ist, die in der Inschrift als König bezeichnet wird. Siehe auch Bernardi 1953; De Francisci 1956; Bremmer-Horsfall 1987; Briquel 1989.
[41] Briquel 1972; Colonna 1990a.
[42] Varro ling. 5,30.
[43] Die fürstlich-königlichen Gräber, datierbar in das letzte Viertel des 8. Jh., sind folgende: Veji, Monte Michele; Rom, Esquilin, 94; Laurentina, A, C; Decima, 15, 21, 101, 110; Rocca di Papa;

321. Ethnologisches Modell und Königtum des Romulus. Romulus
erscheint als eine Gestalt des Übergangs, beschenkt mit göttlicher Gunst
und mit der übernatürlichen Kraft der frühesten obersten Häuptlinge (wie
Picus, Faunus und Latinus), mit dem Einfluß eines Anführers der protourbanen Kurien und der notwendigen Macht versehen, um eine Stadt und
einen Staat zu gründen und zentral zu regieren. Man kann die Gestalt dieses
Gründers im Lichte des mythischen Themas des göttlichen Königs interpretieren, der von außen kommt, der sich als Urheber großer Unternehmungen in Auseinandersetzungen mit dem lokalen Anführer – den er tötet oder
in einem Wettkampf besiegt oder den er durch sonstige Überschreitungen
herausfordert – auszeichnet, als Eroberer und Bräutigam seiner Tochter (der
»verbotenen Prinzessin«), durch die er dann in die Gemeinschaft integriert
wird und das Land und die Herrschaft erhält, der sodann von seiten der
Konkurrenten in seiner königlichen Würde ständig herausgefordert wird,
der mögliche Usurpatoren tötet und schließlich rituell getötet oder geopfert,
zerteilt und vergöttlicht wird. Die Herkunft des Romulus aus Alba zeigte
seine Fremdheit auf römischem Boden. Der Raub der Sabinerinnen stellt
die Übertretungshandlung und die Erlangung des Landes dar (die Kurien
erhalten den Namen der Sabinerinnen). Das Regifugium deutet die Tötung
des Romulus an, wo die Flucht das Opfer ersetzt. Die Zerteilung und Verteilung seiner Reliquien an die Senatoren (an die 30 Repräsentanten der
Kurien?) schließt die Rückkehr der königlichen Vorrechte zu den einheimischen Geschlechtern ein. Die Angleichung an Quirinus, den indigenen göttlichen Beschützer der protourbanen Kurien, bringt die Vergöttlichung des
Herrschers mit sich, der als gemeinsamer Vorfahr seines Volkes betrachtet
wird.[44]

Cuma, Fondo Artiaco, 104 (Bietti Sestieri 1992a; Waarsenburg 1994). Zu den großen Tumulus-
gräbern seit der frühen orientalisierenden Epoche: Naso 1996. Die monumentalen Tumulus-
gräber, das Opfergebäude von Tarquinia und seine Bautechnik (Bonghi Jovino – Chiaramonte
Treré 1997) verweisen, seit dem Ende des 8.Jh., auf einen Luxus von bereits orientalischer
Art, von phrygischen und lydischen Fürsten, Nachfahren der griechischen und trojanischen
Heroen, die versucht haben, über den vorausgehenden Einheiten eher paritätischen Charakters,
die durch unbeständigere Hegemonien geprägt waren, einen Gipfel absoluter Macht zu errichten.

[44] Bernardi 1953; Préaux 1962; Liou Gille 1980; Coarelli 1983; Edlund 1984 (zu rituellen Tötungen und Zerstückelungen in Ägypten, Griechenland und im Finnischen); Del Ponte 1988. Zum
Opfer und der Zerstückelung des Königs auf ethnologischer Ebene: Frazer 1906, 1912 und
1911-15. Zu den göttlichen Königen: Frazer 1913; Hocart 1927 und 1937; De Heusch 1962; De
Heusch 1972; Sahlins 1985; Valeri 1980, 1985; Campanile 1988.

9 Die Organisation des Ager zur Zeit des zweiten Septimontium

322. Von den Gebieten der präurbanen »populi« zu den »agri« der protourbanen Zentren. Eine Möglichkeit, den *ager* des zweiten Septimontium zu rekonstruieren, besteht darin, von dem auszugehen, was wir über sein protourbanes Zentrum wissen. Wer annimmt, daß die Territorien, die später das Umland der Städte bilden, seit der Zeit des Vorrangs von Alba bestanden haben,[1] für den ist das Problem schnell gelöst: Die alten Stammesgebiete würden sich in die *agri* der *civitas* wandeln. Wer sich allerdings Latium als ein Mosaik von Gebieten der *populi* vorstellt, dem erscheint zunächst die Formierung der *agri* der protourbanen Zentren und dann der Städte als problemreiches Ergebnis der Vereinigung mehrerer Gebiete, als abschließender Akt eines langwierigen Prozesses, der schrittweise zu immer bevölkerungsreicheren Siedlungen und immer umfangreicheren Territorien geführt hat.[2] Wir haben gesehen, daß ab der Stufe Latiale IIB der Vorrang von Alba und des Bundes von Alba sich auf ein – allerdings immer noch hoch angesehenes – religiöses Fossil reduziert, ganz zum Vorteil der Siedlung auf römischem Boden. Aber die sakralen protourbanen Phänomene stellen sich nicht nur als solche dar, sie sind immer Aspekt einer Totalität. Die sozialen Phänomene reduzieren sich nur dann auf ihre religiöse Form, wenn die organisatorischen Umstände, die sie hervorgerufen haben, zu bestehen aufhören, so daß von ihnen nicht mehr bleibt als ein Fest, wie es beim Latiar, beim October Equus, den Opfern des Septimontium und der Prozession der Argeer der Fall war. Unter diesem Gesichtspunkt erscheint der römische Kalender wie der petrifizierte Wald einer verschwundenen Pflanzenwelt. Die Siedlung von Alba mit beharrlich präurbanem Charakter, ihre Lage im Herzen von Latium, das allerdings auch die am weitesten von den großen Kommunikationswegen des Meeres und der Flüsse entfernte Zone war, und schließlich ihr kultureller Traditionalismus, insofern sie einmal die ursprüngliche Metropole der Latiner war, haben verhindert, daß sie sich in Richtung auf die protourbane »Moderne« entwickelte. Aber die Siedlungen am Rand der Region, in der Nähe der Verkehrswege des Meeres und der Flüsse, in Kon-

---

[1] Bietti Sestieri 1992a.
[2] Peroni – Di Gennaro 1986.

takt mit den Neuerungen, die von den Etruskern und den Griechen Kampaniens ausgingen, begannen sich in protourbanen Zentren zusammenzutun. Die alte Welt der 30 *populi* wandelte sich so allmählich in eine entsprechend reduzierte Anzahl von protourbanen Zentren, die über Satellitenzentren innerhalb weiträumiger *agri* herrschten: Rom, Gabii, Praeneste, Lavinium, Ardea und Satricum, mit Ausnahme des Gebiets der Albaner Berge, wo das präurbane Landschaftsbild überlebte.[3] Auf römischem Boden haben die protourbanen Formationen die Siedlungen und Distrikte zweier *populi* überlagert, der Latinienses und der Velienses. Sehr bald aber, mindestens seit dem ersten Septimontium, beginnt der Distrikt eines dritten *populus* eine Rolle zu spielen, der Querquetulani. Mit dieser Hinzufügung vervollständigt sich das Gebiet, das dann den *ager Romanus antiquus* bildet, der zur Zeit des zweiten Septimontium unter eine einzige Autorität kommt, die sich aus dem Synoikismos ergibt, der auch das Territorium jenseits der Siedlung einbezieht. Mit den Stufen Latiale IIB und IIIA, also im Moment der Reife des protourbanen Zentrums, schafft die Siedlung auf römischem Boden ihre eigenen Satellitenzentren, nämlich Antemnae und La Rustica, das vielleicht mit Caenina (auf dem früheren Gebiet der Latinienses) identifizierbar ist, sowie Acqua Acetosa Laurentina (auf dem früheren Gebiet der Velienses),[4] was bedeutsame Indizien für die Konfiguration und hierarchische Neustrukturierung des Gebietes in protourbaner Zeit sind. Diese Satellitenzentren scheinen Wiederbesetzungen älterer von den *populi* eingenommener Plätze zu sein, die von ihren Bewohnern aufgegeben wurden, als sie in das vielversprechendere Gebiet von Rom zogen.[5] Mit dieser Neugliederung des *ager* des Septimontium und der anderen protourbanen Zentren erscheint das System von Alba und der populi Latini *ad sacra* reduziert und damit im Wesentlichen überwunden.

323. Bis wann reicht der Ager Romanus antiquus zurück? Diese Interpretation des *ager* des späteren Rom setzt eine einheitliche, wenn auch gegliederte Konzeption seiner protourbanen Siedlung voraus, die jetzt abgeschlossen ist, und sie setzt voraus, daß sie, da sie sich aus einer Summe oder einer Föderation von Dörfern gebildet hat, als eine Gesamtheit von ebenso vielen Bezirken vorgestellt werden muß, wie es Dörfer gegeben hat, die als Dreiecke verstanden werden können, die mit dem spitzen Winkel auf das Gebiet Rom zulaufen, wobei diese Bezirke ihr Bezugsdorf und die entsprechende Nekro-

---

[3] Vgl. § 150.
[4] Siehe die Örtlichkeit Phestoi zwischen der 5. und der 6. Meile, also an der Grenze des *ager*, wo die Arvalbrüder die Ambarvalia feierten, so wie an anderen Grenzorten: Strab. 53,2 (Colonna 1991b).
[5] Bartoloni 1986; Bietti Sestieri 1992a; Pacciarelli 1994.

pole aufnehmen;[6] diese Vorstellung ist so unwahrscheinlich, daß sie sich von
selbst zu falsifizieren scheint. Zusätzlich zu den Daten von Antemnae, an
der Mündung des Anio in den Tiber gelegen und in der Stufe Latiale IIB
dokumentiert, und von La Rustica (= Caenina?), an der 5.-6. Meile der Via
Collatina gelegen und in der Stufe IIIA dokumentiert,[7] bietet die Siedlung
von Acqua Acetosa, an der 6. Meile der Via Laurentina, wichtige Hinweise
über den *ager Romanus antiquus,* dessen südliche Grenze wahrscheinlich vom
gleichnamigen Graben gebildet wurde. Das *oppidum* der Endbronzezeit, das
zwischen dem Ende der Stufe Latiale IIB und der Stufe IIIA, wahrscheinlich
auf Initiative des Septimontium, durch einen Wall befestigt wurde, fällt mit
dem Ort zusammen, an dem dann die Terminalia gefeiert werden.[8] Nach der
Überlieferung wird der Ager Romanus antiquus nicht von Romulus erobert,
der sich darauf beschränkt, Caenina und Antemnae (wieder)einzugliedern,
sonst aber weitere Zentren jenseits des Anio und des Tibers erobert, wie etwa
die Septempagi. Das bedeutet, daß dieses Territorium entwicklungsgeschicht-
lich seit ältester (präurbaner) Zeit mit dem Gebiet von Rom verbunden war
und seit dem ersten Synoikismos,[9] d. h. seit dem zweiten Septimontium,

---

[6] Di Gennaro 1982, 1986 und 1988.

[7] Quilici Gigli 1994 und Guaitoli 1996. Ampolo 1988 glaubt nicht an die Gleichsetzung mit
Caenina.

[8] Colonna 1991b hält die Titini Latrones (zur Bedeutung von *latrones*: Fest. 512, 413 L.; Varro
ling. 7,52) für Anhänger und Blutsverwandte von Titus Tatius, die für die Tötung des Königs
verantwortlich waren. Es handelte sich vermutlich um eine *gens* mit Land um Acqua Acetosa,
der die Durchführung des Kultes des Terminus anvertraut war. Die Beisetzung des Titus Tatius
auf dem Aventin, dem *pagus,* zu dem man von der Via Laurentina aus gelangte, hat G. Colonna
bewogen, eine wichtige Verbindung zwischen dem Gebiet von Acqua Acetosa und dem Aventin
anzunehmen. Wenn um 770 das *oppidum* von Acqua Acetosa mit einem Erdwall befestigt wird,
kann man nicht ausschließen, daß auch das protourbane Zentrum des Septimontium in dieser
Zeit eine entsprechende Befestigung besessen haben mag (oder besser die flachen Abschnitte
seiner Grenze befestigt waren), zumindest ab dem ersten Viertel des 8. Jh., und das wären zwei
Generationen vor der Gründung Roms. Unter dieser Voraussetzung hätte Servius Tullius nichts
anderes getan, als die älteste Befestigung auf römischem Boden wieder aufzubauen und zu ergän-
zen. Die Remuria waren der Ort der *remores aves* hinsichtlich der Auspizien des Remus, d. h. des
Mons Murcus (beim Altar der Murcia), die »entmutigen« und den *praepetes aves* der Auspizien
des Romulus gegenüberstehen, die vom großen Aventin her, über dem Lucus Stimulae, »Mut
machen« (Fest. 224, 345 L.). Wenn die Remuria zum kleinen Aventin gehören, muß man sie fünf
Meilen entfernt am Tiber suchen, auf dem Ager Remurinus (Paul. Fest. 345 L.), einem Gebiet des
Territoriums, das mit dem Aventin verbunden war. Es käme das Gebiet von Acqua Acetosa in
Betracht (das sich jedoch an der sechsten Meile befand), das ein sehr viel wahrscheinlicher Ort
für die Remuria ist als der Mons Sacer über dem Anio (Wiseman 1995).

[9] Nach Colonna 1991b fände mit dem in die Stufe Latiale IIB datierbaren Synoikismos der
Übergang von der Siedlung der Velienses zu Rom statt (er berücksichtigt das Septimontium
nicht gebührend und läßt das romuleische Zeitalter bis zum ersten Synoikismus zurückreichen).
Siehe auch Colonna 1974 und 1988. Entgegengesetzter Meinung ist Wiseman 1994, der
»Rom« nicht an das Ende des 9. Jh. vorverlegt, sondern es verspätet, am Ende des 7. Jh., ansetzt.

eine Einheit gebildet haben dürfte. Die Konfiguration der Siedlung Rom, ihrer periurbanen *pagi*, ihrer ländlichen *pagi* mit den wichtigsten *oppida*, scheint also schon etwa zwei Generationen vor der Gründung der Stadt zu bestehen.

324. Dreiteilung der Siedlung und Dreiteilung des Ager (Abb. 24). Welches auch die interne Gliederung der Siedlung und des *ager* gewesen sein mag, und welcher Art auch die Zusammenhänge mit den präurbanen Zuständen und die Entsprechungen zwischen den Aufteilungen in der Siedlung und den Aufteilungen außerhalb auf dem Landgebiet waren, die Rekonstruktion, die wir hier vorlegen, gründet auf der fundamentalen Voraussetzung, daß das protourbane Zentrum eine Sache ist und der Ager eine andere und daß diese beiden miteinander verflochtenen Gegebenheiten eine absolute Neuheit darstellen, auch wenn sie aus schon vorher bestehenden Elementen zusammengesetzt sind, insofern die *vici* der *populi* einen Bezug zu den *curiae* und die Distrikte der *populi* zu den *tribus* haben. Wie in der Siedlung Spuren der ältesten Siedlungsformationen überdauern, zum Beispiel in der Teilbarkeit der 27 Kurien in drei Gruppen zu 9 Kurien mit Bezug auf die alten *montes*, auf die neuen *montes* und auf die *colles*, so ist anzunehmen, daß die ältesten territorialen Unterteilungen der *populi* auf dem Territorium weiterhin erhalten blieben, in der umgewandelten Form der Gliederungen des protourbanen Ager. Varro glaubte nicht zufällig, daß der *ager Romanus antiquus* ursprünglich dreigeteilt gewesen war, in Titienses, Ramnes und Luceres, was wir als die Projektion der Organisation der drei früheren Tribus auf das Landgebiet interpretieren können.[10] Es bot sich hier ganz natürlich an, die drei Teile oder Ganzheiten der *pagi-vici* des *ager* mit den drei Teilen oder Ganzheiten der *montes/colles-curiae* der Siedlung zu verbinden und die territoriale Kontinuität sowie die wesentliche Einheit zwischen ersteren und letzteren festzustellen, als unterschiedliche - ländliche und protourbane - Ausdrucksformen der drei ursprünglichen Tribus. Man konnte so schrittweise von den *montes* oder *colles* des protourbanen Zentrums zu den periprotourbanen *pagi* bis zu den ruralen *pagi* übergehen und dabei immer im

---

[10] Varro ling. 5,55. 89. 91; Dion. Hal. 2,7; Gell. 18,7,5: »tribus ... dici et pro loco et pro iure et pro hominibus«. Zur *tribus* als Territorium einer Siedlung, die nur eine einzige Aufteilung kennt (wie die Siedlung der Eugubini), nämlich die zwischen innerhalb und außerhalb der Hauptsiedlung, entsprechend der *tota* oder Bevölkerung, und zur Tribus als *domicilium* verstanden: Coli 1958. Auch die genetischen Tribus hatten eine territoriale Basis: »Die Zugehörigkeit zu den alten Tribus hing nicht davon ab, daß man auf dem entsprechenden Territorium wohnte, sondern vielmehr von der Mitgliedschaft in einer der Familiengruppen, denen das Gebiet zugeteilt worden war« (Coli 1958). In Megara Hyblaea trafen die fünf Stadtviertel am Platz des *heroon* des Gründers zusammen, und sie sollen den fünf Teilen der Megaris entsprochen haben: Svenbro 1982. Vgl. auch §315, Anm. 13.

Bereich der gleichen *tribus* bleiben. Das ist dann nicht mehr der Fall ab Servius Tullius, als die urbanen *tribus/regiones* von den ruralen *tribus* unterschieden werden. Im System der drei ursprünglichen Tribus fand sich das Gesamt der fünf *colles* mit dem früheren Distrikt der Latinienses verbunden und mit den *oppida* Antemnae und Caenina (= La Rustica?) in der Tribus der Titienses, die Gesamtheit der Hinzufügung des Septimontium mit dem früheren Gebiet der Querquetulani und mit der Tribus der Ramnes und die Ganzheit des Quinquimontium mit dem früheren Distrikt der Velienses und mit dem *oppidum* Laurentina in der Tribus der Luceres.

325. Die Tribus der Titienses.   Die erste Tribus war die Tribus der Titienses. Es scheint sich um den früheren Distrikt der Latinienses zu handeln,[11] der dann mit der sich formierenden protourbanen Siedlung auf den *colles* zumindest teilweise sabinisch geworden ist.[12] Unter dieser Voraussetzung wären die neun Kurien der *colles* zur Zeit des zweiten Septimontium im Zusammenhang mit diesem Distrikt zu sehen, von Norden aus der erste des protourbanen Landgebietes der Siedlung auf römischem Boden. Als die *colles*, die zumindest teilweise von Sabinern bewohnt waren, in das aboriginisch-latinische Septimontium eingegliedert wurden, dürfte Cures jede Verbindung mit seinem Vorposten am Hauptübergang über den Tiber verloren haben, und mit der Schaffung der Satellitenzentren Antemnae und Caenina (= La Rustica?) über dem Anio, die wahrscheinlich die Sabiner und die Straße nach Gabii und nach Kampanien kontrollieren sollten,[13] dürfte seine Feindschaft gegenüber der Siedlung auf römischem Boden noch verstärkt worden sein. Mit der Zeit war Cures aus einem *vicus* zu einem protourbanen oder urbanen Zentrum geworden,[14] das vielleicht seinen Einfluß auf Antem-

[11] Vgl. § 149 ff.; Appendix 5.

[12] Es könnte ein Zusammenhang bestehen zwischen den Titienses einerseits mit den Sodales Titii (Momigliano 1963), eingerichtet von Titus Tatius »retinendis Sabinorum sacris« (Tac. Ann. 1,54,1), dem einzigen Priestertum, das an die Sabiner anzuknüpfen scheint (Pais 1913; Ampolo 1981), und andererseits mit der Curia Titia auf den *colles* (vgl. § 239, Anm. 107). Titii von *titus*, die Wildtaube: »dicti [a titis avibus] quas in auguriis certis observare solent« (Varro ling. 5,85); es handelt sich um *columbae agrestes*: Schol. Pers. 1,20; Isid. orig. 12,7,62 (Momigliano 1966). Zur fraglichen Verbindung mit Titus Tatius: Peruzzi 1969. Der *titos mercui* einiger faliskischer Inschriften ist von F. Altheim als Äquivalent eines *genius Mercuri* (Vahlert 1933) interpretiert worden, vielleicht ist dies Mercurius, der Vater der Laren (Ov. fast. 2,608 ff.), oder des Hermes, Vater des Faunus. Zu den Titini *latrones* (Fest. 496 L.) und Titus Tatius: Colonna 1991b. Nach Coli 1958 wären die Titii die *sodalitas* der Tribus der Titienses schlechthin.

[13] Antemnae und La Rustica (= Caenina?) werden ab der Stufe Latiale IIA wieder besiedelt: Pacciarelli 1994. Antemnae wurde von Cato als »veterior ... quam Roma« angesehen (Orig. fr. 21 Peter). Zur Wiederbesiedlung des linken Tiberufers seit Beginn des 8. Jh.: Bartoloni 1986; Bietti Sestieri 1992a; Bistolfi u. a. i. Dr.

[14] Vgl. §§ 45, Anm. 38; 98, Anm. 5.

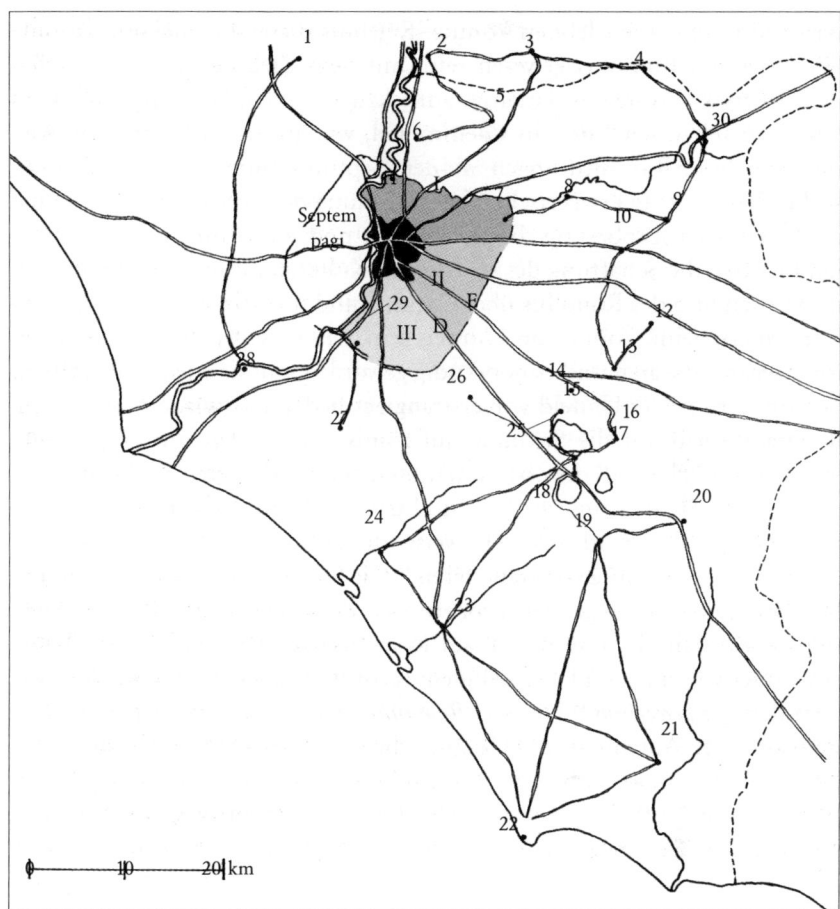

Abb. 24   *Rom in romuleischer Zeit, der* ager Romanus antiquus, *die drei* tribus *(I-III) und die Grenzen von Latium vetus (gestrichelte Linie)*

Die Kulte an der Grenze des ager: *A. Robigalia, B. Kult der Dea Dia, C. Terminalia, D. Signum Martis, E. Heiligtum der Fortuna Muliebris*

Veji und die latinischen Zentren: 1. Veji, 2. Crustumerium, 3. Nomentum, 4. Corniculum, 5. Ficulea, 6. Fidenae, 7. La Rustica (Caenina?), 8. Collatia, 9. Corcolle, 10. Gabii, 11. Antemnae, 12. Colonna, 13. Tusculum, 14. Grottaferrata, 15. Marino, 16. Heiligtum des Iupiter Latiaris auf dem Mons Albanus, 17. Albano Laziale, 18. Aricia, 19. Lanivium, 20. Velitrae, 21. Satricum, 22. Antium, 23. Ardea, 24. Lavinium, 25. Bovillae, 26. Tellenae (?), 27. Castel di Cecima / Politorium, 28. Ficana, 29. Acqua Acetosa Laurentina, 30. Tibur

nae und Caenina ausdehnen konnte. Ergebnis dieser Entwicklung könnte der Krieg des Romulus gewesen sein, mit dem Ziel, den nördlichen Teil des Distrikts Latinienses/Titienses zurückzugewinnen. Der junge Romulus nahm an religiösen Riten in Caenina teil, was auf die ursprüngliche Verbindung dieser Randsiedlungen mit dem Septimontium hinweist.[15] Die Tatsache, daß die erste kriegerische Unternehmung des Gründers ausgerechnet in der (Wieder-)Eroberung dieser Siedlung und von Antemnae bestanden hat und daß die Schaffung des städtischen Kultes des Iuppiter Feretrius mit dem ersten Sieg des Romulus über Caenina und mit seiner ersten *ovatio* verbunden erscheint, könnte ein Hinweis sein, daß diese Satellitenzentren verlorengegangen waren und es notwendig geworden war, sie wieder zu erobern, um ein territoriales Umfeld von erstrangiger Bedeutung wiederherzustellen, das traditionell auf die Siedlung auf römischem Boden hin ausgerichtet war. Die Tatsache, daß die oben erwähnten beiden kleineren Siedlungen die ersten »Kolonien« Roms werden[16] und daß ihr Land (wieder) dem Territorium angegliedert wird, sind Hinweise, die zum Teil den ursprünglichen Kontext dieser Satellitenzentren klären.[17] Die Hypothese wird noch dadurch bekräftigt, daß die folgenden Eroberungen des Romulus und seiner Nachfolger außerhalb der traditionell auf Rom ausgerichteten Gebiete zu Teilen von unterworfenen und befriedigten Territorien anderer Art werden, wie etwa der *ager peregrinus*.[18] Der *ager Romanus antiquus*, einschließlich der kleineren Zentren Antemnae und Caenina, die von Romulus wiedererobert wurden, fiel also im wesentlichen mit dem Territorium des zweiten Septimontium zusammen.[19] Den Synoikismen des zweiten Septimontium und der romuleischen Zeit gelang es, die sabinische Infiltration, trotz ihrer zeitwei-

---

[15] Die Beteiligung an Riten in den randständigen Siedlungen ist in Griechenland ein Thema, das an die Initiationen der Jugendlichen und die Verteidigung des Territoriums gebunden ist. Seit dem Ende des 8. Jh. beansprucht Argos die Ebene für sich und zerstört Asine um 720–710: Hall 1995 (der das Heraion nicht als ein außerurbanes Heiligtum von Argos einstuft, sondern als ein Bundesheiligtum der entsprechenden Ebene). Siehe hingegen das Heiligtum der Artemis in Amarynthos, 7 km von Eretria, mit Weihegaben ab dem Ende des 8. Jh., ein Heiligtum, das verbunden war mit der Erziehung der Jugendlichen, Übergangsriten und der bewaffneten Kontrolle des Gebietes: Navaro 1996.

[16] Der erste Krieg des Romulus ist nicht unwahrscheinlich, er ist im Gegenteil folgerichtig: Hermon 1978; Briquel 1980b. Anderer Meinung ist Ampolo 1988: »Die zahllosen Kriege, die die Überlieferung Romulus im 5. Jahrhundert zuschreibt, haben keinen historischen Wert.«

[17] Alföldi 1962 und 1965.

[18] Seit den *oppida* von Crustumerium und Fidenae: Alföldi 1962; Hermon 1978; Scheid 1987. Mit den genannten Eroberungen dehnt die Siedlung auf römischem Boden ihren Einfluß über den Tiber und den Anio aus, bis es den Fluß voll unter Kontrolle nimmt, die zuvor Veji ausgeübt hatte: Bartoloni 1986.

[19] Die Schlußfolgerung steht im Widerspruch zu Rendeli 1991.

ligen Erfolge, einzudämmen, und zwar durch Integration der Aboriginer-Latiner-Sabiner der *colles* in die stärkere aboriginisch-latinische Gemeinschaft der *montes*, die das eigentliche Subjekt des Synoikismos war und deren Politik sicher nicht sabinerfreundlich war.

326. Die Tribus der Ramnes. Die zweite Tribus war die Tribus der Ramnes.[20] Es handelt sich um den früheren Distrikt der Querquetulani, süd-

[20] Ramnes, vielleicht zu interpretieren mit Bezug auf *rhámnos, spina alba*, Weißdorn: »inter genera ruborum rhamnos appellatur a Graecis candidior et fruticosior« (Plin. nat. 24,76). Als medizinische und Heilpflanze siehe: Diosk. mat. med. 1,119 (Zweige mit denen man Türen und Fenster behängt, um Hexen und Dämonen zu vertreiben); Diog. Laert. 4,54 (als Bion in Chalkis erkrankt, legt er Myrten- und Weißdornzweige auf die Tür, bereit alles auf sich zu nehmen außer den Tod); Phot. s.v. *miara hemera* (Weißdorn zur Vertreibung der Seelen der Toten); Fest. 282 L. (in der Hochzeitsnacht halten zwei Kinder die Braut und ein drittes bringt eine Fackel aus Weißdornzweigen). Der Weißdorn ist bekanntlich dornig, geeignet für Hecken und um Tiere und böse Wesen fernzuhalten. Der 1. Juni war Carna geweiht, der im Lucus Helerni geborenen Nymphe, die die Höhlen mochte; nachdem Janus mit ihr verkehrt hatte, gewährte er ihr als Ausgleich für die verlorene Jungfernschaft die Ausübung des *ius* über die Türangeln und über den Schutz der Tore vor den bösen Geistern, was es uns ermöglicht, sie mit Faunus, dem Dämon der Schwellen in Verbindung zu bringen (Carna wurde für die Schwester des Apollo = Faunus? gehalten), mit Tacita, der man bei den Feralia Weihrauch unter der Türschwelle darbot, und natürlich mit Janus, dem Gott der Türen schlechthin. Um die Türen vor gefährlichen Dämonen wie den *striges* oder *strigae* zu schützen, bösen alten Weibern oder »Hexen« in der Gestalt von Nacht- oder Raubvögeln (in der Art der Schleiereule), gierig auf die Eingeweide kleiner Kinder, benutzte Carna einen Weißdornzweig, von einem Strauch also mit Heilkraft, mit dem sie drei Mal die beiden (dem Pilumnus und Picumnus geweihten) *postes* berührte sowie das (dem Faunus und der Tacita geweihte) *limen*, auf dem sie dann Wasser als Trankopfer darbringen mußte, in das man die *exta* eines zweimonatigen Ferkels geworfen hatte, das man dann vor der Schwelle aussetzte, den Schleiereulen zum Opfer; aber da es sich um Vögel handelte, hätten die Nachtraubvögel auch durch die Fenster hereinkommen können, die man deswegen mit einer *virga Ianalis* aus Weißdorn schützte (Ov. fast. 6,165; Fest. 414 L.). Der Ritus, dem Mythos entstammend, sei von der Göttin inauguriert worden, als sie von der Amme Procas, des Vaters von Numitor und Amulius, angerufen worden war, als dieser von den *strigae* getroffen und dann von der guten Fee der Schwellen gerettet wurde (weswegen der Ritus, nach der Chronologie des Dionysios von Halikarnassos, ungefähr bis auf das Jahr 830 zurückgeführt worden ist). Carna ist also eine Nymphe (Querquetulana?), Verbündete der Laren (Querquetulani?) und deren Mutter, deren örtliche Manifestation sie vielleicht ist (Ov. fast. 6,101 ff.). Vgl. auch § 256, Anm. 16. Es ist aufschlußreich festzustellen, daß Tarquinius Superbus ausgerechnet am 1. Juni von Iunius Brutus vertrieben wurde, der eben Carna ein Opfer dargebracht hatte, der Göttin, die öffnet, was geschlossen ist, und schließt, was offen ist, und daß das Opfer auf dem Caelius dargebracht wurde – einem Hügel der *tribus* der Ramnes –, wo sich offensichtlich der Kultort der Göttin befand (Macr. Sat. 1,12,31 ff.), so als wäre es nur, nachdem man sich der Gunst der Göttin der Türangeln, der Beschützerin der Schwellen, vergewissert hat, möglich, einen hervorragenden Bürger, sogar einen König, aus Rom zu vertreiben, als wäre er ein böser Geist. Carna war dem König von Alba gewogen, verdirbt aber den Tyrannen von Rom. Die *faba* verhielte sich zur *gens* der Fabier wie der *rhamnos* zu den Ramnes, dem Tribus des Weißdorns des Janus und der Carna (die Kalenden des Juni waren als *fabariae* bekannt). Coli 1958 meinte, ohne Grund, die Arvalen wären die *sodalitas* schlechthin des Tribus der Ramnes gewesen. Zu einer wahrscheinlicheren Verbindung mit dem Tribus der Luceres vgl. §§ 204, Anm. 105; 322, Anm. 4.

lich vom Distrikt der Latinienses gelegen, ohne Berührung mit dem Tiber und wahrscheinlich als letzte der Bergsiedlung Roms angegliedert, zur Zeit des ersten Septimontium, und zwar als das Hinterland der septimontialen Hinzufügung, d.h. des Oppius, des Caelius und des Cispius. Es handelte sich demnach um die einzige große territoriale Erwerbung, die der proto-urbanen Zeit zuschreibbar ist, während die übrigen auf die präurbane Zeit zurückgehen. Die Ausdehnung der Bergsiedlung Roms nach Osten ist mit der Krise des Gebietes der Albaner Berge[21] in Beziehung gesetzt worden, auf die dieser Teil des Territoriums ausgerichtet ist. Romulus dürfte in diesem Teil des *ager* kein Land zurückerobert haben, da es von den sabinischen Geschehnissen nicht betroffen war. Wir kennen bis jetzt kein Satelliten-*oppidum* in diesem Teil des Ager.[22]

327. Die Tribus der Luceres.   Die dritte Tribus war die Tribus der Luceres. Es handelte sich um den Distrikt des *populus* der Velienses, der entlang des Tibers lag, südlich vom Gebiet der Latinienses und der Querquetulani, und der die territoriale Basis des Trimontium-Quinquimontium wurde, als das Hinterland des Aventin, ein Ort, der seit der Bronzezeit eng mit dem Cer-malus verbunden war. Die Anordnung der Tribus in der Überlieferung hat also ihre eigene topographische Logik, sie bewegt sich im Uhrzeigersinn von Norden nach Osten und von da nach Süden.[23] Das Satelliten-*oppidum* dieses Teils des Ager wurde von Acqua Acetosa Laurentina gebildet, dessen Graben die Grenze des Territoriums in Richtung auf das Gebiet eines früheren *populus* der Küste bildete, vielleicht der Polluscini.[24] Die Verbindung der Luceres mit dem von der antiquarischen Überlieferung bezeugten Ager Solo-nius,[25] südlich von Rom, bekräftigt die topographische Identifikation dieser Tribus.

Carna ist eine Göttin der Unterwelt, so wie Helernus ein Gott der Unterwelt ist (Fest. 83 L.), denen an den Kalenden des Juni, des Monats, in dem dieses Gemüse geerntet wird, das Boh-nenopfer dargebracht wird (siehe die Verwendung der Bohnen bei den Feralia und den Lemu-ria); in einem *iugum*, das eine Iuno (Sororia) als Göttin des Tigillum hat und einen zweiköpfi-gen Ianus (Curiatius) als Gott der Pfosten, könnte Carna gut als Göttin der Schwelle fungieren: Pettazzoni 1940.

[21] Vgl. § 264, Anm. 39.

[22] Wir kennen nur eine Nekropole an der Meile VI der via Appia, bezeugt im 6. Jh.: Colonna 1996.

[23] Aber bei Liv. 1,36,2 stehen die Ramnes an erster Stelle, gefolgt von den Titienses und den Luceres.

[24] Vgl. Appendix 5. Bietti Sestieri 1992a (Chronologie des *oppidum* in der latialen Stufe IIB/IIIA); Colonna 1991b.

[25] Fest. 296 L.: »Pomonal est in agro Solonio, via Ostiensi ad duodecimum lapidem deverticulo a miliario octavo«, ein Teil des Ager Romanus, der mit den Luceres und mit Lucumo (Prop. 4,1,31–32: »Luceresque Soloni«; Dion. Hal. 2,37,2, bezüglich Lucumo aus Solonium, dem Ver-

328. Eine wichtige Zäsur. Daß die Bezirke und die Viertel der Siedlung auf römischem Boden *montes, colles* oder *curiae* genannt werden und nie *pagi* und daß die drei Bereiche/Tribus des Ager nicht mehr die Namen der früheren *populi* tragen, die diese Gebiete besetzt hatten, kann als Hinweis auf die klare Zäsur gewertet werden, die das protourbane Zentrum des Septimontium im Vergleich mit der vorhergehenden präurbanen Gegebenheit darstellt, analog der Zäsur, mit der dann das romuleische Rom sich gegenüber dem Septimontium abzugrenzen bestrebt ist, durch Ausschluß der Velia von der *inauguratio* und mit der Wahl des 21. April als Gründungstag, des alten

bündeten des Romulus gegen Titus Tatius) verbunden ist, der als Namensgeber der Luceres gilt (Varro ling. 5,55). Der Ager Solonius befand sich an der achten Meile, also außerhalb des *ager*, Coarelli 1997 setzt den Ort mit Castel di Decima – Politorium gleich, womit es sich um einen Landgewinn nicht vor Ancus Marcius handeln würde (Lucumo ist außerdem mit Tarquinius Priscus gleichzusetzen). Wie dem auch sei, es geht um ein annektiertes Territorium, das dann mit dem Gebiet der Luceres verbunden wurde. Lucerus, König von Ardea (Fest. 106 L.), wäre mit Daunus, König von Ardea, gleichzusetzen, weshalb die Luceres Wolfsmenschen wären (Cataldi 1992). Nach De Sanctis 1907 sei dieser König erfunden worden, um die Luceres zu erklären. Es könnte sich um den mythischen Gründer der Luceres und somit auch des Trimontium handeln, der eher mit dem Palatin als mit Ardea zu verbinden ist und eher mit Acqua Acetosa Laurentina als mit Solonium. Nach Coli 1958 wären die Luperci die *sodalitas* der Luceres schlechthin; dazu, daß die Luperci auch Lucumedi genannt wurden: Fest. 197 L.; Prop. 4,2,5. Gemäß einer frühen Überlieferung hätten die Luceres ihren Namen von den *luci* abgeleitet: Schol. Pers. 1,20. Tiffou 1976 sieht eine Beziehung zwischen dem Wolf *Lukwo und dem Licht *Lewkw, weshalb der Wolf als »der Lichtvolle« zu verstehen sei. Zu *Solona als tiefes Land *(solum)*: Palmer 1970. Auf diesen Teil des Gebietes scheint Fest. 232 L. sich zu beziehen: »Pectuscum Palati dicta est ea regio Urbis, quam Romulus obversam posuit, ea parte, in qua plurimum erat agri Romani ad mare versus, et qua mollissime adibatur Urbs, cum Etruscorum agrum a Romano Tyberis discluderet, caeterae vicinae civitates colles aliquos haberent oppositos«. Der Campus Martius (Ager Turax = Tarax), wohl der Campus Martialis (wenn er mit Lutirius/Lintirius = Laterius gleichzusetzen ist), und der Ager Solinius = Solonius wären den Römern von Acca Larentia (Palmer 1970) als Erbe überlassen worden, d. h. von der Gottheit, Mutter der Laren, die ursprünglich den Boden bewohnte, besaß und beschützte, der den Römern gehören würde. Nach Coarelli 1997 wäre diese territoriale Ausdehnung in Richtung zum Meer nicht mit der Zeit des Romulus, sondern mit den Tarquiniern verbunden. Es handle sich um die »Romulisierung« späterer Mythistorien, aber wir stimmen damit nur zum Teil überein, gegen eine solche These von Th. Mommsen. Die Mythistorie von Acca, die das Land schenkt, ist in ihrer archaischen Schicht davon abhängig und ermöglicht, daß auch in den vorgeschichtlichen Schichten des Mythos diese Gestalt – eben als Mutter der Laren der Latiner und der Römer – es ist, die die Häuptlinge gebiert, die Gründer und Könige, und daß sie ihnen das Land und die Herrschaft überträgt. Es ist kein Zufall, wenn man glaubte, sie habe Romulus das Land übergeben; einverstanden, daß es nicht das bei Macr. Sat. 1,10,16 genannte Land ist, das eher auf die späte Königszeit zu beziehen ist, sondern vielmehr der frühere *ager* Roms. Es handelte sich also nicht um eine Prostituierte und Geliebte des Hercules, wie in der späten Königszeit, sondern um eine vergöttlichte Vorfahrin in Verbindung mit Sexualität und Schutz in der Art von Caprotina und Rumina. Es ist die Acca der Larentalia, eines Festes des Kalenders der frühen Königszeit. Dies ist die Acca, die gleichgesetzt werden kann mit Ops-Fauna, mit Rea Silvia, der von Mars, von Faunus Gewalt angetan wird, und noch nicht die Geliebte des Hercules.

Neujahrs des Pastoraljahres, anstelle des 15. März, des Neujahrs von damals
(nicht zu reden von der Zäsur zwischen dem servianischen und dem romuleischen Rom). Wir haben aber auch gesehen, wie sehr die präurbanen Siedlungen und Distrikte in anderer Hinsicht die folgende Geschichte der Siedlung auf römischem Boden bedingt und bestimmt haben.[26]

329. Das »limen« der »tribus«, Acca und die Laren.

Es hat den Anschein,
daß die präurbane Acca, Mutter der Laren und der Arvalbrüder, erste Inha-
berin des römischen Landes, den Römern ihren *ager* gegeben hat, dessen
limen von Mars beschützt wurde, dem Vater nicht nur des Romulus, sondern auch der Laren, zu denen Faunus gehört, der Dämon der *limina* und
der *termini*, dessen Fest, die Terminalia, am Ende des Jahres gefeiert wurden,
am Ende der Schwangerschaft und des Produktionszyklus und am Ende
des Territoriums, an der 6. Meile der Laurentina, wo bei Acqua Acetosa das
Satelliten-*oppidum* der *tribus* der Luceres lag, die in der Siedlung die der Acca,
den Laren auf dem Cermalus und am Fuße des Palatium geweihten Orte
beherbergte und wo nicht zufällig die *regiae* von Rom standen. Auf dem
Palatium und der Velia waren auch die Kulte der Penaten, und die Arvalbrüder opferten am Tigillum Sororium am Fuße der Velia[27] und waren mit
der Curia Acculeia am Fuße des Palatium und mit Phestoi (= Acqua Acetosa?) an der Grenze des Ager verbunden.[28] Man gewinnt den Eindruck, daß
die *tribus* der Luceres das Territorium der Römer schlechthin darstellt. Sie
umfaßte nämlich den ältesten protourbanen Kern der Bergsiedlung und den
inaugurierten Teil der Stadt: den Palatin. Die *tribus* der Querquetulani (deren
Laren in einem Heiligtum auf dem Oppius verehrt wurden) war nämlich
in neuerer Zeit erworben worden, und die *tribus* der Titienses, deren Laren
vielleicht mit den Semones zu identifizieren sind, war eher von *Romanuli
als von wirklichen Römern bewohnt.[29] Dies vorausgesetzt, wären die Laren
der Römer in erster Linie die Laren der Velienses und an zweiter Stelle der
Querquetulani – d. h. die Laren des ersten Septimontium –, zu denen sich
an dritter Stelle die Semones der Latinienses oder die Lares Sanquales der
colles gesellen,[30] der Siedlung, die an die *montes* des zweiten Septimontium

---

[26] Pallottino 1960 meinte hingegen, die der Stadt vorausgehenden Gegebenheiten hätten die
topographische Struktur Roms nicht bestimmt.

[27] Arcella 1988.

[28] Vgl. §§ 204, Anm. 105; 322, Anm. 1.

[29] Vgl. § 152.

[30] Die *Semones* waren Schutzgeister oder Halbgötter wie die Laren, sie waren verbunden mit
Semo Sancus, dem Vater des Sabus, des Gründers der Sabiner, dem auf dem Collis Mucialis
verehrten Gott, dessen Kult von Titus Tatius aus Cures gegründet worden sein soll, wie der
Kult des Iuppiter Feretrius auf dem Kapitol von Romulus aus Alba: beides Gottheiten, die
die Verträge mit dem Blitz bekräftigen. Auch der Lar Picus war mit dem Blitz verbunden (wie

angeschlossen wurde. Die Terminalia (23. Februar) waren ein Fest des Jahres-endes von staatlichem Rang, das sich auf das Ende des Territoriums und des Produktionszyklus und des biotischen Zyklus bezog, dem einige Tage zuvor auf kurialer Ebene die Fornacalia entsprachen, das Fest der Röstung des Getreides und auch der *termini* der Felder, auf denen das Getreide gesät wor-den war, ursprünglich vor allem auf das kuriale Land der peri-protourbanen und dann periurbanen *pagi* konzentriert.[31] Die göttlichen Könige Latiums hätten die Länder der *populi* entlang des Tibers nicht ohne Intervention ihrer Mutter erhalten, wie Romulus kein Reich erhalten hätte, wenn er nicht von eben dieser Mutter geboren worden wäre, die sich hinter dem Namen der Rea Silvia verbirgt, so wenig wie die Tarquinier ihre königlichen Länder in den *pagi* um Rom besessen hätten, die dann, durch das großzügige Geschenk der Acca, von den Römern der frühen Republik ererbt wurden. Nur daß sich in der Zwischenzeit die *lupa* der Acca-Fauna in eine *lupa* ganz anderer Art verwandelt hat, in eine heilige Prostituierte. Der gleiche Name, das glei-che Totem, die gleiche Funktion, aber in unterschiedlichen Sagen.

330. Die Totem des »nemus« und der Vorfahren. Die Luceres könnten zu den *luci* einen Bezug haben oder, weniger wahrscheinlich, zu den Wolfs-menschen, also zu den Dauni oder besser den Fauni, Menschen also, die in Faunus und im Wolf ihren Ahnherrn/Lar und ihr Totem erkennen. Die Titienses erinnern an *titus*, die Taube der Titier, und auch an den Phallus des Mutinus Titinus oder an den von den Vestalinnen gehüteten Phallus, damit auch an den häuslichen Herd und damit an den Lar Familiaris und, über Semo Sancus und seine *aves sanquales*, an den *picus*, den Vogel des Blit-zes, und den Lar Picus. Die Ramnes haben als frühere Querquetulani einen Bezug zur Eiche und aufgrund ihres Namens zum *rhamnos* oder Weißdorn, dem dornigen Busch der Hecken, der Einzäunungen und der Grenzen, der die bösen Geister von den Türen, den Fenstern und den Frauen fernhält. Dies vorausgesetzt, könnten die ursprünglichen Unterteilungen des *ager*, der Siedlung und der Menschen auf dem Gebiet und dem Territorium von Rom folgendermaßen assoziiert werden: 1. mit heiligen Vögeln wie der Wildtaube und dem Specht, verbunden mit den Laren und mit Picus; 2. mit heiligen Bäumen oder heiligen Sträuchern wie der Eiche, dem bevorzugten Baum des

---

Faunus mit den *termini* und den *limina*), weshalb man in den Aves Sanquales, die ebenfalls mit Semo Sancus verbunden waren, vielleicht heilige Spechte sehen kann. Zum Zusammenhang zwischen Fisius Sancius und Mars beim Opfer an einem Tor von Gubbio: Briquel 1978. Die Semones scheinen sich zu Sabus zu verhalten wie die Lares zu Latinus.

[31] Plin. nat. 18,8: »Is (sc. Numa) et Fornacalia instituit farris torrendi ferias et aeque religiosas Terminis agrorum« (Palmer 1970). Der Kontext weist auf ein Fest für die *termini* der peri-protourbanen *pagi*, innerhalb deren wir das kuriale Land ansetzen können.

Spechtes, oder dem fruchtbaren Weißdorn, einer Schutzpflanze, die dem
Janus heilig ist und der Carna, der Feindin der *strigae*; 3. mit heiligen Tieren
wie dem Wolf, dem Tier des Faunus, des Beschützers der Schwellen, der
Grenzen und Begrenzungen, oder eher mit den *luci*, d.h. den heiligen Lichtungen. Unter dieser Voraussetzung könnten in den drei *tribus* erkannt werden: 1. die Menschen und die Orte der Wildtauben oder der Spechte, 2. die
Menschen und die Orte der Eichen oder eher des Weißdorns und 3. die
Menschen und Orte der Wölfe oder eher der *luci*. Es sind dies alles himmlische, irdische und unterirdische oder jedenfalls dunkle Symbole, von hervor-
stechendem sakralen und nemorensischen Charakter, verbunden vielleicht
mit den vergöttlichten Vorfahren der Latiner und der Sabiner (Schützer der
iuga und der Tore), mit ihrer Mutter (mit Carna Beschützerin der Schwellen), mit ihrem Vater Mars (Verteidiger des *ager*) und mit Janus, dem Indiges
des römischen Bodens (dem ursprünglichen Beschützer jeder Grenze, jeden
Anfangs und jeden Übergangs).

10 Protourbanität in Etrurien und Latium

331. Ein primitivisierender Standpunkt. Es ist immer noch eine primitivisierende Auffassung des protourbanen Phänomens in Etrurien verbreitet, wonach die von der Mehrheit der Gelehrten der Vorgeschichte den protourbanen Zentren zugeschriebenen Neuheiten nichts anderes wären als Rückprojektionen späterer städtischer Gegebenheiten. Jede Form der historischen Beschleunigung und des Qualitätssprungs müßte danach dem urbanen Phänomen zugeschrieben werden, als hätte dieses den Monopolanspruch darauf. In dieser Sichtweise wird das protourbane Zentrum als Ensemble verschiedener Gemeinschaften interpretiert, die alle auf einer Hochebene angesiedelt sind, die unterschiedliche Dörfer und Nekropolen nutzen, die höchstens in einem ganz anfänglichen und nur schrittweisen Prozeß der Angliederung begriffen sind. In einer solchen Situation der rudimentären Organisation ist keinerlei einheitliche Planung vorstellbar, weder der Siedlung noch des Territoriums, die unorganisiert ebensoviele Viertel und Bezirke bilden, wie es vorausgesetzte Gemeinschaften gab. In dieser behutsamen Bewegung der hypothetischen »pseudourbanen« Unvollständigkeit in Richtung auf die urbane Vollständigkeit würden Entwicklungsstadien und Qualitätssprünge fehlen, weshalb es gewagt wäre, in diesen formlosen Abschnitt der »Vorbereitung« ein Element der Neuheit hineinzuinterpretieren, ein besonderes formales Merkmal, eine eigene Ordnung, die erlauben würde, sie einerseits von der dörflich-paganen präurbanen Gegebenheit und andererseits von der urbanen Gegebenheit zu unterscheiden, über den Prozeß der fortschreitenden Konzentration der Siedlung, wie sie seit der Spätbronzezeit begegnet, hinaus.[1]

332. Das klassizistische Vorurteil und eine neuere Untersuchung. Das Fehlen von weitgreifenden Perspektiven hinsichtlich der Formierung der Gesellschaft im Laufe der Vorgeschichte Italiens und Europas und die unzureichende Kenntnis der Formierung der Gesellschaft auf weltweitem anthropologischem Niveau[2] führen zur im Grunde klassizistischen Sicht, wonach die Idee der Kultur an die Schaffung der Stadt gebunden wäre und wonach die etruskischen und latinischen Städte nichts anderes wären als Randphänomene und sekundäre Umsetzungen des primären Phänomens der hel-

---

[1] Peroni–Di Gennaro 1986.
[2] Vgl. Appendix 3.

lenischen *polis* (als ob es ein einheitliches Modell der *polis* gäbe).[3] Eine Einstellung dieser Art hat kürzlich in der Kritik eines jungen Etruskologen[4]
vollendeten Ausdruck gefunden, der an den Forschungen der Gelehrten der
Vorgeschichte kritisiert, sie würden sich nicht um die archäologischen Daten
kümmern, die Methodenprobleme in der Feldforschung außer acht lassen
und sich in interpretierenden Hypothesen und Spekulationen verlieren, die
darauf hinausliefen, das protourbane Phänomen zum Nachteil des urbanen
Phänomens als moderner einzustufen, als es tatsächlich ist.

333. Von der Methode und von der Totalität der Daten. Es ist möglich,
daß auch auf dem Feld der im allgemeinen recht ernsthaften Studien der
Vorgeschichte die Untersuchungen auf einem methodologisch unzureichen-
den Niveau ablaufen, aber es ist unmöglich, in der Forschung voranzukom-
men, wenn man sich im sterilen Purismus der Vorgehensweisen verschanzt,
mit der Behauptung, es könnten keine Aussagen gemacht werden – die alt-
bekannte Waffe der Hyperkritiker –, wobei dann jedoch sehr viel behauptet
wird, wenn auch in negativem Sinn. Die Forschung ist immer gezwungen,
sich einen Weg zu bahnen zwischen den zahlreichen Daten, die auf traditionelle Weise, und den wenigen Daten, die auf kompliziertere Weise gewonnen
wurden. Das Schwierige ist gerade das Kombinieren dieser verschiedenen
Evidenzen, indem man ihnen im Rahmen der Totalität der zur Verfügung
stehenden Daten einen Sinn gibt, was unser wissenschaftliches Betätigungs-
feld sein und bleiben muß.[5] Es ist, kurz und gut, nötig, alles einzubeziehen,
was ans Licht gekommen ist und was man kennt, denn auch die unserer
Meinung nach korrekter erhobenen neueren Daten sind ebenfalls immer
nur Indizien, die interpretiert werden müssen, und nie Zipfel einer objektiven Wirklichkeit, die in direktem Zugriff gefaßt werden könnten.[6]

334. Schulen in der Gegenüberstellung. Es ist nicht möglich, die gegen-
wärtige kritische Debatte zu verstehen, wenn wir sie nicht im Lichte der
Schulen betrachten, die sich gegenüberstehen, äußerst vereinfacht gesagt: die
Mehrheit der Vorgeschichtler – zu den Ausnahmen zählt Anna Maria Bietti
Sestieri – und der Topographen auf der einen Seite und die Mehrheit der
Etruskologen – zu den Ausnahmen gehört Giovanni Colonna – und der

---

[3] Rendeli 1991. Gegenteiliger Meinung ist Bietti Sestieri 1992a.
[4] Rendeli 1991 und 1993. Siehe die Rezension von Cerchiai 1996.
[5] Peroni 1994.
[6] Vgl. §§ 1 ff. Mit Bezug auf R. De Felice, *Mussolini l'alleato*, II. *La guerra civile (1943-1945)*, Turin
1997 – ein Werk, das vorbildhaft auf »Ausgrabungen« in den Archiven beruht – schreibt N. Bob-
bio: »Die erzählten Fakten müssen ihrerseits wieder interpretiert werden, und bei der Interpretation kann auch der methodologisch rigoroseste Historiker sich nicht von seinen persönlichen
Präferenzen freimachen«, in: »La Repubblica«, 1. 5. 1997, S. 26. Oft vergißt der Archäologe, der
der beste Ausgräber ist, die subjektive Seite seiner Arbeit, glaubt zu sehr nur an sich selbst.

klassischen Archäologen auf der anderen Seite. Für die Mehrheit der Schule der Etruskologen und der Klassizisten besteht das urbane Phänomen im wesentlichen in der Gegebenheit eines letztendlich einzigen Zentrums und eines einzigen Staates, der sich entwickelt hat aus einem Gemisch von Ensembles von Dörfern oder Siedlungskernen und Vierteln, die ursprünglich getrennt waren und sich erst allmählich miteinander locker verbunden haben, insofern sie, einander benachbart, in den Bereich desselben Territoriums und desselben Plateaus aufgenommen wurden.[7]

---

[7] Ward Perkins 1961 diagnostizierte mit Bezug auf ein Veji, in dem man damals erst zum Teil mit tiefen Pflügungen begann, Gruppen von unabhängigen »Dörfern«, weil er damals auf der Hochebene eine gleichmäßige Streuung von Scherben nicht feststellen konnte. Auf dieser Position bleibt, auch jüngst, Bietti Sestieri 1992a und 1995 stehen. M. Pallottino, in: Linington u. a. 1978, rekonstruierte für Tarquinia mehr oder weniger nah beieinander liegende »Viertel«, auch im Licht der Interpretation von Veji: »Es ist unmöglich, sich ... die Beziehungen der verschiedenen Siedlungskerne, für die ich zögere den Terminus Dorf zu verwenden ... vorzustellen. Ich schließe nicht aus, daß es neben kleineren Agglomerationen mehr oder weniger kontinuierlich besiedelte Bereiche gab ..., wie es beim westlichen Plateau der Civita der Fall ist.« Nach Buranelli 1983 wäre Tarquinia von kleinen und großen Flächen von Tonscherben überhäuft gewesen, die sich innerhalb und entlang der Begrenzungen des Plateaus ausbreiteten; die Vorstellung einer Gruppe von Dörfern ist seiner Meinung nach überholt (aufgrund von Guaitoli 1981 und 1981a). Fugazzola Delpino 1986 stellt in Tarquinia eine Mehrheit von Siedlungskernen fest. Bonghi Jovino 1986a stellt in dem gleichen Zentrum mehrere Dörfer fest, aber mit gemeinsamen religiösen Zentren. Cristofani 1986 schätzt die in Caere gemachten Funde aus der frühen Eisenzeit als sehr bemerkenswert ein, findet aber auf randständigen Flächen des Plateaus eine größere Dichte vor, in Entsprechung zu zwei Nekropolen, mit einem weniger frequentierten zentralen Bereich; eine Kontinuität der Besiedlung sei seiner Meinung nach erst ab dem 7. Jh. bezeugt (aber man beachte die zirka 27 verstreuten Siedlungskerne auf der Karte der Abb. 1; vgl. Abb. 26c). Bartoloni u. a. 1994: »Während ... von vielen das synoikistische Konzept in dem von Ward Perkins dargelegten Sinn als überholt betrachtet wird, scheint die Hypothese nicht völlig gesichert, die auf jeder der großen Hochebenen, wo sich dann ab den Anfängen der Eisenzeit und vielleicht schon ab dem Ende der Bronzezeit die etruskischen Städte erheben, eine protourbane Organisation sieht. Das Modell Rom, mit dem Komplex des Septimontium der Siedlung des Palatin-Forum mit der großen Nekropole des Esquilin vorangeht, hat die Untersuchung der benachbarten etruskischen Städte vielleicht zu stark beeinflußt, aber die verschiedenen Aspekte der Siedlungen und der einzelnen Nekropolen der villanovianischen Zentren geben Anlaß, den Wandlungsprozeß von verstreuten Dörfern zu einer organisierten Stadt in Südetrurien in verschiedene Stufen zu gliedern.« Zur Position von A. M. Bietti Sestieri vgl. § 177, Anm. 25. G. Colonna, Diskussion, in: Ampolo 1983, ist vielleicht der einzige Etruskologe, der unmißverständlich verfochten hat, daß ein protourbanes Zentrum nicht als eine Summe von Dörfern betrachtet werden kann, wenn es kein bestimmendes Zentrum gibt, eine Feststellung, die von großer kritischer Relevanz ist. Die dokumentarische Grundlage für ein solches Urteil findet sich in den Forschungen von Guaitoli 1981 und 1981a, der jener Topograph ist, der das Problem am korrektesten, systematischsten und konkretesten angegangen ist. Seiner Meinung nach war die Besiedlung in Gabii sehr dicht, sie beträfe gleichermaßen das tiefliegende Gebiet wie auch die Erhebungen, und der geringe Abstand zwischen den Hüttengruppen und ihre Anzahl verbiete es, sie als unabhängige Dörfer einzustufen. Auch in Veji habe es eine weiträumige Inbesitznahme gegeben, mit ausgedehnten Freiflächen, weshalb das Vorliegen

335. Die Dörfer-These und die Ausmaße der Siedlungen (Abb. 25–27). Man könnte meinen, die These, wonach die protourbanen Zentren Ensembles von Dörfern gewesen wären, würde dadurch bestätigt, daß die villanovianischen Zentren von mehreren Nekropolen umgeben waren, aber das Argument könnte insofern in die andere Richtung weisen, als es auch bei Dörfern der Bronzezeit, für die niemand die Einheit der Siedlung in Zweifel zieht, in vielen Fällen mehrere Nekropolen gibt und auch die Städte, die allgemein für einheitliche Organismen gehalten werden, über mehrere Gräberfelder verfügen, die sich im Fall Roms gerade ab der Zeit der Stadt noch zu vermehren scheinen. Die Nekropolen, die die protourbanen Zentren in Etrurien umgeben, sind andererseits ursprünglich so zahlreich, daß man eine übertriebene Zahl von Dörfern voraussetzen müßte,[8] während es wohl zunächst Nekropolen der Kurien gab, die dann durch Gruppierungen aneinander grenzender Kurien oder Viertel (wie die *montes* von Rom) zusammengeschlossen wurden. Eine Proto-Stadt und eine Stadt sind nämlich immer die Ansammlung kleinerer Gliederungen, deren topographische Nachbarschaft ein Hinweis auf ihre protopolitische und politische Einheit ist (das offensichtlichste Merkmal von Dörfern besteht darin, daß sie verstreut liegen, und wenn sie sich ohne zwingende äußere Gründe annähern, kann man davon ausgehen, daß besondere Beziehungen zueinander in Richtung auf die Einheit wirksam waren). Die Dörfer-These könnte auch durch die fehlende räumliche Kontinuität der Siedlung bekräftigt erscheinen, vor allem zu Beginn, aber wenn die Stadt in Viertel, Bezirke und kleinere Kerne gegliedert ist – denken wir an die *montes*, an die *curiae* und an die Parzellen oder *heredia* der *decuriae* in Rom –, so kann das mit noch größerer Wahrscheinlichkeit für die Proto-Stadt gelten. Die Verfechter der Dörfer-These haben zuviel Gewicht auf Argumente urbanistischer Art oder des »Settlement Nucleation« gelegt, wobei sie weit weniger diffenziert urteilen, als man allgemein annimmt,[9] und auf dieser Basis haben sie versucht zu leugnen, daß die protourbanen Zentren dieselbe Ausdehnung gehabt hätten wie die Städte der archaischen Zeit. Daher rührt ihr Versuch, deren Oberfläche zu reduzieren, sie machen dabei aber einen Fehler, da die protourbanen Zentren sich gegebenenfalls als weiträumiger erweisen als die Zentren in der Phase der Stadtwerdung; man denke zum Beispiel an die Aufgabe des Calvario auf Monterozzi bei Tarquinia und von Cretoncini in Tarquinia und an ähnliche Phänomene, die in Gabii beobachtet werden können, und wohl

---

unabhängiger Dörfer auszuschließen sei. Ungeachtet dessen halten weiterhin zahlreiche Historiker und Archäologen an der Theorie der Dörfer fest.

[8] Di Gennaro i. Dr.; Pacciarelli 1991, 1994.
[9] Vgl. §§ 178, 183.

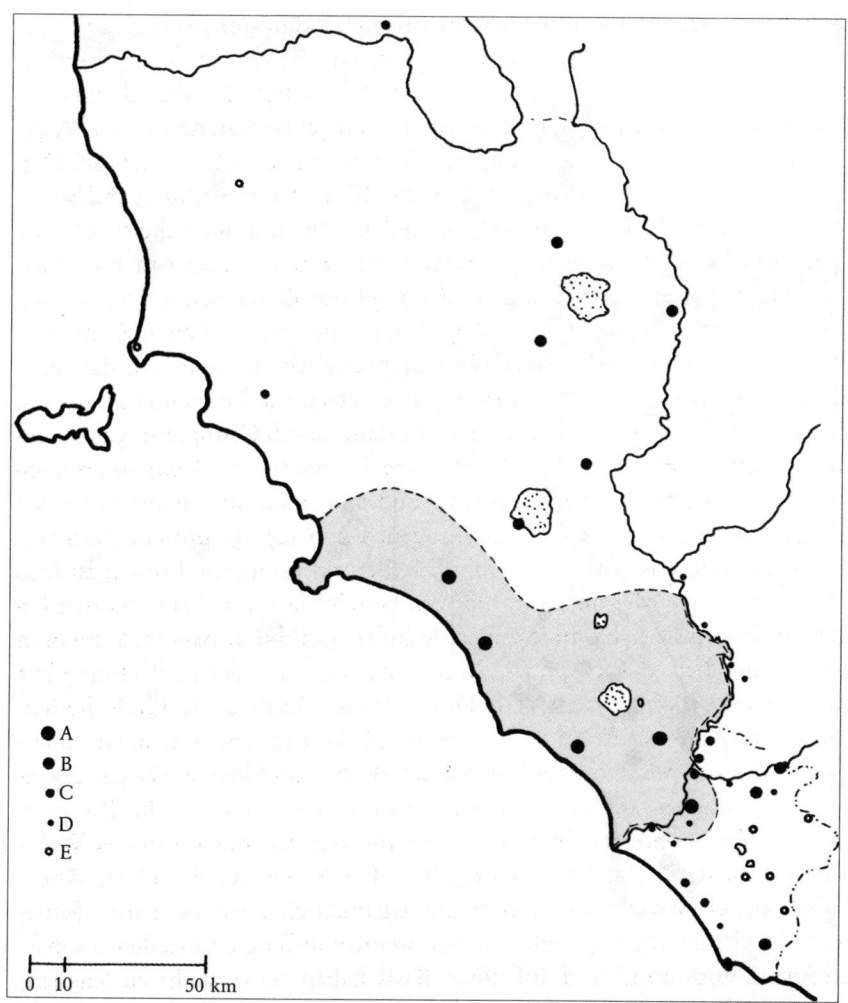

Abb. 25 Etrurien und Latium vetus; protourbane Zentren und weitere Siedlungen (zur Bestimmung der Zentren vgl. Pacciarelli 1994)

A. 100–200 ha (grau unterlegtes Gebiet); B. 50–100 ha; C. 20–50 ha; D. kleiner als 20 ha; E. Ausmaß unbekannt

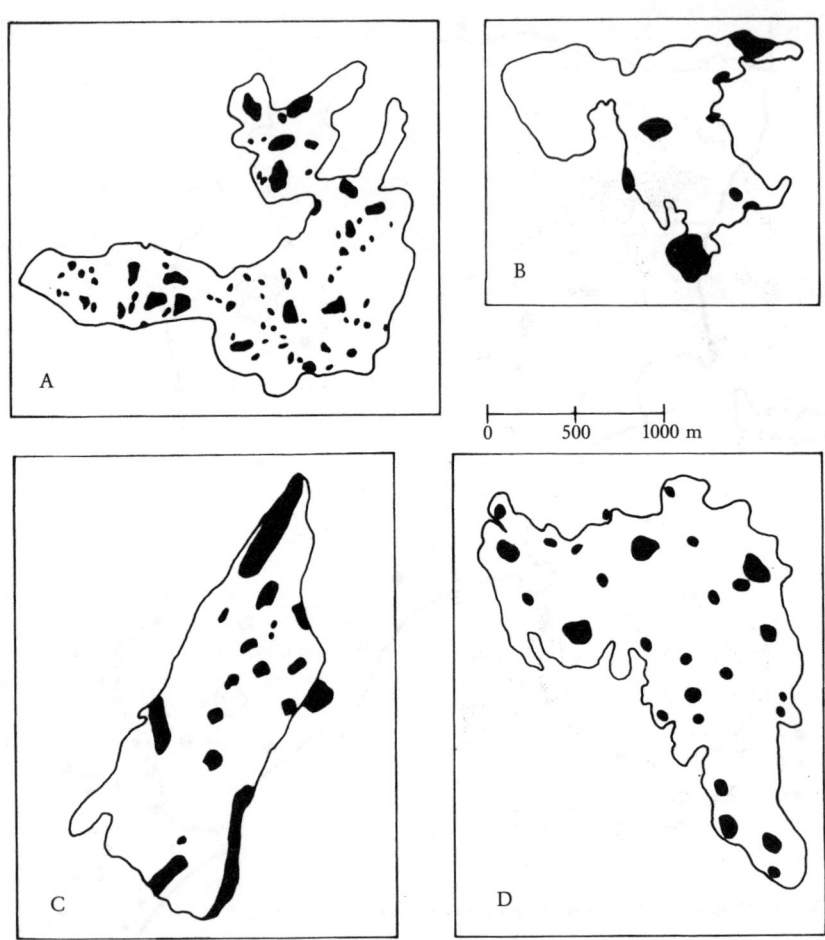

Abb. 26   Protourbane Zentren mit Fundgebieten der frühen Eisenzeit

A. Tarquinia; B. Vulci; C. Caere; D. Veji

auch in Rom.[10] Mit dem Beginn der Stadtwerdung, ab der Mitte des 8. Jahrhunderts, scheint Tarquinia die Ränder des Plateaus, die weniger gut zu verteidigen sind, und die Talböden aufzugeben, indem es den urbanen Durchmesser im folgenden durch gedrängteres Zusammenwohnen neu bestimmt. Erst zur Zeit der fertigen Stadt, ab dem Ende des 7. Jahrhunderts, beginnt wieder die siedlerische Ausdehnung, dieses Mal in viel dichterer Weise, was zur Wiederbesetzung der aufgegebenen Gebiete führt.[11]

[10] Colonna 1974; Pacciarelli 1991, 1994.
[11] Vgl. § 356.

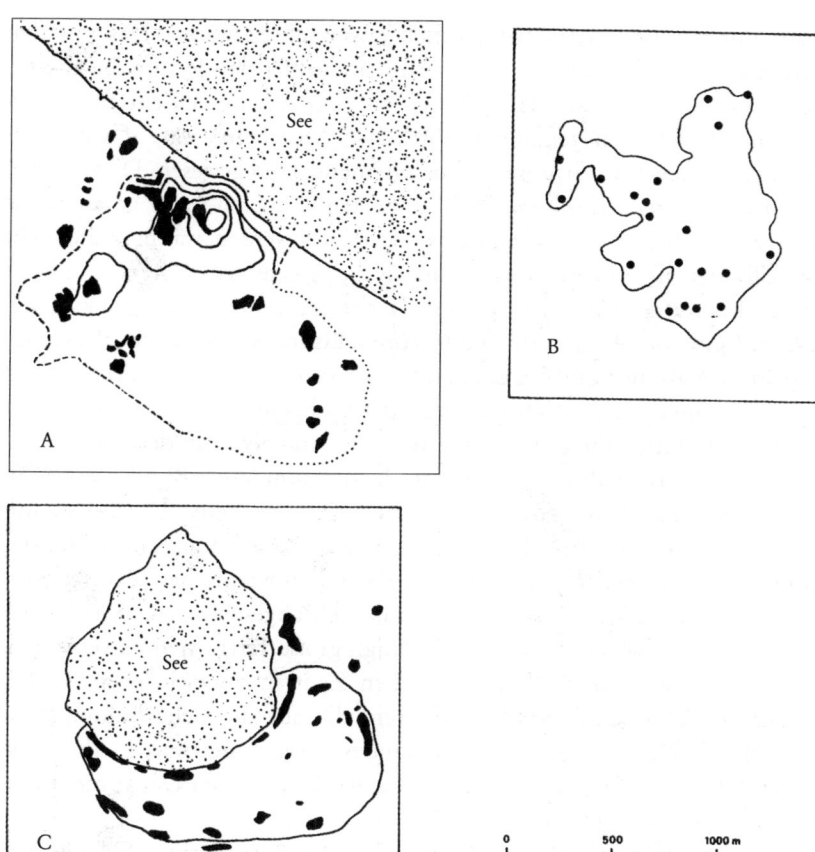

Abb. 27   Protourbane Zentren mit Fundgebieten der frühen Eisenzeit

A. Bisenzio; gestrichelte Linie: gesicherte Besiedlung; punktierte Linie: nicht gesicherte Besiedlung;
B. Crustumerium; C. Gabii

336. Kleinste Landgebiete in weiten Räumen?   Die »primitivisierende«
Auffassung der protourbanen Siedlung, nach der die villanovianischen Zentren die verteidigbaren Plateaus nur zum Teil besetzt hätten, und das, um
sie kleiner aussehen zu lassen als die Städte, spiegelt sich auch in der Rekonstruktion des Territoriums wieder. Die protourbanen Zentren in Etrurien
hätten nur ein Territorium von nicht mehr als acht oder zehn Kilometer
Radius genutzt. Jenseits dieser »örtlichen Muscheln«, die in mindestens vier
Stunden hin und zurück durchquert werden konnten und wo das Acker-
land konzentriert war, wäre die Besetzung sporadisch und instabil gewesen,
wodurch die aufgelassenen und der Wildnis überlassenen Bereiche im Ver-

gleich mit der Bronzezeit beträchtlich angewachsen wären. Das mit den
Polygonen von Thiessen rekonstruierte Landgebiet würde nur die theoretisch größte Ausdehnung der territorialen Grenzen dieser Zentren darstellen. Jenseits der eben genannten »örtlichen Muscheln« wäre das darüber
hinausreichende Territorium eine Art Niemandsland gewesen. Die einzigen
bedeutsamen Grenzen wären die der bebauten kleineren Äcker gewesen, die
auf ausschließlich theoretischer Basis konstruiert werden, während die nicht
kontrollierten und nicht organisierten Randgebiete keine Grenzen gehabt
hätten, durch die sie von den anderen Territorien getrennt gewesen wären.[12]

**337. Aufgabe der Peripherie in der frühen Eisenzeit und Wiederbesiede-
lung in archaischer Zeit?** Ein ländliches protourbanes Landschaftsbild
dieser Art unterscheidet sich stark von der vorhergehenden Landschaft der
präurbanen Dörfer, die gleichmäßig verstreut sind, jedes an der Spitze eines
eigenen Distrikts, wodurch das gesamte Territorium (eines Bundes von Dörfern?) von menschlicher Aktivität durchdrungen erscheint. Um ein so auf-
fälliges Phänomenen zu erklären, scheint eine dauerhafte Auflassung der
Randgebiete zur Zeit der Formierung der villanovianischen Zentren vorausgesetzt werden zu müssen. Erst die in sich abgeschlossenen Städte der
archaischen Zeit wären dann dahin gelangt, große Territorien zu verwalten,
wie sie theoretisch den villanovianischen Zentren zugeschrieben werden
können, und das dank Satellitenzentren, die auf die Beherrschung und
Kontrolle der Randgebiete des Ackerlandes ausgerichtet waren. Aber eine
solche Rekonstruktion scheint durch die archäologischen Daten nicht entsprechend gestützt zu werden.

338. Die Entdeckung kleiner Zentren an der Peripherie. Solange das
Umland der protourbanen Zentren leer schien, mag die Interpretation
des aufgelassenen Ackerlandes ihre Berechtigung gehabt haben, obwohl es
schwerfiel, das im Blick auf die Siedlung so großartige und innovative protourbane Phänomen in einem Rahmen der Dekadenz großer Teile des Landes
zu interpretieren. Klüger wäre es gewesen zu sagen, daß das Landgebiet aufgrund fehlender Kenntnisse leer erschienen war, und in der Tat ist diese
Wissenslücke kürzlich geschlossen worden, wodurch die Gründe hinfällig
wurden, die zur Annahme ganz kleiner Äcker rund um die großen villanovianischen Zentren führten. Man kennt inzwischen mehrere kleinere Siedlungen, die regelmäßig im Umland der verschiedenen villanovianischen Zentren verteilt waren. Die Abstände zwischen diesen kleinen Zentren betragen
ca. 10 Kilometer, eine Distanz, die in mindestens vier Stunden zu Fuß hin und

---

[12] Diese These von Rendeli 1991 steht unter dem Einfluß von Daverio Rocchi 1988. In Griechenland lagen jenseits der *chora* die *eschatiai*, in denen und jenseits derer man Gemeinschafts-
land bzw. Niemandsland annimmt.

zurück zu bewältigen war. Damit wird die Hypothese plausibel, daß jedes der großen Landgebiete in seinem zentralen Teil direkt vom protourbanen Zentrum (von dessen Kuriensystem) verwaltet wurde und in den Randbereichen durch Satellitensiedlungen. Einzelne Funde, zu denen auch Pferdegebisse gehören, lassen vermuten, daß es verstreute bäuerliche Hütten gegeben hat, die bekanntlich schwer im Gelände auszumachen sind. Außerdem hinterlassen die Weiden nur schwer wahrnehmbare archäologische Spuren. Diese Satellitensiedlungen fallen im allgemeinen mit früheren präurbanen Dörfern zusammen, die wahrscheinlich aufgelassen und dann wieder besetzt wurden. Sie finden sich im allgemeinen entlang der großen Straßen, im Abstand von etwa 6 Kilometer von den Rändern der Territorien, oder entlang der Küste oder in der Nähe von Seen.[13] In der frühen Phase der frühen Eisenzeit (9. Jh.) sind kleine Zentren auf der Höhe selten, ausgenommen auf dem Territorium von Orvieto, aber es gibt sie immerhin, und sie scheinen in strategischer Weise angeordnet, etwa Monte Piombone, Poggio Garofalo und San Giuliano um Tarquinia, Sasso di Furbara, Montetosto, Castellina del Marangone und Caolino um Caere und Monte Sant'Angelo und La Ferriera um Veji. Zahlreicher sind die nicht auf Höhen gelegenen Zentren, im besonderen an der Küste und an Seen, die auf die Salzgewinnung, auf Fischfang und vielleicht auch auf das Einsalzen der Fische eingerichtet waren.[14] Die Seltenheit von Satellitenzentren in Höhenlagen in der Frühphase der protourbanen Zentren erklärt sich mit den Umwälzungen der Zeit und vielleicht auch mit dem Willen, zentrifugalen Tendenzen entgegenzutreten, was wieder alte Formen der verstreuten Siedlung ergeben hätte, sie erklärt sich aber auch mit der anfänglich wenig auffälligen Einverleibung der Peripherie durch die allerersten gentilizischen Gruppen. Aber mit der späten Phase der frühen Eisenzeit, ab Beginn des 8. Jahrhunderts, verdreifachen sich die Zentren auf dem

---

[13] Zum gesamten Themenkomplex siehe Peroni–Di Gennaro 1986; Di Gennaro 1982; Di Gennaro 1988; Ceci-Cifarelli 1992 und 1995. Di Gennaro i. Dr. fragt sich, ob die Aneignungen im Randgebiet sich von alten Verbindungen ableiten und von neuen Beziehungen geprägt sind, da ihre Protagonisten soziale Schichten sind, die erst vor kurzer Zeit entstanden sind, oder ob an die Aufrechterhaltung einer Kontrolle über diese Teile des Landes durch dieselben hegemonialen Gruppen wie in der Endbronzezeit zu denken ist. Aufgrund unseres Ansatzes neigen wir zur ersten Annahme.

[14] Pacciarelli 1994, Appendix A. Der am besten bekannte Fall ist Gran Carro am Bolsenasee (9. bis Mitte des 8. Jh.), Satellitenzentrum von Volsinii, wo man Fischfanggeräte und Töpfe zum Einlegen von gesalzenem Fisch gefunden hat: Tamburini 1995. Beeindruckend ist auch die weitläufige von Tarquinia abhängige Küstensiedlung, die für die Salzgewinnung zuständig war: Mandolesi 1994, vgl. Abb. 3. Die großen Gemeinschaften der protourbanen Zentren mußten mit Salz und konservierten Proteinen versorgt werden. Von daher die große Bedeutung der Wasserstraßen und der Kontrolle über die Märkte für die Beschaffung von Salz und gesalzenem Fisch, wie die *salinae* am »Port of Trade« des Aventin.

Landgebiet nahezu.[15] In diesen mittleren Siedlungen in Höhen- und Rand-
lagen und auf deren Landgebieten hat denn jetzt auch die gentilizische Proto-
Aristokratie den Grund für ihren Erfolg gelegt, durch Neuzuteilung stritti-
ger Besitztümer mittels der traditionellen Methoden der gemeinschaftlichen
Verwaltung des Landes, die jetzt eine ertragreiche Ausbeutung zum Ziel hatte.
Andererseits hätten die gewöhnlichen (nicht gentilizischen) Familien des
protourbanen Zentrums gar nicht die Kraft gehabt, so weiträumige und entfernte Landgebiete Tag für Tag zu betreuen und zu verteidigen.

**339. Eine neue Verwaltung des Landgebietes, zwischen Familieneigen-
tum und Gentileigentum.** Mit der Schaffung der protourbanen Zentren
beginnen sich also in Etrurien erste große Landgebiete zu bilden, vergleichbar den Zentren der archaischen Zeit. Gleichzeitig entstehen Satellitensiedlungen, zunächst spärlich, aber gezielt angelegt, die dann zahlreicher werden, befestigte Siedlungen der sich herausbildenden protourbanen *gentes* in
den *pagi*, die vielleicht seit dem Beginn der protourbanen Entwicklung als
Hauptort und Schutz der Randdistrikte der Territorien errichtet wurden.
In der frühen Eisenzeit bildet sich eine Hierarchie heraus, die sich sowohl
auf die Viertel und Bezirke der Siedlung (wie das Palatium und die Velia in
Rom im Vergleich mit den anderen *montes*) beziehen konnte wie auch auf
die Beziehungen zwischen größerem Zentrum und kleineren Siedlungen auf
dem Territorium (Romulus etwa begibt sich zum Opfer in das am Rande
gelegene Caenina). Diese Siedlungshierarchie ist auf dieser Skala völlig neu
(auch wenn es den größeren präurbanen Siedlungen gelungen war, manche
kleine Siedlung zu beherrschen).[16] Das Phänomen geht über eine fortschreitende Konzentration der Siedlungen hinaus, weil es diesmal gerade die größeren Zentren sind, die das Entstehen und das Wachstum untergeordneter
Siedlungen um sich herum bestimmen. Das Territorium wird auf diese
Weise zerstückelt, wenn auch unter wenigstens formaler Kontrolle einer einzelnen proto-staatlichen Autorität. Der Proto-Staat kümmert sich also nicht
nur um die Proto-Stadt und ihre pagische Umgebung, die die ersten »revolutionären« Formen gleichen und embryonal privaten Eigentums an Land
ausprobieren – die Welt des freien Gutshofes –, sondern er setzt sich auch für

---

[15] Iaia-Mandolesi 1993 (in der späten Phase der frühen Eisenzeit üben gentilizische Gruppen
bereits die systematische Kontrolle über landwirtschaftliche Flächen an den Rändern der Territorien aus, die relativ autonom, manchmal antagonistisch, vom hegemonialen Zentrum aus
geleitet werden, ausgehend von kleinen Burgen in strategischer Lage hinsichtlich Straßen, Wasserläufen und wirtschaftlichen Schlüsselzonen).

[16] In der Endbronzezeit sind zwischen Etrurien und Latium vetus auf 105 kleinere Siedlungen
(unter 4 ha), 33 hegemoniale Zentren (zwischen 4 und 20 ha) bekannt, das ist ein Verhältnis von
etwa eins zu vier. Die Distrikte auf dem Tolfagebirge und auf den Albaner Bergen schwanken
zwischen 85 und 110 ha (Peroni 1993–94).

die weiter entfernten zurückgebliebenen *pagi* (die vor allem als Weideland dienen) ein, die unter die Kontrolle und die Verwaltung der großen Familien gestellt sind. Der Proto-Staat und der sich herausbildende Staat haben also beide die Rolle gehabt, antinomische Kräfte zusammenzubringen, von denen die einen gegenüber der neuen, auf Urbanität ausgerichteten Kultur authentisch positiv eingestellt waren, die anderen aber nur zum Teil positiv, so daß erst die fertige Stadt dahin gelangen wird, sie entsprechend den Belangen der Stadt neu zu bestimmen und zusammenzubinden, wie es in Rom mit der Schaffung der urbanen und der ländlichen Tribus der Fall ist.[17] Die protourbanen Landgebiete sind weniger engmaschig besiedelt als die Landgebiete der Stadt,[18] und sicher hat es Zonen gegeben, die weniger oder überhaupt nicht besiedelt waren, Weideland oder Waldland – das aber dennoch der Kontrolle des protourbanen Zentrums unterstand, wie gerade die »Lücken« anzeigen –, aber die fundamentalen Prinzipien, mit denen die in sich abgeschlossene Stadt dann ihr Landgebiet organisiert, waren schon längere Zeit erprobt worden.

340. Familieneigentum an Land und Entwicklung der sozialen Beziehungen. Die protourbane Erfahrung im tyrrhenischen Mittelitalien und in besonderer Weise in Etrurien leitet dann einen völlig neuen historischen Zyklus ein, der auf der Grundlage einer sozialen Struktur aufbaut, deren Charakteristikum die dauernde Überlassung von Grundstücken des Landes an die Großfamilien ist, die unveräußerlich, aber an die Nachkommenschaft übertragbar sind, was noch nicht Privateigentum und individuelles Eigen-

---

[17] Colonna 1985 behandelt die Antinomie zwischen gentilizischem Prestige und politischer Autorität, aber der Proto-Staat und der sich formierende Staat bestehen trotz, vielmehr dank des damit gegebenen Widerspruchs (Capogrossi Colognesi 1994).

[18] Bedini 1990: Gebrauch von Wagen ab dem Ende des 8. Jh. auf Straßen mit befestigter Fahrbahn, zwei Meter breit, die Landschaften durchziehen, die übersät sind mit verstreuten Siedlungen (die Besitztümer der *clientes*?) im Umkreis gentilizischer Besitztümer (auch in Rom sind gepflasterte Straßen seit dem ausgehenden 8. Jh. bezeugt: A. Carandini, in: Palatium e Sacra via, 1; vgl. §§ 359 ff. und Addendum VIII). Zur Entwicklung der Baumkultur: Vallet 1962 und Gras 1983. Zu den ersten Weinimporten: Gras 1983. Zum ersten Auftauchen von korinthischer Keramik: Colonna 1988. Zur ersten Keramik, die von Fachleuten aus gereinigtem Ton hergestellt und mit Verzierungen mittels der Schnelldrehbank versehen wird: Colonna 1988; Bietti Sestieri 1992a; Rendeli 1993. Schon in der latialen Stufe IVA (ab dem letzten Viertel des 8. Jh. nach traditioneller Chronologie bzw. ab der Mitte des Jahrhunderts nach den Angaben der schweizerischen Dendrochronologie) habe es auf dem Land gentilizische Friedhöfe gegeben, die an ländliche *compita* gebunden waren. Die Straßenführungen »befinden sich in auffälliger Übereinstimmung mit dem Vorhandensein verstreuter Siedlungen, die an den Grundbesitz gebunden sind, der in den Händen sich bildender gentilizischer Gruppen liegt, die als einzige dem Land eine neue Ordnung geben und die für derart anspruchsvolle Unternehmungen erforderliche Arbeitskraft organisieren konnten« (Bedini 1990). Zur Vermehrung neuer Siedlungen in Attika im 8. Jh., parallel zur Konzentrierung der Bewohner in Athen: Snodgrass 1991.

tum bedeutet, wohl aber deren Vorform darstellt. Die Neuzuteilung der Landparzellen kann in einer schriftlosen Gesellschaft funktionieren, wenn die Gemeinschaft aus Hunderten, nicht aber, wenn sie aus Tausenden einzelnen Personen zusammengesetzt ist. Ohne Schrift ist es nämlich kaum möglich, alle Überlassungen der Landparzellen zum zeitweiligen Gebrauch in Erinnerung zu behalten und die regelmäßige Wiederzuweisung zu organisieren. Ein rasches demographisches Wachstum und die Gliederung der Familie auf der Basis der Erhebung der Frau zur matrimonialen Würde, wo das Ehepaar der Häuptlingsfamilie wahrscheinlich auch über die Familien der erwachsenen Söhne Autorität ausübt,[19] sind Elemente, die zur Erklärung beitragen, warum zumindest in den protourbanen Zentren und um sie herum ein Übergang vom Land des gemeinschaftlichen Eigentums, das einer häuslichen Produktionseinheit anvertraut und der Kontrolle hegemonialer Gruppen unterstellt war, zu ersten Formen des familiären und und vererbbaren Eigentums an Land stattgefunden hat. Eine solche Produktionsweise und soziale Wirklichkeit setzt komplexe protopolitische Strukturen voraus, starke Entscheidungsfähigkeit und einen Willen, sich um die essentiellen Bedürfnisse der Gemeinschaft zu kümmern; deshalb ist es völlig unangemessen, dies primitiven Bedingungen tribalen oder geradezu egalitären Typs zuzuordnen, auch wenn der Egalitarismus die Bedingung ist, damit dieser Typus des neuen Eigentums, als Gegengewicht zur sich herausbildenden gentilizischen Macht, entstehen und sich ausbreiten kann.[20] Wenn auf territorialer Ebene und auf Siedlungsebene hierarchische Beziehungen existieren, können sie auch auf der Ebene der Geschlechterverbände vorausgesetzt werden. Wenn für die präurbanen Gegebenheiten das Prestige und für die urbanen Umstände die Macht typisch war, so war es vielleicht eine Mischung zwischen den beiden, die die protourbane Gegebenheit gekennzeichnet hat, wo dem Rang der führenden Familie ein Rang und eine Macht der Führer entsprochen haben dürfte, die schon früher über die Familien

---

[19] In der Nekropole der Örtlichkeit Le Rose von Tarquinia lassen sich Gräbergruppen von Kernfamilien isolieren (Peroni 1994 und 1996). Zum *pater familias* und seiner *potestas* über die *filii*, auch wenn sie erwachsen sind, ab der Königszeit: Capogrossi Colognesi 1994. Vgl. Anm. 21. Zur Hochzeit und zu den *Quinquatrus* des März im ältesten römischen Kalender, der vermutlich protourbanen Ursprungs ist, vgl. § 309 und Addendum VII.

[20] Nach Bartoloni 1991 wäre die Gesellschaft von Veji im 9. Jh. noch völlig egalitär. Anderer Auffassung ist Peroni 1989, 1994 und 1996, nach ihm findet ein Übergang statt von präurbanen gentilizisch-klientelaren zu protourbanen gentilizisch-klientelaren Beziehungen vermittels einer offensichtlich egalitären Phase, die Bietti Sestieri 1996 beschreibt: »Vor allem beim Auftreten der neuen gesellschaftlichen Struktur ist es möglich, daß die Differenzierung sich nicht automatisch in das Vorhandensein von Prestigezeichen und Reichtum in den Gräbern der herrschenden Gruppe übersetzt« (vgl. § 341, Anm. 29).

hinaus gewirkt haben[21] – auf Ebene der Kurien, auf Ebene der Tribus und auf Ebene des Staates –, eine Gewalt, die die Form der Autorität des *pater* bewahrte, des kleinen Herrschers der Familiengruppe, die jetzt auf verschiedenen Ebenen der Gemeinschaft erweitert wurde, wie es die Gestalt des römischen Pater Patratus anzuzeigen scheint. Die Konzentration und die Rationalisierung der von den Großfamilien besessenen Parzellen in den Siedlungszentren und den angrenzenden Gebieten dürften zu einer ersten Form des Rechtes geführt haben: »ex agrorum divisione nata sunt iura«.[22] Mit den ersten Formen des Rechtes, die mit dem familiären und erblichen Eigentum an Land verbunden waren, dürfte sich auch eine Keimform von »Mitbürgerschaft« entwickelt haben.[23] Der Familienbesitz, der direkte Zugriff, die Vererbbarkeit des Landes und die Teilnahme an der Verteidigung der Gemeinschaft innerhalb von Formationen, die mit Lanzen bewaffnet sind, setzen die Lösung von den präurbanen hegemonialen Gruppen voraus. Die Bauern hatten so die Möglichkeit, freie Proto-Stadtbürger zu werden, die ökonomisch in eigener Regie handelten. Aber die protourbanen Gemeinschaften waren nur zum Teil gleichberechtigt, im Zentrum und in den Vororten, aber wahrscheinlich nicht auf dem übrigen Ager, der den sich formierenden *gentes* zur Hand war, die ebenfalls in die Organisation des Staates eingebunden waren, aber privilegierten Zugang zum Land an der Peripherie hatten und in der Lage waren, Familien von außerhalb der Verwandtschaftsgruppen untertänig zu machen und sie aufgrund erster Beziehungen mit Vertragscharakter für sich arbeiten zu lassen. Eine Gliederung dieser Art hat nichts zu tun mit den undifferenzierten Gesellschaften der prähistorischen und recht wenig mit den Gesellschaften stabiler, auf dem Rang beruhender Differenzierungen in der Art des »konischen Klans«, der für das Chiefdom typisch ist. Wir sind eher an der Schwelle der Early States, d. h. der Proto-Staaten.[24] Das erinnert allenfalls an die Situation der griechi-

---

[21] In den latialen Nekropolen dienen die zentrale Lage der Gräber, das Verbrennungsritual, die Hüttenurnen, die Miniaturwaffen und andere Prestigegegenstände dazu, die Rolle des Familienoberhauptes oder *pater familias* zu kennzeichnen (des *pater*, fügen wir hinzu, an der Spitze einer Kurie, einer Tribus und eines Proto-Stadt-Staates): Gnade 1994; Waarsenburg 1994. Vgl. auch §347.

[22] Serv. Aen. 4,58.

[23] Zum höheren Alter des Begriffs »Mitbürger« im Vergleich zu »Bürger«: Richard 1981. Siehe auch Richard 1978. Die Mitbürgerschaft beinhaltete eine Integration in die Gemeinschaft, die unabhängig war von der Integration in die lokalen verwandtschaftlichen Gruppen (Bietti Sestieri 1996). Vgl. §316, Anm. 24. Das »familiäre« *heredium* des Bodens und das durch das Patronymikon sich unterscheidende Mitglied der Gemeinschaft machen den »Mitbürger« aus; das »private« *heredium* und der Gentilname machen den *civis* aus: Colonna 1977b.

[24] Bietti Sestieri 1996 verbindet das gentilizisch-klientelare System Latiums im 8. Jh. mit dem »konischen Klan« und dem Chiefdom. Unserer Ansicht nach handelt es sich jedoch um die

schen Kolonien und deren erstes Auftreten in Magna Graecia und auf Sizilien sowie an die Situation, die dann in Europa in der mittleren La-Tène-Zeit besteht, als die Fürstengräber verschwinden und die Gemeinschaften gleichberechtigten Charakters der ersten protourbanen *oppida* auftreten.[25]

341. Der Aufstieg einer Proto-Aristokratie. Die Anfänge des familiären und vererbbaren (zu Beginn nicht veräußerbaren) Eigentums an Land könnten, anders als man früher annahm, zumindest in Süd-Etrurien weiter zurückgehen als bis zur Herausbildung der Stadt, d. h. auf die zweite Hälfte des 8. Jahrhunderts, nämlich bis zum Ende des Protovillanovianum,[26] als eben in Etrurien die protourbane Entwicklung begann. Diese Umwälzung in der Art des Siedelns und der Produktion setzt die Krise der höheren Schichten der präurbanen Zeit voraus – die gewohnt waren, das Land in gemeinschaftlicher Weise zu verwalten – sowie das Entstehen einer neuen protourbanen Gemeinschaft, die in der Lage war, den festen Besitz der Parzellen an Land für die Familien zu garantieren. Hinter und neben dieser Gemeinschaft neuen Typs entsteht und entwickelt sich eine neue Proto-Aristokratie, deren ökonomische Macht weniger in den proto-städtischen Parzellen als in der stabilen Verfügungsgewalt über die *oppida*, das Weideland und das restliche Land an der Peripherie liegt.[27] Diese Güter der protourbanen gentilizischen Gruppen werden wahrscheinlich noch nach den alten gemeinschaftlich-redistributiven Methoden verwaltet, die das Vermächtnis der hochrangigen präurbanen Gruppen der späten Bronzezeit sind, allerdings dank der ersten Abkommen mit Vertragscharakter modernisiert wurden und es nun vermochten, außerhalb der proto-staatlichen Gemeinschaft stehende freie Bauern in Abhängigkeitsverhältnisse fast bis zur Sklaverei zu zwingen. Unter diesen Umständen ist die Verwandtschaft nicht länger das Grundfundament der gesellschaftlichen Struktur, der Zugang zu den Res-

---

Anfänge der »antiken Produktionsweise« im Marxschen Sinn (Carandini 1979), also um den Early State.

[25] Peroni 1989.

[26] Wir befinden uns nach der traditionellen Chronologie in der zweiten Hälfte des 10. Jh. (Bonghi Jovino–Chiaramonte Treré 1997), während man nach der Chronologie, die von der schweizerischen Dendrochronologie nahegelegt wird, bis in die zweite Hälfte des 11. Jh. zurückgehen müßte.

[27] Die Kontrolle von seiten der *gentes* über die Randgebiete des Ager kann als das Ergebnis eines Prozesses – wie des Aufkaufs verkäuflich gewordener Grundstücke (Peroni 1996) – betrachtet werden, oder aber als eine Ursprungsbedingung der protourbanen *agri* in dem Sinne, daß die *leaders* der protourbanen »Revolution« von Anfang an die militärische Kontrolle über die Satellitenzentren in den Randgebieten innehatten, wozu auch die Kontrolle und wirtschaftliche Leitung der auf diese Zentren ausgerichteten Landgebiete gehörte, die seit Beginn des protourbanen Phänomens bezeugt sind, sich aber im Laufe der Zeit weiterentwickelten und besonders deutlich seit den Anfängen des 8. Jh. hervortreten. Siehe auch Colonna 1991b.

sourcen wie dem Land ist völlig ungleich, zum Vorteil der gentilizischen Familien, und die Zugehörigkeit zur protourbanen Gemeinschaft ist nicht länger von der Integration der Fremden in die lokalen Verwandtschaftsgruppen diktiert, sondern hängt von der Zuteilung von Parzellen des Landes in der Siedlung und in ihren Vororten zum Bewohnen und Bewirtschaften und damit also von der Anerkennung einer »Mitbürgerschaft« ab.[28] Die materiellen Zeichen dieser neuen Nobilität zeigen sich in den Nekropolen, nach einer ersten offensichtlich egalitären Phase,[29] ab Beginn der ersten Hälfte des 8. Jahrhunderts, als Konsequenz einer vorhergehenden Phase der »ursprünglichen Akkumulation«.[30] Ab zweiten Hälfte des 8. Jahrhunderts werden die äußeren Zeichen des Reichtums unzweideutig, sie werden in der Folge immer dichter, aber in diesem Stadium hat sich schon eine im eigentlichen Sinn urbane gentilizisch-klientelarische Aristokratie gebildet, die vollkommene gesellschaftliche Entsprechung der Heraufkunft des Staates. Es handelt sich jetzt um eine von einem König und seiner Familie hegemonisierte Aristokratie, einem König, in dem sich die zentralistische Einheit der Stadt inkarniert; der Gründer des Staates scheint auch der Urheber des ersten Staatsstreichs zu sein, und ein Staatsstreich kann hier nur in Begriffen der Gründung verstanden werden, der Gründung vor allem der absoluten Macht des Königs.[31] In Rom haben wir den inaugurierten Palatin, den Sitz des Hauses des lebenden Königs, aber es gibt nicht die großen königlichen Grabhügel, während wir in den großen etruskischen Zentren und in Lavinium die Häuser der verstorbenen Könige haben, die Grabhügel wie den des Indiges, aber nicht wissen, welches die entsprechenden inaugurierten Hügel waren, die zu den neuen Zentren der Macht wurden (bemerkenswert ist, daß in Etrurien und in Latium die Gründer der Städte im allgemeinen am Rand der Siedlung begraben sind und nicht wie in Griechenland auf den *agorai* oder überhaupt innerhalb der Stadt). Die Identifikation des ersten Königs mit dem Gott Indiges und dann, etwa in Lavinium, mit dem ägäischen Heros diente dazu, das Trauma der noch dazu von außen gekommenen Macht, die zudem gänzlich auf seine Person konzentriert war, erträglich zu machen und ihn als Wiedergeburt und Ausfluß einer überirdischen

---

[28] Webster 1990; Vgl. §340, Anm. 23 und Appendix 3.

[29] Es gibt jedoch in Vulci und in Tarquinia Gräber aus dieser frühen Phase, die sich von den anderen zu unterscheiden scheinen und die eine kleine dominante gesellschaftliche Gruppe vermuten lassen (Pacciarelli 1991). In der grundsätzlich egalitären Siedlung Calvario auf den Monterozzi in Tarquinia gab es eine ovale Hütte, die erheblich größer war als die anderen (Guidi 1992). Vgl. §340, Anm. 20.

[30] Bietti Sestieri 1992a, 1996 und i. Dr.; Waarsenburg 1994. Zur ursprünglichen Akkumulation vgl. Anm. 27.

[31] Vgl. §320, Anm. 43.

heroischen Kraft darzustellen, die am Ort wurzelt, analog zur Kraft der ältesten Gründer der *populi*. Amulius und Romulus scheinen die wiedergeborenen Picus, Faunus und Latinus zu sein, und es ist wohl kein Zufall, daß die authentischen Namen der albanischen »Dynastie« wieder zur Geltung kommen in der Zeit, in der auch die archäologischen Indizien mit Bezug auf die Herausbildung der *gentes* beginnen.

342. Der Entschluß, ein protourbanes Zentrum zu gründen. Die Aufgabe kleiner Dörfer mit wenigen Hektar und an die 100 männlichen Erwachsenen (etwa 10 Familien) zugunsten der 30mal größeren protourbanen Zentren stellt sich als ein radikaler Kontinuitätsbruch dar, der sich in Etrurien im Verlauf von etwa zwei Generationen, also sehr rasch, ereignet hat.[32] Die sozialen Gründe der protourbanen Entwicklungen in Italien sind dunkel. Für das Griechenland des 8. Jahrhunderts hat man an Sklaven gedacht, die durch eine Art soziale Revolution die Freiheit, das Land und die Bürgerschaft erhalten hätten. Wir wissen nicht, ob für Etrurien und für Latium ein analoger Vorgang angenommen werden kann. Daß das protourbane Experiment für Geächtete, aus der Bahn Geworfene und für verarmte Bauern einen Fortschritt dargestellt haben mag, ist wahrscheinlich. Wie die Geschichte Roms lehrt, sind es auch in der Folgezeit die weniger bevorzugten Familiengruppen, die Privateigentum an Land gewinnen.[33] Andererseits ist es schwierig, sich eine schnelle und forcierte Verschickung der Familien von den Dörfern in das protourbane Zentrum vorzustellen, wenn nicht vorausgesetzt wird, daß von den kleinen örtlichen Gemeinschaften echte Vorteile wahrgenommen wurden. Die Entscheidung bahnte sich wahrscheinlich nicht in allgemeinen Dorfversammlungen an, sie war auch kaum von den Führern der alten gemeinschaftlichen Organisation gesteuert,[34] denn in diesem Fall wären letztere die Protagonisten der Revolution gewesen, und das erscheint unwahrscheinlich, nicht zuletzt aufgrund dessen, was wir von Alba Longa wissen, dem hegemonialen Zentrum eines präurbanen Bundes, in dem es

---

[32] Di Gennaro 1982 und 1986. Die ersten Ankömmlinge könnten die den Plateaus benachbarten Höhen genutzt haben, wie die Siedlung von Isola Farnese aus der Endbronzezeit zeigen mag, die kürzlich von der Soprintendenza für Südetrurien entdeckt wurde, oder eine andere Anhöhe der Hochebene wie Castellina in Tarquinia, die schon seit der späten Bronzezeit besetzt war (Mandolesi 1994).

[33] Capogrossi Colognesi 1994. Vgl. § 316.

[34] Nach Peroni 1989 brächte die Umwandlung im protourbanen Sinn eine Schwächung der präurbanen gentilizisch-klientelaren Aristokratie (der Spätbronzezeit) mit sich und somit eine Diskontinuität im Bereich der Aristokratie. Bietti Sestieri 1996 und i. Dr. sieht hingegen eine Kontinuität zwischen den vermuteten präurbanen Bündnissen und den protourbanen Zentren, in dem Sinne, als die Verlegung auf die Hochebene auf einer Stufe über den lokalen Gemeinschaften entschieden worden wäre.

keine revolutionären Brüche gegeben hat und das nie ein protourbanes Zentrum geworden ist (es ist auch schwer denkbar, daß eine hegemoniale Gruppe sich selbst reformiert). Es ist eher daran zu denken, daß eine Gruppe von Führern, die Außenseiter waren, Figuren eines neuen Typs oder Einwanderer – von denen man sich im folgenden vorgestellt hat, sie wären aus der Ägäis (Pelasger von Griechenland oder Lyder aus Kleinasien) gekommen –, die jedenfalls Rivalen der großen hegemonialen und einheimischen Familien gewesen sein dürften, an der Aufgabe der Dörfer, die die Basis dieser früheren Hegemonie bildeten, interessiert waren und eine Art der Nullstellung der sozialen Beziehungen auf dem Land für erstrebenswert hielten, daß diese sich zu Führern von armen und aus der Bahn geworfenen subalternen Jugendlichen ohne Genealogie und ohne Landbesitz aufschwangen, indem sie ihnen auf einem großen verteidigbaren Plateau mit den entsprechenden Vororten Asyl und Parzellen zur Siedlung und zur Bestellung übergaben und auf diese Weise den ersten Kern eines protourbanen Zentrums gegründet haben. In diesem Fall wären das protourbane Zentrum und der Proto-Staat durch den Willen von Fraktionen der Gemeinschaft entstanden, die zu aktiven Komponenten des Prozesses der Desintegration der alten Ordnungen und der Bildung neuer Ordnungen geworden waren. In einer ersten Zeit könnte die Besetzung des Plateaus begrenzt worden sein, das neue Zentrum könnte mit der alten dörflich-pagischen Ordnung auf dem Ager zusammen bestanden haben, die sich aber bald aufgelöst haben dürfte, aufgrund der Anziehung, die die neuen, freien und zugesicherten Lebensformen, wie sie von den neuen Siedlungen und den neuen Herren angeboten wurden, gerade auf die am meisten benachteiligten Gruppen ausübten. Bis zur ersten Hälfte des 10. Jahrhunderts scheint in Etrurien der präurbane Primat eines Bundes von *populi* dominierend gewesen zu sein; er dürfte ursprünglich um die »innere« Siedlung von Cortona konzentriert gewesen sein, dieser Bund hat dann das *nomen* der Etrusker festgelegt, aber unmittelbar danach folgte der Primat der um die protourbane »Küsten«-Siedlung von Tarquinia konzentrierten Proto-Staaten. Etwas Ähnliches könnte auch in Latium geschehen sein, mit dem Übergang von der »inneren« und »montanen« Hegemonie der präurbanen Siedlung von Alba zur Hegemonie der »Tiber«-Siedlung Rom.

343. Flucht aus den Dörfern um eines besseren Lebens willen. Der Erfolg der protourbanen Zentren scheint also Zustände vorauszusetzen, in denen die gewöhnlichen bäuerlichen Familien begannen, ihre Lebensbedingungen für untragbar zu halten, da sie im Verhältnis zur Gruppe der Häuptlinge immer mehr an den Rand gedrängt wurden; letztere kontrollierten das Land der Dörfer, als wäre es ihr Besitz, sie organisierten die Zuteilung der Parzellen zu ihrem Vorteil, reservierten das bessere – wie das zur Baumkultur geeignete – Land dauerhaft für sich, teilten das schlechtere Land mit Parzellen, die gerade zur Subsistenz ausreichten, regelmäßig den Familien ohne Genealogie zu, die in der Folge von den Familien von Rang herabgesetzt wurden, die ihnen kaum und nur unter erpresserischen Bedingungen Zugang zu den Ressourcen gewährten, so daß sie gezwungen waren, im Austausch für Mittel, Vergünstigungen und Protektion den hegemonialen Gruppen wirtschaftliche und militärische Dienste zu leisten. Eine erste ungleiche Neuverteilung (zu Beginn ungleich nur in qualitativer Hinsicht) von seiten der Gruppe der präurbanen Häuptlinge – völlig schlüssig im Rahmen des komplexen Chiefdom – könnte also als Voraussetzung und treibende Kraft erscheinen, die zur Schaffung der Proto-Staaten, der Early States, geführt hat. Die Möglichkeit, trotz fehlender verwandtschaftlicher Privilegien auf der großen Hochebene eines protourbanen Zentrums, das zu Beginn eine Art von *asylum* war, feste Parzellen zu erhalten, dürfte zur Flucht der gewöhnlichen Familien aus den Dörfern und zum folgenden Ruin der hegemonialen präurbanen Gruppen beigetragen haben. In den protourbanen Zentren waren der Zugang zum Land und der Schutz kollektiv zugesichert, protopolitisch, ohne klientelarische Abhängigkeiten. Die entstehenden *gentes* versäumten zwar nicht, wieder die ursprünglichen Methoden der Verwaltung und die ursprünglichen Abhängigkeitsbeziehungen ins Spiel zu bringen, die die hegemonialen präurbanen Familien eingesetzt hatten, aber sie waren schlau genug, das schrittweise zu tun, in verdeckter Weise und nur an der Peripherie des Landgebietes, die für das allgemeine Volk nicht erreichbar war, und es gelang ihnen so, sich durch ihre Geschäftsführung und Verteidigung für den Proto-Staat unentbehrlich zu machen, und sie förderten die familiäre Parzellierung des Landes im Zentrum des Ager, in den protourbanen Zentren und deren Vororten, oder stimmten ihr zumindest zu. Wären die sozialen Bedingungen in der Endbronzezeit egalitär, »tribal« (in anthropologischem Sinn) gewesen, wie behauptet wurde, würde der einzige plausible Beweggrund für eine so radikale Änderung, die in Begriffen der Kontinuität nicht erklärbar ist, hinfällig. Die Gründungen der protourbanen Zentren sind wahrscheinlich Proto-Staatsstreiche, die die Gründungen der urbanen Zentren, die dann Staatsstreiche sind, vorwegnehmen. Die Verteilung der Parzellen im Umkreis der Kurien mußte als Renaissance der *genera hominum* erscheinen, eine Rückkehr zu dem weit zurückliegenden, auf der Gemeinsamkeit der Verwandtschaft gegründeten Egalitarismus, der jetzt allerdings nicht mehr auf einer ursprünglichen Tribus, sondern auf einem Proto-Staat gegründet war, d. h. auf einer Blutsverwandtschaft, die in solchem Ausmaß symbolisch ist, daß sie in der Substanz eine erste Mitbürgerschaft darstellt. Es konnte nämlich nur eine künstliche Blutsverwandtschaft

sein, die das Zusammenleben zwischen hochrangigen Familien mit Genealogie und gewöhnlichen Familien ohne Genealogie ermöglichte. Vielleicht
treffen wir in dieser fingierten, als real gelebten Verwandtschaft - d. h. in
der Religion der Laren - auf die erste Matrix der Politik. Zum Bruch mit
dem egalitären Fundamentalismus diente eine erste Idee (wenn nicht schon
eine Ideologie) der Herrschaft, die die Entwicklung mit alten Träumen und
einem neuen Anschein der Gleichheit verschleierte.

344. Jugendbanden und Banditen. Wahrscheinlicher, als daß die protourbanen Zentren sich allmählich gebildet haben, sind sie gegründet worden, wie die in Tarquinia gefundene Gründungsgrube vermuten läßt, die
bewahrt, neu errichtet und über Jahrhunderte hin an einem sakralen, herausgehobenen Ort von Pian di Civita verehrt wurde,[35] der wohl der Sitz des
protourbanen Führers und dann des Königs der Stadt war. Die neue hegemoniale Gruppe an der Spitze der protourbanen Initiative hat ihre eigene
Initialkraft vielleicht in geächteten und an den Rand gedrängten *iuvenes*
der Dörfer gefunden, die auf ein Wolfsleben heruntergekommen waren, das
dann von den Initianden nach dem Modell der jugendlichen Luperci und
der jugendlichen Lucani nachgeahmt wurde.[36] Praeneste und Rom sollen,

---

[35] Bonghi Jovino-Chiaramonte Treré 1997.

[36] Zu den Initiationen als einem Verfahren, den Mitgliedern der Gemeinschaft einen gleichberechtigten Status zu verleihen (alle Jugendlichen werden zu Erwachsenen, treten in die Kurien
ein und erhalten eine Parzelle), im Gegensatz zu den Ungleichheiten des gentilizischen Systems,
das durch die Verwandtschaftsbeziehungen geprägt ist: Sabbatucci 1978 (der mit Recht davor
warnt, die Gleichberechtigung in einer höheren Gesellschaft mit der in einer primitiven Gesellschaft zu verwechseln). Zum Thema des Banditen: Agamben 1995 und § 126. Grundlegend
Iust. 23,1: »namque Lucani isdem legibus liberos suos quibus et Spartani instituere soliti erant.
Quippe ab initio pubertatis in silvis inter pastores habebantur sine ministerio servili, sine veste,
quam induerent vel cui incubarent, ut a primis annis duritiae parsimoniaeque sine ullo usu
urbis adsuescerent. Cibus his praeda venatica, potus aut lactis aut fontium liquor erat« (Mele
1995). In Arkadien wurde ein Mitglied der Familie eines gewissen Antos durch das Los ermittelt
und zu einem Sumpf geführt, den er schwimmend durchquerte, um zu einem einsamen Ort
zu gelangen, wo er sich in einen Wolf verwandelte und neun Jahre unter den Wölfen lebte, um
dann in die ursprüngliche Gemeinschaft aufgenommen zu werden« (Plin. nat. 8,81; Aug. civ.
18,17). Wir können uns Romulus und Remus vorstellen, wie sie die Hütte des Faustulus und der
Acca auf dem Cermalus und das Lupercal verlassen, den Sumpf des Murciatals durchqueren
und den *pagus* des Aventin erreichen, wo die Initiation stattfinden sollte (der Kampf mit den
Hirten des Numitor), wie sie den Sumpf wieder durchqueren, um das Lupercal zu erreichen,
wo die Initiation dort beschlossen wird, wo sie begonnen hatte, am Rand des Cermalus, und
es ist hier, wo Remus, Sieger bei den Lupercalia, von den *exta* ißt, die Faunus (= Dis Pater)
vorbehalten sind, wie die *hirpi* oder Wölfe, die im *sacrum* auf dem Berg Soracte die *exta* stehlen,
die dem Pater Soranus (= Dis Pater) vorbehalten sind, und so ein Sakrileg begehen, das ihnen
zum Verhängnis werden wird (Serv. Aen. 11,785); auch die Auspizien werden auf dem Aventin
eingeholt, und der Wiedereintritt in die Gemeinschaft erfolgt nach Überquerung des Sumpfes
über die Scalae Caci (wo dann die Porta Romana steht?).

den alten Sagen zufolge, von Beute machenden Hirtenbanden und Lucus
Feroniae soll von *iuvenes* wahrscheinlich aus Capena gegründet worden
sein.[37] Ohne die Führung einer neuen hegemonialen Gruppe würde sich
nicht erklären lassen, warum die Besetzung der Plateaus der protourbanen
Zentren sich mit einem willentlichen Grundzug manifestiert, nicht unähn-
lich dem Fall der ersten griechischen Kolonien im Westen.[38] Zu Beginn
dürfte die neue Ordnung vor allem für gewöhnliche Familien vorteilhaft
erschienen sein, aber sie sollte sich bald vor allem für die *gentes* als vorteilhaft erweisen, die begannen, für die Bearbeitung der Randgebiete des Landes
gewöhnliche Familien einzusetzen, die nicht in den *numerus clausus* der Mitglieder des protourbanen Zentrums aufgenommen und ohne alle Sicherheiten zurückgeblieben waren. Die protourbane Struktur sollte auf diese Weise
rasch die sozialen Beziehungen wandeln, in dem sie einerseits, zum Vorteil
vor allem der gewöhnlichen Familien, das Familieneigentum an Land im
Zentrum der Territorien schuf und andererseits das Fortleben der gemeinschaftlichen Verwaltung des Landes im Rest des Ager förderte, der der Kon-

---

[37] Ampolo 1988. Vgl. § 237, Anm. 99. Romulus schließt sich armen Hirtenknechten an und
bekämpft die Oberen, Aufseher und königlichen Häupter, er motiviert und versammelt Rebel-
len, Sklaven, junge Kriminelle, die in der Wildnis am Rande der Gesellschaft leben, gewährt
ihnen Asyl und verleiht ihnen politische Rechte. Auf dieser sozialen Ebene bewegen diese
Herrscher der Wälder sich ursprünglich. Das romuleische Modell hat auch für Caeculus, den
Gründer des protourbanen Praeneste, als Vorbild gedient. Es handelt sich um eine sehr alte
mythische Struktur, die sich besonders im Falle von Neugründungen anzubieten scheint, also
auch der protourbanen Zentren wie den etruskischen, die von einem zusammengewürfelten
Haufen des *asylum* ausgingen und schließlich zu einer organisierten Siedlung wurden. Daß
Banden von Jugendlichen und von Straßenräubern die ursprüngliche soziale Basis der entstehenden protourbanen Aristokratie bildeten und daß die großen protourbanen Hochebenen in
ihnen die ersten Siedler fanden, die die protourbane Entwicklung in Gang setzten, die schnell
die Oberhand gewann, ist eine plausible Hypothese. Diesbezüglich sei an die Verbindung des
Volksagitators oder Mörders erinnert, der aus dem Vaterland verbannt wird, um das Verbrechen
zu sühnen, der sich durch die Gründung einer Kolonie entsühnt und sich in ihr integriert, wo
die Verunreinigung ihr Gegenteil hervorbringt, eine neue heilige Kraft, wie im Fall des Mörders
Archias, der Korinth verläßt und Syrakus gründet: Dougherty 1993.
[38] Leider kennen wir die Ordnung der protourbanen Zentren nicht, weshalb ihre weitgehende
Freilegung sich als ein erstrangiges Ziel der italienischen Archäologie stellt. Vulci, Tarquinia,
Caere und Veji sind in dieser Hinsicht nahezu vollends unbekannte Zentren, und wenn man
noch länger abwartet, wird nichts übrigbleiben, da die Grabungen in die Tiefe, die unvermeidlich sind, zunehmend die Schichten der Besiedelung zerstören. Eines der Probleme, die geklärt
werden müßten, ist die Frage, ob diese neuen Gründungen eine ungeordnete oder eine geplante
Besetzung der Hochebenen bedeutet haben, d. h. ob sie der Ungeordnetheit der Satelliten-*vici*
ähneln, wie die von Calvario auf den Monterozzi bei Tarquinia (zumindest in der Anfangsphase), oder ob sie eine geregelte Ordnung darstellen, wie sie auf Gran Carro angenommen
werden kann, einer Satellitensiedlung der Volsinier am Bolsenasee, deren aufgereihte Pfähle auf
rechteckige Hütten hindeuten, die entlang regelmäßiger Wege angeordnet waren: Tamburini
1995; Bietti Sestieri 1996.

trolle und der Verwaltung der Proto-Aristokratie unterstellt wurde. Die protourbane Gegebenheit und die Stadtwerdung erscheinen also grundsätzlich zweideutig, oszillierend zwischen dem Egalitarismus der *curiae* und dem Klientelismus der *gentes*. In dieser Perspektive können *curiae* und *gentes* nicht aufeinander folgende Gegebenheiten gewesen sein, sie mußten wesentlich synchron sein, gegensätzlich und zugleich komplementär. Der Proto-Staat oder der Staat, den wir in Rom auf der Ebene der *tribus* fassen können, bleibt einer, und er ist das Feld, auf dem diese gegensätzlichen und komplementären Kräfte von einer gemeinsamen Klammer zusammengehalten werden.

345. Ein Egalitarismus neuen Typs. Das Begräbnisritual erlaubt nicht, zumindest nicht auf den ersten Blick, das Auftauchen von »vertikalen« Rollen oberhalb der Ebene der Großfamilie festzustellen.[39] Aber »vertikale« Rollen konnten auch in einer Gesellschaft, die zum Teil egalitär war und vor allem so erscheinen wollte, zumindest auf der Ebene des proto-städtischen Begräbnisbrauchs vorhanden sein.[40] Eine Autorität, die mit Rollen von schon »vertikalem« Charakter verbunden war, konnte nämlich die familiäre Autorität imitieren, obwohl sie sich jetzt auf Teile oder auf das Gesamt der Gemeinschaft erstreckte, weshalb es schwierig ist, einen Vater einer Großfamilie von einem Vater der Väter *(pater Patratus)* von Großfamilien zu unterscheiden.[41] Diese Nullstellung der sozialen Unterschiede, die im Blick auf den Staat in seiner Gesamtheit (also mit Einbezug auch der Randgebiete des Ager, wo die Differenzen sich verbargen) als Fiktion zu gelten hat, aber real ist, wenn man das Siedlungszentrum und seine Vororte betrachtet, impliziert einen proto-politischen komplexen Organismus von proto-staatlichem Typus, der stark genug ist, um im Kern des Territoriums gleiche Sicherheiten und Verhaltensregeln aufzuerlegen, was aber nichts mit einer sozialen Struktur prähistorischen Typs zu tun hat.[42] Die Kurien waren ursprünglich Orga-

[39] Nach Peroni 1989 spiegelt die Nekropole von Sorbo in Cerveteri die Bedingungen einer eher noch einheitlichen Gemeinschaft wider.

[40] Peroni 1994 und 1996. Siehe auch Bietti Sestieri 1996: »Vor allem bei der Entstehung des neuen sozialen Gefüges ist es möglich, daß sich die Differenzierung nicht automatisch in Gestalt sichtbarer Prestigeobjekte und Reichtümer in den Gräbern der herrschenden Gruppe niederschlägt.«

[41] In Polynesien gibt es Häuptlinge, die so »arm« sind wie die anderen Mitglieder der Gemeinschaft, und dies ist eines der Hauptmerkmale des einfachen Chiefdom. Ein verwandtschaftlich-egalitärer Anschein könnte in Etrurien und teilweise in Latium die ersten vertraglichen Beziehungen überlagert haben, die ersten Unterordnungen außerhalb der Verwandtschaftsverhältnisse des gentilizisch-klientelar geprägten Typs. Und schließlich war das typische Szenarium der *gentes* nicht die Siedlung mit ihren Außenbezirken, wo die großen Nekropolen lagen, sondern die *oppida* der Peripherie, die noch wenig erforscht sind und wo möglicherweise die Mitglieder der gentilizischen Familien begraben wurden. Vgl. auch Appendix 3.

[42] Capogrossi Colognesi 1979 und Torelli 1989a dachten noch an homogene und paritätische

nismen verwandtschaftlichen Gepräges, die die verschiedenen familiären
Gruppen in egalitärem Sinn kontollieren sollten: Die Integration in die
protourbanen Viertel dürfte ohne Bezug zur Integration in die indigenen
Verwandtschaftsgruppen stattgefunden haben. Erst in der Folge geraten auch
die Kurien unter die Kontrolle der gentilizischen Gruppen.[43] Der Mitbürgerschaft entsprach die egalitäre Verteilung der Familienparzellen im Siedlungszentrum und in den Vororten, und dies wurde anläßlich der Gründungen
(= Staatsstreiche) der protourbanen und urbanen Zentren bekräftigt, wie es
die Überlieferung für Rom bezeugt.[44]

346. Der Egalitarismus in den griechischen Städten. Die protourbanen
Zentren hätten die ursprünglichen Bedingungen der griechischen Kolonien
im Westen vorweggenommen, die die gleichmäßige Verteilung des Landes
an eine begrenzte Zahl von Stadtbürgern gekannt haben.[45] Kennzeichnendes
Merkmal des Übergangs vom Miteigentum zum Familieneigentum an Land
in den griechischen Städten ist nämlich die ursprüngliche Aufteilung des
Landes, das in Parzellen von gleichem Wert unterteilt wurde, die ausgelost
und auf die Siedlung und das Land so aufgeteilt wurden, daß die Zahl der
ersten Parzellen der Zahl der Familienoberhäupter zur Zeit der Gründung
dieser Städte entsprach. Ein solches Programm implizierte ein städtisch organisiertes Gemeinwesen, das einer streng programmierten Geometrie unterstellt war, die auch für Italien ab den protourbanen Zentren rekonstruiert
werden kann.[46] Vom egalitären Prinzip nicht berührt und ausgeschlossen
von der Verteilung blieben das Land des Königs,[47] die für die Kulte reser-

tribale Gegebenheiten bezüglich der Epoche vor der Mitte des 8. Jh. Peroni 1989 sieht sehr
genau, daß die sozialen Differenzierungen dort zu beobachten sind, wo das protourbane Phänomen schwach ist, wie im Bereich Oinotrien-Japygien, während auf tyrrhenischem Gebiet das
Gegenteil feststellbar wäre.

[43] Luzzatto 1962; Mastrocinque 1988.

[44] Dion. Hal. 2,7.

[45] Asheri 1966. Ungeachtet der Kritik an Asheri, der die Realität der Kolonien am Schwarzen
Meer vom 4. Jh. in die archaische Zeit projizieren würde, haben Vallet u. a. 1976 und Martin
u. a. 1980 anerkannt, daß die ursprünglichen Parzellen in Megara ungleich, aber im wesentlichen äquivalent waren (Häuser mit 16–20 qm auf kleinen Parzellen, die ungefähr achtmal
größer als die Häuser waren). Nach Plat. leg. 740 sollten die Parzellen Gemeineigentum der
Stadtgemeinde sein, und ihre Anzahl (in diesem Fall 5040) sollte unverändert bleiben, weshalb
jeder Nutznießer die Parzelle einem einzigen Erben überlassen sollte. Über die ersten Gesetzgeber des 8. Jh., die die Anzahl der Familienparzellen konstant zu halten versuchten wie der
Korinther Pheidon und der Korinther Philolaos aus dem Geschlecht der Bakchiaden, denen
man ein analoges Gesetz für Theben verdankte, datiert auf 728: Aristot. pol. 2, 1265 b 13–16,
1274 a 31–b 6.

[46] Coli 1958.

[47] Die Hälfte des Landes wurde Pittakos von Mytilene angeboten: Asheri 1966. Auch die ersten
Könige Roms sollen Grundbesitzer gewesen sein: Dion. Hal. 3,1 (Capogrossi Colognesi 1994).

vierten Bezirke und das Land, das im folgenden öffentliches Land genannt wird.[48]

347. Die militärische Erklärung. Eine bedeutsame Rolle könnte in der protourbanen Entwicklung die Militärtechnik gespielt haben, insofern große Formationen von mit Lanzen bewaffneten Männern gebildet wurden, was zur gesellschaftlichen Ausweitung der Rolle des Kriegers führte.[49] Von elitären Zweikämpfen zwischen hochrangigen Familien, bei denen das Pferd eine wichtige Rolle gespielt haben dürfte, ist wohl ein Übergang zu einer proto-hoplitischen Fußtruppe erfolgt (siehe die Funde von Lanzenspitzen ab dem 11. und vor allem ab dem 10. Jahrhundert und ab der frühen Eisenzeit).[50] Etwas Ähnliches scheint in Griechenland zwischen dem 11. und dem 8. Jahrhundert geschehen zu sein (die *phalanx* ist schon bei Homer bezeugt). Das Ende der mykenischen Welt (ca. 1190–1175) könnte mit der Überlegenheit der Infanterie gegenüber den älteren Formationen von Zweigespannen auch bei den Auseinandersetzungen auf einer Hochebene zusammenhängen. Es ist die Welt des Heeres Davids, des Einfalls der Dorer und der Fußtruppen des dunklen Zeitalters. Ab dieser Zeit betrifft der Krieg jeden männlichen Erwachsenen, der in das Heer eingeschrieben ist und an einem ersten politischen Recht teilhat. Es erklärt sich so die Solidarität der Gemeinschaften der frühen Eisenzeit, die sich schließlich aus Mitbürgern aufbauen, die in rechtlicher Hinsicht sowohl in der Siedlung wie in der Schlacht im wesentlichen gleichberechtigt sind. Die protourbanen Zentren scheinen also eine große proto-städtische und militärische Formation vorauszusetzen, die sich schnell und geordnet bewegen kann und die mehrheitlich aus Fußtruppen besteht, begleitet von einem begrenzten Corps von Reitern,[51] das an die Seite höchst bescheidener aber gerüsteter bewaffneter Banden von Gruppen von Proto-Aristokraten tritt, die die Ränder des Ager beherrschen. Die *curia* ist vom *vicus* nicht nur zivil, sondern auch unter militärischem Gesichtspunkt unterschieden.

348. Rom und die protourbanen Zentren in Etrurien. Man kann versuchen genauer zu bestimmen, welches die »klassische« Struktur der protourbanen Zentren in Etrurien gewesen sein könnte, vielleicht oder auch gerade im Lichte dessen, was wir für das Gebiet von Rom rekonstruieren

---

[48] Asheri 1966. Siehe die seit Anbeginn vorgesehenen städtischen Flächen in Megara Hyblaea, aber auch in Caere, in Veji / Piazza d'Armi und in Satricum (Maaskant Kleibrink 1991). Zu Romulus als Verteiler von Land: Dion. Hal. 2,7.

[49] Pacciarelli 1991, Anm. 52; Peroni 1996.

[50] Es ist das Zeitalter der *hasta* des Mars, des *pilum* des Pilumnus, der *fala* des Falacer und der *curis* (oder Lanze auf sabinisch) des Quirinus: Köves-Zulauf 1990. Vgl. auch § 112, Anm. 32.

[51] Peroni 1969, 34 ff.; Latacz 1977; Pritchett 1985; Drews 1988 und 1993.

konnten. Auf einer Parzelle der Siedlung standen die Hütten, die die Kernfamilien aufnahmen, die einer einzelnen Großfamilie angehörten. Diese
Familiengruppe und die der benachbarten Parzellen desselben Viertels konnten aus demselben aufgegebenen Dorf oder aus derselben Zone des Ager
kommen, wodurch sie, zumindest symbolisch, durch Beziehungen des Blutes und des Kultes untereinander verbunden waren. Man denke an die
Kurien als *genera hominum*, als Sippschaften von Familien und Geschlechtern.[52] Es konnten auch Gruppierungen von Bezirken oder *curiae* bestehen,
die in Viertel oder protourbane *pagi* eingegliedert waren, die sich qualitativ
von den ruralen *pagi* unterschieden, wie die *montes* und die *colles* in Rom,
die sich wahrscheinlich aus ländlichen Distrikten entwickelt haben und
ursprünglich vielleicht im Rahmen eines Bundes vereint und jetzt durch
neue und übergordnete protourbane organisatorische Bindungen zusammenhingen.[53] Verschiedene Viertel konnten sich schließlich in den administrativen Hauptunterteilungen des Proto-Staates, in die »Drittel« oder *tribus*,
zusammenschließen, die sowohl das Siedlungszentrum wie das Territorium
umfaßten (es bestanden noch nicht die Unterscheidungen zwischen urbanen
und ländlichen Tribus, die in Rom seit der archaischen Zeit bezeugt sind).
Ein in dieser Weise konfiguriertes protourbanes Zentrum erscheint als ein
Mikrokosmos des Ager, der auf ein und demselben Plateau konzentriert ist
und dessen Hauptordnungen zumindest anfänglich erhalten bleiben, allerdings innerhalb räumlicher und organisatorischer Beziehungen, die völlig
neu sind. Die in Kurien gegliederte Siedlung ist nämlich nicht mehr in das
Landgebiet der *pagi* eingebunden, wie es bei den *vici* der Fall war, sondern
sie scheint jetzt von diesen völlig enukleiert (wenn derselbe Begriff unterschiedliche Wirklichkeiten bezeichnen kann, so beziehen sich zwei Termini
ohne weiteres auf unterschiedliche Wirklichkeiten, warum sollte man sonst
ein *vicus* jetzt *curia* nennen?). Dennoch bleiben einige rurale Funktionen in
der Siedlung erhalten, die für das Leben seiner Bewohner notwendig sind,
und zwar in einem Ausmaß, wie es bei den ersten griechischen Kolonien
nicht der Fall war.[54] Aber auch in den protourbanen Zentren dürfte der

---

[52] De Francisci 1952–53; Richard 1978 und 1981 (das Vererbungsprinzip würde die ursprüngliche
Aufteilung fortführen); Peroni 1989 (»gruppi parentelari«); Bietti Sestieri 1992a; Pacciarelli 1994.
Siehe die Ensembles von Parzellen oder Viertel in Megara Hyblaea, die wahrscheinlich mit den
Phratrien zusammenhängen: Di Vita-Gafà 1985.
[53] Zum Zusammenhang von *curiae* und peri-protourbanen *pagi* vgl. § 350, Anm. 59.
[54] Auch die frühen einzelligen Wohnstätten in Megara Hyblaea, umgeben vom eigenen kleinen
Gemüsegarten, erinnern eher an eine konzentrierte Agrarlandschaft, eine Gartenstadt, als an
eine im vollen urbanen Sinn organisierte Stadt: Vallet u.a. 1976. Aber die Parzellen in Megara
sind fünfmal kleiner (nicht »genau gleich«: Peroni 1996) als die für die protourbanen Zentren
der frühen Eisenzeit rekonstruierbaren Parzellen, deren agrarische Bedeutung also zumindest

größte Teil der Subsistenz außerhalb der Siedlung produziert worden sein, auf den kurialen Feldern der peri-protourbanen *pagi* durch die gewöhnlichen Familien und auf dem übrigen Ager durch die gentilizischen Familien.

349. Zwischen Autonomie und Zentralismus. Diese räumlichen Gliederungen des protourbanen Zentrums, vor allem wenn es auf einem großen Plateau liegt und literarische Quellen fehlen, sind allein mit der archäologischen Erkundung nicht ohne weiteres zu rekonstruieren (sie lassen sich allenfalls aus den Nekropolen erschließen, wenn wir uns nur von der Dörfer-Theorie freimachen). Es ist daher zweckmäßig, sich auf den wenn auch in vieler Hinsicht partikulären, so doch besser bekannten Fall von Rom zu beziehen, und zwar sowohl wegen der Ausbeute der literarischen Quellen, über die wir verfügen, wie auch aufgrund der Möglichkeit, die verschiedenen Viertel dank der gegliederten Orographie der *montes* und der *colles* zu begrenzen. Allein das Septimontium und die *lustratio* der Argeer bieten nämlich die Chance, diese besondere Überschneidung von Autonomie und Einheit zu verstehen, die das Charakteristikum des protourbanen Zentrums war und die für uns Moderne, da wir an die Ununterscheidbarkeit unserer Metropolen gewöhnt sind, so schwer zu erfassen ist. Die Gefahr ist dabei, das Zwischenphänomen der Proto-Stadt entweder auf allzu autonomistische Weise als einfaches Bündnis von Dörfern zu interpretieren, d.h. unter präurbanem Vorzeichen, oder auf allzu zentralistische Weise, mit Vorwegnahme der Errungenschaften, die erst für die Stadt eigentümlich sind.

350. Auf der Suche nach einem Modell. Unter der Voraussetzung, daß in einer großen protourbanen Siedlung durchschnittlichen Ausmaßes von etwa 150 Hektar die Parzellen der erweiterten Familien, entsprechend dem Beispiel der romuleischen *heredia*,[55] zwei *iugera* umfaßten, erhält man, wenn

---

anfangs größer war. Aber die Parzellen von Megara sind später, und auch die Zentren des 8. Jh. in Etrurien und Latium dürften dichter besiedelt gewesen sein.

[55] Zum *heredium*: Varro rust. 1,10,2; Paul. Fest. 47 L.; Liv. 8,21,11; Plin. nat. 19,50. Man hat die romuleischen *heredia* als eine Vorwegnahme von Gegebenheiten sehen wollen, die nicht vor das 4. Jh. zurückgehen würden (Magdelain 1976; Bonghi Jovino 1986a; zum Thema insgesamt zuletzt Marcone 1997). In der frühesten Phase der römischen Kolonisierung ist eine Zuteilung von zwei Joch Boden bezeugt, wie im Falle von Terracina im Jahre 329 v. Chr. Die Angabe ist jedoch neu bewertet worden von Richard 1978, von Colonna 1988 und zuletzt wiederaufgegriffen worden von Pacciarelli 1991. Siehe auch Capogrossi Colognesi 1988. *Heredia*, verstanden als »familiäre« Bodenparzellen, dürfte es auch in vorromuleischer Zeit im Bereich der protourbanen Zentren gegeben haben; möglicherweise stellen die romuleischen *heredia* eine fortgeschrittenere Gegebenheit dar, die sich bereits dem »privaten« Eigentum an Land annähert. Es ist nicht so, daß das frühe Rom von den Landvermessern und den Antiquaren in den Begriffen einer Kolonie konzipiert worden wäre, wie es die Historiker, beginnend mit E. Gabba, sehen, sondern eher so, daß die Kolonien nach dem Vorbild der Proto-Städte, der sich formierenden Städte und der archaischen Kolonisierung geschaffen wurden. Dementsprechend dürfte es auch

man die 150 Hektar durch 5000 Quadratmeter oder einen halben Hektar, dem Maß also von zwei *iugera*, teilt, 300 Parzellen, eine je Großfamilie[56] – auf der Wohn- und Diensthütten, Backofen, Obst- und Gemüsegärten und die Gehege für Tiere lagen –, mit einer mittleren Oberfläche von 500 Quadratmeter für jeden erwachsenen Mann, die Reiter eingeschlossen.[57] Teilt man die 150 Hektar des großen protourbanen Standardzentrums durch die zirka 5 Hektar der präurbanen Standarddörfer (die in Etrurien aufgegeben wurden, um das neue Zentrum zu schaffen), erhält man eine Fläche, die etwa 30 Dörfern entspricht, die aufgegeben wurden und die die archäologische Untersuchung ausmachen konnte,[58] und das legt die Hypothese nahe, an die 30 Kurien (nicht Dörfer) für jedes große protourbane Zentrum anzusetzen (30 Kurien hatte auch das Rom des Romulus). Wenn wir die zirka 5 Hektar der Standarddörfer durch die 90 erwachsenen Männer teilen, die wir für jede protourbane Kurie von Rom vorausgesetzt haben,[59] kommt man für jeden erwachsenen Mann im Dorf auf einen Raum von 500 Quadrat-

in vorromuleischer Zeit gentilizische Gruppen gegeben haben (so daß diese Epoche nicht als »tribal« bezeichnet werden kann), aber deren Ideologie hat sich wohl nicht sehr von der des *pater familias* unterschieden, und deshalb sind die Mitglieder dieser Gruppen nach dem Patronymikum und noch nicht nach dem Gentilnamen unterschieden worden, und erst als die *gentes* zu ihrer vollen Reife gelangt waren, zwischen der Mitte des 8. und dem zweiten Viertel des 7. Jh., als sie sich zu einer urbanen aristokratischen Klasse entfaltet hatten, die sich der eigenen Privilegien nicht schämten, haben sich ihre Mitglieder mit dem Gentilnamen genannt. Der Zusammenhang zwischen erblicher Übertragung des Namens und Übertragung des Privateigentums ist umfassend von Colonna 1977b aufgegriffen worden. Es sollte daher vermieden werden, die Äquivalenz *gentes* = Gentilname zu behaupten.

[56] Die *bina iugera* dürften Eigentum der an der Spitze der Großfamilien stehenden *patres* gewesen sein, der einzigen, die einen Rechtstitel auf Eigentum hatten, entsprechend den *decuriones* des romuleischen Rom. Aus diesen *patres* dürften die Repräsentanten der *curiae* gewählt worden sein, die wahrscheinlich den Rat der Alten bildeten (vgl. Capogrossi Colognesi 1994 und § 316).

[57] Der pagische Siedlungskern von Calvario auf dem Hügel von Monterozzi bei Tarquinia ist auf einer Fläche von 2 ha ausgegraben worden, wobei ungefähr 30 Hütten zum Vorschein kamen (Mandolesi 1989–90; Bonghi Jovino 1986; Colonna 1988), wonach man jeder Hütte ca. 667 qm zurechnen könnte, eine Zahl, die der von 500 Quadratmeter pro männlichem Erwachsenen, die auf theoretischer Basis rekonstruiert wurde, sehr nahe kommt. Aber die Rechnung ist sehr überschlagsmässig, da die kleineren Hütten Geräte, Tiere und Nahrungsmittel und die größeren Großfamilien aufnehmen konnten. Außerdem waren nicht alle Hütten aus der gleichen Zeit, und viele konnten neu genutzt worden sein.

[58] Di Gennaro 1982 und 1986. Mandolesi 1989–90 (auf seinen Tafeln 4–7 können für Tarquinia unschwer 25–30 Hauptkerne festgestellt werden, die unserer Meinung nach als Gebilde in der Art von Kurien identifiziert werden können). Vgl. Abb. 26a. Siehe auch Guaitoli 1981, 1981a und 1981b; Guidi 1989; Pacciarelli 1991.

[59] Auch die Zentren der Villanovakultur waren vielleicht von einem Kranz peri-protourbaner *pagi* umgeben, die die archäologische Forschung Schwierigkeiten hat aufzuspüren (siehe jedoch den *vicus* von Calvario auf den Monterozzi von Tarquinia), die man aber anhand des Beispiels von Rom annehmen kann. Vgl. § 311.

metern, wie er für das protourbane Zentrum angenommen wurde. Diesen Parzellen in der Siedlung dürften weitere in den peri-protourbanen *pagi* entsprochen haben oder auch im Kern des Ager, wo der Mindestunterhalt der gewöhnlichen Familien, die in die Kurien des protourbanen Zentrums integriert waren, erwirtschaftet werden mußte.[60]

351. Gegensatz von Stadt und Land. Während die Dörfer, wenn auch in einer bestimmten Organisationsform (als eine tribale Gemeinschaft, ein Bund von Dörfern oder ein *populus*) untereinander verbunden, über das Land verstreut waren, impliziert das protourbane Zentrum eine erste Form der Gegenüberstellung zwischen Siedlung und umliegendem Ager. Erst dank dieser Gegenüberstellung konnten die Felder und das Weideland vom verwandtschaftlichen und solidarischen Band der Dörfer befreit werden, das die vorhergehende soziale Ordnung bestimmt hatte. Trotzdem dauerte ein Rest des Landes in der Stadt im wechselseitigen Gebrauch der Parzellen und im protourbanen oder ländlichen Zustand der ursprünglichen Tribus fort. Denn erst die servianischen städtischen Tribus sind von den ruralen Tribus völlig getrennt, wodurch es zur definitiven Vollendung der Gegenüberstellung von Stadt und Land kommt, die jeder Stadtkultur, die zur Reife gelangt ist, zugrunde liegt.

352. Eine nicht rein protourbane Gegebenheit: der Standort Rom. Das protourbane Phänomen in Latium stellt sich als ein hybrides Phänomen dar, und es tritt im Vergleich mit den villanovianischen Zentren später auf, da an ein und demselben Ort sich präurbane Voraussetzungen und protourbane Neuerungen mischen, wie es auf römischem Boden geschieht. In diesen Fällen wird das klassische Modell des etruskischen protourbanen Zentrums übernommen und eingeführt, nachgeahmt und fortschreitend angepaßt an schon bestehende Siedlungen, weshalb das protourbane Zentrum sich nicht

---

[60] Nach Ampolo 1980c genügten 2 ha zu bebauendes Land mit Brachphasen knapp, um das Getreide für drei Personen zu liefern, eine Zahl, die man auf 1 ha reduzieren kann, wenn man eine Rotation mit Leguminosen annimmt (Carandini 1985). Stellt man sich ca. 300 ältere *patres* vor (bis zu 600 Personen, wenn man ihre Frauen mitzählt) und durchschnittlich drei Personen für die restlichen 2700 Kernfamilien, kommt man auf eine Gemeinschaft von ungefähr 8700 Personen, für deren Mindestunterhalt insgesamt ungefähr 2900 ha bebaubares Land im Bereich der Kurien erforderlich waren (in der Siedlung und den anliegenden *pagi*). Unter dieser Voraussetzung und angenommen, in diesem Bereich hätten in Rom zirka 950 ha zur Verfügung gestanden (vgl. § 270), dann mußten zwei von drei Personen ihren Unterhalt anderweitig haben oder suchen, sei es, daß sie als Mitglieder gentilizischer Familien anderen Grund besaßen, daß sie *clientes* wurden, usw. Dies überrascht nicht in einer Gemeinschaft, in der Familien und Parzellen auf eine Zahl begrenzt waren und die daher nicht wachsen sollte. Man muß auch daran erinnern, daß zum Unterhalt in Rom auch die Weide-, Fluß- und Sumpfwirtschaft beitrug: Palus Caprae 33,29 ha + Palus (Ianiculensis) 19,30 ha + Palus (Murcia) 11,56 ha + Palus (Velabrum) 10,23 ha = 74,38 ha.

wie in Etrurien mit einem Mal entwickelt, sondern durch aufeinander folgende Erweiterungen und Neubildungen. Die Zentren wie Rom, die seit der mittleren Bronzezeit besiedelt waren, haben sich, bedingt durch die vorangehenden Siedlungsordnungen,[61] langsamer, aber mit ähnlicher Bestimmtheit in Richtung Stadt entwickelt. Rom ist nämlich ein urbanes Zentrum, das von einem protourbanen Zentrum bedingt ist, das seinerseits bedingt ist von einer präurbanen Siedlung, die ihrerseits wieder bedingt ist von der gegliederten Geomorphologie und Hydrographie des Platzes.

353. Die protourbanen Zentren in Latium und der Fall Gabii. Die protourbanen Siedlungen in Latium bilden sich im Vergleich zu den Siedlungen in Etrurien mit zwei Generationen Verspätung und sind im allgemeinen nicht größer als 25-40 (maximal 80) Hektar. Die Siedlung auf römischem Boden nimmt also zu Beginn des protourbanen Experiments eine Position ein, die nicht weit von den 40-85 Hektar von Crustumerium, Fidenae, Gabii, Lavinium und Ardea in Latium und von Orvieto und Bisenzio in Nord- und Mitteletrurien liegt.[62] Nach Anna Maria Bietti Sestieri wäre das protourbane Phänomen in Latium allerdings viel später anzusetzen, da in dieser Region tribale und egalitäre Strukturen fortdauern würden, die den in Kampanien bezeugten gleichen. Im Fall von Gabii zum Beispiel hätten sich verschiedene Siedlungseinheiten und Gruppen von Hütten oder Dörfern im und um den Krater von Castiglione verteilt, gegliedert in zwei Viertel, von denen das eine (entsprechend der Nekropole von Osteria dell'Osa) das Hauptviertel war, während das andere (entsprechend der Nekropole von Castiglione) weniger bedeutend war. Diese noch als präurban eingeschätzte Gegebenheit soll bis in die folgende Periode, die von der Mitte des 8. bis zur Mitte des 7. Jahrhunderts geht, gedauert haben, als die Siedlung sich dann in ein protourbanes Zentrum oder ein sich bildendes urbanes Zentrum (die beiden Begriffe werden nicht klar unterschieden) gewandelt habe, woraus schließlich das urbane Zentrum von Gabii geworden sei.[63] Nach dieser Inter-

---

[61] Liv. 5,55,5: »formaque Urbis sit occupatae magis quam divisae similis«. Livius bezieht sich auf die Zeit nach dem Galliereinfall. Wäre die Stadt von den Galliern zerstört worden, hätten wir eine im 4. Jh. in regelmäßigen Formen wiederaufgebaute Siedlung. Da dies nicht der Fall war, blieb die ungeregelte vorgeschichtliche und archaische Anlage erhalten, ganz zum Vorteil der Lesbarkeit der Tiefenstruktur des Siedlungsgefüges (Castagnoli 1974 und 1981a; Coarelli 1978 datiert eine von Gjerstad 1973 irrtümlich mit dem Galliereinfall in Zusammenhang gebrachte Brandschicht neu). Bietti Sestieri 1996 stellt in den großen villanovianischen Zentren ein frühes proto-staatliches System fest, während sie die protourbane Entwicklung in Latium auf die zweite Hälfte des 8. Jh. hinausschiebt, Rom ausgenommen, das seit dem Ende des 9. Jh. als protourbanes Zentrum hervortritt (vgl. auch § 353).

[62] Pacciarelli 1994.

[63] Bietti Sestieri 1992a.

pretation würde das protourbane Phänomen in Gabii und in den anderen Zentren in Latium im Vergleich mit Etrurien gut zwei Jahrhunderte später hervortreten. Eine solche Rekonstruktion überzeugt nicht, auch wenn sie sich auf eine noch so sorgfältige archäologische Untersuchung stützt. Man hat den Eindruck, Gabii wird wird im Lichte einer »primitivisierenden« Interpretation der Siedlung auf römischem Boden interpretiert,[64] und die Entwicklung in Gabii müsse, da sie letzterer nicht vorausgehen könne, ihr folgen.

354. Die Entstehung und Entwicklung der »gentes« in Gabii und in Latium. Die Interpretation der sozialen Beziehungen, wie sie sich anscheinend auf dem Gräberfeld von Osteria dell'Osa manifestieren, hat vermuten lassen, die Solidarität der Geschlechter habe ab den Stufen Latiale IIB2/IIIA mit dem beginnenden Wettstreit zwischen den verwandtschaftlichen Gruppen begonnen einen Riß zu bekommen, was schließlich zur Gliederung der Großfamilien in zwei soziale Schichten der *gentes* und der *clientes* geführt habe.[65] Eine analoge Entwicklung würde sich auch in Rom und im benachbarten Veji zeigen.[66] Der um 770 datierbare Wall von Acqua Acetosa könnte das Ergebnis der Intervention einer frühen gentilizischen Gruppe aus dem Territorium Rom hinsichtlich einer an den Grenzen des *ager* liegenden Satellitensiedlung sein. Denn genau an solchen Örtlichkeiten an der Peripherie, die an den hauptsächlichen Wegachsen liegen und von gentilizischen Gruppen kontrolliert werden, wurden die größten Darbietungen von Reichtum angetroffen, die dann ab dem Ende des 7. Jahrhunderts zurückgehen, als an die Stelle des Landschaftsbildes der *oppida* die Dörfer und Gutshöfe der ländlichen Tribus treten.[67] Die Zeit des Hervortretens und der Entwicklung der *gentes* in Latium zwischen dem Ende des 9. und dem Ende des 7. Jahrhunderts ist auch die Zeit der reiferen protourbanen Entwicklung und der urbanen Formierung. In einem Kontext dieser Art wird zu einem bestimmten Augenblick die traumatische Intervention der absoluten Macht des *rex* notwendig, der, um die Autonomie der gewöhnlichen Familien zu garantieren, auf der auch seine Macht gründet, die an der Peripherie des *ager* notwendige unterwerfende Macht der *gentes* eindämmen muß, mittels der domi-

---

[64] Bietti Sestieri 1996 und i. Dr. interpretiert das Aufkommen der Early States in Etrurien richtig, während sie dieses gleiche Phänomen in Latium weiterhin zu primitivistisch interpretiert und mit Verspätung ansetzt.

[65] Bietti Sestieri 1992a.

[66] Guidi 1993 meint, in Veji zeige sich der Wohlstandsunterschied anfänglich in den Gräbern von Frauen aus dem ersten Viertel des 8. Jh.

[67] Colonna 1991b. Die ländlichen servianischen Tribus wären das Anzeichen für die Ausdehnung des Privateigentums auf dem Land auf Kosten des genitilizischen Ager: Capogrossi Colognesi 1994.

nierenden Macht seiner eigenen *gens*, die den Gipfel der sozialen Ordnung
erklommen hat. Aber der archäologische Anschein darf nicht unvermittelt
als historische Wirklichkeit genommen werden; es ist nämlich möglich, sich
eine zwar nur embryonale und verdeckte gentilizische Dynamik seit den
ersten Entwicklungen der protourbanen Dynamik auch in Latium und in
Rom im Laufe des 9. Jahrhunderts vorzustellen.

355. Eine andere Interpretation von Gabii (vgl. Abb. 27c).   Die Siedlung
und die Nekropole von Gabii können im Ausgang von derselben Evidenz
auch anders interpretiert werden. Die Siedlung könnte seit der Stufe
Latiale IIA2 als sich formierendes protourbanes Zentrum darstellen, insofern die Siedlungskerne verbreitet und mit geringen Abständen im weiten
Siedlungsraum verteilt sind,[68] genau wie in den großen etruskischen Zentren
(vgl. Abb. 25), womit es schwierig scheint, sie in wenigen *vici* zusammengefaßt zu interpretieren. Außerdem könnte die der Nekropole von Osteria
dell'Osa entsprechende Siedlung auch eher als im Westteil des Kraters – entsprechend dem Prinzip der topographischen Kontinuität, das wir für die
protourbanen und urbanen Zentren kennen[69] – an einem Ort ohne Evidenz
und außerhalb des Durchmessers der künftigen Stadt angesetzt werden, im
Ostteil des Gebietes, wo dann die Stadt der historischen Zeit liegt. Zur
Zeit des ersten Hervortretens der *gentes* in den Nekropolen (latiale Stufen
IIB1–IIIA) hätte das protourbane Zentrum seine Reife erreicht (wie in Rom
mit dem zweiten Septimontium). Zwischen der Mitte des 8. und der Mitte
des 7. Jahrhunderts wäre die Stadtwerdung (ein Phänomen, das vom protourbanen Phänomen unterschieden werden muß) anzusetzen, wie es auch in
Rom der Fall ist. Ab der Mitte des 7. Jahrhunderts wäre schließlich die fertige Stadt zu datieren, in Entsprechung zum Rom der Tarquinier und dem
servianischen Rom. Die Grabstätten von Osa und von Castiglione könnten
einer Gliederung der Siedlung selbst in Teile entsprechen, ähnlich der, wie
sie für Rom anzunehmen ist. Auch die Bestimmung der tribalen Gesellschaft für die Stufen IIA–IIB, die auf der Interpretation der Daten des größeren Gräberfeldes beruhen, scheint unbefriedigend. Sie schwankt nämlich
zwischen der Vorstellung von einer »egalitären« Gemeinschaft und einer
Gemeinschaft »mit einem bestimmten Grad sozialer Hierarchie«. Wenn
Latium auf dem gleichen tribalen Niveau wie einige Gebiete Kampaniens
verblieben wäre, wäre seine Geschichte anders verlaufen. Es hätte nicht den

---

[68] Guaitoli 1981 und 1981a.
[69] Pacciarelli 1994: »Offensichtlich wird eine konzentrierte Besiedlung innerhalb des Durchmessers des urbanen Plateaus schon seit dem Beginn der frühen Eisenzeit bevorzugt, die einem
Modus folgt, der sich von den Gegebenheiten in den großen villanovianischen Agglomeraten
nicht viel unterscheidet.«

Primat von Alba und seiner Häuptlinge gegeben (letzteres ein Indiz, daß ein Geschlecht oder wenige Geschlechter in Latium einen Vorrang einnehmen konnten), und der albanische Bund hätte nicht die Kompaktheit und die kulturelle Einheit gewonnen, die es den Latinern ermöglicht haben, sich als ethnische und kulturelle Gruppe abzuheben und dann erfolgreich den Wanderungsbewegungen von Stämmen quer durch die zentralen Regionen Italiens, aus dem Sabinerland, aus Etrurien und aus den griechischen Zentren Kampaniens Widerstand zu leisten und ihre Integrität zu wahren. Das System des Chiefdom hat das präurbane Etrurien bis in die Mitte des 10. Jahrhunderts gekennzeichnet und Latium bis in das erste Drittel oder bis in die Mitte des 9. Jahrhunderts, dann sind die Early States oder Proto-Staaten entstanden, deren Hauptorte die protourbanen Zentren waren, und ihnen folgten schließlich, ab der Mitte des 8. Jahrhunderts, die Stadt-Staaten. Es ist kein Zufall, daß dort, wo die protourbanen Zentren aufgeblüht sind, also auch in Latium, die griechische Kolonisation nicht wirklich Fuß fassen konnte.[70]

356. Die Neudefinition der Siedlung zur Zeit der »zweiten Synoikismen«. Die zentripetale Bewegung der Siedlungskerne, wie sie in Gabii ab der Stufe Latiale IIIB[71] feststellbar ist dank des Aufgebens der Talsohlen und der folgenden Zusammenziehung der Siedlung,[72] scheint eher dem »zweiten Synoikismos« zuzuschreiben zu sein, d. h. der Formierung des urbanen Zentrums, als dem »ersten« Synoikismos der protourbanen Phase. Der zweite Synoikismos impliziert die Aufgabe der typischerweise auf den Plateaus sich ausdehnenden Siedlungen zugunsten eines dichteren und zentralisier-

---

[70] Bietti Sestieri 1992a, S. 2; 234 (zum Begriff der Tribus). Zum Widerstand der protourbanen Zentren gegen die Griechen: Peroni 1996. Bietti Sestieri 1992a, 1996 und i. Dr. unterscheidet die unterschiedlichen sozialen Formen nicht klar genug, sie setzt sie später an und drängt sie in eine zu knapp bemessene Zeitspanne zusammen. Sie meint nämlich, daß die Grenze zwischen dem komplexen Chiefdom und den frühen Staatsformen schwankend wäre, und sie klärt nicht ausreichend den Unterschied zwischen Proto-Staat und Staat, zwischen protourbanem und urbanem Zentrum. In einer so ungenauen Situation riskiert man mit der Anwendung von Kategorien wie Chiefdom und Early State das Verständnis der Phänomene noch zu verkomplizieren, anstatt dazu beizutragen, sie nach einer ausreichend klaren Morphologie der sozialen Formen zu unterscheiden (was dann zu einer letztendlichen Ablehnung dieser anthropologischen Kategorien im Mittelmeerraum führen kann). Unserer Meinung nach ist das Chiefdom gekennzeichnet durch ein Ensemble von Dörfern, die sich auf ein Hauptdorf (nicht auf ein protourbanes Zentrum) beziehen, wie Alba, weshalb wir uns in einem präurbanen Zustand befinden. Der Early State oder Proto-Staat bezieht sich auf ein protourbanes Zentrum und der Staat auf ein urbanes Zentrum. Die Tatsache, daß der Early State in Etrurien ein frühes und in Latium ein relativ spätes Phänomen ist, bringt keineswegs die Aufeinanderfolge der sozialen Formen durcheinander.

[71] Bietti Sestieri 1992a.

[72] Guaitoli 1981, 1981a und Pacciarelli 1994 datieren das Phänomen ab der Stufe Latiale IIIA.

ten Modus des Siedelns. Man denke an die Randzonen des Plateaus von Cretoncini in Tarquinia, die zwischen dem Ende des 8. und dem Ende des 7. Jahrhunderts aufgegeben wurden, und an andere ähnliche Fälle wie Calvario auf den Monterozzi bei Tarquinia, das in der ersten Hälfte des 8. Jahrhunderts aufgelassen wurde. Erst zur Zeit der fertigen Stadt, ab dem Ende des 7. Jahrhunderts, beginnt die Stadt über die Verdichtung hinaus sich wieder auszudehnen.[73]

357. »Zweite Synoikismen« und die Zeit des Romulus. Die Phase des »zweiten Synoikismos« entspricht der romuleischen Zeit, und dieses Phänomen ist ein weiterer Grund dafür, sie als bestimmte historische Phase anzusetzen, die sich von der protourbanen Phase oder dem »ersten Synoikismos« unterscheidet. Einige nicht verteidigbare Vororte der Siedlung, die Teil des zweiten Septimontium waren, könnten damals verlorengegangen oder aufgegeben worden sein, als Folge einer konzentrierteren Weise des Siedelns und vielleicht auch der Schaffung von Dörfern und von Satelliten-*oppida* auf dem Territorium. Die aufgegebenen Räume sollten dann im Laufe der zwei folgenden Jahrhunderte, zwischen Romulus und Servius Tullius, wieder besetzt werden. Der Quirinal dürfte erst mit Numa definitiv in die Stadt eingegliedert worden sein, der Caelius erst mit Tullus Hostilius, während die Ränder des Esquilin, des Viminal und des Quirinal ihre kanonische Ausdehnung zur Zeit der Tarquinier erreicht haben dürften.[74] Auch Tarquinia bildet sich als Stadt mit der Aufgabe eines Viertels (Cretoncini) und des *vicus* eines peri-protourbanen *pagus* (auf Calvario) zwischen der Mitte des 8. und dem Ende des 7. Jahrhunderts. Aber mit dem Ende des 7. und dem Beginn des 6. Jahrhunderts wird das Viertel (Cretoncini) wieder besetzt,[75] Zeichen dafür, daß die Stadt die Phase der Formierung (bezogen auf den »zweiten Synoikismos«) beendet hat und jetzt in sich abgeschlossen erscheint. Die reife protourbane Phase (bezogen auf den »ersten Synoikismos«) muß also als der Phase der Formierung der Stadt (bezogen auf den »zweiten Synoikismos«) vorangehend gesehen und darf nicht damit vermischt werden. Man könnte vielleicht sagen, daß der (erste) Synoikismos zwischen *montes* und *colles*, der am Ende des 9. Jahrhunderts datierbar ist, einige letzte Autono-

---

[73] Bartoloni 1989; Mandolesi-Pacciarelli 1990; Pacciarelli 1989-90, 1991 und 1994; Rendeli 1993; Mandolesi 1994 (zu Tarquinia und der Zusammenziehung des archaischen Bisenzio, als ein Bezirk am Talboden aufgegeben wird); Colonna 1974 (Konzentration der Begräbnisstätten der Stufe Laziale IIIB auf der Fläche der Piazza Vittorio, was eine Formalisierung des urbanen Umfangs mit Bezug auf den »zweiten« Synoikismos vermuten läßt, analog zu dem, wie er sich aus der servianischen Mauer ergibt); Colonna 1996.

[74] Momigliano-Schiavone 1988, Appendix 6.

[75] Mandolesi-Pacciarelli 1990. Cretoncini wird als suburbanes Viertel außerhalb der Mauern wiederbesetzt (Mandolesi 1994).

mien bewahrt haben dürfte, die wahrscheinlich mit dem folgenden romuleischen Synoikismos weggefallen sind, der aufgrund seiner unwiderstehlichen
zentralisierenden Macht eher als ein Synoikismos eine regelrechte staatliche
Herrschaft darzustellen scheint: Alle in der Siedlung sind gleich und gleichermaßen gegenüber dem inaugurierten Palatin und dem König Unter-
gebene.

358. Die Kultur entwickelt sich in Italien früh auf die Urbanität hin.
Wenn es stimmt, daß die großen griechischen Siedlungen vor der Schaffung
der Stadt in Dörfer gegliedert waren, daß es keine programmierte Organisation des gemeinschaftlichen Lebens gab, mit Gruppen von Wohnsiedlungen
in der Nähe von Wasserquellen, umgeben von Gräberfeldern und sich aus-
dehnend entlang den Hauptwegen,[76] könnten sie nicht mit den protourbanen Zentren des tyrrhenischen Mittelitalien am Höhepunkt ihrer Entwicklung verglichen werden, die uns als Siedlungen erscheinen, hinter denen
ein »Wille« steht, worin sie den griechischen Kolonien gleichen, die allerdings viel später sind.[77] Unter dieser Voraussetzung wäre es Italien gewesen,
nicht Griechenland und nicht Sizilien oder Magna Graecia, das diese neue
Lebensform und diese Produktionsweise angestoßen hat, die sich in Richtung der Urbanität und des freien Gutshofes entwickelt haben und die wir
als »antik« definieren können, um sie von den vorhergehenden im weiteren
Sinne als »kommunitaristisch« definierbaren Formen zu unterscheiden.[78]
Bei dem gegenwärtigen Stand unserer Kenntnisse scheint es so gewesen zu
sein, daß die protourbanen Realisationen in Etrurien und wahrscheinlich
auch in Latium in der Zeit so weit zurückgehen, daß sie als indigene, völlig
eigenständige und unabhängige Erfahrungen gelten können. Ein härterer

---

[76] Snodgrass 1986: »Die Kolonien können die ersten Experimente der Griechen mit dem System
der *polis* dokumentieren.« Die Griechen, die nach Sizilien und nach Italien aufbrachen, hätten
keine urbane Praxis exportieren können, weil es in dieser Zeit in Griechenland die Städte nicht
gegeben habe. Siehe auch Coldstream 1984; Di Vita-Gafà 1985 (der meint, es habe ursprünglich
in Korinth, Argos, Eretria und Syrakus keine programmierte Artikulation gemeinschaftlichen
Lebens gegeben); Ampolo 1996b (vgl. § 177, Anm. 24).
[77] Altherr Charon-Bérard 1980 glauben, Korinth habe in der zweiten Hälfte des 8.Jh. aus
einer Gruppe von Dörfern bestanden und würde erst ab 700 beginnen, wie eine organisierte
Stadt zu wirken. Eretria sei nicht vor der Mitte des 8.Jh. gegründet worden und es habe auch
keinen in die erste Hälfte des Jahrhunderts datierbaren vorgeschalteten Synoikismos gegeben
(das vermutliche Grab des Stadtgründers ist auf 720 angesetzt). Navaro 1996 hingegen setzt
die Formierung Eretrias in der ersten Hälfte des 8.Jh. an (in diese Epoche sei das Heiligtum
der Artemis zu datieren, das daneben liegende Heiligtum des Apollo in die Mitte des 8.Jh.).
R. Peroni in: Ampolo 1983 interpretiert die griechischen Kolonien der ersten Generationen als
protourbane Zentren, während es sich wahrscheinlicher um urbane Zentren in Formierung
handelt.
[78] Carandini 1979.

Schlag könnte das klassizistische Vorurteil, das die Priorität der Griechen in der Entwicklung der urbanen Kultur behauptet,[79] nicht treffen.[80] Es ist jedoch möglich, daß ein vertieftes Studium der siedlerischen Gegebenheiten, die den griechischen Städten vorausgehen, diesen angenommenen Unterschied zu den etruskischen und latinischen Erfahrungen verringert oder annulliert. Dann müßte das ganze Problem einer neuen Bewertung unterzogen werden. Wir können mit einer Frage schließen, die uns wesentlich scheint: Hat es in Griechenland protourbane Zentren gegeben, die den *poleis* vorangegangen sind? Auf diese Frage können wir noch nicht antworten, aber es zeichnen sich erste Arbeitshypothesen ab, die überraschend sind und uns neugierig machen.[81]

[79] Ampolo 1983 hat die Existenz einer protourbanen Phase negiert, weil sie der Schaffung der griechischen Stadt-Staaten vorausgegangen wäre; siehe auch Cristofani 1985.

[80] Colonna 1988 sieht in Etrurien einen Pflanzgarten der Stadt mit »geglückter Vorwegnahme der Entwicklung für das gesamte Europa«. Sestieri 1992a geht noch weiter: »The basic social, economic and political conditions for its [of the urban formation] development had emerged in the two regions in the ninth and the early eighth century«, und dann: »The spread of cultural and ideological traits ... of Greek origin, and their influence on the Tyrrhenian societies was made possible by this system, rather than constituting the determinant factor of change in a social and political vacuum«. Obwohl der protourbane Prozeß in Latium sekundären Charakters wäre, gäbe es eine relativ frühzeitige Formierung des Stadt-Staates, die sich der Lage der Region zwischen Etrurien und den Griechen Kampaniens verdanke: Bietti Sestieri 1996. Siehe auch Pacciarelli 1989–90: »Die Wechselwirkung zwischen dem griechischen und dem einheimischen Element sollte für die Bestimmung der institutionellen und kulturellen Formen, in denen das urbane Phänomen sich konkret im mittel-tyrrhenischen Raum umsetzte, bemerkenswertes Gewicht haben, aber sicher haben die gesellschaftlichen und wirtschaftlichen Bedingungen der Entwicklung der indigenen urbanen Gemeinschaften ihre tiefsten Wurzeln in jenem radikalen Restrukturierungsprozeß gehabt, der sich im mittel-tyrrhenischen Raum zu Beginn des ersten Jahrtausend abspielte, dessen Auswirkungen auf lange Sicht sicher der erstaunliche Entwicklung der urbanen Gemeinschaften Etruriens und selbst Roms nicht fremd sind« (aber in Rom scheint man mindestens seit der reifen protourbanen Phase direkt indigene organisatorische und kalendarische Strukturen ausmachen zu können). Die ältesten Ziegel wären in Korinth in das zweite Viertel des 7. Jh. zu datieren: Winter 1993. In der Stratigraphie des Nordhangs des Palatin stößt man schon in Schichten aus den Anfängen des 7. Jh. auf die ersten Ziegel, und Steinmauern und Mauern monumentalen Charakters sind in Tarquinia und in Rom schon ab Beginn des 7. Jh. bezeugt (Bonghi Jovino – Chiaramonte Treré 1997; Carandini 1992 und in: Palatium e Sacra via, 1; vgl. auch §§ 359 ff. und Addendum VIII).

[81] Es wäre die Mühe wert, auch für die griechischen Städte eine Interpretation zu versuchen, die die in Italien entsprechend der hier angedeuteten Interpretation bekannten protourbanen Vorbilder berücksichtigt. Auch in Griechenland wäre jenes Stadium der Formation der Städte in das 9. Jh. zu datieren, das repräsentiert wird von den Siedlungen, die man für Ensembles von Dörfern hält (die aber als protostädtische Viertel interpretiert werden könnten, ungeachtet ihres teilweise noch ländlichen Charakters), die erst im 8. Jh. ein wirklich städtisches Stadium erreichen würden (Donlan 1989), so daß sie auf eine mehr oder weniger effektive Weise den verbliebenen ländlichen Charakter auslöschen. Vgl. auch § 177, Anm. 24. Ein Schritt in diese Interpretationsrichtung ist feststellbar bei Snodgrass 1996, der seit kurzem die Theorie von

Whitley 1991 (vgl. Appendix 3) übernommen und zwei fundamentale Siedlungstypen in der ägäischen Welt des dunklen Zeitalters unterschieden hat. 1. Wenige große Zentren, oft mit vorgeschichtlicher Vergangenheit, die sich (wie Athen, Korinth, Argos, Iolkos, Smyrna) in die historischen Städte transformieren sollten, die an offenen Standorten lagen und durch eine dünne Besiedlung gekennzeichnet waren und in denen ein hoher Grad gesellschaftlicher Differenzierung festzustellen wäre, ein typisches Phänomen weiträumiger Gesellschaften, in denen die Aufgabe des Häuptlings erblich gewesen zu sein scheint. 2. Eine größere Zahl von kleineren Siedlungen, auf natürlich befestigten Plätzen gelegen, die etwa zwei Jahrhunderte bestanden (wie Nichoria in Messenien und Zagora auf Andros), mit dichter Besiedlung, eng gruppiert um einen Kern, für die man in einigen Fällen nichterbliche Häuptlinge in der Art der Big Men angenommen hat. Soweit wir das nachvollziehen können, könnten die Zentren des 1. Typs als große protourbane Zentren interpretiert werden, entsprechend Chiefdoms und Early States, während die Siedlungen des 2. Typs eher als Dörfer von nicht so langer Dauer erscheinen, deren Bevölkerung dann von den großen Zentren aufgesogen wird. Das Merkmal der dünnen Besiedlung und damit der ländliche Charakter (erklärbar mit der Verteilung von Parzellen auch innerhalb des Siedlungsgebietes) entspricht dann nicht einer Dorfstruktur (die im allgemeinen dichter ist), sondern erinnert an die dünne Besiedlung, die kennzeichnend ist für die protourbanen Zentren in Mittelitalien. Der ländliche und egalitäre Aspekt der protourbanen Zentren, der sich der Erfindung des freien Gutshofes verdankt, die aus dem Inneren des Siedlungszentrums kommt – das ist das Entscheidende –, hat nichts zu tun mit dem ländlichen und kommunitären Aspekt des Dorfes, das noch auf einem Kollektiveigentum an Land aufbaut. Das ist der Grund, warum wir im Zusammenhang mit protourbanen und urbanen Zentren nicht von »Dörfern« schreiben, weil wir sowohl einen anderen Begriff verwenden wollen, wenn wir ein städtisches Viertel und wenn wir das Dorf bezeichnen, wie in Latium (wo *curia* dem Ausdruck *vicus* gegenübersteht) und auch in anderen Teilen Italiens, als auch, weil die Begriffe gleich sein können, aber je nach Kontext eine unterschiedliche semantische Bedeutung haben, wie es in Griechenland der Fall zu sein scheint.

4. Teil
Die Ära der Stadt

Wenn es überhaupt einen politisch-religiösen Gründungsakt gegeben hat ..., hat er schwerlich in der Zeit des Romulus stattgefunden. Wenn ein Mann namens Romulus wirklich gelebt haben sollte, was möglich ist (Dumézil schloß diese Möglichkeit nicht aus), können wir ihm von dem, was Plutarch erzählt, historisch wenig oder nichts zuschreiben.

C. Ampolo, 1988

Une de ces idées, et l'une des plus importantes dans les orientations de la recherche, est que la plupart des changements observables dans la société grecque dans la deuxième moitié de l'époque géométrique et au début de l'époque arcaïque, soit de la fin du ixe au viie siècles, pouvaient être mis en rapport d'une façon ou d'une autre avec un phénomène historique majeur: la naissance de la cité.

F. de Polignac, 1995

Für Carmine Ampolo, der vor sehr langer Zeit an unseren archäologischen Forschungen mitgearbeitet hat, dann mit Erfolg in die historische Forschung übergewechselt ist, ohne die ursprüngliche Prägung zu verlieren, die der Umgang mit der Welt der Dinge (aus der Gewohnheit die Grabungen zu besuchen) mit sich bringt, und für Tim Cornell, den mutigen Anhänger der gemäßigten Kritik der italienischen Tradition im skeptischen England; ihnen beiden widmen wir diesen Epilog, in jener *concors discordia*, die wir schon kennengelernt haben, als wir uns mit Moses I. Finley über die römische Wirtschaftsgeschichte auseinandergesetzt haben. *Discors concordia* bedeutet, daß man einig ist darüber, daß ein Problem besteht, nicht aber in den Details und nicht in den Ergebnissen. Kann es überhaupt eine stimulierendere und intellektuell lebendigere Situation geben? Moses hat schließlich die *discordia* zurückgenommen, indem er die Beziehung aufkündigte, was Carmine und Tim mir, so hoffe ich, ersparen werden, im Namen der Unsicherheit jedweder Wahrheit und im Namen der Möglichkeit, Sachlichkeit und Wohlwollen auch im Dissens zu wahren.

Epilog
Die Gründung Roms

359. Über Romulus ein weiteres Buch. Anstelle eines langen Textes über das urbane Zeitalter, also über die Formierung der Stadt, beschließen wir unsere ohnehin schon recht umfangreiche Untersuchung mit einem kurzen Epilog. Die romuleische Sage (Mythos, Gründung, Verfassung) und der älteste Kalender der Römer sind die tiefen Beweggründe der ganzen Untersuchung gewesen, doch ist hier nicht genügend Raum, um sie so systematisch entfalten zu können, wie wir es gerne machen würden. Ein solches Thema verdient eine eigene Untersuchung, und wir hoffen, uns ihr – zusammen mit Jüngeren – in naher Zukunft widmen zu können. Es besteht auch die Hoffnung, zusammen mit Rosanna Cappelli eine Ausstellung über die »Söhne der Jungfrau«, Romulus und Remus, und über die Gründung Roms veranstalten zu können. Aus diesem Grunde versuchen wir gar nicht, den Faden des Diskurses über Romulus, der an zahlreichen Stellen der vorhergehenden Seiten sichtbar wird, hier nochmals aufzunehmen. Es mag genügen daran zu erinnern, daß der Mythos des Romulus uns in seinem Hauptkern nicht eine Projektion des archaischen oder mittelrepublikanischen Zeitalters in das 8. Jahrhundert zu sein scheint als vielmehr eine Wiederaufnahme von Mythemen aus der frühen Eisenzeit und vielleicht schon der Bronzezeit, eine Art Renaissance des heroischen Zeitalters, und daß wir den Kern der städtischen und militärischen Verfassung für authentisch halten und daß sie im Einklang steht mit dem ältesten Kalender, der, wie der Kern der Sage, in der frühen Königszeit angesetzt werden kann. Wir widmen also den Epilog zwei miteinander zusammenhängenden Themen, die bisher noch nicht angemessen behandelt wurden: der Gründung Roms (Grube, Mauer, Pomerium und Inauguration), und zwar im neuen Licht der jüngsten archäologischen Entdeckungen,[1] und den notwendigen Voraussetzungen für die Aussage, Rom sei vor der Mitte des 7. Jahrhunderts eine »antike« Stadt gewesen, wobei die Dokumentation der früheren Ausgrabungen einer neuerlichen Überprüfung unterzogen wird.

---

[1] Palatium e Sacra via, 1 (auch zum Namen des Romulus); vgl. auch Addenda VII–VIII und Appendices 2b, 6, 8 und 9.

360. Legitimität einer Gegenüberstellung. Gegen Ende des Latiale IIIB (um, aber nicht später als ca. 725)[2] wird die Hüttensiedlung des Nordhangs des Palatium, die etwa im letzten Drittel des 9. Jahrhunderts entstanden ist, dem Erdboden gleichgemacht und mit einer gleichmäßigen Schicht bedeckt, um dem ersten großen öffentlichen Monument Roms Platz zu machen: den Mauern des Palatin. Diese Mauern finden eine Entsprechung in den Mauern, die – nach der im wesentlichen einhelligen Überlieferung der Römer – Romulus etwa im dritten Viertel des 8. Jahrhunderts errichtet und die bis zu Servius Tullius, dem Erbauer der neuen Mauern etwa im dritten Viertel des 6. Jahrhunderts, gestanden haben sollen. Die Gegenüberstellung des von uns gefundenen und des von den Quellen beschriebenen Monuments legt sich für einen Menschen des westlichen Kulturkreises von selbst nahe, sie ist unvermeidlich. Wer sich auferlegt, hiervor die Augen zu verschließen, muß ein Masochist, ein Schuft oder ein Heuchler sein. Es geht nicht so sehr darum, die Überlieferung zu »bestätigen«, auch wenn wir sehr wohl in der Lage wären, dies zu tun,[3] sondern vielmehr darum, die tatsächlich beeindruckende Ähnlichkeit herauszustellen, die zwischen dem Gerüst des für sich stehenden archäologischen Berichts und dem Gerüst der für sich stehenden Tradition besteht, jenseits der sich über die Jahrhunderte erstreckenden Schichtung, die beide kennzeichnet. Wenn es legitim ist, die Völker des Mittelmeerraumes mit denen der übrigen der Welt zu vergleichen, wenn es legitim ist, Phönizier, Griechen, Etrusker und Latiner miteinander zu vergleichen, dann muß es um so mehr erlaubt sein, die archäologischen Reste Roms mit den Schriften der Römer zu vergleichen, die Mauer des 8. Jahrhunderts am Palatin, die ein Häuptling Roms hat errichten lassen, mit der Mauer des Romulus, die wir von Kindesbeinen an kennen.[4] Zu vergleichen und Analogien festzustellen heißt nicht, automatisch die archäologische Gegebenheit auf die literarische Wirklichkeit draufzulei-

---

[2] Diese herkömmliche absolute Chronologie bewegt sich nach den neuesten Erkenntnissen im dritten Viertel des 8. Jh.: Bietti Sestieri 1996 und i. Dr.; Peroni 1994, 1996; Pacciarelli i. Dr.; vgl. auch Appendix 2: Chronologien.

[3] Das Monument der Mauer erfüllt alle von J. Poucet geforderten Voraussetzungen, um von einer »Bestätigung« der Tradition sprechen zu können (Carandini 1992), in dem Sinn, daß es sich nicht um ein Bauwerk handelt, das kontrovers interpretiert würde, und nicht um ein vereinzeltes Bauwerk, sondern im Kontext von Mauern, Gräben, freien Räumen hinter den Mauern usw. Bietti Sestieri 1996 meint, es ergäben sich daraus keine Bestätigungen der Tradition oder Entsprechungen, die hinter die archaische Zeit zurückreichen würden, vielleicht weil die erste palatinische Befestigung auf den Übergang zur orientalisierenden Periode »mit einer gewissen Unsicherheit« datiert werden soll? Aber diese Unsicherheit besteht anscheinend nicht, und Bietti Sistieri selbst hat dazu beigetragen, diese Funde instandzusetzen, zu datieren und eine Chronologie aufzustellen, die dann von den angesehensten Fachleuten bestätigt wurde.

[4] Vgl. §§ 28 ff.

men, was tunlichst zu vermeiden ist. Aber während die Vergleiche unter
verschiedenen Kontinenten und unter verschiedenen mediterranen Ländern
immer Gegenüberstellungen zwischen strukturell ähnlichen, aber historisch
divergierenden Wirklichkeiten sind, könnte im Fall von Rom die Gegenüberstellung der im Boden vergrabenen mit den von der Tradition herauf-
beschworenen Mauern zu einer historischen Identifikation führen, weil die
Wirklichkeit Roms im 8. Jahrhundert, und erst recht am Fuß des Palatin,
eine und dieselbe und nicht vielfach war, wie es die Arten der Quellen
und die akademischen Disziplinen nun einmal sind. Wer aus Prinzip
eine derart zwingende Gegenüberstellung ablehnt, ohne sich wenigstens die
Mühe zu machen, die archäologischen Belege zu bewerten, weist damit
zugleich jegliche andere Gegenüberstellung von literarischen Quellen und
Monumenten zurück und trägt damit die Verantwortung, die Archäologie
zur völligen und endgültigen historiographischen Nutzlosigkeit zu verurteilen.

361. Ein Bruch in der Kontinuität. Eine derart drastische Umstrukturierung, entgegen der Tendenz der bis dahin expandierenden Siedlung
des Septimontium, eine so erhebliche Zerstörung von Gebäuden (den Hütten), eine derart symbolisch bedeutsame und originelle öffentliche Maßnahme (wir stehen vor einer Mauer, nicht vor einem Wall)[5] führen uns zu
der Annahme, daß auf dem Palatin eine neue Gewalt präsent war, stärker
und zentralistischer als die vorhergehende (wahrscheinlich ein *rex-augur*),
die in der Lage war, ein derart beachtliches Unternehmen anzuordnen
und der örtlichen Gemeinschaft die Ausführung aufzuerlegen.[6] Bis jetzt
fehlte in der archäologischen Dokumentation auf römischem Boden ein
greifbarer, auffälliger und emblematischer Hinweis auf Diskontinuität,
und die allgemein anerkannte Geschichtskritik sah darin eine Bestätigung
dafür, die Gestalt des Gründers und den Akt der Gründung ausschließlich
mythisch zu betrachten und so die frühe Königszeit als Verlängerung

---

[5] Es sei auch an die Mauer von Roselle (7. Jh.) erinnert. Wenig relevant die Beobachtungen bei
Miller 1995. In Griechenland gibt es nach dem mykenischen Zeitalter die Mauern von Smyrna
(mittelgeometrische Epoche) und die Blütezeit der Befestigungsanlagen ab der Mitte des 8. Jh.:
Lang 1996. Vgl. Anm. 51.

[6] Über die logische Beziehung zwischen dem Häuptling der Gemeinschaft, der die Mauern
anordnet, und dem König Romulus, der Mauern und Pomerium errichtet und abgrenzt: Carandini 1992. Zum Namen des Romulus siehe Peruzzi 1969: »Neben Rom steht Romulus, der
Namensgeber der Stadt nach den Alten, die aber die Ableitung nicht erklären konnten (Varro
ling. 8,80). Dies zeigt, daß die Sage den Namensgeber nicht geschaffen hat, denn in diesem Fall
hätte hinsichtlich der Beziehung des Namens der Stadt zum Namen des Gründers keine Unsicherheit aufkommen können. Grundlegend hierzu de Simone 1975a, Nr. 22. Vgl. §142, Anm. 16.
C. De Simone geht in: Palatium e Sacra via, 1, noch einmal auf die Frage ein.

der vorhergehenden protourbanen Periode zu sehen (entweder wurde das
Septimontium bis zu den Tarquiniern herabgeführt, oder man ließ, ver-
ständiger, das romuleische Zeitalter bis in die Zeit des Septimontium hin-
aufreichen). Die Zeit zwischen dem dritten Viertel des 8. und dem dritten
Viertel des 7. Jahrhunderts, die mit der frühen Königszeit zusammenfällt,
verlor so jede Besonderheit, sie verschwamm in einem Prozeß von langer
Dauer, sei es, daß sie auf wesentlich präurbane Weise interpretiert wurde,
in Begriffen eines im wesentlichen dörflich-pagischen Systems, das sich
nur quantitativ erweitert habe,[7] sei es daß sie, weit angemessener, auf
protourbane Weise interpretiert wurde, in Begriffen eines einheitlichen,
allerdings noch nicht zentralistischen Systems von »*pagi* und nicht ländlichen *vici*« oder besser gesagt von Kurien. Das Konzept der »Formation«
oder der »Stadtwerdung« triumphierte über das Konzept der »Gründung«,
aber am Ende dieser kritischen Strecke sah man nicht mehr, welcher spezifische Beitrag zur Stadtwerdung dem genannten Jahrhundert zuzuspre-
chen wäre, der in unseren Augen hingegen von entscheidender Bedeutung
war. Aber jetzt, angesichts des Vorhandenseins der palatinischen Mauern in
einem Bereich, auf dem es schon seit geraumer Zeit keine Nekropolen und
nun auch keine Siedlung mehr gab, bietet die Archäologie keinerlei Stütze
mehr für solche Kontinuitätsthesen. Es geht also darum, unsere Rekonstruktion der Anfänge Roms zu schärfen und zu verfeinern, die an diesem
Punkt vielleicht nicht mehr als verfehlt und gedankenlos erscheint, völlig
auf einen unwahrscheinlichen Gegensatz zwischen einer chaotischen und
bescheidenen dörflich-pagischen Realität (vor dem Ende des 7. Jh) und einer
geordneten, urbanen und monumentalen Realität (nach dem Ende des 7. Jh.)
setzend.

362. Das romuleische Zeitalter: eine eigenständige Epoche. Die mit
den ersten Mauern gegebene Diskontinuität macht es möglich, abgesehen
von den Ergebnissen, die sich aus der Überprüfung der früheren Grabungen ergeben, das romuleische Zeitalter nicht mehr als ein einfaches, mehr
oder weniger fortgeschrittenes Anhängsel des protourbanen Zeitalters zu
sehen, sondern als eine eigenständige Epoche, die mit der frühen Königszeit
zusammenfällt, in der die Gründung und die Formation der notwendigen
Bestandteile erfolgt, aus denen sich die Stadt und der Staat bilden, die erst
zur Zeit der späten Königszeit in sich abgeschlossen und fertig erscheinen,

---

[7] Nach Wiseman 1994 wären die palatinischen Mauern die Mauern eines Dorfes gewesen, da
nach ihm das Septimontium bis zum Ende des 7. Jh. gedauert hat, als der Synoikismos stattfand, aber der Synoikismos wird vom ältesten römischen Kalender, der aus der Zeit vor den
Tarquiniern stammt, vorausgesetzt. Zu analogen Stellungnahmen Cornell 1995 und allgemein
die Rekonstruktionen von C. Ampolo.

gipfelnd in der Neugründung des Servius Tullius, der als erster die Mauern und das Pomerium erweitert und der Gründer der urbanen Tribus und der *compita* ist. Eine Gründung/Formation Roms vor den Tarquiniern anzunehmen heißt natürlich nicht, die Vulgata insgesamt zu übernehmen, wonach z. B. Romulus die Stadt aus dem Nichts (ausgenommen die Vorläufer aus dem heroischen Zeitalter) gründet. Dennoch gibt es Gelehrte, die noch von einer »palatinischen« oder »palatinisch-veliensischen Stadt« schreiben. Wir stellen uns die Gründung und Formation wie Eingriffe am Herzen Roms vor, im Bereich der seit dem Latiale IIB2 archäologisch bezeugten großen Siedlung. Die Tatsache, daß der Palatin seit der Bronzezeit besiedelt war, stellt keinerlei Hindernis für die Rekonstruktion seiner Gründung-Formation in romuleischer Zeit dar.[8] Eine – zuerst vom Kapitol und dann von der Velia – isolierte palatinische Siedlung hat es nie gegeben, auch den Großteil der folgenden Eroberungen der Königszeit nicht, die erfunden wurden, weil die Sage die Erweiterung der allein aus dem Palatin bestehenden Stadt darstellen mußte.[9] Der von Romulus inaugurierte Palatin scheint eine archetypische römische Kolonie zu sein, die, nach dem Willen Jupiters, von einem König albanischer Abstammung gegründet wird, im Zentrum einer großen Siedlung, des zweiten Septimontium: Hierin besteht der »Staatsstreich« des Romulus, der die Zentralgewalt des Staates errichtet und die Geburt der Stadt befördert hat. Eine Gründung/Formation vor den Tarquiniern anzuerkennen heißt für uns verstehen, wie der Übergang erfolgte von einem vereinheitlichten, aber nicht zentralistischen System von Kurien der reifen protourbanen Periode[10] zur Stadt der *compita* des Servius Tullius, mittels einer Zwischenphase, der frühen Königszeit, die durch ein vereinheitlichtes und zentralistisches System von Kurien charakterisiert ist, das von der in das Herz der Siedlung verpflanzten *urbs* geleitet wird (die *urbs* deckt sich erst ab Servius Tullius mit der ganzen Siedlung). Während die protourbane Sied-

---

[8] *Contra* Cornell 1995, hierzu vgl. Appendix 8.

[9] Momigliano-Schiavone 1988, Appendix 6. Livius (2,1,2) hält solche Hinzufügungen für nachromuleische Gründungen, und das scheinen sie zu sein, wenn die Erinnerung an das Septimontium verlorengegangen ist. Zur Verdrängung, erklärt als eine Lücke im kulturellen Gedächtnis, vgl. Appendix 9. Andererseits sind sicher Wiedereroberungen von Vierteln oder besser gesagt von Vororten, die schon auf das protourbane Zentrum ausgerichtet waren, in der Königszeit anzunehmen.

[10] In der septimontialen Aufzählung ist nicht von *pagi,* sondern von *montes* die Rede, und im Argeerritual von *montes* und *colles.* Die *pagi* sind nach und nach in das Siedlungszentrum mit einbezogen worden, büßten dabei aber ihren Status ein, wurden zu protourbanen oder urbanen Bezirken. Die archäologische Forschung steht im Einklang mit dieser Sichtweise und nicht mit der »Dörfer-These«, und erst auf einem Papyrus aus dem 1.Jh. n.Chr. (Grandazzi 1993), der fragmentarisch und recht doppeldeutig ist, wird ein *primus pagus* erwähnt, wahrscheinlich mit Bezug auf die servianische Tribus, die den Palatin einschließt. Vgl. §§ 170 ff.

lung von einem Verbund von zwei *montes*, die als *primi inter pares* betrachtet
wurden - Palatium und Velia - beherrscht wurde, den einzigen, wo die
septimontialen Opfer stattfanden, ist die Siedlung der Stadtwerdung von
einem Verbund zweier anderer *montes* beherrscht, bestehend aus dem Palatium und dem Cermalus (der an die Stelle der Velia tritt), der mit der *inauguratio* einen besonders sakralen und herausgehobenen Status erhält und
die topographische Entsprechung der vereinigten und zentralen Macht des
rex darstellt, wodurch er sich schließlich klar unterscheidet sowohl von der
übrigen in Kurien gegliederten Siedlung wie auch vom *ager*, die *effati* und
liberati, aber nicht *inaugurati* sind. Daraus ergibt sich die Notwendigkeit,
nicht nur die Mauern zu errichten, zur Abgrenzung und zum Schutz des
Palatin, sondern auch die Hütten der Bezirke zu entfernen, durch die die
Mauern führten, so daß ein »öffentlicher« Raum entstand, auf dem keine
Begräbnisstätten und keine Besiedlung lagen; davor (zwischen der Mauer
und dem Graben) zur Verteidigung, und vor allem dahinter (zwischen der
Mauer und der Siedlung), wo vernünftigerweise das erste *pomerium* angenommen werden kann.[11] Die Tatsache, daß die palatinische Mauer, wie Tacitus sie beschreibt und die Archäologie es bestätigt, sich am Fuße des Hügels
befand und nicht an seinem Rand, weist auf den engen Zusammenhang
mit dem Pomerium hin. Es handelt sich also nicht um eine Befestigung der
Anhöhe.[12]

---

[11] Die Leugnung des romuleischen Pomerium ist eine Konstante in der römischen Historiographie, die auch von einem großen Rechtshistoriker geteilt wird, einem Spezialisten des *pomerium*
und der *inauguratio*: Magdelain 1976. Er hält die Zeugnisse von Tacitus (Ann. 12,24) und Gellius
(13,14,77) zum palatinischen Pomerium für wertlos, weil er, zu Recht, der Meinung war, das
Pomerium müsse eine Begrenzung (nicht ein Gebiet) hinter der Mauer sein, und da man sich
die Mauer vor unseren Entdeckungen fälschlicherweise auf der Höhe des Hügels vorgestellt
hatte, mußte das Pomerium an seinem Fuß als ein absoluter juristisch-religiöser Widerspruch
erscheinen. A. Magdelain hielt es im übrigen für unverständlich, daß das Heiligtum der Vesta
mit den *regiae* und das Kapitol zumindest ursprünglich sich außerhalb des Pomeriums befunden haben könnten, in der besonderen Situation des Marsfeldes, wie E. Pais (Coarelli 1997) sie
sich vorstellte. Um diesen Widerspruch aufzulösen, hat er die vom Pomerium geschaffene Diskontinuität (nicht den absoluten Beginn) Servius Tullius zugeschrieben, mit anschließendem
großen Erfolg bei der Kritik. Magdelains Autorität hat weiterhin die Vorstellung legitimiert,
daß die Gründungsgrube (oder *Roma quadrata*) und die Ursprungsfurche späte Rituale der
Kolonisierung wären, die in die Anfänge zurückprojiziert worden wären. 20 Jahre darauf, kurz
vor seinem Tod, hat A. Magdelain (1995), nachdem er von der Entdeckung der palatinischen
Mauern am Fuße des Hügels erfahren hatte, schließlich die Existenz des romuleischen Pomeriums eingeräumt, da das Haupthindernis beseitigt war: das Fehlen der Mauer entlang des von
Tacitus beschriebenen Verlaufs. Dieser Sinneswandel hat die Konsequentheit der Argumentation Madelains offenbart, seine intellektuelle Redlichkeit und seine Bereitschaft, angesichts
neuer Erkenntnisse die Meinung zu ändern.
[12] Dazu ausführlicher: Carandini 1992.

363. Der Irrtum der späten Gründung. Die Gelehrten, die die Gründung/
Formierung der Stadt ein Jahrhundert später ansetzen, ab dem Ende des
7. Jahrhunderts, und das erste Pomerium Servius Tullius zuschreiben, zwei
Jahrhunderte nach der Gründung des Romulus, haben nicht eine einzige literarische Quelle auf ihrer Seite und müssen jetzt das neue palatinische Bauwerk berücksichtigen. Wie soll denn andererseits diese pomeriale Begrenzung
von unverkennbar vorgeschichtlichem und bodenständigem Geschmack
dem Ende des formativen Prozesses zugeschrieben werden, als die fertige
Stadt, die dem Griechentum gegenüber aufgeschlossen und kosmopolitisch
orientiert ist, sich bereits in »proto-republikanischem« Sinn transformiert?[13]
Die Reife eines urbanen Organismus darf nicht vermischt werden mit der
ersten Jugend, und die Prozesse, die vom protourbanen Zentrum zur Stadt
des letzten Tarquiniers geführt haben, können nicht auf einen kurzen Zeitraum zusammengedrängt werden, so daß es viel vernünftiger erscheint,
Romulus/Numa die Gründung der monarchischen Stadt zuzugestehen, Tarquinius Priscus/Servius Tullius die Gründung der »proto-republikanischen«
Stadt und den ersten jährlichen Magistraten die Gründung der republikanischen Stadt.

364. Eine Mauer Roms oder des Septimontium? Die von uns gefunde-   IX-X
nen Mauern werden sicher diejenigen, die ein romuleisches Zeitalter ohne
eigene Merkmale verfechten, das also noch protourban oder sogar präurban
wäre, nicht gewinnen, sie werden sie nicht beachten oder ihre Bedeutung
herabmindern, indem sie sie als Mauern eines *oppidum* im Zentrum eines
nicht näher bestimmten Systems von *pagi* interpretieren.[14] Aber diese Festlegung enthält, abgesehen davon, daß sie eine Konzeption des »Durcheinanders« von protourbanen Zentren voraussetzt, die inzwischen überwunden
ist, einen weiteren Widerspruch, der uns als nicht auflösbar erscheint. Die
von uns entdeckten Mauern schließen nämlich nicht das Palatium und die
Velia ein - die beiden wichtigsten Hügel der protourbanen Siedlung -, sondern trennen sie eher voneinander, sie sehen auch kein Haupttor vor in
Entsprechung zum Sattel, der die beiden Hügel verbindet,[15] sie schließen

---

[13] Zu dem Begriff »proto-republikanisch«: Cornell 1995; vgl. Appendix 8.

[14] Vorangegangen ist in dieser Richtung Pallottino 1993.

[15] Coarelli 1983. Man kann auch nicht ins Feld führen, daß eine einzige Befestigung für Palatium und Velia schwierig zu verwirklichen gewesen wäre, wegen der beiden Täler im Westen
und im Osten des Sattels, die den Palatium von der Velia trennten, wodurch die palatinischen
Befestigungen gezwungenermaßen die Velia ausschließen mußten, die unabhängig davon befestigt war (durch die Mauern des Mustellinus und des terreus Carinarum), denn die großen
Staatszeremonien (Lupercalia und Triumph) hätten in ihre Rundstrecke leicht auch die Velia
einbeziehen können, was aber gerade nicht der Fall ist. Daß es auf dem Sattel zwischen Velia
und Palatium kein Haupttor gegeben hat (Coarelli 1993), scheint dadurch bestätigt zu werden,

vielmehr den Cermalus (den früheren Sitz der Häuptlinge von Cacus bis
Romulus) an das Palatium an, gemäß der Form der Erhebung, die wir in
weiterem Sinn Palatin nennen, gemäß den Strecken des Laufs der Lupercalia
und der Prozession des Triumphes um den Palatin und gemäß der Rekonstruktion des Tacitus, die auf der noch frischen Erinnerung an die Tore und
Mauerzüge des Palatin beruht, die sich bis in die Zeit des Augustus bewahrt
haben und von denen noch zu handeln sein wird. Um dem Einwand zu
begegnen, könnte man versuchen, die Velia oder einen Teil von ihr in den
östlichen Palatin einzubeziehen.[16] Aber die Velia wurde in die augusteische
regio IV eingegliedert, die im Norden der Sacra Via gelegen war, und nicht in
die *regio* X, die für den Palatin reserviert war, und außerdem hatte der Palatin
eine einzige Kuppe und nicht zwei verschiedene, die von einem »intermon-
tium« getrennt gewesen wären.[17] Mauern aber, die die Velia ausschließen, stehen in offensichtlichem Widerspruch zu dem, was wir vom Septimontium
wissen, während sie voll zu dem passen, was für das romuleische Rom überliefert ist, das sich eben vom Septimontium unterscheiden wollte.

365. Ein unvergleichliches Statut.   Seit der Königszeit, und sicher seit der
späten Königszeit, als sich die Zeremonie des Triumphes um den Palatin
herausbildete, wurde diesem Hügel und ihm allein ein außergewöhnlich
hoher – und mit dem Vorrang, den der Hügel schon zusammen mit der
Velia eingenommen hatte, nicht vergleichbarer – Rang zuerkannt, der nur
mit der *inauguratio* erklärt werden kann, der einzigen juridisch-sakralen Voraussetzung, die eine derart absolute und unvergängliche Zentralität und
Dominanz dieser heiligen Erhebung erklären kann. Andererseits wurden die
Mauern etwa im dritten Viertel des 6. Jahrhunderts zu einem großen Teil
aufgegeben, als sie erweitert wurden und das Pomerium im Zusammenhang
mit der Neugründung und der administrativen Reform des Servius Tullius
so weit ausgedehnt wurde, daß es alle Kurien, das Forum und das Kapitol
umfaßte. Die Bestreiter der romuleischen Phase in der Formierung der Stadt
sind also gezwungen, die reife protourbane Phase in zwei Abschnitte zu gliedern: 1. ein zweites Septimontium A, ohne palatinische Mauern (Ende des
9. bis drittes Viertel des 8. Jh.) und 2. ein zweites Septimontium B mit palatinischen Mauern (drittes Viertel des 8. bis Ende des 7. Jh.), das dem von den
Quellen beschriebenen romuleischen Rom derart ähnlich ist, daß es von

daß hier, entlang der hypothetischen Linie des Pomeriums, vier Säulenstümpfe gefunden wurden, die in der frühen Kaiserzeit an den sakrilegischen Sprung des Remus (Tassini 1993) erinnerten, den man sich nur dort vorstellen konnte, wo es kein Tor gab.
[16] Mit Bezug auf Tomei 1994.
[17] Vgl. Appendix 1. Dazu, daß Teile der Mauern und der Tore bis Augustus erhalten blieben,
vgl. Addendum VIII.

ihm nicht mehr zu unterscheiden und also gänzlich unwahrscheinlich ist. Die Sache verhielte sich anders, wenn unsere Mauern in die zweite Hälfte des 9. Jahrhunderts datierbar wären, aber eine so weit zurückreichende Entstehungszeit ist völlig auszuschließen. Mit den palatinischen Mauern ist also offenbar die Zeit des Septimontium definitiv und traumatisch zum Ende gekommen.

366. Wiederherstellung der Phase der Stadtgründung und der Stadtwerdung. Die Annahme unserer hypothetischen Rekonstruktion, die sowohl der Logik wie dem Augenschein voll entspricht, bewahrt einen Großteil der Ergebnisse der historischen Kritik der letzten Generation. Es bleibt das protourbane Zentrum, das zunächst in *montes* und *colles* unterschieden ist, die dann vereinigt werden (was in unserer Sicht die Überwindung der pagisch-dörflichen Wirklichkeit bedeutet, die Renato Peroni und Giovanni Colonna ihm zuerkannt haben). Es bleibt auch die fertige Stadt der Tarquinier, die erste wirklich monumentale Stadt mit ihren Tempeln, ihren Atriumhäusern, ihren *compita* und ihren städtischen Tribus. Auch in den griechischen Kolonien, etwa in Megara Hyblaea, geht der Stadtstaat der Monumentalisierung etwa drei Generationen voraus: ein instruktives Beispiel, das nicht außer acht bleiben darf. Aber zwischen Proto-Stadt und fertiger Stadt muß eingefügt oder besser wiederhergestellt werden die romuleische Zeit bzw. die frühe Königszeit, der die Quellen einmütig größte Bedeutung zuweisen, indem sie sie als die Epoche der Gründung der Stadt und des Staates verstehen, während die historische Kritik sie auszulöschen versucht hat, da sie noch zu sehr vom Mythos geprägt wäre und wegen der Unwahrscheinlichkeit eines aus dem Nichts entstandenen Rom. Aber die mythische Weise der Erinnerung, in der die Erinnerung neu bearbeitet und mit Phantasien ausgestaltet wird, löscht eben die einzelnen Ereignisse und gewährt einen Blick in die tragenden Strukturen der Gesellschaft; und die Gründung einer Siedlung, wie sehr sie auf einen Zeitpunkt bezogen ist, ist ein strukturelles Datum, das nichts Zufälliges hat, das so wahr ist, daß es nicht vergessen wird. Und wir sind auch nicht gezwungen zu wählen, 1. unter Beibehaltung der traditionellen Chronologie die frühe Königszeit der protourbanen Zeit zuzuschreiben oder 2. die ersten Könige für die Zeit des Stadtstaates zu reklamieren und die gesamte Königszeit auf das Jahrhundert vor 509 zu beschränken. Wir können nämlich an der allgemeinen Chronologie der Königszeit festhalten (und die Irrealität der »vollkommenen« Zahl der sieben Könige einräumen), indem wir sie insgesamt in Begriffen der Formierung und der vollen urbanen Realisierung verstehen. Um zu diesem Resultat zu kommen, genügt es, zu dem System, das um die 30 Kurien und die 3000 Fußsoldaten und um den ältesten Kalender (vor den Tarqui-

niern) – Mommsen hat ihn zu Recht der frühen Königzeit zugeschrieben –
kreist, die Mauern hinzuzufügen, die *inauguratio* des Palatin und die weiteren Merkmale, die vorhanden sein müssen, um eine Stadt als »antik« definieren zu können, die die überprüfte und korrigierte Dokumentation der
früheren Grabungen heute zwischen der zweiten Hälfte des 8. und der ersten
Hälfte des 7. Jahrhunderts zu datieren erlaubt. Es handelt sich im Grunde
um die Frage der Periodisierung der Vorgeschichte Roms, insofern eine
Phase übersprungen wurde, wodurch eine unpassende räumliche und chronologische Nachbarschaft zwischen dem protourbanen Zentrum und der
fertigen Stadt geschaffen wurde, als hätte die Stadt mit einem Mal und sofort
in ihrer Reife entstehen können. Nach unserer Rekonstruktion folgen die
unterschiedlichen Gestalten der Gemeinschaft und der Siedlung in der Zeit
so aufeinander: 1. Ensemble von *vici* und *pagi* um zwei *oppida* herum (präurbanes Stadium der *populi*); 2. Ensemble von Vierteln *(montes* und *colles)* und
Bezirken *(curiae)*, angeordnet um mehrere *oppida* (protourbanes Stadium der
Berg- und der Hügelsiedlung zwischen Trimontium und erstem Septimontium); 3. Ensemble von Vierteln *(montes* und *colles)* und Bezirken *(curiae)*,
gegliedert in drei *tribus* um ein *oppidum* (protourbanes Stadium des zweiten
Septimontium); 4a) Ensemble von *curiae*, gegliedert in drei *tribus* um ein
inauguriertes *oppidum* (Stadium des Stadtstaates in Formierung oder der frühen Königzeit); 4b) Ensemble von *compita* und *vicinitates* innerhalb von vier
urbanen *regiones,* die alle inauguriert sind (Stadium der fertigen Stadt in der
späten Königzeit).

367. Die archäologischen Zeugnisse. Die archäologischen Zeugnisse
Roms sind zu einem guten Teil von früheren Grabungen an den Tag
gebracht worden, die nur vorläufig und partiell ediert und deren erste Funde
nicht in ihrer Gesamtheit erforscht wurden, wodurch ihre ursprüngliche
Entstehungzeit beträchtlich herabgesetzt wurde. Diese herabgesetzte Entstehungzeit hat beachtliche Zustimmung gefunden, weil sie der historischen Kritik, die darauf aus war, das romuleische Zeitalter aufzulösen, die
dokumentarische Basis bot, den Stadtstaat von Rom an das Ende des 7. Jahrhunderts zu datieren statt ein Jahrhundert früher (die gesamte Rekonstruktion von Tim Cornell zum Beispiel gründet auf dieser Evidenz). Die hauptsächliche wissenschaftliche Zielsetzung in den 1960er Jahren war es, die
Chronologie von Einar Gjerstad hinaufzusetzen, der die Gründung Roms
um das Jahr 575 datierte. Die Chronologie des frühen Rom um zwei Generationen hinaufzusetzen, an das Ende des 7. Jahrhunderts, war damals ein
bedeutendes Ergebnis, das heute allerdings unzureichend erscheint. Erst
kürzlich hat Paolo Carafa eine systematische Überprüfung der verschiedenen
archäologischen Zeugnisse (ausgenommen die der Regia, die leider unerklär-

licherweise nicht zugänglich und nicht ediert sind) zu Ende gebracht.[18] Zählen wir in Kürze die archäologischen Zeugnisse auf, indem wir sie nach der neuen absoluten Chronologie datieren.

1. Die Auflassung des protourbanen Bezirks am Fuß des Palatin und die Vollendung der ersten palatinischen Mauern erfolgen ca. 725.

2. Der Kult des Iuppiter Feretrius, bildlos dargestellt mit einem *silex*, wahrscheinlich eine Steinaxt als Symbol des Blitzes, getrennt vom Haus des Königs (im Unterschied zu den Kulten des Mars und der Ops) und verbunden mit der *terminatio* des *ager*, mit den *ovationes*, den Schwüren und den Verträgen, also durchaus schon von städtischem Charakter, findet seine archäologische Entsprechung in Votivgaben, die als Rest in wohl spätrepublikanischem Kontext bei der Protomoteca Capitolina gefunden wurden und sich in zwei Phasen gliedern lassen: die erste ist in die zweite Hälfte des 8. Jahrhunderts und die zweite zwischen dem Ende des 7. und dem 3. Jahrhundert anzusetzen (was darauf hinweist, daß der Kult zu Zeiten der Tarquinier nicht ausgeübt wurde, da er sich außerhalb des kapitolinischen Bezirks befand, wie G. Colonna richtig gesehen hat; vgl. § 410). Unter dem Material des 8. Jahrhunderts befindet sich: ein bronzenes Becken mit Schmuckrand, zwei bronzene Scheiben, zwei Fibeln, drei Keramiktassen und eine kleine Amphore. Es ist zu vermerken, daß die beiden Materialgruppen zur Zeit der (romuleischen) Gründung und der Neugründung des Tempels (die dem Ancus Marcius zugeschrieben wird) entstehen. Man beachte diesbezüglich im Kalender vor den Tarquiniern den mit den Iden verbundenen an Jupiter gerichteten Kult, bei dem das Opfer des *ovis idulis* vom Flamen Dialis auf der Arx dargebracht wurde. Wenn die romuleische Tempel-Hütte für die Phase der Stadtwerdung zu klein erscheint, ist der gigantische Tempel des Iuppiter Capitolinus nach dem asiatischen Modell sicher viel zu groß, der nur für eine fertige Stadt angemessen ist.

3.a) Die beiden ältesten auf dem Comitium gefundenen Schichten sind auf das Ende des 8. Jahrhunderts zu datieren; sie wurden an einem Ort gefunden, der vom Abbau ausgespart geblieben war, der auf dem Comitium im Zusammenhang mit der ersten Pflasterung mit Kieselsteinen, die in die Mitte des 7. Jahrhunderts datierbar ist, erfolgte: wahrscheinlich das Comitium des Tullus Hostilius (der Inschriftstein hingegen ruht auf dem dritten Kieselsteinpflaster aus dem Ende des 6. Jh.).

3.b) Die Ziegel, die auf dem zweiten Kieselsteinpflaster des Comitium gefunden wurden, das auf das Ende des 7. Jahrhunderts datierbar und bis heute irrtümlicherweise für das erste gehalten wird, können aufgrund ihrer Lage nicht zur Curia Hostilia gehören, die höher gelegen haben muß und in die Zeit des Comitium der Mitte des 7. Jahrhunderts gehört.

3.c) Die ältesten Votivgaben, die dem Volcanal zugeordnet werden können und als Reste in der Schicht der Zeit Caesars gefunden wurden, als das Heiligtum aufgegeben wurde, sind ein Eierstab aus Keramik, datierbar in das 8. Jahrhundert,

---

[18] Carafa 1995 und i. Dr. Für die folgenden Chronologien vgl. Appendix 2b.

und sechs rekonstruierbare Töpfe aus braunem und rotem Impasto, datierbar zwischen dem letzten Viertel des 8. und dem Ende des 7. Jahrhunderts.

4. Der erste Kieselsteinboden des Forums ist datierbar in die erste Hälfte des 7. Jahrhunderts (Impastokeramik der mittleren orientalisierenden Periode; siehe auch den den Doliola zuzuordnenden Fund aus dem zweiten Viertel des Jahrhunderts).[19] Wir sind in der Zeit der Verfüllung des Forums von Roselle, zu datieren nicht schon um 650, wie man bisher gemeint hat, während das zweite Pflaster von ca. 625 stammt, und auf ihm ruht die bei dem sog. Equus Domitiani gefundene Mauer, die vielleicht zum *sacellum* der Doliola gehört (der dritte und letzte Steinboden des Forums in archaischer Zeit ist hingegen auf etwa 600 zu datieren).[20]

5. Die ersten mit dem Vesta-Kult in Zusammenhang zu bringenden Zeugnisse sind datierbar an das Ende des 8. und an den Beginn des 7. Jahrhunderts (vier teilweise rekonstruierbare protokorinthische in einer Grube gefundenen Impastogefäße) und nicht an das Ende des 7. Jahrhunderts, wie man bisher geglaubt hat; mit den *sacra* der Vesta kann auch die Ausstattung der erwähnten Doliola verbunden werden, aus dem zweiten Viertel des 7. Jahrhunderts.

6. Die älteste von F. E. Brown ausgegrabene Regia, datierbar zwischen 620 und 580, befindet sich nicht im Heiligtum der Vesta, sie ist von diesem durch eine sehr alte Straße getrennt (datierbar an das Ende des 8. Jh., vielleicht eine Fortsetzung der Straße, die entlang der Vorderseite der ältesten palatinischen Mauern gefunden wurde). Sie ist nicht als Haus des Herrschers zu interpretieren, sondern als ein religiöses Gebäude, das die *sacraria* des Mars und der Ops enthielt, jetzt getrennt von der Wohnstatt des Königs (die, nach den von uns entdeckten archaischen Häusern des königlichen Bezirks zu schließen, erheblich weiträumiger sein mußte: vgl. Palatium und Sacra via, 1). Diese erste Regia kann also nicht die Regia des Numa gewesen sein (wie Tim J. Cornell meint),[21] und sie ist eher mit den Anfängen der späteren Königszeit in Verbindung zu bringen, der Zeit, ab der wir uns einen *rex* vorstellen können, der das Monopol der Macht verloren hat, typisch für die latinisch-sabinischen Priester-Könige, und der auf den Rang eines höchsten Priesters *(rex Sacrorum)* reduziert ist, der die Kulte in der Regia verwaltet und die politische und militärische Macht auf eine neue Art des Tyrannen delegiert hat, der sie, abgesehen von der königlichen Beauftragung, zum Teil schon als General *(magister)* des Heeres innehatte.[22] Wir müssen uns also die *regia*

---

[19] Coarelli 1983.

[20] Ammerman 1990 hat richtig vertreten, daß es vor der Pflasterung des Forums keine Hüttensiedlung gegeben hat; eventuelle Hüttenreste seien als Überreste anzusehen, die in die Erdwälle geraten waren, mit denen das Velabrum aufgefüllt wurde (aber Bietti Sestieri 1996 glaubt noch immer an die Hütten auf dem Forum). Auch die *agorai* von Sparta und Argos sind auf früheren Sümpfen errichtet worden (Marchetti 1996).

[21] Vgl. Appendix 8.

[22] Nach einer 1926 skizzierten und 1959 von P. De Francisci ausgebauten These, 1974–75 von F. E. Brown wiederaufgegriffen und jüngst von T. J. Cornell (1995) fortentwickelt; aber während die ersten Gelehrten das Phänomen ab Tarquinius Priscus datiert haben, wie es uns richtig erscheint, hat letzterer es ab Servius Tullius datiert.

(= öffentliche Wohnstatt) des Numa[23] und seiner Nachfolger bis zu Tarquinius Priscus im Bereich des *lucus* der Vesta vorstellen, sie dürfte aber nur bis Ancus Martius die königlichen Kulte aufgenommen haben.

7. Die ersten archäologischen Zeugnisse am Ort der *curiae Veteres* sind Keramikfunde des 8. Jahrhunderts, die zusammen mit Votivgaben der archaischen Zeit innerhalb von Schichten der imperialen Zeit gefunden wurden. Der zentrale (staatliche) Sitz der romuleischen Kurien befand sich an der Nordostecke des Palatium, bezüglich des Palatin also in einer Randlage (wie Carmine Ampolo beobachtet hat), aber bezüglich der Siedlung der *montes* (wie Giovanni Colonna richtig gesehen hat) in zentraler Lage. Man könnte sagen, daß die Formierung der Stadt zwischen der Schaffung des Sitzes der *curiae Veteres* und der *curiae Novae* erfolgt.

8. Der erste bekannte mit Ziegeln bedeckte Bau in Rom sind die zweiten Mauern der palatinischen Befestigung vom Beginn des 7. Jahrhunderts (auch in Tarquinia stammen die ersten richtigen Mauern aus dieser Zeit), so daß der Prozeß der Monumentalisierung in die Gründungsphase des Staates und der Stadt hinaufgesetzt werden kann, er hat sich dann schrittweise entwickelt, bis es im 6. Jahrhundert möglich wurde, Tempel zu schaffen und auch Atriumhäuser, wobei letztere von oben Licht erhielten, weil sie Seite an Seite mit anderen Häusern gebaut wurden und so *insulae*, *vicinitates* und *compita* bildeten (die »klassische« Zeit der *curiae* ist jetzt endgültig vorüber).

9. Ab der reifen protourbanen Zeit werden Anzeichen gentilizisch-klientelarischer Beziehungen bemerkbar (Tumuli von Corvaro und von Satricum, neue Grabbeigaben der Nekropolen von Osteria dell'Osa zwischen dem Ende des 9. und der Mitte des 8. Jh.), aber ab dem letzten Viertel des 8. Jahrhunderts sind dann Gräber von exklusivstem Charakter bezeugt, die *principes* und *reges* zuzuordnen sind, mit Kostbarkeiten, die unter Gleichen ausgetauscht werden, und die um die Mitte des 7. Jahrhunderts aufhören (im Gegensatz zu dem, was in Etrurien geschieht). Es ist dies eine herrschende Schicht, die aus der gentilizischen Struktur hervorgeht, sie zum Ausdruck bringt aber auch überwindet, zum Vorteil der nichtgentilizischen Familien, und der es gelingt, eine Art absoluter Macht und Herrschaft zu erringen; ihren Ausdruck findet sie in den Königen, die die Städte gründen, die die Spitze der ersten urbanen Aristokratie sind, und die literarische Tradition bewahrt die Erinnerung daran. Die erste Generation dieser *reges* war aktiv ab dem zweiten/dritten Viertel des 8. Jahrhunderts, d. h. seit der Zeit des Romulus.

368. Nicht nach der Zeit des Tullus Hostilius. Die eben aufgeführten Zeugnisse stammen alle aus der Zeit des Romulus, des Numa und jedenfalls nicht später als aus der Zeit des Tullus Hostilius (als für Rom der Übergang vom patronymischen zum gentilizischen System dokumentiert ist), und sie entsprechen den Formen und Zeiten der Schaffung Roms und der römi-

---

[23] Ov. fast. 6,261 ff. ist Solin. 1,21 ff vorzuziehen.

schen Bürgerschaft, wie sie von der Überlieferung bezeugt sind. Wir haben
nicht zuerst die Formierung einer Aristokratie urbanen Typus und dann
ein Jahrhundert der Formation der Stadt und der Einrichtung der Bürgerschaft, wie man bisher geglaubt hat, sondern die beiden Phänomene fallen
im wesentlichen zusammen, sie gehen der fertigen Stadt, die dann durch
eine entwickeltere und andere soziale Struktur charakterisiert ist, voraus.
Zwischen der Mitte des 9. und der Mitte des 6. Jahrhunderts hat sich das
Aussehen der Siedlung ständig gewandelt: von den ovalen Hütten auf den
Parzellen, die am Anfang wohl keine eigene Ausrichtung hatten, zu rechteckigen Hütten, die möglicherweise an einer Linie ausgerichtet waren (wie
vielleicht schon am Calvario auf den Monterozzi in Tarquinia und auf
Gran Carro über dem Bolsenasee), zu den ersten Häusern, die noch vereinzelt stehen aber aus Mauern errichtet und mit Ziegeln gedeckt sind, bis zu
den monumentalen Atriumhäusern der Zeit der Tarquinier, der typischen
Wohnhausform einer jetzt endgültig fertigen Stadt (man vergleiche die urba-
nistische Stufe in der Mitte des 6. Jh., die sich in der Nekropole von Orvieto
spiegelt, und das von uns entdeckte Viertel am Nordhang des Palatin, das ab
ca. 525 datiert werden kann). Ist es denn möglich, den Beginn der Stadt eine
oder zwei Generationen vor dem aristokratischen Atriumhaus zu datieren?
Die Kurien der drei ältesten Tribus (die wahrscheinlich ebenfalls protourbanen Ursprungs sind, wegen des Systems der »3 × 9 = 27« Kurien/Argeer) bilden noch die Basis der topographischen Ordnung und der Bürgerschaft in
der sich formierenden Stadt der frühen Königszeit, während mit der späten
Königszeit eher die *compita* und die *vicinitates* eine Rolle spielen, die in die
neuen vier Tribus eingegliedert sind, die wir zum ersten Mal als ausschließlich urban betrachten können. Aus der Zeit des ersten Synoikismos überlebt
nur die große Lustration Roms, die Prozession zu den 27 Argeern, die als die
Gründungsfeier des zweiten Septimontium interpretiert werden kann, als
die *montes* sich die *colles* einverleiben, was chronologisch mit der von Timaios
überlieferten Gründung Roms zusammenfällt, die auf das Ende des 9. Jahrhunderts (813) datiert wird, was sich eher auf eben dieses Ereignis beziehen
könnte als auf den zweiten Synoikismos oder die romuleische Gründung
der Stadt.

369. Die sakralen Aspekte der palatinischen Mauern.   Bleiben noch die
mit den ersten palatinischen Mauern verbundenen sakralen Aspekte zu erörtern, die in den folgenden archäologischen Zeugnissen bestehen: 1. Gründungsdepot, gefunden unter der Schwelle (auf der Innenseite) des als Porta
Mugonia identifizierten Tores, bestehend aus der Grabausstattung eines
Mädchens, was an ein Menschenopfer denken läßt, zumindest symbolischer
Natur (man denke an die ähnliche Ausstattung der Doliola), das am Tor

dargebracht wurde (nach dem Modell, wie es bezüglich Horatia und Tarpeia und auf den Tafeln von Gubbio beschrieben wird); 2. Gräber zweier Kinder und dreier Erwachsener an zwei verschiedenen Stellen, die mit der Aufgabe der ersten Mauern verbunden und als Sühnopfer interpretierbar sind. Das Tor ist in den ersten beiden Phasen von Hütten flankiert, die die menschlichen Wachen beherbergt haben dürften, aber vermutlich auch die göttlichen (es sei an die Kulte am Tigillum Sororium erinnert, am Tor des Ianus Quirinalis, an der Porta Romanula und an der Porta Carmentalis). Die überirdischen Wächter konnten Götter sein, wie Ianus Quirinus / Curiatius und Iuno Sororia, oder Ianaia (die »Portier«-Göttin)[24] oder Iugalis (die Göttin des *iugum*), vielleicht sogar die Quiritis/Curitis, die mit Ianus Quirinus die Kurien und deren Zugänge oder Grenzen schützte. Die übernatürlichen Wächter konnten aber auch Dämonen sein, wie die Laren und ihre große Mutter, die erste Besitzerin des Bodens von Rom, der in den Kurien Menschenopfer dargebracht worden sein könnten, wie dann an den *compita*, die in der Folge durch andere Opfer (Puppen, Bälle) ersetzt wurden oder durch das Opfer von Hunden (Opferreste solcher Tiere wurden in der Porta Mugonia gefunden, datierbar um 525, um nicht von der Porta Catularia und den viel späteren Fällen zu sprechen, wo in Verbindung mit den Mauern und Toren von Paestum und von Rimini Reste von Hunden gefunden wurden).[25]

370. Opfer für die Laren und ihre Mutter? Die Laren sind Dämonen von sehr hohem Alter, die auch mit den obersten und göttlichen Häuptlingen von Alba gleichgesetzt werden können, sie sind also die Vorfahren des Latinus und der Latiner sowie des Romulus und der Römer. Es handelt sich um Stercutus, Pilumnus und Picumnus (oder Picus) und um Faunus, die einen göttlichen Komplex bilden, der einmal als synchronisches System dargestellt wird und dann wieder als eine genealogische Sequenz – beides authentische mythische Modalitäten –, deren Symbol das *iugum* ist, wie die *dokana* das Symbol der Dioskuren, wo Stercutus (zusammen mit Deverra) die anderen Dämonen als Ahnherr beherrscht und wahrscheinlich mit dem Architrav *(tignum* oder *tigillum)* zu identifizieren ist, fähig, von der Unreinheit zu reinigen, wo seine Söhne Pilumnus und Picumnus (oder Picus) ein Zwillingspaar bilden, identifizierbar mit den beiden Pfosten *(postes)*, und wo Faunus(/Limentinus), begleitet von Mania, der Mutter der Laren, ein unterirdischer Geist ist, der letzte in der Genealogie vor Latinus, der mit der Schwelle *(limen)* identifizierbar ist sowie mit den Grenzsteinen oder *termini*

[24] Wie auf einer Inschrift des 5. Jh. v. Chr., entdeckt von C. Panella am Ort der curiae Veteres: G. Colonna, in: Panella 1996.
[25] Vgl. § 132, Anm. 55.

(vgl. Abb. 15). Es ist dies der Kosmos und die dämonisch-heroische Welt der
Latiner, von der der Specht des Picus die obere Hälfte repräsentiert und der
Wolf des Faunus die untere Hälfte (in dieser Hinsicht müßte, wie es neulich
Mario Torelli gemacht hat, der Wagen von Bisenzio analysiert werden, der
eine wahre Synthese der mit dem Königtum der Latiner und der Etrusker
verbundenen Mythologie und Ritualität darstellt). Die Mutter der Laren
Acca, Tacita, Mania und Carna, auch sie ein Dämon der Schwelle und der
Türangeln, ist wahrscheinlich mit der großen weiblichen Gottheit des Cer-
malus (wo Acca lebte) identifizierbar, der Ops-Fauna, der ursprünglichen
Herrin seines präurbanen *vicus* (Vica Pota / Victoria), die wir dann als Rea
(Ops) Silvia (Fauna), Mutter des Romulus, wiederfinden. Der Vater der
Laren ist der Vater des Picus und der Vater oder Großvater des Faunus, der,
zumindest im Ursprung, nicht so sehr Mercurius ist (der angebliche Vergewaltiger der Lara), sondern Mars, der auch der Vater des Romulus ist, außerdem des Modius Fabidius (auch hier ist es nötig, sich auf die Lektüre des
Wagens von Bisenzio und anderer noch älterer Zeugnisse aus Ton zu beziehen, die neulich Torelli vorgelegt hat).[26] Dies ist wohl auch der göttliche
Komplex, auf den man sich beziehen muß, wenn man die Struktur des Tores
betrachtet, die Wachhütten, die Sakralhütten und die Weihegaben anläßlich
der Gründung und Zerstörung der Mauern.[27] Nur aus dieser Perspektive
wird es möglich, den Grund für den Kult des Mars (nicht des Volcanus!) und
der Ops in den *regiae* Roms zu verstehen, zunächst auf dem Cermalus und
dann am Fuß des Palatium Richtung Forum, im Lucus Vestae, an Orten, die
nicht zufällig auch den Laren heilig sind und wo Acca, die Ahnherrin von
Häuptlingen, Königen und Tyrannen gelebt hat und begraben wurde. Mars
und Ops – für eine noch ältere Schicht könnte man an Volcanus und an
Maia denken – sind also die göttlichen Eltern der großen Häuptlinge und
daher auch der Laren. Diese Gottheiten haben nichts mit den Tarquiniern
zu tun, die ihren Kult in ein abseits gelegenes *fanum* relegiert haben, außerhalb des *lucus* der Vesta, sehr viel hingegen mit Romulus und seinen albanischen Vorfahren und mit den latinisch-sabinischen Königen, die ihm gefolgt
sind, was ein Hinweis auf die Authentizität und das Alter des romuleischen
mythischen Kerns ist, von dem wir meinen, daß er früher ist als die Tarquinier,[28] und der sich grundsätzlich mit dem Mythos der Gründung von Alba
Longa verbindet. Aus diesem Grund ist es schwierig, auf der Suche nach
dem mythistorischen Gründer Roms Romulus zugunsten von Numa eine

---

[26] Vgl. §§ 28 ff.; Torelli 1996a; Carandini 1996.
[27] Vgl. §§ 111 ff. und Addendum VIII.
[28] Gegen die Meinung von Mastrocinque 1993, der daraus eine gelehrte Erfindung des Hofes
der letzten Könige von Rom machen wollte.

Absage zu erteilen (wie es Tim Cornell tut). Ihm und nicht Numa wird nämlich die Gründung und die Urfurche dieser archetypischen Kolonie zugeschrieben, die das erste Rom ist, und ihm und nicht Numa wird die entsprechende Sage zugeschrieben.

371. Eine weitere Entdeckung: Tote an der Mauer. Vor kurzem wurde
ein neuer Abschnitt der Mauer des 8. Jahrhunderts entdeckt. Über der aufgegebenen Mauer und auf der (nach innen zeigenden) Seite wurde ein kleiner
rechteckiger, von Steinen begrenzter Bereich geschaffen, der einige Gräber
enthielt und zwar genauer: 1. eine Person von etwa 16 Jahren, wahrscheinlich männlich, über einem zerbrochenen Dolium, wobei der Raum durch
Abbruch des Kammes der aufgelassenen Mauer geschaffen wurde, 2. ein
erwachsener Mann, entlang eines Grabens an der Innenseite der Mauer hingelegt, 3. ein Kind, in einem kleinen Dolium, das hinter dem Haupt des
Erwachsenen liegt; zu diesen Toten wurde wenig später hinzugefügt 4. eine
etwa 40 Jahre alte erwachsene Frau, zusammengekauert und über einem weiteren zerbrochenen Dolium hingelegt. Diesen bestatteten Personen waren
Ausstattungen des einfachen Volkes beigegeben, die in das erste Viertel des
7. Jahrhunderts (1 bis 3) oder wenig später (4) datierbar sind. Bis jetzt wurden bei der Grabung fünf bestattete Personen gefunden, alle in enger Verbindung mit der Auflassung der ersten Mauern, drei von ihnen Erwachsene (es
gibt im restlichen durchaus großen Grabungsareal keinen Hinweis auf eine
Nekropole, noch wurden Gräber mit Bezug auf die Mauern der folgenden
Zeit gefunden). Die Auflassung der ersten Mauern, die die Erlaubnis mit
sich brachte, den Boden, auf dem sie gestanden hatte, zu betreten, dürfte mit
rituellen Tötungen oder Menschenopfern (an die Laren und ihre Mutter?)
gesühnt worden sein. Wir wissen, daß im Fall von *piacula* Körper von Menschen innerhalb der Mauern und des Pomerium begraben werden konnten,
wie im Fall des Paars der Gallier und der Griechen, die auf dem Forum
Boarium lebendig begraben wurden: »sub terram ... in locum saxo consaep-
tum«, wie Livius schreibt[29] – es scheint sich um Umstände zu handeln, die
unserem Grabfund genau entsprechen –, aber dieses *piaculum* hier scheint
nicht das Begraben von Lebenden zu implizieren, ausgenommen vielleicht
die zusammengekauerte Frau (was an die Frauen der Klan-Häuptlinge im
Grabfund von Roy Mata auf den neuen Hebriden denken lassen könnte, die
lebendig und zusammengekauert begraben sind: vgl. Abb. 1). Die Errichtung
der neuen Mauern zu Beginn des 7. Jahrhunderts, eine Generation nach der
Gründung der ersten Mauern, könnte sich als Folge der geringen Haltbarkeit der ursprünglichen Konstruktion und als Folge der Regulierung des

XIV-
XVI

---

[29] Liv. 22,57,6.

Grabens als notwendig erwiesen haben, die vielleicht in Zusammenhang mit der ersten Meliorisierung und Pflasterung des Forums erfolgt ist, die mit einer neuen Ausrichtung der Mauern verbunden war, die die Stadtplanung der Zone bis zum Brand unter Nero festlegte. Wie der Grabfund vom Ende des 8. Jahrhunderts, als Weihegabe der Gründung unter der Schwelle des Tores deponiert, die Vollendung der Mauern, die den Orten so große Gewalt angetan hatte (es wurde ein ganzes Viertel von Hütten dem Boden gleichgemacht), gesühnt haben dürfte, so sollten wohl die fünf Bestatteten der ersten Hälfte des 7. Jahrhunderts (zwei Kinder und drei Erwachsene) die erfolgte Auflassung dieses Monuments sühnen, dem man offensichtlich außerordentliche Bedeutung zuschrieb. Die ersten Schichten, die den Kamm der Mauer bedecken würden, brachten es mit sich, daß man sie mit Füßen trat und eine heilige unüberschreitbare Grenze verletzte und damit den Orten weiter Gewalt antat. Diese auf die Auflassung bezogene rituelle Praxis inszenierte auf der Ebene des Ritus neuerlich die Verletzung der Mauer von seiten des Remus (= Faunus) und ihre Verteidigung von seiten des Romulus (= Mars / Picumnus – Pilumnus), was wahrscheinlich ebenfalls ein authentisches und altes Mythem ist: »prima certe victima fuit munitionemque urbis novae sanguine suo consecravit«.[30] Vielleicht waren es sogar diese Toten auf dem Glacis der zerstörten Mauer, die die sagenhafte Erzählung in der Gemeinschaft der Römer hat entstehen lassen. Im ersten Fall wäre der Beginn des 7. Jahrhunderts der *terminus ante* für die Schaffung des Mythos und im zweiten Fall der *terminus post*.

372. Archetypischer Charakter der ersten palatinischen Mauern. Die Grabfunde, die bis jetzt näher bestimmt worden sind, scheinen ausschließlich mit der Mauer des 8. Jahrhunderts verbunden. Die Grabstätte des Kindes, die in die Mauer des 8. Jahrhunderts gegraben und von der Mauer vom Beginn des 7. Jahrhunderts bedeckt wurde, zunächst als Gründungsdeposit letzterer interpretiert, kann jetzt besser als Deposit für die Auflassung der Mauer des 8. Jahrhunderts verstanden werden. Es ist also die erste Mauer, der ein Höchstmaß an Sakralität zuerkannt wurde. Andererseits müssen die von uns gefundenen Toten sicher nicht die einzigen auf diesem aufgelassenen Glacis sein, das uns immer mehr von schrecklichen Tabus und barbarischen Ritualen umgeben erscheint (ähnlich denen, die in einer Kurie von Tarquinia bezeugt sind).[31] In der Zeit des Numa und des Tullus Hostilius war man sich also bewußt, daß die ersten Mauern eine urbane Gegebenheit von epochaler Bedeutung darstellten, die nicht ohne die höchste vorstellbare Ent-

---

[30] Flor. 1,1,8; Prop. 3,9 (Wiseman 1995).
[31] Bonghi Jovino - Chiaramonte Treré 1997.

sühnung aufgelassen werden durften (und wahrscheinlich ist dies die Zeit der Formulierung des ersten Kerns der romuleischen Sage). Beim späteren mehrmaligen Wiederaufbau der Mauern geschieht in dieser Hinsicht nichts derartiges. Anerkanntermaßen gebührte also dem Zeitalter des Romulus das Verdienst der Gründung der urbanen Formierung, danach konnten Ergänzungen, Erneuerungen und Verbesserungen der Mauer stattfinden, aber nicht mehr (das Tor des 7. Jh. sieht eine Schwelle vor, die genau über die des 8. Jh. gesetzt ist, was die Fortdauer der Wirksamkeit der ursprünglichen Gründungsweihegabe auch für diese zweite Mauer impliziert). Die zweiten und die dritten Mauern waren nichts weiter als Repräsentanten der ersten, die allein als vom Sohn eines Gottes und einer Jungfrau für erbaut erachtet wurden, der selbst zum Gott geworden war. Auch die Monumente, die dann zum Gedenken an den Gründer und den ursprünglichen Bau, mit dem sein Gedenken verbunden war, errichtet wurden (die Tore zum Palatin und die entsprechenden Abschnitte der Mauer, datierbar zwischen dem letzten Tarquinier und Augustus) knüpfen wieder an einen Glauben an, der keine Unterbrechungen kennt, wonach Rom von Romulus etwa im zweiten/ dritten Viertel des 8. Jahrhunderts gegründet wurde.

373. Das mit den Gräbern gegebene Problem. Die erwachsenen Toten haben einige Gelehrte dazu veranlaßt, die Existenz der Mauer zu bestreiten oder vielmehr zu bestreiten, daß im 7. Jahrhundert die Trennung zwischen Siedlung und Nekropole bestanden habe,[32] die in Wirklichkeit dem Zeitalter des Romulus vorangeht (und in die Stufe Latiale IIB zurückreicht) und, trotz aller Einwendungen, die ganze Romanität hindurch bestanden hat. Ein solcher Zweifel könnte gerechtfertigt scheinen, wenn auf dem hektargroßen Gebiet des Palatin, das wir erforscht haben, eine Nekropole gefunden worden wäre, aber wir haben nur die Skelette von zwei Kindern und von drei Erwachsenen in enger Verbindung mit der ersten Mauer gefunden. Wir wissen, daß es Fälle von außergewöhnlichen Grabstätten gab, wie für

---

[32] Zur Vorschrift des Zwölftafelgesetzes (Cic. leg. 2,23,58): »Hominem mortuum in urbe ne sepelito neve urito«, zur Lex coloniae Genetivae, 73: »ne quis intra fines oppidi colon[iae]ve, qua aratro circumductum erit, hominem mortuom inferto neve ibi humato neve urito neve hominis mortui monumentum aedificato« und zum Fragment Riccardi: Crawford 1996 (mit ausführlichem Kommentar, weiteren Quellen, Erwähnung der Ausnahmen und Bibliographie). Die *sanctitas* betraf die Unüberschreitbarkeit der Mauern, nicht ein Verbot von Gründungs- oder Auflassungsdepositen, auch wenn sie mit Grabstätten verbunden sind, wie sie sich, als Gründungsgabe, unter der Mauer oder auf bzw. unmittelbar an der aufgelassenen, abgetragenen Mauer finden. Kein Mensch, lebendig oder tot, konnte die in Funktion begriffenen Mauern überschreiten, weil das Passieren der reinen und unreinen Dinge durch die Tore erfolgen mußte (Plut. q. R. 27). Zu einigen Gräbern aus der frühen Eisenzeit, zum Großteil nicht ediert und noch zu deuten, die auf der Hochebene Caere gefunden wurden: Cristofani 1997.

die Vestalinnen, für die Mitglieder einiger großer Familien wie die Valerier, für Männer und Frauen, die geopfert worden waren, und für die Imperatoren, aber wir kennen nicht alle Ausnahmen, insbesondere für eine so weit zurückreichende Epoche, weshalb wir über diese Anwesenheit nicht allzu sehr erstaunt sein sollten (in Athen dauern die Grabstätten in der Siedlung auch nach der Schaffung der *polis* an).[33] In unserem Fall scheint es sich eher um Sühnopfer zu handeln, weshalb die Grabstätten nicht so sehr als normale Gräber sondern eher als Bestattungen von Opferresten zu verstehen sein dürften.

374. Die sakralen und juridischen Bedingungen des Bodens. Die Gräber wurden auf einem Boden gefunden, der *effatus et liberatus*, nicht *inauguratus* war (die Linie des *pomerium* begann an der inneren Grenze des Respektsabstands hinter der Mauer). Die Gräber stellen kein Problem dar im Bezug auf die *sanctitas* (d. h. auf die Sanktion des *ius*) der Mauern, die nicht überschritten werden konnten, und auch nicht im Bezug auf das *ius* der Tore (über deren Schwelle, die unter der Hoheit des Faunus stand, der Unrat passieren konnte, wie eben auch die Leichname, über die der Reiniger Stercutus den Vorsitz führte). Die Gräber befanden sich nämlich nicht in der oder über der Mauer, die durch die *sanctitas* unverletzlich war, sondern über der schon aufgelassenen Mauer, also über einer schon verletzten *sanctitas*, die anderswo, entlang des neuen Verlaufs der Mauer, wieder errichtet werden mußte. Es ist die Verletzung der *sanctitas* der Mauer, die gesühnt wird, um die Auflassung und Verschiebung annehmbar zu machen, und aus diesem Grund werden wahrscheinlich Menschenopfer dargebracht, wobei, insbesondere für die erwachsenen Toten, über der Mauer und an ihrer Flanke eine Einfriedung aus Steinen errichtet wird, innerhalb derer die Körper abgelegt werden, was aus dem Boden, der *effatus* und *liberatus*, aber nicht *inauguratus* ist, einen *locus* macht, der schon zuvor *sanctus* war (zumindest für den Teil, der direkt an der Mauer lag) und jetzt *religiosus* ist, d. h. den Manen geweiht.

[33] Young 1951. Der archaische Friedhof am unteren Hang des Areopags, auf dem Gebiet, das dann innerhalb der ersten Mauern von Athen liegt (Hdt. 9,13; Thuk. 1,89.3), der zwei Jahrhunderte hindurch in Gebrauch ist und dessen späteste Gräber aus dem Ende des 6. Jh. stammen, Gräber, die sich innerhalb einer Einzäunung befanden, die wahrscheinlich einem *genos* vorbehalten war, stellt nicht wirklich eine Ausnahme dar, denn es wurden weitere Gräber in ähnlichen topographischen Bedingungen gefunden, so daß man davon ausgehen kann, daß es bis zu dieser Epoche möglich war, Erwachsene in der Siedlung zu begraben. Die Erbauung der ersten Mauern ist mit der Reinigung der Siedlung durch Epimenides in Zusammenhang gebracht worden, weshalb eine Entstehungszeit am Ende des 6. Jh. möglich ist (Cic. leg. 1,642 D), und sie wurde zwischen die zweite Rückkehr des Peisistratos und den fehlgeschlagenen Versuch der Tyrannenmörder datiert (Thuk. 6,57). Siehe zur Gesamtfrage Young 1951 (freundlicher Hinweis von E. Greco, der uns diese Daten bestätigt hat).

Diese *loca religiosa* konnten in der Siedlung geschaffen werden, wie die *bidentalia*, der Lacus Curtius und die *doliola*, die sich ja in der Siedlung befanden. Nur die *sepulcra* und d. h. die Nekropolen stellten *loca religiosa* dar, die außerhalb der Siedlung und ihres Pomeriums liegen mußten.

375. Pforten und Schlupfpforten. Die genannte Einfriedung wurde in Entsprechung zu einer Schlupfpforte gefunden, durch die in Nord-Süd-Richtung eine Straße aus Kieselsteinen verlief, die, zumindest auf einer Seite (die andere ist nicht sichtbar), von Abraumplatten begrenzt war, die vertikal aufgestellt, auf dem gewachsenen Boden ruhend, ursprünglich einen Wasserlauf gesäumt hatten, aufgerichtet vor dem Bau der ersten Mauer. Die Straße, so alt wie die Mauer, hat den Raum des genannten Wasserlaufs eingenommen, der vom Palatium herabkam, dessen kleines Bett mit Schutt der Siedlung aufgefüllt wurde (wahrscheinlich Ergebnisse der Zerstörung der den Mauern vorausgehenden Hütten), über die mehrere Schichten von Kieselsteinen verteilt wurden, die die Straßendecke bildeten. Die Kieselsteine dienten sowohl der Entwässerung als auch dazu, eine ansonsten unwegsame Steigung begehbar zu machen, während die Platten wiederverwendet wurden, um das Wasser in Entsprechung zur Schlupfpforte zu bändigen, um zu vermeiden, daß es sich, als eine große Bedrohung für die Mauer, über den Hügel ergieße. Zum Mauersystem und dem Pomerium gesellt sich also die Schaffung der ersten gepflasterten Straßen (früher schon sowohl im Osten wie im Westen in Entsprechung zum sog. Vicus Vestae angetroffen): Es bietet sich an, alle diese Arbeiten im Rahmen der ersten Formierung der Stadt zu interpretieren. Man kann daraus schließen, daß die Gräber der Kinder und der Erwachsenen, die bisher gefunden wurden, sich nicht nur eng an der ersten Mauer liegend befanden (geschützt von der *sanctitas*), sondern daß sie genauer einen Bezug zum Bau und zur Auflassung ihrer Tore und Schlupfpforten hatten (geordnet vom *ius*, das die Oberaufsicht über das Hinausbringen des Unrats und der Leichname hatte).

376. Die Mauern und die Pforten des Palatin zwischen Servius Tullius und Tarquinius Superbus. Bei den folgenden Wiederinstandsetzungen und Erneuerungen wurden die Mauern immer mehr in einen Mauerring oder Peribolos umgewandelt, der dazu diente, den Zugang zur *Roma quadrata palatina* (im extensiven Sinn des Wortes) festzulegen und zu kontrollieren. Im dritten Viertel des 6. Jahrhunderts wurde der Graben zwischen Palatium und Velia aufgefüllt, und um 525 wurde ein guter Teil der Mauern aufgelassen. In der Mitte des aufgefüllten Grabens wurde in monumentaler Version die Sacra Via und ihr Abzugskanal eingerichtet, der das Wasser der Häuser, die entlang der Straße angeordnet waren, aufgenommen haben dürfte, um sie in der Cloaca Maxima zusammenzuführen, die es jetzt sicher schon gegeben hat, auch sie in monumentaler Version, und d. h. gewölbt, wie die Zisterne eines der archaischen Häuser (während des 7. Jh. und in der ersten Hälfte des 6. Jh. konnte der Ablauf des Wassers durch Gräben erfolgen). Ab 525 etwa wurde der Ostteil des Viertels von vier großen aristokratischen *domus* eingenommen, die über dem Graben und über dem Bereich, der zum Pomerium gehört hatte, errichtet wurden. Der westliche Teil des Viertels hingegen lag außerhalb der Mauer, die an dieser Stelle nach Süden abzweigte, und beherbergte den Komplex der Regia und der Vesta, d. h. das politische und religiöse Zentrum der Römer. Das Jahr 525 stellt also einen *terminus ante quem* für die Errichtung der Servianischen Mauer dar, zeitgleich mit dem wahrscheinlich viel bescheideneren *peribolos*, der in Athen die Unterstadt zwischen 546 und 514 einschloß. Es gibt also eine wesentliche Gleichzeitigkeit zwischen den archaischen Mauern von Rom und von Athen, nur daß in Rom die Nekropolen am Ende des 9. Jahrhunderts von der Siedlung getrennt wurden, während dies in Athen zwei Jahrhunderte später zu erfolgen scheint. Das Vorhandensein von Gräbern und auch Nekropolen ist also kein absolutes Unterscheidungskriterium, ob die Hauptsiedlung eines Staates den Rang einer *polis* oder einer *civitas* hat, denn es ist undenkbar, Athen in der Mitte des 6. Jahrhunderts den städtischen Rang abzusprechen, als man noch Erwachsene im Zentrum der Siedlung bestattete.

377. Im Herzen der Stadt und des Staates.   Auch die Staatsbauten lagen, wie die *domus*, an der Sacra Via, aber sie waren auf den anderen drei Seiten von der Siedlung getrennt dank dreier von der Urbanisierung ausgesparter Bereiche. 1. Im Osten war der für die Porta Mugonia und den entsprechenden Zugang zum Palatin vorgesehene öffentliche Platz (nicht weit davon dürfte sich der Kult des Iuppiter Stator befunden haben). 2. Im Süden war der lange und enge freie Raum unterhalb (und nicht oberhalb, wie Filippo Coarelli meinte) der Nova Via, der bis zum Lucus Vestae reichte. 3. Im Westen (Richtung Forum) war der für die Porta Romanula und zahlreiche Kulte sowie der für den ältesten Zugang zum Palatin (über die Scalae Graecae) vorgesehene öffentliche Platz. Diese Tore mit kurzen Mauerabschnitten an den Seiten sind zu dieser Zeit Wiederaufnahmen der älteren Befestigungstore, sakrale Kerne und Denkmäler zu ihrem Gedächtnis, die architektonisch die Zugänge zum Palatin markierten, jetzt aber im Hinblick auf die Befahrbarkeit und auf die Bauten, die entstanden waren, an eine angemessenere Stelle versetzt wurden (was erklärt, warum die Nova Via, die ursprünglich außerhalb der Mauern lag, in den Abschnitten der rekonstruierten Mauern innerhalb derselben zu liegen kam). Die Kulte der Laren und ihrer Mutter und die *regiae* erscheinen mit den Toren verbunden, zunächst mit dem Tor des Cermalus und dann mit den beiden Toren des Palatium, die die Wohnstät-

ten des Königs und der Vestalinnen flankieren sowie die Heiligtümer der
königlichen Kulte, wo die Talismane des Staates bewacht wurden, wodurch
die Könige zwischen diesen Zugängen wie die höchsten Wächter des Her-
zens in der Siedlung erschienen, die Repräsentanten der Laren auf Erden.

378. Das Königsviertel. Der großartige Komplex von Atriumhäusern
zeigt uns, wie die Häuser der Könige ausgesehen haben könnten (wir haben
vor kurzem die auf die Sacra Via gerichtete Front des Hauses gefunden, das
wir dem letzten Tarquinier zuschreiben, das dann zur Domus Publica wurde,
wie die anderen etwa 15 Meter breit), und eine ihrer gewölbten Zisternen
zeigt uns, wie die Cloaca Maxima in ihrer ersten Bauform ausgesehen haben
könnte. Die Großartigkeit dieser Bauten und das beeindruckende Netz der
Abzugskanäle entspricht vollkommen dem großen Rom der Tarquinier, das
in den Quellen beschrieben wird (unnötigerweise zur Diskussion gestellt
vom Hyperkritiker Jacques Poucet, voll anerkannt hingegen von Tim J. Cornell).[34] Die Nachbarschaft dieser Atriumhäuser zum Komplex der Regia und
dem Haus des Königs läßt vermuten, daß sie nicht Familien der *minores
gentes*, sondern von Verwandten des Herrschers, d. h. von der *gens* der Tarquinier beherbergt haben dürften. Unter dieser Voraussetzung wäre auch dieser
offensichtlich private Teil des Viertels in gewisser Weise mit dem Königsviertel und der königlichen Familie verbunden gewesen.

379. Häuser der Könige und Heiligtum der Vesta. Das Haus der Vestalin-   XVII–
nen, die Plätze der königlichen Kulte und die Häuser der ersten Könige bis   XXI
Ancus Marcius dürften sich auf dem Raum befunden haben, der für den
lucus der Vesta vorgesehen war, d. h. innerhalb der Lichtung, die im *nemus* des
Nordhangs des Palatium realisiert wurde (ein Heiligtum, das dem viel älteren
Heiligtum folgte, das dann zum Heiligtum der Victoria auf dem Cermalus
wurde, welches die Wohnstätte der ältesten Häuptlinge bis Romulus aufgenommen hatte). Das Haus des Tarquinius Priscus dürfte das letzte gewesen
sein, das im *lucus* seinen Platz fand, während die ihm zuschreibbare Regia
(die im Folgenden die Regia des Frank E. Brown genannt werden soll, nach
dem Namen ihres Ausgräbers), die die Heiligtümer des Mars und der Ops
aufnahm, und das Haus des Tarquinius Superbus (nach Annius Fetialis), die
spätere Domus Publica, unmittelbar außerhalb des heiligen Bezirkes erbaut
werden sollten, jenseits der Wege, die seine Einfriedungsmauer umgaben.
Die Regia (des F. E. Brown) lag in einem Dreieck zwischen dem Graben, der
späteren Sacra Via, und dem sog. Vicus Vestae. Das Haus des Tarquinius
Superbus lag, über der Straße, neben dem Haus des Rex Sacrorum und nahm

---

[34] Carandini 1992 (zum Hyperkritiker J. Poucet); Cornell 1995 (schreibt die großen öffentlichen
Arbeiten dem letzten Tarquinier zu).

den westlichen und außerhalb der Mauer liegenden Sektor des an der Porta
Mugonia liegenden öffentlichen Platzes ein, es wurde versetzt und wieder
aufgebaut in Beziehung zum Bau der Atriumhäuser dieses Königs, dort, wo
die obere Sacra Via und die obere Nova Via zusammentrafen. Das Haus
wurde dann von den Alten mit dem Haus des Tarquinius Priscus verwechselt,
wie vielleicht das Haus des Rex Sacrorum mit dem Haus des Ancus Marcius,
aber es ist nicht vorstellbar, daß die Häuser dieser Könige mit den späteren
Häusern des Superbus zusammenfallen oder diese und die Häuser des Rex
Sacrorum ersetzen, da letztere nach der Auffüllung des Grabens (also nicht
vor Servius Tullius) erbaut wurden. Das Areal des Hauses des Tarquinius
Superbus und der Hälfte des Hauses des Rex Sacrorum wurde nämlich über
dem Graben errichtet, weshalb die Häuser des Priscus und des Ancus Marcius sich mehr im Westen befunden haben müssen. Das heißt jedoch nicht,
daß die beiden Häuser nach der Auffüllung des Grabens nicht, nach Osten
verschoben, neu errichtet worden sein und daß sie mit den beiden vorhergehenden Häusern eine Verbindung bewahrt haben können, wodurch das
Haus des Rex Sacrorum als Erbe des Hauses des Ancus Marcius verstanden
werden konnte und das Haus des Tarquinius Superbus als Erbe des Hauses
des Tarquinius Priscus (daher auch die Verwechslung zwischen den beiden).
Wie dem auch sei, den beiden königlichen Häusern, ursprünglich im Lucus
Vestae angesiedelt, entsprachen in der Folge zwei Häuser, eines innerhalb und
an der östlichen Grenze des *lucus* und das andere außerhalb des *lucus* (nach
unseren neuesten Entdeckungen), das eine vom Rex Sacrorum bewohnt und
das andere vom letzten König und dann vom Pontifex Maximus.

**380. Trennung der Heiligtümer des Mars und der Ops vom Haus des
Königs und Schaffung des Rex Sacrorum.**   Die Trennung der *sacraria* des
Mars und der Ops vom Haus des Tarquinus Priscus und ihre Einfügung in
die Regia (des F. E. Brown) ist ein politischer Akt von größter konstitutionel-
ler Tragweite, der nicht (wie Filippo Coarelli gemeint hat)[35] in die Zeit des
Beginns der Republik fällt, sondern in den Beginn der späten Königszeit
(wie F. E. Brown vermutet hatte).[36] Der Prozeß der Fragmentierung der vorher unitarischen Macht des Königs könnte also um 600 begonnen haben, er
könnte dazu Anlaß gegeben haben, daß zum ersten Mal das Haus des Königs
von den *sacraria* des Mars und der Ops abgetrennt wurde, daß diese von
nun an außerhalb des *lucus* und innerhalb eines besonderen *fanum* lagen,
außerhalb des Heiligtums der Vesta. Unter dieser Voraussetzung wäre es vorstellbar, daß Tarquinius Priscus für sich ein neues Haus gebaut hat, um das

---

[35] Coarelli 1983.
[36] Brown 1974–75.

traditionelle Haus des Rex-Augur (das Haus des Ancus Marcius) dem Rex Sacrorum zu überlassen. Diese von Tarquinius Priscus eingeführte und von den folgenden Königen bestätigte Distanz zur Theologie und Heroogonie der Latiner und der ersten Römer, von den göttlichen Eltern der Laren und von den Laren selbst, ist die geradezu ideale Voraussetzung für die mythische Rekontextualisierung, die dazu geführt hat, die indigenen Laren durch die trojanischen Laren zu ersetzen. Von dieser Zeit an werden die königlichen Kulte des Mars und der Ops, die zuvor in einem einheitlichen und hochbedeutsamen mythischen System integriert waren, zu isolierten Fossilen, die wegen der *damnatio memoriae* des indigenen Sagenerbes schwer erklärbar sind. Aber die abgeschlagenen Buchstaben der religiösen Vorstellungen der Latiner lassen sich, wenn auch schlecht, unter den Schlägen des Stemmeisens dessen, der sie auslöscht, noch lesen.

381. Entwicklung des Königsviertels und des Heiligtums der Vesta. Wir können die verschiedenen Phasen des königlichen Komplexes auf folgende Weise zu rekonstruieren versuchen.

XVII–XXI

1. Im Haus des Numa im Lucus Vestae befanden sich die Vestalinnen (wohl als Töchter des Königs verstanden), die Kulte der Vesta (im Fokolar), der indigenen Penaten (im *penus*), der Laren, des Mars und der Ops (mit den entsprechenden Schätzen) um die königliche Hütte, in einer Einheit, die eine Replik der ursprünglichen *regia* des Romulus auf dem Cermalus war.[37] Die freie Fläche des *lucus* dürfte damals also recht groß gewesen sein.

2. Auf Tullus Hostilius kann keine Veränderung im Lucus Vestae zurückgeführt werden, während wir wissen, daß der König ein Haus auf der Velia besaß, das wahrscheinlich mit dem Kult der Penaten von Alba verbunden war, womit gewissermaßen eine Art Gegensatz zur palatinischen Residenz geschaffen wurde (auch der Sitz der Curiae Novae erscheint als Gegensatz der Curiae Veteres).

3. Das Haus des Ancus Marcius im Lucus Vestae, seitlich des Komplexes des Numa erbaut, jetzt nur noch den königlichen Kulten vorbehalten und lediglich von den Vestalinnen bewohnt, erscheint uns schon wie ein erstes selbständiges Haus des Königs, das allerdings an das Gesamt der königlichen Kulte und das Haus der Vestalinnen angrenzt. Die freie Fläche des *lucus* dürfte jetzt erheblich reduziert sein.

4. Mit der Schaffung des Hauses des Tarquinius Priscus im Lucus Vestae und mit der möglichen Aufnahme des ersten Rex Sacrorum im früheren Haus des Ancus Marcius, dessen direkter Nachfolger, was die *sacra* betraf, der Priester war, wurden die zwei königlichen Kulte des Mars und der Ops (mit den entsprechenden Schätzen) vom Heiligtum der Vesta in die Regia (des F. E. Brown) verlegt, also außerhalb des *lucus* und d. h. des Ortes, der von Jupiter, der dort den Schild hatte

---

[37] Vgl. Appendix 6. Die Salier hatten ihren Sitz auf dem Cermalus, in der Curia Saliorum, beibehalten.

fallen lassen, ausgewählt worden war. Das ist der Grund, warum die Regia (des
F. E. Brown) nicht als das Haus des Numa betrachtet werden kann (wie Cornell
wollte),[38] des Königs, dessen einheitliche Macht noch nicht delegiert war. Auf
diese Weise erscheint das Haus des *magister*-Herrschers Tarquinius Priscus zum
ersten Mal getrennt von den königlichen Kulten, die jetzt der Rex Sacrorum
betreute. Die Fläche des *lucus* dürfte also fast ganz von königlichen Bauten eingenommen worden sein.

5. Zur Zeit des Servius Tullius wurde der Graben des Talbodens aufgefüllt, und
es wurden die Bedingungen geschaffen, vielleicht auch die ersten Arbeiten, für
eine Erweiterung des Lucus Vestae und für eine neue Gliederung des königlichen
Komplexes: vielleicht ein neues Haus für den Rex Sacrorum und eine neue Regia
(des F. E. Brown). Dieser König dürfte seine offizielle Residenz in dem Haus des
Tarquinius Priscus, wo er geboren wurde, gehabt haben und ein weiteres neues
Haus auf dem Esquilin (auf der Höhe der Sette Sale?). Hinter den königlichen
Bauten dürfte sich eine neue freie Fläche, lang und eng, Richtung Süden ergeben
haben.

6. Zur Zeit des Tarquinius Superbus wird dann die neue Gliederung des königlichen Viertels vollendet. Es ist möglich, daß ein Bereich des Lucus Vestae jetzt
für den Kult der Laren (über dem Haus des Tarquinius Priscus?) reserviert wird
und daß zum Haus der Vestalinnen und zu den Kulten der Vesta und der Penaten
der Kult der Lares Praestites hinzukommt, während an einem Ort mehr im Osten
des *lucus* (über einem frei gebliebenen Ende des *lucus* und über dem Graben) das
neue Haus für den Rex Sacrorum errichtet wurde (vielleicht schon von Servius
Tullius begonnen?), in der Folge vielleicht mit dem Haus des Ancus Marcius verwechselt. Seitlich vom Haus des Rex Sacrorum (über der Mauer und über dem
Graben) wurde, auf öffentlichem Boden und jenseits einer Straße, das neue Haus
des letzten Tyrannen gebaut, das dann mit dem Haus des Priscus verwechselt
wurde, zum ersten Mal außerhalb des Heiligtums angesiedelt, allerdings noch
zwischen Sacra und Nova Via und in der Nachbarschaft der verschobenen und
erneuerten Porta Mugonia. Zu dieser neuen und offiziellen königlichen Residenz
gesellt sich das Haus des Superbus auf dem Esquilin (auf dem Fagutal). Unter
dieser Voraussetzung hätten der Rex Sacrorum und der letzte Tyrann von Rom
Seite an Seite gewohnt, wie es schon unter Tarquinius Priscus der Fall war und
wohl auch unter Servius Tullius. Tarquinius Superbus, der in der Nähe der Porta
Mugonia wohnte, erscheint einmal mehr als der oberste Hüter des Palatin. Zu
dieser Zeit wurde auch die Regia (des F. E. Brown) neu erbaut.

7. Unmittelbar nach der Vertreibung des Tyrannen dürfte sein Haus zu Beginn
von M. Valerius Maximus bewohnt worden sein, und dann, nachdem es in die
Domus Publica umgewandelt worden war, von den Pontifices Maximi (die dort
bis Augustus residierten). Die Umwandlung des Hauses des letzten Tarquiniers in
eine *domus publica* dürfte dadurch erleichtert worden sein, daß es außerhalb des
lucus lag, in einer den Häusern der Flamines maiores ähnlichen Lage. Dieser Zeit

---

[38] Cornell 1995.

ist auch ein unterirdischer Übergang zuzuschreiben, der die *domus* mit dem darunter liegenden *lucus* verband, wahrscheinlich um die Inspektionen des Pontifex bei den Vestalinnen zu erleichtern; ein Übergang der dann im Bezug zur Domus Publica in der späten Republik wieder aufgenommen wird. Auch die Regia (des F. E. Brown) wird zu dieser Zeit neu gebaut.

8. Zu Beginn der späten Republik wird die Domus Publica neu und größer gebaut, mit einem Kryptoportikus im Zentrum unter dem Atrium (dem *atrium Regium*?), von dem ein zweiter unterirdischer Übergang abzweigte, der es mit dem *lucus* der Vesta in Verbindung setzte. Auch die Porta Mugonia und die entsprechende Straße wurde wieder erbaut, und der Verlauf der Nova Via wurde neu festgelegt (deren archaischer Verlauf in dieser Zeit aufgegeben wurde).

9. Als Augustus dann das Haus des Rex Sacrorum den Vestalinnen zurückgibt, macht er keine große Konzession, da es in den *lucus* wiedereintrat und zum *lucus* gehörte, dessen Eigentümer die Vestalinnen waren, wodurch eine andere Nutzung undenkbar schien, während die Domus Publica, durch die Verlegung der Residenz des Pontifex Maximus in das Haus des Augustus unnütz geworden, in ein *horreum* umgewandelt werden konnte, insofern sie auf einem öffentlichen Platz außerhalb des Heiligtums stand, das erste Gebäude solch prosaischer Art auf dem Gebiet. Die spätrepublikanische Porta Mugonia und der spätrepublikanische Abschnitt der Nova Via wurden vom *horreum* eingenommen, und sie scheinen nicht mehr wieder errichtet worden zu sein (wir können allerdings einen Verlauf, der das *horreum* durchquerte, nicht ausschließen). Nero und die Flavier eröffnen dann eine neue Zugangsstraße zum Palatin, im Osten von den *tabernae* des Komplexes der Vesta flankiert, völlig neu erbaut, die vielleicht direkt zu den *gradus* der Domus Tiberiana führte, dem palatinischen Kern der Domus Aurea. Über den Fundamenten der Säulenhallen der Sacra Via, an der Kreuzung mit dieser Straße, können wir den von Domitian errichteten Bogen an der oberen Sacra Via rekonstruieren, der auf dem Haterier-Relief dargestellt ist.[39] Man muß sich aber nicht einen Bogen vorstellen, der zu dem am Beginn des sog. Vicus ad Carinas spiegelbildlich wäre.[40] Bögen und Tore waren nämlich Vorrechte des Palatin, nicht der Velia, von der wir keine kennen, und in der Kaiserzeit beherbergte der Palatin die *domus* der Principes. Der Domitius-Bogen an der Sacra Via konnte zu den *gradus* der Domus Tiberiana führen, so wie der Bogen auf dem sog. Clivus Palatinus zur Domus Augustana führte. Die Tore des Palatin des Romulus waren zu Toren des Palastes des Imperators geworden.

382. Die Häuser der Flamines am Rand des Königsviertels.

An den Rändern des königlichen Viertels können wir uns ab der Zeit der Tarquinier außer dem Haus des Tarquinius Superbus und der Regia (des F. E. Brown) das Haus des Flamen Quirinalis vorstellen, ausgerichtet auf das Forum, gegenüber dem *sacellum* der Doliola, sowie das Haus des Flamen Dialis, das

---

[39] Coarelli 1983, Abb. 7.
[40] Rekonstruktion von M. Medri in: Panella 1996, Abb. 156.

sich jenseits der Nova Via befunden haben dürfte und zu dem man über die
Scalae Graecae Zutritt hatte (siehe die topographischen Gleichsetzungen, die
Filippo Coarelli vorgeschlagen hat).[41] Benachbart der Regia und ihrem *sacrarium* des Mars befand sich vielleicht auch das Haus des Flamen Martialis,
vorstellbar seitlich des Hauses des Flamen Quirinalis. Wo zu dieser Zeit das
Haus des Pontifex Maximus gelegen war, wissen wir allerdings nicht, aber es
dürfte nicht weit von hier gewesen sein. Die Häuser der Flamines maiores,
die Regia der *sacraria*, das Haus des Tarquinius Superbus und die benachbarten Häuser seiner *gens* lagen also um das Zentrum des Systems, das
Heiligtum der Vesta, und bildeten ein regelrechtes Staatsviertel. Dies alles
zusammen genommen impliziert für die späte Königszeit den priesterlichen
Vorrang des *ad sacra* reduzierten Königs,[42] des letzten Erben der religiösen
Macht, die die latinisch-sabinischen Könige innehatten, und daher letztes
Mitglied der Gemeinschaft, das autorisiert war, im Heiligtum der Vesta zu
wohnen. Der Einzug des Pontifex Maximus in die *regia*, die zur Domus
Publica umgewandelt worden war, weist darauf hin, daß dieser Priester, der
früher in der Hierarchie mit Bezug auf den Rex Sacrorum und die Flamines
maiores der letzte war, zum höchsten Priester des republikanischen Staates
aufgestiegen war.[43]

**383. Die Häuser des Rex Sacrorum und des Pontifex Maximus in spät-
republikanischer Zeit.** All diese Überlegungen beruhen auf der Tatsache,
daß es in der spätrepublikanischen Zeit zwei und nicht nur ein Haus der
großen Priester gegeben hat (was vor unseren letzten Entdeckungen nicht
bekannt war): 1. Die sog. Domus Publica (des Gianfilippo Carettoni),[44] die
unserer Ansicht nach das Haus des Rex Sacrorum ist (ein Monument, das
wir gerade ausgraben, das Phasen bis mindestens in das 6. Jahrhundert präsentiert) und 2. das Haus auf *basis* mit Kryptoportikus aus dem Ende des
3. Jahrhunderts, versehen mit einer unterirdischen Verbindung, die zum *lucus*
der Vesta führte. Der Bau der großen spätrepublikanischen Domus Publica,
versehen mit dem *atrium Regium*, hat die Zerstörung und den Neubau der
vorhergehenden Domus Publica der frühen und mittleren republikanischen
Zeit, des früheren Hauses des letzten Tarquiniers, mit sich gebracht und
auch die Beseitigung der Porta Mugonia mit den entsprechenden Mauer-
zügen und der Nova Via vom Ende des 6. Jahrhunderts und deren Neubau
(die Mauern in Zementbauweise, ausgeschlagen mit Cappellacio-Steinen,
damit sie alt erscheinen).

[41] Coarelli 1983.
[42] Fest. 198 L.
[43] Liv. 2,2,1.
[44] Carettoni 1978–80.

384. Die Bewohner der spätrepublikanischen Domus Publica. In dieser spätrepublikanischen Domus Publica dürften, nach einer ersten Rekonstruktion, folgende Personen gewohnt haben: 1. P. Cornelius Scipio Nasica, vom Senat *optimus* genannt, aufgrund dieser Würdigung dann dazu bestimmt, im Jahr 202 v. Chr. das Kultbild der Magna Mater entgegenzunehmen, dem ein öffentliches Haus zugewiesen wurde; 2.-3. der Sohn und der Enkel des vorhergehenden, beide Pontifices Maximi (150-132 v. Chr.); 4.-10. die sieben folgenden Pontifices Maximi; 11. Julius Caesar (63-44 v. Chr.) und 12. M. Aemilius Lepidus (44-12 v. Chr.), der letzte Pontifex der die *domus* bewohnte. Auf dem öffentlichen Platz im Osten der Porta Mugonia, der freigeblieben war, wurde im 1. Jahrhundert ein zweites öffentliches Haus errichtet, vielleicht das Haus mit Giebel, das Caesar im Jahr 45 als *imperator* gewidmet wurde und wo er bis zu seinem Tod lebte, was zur Beseitigung der spätrepublikanischen Mauer an der Seite der Porta Mugonia geführt haben dürfte. Augustus bewohnt dann, auch als Pontifex, sein öffentlich gemachtes Haus auf dem Cermalus, das neben dem Haus des Romulus liegt. Er überläßt dann das Haus des Rex Sacrorum den Vestalinnen, verfügt die Auflassung der Domus Publica, der spätrepublikanischen Porta Mugonia mit ihrer Straße und der zweiten (vielleicht Caesar gewidmeten) *domus* auf öffentlichem Boden und läßt an der Stelle ein erstes *horreum* erbauen, das zusammen mit dem Magazin auf der Velia Vorläufer der Horrea Vespasiani und Piperataria ist, die dann nach dem Brand Neros das ganze Tal zwischen Palatium und Velia einnehmen, womit ein riesiges Viertel für den, wie wir heute sagen würden, »tertiären Sektor« geschaffen wird.

385. Der Grund für diese Antizipationen. Ich habe diese Hypothesen, die alle noch zu verifizieren sind, vorweggenommen, ausgehend von der grundsätzlichen Erwägung, daß wir uns hier am Kreuzungspunkt von Sacra und Nova Via befinden, also in einem königlichen und dann öffentlichen Bereich, der in spätrepublikanischer Zeit von dem großartigen Haus mit gedecktem Wandelgang eingenommen wird, das wir fast zur Gänze ausgegraben haben und das nicht als ein privates Haus und auch nicht als ein auf privatem Boden errichteter Bau interpretiert werden kann, wie es die auf der Area Flacciana errichtete Porticus Catuli sein mag, sondern als ein öffentliches Gebäude wie das *atrium Regium* (das man sich über dem Kryptoportikus vorstellen kann) oder die *regia* (im Sinn der über der *regia* des letzten Königs erbauten *domus publica*), die Caesar als letzter bewohnen wird.[45] Die

---

[45] Coarelli 1983 ist im Unrecht, was den Verlauf der Sacra Via anbelangt, aber er hat Recht, was die Lage der oberen Sacra Via und der Nova Via angeht sowie der Monumente, die darauf ausgerichtet waren (Iuppiter Stator, Porta Mugonia, Tempel der Laren, Domus Publica / Regis Sacrorum und die Häuser der Könige).

vier Häuser im Osten des Komplexes der Vesta bewahren hingegen ihren
ursprünglichen privaten Charakter, und darüber werden die Häuser heraus-
ragender Männer der späten Republik und der frühen Kaiserzeit erbaut,
darunter das Haus des Cicero, von dem wir wissen, daß es in der Nähe
der Domus Publica lag.[46] Die späteren Wechselfälle des Viertels, wie wir sie
beschrieben haben, tragen ganz wesentlich zum Verständnis der frühesten
Wirklichkeit bei, die uns hier vor allem interessiert.

386. Verlegung des Königsviertels vom Cermalus zum Palatium. Von
den frühesten Erinnerungen der Königszeit vom Cermalus bleibt nur die
Erinnerung an die Höhle des Cacus, an die Hütte der Acca (die wahrscheinlich mit dem späteren Kult der Victoria zusammenhängt), an die Hütte des
Mars (die in Verbindung mit der Curia Saliorum zu sehen ist) und an die
Hütte des Romulus, verbunden mit der Roma quadrata, dem Altar, auf dem
das erste königliche Feuer Roms entzündet worden sein soll.[47] Die Verlegung
der *regia* und des damit zusammenhängenden Kultkomplexes vom alten
heiligen Bezirk auf dem Cermalus (dem nachmaligen heiligen Bezirk der
Victoria), wo seit der Spätbronzezeit die Häuptlinge der Siedlung gewohnt
hatten, zum neueren heiligen Bezirk der Vesta am Fuße des Palatium, unmittelbar außerhalb des *pomerium* (aber nicht der Siedlung), ist ein Vorgang
von großer Tragweite, der nach der romuleischen Gründung den bedeutsamsten Moment der Formierung der Stadt andeutet; es erfolgte damit der
Abschluß und die Musealisierung der Gründungsphase des Staates und
die erste Schwerpunktverlegung des öffentlichen Lebens (des Fokolars und
damit des Hauses des Königs und des Versammlungsortes der Kurien) auf
das Forum, das sich ebenfalls formiert und beginnt, auf diese Weise das
zivile Zentrum der Stadt darzustellen; es wird an der östlichen Schmalseite
vom königlichen Komplex und dem Komplex der Vesta begrenzt und auf
der westlichen Schmalseite vom Comitium und dem entsprechenden Kult
des Volcanus und von der Curia, die von der Überlieferung dem Tullus
Hostilius zugeschrieben wird, alles Einrichtungen, die archäologisch nicht
viel später als in die Mitte des 7. Jahrhunderts zu datieren sind. Die Komplexe der Vesta und des Volcanus an den Enden des Forums können wie
die Spreizung und die Ausdehnung des neuen zivilen Zentrums innerhalb
des weiteren topographischen Rahmen betrachtet werden, die Neufassung
analoger Wirklichkeiten, die früher im recht engen und einheitlichen königlichen Heiligtum auf dem Cermalus, das dann der Victoria geweiht wird,
zusammengefaßt waren (es sei an die Verbindung von Maia/Ops und Volca-

---

[46] Dies wird in: Palatium e Sacra via, 2, behandelt; vgl. auch Addendum VIII.
[47] Vgl. Appendix 6.

nus erinnert, die im Kalender ihre Spuren hinterlassen hat). Die Schaffung
des Heiligtums der Vesta und des neuen Hauses des Königs außerhalb
des Pomeriums kann bei der Begrenztheit unserer Kenntnisse der Zeit als
absurd erscheinen (diesen Eindruck hatte André Magdelain).[48] Es könnte
sich jedoch, ab der Zeit des Numa, eine größere Sensibilität hinsichtlich
der Unterscheidung *domi* und *militiae* ergeben haben, was zum Ausschluß
des Hauses des auch militärischen Staatsoberhauptes, das mit dem Kult des
Kriegsgottes verbunden war, aus dem Pomerium geführt haben könnte. Es
wäre dies also die erste der Unterscheidungen und Trennungen, die schon
die Stadtwerdung und dann mehr noch die fertige Stadt im Vergleich mit der
ursprünglich einheitlichen Macht des *rex* charakterisieren. Vesta erscheint
wie die Überführung einer viel älteren Gottheit der Erde in einen öffentlichen und staatlichen Kult, der als privater und geheimer Kult des Hauses
des Königs fortdauert: der Kult der Ops, die also als die Vesta des Hauses
der präurbanen und protourbanen Häuptlinge verstanden werden könnte,
die dem Cacus auf dem Cermalus nachgefolgt sind (die Ops des Cacus war
Caca, die dann nicht zufällig von den Vestalinnen verehrt wurde). Unter
diesem Gesichtspunkt erscheint Vesta wie das Feuer des zentralen Fokolars
der Stadt, wobei wir nicht wissen, ob dieses mit dem Feuer des Fokolars des
Königs zusammenfällt. Der Schaffung des Heiligtums des Palatium zusätzlich zum Heiligtum des Cermalus als nächstem Schritt entspricht Numa,
der zweite König, der Begründer eines Großteils der religiösen Institutionen,
darunter des Kultes der Vesta, der die Verfassung der Staates vervollständigt,
die schon von Romulus, dem ersten König, angelegt war.

387. Das romuleische Zeitalter am Übergang zwischen zwei Welten. Die
Zeit des Romulus erscheint also als die Zeit, die die Formierung der Stadt
und des Staates einleitet. Neben den Elementen der Neuheit, die sie charakterisieren und die ich eben kurz beschrieben habe, beginnend mit der
Gestalt des *rex* selbst, dauern ältere Aspekte fort, die an die protourbane
Erfahrung erinnern: 1. die Wohnung des *rex-augur* Romulus auf dem Cermalus, dem Sitz der Häuptlinge bis in die frühe Eisenzeit; 2. der jetzt absolute
Vorrang des Palatium-Cermalus als *oppidum inauguratum*, Sitz des Gründers
und Herrschers über die gesamte Siedlung und über den *ager* (dieser Dualismus zwischen inauguriertem und nicht inauguriertem Teil der Stadt wird
erst mit der Verlegung der Mauer und des Pomeriums durch Servius Tullius
überwunden);[49] 3. der gemischte Charakter der Familienparzellen innerhalb
der Siedlung, zwischen Wohnfunktion und Produktion oszillierend (die

---

[48] Magdelain 1976, 1977 und 1995.
[49] Vgl. Appendix 7.

drei ursprünglichen Tribus dürften unterschiedlos das protourbane/urbane
Zentrum, den inaugurierten und die nicht inaugurierten Teile, und den *ager*
umfaßt haben, während die vier servianischen städtischen Tribus als solche
sich von den ersten ländlichen Tribus unterscheiden werden). Aber die Zweideutigkeit dieser Zeit, in der Schwebe zwischen alter und neuer Welt, darf
die Aspekte der Neuheit nicht vergessen lassen, die sie charakterisieren, und
dies sind in erster Linie die einheitliche Macht des Königs und dann die
Mauern und das Pomerium, die die Zentralität des Palatin begründen, der
städtische Kult des Iuppiter Feretrius und das Comitium auf dem Gipfel
und am Fuße des Kapitols, das Forum zwischen Palatin und Kapitol, der
Kult der Vesta, der neue Sitz des Königs und der zentrale Sitz der Kurien an
den beiden nördlichen Ecken des Palatium, die Verfassung auf Dezimalbasis
und der Kalender; diese stellen zusammen die grundlegenden Voraussetzungen der Stadt und des Staates in Formierung dar. Erst als der Dualismus sich
vom Inneren der Siedlung zu Unterscheidungen zwischen besiedeltem Zentrum und Landgebiet verlagert (mit den städtischen und ländlichen *tribus*)
kann man davon sprechen, daß die Stadt in sich abgeschlossen, fertig ist.

388. Eine Kontinuität über mehr als sieben Jahrhunderte.   Wären die
palatinischen Mauern noch ein Ausdruck des protourbanen Systems gewesen, wären sie nicht im Laufe von drei Generationen nach 625 (dem symbolischen Datum der Schaffung der Stadt nach den Historikern, die sich als
die Erben der »gemäßigten Kritik« von Gaetano De Sanctis und Arnaldo
Momigliano verstehen) wiederhergestellt worden, und sie wären nicht so
viele Jahrhunderte hindurch, sicher bis Augustus, an ihren bedeutsamsten
Punkten wiedererrichtet worden. Wenn eine nachweisbar beständige monumentale Tradition zwischen der Zeit des Augustus und der Zeit des Romulus
besteht (ein außergewöhnlicher Fall, der einen Vergleich allein im Königs-
quartier auf dem Cermalus findet) und wenn während dieser siebeneinhalb
Jahrhunderte die Römer den Ursprung der Stadt mit dem Ursprung der
palatinischen Mauern identifiziert haben, mit welchem Recht können wir
dieses Ereignis um ein Jahrhundert nach vorne schieben, ohne daß archäologische und kritische Argumente uns dazu zwingen? Anders stünde es,
wenn die Mauern (und das Pomerium) eine Erfindung der Antiquare gewesen wären, eine Projektion von neueren Begebenheiten und Bedürfnissen
in die ferne Vergangenheit, wie man früher legitimerweise glauben konnte.
Aber so ist es eben nicht, zumindest nicht in den angeführten Fällen,
und diese neuen und unverhofften Möglichkeiten, die die stratigraphische
Archäologie bietet, eröffnen Möglichkeiten langer Dauer auch für andere
Überlieferungen, die sich auf die frühe Königszeit beziehen, einschließlich
der Sage des Romulus.

389. Unsere Hoffnung. Am Ende dieser Arbeit hoffen wir, daß die neue
Evidenz nicht im Dienst der rekonstruktiven Schemata der aktuellen historischen Vulgata der gemäßigten Kritik neutralisiert oder umgebogen wird, sondern daß sie dazu dienen mag, die Vorgeschichte und die frühe Geschichte
Roms in ihrer Gesamtheit neu zu überdenken, um sie in befriedigenderer
Weise zu rekonstruieren. Wir rufen zur Eröffnung eines Diskurses auf, gegen
die Vorstellung, daß alles schon gelöst sei.[50] Wir glauben, daß der urbanen
Rationalisierung des Servius Tullius zwei weitere vorausgegangen sind, die
des zweiten Synoikismos in romuleisch-numanischer Zeit, und die noch
frühere des ersten Synoikismos, datierbar in die Zeit des zweiten Septimontium. Unter dieser Voraussetzung wurde der größte qualitative Sprung in
Richtung der urbanen Zivilisation – und das ist ein Schlag ins Kontor
der klassizistischen Annahmen! – gerade von der protourbanen Erfahrung
bewirkt, die in den fortschrittlichsten Bereichen des tyrrhenischen Mittelitalien das Ende des ursprünglich vorherrschenden dörflich-pagischen
(präurbanen) Systems bedeutete und den Beginn der »antiken« Lebens- und
Produktionsweise, nach der »primitiven Gesellschaft« und vor der »Sklaven-
haltergesellschaft«, in der eine Gemeinschaft in immer politischerer und
bewußterer Weise ihr Leben und ihr Gedächtnis organisiert, beginnend mit
der Aufteilung in Tribus, Kurien, Dekurien und Gutshöfen, die zum ersten
Mal frei sind. Die Tatsache, daß Rom sich gleichzeitig mit Cumae und Eri-
trea zu formieren beginnt, erscheint völlig angemessen und schafft ein Problem nur für den, der glaubt, daß Griechenland immer um mindestens ein
Jahrhundert den höchsten zivilen Errungenschaften Etruriens und Latiums
vorangegangen sein müßte.[51]

---

[50] Vgl. Appendix 8.
[51] Die Mauer der Römer um den Palatin ist zeitgleich und ähnlich der Mauer, die die Achäer
zum Schutz ihrer Schiffe vor Troja errichteten, wie sie detailliert in der *Ilias* beschrieben wird
(7,436-441; 12,6 ff. 28-29. 36-37. 52 ff. 258 ff. 340. 388. 443 ff. 453 ff. 459 ff.; 13,124). Die Mauer ist
hoch, mit einem Fundament aus Holz und Stein, auf ihrem Kamm geschützt von einer Brü-
stung, verstärkt von hohen Erdwällen, die um in den Boden gerammte, mit Zinnen versehene
Pfeiler errichtet wurden. Die starken Tore, die aus gut miteinander verbundenen Bohlen bestanden, breit genug, damit ein Wagen hindurchfahren konnte, sind von festgefügten Torflügeln
verschlossen, mittels zweier überkreuzter Riegel verankert und verschlossen, zusammengehalten
von einem einzigen Schlüsselbolzen und von einem langen querliegenden Riegel. Außen vorgelagert gibt es einen Graben, breit und tief, am Rand mit spitzen, langen und dichtgesetzten
Pfählen versehen. Da die Achäer es unterlassen hatten, zur Errichtung dieser Mauern reiche
Hekatomben zu opfern, halten sie nicht lange Stand; vgl. Anm. 5.

Addenda

I. Ein Besuch auf dem Gebiet von Rom in der späten Bronzezeit

390. Aeneas besucht das Gebiet von Rom mit Euander als Führer (Abb. 28).
Von der Siedlung zur Zeit ihrer größten Ausdehnung im heroischen Zeitalter (zwischen Spätbronzezeit und Endbronzezeit, Stufe I und II) hatten die Römer ein zusammenfassendes und dichtes Bild; wir kennen es dank des Besuches des Aeneas, der von Euander geführt wird, beschrieben von Vergil in der *Aeneis*.[1] Aeneas begibt sich vom Tiber zum heiligen Hain des Hercules am Fuß des Aventin. Von da aus sieht er den Ort, wo die Höhle des Cacus lag, auf der gegenüberliegenden Kuppe des Cermalus. Er kommt dann zum Pallantion, das von Euander am Fuße des Cermalus gegründet worden war, in der Nähe der Grotte des Mars und des Faunus Lupercus. Von hier sieht er den Kultort der Carmenta, der Mutter des Euander, gelegen auf dem anderen Ufer des Velabrum, am Fuße des Mons Saturnius in Richtung auf den Anlegeplatz am Tiber, und auch den heiligen Hain auf der Kuppe dieses Hügels. Er erreicht dann von hier aus das Nordufer des Velabrum und sieht von hier das bewaldete Argiletum. Er steigt dann auf den Mons Saturnius hinauf, wo der heilige Hain einer unbekannten Gottheit lag, die die Arkader mit Jupiter identifizierten. Von hier aus sieht er die in Ruinen liegende Festung von Saturnia und des Janiculus auf dem gleichnamigen Hügel.[2] Wieder hinuntergestiegen zum Ufer des Velabrum, wo er die Weideplätze der Carinae sieht, wendet er sich schließlich zum Pallantion, von dem er ausgegangen war.

391. Die Route des Aeneas. Die Route des Aeneas bildet die Form eines »U« um das Velabrum, beginnend am Fuße des Cermalus-Palatium (beim späteren Vicus Tuscus), entlang dem hinteren Teil des Velabrum (das wir uns mehr im Norden der künftigen Sacra Via vorstellen müssen, wegen des Sumpfwassers, das damals das Gebiet bedeckte) und auf den Gipfel des Mons Saturnius hinauf. Die Siedlung verteilte sich zwischen den Ufern der Einfahrt des Murciasees und des Velabrum und den Höhen des Mons Saturnius und des Cermalus, der Erhöhungen, die diese Wasserflächen begrenzten. Zur Siedlung gehören, aber anscheinend noch als äußere Randbereiche, der Wald des Argiletum und die Weideplätze der Carinae. Saturnia ist eine Ruine, während Pallantion in Blüte steht: Damit wird vielleicht die Krise der siculischen Siedlungskerne des frühesten Saturnia angedeutet sowie die Verschiebung des Zentrums der Siedlung auf den Cermalus, der zur Hauptburg des großen Saturnia geworden ist. Es ist bezeichnend, daß die *colles* (des Quirinal) und die wichtigsten *montes* des septimontialen Rom (Palatium und Velia) nicht einmal erwähnt sind,

---

[1] Verg. Aen. 8,102 ff. (Grimal 1948; D'Anna 1992).
[2] Nach Grimal 1948 steigen Euander und Aeneas nicht auf den Gipfel des Kapitols; vgl. auch D'Anna 1992. Aber dann ergäbe es keinen Sinn, den *lucus* des Kapitols ein zweites Mal zu erwähnen, der offensichtlich zuerst aus der Ferne gesehen und dann aufgesucht wird. Andererseits wäre es ohne Besteigung dieses Hügels nicht möglich gewesen, den Janiculus zu sehen.

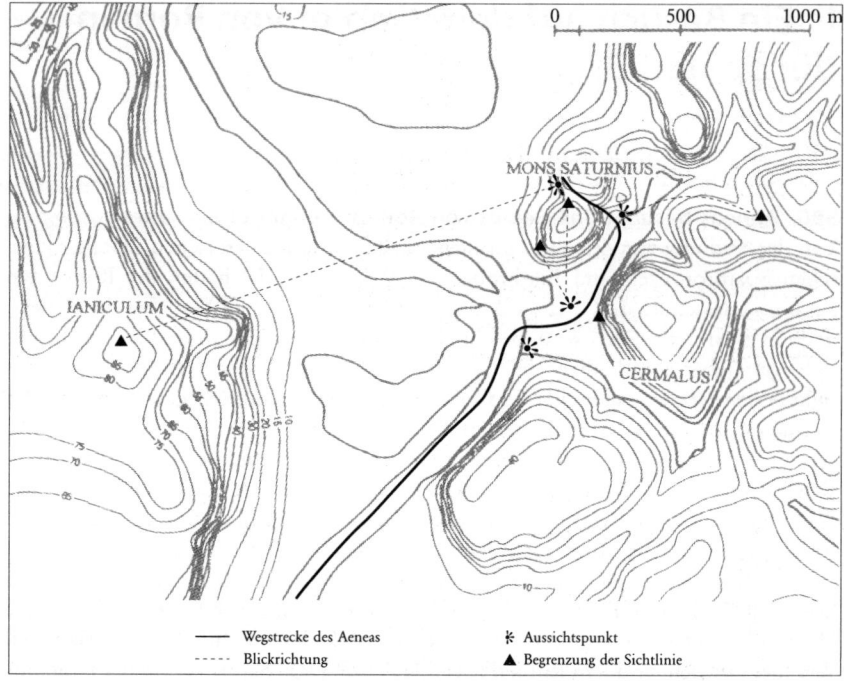

Abb. 28   Aeneas besucht, geführt von Euander, das Gebiet von Rom (Verg. Aen. 8,102 ff.)

als wären sie Wald und Weideland, noch peripherer als Argiletum und Carinae, die zumindest kurz genannt sind. Die *colles* und die Velia werden tatsächlich erst ab der Endbronzezeit, Stufe III, besetzt. Die Darstellung Vergils geht dieser Zeit voraus, insofern sie ausschließlich auf das heroische Zeitalter konzentriert ist. Die Topographie des vorgeschichtlichen Rom, wie Vergil sie zeichnet, erscheint wahrscheinlich aus archäologischer Sicht, auch wenn sie Gegebenheiten zusammengefügt, die nicht immer wirklich gleichzeitig bestanden haben.

392. Unsere Führung durch die Siedlung auf römischem Boden.   Wenn wir uns die ältesten Kulte auf römischem Boden vergegenwärtigen, die Anlegestellen zu den Hügeln auf dem Velabrum und am Murciasumpf, die Zugänge zu ihren Höhen, die wichtigsten Wasserquellen[3] und die Orte, wo Funde aus der Bronzezeit entdeckt wurden, können wir eine Gesamtrekonstruktion der Siedlung versuchen, die wir zu einer von uns geführten Besuchstour auf römischem Boden ausgestalten können. Wir gehen die Siedlungskerne durch, wobei wir vom Aventin ausgehen und mit dem Kapitol schließen, d.h., wir machen einen Rundgang im Gegenuhrzeigersinn um das Wasser des Velabrum.

---

[3] Paul. Fest. 247 L.: »pagi dicti a fontibus quod eadem aqua uterentur«. Es sei an den Pagus Septem Aquarum in Sabina erinnert, der auf die Septempagi in der Nachbarschaft des Territoriums Rom verweist. Zu den Quellen von Rom: *La geologia di Roma* 1995, S. 182, Abb. 2.

393. Der Anlegeplatz am großen Aventin. Für jemand, der von der Tiber-mündung kam, lag der Anlegeplatz[4] am Fuße des Aventin[5] wahrscheinlich am Fuß des Aufstiegs (des künftigen Vicus Publicius), die auf die Höhe des Hügels (entspre-chend dem Gebiet von Sant'Alessio) führte.[6] Er konnte einen Zugang zur Siedlung in ihrer Gesamtheit darstellen (die Besichtigung des Aeneas beginnt denn auch hier), und er konnte ein Ort der Begegnung und des Streits um die Kontrolle der Biegung *(ruma)* des Tibers, des Salzes,[7] wahrscheinlich am Ort der späteren Salinae, und des Viehs sein, wahrscheinlich dort, wo dann das Forum Boarium entsteht.[8] In der Nähe lag der *lucus* des vormaligen Distrikts des Euander, den man sich von Mänaden Ausoniens bewohnt vorstellte, wo Leukothea und Palaemon angelegt hatten, typische Gottheiten des Meeres und der Häfen.[9] Es handelte sich wahrscheinlich um den *lucus* der Stimula oder Semele,[10] der sich nahe dem Anlegeplatz befunden haben dürfte, vielleicht war es der *lucus*, der dann den ersten Kult des Hercules beherbergt hat, wenn dort vor der Zeit der Tarquinier, wie die Alten meinten, ein Hain lag.[11] Cacus

---

[4] Varro ling. 5,43: »nam olim paludibus mons erat ab reliquis disclusus. Itaque eo ex urbe advehebantur ratibus«. Man kann einen kleinen Siedlungskern im Zusammenhang mit dieser Anlegestelle nicht ausschließen. Es fehlen jedoch Grabungen am Fuße des Aventin zum Mur-ciatal hin, einem der interessantesten und am wenigsten erforschten Plätze Roms. Überprüfun-gen auf dem Gipfel des Aventin hätten bis jetzt frühe Funde ergeben (Colonna 1994), aber nicht aus vorgeschichtlicher Zeit (Information von L. Vendittelli).

[5] Der Name des Hügels leite sich vom albanischen König Aventinus Silvius ab – Etymologie weitestgehend bestätigt (D'Anna 1992) –, oder, noch treffender, vom gleichnamigen aborigini-schen König, einem Sohn des Hercules und einer Rhea, der auf diesem Hügel begraben ist; vgl. §114, Anm. 48. Eine andere, noch interessantere Etymologie verband den Aventin mit den Vögeln: »Aventinum aliquot de causis dicunt. Naevius ab avibus, quod eo se ab Tiberi ferrent aves«: Varro ling. 5,43; Fest. 17 L.; Serv. Aen. 7,657. Man beachte auch die von Remus auf dem kleinen Aventin und von Romulus auf dem großen Aventin eingeholten Auspizien: Enn. ann. 77 ff. Vahl. Zu den Remoria und den Remores Aves: Paul. Fest. 354 L. (Ampolo 1988). Zum Aventin: Merlin 1906. Der Aventin ist der Hügel der *auguria.*

[6] Vgl. §47, Anm. 58.

[7] Die einzigen Salzfelder, die mit denen der Tibermündung konkurrieren konnten, waren in Italien die von Canusium: Giovannini 1985. Die Migrationen der Aboriginer und Sabiner kön-nen auch im Hinblick auf die Notwendigkeit gesehen werden, daß Viehzüchter aus dem Lan-desinneren der Halbinsel sich die Versorgung aus diesem wichtigen Vorkommen sichern.

[8] Coarelli 1988.

[9] Palmer 1974; Bonnet 1986. Vgl. §134.

[10] Ov. fast. 6,503 ff.; Liv. 39,12. Zum *lucus* des Hercules: Verg. Aen. 8,271. Ino-Leukothea war die Schwester von Semele, deren Sohn Dionysius sie genährt hatte. Zur Gleichsetzung von Leuko-thea mit Mater Matuta und Thesan und zu Palaemon, ihrem Sohn, gleichgesetzt mit Portunus: Coarelli 1988. An diesem Ort wird 493 der Tempel der Ceres, des Liber (Dionysius Latiums) und der Libera entstehen, aber der früheste Kult der Ceres wurde schon von Euander eingesetzt: Dion. Hal. 1,33.

[11] Der Kultort des Hercules wäre dann, innerhalb eines neuen *lucus*, ins Tal verlegt und monu-mentalisiert worden, zur Zeit des Tarquinius Priscus und Servius Tullius, als das Murciatal trockengelegt, der Triumph eingerichtet und der Circus Maximus geschaffen wurde und in diesem Zuge das ursprüngliche romuleische Pomerium in diesem seinem südlichen Abschnitt zweckmäßiger gestaltet wurde, das jetzt als neue Eckpunkte die Ara maxima des Hercules und

wohnte auf dem Cermalus, und gegen ihn rückten (vom Aventin?) seine Feinde Tricaranus und Hercules zum Kampf an. Diese Auseinandersetzung zwischen Dämonen schließt eine alte Rivalität und ein ebenso altes Band zwischen den beiden
Hügeln und ihren Anlegestellen ein, die dann auch in protourbaner Zeit bezeugt
sind (Streit zwischen den Hirten des Amulius und des Numitor, zwischen Remus,
der Rom auf dem Aventin, und Romulus, der es auf dem Cermalus gründen will,
und zwischen Romulus, der vom Aventin kommt, und der Gemeinschaft auf dem
Cermalus, gegen die er anscheinend die Lanze aus Kornelkirschholz schleudert).[12]
Bei diesem Anlegeplatz war auch die Erinnerung an die für sehr alt gehaltenen Kulte
des Euander (= Faunus?) und des Iuppiter Inventor (des ältesten an diesen Gott
gerichteten Kultes der Siedlung) lebendig.[13] Der Anlegeplatz am Aventin erscheint
also als ein begehrtes, zum Cermalus gehörendes Gebiet, gelegen in einer peripheren
und neutralen Zone, in besonderer Weise für den Handel geeignet, der dennoch zum
selben Bezirk gehört (zur Zeit der *populi* ist dies der Bezirk der Velienses).[14]

394. Der Anlegeplatz des kleinen Aventin.   Dies war eine Stelle unter dem Gipfel oder *saxum* des kleinen Aventin bzw. Mons Murcus (oder der Murcia), in der
Nähe der Straßen, die zur Via Latina (Richtung Albaner Berge) und zur Via Appia
(nach Alba Longa) führten, zum Tal zwischen Palatin und Caelius (Richtung Gabii)
und zum Tal zwischen den beiden Aventin (Richtung Ficana), wo sich eine Quelle
und der periphere Kult der Fauna-Bona Dea befand, verbunden auch mit Semele,[15]
der Gottheit des *lucus* am Anlegeplatz des großen Aventin. Möglicherweise hat es
sich um einen einzigen großen *lucus* gehandelt, der sich zwischen den beiden Aventin

den Altar des Consus erhielt (der wahrscheinlich ebenfalls ins Tal verlegt wurde, entsprechend
der ersten Wendemarke des Zirkus). Zu einer anderen, mit einer sehr viel späteren Zeit verbundenen Erklärung: Coarelli 1997. Zum triumphalen Charakter des Kultes zur Zeit der Tarquinier: Ampolo 1990. Aber zu Beginn dürfte der Kult noch sehr viel weiter außerhalb des Pomeriums gelegen sein, in einer Randlage bezogen auf die Siedlung, wie in Tivoli und in Praeneste
(Torelli 1989).

[12] Zu diesen Rivalitäten kommen dann noch die pratrizisch-plebejischen Auseinandersetzungen, auf die Mastrocinque 1993 einseitig alle diese mythischen Konflikte zurückführt.

[13] Platner-Ashby 1929.

[14] Der Anlegeplatz des Aventin erscheint symmetrisch zu dem des Kapitols, auch wenn letzterer, mit den Kulten der Mater Matuta und der Fortuna, dann schließlich ersteren, der wahrscheinlich zur Zeit des Ancus Marcius und der Tarquinier aufgefüllt wird, in den Schatten
stellt. Zu den beiden möglichen »Ports of Trade« am Fuß des Aventin und des Kapitols zur Zeit
der *populi* vgl. § 154, Anm. 58. Es ist kein Zufall, daß nach der Vulgata auf diesen beiden Hügeln
die ältesten Jupiterkulte entstanden sein sollen. Zum Gebiet der Velienses vgl. § 153.

[15] Macr. Sat. 1,12,25; Plut. Caes. 9. Wir befinden uns an dem Ort, wo 1. die Frauen entfesselt
wie Mänaden des Priapus (Iuv. 6,316 f.) an den Riten der Bona Dea teilnahmen, die von den
Griechen mit der Mutter des Dionysos gleichgesetzt wurde, wo 2. Faunus die trunkene Fauna
mit der Myrte gepeitscht und dann vergewaltigt hat (vgl. § 128, Anm. 35) und wo es 3. Numa
gelingt, Picus und Faunus zu fangen. Die Mänaden der Bona Dea sind auf dem Aventin die
spiegelbildliche weibliche Entsprechung zu den Ziegenböcken-Satyrn des Faunus Lupercus, die
am Fuße des Cermalus die Frauen befruchten (Mastrocinque 1993). Es ist kein Zufall, daß die
Gründungsvermählung des Picus mit Canens auf dem Gipfel des Cermalus vorgestellt worden
ist und die Gewalttat des Faunus an Fauna auf dem gegenüberliegenden Hügel, wo dann der
Kult des Liber stattfindet.

erstreckte und mit den phallisch-dionysischen Kulten der Fauna-Semele verbunden war.[16]

395. Der Anlegeplatz des Cermalus.

Der Anlegeplatz am Fuß des Cermalus lag für den, der vom Aventin kam, in der Nähe der Südwestecke des Hügels, neben dem Hain, der Grotte und der Quelle,[17] die ursprünglich wohl den Nymphen geweiht waren, dann dem Mars und seinen Abkömmlingen, dem Specht/Picus und dem Wolf-Ziegenbock/Faunus,[18] und der Rumina, der Göttin der Ficus Ruminalis, einer Fauna, die sich auch als Wölfin zeigte, des Murcia-Sumpfes, also einer sumpfigen Wildnis am Rande.[19] Das Lupercal könnte, bezogen auf das heutige Niveau, 15 Meter tiefer gelegen haben, und keine archäologische Untersuchung hat je eine solche Tiefe erreicht.[20] Die Stelle befand sich am Fuße der Scalae Caci, d.h. bei dem Zugang, der auf die Höhe des Cermalus führte, Sitz eines weiteren Siedlungskerns und weiterer Kulte. In der Nähe dieses Anlegeplatzes der Burg des großen Saturnia des Cacus hat man sich das mythische Pallantion der Arkader des Euander vorgestellt. Nimmt man alle Zeugnisse am Fuße des Cermalus und die archäologischen Bezeugungen auf der Höhe dieses Hügels zusammen, läßt sich nur schwer der Gedanke abweisen, daß die Scalae Caci zwei eng miteinander verbundene Siedlungskerne zusammenschlossen.

396. Der Anlegeplatz des Cermalus (Minusculus?).

Am Fuße der Südwestecke des Cermalus befand sich der sehr alte Kult des Consus, des Gottes der Saat, der Ernte (aufgehäuft in Garben oder *metae?*), der Einlagerung und damit des ganzen Zyklus der agrarischen Produktion, was gut zu seiner Randlage paßt, in dem wahrscheinlich nur wenig dicht besiedelten und mehr dem Anbau dienenden Teil des Hügels.[21] Consus (als *consivius*) ist verbunden mit Ops (als *consivia*) / Iuno Sospita, und es ist wohl kein Zufall, daß bei seinem Kultort Silos gefunden wurden.[22] Wenn wir die Gleich-

---

[16] Ov. fast. 3,295.

[17] Wasserquelle, vielleicht gleichzusetzen mit der Quelle von San Giorgio in Velabro: Wiseman 1981. Konnte ursprünglich den Nymphen (Venilia und Canens?) geweiht gewesen sein; vgl. §137, Anm. 99.

[18] Zum Lupercal als »spelunca Martis«: Serv. Aen. 8,630. Der Kult des Faunus/Pan soll von Euander gegründet worden sein: Dion. Hal. 1,32.

[19] Rumina scheint an den Rumon gebunden, den Fluß der sumpfigen Biegungen *(rumae)*. Es sei auch an Iuno Caprotina erinnert, die mit der *caprificus* oder wilden Feige verbunden ist, vielleicht auch sie eine Juno des peripher gelegenen Sumpfes der Capra (oder einer Fauna): Pestalozza 1933. Pais 1913 meinte, daß der älteste Ziegensumpf und das älteste Marsfeld sich ursprünglich im Bereich des Comitium befunden haben könnten (zuletzt Coarelli 1997). Zu Iuno Sospita, der mit Ziegenfell bekleideten Göttin, die wahrscheinlich auf dem Cermalus verehrt wurde: Mastrocinque 1993. In Praeneste wurde eine Iuno Palosca verehrt, die mit der *ficus palusca* zusammenhängt (Torelli 1989). Zum hohen Alter der Kultur der Feige: Chirassi Colombo 1968. Über den Standort der beiden heiligen Feigenbäume an den Grenzen der Siedlung auf römischem Boden in der Spät- und Endbronzezeit, zum Zusammenhang zwischen dem Feigenbaum und Faunus und zu Fauna als Ziege vgl. §§128, Anm. 34; 137, Anm. 104.

[20] De Angelis d'Ossat 1934 (das Lupercal befände sich zirka 11 m ü.d.M.).

[21] Zur Einlagerung des Emmers als notwendiger Maßnahme nach der Ernte und vor der Röstung: Brelich 1955.

[22] Vgl. §§47, Anm. 61; 136, Anm. 94.

setzung des Consus mit Dis Pater annehmen,[23] dann wäre die Göttin des Cermalus außer beim Lupercal auch an diesem Ort durch ihren infernalen Sohn präsent,[24] dessen Kulte sich oft an den Rändern der Siedlung finden, an Orten des Wettkampfes wie auf den Prata Flaminia und beim Tarentum. Ursprünglich dürfte der Kult, vom Talboden aus gesehen, mehr am Hügel gelegen haben, wo wir ihn ab der archaischen Zeit finden (eine ähnliche Verschiebung könnte für den Kult des Hercules erfolgt sein), in spiegelbildlicher Lage bezogen auf das Lupercal. Die Pferdewettkämpfe der Consualia, die für ebenso alt gehalten werden wie der Kult, dürften an dieser Südseite des Palatin stattgefunden haben. Der Kult des Consus könnte, so läßt sich vermuten, die erste *meta* (ursprünglich vorgestellt als Aufhäufung von Garben?) des Laufs der Luperci und der Pferdewettkämpfe dargestellt haben, die sich wahrscheinlich entlang dieser Grenze der Siedlung abspielten, beginnend bei der Höhle des Mars, mit Consus / Poseidon Hippios eine weitere Gottheit, der ein Pferd geopfert wurde.[25] Hier begann der Bereich, wahrscheinlich unter Einschluß des Aventin, wohin die Menschen-Wölfe sich zurückzogen, d. h. die Banden von Jugendlichen, die sich während des initiatorischen Rückzugs in die Wildnis begaben.[26] Es ist möglich, daß dieser Ort von der Burg des Cermalus abhängig war, als ein Anlegeplatz in Richtung der Via Latina und der Via Appia (Richtung Mons Albanus und Alba), des Tals zwischen Palatin und Caelius (Richtung Gabii) und des Tals zwischen den beiden Aventin (Richtung Ficana). Spiegelbildlich dazu lagen auf dem kleinen Aventin, jenseits des Sumpfes, die durch die Gegenwart des Picus, Faunus, der Fauna – Bona Dea / Semele und Murcia geprägten Orte. Wir sind am äußersten Rand der Siedlung.

397. Der Siedlungskern auf dem Cermalus. Der Siedlungskern befand sich am oberen Ende der Scalae Caci, an deren unterem Ende der vermutete Anlegeplatz beim Lupercal war. Hier war die Höhle des Cacus und der Caca, d. h. die *regia* des großen Saturnia und der Sitz des Picus, der eine Nymphe des Palatin geheiratet hatte, und der anderen göttlichen Könige (es ist dann auch die *regia* des Faunus und Latinus, die auf dem Spiegel von Bolsena beim Lupercal anwesend sind, die *regia* des Faustulus und des Romulus).[27] Auf diesem Gebiet gibt es einige Funde aus der Spät- und Endbronzezeit, Stufe III,[28] weshalb man beim gegenwärtigen Stand der Kennt-

---

[23] Zum Kult des Dis Pater im Circus Maximus, erwähnt in den *Notitia*, vgl. Coarelli 1983.

[24] Zu Dis Pater als Sohn der Vica Pota: Sen. apocol. 9,4. Diese Kulte, beide den Arkadern zugesprochen (vgl. §§ 134 ff.), greifen wieder den Zusammenhang zwischen dem Gipfel und dem Fuß des Cermalus auf.

[25] Der chthonische Charakter von Consus - Dis Pater - Poseidon Hippios paßt gut zu den Pferderennen. Wir kennen nämlich weitere chthonische Kulte an für Rennen geeigneten Plätzen und entlang des Flusses, wie beim Tarentum und auf den Prata Flaminia (La Rocca 1984 und Coarelli 1997), die ebenfalls am Rand der Siedlung gelegen sind. Vgl. § 136, Anm. 94. Zu den Pferdeopfern vgl. §§ 210 ff.; Coarelli 1997.

[26] Ein ähnliches Ritual war auch in Griechenland bekannt, wo die jungen Arkader wie Wölfe lebten, abgeschieden von der Gemeinschaft während der Jahre der Initiation: Plat. rep. 8,565 d-e (Jeanmarie 1939; Piccaluga 1968; Buxton 1987; Bremmer-Horsfall 1987). Einmal im Jahr wurde jeder Neurer für einige Tage zu einem Wolf: Hdt. 4,105.

[27] Vgl. Appendix 6.

[28] Vgl. § 151, Anm. 36.

nisse einen Kontinuitätsbruch annehmen kann, der in die Endbronzezeit, Stufe I und II, zu datieren wäre.[29] Die Hauptrolle, die dieser Ort gespielt hat, findet eine Bestätigung in den mythischen Erzählungen von Cacus, Picus und Faunus und im künftigen Kult der Victoria, der in Verbindung mit Terra-Ops, Fauna/Acca und Vica Pota interpretiert werden kann,[30] während ab der protourbanen Zeit seine Bedeutung, obwohl sie weiterhin anerkannt wird (er beherbergt weiterhin die Hütten der Häuptlinge), zurücktritt hinter den neuen Rollen, die von der Velia, dem ersten Hügel der Velienses, und vom Palatium, dem ersten Hügel des Septimontium, übernommen werden.

398. Der Anlegeplatz des Palatium Richtung Velabrum. Für den, der vom Anlegeplatz beim Lupercal kommt, findet sich der Anlegeplatz an der nordwestlichen Ecke des Palatium. Später liegt er »in infima Nova via«,[31] wo sich dann auch das Sacellum des Velabrum erhebt.[32] In der Nähe konnte man über Treppen (die späteren Scalae Graecae?) auf die Höhe des Hügels steigen.[33] Am Fuße dieses Zugangs lag die Quelle, die dann der Juturna geweiht wird, der Schwester des Turnus und Tochter des Daunus (= Faunus), sowie der Kultplatz ihrer Schwester Tacita, der infernalen Nymphe, weiter der Kultort der Acca Larentia, der Wölfin Luperca,[34] Mutter der Laren, in der Fauna wiederzuerkennen ist, und der Kultort des Aius Locutius, in dem Faunus wiedererkannt wird, im *lucus*, der dann der Vesta geweiht ist.[35] In der Nähe dieser Kultorte, die dann eine Art Area sacra Palatina bilden, analog dem heiligen Bezirk auf dem Cermalus, wurden Siedlungsspuren der Spätbronzezeit gefunden. Über dem verlassenen Siedlungskern hat sich dann eine Schicht abgelagert, die von einer wahrscheinlich der Endbronzezeit, Stufe I, zuschreibbaren Überschwemmung stammt. Es folgt eine Zäsur von mehr als einem Jahrhundert,[36] die vielleicht, zu Beginn, auch auf dem Cermalus eine Entsprechung hat. Man kann den Anlegeplatz mit Bezug auf die Ausdehnung der Siedlung vom Mons Saturnius zum Palatin hin interpretieren, weshalb er als Außenstelle des Cermalus zu verstehen sein dürfte, der zu dieser Zeit die Hauptburg der Siedlung geworden war, die mit der Quelle und dem Anlegeplatz verbunden war.[37] Ab der Velia begann zu dieser Zeit das Weideland der Siedlung. Zeugnisse gibt es auf dem Cermalus wieder aus der Endbronzezeit,

---

[29] Im Siedlungskern am Fuß des Palatin in Richtung zum Velabrum gibt es eine ähnliche Unterbrechung am Ende der Spätbronzezeit, die länger andauert: vgl. § 89, Anm. 2.

[30] Zu den Kulten der Stelle und zu ihrer Bedeutung im Zusamenhang mit dem aborigischen Standort Rom vgl. § 136.

[31] Die Einmündung dieser Straße in das Velabrum ist vielleicht auf einer pompeianischen Malerei dargestellt, wo Tacita und Mercurius (Cappelli 1994 und i. Dr.) abgebildet sind sowie eine Straße, die in den infernalen Sumpf mündet.

[32] Varro ling. 5,43 ff.

[33] Coarelli 1983.

[34] Arnob. nat. 4,3, der Varro zitiert (»Luperca ... dea est«). Siehe Coarelli 1983.

[35] Pestalozza 1933, 1933a; Sabbatucci 1958; Coarelli 1983.

[36] Vgl. § 151.

[37] Peroni 1988. Die Tatsache, daß diese Anlegestelle bei einer Quelle mit einem kleinen Umschlagplatz oder Siedlungskern verbunden war, erlaubt es, uns weitere mögliche Umschlagplätze an den anderen Anlegestellen vorzustellen, von denen wir weniger wissen.

Stufe III, zusammen mit der Nekropole mit Urnengräbern am Fuße des Palatin zum
Velabrum hin, wo der Siedlungsort der Spätbronzezeit lag, zur Zeit des *populus* der
Velienses.

399. Der Anlegeplatz des Mons Saturnius Richtung Velabrum. Die Anlegestelle befand sich am Fuß der nordöstlichen Ecke des Mons Saturnius, wenn man
vom Siedlungskern bei bei der künftigen Kapelle des Velabrum kam.[38] Sie befand
sich wahrscheinlich auf dem Gebiet des künftigen Comitium, in der Nähe der Quelle
des späteren Tullianum,[39] wo der Verlauf der künftigen Sacra Via endete,[40] am Fuße
der Treppen, die auf die Burg führten (die künftigen Scalae Gemoniae oder Centum-
gradus) und am Ausgangspunkt des Weges, der auf die Höhe des Mons Saturnius
führte. Der Ort war spiegelbildlich zu dem palatinischen Platz bei der künftigen
Quelle der Juturna. Hier sollen die mythischen Pelasger den siculischen Kult des
Saturnus erneuert und den Kult des Dis begründet haben. Nicht weit davon dürfte
es auch einen Kult des Faunus-Silvanus gegeben haben.[41] Im Bereich des Comitium
wurden einige Keramikbruchstücke der Endbronzezeit gefunden, die im Augenblick
das älteste am Ort gefundene Zeugnis darstellen.[42] Der Siedlungskern auf dem Comitium scheint eine Neuheit der Endbronzezeit zu sein und könnte mit dem Sichnie-
derlassen der Aboriginer auf diesem Hügel, der aboriginisch-albanischen Siedlung
und der ersten Siedlung des *populus* der Latinienses zusammenhängen.[43] Der Collis
Latiaris und die anderen Hügel des Quirinal waren zu dieser Zeit Felder, Weiden
und Wälder außerhalb der Siedlung, ähnlich wie die Velia, die Carinae und das Argiletum.

400. Der Siedlungskern auf dem Mons Saturnius. Der Siedlungskern befand
sich auf der Höhe des Mons Saturnius, wo ein Hain mit einer heiligen Eiche lag,
geweiht einer unbekannten Gottheit, die die Arkader des Euander mit Jupiter gleichgesetzt hatten. Die archäologischen Zeugnisse beginnen an dieser Stelle ab der mittleren Bronzezeit.[44]

---

[38] Plut. Rom. 5: »Der Ort heißt jetzt Velabrum, weil man den Fluß bei dem oftmaligen Hochwasser, um zum Forum zu gelangen, an diesem Punkt mit Booten überqueren mußte«. Aber
das Forum gab es zu dieser Zeit nicht, weshalb man eher an den Platz des Comitium denken
könnte, das im Vergleich zum Sumpf leicht erhöht liegt, wo wir uns eine Anlegestelle des Mons
Saturnius vorstellen können, für den, der vom hinteren Teil des Velabrum kam, vielleicht in
Entsprechung zu dem Wasserlauf, den es zwischen Kapitol und Arx gegeben haben dürfte, wo
man sich auch einen Steg oder eine Stufenrampe denken könnte, die den Hügel hinaufführte
(Carafa i. Dr. a).

[39] Das Comitium gehörte geophysikalisch nicht zum Velabrum und dann zum Forum, sondern zum Hang des Kapitols: Colini 1981; Platner-Ashby 1929. Es war vom Velabrum begrenzt,
war aber selbst keine sumpfige Gegend, wie Ampolo 1988 meint (das von Romanelli 1981 edierte
Becken wäre, nach A. Ammerman, künstlich geschaffen worden). Prop. 4,4 erwähnt einen Wald
des Silvanus und eine mit Tarpeia verbundene Quelle (vielleicht des Tullianum?).

[40] Nach Carafa i. Dr. hätte die Sacra Via, wenigstens seit der 2. Hälfte des 6. Jh., mit der südlichen Begrenzung des Comitium geendet (Palatium e Sacra via, 1).

[41] Zum Kult des Silvanus vgl. § 128, Anm. 34.

[42] Vgl. § 135, Anm. 78.

[43] Vgl. § 153.

[44] Grabung beim Tabularium: § 77, Anm. 2.

401. Der Anlegeplatz des Mons Saturnius Richtung Tiber. Der Anlegeplatz fand sich am Fuße des Kapitols in Richtung zum Fluß, wenn man von den Siedlungskernen des Comitium und des Mons Saturnius kam. Er befand sich am Fuße der Treppen, die auch in der Folgezeit bestanden, die auf die Höhe des Hügels (wo die Area Capitolina lag) führten. Hier dürfte die Wohnstätte (eine Grotte?) und der Altar der Carmenta gewesen sein, spiegelbildlich gelegen zur Grotte des Faunus Lupercus am Fuß des Cermalus.[45] In der Nähe wurden Keramikbruchstücke ab der mittleren Bronzezeit gefunden.[46] Dieser Anlegeplatz scheint dem am großen Aventin zu entsprechen und bildete den Zugang zur Siedlung für den, der den Tiber abwärts kommend das Gebiet erreichte.[47]

---

[45] Zu Carmenta und ihrer Verbindung mit dem Mond, den Geburten und dem Befruchter Faunus vgl. §§ 52, Anm. 78; 53, Anm. 84; 77, Anm. 2; 79, Anm. 20; 85, Anm. 30; 114, Anm. 38; 130, Anm. 46; 134, Anm. 74; 134, Anm. 86.
[46] Grabung bei Sant'Omobono: vgl. § 77, Anm. 2.
[47] Vgl. §§ 77, Anm. 2; 85, Anm. 30.

II. Die Gebiete von Reate und Rom im Vergleich

402. Inseln und Feuchtgebiete (vgl. Abb. 12). Es bestehen Ähnlichkeiten zwischen dem Ager Reatinus und dem Gebiet von Rom. Im Gebiet von Reate (Cutilia, Velia, Issa, Maruvium) wie im Gebiet von Rom (Mons Saturnius, Cermalus) liegen die aboriginischen Siedlungen oft auf Inseln und in Feuchtgebieten oder von Sümpfen und Wasserläufen eingeschlossen, nach dem Modell der »Inseln der Seligen«.[1] Nach der Überlieferung sind es nämlich die Sümpfe, nicht die Mauern, die die Siedlungen dieser Völkerschaften schützen. Die archäologische Forschung hat festgestellt, daß eine der bezeugten Wohnformen im Mittelitalien der Bronzezeit eben diese perilakustrische Form ist, wo ein oder mehrere *pagi* sich ein Gewässer teilen, wie es bei den Sümpfen im Gebiet von Reate der Fall ist.[2]

403. Die »umbilici«. Im Gebiet von Reate wie auf römischem Boden gilt den *umbilici* besondere Beachtung, so in Cutilia, das als Mittelpunkt der Halbinsel galt, und ebenso auf römischem Gebiet, am Fuße des Mons Saturnius, am Kultort *(mundus)* des Dis Pater, und am Fuß des Cermalus (bei der Grotte des Lupercal und beim Altar des Consus) und am Fuß des Palatium (beim Grab der Acca), Orte, die ebenso als Pforten zur Unterwelt interpretiert werden können.[3]

404. Palatium und Velia im Gebiet von Reate. Dionysios von Halikarnassos, dessen Quelle Varros *De antiquitate litterarum* ist, hat uns eine Liste von zwölf

---

[1] Dion. Hal. 1,14. Diese Gegebenheit kann die Deutung einiger Siedlungen an der Küste Latiums und entlang des Tibers als »Inseln der Seligen« begünstigt haben, der griechischen Gewohnheit folgend, auch eine festländische Siedlung wie Orchomenos in Arkadien, die von Flußwasser und Sümpfen umgeben war, als eine Insel zu bezeichnen: Dion. Hal. 1,49. Zu Circei, dem von Sümpfen flankierten Vorgebirge, als Insel aufgefaßt (Theophr. hist. plant. 5,8,3): Ampolo 1994. Vgl. Addendum V.

[2] Carancini 1986; Guidi 1986; Pacciarelli 1986; Carancini u. a. 1990. Zu den reatinischen Sümpfen: Plin. nat. 2,226; 31,12 (Filippi 1986; Peroni 1989; Coccia-Mattingly 1992). G. Colonna hatte (in: Peroni 1979) schon betont auf die Siedlungskerne am Fuß der Hügel auf römischem Boden hingewiesen. Siehe auch die Siedlungen an den albanischen Seen und am See von Gabii.

[3] Das Thema des Mons Saturnius als *caput* Italiens wird mit der Herrschaft des Tarquinius Superbus wieder aufgenommen: Dion. Hal. 4,61; Liv. 1,55. Auch Faunus wurde mit Dis Pater gleichgesetzt: Serv. Aen. 7,9; Verg. georg. 43 (Brelich 1955). Seine Grotte am Lupercal konnte als ein Eingang vom Cermalus zur Unterwelt des Murciasumpfes betrachtet werden, eher als die Ficus Ruminalis, die Briquel 1980a als einen kosmischen Baum interpretiert hat. Zum infernalischen Charakter der Binnengewässer: Torelli 1991. Der Eingang vom Palatium zur Unterwelt des Velabrum könnte mit dem Kultort der Larunda zusammengefallen sein, der wie ein *mundus* interpretiert wurde: Varro ling. 6,22 ff. (»hoc sacrificium fit in Velabro ... ad sepulcrum Accae, ut quod ibi prope faciunt diis Manibus servilibus sacerdotes«); Serv. Aen. 3,134 (Wissowa 1902). Ein Grab im Velabrum, wie das der Acca, würde das Denkmal auf eine Epoche zwischen den latialen Stufen I und IIA1 ansetzen lassen, als der Sumpf von Nekropolen umgeben war, was ein Indiz für das hohe Alter des Kultes der Mutter der Laren darstellt.

aboriginischen Zentren im Gebiet von Reate überliefert.[4] Die Liste wurde
angeführt vom Palatium: ein noch in augusteischer Zeit bewohnter Ort, 25 Stadien
weit von Reate. 70 Stadien von Reate lag Cutilia, nach Varro der *umbilicus* der
Halbinsel,[5] unweit dessen ein quellenreicher See lag, von dem man glaubte, er
habe keinen Grund; er war 400 Fuß breit, wurde geschützt von einem Pfahlzaun,
und in seiner Mitte schwamm eine 50 Fuß breite Insel.[6] Nahe Cutilia lag ein
Sumpfgebiet, genannt Velia, ebenfalls in augusteischer Zeit bezeugt, von dem man
glaubte, die Aboriginer hätten es den Pelasgern, ihren Verbündeten, abgetreten, damit
sie dort ansässig würden.[7] Zwei aboriginische Orte im Gebiet von Reate, Palatium
und Velia, die es noch in augusteischer Zeit gab, hatten also die gleichen Namen
wie die beiden Haupthügel, die zum Siedlungsgebiet der Velienses auf dem Boden
Roms wurden. Varro, bester Kenner der reatinischen und der römischen Altertü-
mer, bringt die beiden Veliae, für die es unterschiedliche Etymologien gab,[8] nicht
miteinander in Verbindung, stellt aber einen Bezug zwischen den beiden Palatia
her: Das Palatium auf römischem Boden leitet sich danach von den aboriginischen
Palatini ab, von denen man annahm, daß sie aus dem Ort des Ager Reatinus
stammten, der eben Palatium hieß.[9] Man kann der Meinung sein, die Namen der
Orte des Ager Reatinus und auf römischem Boden wären völlig unabhängig voneinander – die Übereinstimmung ist dennoch beeindruckend –, aber man könnte
sich auch eine Verbindung dieser beiden gleichnamigen Orte vorstellen, die auf
die Zeit der aboriginischen Expansion zurückgeht, auf die aboriginisch-albanische
Neugründung auf römischem Boden oder auf die Entstehung der Siedlung der Velienses. In diesem letzteren Fall könnte man sich vorstellen, daß die casci Palatini
und die Velienses sich auf römischem Boden niedergelassen haben und den beiden
Hügeln die Namen der beiden Orte im Gebiet von Reate gaben, aus denen sie
kamen.[10]

---

[4] Calestani 1933. Vgl. Appendix 4.

[5] Varro in: Plin. nat. 3,109; Mart. Cap. 6,639.

[6] Der See von Cutilia ist mit dem Lago di Paterno identifiziert worden. Der *vicus* Aquae Cuti-
liae lag 117 km von Rom und 13 km von Reate entfernt: Guittard 1976; Uda 1990; Scotoni 1992
(nach dem die Aquae Cutiliae nur die Schwefelquellen sind, während der Lacus Cutiliensis oder
Lago di Paterno den *umbilicus* dargestellt habe). Schwimmende Inseln gab es auch im Lacus
Vadimonis: Plin. epist. 8,20. Auch Delos wurde als schwimmende Insel angesehen (Kallim.
Del. 30 ff.) und ebenso die Kyaneai (Hdt. 4,85).

[7] Dion. Hal. 1,19.

[8] Von *eleia*, Sumpf, für die aboriginische Velia (Dion. Hal. 1,20), und von *vellere*, scheren, für
die Velia auf römischem Boden (Varro ling. 5,54). Es sei an das romuleische Tor am Palatin,
genannt Porta Mugonia, erinnert, das sich zur Velia hin öffnete: »Mucionis a mugitu, quod
ea pecus in bucita <cir>cum antiquum oppidum exigebant«: Varro ling. 5,164; Fest. 131 L.; es
konnte das Tor sein, das nach *Muciona führte, vielleicht eine Ortschaft der Mucii (Palmer
1970).

[9] Varro ling. 5,53-54.

[10] Briquel 1984 glaubt nicht an die Verknüpfung zwischen den Ortsnamen. Auf der Peloponnes
gab es in historischer Zeit verschiedene Ortsnamen, die man in Thessalien wiederfindet (die
Siedlung Ithome, der Fluß Paneios, die Berge Ossa und Olymp), was mit den Migrationen der
Mykener und der Dorer erklärt wurde: Drews 1988.

405. Der Specht von Tiora Matiene und die Victoria von Cutilia. Eines der zwölf Zentren oder Distrikte der Aboriginer auf reatinischem Territorium hieß Tiora Matiene. Es beherbergte ein Mars-Orakel, wo ein Specht auf einem Holzbalken hokkend, vermutlich einem Ersatz für den ursprünglichen heiligen Baum, weissagte. Die Gründungen von Ausculum und Alba könnten mit dem Specht in Verbindung stehen. Die Grotte des Lupercal ist dann auch dem Mars heilig, und dort taucht der Specht auf, der mit der Wölfin die göttlichen Zwillinge nährt. Vor der Grotte stellte man sich – wohl ebenfalls weissagende – Vögel vor, die auf einem Gestell in Baumform saßen.[11] Auf der Insel des Sees bei Cutilia verehrte man die Victoria, wohl eine Vacuna, und unter den ursprünglichen Kulten auf dem Gipfel des Cermalus und vielleicht auch auf der Velia wurden weitere Victoriae aufgezählt, vielleicht der früheren Vicae Potae.[12]

---

[11] Vgl. §§ 108 ff.; 640, Anm. 23.
[12] Guittard 1976. Prosdocimi 1989 hält die varronische Gleichsetzung von Vacuna mit Victoria für willkürlich.

III. Alba Longa

406. Alba: nie existiert und nie zerstört? Nach einigen Gelehrten hätten die Alten widersprüchliche Angaben über den Standort von Alba gemacht – ein Gebiet westlich vom See (Castel Gandolfo), ein Gebiet am Fuße des Mons Albanus (Palazzuolo) usw. –, weil der Ortsname ursprünglich nicht den Hauptort bezeichnet habe, sondern das Gebiet des Populus Albanus und die Gesamtheit der um den See herum liegenden und miteinander verbündeten Dörfer. Die Frage nach dem Standort von Alba wäre daher ein Scheinproblem, genauso wie die Frage nach seiner Zerstörung durch Tullus Hostilius. Die These ist unhaltbar, denn sie steht im Widerspruch zu dem, was wir über die Ansiedlungen in jener Zeit wissen, die aus einer Burg oder zwei Hauptburgen bestanden, die untergeordnete *vici* im Bereich eines *pagus* kontrollierten. Man denke an die Burgen Palatin-Kapitol auf römischem Boden und an die Burgen Cappuccini-Tofetti in Alba, nach der jüngsten und wahrscheinlichsten Auslegung.[1] Seit präurbaner Zeit konnten also, wenn auch in embryonaler Form, abhängige Siedlungskerne und folglich strukturierte Ansammlungen von Dörfern bestehen, von denen eine Siedlung der Hauptort war.[2] Daß eine präurbane Siedlung auf eine Burg Bezug nehmen konnte, ist eine Tatsache, die auch in der Überlieferung belegt ist, insofern Gottheiten und göttliche Könige schon seit ältester Zeit an einen Haupthügel gebunden sind, wie Janus an den Ianiculus, Saturn und Siculus an den Mons Saturnius, Volcanus und Cacus, Mars und Ops, Picus und Faunus, Faustulus und Romulus an den Cermalus. Diese Hügel oder göttlichen »Inseln« sind das Gegenteil einer Verstreuung unterschiedsloser und gleichberechtigter Siedlungskerne innerhalb eines bestimmten Gebietes, wie gerade das Gebiet von Rom zeigt, welches wir am besten kennen.[3] Die Zerstörung Albas dürfte daher den Untergang

---

[1] Grandazzi 1986; Arietti 1996; Cecamore 1996. Aber schon Alföldi 1965 glaubte nicht an die Zerstörung von Alba, dessen Monarchie, wie in Rom, bis zum 6. Jh. gedauert haben soll. Cornell 1995 hingegen glaubt an die Zerstörung durch Tullus Hostilius. Zu einer klaren Unterscheidung zwischen *pagus* und *vicus*: Letta 1992, aber siehe auch Flambard 1981. Es fehlt auch noch in jüngster Zeit nicht an hyperkritischen Standpunkten, die darauf abzielen, die Existenz von Alba und des albanischen Bundes zu negieren, etwa beim Kongreß über *Alba Longa. Mythos, Geschichte, Archäologie*, der vom 27. bis 29. Januar 1994 in Rom und Albano stattgefunden hat (Pasqualini 1996).

[2] Di Gennaro 1986; Peroni 1989. Auch nach Colonna 1988 hätten die *populi* eine Burg als Bezugspunkt gehabt. Zu den ersten Abhängigkeitsbeziehungen zwischen Siedlungen: Peroni 1993-94 (vgl. §150, Anm. 31). In jenem Seminar wurden Siedlungen der Endbronzezeit unter 4 ha als untergeordnet kategorisiert und Siedlungen zwischen 4 und 20 ha als vorrangige Orte (aber zumindest 20 ha erreichen nur 4 davon). Auf 33 vorrangige Orte kommen 105 kleinere oder untergeordnete Orte. Bei der Identifizierung der vorrangigen Orte sind Erwägungen im Zusammenhang mit Ausdehnung, Morphologie, Verteidigung, Sichtbarkeit, Ressourcen und Verbindungswegen einbezogen worden.

[3] Vgl. Addendum I.

der Doppelburg mit sich gebracht haben, die Epizentrum der Orte und Sitz der Häuptlinge oder der königlichen Macht war (die Kultorte wurden verschont und konnten zumindest teilweise überdauern), sie muß aber nicht den Untergang der anderen Siedlungskerne, die Auflösung des Gebietes und das Ende des Populus Albanus bedeutet haben.[4]

407. Merkmale der präurbanen Siedlungen. Die präurbanen Siedlungen der Endbronzezeit waren keine einfachen und natürlichen Gegebenheiten, wie einige Historiker aufgrund primitivisierender Angaben schon der Alten meinten,[5] sondern sie waren schon recht komplexe Siedlungssysteme auf gerodeten Höhen und Dörfer auf Lichtungen *(luci)*, die mit der Axt oder dem Feuer geschaffen wurden, umgeben von Wäldern, dem Reich des Faunus, und auf diese Weise wurden auch Anbaufelder, Obst- und Gemüsegärten und die Plätze für die Kultstätten und die Bundesversammlungen geschaffen.[6] Die Nandas im Gangesgebiet, die den Wald roden, interpretieren ihr »Siedeln« als das Resultat des »Abschneidens«, weshalb für sie das Gründen eines Ortes vor allem bedeutet, einen Raum der Vorherrschaft der Bäume zu entreißen.[7] Der präurbane, also noch grundlegend ländliche Charakter der Siedlungen am Beginn der Kultur besteht im noch engen Bezug zwischen Wildnis und bewohnter und für den Anbau genutzter Welt, die aber keinesfalls mit der Wildnis verwechselt werden darf, von der sie umgeben waren. Die präurbanen Siedlungen sind deshalb eine Projektion des phantastischen Bildes des Faunus, des würgenden Wolfs des Waldes und des Bocks der Weiden, in die materielle Welt, und ebenso des Picummus, des Dämons des Spechtes, des Vogels mit dem scharfen Schnabel, der die Bäume löchert, der Axt, die rodet, und des Blitzes, der Feuer entfacht, und auch des Picus, des Kulturheros, des Gründers von Alba und der Institution der Ehe: in der Tat antinomische und komplementäre Realitäten.

III   **408. Wo lag Alba?** (vgl. Abb. 11).   Die Entdeckung von Siedlungskernen südlich des Albaner Sees ist relativ neu und legt nahe, Alba auf den Haupterhebungen am Rande des Kratersees zu lokalisieren, die aus Tofetti (556 m ü.d.M.) und Cappuccini (515 m) bestehen. Cappuccini ist eine Anhöhe, von der aus man die Küste Latiums von Circei bis zur Tibermündung beherrscht. Cappuccini und Tofetti erheben

---

[4] Die Burg von Cappuccini scheint ab der Stufe Latiale IVB (Chiarucci 1996, 1996a) nicht mehr besiedelt gewesen zu sein. Die »Zerstörungen« einer Siedlung führen im allgemeinen nicht dazu, daß sie sofort verlassen wird, sondern daß sie zunächst in Resten weiterbesteht und im Laufe der Zeit zu bestehen aufhört, abgesehen von späteren Neugründungen. Dies ist der Fall bei Ficana, das von Ancus Marcius eingenommen wurde und dessen Bewohner deportiert wurden, das aber physisch erhalten blieb und später wieder bevölkert wurde: Dion. Hal. 3,38 (Fischer Hansen 1990). Die Nekropole unter dem Vicariato, Piazza San Giovanni in Rom, die auf das zweite Viertel des 7. Jh. zurückgeht, wurde von Colonna 1996 mit den albanischen *gentes* in Zusammenhang gebracht, die nach der Zerstörung von Alba auf den Caelius umgesiedelt wurden (Liv. 1,29-30).

[5] Fraschetti 1990.

[6] Colonna 1966; Coarelli 1993. Zur Darstellung der kultivierten und der wilden Welt, klar unterschieden und in Wechselbeziehung zueinander, auf dem Wagen von Bisenzio vgl. §§ 40, 122 und 133.

[7] Remotti 1993. Zum Dorf und zum Wald als entgegengesetzte und komplementäre Einheiten im brahmanischen Indien: Malmoud 1976. Zu Picumnus als Dämon der Axt vgl. §§ 111-113.

sich auf einem hügeligen, langen und schmalen Höcker, der den Mons Albanus (949 m) mit dem See verbindet. Es handelt sich um eine Doppelburg, die sich auf einer Anhöhe oder »Alpe« erhebt, und um eine Siedlung in sehr gestreckter Form, 300 Meter über dem See gelegen. Der Ort entspricht den Hinweisen der Alten, für die Alba am Fuß des Mons Albanus liegt, zwischen dem Berg und dem See, wo die Ansiedlung sich entlang des Höhenrückens unter dem natürlichen Schutz des hohen Kraters erstreckt, der den See beherrscht.[8] Cappuccini ist ein seit der mittleren Bronzezeit bewohnter Ort, wie der Mons Saturnius auf dem Boden Roms, weshalb man sich wie auch sonst oft damit abfinden muß, die Gründung Albas als eine Neugründung einer vorhergehenden Siedlung zu betrachten, die zeitgleich war mit der präsiculischen und siculischen Siedlung auf römischem Boden (die ersten archäologischen Bezeugungen auf dem Mons Albanus sind in die Endbronzezeit, Stufe I und II, datierbar).[9] Andererseits wird die große demographische Entwicklung um den Albaner See und um die nahen Krater ab der Endbronzezeit, Stufe III, datiert,[10] der klassischen Epoche der Vorherrschaft von Alba, der Populi Albenses und ihres Bundes. Die Hügel von Cappuccini und von Tofetti kontrollierten die Straße, in die die von der Küste Laviniums und von Ardea und vom römischen Territorium kommenden Wege (Strecke der Via Appia) – der beiden Häfen Albas am Meer und am Tiber – mündeten, und dies war auch die Straße, die auf den Monte Cavo oder Hügel von Cabe/Cabum führte. Die Siedlung von Alba (= Cappuccini und Tofetti) scheint zu Beginn auf den See und die ihn umgebenden Höhen ausgerichtet gewesen zu sein, aber in der Folge, vielleicht schon in der Endbronzezeit, Stufe III, und sicher seit der latialen Stufe IIA, scheint sie ihr Interesse nach außen zu lenken, wie die Besiedelung weniger hoch liegender Gebiete zeigt, etwa das Gebiet des heutigen Albano und von Aricia, was im Einklang steht mit der föderalen Bestimmung, die die Überlieferung der Metropole der Latiner einräumt.

409. Der Mons Albanus und sein Heiligtum. Der Mons Albanus bildete den weiträumigsten Distrikt im Bereich der Albaner Berge. Sein Jupiter-Heiligtum stellen wir uns am besten als einen *nemus* auf dem Gipfel des Berges vor, in dem eine große heilige Eiche aufragte, ähnlich wie auf dem Kapitol, dem eventuell eine Lichtung

---

[8] Liv. 1,3; Dion. Hal. 2,66.

[9] Chiarucci 1978, Tafel XL, 1996 und 1996a. Fundstücke aus der mittleren Bronzezeit sind in Cappuccini und im Dorf Le Macine, heute vom See geflutet, entdeckt worden. Fundstücke aus der Spätbronzezeit sind in Cappuccini und andere aus der Endbronzezeit, Phase I und II, auf dem Monte Cavo entdeckt worden (Di Gennaro – Pacciarelli 1978; Bietti Sestieri 1992a; Chiarucci 1996, 1996a).

[10] Chiarucci 1978, Tafel I A, 1996 und 1996a; Pacciarelli 1986, Abb. 2–3.

[11] Coarelli 1993 hat die Existenz der heiligen Bäume nachgewiesen, als er eine Grube in der Mitte des Heiligtums der Juno in Gabii um das 6.Jh. analysierte, die offensichtlich angelegt wurde, um einen Baum aufzunehmen. Ampolo 1993 hat gemeint, das Heiligtum des Iuppiter Latiaris wäre nie als *lucus* bezeichnet worden, aber das stimmt nicht: Liv. 1,31,3 (Alföldi 1965). Zu den heiligen Bäumen: Philpot 1897; Weniger 1919. Berge und Bäume können als kosmogonische Fixpunkte betrachtet werden, man denke an Irminsul, den kosmischen Pfahl-Baum der Sachsen, 772 n. Chr. von Karl dem Großen gefällt. Der heilige Baum konnte auch als ein Ahne gelten, da aus ihm die ersten Menschen geboren sein konnten: Di Nola 1970; Vadé 1977; Brosse 1989. Zum Heiligtum des Mons Albanus siehe zuletzt Cecamore 1993 und 1996.

oder ein *lucus* vorgelagert war.[11] Außer der Weihestätte dürfte auf dem Berg eine Siedlung gelegen haben, die Cabe oder Cabum hieß, wie auch der moderne Name des Monte »Cavo« und die Rolle, die die Sacerdotes Cabenses in den Riten der Feriae Latinae spielten, vermuten lassen.[12] Man sollte aber die Siedlung auf dem Mons Albanus nicht mit Alba verwechseln, auch wenn, angesichts des Namens des Berges, diese auf Alba ausgerichtet gewesen sein muß, das den Zugang zum Berg und also zum Kult kontrollierte.[13] Der Berg, die Siedlung (Cabe) und das entsprechende Volk (die Cabenses) waren heilig und neutral, insofern sie die Hauptweihestätte Albas und seines Bundes beherbergten.[14] Daß es sich um einen Distrikt, um eine Siedlung und um einen *populus* handelte, die heilig waren, abgesondert von der embryonal politischen Organisation des Bundes, scheint auch der Umstand nahezulegen, daß die Cabenses nicht unter den dreißig *populi* figurieren, die den Bund gegründet und das Fleisch auf dem Mons Albanus verzehrt haben.[15] Dem Schicksal des Mons Albanus scheint seine Höhe und die zentrale Lage inmitten der Albaner Berge von Nutzen gewesen zu sein,[16] die aus ihm die natürliche Festung nicht nur für Alba Longa, sondern für die Gesamtheit der *pagi* oder Gruppen von *pagi* und von hegemonialen und untergeordneten *vici* der *populi* des Bundes machten, die den heiligen Berg und das dort anläßlich der *sacra* entzündete heilige Feuer von ihrem Standort in der Region sehen konnten.[17] Diese zentrale Position hatte auch ihre Nachteile. Die Albaner Berge befinden sich nämlich in dem Teil Latiums, der von den großen Verbindungswegen des Meeres und der Flüsse und von den Landungsstellen wie auch von den Berührungspunkten mit den diversen Sippen der benachbarten Gebiete am weitesten entfernt liegt. Dies setzt ihrer Entwicklung im Laufe der frühen Eisenzeit eine Grenze, weshalb Alba nie zu einem protourbanen Zentrum wird und das Gebiet der Albaner Berge, trotz einiger Veränderungen, ein Museum der Agrarlandschaft des Bronzezeitalters bleibt. Die Burg von Cappuccini erscheint ab dem 6. Jahrhundert fast vollständig verlassen, und diese Tatsache kann als eine Folge der Zerstörung der albanischen Befestigungen durch Rom betrachtet werden, wenn auch nicht ihrer Kulte, die wahrscheinlich weiterhin von den Bewohnern des Gebietes ausgeübt wurden.[18]

[12] Alföldi 1965. Der Name der Porta Capena könnte mit Bezug auf Cabe gesehen werden (Coarelli 1996). Wir wissen nicht, welcher Art das Verhältnis des Heiligtums zur Siedlung war, also ob es abgeschieden von ihr lag oder in sie eingebunden war (Dietrich 1982).

[13] Chiarucci 1996a.

[14] Keiner hätte gegen die Bewohner von Dodona Krieg geführt, da sie als ein heiliges Volk galten: Dion. Hal. 1,18.

[15] Vgl. Appendix 5.

[16] Bietti Sestieri 1992a.

[17] Man denke an das große Feuer, das die *feriae* auf diesem Berg beendete: »Vestali raptus ab ara | ignis et ostendens confectas flamma Latinas ...« (Lucan. 1,549 ff.).

[18] Die Penaten von Alba könnten nach Rom übertragen worden sein: vgl. § 117, Anm. 57. Die Wiedereinführung der *sacra* als Feriae Latinae durch Tarquinius Superbus und der zeitgleiche Bau des Abführungskanals für den Albanersee scheinen anzuzeigen, daß der See inzwischen unmittelbar der Kontrolle der Römer unterlag. Nach Alföldi 1965 wäre der Kanal im Gegenteil ein Indiz für die Lebendigkeit von Alba, dessen Monarchie bis zur zweiten Hälfte des 6. Jh. gedauert habe, wonach die Siedlung erst um die Mitte des 5. Jh. von Rom erobert worden sei, doch stehen solche Meinungen im Widerspruch zur Überlieferung, und sie lassen sich auch im

410. Neue Kulte im Freien. Religiöse Verhältnisse, wie sie der Kult des Iuppiter Latiaris anzeigt, sind vor der Endbronzezeit schwer vorstellbar.[19] Zwischen den ältesten Höhlenkulten und den künftigen protourbanen und urbanen Kulten sind die Kulte in heiligen Bezirken im Freien anzusiedeln, wo die kultische Sphäre bereits beginnt sich von der des täglichen Lebens abzusetzen.[20] Die literarischen Quellen erwähnen zahlreiche Kulte an heiligen Bäumen, von denen einige bis in diese Epoche zurückreichen können. Wir haben in Rom auf dem Cermalus den Feigenbaum[21] und den Kornelkirschbaum, der auf den Lanzenwurf des Romulus zurückgeht,[22] auf dem Caelius die Eiche (?) des Iuppiter Caelius (oder besser Querquetulanus),[23] auf dem Fagutal-Oppius die Buche des Jupiter, auf dem Cispius den Lotus (Zürgelbaum) der Iuno Lucina,[24] auf dem Collis Latiaris die hypothetische Eiche (?) des Jupiter, auf dem Viminal die Weide des Jupiter, auf dem Quirinal die beiden Myrten beim Tempel des Quirinus, die Zypresse und den Lotus (vielleicht ein *capillor*)[25] beim Kult

Licht der archäologischen Daten für die Burg von Cappuccini schwer halten. Der Abführungskanal war ein 1,4 km langes Blindloch, wahrscheinlich in samischer Technik (wie schon Alföldi 1965 vermutet hatte), dessen Anlage und dessen Mündungsort oder Caput Aquae Ferentinae ein Menschenopfer erfordert habe (Coarelli 1991). Nach Colonna 1995 mußte sich der Lucus Ferentinae an der Grenze zwischen dem Territorium Roms und Aricias befinden; es sei daran erinnert, daß im Jahr 509 Tarquinius Ardea belagert hat und 504 Aricia von Porsenna, dem Verbündeten der Römer, angegriffen wird; siehe auch Mastrocinque 1993a, für den auch die Höhle der Sybille in Cumae von samischen Technikern stammte, die auf der Flucht vor Polykrates als Exilanten nach Dikaiarcheia gekommen waren.

[19] Guidi 1980 und 1989–90.

[20] Plin. nat. 12,2: »haec fuere numinum templa, priscoque ritu simplicia rura etiam nunc deo praecellentem arborem dicant«. Siehe die Beiträge von A. Guidi zu Bartoloni 1989–90 und von A. Bietti Sestieri, ebd., Schlußdiskussion. Den an die Bäume gebundenen Kulten im Freien, verbreitet ab der Endbronzezeit, folgten dann ab der frühen Eisenzeit und besonders seit dem 8. Jh. die Kulte in Hütten, von denen der erste mit städtischem Gepräge der Kult des Iuppiter Feretrius in Rom war, der von Romulus auf dem Kapitol gegründet wurde, auf einer Lichtung, wo die heilige Eiche des Jupiter verehrt worden war. Siehe G. Colonna, Diskussion in: *Anathema: regime delle offerte e vita dei santuari nel Mediterraneo antico*, 15.-18. Juni 1989, in: ScAnt, 3-4 (1989–90), S. 819. Die Kulthütte von Satricum wäre ab 800 datierbar, sie sei das älteste in Latium festgestellte Kultgebäude, formal identisch mit einer ins protourbane Zeithalter datierbaren Wohnhütte (Stibbe 1980; Colonna 1988; vgl. §47, Anm. 56). Guidi 1992 zitiert weitere Fälle von Hütten unter Heiligtümern und Tempeln, die Stätten protourbaner und urbaner Kulte vermuten lassen und die er in das 8. Jh. datiert: Orvieto, Rom, Ardea und Velletri. Zu den königlichen Hütten auf dem Cermalus und ihren Kulten vgl. Appendix VII, zu den vielleicht auch für Kulthandlungen benutzten Hütten bei den Toren der palatinischen Mauern: Palatium e Sacra via, 1. Es ist anzunehmen, daß im protourbanen Zeitalter und in der Zeit der Stadtwerdung die Kulthütten an die Stelle der heiligen Bäume traten, möglicherweise innerhalb derselben *fana*.

[21] Briquel 1980a. Denken wir auch an seine archaische Replik: die Ficus Navia auf dem Comitium (Plin. nat. 15,77).

[22] Briquel 1980a. Porte 1988 interpretiert den Iuppiter Elicius vom Aventin als *ilicius*.

[23] Mastrocinque 1988. Siehe auch die im Regionenkatalog im Zusammenhang mit der *regio* II beim Caput Africae angeführte *arbor sancta*.

[24] Plin. nat. 16,235 ff. Vor 375, 500 Jahre vor Plinius.

[25] Plin. nat. 16,235 ff. Paul. Fest. 50 L.

des Volcanus auf dem Comitium, datiert in die romuleische Zeit,[26] auf dem Kapitol die Eiche des Jupiter,[27] auf dem Marsfeld die Feige am Ziegensumpf, am Tiber die Eiche des Thybris[28] und auf dem Vatikanhügel die *ilex* mit einer Inschrift, die für älter als die Stadt gehalten wurde.[29] In Latium haben wir auf dem Mons Albanus vielleicht eine hypothetische dem Iuppiter Latiaris heilige Eiche, in Tivoli drei *ilices*, die aus der Zeit vor Stadtgründung stammen sollen,[30] und auf dem Corne-Hügel in dem Vorort von Tusculum die uralte Buche im Hain der Diana.[31] Der Realität der heiligen Bäume entsprechen, seit der Endbronzezeit, Stufe III, neue religiöse Anzeichen auch in der archäologischen Dokumentation. In den Gräbern hochgestellter Persönlichkeiten könnten weibliche Statuetten mit dem Gestus des Opferns Ops darstellen.[32] Aber die Bestimmung und Zuschreibung der kultischen Funktion kann man auch für eine etwas frühere Epoche nicht ausschließen, wie aus der Notiz hervorgeht,[33] nach der Faunus es war, der den Kult des Jupiter begründet habe, kurz nach der Gründung von Alba, die Picus zugeschrieben werden kann.[34] Wir befinden uns kurz vor dem Moment, als die materielle Kultur der Latiner ihren besonderen Charakter gewinnt.[35]

411. Die Bildung des Bundes von Alba (vgl. Abb. 16–17). Die Hegemonie von Alba scheint also auf einer besonderen Verbindung zwischen der Siedlung und der Siedlung von Cabe auf dem Mons Albanus, die den großen Jupiterkult beherbergte, zu gründen. Auf diese erste Verbindung könnte eine weitere gefolgt sein, nämlich die zwischen Albanern und Longanern, vorausgesetzt, daß die Longaner nicht der *populus* von Longula waren.[36] Die Longaner könnten ihre Hauptsiedlung am langen engen Ufer des Sees gehabt haben, an seiner östlichen Hälfte, die nicht in den Distrikt von Alba hineinreichte, vielleicht von Castel Gandolfo ausgehend.[37] Wie dem auch sei,

---

[26] Zur archaischen Replik der Arbor Capillata auf dem Marsfeld: Plin. nat. 16,235 ff. (Manacorda 1990).

[27] Briquel 1980a.

[28] Verg. Aen. 10,420.

[29] Plin. nat. 16,235 ff.

[30] Plin. nat. 16,237.

[31] Plin. nat. 16,242.

[32] Bietti Sestieri 1992a denkt hingegen an Personen, die in der Gemeinschaft kultische Handlungen vollziehen könnten; vgl. § 40.

[33] Schol. Cic. Planc. 23.

[34] Siehe die in das 11.–9. Jh. datierbaren Balken mit Vögeln (Colini 1913 und Müller-Karpe 1959, Tafel 28,3), die sich auf den weissagenden Specht und auf Picus zu beziehen scheinen; vgl. § 40. Die Balken sind offensichtlich ein Ersatz für heilige Bäume.

[35] H. Kyrieleis hat mir freundlicherweise mitgeteilt, daß der älteste Fund kultischen Charakters im Pelopion von Olympia in die zweite Hälfte des 12. Jh. zu datieren sei.: Kyrieleis 1990. Sourvinou Inwood 1993 meint, die Heiligtümer mit einem einer Gottheit geweihten Baum, einer Quelle oder einer Höhle innerhalb einer Einfassung hätten sich ohne Kontinuitätsbruch entwickelt, etwa in Olympia, wo zumindest seit der zweiten Hälfte des 10. Jh. ein geweihter Ort auf neutralem Boden bezeugt sei, wo die Häuptlinge der örtlichen Chiefdoms sich treffen konnten. Vgl. § 136, Anm. 95.

[36] Plin. nat. 3,69 ff. (Castrén 1981). Vgl. Appendix 5.

[37] Peroni 1993–94. Chiarucci 1996 identifiziert verschiedene Siedlungen entlang des Kraters,

die Keimzelle, um die Albaner Berge konzentriert, könnte dann weitere *populi* von grundlegender Bedeutung angezogen haben, die Meereshäfen und Landungsstellen am Tiber hatten wie die Numicienses (in Lavinium) und die Latinienses und die Velienses (auf römischem Boden).[38] Und vielleicht bildete dieses strategische Dreieck das Gerüst und die Hauptanziehungspole des Bundes der 30 *populi Albenses*. Im 8. Jahrhundert stimmt dann der Bund tatsächlich wieder mit dem ursprünglichen Gebiet der Albaner Berge überein, wo sich ein Sechstel der *populi* konzentriert hat,[39] die einzigen, die im Herzen Latiums sich dem Zugriff der protourbanen und urbanen Zentren entziehen und innerhalb gewisser Grenzen die ursprüngliche pagisch-dörfliche Realität bewahren konnten. Aber an diesem Punkt haben sich die Albaner Berge bereits von einer Schlüsselzone der latialen Kultur in einen abgelegenen Ort gewandelt, wo Sitten und Gebräuche des Lebens der *prisci Latini* erhalten blieben und wo die Entwicklung zu den Formen der Stadt am verhaltensten war.[40]

schreibt sie aber alle dem Gebiet von Alba zu. Das Gebiet von Marino, durch ein Tal vom See getrennt, ist eher nach Tusculum hin orientiert (Mitteilung von P. Chiarucci).

[38] In den Albaner Bergen gibt es vier oder fünf hegemoniale Siedlungsorte aus der Endbronzezeit (um 7-20 ha). Es sei daran erinnert, daß Ardea, Rom und vielleicht auch Lavinium ähnliche Gründungsmythen besaßen wie Alba und daß Lavinium und Ardea die Endpunkte an der Meeresküste der Straße sind, die vom Mons Albanus ausging, am Fuße der Burg von Alba entlangführte und am Meer endete (Chiarucci 1996a). Die Distrikte der hegemonialen Siedlungsorte, also der *populi*, schwanken zwischen 85 und 110 qkm. Das Territorium von Rom soll im selben Zeitraum 136 qkm erreicht haben, habe keine untergeordneten Siedlungsorte gekannt und habe an Crustumerium, Corcolle, Tusculum und die Siedlungsstätten von Marino und von Decima gegrenzt (Peroni 1993-94).

[39] Die im alten Latium anzusetzenden hegemonialen Siedlungsorte sollen in der Endbronzezeit 15 gewesen sein (Peroni 1993-94), also etwa die Hälfte der 30 von Plinius aufgelisteten *populi*. Vgl. § 150.

[40] Ab dem Ende des 8. Jh. bezeugte Fürstengräber und die Zentren von Tusculum, Aricia usw. würden darauf hindeuten, daß auch die Albaner Berge nicht entvölkert wurden, sondern eine minimale gesellschaftliche Entwicklung in Richtung von Aristokratien kannten, von *reguli* und von relativ entwickelten Zentren (Arietti 1996), vielleicht Städten en miniature, was aber eine relativ späte Gegebenheit ist, die nicht in die Zeit projiziert werden kann, um die es hier geht.

IV. Die Penaten und das Heroon von Lavinium

412. Der archäologische Kontext und die Quellen (Abb. 29–30). Das bei dem Heiligtum der Altäre von Lavinium gefundene Hügelgrab – wahrscheinlich des Indiges[1] – ist gleichgesetzt worden mit dem in den Quellen beschriebenen Grab/*heroon* des Aeneas (oder des Anchises), der mit dem Pater Deus Indiges Numicus oder Iuppiter Indiges gleichgesetzt wurde.[2] Einige Gelehrte haben die Meinung vertreten, daß der von Dionysios von Halikarnassos gesehene Grabhügel ausschließlich das Grab des Indiges gewesen wäre, wie es die Inschrift, die der Historiker gesehen hatte, bezeuge, und daß die Gleichsetzung mit Aeneas sehr viel später erfolgt wäre (zwischen dem Ende des 4. Jh. und Augustus).[3] Die Hypothese überzeugt jedoch nicht, weil die Identifikation mit Aeneas, die für die gesamte Erzählung wesentlich ist, bis

[1] Nach Zevi 1993 handelt es sich um das Heiligtum des Indiges, und er interpretiert es als ein Bundesheiligtum der latinischen Kolonien. Zu Indiges siehe Wagenvoort 1947. Torelli 1984 und 1991 denkt hingegen an das Aphrodision.

[2] Liv. 1,2,6 (Iuppiter Indiges); Dion. Hal. 1,64 (Pater Indiges, der über dem Fluß Numicus herrscht); Orig. gent. Rom. 14,4; Tibull. 2,5,43 ff.; Verg. Aen. 12,794; Paul. Fest. 94 L.; Serv. Aen. 1,259.

[3] Poucet 1979; D'Anna 1992 datiert, den Untersuchungen von F. Castagnoli und P. Sommella folgend, die Aufpfropfung der trojanischen Sage in die zweite Hälfte des 4. Jh.; Wiseman 1995 meint, Aeneas wäre in Italien seit dem 6. Jh. bekannt gewesen, sei aber erst am Ende des 4. Jh. ein für Rom wichtiger Mythos geworden; Cornell 1995 meint, der Tumulus von Lavinium könne nicht der des Aeneas/Indiges sein, da der sich über dem Numicus befand. Ich sehe keinen Widerspruch zwischen der Lage des Grabes/*heroon* und der von Livius angezeigten Lage: Lavinium und seine Nekropole befinden sich doch beim Numicus? Die Entfernung des *heroon* vom Fluß Numicus beträgt ca. 950 Meter, aber es ist möglich, daß man sich vorgestellt hat, Aeneas sei nicht im Fluß verschwunden, sondern in dem entsprechenden Sumpf, wie Acca Larentia und Romulus im Velabrum, und in diesem Fall hätte die Entfernung zwischen dem Monument und den Gewässern ca. 500 m betragen. Wenn das Grab aus der ersten Hälfte des 7. Jh. in das Heiligtum des Indiges eingefügt wird (in augusteischer Zeit erschien es wie ein *lucus* in einem *nemus*) und dort zu Beginn des 6. Jh. Opfer dargebracht werden, bedeutet dies, daß es bereits als ein besonderer Begräbnisort betrachtet wurde, vielleicht eines ersten Königs der Stadt (Torelli 1991a), dem Aeneas angeglichen, von dem man erzählte, er habe einen Sieg über den etruskischen Tyrannen von Caere Lucius Mezentius errungen. In der Schlacht könnte der Herrscher im Numicus, an dem sie stattfand, sein Leben gelassen haben und wäre »super Numicum flumen« (Livius), d. h. in der Nekropole von Lavinium begraben und dem Flußgott des Ortes gleichgesetzt worden. Indiges Numicus, Heros der Numicienses, konnte niemand anderer sein als Latinus (Abkömmling von Sol durch Picus und Circe)/Aeneas. Latinus/Aeneas als erster König und Heros des *populus* der *prisci Latini Numicienses*, deren Name mit dem örtlichen Fluß zusammenhing, erscheint wie der mythische Vorfahre des Gründerkönigs des urbanen Lavinium. Der im Tumulus begrabene König von Lavinium soll etwa zwischen 700 und 670 gewirkt haben.

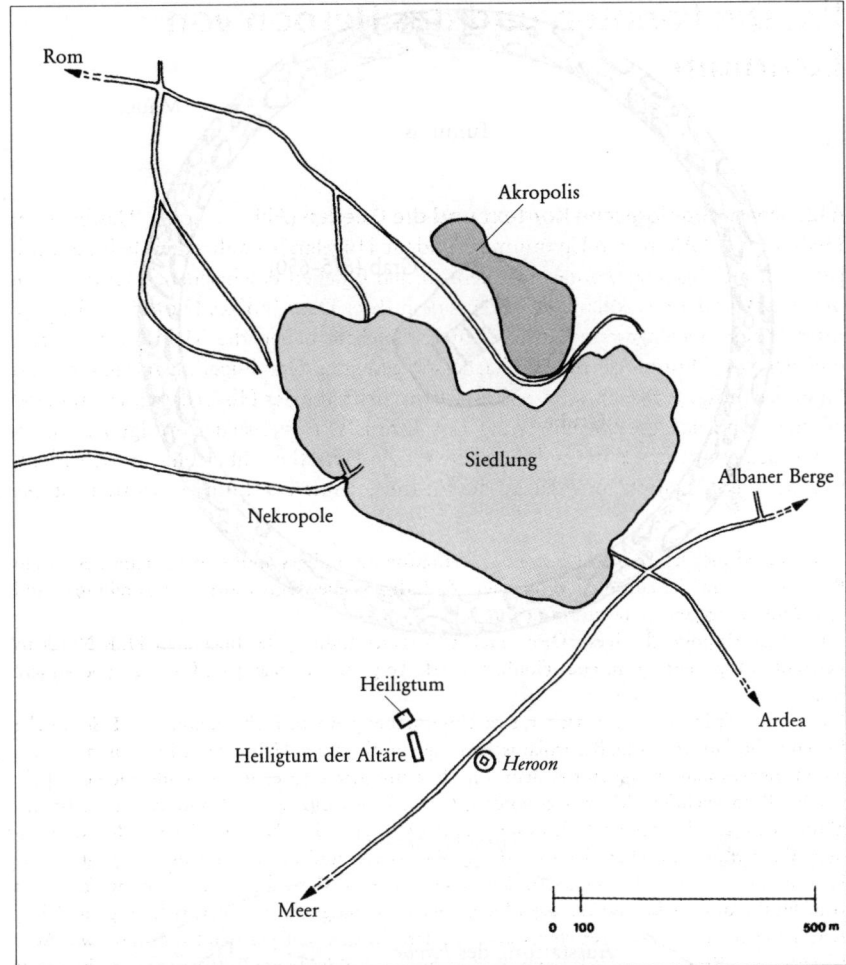

Abb. 29 Plan von Lavinium

in die archaische Zeit zurückgehen kann, wie wir sehen werden. Der Grabhügel ist in die Jahre 670-660 zu datieren, aber um 570-560, als die ersten Altäre und das heilige Gebäude errichtet werden (rituell gegründet mit der Deposition eines Gefäßes unter der Schwelle), d.h. die Gebäude des Heiligtums, zeigt das Grab Spuren eines Kultes (zwei in das Grab gelegte Gefäße),[4] Zeichen dafür, daß man in ihm eine besondere

---

[4] Zevi 1980 und 1981. Es handle sich um ein *sacrum* mit *libatio,* darauf ausgerichtet, das Grab dem Kult zu weihen oder wieder zu weihen, was nicht so sehr auf eine Erquickung als vielmehr auf eine »Suche nach dem Körper« des Heros ausgerichtet war: Torelli 1984 und 1991a. Siehe auch Coarelli 1988 und Briquel 1989. Nach A. Bedini (Bedini-Cordano 1977) wäre die wichtigste

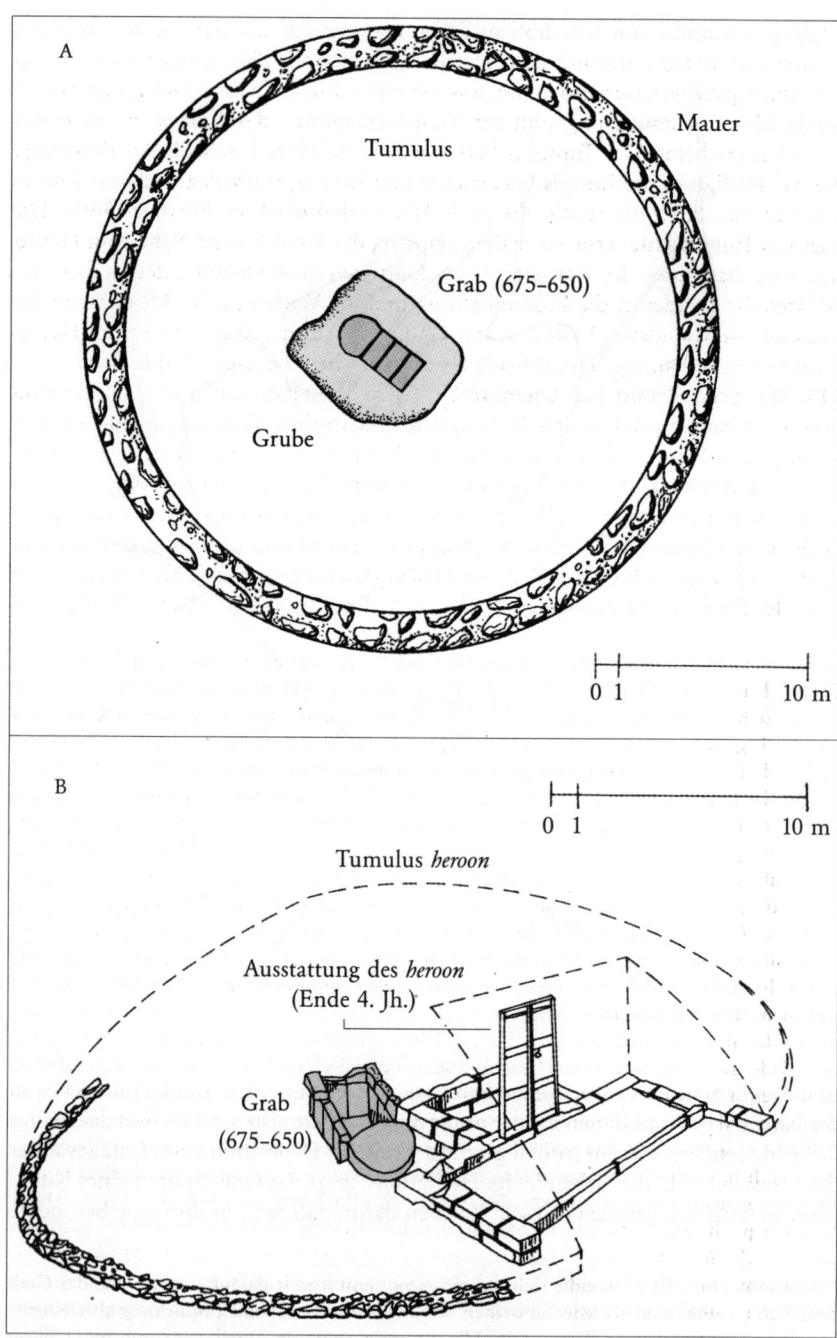

Abb. 30   Lavinium, Heroon, *670-660 v. Chr.; A. Plan; B. Assonometrie*

Grablege erkannte, von sehr hohem Rang, bezogen auf eine Person, die mit dem Stammvater Indiges und mit dem Heros Aeneas, den beiden lokalen Heroen von Lavinium, gleichgesetzt worden war, was weiterhin durch die im 4.Jahrhundert erfolgende Monumentalisierung und die Transformationen des Grabes in ein *heroon* angezeigt erscheint. Der Tumulus befindet sich auf einer bescheidenen Erhebung, die das Heiligtum des Indiges beherrschte und ihm gegenüberlag und von dem es getrennt war durch die Straße, die nach Alba und zum Mons Albanus führte. Die Lage des Tumulus (der erste einer Reihe entlang der Straße), seine Nähe zum Heiligtum und die Spuren der Konsekration bekräftigten die Bedeutung des Grabes und erklären die Fortdauer, die Instandhaltung und die Verehrung des Monuments im Laufe der Jahrhunderte. Es könnte das Grab gewesen sein, das den Ort des Heiligtums bestimmt hat, von dessen Komplex es wahrscheinlich einen Teil bildete.[5]

413. Der erste König von Lavinium? Diese Umstände lassen in ihrer Gesamtheit genommen vermuten, daß die bestattete und an einen Gott und an einen Heros angeglichene Person niemand anderer war als ein König, vielleicht der erste König und Gründer der Stadt, der Romulus von Lavinium, der dem Indiges Numicus angeglichen wurde (wie Romulus dem Quirinus angeglichen worden ist), der mythische Gründer des *populus* der Numicienses, dessen Hauptsitz in Lavinium gewesen sein dürfte, der dann nach einiger Zeit mit Aeneas gleichgesetzt wurde, dem mythischen Gründer der Siedlung. Andererseits scheint die Errichtung der urbanen Königsherr-

und älteste Begräbnisstätte des Tumulus, eine mit Platten ausgelegte Grube (vergleichbar mit den Gräbern 94 des Esquilin und 104 des Fondo Artiaco in Cumae) mit Beigaben innerhalb und außerhalb des Grabes, noch in das 8.Jh. zu datieren, während die Grube daneben einer zweiten Begräbnisstätte aus dem zweiten Viertel des 7.Jh. entspräche. Leider ist diese Grube nicht gebührend beschrieben und graphisch dokumentiert in Sommella 1971-72, der jedoch meint, die Grube habe »den rechteckigen Kasten umfaßt« (in der Aufnahme erscheint die Grube seitlich vom Kasten, ist aber an ihren Enden verschwommen abgegrenzt, wodurch ihre Form insgesamt nicht klar hervortritt). Das scheint zu bedeuten, daß der Kasten in der Mitte der Grube und die Grube einen einzigen Komplex bilden, datierbar durch später gefundene Bruchstücke (ca. 665), ausgenommen die Funde, die von einer (Wieder-)Einweihung des Grabes herrühren (ich danke M.Guaitoli für die Informationen), im Anschluß an eine Untersuchung der Reliquien oder einer Überprüfung ihres Zustands (die Grube sieht man gut in Abb.30a). Das Aphrodisium von Ardea, in seiner Bausubstanz auf 560-550 datierbar (Colonna 1995) und vielleicht auch das dazu spiegelbildliche und komplementäre Aphrodisium von Lavinium, beides panlatinische Heiligtümer, zeigen an, in Übereinstimmung dem gleichzeitigen Heiligtum von Madonnella und dem *sacrum* beim *heroon*, daß man sich noch während oder zumindest ab dem zweiten Viertel des 6.Jh. vorgestellt hat, daß Aeneas an der tyrrhenischen Küste an Land gegangen und habe mit Latinus das *nomen Latinum* begründet (siehe auch Dubourdieu 1981).

[5] Torelli 1984 meint, die heroische Bedeutung des Grabes könnte dann auf seine Ursprünge zurückgehen, wenn der in etwa runde und konvexe Stein (verbunden mit der solaren Symbolik?), den man im Tumulus gefunden hat, aus der Zeit der Grablegung stammen würde. Dieser Stein entspricht aller Wahrscheinlichkeit nach der Abdeckung des Grabes und dürfte insbesondere im 7.Jh. über das Haupt des Verstorbenen gelegt worden sein (ich danke M.Guaitoli für die Information). Die Tatsache, daß das Grab nicht isoliert liegt, sondern Bestandteil einer Reihe von Tumuli ist, die wahrscheinlich den herausragendsten *gens* der Siedlung gehörten, mindert in keiner Weise, daß es sich durch eine völlig eigene Charakterisitik abhebt: Guaitoli 1995.

schaft und der Stadt Tarquinia, auf der Basis der Grabbeigaben mit königlichen Insignien aus Bronze (Krummstab, Lanze und Schwert), an den Beginn des 7. Jahrhunderts zu datieren zu sein. Lavinium und Tarquinia wären also eine oder zwei Generationen nach Rom gegründet worden. Es ist möglich, daß die Gleichsetzung mit Indiges in die Zeit des Todes dieses angenommen Herrschers (ca. 665) zurückgeht, eine Generation nach der Gründung der Stadt, während die Gleichsetzung mit Aeneas ein Jahrhundert später erfolgt zu sein scheint, d. h. bezogen auf die Zeit des Einschlusses des Grabes in das Heiligtum und auf die Spuren des Kultes bei ihm (ca. 565), in die Zeit einer möglichen Neugründung der Stadt, ähnlich der Neugründung des Servius Tullius in Rom,[6] als die indigenen Penaten der Stadt mit den Penaten von Troja identifiziert worden sein dürften. Wir sind in der Zeit, in der Rom seine Hegemonie über die Küste Latiums ausübt.[7] Indiges Numicus, Stammvater des präurbanen *populus* von Lavinium, dürfte wie eine örtliche Emanation des Latinus, des mythischen Gründers und Begründers des Bundes der *populi* empfunden worden sein, der ebenfalls als ein Gründer des präurbanen Lavinium betrachtet[8] und mit Iuppiter Latiaris gleichgesetzt wurde. Der erste König von Lavinium wurde also als ein Latinus redivivus betrachtet, wie es auch bei Romulus der Fall war. Auf diese Weise erklärt sich, warum der Gott Indiges auch als Iuppiter Indiges (ein weiterer Indiges war Sol) verstanden wurde.[9] Unter dieser Voraussetzung würde Latinus Indiges die früheste, präurbane Schicht darstellen, der erste König und Gründer, gleichgesetzt mit Indiges, würde die Schicht der Stadtwerdung darstellen (erstes Viertel des 7. bis erstes Viertel des 6. Jh.), und dieser König, jetzt auch mit Aeneas gleichgesetzt, die Schicht der in sich abgeschlossenen Stadt (des zweiten Viertels des 6. Jh.).

414. Der Romulus von Lavinium und Mezentius. Das Grab von Lavinium stammt aus derselben Zeit wie die Tonvase des zweiten Viertels des 7. Jahrhunderts, die in Caere gefunden wurde und die etruskische Inschrift trägt: *mi Laucies Mezenties* »ich (gehöre) dem Lucius Mezentius«; damit ist für den Beginn des 7. Jahrhunderts in diesem etruskischen Zentrum die Existenz einer Familie nachgewiesen, die den gleichen Namen trägt wie der mythische Gegenspieler des Latinus/Aeneas, des Grün-

---

[6] Zevi 1980 und 1981 (der Kult am Grab wird richtig verstanden im Rahmen eines »servianischen« Momentes von Lavinium). Die *interpretatio Graeca* des Indiges als Aeneas ist sekundär, geht aber mit größter Wahrscheinlichkeit auf das 6. Jh. zurück, wie die Gleichsetzung des Volcanus mit Hephaistos, bezeugt auf dem Comitium von Rom (Coarelli 1983).

[7] Die außer dem Mons Albanus weiteren panlatinischen Zentren wie Lavinium wären in das 7. und 6. Jh. zu datieren, wie Zevi 1980 ganz recht gesehen hat (»verschiedene Formen des Verbundes ..., die die Religion der dreißig Stammesvölker nicht annulieren, sondern wie eine weitere Schicht überlagern. Also entstehen neue panlatinische Heiligtümer in Rom, Aricia, Lavinium, außer dem Aphrodisium von Ardea und der Diana von Corne in Tusculum; aber vor allem in Lavinium ist man bemüht, eine ... neue Geschichte der Ursprünge auszuarbeiten, die das ganze latinische *nomen* mit einbezieht«). Zu den Penaten: Dubourdieu 1989. Zu den Laren/Penaten als Vorfahren der Latiner und Trojaner vgl. §§ 52 und 55.

[8] Strab. 5,3,2.

[9] Die *indigetes* Götter wurden in Beziehung zu den *pisciculi* des Numicus gesehen (Arnob. nat. 1,36), und dem Iuppiter Latiaris opferte man das *aes piscatorium* (vgl. § 94, Anm. 26). Grandazzi 1988 bringt den archaischen Tumulus mit Latinus und dessen Monumentalisierung am Ende des 4. Jh. mit Aeneas in Verbindung.

ders des präurbanen Lavinium oder eher noch des Gründerkönigs des urbanen Lavinium. Während des Krieges zwischen dem eindringenden etruskischen Häuptling und dem latinischen Häuptling stirbt Mezentius oder zieht sich zurück, während Latinus/Aeneas bzw. der König von Lavinium in den Wassern des Numicus, des Flusses der Numicienses, stirbt/verschwindet (wie Romulus im Rumon, dem Fluß der Römer).[10] Der Romulus von Lavinium hat wohl nicht nur die Stadt gegründet, sondern darüber hinaus das Latinertum entlang der Küste Latiums verteidigt und dabei die Etrusker über die Grenze des Tibers zurückgedrängt, und aufgrund dieser Taten wurde er als ein Latinus/Aeneas redivivus gesehen, ein Wahrer des Latinertums in Latium. Der Gründungsmythos von Lavinium war mit einem Wolf und einem Vogel (einem Adler, aber ursprünglich vielleicht einem Specht) verbunden, diese waren seine Glückstiere, die gegen einen Fuchs kämpften, sein Unglückstier. Wolf und Vogel – d. h. der König von Lavinium, ähnlich wie Romulus verstanden als ein Abkömmling des Faunus (des Wolfs) und des Picus (des Vogels) – gingen als Sieger hervor, und Verlierer war der Fuchs, d. h. der feindliche Mezentius.[11] Der Leichnam des Königs von Lavinium, des neuen Indiges Numicus / Latinus wurde »super Numicum flumen« (Livius) bestattet, d. h. in der Nekropole von Lavinium, die spätestens ein Jahrhundert danach als eine Reliquie des Aeneas verehrt wurde.

415. Die Penaten. Die Penaten von Lavinium, von Timaios als »trojanische Tonware« beschrieben und als »Heroldsstäbe aus Bronze und Erz« wurden als Beigabe eines älteren, dem Indiges zugeordneten Grabes interpretiert. Wenn die Stäbe als Spieße zu interpretieren wären, könnte man den Fund in die späte Phase der frühen Eisenzeit datieren, wenn sie aber als Speer zu interpretieren sind, könnten sie noch weiter zurückgehen, wahrscheinlich in die präurbane und protourbane Phase von Lavinium.[12] Wir hätten also die Erinnerung an eine Grabbeigabe für Indiges, die viel älter wäre als das 7. Jahrhundert, datierbar zwischen dem 11. und der ersten Hälfte

---

[10] Briquel 1989; Gaultier-Briquel 1989. Nach de Simone 1991 wäre Laucie Mezentie, it./lat. *Loukos Mezentyos, ursprünglich nicht eigentlich etruskischer, sondern italischer oder latinischer Abstammung gewesen; seine *gens* habe sich in Caere in der ersten Hälfte des 7. Jh. niedergelassen und der Stadt einen ihrer ersten Könige gestellt (De Simone 1991).

[11] Zu diesem Themenkreis im Zusammenhang mit den Themen Wein und Herrschaft: Coarelli 1995.

[12] FGrHist 566 Timaeus F 59–61 (Dion. Hal. 1,67). Zevi 1980 und 1981. Pugliese Carratelli 1962 interpretiert das »trojanische« Gefäß als eine Amphore, das typische Attribut der Dioskuren, die als Penaten interpretiert werden. Dubourdieu 1989 interpretiert die Stäbe als *hastae* oder Zepter auf Erden wandelnder und Botschaften überbringender Götter. Zum *pilum* als Lanze und zum Gott Pilumnus, zur *hasta* des Mars, zum hölzernen Zepter Agamemnons *(doru)*, das in Chaironea verehrt wurde, zum lanzenförmigen Zepter des Pelops, zur *curis* (Lanze auf sabinisch) des Quirinus: Graves 1955, 117 f.; Köves-Zulauf 1990 (siehe aber auch die *fala* der Falacer, Fales, Pales: vgl. § 112, Anm. 32). Die Voraussetzungen der protourbanen Phase scheinen in Lavinium seit der 2. Hälfte des 10. Jh. gegeben, als die Nekropole auf der Hochebene (11.–10. Jh.), die wahrscheinlich zur Akropolis gehörte, zugunsten der Nekropole aufgegeben wird, die in der frühen Eisenzeit und darüber hinaus (10.–6. Jh.) weiterbenutzt wird und außerhalb der Hochebene liegt. Aber die an verschiedenen Stellen der Hochebene gefundenen Hütten scheinen erst ab der Stufe Latiale IIB datierbar, wodurch sich zwischen dem Ende des 10. und mindestens der 1. Hälfte des 9. Jh. eine Lücke ergäbe, während derer die Hochebene, zur Zeit des *populus*

des 8. Jahrhunderts, eine Art Ianus Quirinus Indiges Laurentinus,[13] vorstellbar als der göttliche Gründer des präurbanen Lavinium und wohl auch des *populus* der Numicienses (Numicus/Latinus/Iuppiter Indiges),[14] der dann mit Aeneas gleichgesetzt wird (Lavinium soll der Überlieferung nach im Jahre 1181 gegründet worden sein). Man könnte sich vorstellen, daß das »trojanische Gefäß« aus einem Grab der frühesten Nekropole der Endbronzezeit auf der Hochebene stammt und daß es gefunden wurde, als die in Nekropole aufgelassen und der Ort (in der Stufe Latiale IIB) in die Siedlung eingegliedert wurde. Das Gefäß wäre entdeckt, übertragen und als anikonisches Bild der indigenen Penaten verehrt worden, eine wiedergefundene Reliquie der heroischen Zeit. So wäre der Grabhügel der archaischen Nekropole – auf königlicher und Stadtgründungsebene – die Wiederaufnahme einer vorhergehenden funerarsakralen Wirklichkeit (die Latiner verehrten ihre Gründer in den Nekropolen und nicht auf dem öffentlichen Platz, wie es bei den Griechen Brauch war). In ritueller Sicht verhält sich das Gefäß der Penaten zum protourbanen Zentrum wie das Grab des Indiges zum urbanen Zentrum, während es uns in mythischer Sicht immer auf die präurbane Zeit verweist. Die Epoche, die vom Ende des 9. bis zum 8. Jahrhundert dauert, ist, wie in Griechenland, durch eine Renaissance des heroischen Zeitalters gekennzeichnet.[15]

416. Von den Monumenten zu den Mythen. Die griechischen Mythen dürften ab der zweiten Hälfte des 8. Jahrhunderts zu zirkulieren begonnen haben und lokal neu bearbeitet worden seien,[16] als Folge der Gründung der Kolonie von Cumae, wie das bronzene Geschmeide mit Aphrodite, dem kleinen Aeneas und dem durch Spechte geblendeten Anchises zeigt, das in Decima gefunden wurde und an das Ende des 8. Jahrhunderts datiert werden kann.[17] Was die Gründungsmythen betrifft, dürfte der trojanische Mythos in dieser Epoche aber eine eher allgemeine als im einzelnen bestimmende Rolle gespielt haben.[18] Rom verspürte noch nicht das Bedürfnis, sich als »trojanische« Stadt von den anderen latinischen, faliskischen und etruskischen

---

der Numicienses, ein besonderes Statut und eine besondere Bestimmung hatte (Parzellen für Gemüse- und Obstgärten der Bewohner der Akropolis?).

[13] Vgl. auch §§ 220–221.

[14] Der indigene Gründungsmythos von Lavinium ist kaum bekannt, weil er von dem trojanischen Mythos, der über ihn geschoben wurde, gelöscht wurde. Er könnte den entsprechenden Mythen von Alba und von Ardea und vielleicht auch von Rom ähnlich gewesen sein, die an die aboriginischen Könige Picus, Faunus und Latinus gebunden waren (vgl. § 72, Anm. 3). Es sei daran erinnert, daß nach einer Version der Sage der Gründer der Siedlung Lavinus gewesen sein soll, ein Bruder und Vorgänger des Latinus: Serv. Aen. 1,2; 7,678 (Radke 1991). Falls man zeigen könnte, daß die Penaten von Lavinium anikonische Bilder der Dioskuren/Penaten waren, würde das die Wahrscheinlichkeit erhöhen, daß in Dämonen wie Picumnus und Pilumnus bzw. Picus, Faunus und Latinus die Protagonisten des Gründungsmythos von Lavinium zu sehen sind.

[15] Vgl. §§ 54, 120, 145, 146 und 162.

[16] Wiseman 1989.

[17] Vgl. § 40.

[18] Musti 1988. Über die politische Verwendung des trojanischen Mythos in Etrurien Mitte des 6. Jh., dokumentiert durch das Fresko mit Achilles und Troilus im Grab der Stiere in Tarquinia: Torelli 1991a.

Gemeinden zu unterscheiden, die sich hauptsächlich griechischer Heroen als Gründer rühmten.[19] Es ist vielleicht dies der Moment, in dem der Mythos des Odysseus und der Circe als Eltern des Agrios (= Faunus) und des Latinus entwickelt wurde, angeführt im Endstück der *Theogonie (Frauenkatalog)*, ein Mythos, der einen Sol Indiges als Vater der Circe voraussetzt.[20] Zur Zeit der Theogonie erscheint Odysseus viel bedeutender als Aeneas, der allerdings ein bekannter Heros in Latium ist. Die Situation mußte sich jedoch ändern mit der Zerstörung von Alba durch Tullus Hostilius, den König Roms, der die *populi* Latiums gegen sich antreten sieht,[21] und mit der beginnenden Hegemonie Roms in der Region. Von da an dürfte Rom das Bedürfnis gespürt haben, sich von den anderen latinischen Städten zu unterscheiden, und der trojanische Mythos kann nun in den Gründungsmythen eine Hauptrolle zu spielen begonnen haben. Dieses Bedürfnis dürfte sowohl in Rom wie in Lavinium entstanden sein, und es dürfte in ein ideologisches Programm umgesetzt worden sein in Lavinium, das die neue Vormacht der Latiner geworden war, vor allem aber aufgrund des Interesses Roms, das die Vormacht wenigstens über die Küste Latiums anstrebte. Wir sind in der Zeit der Errichtung des Grabhügels von Lavinium, die gleichzeitig mit der Zerstörung von Alba erfolgt.[22] Mit der wahrscheinlichen Übertragung der Penaten von Alba noch Rom dürften die indigenen Penaten von Lavinium, die man für nicht verrückbar hielt, mehr Profil gewonnen haben, was sich auch darin zeigt, daß sie jetzt mit den Penaten von Troja gleichgesetzt werden, die Aeneas, der Gründer von Lavinium nach der mythischen Rekontextualisierung, mitgebracht hatte.[23]

417. Der Mythos des Aeneas und die Hegemonie Roms in Latium. Die für Rom so bedeutsame Gleichsetzung des Indiges mit Aeneas hat die urbane Gründung von Lavinium zur Voraussetzung, die wir der Generation zuschreiben können, die der Grabbeigabe im »königlichen« Grabhügel (um die Jahre 700–670) vorangeht. Aeneas als der präurbane Gründer der Siedlung (mit dem überlieferten Datum 1181) könnte die phantastische Projektion eines Gründerkönigs der Stadt in die heroische Vergangenheit (ein halbes Jahrtausend früher) sein. Die Urbanisierung von Lavinium, die Zerstörung von Alba, die Überführung der Penaten von Alba nach Rom, das Grab des *rex* und Gründers von Lavinium, der mit (Numicus/Latinus/Iuppiter)

---

[19] Mastrocinque 1993.

[20] Hesiod. theog. 1011–16. Die *Theogonie* wird in die Jahre 730–690 datiert, aber der *Frauenkatalog* ist einer späteren Epoche zugeschrieben worden, zwischen dem 7. und dem 6. Jh., vorzugsweise in die Jahre 580 oder 540–52: West 1985. Zu einer anderen Entstehungszeit vgl. Addendum V.

[21] Dion. Hal. 3,34.

[22] Die Mediation von Lavinium dürfte für Rom wesentlich gewesen sein, da es zu einer von Aeneas gegründeten Siedlung werden konnte, was für Rom durch die sperrige Präsenz des Romulus und seine heiklen Verbindungen mit Alba ausgeschlossen war (vgl. § 74).

[23] Tullus Hostilius soll die indigenen Penaten von Alba in sein Haus auf der Velia überführt haben (Zevi 1981), die sich so zu den im Penus Vestae erhaltenen indigenen gesellt hätten (Tac. Ann. 15,41,1; Dubourdieu 1989), die bezogen waren auf die *regiae* des Romulus auf dem Cermalus und des Numa am Fuß des Palatium, wo das Atrium Vestae stand: »hic locus exiguus, | tunc erat intonsi regia magna Numae« (Ov. fast. 6,263 f.). Vgl. § 117, Anm. 57. Der Überführung der Penaten von Alba nach Rom könnte in Lavinium die unmittelbare oder einige Zeit darauf erfolgende Gleichstellung seiner Penaten mit denen von Troja entsprochen haben.

Pater Deus Indiges gleichgesetzt wurde, dazu die Gründung des Heiligtums des Indiges, die Spuren des Kultes am Grab des Gründers, die Identifikation des Indiges mit Aeneas, die Identifikation der (protourbanen) indigenen Penaten mit den *sacra* von Troja, die Benennung des Hafens von Lavinium als Troja, die Aneignung der *sacra* auf dem Mons Albanus von seiten Roms durch die Einrichtung der Ludi Magni durch Tarquinius Priscus,[24] worauf wiederum die Reorganisation dieser *sacra* als Feriae Latinae auf dem Mons Albanus durch Tarquinius Superbus folgte,[25] sowie das Verständnis der Penaten und der Vesta von Lavinium als *sacra principiorum* Roms und wohl auch des *nomen* der Latiner: All das könnten weithin gleichzeitige und untereinander verbundene materielle Gegebenheiten und ideologisch-mythische Ausarbeitungen sein, datierbar zwischen dem zweiten Viertel des 7. und dem zweiten Viertel des 6. Jahrhunderts, in denen die Geschehnisse Roms eine Hauptrolle gespielt haben dürften. Im Vertrag des Jahres 507 zwischen Rom und Karthago erscheint die Küste von Latium (Lavinium eingeschlossen) Rom unterworfen, und die Vorzugsbeziehung zwischen Rom und Lavinium, datierbar zwischen der Zerstörung von Alba und dem Vertrag mit Karthago, könnte die unerläßliche sakrale Voraussetzung der politischen Hegemonie der ersten Stadt und der religiösen Hegemonie der zweiten Stadt Latiums gewesen sein.

---

[24] Sabbatucci 1988.
[25] Dion. Hal. 4,49; Liv. 1,52. Die jährliche Erneuerung des *foedus* mit Lavinium und das damit zusammenhängende Opfer für Vesta und für die Penaten fanden neun Tage nach den Feriae Latinae statt: Dubourdieu 1989. Das albanische Gebiet ist jetzt ein Teil des von Rom kontrollierten Gebietes. Alföldi 1965 meinte, die Hegemonie Roms über Latium zur Zeit der Tarquinier sei eine Rückprojektion von Ereignissen aus der 2. Hälfte des 5. Jh. in die späte Königszeit, aber seine Hypothese ist nicht haltbar (siehe zuletzt Cornell 1995). Dubourdieu 1981 und 1989 berücksichtigt die *foedera* zwischen Aeneas und Latinus und zwischen Rom und Lavinium zur Zeit von Titus Tatius und von 338, aber er unterschätzt die Beziehungen zwischen den beiden Städten zur Zeit der Tarquinier, als die Stadt (anstelle von Alba) offiziell Metropole geworden sein dürfte, so daß die oben geschilderten Ereignisse, die auf das 6. Jh. zurückgehen könnten, auf das 4. Jh. verschoben werden.

V. Odysseus, Circe, Agrios und Latinus in der Theogonie

418. Das Problem Latinus, Sohn des Odysseus und der Circe, soll auf den Göttlichen Inseln über die Tyrrhener geherrscht haben.[1] Die Verse des *Frauenkatalogs* werden einer Zeit zugeschrieben, die auf die *Theogonie* (etwa 730-690) folgt, nach dem Beginn des 7. Jahrhunderts und vor etwa 520, höchstwahrscheinlich zwischen 540 und 520.[2] Agrios wird als Faunus interpretiert[3] und nicht als Silvius, der das späte Double des ersteren ist.[4] Welches immer die richtige Entstehungszeit dieser Verse ist, das Alter der Gestalten der zwei sagenhaften Könige der Göttlichen Inseln und ihre Verbindung mit zwei griechischen mythischen Figuren wird durch diese Quelle deutlich belegt.[5] Die Anwesenheit des Odysseus impliziert nicht schon für sich genommen eine Datierung der Verse in das 6. Jahrhundert. Der Heros wird nämlich auf dem Krater des Aristonothos von Caere aus der Mitte des 7. Jahrhunderts dargestellt,[6] nicht zu reden von Aeneas, der auf einer Bronze von Castel di Decima in Latium schon am Ende des 8. Jahrhunderts bezeugt ist.[7] Schließlich ist von höchster Bedeutung, daß Odysseus und nicht Aeneas als Vater der göttlichen Könige von Latium figuriert.

419. Die Inseln der Seligen und die Tyrrhener. Die Göttlichen Inseln, um die es in der *Theogonie* geht, sind offensichtlich in Latium anzusiedeln, und sie dürften den den Sümpfen abgerungenen Siedlungen entsprechen, die entlang der Grenzen zum Meer (wie Lavinium und Ardea) liegen, sowie von Flüssen umgebenen Siedlungen (wie im Gebiet von Rom). Auch Orchomenos in Arkadien, ein festländisches Gebiet, wurde von den Griechen »Insel« genannt, weil es von Gewässern umgeben war.[8] Diese Arten von »Inseln« waren die ersten geographischen Gegebenheiten, auf die die Griechen stießen, bevor sie eine genauere Vorstellung von der Ausdehnung Italiens und seiner Regionen gewannen.[9] Die Griechen, die den Westen bereisten, mußten Latium wenigstens seit der Zeit der Gründung von Cumae um die Mitte des

---

[1] Hes. theog. 1011-16.
[2] West 1966 und 1985; Galinsky 1969.
[3] Grandazzi 1988.
[4] Alföldi 1965. Für Nonnos aus Panopolis (37,56-60), datierbar in das späte 5. Jh., ist Phaunos (Wiseman 1995) der Sohn der wilden *(agrotera)* Circe. Mastrocinque 1993 klärt das Problem der Identifikation des Agrios nicht.
[5] Ampolo 1990 und 1992.
[6] Menichetti 1994.
[7] Vgl. §§ 34, Anm. 9; 34-40.
[8] Dion. Hal. 1,49,1. Vgl. § 55. Der Ort Circei der Circe ist ein Ort des Übergangs, wie es dieser übernatürlichen, an die Wildnis, den Tod und die Wiedergeburt gebundenen Gestalt entspricht, einer Wächterin, die die Plätze des Sonnenunterganges, des Jenseits und der Inseln der Seligen auftut: Marinatos 1995.
[9] Nach einigen Gelehrten würde es sich nicht um eine geographische, sondern um eine kosmo-

8. Jahrhunderts gut kennen, aber die Griechen, die nicht am Handel mit der tyrrhenischen Küste beteiligt waren, konnten sehr viel länger eine ungewisse und mythische Vorstellung von den Orten am Ende der Welt, wo die Sonne untergeht, bewahren.[10] Gar nicht zu reden davon, daß ein mythisches Motiv wie das der Göttlichen Inseln sich auch über die Grenzen des historischen Kontextes, der ihren Ursprung bestimmt, hinaus erhalten kann. Daß die Aboriginer oder die Latiner von Latium in der *Theogonie* Tyrrhener genannt werden, überrascht nicht. So bezeichneten nämlich die Griechen unterschiedliche und ferne Völker, etwa die Latiner, die Umbrer und Ausoner bis etwa zum 6. Jahrhundert,[11] und erst ab dem 5. Jahrhundert wird Latium in der gesamten griechischen Welt bekannt.[12] Eben in dieser Epoche, zwischen dem Ende des 6. und dem Beginn des 5. Jahrhunderts, entdeckten die Phöniker die Inseln jenseits der Säulen des Hercules, wodurch die Grenzen der Welt sich vom westlichen Mittelmeer zum Atlantik verschoben. Am Ende des 4. Jahrhunderts wird das Meer des Kronos sogar im Nordmeer vorgestellt,[13] nachdem es zuvor im tyrrhenischen und zuvor noch im adriatischen Meer gelegen war.[14]

420. Ort und Chronologie des Mythos   Faunus und Latinus der *Theogonie* sind von einigen Gelehrten in Lavinium angesiedelt worden, aufgrund der Tatsache, daß Circe die Tochter des Sol war und in Lavinium ein Kult des Sol bestand.[15] Aber Circe

logische Definition handeln: Am Ende der Welt gäbe es nichts als Inseln: Ballabriga 1986 und Pòrtulas 1993-94.

[10] Valenza Mele 1979.

[11] Dion. Hal. 1,25,5; 29,2. Nach Hes. erg. 171-173 lieferten die Inseln der Seligen drei Ernten im Jahr, was an die vulkanische Landschaft im tyrrhenischen Mittelitalien denken ließe, das Land, wo die Sonne untergeht, der Unterwelt und des Jenseits. Wiseman 1995 denkt an Capri, Ischia, Ventotene, Ponza und an den Monte Circeo. Im 7. Jh. war in Griechenland die Anwesenheit der Ostthyrrhener bekannt: De Simone 1996.

[12] Briquel 1990; Colonna 1977.

[13] Diod. 5,19-20. Die Gleichsetzung der Göttlichen Inseln bzw. der Inseln der Seligen mit den Kanaren oder Madera (Manfredi 1993) ergeben erst ab dieser Zeit Sinn. Zur Verlegung dieser Inseln ans Ende der Welt, jenseits von Britannien: Magnani 1992-93. Nach Antonelli 1997 haben die Phönizier die Säulen des Hercules im 8. Jh. überschritten.

[14] Kronos soll auf Drepanon (= Sichel) entmannt worden sein (Serv. Aen. 3,707), das Mastrocinque 1994 nicht mit Trapani, sondern mit Corcyra (Korfu) gleichsetzt, weshalb Kronos ursprünglich an der Küste Italiens bzw. des Saturnia Tellus Zuflucht gefunden habe, das von der Adria oder dem Meer des Kronos und der Rhea umspült wurde (Aischyl. Prom. 5,837; Apoll. Rhod. 4,327. 509 u. 548), wo sich vielleicht ursprünglich die Inseln der Seligen befunden haben mögen (nach Snodgrass 1996 stellte die Adria im 9. und vielleicht noch zu Beginn des 8. Jh. die östliche Grenze der griechischen Welt dar).

[15] Dion. Hal. 1,55 (Grandazzi 1988). Der Sol Indiges von Lavinium, in Verbindung mit Circe, kann nicht mit Iuppiter Indiges gleichgesetzt werden (Serv. Aen. 1,259; Liv. 1,2,6; Plin. nat. 3,5,46), der seinerseits mit Aeneas verbunden ist. Es handelt sich um unterschiedliche Indigetes (Zevi 1980, Anm. 84), wie auch auf römischem Boden Ianus Quirinus nicht Sol ist (§§ 220 f.). Wenn die göttlichen Könige von Alba und insbesondere Latinus nie am Gründungsmythos von Lavinium teilhatten (vgl. § 72, Anm. 3), dürfte Indiges zuerst mit Numicus und dann mit Jupiter (= Latinus), dann mit Sol (in Bezug zu Circe und Odysseus = Picus) und schließlich mit Aeneas (alternativ zu Odysseus und Doppel des Latinus) identifiziert worden sein. Wagenvoort 1947 hatte die Reihenfolge Jupiter, Aeneas, Sol vorgezogen. Zu den Lares/Indigetes als

und Sol sind außer in Lavinium auch in Ardea, in Tusculum und in Alba vorstellbar, und wohl auch auf römischem Boden,[16] und das ist ein Grund dafür, daß die zwei göttlichen Könige, Söhne des Odysseus und der Circe, auch in diesen Zentren und im besonderen in Alba angesiedelt werden können. Es gibt einen weiteren Grund, Alba gegenüber Lavinium als ursprünglichen und Hauptsitz der göttlichen Könige Faunus und Latinus vorzuziehen. Man hat zu wenig auf das Detail geachtet, wonach die beiden Könige an einem Ort herrschten, der »weiter innen und entfernt« lag oder im »inneren Teil« *(mychos)* der Göttlichen Inseln, d. h. nicht in Ardea, in Lavinium oder in Rom, die am Rand des Gebietes liegen, sondern in Alba, das eben im Inneren Latiums liegt, fern von der Küste.[17] In den Versen der *Theogonie* wird Odysseus genannt, nicht Aeneas. Man hat schon gesehen, daß die Bearbeitung des Mythos des Odysseus und der Circe sich auf einen historischen Moment vor der Aufpfropfung des trojanischen Mythos auf den Gründungsmythos des latinischen *nomen* beziehen könnte, als Rom noch keine Schwierigkeiten hatte, griechischen Ursprungs zu erscheinen wie die anderen Siedlungen in Latium, da noch nicht die Notwendigkeit bestand, sich von seinen Nachbarn dank des trojanischen Ursprungs zu unterscheiden. Der Mythos des Odysseus und der Circe als Eltern des Faunus und Latinus dürfte, gerade in Latium, vor der Zerstörung von Alba und der Kontrolle des Gebietes der Albaner Berge durch Rom entstanden sein.[18] Diese Argumentationsreihe führt dazu, den »historischen« Kern des Mythos des Odysseus und der Circe in eine viel frühere Epoche zu datieren, als es von den Philologen für gewöhnlich in Betracht gezogen wird: eher in das 7. als in das 6. Jahrhundert. Wir befänden uns also in der Zeit nach der Gründung von Cumae und nach der Odyssee[19] und vor der Zerstörung von Alba, vor der Zeit, in der Lavinium das religiöse Zentrum bildet, und vor der Aufpfropfung der trojanischen Sage auf den Mythos des *nomen*, also genau in der Zeit des Hesiod und der *Theogonie* oder kurz danach, vor der Zeit der Tarquinier, als Aeneas der wichtigste Heros zu werden beginnt,[20] d. h. zwischen dem Ende des 8. und dem ersten Viertel des 7. Jahrhunderts.

---

vergöttlichten Vorfahren siehe Weinstock 1960. Zur Sonne als ursprünglichem Totem: Franciosi 1980 (mit Bezug zur *gens* Aurelia). Grandazzi 1988 erkennt einen Kult des Latinus in Lavinium hinter dem des Aeneas, was möglich wäre (§ 72, Anm. 3). Aber die Anwesenheit des Latinus in Laurentum/Lavinium wird erst im Rahmen des trojanischen Mythos wesentlich und ausschließlich: Bremmer-Horsfall 1987.

[16] Mastrocinque 1993.

[17] Pugliese Carratelli 1991 übersetzt *mychos* mit dem allgemeineren »in fondo«.

[18] Vgl. Addendum III.

[19] Di Benedetto 1994.

[20] Generell zu einer frühen Ansetzung neigen: A. Mele, Diskussion in: D'Anna 1980a; Zevi 1980; Pugliese Carratelli 1983 und 1991; Valenza Mele 1991–92. Ampolo 1994 datiert das Ende der *Theogonie* in das 7. oder spätestens in das 6. Jh. und bestreitet die normalerweise vorgebrachte Argumentation für eine späte Entstehungszeit.

VI. Rekonstruktion der Kurien und der Prozession der Argeer

421. Eine dreigeteilte Siedlung. Die 27 Kapellen der Argeer/Kurien betreffen die Siedlung sowohl der *montes* wie der *colles*, sie gliedern sich in drei Teile von neun Argeern/Kurien, und die Prozession, die sie berührte, nahm wie bei den Lustrationen ihren Verlauf gegen den Uhrzeigersinn. Nach unserer Rekonstruktion entsprechen die drei Teile 1. dem Quinquimontium (ohne Lucus Fagutalis), 2. der Hinzufügung des ersten Septimontium (mit dem Lucus Fagutalis auf dem Oppius) und 3. den fünf *colles*, und d. h., sie entsprechen der Unterteilung der Siedlung und des Ager in die drei ältesten Tribus. Die Abfolge der Aufzählung der Argeerkapellen bei Varro folgt den servianischen Regionen: Caelius/*Cerolia, Carinae und Subura (*regio* I), Oppius und Cispius (*regio* II), Viminal und Quirinal (*regio* III), Cermalus/Palatium und Velia (*regio* IV). Die einzigen Unterschiede zwischen den beiden Gruppierungen (in drei und in vier Teile) sind die Unterteilung einer Region in zwei (wobei der Caelius von Oppius und Cispius getrennt wird) und die Verschiebung der Carinae und der Subura vom Palatium-Velia-Cermalus zum Caelius. Die Abfolge der Prozession wird angezeigt von der Ordnungszahl 26 für einen Argeer/Kurie der Velia, die also von der Prozession als vorletzte erreicht wird. Daraus folgt, daß der Kern des Quinquimontium (ohne den Lucus Fagutalis) sich am Ende der Prozession befunden haben dürfte (*regio* IV). Das läßt vermuten, daß die Prozession vom Kern der septimontialen Hinzufügung (*regio* I) aus und also mit dem Caelius begonnen hat. Der Sitz der Curiae Veteres befand sich auf dem Palatium und der der Curiae Novae auf dem Caelius. Ersterer scheint in der letzten Kurie der Prozession zu liegen, letzterer in der ersten Kurie. In der beigegebenen Skizze (Abb. 31) beschränken wir uns darauf, die Lage der verschiedenen Bezirke und ihre Abfolge im Verlauf der Prozession zu rekonstruieren, aber man könnte bei anderer Gelegenheit versuchen, auch die Lage zumindest einiger Kapellen und die bei dieser Zeremonie zurückgelegten Wege zu rekonstruieren.

422. Die erste Gruppe von neun Kurien/ Argeern: (»Tribus« der Ramnes).
a) Beginn der Prozession und die ersten Kurien/Argeer.
Die Prozession konnte vom Gipfel des Palatium ausgehen, der ihre letzte Station bildet, hinabführen in das Tal zwischen Palatium-Velia und Caelius-Oppius, durch die Curiae Veteres, dann zum Compitum Fabricium,[1] das vielleicht dem *compitum* der Curiae Veteres gegenüberliegende Compitum,[2] auf den Caelius aufsteigen, wo die Curiae Novae lagen. Hier, an der dem Palatium nächstgelegenen Ausbuchtung des Caelius, wurde die erste Kurie/Argeer und damit die erste Station der Prozession erreicht. Wir sind am zentralsten Ort des ersten Septimontium, der dann als Aus-

---

[1] Fest. 180–182 L.
[2] Siehe die kürzlich gefundene Kapelle in Form eines *compitum*: Panella 1996.

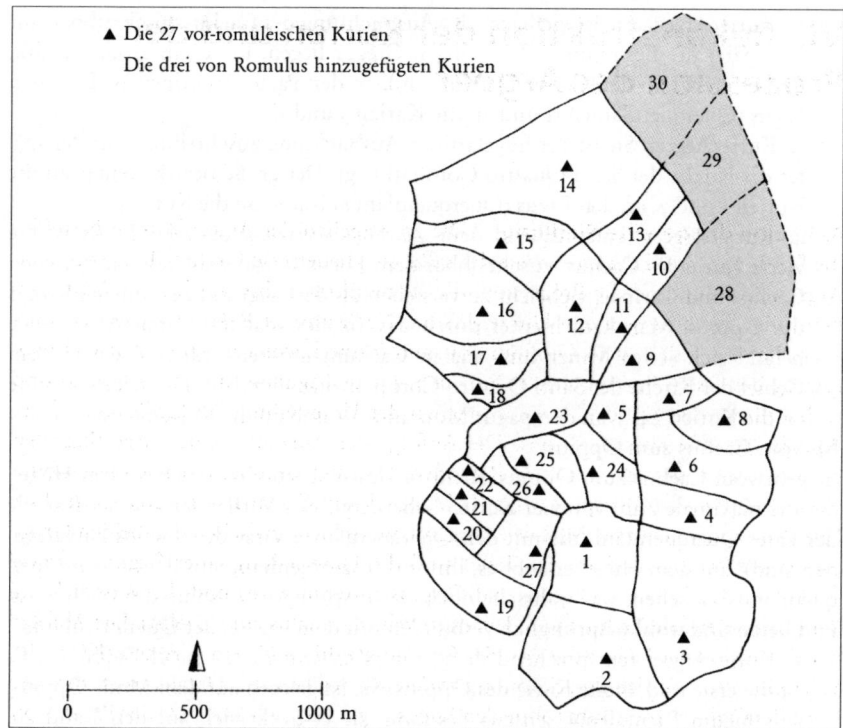

Abb. 31 Die Argeer-Kapellen und die entsprechenden Kurien

gangspunkt der großen Sühneprozession und später als Raum der zentralen Sitze der vereinigten Kurien gewählt wird.[3] Zwischen Caelius, Oppius und Cispius, die die Hinzufügung des ersten Septimontium darstellen, wird man sich also die erste Gruppe der neun Kurien vorstellen dürfen. Dem Caelius (oder Mons Querquetulanus)[4] können wir, wie dem Oppius und den anderen großen Erhebungen (wie dem Palatium, dem Viminal und dem Quirinal) die Höchstzahl von vier Kurien zuteilen. Sie könnten im Gegenuhrzeigersinn angeordnet gewesen sein.

1. Kurie/Argeer (entsprechend dem *princeps sacrarium* der *regio* I Suburana).[5] Es ist die erste Kurie der *munita loca* des Caelius und der gesamten Sühneprozession. Es handelt sich um die hügelartige Ausbuchtung, wo später der Tempel des Divus Claudius steht, in der dann wahrscheinlich der Sitz der 23 Curiae Novae errichtet wird. Der Bezirk grenzte an die Kurien 27, 2, 3, 24 und 26.

---

[3] Vgl. § 200, Anm. 90.

[4] Widersprüchliche Interpretationen der Ortsnamen des Caelius in: *Lexicon Urbis* 1993 ff., s. v. Caelius und Caeliolus/Cerionia (Abb. 152, mit Rekonstruktion der Heiligtümer der *regio* I Suburana).

[5] Varro ling. 5,45 ff. (Ausführungen über die »Argeorum sacraria«; daraus sind auch die im Folgenden zitierten Angaben zu Aufzählungen und Orten entnommen).

2. Kurie/Argeer. Sie ist vielleicht der Ausbuchtung des Caelius zuschreibbar, auf der später die Besitztümer des heiligen Gregor liegen. Es ist ein großer Bezirk, und er grenzt an den Cermalus (Kurie 19), an den Pagus Aventinensis II, an den Pagus (Querquetulanus) II und an die Kurien 3 und 1.

3. Kurie/Argeer. Sie ist der hügelartigen Ausbuchtung zuschreibbar, auf der später die Kirche der Santi Quattro Coronati liegt. Der große Bezirk grenzte an die Kurien 1 und 2, an den Pagus (Querquetulanus) II und an die Kurie 4.

4. Kurie/Argeer (entsprechend dem *quarticeps sacrarium* der *regio* I). Es ist die vierte Kurie des Caelius, zuschreibbar dem Locus Ceroliensis, gelegen zwischen Caelius und Carinae, vielleicht zu verstehen als der Talgrund des unteren Hangs des Oppius. Man kam hierher durch das Tal des späteren Caput Africae. Sie befand sich »circa Minervium qua in Caelium montem itur«, allgemein dem Gebiet der Kirche der Santi Quattro Coronati zugeschrieben. Der Bezirk grenzte an die Kurien 24, 3, an den pagus Montanus IV und an die Kurien 6 und 24.

b) Vom Caelius zum Oppius.

Es geht vom Caelius zum Oppius, Richtung Lucus Fagutalis, dem nächsten Hügel, der die maximale Zahl von vier Kurien beherbergt. Das Vorhandensein der Kapelle der Lares Querquetulani (die mit den Querquetulanae Virae des Caelius zu verbinden sind)[6] auf dem Hügel erlaubt es, ihn im Zusammenhang mit dem Mons Querquetulanus zu sehen, was wahrscheinlich der ursprüngliche Name des Caelius ist, und beide sind wohl ursprünglich verbunden mit dem *populus* der Querquetulani.

5. Kurie/Argeer (entsprechend dem *princeps sacrarium* der *regio* II Esquiliae). Es ist die erste und älteste Kurie des Oppius. Sie ist gelegen auf dem Mons Oppius, »uls lucum Facutalem«, jenseits des *lucus*, sie erstreckt sich auf den Rand zu, »sinistra via secundum moerum«. Es könnte sich um die Befestigungsmauer der Burg des Fagutal handeln (analog dem Befestigungsgürtel um die Velia), die den *lucus* begrenzen konnte und sich im Bereich von San Pietro in Vincoli befunden haben dürfte. Der Vicus Iovis Fagutalis, der zum Heiligtum führte, befand sich hingegen in der regio III Augustea, wie aus einer Inschrift der *vicomagistri* hervorgeht, die bei San Martino ai Monti gefunden wurde,[7] aber das heißt nicht, daß der *lucus* nicht zur *regio* IV Augustea kommen konnte, und es besteht deshalb kein Grund, das Fagutal von San Pietro in Vincoli zu den Thermen des Trajan zu verlegen oder an die Sette Sale und den *moerus* mit der servianischen Mauer zusammenfallen zulassen.[8] Wir sind nicht weit weg von der Kreuzung zwischen den *vici* Cuprius, Pullius und Orbius.[9] Es handelte sich um eine frühere Kurie des Quinquimontium, die ursprünglich auf die Velia ausgerichtet war und zur Zeit des ersten Septimontium in den Bereich des Oppius aufgenommen wurde.[10] Es handelte sich ursprünglich um eine Grenzkurie zum Pagus Montanus. Der Bezirk grenzte an die Kurien 23, 24, 6, 8 und 9.

---

[6] Vgl. § 256, Anm. 16.

[7] Es handelt sich um ein »sacellum claudend(um) et coequand(um) et arbores serundas« von seiten der »magistri e flamines montanorum montis Oppi«: CIL 6,32455.

[8] Coarelli 1993c. Vgl. auch § 329.

[9] Terrenato 1992.

[10] Zum Thema vgl. § 255.

6. Kurie/Argeer. Sie ist wahrscheinlich dem Südhang des Oppius zuzuordnen, im Süden des Vicus Orbius, auf dem Gebiet der späteren Thermen des Trajan. Der Bezirk grenzte an die Kurien 5, 4, an den Pagus Montanus (IV) und an die Kurien 7 und 8.

7. Kurie/Argeer (entsprechend dem *terticeps sacrarium* der *regio* II). Sie war auf dem Mons Oppius gelegen, »cis lucum Esquilinum«, diesseits des *lucus*, den man sich im Norden des Vicus Orbius und zwischen diesem und dem Vicus Pullius und dem Clivus Suburanus vorstellen kann, am Nordhang des Hügels. Der Lucus Esquilinus dürfte auf dem Oppius auf den Lucus Fagutalis gefolgt sein, und er ist vom Lucus Libitinae zu unterscheiden,[11] einem weiteren *lucus* dieses Hügels, der sich außerhalb der servianischen Mauern fand, auf dem Campus Esquilinus, außerhalb des septimontialen Siedlungsgebietes und seines Systems der Kurien, also im früheren Pagus Montanus IV. Der Bezirk grenzte an die Kurien 5, 6, 8, an das Gräberfeld des pagus Montanus IV und an die Kurie 9.

8. Kurie/Argeer (entsprechend dem *quarticeps sacrarium* der *regio* II). Sie lag auf dem Oppius, »uls lucum Esquilinum, via dexteriore in figlinis«, jenseits des *lucus*, also nicht weit von der Grenze der septimontialen Siedlung, wo wir uns gut die Töpfer vorstellen können. Wir sind wahrscheinlich in der Nähe des Gebietes der Sette Sale, der zweiten und letzten Burg des Oppius.[12] Aufgrund der Identifikation des Vicus »in figlinis«[13] und aufgrund von Funden von Votivgaben (datierbar ab dem 6. Jh.) und einer Säule/eines Altars ist das vierte Heiligtum dieser Region dem Ort zugeteilt worden, wo die Via delle Sette Sale den Viale del Monte Oppio kreuzt, nicht weit von San Martino ai Monti.[14] Der Bezirk grenzte an die Kurien 7 und 6, an den Pagus Montanus IV und an dessen Gräberfeld.

c) Vom Oppius zu Cispius.

Es geht vom Oppius zum Cispius wahrscheinlich am Rand des Gräberfeldes und des Clivus Suburanus. Der Cispius war der letzte Vorposten zum Viminal hin, von dem er durch einen Weg getrennt war, den späteren Vicus Patricius. Als kleiner Hügel und Grenzhügel hatte er nur eine Kurie (wie der Cermalus und die Subura).

9. Kurie/Argeer (entsprechend dem *sexticeps sacrarium* der *regio* II). Sie dürfte ursprünglich die erste und einzige Kurie des Cispius gewesen sein (die Reihenfolge entspricht nicht der Liturgie der archaischen Zeit, aus Gründen, die wir sehen werden). Sie ist auf dem Cispius gelegen, »apud aedem Iunonis Lucinae, ubi aeditumus habitare solet«, also an der Südwestecke des Hügels. Der Kult der Lucina befand sich auf der Spitze des Cispius.[15] Es ist wahrscheinlich, daß der Gipfel des Cispius noch im pagischen Bereich der Bergsiedlung lag. Eine der drei neuen Kurien des Romulus (zum Beispiel die Kurie 28) könnte dieses pagische

---

[11] Coarelli 1993c verlegt das Heiligtum neben die Porta Esquilina. Die protourbane Siedlung von Rom war nie größer als das servianische Rom.

[12] Wegen der wenig überzeugenden Situierung des vorhergehenden Heiligtums an der Porta Esquilina verlegt Coarelli 1993c dieses Heiligtum an einen Ort außerhalb der Mauern, in einer gewissen Entfernung davon, was unwahrscheinlich erscheint (vgl. Anm. 11).

[13] Rodríguez Almeida 1983.

[14] Cordischi 1990.

[15] Vgl. insbesondere CIL 6,358.

montane Hinterland einbezogen haben. Der Bezirk grenzte an die Kurien 11, 5 und 7 und an den Pagus Montanus IV.

423. Die zweite Gruppe von neun Kurien/Argeern (»Tribus« der Titienses).

d) Vom Cispius zum Viminal.

Der Weg geht vom Cispius zum Viminal, dem ersten der fünf *colles*. Solange die Unterteilung der 27 Kurien in drei Neunergruppen gilt, kann die Kurie/Argeer 10 nicht in den gleichen montanen Bereich gehören wie die Kurie/Argeer 9, wie es dann in der servianischen Ordnung der Zeremonie der Fall ist, die aufgrund des Vorrangs des Ordnungsprinzips der *compita* dem territorialen Zusammenhang der Kurien nicht mehr Rechnung tragen muß und einzig darum bemüht ist, die Argeer so gut es geht in die vier Regionen aufzuteilen.[16] Nach unserer Rekonstruktion beherbergt der Viminal, wie die anderen großen Erhebungen Roms (Caelius, Oppius, Quirinal und Palatium), vier Kurien, während er dann in der servianischen Version nur zwei beherbergt, insofern der erste Argeer des Quirinals das *terticeps sacrarium* der *regio* III ist. Die Prozession auf dem Viminal ist wohl im Gegenuhrzeigersinn erfolgt. Eine der drei neuen Kurien des Romulus (zum Beispiel die Kurie 29) könnte das Hinterland dieser Kurie im *pagus* (Viminalis) III einbezogen haben.

10. Kurie/Argeer (entsprechend dem *quinticeps sacrarium* der *regio* II Esquiliae). Es handelt sich um die erste Kurie des Viminal, weshalb hier die Ordnung, wie wir gesehen haben, nicht der Ordnung der archaischen Liturgie entspricht. Das *quinticeps sacrarium* der Argeer befand sich »cis lucum Poetelium«, d.h. diesseits des *lucus*, von dem wir annehmen können daß er auf dem Cispius dem *lucus* des Esquilin gegenüberlag.[17] Deshalb läßt sich vermuten, daß die entsprechende Argeer-Kapelle sich an der Grenze zum Gebiet des Cispius (II) befunden hat. Um sie in archaischer Zeit dem Gebiet des Cispius zuschlagen zu können, könnte der Vicus Patricius verlegt worden sein, der die Grenze zwischen Berg- und Hügelsiedlung markierte, was durch die Verwaltungsreform des Servius Tullius notwendig geworden war. Da es sich um die erste Kurie der Hügelsiedlung handelte, dürfte sie auf dem Osthang des Hügels gelegen haben. Der Bezirk grenzte an die Kurien 13, 11, an den *pagus* Montanus VI und an den *pagus* (Viminalis) II.

11. Kurie/Argeer (entsprechend der siebten der *regio* II). Die Kurie dürfte sich mehr im Süden, gegenüber der Kurie 9 befunden haben. Es ist die zweite Kurie des Viminal, weshalb die Ordnung nicht der archaischen Liturgie entspricht. Das entsprechende Heiligtum dürfte ein ähnliches Los gehabt haben wie das der Kurie 10 und in archaischer Zeit in den Bereich des Cispius übergegangen sein, als Folge der servianischen Verwaltungsreform. Der Bezirk grenzte an die Kurien 12, 23, 9 und 10.

12. Kurie/Argeer (entspicht in archaischer Zeit der ersten Kapelle des Viminal). Sie dürfte sich am Nordhang des Hügels befunden haben, in Entsprechung zu Kurie 11. Der Bezirk grenzte an die Kurien 15, 16, 17, 23, 11 und 13.

---

[16] Vgl. §§ 275 ff.

[17] Coarelli 1993c setzt diesen *lucus* mit dem Lucus Mefitis gleich, aber dieser war eher dem Vicus Patricius zugewandt: Varro rer. hum. 8,4. Siehe Rodríguez Almeida 1993a, Abb. 153 mit Anordnung der Heiligtümer der Argeer auf dem Oppius und dem Cispius.

13. Kurie/Argeer (entspricht in archaischer Zeit der zweiten Kapelle auf dem Viminal). Sie hat wohl auf dem Nordhang des Hügels gelegen, in Entsprechung zur Kurie 10. Der Bezirk grenzte an die Kurien 14, 12 und 10 und an den Pagus (Viminalis) II.

c) Vom Viminal zum Quirinal.

Der Weg geht dann vom Viminal zum Quirinal. Bei der langgezogenen Form des Hügels muß die Prozession einen linearen Verlauf genommen haben, entlang der Strecke der Alta Semita.

14. Kurie/Argeer (entsprechend dem *terticeps sacrarium* der *regio* III Collina). Es ist die erste Kurie des Quirinalhügels, die fünfte der Hügelsiedlung, weshalb die Ordnung nicht der archaischen Liturgie entspricht, die vom Viminal zwei Kurien zugunsten des Cispius abgezogen hat. Sie befand sich »cis aedem Quirini«, diesseits, und d. h. vor dem Tempel des Quirinus, wenn man vom Viminal kommt. Wenn der Tempel des Quirinus sich in den Gärten des Quirinal befand, sind wir nicht weit von der Straße, die zum Tor führte.[18] Der große Bezirk (wahrscheinlich der größte der Siedlung) grenzte an den Pagus (Collinus) V, an den Pagus (Tiberinus) III, an die Kurien 15, 13 und an den Pagus (Collinus) II. Im Hinterland dieser Kurie könnte eine der drei Kurien des Romulus geschaffen worden seien (z. B. die Kurie 30).

15. Kurie/Argeer (entsprechend dem *quarticeps sacrarium* der *regio* III). Es handelte sich um die sechste Kurie der Hügelsiedlung, weshalb die Ordnung nicht der archaischen Liturgie entspricht, wie wir schon gesehen haben. Gelegen auf dem Collis Salutaris, »adversum est Apollinar, cis aedem Salutis«, diesseits des Heiligtums, also wahrscheinlich knapp jenseits der Grenze zwischen Collis Quirinalis und Salutaris. Der Bezirk grenzte an den Pagus (Tiberinus) III und an die Kurien 16, 12 und 14.

16. Kurie/Argeer (entsprechend dem *quinticeps sacrarium* der *regio* III). Es handelte sich um die siebte Kurie der Hügelsiedlung, weshalb die Ordnung nicht der archaischen Liturgie entspricht. Sie ist gelegen auf dem Collis Mucialis (früher Sanqualis?), »apud aedem Dei Fidi, in delubro ubi aedituus habitare solet«. Der große Bezirk grenzte an den Pagus (Tiberinus) III und an die Kurien 17, 12 und 15.

17. Kurie/Argeer (entsprechend dem *sexticeps sacrarium* der *regio* III). Es handelte sich um die achte Kurie der Hügelsiedlung, weshalb die Ordnung nicht der archaischen Liturgie entspricht. Sie liegt auf dem Collis Latiaris, »in vico Insteiano summo, apud auguraculum«, also wahrscheinlich höher als die Porta Fontinalis.[19] Es gibt keinen Grund, diese Kurie als die letzte der *regio* III anzusehen. Der

---

[18] Eine bei Santa Maria della Vittoria gefundene Inschrift (CIL 6,962; FUR, Tafel 19, gleich hinter der Kirche) bezeugt, daß Trajan »sacraria numinum vetustate collapsa a solo restituit«. Coarelli 1993c meint, daß es sich um die *sacraria* der Argeer handelt. Es könnte sich jedoch auch um die zwei Lares Compitales und den Genius Augusti handeln, verstanden als *tria numina*: Ov. fast. 6,146; vgl. auch Hor. carm. 4,5,35. Der Ausdruck *sacrarium* ist mit Bezug auf den Genius Augusti (Van Doren 1958) bekannt und auch mit Bezug auf die Lares Augusti. La Regina 1997 schlägt vor, den Tempel des Quirinus mit dem Palazzo Barberini in Zusammenhang zu sehen.

[19] Carafa 1993.

Bezirk grenzt an den Pagus (Tiberinus) III, an den Pagus des Kapitols und an die
Kurien 18, 12 und 16.

18. Die Notwendigkeit, eine weitere Kurie der Hügelsiedlung anzunehmen, da
zur Erreichung der Zahl 9 eine fehlt, legt es nahe, sie am Fuße des Collis Latiaris
anzusetzen. Der Collis Latiaris ist also der einzige Hügel des Quirinals, der zwei
Kurien umfaßt. Die Kurie konnte sich nicht auf dem Kapitol befinden, das als
pagus außerhalb der servianischen Regionen und zuvor noch der in Kurien und
Heiligtümer der Argeer gegliederten protourbanen Siedlung lag, wie auch der
Aventin. Der Bezirk grenzte an den *pagus* des Kapitols und an die Kurien 23
und 17.

424. Die dritte Gruppe von neun Kurien /Argeern (»Tribus« der Luceres).
f) Vom Collis Latiaris zum Cermalus.
Das Velabrum entlang führt der Weg vom Collis Latiaris zum Fuß des Cermalus
und dann, über die Scalae Caci, auf seine Kuppe: ein langer, offensichtlich unlogi-
scher Weg (logischer wäre es gewesen, sich direkt in Richtung auf die Subura zu bewegen), der dazu diente, die älteste Lustration des Quinquimontium aufzunehmen, in
der richtigen, und das hieß, wie wir noch sehen werden, in der entgegengesetzten
Richtung aufzunehmen. Während der Cermalus nur eine Kurie beherbergte, wie
ursprünglich der Cispius und die Subura, beherbergte das Palatium die maximale
Anzahl von vier Kurien, wie der Bereich mit der Velia als Schwerpunkt (eingeschlossen Subura und Carinae), der Caelius, der Oppius und der Viminal.

19. Kurie/Argeer (entsprechend dem *quinticeps sacrarium* der *regio* IV Palatina).
Wir sind »apud aedem Romuli«, wahrscheinlich auf der Kuppe des Cermalus,
wenn »aedem« korrigiert werden kann in »aedes« (Akkusativ Plural), wodurch es
mit der *casa* Romuli identifiziert werden könnte.[20] Es könnte sich um die Curia
Raptae handeln,[21] da es um den Ort geht, wo die Sabinerinnen geraubt worden
waren. Insofern sie die Hütte der Acca, der Mutter der Laren, beherbergt hatte,
war sie der Sitz der Häuptlinge des Septimontium und des ersten Königs von
Rom und gehörte zu den sieben *curiae* Veteres. Man betrat mit ihr den ältesten
protourbanen Kern der Bergsiedlung des Quinquimontium (ohne Lucus Fagutalis). Der Bezirk grenzte an die Wasser des *pagus* des Kapitols, des Pagus Aventinensis I und der Kurie 2 und an die Kurien 27 und 20.
g) Der Weg vom Cermalus zum Palatium.
20. Kurie/Argeer. Sie lag auf dem westlichen Palatium, wahrscheinlich entlang
der Westseite. Vielleicht ist sie mit der Curia Velitiae gleichzusetzen (siehe auch
Kurie 21),[22] oder mit einer der drei *curiae* Veteres, deren Namen wir nicht kennen.
Es handelt sich um einen besonders kleinen und alten Bezirk, der seitlich vom

---

[20] *Aedis/aedes* bedeutet im Singular Tempel, aber im Plural kann es auch *domus* bedeuten: Serv.
Aen. 2,487. Die Korrektur ist deshalb berechtigt, weil ein Tempel des Romulus anderweitig
auf dem Cermalus nicht bezeugt ist, auch wenn in der denkwürdigen Hütte Zeremonien stattfanden: Die Pontifices, zum Beispiel, brachten dort im Jahr 38 v. Chr. ein Opfer dar (Richard
1966). Die von Coarelli 1993c vorgeschlagene Gleichsetzung der *aedes* (= Tempel) des Romulus
mit dem Lupercal überzeugt nicht.

[21] Palmer 1970.

[22] Palmer 1970.

Velabrum lag und an das Wasser des *pagus* des Kapitols und an die Kurien 19, 27 und 21 grenzte.

21. Kurie/Argeer. Sie lag auf dem westlichen Palatium, wahrscheinlich entlang der Westseite. Vielleicht ist sie mit der Curia Velitiae gleichzusetzen (siehe auch Kurie 20) oder mit einer der drei *curiae* Veteres, deren Namen wir nicht kennen. Es handelt sich um einen besonders kleinen und alten Bezirk, der an das Wasser des *pagus* des Kapitols und an die Kurien 20, 27 und 22 grenzte.

22. Kurie/Argeer. Sie lag auf dem westlichen Palatium, wahrscheinlich auf dem Hang zur Velia hin. Man erreichte sie, indem man die Scalae (Graecae, dann mit der Porta Romanula verbunden) hinabstieg. Es handelt sich vielleicht um die Curia Acculeia,[23] d. h. die Kurie der Acca, der Mutter der Laren (und ihres Grabes) und der Laren selbst, die hier verehrt wurden (und vielleicht hat Numa sie wegen dieser Kulte als zweites königliches Viertel Roms gewählt). Es handelt sich um einen besonders kleinen und alten Bezirk, der an das Wasser des *pagus* des Kapitols und an die Kurien 21, 27 und 26 grenzte.

h) Vom Palatium zur Subura.

Der Weg führt vom westlichen Palatium zur Subura, den *vicus* entlang, der am westlichen Fuß der Velia lag. Die Tatsache, daß die drei Kurien des Palatium von der vierten Kurie dieses Hügels durch Einfügung der vier Kurien des Komplexes Subura-Carinae-Velia getrennt wurden, ist ein Hinweis, wie eng in protourbaner Zeit die Verbindungen zwischen diesen Hügeln waren, die den nördlichen Teil des Quinquimontium bildeten. Die romuleische Inauguration des Palatium-Cermalus führt dann zu einer deutlicheren Unterscheidung zwischen Palatin und Velia, die sich auch in der Reihenfolge der Kapellen im Bereich der regio IV Serviana spiegelt.

23. Kurie/Argeer (entsprechend dem *sexticeps sacrarium* der *regio* I Suburana). Sie lag in der Subura. In der frühen Ordnung der Prozession war die Kurie auf das Gebiet der Velia ausgerichtet, während sie dann in der Prozession der archaischen Zeit auf den Caelius gerichtet ist und zur namengebenden Kurie der *regio* I wird. Die Kurie »subest eo loco qui terreus murus vocatur«, also unter der Befestigung der Velia, vielleicht aber auch des Lucus Fagutalis. Hier wohnten die Suburanenses, die an der Zeremonie des October Equus beteiligt waren. Die Subura war ein Grenzbezirk, der nur eine Kurie enthielt, wie der Cermalus, der Cispius und die drei Hügel des Quirinals. Der Bezirk grenzte an den *pagus* des Kapitols, an die Wasser der Kurie 22 und an die Kurien 26, 24, 5, 11, 12 und 18.

i) Von der Subura zu den Carinae.

Der Weg führt von der Subura zu den Carinae über den *vicus*, der sich entlang des nördlichen Fußes der Velia hinzieht.

24. Kurie/Argeer. Sie lag wahrscheinlich in den Carinae. In der frühen Prozessionsordnung war die Kurie auf das Gebiet der Velia ausgerichtet, während sie dann in der Ordnung der archaischen Zeit auf den Caelius gerichtet ist. Diese Kurie erscheint getrennt von der Kurie 5 im Lucus Fagutalis, die von der dritten in die zweite Gruppe von neun Kurien gewechselt hat, ein Vorspiel der künftigen Zuordnung an zwei unterschiedliche servianische *regiones*, die regio I und die

---

[23] Palmer 1970; Coarelli 1983.

regio II. Der Bezirk grenzte an die Kurien 26, 1, 4, 5 und 23. Zu letzterer wurde ich darauf hingewiesen, daß es, wenn man einen Verlauf im Gegenuhrzeigersinn behalten will, besser wäre, von der Kurie 22 zur Kurie 24 (= 23) und von da zur Kurie 23 (= 24) zu gehen.

j) Von den Carinae zur Velia.

Der Weg führt von den Carinae zur Velia, über den Hauptzugang zum Hügel beim Sacellum Streniae.

25. Kurie/Argeer (entsprechend dem *sexticeps sacrarium* der *regio* IV Palatina). Sie befindet sich auf der Kuppe der Velia, »apud aedem deum Penatium«. Es handelt sich um die Curia Veliensis.[24] Hier wurde wahrscheinlich das septimontiale Opfer an die Schutzgottheit des Hügels ausgeführt. Sie zählte zu den sieben Curiae Veteres. Der besonders kleine und alte Bezirk grenzte an die Kurien 26, 1, 24 und 23.

26. Kurie/Argeer. Sie dürfte den Fuß der Velia eingenommen haben, im besonderen deren Südhang, nicht weit entfernt von der Kapelle des Mutinus Titinus. Sie befindet sich dann unter dem Murus Mustellinus. Sie war die 26. Station der Prozession, was darauf hinweist, daß eine einheitliche Numerierung Kurien/Argeer bestanden hat, die viel älter ist als die der servianischen *regiones* und die dem Verlauf der Prozession entspricht, die also ihr Ende haben mußte zwischen dem Südhang der Velia und der letzten Kurie des Palatium (*curia* 27) »[idem sacellum fuisse ad sacrarium] sextum et vicesimum dextra via [iuxta] deverticulum«.[25] Ihre Identifikation bildet die Grundlage, auf der die Zuschreibungen der anderen Kurieren basieren, die vorher zum Bereich des Quinquimontium gehörten. Es kann sich um die Curia Foriensis handeln, die zu den sieben Curiae Veteres gehörte (vor, also außerhalb, bezogen auf die künftige Porta Mugonia des Palatin, woher vielleicht der Name kommt). Hier wohnten die Sacravienses, die an der Zeremonie des October Equus teilnahmen. Der besonders kleine und alte Bezirk grenzte an die Kurien 23, 22, 27, an die Gewässer der Kurie 1 und an die Kurie 24.

k) Von der Velia auf das Palatium.

Der Weg führt von der Velia auf die Kuppe des Palatium, über den Sattel, der die beiden Hügel verband.

27. Kurie/Argeer. Es ist die letzte Kurie der Prozession, von wo sie wohl auch ihren Ausgang genommen hat. Sie befand sich wahrscheinlich auf der Kuppe des Palatium, nahm den gesamten Ostteil davon ein und komplettierte so die vier Kurien des Hügels. Es handelt sich wahrscheinlich um die angesehenste Kurie des Palatium, des ersten *mons* des Septimontium, sie zählte zu den sieben Curiae Veteres und fällt unter die drei, deren Namen nicht erhalten sind. In ihr wurde das septimontiale Opfer an Palatua oder Palatuar abgehalten. Es handelte sich um die größte Kurie des Palatium und des gesamten Quinquimontium. Der Bezirk grenzte an die Kurien 22, 21, 20, 19, an die Gewässer der Kurien 2 und 1 und an die Kurie 26.

[24] Palmer 1970.
[25] Fest. 142 L., Wiederherstellung des Textes von M. Torelli (Coarelli 1993c), Lemma bezüglich des Heiligtums des Mutinus Titinus in Verbindung mit dem Murus Mustellinus auf der Velia.

425. Der Abschluß der Prozession. Hätte die Prozession einen folgerichtigeren Verlauf im Gegenuhrzeigersinn genommen (indem sie zum Beispiel die Kurien in der folgenden Ordnung durchlaufen hätte: 23-22-21-20-19-27-26-25-24), hätte sie weder auf der Velia noch auf dem Palatium geendet, und deshalb wurde die alte Prozession im Gegenuhrzeigersinn, in diesem Fall des Quinquimontium (27-26-25-24-23-22-21-20-19),[26] zur Zeit des ersten und des zweiten Septimontium umgedreht, damit sie auf der Kuppe des Palatium endet, dem festgelegten Punkt des Ausgangs und der Rückkehr, als *caput* des Trimontium, des Quinquimontium, des ersten und des zweiten Septimontium. Es ist bemerkenswert, daß es die Kurie 27 und nicht die Kurien 20 bis 22 des Palatium sind, die in der Abfolge mit der Kurie 26 der Velia verbunden werden, da hier der Sattel war, der die beiden Hügel verband. Der Einbezug der *colles* erscheint in diesem Zusammenhang wie die Einfügung einer neuen Gesamtheit von Kurien mitten in das System des Septimontium.[27] Beim Argeerfest im Mai überquerte man, wenn man zur Kurie auf der Kuppe des Palatium gelangt war (27), wieder den Cermalus, man gelangte zur Ara Maxima des Hercules (des eng mit dem Mythos der Argeer verbundenen Heros) und man betrat den Pons Sublicius, von dem die Weidenpuppen der Argeer in die Strömung des Tibers geworfen wurden.

426. Die Reform der Zeremonie in archaischer Zeit. Bei der Neuordnung der Prozession zur Zeit des Servius Tullius wurden die Kurien 1 bis 4, 24 und 23 (insgesamt also 6) in die *regio* I eingegliedert, die Kurien 5 bis 11 (insgesamt also 7) kamen zur *regio* II, die Kurien 12 bis 18 (7 also) kamen zur *regio* III und die Kurien 19 bis 22, 25 bis 27 (insgesamt 7) kamen zur *regio* IV. Nur die *regio* I, die am stärksten verändert und künstlich konstruiert wurde,[28] nimmt dann sechs Kapellen auf, während die anderen drei (*regiones* II bis IV) je sieben beherbergen.[29] Die Gesuchtheit der Verwaltungseinteilung des Servius Tullius ist offenkundig; außer in der Unmöglichkeit, die 27 Kapellen gleichmäßig auf vier Regionen zu verteilen, zeigt sich dies noch in drei weiteren forcierten Anstrengungen: 1. Die Abtrennung der Kurien der Carinae und der Subura (24 und 23) und von den Kurien der Velia (25, 26) und ihre Verbindung mit den Kurien des Caelius (1 bis 4), weil sonst die *regio* des Caelius nur vier Kurien gehabt hätte und die des Cermalus/Palatium/Velia die außergewöhnlich hohe Zahl von neun Kurien; 2. die Verschiebung von zwei Kurien des Viminal (10 bis 11) zum Cispius (9), weil sonst die *regio* der Esquiliae nur fünf und die der *colles* ebenfalls neun umfaßt hätte; 3. die Kurien des früheren Trimontium kommen hingegen alle in die *regio* IV, aber die Reihenfolge ist jetzt Palatium-Cermalus-Velia, wo das Palatium nicht mehr eng mit der Velia verbunden ist, wie im Septimontium, sondern mit dem Cermalus, wie in der inaugurierten Roma quadrata.

427. Die Aufteilung der Sacella auf die vier servianischen Regionen. Halten wir die Äquivalenzen zwischen den Argeer-Kapellen in den *tribus/regiones* des Servius Tullius und den Kurien/Argeern in der Anordnung des zweiten Septimontium (13 von 27 werden von Varro erwähnt) fest. Regio I: 1=1; 2=2; 3=3; 4=4; 5=24;

---

[26] Vgl. § 209.
[27] Vgl. § 302.
[28] Vgl. § 282.
[29] Zur Sieben als vollkommener Zahl vgl. § 273, Anm. 4.

6 = 23. Regio II: 1 = 5; 2 = 6; 3 = 7; 4 = 8; 5 = 10 (oder 11); 6 = 9; 7 = 11 (oder 10). Regio III: 1 = 12; 2 = 13; 3 = 14; 4 = 15; 5 = 16; 6 = 17; 7 = 18. Regio IV: 1 = 27; 2 = 22; 3 = 21; 4 = 20; 5 = 19; 6 = 25; 7 = 26. Unter dieser Voraussetzung würde die Reihenfolge der archaischen Zeit nichts anderes widerspiegeln als eine administrative neue Aufteilung der Kapellen auf *tribus/regiones*, ohne daß noch eine Entsprechung mit dem Verlauf der Prozession bestünde. So steht denn auch die 7. Kurie der *regio* IV, von der wir anderwärts wissen, daß sie die 26., also vorletzte Station war, statt dessen an letzter Stelle. In der archaischen Zeit ist es weniger von Bedeutung, die alten Unterteilungen der Siedlung zu respektieren, als die Argeer möglichst gleichmäßig auf die vier Regionen zu verteilen. Nur wenn wir die Abfolge der protourbanen Zeit rekonstruieren, die auf drei Gruppen von neun Kurien basiert, einer je *tribus*, stehen Abfolge der Prozession und verwaltungsmäßige Unterteilung nicht im Widerspruch, sie stimmen dann vielmehr vollkommen überein.

VII. Rekonstruktion des Kalenders der frühen Königszeit

428. Fortführung der Hypothese von Einar Gjerstad (Abb. 32). Es lohnt den Versuch, den Kalender der frühen Königszeit zu rekonstruieren – wobei wir von der Hypothese von Einar Gjerstad ausgehen und den Beobachtungen von Angelo Brelich Rechnung tragen –, und sei es nur um die Probleme darzulegen, die sich bei einem solchen Versuch ergeben. Die Monate dieses Kalenders wurden (auch wenn sie in Wirklichkeit zweimal von zwei nicht kalendarischen Monaten unterbrochen wurden) als ein kontinuierlicher Ablauf betrachtet, innerhalb dessen sich die Produktion und Reproduktion der Gemeinschaft abspielt, vom Anfang bis zum Ende des Jahreszyklus.[1] Die Wahrheit des romuleischen Kalenders, offensichtlich gebunden an die natürlichen Zyklen der Vegetation und der tierischen und menschlichen Reproduktion (das Jahr, das zehn Monate dauert wie die Schwangerschaft der Frauen), ist in der Substanz wesentlich sakral. Die Schwangerschaft dauerte 274 Tage, und so viele Tage werden im Kalender zwischen den Iden des März, d. h. dem Jahresbeginn, und den Terminalia, dem Fest des Jahresendes und des Endes der Schwangerschaft, gezählt. Aber die Tage, die wirklich zwischen diesen Festen lagen, waren mehr als 274, da es ja auch eine nicht kalendarische Zeit gab, mit der Konsequenz, daß eine Frau, wenn ihre Schwangerschaft am 15. März begann, nicht am 23. Dezember gebären würde. Der Kalender ist also ein abstraktes Modell, ein Symbol des Lebens.

429. Erster Monat. Martius (= martius des vorjulianischen Kalenders).
1. KAL. Iunoni Covellae (?); Iunoni Lucinae (?); feriae Marti, ancilia moventur (a saliis). – 7. NON. Vediovi inter duos lucos (?). – 9. Ancilia moventur (a saliis). – 14. EQUIRRIA Marti; Mamuralia (?). – 15. EID. Feriae Iovi; Annae Perennae (?). – 16. Itur ad Argeos. – 17. LIBERALIA Libero, Liberae; AGONALIA Marti, itur ad Argeos. – 19. QUINQUATRUS Marti, ancilia moventur (a saliis), saltatio saliorum in Comitio. – 23. TUBILUSTRIUM

[1] Diese Rekonstuktion des Kalenders der frühen Königszeit stützt sich auf die in den §§ 300, 301 und 307 ff. angeführte Bibliographie und insbesondere auf den von Torelli 1984, 1990, 1991, 1996 und Prosdocimi 1996 (mit Bibliographie) erörterten Lebenszyklus; mit anderem Ansatz Magini 1996. Zum Q.R.C.F., den Poplifugia, den Nonae Caprotinae, der *vitulatio* und dem October Equus siehe Coarelli 1983 und 1997. Zum phallischen Aspekt des Feigenbaumes: Porte 1973. Zu den Vinalia: Coarelli 1995. Zum Raub der Consualia und zur Raubehe der Kriegerkaste in Indien: Campanile 1983. Zu dem Raub der Sabinerinnen, dem entsprechenden Krieg und der Integration in die Kurien: Gagé 1976a. Zu Poseidon Hippios als Entführer des jungen Pelops und zum Sieg des letzteren über Oinomaos bei den Wagenrennen, um mit Hilfe des Gottes seine Tochter zu erringen: Köhnken 1974. Zu Angerona und Summanus: Prosdocimi-Prosdocimi 1978. Zum neuen Neujahrsfeuer: Robertson 1985. Zur jungfräulichen vergewaltigten Prinzessin, die eingekerkert oder geopfert wird, mit Söhnen, die eine große Bestimmung haben und ausgesetzt werden, und zur Vestalin, die Blutschande betreibt und den Tod erwartet als Ziel der Priesterwürde, die die Geburt eines Kindes von einer Jungfrau vorsieht: Radke 1986. Dank an Frau Doktor F. Mastroianni für die Informationen zu Fragen der Gynäkologie.

Abb. 32   Rekonstruktion des zehnmonatigen Kalenders der frühen Königszeit

	Martius	Aprilis	Maius	Iunius	Quinctilis	Sextilis I = Sextilis	September I = October	October = December	November = Ianuarius	December = Februarius
	I	II	III	IV	V	VI	VII	VIII	IX	X
1	KAL. Iunoni Covellae (?); Iunoni Lucinae (?); Marti, ancilia moventur.	KAL. Iunoni Covellae (?).	KAL. Iunoni Covellae (?); Laribus (?); Maiae (Volcani) (?); Bonae Deae subsaxanae (?).	KAL. Iunoni Covellae (?); Marti extra portam Capenam (?); Carnae in Caelio (?).	KAL. Iunoni Covellae (?)	KAL. Iunoni Covellae (?); Victoriae in Palatio (?).	KAL. Iunoni Covellae (?); Tigillo Sororio (?); Fidei (?).	KAL. Iunoni Covellae (?).	KAL. Iunoni Covellae (?).	KAL. Iunoni Covellae (?).
2										
3										
4										
5					POPLIFVGIA Iovi					
6										
7	NON. Vediovi inter duos lucos (?).	NON.	NON.	NON. Vesta aperitur; Dio Fidio in Colle (?).	NON. Nonae Caprotinae (?); Romulus non apparuit (?); Conso (?); Palibus (duobus) (?).	NON. Saluti in Colle (?).	NON.	NON.	NON.	NON. Fornacalia.
8										
9	Ancilia moventur.		LEMVRIA Lemuribus.	VESTALIA Vestae.					AGONALIA (Iano).	
10										
11			LEMVRIA Lemuribus, Maniale.	MATRALIA Matri Matutae.			MEDITRINA-LIA Iovi.	AGONALIA IND(IGET); Septimontium Palatuae (?).	CARMEN-TALIA Carmentae.	
12										
13			LEMVRIA Lemuribus.				FONTINALIA Fonti.			Parentalia.
14	EQVIRRIA Marti; Mamuralia (?).									

Tag	Mart.	Apr.	Mai.	Iun.	Iul.	Sext.	Sept.	Oct.	Nov.	Dec.	Ian.	Febr.
15	EID. Feriae Iovi; Annae Perennae.	EID. Feriae Iovi; FORDICIDA Telluri Matri.	EID. Feriae Iovi; itur ad Argeos.	EID. Feriae Iovi; Vesta clauditur; Q.ST.D.F. (Quando stercus delatum, fas).	EID. Feriae Iovi.	EID. Feriae Iovi.	EID. Feriae Iovi.	EID. Feriae Iovi; Iovi Feretrio (?); (September =) October equus Marti (?); Libero Liberae (?).	EID. Feriae Iovi.	EID. Feriae Iovi; Cereri (?); Telluri (?); CONSVALIA Conso.	EID. Feriae Iovi; CARMENTALIA Carmentae.	EID. Feriae Iovi; VPERCALIA Fauno Luperco.
16	Itur ad Argeos											
17	LIBERALIA Libero, Liberae; AGONALIA Marti; itur ad Argeos.	Ambarvalia Deae Diae (?).				PORTVNALIA Portuno.				SATVRNALIA Saturno.		QUIRINALIA Quirino.
18												
19	QVINQVATRVS Marti, ancilia moventur, saltatio saliorum in Comitio.	CERIALIA Cereri.			LVCARIA.	VINALIA (rustica vel altera) Iovi.		ARMILVSTRIVM Marti, ancilia moventur.		OPALIA Opi ad Forum.		
20												
21		PARILIA Pali; Roma condita.	AGONALIA Vediovi (?).		LVCARIA.	CONSVALIA Conso.				DIVALIA Angeronae.		FERALIA dis inferis, Tacitae Mutae.
22												
23	TVBILVSTRIVM Marti, ancilia moventur.	VINALIA (priora) Iovi.	TVBILVSTRIVM Volcano.		NEPTVNALIA Neptuno.	VOLCANALIA Volcano, Horae Quirini, Maiae supra Comitium.				LARENTALIA Accae Larentiae, Iovi.		TERMINALIA Termino.
24	Q.R.C.F. (Quando rex comitavit, fas).		Q.R.C.F.									REGIFVGIVM Iovi?
25		ROBIGALIA Robigo.			FVRRINALIA Furrinae.	OPICONSIVIA Opi Consiviae in regia.						
26												
27				Laribus (?); Iovi Statori (?).		VOLTVRNALIA Volturno.					Feriae sementivae Telluri, Cereri (?).	EQVIRRIA Marti.
28												
29												
30												

Marti, ancilia moventur (a saliis). – 24. Q.R.C.F (quando rex comitiavit, fas). – 30. Letzter Tag des Monats.

Die Kalenden dieses Monats sind die einzigen, die ein öffentliches Fest bilden, wahrscheinlich seit der Zeit, als der 1. März der erste Tag des Jahres wird. Die Opfer an Juno fanden bei der Curia Calabra auf dem Kapitol und bei der Regia am Fuß des Palatium statt. Es ist also vorausgesetzt, daß eine Straße den Komplex Palatium/Velia mit dem Kapitol verbindet, d. h. die Sacra Via, was nicht automatisch das Forum impliziert, da sie dem Velabrum entlang verlaufen konnte. Der 1. März ist auch der Gedenktag des Herabfallens des Schildes vom Himmel bei der Regia unter König Numa, an dem die Salier die Schilde des *sacrarium* Martis bewegten, wo sie aufbewahrt wurden. Insofern die Kalenden des März als Jahresbeginn betrachtet wurden, wurden damit Zeremonien verbunden wie das neue Feuer auf dem Altar der Vesta und die Erneuerung der Lorbeeren an der *regia* und an den Sitzen der *curiae*, zusätzlich zum Jahrestag des Marsaltars auf dem Marsfeld (bezogen auf die Bewahrung bzw. Wiedereinweihung des Valerius Poblicola). Zwischen diesem vor allem palatinischen Fest des Mars und dem auf den peripheren Kult des Mars bezogenen Fest an der Porta Capena am 1. Juli vergehen drei Monate. Im esquilinischen Heiligtum der Iuno Lucina können wir die Szene der Römer und der unfruchtbaren Sabinerinnen ansetzen, die sich am Lotus der Juno hinknien, um die Fruchtbarkeit zu gewinnen, worauf der heilige Baum antwortet: »Sie sollen besessen werden vom heiligen Bock« (wie in Ägypten: Hdt. 2,46). Der Bock verweist auf die Mitte des Jahres, auf die *caprificatio* der Nonae Caprotinae, und auf das Ende des Jahres, auf die Böcke der Lupercalia, beides Feste, die unter das Zeichen des Faunus gestellt sind, aber man könnte auch an den von den Vestalinnen bewachten Phallus denken, an die Zeugungskraft des Herdfeuers des Mars in der *regia* (es sei erinnert an das phallische Fest der Liberalia, das eben im März stattfand, also unter dem Zeichen des Mars). Faunus und Mars sind zwei Zeugungskräfte, die untereinander in Konkurrenz stehen, gebunden an den ersten Tag des Jahres (siehe auch den 21. April). In der Unfruchtbarkeit der Sabinerinnen ist die der jungen Frauen zu sehen, die noch keine Menstruation gehabt haben, die an den Iden des Monats eintreten wird, oder das Aufhören der Fruchtbarkeit, das bei den Frauen unmittelbar nach der Geburt eintritt, die man sich an den Terminalia des vorigen Monats vorgestellt hat (das Fest der Matronalia scheint dieser Interpretation zu widersprechen, aber es findet sich nicht in der Aufzählung der ältesten Feste, es geht vielleicht auf die Zeit zurück, in der der Jahresbeginn von den Iden auf die Kalenden verlegt wurde). Dieser mythisch-kultische und kalendarische Komplex zwischen Jahresende und Jahresbeginn scheint eng verbunden mit der septimontialen Erwerbung des Cispius, wo der Kult der Iuno Lucina ja stattfand, und geht deshalb wahrscheinlich auf den protourbanen Kalender zurück. Die Equirria am 14. bezeichnen das Ende der Übergangsperiode zwischen altem und neuem Jahr, zwischen Geburt und neuerlichem Einsetzen der Menstruation, der Periode, die mit den Equirria des 27. Dezember begonnen hat. Mamurius, der im Auftrag des Numa die elf Schilde hergestellt hat, wird als Personifikation des definitiv abgelaufenen Jahres verjagt (der Jahresbeginn am 1. März ist also offensichtlich sekundär). Die Iden bezeichnen den ursprünglichen Jahresbeginn des römischen Kalenders. Das neue Feuer, das Häuptlinge und Herrscher zeugt, das dann mit den Kalenden, vorher aber mit den Parilia verbunden war, könnte ursprünglich auf dieses Neujahr bezogen gewesen seien, das eng an Mars gebunden war, den göttlichen Vater der Laren und der Könige. Das Fest der Anna Perenna (Nymphe des Numicus, *amnis perennis*) wurde beim ersten Meilenstein der Via Flaminia gefeiert, was dort ein Heiligtum und eine Grenze voraussetzt, die sich auf einen der periurbanen *pagi* bezogen. In diesem pagischen Bereich wurde das Fest der in der Menstruation sich zeigenden weiblichen Fruchtbarkeit gefeiert, das damit der konkreten Möglichkeit zu zeugen geweiht war, weshalb eben mit dem Neujahr der menschliche, tierische und pflanzliche Reproduktionszyklus begann und daher auch, wie wir sehen werden, die Berechnung der Tage der Schwangerschaft. Der Vollmond im März, personifiziert in Anna Perenna, bezeichnete für die Mädchen den Eintritt der ersten Menstruation und für die Mütter die raschestmögliche Wiederaufnahme der Fruchtbarkeit nach der Geburt am Ende des Jahres (die Ovulation kann bis zum 26. Tag erfolgen, aber da der männliche Samen drei oder vier Tage überleben kann, kann ein Befruchtungsakt, der zu einem guten Ende führt, 22 oder 23 Tage nach der Geburt stattfinden, d. h. zwischen den Iden des März und den Quinquatrus). Den Menstruationszyklus stellt man sich als vier Tage dauernd vor, bis Quinquatrus. Dies ist der Tag, an dem Mars, obwohl er mit Anna Perenna Verkehr hat, sich für Minerva entflammt, wie ein männlicher Jugendlicher, der schließlich die Geschlechtsreife erlangt hat. Es ist auch der Tag der Hochzeit: Nerio, die sich an die Stelle Minervas setzt, wird *cuniunx* des Mars, des göttlichen Prototyps jeden Erzeugers. Die Hochzeit von Mars und Nerio ist ursprünglich eine Raubehe. Wie Minerva von Mars auf dem Caelius geraubt wird (nach einer Hypothese von F. Coarelli), wird der Raub der Jungfrauen – zumindest symbolisch vorausgesetzt in der *deductio in domum mariti* – gesellschaftlich bestätigt und verwandelt sich, an diesem Tag der *nuptiae*, in einen *usus*. Der 16.–17. März ist das Biduum der Argeer, einer Lustration protourbanen Ursprungs, die die *montes* und *colles* betrifft, weshalb das Neujahr des romuleischen Rom das des zweiten Septimontium zu übernehmen scheint. Zwei Tage nach Anna Perenna, am 17., werden (auf den *montes*?) die Liberalia gefeiert, das Fest der erreichten Männlichkeit und der Zeugungskraft der *liberi*, gewidmet dem guten Erfolg des Samens, das auch den Kult des männlichen Gliedes vorsieht. Es ist die Zeit des Beginns oder der Wiederaufnahme der geschlechtlichen Beziehungen. Am selben Tag wurden die Agonalia des Mars gefeiert, das erste der königlichen Opfer, die wahrscheinlich auf den *colles* stattfanden. Mit dem Tubilustrium des 23. März, dem Fest des Auszugs in den Krieg, schloß die neuntägige Zeit der Fruchtbarkeit und der Befruchtung, die an den Iden begonnen hatte. Es handelte sich um die dem Mars geweihte *lustratio* der für den Krieg entnommenen Waffen und des Austritts des Volkes in Waffen durch das von Ianus Quirinus beschützte »Tor« der *profectio*. An diesem Tag wurde auch das Wiederauffinden der Kriegstrompete des Romulus in der Curia Saliorum auf dem Palatin gefeiert, die von den Galliern angebrannt worden war (Cic. div. 1,17,30). Es folgte der Tag der Einberufung der *comitia curiata*, und wohl nicht der *comitia calata*, an dem der König – nach Darbringung eines Opfers auf dem Comitium und nach Erklärung des Tages als *fastus* – *ius dicere* konnte. Es ist also die Existenz des Comitium vorausgesetzt, eines Ortes der Versammlung und des Rates der Alten (in der Curia Hostilia), der getrennt ist vom Haus des Königs (die Curia Saliorum und die Curia

Calabra hingegen waren mit den Häusern des Romulus verbunden). Mit der Heirat und mit dem Auszug in den Krieg scheint der Eintritt der Mitglieder der beiden Geschlechter der jüngsten Altersklasse in das gemeinschaftliche Leben abgeschlossen. Wir sind an der Tages- und Nachtgleiche des Frühlings. Die Abfolge Agonalia–Tubilustrium–Q.R.C.F. wird sich zwei Monate später wiederholen, im Mai, dem Monat, in dem gewöhnlich der Feldzug abgeschlossen wird. Zehn Monate später, am 24. Dezember, findet dann das Regifugium statt. Auf den Auftritt des Königs gegenüber dem Volk auf dem Comitium zu Beginn des Jahres folgt sein Verschwinden am selben Ort am Ende des Jahres.

430. Zweiter Monat. April (=aprilis).
> 1. KAL. Iunoni Covellae (?) – 7. NON. – 15. EID. Feriae Iovi; FORDICIDIA Telluri Matri. – 19. CERIALIA Cereri. – 21. PARILIA Pali; Roma condita. – 23. VINALIA (priora) Iovi. – 25. ROBIGALIA Robigo. – 29. Letzter Tag des Monats.

Die Fordicidia lassen ein ursprüngliches Zusammenfallen mit den Iden vermuten. Es handelte sich um ein altes Fest der Kurien, wahrscheinlich protourbanen Ursprungs, das die Fruchtbarkeit der Ernte, der Tiere und indirekt der Frauen sichern sollte (die Trächtigkeit der Kühe dauert 283 Tage ab der Deckung durch den Stier, zehn Tage länger als die Schwangerschaft der Frauen). Das Fest implizierte auch ein Opfer staatlichen Ranges auf dem Kapitol (siehe den analogen Fall der Fornacalia im Dezember, ein weiteres Fest der Kurien, das ebenfalls auf staatlicher Ebene auf dem Forum gefeiert wurde). Fordicidia und Cerialia betreffen die mit Tellus und Ceres verbundenen Kulte (wie in den analogen Kulten des 15. Oktober und Ende November). Bei Gelegenheit der Fordicidia wurden trächtige Kühe geopfert, deren zu Asche verbrannter Fötus den Vestalinnen zur Herstellung des *suffimen* diente, das für die Feier der Parilia benötigt wurde (das *suffimen* setzte auch das Opfer eines Pferdes voraus). Es war der Augenblick der erfolgten und verifizierten Empfängnis (wenn an den Iden die Menstruation der Frau nicht eingetreten war, konnte sie sich für das erste Mal oder für neuerlich schwanger halten). Mit den Cerialia wurde der Höhepunkt des »Aufgehens« gefeiert, d. h. der Bildung des Zentralkanals, des plötzlichen Wachstums und der Bildung der Ähre. Es handelte sich also um zwei Feste, die der Schöpfung und dem embryonalen Wachstum der Lebewesen und des Getreides gewidmet waren (siehe unten, anläßlich der Robigalia). Die Parilia waren ein altes Neujahrsfest des (präurbanen und albanischen?) Hirtenjahres, wahrscheinlich verbunden mit Faunus, dem befruchtenden Bock, der an diesem (präurbanen?) Jahresbeginn die Funktion erfüllte, die dann mit Bezug auf das neue Jahr an den Iden des März von Mars eingenommen wurde. Es handelte sich um ein Fest, um das Werfen der Böcke und der Schafe zu sühnen, geweiht der Pales, wahrscheinlich eine Göttin des Cermalus (Faunus und Pales/Fauna sind verbunden mit dem Ziegenbock und der Ziege, deren symbolischer Wert höher war als der des Widders und des Schafes, vielleicht weil sie einheimische Tiere waren, von wilderem Aussehen und daher von größerer sakraler Relevanz: Es war eine Ziege, die den Zeus säugte, nicht ein Schaf). Dieses Fest wurde dann von Romulus für die Gründung Roms gewählt (vielleicht ließ er sich dabei von der aboriginischen Gründung des Cermalus leiten). In diesem Hirtenjahr scheinen nicht so sehr die Frauen und die Kühe zu zählen, sondern die Ziegen und die Schafe, die einen anderen Reproduktionszyklus haben. Der fruchtbarste

Monat für die Schafe ist der Oktober. Die Geburten erfolgen fünf Monate danach, also grundsätzlich im März. Ab etwa zehn Tagen nach der Geburt kann ein gut Teil der männlichen Tiere getötet werden, aus denen das Lab zur Erzeugung von Käse gewonnen wird. Die im Freien und auf mageren Weiden lebenden Ziegen und Schafe gebären einmal im Jahr. Der Reproduktionszyklus implizierte fünf Monate Trächtigkeit, zwischen Oktober und März, wie wir gesehen haben. Aber im Kalender mit zehn Monaten konnte der Zyklus symbolisch die Monate des September–Oktober, Oktober–November, November–Dezember, Dezember–März und März–April einnehmen, wodurch der fünfte Monat und der Geburtstermin in den April und nicht in den März fallen würde, womit sich das Fest der Parilia besser erklären ließe. Es würden also die Geburten bei diesem Fest mehr zählen als die Schafe auf der Weide, wie man früher glaubte. Die Vinalia waren das Fest, wahrscheinlich lavinatischen Ursprungs, an dem der neue Wein geöffnet und dem Jupiter die Erstlingsgaben geopfert wurden (wenn ein Jupiter-Fest nicht auf die Iden bezogen war, ist das ein Zeichen hohen Alters). Aus mythischer Sicht handelte es sich um die *dedicatio* des neuen Weines an Jupiter nach dem Sieg über Mezentius. Es folgten die Robigalia, begründet von Numa, ein Fest zur Abwehr des Getreiderostes oder Rostbrandes, das auf pagischem Gebiet stattfand und auch mit Bezug auf die Cerialia zu sehen ist: »die für das Augurium canarium (= Robigalia?), für das Opfer der *rutilae canes* (Fest. 358 L.) bestimmten Tage werden festgelegt, bevor das Korn aus der Hülse hervorgeht, die die Ähre einhüllt, und bevor sich eine solche Hülse gebildet hat« (Plin. nat. 18,14). Das Fest wurde beim fünften Meilenstein der Via Claudia gefeiert, was die Eroberung der Septempagi und die Festlegung der Grenzen dieses Teils des *ager* jenseits des Tibers voraussetzt.

431. Dritter Monat. Maius (=maius).

1. KAL. Iunoni Covellae (?); Laribus (?); Maiae (Volcani) (?); Bonae Deae subsaxanae (?). – 7. NON. – 9., 11., 13. LEMURIA Lemuribus, Maniae. – 15. EID. Feriae Iovi; itur ad Argeos. – 17. ff. Ambarvalia Deae Diae (?). – 21. AGONALIA Vediovi (?). – 23. TUBILUSTRIUM Volcano. – 24. Q.R.C.F. – 30. Letzter Tag des Monats.

Die Kulte, die den Kult der Juno an den Kalenden begleiten, scheinen von sehr hohem Alter zu sein. Der Kult der Lares Praestites, der Beschützer der Mauern Roms, fand im Heiligtum der Vesta statt, wo er Aufnahme gefunden hatte. Maia war eine mit Volcanus verbundene Gottheit. Die Göttin, der dann auch beim Tubilustrium am 23. geopfert wird, war auch mit Mercurius verbunden, der zum Vater der Laren (anstelle des Mars) geworden war, weshalb das Paar Maia-Volcanus des Mai dem Paar Nerio-Mars des März zu entsprechen scheint, wobei beide wahrscheinlich auf die Eltern (in erster Linie Ops und Mars) der Dämonen und der Häuptlinge der Anfänge anspielen, wie eben die Laren und die Arvalen (Maia kann nämlich mit Ops zusammenhängen, einer weiteren Gottheit, die mit Volcanus verbunden ist). Diese Kulte setzen den topographischen Zusammenhang zwischen dem Heiligtum der Vesta und dem Comitium über die Sacra Via voraus. Der Kult der Bona Dea (= Fauna) fand in einem *pagus* auf dem kleinen Aventin statt, der wahrscheinlich zur Zeit des Quinquimontium unter die peri-protourbanen *pagi* aufgenommen worden war. Die Lemuria, das Fest der vorzeitig gestorbenen Toten, die die Lebenden in der Siedlung besuchen und erschrecken, weshalb sie von diesen in ihre Sitze zurückgejagt werden, waren mythisch gesehen mit der Tötung des Remus verbunden. Sie dürften ursprünglich (bevor das Tabu bezüglich der geraden Tage bestand) ein Triduum gebildet haben, das zwischen den angezeigten Daten einen geraden Tag enthielt, und dann auf drei ungerade Tage (9., 11., 13.) verteilt worden sein. Der 11. Tag war der Mania geweiht, die ebenfalls als Mutter der Laren gesehen werden kann. Am 8., 10. und 12. Tag, im Wechsel mit den Lemuria, vollzogen die drei höchsten Vestalinnen die Erstlingsmahd des reifenden Getreides, dessen Ähren sie bearbeiteten, um bei anderer Gelegenheit wie anläßlich der Vestalia und der Lupercalia die *mola salsa* zuzubereiten, d.h. den gesalzenen Brei, mit dem die Opfer bestreut wurden. Die Mahd des heranreifenden Getreides (im Mai war die Blüte, die Bestäubung und die Körnerbildung) war gleichbedeutend mit dem Herausnehmen des heranwachsenden Fötus aus der Kuh, aus dessen Opferrest eine andere heilige Substanz hergestellt wurde, das *suffimen*. Den vorzeitig gestorbenen Menschen entsprachen also das vorweggenommene Töten des Kalbes (im April) und des Getreides (im Mai) in embryonaler Gestalt. Die Tötungen und die vorzeitige Mahd dienten dazu, das gesunde Wachstum der Föten und der künftigen Ernte günstig zu beeinflussen. Es könnte sich ursprünglich um zwei Triduen gehandelt haben: 8.–10. die vorzeitige Ernte des Getreides und 11.–13. die Lemuria (wobei der mittlere Tag der Mania geweiht war). Wenn eine Frau fast zwei Monate nach der Hochzeit (es sei erinnert an die Quinquatrus des März) nicht schwanger war oder einen Abgang gehabt hatte, konnte die Ehe, deren erster Zweck die Erzeugung von Nachkommenschaft war, als gelöst betrachtet werden (man meinte, das menschliche Wesen im Uterus habe sich schon nach sieben Wochen herausgebildet, also – ab Quinquatrus gerechnet – am 9. Mai, und das war eben der erste Tag der Lemuria). Die Unterbrechung des ehelichen *usus* erfolgte durch die Abwesenheit der Frau vom Haus des Gatten während eines *trinoctium*, das zwar nur hypothetisch, aber doch wahrscheinlich mit den drei Nächten der Lemuria zu identifizieren ist. Mit den drei Tagen der vorzeitigen Mahd des Getreides, mit den Lemuria und dem entsprechenden *trinoctium* schloß, positiv oder negativ (beim Fehlen der Föten und der Ähren), die erste und grundlegende Stufe des Lebenszyklus ab, die aus den ersten beiden Monaten des Jahres bestand, begrenzt vom Paar der Argeer, den Agonalia, den Tubilustria und den Opfern und Versammlungen auf dem Comitium. Die protourbane *lustratio* der Argeer fällt zusammen mit den Iden (falls sie nicht auf den 14. zu datieren ist). Es handelte sich um eine Reinigung der Stadt, der unmittelbar die *purgatio* der einzelnen Häuser folgte und die um einen Monat die Reinigung des *penus* der Vesta vorwegnahm, die eine öffentliche Reinigung der Stadt und des Staates war. Zu den Argeern, der Reinigung der Siedlung Kurie für Kurie, und zum *amburbium*, zu dem die Lupercalia wurden, kam die Lustration der Gesamtheit der *pagi* des *ager* hinzu, eine Zeremonie, bei der die Arvalbrüder am Heiligtum der Dea Dia, gelegen beim fünften Meilenstein der Via Ostiense, in Aktion traten, womit ein weiterer Kult an der Grenze des *ager* in einem Gebiet jenseits des Tibers vorliegt, das offensichtlich schon Rom unterworfen war (der Hymnus der Arvalbrüder enthielt Gebete an Mars, an die Laren und wohl auch an die Semones). Das Arvalfest im Mai ist mit den analogen Festen des Jahresendes im Zusammenhang zu sehen: den Feriae Sementivae im November. Von den Agonalia des Mai kennen wir leider nicht den Adressaten, wahrscheinlich war es Vediovis, der Gott des

Heiligtums *inter duos lucos* auf dem Kapitol, der das *pilum* (des Pilumnus), das den Blitz, und die Ziege (des Faunus / der Fauna), die die Fruchtbarkeit symbolisierte, zum Attribut hatte. Das Tubilustrium bezog sich nicht auf Mars, den Beschützer des Krieges, sondern auf Volcanus, dem die rituelle Zerstörung der feindlichen Waffen geweiht war (aber Volcanus und Mars waren auch die Väter der göttlichen Könige und der Laren). Das Fest bezeichnete das Ende des normalen Feldzugs, der allerdings nicht der letzte vor dem Herbst sein konnte. Die Tage Q.R.C.F. waren verbunden mit dem Comitium, wo der König wahrscheinlich dem Volcanus opferte, genau fünf Monate vor den Volcanalia. Die ersten beiden Monate des Jahres waren also bestimmend für das Überleben der Gemeinschaft durch die Reproduktion, das Wachstum der Pflanzen und den Krieg, und ebenso die letzten beiden, die mit der Entwicklung des Getreides (Fornacalia im Dezember), der Kälber und der Kinder (Carmentalia im November, Terminalia im Dezember) verbunden waren.

432. Vierter Monat. Iunius (=iunius).

1. KAL. Iunoni Covellae (?); Marti extra portam Capenam (?); Carnae in Caelio (?). –
7. NON. Vesta aperitur; (Semone Sanco) Dio Fidio in Colle (?). – 9. VESTALIA Vestae. –
11. MATRALIA Matri Matutae. – 15. EID. Feriae Iovi; Vesta clauditur; Q.ST.D.F. (quando stercus delatum, fas). – 27. Laribus (?); Iovi Statori (?). – 29. Letzter Tag des Monats.

Der Kult des Mars, des Vaters der Laren, wurde beim ersten Meilenstein gefeiert, an der Grenze eines periurbanen *pagus*, wahrscheinlich des Querquetulanus; am selben Tag wurde der Carna geopfert (es sei an das Fest der Carnaria erinnert), der querquetulanischen Nymphe, Beschützerin der *limina*, eine der Manifestationen der Mutter der Laren, wahrscheinlich also an der Grenze zum Caelius, kurz vor der Porta Capena. Dem Kult des Semo Sancus, den wir auf diese Nonen beziehen können (im folgenden Kalender fallen die Nonen auf den 5. Tag), entspricht der Kult des Salus an den Nonen des August: Kulte, die beide auf den »sabinischen« *colles* angesiedelt waren. Die Öffnung des *penus* der Vesta dauerte neun Tage, an deren Ende der *penus*, gereinigt und wieder geschlossen, bereit war, die neue Ernte aufzunehmen. Wir sind am Ende des ersten Viertels des Jahres. Die voneinander getrennten Kulte des Volcanus und der Vesta grenzen einen Raum ab, auf dem dann das Comitium und das Forum entstehen. Auf den 7. oder 8. fielen die Ludi Piscatorii. Am Fest der Vestalia wurde die *mola salsa* bereitet, unter Verwendung des im *penus* eine Woche zuvor abgelegten Getreides. Es war ein »fingiertes« Brot, zum Opfer bestimmt. Das Fest der Matralia setzt die Mahd des Getreides voraus. An diesem Tag stellten die Matronen das »wirkliche« Brot her, das älteste Brot, das *testuacium* genannt wurde; es bestand aus einem ungesäuerten Fladen, gebacken auf heißen Platten aus Terrakotta (wovon wir in einer Villa des 5.Jh. v.Chr., wo das neue Auditorium Roms erbaut wird, eine archäologische Entsprechung gefunden haben). Dem Kult der Mater Matuta bei den Matralia entsprach der Kult des Portunus bei den Portunalia im August, beide Gottheiten waren mit dem Anlegeplatz am Tiber verbunden. Mater Matuta war eine mütterliche Gottheit, verbunden mit Aurora, die die Reifung und Aufzucht der Föten, der Kinder, der Heranwachsenden und der Ähren lenkte. Sie erinnert an die Iuno Sororia, die das Wachstum der Brüste der jungen Frauen lenkt und zu Beginn des Herbstes gefeiert wird. Der Ort des Kultes, wo dann die Porta Carmentalis (Triumphalis) steht – es sei an die Gastfreundschaft erinnert, die von Carmenta der Mater

Matuta und dem Portunus bei ihrer Ankunft auf dem Velabrum aus Griechenland
geboten wurde –, könnte an einen Zugang zur Siedlung der *colles* vom Anlegeplatz
des Tiber her denken lassen, analog zum Tigillum Sororium, dem Tor des *reditus* bzw.
der Porta Triumphalis der *montes* in frühester Zeit. Hier könnte der Zutritt der zur
Geschlechtsreife gekommenen Mädchen in die Hügelsiedlung erfolgt sein. Vestalia
und Matralia bildeten ursprünglich vielleicht ein Biduum, das mit der Herstellung
des Brotes verbunden war, des symbolischen Brotes für die Götter und des wirklichen
Brotes für die Menschen. Den Göttern die ersten Früchte (Föten, neuen Wein, Ähren
im Wachstum, symbolisches Brot) zu opfern garantierte in der Folge die Früchte für
die Menschen. Wir sind wenige Tage vor der Sommersonnenwende (der Summanus
vorstand). Der Kult der Vesta setzt das »numanische« Heiligtum der Göttin am Fuß
des Palatium voraus. Am 27. wurden auch die Laren auf der oberen Sacra Via gefeiert,
die wahrscheinlich in das Heiligtum der Vesta aufgenommen wurden, und Iuppiter
Stator.

433. Fünfter Monat. Quinctilis (= quinctilis).

> 1. KAL. Iunoni Covellae (?). – 5. POPLIFUGIA Iovi. – 7. NON. Nonae Caprotinae vel
> Ancillarum feriae (?); Romulus non apparuit (?); Conso in Circo (?); Palibus (duobus) (?). –
> 15. EID. Feriae Iovi. – 19., 21. LUCARIA. – 23. NEPTUNALIA Neptuno. – 25. FURRINALIA
> Furrinae. – 30. Letzter Tag des Monats.

Die Poplifugia sind ein Fest, das ausnahmsweise den Nonen vorausgeht; sie haben
aufgrund des engen Zusammenhangs mit dem Fest der Iuno Caprotina ihre alte
Position im Kalender bewahrt. Die Poplifugia bildeten offensichtlich die Voraussetzung der Nonae Caprotinae, denen sie deshalb vorangehen mußten. Man könnte
an ein ursprüngliches Biduum am 6. und 7. Tag denken oder an ein Triduum mit
der *vitulatio* am 8., die den Festkomplex beschloß. Poplifugia und Nonae haben so
viele Elemente gemeinsam, daß sie sowohl von Autoren der Antike (Plutarch) wie
von modernen Gelehrten (Robertson 1987) irrtümlich als ein einziges Fest gesehen
wurden. Die Erklärungen dieser Zeremonien sind zahlreich und oft wenig plausibel,
wie die Erklärung von Robertson (1987), der an Regenzauber in der warmen Jahreszeit gedacht hat. Die Interpretation erweist sich als schwierig auch deshalb, weil es
in Rom zwei Komplexe gab, auf die die Kennzeichen des Ortes, an dem diese Feste
stattfanden, zutrafen, nämlich ein Sumpf, ein Feigenbaum, ein Versammlungsort
der Gemeinschaft und ein Kult des Volcanus: einen älteren, am Comitium beim
Velabrum, und einen jüngeren, am Marsfeld beim Ziegensumpf. Der fragliche Festkomplex kann aber offensichtlich nur dem zweiten Platz zugeordnet werden, wo
Caprotina verehrt wurde, sicher erst in jüngerer Zeit, aber jedenfalls vor dem Kalender der späten Königszeit (datierbar spätestens zur Zeit der Herrschaft des Servius
Tullius). Die Poplifugia erinnerten an eine Flucht des Volkes in Waffen vor Latinern
von Fidenae und Ficulea, oder vor Etruskern, denen es gelungen war, sich der Stadt
zu nähern und am Ziegensumpf zu lagern, während die Römer sich in die Siedlung
zurückgezogen hatten. Dieser Rückzug erinnert an den Rückzug vom Forum Richtung Palatin während des Krieges mit den Sabinern. Der Rückzug vor Latinern oder
Etruskern wurde von den Autoren der Antike in das 4. Jahrhundert datiert, als Rom
mitten in einer militärischen Krise war, nach dem Rückzug der Gallier. Aber das
Alter des Festes, das im Kalender mit Großbuchstaben gekennzeichnet ist, läßt ver-

muten, daß die Zeit der Gallier später herangezogen wurde, um den schmachvollen Rückzug, der wahrscheinlich in einer früheren Zeit stattgefunden hat, zu rechtfertigen. In Betracht kommt zum Beispiel eben der Krieg des Romulus mit Fidenae, der auf den Tod des Titus Tatius gefolgt war: »Aliud multo propius atque in ipsis prope portis bellum ortum«; und weiter: »Tumultusque repens ex agris in urbem inlatus nuntio fuit« usw. (Liv. 1,14,4 ff.). Wenn dieser Tag denkwürdig geworden war und später sogar mit dem Tod des Romulus verbunden wurde, so deswegen, weil die Gefahr, in die die Stadt geraten war, äußerst groß war, wie zuvor im Krieg mit den Sabinern und später im Krieg mit den Galliern. Mit diesem Tag der Flucht, der zum Tag des Regifugium des Dezembers spiegelbildlich ist, wird dann eine sekundäre Version des Verschwindens des Romulus verbunden (zur Zeit von oder nach Servius Tullius), nämlich die von Mars betriebene Aufnahme des Königs in den Himmel, die beim Ziegensumpf während eines *census* oder einer *contio* erfolgte.

Die Himmelfahrt, begleitet von einem mit Vorzeichen behafteten Gewitter, hätte die Flucht und die Zerstreuung des Volkes provoziert (das vorher um den König versammelt war und jetzt in die Kurien zurückflüchtete). Das Verschwinden des Herrschers nimmt in gewisser Hinsicht die Verwundung des Romulus und seinen Rückzug vom Forum während des Krieges mit den Sabinern auf. Wie Filippo Coarelli (1997, der mit Recht an den allzu vergessenen Pestalozza 1933 anknüpft, und dem wir für diesen Teil verpflichtet sind) das gut gesehen hat, ist die ursprüngliche Version des Todes des Romulus die, wonach der König von den Senatoren auf dem Comitium/Volcanal getötet und zerteilt wird, was bei den Quirinalia gefeiert wird, zum Abschluß des Festes der Röstung (oder des Todes) des Getreides. In der sekundären Version der Poplifugia geht dem Verschwinden des Königs der Tod der Zweige des Feigenbaumes oder *caprificus* voraus, die abgeschnitten und also getötet werden, um sie mit den weiblichen Feigen zusammenzubringen und diese zu befruchten. Außerdem gibt es eine innere Logik in der Verbindung der Wiedergeburt und des Todes des Romulus mit den zwei heiligen - weiblichen und männlichen - Feigen des frühen Rom. Die Nonae Caprotinae, die den Poplifugia im ersten Viertel des Mondes nach der Sommersonnenwende folgen, gliederten sich in zwei Rituale. Das erste bezog sich auf die Ancillarum Feriae, ein sehr altes Fest in Latium, das vielleicht in die Bronzezeit zurückreicht. Bei dieser Gelegenheit begaben sich die Frauen jeden Standes zu einem Feigenbaum, in Rom am Ziegensumpf, um der Iuno Caprotina zu opfern (in Praeneste der Paloscaria am Sumpf), um Sexualität und Fruchtbarkeit zu feiern, unter Verwendung (um darauf zu steigen?) von Ästen des Feigenbaums (in Form eines Phallus?), die benetzt waren mit der Milch der Feige (als Samenflüssigkeit?).

Die Vereinigung der Frauen mit dem Männlichen war isomorph der Vereinigung der weiblichen mit der männlichen Feige oder der *caprificatio* (man vergleiche das entsprechende athenische Fest der Thargelia). Das Abschneiden der Zweige der männlichen Feige, um sie mit den lebenden Zweigen der weiblichen Feigen zu vereinen, war gleichbedeutend mit dem Abschneiden der Zweige zur Herstellung männlicher Glieder. In beiden Fällen erfolgte der symbolische Tod der männlichen Feige, wie bei den Quirinalia der symbolische Tod des gerösteten Getreides erfolgte, bereit zum Verzehr. Dieses Fest des fünften Monats, also in der Mitte des Jahres, verbunden mit der Ziege, d. h. mit Fauna, kündigt das Fest des zehnten Monats an, am Ende des

Jahres, die Lupercalia, die mit dem Ziegenbock, d. h. mit Faunus, verbunden sind: beides Vorfahren, die Spender der Fruchtbarkeit sind (bei den Lupercalia entsprachen die Streifen aus Ziegenfell, mit denen die Frauen geschlagen wurden, um die Fruchtbarkeit anzuregen, den Zweigen des männlichen Feigenbaumes). Bei diesem Fest haben die Frauen, außer daß sie opferten und Rituale mit sexuellem Hintergrund praktizierten, getanzt, gescherzt, sich mit Steinen beworfen (auch Romulus war auf dem Forum durch einen Stein verletzt worden) und schließlich ein Gelage gehalten.

Das zweite Ritual der Nonen bestand in einer zumindest teilweise ähnlichen Zeremonie für die Männer. Die Zeremonie sah vor, daß sie im Tumult aus der Siedlung ausziehen, einer den anderen rufend, und daß sie zum Opfern zum Ziegensumpf gehen. Dieser Ritus wurde ebenfalls durch den Rückgriff auf ein Ereignis erklärt, das auf den Vorfall der Latiner und der Etrusker, die nach dem Rückzug der Gallier auf dem Marsfeld lagerten, folgte. Livius Postumius, Diktator der Fidenati und Anführer der Abordnung der Latiner, verlangte von den Römern freie Frauen, um sich mit ihnen zu vereinen und so die Rechte der Blutsbrüderschaft wieder zu bekräftigen, wie es schon zwischen den Römern und den Sabinern geschehen war (an den Nonen wurde auch dem Consus geopfert, wahrscheinlich zur Erinnerung an den Raub der Sabinerinnen, der an den Consualia stattgefunden hatte). Aber die Römer, die die (sabinischen) Frauen schon hatten, wiedersprachen dem Angebot, und Tutula (vielleicht eine Personifikation der Fauna-Caprotina-Sospita) regte eine List an und setzte sie in Szene. Sie und andere Sklavinnen gingen, gekleidet als Freie, aus der Siedlung hinaus und gaben sich den Latinern hin, die sich bei Anbruch der Nacht befriedigt zum Schlafen legten. In diesem Moment gab Tutula mit einer Fackel – der aufgehende Mond? – den Römern das Zeichen, vorzurücken und über die Latiner herzufallen, und um dieses Zeichen zu geben, stieg sie auf einen Feigenbaum, sich gleichsam mit ihm vereinend, in der Art der Ancillarum Feriae, können wir uns vorstellen. Die Geschichte endet damit, daß die Römer aus der Siedlung hinaustreten, wie damals aus der Porta Mugonia bei der Zurückschlagung der Sabiner, daß sie sich über die Feinde werfen und sie im Schlaf umbringen. Die Vereinigung der Feigen und der Männer und Frauen erinnert an die römische Gemeinschaft, die aus der Vereinigung der Römer mit den Sabinerinnen entstanden ist. Aber die konstitutive Vereinigung der ursprünglichen Gemeinschaft ist schon erfolgt, weshalb die Römer die Blutsbrüderschaft, die sie damals gewollt hatten, jetzt zurückweisen können. Jetzt ist für die Latiner der Augenblick gekommen, Zurückweisung und Niederlage hinzunehmen, in einer Art umgekehrter (die Frauen sind Sklavinnen) und fehlgeschlagener Consualia (die Frauen werden nicht geraubt). Wie Hersilia und die freien Sabinerinnen den Krieg mit dem Synoikismos beendeten, sind es jetzt die Sklavinnen der Römer, geführt von Tutula, die den Konflikt mit den Latinern lösen, indem sie sie mit einer Täuschung zur Niederlage führen. Zur reproduktiven Rolle der Frauen kommt ihre aktive Kooperation mit den Männern im Krieg. Das Fest schließt mit der Feier des Sieges – wahrscheinlich am Ziegensumpf –, die in Festgesängen und im Opfer einer *vitula* besteht.

Die Nonae Caprotinae bezeichnen, über die *caprificatio* hinaus, das Ende der Mahd, die bei den Lucaria vorausgesetzt ist, einem Fest, das in pagischem Umfeld gefeiert wird, vielleicht zwischen der Via Salaria und dem Tiber, vielleicht mit der Feier des Absengens, d.h. mit dem Verbrennen der Stoppeln, die ebenfalls sterben, wie Romulus, um die Erde fruchtbar zu machen. Die Lucaria könnten anfänglich ein Biduum in der genannten Zeitspanne gewesen sein, das dann gespreizt wurde (19., 21.).

Neptunus war der Gott der ruhenden Gewässer, wahrscheinlich der Wasser des Velabrum und des Murciatals. Er kündigt Consus an, mit dem er gleichgesetzt wurde und der im folgenden Monat gefeiert wurde, aber auch 14 Tage zuvor. Furrina war die Nymphe einer Quelle, die sich im *pagus* des Janiculus befand. Diese zwei letzten Feste sollen in der heißesten Jahreszeit das für den Samen notwendige Wasser günstig stimmen. Im folgenden Monat werden zwei weitere ähnliche Feste gefeiert, dieses Mal auf das fließende Wasser bezogen: die Portunalia und die Volturnalia.

434. Sechster Monat. Sextilis, bestehend aus sextilis I (= sextilis) + sextilis II (= september), nicht im Kalender.

1. KAL. Iunoni Covellae (?); Victoriae in Palatio (?). – 7. NON. Saluti in Colle (?). – 15. EID. Feriae Iovi. – 17. PORTUNALIA Portuno. – 19. VINALIA (rustica vel altera) Iovi. – 21. CONSUALIA Conso. – 23. VOLCANALIA Volcano, Horae Quirini, Maiae supra Comitium. – 25. OPICONSIVIA Opi Consivae in Regia. – 27. VOLTURNALIA Volturno. – 29. Letzter Tag des Monats.

An den Kalenden, Fest der Victoria, wurde der Sieg des Romulus über Cameria gefeiert. Victoria, wohl eine alte Vica Pota, ist der letzte Name der Herrin des Cermalus, die ursprünglich vielleicht auch mit Ops gleichgesetzt werden kann (siehe die folgenden Opiconsivia). Salus (Semonia) war an den Nonen des Juni Semo Sancus vorausgegangen, beides Kulte auf den »sabinischen« *colles* (im Kalender der späten Königszeit fallen die Nonen auf den 5.). Auf die Iden war ursprünglich vielleicht der Kult des Hercules ausgerichtet, von dem wir nicht wissen, wie alt er war (später am 12. und 13. bezeugt). Dem Kult des Portunus entspricht im Juni der Kult der Mater Matuta der Matralia: Beide sind verbunden mit dem Anlegeplatz am Tiber (siehe dazu auch die Carmentalia im November). Die Vinalia rustica, ein Fest des Jupiter, wahrscheinlich lavinatischen Ursprungs, bezeichneten die Erstlingsernte, ausgeführt vom Flamen Dialis, analog zur Erstlingsmahd des Getreides, ausgeführt von den Vestalinnen im Mai (siehe auch die Weihetage der Tempel der Libitina und der Venus am Circus Maximus). Aus mythischer Sicht handelt es sich um das *votum* des mit der baldigen Ernte zu gewinnenden Weines an Jupiter, die am Vorabend der Schlacht gegen Mezentius gelobt wurde. Nach der Mitte des Jahres feierten die Consualia die Vollendung der Ernte, die Aufrichtung der Garben (*metae* der ersten Wettkämpfe), die Magazinierung der Ähren des Getreides unter der Erde und den Raub der Jungfrauen im Murciatal, entlang des Sumpfes des Neptun (= Consus); vier Monate nach der romuleischen Gründung der Stadt (wenige Tage davor war die weibliche »sabinische« Gottheit der *colles* gefeiert worden). Wir sind im ersten Monat der zweiten Hälfte des Jahres. Es entziehen sich die Mädchen den Müttern bei Gelegenheit der Consualia, so wie man der Kuh den Fötus nimmt, dem Feigenbaum den Zweig, das Getreide den Feldern, den Saft den Trauben. Den Häusern der Gatten entsprechen symbolisch die unterirdischen Ablagen des von Consus geschützten Getreides; den geraubten Jungfrauen entspricht das geerntete Getreide. Der Raub ist das mythische Moment, beschworen vom Raub der Sabinerinnen, der dem Ritus der Verlobung oder der *sponsio* vorausgeht, d. h. der Weihe der Verlobung, im Blick auf die Hochzeit per *usus*. Die Verteilung der Frauen dürfte im Anfang kollektiv organisiert gewesen seien, entsprechend dem dorisch-spartanischen Modell, und kollektiv dürfte die ursprüngliche Zuteilung der Landparzellen an die *patres* vermittels der Kurien erfolgt sein. Es handelte sich um zehn Großfamilien und zehn Parzellen mit zwei Iugera pro Kurie, wie es zehn Zeugen der Hochzeit gab, entsprechend den zehn *patres* an der Spitze der Großfamilien in einer Kurie (der Zusammenhang von Frau und Parzelle wird unterstrichen von den Sabinerinnen, die den Kurien den Namen geben).

Das Fest des Consus ist in Verbindung mit den Nonae Caprotinae zu sehen (als man auch dem Consus opferte), es ist ein Fest des fehlgeschlagenen Frauenraubs, der zwischen unterschiedlichen oder antagonistischen gesellschaftlichen Gruppen am Rand eines Sumpfes (d. h. der Unterwelt) stattfand. Wie Poseidon sich in Gestalt des Pferdes (befruchtendende und unterirdische Kraft) mit der Terra vereinigt, mit Demeter - wie sie in Arkadien hieß -, so dürfte auch Consus sich in Gestalt eines Pferdes (und man opferte ihm ein Pferd) mit der Terra vereinigt haben, mit Ops - wie auch Mars, der andere mit dem Pferd und dem Pferdeopfer verbundene Gott (Equirria und October Equus) -, und d. h. mit der unterirdischen Mutter der Laren, in gewalttätiger Form einer Vergewaltigung in seinem Haus, d. h. in der Unterwelt. Auf diese Weise bildet sich dann eine Symmetrie zwischen der von Consus geraubten Ops und der von Hades geraubten Kore. Analog wird das Getreide der Mutter Terra geraubt und im unterirdischen Haus der unterirdischen Lagerstätten verborgen. Es ist kein Zufall, daß Ops in diesem Monat mit Consus verbunden erscheint, auch als *consivia*, und mit Volcanus (dem anderen großen Vater der Häuptlinge und der Könige), der im Oktober in eben dieser Rolle durch Saturnus ersetzt wird. Consus war, wie gesagt, auch mit Mars und den Laren verbunden, er war gleichsam ein Stellvertreter des Mars, weshalb es nicht schwierig ist, hinter dem Paar Consus-Ops (Vulcanus-Ops, Saturnus-Ops) das fundamentale Paar Mars-Ops zu sehen, Eltern von Laren und Königen. Consus ist wahrscheinlich der unterirdische Stellvertreter des Mars, wobei ersterer verbunden ist mit der zweiten Hälfte des Jahres und der letztere mit seinen Anfängen. Der Kult des Volcanus (und der Maia) nimmt den Kult des Mai auf. Die Volturnalia, ein Fest des Tibers, fallen auf das Ende des »sideralen« Monats, wahrscheinlich den letzten Kalendertag des Monats, zumindest nach dem vorausgesetzten protourbanen Kalender.

435. Siebter Monat. September, gebildet aus september I (= october) + september II (= november), nicht im Kalender.

 1. KAL. Iunoni Covellae (?); Tigillo Sororio (?); Fidei in Capitolio (?). – 7. NON. – 11. MEDITRINALIA Iovi. – 13. FONTINALIA Fonti. – 15. EID. Feriae Iovi; Romulus Iovi Feretrio ludos instituit (?); [September =] October equus (?); sacrificia Libero, Liberae et vasis pressoriis (?). – 19. ARMILUSTRIUM Marti, ancilia moventur (a saliis). – 30. Letzter Tag des Monats.

Das Tigillum Sororium mit seinen Kulten des Ianus Curiatius und der Iuno Sororia bildete wahrscheinlich einen Zugang zur Siedlung der protourbanen Zeit, vor dem Septimontium, der mit den Initiationen der jungen Männer und mit dem *reditus* vom Krieg verbunden war. Janus und Juno sind seit den protourbanen Kurien deren Schutzgottheiten. Man kann sich vorstellen, daß Iuno Quiris, die dann an den Nonen gefeiert wird – verbunden wahrscheinlich mit (Fauna/Iuno) Caprotina, dann Sospes (des Cermalus?) –, mit dem zentralen Sitz der *curiae* verbunden war, als deren Beschützerin sie galt. Wir sind im Zentrum des Septimontium, zwischen Velia und Palatium, im Tal des Amphitheaters, wo die Prozession der Argeer begann. An diesen Nonen wurden wohl auch die Mähler der Kurien abgehalten, bei denen man der Iuno Quiris opferte (Paul. Fest. 56 L.). Die Wendung »October equus« für das Fest an den Iden, das typisch protourbanen Charakters (früher als das Septimontium) ist, impliziert offensichtlich die Reorganisation des Kalenders der späten Königszeit (wonach der Monat September neu als »October« benannt wurde); ursprünglich dürfte es sich um ein »September equus« gehandelt haben. Bemerkenswert ist der Zusammenhang zwischen Pferdeopfer an Mars, das von Anfang an mit der *regia* verbunden war, und Spielen triumphalen Charakters (siehe den Sieg des Romulus über Veji, der dann an den Iden des Oktober gefeiert wird), die mit dem städtischen Kult des Iuppiter Feretrius auf dem Kapitol verbunden waren, dem Ziel der *ovationes*, und mit dem Kult des Liber und der Libera, bezogen auf die Ernte. Der Gedenktag, der mit dem Auspressen des Trebers zusammenfällt, mit der Aussaat und der möglichen zweiten Brunst der Schafe (in dieser Hinsicht wären wir in der Mitte des Jahres), bezog sich auch auf die ersten *ovationes* (der Sieg des Romulus über Veji wurde an diesem Tag gefeiert) und also auf den Kult des Iuppiter (Feretrius), mit dem der siegreiche Herrscher, bestärkt in seiner königlichen Würde, sich dann in der Trunkenheit des Weines gleichsetzte. Es ist kein Zufall, daß die Tarquinier die Iden des Monats September wählten, um ihre Triumphe zu feiern, die Ludi Romani und den Kult des Iuppiter Optimus Maximus, wobei sie zum ersten Mal das alte Fest mit dem Pferdeopfer an Mars von der Feier des Sieges trennten, die sie ausschließlich mit Jupiter verbanden. Es folgt mit dem Armilustrium die Reinigung der Waffen auf dem Aventin, wo Titus Tatius begraben war, ein Ritus, der definitiv die Kriegszeit beendete, die keinesfalls über die ersten sechs Monate des Jahres hinaus dauern konnte. Fides gehörte zu den von Numa gegründeten Kulten. Die Meditrinalia, angekündigt von den Vinalia des August, eröffneten die Ernte und also den Produktionszyklus des Weines. Es folgten, fünf Monate später, die Vinalia des April, die das Ende des Prozesses der Vinifikation anzeigten. Zwei Tage später fanden die Fontinalia statt, ein Fest des Wassers, das vielleicht mit der Prophylaxe des Getreides, das eben ausgesät worden war, verbunden war (die Feste des Wassers finden in der warmen Jahreszeit statt).

436. Achter Monat. October (= december).
1. KAL. Iunoni Covellae (?). – 7. NON. – 11. AGONALIA IND[IGETI]; Septimontium Palatuae (?). – 15. EID. Feriae Iovi; Cereri (?); Telluri (?); CONSUALIA Conso in Circo. – 17. SATURNALIA Saturno. – 19. OPALIA Opi ad Forum. – 21. DIVALIA Angeronae. – 23. LARENTALIA Accae Larentiae, Iovi. – 29. Letzter Tag des Monats.

Am 11. dieses Monats fanden zwei Feste statt, das eine typisch für die Hügel-, das andere für die Bergsiedlung (mit Opfer an Palatua auf dem Palatium), beide von typisch protourbanem Charakter, die die letzten drei Monate des Jahres und den Beginn des Sonnenjahres eröffneten. Indiges ist identifizierbar mit Ianus Quirinus, eher noch als mit Sol, ein Janus, der den des folgenden Monats ankündigt. Diese Agonalia und die des folgenden Monats fallen 12 Tage vor und 15 Tage nach der Wintersonnenwende, passend begleitet von zwei Kulten des Janus, dem Gott des Beginns des Sonnenjahres (daher auch die sekundäre Identifikation mit Sol). Auf die Iden (im Kalender der späten Königszeit der 13.) waren ausgerichtet die Kulte der Ceres und Tellus, die im Abstand von sechs Monaten auf die Feste der Fordicidia und der Cerialia folgen und etwa einen Monat den Sementivae des Novembers vorausgehen. Die zweiten Consualia, im Abstand von zwei Monaten von den ersten, feierten vielleicht die Wiedereröffnung der Silos für die Entnahme des zur Aussaat nötigen Getreides. An diesen Iden wurde dem Consus / Neptunus Equester, den Entführer-Göttern, ein Pferd geopfert, wie schon dem Vergewaltiger Mars genau einen Monat zuvor, was wiederum den grundlegenden, schon anläßlich der ersten Consualia erwähnten Zusammenhang zwischen Consus, Mars und auch den Laren anzeigt. Ops (verehrt am Fuße des Kapitols) erscheint verbunden mit Consus, wie zwei Monate vorher im August, aber in der jetzigen Festkonstellation hat Saturnus den Platz eingenommen, den vorher Volcanus besetzt hatte. Die Divalia Angeronae und die Larentalia (mit einem Opfer am Grabaltar der Acca Larentia an dem Ort, wo sie im Velabrum verschwunden war, wie Rea Silvia, eine andere vergewaltigte Vestalin, und wie Anna Perenna, die im Numicus gestorben war) bildeten ursprünglich vielleicht ein Biduum, geweiht der Mutter der Laren, auf die logisch die Opalia folgten, wenn Ops mit der Mutter der Laren gleichgesetzt werden kann. Das Fest der Larentalia, so wie es im ältesten Kalender verankert ist, scheint mit Acca verbunden, der Wölfin und Ziege, als Fauna und Caprotina, in präurbaner Zeit und zur Zeit der Stadtwerdung, eher jedenfalls als mit der Acca *lupa* im Sinne der (heiligen) Prostituierten des Kultes des Hercules, auf die sich eventuell der zweite Kalender der fertigen Stadt bezieht. Angekündigt von den Saturnalia, dem Fest der Unordnung, fallen die Feste der chthonischen Gottheit und Mutter der Laren zusammen mit der Krisis der Sonne in der Wintersonnenwende, bilden sie gleichsam ein Ende des Jahres mit Grabes- und Nachtcharakter. Während Angerona die Göttin der *angustiae* Solis ist, ist dann Summanus der Gott der Sommersonnenwende. Consus, Volcanus und Saturnus können als Stellvertreter des Mars gesehen werden, des Vaters der Laren, wie seine Gefährtin Ops, identifizierbar als Mutter der Laren, gesehen werden kann als Consivia, als Maia oder als Rhea.

437. Neunter Monat. November (= ianuarius).

1. KAL. Iunoni Covellae (?). - 7. NON. - 9. AGONALIA (Iano). - 11. CARMENTALIA Carmentae. - 15. EID. Feriae Iovi. CARMENTALIA Carmentae. Zwischen 23. und 27. (?). Feriae Sementivae Telluri et Cereri matres frugum (?). - 30. Letzter Tag des Monats.

Es hat das letzte Viertel des Jahres begonnen. Mit dem Opfer eines Widders an Janus durch den König in der Regia bezeichnen die Agonalia, nach der Wintersonnenwende, den Beginn des Sonnenjahres. Voraussetzung dafür, daß sie am Beginn des Jahres liegen, ist einerseits die neue Benennung des Monats nach Janus, dem Gott der Anfänge, die in der späten Königszeit erfolgt, und andererseits, daß das Sonnenjahr gegenüber dem Mondjahr Vorrang erhalten hat, was ebenfalls zu dieser Zeit erfolgt sein dürfte. Die Agonalia des Indiges hatten einen Monat zuvor die Agonalia des Janus angekündigt, wie Janus einen Monat vorher das große Fest des Quirinus ankündigt. Es könnte sich um ein relativ einheitliches göttliches System handeln: ein Indiges Ianus Quirinus (der göttliche Komplex, dem Romulus bei den Quirinalia angeglichen wird). Janus und Quirinus waren nämlich einheimische Götter (oder unterschiedliche Spezifikationen eines einzigen Gottes) des Gebietes von Rom, die anderswo nicht gekannt wurden, während Sol, mit dem Indiges dann normalerweise gleichgesetzt wird, ein anderer Gott war, der mit den Aphroditen und Circen der Küste zwischen Lavinium und Ardea verbunden war. Der Indiges von Lavinium war mit Anna Perenna verbunden, mit dem Neujahr, dank des Zusammenhangs mit dem Numicus von Lavinium, analog zu Janus, dem Indiges von Rom, der ebenfalls mit dem Neujahr zusammenhing und mit dem Tiber verbunden war. Die Carmentalia könnten urprünglich ein Biduum gebildet haben, dessen zweiter Tag auf die Iden fallen konnte (man könnte an den 14. und 15. denken). Carmenta wurde unter den Epitheta Antevorta und Postverta verehrt: letzteres der zunehmende Mond und ersteres der abnehmende Mond (durch funktionale Äquivalenz mit Fauna und mit Fortuna), oder unter Lucifer und Vesper (aufgrund der funktionalen Äquivalenz mit Mater Matuta und mit Venus) – zu dem Mond, der der Sonne vorausgeht, und dem Mond, der ihr folgt, sind spiegelbildlich Venus/Lucifer, die der Sonne vorausgeht, und Venus/Vesper, die ihr folgt –, aber Carmenta ist auch Orakelgöttin der unglücklichen oder glücklichen Geburt – d. h. *antevorta* (= Lucifer) und *postverta* (= Vesper). Die Carmentae, Göttinnen der Lage des zu Gebärenden, waren nämlich verbunden mit den Orakelgöttinnen (Tria Fata), die mit den Zeiten der Geburt verbunden waren: 1. Neuna oder Nona, Fata der vorzeitigen und unglücklichen Geburt im neunten Monat, 2. Decima, Fata der richtigen und glücklichen Geburt im zehnten Monat, und 3. Morta, Fata der Geburt nach dem Termin. Carmenta wurde im neunten Kalendermonat angerufen, um Neuna und Morta abzuwehren und Decima gewogen zu stimmen. Es sind also Tage der Sühnung der Geburt und nicht der Geburt selbst, die im folgenden Monat (an den Terminalia) folgt. Der Kult der Carmenta lag am Fuße des Kapitols, in der Nähe des Anlegeplatzes am Tiber und des Kultes der Mater Matuta, der fünf Monate vorher gefeiert wurde (an den Matralia des Juni). Juturna, eine ursprünglich lavinatische Nymphe, mythisch verbunden mit Janus auf römischem Boden (beide waren Eltern der Fons), wurde am 11. verehrt, dem ersten Tag der Carmentalia, zwei Tage nach dem Fest des Janus. An den Feriae Sementivae, dem Abschluß der Aussaat, wurde der Ceres und der Tellus geopfert (wie am 19. April und am 15. Oktober), um am Ende des Jahres die Geburt der Pflänzchen des Getreides zu sühnen, wahrscheinlich auf den *pagi*, beginnend mit den periurbanen *pagi* (siehe das entsprechende servianische Fest der Paganalia). Wir sind außerdem einen Monat vor den Fornacalia, einem Fest der Kurien, das jedoch auch einen Ableger auf den Feldern hatte.

438. Zehnter Monat. December (= februarius).

1. KAL. Iunoni Covellae (?). – 7. NON. (8.?–17.). Fornacalia. – 13.–21. Parentalia. – 15. EID. Feriae Iovi; LUPERCALIA Fauno Luperco. – 17. QUIRINALIA Quirino. – 21. FERALIA dis inferis, Tacitae Mutae. – 23. TERMINALIA Termino. – 24. REGIFUGIUM Iovi? – 27. EQUIRRIA Marti. – 29. Letzter Tag des Monats.

Die Fornacalia, ein kuriales Fest wahrscheinlich protourbanen Ursprungs, fanden nicht über den 17. des Monats hinaus statt (wenn das Fest neun Tage gedauert hat wie die Parentalia, muß es am 8. begonnen haben). Das Fest wurde auf Bezirksebene gefeiert, Kurie für Kurie, und auf staatlicher Ebene, auf dem Forum (analog den Fordicidia auf dem Kapitol). Die Quirinalia waren der letzte Tag, an dem dieses Fest der Röstung des Getreides, das den Verbrauch des neuen Getreides eröffnete, gefeiert werden konnte. Die Fornacalia betrafen die Kurien der Siedlung, aber auch das kuriale Land in den *pagi* um die Stadt, wo im Monat zuvor die Feriae Sementivae stattfanden (in diesen *pagi* lagen wahrscheinlich die den Großfamilien zugeteilten ergänzenden Landparzellen). Zu den Fornacalia gehörten die Entnahme des Getreides aus den von Consus beschützten Vorratslagern und seine Röstung in den Kurien, Voraussetzung seiner Umwandlung in Nahrung. Das Getreide vollendet also jetzt seinen Zyklus und wird für den Konsum bereitet, wie in diesem Monat die Neugeborenen an das Licht des Tages treten, unter den Auspizien der Decima, der Fata des 10. und letzten Monats. Die Parentalia nehmen eine Novene ein (sechs Monate nach der Novene der Vestalia), während der die Vorfahren in den in die periurbanen *pagi* aufgenommenen Grabanlagen gefeiert werden. Die Parentalia waren das Fest der *parentes*, derer, die nicht vor der Zeit gestorben waren, die gezeugt hatten und also Vorfahren geworden waren. Es überrascht nicht, daß das Fest substantiell mit dem Ende der Schwangerschaft an den Terminalia zusammenfällt, über die gleich zu handeln ist. Um die Iden ringen offenbar die antithetischen und komplementären Gottheiten des Faunus und des Jupiter, wobei der erste an diesem besonderen Tag über den zweiten zu obsiegen scheint (ein weiteres Fest des Faunus fällt später auf den 13., d. h. auf den ersten Tag der Parentalia). Die Lupercalia sind ein Fest der Reinigung am Ende des Lebenszyklus, das seine Erneuerung einleitet, d. h. das neue Eintreten der Fruchtbarkeit im folgenden Jahr (ihnen war in der Mitte des Jahres, fünf Monate zuvor, ein ähnliches Fest vorangegangen: die Nonae Caprotinae). Die eng verbundenen Feste der Lupercalia und der Quirinalia waren an Faunus gerichtet, den unteren Gott des Waldes und der Weiden, und an Quirinus, den himmlischen Gott der Kurien (identifizierbar mit Ianus Indiges), an den Lemur Remus und an den Vorfahren Romulus. Diese beiden Feste, die zu den wichtigsten des gesamten Kalenders zählen, stellen also die dichteste Synthese des Lebenszyklus dar, zwischen dem, der vor der Zeit stirbt, zugunsten des Lebens, und dem, der stirbt, nachdem er gezeugt und auf diese Weise das Überleben gesichert hat. Sie beziehen sich auch auf die Initiation, die unter den Schutz des Faunus gestellt ist, und auf die Integration in die Gemeinschaft, die unter dem Zeichen des Quirinus steht, des Beschützers der Kurien und ihrer Versammlung auf dem Comitium. Auf dem Comitium, beim Velabrum, hat man sich ursprünglich das Ende des Romulus vorgestellt, dessen bei den Quirinalia gedacht wird. Während eines Gewitters soll Romulus im Volcanal von den Senatoren des königlichen Rates getötet worden sein, die ursprünglich wahrscheinlich mit den Vorstehern der 30 Kurien identisch waren, er wäre dann zerteilt (man kann annehmen in 30 Teile, wie der Stier bei den *sacra* des Mons Albanus) und von den Senatoren an ihren Sitzen (d. h. in den 30 Kurien) heimlich bestattet worden. Nachdem er so verschwunden war, wurde der König am Tag seines Todes dem Quirinus gleichgesetzt. Romulus, der bei der Ficus Ruminalis wiedergeboren worden war, war am wilden Feigenbaum des Velabrum beim Comitium (Plin. nat. 15,74-76) gestorben, in der Nähe des Ortes, wo er von einem von den Sabinern geworfenen

Stein fast tödlich verwundet worden war. Der Tod des Romulus fällt zusammen mit dem Tod des Getreides und sein vielfaches Begräbnis mit der Aussaat des Getreides. Romulus *dema* befruchtet mit dem Samen seiner Reliquien die als Glieder der Siedlung verstandenen Viertel der Stadt. Romulus ersteht wieder in Quirinus, dem Schutzgott der Kurien und ihres Comitium, wie das ausgesäte Getreide. Die heilsame und einigende Macht des Königs, die er im Leben auf dem zentralen und also staatlichen Ort des Comitium ausgeübt hat, kehrt nach dem Tod des Königs zu den *patres* zurück, den Repräsentanten der Kurien, und damit an die Kurien selbst. Im Tod verbindet sich Romulus, der Sohn des befruchtenden Mars, mit der von ihm gegründeten Stadt, deren geheimer Name wohl der der Ops ist. Romulus, Curio Maximus, Repräsentant des Quirinus auf Erden, der nicht vor der Zeit gestorben ist wie Remus, wird nach dem Tod *parens*, göttlicher Ahnherr, Lar der Römer. Mit dem Interregnum, wie in der kritischen Zeit nach dem Regifugium, ergibt sich eine Situation, als würde der Staat für eine Zeitlang in einen vorstaatlichen Zustand zurückkehren, d. h. in einen Zustand ohne Zentralgewalt, ohne die einzige und konzentrierte Macht des Königs. Es ist, als würde der städtische Zustand sich in seiner Konstitution auflösen (wie in der militärischen Auflösung der Poplifugia), mit der Erwartung einer neuen Zusammenfassung und einer Neukonstitution, parallel zur Wiederkehr der Macht des Mars um das Neujahr, in der Gestalt des neuen Königs, der auf dem Comitium inthronisiert wird und damit von neuem die Kurien unter seiner absoluten Autorität vereint. Wenn wir uns die Empfängnis ab dem 15. März vorstellen, dem Neujahr und dem Fest der weiblichen Fruchtbarkeit, fällt das Ende der Schwangerschaft, die für die Alten 274 Tage dauerte, auf den 23. Dezember, d. h. unmittelbar nach den Feralia, auf den letzten Tag der Parentalia, das Fest der Tacita Muta, der Mutter der Laren und der Arvalbrüder. Das Datum fällt bezeichnenderweise mit den Terminalia zusammen, die das Ende des Jahres festlegten, die Grenze des *ager* und auch – wie wir jetzt wissen – das Ende der Schwangerschaft. Erst mit der Aufklärung des Endes der Schwangerschaft ergibt sich, warum das Jahr am 23. Dezember endet anstatt am Ende des Monats. Diese außergewöhnliche Koinzidenz ist ein vorzügliches Argument zugunsten der Rekonstruktion des romuleischen Jahres, die wir hier vorlegen (basierend auf Monaten, die nach der Hypothese von Einar Gjerstad zwischen 30 und 29 Tagen wechseln). Das Geburtsfest der Laren und das Fest der Neugeborenen fallen auf diese Weise mit dem Ende des Jahres zusammen (erinnern wir uns an die Geburt des Christus am 25., der ebenfalls im März empfangen wurde). Der Kult des Terminus wurde außer auf dem Kapitol, dem idealen Zentrum der Siedlung und des *ager*, am 6. Meilenstein der Via Laurentina gefeiert, d. h. bei Acqua Acetosa, einer Siedlung, deren Befestigung etwa auf 770 zurückgeht. Auf dem Kapitol war er dem Kult des Iuppiter Optimus Maximus vorausgegangen, also muß er mindestens in die frühe Königszeit zurückgehen. Andererseits bilden Terminalia und Regifugium ein Biduum, was ein Zeichen hohen Alters ist (insofern es dem Tabu, das sich auf die ungleichen Tage bezieht, vorausliegt). Ende des biotischen Zyklus, Ende des Jahres, *caput* der Siedlung und *terminus* des *ager* fallen so zusammen und charakterisieren die gesamte Struktur des Jahres. Mit dem Regifugium und den Equirria endete die Zeit der Decima und begann die Zeit der Morta. Der König, Garant der kalendarischen Zeit, kündigte an und floh die Krise, ja den zyklischen Tod der Zeit und der Herrschaft, die genau sechs Tage vor den Kalenden des März mit dem Regifugium begann. In die Mitte dieser Krisenzeit fielen die Equirria, ein Fest, das auf dem Campus Martius oder auf dem Campus Martialis jenseits des Caelius abgehalten wurde (letzterer vielleicht ein zur Zeit des Septimontium erworbener *pagus*). Es handelt sich um den letzten Festtag des Dezember, der auf den letzten Tag des »sideralen« Monats fällt, wahrscheinlich ein Überbleibsel des protourbanen Kalenders (kein Fest des ältesten Kalenders fällt nämlich auf einen Tag nach dem 27.). Die Equirria des Dezember begrenzen zusammen mit denen des März eine Periode des Übergangs, die schon unter das Zeichen des Mars gesetzt und daher unzweideutig auf das neue Jahr ausgerichtet ist. Die Krise der Zeit und der Herrschaft und der Übergang zwischen altem und neuem Jahr folgen dem Ende der Schwangerschaft und gehen der neuen Fruchtbarkeit, die an den Iden des März, an Neujahr, eintritt, voraus. Zwischen Terminalia und Anna Perenna/Liberalia/Quinquatrus liegen 21/23/25 Tage, an denen die Wöchnerin nicht fruchtbar ist, und dem entspricht der Zeitraum, in dem frühestens eine sexuelle Vereinigung mit folgender Schwangerschaft erfolgen kann, zwischen dem 22. und dem 26. Tag nach der Geburt.

439. Gedanken zum Kalender der frühen Königszeit.   Die Tage mit öffentlichen Festen (gekennzeichnet durch Großbuchstaben) sind 49 an der Zahl, die außer den Iden und Kalenden des März 47 verschiedene Feste betreffen: ein Sechstel der kalendarischen Zeit. Es sind, genauer gesagt, folgende: zwei Equirria, die Liberalia, vier Agonalia, die Quinquatrus, zwei Tubilustria, die Fordicidia, die Cerialia, die Parilia, zwei Vinalia, die Robigalia, drei Lemuria, die Vestalia, die Matralia, die Poplifugia, drei Lucaria, die Neptunalia, die Furrinalia, die Portunalia, zwei Consualia, die Volcanalia, die Opiconsivia, die Volturnalia, die Meditrinalia, die Fontinalia, das Armilustrium, die Saturnalia, die Opalia, die Divalia, die Larentalia, zwei Carmentalia, die Lupercalia, die Quirinalia, die Feralia, die Terminalia und das Regifugium, was 35 unterschiedliche Namen von Festen ergibt. Die am meisten gefeierten Gottheiten sind: Jupiter mit 16 Festen, darunter die 10 Iden, die zwei Vinalia, die Poplifugia, die Meditrinalia, die Larentalia und das Regifugium; Mars mit 7 Festen, zwei Equirria, die Agonalia, die Quinquatrus, das Tubilustrium und das Armilustrium (aber man beachte auch die Feriae Marti an den Kalenden des März); Mater Larum mit 4 Festen, Lemuria, Divalia, Larentalia, Feralia. Es folgen, mit zwei Festen: Volcanus, Tubilustrium und Volcanalia; Consus, zwei Consualia; Ops, Opiconsivia und Opalia (aber siehe auch Victoria); Carmenta, zwei Carmentalia. Es handelt sich hauptsächlich um untereinander verbundene weibliche Gottheiten wie Ops und die Mater Larum und um untereinander verbundene männliche Gottheiten wie Volcanus und Consus (die Stellvertreter des Mars). Mit einem Fest sind schließlich bezeugt: Iuno Covella, Kalenden des März; Liber, Liberalia; Tellus, Fordicidia; Ceres, Cerialia; Pales, Parilia; Robigo, Robigalia; Lemures, Lemuria (drei Tage); Vediovis (?), Agonalia; Vesta, Vestalia; unbekannte Gottheit, Lucaria; Neptunus, Neptunalia; Furrina, Furrinalia; Portunus, Portunalia; Volturnus, Volturnalia; Fons, Fontinalia, Indiges, Agonalia; Saturnus, Saturnalia; Janus, Agonalia; Faunus, Lupercalia; Quirinus, Quirinalia; Terminus, Terminalia. Es überwiegen also die ersten beiden Gottheiten der präkapitolinischen Triade, Jupiter und Mars und die Mutter der Laren mit Ops.

Begrenzt ist hingegen die Präsenz des Quirinus (Agonalia des Indiges und des Janus), während Minerva fehlt (das Minervium des Caelius, eines wahrscheinlich aus Lavinium importierten Kultes, könnte im Zusammenhang mit der Schaffung der Curiae Novae gesehen werden, die wir nur hypothetisch dem Tullus Hostilius zuschreiben können). Im Kalender der späten Königszeit wurden einige Feste aufgrund der Tatsache, daß sie mit Kalenden, Nonen und Iden (also Tagen, an denen andere Feste nicht erwähnt wurden) zusammenfielen, in ihrer Bedeutung herabgestuft, d. h., sie konnten nicht mehr unter die Feste mit Großbuchstaben gezählt werden; sie könnten vielleicht zu den Kulten öffentlichen Charakters der frühen Königszeit gehört haben, insofern sie damals mit den genannten Tagen kompatibel gewesen sein konnten, und zwar geht es um die folgenden Kulte, die auch durch die literarische Überlieferung bekannt sind, die wir hier hypothetisch (mit Fragezeichen) anzeigen wollen: An den Kalenden: Iuno Covella (Kalenden zwischen April und Dezember), Iuno Lucina, Lares Praestites, Maia (Volcani), Bona Dea, Mars (außerhalb der Porta Capena), Carna, Victoria, Ianus Curiatius und Iuno Sororia beim Tigillum Sororium und Fides; an den Nonen: Vediovis, Semo Sancus, Iuno Caprotina, Tellus Mater, Pales und Salus; an den Vigilien der Iden: Mamurius Veturius; an den Iden: Anna Perenna, Mars, dem ein Pferd geopfert wird, Consus, Ceres und Tellus. Erwähnen wir schließlich zur Vervollständigung des Bildes das bewegliche Fest *(conceptiva)* der Feriae Sementivae, die *dies religiosi* der Parentalia, das Fest *pro montibus* des Septimontum, das Fest *pro curiis* der Fornacalia, das Fest *pro sacellis* der Argeer und schließlich die durch besondere Rituale gekennzeichneten Tage wie Vesta aperitur, Q.ST.D.F. und Q.R.C.F.

440. Verbindung von altem und neuem Jahr und die Theologie des Kalenders. Das Jahr begann unter dem Zeichen des Mars, des Vaters der Laren (die im Mai und im Juni gefeiert wurden), und endete mit der Mutter der Laren, die in den letzten beiden Monaten des Jahres (zwischen dem 21. Oktober und dem 21. Dezember) verehrt wurde. Es handelt sich um zwei Gottheiten, die den Beginn und das Ende der Reproduktion allen Lebens darstellen und die Beziehung des Königs zu seiner Königin und seiner Stadt. Aus diesem Grund erscheinen sie als die höchsten Erzeuger der Laren und der Häuptlinge, der kalendarischen Zeit und des Raumes der *urbs* und des *ager*. Sie wurden im Haus oder neben dem Haus des Königs verehrt. Ops (= Mater Larum) war die Göttin der Silos, also auch der auf dem Cermalus vorgenommen Gründungsgrube, weshalb Rom als *condita* galt unter dem Schutz dieser *consivia*. Mars war der Gott der Grenze der urbanen Mauern und des Territoriums. Die ersten beiden Monate des Jahres begannen unter dem dominierenden Zeichen des Mars. Anna Perenna, Libera, Tellus, Ceres, Pales, Maia, Mania und Dea Dia hatten verhüllt die Mater Larum angekündigt. Ops wurde in der zweiten Hälfte des Jahres gefeiert, im August (auch als Victoria) und im Oktober, aber nur in ihrer Beziehung einerseits mit Consus, dem bezeichnenderweise mit Mars und den Laren verbundenen *conditor*, und andererseits mit Volcanus und Saturnus, die wie Mars weitere große göttliche Väter sind. Zuerst erscheint Mars, aber nicht Ops (also hat der Gott des Krieges vor dem Vater der Laren den Vorrang). Dann erscheint Ops, aber nicht in Beziehung zu Mars (also hat die Spenderin des Getreides Vorrang vor der Mutter der Laren). In den ersten Monaten zählt in erster Linie die männli-

che Zeugungskraft (die generativen Kräfte der Frau können versagen, die Geschöpfe
vorzeitig sterben, wie die *lemures*), während in den letzten Monaten des Jahres an
erster Stelle die Geburt zählt, weshalb dies der Moment ist, in dem sich schließlich
die große Göttin, die Mater Larum, voll enthüllen kann, d.h. Ops, die von Mars
geschwängert Dämonen/Heroen und *parentes* gebiert. Wenn man den März (Beginn
des Jahres) nicht mit dem Dezember (Ende des Jahres) im Kalender der zehn Monate
verbindet, geht das grundlegende Band zwischen Mars und der Mutter der Laren
(= Ops) verloren und wir riskieren, die Essenz dieses Dokuments des frühen Rom
nicht zu verstehen, die eben in der zyklischen Verbindung von Ende und Beginn
des Jahres, zwischen der Mutter und dem Vater der Laren besteht. In dieser kalendarischen Theologie haben wir an der Spitze das Paar Jupiter-Juno. Es folgt das Paar
Mars-Ops. Wir haben schließlich Quirinus-Hora, Vulcanus-Maia, Saturnus-Lua,
Faunus-Fauna (Bona Dea), Pales-Pales, Neptunus-Salacia. Das ist die harmonische
Struktur des ersten römischen Kalenders, die von der kapitolinischen Triade und der
Ordnung des neuen Kalenders durcheinandergebracht wird, aufgrund der Präsenz
von zwei Göttinnen, Juno und Minerva, an der Seite des höchsten Gottes. Wenn
es einen Kalender gegeben hat, der älter war als der Kalender des frühen Rom und
auch des Septimontium, gekennzeichnet durch Neujahr am 21. April und unter dem
Schutz des Faunus und der Pales (= Fauna?) stehend, würde das bedeuten, daß die auf
dem Paar Mars-Ops gegründete theologische Konstellation höchstens auf die protourbane Zeit zurückgehen dürfte. Früher, in präurbaner Zeit, konnte diese göttliche
Verbindung bestehen (es gibt keine diesbezüglichen archäologischen Hinweise), aber
sie dürfte eine andere, wohl weniger bedeutsame Rolle gespielt haben, zumindest aus
der Sicht der kalendarischen Struktur.

VIII. Von einem protourbanen Bezirk zu den Mauern des Romulus

441. Hütten in einer Kurie des Septimontium. Der Nordhang des Palatin zur XXII–XXIV Velia hin, der ursprünglich bis zum Wasserlauf des Talbodens, der in das Velabrum mündete, bewaldet war, wurde seit der frühesten Vorgeschichte frequentiert. Der Ort war seit frühester Zeit bekannt. Es hat den Anschein, daß im dritten Viertel des 8. Jahrhunderts, bevor die Böden durch eine immer dichtere Besiedlung verändert wurden, eine Erkundung des Geländes stattgefunden hat. Für den Bau der ersten palatinischen Mauern wurde nämlich in der Umgebung Erde zusammengetragen, die reichliche Überreste und Splitter von Tuffstein enthielt und für die Fundamente dieses Bauwerks verwendet wurde, die zum Teil noch erhalten sind und in denen wir auf Fundstücke aus der frühesten Vorgeschichte gestoßen sind. Der Hang war nicht gerade ein für eine Siedlung besonders geeigneter Ort, da es sich um einen lehmhaltigen Talboden entlang dem Damm eines Wasserlaufs handelt. Aus der latialen Stufe IIA wurden nur wenige Bruchstücke gefunden. Wir wissen nicht, ob wir sie auf die letzte vorübergehende Nutzung des Ortes oder auf die erste feste Siedlung beziehen sollen, die sicher bezeugt ist für die latialen Stufen IIB und III. Am Ende dieser Periode wird die Siedlung dem Boden gleichgemacht und von Schichten bedeckt, die sich auf die Nutzung der Mauer beziehen. Es handelt sich um eine Hüttensiedlung, und es ist uns gelungen, einen Wohnkomplex zu erkennen, der wahrscheinlich eine Kernfamilie innerhalb einer Parzelle beherbergte, die einer Großfamilie zugewiesen war. Auf dieser Parzelle konnten noch weitere Mitglieder und Kernfamilien dieser Großfamilie wohnen, wie die Spuren weiterer Hütten anzeigen, die weiter im Osten gefunden wurden, in einem Abstand von etwa 30 Metern. Wenn die romuleischen *bina iugera* eine Gegebenheit wären, die in die Vorgeschichte Roms zurückprojiziert werden können, wie wir annehmen, hätten wir eine zusammenhängende Siedlung (wir haben auch weiter im Westen noch Hütten gefunden), die durch das Vorhandensein von Öfen, Gärten und Einfriedungen für Tiere aufgelockert ist. Die Parzelle gehörte sehr wahrscheinlich zu einem Bezirk oder besser einer protourbanen Kurie, die ab der zweiten Hälfte des 9. Jahrhunderts eingerichtet und in mehrere Parzellen (theoretisch neun in der protourbanen Zeit) gegliedert wurde, die den *patres* der Großfamilien zugewiesen wurden. Die Siedlung erscheint nicht mehr auf die Kuppen der Hügel konzentriert, die leichter zu verteidigen waren, sondern sie hat sich jetzt auch in die Täler ausgedehnt, die gerodet und bewohnbar werden. Die früheren Gräberfelder (wie das am Fuß der Velia) werden in der Folge in periphere *pagi* versetzt, wie auf den Esquilin. Dieser Bezirk, der während des letzten Jahrhunderts der protourbanen Zeit (830[850]–725) bewohnt war, wird nun aufgrund der Anwesenheit der palatinischen Mauern während zweier Jahrhunderte (725–525) für die Besiedlung gesperrt und wird danach, mit großer Verzögerung, etwa am Ende des 6. Jahrhunderts (ca. 525) zum erstenmal urbanisiert, mit den großartigen Atrium- XXXI

häusern, die bis zum Ende des 3. Jahrhunderts erhalten bleiben. In der frühen Eisenzeit wurde der Nordfuß des Palatium also gerodet, um Parzellen für die Großfamilien zu schaffen. Der lehmige Boden war eher für die Viehzucht als für den Ackerbau
geeignet. Die Hütten befanden sich auf der Höhe, wo der Tuffstein zutage trat und
wo man besser bauen konnte, aber weiter im Westen befanden die Hütten sich tiefer,
direkt auf dem Lehm und entlang des Grabens des Wasserlaufs. Hinter den Hütten
stieg der Hügel steil an und war, stellen wir uns vor, bewaldet. Die Haupthütte,
rechteckig, von mittlerer bis kleiner Größe und solide gebaut, gliederte sich in den
polyfunktionalen Eingangsbereich und in einen Abstellraum oder *penus* (für die
Aufbewahrung von Gerätschaften und Lebensmitteln). Vor der Hütte war ein Ofen
zum Brennen der Keramik und zum Kochen der Nahrungsmittel. Eine viel kleinere
rechteckige Hütte diente dazu, Arbeitsgeräte aufzunehmen, Nahrungsmittel für die
Tiere und vielleicht auch Tiere, die auch in ausgegrabenen kleinen Höhlen am Fuß
des Hügels (wie man sie in der römischen Campagna noch verwendet) Schutz finden
konnten. Eine ähnliche Koppelung von Wohnung und Stall-Abstellraum findet sich
im *vicus* von Calvario di Monterozzi bei Tarquinia. Das Landschaftsbild eines *vicus*
in einem *pagus* dürfte sich also kaum von einer *curia* eines *mons* unterschieden haben,
aber diese Ähnlichkeit berechtigt nicht dazu, eine Kurie mit einem Dorf zu verwechseln, da die gemeinschaftliche Organisation in einem protourbanen Zentrum und
in einem Dorf des Ager doch recht verschieden war. Ein Weg entlang dem Wasserlauf verband wahrscheinlich die Hütten untereinander, und einer in der Gegenrichtung (wo dann die Porta Mugonia steht?) konnte auf die Höhe des Hügels führen.
Die Parzelle konnte von diesem letzteren Weg und dem Sattel zwischen Palatium
und Velia eingefaßt sein, sie hätte dann eine Stirnseite von ca. 60 Meter (Ziffer 4–5)
gehabt. Die Tiefe der Parzelle dürfte an die 80 Meter betragen haben, im Süden vielleicht begrenzt von einem Weg, der dem Clivus Victoriae (Ziffer 17) vorausgegangen
ist, jenseits dessen die Parzellen auf der Höhe des Hügels lagen. Unter dieser Voraussetzung würde die Ausdehnung der Parzellen sich etwa auf *bina iugera* belaufen.
Der bewaldete Teil der Parzelle konnte zur Aufzucht von Ferkeln dienen. Der Bezirk
kann vielleicht mit der Curia Acculeia (Ziffer 18) identifiziert werden.

442. Die palatinischen Mauern der romuleischen Zeit.   Im Graben des Mauer-
unterbaus wurden große Steine gefunden, die wohl von anderswoher genommen
und entlang dem Verlauf der palatinischen Mauer aufgestellt und dann in den eben
aufgeworfenen Graben geworfen wurden (zum Zusammenhang von Furche/Graben
und Grenzsteinen siehe eine Inschrift von Capua: CIL 10,3825). Die vom etruskischen Stadtgründungsritus vorausgesetzte Furche legte fest, wo die Mauern verlaufen,
und ihre Unterbrechungen bezeichneten die Orte, wo die Tore stehen sollten (eine
Furche, die unterbrochen ist, kann nicht die Grenze des Pomeriums bezeichnen, das
durchgehend sein mußte). Aber die Furche ist ein unbeständiges Zeichen, das auch
ein Regen beseitigen kann. Daher die Notwendigkeit von Grenzsteinen, die entlang
der Furche aufgestellt wurden, an der Innenseite, zusammen mit der aufgeworfenen
Erde; sie sind zahlreicher bei den Bastionen und fehlen im Übergang der Tore und
fixieren unzweideutig und klar den Verlauf der Mauer. Nachdem der Graben ausgehoben war, enger für die Mauer und die Tore und breiter für die Bastionen, wurden die als Grenzsteine interpretierten Steine hineingeworfen, die erhalten bleiben

XXXII

XXIV

XXV–
XXXI

mußten, obwohl sie ihre Funktion erfüllt haben (ein derartiger Stein wurde auch in einem Abschnitt der weiter westlich entdeckten Mauer gefunden). Es folgt der Bau der Mauer, des Tores, der Wach- oder Kulthütten und der Straßen, in einer Abfolge, die eine einheitliche und kurze Bauphase bildet, wovon der Durchgang einen Teil einnimmt, der während der Errichtung der Mauer als Proto-Tor gedient hat. Der Zufall hat gewollt, daß wir dort auf die Mauer gestoßen sind, wo sie vorsprang, um ein Tor zu bilden (interpretierbar als die Porta Mugonia), und das Glück hat gewollt, daß die Vertiefung des Pfostens für den inneren vertikalen Balken des Tores und der Graben des horizontalen Balkens, der die Schwelle bildete, von den folgenden Zerstörungen ausgespart blieben. In der Rekonstruktion ist der östliche Teil des Tores – er allein wurde gefunden – spiegelbildlich nach Westen projiziert. Der Graben ist eine Rekonstruktion, er wurde von den folgenden Mauern beschnitten. Von der in der folgenden Phase notwendigen Brücke haben wir angenommen, daß sie vorher gestanden hat. Die schräge Steigung der Straße wird nahegelegt von der gebeugten Einfassung der entsprechenden Schicht. Die äußeren Pfosten des Tores, von denen keine Spur übrig geblieben ist, weil sie auf den horizontalen Balken aufruhten, sind nach den inneren Pfosten rekonstruiert. Das Äußere der Bastion ist auf der Grundlage des Inneren rekonstruiert. Von den vertikalen Pfosten der Mauer wurden zwei *in situ* gefunden, es muß aber mehr gegeben haben, da es Spuren von Pfosten im Lehm der erhöhten Mauer gibt, die in einem Graben der zerstörten Mauer gefunden wurden (die vertikalen Pfosten dürften untereinander mit horizontalen Pfosten verbunden gewesen sein). Der Kamm der Mauer dürfte mit Gefäßscherben bedeckt gewesen sein, da es die Ziegel zum Schutz des Lehms vor dem Regen noch nicht gab. Das Gründungsdepot, repräsentiert von der Grabbeigabe eines Mädchens, war unter der Schwelle aus Kieselsteinen im inneren Teil am *limen* abgelegt (es sei an die Opfergräber an der Porta Horatia und Tarpeia erinnert). Die Lage, gezielt gewählt und bedeutsam, setzt ein wirkliches oder symbolisches Menschenopfer voraus (man denke an die *doliola*), das wahrscheinlich an die Laren und an ihre Mutter gerichtet war (vgl. Abb. 15), die möglicherweise in den benachbarten Hütten verehrt wurden. Die Ausstattung datiert die Vollendung der Mauer in die Zeit des Übergangs von der latialen Stufe IIIB zu IVA (um 730–720), und die Funde in der Mauer bestätigen diese Chronologie. Die Assonometrie und der Schnitt zeigen an, daß das Gründungsdepot später ist als die Auffüllung des Durchgangs und früher anzusetzen ist als der Balken des *limen*, die Schwelle aus Kieselsteinen und die Straße. Es ist zweckmäßig, dieses Gründungsdepot als ein Opfer (in diesem Fall ein Menschenopfer) im Inneren des Tores zu verstehen, analog zu denen, die in ähnlicher Lage auf den Tafeln von Gubbio beschrieben werden. Da wir die Mitte des Tores der folgenden Mauern dank der Grube des Schiebers kennen – das Tor wurde erneuert, aber nicht verschoben –, ist es möglich, die Größe des ursprünglichen Tores zu rekonstruieren. Die Höhe war so kalkuliert, daß der Zutritt eines Mannes auf einem Pferd möglich war (die Mauer in der Rekonstruktion ist wahrscheinlich zu niedrig: Es mußte nämlich vermieden werden, daß ein auf einem Pferd stehender Mann sie überspringen konnte). Die Lage des Gründungsdepots entsprach dem *ius* des Tores, es war ausgeschlossen von der *sanctitas* der Bollwerk-Mauer, ein *locus religiosus* auf einem Boden, der *effatus* und *liberatus* war, wie der des *ager*, aber nicht *inauguratus* (die Grenze des Pomeriums dürfte weiter südlich gewesen sein). Die Hütte bildete, falls sie eine kultische Bestimmung hatte, einen *locus sacer*, außerhalb des *ius* des Tores, der *sanctitas* der Bastion und des erhabenen Bodens der *urbs*, wo die Bewaffneten patroullieren konnten, um die Mauer zu verteidigen. Ein befreundeter Historiker hat uns geraten, das Gründungsdepot und die Hütte laikal zu interpretieren. Da erhielten wir in eben diesen Tagen über das Internet folgende Nachricht von Ph. Beesley: »The pear surfaces (der Tore von Panchayat in Nepal) ... contain niches fitted with prayer wheels which are spun by passers by. The gates are ... anointed with prayer flags ... The vicinity of the gates is often a point of concentration for ritual objects and amenities-benches, shelters, carved ›mani‹ stones bearing prayers for safe passage.« Wir haben versucht, das Landschaftsbild des Tales zur Zeit der ersten Mauer zu rekonstruieren, zwischen dem Tor, das wir gefunden haben und das wir als Porta Mugonia identifizieren (in Übereinstimmung mit der topographischen Rekonstruktion von Filippo Coarelli), und der Porta Romanula. Im Talgrund erscheint der Graben, dessen Rand, der mindestens seit der ersten Hälfte des 7. Jahrhunderts reguliert ist, die künftige Urbanisierung der Zone bis zum Brand unter Nero bestimmen wird. Während der Graben direkt zum Velabrum führt, das schrittweise aufgefüllt wird – die älteste Pflasterung des Forums datiert ebenfalls aus der ersten Hälfte des 7. Jahrhunderts –, folgt die Mauer dem gebogenen Verlauf des Fußes des Hügels und dreht dann jenseits der Porta Romanula jäh nach Süden, dort, wo sie auf den Grabaltar der Larunda trifft (entsprechend den Hinweisen des Tacitus über das romuleische Pomerium). Die beiden Tore könnten an der Stelle liegen, wo früher Aufstiege zum Hügel begannen, die den Scalae Cacae vergleichbar gewesen sein dürften, an deren unterem Ende wir uns ein drittes Tor vorstellen können (die Porta Romana?). Hinter der Mauer, in einem gewissen Abstand, müssen wir uns die pomeriale Grenze vorstellen, die vielleicht durch Steine mit der Funktion von Grenzsteinen angezeigt wurde, im Zusammenfall mit einer bestimmten Strecke entlang dem bewaldeten Hang des Hügels, jenseits dessen der inauguierte Teil der werdenden Stadt lag. Die Elimination des protourbanen Viertels des Talbodens wird zu einer Neudefinition der Grenzen der palatinischen Siedlung geführt haben, die ab diesem Moment sich zu einem großen Teil auf dem oberen Hang und auf der Kuppe des Hügels konzentriert haben dürfte. Eine Straße, die aus der Zone des Comitium kam, dürfte sich am südlichen Fuß der Velia – es war der ursprüngliche Verlauf der Sacra Via – hingezogen haben, von der aus man, sich nach Süden wendend, vielleicht über Brücken die Straßen erreichte, die auf der anderen Seite des Grabens zum Palatium hochführten. Die Straße entlang der Mauer, die zum Anlegeplatz des Velabrum führte – es war der Verlauf der Nova Via – mußte hier außerhalb des Pomeriums liegen, weshalb ihre Anlage logischerweise der Ausdehnung des Pomeriums vorausgeht, die Servius Tullius um die Mitte des 6. Jahrhunderts, als die Siedlung insgesamt inauguriert wurde, vornahm. Die Straße wurde vielleicht deshalb *nova* genannt, weil sie neuer war als die protourbanen Straßen entlang des Grabens; notwendig geworden war sie durch den Verlauf der romuleischen Mauer, die an verschiedenen Punkten zu identifizieren uns jetzt gelungen ist. Die Befestigungen, die oberhalb oder um die Höhe von 18 Meter ü.d.M. lagen, ließen eine Besiedlung der Zone in der sehr bedeutsamen Höhenlage zwischen 12 und 18 Meter nicht zu; sie befand sich nämlich zwischen den beiden von Toren flankier-

ten Zugängen zum inaugurierten Palatin, nahe bei so wichtigen Kulten wie dem Kult
der Mutter der Laren, bei der späteren Quelle der Juturna, und grenzte an die Velia
und an die Sacra Via (Strecke der *ovationes*) und an das Velabrum, das schrittweise
aufgefüllt wurde und sich in das Forum zu verwandeln begann. Dieses Gebiet war
wahrscheinlich seit der romuleischen Gründung (als die frühere Besiedlung aufgegeben wurde) für Kulte und für öffentliche Anlässe reserviert, aber das Heiligtum
der Vesta und der Laren und also den Sitz der *regiae* nahm es wahrscheinlich erst
mit Numa auf. Zwischen dem Heiligtum und dem letzten Abschnitt des Grabens –
wo dann zur Zeit der Tarquinier die Regia mit den *sacraria* des Mars und der Ops
steht – könnten einige zum kultischen und königlichen Komplex gehörige Holz-
bauten, datierbar an den Beginn des 7. Jahrhunderts, gestanden haben. Wir kennen
den Verlauf der Mauer an der Nordseite des Palatin etwa zur Hälfte. Wir können
annehmen, daß sie den gesamten Hügel umgab, ohne die Velia einzubeziehen, wofür
folgendes spricht: 1. die Beschreibung des Tacitus, die kurz nach dem Zeitalter des
Augustus redigiert wurde, als Tore und Abschnitte der Mauer noch zu sehen waren
(wie wir vor kurzem entdeckt haben); 2. der Lauf der Luperci und 3. die Zeremonie
des Triumphes. Nicht zufällig haben die Befestigungen der Velia einen anderen
Namen, und sie dürften sich nur auf die Höhe des Hügels bezogen haben (Murus
Mustellinus und Terreus Carinarum). Der römisch-sabinische Krieg ist entlang des
Verlaufs der Sacra Via angesiedelt, bei der man damals in das Wasser des Velabrum
stürzte (mythische Episode des Lacus Curtius). Die Römer, von den Sabinern, die
vom Kapitol her vorrückten, in die Flucht geschlagen, zogen sich in Richtung auf
den Palatin zurück, sie stiegen die Sacra Via hoch bis zur Höhe der Porta Mugonia,
dort vereinigten sie sich mit neuen Kräften, die aus diesem Tor heraustraten, dort
verlieh ihnen der König, der sich von einer Verwundung erholt hatte, neuen Mut,
dort stoppten sie den Rückzug und begannen dank des hilfreichen Eingriffs des
Iuppiter Stator wieder vorzurücken, wobei es ihnen schließlich gelang, die Sabiner
hinter das Tal zwischen Palatium und Velia zurückzuwerfen. Das *fanum* des Iuppiter
Stator, das Romulus errichten ließ, kann man sich bei der Porta Mugonia vorstellen,
wahrscheinlich jenseits des Grabens, also am Fuße der Velia, an der Stelle der Sacra
Via, wo die Römer zum Stehen gekommen sind (Coarelli 1983). Die Velia ist nämlich die Befestigung, die den von der Porta Mugonia gebildeten Zugang zum Palatin
beherrschte. In der Erzählung wird die Porta Romanula nicht genannt, da sie weiter
weg liegt und damals von der Sacra Via aus nicht direkt erreichbar war.

443. Ein Viertel am Forum am Ende der Königszeit. Wir befinden uns in dem   XXXI
durch einen doppelten *ambitus* unterteilten Häuserblock am Ende der Königszeit, der
mit seinen Atriumhäusern einen Bereich der früheren Mauer eingenommen hat (das   XXXII
als Porta Mugonia interpretierte Tor befand sich unter dem Atrium des Hauses 4,
und es ist möglich, daß das Pomerium mit der südlichen Grenze dieses Blocks zusammenfiel). Es ist das erste Mal, daß wir in der Lage sind, uns ein archaisches Viertel
Roms vorzustellen, das noch dazu so zentral gelegen ist, zwischen dem so genannten
Clivus Palatinus und der öffentlichen Grünanlage, die von der Straße durchquert
wurde, die von der Sacra Via auf die Höhe des Palatium oder zur Nova Via führte.
Wahrscheinlich handelt es sich nicht um das erste aristokratische Viertel Roms mit
Atriumhäusern, da es erst nach der Auffüllung des Grabens und nach der Auflassung

großer Abschnitte der palatinischen Mauern entstanden ist. Vorausgegangen sein könnten private um das Forum gelegene Häuser, die von der Überlieferung dem Tarquinius Priscus zugeschrieben werden. Das Modell des Hauses, das von oben her Licht erhält, könnte im ersten Viertel des 6. Jahrhunderts erfunden worden sein, als die Häuser schon so nahe aneinanderlagen, daß sie entlang der Langseiten kein Licht mehr erhielten. Im Laufe des 7. Jahrhunderts sind die Hütten schrittweise durch mit Ziegeln gedeckte Häuser ersetzt worden, und sicher haben wir schon ab dem 6. Jahrhundert ein typisch urbanes Landschaftsbild einer in sich abgeschlossenen Stadt, das nicht mehr der alten Gegebenheit der Kurien entspricht und das schon nach Häuserblöcken, *vicinitates* und *compita*, ausgerichtet ist, wie sie für die Zeit des Servius Tullius bezeichnend sind. Dieser Häuserblock kann nicht verstanden werden, wenn wir ihn nicht in den allgemeinen Kontext des Tales zwischen Palatium und Velia und dem Forum einfügen. Im Süden des Viertels konnten zwei weitere Häuserblöcke liegen, zwischen dem sog. Clivus Palatinus und dem Clivus der Porta Mugonia, getrennt durch die Straße knapp jenseits der sog. Nova Via der Kaiserzeit und durch den Verlauf des Clivus Victoriae. Zwischen der *domus* 4 und der Grenzmauer des Lucus Vestae (die vor kurzem von uns in der Form des 5. Jahrhunderts gefunden wurde) war ein öffentlicher Bereich, auf dem wir die Porta Mugonia und die entsprechenden Abschnitte der Mauer gefunden haben, die aus der Zeit der *domus* und der gepflasterten Sacra Via stammen. Um den Bau der *domus* zu ermöglichen, ist die Porta Mugonia nach Westen verschoben worden. Von diesem Tor und dem entsprechenden Abschnitt der Mauer ist auch der spätrepublikanische Neubau gefunden worden, der bis in die augusteische Zeit gehalten hat. In einem Raum des archaischen Tores sind Opferreste (darunter ein Hund) festgestellt worden, die auf die Opfer zu beziehen sind, die vor und hinter den Toren abgehalten wurden, wie wir aus den Tafeln von Gubbio wissen. In dem Gebiet westlich, zwischen der oberen Sacra Via und der oberen Nova Via (deren gepflasterter Abschnitt vor kurzem von uns entdeckt wurde), erhob sich in dieser Zeit – allerdings nicht vor der Mitte des 6. Jahrhunderts – ein großes Haus, in der Bautechnik viel luxuriöser als die *domus*, wie sie für öffentliche Bauten typisch war, wahrscheinlich war dies die von Tarquinius Superbus und dann vielleicht auch von M. Valerius Maximus bewohnte *regia*, die dann als *domus Publica* (oder *atrium Regium*) der Sitz des Pontifex Maximus wurde. Von diesem 15 Meter breiten Haus haben wir einen Teil der Vorderseite zur Sacra Via hin gefunden und einen unterirdischen Weg, der es mit dem Lucus Vestae verband, wohl um die Inspektionen des Pontifex zu ermöglichen. Im Osten der *domus* war eine Straße, die sie von der Domus Regis Sacrorum trennte, und im Westen war ein freier Platz, der sich zwischen die Häuser und die Straße der Porta Mugonia schob. Im Süden der oberen Nova Via und der Stufenrampe der Porta Mugonia war ein weiterer Platz, dessen späteres Schicksal vermuten läßt, daß er von Anfang an öffentlich war, wo nur ein Brunnen gefunden wurde. Die Südgrenze dieses öffentlichen Platzes könnte vielleicht die Höhe des Hanges anzeigen, entlang der die frühere Pomeriumslinie verlaufen sein dürfte. Der Lucus Vestae, gelegen zwischen den Toren Porta Mugonia und Romanula, wurde nach der Auffüllung des Grabens erweitert und neu gegliedert. Der nicht bebaute Platz dürfte von sehr bescheidener Ausdehnung gewesen sein, er war im Süden, sehr viel höher gelegen, von der Nova Via begrenzt, und dürfte Altäre

XVII–
XXI

und Kapellen aufgenommen haben wie die des Aius Locutius (und eine weitere von uns neulich entdeckte). Im Norden des nicht bebauten Platzes, jenseits einer Straße, lag, ausgehend vom Osten, die Domus Regis Sacrorum, von der wir die Phasen und die Südgrenze der archaischen Zeit bestimmen konnten. Es folgte vielleicht ein dem Kult der Laren geweihtes Areal und schließlich der den Kulten der Vesta, der Penaten, der Lares Praestites und der Wohnung der Vestalinnen reservierte Bezirk. Im Süden der Nova Via, zwischen dem Clivus der Porta Mugonia und dem Clivus der Porta Romanula oder den Scalae Graecae können wir zwei weitere Wohnblöcke rekonstruieren, ebenso im Süden des Blocks der *domus*, die ebenfalls durch Straßen abgetrennt sind. In diesen Blöcken und entlang den Scalae Graecae können wir uns das Haus des Flamen Dialis vorstellen. Im Dreieck zwischen Sacra Via und sog. Vicus Vestae war die kleine Regia, die seit dem Beginn des 6. Jahrhunderts bestand und die *sacraria* des Mars und der Ops aufgenommen hatte. Im Westen des Lucus Vestae und entlang den Scalae Graecae lag ein weiteres Areal, das wahrscheinlich als öffentliche Grünanlage diente, reich an mit der Porta Romanula verbundenen Kulten, darunter der Kult der Mutter der Laren. Die untere Nova Via führte zum Anlegeplatz des Velabrum. Zwischen der Regia der *sacraria* und dem Forum stellen wir uns weitere zwei *domus* vor, ausgerichtet auf die Regia, die wir dem Flamen Quirinalis und dem Flamen Martialis zuordnen können. Entlang den Langseiten des Forums stellen wir uns die Häuser vor, die Tarquinius Priscus Privatleuten überlassen hat. Die Häuser zwischen Forum und Velabrum, gegenüber den Tabernae Veteres, waren auf dem vor kurzem verfüllten Boden errichtet, mit dem das Velabrum trockengelegt worden war. Die Sacra Via mündete wahrscheinlich in das Comitium, unmittelbar nachdem sie das Argiletum und den Kult des Ianus Geminus berührt hatte. Der Abzugskanal der Sacra Via traf auf den Sammelkanal der Cloaca Maxima, die nach der gewölbten Zisterne der *domus* 3 rekonstruiert wurde, wo der Kult der Venus Cloacina war.

444. Überlegungen zur oberen Sacra Via und zum Tempel des Iuppiter Stator. Der Forscher sollte immer der besseren Hypothese den Vorzug geben, auch wenn sie von einem Gegner formuliert wurde und eine eigene früher vertretene Hypothese falsifizieren sollte. Aber leider ist es nicht immer so; stattdessen setzen einige die Hypothesen mit dem Überleben des eigenen Ich gleich, weshalb sie, wenn man ihnen widerspricht, in eine Nervenkrise fallen, als stünde ihr Leben auf dem Spiel (und als wäre es nicht allzu menschlich, zu irren). Eine der Fragen, die auch heute noch die Topographen Roms trennt, ist das Problem der oberen Sacra Via und des Tempels des Iuppiter Stator. Die Anhänger der Theorien von Ferdinando Castagnoli haben im allgemeinen die Meinungsänderung von Filippo Coarelli in topographischer Hinsicht nicht zur Kenntnis genommen, und sie bleiben an das Wort des Meisters, das in ein Dogma verwandelt wird, gebunden, auch wenn die Argumente zugunsten dieser Theorien eines nach dem anderen fallen. Die Auffindung der Porta Mugonia, in ihren gut fünf aufeinander folgenden Versionen zwischen Vorgeschichte und spätrepublikanischer Zeit, stellt einen grundlegenden und entscheidenden Beitrag dar, der die Hypothese von Coarelli, zumindest in ihren großen Linien, stützt. Der Einwand, es könnte sich nicht um ein Tor, sondern um eine schlichte Schlupfpforte handeln, gilt nicht mehr, und zwar aufgrund der Ausmaße des Tores, aufgrund der sakralen Elemente, die mit ihm verbunden sind, aufgrund seiner über siebeneinhalb Jahrhunderte hin sich bestätigenden Behauptung als Tor von grundlegender Bedeutung für die Stadt (wir haben auch eine Schlupfpforte des 8. Jahrhunderts gefunden, die etwas ganz anderes ist als ein Tor). Es gilt auch nicht der Einwand, daß die einzige leicht befahrene Straße die gewesen wäre, die mit dem Sattel zwischen Velia und Palatium (am Titusbogen) verbunden war, da zwei romuleische Tore mit Treppen verbunden waren, den Scalae Graecae und den Scalae Caci, und unsere Porta Mugonia konnte das Einfahrtstor der Stadt sein. Der ursprünglich wichtige Palatin war im besonderen jener zwischen dem Clivus Palatinus und dem Velabrum. Die Auffindung der (gemäß unserer neuen Interpretation) spätrepublikanischen und der archaischen Domus Publica, die sich wahrscheinlich mit dem Haus des letzten Tarquiniers deckt, gegenüber der der Tempel des Iuppiter Stator gestanden haben dürfte (Plin. nat. 34,13,29), bekräftigt noch einmal die von Coarelli angenommene Lokalisierung dieses Kultes auf dem Areal des Tempels des Romulus, einem Bereich, wo unter anderem die Läden unterbrochen wurden, um einer Pflasterung mit Travertin Raum zu geben, bevor die neronischen Säulenhallen entstanden, was vermuten läßt, daß es sich um ein monumentales und öffentliches Areal gehandelt hat (ich danke Emanuele Papi für diese Beobachtung). Unsere Grabungen haben schließlich gezeigt: Wenn es je einen Tempel auf dem Sattel zwischen Velia und Palatium gegeben hat, mußte er dort stehen, wo die traditionelle Topographie einen Tempel unsicherer Zuschreibung angenommen hat, von dem aber Grabungen der Spanischen Akademie erwiesen haben, daß er ein ganz anderes Bauwerk war (und es wird nicht leicht sein, eine Rekonstruktion dieser Ruinen zu präsentieren, die das Gegenteil beweisen könnte, und selbst wenn, würde dies nicht beweisen, daß der Tempel des Iuppiter Stator an diesem Ort stand). Schließlich ist der Abschnitt aus Ovid (Trist. 3,1,31–34): »Inde petens dextram ›porta est – ait – ista Palati, | hic Stator, hoc primo condita Roma loco est«« unseres Erachtens auf folgende Weise zu interpretieren: Die Straße, in die Ovid einbiegt, ist entweder die Sacra Via, wenn der Dichter vom Vicus Vestae kam, oder, was wahrscheinlicher ist, von der Sacra Via aus die erste rechts (nicht die zweite rechts, die viel weiter weg ist), wenn der Dichter von eben dieser Straße kommt. In jedem Fall muß der Dichter auf den von uns entdeckten *vicus* eingebogen sein, der zur (spätrepublikanischen) Porta Mugonia und dann auf den Hügel hinaufführte. Das Haupttor des Palatin vor sich, versetzt Ovid sich gedanklich in die Achse des Tores und der Straße, die an zwei romuleischen Orten schlechthin beginnt und endet: am Tempel des Iuppiter Stator, im Norden *(hic)*, und an dem Ort der Gründungsgrube Roms und des Hauses des Romulus im Süden bzw. der Roma quadrata *(hoc)*. Die Achse der Straße der Porta Mugonia stimmt nämlich überein mit der Achse der Scalae Caci (während die Achse des Clivus Palatinus, wo man den Tempel des Iuppiter Stator lokalisieren will, statt dessen zur Domus Flavia führt, die mit dem Ort der Gründung Roms nichts zu tun hat). Der Tempel des Iuppiter Stator dürfte von der Stelle aus, an der sich Ovid befand, sichtbar gewesen sein, während er sich die Stelle der Gründung Roms jenseits des Hügels vorstellen mußte; wir können hinzufügen, sie war leicht vorstellbar, da sie der von zwei palatinischen Toren (Mugonia und Romana) markierten gedanklichen Achse entsprach, die sich wahrscheinlich mit der Achse der *spectio* deckte, die von einem angenommenen romuleischen *auguraculum* auf der Höhe des großen Aventin aus erfolgte.

Appendices

1. Die ursprüngliche Morphologie von Rom

Nicola Terrenato

445. Schwierigkeit der Rekonstruktion. Die Topographie Roms in den Anfängen war unvermeidlich vom natürlichen Landschaftsbild geprägt, in dem die Siedlung sich entwickelt hat. Die Lage der Siedlungen, das Wegenetz, die Entwässerungsmaßnahmen und die Befestigungen sind nur einige anthropische Elemente, die in den frühesten Zeitaltern viel stärker von den geomorphologischen Gegebenheiten des Standortes beeinflußt wurden. Vor allem das Straßennetz mußte sich in jeder Epoche an die Formen der Täler und Erhebungen anpassen, die oft fast obligate Trassenführungen verlangten. In diesem Licht kann man die lange Lebensdauer vieler wichtiger Verkehrsadern der antiken Stadt verstehen. Die Rekonstruktion des ursprünglichen Aussehens des Platzes ist unerläßlich, gestaltet sich aber heute höchst komplex wegen der langen Reihe urbaner Umgestaltungen, durch die die Geschichte der Stadt charakterisiert ist. Sie haben nämlich einschneidende menschliche Eingriffe impliziert wie die Trockenlegung der Sümpfe, die Begradigung und sogar Beseitigung ganzer Hügel und die Kanalisierung der Wasserläufe. Unter diesem Blickwinkel kann die römische Geschichte sogar als ein Prozeß fortschreitender Veränderung gelesen werden, der die ursprünglichen Bedingungen zunehmend entstellt und schließlich eine fast völlig artifizielle Landschaft schafft. Die natürlichen Phänomene, die langsam bewirken, daß die Erhebungen erodieren und die Senken sich auffüllen, werden durch das Einwirken des Menschen enorm beschleunigt, was fast immer die Verlagerung der Sedimente von den Kuppen und besonders von den Hängen der Hügel zum Talgrund und den Niederungen mit sich bringt. Das urbane Landschaftsbild hat sich so immer mehr von den natürlichen Gegebenheiten entfernt, so daß für seine Rekonstruktion oft besondere Nachforschungen und geduldige Rekompositionen notwendig sind.

446. Kurze Geschichte der Untersuchungen. Die allerersten geologischen Beobachtungen in Rom stammen aus dem 19. Jahrhundert und wurden im allgemeinen von archäologischen Arbeiten angeregt, wie denen, die Valadier am Titusbogen durchführte (Brocchi 1820). Im Zuge der nationalen Einigung und der Jahrhundertwende kam eine Zusammenarbeit von Archäologen und Geologen in Gang, die für die Epoche eine absolute Pionierleistung war (Verri 1915); im positivistischen Geist jener Jahre beabsichtigte man, alle Ergebnisse der großen Unternehmen der Stadtarchäologie zu dokumentieren (zuerst Grabungen, dann immer mehr Freilegungen), die Rodolfo Lanciani und Giacomo Boni begonnen hatten und die bis in die 30er Jahre fortgesetzt wurden. Die großen römischen Baustellen wurden unter Umweltgesichtspunkten von Persönlichkeiten wie Gioacchino De Angelis D'Ossat begleitet, dessen Studien die Grundlagen für die Kenntnis der römischen Umwelt legten. Seine äußerst intensive Betätigung auf archäologischem Gebiet brachte, besonders während der Zeit des großen Niederreißens, eine Ausbeute an Beobachtungen und Ergebnissen, die nie mehr überboten wurden (siehe die nachfolgend zitierten Arbeiten).

Die diesem ersten Aufflammen von Forschungen folgenden Jahrzehnte verzeichnen einen gewissen Niedergang, unterbrochen von der großen Monographie, die Ugo Ventriglia der geologischen Einordnung der Stadt widmete (Ventriglia 1971). Auf der Ebene der Naturwissenschaften im engeren Sinn sind neuere Untersuchungen und Kartographien anzusiedeln, die jedoch in ihrer Detailgenauigkeit nicht immer der archäologischen Forschung dienlich sind (Conato u. a. 1980, De Rita u. a. 1988; *La geologia di Roma* 1995). Um diesen Mangel auszugleichen, hat man seit neuestem einen Strang interdisziplinärer Forschungen entwickelt, die darauf abzielen, mit größter Genauigkeit die vielfältigen Interaktionen zwischen Mensch und Umwelt auf römischem Boden zu rekonstruieren. Dies ist besonders notwendig aufgrund der großen geologischen, hydrographischen und morphologischen Heterogenität, die den römischen Abschnitt des Tibertales kennzeichnet; zu dieser Variabilität kommt eine Unmenge durch den Menschen bedingter Veränderungen der ursprünglichen Landschaft, die in der alten Welt kaum Entsprechungen findet. So kam es zu einigen innovativen Studien, die sich unvermeidlich auf recht begrenzte Bereiche konzentrieren mußten, wollten sie analytischere Methoden zur Anwendung bringen. Auf dieser Grundlage können die frühesten archäologischen Überreste von neuem erfolgreich beurteilt werden, wodurch man zu Schlußfolgerungen gelangt, die ihre Interpretation revolutionieren, wie es der Fall war in topographischen Fragen von entscheidender Wichtigkeit, etwa in der Frage der sog. Forumssiedlung (Ammermann 1990).

447. Ein neuer Plan mit Höhenlinien (Abb. 33). In dieser Situation ist es nicht möglich, über die archaische Topographie der Stadt zu sprechen, ohne von einem Rekonstruktionsversuch der ursprünglichen Morphologie des Ortes auszugehen, auf dem nun die in diesem Band vorgelegten Illustrationen basieren. Es handelt sich um eine einfache Karte mit Höhenlinien von fünf Metern Äquidistanz. Die Daten, auf denen diese Arbeit beruht, sind in ihrer Art und Qualität sehr heterogen, je nachdem, auf welches Gebiet sie sich beziehen. Der aufschlußreichste Beitrag zur Kenntnis der ursprünglichen Morphologie Roms stammt von mechanischen Kernbohrungen. Unter Ausnutzung der Gelegenheit von Arbeiten, die aus anderen Gründen durchgeführt wurden, zum Beispiel um die Stabilität des geologischen Untergrundes im Fall von Bauvorhaben oder Instandsetzungen zu prüfen, ist es möglich geworden, stratigraphische Reihenwerte für weite Teile Roms zu erhalten, aus denen dann die Höhe des gewachsenen Bodens abgeleitet wurde. Die Entwicklung dieser Herangehensweise, die im übrigen einen zentralen Punkt der von Eugenio La Rocca für die Gemeinde von Rom erstellten neuen *Forma Urbis Romae* bildet, wird es ermöglichen, das ursprüngliche Aussehen und das stratigraphische Potenzial der Stadt zu klären.

448. Untersuchungsverfahren. Die aus mechanischen Kernbohrungen erhaltenen Informationen sind gewinnbringend integriert und verdichtet worden mit der Anwendung manueller Kernbohrungen. Da diese mit leichter Ausrüstung durchgeführt werden, die problemlos ins Innere von Monumenten und in Hohlräume transportiert werden kann, überschreiten sie zwar nur selten fünf Meter an Tiefe, haben aber oft entscheidende Daten zum Verständnis der morphologischen Entwicklung gebracht. Die manuellen Kernbohrungen stellen sich heute als eine unerläßliche Ergänzung der Feldforschungen heraus, auch weil sie Informationen über

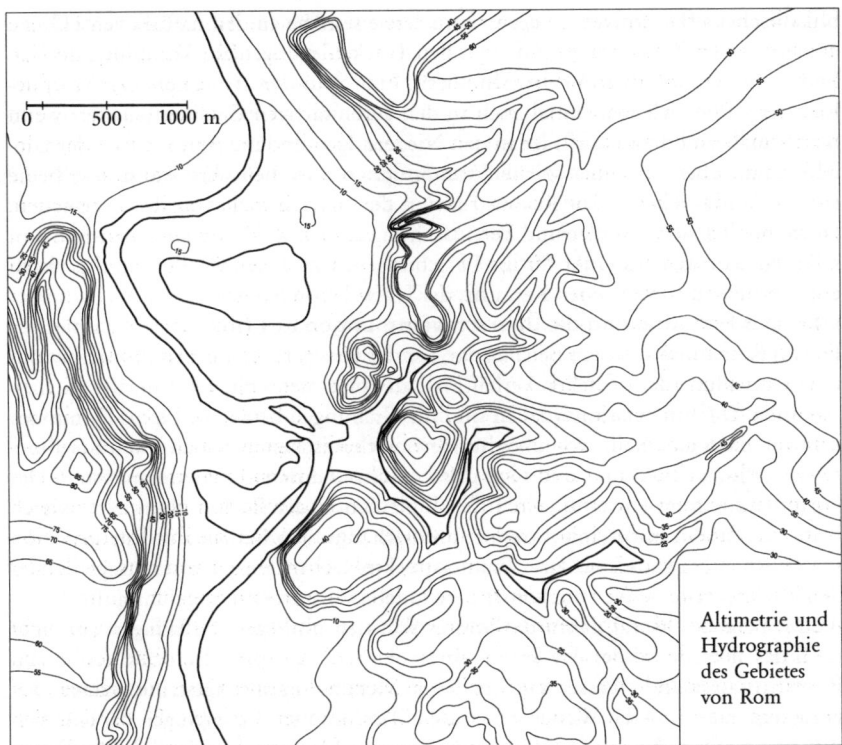

Altimetrie und
Hydrographie
des Gebietes
von Rom

Abb. 33   Rom: Orographie und Hydrographie

die archäologische Stratifikation liefern, die für die Planung von Grabungen und weiteren Untersuchungen sehr wertvoll sein können. Weitere brauchbare Elemente für die Kenntnis der Morphologie sind bei jüngsten städtischen Grabungen ans Licht gekommen; in diesen Fällen werden die Höhe, der Verlauf und das Aussehen des geologischen Untergrundes in der Regel im Detail dokumentiert, was wertvolle Elemente zur örtlichen Rekonstruktion ins Spiel bringt. Auf großer Fläche können auch erfolgte Erdbewegungen sichtbar werden, die mit Hilfe von Kernbohrungen schwer erkennbar wären. Dies ist besonders offenkundig im Fall der großen Bauten aus der Zeit der späten Republik und der Kaiserzeit, bei deren Errichtung gewaltige Bewegungen natürlichen Erdreichs vorgenommen wurden, etwa für die Maxentius-Basilika oder für die Horrea Agrippiana. Allgemein werden die Hänge der Tuffstein- und Lehmhügel abgetragen und reguliert, was ihnen schließlich ein sehr steiles Aussehen verleiht, das zumindest teilweise künstlich wirkt. Achtet man jedoch auf Hinweise wie die Höhe der Terrassierungsmauern, die Situation in den anliegenden Gebieten und einige geologische Indikatoren, ist es möglich, eine plausible Rekonstruktion des ursprünglichen Verlaufs vorzulegen. Für die weniger bekannten Zonen oder im Fall von früheren, dann wieder zugedeckten Grabungen ist es auch möglich, sich auf indirekte Angaben zu beziehen. Die Höhen archaischer oder mittelrepublikanischer Pflasterniveaus liegen normalerweise nahe an den natürlichen Höhen, ausgenommen Zonen, die von den großen Trockenlegungen zur Verfüllung der Talböden wie um den Palatin betroffen waren. Eine Spur der ursprünglichen Morphologie ist schließlich manchmal auch in den gegenwärtigen Gefällen erhalten, wenn man annähernd die Erdaufträge in den Niederungen und die Abtragungen der Gipfel schätzt. Eben mit einer solchen kombinierten Vorgehensweise kann man heute eine vorläufige Theorie zur Rekonstruktion der Morphologie von Rom versuchen. Sie beinhaltet sicher Fehler und Vereinfachungen und will lediglich einen Rahmen schaffen als Ausgangspunkt für die Forschungen, von denen wir hoffen, daß sie zu einer weniger dishomogenen Kenntnis der Umwelt von Rom führen.

449. Das Forumtal und die Überschwemmungen des Tibers. Das Gebiet des Forum Romanum stellt ein Beispiel dar, für das genügend Kenntnisse vorliegen, um die Entwicklung der örtlichen Verhältnisse in Folge menschlicher Eingriffe nachzuzeichnen. Die Informationsquellen sind die Grabungen beim sog. Equus Domitiani und vor allem eine Reihe von über hundert mechanischen und manuellen Kernbohrungen, die zwischen 1987 und 1990 durchgeführt wurden (Ammermann 1990). Das Forum Romanum entstand durch die Bonifikation der Einmündung eines tiefen Tales, das Palatin und Kapitol trennte und sich von dem Gebiet, auf dem später die Basilica Aemilia stand, bis zum Fluß erstreckte. Die neuen Untersuchungen erlauben es, eine weite Senke zu rekonstruieren, deren Grund sich ungefähr auf 6 Meter ü.d.M. befand; das Tal nahm das Wasser von den umliegenden Hängen auf, aber auch das sich im Tal des Argiletum, einem der wichtigsten hydrologischen Becken Roms, ansammelnde Wasser. Die bei den Probebohrungen festgestellte geringe Neigung legt nahe, daß das Wasser sehr träge abfloß und so Bedingungen für eine Versumpfung schuf. Zu diesem Nachteil kommt noch hinzu, daß das Tal dem Hochwasser des Tibers ausgesetzt war. Der Fluß hatte noch einen recht ungeregelten Verlauf, mit plötzlichen und gewaltigen Überschwemmungen, und war noch in keiner Weise durch menschliche Eingriffe reguliert (wie die Umleitung des Wassers der Chiana, eines der wichtigsten Zuflüsse). Über mehrere Monate im Jahr konnte der Fluß Pegelstände um 9–10 Meter erreichen, und Hochwasser bis zu 13–15 Meter waren keine Seltenheit. Das bedeutet, daß in den Hochwasserperioden der größte Teil des Tales mit Wasser überflutet und vollständig unbewohnbar war. Die Rekonstruktion dieser komplexen Umweltvoraussetzungen hat es ermöglicht, die ältesten Sequenzen des Forums radikal neu zu interpretieren; danach ist das Vorhandensein von Wohnstätten auszuschließen, statt dessen sind zweckdienliche Verfüllungen anzunehmen, um das Bodenniveau auf eine genügende Höhe zu bringen, damit es während der längsten Zeit trocken blieb. Auch das älteste Wegnetz des Forumbeckens ist stark von den beschriebenen Merkmalen beeinflußt: Der Vicus Jugarius und der Vicus Tuscus dürften ursprünglich das sumpfige Becken gesäumt haben, verlaufend auf den schotterigen Binnenböschungen, die für die südlichen Abhänge des Kapitols und des Palatin charakteristisch sind. Die Sacra Via, die das Tal in seiner ganzen Breite überquerte, konnte den uns bekannten Verlauf wahrscheinlich erst nach der ersten Verfüllung und entsprechenden Pflasterung des Forums nehmen. Von der Regia folgte die Straße hingegen dem natürlichen Talboden bis zum Sattel des Titusbogens und führte dann über die veliensischen Hänge in die Höhe (Terrenato 1992).

450. Der Palatin. Was die Flächen um die Senke des Forums herum betrifft, sind die Forschungen noch sehr im Rückstand. Für den Palatin zum Beispiel steht immer noch, obschon er Gegenstand einer Reihe von Studien war, deren Zielsetzung in der Rekonstruktion der Morphologie bestand, eine angemessene Sammlung der Daten aus (neue Untersuchungen seitens Albert Ammerman, Massimiliano Munzi und Giovanni Ricci sind jetzt im Gang). Unterzieht man die bis jetzt rekonstruierten Höhenlinien einer Prüfung, treten einschneidende Unterschiede zutage, die die Notwendigkeit von tiefergehenden Studien offenkundig machen. Ob es auf dem Mons Palatinus einen oder zwei Gipfel gegeben habe, ist lang und breit erörtert worden (De Angelis D'Ossat 1951 und 1956; Moccheggiani Carpano-Marazzi 1978). Es scheint jetzt sicher, daß es einen Gipfel gab, der sich unter dem sog. Atrium der Domus Augustana befand, wo man Höhen des gewachsenen Bodens von 45-56 Meter ü.d.M. gemessen hat. Von diesem Punkt aus, ungefähr der Mitte des Hügels, erstreckte sich eine weites Plateau, das recht gut für eine Siedlung geeignet war. Von dieser Stelle aus zweigte ein kleines Tal nach Norden ab, bis es die Wasserläufe zwischen Palatin und Velia erreichte, oder besser den Sattel, der die beiden Hügel verband. Östlich von diesem natürlichen Zugangsweg zum Hügel, dem Abschnitt des sog. Clivus Palatinus, setzte sich das Plateau fort bis zu dem Tal, das den Hügel vom Caelius trennte, auf dessen Grund eine weitere wichtige Straßenachse verlief (Panella 1996). Auf der Südseite, auf einer Höhe um die 40 Meter ü.d.M. fand man eine Art Tuffsteinplateau, das ebenfalls recht gut geeignet war für menschliche Besiedelung und das mit dem Cermalus gleichzusetzen ist. Auf drei Seiten war der Palatin von weiten und tiefen Tälern begrenzt, die sehr steile Abhänge bildeten und der Erhebung eine insgesamt viereckige Form verliehen. Beim süd-westlichen Gipfel befand sich das Lupercal, wo die Überlieferung eine natürliche Quelle ansetzt. Die einzige natürliche Verbindung zwischen dem Palatin und den umliegenden Erhebungen wurde durch den Sattel auf der Nordseite (an der Stelle des Titusbogens) gebildet, der den Hügel mit der Velia verband. Von hier aus zweigten zwei gegenüberliegende Täler ab, die später für wichtige Verbindungsstraßen genutzt wurden, in Richtung zum Kolosseumbecken und in Richtung zum Forum. Was die Südseite des letzteren betrifft, sind wir dank Grabungen bei der Regia (Brown 1974-75; Scott 1993), beim Haus der Vestalinnen, an den Nordhängen des Palatin und dank der jüngsten dort durchgeführten Umweltuntersuchungen (Ammerman 1992) recht gut informiert. Es handelt sich um ein ziemlich steiles Tal mit gerundetem Talboden, das sich oben in lehmige und dann, im Umfeld der Regia und des Vestaheiligtums, in sandige Schichten eingräbt. Diese natürliche Begrenzung wurde noch steiler durch den Grabeneinschnitt vor den palatinischen Befestigungen (Carandini u. a. 1992).

451. Zwischen der Velia und dem Oppius. Was den veliensischen Hang betrifft, erweisen Kernbohrungen und Probebohrungen sich hingegen von begrenztem Nutzen. Eine Reihe großer Absprengungen (zwei *horrea*, das Forum Pacis, den Tempel der Venus und Roma sowie die Maxentius-Basilika betreffend) hat die Morphologie der Velia grundlegend verändert. Ihre Beseitigung ist dann vervollständigt worden mit dem Aushub für den Bau der Via dell'Impero (De Angelis d'Ossat 1934; die Details der Rekonstruktion in: Terrenato 1992). Auf dieser Basis ist rekonstruierbar, daß der Gipfel dieses Hügels etwa 40 Meter ü.d.M. lag, hinter der Nordapsis der

Basilika. Seine Ausdehnung dürfte eher begrenzt gewesen und seine Hänge dürften nur in Richtung auf die Sättel, die ihn mit dem Palatin und dem Esquilin verbanden, leicht abgefallen sein. Anderswo war der Abhang derart steil und unzugänglich, daß der Hügel einer uneinnehmbaren Festung glich, wie einige Quellen berichten. Ein weites Tal, das später von einer Straße durchzogen wurde, ist mit den Carinae gleichzusetzen, es schob sich, vom Argiletum ausgehend, zwischen die Velia und die Anhöhe von San Pietro in Vincoli. Letztere erreichte wahrscheinlich eine Höhe von 45 Meter ü.d.M. (es fehlen diesbezüglich spezifische Untersuchungen) und bildete den äußersten südlichen Ausläufer des Oppius. Seine Gleichsetzung mit dem Fagutal ist immer noch kontrovers. Der Oppius entwickelt sich in Richtung Nord-Ost und sein Gipfel dürfte sich im Bereich der Sette Sale befunden haben, auf einer Höhe um 55 Meter ü.d.M. Es ist allerdings zu berücksichtigen, daß man sich für dieses Gebiet ausschließlich auf die Höhenlagen der ältesten Grabstätten und auf die heute sichtbare Beschaffenheit beziehen kann. Auf dem Kamm dieses Höhenzuges verlief eine Straße, die man vermutlich mit dem Clivus Urbius gleichsetzen kann.

452. Argiletum und Cispius. Die Velia und der Oppius enden im Westen bei der großen Senke des Argiletum, dem Hauptbecken, das das Wasser von den *montes* und *colles* aufnahm und es, über das Forum und das Velabrum, zum Fluß weiterleitete. Dieses Gebiet, das teilweise mit der Subura gleichgesetzt wird (De Angelis D'Ossat 1935; Tortorici 1991), wird dann von einem System wichtiger Straßenachsen durchzogen, deren Trassen nach der Kanalisation der Wasserläufe in Entsprechung zu den Talböden verlaufen. Das dem Clivus Suburanus entsprechende Tal trennte den Oppius vom Cispius; letzterer hatte eine breite Form und stieg gleichmäßig an in Richtung der Stazione Termini und der Castra Praetoria; er erreichte vermutlich eine Höhe von 50-60 Meter ü.d.M. und bildete eine Art Plateau. Auf dieser Seite hat Rom nie eine wirkliche natürliche Grenze besessen, und es ist daher in der Folgezeit notwendig geworden, das Plateau durch eine Befestigung abzuriegeln.

453. Viminal und Quirinal. Im Westen wird der Cispius von einem Tal begrenzt, in dem später der Vicus Patricius verläuft, der dann in das Argiletum mündet und von da aus weiter zum Forum führt. Gegenüber lag der Viminal, ein länglicher Hügel mit einem südlichen Ausläufer, in Entsprechung zum Innenministerium, mit einer Höhe von 40 Meter ü.d.M. Nach Nordost, in Richtung der heutigen Piazza della Repubblica, reicht der Viminal ganz nah an den Quirinal heran, mit Höhen über 60 Meter ü.d.M. Dieser *collis* par excellence zweigte hier in kurvigem Verlauf ab, gegliedert durch Täler, die sich zur großen Ebene des Marsfeldes hin öffneten. Außer dem Quirinal kennt die Überlieferung drei weitere Gipfel, den Salutaris, den Mucialis und den Latiaris; sie sind, in dieser Reihenfolge, in den Erhebungen zu lokalisieren, die eine Art Bogen von Nord nach Süd beschreiben, bis zum Latiaris in beherrschender Stellung über dem Tal der Kaiserforen und dem Argiletum (Carafa 1993). Wie der Oppius war auch dieser längliche Höhenzug längs auf dem Bergrücken von einer Straße durchzogen. Vom Quirinal aus verlängerte sich in nordwestlicher Richtung der Ausläufer, der mit der Anhöhe des Pincio (der antike Collis Hortulorum) endete, die 50 Meter ü.d.M. lag.

454. Der Sattel zwischen Quirinal und Kapitol. Weiter nach Süden gehend stößt man auf eines der nun schon klassischen Probleme der römischen Geomorphologie, den Sattel zwischen Quirinal und Kapitol. Zwischen den beiden Hügeln liegt heute eine tiefe Senke, die in der Kaiserzeit vom großen Platz des Traianforums eingenommen wurde. Die Inschrift auf der Säule, deren Interpretation kontrovers ist, scheint jedenfalls mit einem großen Abbau von Erdreich verbunden, dessen Zweck es gewesen sein könnte, durch Abtragen des Sattels, der die Niederung der Piazza Venezia vom Argiletum trennte, Platz für das neue Forum zu schaffen (Anderson 1984; Tortorici 1993). Für die Existenz einer ursprünglichen Verbindung zwischen Quirinal und Kapitol gibt es verschiedene weitere Indizien wie die Tatsache, daß der Anfang der servianischen Befestigung von der trajanischen Terrassierungsmauer unterbrochen wird; was jedoch die Höhe und die ursprüngliche Form dieses Sattels anbelangt, fehlen noch ausreichende Daten, um eine detaillierte Rekonstruktion vorlegen zu können (De Angelis D'Ossat 1931; 1935; 1942; 1943).

455. Das Kapitol und das Comitium. Das Kapitol befindet sich vom Palatin aus gesehen auf der anderen Seite der Forumssenke. Sein östlicher Hang hat eine Reihe massiver Eingriffe durch den Menschen erfahren, vom Bau des Tabulariums bis hin zu den in den 1930er Jahren durchgeführten Arbeiten zur »Freilegung« des Hügels (Muñoz 1930). Und aus geotechnischen Gründen wurde der Hügel jüngst von einem engen Netz mechanischer Kernbohrungen, nachfolgend ergänzt von manuellen Probebohrungen, überzogen; auf dieser Grundlage ist es möglich, eine Rekonstruktion der ursprünglichen Gestalt des Gebiets vorzulegen. Der Hügel entwickelte sich auf zwei Hauptanhöhen, dem Capitolium und der Arx, die durch einen Sattel, genannt Asylum, voneinander getrennt waren. Unterhalb von diesem nahm ein Erdrutsch der Frühzeit seinen Ausgang und setzte sich bis zum Areal des Comitium fort. Der Abhang war danach übersät mit losem Gesteinsmaterial, darunter Bruchstücke von falbem Tuffstein und Cappellacio. Große graue Cappellacio-Brocken sind noch auf der Fläche des Saturntempels zu sehen, und einer davon könnte den Anstoß gegeben haben für die Benennung des Lapis Niger (Ammerman 1996). Ein kleiner Hügel löste sich vom Hang der Arx ab, vielleicht da, wo dann die Curia Hostilia entstand (Carafa i. Dr. a). Denn von hier aus beherrschte man die Geländestufe, die dann durch eine Terrassierungsmaßnahme so hergerichtet wurde, daß sie das Comitium aufnehmen konnte. Der Hang des Kapitols wies eine Reihe von Steilwänden aus Tuffstein auf, über die der Clivus Capitolinus anstieg. Der Gipfel hingegen war lehmig und eher instabil, so daß wiederholte Maßnahmen zur Einebnung, Befestigung und Terrassierung notwendig wurden, bevor er monumentalisiert werden konnte, angefangen mit den Arbeiten zum Bau des Tempels des Iuppiter Optimus Maximus. Die maximale Höhe des Kapitols dürfte sich auf 45 Meter ü. d. M. belaufen haben, und eine ähnliche Höhe dürfte die Arx gehabt haben, die wie ein hoher felsiger Sporn wirkte, von dem aus nach Norden der später abgetragene Sattel abzweigte. Der westliche Hang war sehr abschüssig und bestand fast vollständig aus steilen falben Tuffsteinwänden, die auf dieser Seite sehr viel massiver waren als auf der dem Forum zugewandten Seite (Alvarez u. a. 1996). Sie war in Entsprechung zum Asylum von einem Tal durchfurcht, das den einzigen Zugang vom Marsfeld zum Kapitol bildete. Sehr regulär und terrassiert präsentiert sich der südliche Hang, der zum Forum Boarium hin abfiel, bis auf eine Höhe von 7 Meter ü. d. M., des tiefsten bei der Grabung bei Sant'Omobono gemessenen Niveaus. So niedrige Höhen stellen natürlich bei der Interpretation der ältesten Phasen ein Problem dar, angesichts der Tatsache, daß das Gelände etliche Wochen im Jahr überflutet gewesen sein dürfte.

456. Velabrum und Murciatal. Östlich des Kapitols befand sich das Velabrum, das die natürliche Fortsetzung der dem Forum Romanum entsprechenden Senke bildete. Es handelt sich um ein sowohl archäologisch wie auch morphologisch recht wenig bekanntes Gelände; anfänglich dürfte es ein weites Tal mit sehr tiefem Boden und mit geringem Gefälle von Nord nach Süd gewesen sein. Das vom Argiletum und den anderen Talmulden des Forums kommende Wasser konnte also nur langsam abfließen und bildete wahrscheinlich einen Morast, der zumindest während der Hochwasserphasen schiffbar sein konnte; auf dieses Phänomen könnte sich die Nachricht von einer sehr frühen Anlegestelle bei der unteren Nova Via beziehen. Weiter südlich, auf der Höhe der Ara Maxima des Hercules war der Zusammenfluß von Velabrum und Murciatal, das den Palatin und den Aventin trennte. Diese beiden großen Becken, aufgefüllt und trockengelegt erst nach dem Bau der Cloaca Maxima und der Cloaca Circi, waren den Überschwemmungen ausgesetzt und bildeten zu Beginn einen natürlichen Schutz für die Hänge des Cermalus und des Palatin. Das Murciatal war ähnlich breit wie das Velabrum, und sein Talboden dürfte um die 5 Meter ü.d.M. gelegen haben. Im östlichen Teil des Circus Maximus durchgeführte mechanische Kernbohrungen, bei der Spina, sind auf den gewachsenen Boden gestoßen, der unter diesem Niveau lag (Ciancio Rossetto 1985).

457. Der Aventin. Jenseits des Murciatales liegt das Massiv des Aventin, eine ausladende Erhebung, die den Lauf des Tibers beherrscht und in den Ausmaßen dem Palatin ähnlich ist. Der Nordhang, auf den dann der Clivus Publicius führt, war in der Mitte von einem Tal durchschnitten, das sich fast bis zum Gipfel zog. Dieser wiederum bestand aus einem nord-südlich ausgerichteten Höhenkamm, sehr nahe am Fluß gelegen, auf der Achse der heutigen Kirche Santa Sabina – Parco Savello. Von dieser über 40 Meter ü.d.M. hohen Anhöhe aus erstreckte sich nach Osten ein sanft abfallendes Plateau, das mit dem Tal endete, wo dann der Vicus Piscinae Publicae verläuft. Jenseits dieser Senke lag der Kleine Aventin, eine länglich geformte Erhebung, von der sich, ebenfalls nach Osten, das weite Tal öffnete, durch das später die Via Appia verläuft. Nicht weit von der Porta Capena mündeten verschiedene Becken in das Murciatal, darunter die eben genannten mit Via Appia und Vicus Piscinae Publicae. Das wichtigste Becken war jedoch das, das Palatin und Caelius voneinander trennte, in dem heute die Via di San Gregorio verläuft; es begann am Kolosseumbecken und war vermutlich ebenfalls den Uferübertretungen des Tibers ausgesetzt, bis es verfüllt und der Wasserlauf kanalisiert wurde.

458. Der Caelius und das Tal des Kolosseum. Östlich des Tals der Via San Gregorio liegt der Caelius, der östlichste *mons*. Es handelt sich um eine in drei Anhöhen gegliederte, durch Talmulden getrennte Erhebung, wobei die in der Mitte des westlichen Teils dann den Vicus Capitis Africae aufnimmt. Jüngste Kernbohrungen auf dem Gipfel in Verbindung mit den dort eingeleiteten ausgedehnten Grabungen ermöglichen die Feststellung der Höhe des Hügels (die sich auf etwa 35 Meter ü.d.M. beläuft) und die Beschreibung einiger Merkmale seines allgemeinen Aussehens (Vallino 1993). Am Nordhang, bei Santi Quattro Coronati, gab es ein kleinen Ausläufer, der mit dem Caeliolus gleichgesetzt werden kann. Noch im Osten des Hügels, nach einem engen Tal, befand sich ein schmaler Grat in Höhe von vielleicht 45 Meter ü.d.M. Zwischen Caelius, Palatin, Velia und Oppius erstreckte sich das Kolosseumstal. Es handelte sich um ein weites und tiefes Becken, in einer Höhe von vielleicht 5 Meter ü.d.M., und es wurde von den Tälern gespeist, die zwischen Palatin und Velia und zwischen Velia und Oppius lagen, sowie von dem langen Tal, das dann die Via Labicana aufnahm. Die Verengung an der Einmündung des Tales von San Gregorio verlangsamte den Wasserabfluß und verwandelte das Tal je nach Jahreszeit in einen Sumpf oder einen regelrechten Teich. Eine gewissenhafte Rekonstruktion des Gebietes, basierend auf jüngsten Kernbohrungen und anderen Elementen, stellt ein weiteres ausgezeichnetes Beispiel für Umweltforschung in Rom dar (Panella 1990; 1996). Auf dieser Grundlage ist es inzwischen klar, daß die Niederung des Kolosseums ihre Rolle als wesentlicher Kreuzungspunkt im Bereich der *montes* erst nach der Kanalisation und Trockenlegung durch Verfüllung des tiefen Beckens übernehmen konnte. Folglich erreicht die anthropische Stratifikation in diesem Bereich eine Gesamtdicke von über 10 Metern und gehört damit zu den größten der ganzen Stadt. Ähnliches dürfte für das Tal zwischen Oppius und Caelius gelten, für das gezielte Untersuchungen noch fehlen.

459. Das Schwemmland und die Erhebungen auf dem rechten Ufer. Nach Abschluß der Analyse des Hauptkerns der römischen Hügel bleiben noch das flache Band des Tibertales und die Höhen am rechten Ufer abzuhandeln. Auf beiden Seiten des Flusses breitete sich ein weites Schwemmland mit einer Höhe von durchschnittlich 10 Meter ü.d.M. aus, das also in höchstem Maße Überschwemmungen des Flusses ausgesetzt war (eine Situation, die bis zur Errichtung der Deiche zu Beginn des 20. Jahrhunderts andauert). Links, in einer großen Flußschleife, erstreckte sich das Marsfeld (hier in seinem weitesten Sinne verstanden), während rechts die fluviale Terrasse von Trastevere lag; auch wenn es möglich ist, sich eine Gesamtvorstellung von dem Gebiet zu machen, sind nur für wenige Bereiche genügend Daten für eine detaillierte Rekonstruktion vorhanden, wie im Fall des Areals um die Crypta Balbi (Ammerman i. Dr.). Es ist sehr wahrscheinlich, daß die Morphologie des Marsfeldes Becken, Bäche und bescheidene Höhen umfaßte. Die Quellen erinnern an die Existenz des Ziegensumpfes, einer weiten morastigen Senke, von der sich vermutlich in den modernen Ortsnamen Valle und Vallicella eine Erinnerung bewahrt (Coarelli 1997). Er dürfte von den Wasserläufen gespeist worden sein, die von den westlichen Hängen des Pincio, des Quirinals und des Kapitols herabflossen. In der so durchfurchten Ebene bildeten niedrige, vielleicht künstliche Auskragungen die einzigen Erhöhungen, die kaum eine Höhe von 10 Meter ü.d.M. erreichten wie der Hügel der Cenci. Diese Landschaft ist fast vollständig ausradiert worden durch die fortschreitende Einebnung des Marsfeldes, die wahrscheinlich schon sehr früh einsetzte, als nach und nach die großen Bauten in diesem Bereich errichtet wurden. Zum größten Teil artifiziell ist sicher der Testaccio, eine große Müllhalde, ebenfalls am linken Flußufer. Auf der anderen Seite des Tibers bildete das Schwemmland einen schmaleren Streifen, dürfte aber ähnliche Eigenschaften gehabt haben wie das Marsfeld. Es fehlen aber fast vollends brauchbare Daten für eine Rekonstruktion im Detail. Über das Schwemmland ragte das Massiv des Janiculus, bei weitem die höchste Erhebung im römischen Raum, mit seiner Spitze bei der Porta San Pancrazio mit einer Höhe von über 80 Meter ü.d.M. Der Janiculus erstreckte sich in Nord-Süd-Richtung, er war zerklüftet und durchfurcht von Bächen, die die Becken in der Ebene von Trastevere speisten. Die Hänge waren oft sehr steil (wie im Fall der Südhänge), und nur an einigen Stellen fielen sie so flach ab, daß sie das Emporklettern von kurvigen Wegen zuließen. Hinter dem Hauptkamm lag ein tiefes Tal (in dem heute die Via delle Fornaci verläuft), das nach Norden abfiel, bis es in die Senke zwischen Janiculus und Vatikan einmündete. Dieser letztere erhob sich im Westen der Schleife und war niedriger als der Janiculus.

2. Absolute Chronologie von der mittleren Bronzezeit zur frühen Eisenzeit

	Traditionelle Chronologie A	Traditionelle Chronologie B	Neue Chronologie A	Neue Chronologie B
Mittlere Bronzezeit	1600–1300	1600–1300	1700–1350	1700–1350
Spätbronzezeit Stufe I	1300–1200	1300–1200	1350–(1250)	1350–(1250)
Stufe II	1200–1150	1200–1150	(1250)–1200	(1250)–1200
Endbronzezeit Stufe I	1150–1100	1150–1000	1200–(1150)	1200–(1150)
Stufe II	1100–1000	1100–1000	(1150)–1085	(1150)–(1050)
Stufe III	1000–900	1000–900	(1085)–1020	(1050)–960
Latiale Stufe IIA1	900–865	900–875	1020–(980)	960–930
IIA2	865–830	875–850	(980)–950	930–890
IIB1	830–800	850–825	950–(910)	890–850
IIB2	800–770	825–800	(910)–880	850–810
IIIA	770–750	800–750	880–(810)	810–780
IIIB	750–725	750–725	(810)–750	780–725

Zur traditionellen Chronologie A vgl. Appendix 2.a; zur traditionellen Chronologie B vgl. Pacciarelli i. Dr.; zur neuen Chronologie A vgl. Appendix 2.a (die Zahlen in runden Klammern dienen der Orientierung); zur neuen Chronologie B vgl. Pacciarelli i. Dr. Im Text des Buches sind die Daten der traditionellen Chronologie B und der neuen Chronologie B zur Unterscheidung in eckigen Klammern angegeben. Wenn keine nähere Bestimmung angegeben ist, beziehen sich die Jahrhunderte auf die Zeit v. Chr.

2.a Die Chronologie der Funde. Die frühe Eisenzeit

Marco Bettelli

460. Geschichte der Fragestellung. Nach der Entdeckung der ersten Gräbergruppen beim Esquilin während der Arbeiten zur urbanistischen Neugestaltung der Hauptstadt Italiens in der zweiten Hälfte des 19. Jahrhunderts hat sich die Aufmerksamkeit der Forschung auf die chronologische Einordnung dieser Funde und auf ihre diachronische Entwicklung gerichtet, auch mit Bezug auf die Zeit und die Art und Weise der Stadtwerdung. Die von Hermann Müller-Karpe (1962) vorgeschlagene Zerlegung in Phasen, wobei er auch eine Tabelle über die Zusammenhänge zwischen Begräbnisstätten und der aus den römischen Nekropolen stammenden Grabbeigaben ausgearbeitet hat, stellt noch heute, zumindest in ihren Grundzügen, für den Großteil der Wissenschaftler einen Bezugspunkt dar. Unmittelbar vor ihm hatte schon Renato Peroni (1960) bei dem Versuch, die von transalpinen Wissenschaftlern der Vorgeschichte auf breiter Ebene angewandte statistisch-kombinatorische Methode in Italien einzuführen, zwei Sequenzen von Begräbnisstätten erstellt, eine für die Gräber auf dem Forum und die andere für die Gräber auf dem Esquilin. Auch wenn die beiden Autoren methodologisch auf einer Linie liegen, gibt es einige Unterschiede in der Auswahl der Strukturierung der Tabellen. Hatte beispielsweise Peroni alle Gräber in die Sequenz einbezogen, ließ Müller-Karpe die ohne Bronzefunde außer Betracht, da sich dieses Material seiner Meinung nach am besten für eine diachronische Analyse eignet. In der Folge hat dann Giovanni Colonna (1974) die Problematik der Zerlegung der latialen »facies« in Phasen noch einmal aufgegriffen, was zu einer Vertiefung der Periodisierung von Müller-Karpe führte. Auch in diesem Fall ist die Methode der Typenvergleichung angewandt worden, jedoch nicht in der Form eines Diagramms geordnet. Die von Colonna eingeführten Neuerungen betrafen die Feststellung einer entwickelteren Schicht innerhalb der Stufe III und die Aufteilung der Stufe IV von Müller-Karpe in zwei unterschiedliche Unterphasen. Darüber hinaus befaßte Colonna sich mit Fragen der absoluten Chronologie, mit einigen Veränderungen der Daten im Vergleich zu der von Müller-Karpe vorgeschlagenen Zerlegung; die jüngsten Endpunkte der Stufe IIB zum Beispiel wurden mit der Schicht der Gräber von Osta di Cuma und von Tarquinia IIA gleichgesetzt, aber nicht am Ende des 9., sondern am Beginn des 8. Jahrhunderts angesetzt. Diese Chronologie ist dann wieder aufgegriffen worden in der breiten Abhandlung über die Stadtwerdung in Latium, die sich aus einem Seminar entwickelt hat, das in den *Dialoghi di Archeologia* veröffentlicht wurde. An dieser Stelle regte Anna Maria Bietti Sestieri (*La formazione della città nel Lazio*, 1980) – die inzwischen begonnen hatte, sich mit der bedeutenden Begräbnisstätte von Osteria dell'Osa an der Via Prenestina zu befassen – unter anderem eine Überprüfung der chronologischen Zuordnung der ältesten Gräber des Forums an, ausgenommen die unter dem Augustusbogen. Die Wissenschaftlerin konnte nämlich beweisen, daß die Gräber alle der Stufe IIA angehörten und die Unterschiede zwischen den von Müller-Karpe getrennten Gruppen ritueller und nicht chronologischer Natur waren. Außerdem hat die Autorin die Unterscheidung zwischen den Stufen IIA und IIB von Müller-Karpe neu bestimmt, insofern sie die Meinung vertrat, daß eine Reihe von Merkmalen der Keramik, die nach Müller-Karpe für die zweite Phase typisch gewesen und ausschließlich in ihr vorgekommen wären, schon für die erste Phase zutreffen würde.

461. Neue Sichtweisen. Der Autor hat kürzlich einen neuen Vorschlag für die chronologische Sequenz der Gräber aus der frühen Eisenzeit in Rom formuliert (Bettelli 1994 und i. Dr.), wobei er eine fast ausschließliche Zugehörigkeit der frühesten Gräber unter dem Tempel des Antoninus und der Faustina und beim Augustusforum in die Anfangszeit der Stufe IIA feststellte und die erste Frequentierung der Nekropole auf dem Esquilin in einem fortgeschritteneren Moment dieser Phase ansetzte. Was die absolute Chronologie betrifft, gibt es ein allgemeine Übereinstimmung bezüglich der vorgeschlagenen Daten (*La formazione della città nel Lazio,* 1980), aber die jüngste und anhaltende Hinzugewinnung dendrochronologischer Daten, die insbesondere die letzten Phasen des Zeitalters der Urnenfelderkultur des transalpinen Europas betrifft, machen eine neue Bewertung auch dieser Aspekte erforderlich. Die jenseits der Alpen erfolgten Untersuchungen (Sperber 1987) haben nämlich herausgestellt, wie die traditionellen Datierungen der lokalen Phasen, die mit unserer frühen Eisenzeit in Beziehung stehen, eine erhebliche Anhebung erfahren, ein Umstand, dessen Auswirkungen auf die Chronologie der Gruppe Rom – Albaner Berge (Peroni 1994, S. 210–216, Bettelli 1994) nicht ausbleiben können.

462. Die Gräber.

	Müller-Karpe 1962	Colonna 1974	Bietti Sestieri 1980	Meyer 1983	Bettelli 1994
Forum C	I	I finale	IIA	IB	IIA1
Forum U	I	I finale	IIA	IB	IIA1
Forum d. Augustus 1	I	IIA	IIA	IB	
Forum GG	IIA	IIA	IIA	IIA2	IIA1
Forum A	I	I finale	IIA	IB	IIA1
Forum d. Augustus 2		IIA	IIA		IIA1
Forum DD			IIA	IIA1	IIA1
Forum T	IIA		IIA	IIA1	IIA1
Forum B	IIA		IIA	IIA2	IIA1
Forum S	IIA		IIA	IIA2	IIA1
Forum II	IIA		IIA	IIA2	IIA1
Forum PP	IIA		IIA	IIA1	IIA1
Forum V	IIA		IIA	IIA1	IIA1
Forum HH	IIA		IIA	IIA1	IIA1
Forum KK	IIA		IIA	IIA2	IIA1
Forum EE			IIA	IIA2	IIA1
Forum P	IIA	IIA	IIA1	IIA1	
Forum X	IIA		IIA	IIA1	IIA1
Forum Y	I	I finale	IIA	IB	IIA1
Forum N	I	I finale	IIA	IB	IIA1
Forum Q	I	I finale	IIA	IB	IIA1
Forum R	I		IIA	IIA2	IIA1

Casa di Livia	I	I finale	IIA	IB	IIA$_2$
Esquilin 92				IIB$_1$	IIA$_2$
Esquilin 78					IIB$_1$
Esquilin 55				IIB$_2$	IIB$_1$
Esquilin 63	IIB			IIB$_2$	IIB$_1$
Esquilin 37				IIB$_1$	IIB$_1$
Esquilin 9				IIB$_2$	IIB$_1$
Esquilin 90	IIB			IIB$_2$	IIB$_1$
Esquilin 40	IIB			IIB$_1$	IIB$_1$
Esquilin 34	IIB			IIB$_1$	IIB$_1$
Esquilin 48	IIB			IIB$_2$	IIB$_1$
Esquilin 11	IIB			IIB$_2$	IIB$_1$
Esquilin 62	IIB			IIB$_1$	IIB$_2$
Esquilin 22	IIB			IIIA	IIB$_2$
Esquilin 28				IIB$_2$	IIB$_2$
Esquilin 20	IIB			IIB$_2$	IIB$_2$
Esquilin 36	IIB			IIB$_2$	IIB$_2$
Esquilin 17				IIB$_2$	IIB$_2$
Esquilin 71	IIB			IIB$_2$	IIB$_2$
Esquilin 24				IIB$_1$	IIB$_2$
Esquilin 1					IIB$_2$
Esquilin 42	IIB			IIB$_2$	IIB$_2$
Esquilin 65					IIB$_2$
Esquilin 26				IIB$_2$	IIB$_2$
Esquilin 32	IIB			IIB$_2$	IIB$_2$
Esquilin 56	IIB				IIB$_2$
Esquilin 51	IIB			IIIA	IIB$_2$
Esquilin 49	III				IIB$_2$
Esquilin 27	III			IIB$_2$	IIB$_2$
Esquilin 12	III			IIB$_2$	IIB$_2$
Esquilin 30			IIIA	IIIA	IIB$_2$
Esquilin 31	III		IIIA	IIIA	IIB$_2$
Esquilin 45	III			IIIA	IIIA
Esquilin 3	III			IIIA	IIIA
Esquilin 35					IIIA
Esquilin 33				IIB$_2$	IIIA
Esquilin 18	III			IIB$_2$	IIIA
Esquilin 94			IIIB	IIIA	IIIA
Esquilin 7					IIIA
Esquilin 21	III		IIIA	IIIA	IIIA
Esquilin 19	III			IIIA	IIIA
Esquilin 10	III				IIIA
Esquilin 15	III				IIIA
Esquilin 25	III			IIIA	IIIA
Esquilin 39	III			IIIA	IIIA
Esquilin 43	III			IIB$_2$	IIIA
Esquilin 89				IIIA	IIIA
Esquilin 84	III			IIIA	IIIB
Esquilin 102	III		IIIB	IIIB	IIIB
Esquilin 103				IIIB	IIIB
Esquilin 4	III				IIIB
Quirinal 2	III		IIIB	IIIA	IIIB
Esquilin 86	III			IIIA	IIIB
Esquilin 111					IIIB
Esquilin 98	III			IIIB	IIIB
Esquilin 14	III		IIIB	IIIA	IIIB
Esquilin 74	III		IIIB	IIIB	IIIB
Esquilin 123				IIIB	IIIB
Esquilin 110				IIIB	IIIB
Esquilin 99			IIIB	IIIB	IIIB

463. Die Siedlungsfunde und vereinzelte Materialien. Die ältesten Funde (IIA) stammen vom Lapis Niger, vom sog. Equus Domitiani, vom Gebiet des Forum Boarium und, wahrscheinlich, aus den Schichten unter dem Augustusbogen; sie könnten sich auf besiedelte Flächen beim Kapitol oder das unmittelbare Umfeld dieser Siedlung beziehen. Das vereinzelte Material vom Esquilin und vom Quirinal stammt größtenteils aus Gräbern.

IIA1	IIA	IIB	IIIA	IIIB
San Sebastiano	Pal. Vittoria	Scalae Caci	Scalae Caci	Scalae Caci
Pal. Vittoria	Domus Augustana	Domus Augustana	Domus Augustana	Domus Augustana
Lapis Niger	Augustusbogen	Pal. pendici	Pal. pendici	Pal. pendici
Forum Boarium	Equus Domitiani	Augustusbogen	Equus Domitiani	Equus Domitiani
	Sacra via	Equus Domitiani	Regia?	Quirinal
	Esquilin-San Vito	Regia?	Quirinal	
	Quirinal	Quirinal	Forum Boarium	

464. Relative Chronologie.   Zum Thema siehe Pacciarelli 1991.

Mittel-Süd		Rom		Veji
Peroni	Pacciarelli	Müller-Karpe Colonna	Bettelli	Toms
Fe IA	Fe IA	IIA	IIA1	
Fe IB	Fe IB1		IIA2	IB
	Fe IB2	IIB	IIB1	IC
Fe IIA1	Fe IIA1		IIB2	IIA
Fe IIA2	Fe IIA2	III	IIIA	IIB
Fe IIB	Fe IIB1		IIIB	IIC
	Fe IIB2			

465. Absolute Chronologie.

	IIA	IIB	III		
Historische Chronologie					
La formazione della città nel Lazio, 1980	900–830	830–770	770–730/720		
Pacciarelli i. Dr.	900–850	850–800	800–825		
Dendrochronologie					
Sperber 1987	Ha B2 (I fe 1)	Ha B3 (I fe 2)			
	1020–880	880–740			
	I fe (IIA)*	I fe 1B (IIB1)*	I fe 2A (IIB2–IIIA)*	I fe 2B (IIIB)*	
Peroni 1994	1020–950	950–880	880–810	810–750/740	
Bettelli 1994 u. i. Dr.*	1020–950	950–880	880–810		
Pacciarelli i. Dr.	960–890	890–850	850–780	780–725	

2.b Die Chronologie der Funde. Die orientalisierende und die archaische Zeit

Paolo Carafa

466. Die bedeutendsten Funde.

750–700 v. Chr.	Beginn des kapitolinischen Kultes auf dem Areal der Protomothek
	Erste Spuren menschlicher Tätigkeit auf dem Areal des Comitium (Stratum Squarciapino 2/16)[1]
730–720	Aufgabe eines Teils der protourbanen Siedlung auf dem Nordhang des Palatin und Bau der ersten palatinischen Mauern
730/720–700	Beginn des Kultes beim Volcanal
	Beginn des Kultes auf dem Areal der Vesta
	Erste Straße zwischen Regia und Atrium Vestae (Straten 10 Nord Sektion West; 10 Nord Sektion Ost)
	Stratigraphie beim Tempel des Divus Romolus (Straten 12-13)
700–675	Rituelle Auflassung der ersten palatinischen Mauern und Bau der zweiten Befestigung
700–650	Meliorisierung des Forumtals und erste Pflasterung des neuen Platzes (Equus Domitiani Straten 22a-28)
	Füheste Funde im Votivdeposit des Clivus Capitolinus
	Auflassung der Hütten auf dem Cermalus (Stratum I)
	Stratigraphie beim Tempel des Divus Iulius (Straten C10, A+B8-10, L10b)
700–675	Erste Pflasterung auf dem Areal des Comitium (Stratum Squarciapino 2/15)
675–650	Erste Ordnung des Osthangs des Kapitols und zweite Pflasterung des Comitium (Straten X 23, XI 17, XII 16-18, Squarciapino 1/14-18)
	Stratigraphie beim Tempel des Divus Romolus (Stratum II)
650–630/620	Zweite Straße zwischen Regia und Atrium Vestae (Straten 7 Süd, 9 Nord Sektion West; 5 Süd, 9 Nord Sektion Ost)
	Erste Pflasterung auf dem Areal des archaischen Heiligtums von Sant'Omobono (Straten 19-20 A)
630/620–600/590	Zweite Pflasterung des Forums
	Erste Regia
	Dritte Pflasterung des Comitium (Straten IX 14-15, X 21-22, XI 13-16, XII 15, Squarciapino 1/12-13, Squarciapino 2/9-14)
	Dritte Straße zwischen Regia und Atrium Vestae (Straten 5 Süd, 8 Nord Sektion West; 4 Süd, 8 Nord Sektion Ost)
	Equus Domitiani Straten 20-21
	Zweite Pflasterung auf dem Areal des archaischen Heiligtums von Sant'Omobono (Straten 17-18 A, 19-20 C) und früheste Funde in den Votivdepositen

[1] Von M. Floriani Squarciapino durchgeführte Probegrabungen unter der Zugangstreppe zur östlichen Erhöhung des Comitium; 2: Probegrabungen auf dem Areal unter der östlichen Erhöhung des Comitium.

	Stratigraphie beim Tempel des Divus Iulius (Straten D8-12, L10a)
	Stratigraphie beim Tempel des Divus Romulus (Straten 4-10)
	Cermalus Stratum II
	Regia »strato infimo«
600/590-550	Dritte und vierte palatinische Mauern
	Zweite und dritte Regia
	Vierte Straße zwischen Regia und Atrium Vestae (Straten 4 Süd, 7 Nord Sektion West; 3 Süd, 7 Nord Sektion Ost)
	Dritte Pflasterung im archaischen heiligen Bezirk von Sant'Omobono (Straten 16 A, 17-18 C)
550-530/520	Auflassung der palatinischen Mauern
	Fünfte Straße zwischen Regia und Atrium Vestae (Straten 2-3 Süd, 6 Nord Sektion West; 2 Süd, 6 Nord Sektion Ost)
	Bau des ersten Tempels im archaischen heiligen Bezirk von Sant'Omobono (Straten 13a-14b A, 15 C)
	Regia »strato inferiore«, »strato di terra granellosa«, »strato di terra mista«
530/520-500	Bau des Viertels am Nordhang des Palatin
	Restaurierung der alten Tore der palatinischen Befestigung
	Vierte Pflasterung des Comitium und Ordnung des Platzes des Inschriftsteines (Straten IX 11-13, X 18-20, XI 11-12, XII 13-14, Squarciapino 9-11)
	Vierte und fünfte Regia
	Sechste Straße zwischen Regia und Atrium Vestae (Straten 5 Nord Sektion West; 5b Nord Sektion Ost)
	Erneuerung des Tempels im archaischen heiligen Bezirk von Sant'Omobono Straten 12 A, 14 C
500-475/450	Fünfte und sechste Pflasterung des Comitium und Bau der Erhöhungen an den Grenzen des Platzes (Straten IX 7-10, X 11-17, XII 12, Squarciapino 1/8, Squarciapino 2/7-8)
	Dritte Pflasterung des Forums (Equus Domitiani Straten 18-19)
	Zerstörung des Tempels im archaischen heiligen Bezirk von Sant'Omobono Straten 9-11 AB, 12-13 C

467. Die bedeutendsten Grabbeigaben.

730/720 v. Chr.	Forum M
	Esquilin 91, 99, 115, 119, 127, 198-1
	Deposit unter den ersten palatinischen Befestigungsmauern
700/650	Esquilin 73, 82, 88
	Gräber im Zusammenhang mit der Auflassung der ersten palatinischen Mauern
	Gräber unter den zweiten palatinischen Befestigungsmauern
675/650	Forum D, I, K, O, AA, FF
	Deposit beim sog. Equus Domitiani (Doliola)
	Grab der Velia
	Esquilin 95, 105, 112, 198-3
650/630-620	Forum G, L
630/620-590	Forum *suggrundaria* E, F, LL, NN
	Palatin Domus Augustana
	Esquilin 50, 79, 81, 118, 125, 128 198.2

3. Das »Chiefdom« und die göttlichen Könige von Latium

Andrea Carandini

468. Typen der Gemeinschaft und Typen der Chiefdoms. Nach einigen amerikanischen Anthropologen kann man im prä- und protohistorischen Europa unterscheiden: 1. Familiare Gesellschaften, im Mesolithicum; 2. tribale Gesellschaften, im späten Mesolithicum und im frühen Neolithicum; 3. segmentäre Gesellschaften mit »Big Men« an der Spitze, zwischen Mesolithicum und Eisenzeit; 4. Chiefdoms, vom späten Neolithicum bis ca. 800 v.Chr.; 5. Frühe Staaten, ab etwa 800 v.Chr.[1] Einen anderen Ansatz vertritt Renato Peroni. Er meinte, der Idealtypus des Chiefdom sei abzulehnen, da er zu vage wäre – er wird nämlich im allgemeinen nur in zwei Typen untergliedert, »einfaches« und »komplexes« Chiefdom/Häuptlingstum –, und er unterscheidet dann drei Typen von Gesellschaften zwischen der »egalitären« (das Aenolithicum kenne noch eine »Gemeinschaft von Geschlechtern mit unbeständigen Differenzierungen«) und der »gentilizisch-klientelaren protourbanen« Gesellschaft (die schon auf eine frühe Form des Staates bzw. des Early State bezogen sei), die wir auf ebensoviele Typen des Chiefdom beziehen können. 1. Die »Gemeinschaft von Geschlechtern mit beständigen Differenzierungen« (frühe Bronzezeit); 2. die »Gemeinschaft mit territorialer oder tribaler Ordnung« (mittlere Bronzezeit); 3. die »gentilizisch-klientelare präurbane Gemeinschaft (Spät-/Endbronzezeit). Mit der »gentilizisch-klientelaren protourbanen Gemeinschaft« (frühe Eisenzeit) und der »gentilizisch-klientelaren urbanen Gemeinschaft« (ab der frühen orientalisierenden Epoche)[2] haben wir den Typos des Chiefdom bereits verlassen und befinden uns im Bereich des Staates. Die beiden Gesellschaftsformen unterscheiden sich, zumindest in Italien, grundlegend darin, daß im Chiefdom noch die Neuverteilung des Bodens vorherrscht, während im Proto-Staat zum ersten Mal das Familieneigentum an Land (Vorzeichen des Privateigentums) aufkommt. Anna Maria Bietti Sestieri neigt zu einer anderen Rekonstruktion. Vor den Early States (die sie nicht klar von den Chiefdoms unterscheidet) hätte es keine Chiefdoms gegeben, sondern eine wesentlich egalitäre oder – im anthropologischen Sinn – »tribale« Gesellschaft. Sie erkennt den Early State (der nicht mit dem Staat oder dem Stadt-Staat verwechselt werden darf) in den großen protourbanen Zentren in Etrurien ab dem 10.Jahrhundert, der sich in Latium erst ab dem 8.Jahrhundert verbreiten würde.[3] Dies ist auch der Ansatz eines großen Teils der Historiker, die dazu neigen, einen unmittelbaren Übergang aus einer dörflich-pagischen zu einer urbanen Situation anzunehmen und Zwischenstationen

---

[1] Gibson-Geselowitz 1988.

[2] Peroni 1989, 1994 und 1996.

[3] Bietti Sestieri 1992, 1992a und 1996: »Wir haben keinerlei Hinweis darauf, daß wir es zwischen der Bronzezeit und der frühen Eisenzeit mit komplexen, dauerhaft differenzierten Gesellschaften zu tun haben.«

wie eine protourbane Phase auszuschließen. In diesem Buch schließen wir uns im großen und ganzen der gesellschaftlichen Typologie von Renato Peroni und seiner Schule an, die unseres Erachtens auch für Latium gilt.

469. Vom Stamm zum Chiefdom. Der Idealtypus des Chiefdom hat seine Nützlichkeit, und er ist unseres Erachtens trotz seiner Allgemeinheit nicht widerlegt, da er eine Thematik von großem Gewicht einbezieht und weil er den Vergleich zwischen sehr unterschiedlichen Gesellschaften und auch anderer Kontinente, die an der Schwelle der Zivilisation stehen, erleichtert. Die Morgenröte der Kultur im Mittelmeerraum und in Europa hat im Vergleich mit den anderen Weltteilen keine höhere Qualität, wodurch die für andere Kontinente ausgearbeiteten theoretischen Werkzeuge für unsere Welt automatisch inadäquat wären. Wir sollten allzu hochmütige Haltungen vermeiden und uns mit den in anderen Ländern und von anderen Wissenschaftsüberlieferungen ausgearbeiteten Sichtweisen messen lassen, ohne diese zu überschätzen oder von vornherein abzuwerten. Das Konzept des Chiefdom wurde von der neoevolutionistischen Ethnographie seit den 1960er Jahren ausgearbeitet.[4] Es handelt sich um eine Gesellschaftsform, die sich zwischen die »tribalen« (im großen und ganzen egalitären) Gesellschaften und die Gesellschaften mit ersten Formen »staatlicher« Organisation einschiebt. Unter einer »tribalen« Gesellschaft verstehen die Anthropologen eine menschliche Gemeinschaft, in der es keine beständigen Ungleichheiten zwischen Familien und Dörfern gibt. Gemeinschaften diesen Typs kennen keine gesellschaftlichen Differenzierungen außerhalb des familiaren Typs. Krieg und Frieden sind unbeständige Situationen, weil es an der Spitze der Gemeinschaft keine beständige und verantwortliche Autorität gibt. Es gibt zeitweilige leaders, deren Ansehen auf persönlichen Eigenschaften im engeren Sinn beruht, so daß es sich nicht um regelrechte institutionelle Häuptlinge handelt. Das Wesen der Gemeinschaft und die Grenzen ihres Territoriums sind nicht auf eindeutige und dauernde Weise abgegrenzt.[5]

470. Das »einfache« Chiefdom. Die »einfachen« Formen des Chiefdom sind noch sehr den »tribalen« Gegebenheiten ähnlich, weil die sie charakterisierenden Situationen in vieler Hinsicht noch egalitären Typs sind. Es gibt eine Autorität auf einer höheren Ebene als die der einzelnen Familien, aber es gibt noch keine gesellschaftliche Schichtung, d. h. eine Adelsklasse, die über dem gemeinen Volk stünde. Die Häuptlinge sind noch selbstgenügsam, es gibt noch keinen Surplus und keine Tribute, sie führen eine »vollkommene« Redistribution durch, d. h. ohne besondere eigene Vorteile. In Polynesien z. B. würden die Rangdifferenzen zwischen Häuptlingen und gemeinem Volk in diesem Stadium der Entwicklung nicht auf materielle Differenzen und auf besondere Verhaltensweisen übertragen. Die Häuptlinge können sich beträchtlichen Ansehens erfreuen, auch wenn sie »arm« bleiben wie die

---

[4] Strenge Auswahl der äußerst umfangreichen Bibliographie: Carneiro 1981; Kirch 1984; Wright 1984; Earle 1987; Spencer 1987. Ich habe diese Titel der umfangreichen Bibliographie zu einem Cource Syllabus von J. R. Parsons aus dem Jahr 1990 entnommen.

[5] Fried 1957 und 1960; Sahlins 1963; Earle 1977 und 1978; Carneiro 1981; Steponaitis 1981; Kirch 1984; Wright 1984; Kirch 1984; Spencer 1987. Man muß darauf achten, nicht den Big Man, den typischen Häuptling unter »tribalen« Bedingungen, mit dem Chief der Chiefdoms zu verwechseln, wie es zum Beispiel Antonaccio 1993 und 1995 macht.

übrigen Mitglieder der Gemeinschaft. Es handle sich also um eine Autorität noch familiaren Typs, die sich allerdings auf die ganze Gemeinschaft erstreckt und über ihr steht, bei Wahrung der egalitären Aspekte im ökonomischen und politischen Bereich.[6]

471. Das »komplexe« Chiefdom. Die komplexen Formen des Chiefdom setzen den Übergang vom »egalitären Klan« zum »konischen« oder »aristokratischen Klan« voraus und die Bildung eines zentralen Dorfes, wo der »oberste« Häuptling lebt und wo die wichtigsten Riten der Gemeinschaft vollzogen werden. Die peripheren Dörfer, die von Häuptlingen geleitet werden, die im Rang unter dem obersten Häuptling stehen, verfügen über eine Autonomie, die begrenzt ist durch die wesentlichen Kompetenzen des obersten Häuptlings, die sich auf das ganze System der Dörfer bzw. das komplexe Chiefdom beziehen. In diesem Stadium erscheint das lokale in das regionale Element integriert, aber es haben sich noch keine Beziehungen der Unterordnung gebildet, die in der folgenden protostaatlichen und staatlichen Situation vorherrschend sind.[7] Die Mitglieder des »konischen Klan« bilden den nichtproduktiven Sektor der Gesellschaft, die frühe Adelsschicht, die durch eine »unvollständige« Redistribution aufrechterhalten wird, d. h. durch die Möglichkeit, Güter besserer Qualität oder eine größere Zahl von Gütern an der Spitze der Gesellschaft zurückzuhalten,[8] d. h. ein »Surplus«, das aus abhängiger Arbeit entstanden ist.[9] Die Verwandtschaftsbeziehungen beginnen sich für die Aufrechterhaltung der Gemeinschaft als ungenügend zu erweisen, und es entsteht die erste Notwendigkeit einer gesellschaftlichen Integration, die schon Vertragscharakter hat.[10] Die Abstammungslinien des Adels und des Volkes sind nun völlig getrennt. Die Nachkommenschaft des Adels organisiert sich nach den Regeln des »konischen Klans«, die Diskontinuitäten des Ranges mittels der Verwandtschaftsbeziehungen schaffen, die jetzt bestimmt werden von der genealogischen Stellung des einzelnen Mitglieds des Klans zum gemeinsamen vergöttlichten Vorfahren, der die Spitze der Gemeinschaft repräsentiert.[11] Die Nachkommenschaft der Glieder der Gemeinschaft außerhalb des Klans

---

[6] Fried 1960; Earle 1987. Ein solches gesellschaftliches Entwicklungsstadium ist allein auf archäologischer Basis schwierig auszumachen, weshalb es leicht geschieht, daß eine bereits organisierte Gesellschaft wie ein Chiefdom mit einer tribalen und egalitären Gesellschaft verwechselt wird.

[7] Spencer 1987; Earle 1987.

[8] Wright 1984; Kirch 1984.

[9] Earle 1978; Carneiro 1981; Kirch 1984; Earle 1987; Spencer 1990.

[10] Spencer 1990. Die am Ende des 8. Jh. in Mittelitalien evidente Schichtung setzt vorab bevorzugte Zugriffsrechte auf die wichtigsten Bodenschätze voraus, sonst hätte sich die Hierarchie des Ansehens nicht in eine Hierarchie der Macht verwandelt; dies kann geschehen, wenn benachteiligte oder randständige Familiengruppen ihre direkten Zugriffsrechte auf die wichtigsten wirtschaftlichen Ressourcen durch vertragsartige Abkommen mit den Adeligen, die jetzt zu ihren Patronen geworden sind, eintauschen (Webster 1990).

[11] Kirchhoff 1959. Es handelt sich um einen 1935 verfaßten Text, der aber erst 1959 veröffentlicht wurde, als es den neoevolutionistischen Theorien der amerikanischen Anthropologie gelungen war, die in der ersten Hälfte des Jahrhunderts vorherrschenden Theorien des individualisierenden Typs einzudämmen; es ist bezeichnend, daß es eine Generation lang gedauert hat, bis eine italienische Übersetzung herauskam (Mailand 1991). Der Widerstand gegenüber den Ideen von

der Adeligen überwindet nicht die Grenzen einer einfachen Organisation familiaren Typs, was den Verlust der großen genealogischen Zusammenhänge impliziert und damit oft auch den Zugang zum Land,[12] weshalb Adel und Volk mit den Ressourcen auch unterschiedlich umgehen.[13] Die Elite ist bestrebt, sich im Zentrum des Siedlungsgebietes zu gruppieren, während die Peripherie Gruppen minderen Ranges vorbehalten bleibt.[14] Das Chiefdom, das in der Lage ist, sich weitere Dörfer oder sogar andere Chiefdoms einzuverleiben, setzt die Existenz einer beständigen zentralen Autorität voraus, die den unteren Ebenen der Gemeinschaft übergeordnet ist. Der oberste Häuptling hat auch die institutionalisierte Rolle des Mittlers zwischen Gemeinschaft und Gottheit inne, da man glaubt, er würde durch das Vorrecht des Blutes über eine besondere übernatürliche Wirkmacht verfügen. Seiner Kontrolle sind die Riten, die Gemeinschaftsorganisation und die Wehrerfassung unterstellt, aber er verfügt noch nicht über das Monopol der Macht, das dann die ersten Fürsten der Staaten innehaben.[15]

472. Chiefdoms und Herrschaftsformen in Latium (vgl. Abb. 16). Picus und Faunus, die ersten göttlichen Könige von Alba, begründen die Ahnenreihe des Latinus, des vergöttlichten Stammvaters der Latiner. Diese göttlichen Könige (im Sinn von Frazer) lassen weniger an die Könige eines Staates denken (wie die ersten Könige Roms), sondern an die obersten Häuptlinge oder Paramount Chiefs eines »komplexen« Chiefdom präurbanen Typs,[16] was dann ausschließen würde, daß die Gegebenheiten von Alba und des albanischen Bundes dem noch tribal-egalitären Typus zugeordnet werden könnten.[17] Romulus ist nicht nur oberster Häuptling, er ist auch ein erster König urbanen Typs. Während die frühen Gemeinschaften Latiums mit fester Siedlung dem Chiefdom des Typus 2 zu entsprechen scheinen, scheint nach unserer Interpretation der gesellschaftlichen Typologie Renato Peronis (s. o.) der Bund der latinischen *populi* der reiferen Phase des Chiefdoms des Typus 3 zu entsprechen. Der Vorrang von Alba Longa (nicht des albanischen Distrikts) im Bund der Latiner, der göttlichen Könige von Alba und des Kultes des Iuppiter Latiaris auf dem Mons Albanus sind konstitutive Elemente dieser präurbanen Herrschaft. Die protourba-

Kirchhoff formierte sich nicht nur bei den Altertumswissenschaftlern, sondern auch bei den Vorgeschichtlern und den Ethno-Anthropologen; vgl. § 100, Anm. 12. Nach Peroni 1996 ist der »konische Klan« eine typische Struktur der Stammesgesellschaft mit stabilen Differenzierungen (frühe Bronzezeit), während er von der anthropologischen Literatur eher dem komplexen Chiefdom zugeordnet wird (siehe auch Bietti Sestieri 1996); andererseits schreibt Peroni 1996 zu diesem Thema: »Es ist natürlich, daß eine derartige Struktur tendenziell ... die Struktur der herkömmlichen Gemeinschaft auf verwandtschaftlicher Basis hervorbringt.« Es handelt sich um eine Struktur langer Dauer (selbst die Sage von Romulus erschließt sich kaum ohne Rückgriff auf die Kategorie des »konischen Klans«). Im komplexen Chiefdom dient die Verwandtschaft als mythische Stütze zur Bewahrung der Hegemonie (Meillassoux 1975).

[12] Kirch 1984.

[13] Fried 1957; Earle 1978; Kirch 1984.

[14] Fried 1957; Earle 1978; Kirch 1984; Wright 1984; Earle 1987.

[15] Earle 1978; Kirch 1984; Earle 1987; Spencer 1987.

[16] Zu einem Grab mit bedeutender Ausstattung aus dem 11. Jh., das an einen Häuptling dieses Zuschnitts denken lassen könnte: Delpino 1987.

[17] Bietti Sestieri 1992a.

nen Zentren hingegen entsprechen dem Proto-Staat oder Early State, der in der fortgeschrittenen Phase sich der Form der Stadt annähert.[18] Natürlich ensteht der Idealtypus des »konischen Klans« nicht auf einen Schlag und kann nicht mit seiner
reifsten Form gleichgesetzt werden.

473. Systeme der königlichen Nachfolge. Frazer 1911 hat im frühesten latinischen Königtum die exogame Ehe erkannt, wonach der Mann eine Frau aus einem
anderen Klan heiratet, und die »Beena«-Ehe (Ceylon), bei der der Mann das Eltern-
haus verläßt und mit dem Klan seiner Frau lebt, bei dem er herrscht. Wie bei den
Ashanti wäre die Nachfolge vom Bruder auf den Bruder übergegangen (wie von
Faunus auf Latinus) und dann auf die Söhne der Schwestern. Allerdings meinte
er irrtümlich, es habe sich um eine Verwandtschaftssystem gehandelt, das die Vaterschaft ignoriert und »a general looseness of live in the royal family« autorisiert habe.
Die irrtümliche Abwertung der Vaterschaft hat den Raum eröffnet für die Theorie
der Big Men auch außerhalb »tribaler« Bedingungen, was unter anderem bestätigt
zu werden schien durch die Tatsache, daß in Ithaka während der Abwesenheit des
Odysseus die Macht nicht auf Telemachos überging, weshalb man eine instututio-
nelle Instabilität der Gemeinschaften des dunklen Zeitalters annahm, in Analogie zu
den »Tribal Societies«, wo es die persönlichen Eigenschaften sind, die bei den Häuptlingen zählen (Whitley 1991). Das Ende des Königtums von Lefkandi hat weniger,
wie James Whitley annimmt, mit dem Tod eines Big Man zu tun, es kann als der
Übergang der Königsherrschaft auf einen anderen Klan interpretiert werden. Auf
Ithaka bricht die politische Autorität bei Abwesenheit des Königs nicht zusammen,
wenn weder Laertes noch Telemach eine königliche Rolle übernehmen können. Das
Königtum wird über die Königin weitergegeben, und Penelope hatte den Mechanismus der Nachfolge ausnahmsweise blockiert, weil sie auf Odysseus wartete, und deshalb heiratete sie keinen Bewerber aus den Klans königlichen Ranges. Völlig richtig
hat schließlich Finkelberg 1991 das Problem verstanden, der den Nachfolgemecha-
nismus im Griechenland der Bronzezeit erforscht hat; er hat aufgezeigt, daß die
Abstammungslinien von den Orten der Herrschaft absehen und daß nur die Königslisten die Einheit des Ortes bewahren. Die Weitergabe des Königtums erfolge über
die Linien der Königinnen, die Irrelevanz der väterlichen Abstammung würde aber
nicht stimmen. Die genealogischen Ableitungen wären patrilinear und nicht matri-
linear. Nur die Repräsentanten einiger – einheimischer oder von außen kommender –
patrilinearer Klans hätten das Recht gehabt, der Reihe nach zu herrschen, aber nur
nach der Heirat mit einer königlichen Prinzessin. Man hätte auf diese Weise eine

---

[18] Peroni 1994 und 1996. Sabbatucci 1978 behandelt dieses Thema nicht, wie die Altertumswis-
senschaftler allgemein, die den Idealtypus des Chiefdom nicht kennen oder ignorieren. Er sieht
den Ursprung und das Wesen der Herrschaft im Königtum ägyptisch-kretischen Typs, aber
Erblichkeit des Titels, Verankerung im Stamm und Kult der Vorfahren, die ihm zufolge das
vollkommene Königtum kennzeichnen, können schon bei viel früheren oder anderen Formen
als dem ägyptisch-kretischem Königtum auftreten, nämlich eben in den »konischen Klans«
der Chiefdoms, also auch bei den vorgeschichtlichen Gemeinschaften Mittelitaliens, die im
Vergleich zu den auf militärischen, administrativen oder klerikalen Ständen basierenden Tyran-
neien schwächere Organisationsformen hatten. Sabbatucci 1978 berücksichtigt die latinischen
Könige (die in seinem Sachregister fehlen) nicht.

geordnete Abstammung von Männern, die das Königtum durch Heirat gewinnen. Die Genealogie wird also vom Vater auf den Sohn weitergegeben, während die königliche Nachfolge von der Mutter auf die Tochter übergeht. Die Könige hätten zwei Sitze gehabt, den ihrer Herkunft und den, wo sie Gefährten der Königin und also Könige waren. Die Frauen hätten den Ort nicht gewechselt, und wenn sie ihn gewechselt haben, wäre das ein Hinweis auf eine Verschiebung der Bevölkerung. Die Wirklichkeit der Nachfolge wäre also viel komplexer als die Theorie des Matriarchats oder der »prekären« Herrschaft der Big Men. Es wären nämlich die Väter und die Brüder, die den nächsten König erwählen, indem sie ihm die Hand ihrer Tochter oder Schwester geben. Diese Darstellung wirft wahrscheinlich auch Licht auf die königlichen Nachfolgen in Latium; dabei sollte man sich nicht vorstellen, daß die Duelle oder Wahlen zur Erringung der Königswürde allen offenstanden (jedem beliebigen vortrefflichen Jüngling, der die Stellung eines Big Man gewinnen wollte), sondern sie waren wahrscheinlich begrenzt auf den Klan des Häuptlings oder auf die Klans der Häuptlinge, die im Wechsel für die Prinzessinnen, die Königinnen werden sollten, die Männer stellten. Es wäre angebracht, unter dieser Hinsicht die Sagen Latiums und die mit ihnen gegebenen königlichen Nachfolgeregelungen neu zu interpretieren, die dann oft entsprechend dem Schema eines Königtums, das vom Vater auf den Sohn übergeht, vereinfacht wurden.

4. Die aboriginischen Siedlungen zwischen Amiternum, Reate und Interamna
Paolo Carafa

474. Das aboriginische Territorium in der literarischen Tradition. Die einzigen detaillierten Informationen darüber, wie die Alten sich die ursprüngliche Gebietsorganisation der Aborigener vorgestellt haben, sind bei Dionysios von Halikarnassos erhalten. Nachdem er versucht hat, den griechischen Ursprung der Aboriginer, die er für die wahren Vorfahren der Römer hielt, unter Beweis zu stellen, führt der Historiker uns in die Beschreibung des von diesem Volk besetzten Gebietes ein. »Von den Städten, die anfangs von den Aboriginern bewohnt wurden, überlebten nur wenige bis in unsere Zeit; der Großteil wurde von Kriegen oder anderen Heimsuchungen entvölkert. (Diese Städte) lagen im Gebiet von Rieti, nicht weit entfernt von den Apenninen, wie Terentius Varro in den *Antiquitates* schreibt, die am nächsten gelegenen nur einen Tagesmarsch von der Stadt der Römer entfernt; ich werde die berühmtesten unter ihnen aufzählen, wie er (Terentius Varro) es tut« (Dion. Hal. 1,14,1). Zur Bestätigung der Stichhaltigkeit seiner Informationen zitiert Dionysios als zuverlässige Quelle Varro, den in Rieti geborenen berühmten Antiquar. Es folgt die Aufzählung der insgesamt dreizehn Städte (1,14,2–6 und 1,15). Es handelt sich um vier unterschiedliche Listen, unterteilt nach den wichtigsten Verkehrsadern, so wie wir sie in der nachfolgenden Tabelle zusammengestellt haben. Bei der Erstellung der Tabelle sind die Namen eingefügt worden, die die moderne Textkritik als gültig anerkennt, und in Klammern sind andere mögliche Wiedergaben und alle in der handschriftlichen Überlieferung vorhandenen Varianten angegeben.

1	2	3	4
An der Via Quintia	Entlang der Via Curia (Iuria, auch Iulia oder Valeria oder Salaria)	Entlang der Via Calatina (Litina oder Latina, auch Listina)	
Palatium	Corsula (Carsula)	Vazia	Cutilia
Tribula (Trebula)	Issa	Tiora Matiene	
Suesbola (Suessula)	Maruvium	Lista	
Suna (Soana)			
Mefula			
Orvinium			

Daß Dionysios ausdrücklich erklärt, die aboriginischen Städte so aufzulisten, wie Varro sie aufgelistet hat, könnte heißen, daß er nicht nur den Inhalt, sondern auch die Gestalt des ursprünglichen Textes wiedergibt. Dieser präsentiert sich nämlich wie ein regelrechtes *itinerarium*, in dem alle Zentren, außer einem, auf der Grundlage der in Stadien (1 Stadion = 625 römische Fuß = 184,8375 m) ausgedrückten Entfernung, berechnet von Rieti aus, vom unmittelbar vorhergehenden Zentrum in der Liste oder von ansonsten bekannten Örtlichkeiten lokalisiert sind.

1	2	3	4
An der Via Quintia	Entlang der Via Curia	Entlang der Via Calatina	
Palatium – 25 St. von Rieti	Corsula – 80 St. von Rieti, nach dem Mons Coreto (Coreti)	Vazia – 30 St. von Rieti	Cutilia – 70 St. von Rieti
Tribula – 60 St. von Rieti	Issa	Tiora Matine – 300 St. (von Rieti)	
Suesbola – 60 St. von Tribula, bei den Montes Cerauni	Maruvium – bei Issa 70 St. von Sette Acque	Lista – 24 St. von Tiora Matiene	
Suna – 40 St. von Suesbola			
Mefula – 30 St. von Suna			
Orvinium – 40 St. von Mefula			

Das Itinerarium ist schließlich angereichert mit Hinweisen antiquarischen Charakters. Es werden zum Beispiel die ältesten Heiligtümer erwähnt, die monumentalen Überreste (Gräber oder Befestigungen) dieser Siedlungen und die wichtigsten orographischen und landschaftlichen Merkmale. Wir wissen so, daß sich in Suna ein dem Mars gewidmetes Heiligtum und in Orvinium ein Heiligtum der Minerva befand. Ein weiteres sehr wichtiges Marsheiligtum, wo ein Specht weissagte, befand sich in Tiora Matiene. Von Orvinium aus konnte man noch die Ruinen der mächtigen Befestigung und sowohl einzelne wie kollektive Grabstätten sehen, letztere mit Erdhügeln bedeckt, während Corsula wenige Jahre vor der Niederschrift des Werkes des Dionysios zerstört worden war. In Issa, glaubte man, hätten die Aboriginer gewohnt, ohne eine Befestigung zu erbauen, dank der sumpfigen Beschaffenheit des umliegenden Gebietes, die es zu einer regelrechten »Insel« machte. Ebenso berühmt als Seenlandschaft war Cutilia, in dessen Nähe sich ein See mit einer schwimmenden Insel in der Mitte befand. Lista schließlich war die Metropole der Aboriginer, die eines Nachts von den überraschend aus Amiternum eingefallenen Sabinern eingenommen wurde.

An anderen Stellen in seinem Werk läßt Dionysios die Anfänge zweier weiterer Zentren auf die Aboriginer zurückgehen: Cures und Cameria. Modius Fabidius, Gründer von Cures, sei nämlich der Sohn einer von Mars im Inneren seines Heiligtums geschwängerten Frau gewesen, das im Gebiet von Rieti stand: »in einer Zeit, in der es im Besitz der Aboriginer war« (Dion. Hal. 2,48,1-3). Unbestimmter sind die Angaben zu Cameria, das zu den berühmtesten Gründungen der Aboriginer gehört habe, bevor es eine Kolonie von Alba wurde (2,50,5).

475. Vorschläge für eine Rekonsruktion (vgl. Abb. 12).   Das Problem der Identifizierung und Lokalisierung der aboriginischen »Städte« ist für die Erforscher der antiken Topographie seit dem Beginn des 19. Jahrhunderts eine regelrechte Herausforderung gewesen. Es ist nämlich offensichtlich, daß die einzigen für ein derartiges Unternehmen verfügbaren Elemente im Text des Dionysios enthalten sind. Bereits 1834 wurde ein Artikel von Bunsen (Bunsen 1834) veröffentlicht, in dem der Wissenschaftler alle bis dahin vorgeschlagenen Interpretationen zusammenfaßte. Abgesehen von den einzelnen Identifizierungen, liegt das Hauptverdienst dieses Beitrags in der Schaffung einer methodologischen Ausrichtung genereller Art. Um die Ausdehnung des aboriginischen Gebietes nachzuvollziehen, mußte man zuerst verstehen, woher die Straßen kamen, die der Historiker aus Halikarnassos erwähnt hat. Seit damals wurden recht unterschiedliche Vorschläge formuliert, die wir im folgenden Schema zusammengefaßt haben.

	Itinerarium 1 (Via Quintia)	Itinerarium 2 (Via Curia)	Itinerarium 3 (Via Calatina)	Itinerarium 4
Bunsen 1834	aus Norden	aus Süden	aus Ciculanus	
Nissen 1902, S. 471–476		aus Norden	aus Amiternum	aus Osten
Valeri 1948			entlang dem Valle del Turano	
Radke 1959	aus Süden		aus Amiternum	
Pietrangeli 1976	aus Norden	aus Velinum	identisch mit der Salaria	aus Fucinum

Weniger problematisch ist die Identifikation von Cutilia (Kotylia) im Itinerarium 4. Nach der überzeugenden Untersuchung von Nissen (Nissen 1902, S. 475) ist es möglich, dieses Zentrum im Westen von Rieti zu lokalisieren, beim heutigen Lago di Paterno. Es ist so gut wie sicher, daß die Via Calatina (wenn sie so hieß) im Itinerarium 3 nach Abruzzo führte und näherhin zur Conca Aquilana, da Lista nicht weiter als einen Nachtmarsch von Amiternum entfernt gewesen sein dürfte. Wenn wir mit den von Dionysios und seiner Quelle gebotenen Entfernungen rechnen, dürfte Vazia beim heutigen Dorf Santa Rufina anzusetzen sein, Tiora Matiene am Fuß des Colle di Roio bei Aquila und Lista bei Bazzano. Was das zweite Itinerarium betrifft, haben wir einen wertvollen Hinweis von Cicero (ad Att. 4,15,5), der Sette Acque in einem Zusammenhang nennt, aus dem möglicherweise hervorgeht, daß der Orator sich auf das Gebiet zwischen Terni und Rieti bezieht, das von Manlius Curius Dentatus zu Beginn des 3. Jahrhunderts meliorisiert wurde, indem er eine Ableitung des Veliner Sees in die Nera münden ließ. Corsula, Issa und Maruvium wären dann im nord-westlichen Teil der reatinischen Mulde zu lokalisieren. Da wir nur für Corsula über eine Entfernungsangabe verfügen, ist die Lage von Issa und Maruvium recht hypothetisch. Bleibt die Interpretation des ersten Itinerariums. Es wurde beobachtet (Radke 1981a, S. 108), daß die Via Quintia in den Regionenkatalogen genannt wird, so daß sie mit einer Straße identifiziert werden dürfte, die Rom mit dem Territorium von Rieti verband. Schließt man die Via Salaria aus, die von Dionysios nie erwähnt wird und von der kein Autor eine mögliche Deckung mit der Via Quintia erwähnt, war die einzige weitere bequeme Verbindung, um von Rieti nach Rom zu gelangen, die Straße des Valle del Turano bis zur Höhe des Colle Lepre. Von da konnte man auf einem Höhenweg den Westhang des Monte Gennaro erreichen und den letzten Abschnitt der Salaria oder, nach Überquerung des Valle del Licenza, den letzten Abschnitt der Tiburtina. Wie verlockend der Ortsname des heutigen Dorfes Orvinio auch erscheinen mag, das zwischen Valle del Turano und dem Hochtal von Licenza liegt, es muß daran erinnert werden, daß seine Lage nicht mit den in der Überlieferung festgehaltenen Entfernungen übereinstimmt. Von den zwei Hypothesen ziehen wir die erste vor, weil das Hochtal des Anio von den Autoren der Antike nie als aboriginisches Gebiet betrachtet wird, im Unterschied zu den Territorien, die auf das linke Tiberufer ausgerichtet sind.

5. Die *populi* des Latinerbundes

Paolo Carafa

476. Vorbemerkung. In der letzten Phase der präurbanen Epoche war das Gebiet von Latium unter Gemeinschaften aufgeteilt, die sich als Teil eines regionalen Bundes sahen (§ 147). Obwohl die schriftliche Überlieferung die Erinnerung dieser frühesten politisch-territorialen Formationen bewahrt hat, ist nie die Möglichkeit in Erwägung gezogen worden, die aus unseren Quellen zu gewinnenden Angaben neben das aufgrund archäologischer Funde aus vorgeschichtlicher Zeit rekonstruierbare topographische Bild (Di Gennaro 1986; Pini-Seripa 1986; Bietti Sestieri 1992a, S. 233–243; Bietti Sestieri 1996) zu stellen. Faktisch ist alles, was die Alten uns überliefert haben, nichts anderes als eine Reihe von Auflistungen, die die Geschichtskritik auf unterschiedliche Weise ausgewertet hat und weiterhin auswertet. Denen, die dieser Tradition Geltung zusprechen oder zumindest meinen, ihre völlige Unbegründetheit sei nicht erwiesen, stehen andere gegenüber, die entschieden die Möglichkeit verneinen, auf der Basis dieser Listen die Überlieferung einer frühen Bundesorganisation zu gewinnen (Ampolo 1996, mit Bibliographie). In der literarischen und archäologischen Dokumentation gibt es dennoch ausreichend Elemente, die einen Rekonstruktionsversuch der frühesten territorialen und politischen Organisation der Latiner rechtfertigen.

477. Die Liste des Plinius. Hauptquelle für unsere Kenntnis der Mitglieder dieses frühen Bundes ist eine bekannte Stelle bei Plinius (nat. 3,68–69). Bei der Beschreibung der Grenzen und des Gebietes der ersten Region des augusteischen Italien erinnert er an die verschwundenen Gemeinschaften der Region: 20 *clara oppida* und 30 (weniger wahrscheinlich 31) *populi,* die durch das gemeinsame Mahl im Heiligtum des Iuppiter Latiaris auf dem Mons Albanus vereint sind. Die Struktur des Textes erlaubt es, die beiden Listen zusammenzubringen, weil es um Beteiligte an einem gemeinsamen, wir würden sagen föderalen Opferritus geht. Aber wenn wir vorerst die Liste der *clara oppida* und das Verhältnis zwischen *oppida* und *populi* außer acht lassen, können wir zumindest Plinius' Rekonstruktion (oder die einfache Erwähnung) einer Liste der Beteiligten an den *feriae* auf dem Mons Albanus aus folgenden Gründen für fundiert halten.

1. Die frühe historisch-literarische Tradition kennt eine Phase der albanischen Vorherrschaft über Latium, die der Stadtwerdung Roms vorausliegt. Vor kurzem ist die diesbezügliche Tradition abgelehnt und eine Gegenüberstellung zweier unterschiedlicher im *corpus* unserer Quellen enthaltener Versionen vorgeschlagen worden. Eine solche Gegenüberstellung würde darauf hinweisen, daß die Vorstellung einer »albanischen Vorherrschaft« bei den antiken Autoren völlig vereinzelt dastehe (Ampolo 1986, S. 137). In Wirklichkeit gibt es diesen substantiellen Unterschied in bezug auf die albanische Geschichte in der Geschichtstradition der Antike nicht. Denn beide Versionen gehen davon aus, daß erst mit der Regierung des Tullus Hosti-

lius, des Zerstörers von Alba Longa, eine echte Vorherrschaft Roms über Latium möglich wurde.

2. Die Tatsache, daß einer präurbanen albanischen Vorherrschaft die Existenz eines Heiligtums auf dem Monte Cavo (Mons Albanus) entsprochen hat, ist archäologisch belegt. Die frühesten Funde in den Behältnissen des Heiligtums auf dem Monte Cavo erlauben es, das Entstehen des Kultes mindestens in die Endbronzezeit zu datieren (vgl. Addendum III).

3. Es ist anzunehmen, daß bei den Gemeinschaftsriten der Latiner eine Liste der Teilnehmer an den *feriae* verwendet wurde und daß diese auf eine beträchtlich frührere Zeit zurückging. Cicero (Plan. 9,26) erinnert daran, daß zu seiner Zeit (er hielt die Rede im Jahr 54 v. Chr.), wenn der Herold des Heiligtums des Iuppiter Latiaris die Gemeinschaften, die den Teil des geopferten Ochsen erhalten sollten, eine nach der anderen aufrief, nur wenige antworteten, weil ein Großteil der Namen bereits unverständlich war.

4. Die Tatsache, daß ein Zentrum (Castrimoenium) und eine Gemeinschaft (Longani, wohl eher als Longulani zu lesen), die zur Zeit des Plinius sicher noch existierten, in der Liste der *populi* in der Form eines Volkstammes (Munienses und vielleicht Longani) mit enthalten sind, beweist gerade nicht die unheilbare Entstellung des Textes, sondern scheint im Gegenteil zu zeigen, daß die *populi* politischterritoriale Einheiten gewesen sind, völlig verschieden von den Städten der historischen Zeit (Cornell 1995), auch in dem Fall, in dem das Hauptzentrum auf dem Territorium eines ursprünglichen *populus* das gleiche Gebiet eingenommen hatte wie eine jüngere urbane Gemeinschaft. Das gleiche ließe sich für den Fall sagen, daß sich eine Koinzidenz zwischen einem der *oppida* und einem der *populi* erweisen läßt (Politorium/Poletaurini, wahrscheinlicher Polluscini): Die topographische Koinzidenz bedeutet nicht unbedingt eine Koinzidenz in der sozialen und politischen Struktur.

Hat man einmal die wesentliche Fundiertheit der Tradition für das Bestehen einer Gesamtheit von präurbanen Gemeinschaften, die sich zu einem rituellen und religiösen System zusammenschlossen, akzeptiert, bleibt es allerdings schwierig, mit Sicherheit bis zur Urform der Liste zurückzukommen (vgl. §149). Aber dies reicht nicht aus, die Vertrauenswürdigkeit der Notiz des Plinius zu negieren, die unserer Meinung nach auf andere Weise begründet werden kann. Eventuelle Unstimmigkeiten hinsichtlich der Namen der *populi* aus der Liste können mit hoher Wahrscheinlichkeit von Fehlern oder Abweichungen bei der Übertragung des Textes herrühren, der schwer verständlich und darum um so leichter korrumpierbar war.

478. Die »populi« und ihre Lokalisierung (vgl. Abb. 16, 34-36).   Die Möglichkeit, daß die Liste des Plinius eine topographisch und historisch sehr frühe und jedenfalls vor der Entwicklung der urbanen Zentren liegende Wirklichkeit verdeckt, erhöht natürlich ihren dokumentarischen Wert. Die ersten Versuche, den Sitz der in der Liste aufgezählten Gemeinschaften auszumachen, gehen auf das 18. Jahrhundert zurück, und es folgten weitere Versuche bis heute. In der folgenden Tabelle haben wir einige der bedeutendsten Vorschläge gesammelt.

Albenses	Rosenberg 1919 Name des *populus*	De Sanctis 1907 Name des *populus*	Bernardi 1964 Kollektivum	Winkler-König 1988 Kollektivum
1 Albani		Alba Longa	Alba Longa = Castel Gandolfo	Alba Longa
2 Aesolani	Sant'Angelo in Arcese	Territorium von Tivoli	Arx Aesolana beim Monte Albano	Sant'Angelo in Arcese
3 Accienses				Aricia?
4 Abolani				Apiolae
5 Bubentani				
6 Bolani		Territorium der Equi	Bovillae	Lugnano, Valle del Sacco
7 Cusuetani		Territorium der Equi	Valle del Sacco	Castel Lariano
8 Coriolani		Corioli (zwischen Ardea und Aricia)	Corioli	Corioli
9 Fidenates		Fidene	Fidene	Fidene
10 Foreti	Gabii	Artena	bei Rom	Gabii
11 Hortenses		Territorium der Equi	Ortona bei Frascati	Ortona bei Frascati
12 Latinienses	Rom, Ager Latinus	Rom, Ager Latinus	Rom, Ager Latinus	Rom, Ager Latinus
13 Longani		Longula	bei Alba Longa	Longula
14 Manates				Tivoli
15 Macrales				
16 Munienses		Castrimoenium = Marino	Montecelio	Castrimoenium = Marino
17 Numinienses			Nomentum	Valle del Numico
18 Olliculani				
19 Octulani				
20 Pedani		Pedum = Gallicano	Pedum	Pedum = Gallicano
21 Polluscini / Poletaurini		Pollusca	Politorium	Pollusca
22 Querquetulani		Rom, Caelius	Rom, Caelius	Corcolle
23 S(atr)icani				Satricum
24 Sisolenses	bei Tivoli			Sassula = Ciciliano
25 Tolerienses		Tolerium = Valmontone	Valle del Tolerus = Sacco	Tolerium = Valmontone
26 Tutienses	Valle del Tutia	Valle del Tutia	Valle del Tutia	Fosso della Bufalotta bei Rom
27 Vimitellari				
28 Velienses		Velia bei Velletri		Rom, Velia
29 Venetulani				
30 Vitellenses		Territorium der Equi	Vitellia	Vitellia = Civitella

Die Unterschiede zwischen den verschiedenen rekonstruierbaren Reihen sind minimal, auch wenn es nicht möglich ist, nicht einmal annäherungsweise, alle in der Liste aufgezählten *populi* zu identifizieren. Mindestens sieben von ihnen bleiben für uns völlig unbekannt. Alle Identifizierungen basieren auf Argumenten wesentlich philologischen Charakters, in einigen Fällen gestützt von der epigraphischen Dokumentation. Es wäre unmöglich, an dieser Stelle auf alle Begründungen, die jedem Vorschlag zugrunde liegen, analytisch einzugehen; eine erweiterte Diskussion des Fragenkomplexes muß einem nachfolgenden Beitrag vorbehalten bleiben. Wir stellen unsere Lokalisierungsvorschläge in den folgenden Tabellen vor.

1	Albani	Alba Longa, Hügel Tofetti und Cappuccini, Albano Laziale
2	Aesolani	Sant'Angelo in Arcese
3	Accienses	Aricia?
4	Abolani	Apiolae
5	Bubentani	?
6	Bolani	Lugnano
7	Cusuetani	Castel Lariano
8	Coriolani	Corioli
9	Fidenates	Fidene
10	Foreti	Gabii
11	Hortenses	Ortona, bei Frascati
12	Latinienses	Rom, nordöstlicher Bereich
13	Long(ul)ani	Longula
14	Manates	Tivoli
15	Macrales	?
16	Munienses	Castrimoenium = Marino
17	Numinienses	Valle del Numico
18	Olliculani	?
19	Octulani	?
20	Pedani	Pedum = Gallicano
21	Polluscinii	Pollusca
22	Querquetulani	Rom, Caelius
23	S(atr)icani	Satricum
24	Sisolenses	Sassula = Ciciliano
25	Tolerienses	Tolerus = Valmontone
26	Tutienses	Fosso di San Basilio[1]
27	Vimitellari	?
28	Velienses	Rom, Velia
29	Venetulani	?
30	Vitellenses	Vitellia = Civitella

479. Die »populi« des Gebietes von Rom (vgl. Abb. 17). Was die *populi* betrifft, die vor der Formierung des protourbanen Zentrums auf römischem Boden präsent gewesen sein dürften, ist der Unterschied zwischen den verschiedenen interpretatorischen Ansätzen größer. Man hat auf diesem Gebiet bis zu sechs Distrikte von *populi* zu lokalisieren vorgeschlagen. Wir fassen die Hypothesen im nachfolgenden Schema zusammen.

	Bernardi 1964	Palmer 1970	Colonna 1988	Winkler-König 1988	Pallottino 1993
3 Accienses		Forum			
10 Foreti				Forum	
12 Latinienses		Quirinal			
16 Munienses		Quirinal		Quirinal	
22 Querquetulani	Caelius			Caelius	
26 Tutienses			Kapitol	Quirinal	
27 Vimitellari		Viminal			
28 Velienses	Velia	Velia	Palatin-Velia-Forum	Velia	Gebiet der *montes*

Für nur drei *populi* ist eine Lokalisierung auf dem Ager Romanus anzunehmen. An erster Stelle verfügen wir über die ausdrückliche Bezeugung eines *ager Latiniensis* in

---

[1] Ich verdanke diese Identifikation D. Manacorda.

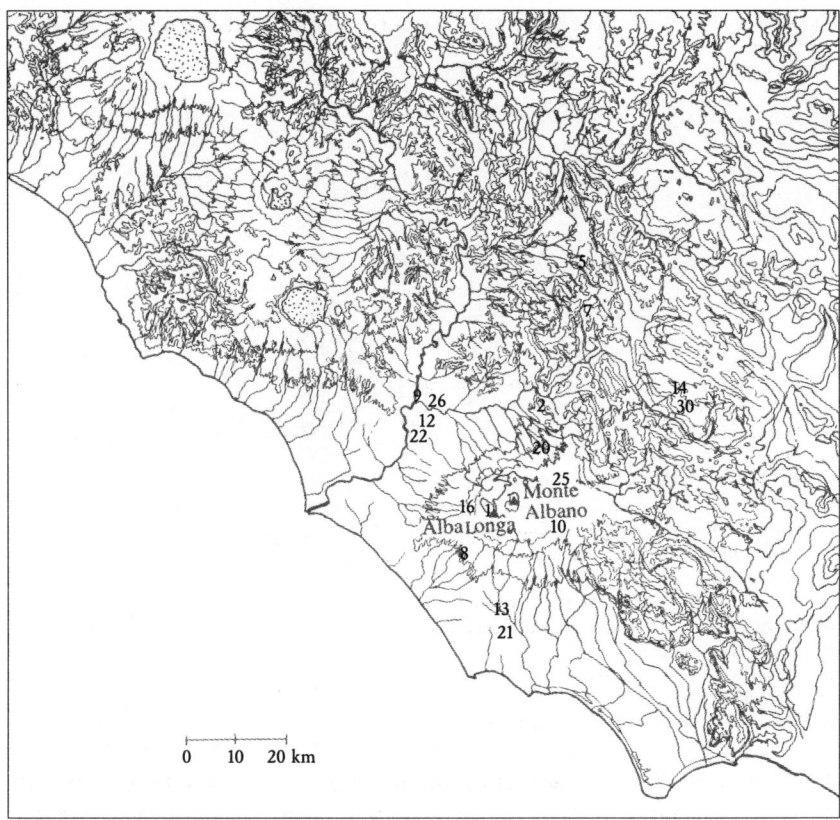

Abb. 34   *Die* populi Albenses *nach De Sanctis 1907*

Rom entlang dem rechten Tiberufer in spätrepublikanischer Zeit (Cic. har. resp. 20 und ibid. 62; Plin. nat. 3,54). Ebenso offenkundig erscheinen uns die Beziehungen zwischen Velia und dem *populus* der Velienses und zwischen Caelius und dem *populus* der Querquetulani. Wir können uns also das Territorium der künftigen Stadt in drei Distrikte aufgeteilt vorstellen (§ 153).

480. Das Territorium der »populi« und die Grenzen von Latium vetus (vgl. Abb. 16).   Stellt man die verschiedenen Lösungen gegenüber, wird ziemlich offenkundig, daß, von den einzelnen Hypothesen abgesehen, das Gesamtbild nicht wesentlich variiert. Die Region der *populi* erstreckte sich von den Gebieten rechts des Anio bis zum Hochtal des Sacco und dem Flußlauf der Astura, von der Küste Latiums bis zum Hochtal des Anio und dem Westhang der Monti Simbruini. Es handelt sich um ein sehr ausgedehntes Gebiet, dessen Festlegung uns einige Bemerkungen erlaubt.

Die Teilnehmer an den *sacra* von Alba repräsentierten das Nomen Latinum, weil der Ritus des Mons Albanus die Zugehörigkeit zu dem frühesten Bund unterstrich

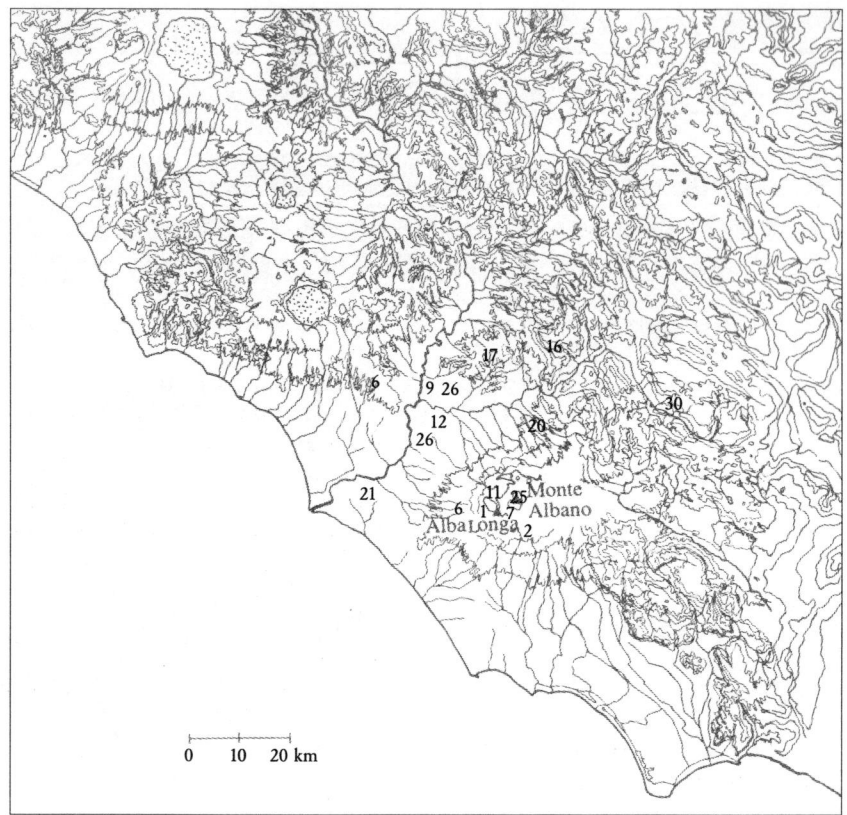

Abb. 35   *Die* populi Albenses *nach Bernardi 1964*

(zuletzt Cornell 1995, S. 294 ff.). Daraus folgt, daß Latium vetus, oder das ursprünglich vom Nomen Latinum besetzte Territorium, eine sehr viel ausgedehntere Region
umfaßt als man gewöhnlich annimmt (zuletzt Solin 1996). Mindestens drei *populi*
(Longulani, S(atr)icani und Bolani) waren sicher südlich von Ardea angesiedelt. Als
eine weitere Bestätigung der Existenz dieser ursprünglichen politisch-territorialen
Einheit könnte die Überlieferung gesehen werden, die sich auf den Versuch des Tarquinius Superbus bezieht, an den Feriae Latinae alle Latiner unter römischer Ägide
wieder zu vereinen (Dion. Hal. 4,49). »Nachdem er die Vormacht über die Latiner
errungen hatte« (also nachdem die bei Aqua Ferentina vereinte Versammlung der
Latiner akzeptiert hatte, einen Vertrag zu unterzeichnen, in dem sie die Vorherrschaft Roms anerkannte), sandte Tarquinius auch zu den Hernikern und Volskern
Botschafter, um sie einzuladen, ein Bündnis mit Rom zu schließen. Der Bund sollte
mit einem religiösen Fest bekräftigt werden, das jährlich auf dem Mons Albanus
abgehalten werden sollte. Die Herniker und zwei Städte der Volsker nahmen das
Angebot an, und Tarquinius habe mit einem königlichen Erlaß die Feriae Latinae
eingerichtet, an denen 47 Gemeinschaften teilhaben sollten.

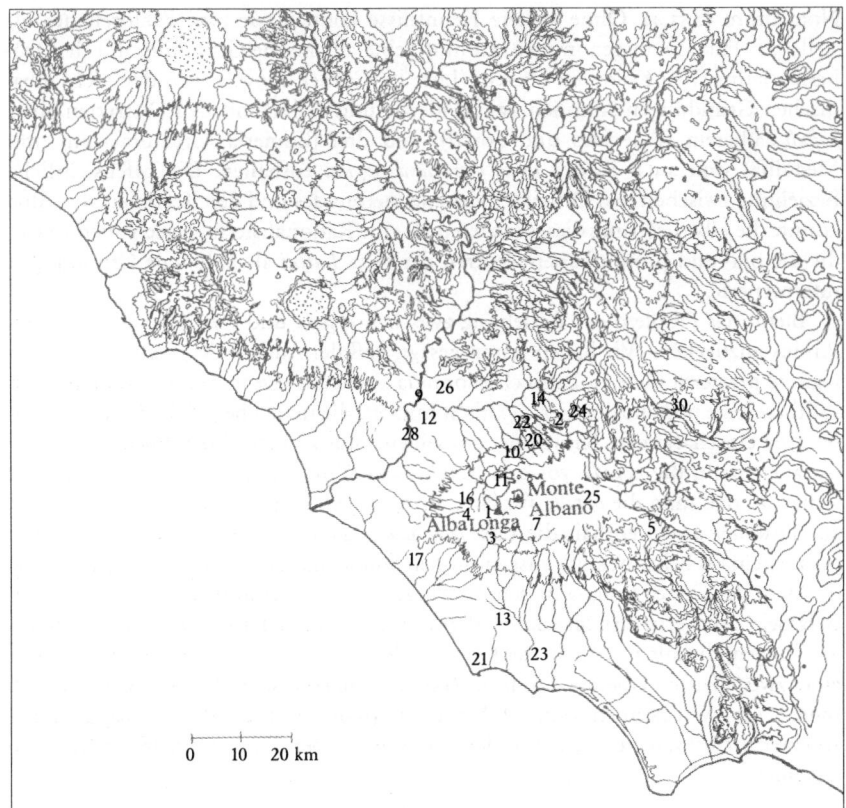

Abb. 36   Die populi Albenses *nach Winkler-König 1988*

Am Ende des 6. Jahrhunderts waren die frühen albanischen Gemeinschaften schon verschwunden. Die Entstehung der großen protourbanen Gebilde hatte das Bündnis schon untergraben, und die Zerstörung von Alba durch Tullus Hostilius hatte den definitiven Untergang der ursprünglich latinischen Einheit bedeutet. Dennoch blieb die Erinnerung an eine frühere Einheit lebendig, die unterschiedliche politische, territoriale und linguistische Wirklichkeiten (Latiner, Herniker und Volsker) verband. Auf diese vergangene Einheit hat Tarquinius sich vielleicht berufen, um die Volksstämme seiner Kontrolle zu unterwerfen, die wenige Jahre später sich als furchterregende Feinde Roms erweisen sollten.

481. »Populi«, albanische Kolonien und »clara oppida«.   Der Albanerbund hatte die Gebiete jenseits des Anio besetzt, wir würden sagen latinisiert. Auf diesem Gebiet müssen wir die 30 von Alba gegründeten Kolonien ansiedeln (literarische Quellen bei Alföldi 1965, S. 102, Anm. 3). Die Überlieferung hat nur sechs dieser Gründungen erhalten, alle auf den nördlichen Sektor der Region konzentriert (vgl. Abb. 16): Cameria (Dion. Hal. 2,50,2), Crustumerium (2,36,2 und 2,53,4), Fidenae (2,53,4), Gabii (4,53,1), Medullia, Geburtsstadt von Tullus Hostilius (3,1,2), und

Nomentum (2,53,4). Ohne weitere Kenntnisse können wir zwei Faktoren herausstellen. 1. Fidenae ausgenommen, stimmt keine albanische Gründung mit den frühesten latinischen Kolonien überein (Liste in: Cornell 1995); 2. von den sechs albanischen Gründungen stimmen zwei (Fidenae und Gabii) mit den Distrikten eines
populus überein (Fidenates und Forcti), und drei (Cameria, Crustumerium und
Medullia) sind auch in der Liste der *clara oppida* enthalten. Die offensichtliche
Beziehung zwischen den Distrikten des Albanerbundes und den Kolonien von Alba
könnte die Überlieferung dieser letzteren als eine Rationalisierung erscheinen lassen,
die die prä- und protourbanen Zentren der *prisci Latini* als koloniale Gründungen
interpretierte.

Bleibt das Problem der Beziehung zwischen *oppida* und *populi* aus der Liste des
Plinius anzugehen. Wir haben schon gesagt, daß der Aufbau des Textes (»in prima
regione praeterea fuere in Latio clara oppida ... et cum iis carnem in monte Albano
soliti accipere populi Albenses ...«) nicht hindert, die in den beiden Listen aufgeführten Gemeinschaften als Teilnehmer am selben Ritus zu betrachten. Ebenso offenbar
ist, auch wenn die *oppida* vor den *populi* aufgezählt werden, daß es nicht absolut
sicher ist, daß man die *oppida* für älter als die *populi* halten müßte. Im Unterschied
zur Liste der *populi* enthält die Liste der *oppida* Zentren, die fast alle lokalisierbar
oder jedenfalls bekannt sind, ausgenommen Sulmo, das den gleichen Namen hat wie
die Stadt der Conca Peligna in den Abbruzzen, und ausgeommen Tifata, das an den
Berg bei Capua erinnert, Sitz des Heiligtums der Diana Tifatina. Es handelt sich um
Siedlungen, die alle innerhalb der Grenzen des Latium der *populi* liegen, jedoch mit
einer zweifelhaften Übereinstimmung (Politorium/Polluscini, Hinweis von Ampolo
1996, S. 147). Wir können so mit A. Madgelain (1995 und § 149) davon ausgehen, daß
zu einer ursprünglichen Liste mit der Zeit weitere überzählige Gemeinschaften hinzukamen.

6. Die Hütten des Cermalus und die Roma quadrata

Paolo Brocato

482. Vorbemerkung. Ich möchte hier einige archäologische Funde vom Cermalus besprechen, die im Laufe von nahezu einem Jahrhundert Forschung gemacht wurden. Aufgrund einer Überprüfung, die von der Eisenzeit bis in die spätrepublikanische Zeit geht, möchte ich eine Neubewertung der stratigraphischen Sequenz und eine neue Deutung einiger mit den Ursprüngen Roms verbundener Überreste vorschlagen, die in der wissenschaftlichen Literatur nicht ausreichend Beachtung gefunden haben. Die Untersuchung soll in ihren Details andernorts veröffentlicht werden. Hier beschränke ich mich aus Platzgründen darauf, die Ergebnisse zusammenzufassen. Ich möchte Professor Patrizio Pensabene danken. Ohne seine sorgfältigen, wichtigen und langwährenden Nachforschungen und ohne die Erläuterungen, die er mir geliefert hat, wären diese Besprechung und die entsprechende Rekonstruktion nicht möglich gewesen.

483. 1. Phase: 900–750 (vgl. Abb. 4). Es wird eine große Hütte mit ovalem Grundriß gebaut (1.1), die vor dem Areal liegt, auf dem dann die Tempelanlage der Magna Mater und der Tempel der Victoria errichtet werden. Im Abstand von 4,50 Meter von der Vorderseite der Hütte wird eine Rundgrube mit einem Durchmesser von 1 Meter und einer Tiefe von 0,90 Meter (1.2) ausgehoben. Der Unterbau der Hütte und die Grube sind direkt in die natürliche Schicht gehauen, in geringer Entfernung vom steilen Abhang des Cermalus. Von der Hütte sind ein Teil des äußeren Wasserkanals, der Eingang und einige Löcher für Pfähle erhalten. Die Ausrichtung ist West-Nordwest/Ost-Südost, mit Eingang Ost-Südost. Die rekonstruierten Abmessungen der Hütte bewegen sich um 12 Meter in der Länge und zirka 7 Meter in der Breite. Die Planimetrie des Baus kommt der der Hütte D in Lavinium und der Hütte II in Ardea recht nahe, die allgemein in die latialen Stufen IIB–III datiert werden. Jedoch ist dieser Bautyp einer großen ovalen Hütte häufig schon in der Endbronzezeit und den Anfängen der Eisenzeit bezeugt, wie Funde aus Sorgenti della Nova, San Giovenale und Tarquinia zeigen (*Sorgenti Nova* 1981 und 1995; Malcus 1984; Linington 1982 und 1982a). Einen sehr naheliegenden Vergleich bieten die Hütten 7, 13 und 55 der Siedlung auf dem Calvario in Tarquinia (Linington 1982, Fig. 1; 1982a, Fig. 1 und 2). Aufgrund der Vergleiche und des *terminus ante quem*, den die Hütte 1 der 2. Phase bietet, scheint ihre chronologische Einordnung noch im 9. Jh. oder in den ersten Jahrzehnten des 8. Jh. v. Chr. nicht verwegen. Es ist möglich, daß es schon in dieser Phase einen Weg gab, der der Hügelkante folgte und zu dem die Scalae Caci führten.

484. 2. Phase: 750–650 (vgl. Abb. 5). Die große Hütte wird von drei kleineren Hütten ersetzt, die eine fast genauso große Fläche einnehmen wie der vorhergehende Bau. In ihrer Nähe wird ein Rundgraben ausgehoben. Außerdem wird eine kleine

Hütte errichtet. Zur Begrenzung der Fläche wird eine Umzäunung geschaffen, in deren Nähe einige rechteckige Gruben ausgehoben werden (Vaglieri 1907; Romanelli 1963; Gjerstad 1960). In der umliegenden Gegend, aber entfernt von diesem klar umrissenen Kern, wird eine weitere Hütte errichtet.

Die Hütte 2.1 ist in ihrem Umfang klar umrissen, nur die Nordecke ist durch spätere Eingriffe entfernt worden. Sie unterscheidet sich von den anderen, weil sie in den Tuffstein eingepaßt ist und außen keine Wasserkanäle aufweist. Im Inneren des Baues bleiben die Spuren der Pfähle erhalten. Die Hütte 2.3 ist etwa zur Hälfte ihres Umfanges erhalten, sie hat einen annähernd runden Grundriß und ist von einem Kanal begrenzt. Im Inneren befinden sich verschiedene Löcher von Pfählen, die von inneren Bestandteilen oder Deckenstützbalken stammen. Die Hütte 2.4 hingegen ist ein rechteckiger, in der hinteren Hälfte noch erhaltener Bau, begrenzt von einem breiten Kanal. Im Inneren sind einige Löcher von Pfählen, von denen einer sicher einem tragenden Balken zuzuordnen ist. Die Hütte scheint den Bau 2.3 zu respektieren, es ist darum nicht auszuschließen, daß sie ein Anbau war. Gegenüber der Hütte 2.1 wird in den Tuffstein die große halbkreisförmige Grube 2.2 (Durchmesser 2,50 m) gegraben. Es handelt sich um eine Grube, die weitaus größer ist als die vorhergehende. Beide weisen trotzdem eine ähnliche Typologie auf, die sie geeignet zur Einlagerung von Getreide oder anderen Nahrungsmitteln erscheinen läßt (Brandt 1988, S. 20). Noch weiter östlich befindet sich ein kleiner ovaler Bau, vielleicht als Hütte interpretierbar, mit Vertiefungen für Pfähle und der Spur eines Kanales (2.5). Nahe dieses Baus ist die rechtwinkelige Grube 2.7 ausgehoben, interpretierbar, auch unter Berücksichtigung ihrer Ausmaße, als Kindergrab. Das Gebiet, auf dem die genannten Bauten liegen, ist nach Osten von einer geraden Einfassung begrenzt, bezeugt durch ihren Wasserkanal (2.6). In der Nähe sind weitere rechtwinkelige Gruben sichtbar, wahrscheinlich auch sie Kindergräbern zuzuordnen (2.9). Über 35 Meter nord-westlich von den beschriebenen Funden entfernt, also am westlichen Abhang des Cermalus, befinden sich die Reste der rechteckigen Hütte 2.8, nur teilweise erhalten. Es ist anzunehmen, daß der Weg entlang der Kante des Hügels und die Scalae Caci nicht wesentlich abgeändert worden sind.

485. 3. Phase: 650–550 (vgl. Abb. 6).   Das Areal scheint keine großen Veränderungen zu erfahren. Trotzdem ist es wahrscheinlich, daß die Hütte 2.1 aufgegeben wird und verschwindet. Der Boden der Hütte wird endgültig durch eine Schicht mit Material, das um die Mitte des 7. Jahrhunderts datierbar ist, bedeckt. Die Hütten 2.3 und 2.4 scheinen hingegen weiter existiert zu haben, eventuell mit Abänderungen des ursprünglichen Baus (3.1. und 3.2).

486. 4. Phase: 550–307 (vgl. Abb. 7).   Das Areal wird tiefgreifend verändert. Es wird eine Straße gebaut, die das Gebiet in zwei Zonen teilt. Im nördlichen Teil wird in der zweiten Hälfte des 6. Jahrhunderts ein Tempel errichtet, und es werden drei weite kreisförmige Vertiefungen gegraben.

Die Straße 4.7 entsteht höher gelegen als die vorausgehenden Wege, genau entlang der Grenzverläufe des Areals der späteren Tempel der Magna Mater und der Victoria. Von ihr erhalten sich einige Blöcke der seitlichen Begrenzungen. Der Bau und die monumentale Anlage der Straße legen nahe, daß in dieser Phase auch die Scalae Caci in gewisser Weise monumentalisiert werden. Der aus Cappellaccio-Blöcken erbaute

Tempel 4.8 bleibt nur in seinem südlichen Teil erhalten mit sechs übereinander liegenden und einer senkrechten Schicht. Die Ausrichtung ist Nord-Ost/Süd-West. Auf dem Areal des zukünftigen Tempels der Victoria sind weiter die kreisförmigen Vertiefungen 4.9, 4.10, 4.11 zu verzeichnen. Die im Vergleich zu den anderen größere Vertiefung 4.9 befindet sich in unmittelbarer Nähe des Tempels (Pensabene 1990–91 und Pensabene u. a. 1995a). Südlich der Straße stellt sich die Lage lückenhafter aber auch komplexer dar, da es zwar zahlreiche, aber schwer miteinander in Einklang zu bringende Funde gibt. Vor allem auf dem von den vorhergehenden Hütten 2.3 und 2.4 besetzten Areal werden Fugen eingeschnitten, in die Cappellaccio-Platten so eingefügt werden, daß sie viereckige Pflasterungen bilden, die vielleicht als Sockel dienen (4.1 und 4.2). Es ist wahrscheinlich, daß die Hütten in dieser Phase neu ausgestattet worden sind. In geringer Entfernung wird die rechteckige Grube geöffnet, von der wir annahmen, sie beherberge ein Kindergrab (2.7), und es wird in ihrem Inneren ein *skyphos* in archaischer etruskischer Keramik mit schwarzem Firnis abgelegt (4.3). Die Herstellung von solchen *skyphoi* beginnt im Laufe der zweiten Hälfte des 6.Jh. und dauert bis in die ersten Jahrzehnte des 5.Jh. (Santoro 1992, S.133–135). Die Cappellaccio-Platten 4.4 und vielleicht eine in den Tuffstein gehauene Grundmauer neben der Grube (4.12) könnten Teil einer äußeren Schutzmauer für die Grube sein. Nördlich von diesen Resten ist der schwer zu interpretierende rechteckige Bau 4.5. Auch auf diesem Areal befindet sich eine Vertiefung (4.6) mit viereckigem Grundriß.

487. 5. Phase: 307/294–204 (vgl. Abb. 8). Das Areal erfährt eine große Umwandlung durch den Bau des Tempels der Victoria (Pensabene 1991). Das Podium und der gegenüberliegende Bau überdecken die vorhergehenden Bauten, vor allem den Tempel, der ihm vorangegangen ist, die runden Vertiefungen, den rechteckigen Bau und die Straße. Unangetastet bleiben hingegen die Sockel oder Altäre und die Grube mit dem *skyphos*. Die Straße könnte jetzt den Namen Clivus Victoriae erhalten haben. Die in der vorhergehenden Phase erfolgte Ausstattung überdauert auch in dieser Phase. Die Böden für die Sockel 5.1 und 5.2 werden weiter verwendet, jedenfalls sind keine Bauten bekannt, die sie überdecken. Die Errichtung des Podiums für den Tempel der Victoria (5.6) bedingt die Überbauung der Vertiefungen 4.9, 4.10, 4.11. An der Ostseite des Podiums (5.7) wird ein Brunnen gegraben. Die Begrenzungsmauer 5.5 des dem Podium des Tempels der Victoria gegenüberliegenden Areals bildet dann eine Seite der Einfriedung aus Blöcken 5.3, die zur Begrenzung und zum Schutz der Grube mit dem Deposit errichtet wird. Diese letztere wird heute von einer Platte aus Tuffstein aus Monteverde abgedeckt (5.8). Die Einfriedung scheint sich westlich zu den beiden Hütten hin zu öffnen. Für die Errichtung des Tempels wird die Straße weiter nach Süden verlegt (5.4).

488. 6. Phase: 204/191–111 (vgl. Abb. 9). Der Tempel der Magna Mater wird gebaut, und das Areal wird neu geordnet (Pensabene 1991). Neben dem Tempel der Victoria (6.4) werden das Podium (6.6), die Grundplatte und die Treppe (6.7) des Tempels der Magna Mater errichtet. Das dem Podim des Tempels der Victoria gegenüberliegende Areal wird vom Bassin (6.9) eingenommen, das in Beziehung zum Tempel der Magna Mater steht. Die Begrenzungsmauer der dem Tempel der Victoria gegenüberliegenden Fläche wird aufgelassen und entfernt, um Raum zu schaffen für die neue Gestaltung des Clivus Victoriae (6.2.) und der Scalae Caci (6.3). Die Böden mit den Sockeln der beiden Hütten werden überbaut von gelben Tuffsteinblöcken, wahrscheinlich mit Bezug zum Clivus Victoriae. Über der in der vorhergehenden Phase mit der Platte aus Tuffstein aus Monteverde bedeckten Grube wird der Altar 6.1 errichtet, mit anderer Ausrichtung (Nord-Ost/Süd-West). Die Einfriedung, innerhalb derer er sich befand, wird nach Nord-Ost hin erweitert, um andere Dinge aufzunehmen, wodurch ein viereckiger Raum gebildet wird, den man vermutlich von den Scalae Caci aus betritt.

489. 7. Phase: nach dem 2. Jh. v. Chr. (vgl. Abb. 10).   Eine weitere Umwandlung des Areals erfolgt durch den Neubau des Tempels der Magna Mater nach dem Brand im Jahre III (Pensabene 1991 und 1990–91). Es wird eine große erhöhte Grundplatte (7.7) für den Tempel der Magna Mater angelegt, was zu einer generellen Neugestaltung des Areals führt. Der Clivus Victoriae wird eine *via tecta* (7.2), und das Bassin gegenüber dem Tempel der Victoria wird verlegt. Der Raum, der den Altar beherbergt, wird respektiert und erfährt keine wesentlichen Abwandlungen, abgesehen davon, daß er wahrscheinlich zu einem Raum unter der Tempelgrundplatte (7.1) wird.

490. Schlußfolgerungen.   Die vorgeschlagene Synthese bietet die Möglichkeit, die urbane Entwicklung des Areals über mehr als acht Jahrhunderte hin zu verfolgen. Die Bedeutung einer sich über einen so weiten Zeitbogen erstreckenden Untersuchung stellt sich als grundlegend heraus, um die Phänomene von Kontinuität und Wandel wirklich zu verstehen und um interpretative Aspekte ans Licht zu bringen, die die Begrenztheit einer auf kurze Zeit angelegten Studie nicht zu gewinnen zuließe. In diesem besonderen Fall bieten die späteren Phasen wertvolle Argumente, um neues Licht auf die allzu bruchstückhaften Überreste der frühesten Epochen zu werfen.

   In der 1. Phase haben wir eine große mit einem Rundgraben verbundene Hütte, der in der 2. Phase eine Ansammlung von drei Hütten an der Stelle der großen Hütte folgt. Gegenüber der Haupthütte wird ein großes Rundloch ausgehoben. Die Hüttengruppe nimmt den gleichen Raum ein wie zuvor die große Hütte. Es ist daher anzunehmen, daß der anderen Raumaufteilung funktionsbedingte Ursachen zugrundeliegen. Die Aufteilung des Raumes könnte insofern als eine Trennung der Aktivitäten interpretiert werden, die sich im Inneren der großen Hütte abspielten. Zwei dieser Hütten bestehen in der 3. Phase weiter.

   Die im archaischen Zeitalter erfolgte Monumentalisierung des Areals führt zu einer Änderung der Gesamtordnung des Gebietes. Von diesem Zeitpunkt an ist es möglich, den eindeutig sakralen Bedeutungsgehalt der Zone festzustellen. Ein direkter Beleg in diesem Sinne sind das unter dem sog. Auguratorium entdeckte Tempelgebäude und die beachtlichen Funde architektonischer Dekorationen aus Ton. Ein weiteres Element in diesem Sinne stellt die Deponierung des *skyphos* im Inneren der Grube dar. Dies läßt an ein Weiheritual für die Grube denken, die zuvor vielleicht für die Beisetzung eines Kindes genutzt worden ist. Es ist sinnvoll anzunehmen, daß während der Arbeiten zur Monumentalisierung des Gebietes die Grube entdeckt wurde und daß ihr eine besondere Bedeutung kultischen Charakters beigemessen wurde, die sie anfänglich nicht hatte.

Am Ende des 4. Jahrhunderts ersetzt der Tempel der Victoria das archaische Heiligtum und übernimmt seine kultischen Funktionen. Die Grube mit Deposit wird mit einer neuen Platte aus Tuffstein aus Monteverde abgedeckt, und um sie herum wird eine Abstand schaffende Einfriedung errichtet. Die religiöse Bedeutung des Monumentes wird so auf unmißverständliche Weise unterstrichen. Mit der Errichtung des Tempels der Magna Mater wird die Einfriedung erweitert, um etwas aufzunehmen, das wir nicht kennen, und über der Grube wird ein Altar errichtet. Das Umfeld wird nicht verändert, auch nicht beim Neubau des Tempels der Magna Mater im Jahre III v. Chr., die den Bau einer erhöhten Grundplatte mit sich bringt. Es ist also sicher, daß das Umfeld eine vorwiegend sakrale Struktur beibehält, die jegliche Beseitigung oder Entwertung verbietet.

Die literarische Überlieferung lokalisiert in der Nähe der Scalae Caci zwei Hauptmonumente, die mit dem Ursprung Roms in Zusammenhang stehen: die Roma quadrata und die Casa Romuli. Die Roma quadrata wird in verschiedenen literarischen und ikonographischen Quellen als ein Altar dargestellt, und sie wird in enger Beziehung zur Gründungsgrube gesehen (zuletzt Grandazzi 1993). Es legt sich deshalb der Vorschlag nahe, den Altar der 6. Phase mit der von den Quellen erwähnten Roma quadrata gleichzusetzen. Altar und Gründungsgrube werden auch in Cosa in Verbindung gebracht, und das stellt einen wertvollen Bezugspunkt für die analoge Situation auf dem Cermalus dar (Brown 1960, S. 9–16 und 83). Die Roma quadrata der augusteischen Zeit fände ihre Entsprechung im Haus des Augustus, wo sie wahrscheinlich ein Duplikat des von uns identifizierten Altares ist.

Als man in der archaischen Zeit die Grube freilegte, glaubte man vielleicht, die ursprüngliche Gründungsgrube wiedergefunden zu haben und vollzog aus diesem Grunde ihre Weihe. Es ist an diesem Punkt wohl erlaubt anzunehmen, daß die mit den Hütten der ersten beiden Phasen verbundenen Rundgruben die ursprünglichen protourbanen und urbanen Gründungsgruben gewesen sein könnten.

Was die von den Quellen mehrmals erwähnte Hütte des Romulus anbelangt, steht dem nichts entgegen, sie mit den oben genannten Hüttenüberresten gleichzusetzen. Eine einzige alleinstehende Hütte wird durch einen »Compound« aus drei Hütten ersetzt. Die genau dem großen Rundgraben gegenüber allein stehende Hütte könnte die königliche Hütte gewesen sein, neben der sich zwei Räume, mit womöglich präzisen Funktionen kultischen Charakters befanden (Ops? Mars?). In diesem Sinne könnte sich die Notwendigkeit erklären, den geheiligten Bereich abzusondern, aber gleichzeitig in enger topographischer Beziehung zum königlichen »Haus« zu belassen. Die kultische Bedeutung der beiden Hütten findet eine Bestätigung in den Böden für die Sockel, die in archaischer Zeit genau im Mittelpunkt dieser Bauten errichtet werden, Hinweis auf die Kontinuität des Kultes und einer neuen Weihe derselben. Spätere im Laufe der Jahrhunderte vorgenommene Änderungen hätten dann dazu gedient, die Hütte des Romulus im Inneren des Bereiches, in dem sich der Altar der Roma quadrata befand, wiederzuerrichten, der deshalb verdoppelt wurde, als die beiden übriggebliebenen Hütten aufgegeben wurden, um den Ort der Erinnerung an die Gründung zu gestalten.

7. Die archaischen Mauern Roms
Gabriele Cifani

491. Die Fragestellung. Die Existenz eines urbanen Mauerrings im Rom des 6. Jahrhunderts ist seit einiger Zeit Gegenstand einer im ausgehenden 19. Jahrhundert eingeleiteten lebhaften wissenschaftlichen Debatte. Die Forschungstradition, die den Beginn einer solchen Befestigung schon im Zeitalter der Tarquinier behauptet, auf der Grundlage von Zeugnissen der antiken Quellen (*Fontes* I, S. 135 ff.), identifiziert ihre Überreste in einigen Abschnitten der Mauer, die in Opus quadratum mit Blöcken aus grauem granulösem Tuffstein ausgeführt sind, deren Abmessungen dem Vielfachen des sog. oskisch-italischen Fußes (27,2 cm) folgen, und gut von anderen Befestigungsabschnitten zu unterscheiden sind, die in Opus quadratum aus gelbem Tuffstein ausgeführt sind, mit Blöcken von zwei römischen Fuß Höhe (zirka 60 cm), und mit einem Neubau der urbanen Verteidigungsanlage in der Zeit der mittleren Republik zusammenhängen (Cifani 1994, mit Bibliographie). In jüngster Zeit wurde die wissenschaftliche Debatte über die Mauern des archaischen Rom bereichert dank des technischen Vergleichs mit den Ergebnissen von Grabungen, die in einigen Zentren des mittel-tyrrhenischen Gebietes, insbesondere in Lavinium, aber auch in Ficana und Decima, durchgeführt wurden, wo es möglich war, die Verbreitung von Befestigungen in Opus quadratum aus Tuffstein seit dem 6. Jh. v. Chr. – auch für kleinere Siedlungen (Guaitoli 1984, S. 370-373; Cristofani 1990a, S. 178-233) – zu dokumentieren. Der folgende Katalog listet zusammenfassend die dem Mauerring aus archaischer Zeit zuzuordnenden Reste auf, die bei verschiedenen Gelegenheiten entdeckt wurden, im Laufe von mehr als einem Jahrhundert, und auf ihn bezieht sich der beigegebene Lageplan, während für die damit verbundenen zahlreichen Problemstellungen auf eine weitere Studie verwiesen wird (Cifani i. Dr.).

XXXIII

492. Katalog der Funde.

1. Quirinal zwischen Salita del Grillo und Largo Magnanapoli.
   Abschnitt von Befestigungen, entdeckt in den 1930er Jahren, im oberen Teil der Trajansmärkte (Lugli 1933, S. 22, Nr. 4; Coarelli 1983, S. 12). Es handelt sich um zwei in Opus quadratum ausgeführte Teile aus körnigem grauem Tuffstein mit hochkant gesetzten Blöcken mit einer Stärke von mindestens vier Lagen (Länge 1,5; Höhe 2,6; Länge 1,65; Höhe 3 Meter).

2. Quirinal, Via XXIV Maggio, Palazzo Antonelli.
   Mauerabschnitt in Opus quadratum aus grauem körnigem Tuffstein, beim Palazzo Antonelli am Largo Magnanapoli, gelegen bei 6,75 Meter im Innern der Reste der Befestigungen aus mittelrepublikanischer Zeit, die auf diesem Areal dokumentiert ist (Säflund 1932, S. 91-98, Quir. z; Lugli 1933, S. 22, Nr. 5).

2a. Quirinal, Colonnagärten, wiederverwendete Blöcke .
   In den Substruktionen der Westseite des Quirinals, auf der letzten Terrasse der Colonnagärten, wurden bei einer neuzeitlichen Terrassierung 26 Blöcke aus grauem körnigem Tuffstein wiederverwendet, die wahrscheinlich aus einem nahe-

gelegenen Abschnitt der Stadtmauer stammen (Säflund 1932, S. 87-88, Quir. s; Lugli 1933, S. 22-23, Nr. 6).

2b. Quirinal, Via Quattro Fontane, wiederverwendete Blöcke.

Westlich der Kreuzung zwischen Via delle Quattro Fontane und Via XX Settembre ist ein heute wieder eingeebneter Bau bekannt (Länge 6; Breite 1,5 m), bestehend aus drei Lagen grauer körniger Tuffsteinblöcke mit Resten in Opus cementicium (Säflund 1932, S. 86, Quir. l; CAR II, Nr. 109).

3. Quirinal, Gärten des Palazzo Barberini.

Lakonisches Zeugnis eines Mauerabschnittes in Opus quadratum aus grauem körnigem Tuffstein, umschlossen von einem Gebäude aus der Kaiserzeit (CAR II.I, Nr. 112-115).

4. Quirinal, Via XX Settembre, Caserma dei Corazzieri.

Kurzer Mauerabschnitt in grauem körnigem Tuffstein, der servianischen Mauer zuzuordnen, von der *domus* der Flavier einverleibt, jetzt auf dem Areal der Caserma del Reggimento Corazzieri, in der Via XX Settembre 12 (Coarelli 1983, S. 244).

5. Quirinal, Largo Santa Susanna.

Kurzer Mauerabschnitt in den Anlagen des Largo Santa Susanna (Länge 3,4 m; Breite 2,6 m; Höhe 0,68 m) in Opus quadratum aus grauem körnigem Tuffstein mit hochkant angeordneten Blöcken mittlerer Größe: 75 × 56 × 25 cm (vor den Zerstörungen von 1939: Säflund 1932, S. 85, Quir. i; CAR II.I, Nr. 33, 35).

6. Quirinal, zwischen der Kirche Santa Maria della Vittoria und dem Landwirtschaftsministerium.

Zwei Mauerabschnitte in Opus quadratum aus grauem körnigem Tuffstein wurden am Ende des 18. Jh. auf dem Areal des Landwirtschaftsministeriums dokumentiert und dann zerstört (Säflund 1932, S. 84-85, Quir. h I, II, IV; CAR II.f, Nr. 102-106).

7. Quirinal, Via XX Settembre, Landwirtschaftsministerium.

Auf dem Areal des Landwirtschaftsministeriums wurden 1907 die Reste eines Erdwalles in Zusammenhang mit der Befestigung aus dem archaischen Zeitalter festgestellt (6.-5. Jh.), ursprünglich in einer Mauer in Opus quadratum aus grauem körnigem Tuffstein, dann in den Mauerring der mittelrepublikanischen Zeit eingebunden (Säflund 1932, S. 82-84, Quir. g; CAR II.i, Nr. 102-106; Gjerstad 1960, S. 37-41).

8. Quirinal, Via Giosuè Carducci.

Mauerabschnitt, ursprünglich in die Substruktionen der Villa Spithöver eingefügt und 1909 teilweise abgerissen (ursprüngliche Länge 36 m; Breite 2,98-3,10; Höhe ca. 2,97 m, mittlere Abmessungen der Blöcke: 86 × 55 × 27 cm), ausgeführt in Opus quadratum mit Blöcken aus grauem gekörntem Tuffstein, wovon 11 Lagen erhalten sind (Säflund 1932, S. 77-81, Quir. E1-E2; Lugli 1933, S. 24-25, Nr. 10; CAR II,i, Nr. 82a).

8a. Quirinal, Via Salandra (früher Via delle Finanze), Wiederverwendung von Blöcken.

Wahrscheinliche Restaurierung in Opus quadratum aus grauem körnigem Tuffstein eines Abschnitts der mittelrepublikanischen Befestigungen aus gelbem Tuffstein, dokumentiert 1885 und wenig später abgerissen im Zuge der Straßenarbeiten in der Via delle Finanze, in dem Abschnitt, der heute Via Salandra heißt (Säflund 1932, S. 81-82, Quir. f; CAR II, f, Nr. 96 a).

9. Quirinal, zwischen Via Quintino Sella und Via Aureliana.
Zwei Mauerabschnitte in Opus quadratum aus grauem körnigem Tuffstein, mit Ausbesserungen in gelbem Tuffstein, wurden 1869 und 1881 auf dem Areal gesichtet, das heute zwischen Via Quintino Sella und Via Aureliana liegt. Die Mauern hätten eine unterschiedliche Höhe von 9 bis 11 Lagen von Quadern gehabt (Säflund 1932, S. 76-77, Quir. b-c; weitere Bezeugungen beim Nymphäum der Horti Sallustiani: CAR II, f, Nr. 74).

10. Quirinal, Porta Collina (Abb. 37).
Südlich der Kreuzung Via XX Settembre und Via Goito, bei der nördlichen Ecke des Finanzministeriums, ist im Juli 1996 ein Abschnitt der zur Anlage der Porta Collina gehörenden Befestigungsanlagen entdeckt worden, die in Teilen schon 1872 gesichtet wurden (Säflund 1932, S. 74-75, agger p; CAR III, D, Nr. 160). Es handelt sich vielleicht um eine innere Bastion in Opus quadratum aus grauem körnigem Tuffstein, mit vereinzelten Blöcken in gelbem Tuffstein mit mittleren Abmessungen von 45 × 55 × 100 cm. Der jetzt wieder unter der Erde liegende Bau wies eine Höhe von mindestens 10 Lagen von Blöcken (ca. 3 m) auf und war direkt auf den ursprünglichen Lehmgrund aufgesetzt, über dem eine künstliche Verfüllung aufgetragen war, die im inneren Teil abgestützt wurde. Die Bautechnik ist typisch für archaische Bauten zwischen dem 6. und 5. Jh. Ich bedanke mich bei Dr. C. Moccheggiani Carpano dafür, daß er mir gestattet hat, die Grabungsarbeiten und die archäologische Dokumentation zu verfolgen, die leider keine entsprechende stratigraphische Untersuchung einschlossen (Cifani i. Dr.).

11. Esquilin, agger, Via Gaeta.
Zwei Mauerabschnitte in Opus quadratum aus grauem körnigem Tuffstein wurden 1878 während der Bauarbeiten in der Via Gaeta, auf dem Anwesen Cordone, gefunden. Die Überreste waren nicht höher als drei Lagen; der südliche Mauerrest war 3,12 m lang. Es handelte sich vielleicht um Teile der inneren Umfassungsmauer des agger, des sog. contragger (CAR III g, Nr. 34).

12. Esquilin, agger, Piazza dei Cinquecento.
Mauerabschnitt des contragger, aufgefunden 1876 und heute teilweise sichtbar in den Anlagen zwischen Via Gaeta und Via Volturno (Länge 24,5; Breite 1,45; Höhe ca. 3 m), ausgeführt in Opus quadratum aus grauem körnigem Tuffstein, mit ca. 27 cm hohen hochkant gestellten Blöcken (Säflund 1932, S. 69, agger L III; Lugli 1933, S. 26-30, Nr. 13; CAR III.g, Nr. 67a).

13. Esquilin, agger, Via E. De Nicola.
Zwei Abschnitte der Mauer der Substruktion für den agger in Opus quadratum aus grauem körnigem Tuffstein wurden bei den Bauarbeiten zu einem vorläufigen Gleis auf dem Areal der alten Stazione Termini gesichtet, bei der verschwundenen Piazza del Macao (CAR III g, Nr. 102).

14. Esquilin, agger, Monte di Giustizia, Stazione Termini.
Spuren der Befestigung beim Wall, schon bekannt bei dem Monte di Giustizia genannten Hügel (Säflund 1932, S. 59, agger K VII; Lugli 1933, S. 30, Nr. 14; CAR

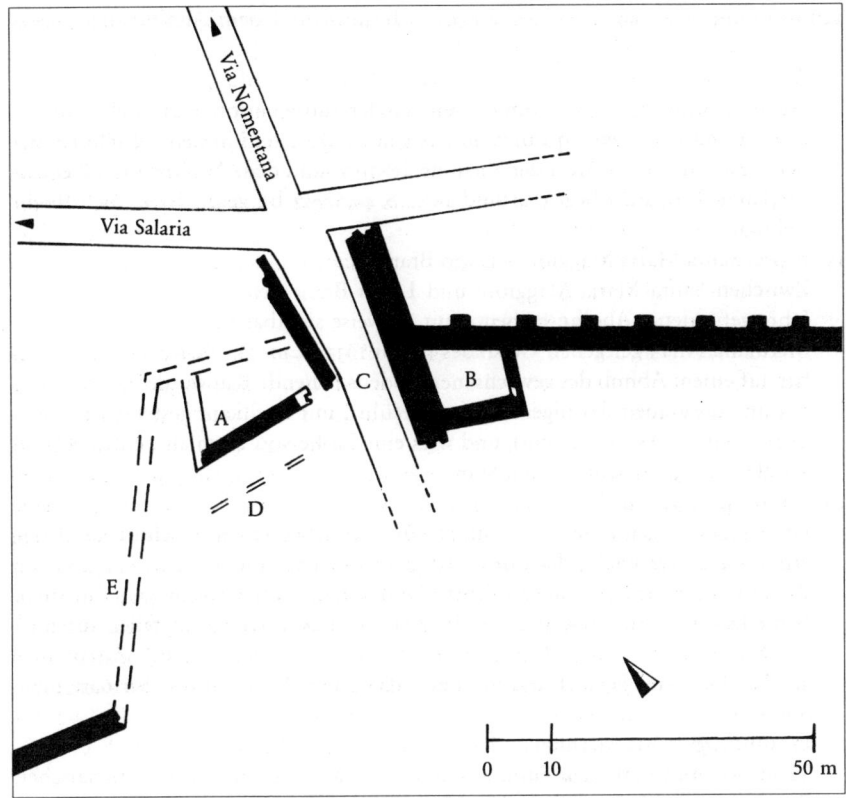

Via Nomentana

◀ Via Salaria

A   C   B

D

E

0   10   50 m

Abb. 37   Die Porta Collina in archaischer Zeit; schon bekannte Abschnitte in Schwarz;
A. nördliche Bastion mit neuem Mauerabschnitt in Grau; B. südliche Bastion; C. Vicus Portae
Collinae; D. Böschungsmauer; E. rekonstruierter Abschnitt der Mauer

III.g, Nr. 148; III l, S. 244) wurden 1949 vollständig ans Licht gebracht, als man
einen Mauerabschnitt in Opus quadratum aus grauem körnigem Tuffstein fand,
dokumentiert in einem Abschnitt von ca. 60 Metern und im Zusammenhang
mit dem »contragger« (Aurigemma 1961–62, S. 20–39; CAR III.g, Nr. 188). Einige
in den Untergeschossen des Zugangs zum U-Bahnhof Termini immer noch vor-
handene Abschnitte weisen hochkant gestellte Blöcke mit besonders sorgfältiger
Fugung auf.

14a. Esquilin, *agger*; Stazione Termini: wiederverwendete Blöcke.
An der Innenseite der großen Mauer in Opus quadratum aus gelbem Tuffstein
beim Eingang zur Stazione Termini, auf dem gleichnamigen Platz (Säflund 1932,
S. 56–58, *agger* K), sind einzelne Blöcke aus grauem körnigem Tuffstein zu sehen,
insbesondere im nord-westlichen Abschnitt. Ihre Seltenheit in diesem Abschnitt
läßt darauf schließen, daß es sich um Bruchstücke der Restaurierung handelt, die
vielleicht von der älteren archaischen Befestigung stammen.

14b. Esquilin, *agger*, zwischen der Stazione Termini und dem Auditorium Maecenatis.

Allgemeiner Hinweis von Lanciani zur Wiederverwendung von Quadern aus grauem körnigem Tuffstein im oberen Teil der Substruktion des mittelrepublikanischen Walls in Opus quadratum aus gelbem Tuffstein in dem Abschnitt, der heute zwischen dem Areal der Stazione Termini und dem Auditorium Maecenatis (Largo Leopardi) liegt (Säflund 1932, S. 49, *agger* h), gegenwärtig nicht mehr sichtbar.

15. Piazza Santa Maria Maggiore – Largo Brancaccio.

Zwischen Santa Maria Maggiore und Largo Brancaccio zu Beginn der 1930er Jahre gefundener Abschnitt, heute nur teilweise sichtbar im Hof des in der Via Merulana Nr. 13 gelegenen Gebäudes (Lugli 1933, S. 30–32, Nr. 15). Der unmittelbar auf einem Abhub des gewachsenen Bodens ruhende Bau wurde in Opus quadratum aus grauem körnigem Tuff ausgeführt, mit hochkant gestellten Blöcken (Abmessungen $85 \times 58 \times 27$ cm), und wies eine Höhe von 4,5 m auf, entsprechend 15 Lagen mit einer Dicke von 0,85 m.

16. Esquilin, *agger*, San Vito.

Die Ausgrabungen unter der Basilika San Vito haben einen Abschnitt der Mauern ans Licht gebracht, der direkt auf gewachsenem Boden ruhte (Länge ca. 13; Breite 2,20; Höhe 1,5 m), ausgeführt in Opus quadratum aus körnigem Tuffstein. Bemerkenswert am süd-westlichen Ende ein scharfkantiger Stützpfeiler, auf allen drei Sichtseiten bearbeitet (Länge ca. 1,4; Breite 1,45; Höhe ca. 1,5 m), interpretiert als Türflügel der Porta Esquilina des archaischen Mauerringes (Scrinari 1979, S. 60–62).

17. Esquilin, *agger*, Via Merulana.

Mauerabschnitt mit der Funktion des Contragger bezüglich der archaischen Befestigung, gefunden bei der Via Merulana auf der Höhe des Palazzo Brancaccio, ca. 20 Meter westlich des Verlaufs des mittelrepublikanischen Agger. Es handelte sich um die Reste einer Mauer in Opus quadratum aus grauem körnigem Tuffstein mit nur einer Lage aus ca. 0,29 m hohen Blöcken (Säflund 1932, S. 42, Esqu. d).

18. Aventin, Via della Piramide Cestia.

Von Parker bei der heutigen Piazza Albania dokumentierter Mauerabschnitt, ausgeführt in Opus quadratum aus grauem körnigem Tuffstein mit hochkant gesetzen Blöcken (Säflund 1932, S. 26–31, Av. E). Der Abschnitt, auf dem Tuffsteingrund aufgesetzt und dann in die mittelrepublikanische Befestigung einbezogen, wurde 7 Lagen hoch eingeschätzt, was ca. 2,1 m entspricht.

19. Aventin, Santa Sabina.

Ein der archaischen Zeit zuzuordnender Mauerabschnitt ist auf dem Aventin geortet worden, unter der Kirche Santa Sabina (Säflund 1932, S. 17–19, Av. a; Quoniam 1947, S. 43–52). Es handelt sich um vier ca. 3 Meter hohe Abschnitte, mit einer Gesamtlänge von 5 Metern, verteilt auf einer Fluchtlinie über ca. 20 Meter. Der Bau liegt auf halber Höhe des Hügels und ist in Opus quadratum aus grauen körnigen Tuffsteinblöcken ausgeführt. Die Höhe der Blöcke beträgt ca. 27 cm.

20. Aventin, Areal zwischen dem zerstörten Konvent San Vincenzo und Santa Maria in Cosmedin.

Ein Abschnitt der Befestigungen auf dem Areal zwischen dem ehemaligen Konvent von San Vincenzo und Santa Maria in Cosmedin wurde 1885 zerstört; Nach dem Grabungsbericht handelte es sich um einen »… großen Bogen, errichtet aus keilförmigen aschgrauen Tuffsteinblöcken mit einer lichten Weite von 3,30 m. Das linke Widerlager des Bogens war verbunden mit einer ebenfalls aus Tuffsteinblöcken gebauten Mauer, die in den Hügel eindrang …« (Borsari 1888, S. 20; Lugli 1933, S. 34, Nr. 17).

21. Kapitol, Mauer an den westlichen Abhängen.

Bei der heutigen Kreuzung der Via del Teatro Marcello mit der Via delle Tre Pile wurde 1925 ein immer noch erhaltener Mauerabschnitt gefunden, von dem man annimmt, daß er aus der archaischen Zeit stammt (Säflund 1932, S. 101–103, Kap. E; Lugli 1933, S. 17–18; Gjerstad 1960, S. 27–30). Der Bau ist unmittelbar auf dem ursprünglichen Tuffsteinboden errichtet; der Aufsatz, von dem mindestens 6 Lagen in Opus quadratum sichtbar sind, ist aus grauem körnigem Tuffstein (Länge ca. 20 m; Breite ca. 1,8 m; Höhe ca. 1,08 m; Abmessungen der Blöcke: 85 × 58 × 27 cm).

493. Schluß. Im Licht dieser klaren Gegebenheiten ist es unwahrscheinlich, daß die Mauern aus der Zeit der mittleren Republik die ersten einheitlichen Befestigungsanlagen der Stadt gewesen wären, und man kann, wenn man auch die anderen Befestigungsanlagen in Latium zum Vergleich heranzieht, mit großer Wahrscheinlichkeit davon ausgehen, daß es einen einheitlichen Befestigungsring gegeben hat, der in die archaische Zeit datiert werden kann.

8. Die Ursprünge Roms nach Tim J. Cornell

Andrea Carandini

494. Ein relativ zuversichtlicher Connaisseur. Wieder einmal, mit dem Buch von Tim J. Cornell über *The Beginnigs of Rome* (London / New York 1995), geht der Historiker mit »sicherer Hand« an das Thema heran, wie er es bei einem Meister, in diesem Fall Arnaldo Momigliano, gelernt hat, der schon die Grenze festgelegt hat zwischen dem, worüber man reden kann, und dem, worüber man besser schweigt. So verläßt sich dieser *connaisseur*, versehen mit den höheren Weihen seines Faches, auf eine lebendige Erinnerung des historischen Urteilens und auf den Umgang mit den Quellen, wobei er sich einmal behutsam vortastet, bedacht darauf, nicht das Mögliche mit dem Wahrscheinlichen zu verwechseln, und dann wieder auf mutige Weise und auch selbstbewußt vorprescht, wenn er allzu gewagte kritische Entscheidungen trifft und die Forschungen nicht in genügendem Maße berücksichtigt, die seinem rekonstruktiven Entwurf entgegenstehen. Beginnend bei Numa baut Cornell, wie schon Momigliano, auf die Überlieferung, was für einen britischen Historiker nicht wenig ist: »Es gibt keinen Grund, prinzipiell daran zu zweifeln, daß die Überlieferung eine romanhafte Version tatsächlicher Vorfälle sein kann.« Zusammen mit diesem König werden die drei Tribus zugestanden, die 30 Kurien, das Heer mit 3000 Fußsoldaten und sogar der Einfall der Sabiner. Was dem Historiker am Herzen liegt, ist vor allem: als sagenhaft in Abrede zu stellen, also für falsch zu halten, die Existenz eines Königs vor Numa und vor allem dessen Gründung der Stadt Rom um die Mitte des 8. Jh. v. Chr., die allerdings von nahezu der Gesamtheit der Quellen angenommen wird. Die romuleische Tradition würde weit zurückführen, bis ins 6. Jh. v. Chr., jedoch nicht weiter.

495. Epistemologische Fragen. Die Haltung dieses Autors gegenüber archäologischen Quellen ist nicht frei von Widersprüchen. Auf der einen Seite hält er sie für die einzigen »primären Evidenzen«, die zudem in ständigem Anwachsen begriffen und daher eine grundlegende Stütze für die Interpretation der annalistischen Erzählung sind. Andererseits betrachtet er die Archäologie als einfache Magd der Geschichte: »Die archäologische Evidenz kann keine unabhängige eigene Geschichte aufbauen, und sie kann nur zum Sprechen gebracht werden, wenn sie im Licht schriftlicher Quellen interpretiert wird«. Was soll der Archäologe unter dieser Voraussetzung hinsichtlich der Zeiten, der Orte und der Themen tun, für die es keine schriftlichen Quellen gibt? Den Spaten ins Gebüsch werfen, oder ihn mit noch mehr Bedacht ansetzen, um auf seine Weise eine Geschichte zu erzählen? Das archäologische Zeugnis ist für Cornell also strukturell schwach, und deshalb habe es nicht die Kraft, die Überlieferung zu bestätigen oder zu beweisen; bestenfalls ist es mit ihr kompatibel. Man kann der Archäologie nicht das vorwerfen, was eine epistemologische Grenze des menschlichen Wissens generell ist. Keine Wissenschaft kann nämlich irgend etwas beweisen. Sie kann nur Hypothesen aufstellen, die sich als »unsichere Wahrheiten« behaupten, bis auch sie falsifiziert werden (die Altertumsforscher sollten die Werke von Gregory Bateson und Karl R. Popper besser kennen). Es ist doch offensichtlich: Je mehr die archäologische Bezeugung mit Daten der literarischen Überlieferung »konform« geht, desto schwieriger wird es, die Wahrscheinlichkeit zu bestreiten. Und dies sollte zu dieser sterilen Frage reichen.

496. Eine demolierte Chronologie. Nach der eben skizzierten wissenschaftlichen Orientierung Cornells ist der Leser dann erstaunt, wenn jener allein auf der Basis nicht bewiesener und höchst unsicherer archäologischer Daten (vgl. Appendix 2b) die gesamte Chronologie der Vulgata bezüglich der Königszeit auf einen Schlag halbiert. Ein echter Coup, in der Art von Gjerstad oder Werner, in gewisser Hinsicht entzückend, heute allerdings kaum noch zu rechtfertigen. Literarische Quellen und archäologische Quellen repräsentieren nämlich unterschiedliche Systeme, die man (gemäß den methodologischen Empfehlungen von Emilio Gabba) nicht kreuzen kann, man kann sie nur vergleichen und gegebenenfalls, mit großer Vorsicht, neu zuordnen (so glauben wir zumindest), unter vielfacher Kontrolle und ohne zu vergessen, daß sie unterschiedlicher Herkunft sind. Wenn die herkömmliche Chronologie Probleme macht, die von Cornell erfundene wirft – wie wir sehen werden – noch größere Fragen auf. Nicht nur gibt es Romulus nicht, das wäre noch nicht so schlimm, könnte man glauben, wenn nur Numa bleibt, an den man sich als Stadtgründer klammern kann (Arnaldo Momigliano hielt die Gründung für ein schätzenswertes Datum der Überlieferung), aber Numa wird seiner Zeit enthoben, und d. h. nach vorne geschoben, bis hin zu einem symbolischen Datum, um das Jahr 625, an dem Rom von ihm gegründet worden sein soll. Numa nicht mehr in der königlichen Hütte, in der Ovid sich ihn vorstellte, sondern in einem Palast mit Mauern, Friesen und Ziegeln? Der Archäologe ist an diesem Punkt verwirrt; kam er sich zuvor fast ohnmächtig vor (wegen seiner Unfähigkeit zu erzählen und also etwas zu bestätigen), ist er dann plötzlich allmächtig: »Zuviel der Ehre, Herr Historiker«! Bei der Lektüre des Buches von Cornell wartet der Archäologe, wie in vielen anderen Fällen, besorgt auf die Ergebnisse der »sicheren Hand« des Historikers, um zu sehen, welches historische Phänomen und welcher Materialfund die Wahrscheinlichkeitsprüfung besteht oder nicht besteht. Es ergibt sich der Eindruck, daß für Cornell (aber nicht nur für ihn) nicht so sehr die saubere Methode, die solide Evidenz und das Mißtrauen gegenüber gelehrten Konjekturen zählen, sondern eher der persönliche historiographische Geschmack und die verbreiteten Richtlinien einer historischen Denkschule, die mehr oder weniger bewußt in ihm arbeiten, wie das Stilempfinden in einem Künstler, wobei das ganze begleitet und überdeckt wird von einem Ton professioneller Objektivität und wohldosierter rhetorischer Kunstgriffe, die sich dann in Einwürfen wie »es scheint offensichtlich« oder dem Gegenteil kundtut. »Was verwundert, ist der sichere Ton in der Behauptung und Verneinung«, könnte man mit Corrado Barbagallo (1926) sagen. Es gibt keine direkte archäologische Evidenz zur Bestätigung des Einfalls der Sabiner in der frühen Königszeit: Jacques Poucet verneint ihn, Tim J. Cornell nimmt ihn an. Es gibt eine direkte archäologische Evidenz zur Bestätigung des großen Rom der Tarquinier: Cornell nimmt es an und Poucet verneint es. Leider hat die »historische Kritik«, auch die »strengste«, ihre Schwächen und führt zu oft recht widersprüchlichen Rekonstruktionen.

497. Die Entwertung der Mauern des Romulus. In dieser recht willkürlichen Perspektive werden unsere Entdeckungen am Palatin positiv bewertet, unsere Pläne wiedergegeben, es wird keinerlei Zweifel vorgebracht (obwohl es diesbezüglich Zweifel geben könnte, aber der Historiker vermeidet es ins Detail zu gehen und vertraut den Ergebnissen des Archäologen), wenn das Ergebnis die Thesen des Autors bestätigt – z. B. bezüglich der archaischen Häuser – und umgekehrt, wenn das Ergebnis seinen Thesen widerspricht – z. B. bezüglich der palatinischen Mauern, die ohne jede alternative Interpretation herabgewürdigt werden. Die Mauern sind unseres Erachtens zumindest »consistent« mit der Überlieferung hinsichtlich der Zeit und der Art der romuleischen Gründung, aber nicht einmal das wird zugestanden, während andere demselben Romulus zugesprochene Gegebenheiten, es ist nicht klar warum, akzeptiert werden, auch wenn sie über 100 Jahre später datiert werden, einschließlich der Sabiner auf den *colles*. Tatsache ist, daß wir uns mit der romuleischen Gründung vor dem einzigen und letzten großen Tabu befinden, wir könnten sagen vor dem Gründungsmythos des antiken Rom der modernen Historiker.

498. Eine neue Chronologie. Cornell vertritt zu Recht, daß man sich die ersten Könige Roms nicht als protourbane oder präurbane Häuptlinge vorstellen darf (ein wahrlich höchst bedeutsames Zugeständnis), da er einsieht, daß das latinisch-sabinische Königtum unlöslich mit dem Phänomen der Stadtwerdung verknüpft ist. Andererseits vertraut der Autor zu unkritisch der archäologischen Vulgata, wonach Rom erst ab etwa 625 das Aussehen eines Stadt-Staates gewonnen habe. Ihm fällt folgende Lösung leicht: Die ersten vier Könige (vielmehr drei, denn Romulus ist nur eine Sage) werden der ersten Epoche der Tarquinier zugesprochen (etwa 625–560) und die Tarquinier ihrer zweiten Epoche (ca. 560–509). Mit diesem Hilfsmittel kann das protourbane Zeitalter bequem nach vorne verlängert werden, bis es das Ende des 7. Jahrhunderts streift, und das ohne mit der Überlieferung in Konflikt zu geraten, abgesehen von Romulus (aber ihn vertritt Numa als Gründer) und der traditionellen Chronologie. Letztere wäre nicht ernst zu nehmen, da sie späten Ausklügelungen entstamme, mechanischen Berechnungen der Generationenfolge (Cornell macht sich nicht die Mühe, die anderslautende These von De Cazanove 1992 zu zerlegen). Und wenn die Rechnung, auch da wo sie sich als mechanisch erweisen sollte, dennoch ins Schwarze getroffen hätte (die überlange Dauer der sieben bekannten Herrschaftszeiten könnte diejenige der unbekannten kompensiert haben)?

499. Fehlendes Selbstbewußtsein. Bis zum Ende des 7. Jh. v. Chr. ist Rom also nichts weiter als ein »large nucleated centre« – also keine präurbane Siedlung mehr, zumindest was die Größe anbelangt –, dem aber kein politisches, geschweige denn ein »self conscious« Gemeinwesen entsprechen würde, das Interesse hätte an der Pflege seiner Erinnerung (trotz des hohen Alters, das die Gelehrten den Kurien und der Feier des Septimontium beimessen). Aber wenn die Latiner sich bewußt waren, Latiner zu sein, wenn sie das Latiar feierten, und wenn sich die Erinnerung der *populi* erhalten hat, die Gründer des albanischen Bundes waren, warum sollten dann die Bewohner des Siedlungsraumes Rom zwischen der Mitte des 9. und dem Ende des 7. Jh. v. Chr. ohne Bewußtsein ihrer selbst und ohne Erinnerung gewesen sein? Der Autor denkt nämlich beim protourbanen Zentrum Roms an ein Gemisch von lokalen Mächten und Dörfern – diese Idee stammt von den archäologischen Kenntnissen aus den 1960er Jahren, die zwar inzwischen überholt aber immer noch notwendig sind für denjenigen, der die Gründung Roms spät anzusetzen beabsichtigt –, also an ein unzusammenhängendes Siedlungsgebiet ohne zentrale Autorität. Während dieser primitivistisch verstandenen protourbanen Epoche – wer war da zuständig für Besetzung neuer Stadtviertel, die Verteilung der Parzellen, die Verlegung der Nekropolen an die Peripherie, für die, wenn auch nur vermutete, Einverleibung der Hügel in die Bergsiedlung? – würde sich keinerlei Umbildung im gesellschaftlichen Gefüge zeigen – obschon Anna Maria Bietti Sestieri, eine Wissenschaftlerin, hochgeschätzt von Cornell, der man wirklich nicht Modernismus unterstellen kann, in der Nekropole von Osteria dell'Osa (Gabii) erste Anzeichen von gentilizisch-klientelaren Beziehungen ab etwa 770 festgestellt hat; es ist auch die Epoche, in die man die älteste Inschrift in griechischem Alphabet datiert, die in eben der genannten Nekropole gefunden wurde. Bestätigt würde die Einschätzung der protourbanen Zentren durch die »arme« Hüttenlandschaft, die ohne jeden Plan gewachsen wäre, wie sie sich der Historiker ausmalt, leider ohne jede Evidenz, da wir – archäologisch wirklich ein unverzeihliches Versäumnis – keine ausreichend umfangreichen etruskischen oder latialen protourbanen Zentren kennen (der Calvario auf den Monterozzi, dessen Hütten, zumindest anfänglich, planlos verstreut liegen, ist nur ein *vicus* eines *pagus* am Rand von Tarquinia, aber die Hütten von Gran Carro, einem Satellitenzentrum von Volsinii, scheinen hingegen nach einem regelmäßigen Plan angelegt).

500. Die Zeit der romuleischen Sage. Romulus und seine Gründung wären nichts als eine ab dem 6. Jh. v. Chr. erfundene Sage (siehe die kapitolinische Wölfin). Aber steht die Schaffung der Sage im Einklang mit dieser Zeit? Es ist seltsam, daß man eine Sage mit so typisch indigenem Gepräge erfindet, in ihren Eigentümlichkeiten und ungebührlichen Aspekten aus mythologischer Sicht vollkommen kongruent und überdies bei den Römern zutiefst verwurzelt, und das in einer urbanistisch und kulturell so »reifen« Epoche, die sich an Griechenland orientiert und kosmopolitisch eingestellt ist (die Tarquinier sollen von Demaratos von Korinth abstammen), zu einer Zeit ausgerechnet, als der Gründungsmythos des Aeneas eingeführt wurde, und dies alles, um eine Zeit zu erhellen, die nur zwei oder drei Generationen zurückliegt? Die Enkel hätten nichts mehr gewußt von ihren Großvätern? Und was für einen Sinn konnte es haben, in einer derart gekünstelten Zeit (denken wir an den Mythos von Theseus auf einem Fries der Regia und an die Gleichsetzung des Volcanus mit Hephaistos auf dem Comitium) die Gestalt eines Königs zu ersinnen, der Bandenführer ist, Frauen raubt, der getötet und von den Senatoren geviertelt wird, was den Römern höchst verwerflich erscheinen mußte, und das alles nur mit dem Ziel, ihn in ein ganz nahes Gestern zu projizieren? Ein derart peinlicher Mythos muß Frucht einer Gemeinschaft gewesen sein, die diese Peinlichkeit nicht wahrnahm (was nur in der Vorgeschichte und in der frühen Königszeit denkbar war), und er braucht jedenfalls eine ausreichend lange Zeit, um sich im Bewußtsein eines Volkes so zu verankern, daß er nicht mehr herausgerissen werden kann (die Mythen haben immer für Moralisten anstoßerregende Elemente enthalten, die diese aushalten mußten, die sie aber nie zu erfinden imstande gewesen wären). Die romuleische Sage ist von einer solchen Komplexität und Kongruenz, daß sie nicht die originelle Frucht von höfischen Mythenschreibern sein kann, auch nicht eines archaischen Hofes; diese können sie höchstens abgeändert, angepaßt und ausgeschmückt haben, sie mit erbaulicheren Geschichten von ägäischen Helden und griechischen Mythen verschmelzend, die aus narrativer Sicht befriedigender waren. Der Herrscher, der den Auftrag gab, und sein Antiquar konnten nicht so geschickte Fälscher sein (sie waren keine Dozenten der Religionsgeschichte), noch konnten sie in die Kleider einer latinischen Gemeinschaft am Ende der frühen Eisenzeit schlüpfen. Im 6. Jh. v. Chr. schuf die Gemeinschaft nicht mehr ihre Mythen. Es war eher die Aristokratie, die sich der einzelnen Mytheme bediente zu Zwecken, die wir bereits als »ideologisch« bezeichnen könnten (wie die Vaterschaft des Servius Tullius und folglich auch des Romulus, die in einer Version dem Volcanus zugeschrieben wird). Leider ist immer noch die Theorie verbreitet, wonach die Latiner zwar Riten, aber keine Mythen besessen hätten, weshalb ein Mythos nur die Frucht einer relativ späten Bearbeitung sein könne (auch wenn die Forschungen von Angelo Brelich das Gegenteil bewiesen haben). Die Sage des Romulus kann hingegen als letzter großer authentischer Mythos betrachtet werden, den das Kollektiv der Römer hervorgebracht hat, aufgrund sehr viel älterer sagenhafter Schemata, bevor Alba (das im Mythos so zentral ist) zerstört wurde und Lavinium religiös in den Vordergrund trat. Schließlich ergibt es keinen Sinn, daß Servius Tullius das erste *pomerium* geschaffen haben und dazu erfunden haben soll, daß nicht er die Furche gezogen habe, sondern ein anderer König, der nur drei Generationen vor ihm gelebt hat. Eine recht magere Legitimation für ihn und was für ein fabelhafter Masochismus für einen Tyrannen-General! Nicht einmal ein Opernlibrettist hätte eine derart unglaubwürdige Geschichte akzeptiert.

501. Widersprüche der Rekonstruktion. Der Name Romulus, was »der Römer« bedeute (wie Siculus auf Sicanus verweist), würde nicht authentisch klingen, auch wenn er zur archaischen etrusko-italischen und römischen Onomastik gehöre, und das würde beweisen, daß der König niemals existiert habe. Aber könnte es sich nicht um einen königlichen »ursprünglichen Vornamen« handeln, wie Massimo Pallottino angenommen hat? Die Problematik ist komplex, und der Name Romulus scheint alles andere als eine späte Erfindung zu sein. Die rituelle Gründung der Stadt wäre ein nicht zu glaubendes »Ereignis«, weil für eine so frühe Epoche der Historiker gehalten wäre, nur an Strukturen und Institutionen zu glauben, nicht an Personen und Taten (gemäß den Richtlinien von Theodor Mommsen). Eine Entscheidung dieser Art kann getroffen werden, sie stellt aber kein Dogma dar: »Zu den überlieferten Daten der Verfassungsgeschichte, die als zuverlässig betrachtet werden können, werden noch weitere hinzugefügt aus der politischen, sozialen usw. Geschichte, die die Überlieferung ebenfalls bietet« (Corrado Barbagallo). Warum soll man eigentlich an eine Gründung durch Numa glauben (ein Jahrhundert nach der traditionellen Chronologie) und an die Schaffung der drei Tribus, der 30 Kurien und an das Heer von 3000 Fußsoldaten, die nach Cornell ebensoviele Schöpfungen *ex novo* des frühen Stadt-Staates wären? Warum sollte man an den Einfall der Sabiner glauben und warum an die Zerstörung Albas durch Tullus Hostilius, nicht zu reden von den Taten des Ancus Marcius, die typische »Ereignisse« sind, und warum sollte es hingegen nicht möglich sein, an eine romuleische Gründung zu glauben? Die Gründung ist nicht nur ein Ereignis der politischen und juridischen Geschichte, sondern die Zelebrierung eines Einführungsritus der *urbs*, dessen Effekt man in seiner Wirksamkeit für unbegrenzt und irreversibel hielt, weshalb es sich um einen Ritus mit unmittelbarer und anhaltender Wirksamkeit handelt, also um eine Wirklichkeit von langer Dauer, die die anthropologische Geschichte des römischen Volkes betrifft. Auch die Datierung der oben genannten Institutionen auf ungefähr 625 v. Chr. scheint nicht begründet. Servius Tullius soll versucht haben, Einrichtungen wie die Kurien abzuschaffen, die zu verwurzelt waren, um sie auszulöschen, aber bestenfalls seit zwei oder drei Generationen bestanden? Eine solche Überlegung könnte man auch bezüglich des ältesten Kalenders anstellen, der ebenfalls unauslöschbar war, obwohl er nur außerordentlich kurze Zeit in Geltung war? Die Neuerrichtung von Institutionen, die unserer Meinung nach ursprünglich protourban waren, wie die Tribus, die Stadtviertel *(montes)* – man denke an die Schaffung der *obai*, d. h. die Umwandlung der *komai* in Viertel der *polis* in der *rhetra* des Lykurg in Sparta –, die *fana*, die *curiae* und der Kalender, hätte es ermöglicht, von einem Proto-Staat zu einem Staat überzugehen. Aber auch der Staat kann, wie die Stadt, nicht aus dem Nichts auftauchen und hat seine Wurzeln in der Vergangenheit (mit bedeutenden und fundierenden Momenten um die zweite Hälfte des 9. und die Mitte des 8. Jh. v. Chr.), weshalb auch er das Ergebnis eines langen und geschichteten historischen Prozesses ist.

502. Leugnung der romuleischen Gründung. Um die Gründung durch Romulus, die von einem Großteil der Tradition gestützt wird, zu bestreiten, bedient Cornell sich folgender Mittel: 1. Er nimmt die Überlieferung in ihren naivsten Aspekten wörtlich, um sie dann zu diskreditieren. Ist es möglich, daß Alba eine Stadt gewesen ist und die anderen Siedlungen in Latium ihre Kolonien? Nein, also kann Alba keine Vorherrschaft ausgeübt haben, ausgenomen in religiöser Hinsicht (als könnte die Religion zwischen Endbronzezeit und früher Eisenzeit ein eigenständiges Phänomen sein). Ist eine Entstehung Roms aus dem Nichts überhaupt denkbar? Nein (der Palatin ist nämlich schon seit sehr früher Zeit besiedelt), also ist die rituelle Gründung des Romulus nur eine Legende (als könnte eine protourbane Siedlung nicht zu einem bestimmten Zeitpunkt als *urbs* gegründet worden sein und als würde die Tradition keine Gründungen und Neugründungen kennen). 2. Gegen die romuleische Gründung beruft der Autor sich auf Livius. Der antike Historiker schreibt von den neuen palatinischen Mauern, der ersten Handlung Romulus' als Stadtgründer, aber er erwähnt nicht das Pomerium (1,6,2). Sind städtische Mauern vorstellbar ohne ein dahinter liegendes Pomerium? Sicher nicht (das Pomerium ist im Begriff der Stadtmauern mit einbegriffen), aber das ist unerheblich. Es zählt nur der Umstand, daß das Pomerium an dieser bestimmten Stelle nicht erwähnt wird. Das Pomerium wird jedoch von Livius anderer Stelle genannt (1,44,4), im Zusammenhang mit Servius Tullius, der die Mauern so ausgeweitet hat, daß sie die gesamte Siedlung umfaßten. Mit der Versetzung der Mauern hat der König auch das Pomerium versetzt (andernfalls hätte das palatinische Pomerium neben der servianischen Mauer überdauert, eine Absurdität), und deshalb führt Livius bezüglich dieses Königs genauer aus: »ita pomerium profert«. Als er auf diese Weise das Pomerium hier zum ersten Mal nennt, hat der antike Historiker es für angebracht gehalten, den Bericht zu unterbrechen, um eine kurze Digression über das geheimnisvolle Pomerium einzuschieben, zur Erläuterung des bestehenden untrennbaren Zusammenhangs zwischen diesem und der Mauer. Man kann schlechthin kein Pomerium nach vorne versetzen, das es zuvor nicht gab. Dennoch schließt Cornell eben aus diesen Stellen, Servius Tullius sei der erste gewesen, der das Pomerium geschaffen habe, mit welcher Logik ist nicht leicht nachvollziehbar. 3. Wir entdecken die palatinischen Mauern, die in einem Bezirk hochgezogen wurden, deren Behausungen für sie um das Jahr 725 dem Erdboden gleichgemacht worden sind, also in romuleischer Zeit, die im dritten Viertel des 6. Jh. v. Chr. (zur Zeit der Versetzung der Mauer und des Pomeriums durch Servius Tullius) aufgelassen und schließlich monumental wiedererrichtet und als heilige Erinnerungen an den Seiten der Tore in den Jahrhunderten zwischen Tarquinius Superbus und Augustus erhalten werden (man denke an die sorgfältige Restaurierung, der die Casa Romuli unterzogen wurde). Das sind drastische Einschnitte, die mit der Periodisierung der Quellen übereinstimmen – romuleische Gründung und servianische Neugründung –, und ist insgesamt eine außerordentliche, siebeneinhalb Jahrhunderte lang dauernde Kontinuität der Erinnerung: Gibt es eine auffälligere Stütze für die annalistische Erzählung, wenn man die romanhaftesten Aspekte (wie die Entstehung aus dem Nichts) abzieht? Cornell scheint dies alles als Geringfügigkeiten einzuschätzen, er erkennt keine Zäsuren und physischen Veränderungen in der Ansiedlung jener Epoche, obwohl die Mauern ein großes öffentliches Bauwerk darstellen, das es zuvor nicht gab und dann auf einen Schlag geschaffen wurde, anschließend aufgelassen und schließlich monumental wieder errichtet wurde als unauslöschliche Erinnerung (die letzte spätrepublikanische Restaurierung der palatinischen Mauern ist als Opus caementicium mit Verkleidung erfolgt, um dem Bau eine archaisierende Note zu verleihen). Es ist ein starkes Gefühl der Überlegenheit vonnöten, eine solche Evidenz dahingestellt sein zu lassen. Doch nicht genug, die palatinischen Mauern werden (wie Cornell zu verstehen gibt) mit einer mykenischen Scherbe verglichen, die, falls man sie auf römischem Boden finden sollte, nicht die Existenz von Euander und Aeneas beweisen würden – als ob wir, fänden wir eines Tages die Knochen einer Wildsau in Lavinium (das Beispiel ist mir von Carmine Ampolo nahegelegt worden), damit die bekannte albanischlavinatische Sage beweisen wollten. Cornell wollte die Dimension, die Komplexität, die Serialität und die topographische und symbolische Bedeutung des von uns entdeckten Denkmals nicht sehen. Der Autor hat zu Recht die Haltung desjenigen für »verstockt« erklärt, der den Zusammenhang zwischen der kapitolinischen Wölfin und der Sage von Romulus nicht sieht. Doch ebenso, wenn nicht noch verstockter erscheint mir seine Haltung den palatinischen Mauern gegenüber. Die von uns entdeckte Mauer (ohne die Inschrift »Romulus hat mich gemacht«) verhält sich nämlich zur romuleischen Inauguration so wie die Statue der kapitolinischen Wölfin zur Wölfin, die Romulus und Remus beim Lupercal gesäugt hat. Cornells Argumentation stützt sich im Grunde auf eine unbegründete, in der klassizistischen Kultur aber stark verwurzelte Annahme, nach der nur die Gemeinschaft eines Stadt-Staates sich ihrer bewußt sei und an ihrem Gedächtnis interessiert wäre. Eine solche Argumentation können wir in der folgenden Weise schematisch nachzeichnen: 1. Nach der archäologischen Dokumentation (wir haben gesehen wie wenig belegt sie ist) taucht Rom als Stadt-Staat erst ab ca. 625 auf; 2. dieser Epoche wird folglich Numa zugeordnet, der erste für glaubhaft gehaltene König, der als Stadtgründer gesehen wird; 3. Romulus geht dem Jahr 625 und Numa voran; 4. da man vor der Gründung der Stadt (also vor 625) kein Bewußtsein und kein Gedächtnis zulassen will, kann Romulus nichts anderes als eine Sage sein. Es ist eine Argumentation, die sich in den Schwanz beißt.

503. Die Mauern des Romulus: eine Tradition von über sieben Jahrhunderten. Unsere Mauern stellen eine monumentale Überlieferung dar und sind also eine Erinnerung, die seit der zweiten Hälfte des 8. Jahrhunderts bis Augustus dauert: ein beispielhafter Fall von kontinuierlich nachprüfbarem historischem Gedächtnis. Natürlich ist das etwas, was wir wissen, die wir graben und die Monumente stratigraphisch datieren, aber nicht die Römer, die nie stratigraphische Archäologen waren. Das bedeutet, daß die Römer des 6. Jahrhunderts nicht wissen konnten, daß die frühesten Mauern aus dem 8. Jahrhundert stammten. Wie dem auch sei, diese monumentale Gegebenheit belegt eine Kontinuität zwischen dem Ende der Vorgeschichte und dem Prinzipat, die niemand vorher hätte vermuten können (eine Kontinuität, die immer bestritten wurde, was die Überlieferung anbelangt, die man höchstens bis ins 6. Jh. zurückreichen läßt). Wenn man sich anhand von Steinen erinnern kann, in dem man sie aufschichtet und neu aufschichtet, kann man sich auch anhand von Liedern, die man immer wieder singt, anhand der Malerei, indem man malt und übermalt, anhand von szenischen Darstellungen in Rede und Gegenrede und schließlich anhand der Schrift erinnern, indem man schreibt und neu schreibt. So ist es zum Beispiel wahrscheinlich, daß es seit frühester Zeit eine Epik gegeben hat, die im Rahmen des Kults der Vorfahren (der *clari viri*) gepflegt wurde, *carmina*, die von den Teilnehmern an einem *convivium* gesungen wurden, begleitet von der *tibia*, wie wir auf den figürlichen Terrakotten der archaischen Paläste sehen können und wie wir es auf den Inschriften lesen, die, nach einer neueren Untersuchung von Filippo Coarelli (1995), einen schon vor der ersten Hälfte des 6. Jh. v. Chr. geformten saturnischen Vers enthalten. Wir können uns solche *carmina* ohne weiteres in wahrscheinlich mit Fresken ausgeschmückten Sälen der archaischen Häuser vorstellen, die wir am Fuße des Palatin entdeckt haben. Die verschiedenen Überlieferungen bestanden wohl nebeneinander und verstärkten sich bei der ständigen Abfolge der Mahlzeiten. Die Mauern können dazu beigetragen haben, das Gedächtnis zu festigen, aber sie können für sich genommen die Inauguration und die romuleische Sage weder erklären noch bestimmen. Die Mauern allein können auf den ersten König nicht den Zauber ausgeübt haben, wie es Attilio Mastrocinque (1993) gerne hätte. Sie sind wahrscheinlich vom ersten König der entstehenden Stadt gebaut worden, und sie haben geholfen, die Erinnerung daran zu bewahren, aber im Zusammenhang mit anderen, von ihnen unabhängigen Gegebenheiten, von denen wir leider nicht soviel wie von dem Denkmal wissen, das wir glücklicherweise entdeckt haben. Letztendlich scheint es regelwidrig, die Sage (in ihren authentischsten Aspekten) zu ignorieren, die einen bestimmten Mythos mit einer bestimmten Gründung der Stadt verbindet, indem wir den Mythos (als eine verhältnismäßig späte Erfindung) verwerfen und die Gründung aufrechterhalten, sie aber aus der Sage herausreißen und einem anderen König zusprechen, der über ein Jahrhundert später angesetzt wird. Solche Manipulationen, Ergebnis aus der Kombination zu unterschiedlicher Quellen, überzeugen nicht. Sage, Verfassung, Inauguration und Mauer, Stadtwerdung, Kalender und Chronolo-

gie bilden eine Einheit, die wir in ihrem Gesamtzusammenhang zu verstehen versuchen müssen. Man müßte sagen: »Entweder – oder, nehmen oder lassen«, aber nicht
zerstückeln.

504. Das Verdienst der Untersuchung. Ich wollte diese Bemerkungen des offenen Dissenses hier darlegen, die sich nach der Lektüre des Buches von Cornell
ergaben und sich nur auf die Fragen beziehen, um die es hier geht. Wir hätten
weitere Stellungnahmen bezüglich der zahlreichen weiteren Forschungen über die
Ursprünge Roms vorbringen können. Wenn wir ausgerechnet dieses Werk gewählt
haben, so deshalb, weil es uns an Qualität und Beispielhaftigkeit herauszuragen
schien. Cornell hat den Mut gehabt, sich in einen Studiensektor zu begeben und
voranzuschreiten, der in Großbritannien für unbegehbar gehalten wird, und er läßt
seine Hypothesen nicht diplomatisch im Ungefähren, sondern formuliert sie in aller
Schärfe bis in die letzten Konsequenzen aus, und indem er für die Königszeit eine
neue Chronologie aufstellt, macht er die Vor- und Nachteile seiner Rekonstruktion
deutlich sichtbar. Ich hoffe, es wirkt nicht allzu anmaßend (oder traditionalistisch),
wenn ich feststelle, daß die Nachteile der von ihm vorgeschlagenen Lösung zahlreicher sind als die Vorteile. Das Beschreiten anderer Wege kann vergleichsweise befriedigender sein. Lassen wir, zumindest in den großen Linien, die Chronologie so stehen (die überlieferten Könige sind, wie in vielen ethnologischen Fällen, nur jene,
die die Erinnerungsprüfung bestanden haben), und hören wir auf, an den Ufern des
Tibers nicht nur die »Stadt« im allgemeinen, sondern auch den »griechischen Stadt-
Staat« zu suchen. Suchen wir stattdessen den »etruskisch-lateinischen Stadt-Staat« und
insbesondere den »römischen Stadt-Staat« (mit seinen vorgeschichtlichen Wunder-
lichkeiten wie dem *pomerium* und mit seinem ebenso ungebührlichen wie kostbaren
indigenen Mythos, der alles andere als endgültig erforscht ist). Diese Art von Stadt
hat ihre eigenen Merkmale und Reifungsphasen und setzt Gründungszyklen und
präurbane, protourbane und urbane Gestaltungen voraus, ohne die es nie die in sich
vollendete Stadt der Tarquinier gegeben hätte: Endpunkt, nicht Ausgangspunkt eines
historisch langen Entstehungsprozesses, der von Einschnitten gekennzeichnet und
in vielen Hinsichten originell ist.

505. Die Schwelle des Wißbaren. Es ist vielleicht nützlich, daß es heute noch
einen Gelehrten gibt, der – ohne von vornherein Partei zu ergreifen bezüglich der
Überlieferung und der Strömungen der Geschichtsschreibung – auf der Basis einer
originellen archäologischen Dokumentation, die auch auf der Höhe der Zeit ist,
seine Stimme hören läßt; nicht in Vertretung einer Minderheit (jener, die in der
historiographischen Debatte verloren hat), als vielmehr zur Vermeidung des Gleich-
klangs, der sich in der Frage der Anfänge Roms im Bereich der »gemäßigten Kritik«
breitzumachen droht; und sei es nur zur Aufrechterhaltung des Zweifels, selbst wenn
das Thema anscheinend nur verdient, gleich wieder abgesetzt zu werden, und der
Wahrung der Toleranz bei aller Leidenschaftlichkeit, die für jedwede Erzählung
nötig ist, wenn sie nicht blutleer sein will. Im Grunde sind wir uns alle einig in
der Meinung, daß es möglich ist, auch die Geschichte von Epochen zu schreiben,
die einmal als dunkel bezeichnet wurden, von Epochen, die keine Geschichtsschreibung gekannt haben (vgl. Appendix 9). Uneinig sind wir nur in der Frage, ob es
angebracht sei, a priori Zäune aufzurichten zwischen dem Erkennbaren und dem

nicht Erkennbaren, mit Romulus jenseits und Numa oder Tullus Hostilius diesseits der Grenze. Es empfiehlt sich, kein *limen* festzulegen und jeden Fall für sich zu prüfen, im Geist frei von den alten, aber auch den modernen Traditionen, offen und wachsam gegenüber den materiellen Quellen, die von den Archäologen in immer weniger unvollkommener Weise präsentiert werden, eine wesentliche Leuchte zum tieferen Verständnis der literarischen Quellen, denen wir alle Rechnung tragen müssen (die Vorgeschichte und Frühgeschichte Roms können nicht und sollen nicht allein vom Boden aus geschrieben werden). Das letzte Wort ist noch nicht geschrieben (noch wird es je geschrieben sein) über das Jahrhundert, das der Ankunft der Tarquinier voranging (zwischen der 2. Hälfte des 8. und der 2. Hälfte des 7. Jh. v. Chr.): das kontroverseste der gesamten Geschichte Roms. Auch wenn wir für die eine oder für die andere der möglichen Auslegungen – letzte protourbane Epoche oder Epoche der Stadtwerdung – eintreten, ohne auf alles geltenlassende und kompromißlerische Interpretationen auszuweichen, lassen wir den Fächer der Möglichkeiten geöffnet, ohne den Verfechtern der einen oder der anderen These ihr Recht abzusprechen, seien sie nun in der Mehrheit oder in der Minderheit.

506. Einige Empfehlungen. Ich möchte diese Überlegungen mit zwei Empfehlungen schließen. Es wäre gut, wenn der Historiker sich mit den Grabungen und ihrer Dokumentation mehr vertraut machen würde, um zu lernen mit ihnen umzugehen und sie zu kritisieren, wie man es mit Ausstellungen tut, und vor allem um die Probleme der archäologischen Philologie (der Ikonographie, der Typologie, der Stratigraphie, der Topographie) zu verstehen, die nur ein beschränkter Geist für Technizismen zum Selbstzweck halten kann. Der Ausschuß bei der methodologischen Auswertung einer Feldforschung kann enorm sein, weshalb man die Qualität einer Grabung und ihrer Interpretation zu schätzen wissen muß, so wie man die Qualität einer literarischen Quelle bewertet. Manche Archäologen setzen gute Quellen zusammen, andere (besonders in der Vergangenheit) weniger gute. Man kann aus einer gut durchgeführten Grabung und ihrer Dokumentation sehr viel lernen, und das schon vor der endgültigen Veröffentlichung. Wenn es ein Vorzug ist, die Proben eines Konzerts zu hören oder einer Theateraufführung zu sehen, warum sollte man also nicht auch die Proben einer Grabung besuchen? Schließlich sollte man es vermeiden, die Interpretationen der Historiker im Vergleich zu denen der Archäologen hierarchisch zu ordnen, indem man ersteren von vornherein mehr Wert zumißt. Wenn es zutrifft, daß die Analysen und die Rekonstruktionen der Archäologen sich im Licht einer neuen Dokumentation als ephemer erweisen können, so trifft es ebenso zu, daß die Rekonstruktionen der Historiker genauso vergänglich sind. Es geht nicht darum, Historiker oder Archäologe, geduldig oder ungeduldig zu sein. Wir bewegen uns nämlich alle auf der Ebene von Vermutungen, und es ist das Schicksal von Vermutungen, mit der Zeit von besseren Vermutungen ersetzt zu werden. Carmine Ampolo hat den Historikern die »lange Zeit« empfohlen, damit sie nicht in die von den eiligen Archäologen aufgestellten Fallen tappen. Aber die Archäologen beherrschen vielleicht noch mehr als die Historiker die Kunst des Wartens – eine seriöse Grabung dauert mindestens zehn Jahre, weshalb die Publikationen auf sich warten lassen und es sicher nicht an der Zeit zum Nachdenken fehlt. Aber es gibt keine Ausdauer und Meditation, solange sie auch dauern mag, die uns vor Fehlern bewahren könnte, und darin sind wir, leider, alle völlig gleich: Historiker-Archäologen und Archäologen-Historiker.

507. PS: Ein Seminar in Cambridge. Ich bin von einem Freund, Henry Hurst, nach Cambridge eingeladen worden, der jünger ist als ich, aber dennoch mein Lehrmeister bei der Grabung in Karthago war; es ging um eine wissenschaftliche Begegnung mit Tim J. Cornell über die Anfänge Roms, die am 3. Juni 1996 stattfand. Anwesend war auch Mary Beard, die im TLS vom 12. April 1996 einen Artikel mit dem Titel *Who wanted Remus dead* veröffentlicht hatte. Ich konnte so feststellen, wie schwer in England das Leben für Gelehrte ist, die der gemäßigten Kritik von Gaetano De Sanctis und Arnaldo Momigliano anhängen. Ich habe ein Klima der Restauration des traditionellen britischen Skeptizismus verspürt (vgl. Vorwort, Anm. 6). Bewegt eine Forschung sich nach den eher traditionellen Stilmustern und meidet das verminte Terrain der archaischen Zeit, werden auch die gewagtesten und unwahrscheinlichsten gelehrten Phantasien wohlwollend betrachtet, wenn sie nur brillant und verlockend geschrieben sind. Befaßt eine Forschung sich aber im besonderen mit der archaischen Epoche, schlägt der Ton um, und man spricht von »credulity in some alarming scale«. Der britische Skeptizismus kann schrecklich subjektiv, humoral und ungerecht sein (umgekehrt aber auch außerordentlich respektvoll, Wiseman 1996). In der Debatte in Cambridge fand ich mich denn in der Rolle wieder, den Gegner, den ich herausfordern wollte, zu verteidigen, zur Enttäuschung des Publikums, das uns an einem gewissen Punkt fragte: »In welcher Frage gehen denn eure Meinungen auseinander?« Cornell hat versucht zu erklären, daß die Quellen über das frühe Rom im Vergleich mit anderen Situationen nicht dürftig, sondern außerordentlich reichhaltig seien. Die Tatsache, daß die Geschichtsschreibung um Rom relativ spät aufblüht, heißt nicht, daß wir darauf verzichten müßten, die Geschichte der frühesten Zeit zu rekonstruieren. Wie viele alte Kulturen gibt es, die wir dank einer Geschichtsschreibung rekonstruieren könnten? Der Autor ist dann zum wesentlichen Punkt gekommen, als er einräumte, im Widerspruch zu dem, was er geschrieben hat, daß der berühmte Zeitpunkt des Jahres 625 v. Chr. nicht das Datum der Gründung Roms sei, sondern ein schlichter *terminus ante quem* für die Gründung und Bildung der Stadt ist. Mit dieser Option hat Cornell das Verdienst, für die nächste Generation einen Diskussionsraum zu eröffnen, wofür wir ihm sehr dankbar sind, weil es bedeutet, daß das von uns eingeleitete Gespräch nicht ganz unnütz gewesen ist.

9. Das »kulturelle Gedächtnis« nach Jan Assmann

Andrea Carandini

508. Geschichtsschreibung und kulturelles Gedächtnis. Das Problem, dem sich der Archäologe und der Historiker gegenübersehen, wenn sie auf Zeugnisse mythischen Charakters stoßen – Kosmogonien, fundierende oder zumindest symbolträchtige Ereignisse –, besteht darin, daß sie sich teilweise ihrer Forschungsweisen, die an die Geschichtsschreibung gebunden sind, entledigen müssen, um sich neue anzueignen, die einer Gesellschaft entsprechen, die keine Geschichte kennt. Sie treffen nämlich auf eine besondere Art gesellschaftlicher Erinnerung, die darauf ausgerichtet ist, die Identität einer keineswegs neutralen, vielmehr stark sakralisierten Gruppe von Menschen aufrechtzuerhalten, die sich auf eine ferne rekonstruierte Vergangenheit stützt, die als Gründung erinnert und gelebt wird. Diese Erinnerung ist Gesellschaften eigen, die keine Geschichtsschreibung kennen, die überhaupt keine Schrift haben oder sie, falls sie sie kennen, einsetzen, um die Ereignisse semantisch zu *exempla* gerinnen zu lassen, und nicht als Mittel, um den Wandel der Zeit zu erfassen. Die Geschichtsschreibung beginnt vielleicht gerade da, wo der Zauber dieser ursprünglichen und fundamentalen Weise sich zu erinnern zerbricht und die Erinnerungskultur sich in Richtung eines geschichtlichen Bewußtseins hin verändert. Es ist daher notwendig, daß der Altertumsforscher die Vergangenheit auch jenseits der Säulen des Herkules dieser anthropologischen Zäsur zu rekonstruieren versucht, als die Gesellschaften nur eine zu Symbolen geronnene verflossene Zeit kannten. Unter solchen Bedingungen sind die Produkte der Erinnerung Sagen und Mythengeschichten, die von der Allgemeinheit als höhere Wahrheiten empfunden werden, die für die Gesellschaft grundlegend und formativ sind.

509. »Kalte« und »heiße« Gesellschaften. Gesellschaften dieser Art, die Claude Lévi-Strauss (1962a) als »kalt« definiert hat, vergessen die Anomalien der Geschichte, die ihr Selbstverständnis und den Fortbestand ihrer fragilen Gemeinschaft bedrohen. Das Problem besteht in diesem Fall darin, zu begreifen, auf welche Weise und wie weit es so angelegten Gesellschaften gelingt, die Veränderungen einzufrieren, eingebettet in die kanonischen und ritualisierten Verhaltensweisen, und ein kulturelles Gedächtnis zu entwickeln, das den Einbruch der Geschichte in die Erinnerung verhindert. Zu den »kalten« Gesellschaften gehören nicht nur die sog. »primitiven«, sondern auch die staatlich organisierten Gesellschaften wie die »großen Kulturen« der Antike, in höchstem Maße Ägypten, aber in gewisser Hinsicht auch das frühe Rom, das jedoch in der Folge ein vollkommen anderes Schicksal haben sollte. Königslisten oder Annalen dienen in diesen Fällen eher dazu, die Erinnerung einzufrieren, anstatt sie in die Richtung einer Geschichtsschreibung zu orientieren, weil sie nur bestrebt sind, die Zeit zu messen, nicht die Ereignisse in ihrer Veränderlichkeit zu erzählen. Die dem »kalten« Gedächtnis zugrundeliegende Logik ist den Altertumsforschern im allgemeinen wenig bekannt, die sich an Herodot und Titus Livius gebildet haben und es gewöhnt sind, mit einer »heißen« Erinnerung umzugehen, wie sie für unsere Zeit und einen Großteil der klassischen Kultur charakteristisch ist. Aber es ist völlig irrational, sich vorzunehmen, eine Geschichte nur der Kulturen zu schreiben, die eine Geschichtsschreibung gekannt haben. Hat es zum Beispiel Sinn, bezüglich Rom an den Anfängen des 4. Jahrhunderts haltzumachen, beim Ende der nahen Vergangenheit der ersten Historiker dieser Stadt? Auch ohne eine Geschichtsschreibung verfügen wir über Dokumente verschiedener Art, die uns in die Lage versetzen, Rekonstruktionen geschichtlicher Art vorzunehmen. Die Geschichte des Menschen ist ein sehr viel weiteres Universum als das von der Geschichtsschreibung und den Altertumsforschern mit ihrem herkömmlichen geistigen Horizont abgedeckte Feld.

510. Gesellschaftliche Bezugsrahmen des kulturellen Gedächtnisses. Die »kalten« Gesellschaften haben verschiedene Arten, sich selbst zu memorieren: Sie bewahren die Erinnerung in der Stetigkeit einer Tradition, durch den Wiederaufbau einer Vergangenheit im Ineinander von Brüchen und neuen Anfängen (wie in den »Renaissancen« und den »Gründungen«) und auch durch Vergessen, wenn das zu erinnernde Material nicht beeindruckt und für die Gemeinschaft uninteressant ist. Nach zwei oder drei Generationen ist es natürlich zu vergessen, wenn nicht gesellschaftliche Dispositionen ins Spiel kommen, die die Ereignisse zu Symbolen erheben und sie dem Vergessen entreißen. Die Vergangenheit als gesellschaftliches Erbe ist nämlich eine kulturelle Schöpfung, eine Produktion geschehener Ereignisse, die beständig nach den Orientierungen der Gesellschaft neu organisiert wird. Es war Maurice Halbwachs (1925), ein Wissenschaftler des willentlichen Gedächtnisses der Gesellschaft, den Altertumsforschern allgemein nicht bekannt und kürzlich von dem Ägyptologen Jan Assmann (1992) wieder ins Gespräch gebracht, der die »gesellschaftlichen Bezugsrahmen« des Gedächtnisses studierte, wonach es die Allgemeinheit ist, die das Gedächtnis des Einzelnen determiniert, und der das Problem des »kulturellen Gedächtnisses« in bezug auf die großen Kulturen der Antike neu gestellt hat. Das kulturelle Gedächtnis verdichtet die Geschichte in Mythen, die die Identität eines Volkes begründen. Der Exodus für die Juden, die Wanderung der Aboriginer oder der Trojaner für die Latiner, die Gründung der Stadt durch einen Albaner für die Römer sind die konstitutiven Ereignisse auf denen das Zusammengehörigkeitsgefühl und das Bewußtsein dieser Völker basieren. Mit den Festen und den Kalenderriten werden die fundierenden Vergangenheiten, auf diese Weise symbolisiert, aktualisiert und der Gemeinschaft von den Priestern und anderen Spezialisten der Erinnerung bekannt gemacht. Mythen dieser Art können erfunden sein oder in irgend einem tatsächlich stattgefundenen Ereignis wurzeln, sie sind aber in jedem Fall hochbedeutsam und bestimmend für die betreffende Gesellschaft, als absolute Wahrheiten, weshalb sie mit größter Ernsthaftigkeit und Wißbegier behandelt werden sollten.

511. »Nahe« und »ferne« Vergangenheit. Die rezente Vergangenheit stützt sich auf die direkte Erfahrung der Person oder auf die Kommunikation mit direkten Zeugen. Es ist dies das Gedächtnis des Alltags oder das biographische Gedächtnis, das etwa drei Generationen (80-100 Jahre) dauert. In dieser Zeitspanne werden Vergangenheit und Gegenwart zunächst als äquivalent gesehen und erst in einem zweiten Moment beginnt sich die Vergangenheit von der Gegenwart zu lösen, und es kann die Notwendigkeit entstehen, die Erinnerung zu fixieren und sie zu rekonstruieren, und hier tritt die Gesellschaft auf den Plan, indem sie ihre Aufzeichnung und Organisation im Rahmen des kulturellen Gedächtnisses begünstigt oder hemmt. Der Ethnologe Jan Vansina (1985) hat zwischen »naher« und »ferner« Vergangenheit bzw. den Ursprüngen unterschieden, die im allgemeinen sakralisiert und überliefert wird. Zwischen die beiden Vergangenheiten schiebe sich in vielen Fällen eine »fließende Lücke (floating gap)« ein. Diese Lücke werde vom kulturellen Gedächtnis, das dazu tendiert, nahe Vergangenheit und ferne Vergangenheit zu verschmelzen, nicht wahrgenommen. Aber der Gelehrte (auch der Antike), der Ethnologe und der Historiker nehmen diese Lücke wahr. Es handelt sich um die »Dark Ages«, die sich zwischen eine nahe/gegenwärtige Vergangenheit und eine dem Ursprung nahe Vergangenheit einschieben, wie es z. B. im homerischen und romuleischen Zeitalter im Hinblick auf die von Heroen und Dämonen beherrschten »Vergangenheiten« geschieht. In diesen beiden Fällen erscheinen die Gegenwarten wie Renaissancen der fernen, fundierenden Vergangenheiten, es handelt sich um Epochen, die noch der mythischen Mentalität verhaftet sind, also um Wiederholungen, die neuerlich beeindrucken, Bedeutung gewinnen und folglich in ihren Ursprüngen erinnert werden (was die Altertumsforscher gewöhnlich nicht nachvollziehen können, die angesichts der für das mythische Denken charakteristischen Wiederholungen geneigt sind, diese zu rationalisieren und dabei die Geschichtlichkeit des letzten Falles hinnehmen und die vorhergehenden Fälle als Projektionen späterer, also »falscher« Elemente in eine mehr oder weniger ferne Vergangenheit interpretieren). Mit dem Aufkommen einer mehr historischen Mentalität können die Lücken von den Antiquaren mit erfundenen Genealogien gefüllt werden, wodurch sich die chronologischen Zweideutigkeiten auflösen, die jede Verschmelzung zwischen einer nahen und einer fernen Vergangenheit unweigerlich mit sich bringt (weshalb Romulus einmal als ein Gründer der Bronzezeit und dann der frühen Eisenzeit erscheint).[1]

512. Die Sage von Romulus und das kulturelle Gedächtnis. Wenn der romuleische Mythos nicht mit einem Mal im 6. Jahrhundert fabriziert worden ist, wie es die gemäßigte Geschichtskritik möchte, als Lavinium noch das bedeutendste religiöse

---

[1] Das alles ist für uns schwer zu verstehen, besonders wenn wir nicht wahrhaben wollen, daß auch unsere moderne Zeit auf ihre Weise von atemporalen Elementen durchzogen ist: »Ganz so, wie ich ... gespürt hatte, daß aufgrund von Kultur und Mode eine gleiche Welle durch den gesamten Raum die gleichen Eigenheiten des Sprechens und Denkens fortträgt, wühlen auch während der ganzen Dauer der Zeiten gewaltige Grundwellen aus den Tiefen der Menschenalter die gleichen Regungen des Zornes, der Trauer, der Tapferkeit, die gleichen Manien in immer wieder sich übereinanderschichtenden Generationen auf, wobei jede Unterart, wenn man mehrere Exemplare derselben Serie herausgreift, gleich den Schatten auf immer neu vorbeiziehenden Bildschirmen die Wiederholung eines in sich identischen Bildes ergibt«; und weiter: »Und immer – ohne daß darin eine Unterbrechung eintritt – würde eine Flut von neuen Prinzessinnen von Guermantes heraufkommen oder vielmehr immer und ewig eine einzige Prinzessin von Guermantes, deren Funktionen nur von einem Zeitalter zum anderen einer anderen Frau oblagen, die vom Tod nichts wußte und allem gegenüber gleichgültig war, was sich verwandelt und dadurch verletzt, da der Name über denen, die von Zeit zu Zeit in den düsteren Schlund hinabsinken, seine seit undenklichen Zeiten friedlich daliegende gleiche Oberfläche wieder schließt« (M. Proust, *Le temps retrouvé*, dt. Übers. von Eva Rechel-Mertens).

Zentrum in Latium war – in der Rolle Albas nach dessen Zerstörung im vorhergehenden Jahrhundert –, ein Zentrum, das inzwischen unter der Kontrolle Roms stand, wie sich aus dem Vertrag zwischen Rom und Karthago von 507 ergibt, dann ist die Bildung dieses Mythos der Zeit der Stadtwerdung zuzuordnen, zwischen der Mitte des 8. und der Mitte des 7. Jahrhunderts oder kurz danach, als Alba noch die unangefochtene Metropole der Latiner war, wodurch allein sich die wesentliche Rolle verstehen läßt, die diese Siedlung in der romuleischen Sage hat. Sagen beziehen gewöhnlich ihren Stoff aus den Ereignissen, von denen sie handeln, aber sie gerinnen erst einige Zeit später zu einer Form. Für die Generation der Stadtgründung und die nachfolgende Generation dürften die Heldentaten des Gründers im wesentlichen als zeitgenössisch erschienen sein, als Teil der nahen Vergangenheit, auch wenn die Verlegung der *regia* in das neue Vestaheiligtum und die Erneuerung der Mauern um den Palatin, zwischen dem Ende des 8. und dem Beginn des 7. Jahrhunderts, eine erste topographische und monumentale Loslösung von den Gründungsumständen bedeutet haben dürften. In der Zeit des Numa und des Tullus Hostilius muß dann die Entscheidung getroffen worden sein, die Erinnerung an die Gründung zu bewahren und zu organisieren, insofern sie ein neues großes fundierendes Ereignis nach den Ereignissen des heroischen Zeitalters war. Am Übergang zwischen dem 8. und 7. Jahrhundert könnte sich in der oralen Kultur der Zeit das symbolisierte Gedächtnis der Anfänge Roms aus einem Konglomerat von Verdrängtem, Erinnertem und Mythemen herausgebildet haben, das der authentische Kern der romuleischen Sage ist, wenn man sie von den späteren Elementen reinigt. Die Sage, der Zehnmonatskalender, die Staatsbildung und die Gründung der Stadt dürften Teil eines einzigen politisch-gedanklichen Komplexes sein, der das Fundament für die Identität und das Bewußtsein der Römer als Volk ist, das sich vom lateinischen *nomen* und den *populi* unterscheidet, die den Siedlungsraum Rom vor der Stadt bewohnt haben. Insbesondere die Sage hatte sich schon so im Gedächtnis der Römer festgesetzt, daß sie in ihren konstitutiven Teilen nicht mehr ausgelöscht und auch nicht mehr von den Elementen gereinigt werden konnte, die später als höchst ungebührlich erscheinen mußten.

513. Die Sage von Romulus und die Erzählung von Christus.   Es ist an dieser Stelle lehrreich, daran zu erinnern, wie sich das kulturelle Gedächtnis von Christus (denn es handelt sich nicht um Geschichte) geformt hat. In diesem Fall ist es möglich festzustellen, wann das religiöse Leben von Jesus in einer unauslöschbaren und kanonischen Erinnerung fixiert wurde. Jesus starb um das Jahr 30. Das älteste Evangelium, das des Markus, wird 65-70, das Lukas- und das Matthäusevangelium 80-90 und das Johannesevangelium 90-100 datiert. Zwischen dem Tod des Christus und dem ältesten Evangelium werden sieben Paulusbriefe 50-57 datiert. Die mündliche und nur teilweise schriftliche Überlieferung der Evangelien konsolidiert sich und wird 35 bis 70 Jahre nach dem Tod des Messias mit einem schriftlichen Kanon abgeschlossen (Iossa 1997). Wir befinden uns also im Bereich der 80 Jahre, die die bereits zitierten Erforscher des kulturellen Gedächtnisses der Erinnerung an nahe Vergangenheit einräumen. Die Sage von Romulus, die im wesentlichen Mitte bis Ende des 7. Jahrhunderts konstituiert wurde, setzt eine Vorgeschichte voraus, die auf das Ende des 9. und die Anfänge des 8. Jahrhunderts zurückreicht (man denke an König Amulius). Jenseits dieser chronologischen Schwelle verliert sich jegliche Spur der mythischen und fundierenden Erinnerung in einer Lücke, die einige Jahrhunderte dauert, bis sie in der fernen Zeit des Latinus und seiner Vorfahren anlandet, die nun wieder neu und lebhaft im kulturellen Gedächtnis gegenwärtig ist. Von dieser Lücke – der letzten in der Erinnerung der Römer – gab es, soviel wir wissen, nur während des 3. Jahrhunderts ein klares Bewußtsein, und erst sehr viel später füllten die Chronographen sie mit einer erfundenen Liste von albanischen Königen auf. Aber zur Zeit der Entstehung der Sage dürfte die Lücke nicht als solche wahrgenommen worden sein, und der Gründer Roms konnte einmal als Heros des 8. Jahrhunderts und dann als Heros der Zeit des Latinus erscheinen, oder er wurde überhaupt mit dem Gründer des *nomen* vermischt, und diese chronologische Doppeldeutigkeit dürfte sich erhalten haben bis zur definitiven Unterscheidung der beiden Zeiten, die aber erst möglich wurde, als man sich dieser sie effektiv trennenden Lücke bewußt wurde, als erst ein historiographisches Bewußtsein und dann eine Historiographie aufkam. Die Sage von Romulus, Gründungsmythos der Römer, war geschaffen worden durch Anleihen aus den Sagen von den aboriginischen göttlichen Häuptlingen Latiums, dem Gründungsmythos der Latiner, weshalb die Replik sich einmal mit dem Original vermischte und dann wieder davon getrennt wurde, einmal die fernste Vergangenheit heranholte und dann wieder in ihren Halbschatten geriet.

514. Fälschungen in archaischer Zeit. Im Laufe des 6. Jahrhunderts – mit den letzten gräzisierenden und etruskisierenden, jedenfalls kosmopolitischen Königen von Rom – begann sich der Rahmen des gesellschaftlichen Gedächtnisses zu wandeln, und es bildeten sich Schichten heraus. Die romuleische Sage wurde keineswegs vergessen, sie machte im Gegenteil einen wichtigen Ausgestaltungsprozeß durch, wurde wahrscheinlich aber auch emendiert, durch Ersetzung der Verbindung mit Latinus durch Aeneas. Aber ungeachtet dieser Abänderung bewahrte die Sage ihre grundlegenden Züge, und es verlor sich auch in der Verwischung nicht gänzlich ein gewisses Bewußtsein für die reale Zeit, in der die Gründung Roms gefeiert wurde, eine Zeit, die vielleicht schon damals, eventuell schriftlich, mit zeitgenössischen Ereignissen, die die Griechen festgehalten hatten, verknüpft wurde, und man kann vermuten, daß dies zur Zeit des Demaratus oder eher des ersten Tarquiniers der Fall war. Die Tatsache, daß die Sage von Romulus entsprechend den typischen Sequenzen des kulturellen Gedächtnisses aufgebaut ist – wie die Rekonstruktion zeigt, die ohne Bezugnahme darauf erfolgt ist –, ist ein weiterer Grund, die Essenz der Erzählung von der Gründung Roms für authentisch zu halten. Die Sage dürfte schnell kanonische Geltung gewonnen haben, wie es bei dem Kalender mit Großbuchstaben der Fall war, sie dürfte unverändert durch die Zeiten überliefert worden sein, bis zum Zeitpunkt der zweiten Gründung durch Servius Tullius die ersten bedeutenden Angleichungen der Sage und des Kalenders stattfanden, die jedoch im Bereich ihrer ursprünglichen »Schicht« auf Eis gelegt waren, wodurch sich uns, wenn wir nicht zu ängstlich sind, die Möglichkeit bietet, sie zu rekonstruieren. Zwischen dem 6. und dem 3. Jahrhundert war Rom gleichzeitig eine sog. »kalte« (in ihren Riten konservative) und »heiße« (abgesehen von den Riten innovative) Gesellschaft, bevor die Geschichte in einer schriftlichen Erzählung fixiert wurde, womit der »heiße« Abschnitt ihrer Bestimmung eingeläutet wird. Unser Vorschlag lautet also, den Kern (die tiefste Schicht) der Romulussage auf die Zeit zwischen dem Ende des 8. und dem

Ende des 7.Jahrhunderts anzusetzen, also ungefähr ein Jahrhundert vor der frühe-sten Datierung, die bis heute von den Historikern vertreten wird, die der gemäßig-ten Kritik folgen. Der Zeitunterschied ist nicht gewaltig, aber höchst bedeutsam, da er über die rekonstruktive Möglichkeit hinaus die Kontinuität einer authentischen Tradition annimmt, die inzwischen auch von der Kontinuität der monumentalen Tradition der palatinischen Mauern und des Cermaluskomplexes, die bis in die Kai-serzeit bestand, gestützt wird. Unter dieser Voraussetzung würde die Sage eben die-ser »nächsten Vergangenheit« der Gründungszeremonie Roms angehören, die in das dritte Viertel des 8.Jahrhunderts datierbar ist. Die Zeit der großen Ereignisse, die es verdienen, daß man sich ihrer erinnert, nach der Lücke, die an eine für repetitiv erachtete Zeit gebunden war, der Erinnerung nicht wert, hat sich plötzlich erneuert mit der Gründung und Formierung der Stadt und mit dem Aufkommen einer urba-nen Aristokratie und der königlichen Macht, weshalb auch sie in der Mythistorie der Römer festgehalten und kanonisiert wurde.

515. Die Lücke in der Liebe von Swann.　Die »fließende Lücke«, von der wir mit Bezug auf das mythische Gedächtnis geschrieben haben, wurde zu Beginn des 20.Jahrhunderts im Zusammenhang mit der Liebeserinnerung von Marcel Proust entdeckt, am Schluß von *Eine Liebe von Swann*. Swann sieht im Traum, ganz nah, die Züge wieder, die er nach der ersten Zeit ihrer Beziehung aufgehört hatte an Odette zu registrieren, und ihm wird klar, daß seine dauerhafte Liebe für sie – lebendig gehalten von der Eifersucht – ein langes Vergessen des Eindrucks war, den er am Anfang gehabt hatte: die blasse Farbe, die mageren Wangen, die abgespannten Gesichtszüge, die blauen Ränder um die Augen ... Plötzlich, durch das realistische Traumgesicht, wird ihm das ganze Unglück bewußt, und das Gedächtnis macht sich, jenseits des Vergessens, auf die Suche nach der genauen Empfindung von damals: »Wenn ich denke, daß ich Jahre meines Lebens vergeudet habe .... für eine Frau, ... die nicht mein Typ war!«

Das ahistorische Gedächtnis vergißt also die Zeit, die dazwischen liegt, die nor-male Gegebenheit des Vergessens, und erinnert sich der Gefühle am Anfang und am Schluß, derjenigen, die sich am tiefsten eingraben. So kehrt der Schluß an den Anfang zurück, die Gegenwart zur fernen Vergangenheit, die nahe Vergangenheit wird ausgeblendet, und die Erinnerung verbindet sich mit den fundierenden Momenten, im Fall von Swann mit dem Gefühl seines Unglücklichseins. Manchmal lehren einen Emotionen besser die Mythen zu begreifen als die klarsten und deutlichsten Gedan-ken. Es ist ein Fall, wo der Schlaf der Vernunft (um es auf provokative Weise auszu-drücken) das Verständnis der nicht leicht denkbaren Wirklichkeiten gebiert, die wir oft, manchmal zu Recht und manchmal zu Unrecht, als Ungeheuer bezeichnen.[2]

---

[2] Vgl. §19. Dazu ist bemerkenswert, was M.Mancia in »La Repubblica« vom 6.7.1997 schreibt: »Der Traum ist das Mittel, mit dem der Träumer, über die Umschrift des Gedächtnisses, die affektiven Erfahrungen einer Zeit wiederbelebt«; und: »den Traum wie eine Religion des Gei-stes sehen, insofern er teilhat an einer allgemeinen Systematisierung der inneren Welt, mit der Funktion, das Heilige darzustellen ...« Wo der Traum für das Individuum die gleiche mythische Funktion hat, wie sie die Religion in den Gesellschaften erfüllt, die an eine überirdische oder idealisierte, totalisierende und symbolische Systematisierung der Welt glauben.

Drei Jahre später...
Anmerkungen 1998–2000/2001

In den drei (bzw. inzwischen schon vier) Jahren seit Erscheinen dieser Arbeit erfolgten derart wichtige Veröffentlichungen, Diskussionen und Entdeckungen, daß meine Überlegungen dazu nicht in einem bereits so umfangreichen Buch untergebracht werden können. Ich beschränke mich daher hier auf einzelne Bemerkungen und auf die Aktualisierung der Bibliographie und verweise für ausführlichere Überlegungen auf meine »Variazioni sul tema di Romolo« (zitiert als »Variazioni«), die ich im Katalog der von R. Cappelli und mir betreuten Ausstellung *Roma. Remo, Romolo e la fondazione della città* (zitiert als »Roma«) veröffentlicht habe. Die Ausstellung wurde im Museo Nazionale Romano, Terme di Diocleziano, am 27.6.2000 eröffnet. In ihrem archäologischen Teil kann sie als eine Wiederaufnahme, Vervollständigung und Fortsetzung des Diskurses über *La nascita di Roma* gelten, der hier unter den Augen der Öffentlichkeit stattfand. Die Themen der »Variazioni« sind folgende: Premessa. 1. Romolo, i Lari ed Enea. 2. Teseo, Romolo e l'eroe di Eretria. 3. I sistemi di Quirino, Romolo e Servio Tullio. 4. Auspici, auguri e le Rome quadrate. 5. Perché Romolo uccide Remo. 6. Fondatori di stati. Conclusione.

§§ 1–3. In der Rekonstruktion des biologischen Ablaufs ist G. Bateson, ohne sich dessen bewußt zu sein, zur »Bi-Modalität« von I. Matte Blanco (*Thinking, Feeling and Beeing*, London 1988) gelangt. Matte beschreibt einen »unterscheidenden« Modus (den Modus des Denkens und der aristotelischen Logik) und einen »homogenen und nicht unterscheidbaren« Modus (den Modus der Gefühle, der Träume und des Unterbewußtseins). Bateson hingegen schreibt von einer linken Gehirnhälfte, in der die Logik ihren Sitz habe, und einer rechten Gehirnhälfte, in der Träume und künstlerische Kreativität ihren Sitz hätten. Der Streit zwischen Katholiken und Protestanten um die Auslegung der Worte Christi: »Dieses (Brot) ist mein Leib, dieser (Wein) ist mein Blut«, wobei die Katholiken an eine Umwandlung der Substanz und die Protestanten an eine ausschließlich symbolische Umwandlung glauben, hängt nach Bateson damit zusammen, daß beide einen der beiden Modi des Denkens und Fühlens zum Vorteil des anderen unterdrücken, während eine weiter gefaßter Begriff der Sakralität eine Verbindung der beiden Modi einschließen würde derart, daß sie »nicht getrennt« und »nicht vermischt« werden. Für Matte Blanco wäre das die »Bi-Modalität«, die es verstehe, zu vereinen, ohne zu vermischen – darin bestünde die mentale Reife – und die sich von der »Bi-Logik« unterscheide, die durch Vermischung vereinheitlicht – darin bestünden die Neurosen oder Psychosen. Während der unterscheidende Modus unmittelbar einsichtig ist, da er mit dem Gedanken isomorph ist, ist der nicht unterscheidbare Modus nur schwer denkbar, letztlich nicht denkbar, weil er die Regeln des Denkens selbst verletzt, das jedoch unser einziges Mittel zur Erlangung von Erkenntnis ist. Eine solche konstitutive Antinomie des Seins bewirkt, daß viele Historiker automatisch aus ihrem Beobachtungsfeld eliminieren, was nicht unmittelbar erkennbar, beweisbar ist, da es in den Bereich des Konjekturalen, Emotionalen, Übernatürlichen falle. In der gleichen Weise neigen die Philosophen dazu, jeder Frage, die mit Religion zu tun hat, auszuweichen. Aber so verzichten die Historiker aus Gewissenhaftigkeit auf die sakrale Dimension, die aus historischer Sicht in den frühen Gesellschaften so bestimmend ist. Dort, wo das Bewußtsein konzentriert und unterscheidet, weitet und vereint das Sakrale. Die konstitutive Antinomie des Seins einseitig lösen heißt das grundlegende Wesen dieses Seins zu verlieren, auf das der Wissenschaftler Bateson nie verzichten wollte. Wissenschaftlichkeit und Heiligkeit haben ein gemeinsames Merkmal, das sie charakterisiert: Beide versuchen nämlich das Ganze zusammenzufügen, sie zielen auf eine einheitliche Theorie ab, mit dem Universum beginnend. Aufstellungen und getrennte Untersuchungen sind zulässig, soweit sie auf eine globale Sicht ausgerichtet sind, auf ein lebendes und organisiertes, also nicht getrenntes Universum. Eine Untersuchung, die nur auf Unterscheidungen aus ist, gleicht dem Sezieren toter Dinge, bedeutet den Verzicht darauf, sie zu rekonstruieren und auf packende Weise darzustellen. Die artistische Schönheit isoliert, die kontextuelle oder die natürliche Schönheit – auch sie gibt es – beziehen sich hingegen auf ganze Welten. Vgl. Carandini, Giornale di Scavo, 2000.

§ 11 ff.   Allgemein enttäuschend die Debatte darüber, inwieweit Mythos und Vernunft und Mythos und Geschichte einen Gegensatz bilden. Es ist klar, daß der Mythos aus Rationalem und Irrationalem zusammengesetzt ist und daß es die Form des kulturellen Gedächtnisses ist, die für die prähistoriographischen göttlichen und heroischen Zeitalter charakteristisch ist, auch wenn der Mythos dann in jedem Zeitalter neu verwendet wird (Grottanelli und Calame, in: AA. VV., Mito e Storia in Magna Graecia, 1997, S. 11 ff., S. 25 ff.). Zu den historischen Dimensionen, in denen der Mythos sich gebildet hat und in denen er eine neue Funktion einnimmt, dazu, daß Mythos und Geschichte nicht für sich getrennt bewertet werden können, weil sie sich gegenseitig beeinflussen: Biraschi: ebd., S. 189 ff., und Giangiulio, ebd. S. 279 ff. Siehe auch Carandini, Premessa und Conclusione, in: Variazioni.

§§ 17; 511.   Der mythische Heros schafft aus dem Nichts, und der Gegenstand ist in seiner Vorstellung schon vollkommen, bevor er noch in Materie umgesetzt wird (Scoditti, Black & White, 2000, S. 25). Diese Eigenheit der Nowau-Kultur und des kulturellen Gedächtnisses im allgemeinen erklärt, warum in der Sage des Romulus, wie die römische Annalistik sie überliefert, es vor dem Gründer auf römischem Boden keine große protourbane Siedlung – das Septimontium – geben kann, sondern ein substantielles Nichts besteht, das die grundlegende Voraussetzung für die Gründungssage ist. In der Nowau-Kultur ist die mythische Entstehung der Vorfahrin in einer unbestimmten Zeit angesiedelt, in einer amorphen Zeit, einer Nicht-Zeit. Man weiß nur, daß die Zeit der Ahnen »vor langer Zeit« war. Der Unbestimmtheit der Zeit – ein verworrener Begriff, schwierig zu rekonstruieren in der Vorstellung von Menschen, die nur über eine orale Kultur verfügen – entspricht eine völlige Identifikation des immer konkret sichtbaren Raumes, wie zum Beispiel Grotten und natürliche Festungen, die den Ort der Geburt einer Vorfahrin anzeigen. Solche nicht auf das Tun von Menschen zurückführbare Orte – auch wenn sie vom Menschen ausgewählt und wiedererkannt wurden – gewinnen einen unanfechtbaren Wert, der seine Absolutheit auf den Gründungsmythos projiziert. Dieses »vor langer Zeit« wird in der Gegenwart gelebt, wird also aktualisiert und wiedererweckt von demjenigen, der einen Ritus vollzieht und sich dabei auf den Mythos bezieht. Der Kalender bestätigt und heiligt die jahreszeitliche und folglich zyklische Regelmäßigkeit der Ereignisse, wodurch ein Ereignis ein bereits geschehenes Ereignis integrierend mit einschließt, das seinerseits bereits ein schon vorher mit eingeschlossenes Ereignis integriert, und so immer weiter zurück, bis zum Ausgangspunkt oder der Gründung. Natürlich ist nicht ausgeschlossen, daß in traditioneller Sicht korrekte Riten oder Varianten mit Verbesserungen, Abweichungen, auch defekte Varianten ausgeführt werden, was einen bestimmten Grad von Individualität und Freiheit impliziert, aber diese Fortbildungen und Veränderungen erreichen nicht die Bedeutung des grundlegenden Kanons, der rituellen Typologie, die das Handeln prägt, des kalendarischen zyklischen Ablaufs und der räumlichen Bestimmung, die ein Gespür für Regelmäßigkeit, Unveränderlichkeit und Unvermeidlichkeit vermitteln. Die Geschichte ist also für die Nowau-Kultur ein fortschreitendes Sicherweitern, das das Vorhergehende immer miteinbezieht und das Neue integriert – nie ablehnt –, gemäß einem continuum im Inneren der Stile und Ideen und des grundlegend homogenen Handelns. Dieses niemals Widersprechen und immer Harmonisieren, ohne Brüche, führt zu Erweiterungen gemäß einer bestimmten ratio. Die Nowau-Kultur hat eine Darstellung dieses mythischen Ursprungs und der sukzessiven Erweiterungen in der Gestalt einer Muschel, des Nautilus pompilius, gefunden, die nach einer logarithmischen Spirale geformt ist, die die Zeit beim Übergang von einer Helix zur anderen »sehen« läßt. Wenn man die Spirale rückwärts durchläuft, entlang dem von den Windungen beschriebenen Verlauf, gelangt man zum Ausgangspunkt, während man, wenn man vorwärts geht, die magnitudo erreicht, die die Muschel erreicht hat (Scoditti, in: Roma, S. 15 ff.; Ders., Argonauti del Pacifico, 2000). Diese Absorption der Vergangenheit in die Gegenwart, diese zeitlose Erweiterung, führt dazu, die Gegenwart (die letzten Generationen) mit der weit entfernten Vergangenheit (den heroischen Generationen der Vorfahren) zu verschmelzen. Der Rest wird im wesentlichen ignoriert, wodurch eine Lücke entsteht, die Assmann beschrieben hat,bei der Scoditti jedoch nicht stehenbleibt. Es zählt nur der sagenhafte Gründer und der Mensch von heute, der im Ritus den Mythos wiederauferstehen läßt, wodurch Gründer und Nachfolger in einem zeitlichen Kurzschluß sich identifizieren. Auch im kulturellen Gedächtnis der Römer sind die Orte sehr viel genauer bestimmt als die Zeiten, die jedoch im wesentlichen rekonstruierbar sind, zumindest im Fall der romuleischen Sage, weil sie an der Schwelle einer Zeit aufeinanderfolgender Herrschaften geschaffen wurde, die mit der Formierung der Stadt, des Staates und der Schrift zusammenfallen, mit einem Stadium, das die Kitawa-Kultur nicht erreicht hat.

§ 20 ff.　Ein Historiker kann sich dafür entscheiden, sich nur mit den spätesten Schichten der Herausbildung des kulturellen Gedächtnisses zu beschäftigen, auf die er bei seiner Forschungstätigkeit für gewöhnlich stößt, aber er kann nicht die stratigraphische Potentialität des Depots in seiner Gesamtheit leugnen, mit dem Ergebnis, daß er jedes Mythem in eine fortgeschrittene Zeit (ab dem 6. oder dem 4. Jh.) datiert. A. M. Biraschi hat neulich geschrieben: »Wenn man an die mit dem Mythos verbundenen Probleme historisch herangeht, ist es für uns zweifellos einfacher und fruchtbarer, uns über den Gebrauch und die Funktion eines Mythos in einem bestimmten historischen Kontext zu fragen, in einer Situation, in der Mythen und Geschichte sich gegenseitig erhellen und so breite Möglichkeiten des Verständnisses bieten. Wenn jedoch letztere versiegen und man sich Daten ohne Erklärung gegenübersieht, dann dient die Möglichkeit, uns unbekannte vorausgehende Situationen und Kontexte anzunehmen, wenigstens dazu, die Annäherung an einzelne aufeinander folgende Situationen weniger rigide zu gestalten, ohne den Anspruch, daß alles sich perfekt kombinieren läßt, und ohne daß wir einen – uns interessierenden – Moment besonders betonen, zum Nachteil vieler anderer, die für die Entstehung oder Entfaltung des fraglichen Mythos vielleicht viel bedeutsamer sind« (Diskussionsbeitrag in: AA. VV., Mito e Storia in Magna Grecia, S. 274 ff.). Aus dieser Überlegung ergibt sich folgende Frage: Was verzerrt mehr: das Zusammendrängen des großen überlieferten Erbes in wenige Jahrhunderte, und dann noch in die besser bekannten und am häufigsten behandelten, oder der Versuch, die verschiedenen Teile den einzelnen Schichten zuzuordnen – in Ergänzung der Philologie und der Quellenkritik durch vergleichende Anthrolologie –, auch wenn die frühesten Schichten uns historiographisch immer weniger gesichert erscheinen, aber immerhin nie völlig unerkennbar sind? Als Archäologe und Anthropologe, der sich für die römische Geschichte allgemein interessiert, habe ich keine Zweifel: Ersteres ist viel verzerrender, da es die Wahl ist, in einem begrenzten und abgewandelten Kontext zu arbeiten. Die Römer gibt es nämlich seit der frühen archaischen Zeit, und das müssen wir zur Kenntnis nehmen. Es ist nicht gestattet, das Universum allein auf das Sonnensystem zu reduzieren, weil es näher und deshalb leichter erkennbar ist. Gabba ist gegenteiliger Meinung: »Auch ohne den Anspruch, mit seiner Untersuchung bis in die dunkelsten Zeiten vorzudringen, ist es möglich, kontextuell zu arbeiten, von der Überlieferung gebotene Daten und Gründe mit besser verstehbaren und sicheren historischen Momenten in Zusammenhang zu bringen, wodurch die die kulturellen und religiösen Vergleiche und Gegenüberstellungen zuverlässigere Rekonstruktionen erlauben« (Gabba, Rez. *La nascita di Roma*, in: Athenaeum 87, 1999, 324 ff.). Für den Archäologen ist das Vordringen in die weniger bekannten Tiefen, wie für den Forschungsreisenden in weit entfernte Länder, kein Anspruch, sondern ein moralischer Imperativ. Die Erde besteht nicht nur aus bekannten Ländern, und die Geschichte der Menschheit kann nicht auf die von der Geschichtsschreibung erhellten Zeiten reduziert werden. Manchmal ist Abenteurergeist gefragt, gerade in der Wissenschaft (s. Carandini, Premessa, in: Variazioni).

§§ 31/360/495.   Ich dachte, die Frage des »Zirkelschlusses« sei überholt, aber darin habe ich mich wohl getäuscht; ich war in einem vorausgehenden Artikel darauf eingegangen und habe sie deshalb in *La nascita di Roma* nicht noch einmal aufgegriffen. Vgl. Carandini, Conclusioni, in: Variazioni.

§§ 35–36.   Torelli, Secespita e praefericulum, und in: Roma, S. 63 ff.

§ 38.   Grundlegend für das Verständnis des vorgeschichtlichen, wilden, theriomorphen, metamorphorischen Charakters der Kulturheroen, Dämonen und aboriginischen Könige Latiums ist die Kenntnisnahme eines Stadiums der Menschheitsentwicklung, die den Altertumswissenschaftlern völlig unbekannt ist; gemeint ist das Stadium, das zum Beispiel für die Huaulu bezeugt ist, Jäger im Waldgebiet von

Seram auf den Molukken (Ostindonesien), die der verstorbene V. Valeri, The Forest of Taboos, erforscht hat. Die Welt der Ursprünge ist der Wald, wo in der mythischen Vergangenheit die Menschen unsterbliche, den Tieren gleichende Wesen waren. Mit der Sterblichkeit und mit dem Bewußtsein um die Sterblichkeit wird die substantielle Ununterschiedenheit zwischen Tier und Mensch aufgehoben, und es beginnt die zivilisatorische Welt des Dorfes. Es ist so, als hätten die Menschen ihre Menschlichkeit um den Preis der Sterblichkeit erkauft. Mit der Zeit wurden die Menschen immer menschlicher und die Tiere immer weniger menschlich und folglich gefährlicher. Aber in dieser Gesellschaft basiert die Unterscheidung zwischen Tieren und Menschen nicht, wie für uns, auf einer ontologischen Garantie, sondern auf einer Reihe von Verboten und Tabus, die dazu dienen, sich ihrer zu vergewissern. Aber das mythische Leben der Uranfänge überlebt im Wald mit den Tieren, in denen sich die »okkulten Mächte« inkarnieren. Die Begriffsbestimmung »okkulte Mächte« soll daran erinnern, daß es in der Huaulu-Kultur keine Unterscheidung zwischen Geist und Materie gibt. Die Dämonen-Geister sind also für die Huaulu-Kultur keine immateriellen Wesen, sie nehmen vielmehr Tiergestalt an und sind lüstern nach Fleisch. Die okkulten Mächte sind im allgemeinen bösartig, können aber, zu einem bestimmten Preis, vom Menschen in Schutzmächte umgewandelt werden. Der Mensch selbst ist nicht gefeit vor der fatalen Anziehungskraft des Waldes und der Tierwelt, was dazu führen kann, daß er in Formen der Ununterschiedenheit zurückfällt und schließlich sogar die Gestalt eines Tieres annehmen kann. Ein Jäger, der allzu lange Zeit keine Beziehungen zur Gemeinschaft hat und im Wald verweilt, um das Wild zu jagen, geht schließlich seiner Kleider verlustig, er bleibt nackt, verzehrt rohes Fleisch, bricht die Tabus (er ernährt sich zum Beispiel von den Tieren, die er erlegt). Wenn er dann in dieser Phrenesie verliert, was ihn als Menschen kennzeichnet, das Messer, mit dem die Tiere getötet werden, wird er unumkehrbar wieder zum Tier. Die Menschen des Dorfes haben also Angst davor, sich in Tiere zu verwandeln, und diese Angst setzt die ursprüngliche, nie vollends ausgelöschte Verwandtschaft voraus: Die Tiere haben nämlich die gleichen Organe, erfüllen ähnliche Aufgaben, haben Gefühle und Wünsche und bringen seelische Verfassungen zum Ausdruck. Die Tabus dienen dazu, dort künstlich eine radikale Unterscheidung zwischen Tieren und Menschen zu schaffen, wo diese nicht vorliegt. Die okkulten Mächte fürchten das von Vegetation freigehaltene Dorf, weil sie dort keinen Unterschlupf finden. Der Wald ist eine metamorphische Welt, unsicher, gefährlich, das Gegenstück zum geordneten, klar umrissenen und sicheren Dorf, in dem die Menschen sich von den Tieren unterscheiden, indem sie ein Schamgefühl besitzen und sich kleiden, abgekochtes Fleisch essen, sich mit Sprache verständigen, die Sexualität kontrollieren und sich Entbehrungen und Tabus auferlegen, die der Gemeinschaft ihre Identität verleihen. Mit den Tabus verzichtet die Gemeinschaft auf einen bestimmten materiellen Konsum zugunsten eines symbolischen Konsums (und das, stellt Valeri fest, ist der Gegensatz zu dem, was in der zeitgenössischen kapitalistischen Gesellschaft geschieht, wo ein hoher materieller Konsum die Identität festigt). Der Wald ist für das Dorf eine fremde Welt, bewohnt von versteckten und schädlichen Mächten, wie den Toten, besonders den zu früh verstorbenen, die sich nicht damit abfinden, die menschliche Körperform verloren zu haben und in ihrem Neid die Lebenden verfolgen (die bei der Entbindung gestorbenen Frauen bewohnen stehende Gewässer). Der Jäger durchstreift auf der Jagd den Wald, unterstützt vom Hund – einem Zwischenwesen zwischen Tier und Mensch –, aber die Köpfe des erlegten Wildes müssen dem dunklen Herrscher des Waldes und der Tiere dargebracht werden. Ein Leben zu nehmen erfordert einen Ersatz, und deshalb ernährt der Jäger sich nur von Beute, die seine Gefährten erlegt haben, wodurch die Ernährung gesellschaftlich vermittelt und die gefürchtete Rückerstattung umgangen wird. Doppeldeutige Dämonen, Spechte wie Picus und Wölfe wie Faunus (»der Würger«), sogar die Luperci, das faunische Schicksal des frevelhaften Remus, der sich nicht in die Gemeinschaft einfügt, der Gegensatz zwischen dem Wald, wo man jagt, und der Lichtung, wo man lebt, die Notwendigkeit, die Lichtung abzugrenzen und von unbekannten und bösen Geistern frei zu halten, die furchteinflößenden Lemuren und die Opfer der Latiner und der Römer selbst finden bedeutsame Entsprechungen in dieser so fernen Gesellschaft.

§40.   Dem Beispiel von Castel di Decima steht das von Civita Castellana zur Seite: A. Bedini, in: Roma, S. 192.

§41.   Zu Gräberausstattungen mit kleinen Statuen aus den Albaner Bergen und aus Gabii: M. Menichetti, in: Roma, S. 227. Zum Zeremonialwagen aus Bisenzio (mit neuer Zeichnung): M. Menichetti, in: Roma, S. 228 ff.

§45.   Zu Mares, Faunus, Picus und Marica, Pater Indiges, Suri und dem Trikster vgl. Mastrocinque 1995.

§47.   Im Zeitalter des Rentiers legte der Homo sapiens den Leichnam des Vaters über oder in das brennende Herdfeuer der eigenen Behausung: Onians 1998. Das Herdfeuer der Vestalinnen am Fuße des Palatin scheint von Numa von der Feuerstelle des Mars der Regia des Romulus auf dem Cermalus geholt worden zu sein, weshalb es sich nunmehr vom Herdfeuer des Königs unterscheidet. Es ist so, als stürbe der alte Mars am Jahresende (Mamurius Veturius) an der gemeinschaftlichen Feuerstelle der Stadt und würde dort an Neujahr wiedergeboren. Der von den Vestalinnen gehütete Phallus – rituelle Einrichtungen der göttlichen und mythischen Ops, der Gefährtin des Mars, auf Erden – kann ursprünglich nichts anderes gewesen sein als der Phallus des Mars. Die Vestalinnen sind mit diesem Gott vermählte Frauen, stehen also dem Gott zur Verfügung, in der Erwartung, wann er es will, vermittels dieses überirdischen Phallus Dämonen/Heroen/Laren/Ahnen zu empfangen, wie es der Vestalin Rea Silvia widerfährt. Auf der menschlichen Ebene bleiben die Vestalinnen jungfräulich, und sie müssen es für immer bleiben. Auf Zisten und pränestinischen Spiegeln ist die Geburt des Maris dargestellt, des bewaffneten jungen Mars auf dem *pythos* des neuen Weines, worauf die Präsenz des Gottes der *iuvenes* Liber und der Victoria hinweist; die Jugendlichen wurden bei den Liberalia am 17. März in die bürgerliche Gemeinschaft eingegliedert (Menichetti, in: Massa-Pairault 1999, S. 485 ff.). Zwei Tage später, bei den Quinquatrus, verbindet Mars sich mit Nerio in der Ehe, um dann in den Krieg zu ziehen, vier Tage später, am Fest des Tubilustrium. Zu *fossa-penus*, die auch in Entsprechung zur Gründungsgrube oder zur Roma quadrata gesehen werden kann: Torelli, in: Roma, S. 63 ff. Zu einer neuen Sicht des Problems der auspikalen Auguren und der romuleischen Roma quadrata, auch in bezug zur augusteischen Roma quadrata: Carandini, in: Variazioni. Zur augusteischen Roma quadrata, mit kritischen Lösungen im Unterschied zu Carandini: Cappelli, in: Roma, S. 151 (wo der Altar der Roma quadrata mit dem *templum in terra* und die romuleische Roma quadrata mit der des Augustus in eins gesetzt wird). Zu den *templa in terra* und *sub terra*: Carandini, Cappelli, Menichetti, in: Roma, S. 256 ff.; Brocato, S. 271. Zu Revision und Ergänzung der stratigraphischen und strukturellen Abfolge der königlichen Hütten auf dem Cermalus und der romuleischen Roma quadrata vgl. § 482 ff.

§§ 52/55. Ein neues Monument des allerdings noch nicht erforschten Cerveteri gibt jetzt einen Hinweis, daß eine romanisierte Siedlung mit einem Ritus gegründet wird und daß für die Gründungsgrube und die entsprechenden Feierlichkeiten besondere Plätze ausgewählt werden, in der Art der Roma quadrata auf dem Cermalus und des *mundus / umbilicus Urbis / sacellum Ditis* beim Comitium. C. Genucius Clepsina hat 273 – im gleichen Jahr, in dem die Cosa quadrata inauguriert wurde – in Caere die *praefectura* gegründet, durch Grabung oder Wiederverwendung eines rechteckigen unterirdischen Raumes (4,80 × 3,80 m) wahrscheinlich beim Forum, dessen Ecken genau ausgerichtet sind und den man von Westen her betritt, durch einen *dromos*. Inschriften und Ornamente weisen darauf hin, daß es sich um einen öffentlichen Ort handelt, der mit einer Nische sakralen Charakters abgeschlossen ist (ausgerichtet nach NNO, 0,70 m breit, 2,10 m hoch, 1 m tief), ausgemalt und nach außen verbunden durch eine runde Öffnung unter der Malerei (45 × 45 cm), die durch einen Gang (von über 2 m) zu einem Brunnen führt. Späte Inschriften belegen, daß an diesem Ort die Rosalia gefeiert wurden, die in Caere am 5. und am 19. oder 20. April stattfanden. Die Inschrift *C. Genucio(s) Clousino(s) prai(fectos)*, in der zweiten Hälfte, eingeritzt in den frischen Putz, datierbar in das Jahr 273 (oder 271), nennt den Stifter und Namensgeber des Gebäudes. Die Rosalia verweisen wie in Rom auf eine öffentliche, mit Mania, der Mutter der Laren verbundene *parentatio* (die Nägel in der Nische könnten dazu gedient haben, Kränze aus Rosen an ihnen aufzuhängen). Die westliche Ecke, von der aus man den Raum betritt, und die Ausrichtung der Nische nach NNO haben chthonische und nächtliche Bedeutung. Es handelt sich um ein *templum sub terra*, wie Varro es beschrieben hat (ling. 7,6), das erste mit öffentlicher Bedeutung, das wir kennen (das von Bolsena besitzt privaten Charakter). Der Saal wurde für das Publikum nur bei seltenen Anlässen wie den Rosalia geöffnet, in der Regel war er verschlossen, aber in der Nische konnten auf einem Stufenaltar (20 cm hoch) durch den erwähnten Gang und die Öffnung Erstlingsopfer niedergelegt werden. In der Nische stellen Malereien einen Bau aus Holz dar, der leicht als *dokanon* zu erkennen ist, ein anikonisches Bild der Dioskuren, die das griechische Äquivalent der latinischen Lares Praestites sind (erinnern wir uns auch an die Laren Picumnus und Pilumnus, die die Pfosten der Tore beseelten, wo das *iugum* dem *dokanon* entspricht). Über dem Bau aus Holz kommt eine weibliche Gestalt zum Vorschein, die als Mania identifizierbar ist, die Mutter der Laren. Die Nische stellt also das öffentliche Lararium von Caere dar. Der unterirdische Gang ermöglichte es, die Erstlingsopfer in den Schacht hinunterzulassen und in die Kultnische gelangen zu lassen und auch, einen *puer* hinunterzulassen, um das *omen* für die Ernte heraufzuholen, wie wir es vom römischen *mundus* kennen, der den Dei Mani, den gemeinschaftlichen Vorfahren Roms, geweiht war. Wir wissen daß Tarchon die padanische Dodekapolis Dis Pater geweiht hatte. An den Seiten der weiblichen Figur sind zwei kleine Palmen aufgemalt und an den Seiten der Nische zwei große Palmen, Bäume, die wohl die

Genealogie des Stammes bedeuten, der die Lebenden mit den gemeinsamen Vorfahren verbindet. Die Palme gilt als langlebiger immerblühender Baum, der Wuchs und Früchte nur in seiner Krone trägt (Symbol für die Lebenden) und am Strunk nacheinander die Reste der Äste der vorhergehenden Blüten aufweist (Symbol für die Vorfahren). Dieser genealogische Baum ist also ein *omen* für Beständigkeit und Sieg. Diese Rekontruktion, die ich von M. Torelli übernehme – C. Genucio(s) Clousino(s) prai(festos). La fondazione della praefectura Caeritum, in: »Ut mea Roma sit« (Atti Colloquio dell'Institutum Romanum Finlandiae, IX, 1998), Rom 2000 –, zeigt noch einmal die zentrale Stellung der *heroogonia* der Laren in der latinischen und auch etruskischen Welt, ein Problem um das es in »Die Geburt Roms« ganz wesentlich geht. Die völlige Erneuerung einer Gemeinschaft schloß die Wiederholung des Gründungsritus ein. Wahrscheinlich ändern sich die Lares Praestites von Cerveteri, aber dies geschieht in der Kontinuität des Kultes der örtlichen Vorfahren; aus diesem Grund müßte überprüft werden, ob der unterirdische Saal auch der ursprüngliche Saal der etruskischen Stadt gewesen sein könnte, der für die römische Präfektur restauriert und abgewandelt wurde. Anders und zugleich ähnlich gelagert ist der Fall Rom. Anders insofern, als seine Gründung mehr an Jupiter und das Feuer des Mars gebunden ist als an Dis Pater, also mehr an die Roma quadrata als an den *mundus*. Darüber hinaus sind in Rom die Kultorte der Laren getrennt vom *mundus*, da beide im Vestaheiligtum aufgenommen sind. Ähnlich gelagert insofern, als Plutarch den *mundus* mit der Roma quadrata vermengt, vielleicht aufgrund von Quellen, die die Zentralität des *mundus* zur Zeit der Tarquinier spiegelten (Neugründung der Stadt durch Servius Tullius?). Die Struktur der Roma quadrata und des *mundus* sind dann nicht so verschieden. Die Roma quadrata kann mit einem *templum in terra* in Zusammenhang gebracht werden (zur Einholung der Auspizien in der Luft und nicht eines *omen* aus der Unterwelt), der wesentlich uranischen Charakters ist, mit einer Gründungsgrube, in der die Erstlingsgaben der Gründung abgelegt werden (siehe die verkohlten Reste in der Grube der Cosa quadrata) und über der ein Altar errichtet wird. Der *mundus* der *praefectura* von Caere, ein *templum sub terra* mit chthonischem Charakter, dürfte an der Oberfläche aus einer den Laren und ihrer Mutter geweihten Einfriedung bestanden haben, mit einem Altar (über der unterirdischen Kultnische?), einem Schacht und einem Zugang zum unterirdischen Kultraum. Im ersten Fall ist die Komponente *sub terra* (die Grube) minimal im Vergleich zur Komponente *in terra* (*templum* für die Auspizien und Altar); im zweiten Fall ist es umgekehrt. Das Fest des unterirdischen Saales in Caere, das auf den 19. April fiel, fiel mit dem Fest der Cerialia zusammen, die den Parilia am 21. April, dem Datum der Gründung Roms, zwei Tage vorausgingen, eine durchaus bedeutsames Zusammenfallen. Andererseits zeigen die *anguli* des romuleischen *pomerium* (Lupercal, Altar des Consus, Curiae Veteres, Sacellum Larundae) die chthonische Kehrseite des Gründungsritus (diese chthonische Kehrseite wurde dann wahrscheinlich von Servius Tullius betont, der seine Neugründung auf den *mundus* zentriert haben dürfte). Vielleicht waren auch die etruskischen Städte von dieser Duplizität der zur Gründung bestimmten Plätze gekennzeichnet, worauf der heilige Bezirk von Tarquinia hinzuweisen scheint, der mehr einer Roma quadrata gleicht als einem *mundus*. Das heißt aber nicht, daß nicht auch Tarquinia sein unterirdisches Lararium haben konnte und Cerveteri ein *templum in terra.* Carandini, in: Variazioni; Carandini, Cappelli, Menichetti, Brocato, Bonghi Jovino, in: Roma, S. 256 ff. Bei Sueton ist zu lesen (94,11), daß unmittelbar vor der Schlacht von Munda, dem letzten Sieg Cäsars (17. März 45 v. Chr.), als Octavian Spanien noch nicht erreicht hatte, ein Wunder geschieht. Cäsar läßt einen kleinen Wald nahe bei Munda fällen, um dort ein Lager aufzuschlagen. Da stand eine Palme, die Cäsar aussparte, als ein Vorzeichen für den Sieg (es sei an die Kornelle erinnert an dem Platz, an dem Romulus Rom gründet). Aus der Pflanze treibt ein Sproß aus, der in wenigen Tagen so groß wie die Mutterpflanze ist und sie dann überragt. Dieses Wunder soll Cäsar überzeugt haben, daß er Octavian, den Enkel seiner Schwester, adoptieren solle, damit dieser sein Nachfolger würde (die Adoption erfolgte sechs Monate später in Rom, am 13. September) (L. Cafora, Giulio Cesare, Rom-Bari 1999, S. 275 ff.). Dieses prophetische Wunder kann im Sinne der Beständigkeit des militärischen Ruhmes im Übergang von Cäsar zu Augustus gesehen werden, vor allem aber und in erster Linie in Hinsicht auf die Beständigkeit des Geschlechts und der Dynastie. Die beiden Palmen aus einem einzigen Stamm könnten, wie oben angedeutet, die Thematik der Laren oder vergöttlichten Vorfahren widerspiegeln. Der Stamm der Palme symbolisiert Anchises-Aeneas-Iulus, und aus ihm gehen die letzten beschützenden Laren Roms hervor, Cäsar und Augustus. Die Laren des Augustus werden dann auch die Laren Roms.

§ 55. Mercurius hat Mars als Vater der Laren abgelöst. Hermes, der Seelenführer, soll in Griechenland nicht vor dem 6.–5. Jh. v. Chr. bezeugt sein (Sourvinou Inwood 1995).

§ 62. *Anm. 29.* Zum Reiseweg des Äneas vgl. in: Roma, Abb. S. 191.

§ 73. Zu Alba Longa: P. Chiarucci, in: Roma, S. 219 ff.

§ 76. *Anm. 30.* Zu den Silviern und dem Bildprogramm des Forums des Augustus: U. Fusco, in: Roma, S. 222 ff.

§ 98. D. Briquel 1998.

§ 108. Was den Specht anbelangt, der führt und gründet, ist bemerkenswert, daß das Volk der Manusela auf der Insel Seram der Molukken von einem Vogel abstammt, dessen Flügel und Schwanz von einem Vorfahren der Huaulu gestutzt wurden, der auch das Volk der Nisawele geschaffen hat, indem er Tiere, die aus einem heiligen Berg hervorkamen, in Menschen verwandelte (Valeri, The Forest of Taboos).

§ 112. Vgl. Carandini, in: Roma, S. 230 ff. Von den Namen der Vandalenkönige Raos und Raptos hat man angenommen, sie würden »Balken« und »Eisenträger« bedeuten. Eine späte Notiz aus Sachsen verweist darauf, Hengist und Horsa trügen die Namen der Balken, die das Hausdach tragen (Caprini, Rez. *La nascita di Roma*). Ein von zwei Wächtern flankiertes Tor auf einer in Beirut aufbewahrten Terrakotta aus dem 5. Jh. v. Chr.: Liban, 1998, Abb. auf S. 102.

§§ 114; 115. Zu einem schwarz lackierten attischen *amphoriskos* (ca. 410 v. Chr.), aufbewahrt im Metropolitan Musem von New York, der einen Menschen mit (applizierten) Flügeln und Kopf (oder Maske) eines Spechtes darstellt: Cahn–Cahn, Kunstwerke der Antike, Nr. 40; AA. VV., Das Tier in der Antike, Nr. 285 (Zuschreibung an den Specht: E. Capanna, in: Roma, S. 225).

§ 119 ff. Zu Faunus, zur Weissagung (vor Auspizien und Auguren), zum Versus Saturnius und zur Zeit des Saturnus, die der Zeit des Jupiter vorangeht: Aronen, 1999, S. 53 ff. *Anm. 2*: St. Tortorella, in: Roma, S. 244 ff.

§ 121. *Anm. 13.* Nach einer Sage hätten die beiden Brüder und Stammesführer Hengist und Horsa die Sachsen Mitte des 5. Jh. in einer Art *ver sacrum* nach England geführt. Der britannische König Vortigern nimmt sie auf, verdingt sie als Söldner und gibt ihnen Land. Vortigern wird von Renwein, der Tochter des Hengist, verführt, und der Sohn Vortimer führt Krieg gegen die Sachsen, stirbt aber, von der Stiefmutter Renwein vergiftet, und die Macht fällt an den Vater zurück. Aber während einer Versammlung werden die Briten getötet. Die Überlebenden, die geflohen und dann zurückgekehrt sind, töten Hengist. In einer anderen Variante tötet ein Sohn des Vortigern Horsa (der der schwache Punkt des brüderlichen Paares ist), der als Waffe einen Baum benutzt (die Waffe der Kentauren). Die beiden Brüder stammen von Odin ab, einem Gott mit pferdehaften Zügen, und auch ihre Namen verraten die ursprüngliche Pferdnatur. Bei den Germanen kommen häufig göttliche Brüder vor, wie die Alcis, Tuisto und Mannus und das Doppelkönigtum, das die Wanderungen anführt: Ibor und Aion bei den Longobarden, Urumundo und Alarich bei den Svevern, Beuga und Bebai bei den Sarmaten, Edica und Wulf, Könige der Skiren, und Raos und Raptos bei den Vandalen. Auf dem Kästchen von Auzon (8. Jh. v. Chr.) entspricht dem Mythos von Horsas Tod der Mythos von Romulus und Remus (Caprini, Re di Inghilterra e cavalli; Ders., Rez. *La nascita di Roma*), vgl. in: Roma, S. 240. Francovich Onesti 1998 legt eine andere Interpretation vor. Grundlegend ist die Überlegung von R. Caprini, Rez. *La nascita di Roma*, wonach das aus Zwillingen bestehende Paar sich in ein Brüderpaar verwandeln kann und dann sogar in eine Abfolge von Vater und Sohn (Wiseman in seinem »Remus« versteht das nicht, er verfängt sich im Buchstaben der Philologie).

§ 122. Wiseman 1997; Carandini 1996; Ders. 1997; Cappelli, in: Roma, S. 233. Vgl. auch Carandini, in: Roma, S. 243.

§ 123. Auch wenn hinter dem Mythos des Silvius nicht Faunus zu erkennen sein sollte, handelt es sich dennoch um einen vergleichbaren Fall wie bei Proca, dem König von Alba, der uns, im Gegensatz zu den übrigen völlig erfundenen Königen, als mythisch authentisch erscheint, weil er mit einem authentischen Moment der Sage verbunden ist (das mit der Göttin Carna zusammenhängt), wie es auch für Amulius zutrifft, der mit der Sage des Romulus verbunden ist; diese Könige beschließen die mythische Lücke, die sich zwischen den authentischen mythischen Gestalten des Picus? Faunus und Latinus einerseits und Proca, Romulus und Amulius andererseits auftut. Zu einem Wolf-Dämon auf einer pontischen Schale: L. Cerchiai, in: Roma, S. 226. – Hippolytos, in Troizen gestorben, wird von Asklepios ins Leben zurückgerufen und im Wald von Nemi in einer anderen sterblichen Hülle versteckt: Er ist jetzt alt und heißt Virbius. Orestes ist ein früher *rex nemorensis*, mythische Voraussetzung des flüchtigen Sklaven, und der König, der getötet wird, entspricht Thoas, der von Orestes getötet wird, um Iphigenie zu retten. Der ewige Jüngling Hippolytos lebt in der Welt der Artemis und lehnt die Welt der Frauen ab. Zu diesen Identifikationen aus der archaischen Zeit: Montepaone 1999.

§ 130. Auf der in Vulci gefundenen pontischen Schale des Malers des Tityos ist ein Wolfsmensch (Faunus?) dargestellt, der mit Herakles verbunden ist; siehe auch den dem Faunus geweihten *oleaster* bei Vergil, Aeneis 12,766 (Cerchiai, in: AA. VV., Mito e storia in Magna Grecia, S. 125 ff., Tafel VI.1; Ders., in: Roma, S. 226).

§ 131. Zum Schicksal des Remus: Carandini, in: Variazioni. Anm. 51; Meurant 1997; Scoditti, Argonauti del Pacifico (wo man einen Heros sieht, der einer Schlange befiehlt, seinen Bruder, vielleicht Zwilling, zu erwürgen). Zu den miteinander im Streit liegenden Halbgeschwistern, Geschwistern und Zwillingen in Latium: Meurant, Romolo e Remo, gemelli primordiali, in: Roma, S. 33 ff.

§ 136. P. Pensabene, mit S. Falzone, Le reliquie dell'età romulea e i culti del Palatino, in: Roma, S. 74 ff.

§ 138. *Anm. 107.* Zur Ziste von Berlin: Menichetti, in: Roma, S. 211 ff.

§ 141. *Anm. 12.* Die ursprüngliche Heimat des Theseus ist wahrscheinlich Aphidna, eine attische Ortschaft, wo seine Mutter ansässig war. Der urbane Synoikismos wird im Widerspruch zum protourbanen und präurbanen gesehen, aber zu Unrecht: Robertson 1998; Luce 1998; vgl. Carandini, Teseo, Romolo e l'eroe di Eretria, in: Variazioni. – *Anm. 16.* Der auf den etruskischen Gentilnamen *Rumelna* (ältere Form *Rumelena*) – bezeugt in Orvieto im 6. Jh. v. Chr. – zurückgehende Vorname lautet *Rumele*, was dem lateinischen Romulus entspricht (von dem sich der Gentilname Romilius, bezeugt seit der Mitte des 5. Jh. v. Chr., und die Tribus Romilia, eine der ältesten ländlichen Tribus Roms, ableiten). Die Bildung der Gentilnamen aus den Patronymika ist vor der epigraphischen etruskischen Tradition (700 v. Chr. etwa) anzusetzen, und die Entstehung der *gentes* erfolgt im Verlauf des 8. Jh. Der Ursprung von *Rumele – Romulus* verliert sich also in der Vorgeschichte der etruskischen und lateinischen Sprache. Vom Diminutiv *Rumele* ist es zulässig einen Vornamen *Rume* vorauszusetzen, und wegen der regelmäßigen morphologischen Alternanz -e : -a : -u im Etruskischen sind auch *ruma* und *rumu* rekonstruierbar. Die erste Form ist identisch mit dem Namen *Roma*. Der Eigenname *Romulus* wird noch heute als ein Stammname, alternativ zu *Romanus*, betrachtet, weshalb er »der Römer« bedeute (Cornell, La leggenda della nascita di Roma, in: Roma, S. 45 ff.), aber das ist nicht zulässig (C. De Simone, Il nome di Romolo, in: Roma, S. 31 ff.). Wie es keine *Sabini* ohne *Sabus* gibt, scheint es kein *Roma* und keine *Romani* zu geben ohne *Rume/ Ruma/Rumu* auf etruskisch und auf lateinisch *Roma/Romus*, was die möglichen Namen des Gründers der Stadt sind – nach *Roma, Numa* –, der von der Überlieferung in der Diminutivform *Romulus* erinnert wird.

§ 154. *Anm. 55.* Unter dem Augustusforum sind vier Gräber der Stufe Latiale I entdeckt worden. Sie scheinen die quirinale Entsprechung der zeitgenössischen palatinischen Nekropole beim Augustusbogen darzustellen, wobei letztere die Nekropole der Velienses und erstere, nach unserer Hypothese, die der Latinienses war.

§§ 198, 199/276. Zur Neuheit, die eine in *curiae* gegliederte Siedlung darstellt, vgl. Prosdocimi, Curia, Quirites e il sistema di Quirino, wo der Autor sich bei der Frage aufhält, ob es mehrere oder nur eine Kurie gegeben habe; letzteres ist eine nicht akzeptable Lösung, und zwar sowohl aus der Sicht der literarischen Quellen (27 Argeer und 30 Kurien Roms) wie auch aufgrund der archäologischen Quellen (Verteilung der Funde in den protourbanen Zentren). Es gab in Rom Gebäude, ursprünglich Hütten, die dann ähnlich wieder aufgebaut wurden, auch abgesehen von der alten Frage des Vestatempels, wie die Gebäude bei S. Maria della Vittoria (Largo S. Susanna) und in den Gärten Flield-Brancaccio, dem das entsprechende Gebäude von Caere hinzugefügt werden muß, die S. Zeggio untersucht hat: Santuari di Roma in età regia. Man könnte an Sitze von *curiae/concilia* denken, an Kapellen der Argeer?

§202. *Anm. 93.* Zu den Kulten der Velia: Palombi 1997.

§203. Zum sakral-institutionellen Komplex von Tarquinia und den dazugehörigen Weihegaben: M. Bonghi Jovino mit E. Invernizzi, in: Roma, S. 265 ff.

§§203/254, 255. Ich glaube, daß das Fagutal aus folgenden Komponenten bestanden hat: 1. der abgeflachten Kuppe von S. Pietro in Vincoli, zwischen den beiden Treppen, die noch heute dieses Gebiet zum abschüssigen Teil in Richtung zum Collis Latiaris abgrenzen, die dann zum Lucus Fagutalis wird, und 2. dem darunter liegenden Abhang, der dann Carinae genannt wird. Die Argumentation von Palombi, Tra Palatino ed Esquilino, wonach das Fagutal an das Ende des Esquilin verlegt wird, überzeugt nicht, wie ich dem Autor bei verschiedenen Gesprächen, die er aber im Vorwort nicht erwähnen zu müssen glaubte, sagen konnte. Vgl. auch Ziolkowski 1996.

§208. *Anm. 9.* Glossae Iuvenalianae = CGL, V, S. 645.35: »Subura ultima pars urbis ubi primo corpora urebantur«.

§210. *Anm. 15.* Gräber von Pferden aus dem 9. Jh. v. Chr. in der Nekropole von Priene: Rizza 1978. – ***Anm. 24.*** Plinius (nat. 8, 22,3) glaubte, daß im Wolf, oder besser in seinem Schwanz, das *amatorium virus* enthalten sei, besser im Zusammenhang mit dem Pferd bekannt *(hippomanes)*, das ebenfalls als Samen identifiziert wurde. Zum Schwanz des Pferdes des October Equus, aus dem Blut gepreßt wird, aber auch der (nach der irrigen Annahme der Römer) aus dem Rückenmark kommende Samen: Onians, Le origini. Für den Fall, daß das Pferd das dem Mars und Consus entsprechende Tier ist, denen dieses Tier in Rom geopfert wurde, könnten auch Romulus und Remus in bestimmter Weise mit dem Pferd verbunden sein, wie Hengist und Horsa (Caprini, Rez. *La nascita di Roma*).

§211. *Anm. 24.* Das Glied eines Hengstes wurde von der Hausherrin als Amulett für die Fruchtbarkeit aufbewahrt, wie einem Bericht aus dem mittelalterlichen Schweden zu entnehmen ist (Caprini, Rez. *La nascita di Roma*).

§222. Die Hypothese, wonach Rom der Ortsname des Platzes war, wo sich das Lupercal befand, ist nicht wesentlich für die Erklärung der romuleischen Roma quadrata: Grandazzi 1998; Carandini, I sistemi di Quirino, Romolo e Servio Tullio, in: Variazioni.

§242. *Anm. 114.* Die These von U. Coli ist definitiv überholt durch Prosdocimi 1996.

§244. *Anm. 124.* Die Furche des Tarchon, *in agro tarquiniensi*, sei keine Gründungsfurche, sondern eine Furche, die eher mit der Aussaat und mit den *feriae sementivae* zu verbinden sei (Massa-Pairault 1999). Aber die Satzung der Siedlung und des Ager ist vor der Inauguration gleich«, beide sind *effati* und *liberati*.

§262. *Anm. 32.* Zum Kult von S. Maria della Vittoria, bezeugt seit dem Ende des 8. Jh., siehe jetzt Zeggio 1996/97; Dies., in: Roma, S. 332.

§279. Langdon 1999.

§299. Zu einer Neubewertung der Datierung der Gründung Roms bei Timaios vgl. Carandini, in: Variazioni.

§303. Camerina hat 18 (9 + 9 = 18) Phratrien, die Zahl der Kurien des ersten Septimontium. Die Zahl 18 (= 9 × 2) ergibt sich durch Verringerung um ein Drittel (27 – 9), wenn man von 27 (=9 × 3) ausgeht: »Cette base 27 semble donc bien être caracteristique d'une distribution ancienne«. Siehe auch den Bezug zwischen städtischer Organisation und Kalender (Helley, Sur le fratrai de Camarina). Der Rat von Korinth habe aus 9 Mitgliedern für die 3 Tribus bestanden, was insgesamt 27 Mitglieder ergibt: Nic. Dam. FrGrHist 90 F 60.2 (Salmon 1984; Lambert 1993).

§§ 307 ff./428. Das Jahr würde im Januar beginnen seit Errichtung der Republik: Pedroni 1998.

§ 308. Anm. 154. Woudhuizen 1998; M. Rendeli, in: Roma, S. 360 ff.

§§ 319/431. Zu einer möglichen doppelköpfigen Ausrichtung des Proto-Staates, analog zu den zwillingshaften Lares Praestites, die dem Königtum vorausgegangen und dann in der Folge und in anderen Formen von der Republik wieder aufgegriffen worden wäre, und zu weiteren Gründen bezüglich des Todes des Remus vgl.: Carandini, Perché Romolo uccide Remo, in: Variazioni; M. T. D'Alessio, A. Gallone, in: Roma, S. 290 ff.; E. Gusberti, L. Salvadei, ebd. S. 294 ff. Daß der Pater Patratus der *pater* einer Gemeinschaft von *patres* gewesen sein könnte, bestreitet Albanese 1998.

§ 320. Vgl. Carandini, in: Variazioni. Siehe auch § 486 ff. F. Fulminante, in: Roma, S. 288 ff. und S. 343 ff.; M. Bettelli, ebd. S. 346 ff. Zum *heroon* von Poseidonia: T. Rocco, mit Zeichnungen von F. Fulminante, ebd. S. 348 ff.

§ 331 ff. R. Peroni, in: Roma, S. 26 ff.

§§ 321/473. Zu aktualisieren mit: Flannery 1999; vgl. Carandini, Fondatori di stati, in: Variazioni.

§§ 331, 332. Klassizistische Vorurteile, die darauf abzielen, die Bildung eines Staates in Rom später anzusetzen, trifft man bei den Vergleichen zwischen Griechenland und Rom an, die alle zu Ungunsten Roms ausfallen: Verspätung der römischen Annalistik im Vergleich zur griechischen Historiographie, angenommene Verspätung des Zwölf-Tafel-Gesetzes im Vergleich zum attischen Recht (Gabba 1998; 1999 (Bespr. *La nascita di Roma*). Einen ausführlichen und differenzierten Vergleich zwischen dem Zwölf-Tafel-Gesetz und dem attischen Recht in der Nachfolge Solons bietet: Martini 1999. Zuletzt: Carandini, Premessa, in: Variazioni.

§ 340. Hinweis auf die Gebietsreform bezüglich der ländlichen Tribus, die Servius Tullius zugeschrieben wird, ist der Gutshof aus der zweiten Hälfte des 6. Jh. v. Chr., über dem zu Beginn des 5. Jh. an der Stelle des Auditoriums Roms eine patrizische Villa errichtet wurde (A. Carandini u. a., La villa dell'Auditorium dall'età arcaica all'età imperiale, in: RM, 104, 1997, S. 117 ff.).

§§ 341/354. Vgl. Fulminante 1997/98.

§ 344. Die vorläufig marginale Stellung des Initiierten führt zur Integration in die Gemeinschaft oder zur Gründung einer neuen Gemeinschaft oder auch zu einer Neugründung der Herkunftsgemeinschaft, die dann auf einer höheren Entwicklungsebene erfolgt. Grundlegend diesbezüglich: De Polignac 1997. Es ist die iniatische Rotte des Romulus, die Alba einnimmt, Amulius tötet, Rom gründet und Remus tötet. Zur Funktion der Bande bei der Gründung von frühen Saaten: Carandini, Fondatori di stati, in: Variazioni.

§ 345 ff. Vgl. Pacciarelli u. a., Torre Galli, 1999. Anläßlich der abschließenden Phase der Endbronzezeit handelt er 1. von den neuen Kriegstaktiken, die nicht mehr auf dem Einzelkampf und dem Einsatz des langen Schwertes beruhen, sondern auf dem kollektiven Kampf von Lanzenträgern, in Reihen gegliedert, aber noch nicht geschlossen, und 2. vom Rang, der durch das Recht der Geburt erworben wird (siehe unten).

§347. Grundlegend: Pacciarelli 1999. Der von Einheiten aus Lanzenträgern geführte Massenkrieg und die Organisation der Heeresränge setzte sich demnach zwischen der abschließenden Phase der Endbronzezeit und den Anfängen der Eisenzeit durch und bildete im tyrrhenischen Mittelitalien einen starken Anstoß zur Bildung der protourbanen Zentren. Die Lanze als Waffen-Fetisch, die Mars verkörpert, wird daher auf diese Zeit zurückgeführt, als das an die Zweikämpfe gebundene Schwert an Bedeutung einzubüßen begann (zu einem Zweikampf mit Langschwertern siehe den Wagen von Bisenzio).

§353ff. A.M. Bietti Sestieri rechnet richtig mit der Formierung von Proto-Staaten in Etrurien ab der frühen Eisenzeit – die etruskischen protourbanen Zentren sind allerdings »Early States« und nicht »States« –, sie unterschätzt aber weiterhin die protourbanen Fälle in Latium und vor allem den Fall von Rom. Dieses liegt später im Vergleich zu Etrurien, aber nicht in dem Maße, wie Bietti Sestieri meint, und zwar aufgrund archäologischer Evidenz und nicht aus einem allgemeinen Wunsch heraus, die Situation Roms mit den Gegebenheiten der protourbanen Zentren in Etrurien in Einklang zu bringen (Bietti Sestieri 1997). Der Hauptfehler, den A.M. Bietti Sestieri und andere machen, besteht darin, stabile vertikale Rollen in frühen Gemeinschaften wie denen der ersten Latiner auszuschließen, im Widerspruch zur Tradition der göttlichen Könige von Latium und des albanischen Königshauses. Ihren Grund habe diese These in den relativ gleichberechtigten gesellschaftlichen Bedingungen, wie sie aus den Nekropolen abzulesen wären. Lassen wir beiseite, ob es sich um eine tatsächliche oder um eine vorgebliche Gleichberechtigung handelt, und kommen wir zum zentralen Punkt. Bei den Kitawa in Melanesien – einer Gesellschaft, die um vieles gleichberechtigter ist als die ersten Latiner (Metalle, das Rad usw. sind nicht bekannt) – gehört der Häuptling, ein *primus inter pares*, durchwegs dem Nukwasisiga-Clan an, der sich vom Nakubai-Clan unterscheidet, der am Mythos des Gründerheros Monikiniki festhält (Scoditti, Argonauti del Pacifico). So gehört bei den Jägern der Huaulu auf der Insel Seram der Molukken der Häuptling immer dem Clan der Huaulu an, der der gesamten Gesellschaft den Namen gegeben hat. Am Beispiel der Huaulu ist beobachtet worden, daß die Vorstellung von einer Hierarchie auch in einer kleinen und einfachen Gesellschaft entstehen, sich entwickeln und gelten kann. Wenn die Hierarchie in erster Linie das Ergebnis einer Vorstellung ist, setzt sie, um entstehen zu können, keine besonderen ökonomischen Gegebenheiten voraus (der Vulgärmarxismus, der zum Denken von Marx das Gegenteil bildet, richtet weiter Schaden an). Es gibt also Gesellschaften, in denen die Ungleichheit herbeigeführt wird durch die Akkumulation von Wissen (von Mythen, Ritualen, Zauberpraktiken usw.) und nicht von der Akkumulation materieller Güter (Valeri, The Forest of Taboos).

§358. *Anm. 81.* Korinth verfügt schon seit ca. 780 v. Chr. über entfernte Vorposten. 747/746 gibt es die ersten gewählten Magistrate. Die Gesetzgebung des Pheidon legte ungleiche Parzellen fest, jedoch mit einer feststehenden Anzahl von Eigentümern (enges Binom *oikos-kleros*). Es gab das Verbot, Parzellen zu kumulieren und aufzuteilen (bei der Erbfolge wurden die Erstgeborenen begünstigt). Nach der Mitte des 8. Jh. wird die neue Nekropole außerhalb der Siedlung gelegt, Anzeichen für eine Gebiets- planung städtischen Charakters. 734/733 werden Korkyra und Syrakus gegründet. Die Amphoren des dritten Viertels des 8. Jh. scheinen eine Siedlung mit großem Handelsvolumen zu bezeugen. Gebäude mit Mauern aus Kalksteinblöcken und Zie- geln sind seit dem Beginn des 7. Jh. bezeugt. Der erste große Tempel stammt von ca. 675 v. Chr.

§359 ff. Die Ausstellung ist im Museo Nazionale Romano, Terme di Diocleziano, am 27. 6. 2000 eröffnet worden. Ich hoffe im Anschluß daran meinerseits einen Kommentar zur romuleischen Sage veröffentlichen zu können. Vgl. D. Briquel, La leggenda di Romolo e il rituale di fondazione della città, in: Roma, S. 39 ff.; T. J. Cor- nell, La leggenda della nascita di Roma, ebd., S. 45 ff. Der gesamte vierte Teil dieses Buches muß in Verbindung mit A. Carandini, Romolo, i Lari ed Enea, und: I sistemi di Quirino, Romolo e Servio Tullio, in: Roma, S. 100 ff. und 113 ff., gesehen werden. Vgl. Cappelli, in: Roma, S. 198.

§360 ff. Zu den palatinischen Mauern: P. Carafa, P. Brocato, in: Roma, S. 272 ff.. Im Vergleich zu den in *La nascita di Roma* vorgestellten Rekonstruktionen muß man sich die palatinischen Mauern höher vorstellen, auch wegen des Vorhandenseins von Brüstungen und Zinnen (Abb. in: Roma, S. 275; siehe auch §389). Zu den jüngst entdeckten Mauern des Kapitols am Fuß des Hügels: P. Fortini, ebd., S. 325 ff. Zur Episode der Tarpeia und zum römisch-sabinischen Krieg zwischen der Porta Mugo- nia des Palatin und der Porta Pandana des Kapitols: P. Carafa, in: Roma, S. 334 ff. Zum Bezirk des Gründungsopfers der Mauern von Turin: L. Brecciaroli Taborelli – L. Pejrani Baricco, in: Roma, S. 281 ff. Zu den von C. Panella an der Ecke der Curiae veteres entdeckten palatinischen Mauern vgl. §388. Der Bau der romuleischen Mauer könnte auf dem Fries der Basilica Aemilia dargestellt sein.

§362. Die mythische Notwendigkeit, Rom aus dem Nichts entstehen zu lassen (vgl. §17) steht im Widerspruch zur Wirklichkeit der – von den Quellen bezeugten und von den palatinischen Mauern bestätigten – rituellen Gründung der Stadt inner- halb einer vorausgehenden protourbanen Siedlung, die von der Archäologie bezeugt wird und von der wir wahrscheinlich auch den Namen kennen: Septimontium. Zur Dualität zwischen der inaugurierten romuleischen »Kolonie« (Roma quadrata) und dem Rest der Siedlung der Quiriten gesellt sich die Dualität der Formel *Populus Romanus Quirites(que)*, die, mit anderer Auslegung, A. L. Prosdocimi untersucht hat; A. Carandini, I sistemi di Quirino, Romolo e Servio Tullio, in: Variazioni.

§§364/371/389/507. Die in §364 erwähnte Auslegung ist die einzige alternative Interpretation zu den romuleischen Mauern des Palatin, die, konkret und nicht vage, vorgebracht worden ist, sie ist aber nicht stichhaltig. Die von uns als Opfer für die Auflassung interpretierten Toten sind von C. Ampolo bei der Debatte über *La nascita di Roma*, die in der Accademia Americana abgehalten wurde (Fentress–Guidi, 1999), so betrachtet worden, als könnten sie das Nichtvorhandensein des Pomeriums bele- gen – was die romuleische Konnotation der Mauern aufheben würde –, aber Ampolo ist nicht wirklich auf den archäologischen Kontext und unsere Interpretationen ein- gegangen (siehe die folgenden Bemerkungen zu §374). Entgegen der kritischen Hal- tung von T. Cornell – der die Umwandlung des *terminus post* vom Ende des 7. Jh.

in einen *terminus ante* für die Stadtgründung bekräftigt hat und die Authentizität der latinischen Mythen bezogen auf die aboriginischen Könige Latiums annimmt – schien mir der Widerspruch von C. Ampolo derart absolut, daß ich ihn nicht mehr ernst nehmen konnte (vgl. Carandini, Giornale di scavo).

§ 367. Zur *ovatio* des Romulus: Peruzzi 1998.

§ 369. Robertson 1970 (Serv. Aen. 2,241). Siehe auch Hdt. 1,187. Zu den Gründungsopfern in Griechenland: Messineo 1997.

§ 374. Zu *res sanctae* und *res religiosae*: Carandini, Perché Romolo uccide Remo, in: Variazioni; Ders., in: Roma, S. 293 (es sind nicht Tote auf den Mauern, sondern auf den Grundfesten der abgetragenen Mauern gefunden worden, die so der *sanctitas* beraubt waren, die jetzt auf die neuen, zwei Generationen danach errichteten Mauern übergegangen war. »Proprie dicimus sancta, quae neque sacra neque profana sunt, sed sanctione quadam confirmata« (D. 1,2,1,10). Die Sanktion bezüglich der *res sanctae* kommt der gleich, die sich auf die *res sacrae* bezieht, d. h., sie ist *sacratio capitis*: »si quis violaverit muros, capite punitur« (D. 1,8,11). Die Sanktion betrifft nicht nur das »murum transcendere« des Remus und der nachfolgenden Übertreter (D. 1,8,11), sondern jegliche andere Art von Beschädigung oder Veränderung der Mauern. »Sanctum est, quod ab iniuria hominum defensum atque munitum est« (D. 1,8,8, pr.); »Ideo autem muros sanctos dicimus, quia poena capitis constituta sit in eos qui aliquid deliquerint« (D. 1,2,1,10); und noch genauer: »In muris ... aliquid facere ex quo damnum aut incommodum irrogetur non permittitur« (D. 43,6,2); »Muros autem municipales nec reficere ... nec aliquid eis iniungere vel superponere« (D. 1,8,9,4). Die Mauern sind keine *res publicae* weil sie nicht für den öffentlichen Gebrauch bestimmt sind, noch sind sie im eigentlichen Sinne *res sacrae*, weil sie keinem Gott gehören, sondern sie unterstehen »in gewisser Weise« dem Sakralrecht: »Sanctae quoque res ... quodam modo divini iuris sunt« (Gaius 2,8). Während sie also keinem Gott gehören, sind die Mauern einem Gott geweiht oder jedenfalls seinem Schutz unterstellt. Der Gott der *res sanctae* ist von den Juristen mit Iuppiter Terminalis gleichgesetzt worden (Solazzi 1953; 1957; Fanetti 1956). Remus ist als erster *homo sacer* in Rom deutbar. Die *sanctitas* ist in der Tat dem Schutz der Grenzsteine vergleichbar, die dem Gott Terminus oder Iuppiter Terminalis heilig sind, was die *sanctitas* der Übertreter voraussetzt (Lovisi 1999). Die Annahme der Rechtsgelehrten wird bekräftigt durch den Einbezug von Grenzsteinen bei der Grundlegung der ersten palatinischen Mauern. Die *securi percussio* des Übertreters entspricht im technischen Sinn nicht einer *immolatio* (Cantarella 1998).

§§ 379–381. Die Argumentation betreffend die königlichen Häuser ist teilweise zu modifizieren, weil sich gezeigt hat, daß der Graben zwischen Palatin und Velia mehr zu letzterer hin verschoben wurde. Das impliziert, daß dem Haus des Tarquinius Superbus, das außerhalb des Heiligtums der Vesta lag, das Haus des Tarquinius Priscus vorangegangen sein kann, und ebenfalls, daß das Haus des Rex Sacrorum, des wahrscheinlich von Tarquinius Priscus eingerichteten Priesteramtes, die Stelle des Hauses des Ancus Marcius eingenommen haben kann. Die topographische Koppelung zwischen den beiden Häusern der beiden Tarquinier (außerhalb des Heiligtums), von der die literarischen Quellen berichten, erweist sich also als richtig, was indirekt die topographische Koppelung des Hauses des Ancus Marcius und des Rex

Sacrorum (innerhalb des Heiligtums) nach sich zieht. Daraus ergeben sich grundlegende Daten für die Gründung Roms, die ich darlege, soweit sie sich am 29. 6. 2001 aus den von D. Filippi vor Ort geleiteten Grabungen darstellen. Wir befinden uns zwischen dem Bereich nahe der Porta Mugonia, wo dann die Häuser der Tarquinier stehen, und dem Tempel der Laren, der in das Heiligtum einbezogen wird, also am östlichen Ende des Heiligtums der Vesta, dessen Grenze seit den Anfängen der Stadt wohl unverändert blieb. An diesem Ort wird am Ende des 8. Jh., also in der Zeit des Numa, der *lucus* eingerichtet, wobei der Hang von den Bäumen und den bösen Geistern befreit, der ursprüngliche Lehmboden und der Cappellaccio planiert wird, was der *liberatio* des Heiligtums gleichkommt. Auf dieser Schicht wird ein erstes Gebäude errichtet, wahrscheinlich mit Wänden aus Lehm, das ein Gebäude mit mehreren Räumen zu sein scheint. Es könnte sich um das königliche Haus des Numa handeln (715–673 v. Chr. nach der herkömmlichen Chronologie). Ein Grab mit einem Kind mit einer Beigabe in einem Keramikgefäß und eine Schicht, auf etwa 700 datierbar, heben den früheren Charakter des Wohnbaus des Heiligtums auf. Auf die Verfüllung wird ein zweites Haus mit Fundamenten und Mauern aus Tuffstein gebaut. Wir sind jetzt in er Mitte des 7. Jh. Es handelt sich wahrscheinlich um das Haus des Ancus Marcius (643–617), des Enkels des Numa. Es ist möglich, daß das königliche Haus schon von Tarquinius Priscus jenseits der Begrenzungsmauer des (von uns genauer bestimmten) Heiligtums verlegt wurde, zwischen diese und die Porta Mugonia. Gleichzeitig erhalten auch die *sacraria* des Mars und der Ops ihren Platz außerhalb des Heiligtums in der sog. (von F. E. Brown ausgegrabenen) Regia. Und in diesem Haus, das mit der Republik zur *domus publica* wird, wohnen dann die Pontifices Maximi. Das frühere Haus des Ancus Marcius wird neu errichtet, um die Mitte des 6. Jh., um einen Atrium-Hof herum, der während der gesamten Geschichte grundsätzlich gleich bleibt. Es handelt sich um Mauern aus Tuffblöcken im Fundament und aus unbehauenen kleineren Tuffblöcken im Aufbau. Von jetzt an ist es das Haus des Rex Sacrorum, das oft um- und neugebaut wird und das im Jahr 12 v. Chr. von Augustus den Vestalinnen geschenkt und zum Gebrauch übergeben wird (so die These von D. Filippi). Was im Zusammenhang mit dieser Grabung (die noch 2001 zu Ende geführt werden soll) vor allem beeindruckt, ist Folgendes: 1. Das Heiligtum der Vesta mit der *regia* (und damit mit der *aedes*) scheinen am Ende des 8. Jh. gegründet worden zu sein, worauf schon die Funde in den Brunnenschächten des Heiligtums hinweisen und wie die Tradition es besagt. Das bekräftigt die Gründung Roms »alla greca« zu dieser Zeit und die Gründung »alla etrusca« des Romulus in der vorhergehenden Generation (Hütten des Cermalus und erste Mauer um den Palatin). 2. Die Chronologie der ersten vier latinisch-sabinischen Könige scheint im wesentlichen bestätigt. 3. Im königlichen Haus der sabinisch-latinischen Könige der frühen Königszeit kann im Heiligtum niemand anderer nachfolgen als der, der die sakralen Aufgaben des Herrschers übernommen hat: der Rex Sacrorum, bis zur Aufhebung dieses Priesteramtes wahrscheinlich in augusteischer Zeit.

§ 386. Zum Bezug zwischen Theseus, dem Gründer von Athen, und Romulus und Numa: Carandini, Teseo, Romolo e l'eroe di Eretria, in: Variazioni. Nach der annalistisch-antiquarischen Tradition war es Romulus, nicht Numa, der *templum* (Liv. 1,10,5) und *aedes* errichten ließ (Dion. Hal. 2,33, mit Seiten unter 16 Fuß Länge, was einem sehr kleinen Bau entspricht; Nep. Att. 20,3; Schol.Verg. georg. 2,384). Gemäß einer bei Varro greifbaren antiquarischen Tradition, die sich nicht im besonderen auf den Kult des Iuppiter Feretrius bezieht, hätte Numa als erster Heiligtümer errichtet (De verborum significatione, 1,13 Riposati; Antiquitates rerum divinarum, 1,13 Cardauns). An diesen Stellen ist Numa jeweils emendiert, und zwar mit Recht, insofern diesem König, dem Gründer der *aedes Vestae*, die ersten heiligen Bauten der Römer zugeschrieben werden mußten (es ist dies das schematische Bild der Gestalt des Numa). Wir folgen hier also einem anderen Weg der Kritik als Colonna 1981, der sich an den Wortlaut Varros hält. Die Kulthütten sind nämlich in Latium ab dem Ende des 9.Jh. bezeugt, und es gibt insofern keinen Grund für die Vorstellung, dem Romulus wäre nur die Verwandlung der Lichtung *(lucus)* vor der ehrwürdigen, dem Jupiter heiligen Eiche in einen dem Iuppiter Feretrius geweihtes *templum* zuzuschreiben. Das anikonische Bild des Gottes, Iuppiter Lapis, das von der heiligen Eiche zu unterscheiden ist und wahrscheinlich aus einem Werkzeug bestand – eine neolithische Axt, die in romuleischer Zeit gefunden und zum Fetisch gemacht wurde, bei dem man schwor –, impliziert nämlich außer dem *templum* und dem Altar auch eine Hütte, in der der heilige Stein aufbewahrt und geschützt werden konnte (man kann ihn sich nicht ohne Schutz auf dem Boden liegend vorstellen, und ein Schutz ist schon eine Hütte, weil der Priester eintreten können muß, um den Stein hochzuheben und bei ihm zu schwören). Daher tritt der heilige *lapis* – nicht notwendigerweise in numanischer Zeit – an die Stelle des *delubrum*-Baumes. Die Ficus Ruminalis der mittelrepublikanischen Zeit konnte als ein *delubrum* dieser Art erscheinen, wie der Spiegel aus Bolsena zeigt. Grundlegend für das Verständnis des triumphalen, darüber hinaus aber gründenden Merkmals eines noch in der Religion verankerten Rechts: Calore, »Per Iovem Lapidem«. Zur kapitolinischen Weihegabe und den Kulten in einer Hütte: D.Filippi, in: Roma, S.323ff.; P.Brocato, A.Carandini, A.Guidi, ebd. S.327ff.; zur Weihegabe von S.Maria della Vittoria: S.Zeggio, ebd. S.332. Der mit den *ovationes* verbundene Kult wird im Zusammenhang mit den territorialen Expansionen gesehen, die dem Gründer zugeschrieben werden. Romulus erobert den *ager Romanus antiquus* nicht, dieser ist vorausgesetzt, und ebenso wenig erobert er neue Teile Roms (abgesehen von den drei neuen Bezirken-Kurien, die er in die Siedlung einschließt). Zwischen eroberten und verbündeten Territorien (Cures, Lavinium und Alba) scheint Rom am Ende der romuleischen Zeit ein Territorium zu kontrollieren, das den größten etruskischen Zentren entspricht. Es ist nicht angebracht, weiterhin anzunehmen, daß das romuleische Territorium Roms ausschließlich aus dem kleinen traditionellen *ager* bestanden habe. Vgl. P.Carafa, in: Roma, S.340ff. Zur Notwendigkeit weiträumiger territorialer Eroberungen von seiten der Gründer der frühen Staaten (die mehrere Chiefdoms umfassen): Carandini, Fondatori di stati, in: Variazioni. Während Theseus der Begründer des Kultes der Hestia in Athen ist, ist Numa der Gründer des Kultes der Vesta und der entsprechenden Hütte in Rom. Wir hätten demnach eine romuleische Gründung der Stadt im etruskischen Ritus, auf die eine Neugründung (oder Vollendung der Gründung) durch Numa nach griechischem Ritus folgt. Zum Vergleich zwischen Athen und Rom: E.Gusberti, in: Roma, S.187ff.

§388.   C.Panella hat den nördlichen Abschnitt der romuleischen Mauern an der Nordost-Ecke des Palatin entdeckt, die das Gebäude der Curiae Veteres enthalten haben dürften (S. Zeggio, in: Roma, S. 301 ff.). Die von einer Straße gesäumten Mauern werden von zahlreichen übereinander gelagerten Mauerstücken gebildet, die aus verschiedenen Phasen zwischen dem 7. Jh. v. Chr. und Augustus stammen. Diese in augusteischer Zeit etwa 8 Meter hohen Mauern wurden erst durch den Bau des Mittelteils der Domus Aurea aufgegeben (Tacitus, der das romuleische Pomerium beschreibt, hat sie also noch gesehen). Teile der palatinischen Mauern wurden also über 800 Jahre lang erneuert und stellen so, mit dem königlichen Komplex des Cermalus, eine wahrlich großartige Dauer des kulturellen Gedächtnisses der Römer dar.

§389. Zu den in der Ilias beschriebenen Mauern der Achäer: Mannsperger 1998. Die Mauern in der Ilias haben Brüstungen und Geländer, und diese finden sich auf einem Topf aus rotem Ton, der weiß bemalt ist, mit Kriegern und Türmen, aus dem Grab von Bocchoris, Monterozzi, Tarquinia (700 v. Chr. oder kurz danach). Hencken 1968 meinte, die auf dem Gefäß dargestellten Türme würden keine etruskische Wirklichkeit wiedergeben, sondern wären das Echo cypriotischer Ikonographie; die Annahme wird jetzt neu erwogen (es sei erinnert an das Thema der Tyrrhener als Erfinder der Türme). Die Datierung der Mauern von Smyrna wurde auf 740 v. Chr. herabgesetzt: Cook–Nicholls 1998. Zum Zusammenhang Vogelschau – Errichtung der Mauern – Streit der beiden Gründer bei der Gründung von Zancle: Rossi 1997. In Megara Hyblaea ist der urbane Raum von Anfang an für die ganze Stadt einheitlich und polyzentrisch definiert. Die Bevölkerung kann auf 5000 bis 6000 Einwohner geschätzt werden. Die urbanen Parzellen von 121/135 Quadratmeter gehen bis an das Ende des 8. Jh. v. Chr. zurück. Der Befestigung von 520–510 geht eine frühere Mauer (*agger?*) (aus aufgeschichteten Steinen) mit Graben voraus, die wahrscheinlich zwischen dem Ende des 8. und dem ersten Viertel des 7. Jh. datiert werden kann. Eine Parzelle der Stadt hat wohl das öffentliche Fokolar mit entsprechendem Kult beherbergt (aus einem Vortrag von M. Gras an der Scuola Francese in Rom). Die erste Formierung der Stadt scheint, wie in Rom, mit der Mitte des 7. Jh. abgeschlossen.

§412. T. J. Cornell, La leggenda della nascita di Roma, in: Roma, S. 45 ff. L. Braccesi, Il mito di Enea in Occidente, ebd. S. 58 ff. – *Anm. 4.* Anders Zevi 1997, wo behauptet wird, der Mythos des Aeneas wäre von den Römern erst ab dem 4. Jh. übernommen worden. Zum Heroon des Aeneas: F. Fulminante, P. Brocato, in: Roma, S. 213 ff.

§414. Zur Vase des Mezenzius: D. Briquel, in: Roma, S. 210.

§420. Die frühe Datierung des Abschnitts aus der Theogonie wird bekräftigt von Braccesi 1997.

§429. Zum heiligen Bock des Gottes Min in Mendes, der mit Pan gleichgesetzt wird: »Vor nicht allzu langer Zeit hatte in der Provinz der Bock vor aller Augen Sexualverkehr mit einer Frau« (Hdt. 2,46). Zu einer entsprechenden Ikonographie: Montserrat 1996, Abb. 9.

§432. Zu den Vestalia: Torelli, in: Roma, S. 63 ff.

§435. Zum ursprünglichen Fides-Kult auf dem Palatin: Prosdocimi 1996.

§438. Guarino 1998.

§449. Das Velabrum wäre eine tiefliegende Zone gewesen, die periodisch überflutet wurde, und nicht ein normalerweise schiffbares Gewässer. Es fehlt allerdings noch ein genauer Schnitt des Tales, wonach man ausschließen könnte, daß zum Beispiel entlang dem Vicus Tuscus ein Graben ausgehoben wurde, der ein schiffbarer Kanal bleiben konnte, wie aus den Quellen zu entnehmen ist (Ammerman 1998)

Appendix 2. Absolute Chronologie. Pacciarelli i. Dr. = M. Pacciarelli, Note sulla cronologia assoluta della prima età del Ferro in Italia, in: Ocnus, 4, 1996, S. 185 ff.: IIA1 = 960–(930); IIA2 = (930)–(890); IIB1 = (890)–850; IIB2 = 850–(810); IIIA = (810)–(780); IIIB = (780)–750. Frühe orientaliserende Zeit (725). Vgl. auch Bietti Sestieri 1997. Zu Bettelli 1997 vgl. den Verriß von A. M. Bietti Sestieri – A. De Santis, in: Arch. Cl., 49, 1997, S. 519 ff. Die neue Chronologie ist in der Abteilung Vorgeschichte der latinischen Völker im Museo Nazionale Romano aufgegriffen worden.

§ 466. P. Carafa, I contesti archeologici dell'età romulea e della prima età regia, in: Roma, S. 68 ff.

§ 468. Als Motto für Appendix 3 würde folgende Aussage gut passen: »J'avoue que, si les auteurs anciens m'ont donné des lumières pour apuyer quelques conjectures heureuses touchant les sauvages, le coutumes des sauvages m'ont donné des lumières pour entendre plus facilement et pour expliquer plusieurs choses qui sont dans les auteurs anciens.« J. F. Lafitau (1681–1746). Vgl. Pucci 1994; Saggioro 1997.

§ 468 ff. Vgl. Carandini, Fondatori di stati (im Sinne der Early States), in: Variazioni. Vgl. auch § 320.

§ 482 ff. Die Rekonstruktion des Cermalus liegt, mit erheblichen Modifikationen, vor: Carandini, Auspici, auguri e le Rome Quadrate, in: Variazioni. Vgl. P. Brocato, in: Roma, S. 241 ff., S. 262 ff., S. 383 ff., und R. Cappelli, ebd. S. 263 ff. Zur königlichen Hütte zusammen mit der Kulthütte wie in Eretria: F. Fulminante, in: Roma, S. 288 ff.

§ 490. Beim Bau des Tabulariums blieben zwei sehr frühe Gebäude erhalten: der Tempel des Veiovis und ein wahrscheinlich früharchaisches Gebäude (wie aus Nachrichten des 19. Jh. hervorzugehen scheint, die von einem Bau auf der Erde, d. h. auf Lehm, sprechen). Der zweite Bau nimmt die Form einer großen monumentalen Nische an. A. Sommella Mura 1997 hat vermutet, es könnte sich um das Haus des Romulus auf dem Kapitol handeln. Man könnte auch an die Curia Calabra denken. Es würde sich also um einen weiteren Fall der Kontinuität des Gedächtnisses handeln, vergleichbar mit den Hütten des Cermalus und den romuleischen Mauern des Palatin.

§ 500/512, 513. Zur Entstehungszeit der Sage (Mitte 8. bis Mitte 7. Jh. v. Chr.): Carandini, Romolo, i Lari ed Enea, in: Variazioni.

§ 511. Siehe zu § 17.

§ 513. Die frühesten Zeugnisse über Jesus (50–90 n. Chr.) beziehen sich auf Fakten, sind hauptsächlich aber Darstellungen der Gestalt des Erlösers, die auf Glaubensaussagen beruhen, die Teil eines Gründungsmythos sind. Sie wurden getrennt an verschiedenen Orten weitergegeben, und sie enthalten Abänderungen, Hinzufügungen und Auslassungen, wie sie in heiligen Texten nicht vorstellbar sind. Diese Zeugnisse wurden ausgewählt und in einen Kanon gebracht erst nach der Mitte des 2. Jahrhunderts. Über die Geburt Jesu gab es von Anfang an kontroverse Darstellungen. Matthäus rekonstruiert einen Stammbaum, der Christus – über Josef – mit Abraham und David verbindet, über 42 Generationen hin, eine Weise, die Gestalt des Messias im Alten Testament zu verwurzeln. Aber Matthäus sagt auch, sich selbst widersprechend, daß Christus der Sohn des Heiligen Geistes sei. Paulus, Markus und Johannes erwähnen die wunderbare Geburt des Christus nicht. Es gab also Varianten, wahrscheinlich schon zur Zeit Jesu, sicher jedenfalls zur Zeit der Evangelien. Das Thomas-Evangelium kennt auch einen Zwillingsbruder Jesu namens Juda. Über Schriften und Evangelien erreicht man weniger den historischen Jesus als veränderbare Darstellungen von ihm. Man könnte sagen, zu den Kulturheroen der griechischen, latinischen und römischen Welt treten im Osten die Mythen der halbgöttlichen Erlöser wie Buddha, Jina, Jesus und Mani. Letzterer betrachtete sich als von Gott geboren, und er starb im Gefängnis oder wurde getötet im Jahr 276 n. Chr. (Hopkins 1999).

Post scriptum 1.   Eine Antwort auf A. M. Bietti Sestieri, The role of archaeological and historical data in the reconstruction of Italian protohistory, in: D. Ridgway u. a. (Hrsg.), Ancient Italy in its Mediterranean Setting, Studies in honour of Ellen Macnamara, London 2000, S. 13 ff., erfolgt an anderer Stelle.

Post scriptum 2.   *La nascita di Roma* wurde kurz besprochen von T. P. Wiseman, in: JRS, 90, 2000, S. 210 ff. Mit dem Buch befaßt sich auch J. Poucet, Les Rois de Rome, Brüssel 2000 (»J'imagine que la lecture del la somme tellement imposante que vous venez de consacrer à la question va m'amener à revoir mes positions«, hat er mir am 28. 7. 2000 geschrieben). Auch darauf werde ich andernorts näher eingehen.

Post scriptum 3.   Es war nicht möglich, in diesen ergänzenden Anmerkungen die neueste Fortsetzung dieser Untersuchungen einzubeziehen: Andrea Carandini, Archeologia del mito. Emozione e ragione fra primitivi e moderni. Con un contributo iconografico di M. Pacciarelli e uno scambio di lettere con G. M. G. Scoditti, Einaudi, Turin 2002.

Indices

Abbildungen und Tafeln

Abbildungen im Text

S. 31 Abb. 1 Retoka bei Efate (Neue Hebriden): Gemeinschaftsgrab des Roy Mata, der Clanhäuptlinge und weiterer Menschenopfer, 1265 n. Chr. (± 140 Jahre) – (Neubearbeitung von M. Serlorenzi, aus: Garanger 1980)

S. 67 Abb. 2 Pianello del Genga bei Ancona: Ossuarium aus Keramik mit Graffito, das einen Balken und zwei Vögel darstellt, 11.-10. Jh. v. Chr. – (Neubearbeitung von A. Tronelli, aus: Colini 1913)

S. 83 Abb. 3 Pompei, Haus des M. Fabius Secundus: Mars und Rea Silvia auf dem Palatium-Cermalus; Strichzeichnung von A. Pellico nach einem Fresko aus augusteischer Zeit im Museo Nazionale di Napoli – (Mit freundlicher Genehmigung von R. Capelli)

S. 87 Abb. 4 Rom, Cermalus, Bezirk der Victoria, Plan der Phase 1, 750-650 v. Chr. – (Rekonstruktion von P. Brocato, Zeichnung von M. Serlorenzo)

S. 88 Abb. 5 Rom, Cermalus, Bezirk der Victoria, Plan der Phase 2, 750-650 v. Chr. – (Dies.)

S. 89 Abb. 6 Rom, Cermalus, Bezirk der Victoria, Plan der Phase 3, 650-550 v. Chr. – (Dies.)

S. 90 Abb. 7 Rom, Cermalus, Bezirk der Victoria, Plan der Phase 4, 550-307 v. Chr. – (Dies.)

S. 91 Abb. 8 Rom, Cermalus, Bezirk der Victoria, Plan der Phase 5, 307/294-204 v. Chr. – (Dies.)

S. 92 Abb. 9 Rom, Cermalus, Bezirk der Victoria, Plan der Phase 6, 204/191-111 v. Chr. – (Dies.)

S. 93 Abb. 10 Rom, Cermalus, Bezirk der Victoria, Plan der Phase 7, vom Ende des 2. Jh. v. Chr. bis in die Spätantike – (Dies.)

S. 133 Abb. 11 Die Burgen von Alba Longa, Endbronzezeit bis latiale Stufe II B – (Zeichnung von M. Serlorenzi)

der Siculer; mittlere Bronzezeit und Spätbronzezeit, Stufe I – (Zeichnung: M. Serlorenzi, Ausarbeitung: G. Marinelli)

V.   Das Territorium Rom: Zeit des Gottes Volcanus und des Cacus, des letzten göttlichen Häuptlings der Siculer, Spätbronzezeit, Stufe II – (Dies.)

VI.   Das Territorium Rom: Zeit des Mars, des Iuppiter Albanus und der aboriginischen göttlichen Könige und Zeit des Iuppiter Latiaris, des Latinus und der ersten Latiner, Endbronzezeit und Latiale, Stufe IIA1 – (Dies.)

VII.   Das sog. Trimontium und die vier *colles* – (Dies.)

VIII.   Das sog. Quinquimontium und die vier *colles* – (Dies.)

IX.   Das Septimontium und die fünf *colles* (das sog. zweite Septimontium) – (Dies.)

X.   Rom in romuleischer Zeit – (Dies.)

XI.   Das Rom des Servius Tullius: Die urbanen Regionen I–IV – (Dies.)

XII.   Die ursprünglichen Tribus und die vier servianischen Tribus – (Zeichnung: M. Serlorenzi)

XIII.   Die Haupt-*pagi*, die vier Regionen, die »sieben Hügel«, das Pomerium, die Mauern, die periurbanen *pagi* und der *ager*, schematisiert in einem *orbis* – (Dies.)

XIV.   Rom, palatinische Mauer: Grab eines (geopferten?) Mannes, ausgehoben auf dem Kamm einer ehemaligen Mauer (und von einem Graben durchzogen), eingefügt in eine Einfriedung, Anfang 7. Jh. v. Chr. – (Grabungsfoto)

XV.   Rom, palatinische Mauer: Grab eines Mannes mit einem Kind (beide geopfert?) in einem keramischen Gefäß, unmittelbar innerhalb der ehemaligen Mauer und eingefügt in eine Einfriedung, Anfang 7. Jh. v. Chr. – (Grabungsfoto)

XVI.   Rom, palatinische Mauer: Grab einer kauernden (geopferten?) Frau auf der Grenze einer Einfriedung, Anfang 7. Jh. v. Chr. – (Grabungsfoto)

XVII.   Zwischen dem sog. Vicus Vestae und der Nova Via, frühe Königszeit (Numa, Tullus Hostilius): Rekonstruktion – (Zeichnung: A. Tronelli, aus: Palatium e Sacra via, 1)

XVIII.   Zwischen dem sog. Vicus Vestae und der Nova Via, frühe Königszeit (Ancus Marcius): Rekonstruktion – (Ebd.)

XIX.   Zwischen Graben und Nova Via, späte Königszeit (Tarquinius Priscus, Servius Tullius?): Rekonstruktion – (Ebd.)

XX. Zwischen Sacra Via und Nova Via, späte Königszeit (Servius Tullius? Tarquinius Superbus): Rekonstruktion – (Ebd.)

XXI. Zwischen Sacra Via und Nova Via, frühe Republik: Rekonstruktion – (Ebd.)

XXII. Siedlung der frühen Eisenzeit: Rekonstruierter Plan der Bauten (zwei Hütten und eine Feuerstelle) – (Zeichnung: C. Marras, aus: Palatium e Sacra via, 1)

XXIII. Siedlung der frühen Eisenzeit: Axonometrie der Bauten – (Ebd.)

XXIV. Rekonstruierter Plan des Tales zwischen Palatium und Velia, letztes Viertel 9. bis 3. Viertel 8. Jh. v. Chr. (traditionelle Chronologie), mit Hinweisen auf Funde aus der späten Bronzezeit – (Ebd.)

XXV. Die Mauern der romuleischen Zeit: Rekonstruierter Plan der Porta (Mugonia?) und der Mauern (mit Variante) – (Ebd.)

XXVI. Die Mauern der romuleischen Zeit: Rekonstruierter Plan der Überdeckungen der Porta (Mugonia?) und der Mauern – (Ebd.)

XXVII. Die Mauern der romuleischen Zeit: Axonometrie der Porta (Mugonia?) und der Hütte an der Mauer 1, mit Schnitt der Mauer 1 – (Ebd.)

XXVIII. Die Mauern der romuleischen Zeit: Schnitt Nord-Süd, Blickrichtung nach Osten auf Bastion, Porta (Mugonia?) und Hütte (mit Schnittlinie) – (Ebd.)

XXIX. Die Mauern der romuleischen Zeit: Aufriß Ost-West, Blickrichtung nach Norden auf die Porta (Mugonia?) und die Mauer, mit stratigraphischem Schnitt – (Ebd.)

XXX. Rekonstruierter Plan des Tales zwischen Palatium und Velia. Zeit der Mauern der ersten und zweiten Phase, letztes Viertel des 8. und 7. Jh. v. Chr. – (Zeichnung: M. Serlorenzi, aus: Palatium e Sacra via, 1)

XXXI. Rekonstruierter Plan der Mauern und der Tore (Mugonia?) in den verschiedenen Phasen (725-525 v. Chr.) mit dem darüber errichteten archaischen Viertel – (Zeichnung: A. Tronelli, aus: Palatium e Sacra via, 1)

XXXII. Rekonstruierter Plan des Tales zwischen Palatium und Velia (um 525 v. Chr.) – (Ebd.)

XXXIII. Rom, die servianischen Mauern – (Rekonstruktion von G. Cifani, Zeichnung: M. Serlorenzi)

Schwarzweißtafeln 1–37

1. Der Große Buntspecht – (Aus: AA.VV., Enciclopedia degli uccelli d'Europa, Mailand 1972, Bd. 2)

2. Vulci, Tomba François: Vel Saties, Knabe und Specht; Fresko, Ende 4. Jh. v. Chr. – Vatikanstadt, Vatikanische Museen

3. Villa Cavalletti, bei Grottaferrata, Nekropole: Tönernes Gestell mit zwei Vögeln, Latiale II A 1, Strichzeichnung – (Aus: Müller-Karpe 1959; Original: Museo Pigorini, Rom)

4. Castel di Decima, Grab 101: Bronzener Abstandhalter mit dem von Spechten geblendeten Anchises und Aphrodite mit Aeneas an der Brust, Ende 8. Jh. v. Chr. – Rom, Museo Nazionale Romano (Foto: Soprintendenza Archeologica di Roma)

5. San Lorenzo Vecchio, bei Marino, Grab 1: Beigaben mit tönernen weiblichen Statuetten (Ops?), Latiale I, Strichzeichnung – (Aus: Müller-Karpe 1959; Original in Rom, Museo Pigorini)

6. Bisenzio, Nekropole Olmo Bello, Grab 2: Ritualwagen aus Bronze, zweite Hälfte 8. Jh. v. Chr. – Rom, Museo Etrusco di Villa Giulia (Foto: Soprintendenza Archeologica dell'Etruria meridionale, Rom)

7. Bisenzio, Nekropole Olmo Bello, Grab 2: Ritualwagen aus Bronze, zweite Hälfte 8. Jh. v. Chr. – Ebd.

8. Bisenzio, Nekropole Olmo Bello, Grab 2: Ritualwagen aus Bronze, zweite Hälfte des 8. Jh. v. Chr., Sicht von oben – Ebd.

9. Bizenzio, Nekropole Olmo Bello, Grab 2: Ritualwagen aus Bronze, zweite Hälfte 8. Jh. v. Chr., Detail: Zwei Männer im Duell – Ebd.

10. Bizenzio, Nekropole Olmo Bello, Grab 2: Ritualwagen aus Bronze, zweite Hälfte 8. Jh. v. Chr., Detail: Zwei Männer im Duell, Strichzeichnung – (Aus: Paribeni 1927)

11. Biszenzio, Nekropole Olmo Bello, Grab 2: Ritualwagen aus Bronze, zweite Hälfte 8. Jh. v. Chr., Detail: Jäger mit Lanze und Hirsch, Bogenschütze, Affe und Vogel – Rom, Museo Etrusco di Villa Giulia (Foto: Soprintendenza Archeologica dell'Etruria meridionale, Rom)

12. Biszenzio, Nekropole Olmo Bello, Grab 2: Ritualwagen aus Bronze, zweite Hälfte 8. Jh. v. Chr., Detail: Jäger mit Lanze und Hirsch, Strichzeichnung – (Aus: Paribene 1927)

13. Biszenzio, Nekropole Olmo Bello, Grab 2: Ritualwagen aus Bronze, zweite Hälfte 8. Jh. v. Chr.: Bogenschütze von vorne, Strichzeichnung - (Ebd.)

14. Bisenzio, Nekropole Olmo Bello, Grab 2: Ritualwagen aus Bronze, zweite Hälfte 8. Jh. v. Chr.: Hängender Affe, Strichzeichnung - (Ebd.)

15. Bisenzio, Nekropole Olmo Bello, Grab 2: Ritualwagen aus Bronze, zweite Hälfte 8. Jh. v. Chr.: Vogel im Flug, Strichzeichnung - (Ebd.)

16. Bisenzio, Nekropole Olmo Bello, Grab 2: Ritualwagen aus Bronze, zweite Hälfte 8. Jh. v. Chr., Detail: Göttin und bewaffneter Mann - Rom, Museo Etrusco di Villa Giulia (Foto: Soprintendenza Archeologica dell'Etruria meridionale, Rom)

17. Bisenzio, Nekropole Olmo Bello, Grab 2: Ritualwagen aus Bronze, zweite Hälfte 8. Jh. v. Chr., Detail: Göttin und bewaffneter Mann, Strichzeichnung - (Aus: Paribene 1927)

18. Bisenzio, Nekropole Olmo Bello, Grab 2: Ritualwagen aus Bronze, zweite Hälfte 8. Jh. v. Chr., Detail: Bewaffneter Mann, Gemahlin und junger Mann mit Schild - Rom, Museo Etrusco di Villa Giulia (Foto: Soprintendenza Archeologica dell'Etruria meridionale, Rom)

19. Bisenzio, Nekropole Olmo Bello, Grab 2: Ritualwagen aus Bronze, zweite Hälfte 8. Jh. v. Chr., Detail: Bewaffneter Mann, Gemahlin und junger Mann mit Schild, Strichzeichnung - (Aus: Paribene 1927)

20. Bisenzio, Nekropole Olmo Bello, Grab 2: Ritualwagen aus Bronze, zweite Hälfte 8. Jh. v. Chr., Detail: Mann, der ein Feld pflügt oder rituell eine Stadt gründet - Rom, Museo Etrusco di Villa Giulia (Foto: Soprintendenza Archeologica dell'Etruria meridionale, Rom)

21. Bisenzio, Nekropole Olmo Bello, Grab 2: Ritualwagen aus Bronze, zweite Hälfte 8. Jh. v. Chr., Detail: Mann, der ein Feld pflügt oder rituell eine Stadt gründet, Strichzeichnung - (Aus: Paribene 1927)

22. Rajasthan (Indien), Tempelschwelle, zwei Dämonen

23. Rajasthan (Indien), Tempelschwelle, vier Dämonen, zwei katzenartige und zwei anthropomorphe Wesen

24. Rajasthan (Indien), Tempelschwelle, vier Dämonen, Detail

25. Praenestinischer Spiegel, aus Bolsena, mit Darstellung der Laren der Latiner und der Römer, Ende 4. Jh. v. Chr. - Rom, Antiquarium comunale (Foto: Istituto Archeologico Germanico, Rom)

Bibliographie

Die bibliographischen Angaben beziehen sich auf die Ersterscheinung des entsprechenden Werkes oder Artikels; das heißt aber nicht, daß nicht folgende Auflagen konsultiert wurden, die gegebenenfalls in Klammern angegeben werden; nur *The Golden Bough* von Frazer ist ausschließlich nach der großen Ausgabe von 1911-1915 zitiert. Bei den äußerst zahlreichen bibliographischen Hinweisen in den Anmerkungen wurde im allgemeinen aus Platzgründen auf die Angabe der Seiten verzichtet. Mit »i. Dr.« sind Titel versehen, die noch nicht erschienen, sondern »im Druck« waren.

Abetti, G.
1934   s. v. »Luna«, in: Enciclopedia Italiana di Scienze, Lettere ed Arti 21, Rom 1934, S. 650 ff.
Accame, S.
1959   I re di Roma nella leggenda e nella storia, Neapel
Adam, A. M.
1985   Monstres et divinités tricéphales dans l'Italie primitive, in: MEFRA 97, Nr. 2, S. 577 ff.
Adam, R., Briquel, D.
1982   Le miroir prénestin de l'Antiquario comunale de Rome et la légende des jumeaux divins en milieu latin à la fin du IV. siècle Av. J. C., in: MEFRA 94, Nr. 1, S. 33 ff.
Adams Holland, L.
1953   Septimontium or Saeptimontium?, in: TAPhA 84, S. 16 ff.
1961   Janus and the Bridge, Rom
Agamben, G.
1995   Homo sacer, Turin
Akurgal, E.
1983   Alt-Smyrna, I, Ankara
Alföldi, A.
1962   Ager Romanus Antiquus, in: Hermes 90, S. 187 ff.
1965   Early Rome and the Latins, Ann Arbor (dt.: Das frühe Rom und die Latiner, übers. von Frank Kolb, Darmstadt 1977)
1972   La struttura politica di Roma nei suoi primordi, in: RAL 27, S. 307 ff.
1974   Die Struktur des voretruskischen Römerstaates, Heidelberg
Altheim, F.
1938   A History of Roman Religion, London

Altherr Charon, A., Bérard, C.
1980   Erétrie. L'organisation de l'espace et la formation d'une cité grecque, in:
         A. Schnapp (Hrsg.), L'Archéologie Aujourd'hui, Paris, S. 229 ff.
Alvarez, W., u. a.
1996   (mit Ammerman, A. J., Renne, P. R., Karner, D. B., Terrenato, N., Monta-
         nari, A.), Quaternary Fluvial-Volcanic Stratigraphy and Geochronology
         of the Capitoline Hill in Rome, in: Geology 24, S. 751 ff.
Alvino, G., Catalano, P.
1990   Il tumulo di Corvaro di Borgorose, in: Archeologia Laziale 10, Nr. 2
         (= QuadAEI 19), S. 320 ff.
Ammerman, A. J.
1990   On the Origins of the Forum Romanum, in: AJA 114, S. 627 ff.
1992   Morfologia della valle fra Palatino e Velia, in: Bollettino di Archeologia
         24-26, S. 107 ff.
1996   The Comitium in Rome from the Beginning, in: AJA 100, S. 121 ff.
i. Dr.   Studi ambientali nella Crypta Balbi, in: D. Manacorda, E. Zanini, Crypta
         Balbi 6
Ampolo, C.
1970-71 Su alcuni mutamenti sociali nel Lazio fra l'VIII e il V secolo, in: DArch
         4-5, S. 37 ff.
1971   Analogie e rapporti fra Atene e Roma arcaica. Osservazioni sulla Regia,
         sul Rex sacrorum e sul culto di Vesta, in: PP 26, S. 443 ff.
1972   Fertor Resius Rex Aequicolus, in: PP 27, S. 409 ff.
1976   L'abitato del Palatino, in: G. Colonna (Hrsg.), Civiltà del Lazio primi-
         tivo, Rom, S. 143 ff.
1976/77 Demarato. Osservazioni sulla mobilità sociale arcaica, in: DArch 9-10,
         S. 333 ff.
1980   Introduzione, in: C. Ampolo (Hrsg.) La città antica, guida storica e cri-
         tica, Rom/Bari, S. 13 ff.
1980a   Le origini di Roma e la »cité antique«, in: MEFRA 92, Nr. 2, S. 567 ff.
1980b   Periodo IVB (640/30-580 a. C.), in: La formazione della città nel Lazio,
         S. 165 ff.
1980c   Le condizioni materiali della produzione. Agricoltura e paesaggio agra-
         rio, in: La formazione della città nel Lazio, S. 15 ff.
1981   I gruppi etnici in Roma arcaica: posizione del problema e fonti, in: Gli
         Etruschi e Roma. Atti dell'Incontro di studio in onore di M. Pallottino,
         Rom, S. 45 ff.
1981a   La città arcaica e le sue feste: due ricerche sul Septimontium e l'Equus
         October, in: Archeologia Laziale 4 (= QuadAEI 5), S. 233 ff.
1981b   Ricerche sulla lega latina, in: PP 36, 219 ff.
1982   Die endgültige Stadtwerdung Roms im 7. und 6. Jh. v. Chr. Wann ent-
         stand die Civitas?, in: Palast und Hütte, Beiträge zum Bauen und Woh-
         nen im Altertum von Archäologen, Vor- und Frühgeschichtlern, Mainz,
         S. 319 ff.
1983   Sulla formazione della città di Roma, in: Opus 2, S. 425 ff.

1983a   La storiografia su Roma arcaica e i documenti, in: E. Gabba (Hrsg.), Tria corda. Scritti in onore di A. Momigliano, Como, S. 9 ff.

1986   Roma e il Latium Vetus nel VI e V secolo a. C., in: Popoli e civiltà dell'Italia antica, 8, Rom, S. 391 ff.

1987   Roma arcaica fra Latini e Etruschi: aspetti politici ed istituzionali, in: M. Cristofani (Hrsg.), Etruria e Lazio arcaico, Rom, S. 75 ff.

1987–89   Il »paesaggio politico« della città arcaica in Grecia ed in Italia: per uno studio comparato del centro e delle tribù, in: Opus 6–8, S. 71 ff.

1988   La vita di Romolo. Introduzione, commento e traduzione di Plutarco, Mailand

1988a   Bachofen, Gerlach e L'Italia arcaica, in: ASNP 18, Nr. 2, S. 875 ff.

1988b   La nascita della città, in: Momigliano – Schiavone 1988, S. 153 ff.

1990   Roma e il mondo Greco dall' VIII secolo al III a. C., in: Roma e l'Italia. Radices imperii, Mailand, S. 583 ff.

1990a   Storiografia greca e presenze egee in Italia: una messa a punto, in: PP 45, S. 358 ff.

1992   Enea e Ulisse nel Lazio da Ellanico a Festo, in: PP 47, S. 321 ff.

1993   Boschi sacri e culti federali: l'esempio del Lazio, in: Les bois sacrés, Neapel, S. 159 ff.

1994   La ricezione dei miti greci nel Lazio: l'esempio di Elpenore e di Ulisse al Circeo, in: PP 49, S. 268 ff.

1994a   Tra empòria e emporìa: note sul commercio greco in età arcaica e classica, in: AION (archeol), N. S. 1, S. 29 ff.

1996   L'organizzazione politica dei Latini e il problema degli Albenses, in: Pasqualini (Hrsg.), Alba Longa, S. 135 ff.

1996a   Livio 1.44.3: la casa di Servio Tullio, l'Esquilino e Mecenate, in: PP 286, S. 27 ff.

1996b   Il sistema della »polis«. Elementi costitutivi e origini della città greca, in: S. Settis (Hrsg.), I Greci: storia, cultura, arte, società, II/1, Turin, S. 297 ff.

1996c   Roma e i Sabini nel V secolo, in: Identità e Civiltà dei Sabini, Atti del XVIII Convegno di Studi etruschi ed italici (Rieti – Magliano Sabina 1993), Florenz

Anderson jr., J. C.

1984   The Historical Topography of the Imperial Fora, Brüssel.

André, J.

1967   Les noms d'oiseaux en latin, Paris

Andreae, B.

1969   Laokoon oder Polyphem?, in: Bild der Wissenschaft, Stuttgart, S. 457 ff.

Andreussi, M.

1988   Roma: il pomerio, in: ScAnt 2, S. 219 ff.

Andrewes, A.

1961   Philochoros on Phratries, in: JHS 81, S. 1 ff.

1982   The Growth of the Athenian State, in: The Cambridge Ancient History, III/3, Cambridge, S. 360 ff.

Angle, M., u. a.
1993   (mit Dottarelli, R., Gianni, A.), Prime testimonianze micenee nel Latium
          Vetus, in: PP 48, S. 190 ff.
Antonaccio, C.
1993   The Archaeology of Ancestors, in: C. Dougherty - L. Kurke (Hrsg.), Cul-
          tural Poetics in Archaic Greece. Cult, Performance, Politics, Cambridge,
          S. 46 ff.
1995   Lefkandi and Homer, in: O. Andersen - M. Dickie (Hrsg.), Homer's
          World. Fiction, Tradition, Reality, Bergen, S. 5 ff.
Antonelli, L.
1997   I Greci oltre Gibilterra, Rom
Arcella, S.
1988   Religiosità e presenza politica degli Orazi tra il VI e il IV secolo a. C., in:
          G. Franciosi (Hrsg.), Ricerche sulla organizzazione gentilizia romana, II,
          Neapel, S. 167 ff.
Arietti, F.
1996   Gli Albani e il loro territorio nell'VIII e VII secolo a. C., in: Pasqualini
          (Hrsg.), Alba Longa, S. 29 ff.
Aronen, J.
1989   Il culto arcaico nel Tarentum a Roma e la gens Valeria, in: Arctos 23,
          S. 19 ff.
1989a   Iuturna, Carmenta e Mater Larum. Un rapporto arcaico tra mito, calen-
          dario e topografia, in: OpuscFin 4, S. 65 ff.
Arrighetti, G.
1966   Cosmologia mitica di Omero e Esiodo, in: SCO 15, S. 1 ff.
Ashby, Th.
1927   The Roman Campagna in Classical Times, London
Asheri, D.
1966   Distribuzioni di terre nell'antica Grecia, in: Memorie dell'Accademia di
          Torino
1980   La colonizzazione greca, in: E. Gabba - G. Vallet (Hrsg.), La storia della
          Sicilia antica I/1, Neapel, S. 89 ff.
Assmann, J.
1992   Das kulturelle Gedächtnis. Schrift, Erinnerung und politische Identität
          in frühen Hochkulturen, München
Aupert, P.
1982   Argos aux VIII-VII siècles. Bourgade ou métropole?, in: ASAA 44,
          S. 21 ff.
Aurigemma, S.
1961-62   Le mura »Serviane«, l'aggere e il fossato all'esterno delle mura, pres-
          so la nuova stazione ferroviaria di Termini in Roma, in: BCAR,
          S. 19 ff.
Bachofen, J. J.
1943 ff. Johann Jakob Bachofens Gesammelte Werke. Hrsg. von M. Burchardt
          u. a., Basel

Ballabriga, A.
  1986   Le soleil et le Tartare. L'image mythique du monde en Grèce archaïque, Paris

Balland, A.
  1984   La Casa Romuli au Palatin et au Capitole, in: REL 62, S. 57 ff.

Bandiera, E.
  1986   La mitologia arcaica di Ascanio-Iulo, in: Studi di Filologia e Letteratura, Galatina, S. 13 ff.

Barbagallo, C.
  1926   Il problema delle origini di Roma da Vico a noi, Mailand

Bartoloni, G.
  1986   I Latini e il Tevere, in: Archeologia Laziale 7, Nr. 2 (= QuadAEI 12), S. 98 ff.
  1987   Esibizione di ricchezza a Roma nel VI e V secolo: doni votivi e corredi funerari, in: ScAnt 1, S. 143 ff.
  1989   La cultura villanoviana. All'inizio della storia etrusca, Rom
  1989–90 I depositi votivi di Roma arcaica: alcune considerazioni, in: ScAnt 3-4, S. 747 ff.
  1991   Veio e il Tevere, in: DArch 9, S. 35 ff.
  1993   Documentazioni figurate e deposizioni funerarie: le tombe con carro, in: ArchClass 45, S. 271 ff.

Bartoloni, G., u. a.
  1987   (mit Buranelli, F., D'Atri, V., u. De Santis, A.), Le urne a capanna rinvenute in Italia, Rom
  1994   (mit Berardinetti, A., Drago, L., u. De Santis, A.), Veio tra IX e VI secolo a. C.: primi risultati sull'analisi comparata delle necropoli veienti, in: ArchClass 46, S. 1 ff.

Basanoff, V.
  1939   Pomerium Palatinum, in: MAL 9, S. 5 ff.
  1947   Evocatio, Étude d'un rituel militaire romain, Paris

Bateson, G.
  1972   Steps to an Ecology of Mind (ital. Übers. Verso un'ecologia della mente, Mailand 1976)
  1979   Mind and Nature. A necessary Unity (ital. Übers. Mente e natura, Mailand 1984)

Battisti, C.
  1959   Sostrati e parastrati nell'Italia preistorica, Florenz

Bayet, J.
  1926   Les origines de l'Hercule romain, Paris
  1974   Idéologie et plastique. Les origines de l'Arcadisme Romain, Rome, S. 43 ff.

Beard, M.
  1980   The Sexual Status of Vestal Virgins, in: JRS 70, S. 12 ff.
  1993   Looking (Harder) for Roman Myth: Dumézil, Declamation and the Problems of Definition, in: F. Graf (Hrsg.), Mythos in mythenloser Gesellschaft, Stuttgart/Leipzig, S. 44 ff.

Bedini, A.

1981   Sul bronzetto di Decima, in: PP 36, S. 27 ff.

1984   Struttura e organizzazione delle tombe principesche nel Lazio. Acqua Acetosa Laurentina: un esempio, in: Opus 3, S. 377 ff.

1990   Un compitum di origine protostorica a Tor de Cenci, in: Archeologia Laziale 10, Nr. 2 (= QuadAEI, 19), S. 121 ff.

Bedini, A., u. Cordano, F.

1977   L'ottavo secolo nel Lazio e l'inizio dell'Orientalizzante antico. Alla luce di recenti scoperte nella necropoli di Castel di Decima, in: PP 32, S. 274 ff.

Bellen, H.

1991   La monarchia nella coscienza storica dello stato repubblicano. Un problema di continuità della storia romana, in: Athenaeum 79, S. 5 ff.

Bémont, C.

1960   Les enterrés vivants du Forum Boarium, in: MEFRA 72, S. 133 ff.

Bennet Pascal, C.

1988   Tibullus and the ambarvalia, in: AJPh 109, S. 523 ff.

Benveniste, E.

1960   Profanus et profanare, in: Hommages à G. Dumézil, Brüssel, S. 46 ff.

Bérard, C.

1982   Récupérer la mort du prince: héroïsation et formation de la cité, in: G. Gnoli u. J.-P. Vernant (Hrsg.), La mort, les morts dans les sociétés anciennes, Cambridge, S. 89 ff.

Bergamini, M.

1991   (Hrsg.), Gli Etruschi maestri di idraulica, Perugia

Bernabò Brea, L.

1985   Gli Eoli e l'inizio dell'età del bronzo nelle isole Eolie e nell'Italia meridionale. Archeologia e leggende, Neapel

Bernard, D.

1981   L'homme et le loup, Paris

Bernardi, A.

1953   L'interesse di Caligola per la successione del rex nemorensis e l'arcaica regalità nel Lazio, in: Athenaeum 31, S. 273 ff.

1964   Dai populi Albenses ai Prisci Latini nel Lazio arcaico, in: Athenaeum 42, S. 234 ff.

Bertelli, L., Giannotti, G. F.

1987   Teseo tra mito e storia politica: un'Atene immaginaria, in: Aufidus 1, S. 35 ff.

Beschi, L.

1994   I Tirreni di Lemno alla luce dei recenti dati di scavo, in: Magna Grecia, Etruschi e Fenici. Atti del XXXIII Convegno sulla Magna Grecia, Taranto, S. 23 ff.

Bettelli, M.

1994   La cronologia della prima età del ferro laziale attraverso i dati delle sepolture, in: PBSR 62, S. 1 ff.

i. Dr. Roma. La città prima della città: i tempi di una nascita, Rom

Bettini, M.
1979   Su alcuni modelli antropologici della Roma più antica, in: MD 2, S. 9 ff.

Bianchi, L.
1985   Il magister Servio Tullio, in: Aevum 59, S. 57 ff.

Bianchi, U.
1978   Gli dei delle stirpi italiche, in: M. Pallottino (Hrsg.), Popoli e civiltà dell'Italia antica, VII, Rom, S. 195 ff.

Bickel, E.
1940   Nordisches Stammesgut in der römischen Religion, in: RhM 89, S. 12 ff.

Bickerman, E. J.
1952   Origines gentium, in: CPh 47, S. 65 ff.
1968   Chronology of the Ancient World, London

Bietti Sestieri, A. M.
1981   Produzione e scambio nell'Italia protostorica. Alcune ipotesi sul ruolo dell'industria metallurgica nell'Etruria mineraria alla fine dell'età del bronzo, in: L'Etruria mineraria, Atti del XII Convegno di Studi Etruschi e Italici (Firenze–Populonia–Piombino 1979), Florenz, S. 254 ff.
1989   Siti e territori nell'età dei metalli, in: Dottrina e metodologia della ricerca preistorica, Ferrara, S. 227 ff.
1992   (Hrsg.), La necropoli laziale di Osteria dell'Osa, Rom
1992a   The Iron Age Community of Osteria dell'Osa: a Study of Socio-Political Development in Central Thyrrenian Italy, Cambridge
1995   Diskussion, in: N. Negroni Catacchio (Hrsg.), Preistoria e Protostoria in Etruria. Atti del II Incontro di studi, Mailand, S. 309 ff.
1995a   s. v. »Laziale, Civiltà«, in: EAA suppl. II/3, S. 314 ff.
1996   Protostoria. Teoria e pratica, Rom
i. Dr.   Italy in Europe in the Early Iron Age, in: Proceedings of the Prehistoric Society

Bietti Sestieri, A. M., u. a.
1989–90 (mit De Santis, A., u. La Regina, A.), Elementi di tipo cultuale e doni personali nella necropoli laziale di Osteria dell'Osa, in: ScAnt 3-4, S. 65 ff.

Binder, G.
1964   Die Aussetzung des Königskindes Kyros und Romulus, Meisenheim am Glan

Bistolfi, F., u. a.
i. Dr.   (mit Colazingari, O., Fulgenzi, M. T., Guidi, A., u. Zifferero, A.), Cultura materiale e sistemi insediamentali nella Sabina Tiberina, in: Atti Colloquio XXIII, XIII Congresso dell'Unione Internazionale di Scienze Preistoriche e Protostoriche (Forlì 1996)

Blaive, F.
1995   Le rituel romain des Robigalia et le sacrifice du chien dans le monde indo-européen, in: Latomus 59, S. 279 ff.

Blanc, G. A., Blanc, A. C.
1958   Ossa di avvoltoio nella stipe sacrificale del Niger Lapis nell'area del Comitium, al Foro Romano, in: ArchClass 10, S. 41 ff.

Bloch, M. R.
1940   Origines étrusques des Livres Sibyllins, in: Mélanges de philologie, de litterature et d'histoire anciennes offerts à A. Ernout, Paris, S. 21 ff.
1961   Le départ des Étrusques de Rome selon l'annalistique et la dédicace du Temple de Jupiter Capitolin, in: RHR 159, S. 141 ff.
1981   Quelques remarques sur Poseidon, Neptune et Nethuns, in: CRAI, S. 341 ff.

Boas, H.
1938   Aeneas' Arrival in Latium. Observations on Legends, History, Religion, Topography and Related Subjects in Vergil, Aeneid VII, 1-36, Amsterdam

Boehm, F.
1927   s. v. »Lustratio«, in: RE XIII/2, Sp. 2029 ff.

Boëls Janssen, N.
1993   La vie religieuse des matrones dans la Rome archaïque, Rom

Bömer, F.
1941   Iuppiter und die römischen Weinfeste, in: RhM 90, S. 30 ff.

Bonanome, D.
1996   Iconografia dei miti albani, in: Pasqualini (Hrsg.), Alba Longa, S. 161 ff.

Bonfante Warren, L.
1970   Roman Triumphs and Etruscan Kings: the Changing Face of the Triumph, in: JRS 60, S. 49 ff.

Bonghi Jovino, M.
1986   (Hrsg.), Gli Etruschi di Tarquinia, Modena
1986a   L'alba della città (IX-VIII secolo a. C.), in: Bonghi Jovino 1986, S. 55 ff.
1987   Gli scavi nell'abitato di Tarquinia e la scoperta dei »bronzi« in un preliminare inquadramento, in: Bonghi Jovino - Chiaramonte Treré 1987, S. 59 ff.

Bonghi Jovino, M., Chiaramonte Treré, C.
1987   (Hrsg.), Tarquinia: ricerche, scavi e prospettive, Mailand
1997   Tarquinia. Testimonianze archeologiche e ricostruzione storica. Scavi sistematici nell'abitato. Campagne 1982-1988, Rom

Bonnechère, P.
1994   Le sacrifice humain en Grèce ancienne, Athen/Lüttich

Bonnefond Coudri, M.
1989   Le sénat de la république romaine de la guerre d'Hannibal à Auguste: pratiques délibératives et prise de décision, Rom

Bonnet, C.
1986   Le culte de Leucothéa et de Mélicerte, en Grèce, au Proche-Orient et en Italie, in: SMSR 52, S. 53 ff.

Borca, F.
1995   Fondazione e fango: Romolo, la palude e le radici della cultura romana, in: Aufidus 26, S. 55 ff.

Borgeaud, P.
1979   Recherches sur le dieu Pan, Genf

Borgna, E.
1993   Ancile e arma ancilia. Osservazioni sullo scudo dei Salii, in: Ostraka 2, Nr. 1, S. 9 ff.

Borsari, L.
1888   Le mura e porte di Servio, in: BCAR 16, S. 12 ff.

Bottini, M.
1995   In vino stuprum, in: O. Murray - M. Tecusan (Hrsg.), In vino veritas, London, S. 224 ff.

Botto, M.
1990   Considerazioni sul commercio fenicio nel Tirreno nell'VIII e VII secolo a. C., in: AION (archeol) 12, S. 199 ff.

Bouché Leclercq, A.
1896   Fanum, in: M. C. Daremberg - E. Saglio, Dictionnaire des Antiquités grecques et romaines, II/2, Paris, S. 973 ff.

Braccesi, L.
1993   Gli Eubei e la geografia dell'Odissea, in: L. Braccesi (Hrsg.), Hespería, Studi sulla grecità d'Occidente, III, Rom, S. 11 ff.

Brandt, J. R.
1988   Ficana. Alcune osservazioni su capanne e fosse, in: Problematiche di scavo delle strutture abitative dell'età del ferro, Quaderni della Soprintendenza Archeologica del Lazio, 1, Rom, S. 12 ff.

Brelich, A.
1949   Die geheime Schutzgottheit von Rom, Zürich
1949a   Vesta, Zürich
1953-54 Un culto preistorico vivente in Italia centrale, in: SMSR 24-25, S. 36 ff.
1954-55 Introduzione allo studio dei calendari festivi, parte II, Edizioni dell'Ateneo, Rom
1955   Tre variazioni romane sul tema delle origini, Rom
1956   I primi re latini: dèi ed eroi culturali, in: Atti dell'VIII Congresso Internazionale di Storia delle Religioni (Rom 1955), Florenz, S. 330 ff.
1958   Gli eroi greci. Un problema storico-religioso, Rom
1960   Quirinus. Una divinità romana alla luce della comparazione storica, in: SMSR 31, S. 63 ff.
1960-61 Le iniziazioni, I-II, Edizioni dell'Ateneo, Rom
1961   Un libro dannoso: la »Römische Religionsgeschichte« di K. Latte, in: SMSR 32, S. 311 ff.
1966-67 Presupposti del sacrificio umano, Edizione dell'Ateneo, Rom
1968   Religione micenea: osservazioni metodologiche, in: Atti e Memorie del I Congresso Internazionale di micenologia (Rom 1967), II, Rom, S. 919 ff.
1968a   Riflessioni su »La Religion romaine arcaïque« di G. Dumézil, in: SMSR 39, S. 133 ff.
1969   Paides e parthenoi, Rom
1973-76 Nascita dei miti, in: SMSR 42, S. 7 ff.

Bremmer, J. N.
1978   Heroes, Rituals and the Trojan War, in: SMSR 2, S. 5 ff.

1982   The Suodales of Poplios Valesios, in: ZPE 47, S. 133 ff.
1983   Scapegoat Rituals in Ancient Greece, in: HSPh 87, S. 299 ff.
1987   (Hrsg.), Interpretations of Greek Mythology, London
1993   Tibullus' Colonus and his »Ambarvalia«, in: De Agricoltura, in memo-
          riam P. W. De Neeve, Amsterdam, S. 177 ff.
1993a   Three Roman Aetiological Myths, in: F. Graf (Hrsg.), Mythos in mythen-
          loser Gesellschaft, Leipzig/Stuttgart, S. 158 ff.

Bremmer, J. N., Horsfall, N. M.
1987   Roman Myth and Mythography, in: BICS 52, suppl., 1987.

Brillante, C.
1980   Le leggende tebane e l'archeologia, in: SMEA 21, S. 309 ff.
1981   La leggenda eroica e la civiltà micenea, Rom
1990   History and the Historical Interpretation of Myth, in: L. Edmunds
          (Hrsg.), Approaches to Greek Myth, Baltimore/London, S. 93 ff.

Brind'Amour, L., Brind'Amour, P.
1975   Le dies lustricus, les oiseaux de l'aurore et l'amphidromie, in: Latomus
          34, S. 17 ff.

Briquel, D.
1972   Sur des faits d'écriture en Sabine et dans l'ager Capenas, in: MEFRA 84,
          Nr. 2, S. 789 ff.
1974   Le problème des Dauniens, in: MEFRA 86, Nr. 1, S. 7 ff.
1974a   Tarente, Locres, les Scythes, Théra, Rome: précédents antiques au thème
          de l'amant de Lady Chatterley, in: MEFRA 86, Nr. 2, S. 673 ff.
1976   La triple fondation de Rome, in: RHR 188-189, S. 145 ff.
1976a   L'oiseau ominal, la louve de Mars, la truie féconde, in: MEFRA 88, Nr. 1,
          S. 31 ff.
1978   Sur les aspects militaires du dieu ombrien Fisus Sancius, in: MEFRA 90,
          Nr. 1, S. 133 ff.
1980   Trois études sur Romulus. A. Rémus élu et réprouvé, in: R. Bloch (Hrsg.),
          Recherches sur les religions de l'antiquité classique, Genf/Paris, S. 267 ff.
1980a   Trois études sur Romulus. B. Les trois arbres du fondateur, in: ebd.
          S. 301 ff.
1980b   Trois études sur Romulus. C. Les guerres de Romulus, in: ebd. S. 320 ff.
1981   Jupiter, Saturne et le Capitole, in: RHR 198, S. 131 ff.
1984   Les Pélasges en Italie. Recherches sur l'histoire de la légende, Rom
1987   I riti di fondazione, in: Bonghi Jovino – Chiaramonte Treré 1987,
          S. 171 ff.
1989   A propos d'une inscription redécouverte au Louvre: remarques sur la
          tradition relative à Mézence, in: REL 67, S. 78 ff.
1990   Le regard des Grecs sur l'Italie indigène, in: Crise et trasformation des
          sociétés archaïques de l'Italie antique au ve siècle a. J. C., Rom, S. 165 ff.
1990a   La mort de Rémus ou la cité comme rupture, in: M. Détienne (Hrsg.),
          Tracés de fondation, Paris, S. 171 ff.
1991   L'origine lydienne des Étrusques. Histoire de la doctrine dans l'antiquité,
          Rom

1992 Les légendes de fondation latines et l'initiation, in: L'initiation. Actes du Colloque international de Montpellier, I, Montpellier, S. 51 ff.

1992a Virgile et les Aborigènes, in: REL 70, S. 69 ff.

1993 Les voix oraculaires, in: Les bois sacrés. Actes du Colloque International organisé par le centre Jean Bérard et l'École Pratique des Hautes Études (Ve section) (Neapel 1989), Neapel, S. 77 ff.

1993a Les Étrusques. Peuple de la différence, Paris

1995 Pastores Aboriginum, in: REL 73, S. 44 ff.

Broadbent, M.

1968 Studies in Greek Genealogy, Leiden

Brocchi, G.

1820 Dello stato fisico del suolo di Roma, Rom

Brosse, J.

1989 Mythologie des arbres, Paris

Brouwer, H. H. J.

1989 Bona Dea. The Sources and a Description of the Cult, Leiden

Brouwers, A.

1960 »Casa Romuli« ou maison de Kyrinos ?, in: Hommage à L. Herrmann, Brüssel, S. 215 ff.

Brown, F. E.

1960 Architecture. Cosa quadrata, in: F. E. Brown, E. H. Richardson u. L. Richardson, Cosa II. The Temples of the Arx, in: MemAmAc 26, S. 9 ff.

1974–75 La protostoria della Regia, in: RPAA 47, S. 15 ff.

1976 Of Huts and Houses, in: Essays in Archaaeology and the Humanities in Memoriam O. J. Brendel, Mainz, S. 5 ff.

Brown, S.

1991 Late Carthaginian Child Sacrifice and Sacrificial Monuments in their Mediterranean Context, Sheffield

Brugnoli, G.

1983 Reges Albanorum, in: Atti del Convegno virgiliano di Brindisi nel bimillenario della morte, Neapel, S. 157 ff.

Brugnone, A.

1995 In margine alle tradizioni ecistiche di Massalia, in: PP l, S. 46 ff.

Buchholz, H. J.

1991 Bemerkungen zum Stand der Homerarchäologie, in: D. Musti u. a. (Hrsg.), La transizione dal Miceneo all'Alto arcaismo. Dal palazzo alla città, Rom, S. 67 ff.

Bunsen, H.

1834 Traduzione e spiegazione del Catalogo di Varrone, confrontato colle località e coi resti esistenti, in: BullInst 6, S. 129 ff.

Buranelli, F.

1983 La necropoli villanoviana »Le Rose« di Tarquinia, Rom

Burkert, W.

1970 Jason, Hypsipyle and New Fire at Lemnos. A Study in Myth and Ritual, in: CQ 20, S. 1 ff.

1972   Homo Necans. Interpretationen altgriechischer Opferriten und Mythen, Berlin/Mailand 1981²
1979   Structure and History in Greek Mythology and Ritual, Berkeley
1987   Oriental and Greek Mythology: the Meeting of Parallels, in: Bremmer 1987, S. 10 ff.
Butti de Lima, P. F.
1987   Sui sacrifici spartani ai confini, in: M. Sordi (Hrsg.), Il confine nel mondo classico, Mailand, S. 100 ff.
Buxton, R.
1987   Wolves and Werewolves in Greek Thought, in: Bremmer 1987, S. 60 ff.
Calame, C.
1987   Spartan Genealogies: the Mythological Representation of a Spatial Organisation, in: Bremmer 1987, S. 153 ff.
Calasso, R.
1996   Ka, Mailand
Calestani, V.
1933   Aborigeni e Sabini, in: Historia 7, S. 374 ff.
Calligas, P. G.
1988   Hero-Cult in Early Iron Age, in: R. Hägg (Hrsg.), Early Greek Cult Practice, Stockholm, S. 229 ff.
Calvetti, A.
1987   Rappresentazioni »saliari« nella decorazione plastica di un vaso bronzeo a Bisenzio (VIII sec. a. C.), in: Stud Rom 35, S. 1 ff.
Camassa, G.
1980   Calcante, la cecità dei Calcedoni e il destino dell'eroe del bronzo miceneo, in: ASNP 10, Nr. 1-2, S. 25 ff.
1982   Il simbolismo del terzo occhio e la cecità dell'indovino greco, in: QS 16, S. 249 ff.
1983   L'occhio e il metallo. Un mitologema greco a Roma?, Genua
Campanile, E.
1983   Sulla struttura del matrimonio indeuropeo, in: SCO 33, S. 273 ff.
1988   Tradizione storiografica romana e ideologia indoeuropea, in: E. Campanile (Hrsg.), Alle origini di Roma. Atti del Colloquio, Pisa, S. 9 ff.
Campanile, T.
1914   Volcanalia e ludi vulcanici, in: BCAR 42, S. 176 ff.
Cantilena, M.
1995   Recensione a Di Benedetto 1994, in: RFIC 123, S. 441 ff.
Capdeville, G.
1971   Substitution de victimes dans les sacrifices d'animaux à Rome, in: MEFRA 88, S. 283 ff.
1973   Les épithètes cultuelles de Janus, in: MEFRA 85, Nr. 2, S. 395 ff.
1990   L'oracle de l'Ida crétois, in: Kernos 3, S. 89 ff.
1993   Jeux athlétiques et rituels de fondation, in: Spectacles sportifs et scéniques dans le monde étrusco-italique, Rom, S. 141 ff.
1993a   De la forêt intiatique au bois sacré, in: Les bois sacrés, Actes du Colloque

International organisé par le centre Jan Bérard et l'École Pratique des Hautes Études (Ve section) (Neapel 1989), Neapel, S. 127 ff.

1995   Volcanus: recherches comparatistes sur les origines du culte de Vulcain, Rom

Capogrossi Colognesi, L.

1979   in: M. Talamanca (Hrsg.), Lineamenti di storia del diritto romano, Kap. 1, Teil II, Mailand (1989²)

1988   La città e la sua terra, in: Momigliano – Schiavone 1988, S. 263 ff.

1990   Dalla tribù allo stato. Le istituzioni dello stato cittadino, Rom

1994   Proprietà e signoria in Roma antica, Rom

Cappelli, R.

1994   Della Roma quadrata e delle terramare: un mistero degli antichi, una fantasia dei moderni, in: Le Terramare si scavano per concimare i prati, Parma, S. 175 ff.

1994a   Gemelli divini a confronto: l'ipogeo di Aguzzano, in: L. Nista (Hrsg.), Castores. L'immagine dei Dioscuri a Roma, Rom, S. 129 ff.

i. Dr.   Il mito dei Fabii nella tradizione letteraria e figurata delle origini di Roma

Capponi, F.

1977   Avifauna nella divinazione e nel mito, in: Latomus 36, Nr. 1–2, S. 440 ff.

1979   Ornithologia latina, Genua

Carafa, P.

1993   Il tempio di Quirino. Considerazioni sulla topografia arcaica del Quirinale, in: ArchClass 45, Nr. 1, S. 119 ff.

1995   Officine ceramiche di età regia. Produzione di ceramica in impasto a Roma dalla fine dell'VIII alla fine del VI secolo a. C., Rom

i. Dr.   La grande Roma dei Tarquini e la città romuleo-numana

i. Dr. a Il Comizio di Roma. Dalle origini all'età di Augusto, Rom

Carafa, P., Terrenato, N.

1996   s. v. »Roma, Preistoria e Protostoria«, in: EAA, suppl. II/4, S. 678 ff.

Carancini, G. L.

1986   (Hrsg.), Gli insediamenti perilacustri dell'età del bronzo e della prima età del ferro: il caso dell'antico »lacus Velinus«. Atti dell'Incontro di Acquasparta, Perugia

1991–92 L'Italia centro-meridionale, in: Rassegna di Archeologia 10, S. 235 ff.

Carancini, G. L., u. a.

1990   (mit Massetti, S., Posi, F., Curci, P., u. Dionisi, P.), Seconda relazione sulle nuove ricerche di superficie eseguite nell'alveo dell'antico lacus Velinus, in: G. L. Carancini (Hrsg.), Miscellanea protostorica, Rom, S. 3 ff.

Carandini, A.

1979   L'anatomia della scimmia. La formazione economica della società prima del capitale, Turin

1985   (Hrsg.), Settefinestre: una villa schiavistica nell'Etruria romana, Modena

1988   Schiavi in Italia: gli strumenti pensanti dei Romani fra tarda Repubblica e medio Impero, Rom

1990   Il Palatino e il suo sistema di montes e Domus arcaiche sopra le mura e il pomerio del Palatino, in: Cristofani 1990a, S. 79 ff. u. 97 ff.

1991   Storie dalla Terra. Manuale di scavo archeologico, Turin (Neuaufl. 1994)

1992   Le mura del Palatino, nuova fonte sulla Roma di età regia, in: Bollettino di Archeologia 16-18, S. 1 ff.

1993   L'ultima civiltà sepolta o del massimo oggetto desueto, secondo un archeologo, in: A. Carandini, L. Cracco Ruggini, A. Giardina (Hrsg.), Storia di Roma, III/2, Turin, S. 11 ff.

1994   La presenza della città nella campagna. All'origine del fenomeno nell'Italia centrale tirrenica, in: La ciudad en el mundo romano, 1, Actas XIV Congreso Internacional de Arqueología Clásica (Tarragona 1993), Taragona, S. 153 ff.

1996   Rango ritualità e il mito dei Latini, in: Ostraka 5

i. Dr.   Il sito di Roma in età preurbana. Introduzione al problema, in: Studi miscellanei 30. Studi in onore di L. Guerrini, Rom S. 167 ff.

Carandini, A., u. a.

1992   (mit Terrenato, N., Brocato, P., Ricci, G., u. Carafa, P.), Lo scavo delle mura palatine, in: Bollettino di Archeologia 16-18, S. 111 ff.

Carandini, G.,

1995   Le strade chiuse della politica. Il destino comune della destra e della sinistra, Rom

Carettoni, G.

1954-55   Tomba arcaica a cremazione scoperta sul Palatino, in: BPI 64, S. 261 ff.

1978-80   La »domus virginum vestalium« e la »domus publica« del periodo repubblicano, in: RPAA 51-52, S. 325 ff.

Carettoni, G., Fabbrini, L.

1961   Esplorazioni sotto la Basilica Giulia al Foro Romano, in: RAL 16, S. 53 ff.

Carlier, P.

1984   La royauté en Grèce avant Alexandre, Straßburg

Carneiro, R.

1981   The Chiefdom: Precursor of the State, in: G. Jones - R. Kautz (Hrsg.), The Transition to Statehood in the New World, Cambridge, S. 37 ff.

Carter, J. B.

1995   Ancestor Cult and the Occasion of Homeric Performance, in: J. B. Carter - S. P. Morris (Hrsg.), The Ages of Homer, Austin, S. 285 ff.

Cartledge, P.

1979   Sparta and Lakonia. A Regional History 1300-362 B.C., London

Casavola, F.

1992   Il concetto di »urbs Roma«: giuristi e imperatori romani, in: Labeo 38, S. 20 ff.

Cassola, F.

1957   La Ionia nel mondo miceneo, Neapel

1991   Le origini di Roma e l'età regia in Diodoro, in: Mito, storia, tradizione. Diodoro Siculo e la storiografia classica. Atti del Convegno internazionale, Catania, S. 273 ff.

Casson, J.
1943   La crise religieuse de 207 avant J.-C., in: RHR 126, S. 15 ff.
Castagnoli, F.
1946   Il Tempio dei Penati e la Velia, in: RFIC 26, S. 157 ff.
1963   Satrico, in: L'Universo 43, S. 505 ff.
1964   Note sulla topografia del Palatino e del Foro romano, in: ArchClass 16, S. 173 ff.
1974   Topografia e urbanistica di Roma nel iv secolo, in: StudRom 22, S. 425 ff.
1975-76   L'orientamento nella cartografia greca e romana, in: RPAA 48, S. 58 ff.
1977   Cermalo, in: RFIC 105, S. 15 ff.
1979   Su alcuni problemi topografici del Palatino, in: RAI 34, S. 331 ff.
1981   La leggenda di Enea fondatore di Roma: la documentazione archeologica su Roma nell'epoca della formazione della leggenda, in: Enea nel Lazio 1981, S. 111 ff.
1981a   Aspetti urbanistici di Roma e del Lazio in età arcaica, in: DAI: 150 Jahre Deutsches Archäologisches Institut, 1829-1979, Mainz, S. 133 ff.
1982   Aedes deum Penatium in Velia, in: RFIC 110, S. 495 ff.
1985   Gianicolo, in: EncVirg II, S. 723
Castrén, P.
1981   Von populi Albenses bis cives Campanienses. Anmerkungen zur Frühgeschichte des lateinischen Suffixes -ensis, in: Arctos 15, S. 5 ff.
Catalano, P.
1960   Contributi allo studio del diritto augurale, Turin
1965   Linee del sistema sovrannazionale romano, Turin
1974   Populus Romanus Quirites, Turin
1978   Aspetti spaziali del sistema giuridico-religioso romano. Mundus, templum, urbs, ager, Latium, Italia, in: ANRW 2, 16/1, S. 440 ff.
Cataldi, S.
1992   Popoli e città del lupo e del cane in Italia meridionale e in Sicilia. Tra realtà e immagine, in: M. Sordi (Hrsg.), Autocoscienza e rappresentazione dei popoli dell'antichità, in: Contributi dell'Istituto di Storia Antica 18, S. 55 ff.
1994   Nuova testimonianza di culto sulla Civita di Tarquinia, in: M. Martelli (Hrsg.), Tyrrhenoi philotechnoi, Rom, S. 61 ff.
Causo, L.
1973   Il problema dei rapporti fra i Sabini e Roma primitiva, in: Civiltà arcaica dei Sabini nella valle del Tevere, 1, Rom, S. 15 ff.
Cazzaniga, I.
1974   Il frammento 61 degli Annali di Ennio. Quirinus Indiges, in: PP 29, S. 362 ff.
Cèbe, J. P.
1972   (Hrsg.), Varron, Satires Ménippées, I, Rom
Cecamore, C.
1993   Il santuario di Juppiter Latiaris sul monte Cavo: spunti e materiali dai vecchi scavi, in: BCAR 95, S. 19 ff.

1996   Nuovi spunti sul santuario di Iuppiter Latiaris attraverso la documenta-
            zione di archivio, in: Pasqualini (Hrsg.), Alba Longa, S. 135 ff.; S. 49 ff.

Ceci, F., Cifarelli, F. M.

1992   Aspects de l'occupation du sol dans le sud de l'Étrurie au ixe siècle
            avant Jesus Christ, in: C. Mordant – A. Richard (Hrsg.), L'habitat
            et l'occupation du sol à l'âge du Bronze en Europe, Nancy/Paris,
            S. 445 ff.

1995   La fase antica della prima età del ferro in Etruria meridionale: aggior-
            namenti, in: N. Negroni Catacchio (Hrsg.), Preistoria e Protostoria in
            Etruria. Atti del II Incontro di studi, II, Mailand, S. 281 ff.

Cerchiai, L.

1995   I Campani, Mailand
1996   Rez. Rendeli 1993, in: Ostraka 5, Nr. 1, S. 189 ff.

Ceretti, C.

1987   Assetto territoriale e religione nel Lazio protostorico, in: Rivista di Geo-
            grafia Italiana 94, S. 1 ff.

Cesana, A.

1993   Introduzione a J. J. Bachofen, Viaggio in Grecia, Venedig, S. 7 ff.

Champeaux, J.

1982   Fortuna, I : Fortuna dans la religion archaïque, Rom
1988   Summanus au solstice d'été, in: Hommages à H. Le Bonniec. Res Sacrae,
            Brüssel, S. 83 ff.
1990   Sorts et divination inspirée. Pour une préhistoire des oracles italiques,
            in: MEFRA 102, Nr. 2, S. 801 ff.

Chiaramonte Treré, C.

1987   Altri dati degli scavi alla Civita sugli aspetti cultuali e rituali, in: Bonghi
            Jovino – Chiaramonte Treré 1987, S. 79 ff.
1988   I depositi all'ingresso dell'edificio tarquiniese: nuovi dati sui costumi
            rituali etruschi, in: MEFRA 100, Nr. 2, S. 565 ff.
1995   Seppellimenti in abitato: il caso di Tarquinia, in: N. Negroni Catacchio
            (Hrsg.), Preistoria e Protostoria in Etruria, Atti del II Incontro di studi,
            Mailand, 1, S. 241 ff.

Chiarucci, P.

1978   Colli Albani. Preistoria e protostoria, in: DocAlb 5
1996   La documentazione archeologica pre-protostorica nell'area albana e le
            più recenti scoperte, in: Pasqualini (Hrsg.), Alba Longa, S. 1 ff.
1996a   Viabilità arcaica e luoghi di culto nell'area albana, in: ebd. S. 317 ff.

Chiodi, S. M.

1994   Le concezioni dell'oltretomba presso i Sumeri, Rom

Chirassi Colombo, I.

1968   Elementi di culture precereali nei miti e riti greci, Rom
1975   Morfologia di Zeus, in: PP 30, S. 249 ff.

Ciaceri, E.

1937   Le origini di Roma. La monarchia e la prima fase dell'età repubblicana
            (dal secolo VIII alla metà del V secolo a. C.), Mailand

Ciancio Rossetto, P.
1985   Circo Massimo: primi risultati delle indagini geognostiche, in: Archeologia Laziale 7, Nr. 1 (= QuadAEI, 11), S. 127 ff.

Cifani, G.
1994   Cifani, Aspetti dell'edilizia romana arcaica, in: SE 9, S. 185 ff.
i. Dr.   La documentazione archeologica relativa alle mura di età arcaica a Roma, con appendice di S. Fogagnolo, Nuove indagini a Porta Collina

Ciferri, L.
1994   Iurisprudentia: alcuni profili semantici, in: Ostraka 3, Nr. 2, S. 473 ff.

Citarella, A. O.
1980   Cursus triumphalis and Sulcus primigenius, in: PP 35, S. 401 ff.

Cline, E. H.
1994   Sailing the Wine-Dark Sea. International Trade and the Late Bronze Age Aegean, Oxford

Cloud, D.
1989   The Client-Patron Relationship: Emblem and Reality in Juvenal's First Book, in: A. Wallace Hadrill (Hrsg.), Patronage in Ancient Society, London, S. 205 ff.

Coarelli, F.
1978   La stratigrafia del Comizio e l'incendio gallico, in: Santoro 1978, S. 229 ff.
1981   La doppia tradizione sulla morte di Romolo e gli Auguracula dell'Arx e del Quirinale, in: Gli Etruschi e Roma. Atti dell'Incontro di studio in onore di M. Pallottino, Rom, S. 173 ff.
1981a   Sul separatore di cavalli scoperto a Decima, in: PP 36, S. 23 ff.
1983   Il Foro Romano. Periodo arcaico, Rom
1983a   Roma, Rom/Bari
1986   L'urbs e il suburbio, in: A. Giardina (Hrsg.), Società romana e Impero tardoantico, 2, Rom/Bari, S. 1 ff.
1987   Il monumento di Verrio Flacco nel Foro di Preneste, Palestrina
1987a   »Magistri Capitolini« e mercanti di schiavi nella Roma repubblicana, in: Index 15, S. 175 ff.
1988   Il Foro Boario. Dalle origini alla fine della Repubblica, Rom
1991   Gli emissari dei laghi laziali: tra mito e storia, in: Bergamini 1991, S. 35 ff.
1992   Colonizzazione e municipalizzazione: tempi e modi, in: DArch 10, S. 21 ff.
1993   I luci del Lazio: la documentazione archeologica, in: Les bois sacrés, Actes du Colloque organisé par le centre Jean Bérard et l'École Pratique des Hautes Études (Ve section) (Neapel 1989), Neapel 1993, S. 45 ff.
1993a   s. v. »Busta Gallica«, in: Lexicon Urbis 1993 ff., S. 203 ff.
1993b   s. v. »Cermalus«, ebd., S 262.
1993c   s. v. »Argei, Sacraria«, ebd., S. 120 ff.
1995   Vino e ideologia in Roma arcaica, in: O. Murray – M. Tecusan (Hrsg.), In vino veritas, London

1996 s. v. »Porta Capena«, in: Lexicon Topographicum Urbis Romae, III, Rom

1997 Il Campo Marzio. Dalle origini alla fine della repubblica, Rom

Coccia, S., Mattingly, D. J.

1992 The Rieti Survey, in: N. Christie (Hrsg.), Leicester in Sabina. Field Surveys and Excavations in Central Italy 1988-1991, Leicester, S. 5 ff.

1992a Settlement History, Environment and Human Exploitation of an Intermontane Basin in the Central Apennines: the Rieti Survey, 1988-1991, part I, in: PBSR 60, S. 213 ff.

Coldstream, J. N.

1977 Geometric Greece, London

1982 Bilan archéologique, in: La céramique grecque ou de tradition grecque au viiie siècle en Italie centrale et méridionale, Neapel, S. 216 ff.

1984 The Formation of the Greek Polis: Aristotle and Archaeology, Opladen

1994 Prospectors and Pioneers: Pithekoussai, Kyme and Central Italy, in: Essays dedicated to J. Boardman, Oxford, S. 47 ff.

Coli, U.

1951 Regnum, Rom

1958 Il diritto pubblico degli Umbri e le tavole Eugubine, Mailand

1964 L'organizzazione politica dell'Umbria preromana, in: Problemi di storia e archeologia dell'Umbria. Atti del I Convegno di studi umbri (Gubbio 1963), Perugia, S. 133 ff.

Colini, A. M.

1981 Sul Comitium, in: PP 36, S. 79 ff.

Colini, G. A.

1913 Necropoli del Pianello presso Genga (Ancona) e l'origine della civiltà del ferro in Italia, in: BPI 39, S. 19 ff.

Colonna, G.

1964 Aspetti culturali della Roma primitiva: il periodo orientalizzante recente, in: ArchClass 16, S. 1 ff.

1966 Selvans Sanxuneta, in: SE 34, S. 165 ff.

1967 L'Etruria meridionale interna dal villanoviano alle tombe rupestri, in: SE 35, S. 3 ff.

1973 Per un inquadramento culturale della Sabina arcaica, in: Civiltà arcaica dei Sabini nella valle del Tevere, II, Rom, S. 89 ff.

1974 Preistoria e protostoria di Roma e del Lazio, in: Popoli e civiltà dell'Italia antica, II, Rom, S. 273 ff.

1977 »Tallos Tyrannos«, in: Civiltà arcaica dei Sabini nella valle del Tevere, III, Rom, S. 127 ff.

1977a Un aspetto oscuro del Lazio antico. Le tombe del VI-V secolo, in: PP 32, S. 131 ff.

1977b Nome gentilizio e società, in: SE 45, S. 175 ff.

1977c Un tripode fittile geometrico dal Foro Romano, in: MEFRA 89, Nr. 2, S. 471 ff.

1977d La presenza di Vulci nelle valli del Fiora e dell'Albegna prima del IV secolo a. C., in: La civiltà arcaica di Vulci e la sua espansione. Atti del X Convegno di Studi Etruschi e Italici (Grosseto/Roselle/Vulci 1975), Florenz, S. 189 ff.

1980 Virgilio, Cortona e la leggenda etrusca di Dardano, in: ArchClass 32, S. 1 ff.

1981 Tarquinio Prisco e il Tempio di Giove Capitolino, in: PP 36, S. 41 ff.

1981a Il frammento geometrico del Foro, in: PP 36, S. 86 ff.

1981b Quali Etruschi a Roma, in: Gli Etruschi e Roma. Atti dell'Incontro di studio in onore di M. Pallottino, Rom, S. 159 ff.

1984 I templi del Lazio fino al v secolo compreso, in: Archeologia Laziale 6 (= QuadAEI, 8), S. 396 ff.

1984a Apollon, les Étrusques et Lipara, in: MEFRA 96, Nr. 2, S. 557 ff.

1985 Le forme ideologiche della città, in: Cristofani 1985, S. 242 ff.

1985a I santuari urbani, in: G. Colonna (Hrsg.), Santuari d'Etruria, Mailand, S. 67 ff.

1986 Il Tevere e gli Etruschi, in: Il Tevere e le altre vie d'acqua del Lazio antico, in: Archeologia Laziale 7, Nr. 2 (= QuadAEI, 12), S. 90 ff.

1986a Urbanistica e architettura, in: Rasenna. Storia e civiltà degli Etruschi, Mailand, S. 371 ff.

1987 I culti del santuario della Cannicella, in: AnnFaina 3, S. 11 ff.

1987a Una proposta per il supposto elogio tarquiniese di Tarchon, in: Bonghi Jovino – Chiaramonte Treré 1987, S. 153 ff.

1988 I Latini e gli altri popoli del Lazio, in: Italia omnium terrarum alumna. La civiltà dei Veneti, Reti, Liguri, Celti, Piceni, Umbri, Latini, Campani e Iapigi, Mailand, S. 411 ff.

1988a Il lessico istituzionale etrusco e la formazione della città (specialmente in Emilia Romagna), in: La formazione della città preromana in Emilia Romagna. Atti del Convegno di Studi (Bologna/Marzabotto 1985), Bologna, S. 15 ff.

1988b La produzione artigianale, in: Momigliano – Schiavone 1988, S. 291 ff.

1990 Graffiti arcaici dai santuari degli Ernici, in: Archeologia Laziale 10, Nr. 2 (= QuadAEI, 19), S. 241 ff.

1990a Corchiano, Narce, e il problema di Fescennium, in: La civiltà dei Falisci. Atti del XV Convegno di Studi Etruschi ed Italici (Civita Castellana / Forte Sangallo 1987), Florenz, S. 111 ff.

1991 Gli scudi bilobati dell'Italia centrale e l'ancile dei Salii, in: ArchClass 43, Nr. 1, S. 55 ff.

1991a Le due fasi del tempio arcaico di S. Omobono, in: M. Gnade (Hrsg.), Stips votiva. Papers presented to C. M. Stibbe, Amsterdam, S. 51 ff.

1991b Acqua Acetosa Laurentina, l'Ager romanus antiquus e i santuari del I miglio, in: ScAnt 5, S. 209 ff.

1992 Gli Etruschi, in: La Campania fra il vi e il iii sec. a. C. Atti del XIV Convegno di Studi Etruschi e Italici (Benevento 1981), Benevento, S. 65 ff.

1993 Il santuario di Cupra fra Etruschi, Greci, Umbri e Piceni, in: Picus, suppl. 2, 1993, S. 3 ff.

1993a   A proposito degli dei del fegato di Piacenza, in: SE 59, S. 123 ff.

1994   Winckelmann, i vasi »etruschi« dall'Aventino e il tempio d Diana, in:
         PP 49, S. 286 ff.

1994a   Altari e sacelli. L'area a sud di Pyrgi dopo otto anni di ricerche, in: RPAA
         64, S. 63 ff.

1994b   Discussione, in: Magna Grecia, Etruschi e Fenici. Atti del XXXIII Con-
         vegno sulla Magna Grecia, Taranto, S. 170 ff.

1995   Gli scavi dal 1852 ad Ardea e l'identificazione dell'Aphrodisium, in:
         ArchClass 47, S. 1 ff.

1996   Roma arcaica, i suoi sepolcreti e le vie per i Colli Albani, in: Pasqualini
         (Hrsg.), Alba Longa, S. 335 ff.

1996a   Il dokanon, il culto dei Dioscuri e gli aspetti ellenizzanti della religione
         dei morti nell'Etruria arcaica, in: Studi Miscellanei, 29.2. Scritti di Anti-
         chità in onore di S. Stucchi, Rom, S. 165 ff.

1996b   s. v. »Pyrgi«, in: EAA, suppl. II/4, S. 678 ff.

Comella, A.

1993   Apollo Soranus? Il programma figurativo del tempio dello Scasato di
         Falerii, in: Ostraka 2, S. 301 ff.

Compatangelo, R.

1989   Un cadastre de pierre: le Salento Romain. Paysage et structures agraires,
         Paris

Conato, V., u. a.

1980   (mit Esu, D., Malatesta, A., Zarlenga, F.), New Data on the Pleistocene
         of Rome, in: Quaternaria 22, S. 131 ff.

Cook, A. B.

1895   The Bee in Greek Mythology, »Apes ... ego divinas bestias puto« Petro-
         nius 56, in: JHS 15, S. 1 ff.

1925   Zeus. A Study in Ancient Religion, 2, Cambridge 1925 ff.

Cordischi, L.

1990   L'area sacra (il IV sacrario degli Argeii sull'Oppio?), in: Bollettino di
         Archeologia 1-2, S. 181 ff.

Cornell, T. J.

1975   Aeneas and the Twins. The Development of the Roman Foundation
         Legend, in: PCPhS 21, S. 1 ff.

1978   The Foundation of Rome in the Ancient Literary Tradition, in: BAR, S,
         41, Nr. 1, S. 131 ff.

1980   Alcune riflessioni sulla formazione della tradizione storiografica su
         Roma arcaica, in: Roma arcaica e le recenti scoperte archeologiche. Gio-
         rnate di studio in onore di U. Coli, Mailand, S. 19 ff.

1986   The Formation of the Historical Tradition of Early Rome, in: I. S. Moxon,
         J. D. Smart, A. J. Woodman (Hrsg.), Past Perspectives. Studies in Greek
         and Roman Historical Writing, Cambridge, S. 67 ff.

1989   Rome and Latium to 390 B.C., in: The Cambridge Ancient History,
         VII/2, Cambridge, S. 243 ff.

1995   The Beginnings of Rome. Italy and Rome from the Bronze Age to the
         Punic Wars (c. 1000-264 BC), London / New York

Corsano, M.
1977   »Sodalitas« et gentilité dans l'ensemble Lupercal, in: RHR 191, S. 135 ff.
Courbin, P.
1966   La céramique géométrique de l'Argolide, Paris
Crawford, M. H.
1974   Roman Republican Coinage, 1-2, Cambridge
1996   (Hrsg.), Roman Statutes, London
Cristofani, M.
1985   (Hrsg.), Civiltà degli Etruschi, Mailand
1985a   Introduzione, in: Cristofani 1985, S. 21 ff.
1986   Economia e società, in: Rasenna. Storia e civiltà degli Etruschi, Mailand,
        S. 79 ff.
1986a   Nuovi dati per la storia urbana di Cere, in: BA 35-36, S. 1 ff.
1990   Osservazioni sulle decorazioni fittili arcaiche dal santuario di S. Omo-
        bono, in: Archeologia Laziale 10, Nr. 2 (= QuadAEI, 19), S. 31 ff.
1990a   (Hrsg.), La grande Roma dei Tarquini, Rom
1995   Tabula Capuana. Un calendario festivo di età arcaica, Florenz
1997   Dove vivevano i principi etruschi, in: Archeo 148, S. 46 ff.
Cristofani, M., u. a.
1988   (mit Nardi, G., u. Rizzo, M. A.), Caere. I: Il parco archeologico, Rom
Crouwel, J. H.
1992   Chariots and the Other Wheeled Vehicles in Iron Age Greece, Amster-
        dam
Cunliffe, B. W.
1988   Greeks, Romans and Barbarians. Spheres of Interactions, London
Czarnowski, S.
1925   L'arbre d'Esus, le Taureau-aux-trois-grues et le culte des voies fluviales
        en Gaule, in: Actes du Congrès International d'Histoire des Religions
        (Paris 1923), II, Paris, S. 163 ff.
d'Agostino, B.
1991   Noterelle iconografiche. A proposito di Eracle nell'Etruria arcaica, in:
        AION (archeol) 13, S. 125 ff.
1995   Eracle e Gerione: la struttura del mito e la storia, in: AION (archeol),
        N. S. 2, S. 7 ff.
D'Anna, G.
1976   Problemi di letteratura latina arcaica, Rom
1980   Il ruolo di Lavinium e di Alba nella leggenda delle origini di Roma:
        qualche considerazione metodica e indicazione di ricerca, in: Archeolo-
        gia Laziale 3 (= QuadAEI, 4), S. 159 ff.
1980a   Il mito di Enea nella documentazione letteraria, in: L'epos greco in
        Occidente. Atti del XIX Convegno di Studi sulla Magna Grecia (Taranto
        1979), Taranto, S. 231 ff.
1983   Virgilio e le antiche tradizioni italiche, in: Atti del Convegno virgiliano
        di Brindisi nel bimillenario della morte, Neapel, S. 323 ff.
1992   (Hrsg.), Anonimo. Origine del popolo romano, Mailand

1992a   Una breve divagazione sui sette colli di Roma, in: StrennaRom 53, S. 149 ff.
1996   Alba Longa in Nevio, Ennio e nei primi annalisti, in: Pasqualini (Hrsg.), Alba Longa, S. 101 ff.
d'Ercole, V., Trucco, F.
1992   Un luogo di culto all'aperto presso Vulci, in: Bollettino di Archeologia 13-15, S. 77 ff.
D'Onofrio, C.
1953-54   Le »nozze sacre« della regina col cavallo nel rito dell'Açvamedha, in: SMSR 24-25, S. 133 ff.
Damgaard Andersen, H.
1993   The Etruscan Ancestral Cult. Its Origin and Development and the Importance of Anthropomorphization, in: ARID 21, S. 7 ff.
Dareggi, G.
1992   I mosaici con raffigurazione del labirinto: una variazione sul tema del »centro«, in: MEFRA 104, Nr. 1, S. 281 ff.
Daverio Rocchi, G.
1988   Frontiera e confini nella Grecia antica, Rom
De Angelis D'Ossat, G.
1931   Il sottosuolo dei Mercati traianei e del Foro di Augusto, in: Atti della Pontificia Accademia delle Scienze. Nuovi Lincei 84, S. 227 ff.
1932   Una sezione geologica del Colle Capitolino, in: Atti della Pontificia Accademia delle Scienze. Nuovi Lincei 85, S. 327 ff.
1934   Per la ricerca del »Lupercale«. Studio geo-idrologico, in: BCAR 62, S. 75 ff.
1934a   La Via dell'Impero e le nuove relazioni geologiche fra il Palatino e l'Oppio, in: Atti della Pontificia Accademia delle Scienze. Nuovi Lincei 87, S. 342 ff.
1935   Il sottosuolo dei Fori Romani e l'Elephas Antiquus della Via dell'impero, in: BCAR 63, S. 5 ff.
1942   Nuove sezioni geologiche dei colli di Roma, in: Bollettino della Società di Geologia Italiana, Rom, S. 22 ff.
1943   Il Campidoglio: Genesi del Colle, in: Capitolium 18, Nr. 3, S. 69 ff.
1946   La formazione fluvio-lacustre del Campidoglio, in: Bollettino R. Ufficio Geologico d'Italia 69
1951   Sezione geologica del pozzo alla sommità delle »Scalae Caci« presso le capanne del Palatino, in: MonAL 41, S. 138 ff.
1954   Considerazioni preliminari geo-idrologiche sul Lacus Curtius nel Foro Romano, in: Giornale del Genio Civile, S. 5 ff.
1954a   Storia geologica della regione dei Fori Romani sino all'insediamento dei primitivi, in: StudRom 2, S. 625 ff.
1956   Geologia del colle Palatino in Roma, Rom
De Cazanove, O.
1988   La chronologie des Bacchiades et celle des rois étrusques de Rome, in: MEFRA 100, Nr. 2, S. 615 ff.

1992 La détermination chronographique de la durée de la période royale a Rome, in: La Rome des premiers siècles, légende et histoire. Actes de la Table Ronde en l'honneur de Massimo Pallottino (Paris 1990), Florenz, S. 69 ff.

De Francisci, P.

1952–53 Rez. U. Coli, Regnum, in: RISG 6, S. 423 ff.

1956 La comunità sociale e politica romana primitiva, in: SDHI 22, S. 1 ff.

1959 Primordia civitatis, Rom

De Heusch, L.

1962 Pour une dialectique de la sacralité du pouvoir, in: De Heusch (Hrsg.), Le pouvoir et le sacré, Brüssel, S. 15 ff.

1972 Le roi ivre ou l'origine de l'état, Paris

De Marchi, A.

1896 Il culto privato di Roma antica, I, Mailand

De Polignac, F.

1984 La naissance de la cité grecque. Cultes, espace et société, VIII–VII siècles avant J. C., Paris

De Rita, D., u. a.

1988 (mit Funiciello, R., Parotto, M.), Carta geologica del complesso vulcanico dei Colli Albani, Rom

De Rossi, G. M.

1981 Note sulla topografia antica di Monte Mario, in: ArchClass 33, S. 27 ff.

De Sanctis, G.

1898 Atthís. Storia della repubblica ateniese dalle origini all'età di Pericle, Rom (Florenz 1975³)

1903 Rez. O. Richter, Topographie der Stadt Rom, in: Handbuch der klassischen Altertumswissenschaft, München 1901, in: RFIC 31, S. 163 ff. (= in: Scritti minori, 6/1, Rom, S. 78 ff.)

1907 Storia dei Romani. La conquista del primato in Italia, I, Mailand/Turin/Rom (Florenz 1956²)

1972 La leggenda della lupa e dei gemelli, in: Scritti minori, 3, Rom, S. 457 ff.

de Simone, C.

1975 Il nome del Tevere. Contributo per la storia delle più antiche relazioni tra genti latino-italiche ed etrusche, in: SE 43, S. 119 ff.

1975a Etruskischer Literaturbericht: neuveröffentlichte Inschriften 1970–1973 (mit Nachträgen), in: Glotta 53, S. 125 ff.

1984 La posizione linguistica della Daunia, in: La civiltà dei Dauni nel quadro del mondo italico. Atti del XIII Convegno di Studi Etruschi e Italici (Manfredonia 1980), Florenz, S. 113 ff.

1988 Gli imprestiti Etruschi nel Latino arcaico, in: E. Campanile (Hrsg.), Alle origini di Roma. Atti del Colloquio, Pisa

1991 Etrusco Laucie Mezentie, in: Miscellanea etrusca e italica in onore di M. Pallottino, in: ArchClass 43, Nr. 1, S. 559 ff.

1992 Sudpiceno Safino- / Lat. Sabino-: il nome dei Sabini, in: AION (ling) 14, S. 223 ff.

1996   I Tirreni a Lemnos. Evidenza linguistica e tradizioni storiche, Florenz
De Vos, M.
1991   La fuga di Enea in pitture del I secolo d. C., in: KJ 24, S. 113 ff.
Degrassi, A.
1963   (Hrsg.), Inscriptiones Italiae, XIII/2: Fasti et elogia, Rom
Del Ponte, R.
1988   Dei e miti Italici. Archetipi e forme della sacralità romano-italica, Genua
Delcourt, M.
1963   Le partage du corps royal, in : SMSR 34, S. 3 ff.
Delpino, F.
1987   Etruria e Lazio prima dei Tarquini. Le fasi protostoriche, in: M. Cristofani (Hrsg.), Etruria e Lazio arcaico, Rom, S. 9 ff.
1989   L'ellenizzazione dell'Etruria villanoviana: sui rapporti tra Grecia ed Etruria fra IX e VIII sec. a. C., in: Secondo Congresso Internazionale Etrusco (Firenze 1985), Atti, I, Rom, S. 105 ff.
i. Dr.   Intervento, in: Atti della Giornata di Studio su »Le necropoli arcaiche di Veio«, Roma, 9 novembre 1995
Delpino, F., Fugazzola Delpino, M. A.
1980   Qualche nuovo dato sulla topografia storica di Veio, in: ArchClass 32, S. 174 ff.
Den Boer, W.
1954   Laconian Studies, Amsterdam
Deschamps, L.
1988   Caeculus, in: Hommages à H. Le Bonniec. Res Sacrae, Brüssel, S. 144 ff.
Detienne, M.
1977   Mythes grecs et analyse structurale: controverses et problèmes, in: Gentili - Paioni 1977, S. 69 ff.
Detienne, M., Svenbro, J.
1979   Les loups au festin ou la cité impossible, in: M. Detienne - J.-P. Vernant (Hrsg.), La cuisine du sacrifice en pays grecs, Paris, S. 215 ff.
Deubner, L.
1921-22   Zur römischen Religionsgeschichte, in: MDAI(R) 36-37, S. 14 ff.
Devoto, G.
1951   Gli antichi Italici, Florenz
1953   Le origini tripartite di Roma, in: Athenaeum 31, S. 335 ff.
Di Benedetto, V.
1994   Nel laboratorio di Omero, Turin
Di Donato, R.
1996   Omero: forme della narrazione e forme della realtà. Lo scudo di Achille, in: S. Settis (Hrsg.), I Greci, II/1, Turin, S. 227 ff.
di Gennaro, F.
1982   Organizzazione del territorio nell'Etruria meridionale protostorica: applicazione di un modello grafico, in: DArch 4, S. 102 ff.

1986   Forme di insediamento tra Tevere e Fiora dal Bronzo finale al principio dell'età del ferro, Florenz

1988   Il popolamento dell'Etruria meridionale e le caratteristiche degli insediamenti tra l'età del bronzo e l'età del ferro, in: Etruria meridionale. Conoscenza, conservazione, fruizione. Atti del Convegno (Viterbo 1985), Rom, S. 59 ff.

1992   Gli insediamenti dell'età del bronzo del territorio di Barbarano, in: Informazioni (Periodico dell'amministrazione provinciale di Viterbo) 1, Nr. 7, S. 33 ff.

i. Dr.   Il processo di formazione urbana nell'area Mediotirrenica e i suoi antefatti

di Gennaro, F., Pacciarelli, M.

1978   Rinvenimenti d'età pre- e protostorica a Grottaferrata e Monte Cavo, in: Archeologia Laziale 1 (= QuadAEI 1), S. 84 ff.

Di Nola, A. M.

1970   Germani, religione dei, in: Enciclopedia delle religioni, Florenz

Di Vita-Gafà, A.

1985   L'urbanistica, in: Sikanie, Mailand, S. 361 ff.

Dietrich, B. C.

1982   Evidence of Minoan Religious Traditions and Their Survival in the Micenaean and Greek World, in: Historia 31, S. 1 ff.

Dobrowolski, W.

1994   I dioscuri sugli specchi etruschi, in: M. Martelli (Hrsg.), Tyrrhenoi philotechnoi, Rom, S. 173 ff.

Domenicucci, P.

1991   La caratterizzazione astrale dell'apoteosi di Romolo ed Ersilia nelle Metamorfosi di Ovidio, in: I. Gallo – L. Nicastri (Hrsg.), Cultura, poesia, ideologia nell'opera di Ovidio, Neapel, S. 221 ff.

Donlan, W.

1985   The Social Groups of Dark Age Greece, in: CPh 80, S. 293 ff.

1989   The Pre-State Community in Greece, in: SO 64, S. 5 ff.

Donlan, W., Thomas, C. G.

1993   The Village Community of Ancient Greece: Neolithic, Bronze and Dark Ages, in: SMEA 31, S. 61 ff.

Dougherty, C.

1993   It's Murder to Found a Colony, in: C. Dougherty – L. Kurke (Hrsg.), Cultural Poetics in Archaic Greece: Cult, Performance, Politics, Cambridge, S. 178 ff.

Dovere, E.

1984   Contributo alla lettura delle fonti su Porsenna, in: AAN 95, S. 69 ff.

Drews, R.

1983   Basileus. The Evidence for Kingship in Geometric Greece, New Haven

1988   The Coming of the Greeks. Indo-European Conquests in the Aegean and the Near East, Princeton

1993   The End of the Bronze Age. Changes in Warfare and the Catastrophe ca. 1200 B.C., Princeton

Drossart, P.
1972 La mort de Rémus chez Ovide, in: REL 50, S. 187 ff.
Drummond, A.
1972 Rez. Palmer, R. E. A., The Archaic Community of the Romans, Cambridge 1970, und: The King and the »Comitium«, Wiesbaden 1969, in: JRS 62, S. 176 ff.
Dubourdieu, A.
1981 Le sanctuaire. Le Vénus à Lavinium, in: REL 59, S. 83 ff.
1988 Deux définitions du »cinctus gabinus« chez Servius, in: Hommages à H. Le Bonniec. Res Sacrae, Brüssel, S. 163 ff.
1989 Les origines et le développement du culte des Pénates à Rome, Rom
Duchemin, J.
1970 Le thème du héros au Labyrinthe dans la vie de Thésée, in: Kokalos 16, S. 30 ff.
Dumézil, G.
1949 L'héritage indo-européen a Rome, Paris
1951 Jupiter, Mars, Quirinus et Janus, in: RHR 139, S. 208 ff.
1954 Rituels indo-européens a Rome, Paris
1954a Les cultes de la Regia, les trois fonctions et la triade Iupiter Mars Quirinus, in: Latomus 13, S. 129 ff.
1955 Les »enfants des sœurs« à la fête de Mater Matuta, in: REL 33, S. 140 ff.
1961 Religion romaine et critique philologique, in: REL 39, S. 87 ff.
1966 La religion romaine archaïque avec un appendice sur la religion des Étrusques, Paris
1969 Palès, in: Idées Romaines, Paris, S. 273 ff.
1975 Fêtes romaines d'été et d'automne souivi de dix questions romaines, Paris
1994 Le roman des jumeaux et autres essais: vingt-cinq esquisses de mythologie (76-100), Paris
Durand, J.-L.
1977 Le rituel du meurtre du bœuf laboureur et les mythes du premier sacrifice animal en Attique, in: Gentili – Paioni 1977, S. 121 ff.
Dury Moyaers, G.
1986 Réflexions à propos de l'iconographie de Iuno Sospita, in: Beiträge zur altitalischen Geistesgeschichte. Festschrift G. Radke, Münster, S. 83 ff.
Dury Moyaers, G., Renard, M.
1981 Aperçu critique de travaux relatifs au culte de Junon, in: ANRW 2, 17/1, S. 142 ff.
Earle, T. K.
1977 A Reappraisal of Redistribution: Complex Hawaiian Chiefdoms, in: T. K. Earle – J. E. Erikson (Hrsg.), Exchange Systems in Prehistory, New York, S. 213 ff.
1978 Economic and Social Organization of a Complex Chiefdom, Michigan
1987 Chiefdoms in Archaeological and Ethnological Perspective, in: Annual Review of Anthropology 16, S. 279 ff.

Eder, B.
1990   The Dorian Migration. Religious Consequences in the Argolid, in:
         R. Hägg - G. C. Nordquist, Celebrations of Death and Divinity in the
         Bronze Age Argolid, Stockholm, S. 207 ff.
Edlund, I. E. M.
1984   Must a King Die? The Death and Disappearance of Romulus, in: PP 39,
         S. 401 ff.
Ehlers, W.
1949   Die Gründungsprodigien von Lavinium und Alba Longa, in: MH 6,
         S. 166 ff.
Eisenhut, W.
1963   s. v. »Quiris, Quiritis, Curis, Cur(r)itis«, in: RE XXIV/1, Sp. 1324 ff.
Eitrem, S.
1902   Die göttlichen Zwillinge bei den Griechen, Christiania
Eliade, M.
1963   Aspects du mythe, Paris
Enea nel Lazio
1981   Enea nel Lazio. Archeologia e mito. Bimillenario Virgiliano, Rom
Erkell, H.
1981   Varroniana I: Topographisches und Religionsgeschichtliches zu Varro,
         De lingua Latina, in: ORom 13, S. 35 ff.
1985   Varroniana II: Studi topografici in Varro, De lingua Latina V, 45-50, in:
         ORom 15, S. 55 ff.
1987   Varroniana III: Studi topografici, il culto dell'Ara Maxima. Varro, De
         lingua latina, V, 1-54 e VI, 54, in: ORom 16, S. 51 ff.
Ernout, A.
1969   Remureine, in: Studi linguistici in onore di V. Pisani I, Brescia, S. 343 ff.
Evans, E. C.
1939   The Cults of the Sabine Territory, Rom
Faure, M. P.
1969   Aux sources de la légende des Danaides, in: REG 82, S. 26 ff.
1973   La vie quotidienne en Crète au temps de Minos, Paris
Fayer, C.
1982   Aspetti di vita quotidiana nella Roma arcaica. Dalle origini all'età mon-
         archica, Rom
Fentress, J., Wickham, C.
1992   Social Memory, Oxford
Ferri, S.
1962   I »Kaskei«. Un nuovo etnico della protostoria italiana, in: Opuscula
         SCO 11, Florenz, S. 497 ff.
1962a   Città etrusche con due nomi. Problemi di archeologia protostorica, in:
         Opuscula SCO 11, Florenz, S. 501 ff.
1966   Stele »Daunie« - VI, in: BA 3-4, S. 121 ff.
Filippi, G.
1986   La protostoria della Conca Velina attraverso evidenze archeologiche e
         tradizione mitica, in: Carancini 1986, S. 201 ff.

Filippi, G., Pacciarelli, M.

1991   Materiali protostorici dalla Sabina Tiberina: l'età del bronzo e la prima
           età del ferro tra il Farfa e il Nera, Magliano Sabina
1991a   Protostoria della Sabina Tiberina, Magliano Sabina, S. 132 ff.

Finkelberg, M.

1991   Royal Succession in Heroic Greece, in: CQ 61, S. 303 ff.

Finley, M. I.

1974   Schliemann's Troy. One Hundred Years After, in: PBA 60, S. 3 ff.
1986   Myth, Memory and History, in: Ders., The Use and Abuse of History,
           London, S. 11 ff.

Fischer Hansen, T.

1976   Yet Another Human Sacrifice?, in: Studia romana in honorem P. Krarup
           Septuagenarii, Odense, S. 20 ff.
1990   Scavi di Ficana, I, Rom

Flambard, J. M.

1977   Clodius, les collèges, la plèbe et les esclaves. Recherches sur la politique
           populaire au milieu du i siècle, in: MEFRA 89, Nr. 1, S. 115 ff.
1981   Collegia Compitalicia, in: Ktèma 6, S. 143 ff.
1987   Des Esquilies à l'Aventin: lecture topographique de la fête des flutistes
           en grève, in: Sociabilité, pouvoirs et société. Actes du colloque de Rouen,
           Rouen, S. 117 ff.

Fontes

1952-69   Fontes ad topographiam Veteris Urbis Romae pertinentes, hrsg. von
           G. Lugli, I-VI, Rom

Fourgous, D.

1989-90   Les Dryopes: peuple sauvage ou divin? in: Métis 4-5, S. 5 ff.

Fraccaro, P.

1957   The History of Rome in the Regal Period, in: JRS 47, S. 59 ff.

Franciosi, G.

1980   Clan gentilizio e strutture monogamiche. Contributo alla storia della
           famiglia Romana, II, Neapel
1988   Un'ipotesi sull'origine della clientela, in: Ders. (Hrsg.), Ricerche
           sull'organizzazione gentilizia romana, II, Neapel, S. 129 ff.

Fraschetti, A.

1985   Cesare e Antonio ai Lupercalia, in: F. M. Fales – C. Grottanelli (Hrsg.),
           Soprannaturale e potere nel mondo antico e nelle società tradizionali,
           Mailand, S. 165 ff.
1990   Roma e il Principe, Rom/Bari
1990a   I re latini e le selve del Lazio, in: QC 2, S. 93 ff.

Frassinetti, P.

1976   Ennio epico in Macrobio, in: Grammatici latini d'età imperiale. Miscel-
           lanea filologica, Genua, S. 219 ff.

Frazer, J. G.

1906   Adonis, Attis, Osiris. Studies in the History of Oriental Religion, Lon-
           don

1911-15   The Golden Bough. A Study in Magic and Religion, London 1923
1911   The Golden Bough. A Study in Magic and Religion. The Magic Art, II,
           London
1912   The Golden Bough. A Study in Magic and Religion. The Dying God,
           III, London
1913   The Golden Bough. A Study in Magic and Religion. The Magic Art and
           the Evolution of Kings, I/2, London
1929   P. Ovidii Nasonis Fastorum Libri Sex: the Fasti of Ovid, London

Fridh, A.
1987   Three Notes on Roman Toponomy and Topography, in: Eranos 85,
           S. 115 ff.

Fried, M.
1957   The Classification of Corporate Unilineal Descent Groups, in: Journal
           of the Royal Anthropological Institute of Great Britain and Ireland 87,
           S. 36 ff.
1960   On the Evolution of Social Stratification and the State, in: S. Diamond
           (Hrsg.), Culture in History, New York, S. 713 ff.

Frothingham, A. L.
1912   The Real Explanation of the Founding and Early Growth of the City of
           Rome, in: AJA 16, S. 109 ff.

Fugazzola Delpino, M. A.
1986   Dai nuclei sparsi ai grandi villaggi organizzati, in: Bonghi Jovino 1986,
           S. 55 ff.

Fustel de Coulanges, N. D.
1864   La cité antique, Paris (1874²)

Gabba, E.
1978   Per la tradizione dell'heredium romuleo, in: RIL 112, S. 250 ff.
1991   Dionysius and the History of Archaic Rome, Berkeley
1993   Problemi di metodo per la storia di Roma arcaica, in: Bilancio critico
           su Roma arcaica fra monarchia e repubblica, in memoria di Ferdinando
           Castagnoli, Rom, S. 13 ff.

Gagé, J.
1972   Le témoignage de Julius Proculus sur l'assomption de Romulus Quiri-
           nus et les prodiges fulguratoires dans l'ancien ritus comitialis, in: AntCl
           41, S. 49 ff.
1976   Comment Enée est devenu l'ancêtre des Silvii Albains?, in: MEFRA 87,
           S. 7 ff.
1976a   Les autels de Titus Tatius. Une variante sabine des rites d'intégration
           dans les curies?, in: Mélanges offerts à J. Heurgon, I, Rom, S. 309 ff.
1979   Les superstitions de l'écorce et le rôle rituel des fûts ou des troncs
           d'arbres dans l'Italie primitive, in: MEFRA 91, Nr. 2, S. 547 ff.

Galinsky, G. K.
1969   »Troiae qui primus ab oris ...« (Aen. I.1), in: Latomus 28, Nr. 1, S. 3 ff.
1969a   Aeneas, Sicily and Rome, Princeton

Gantz, T. N.
1975   The Tarquin Dinasty, in: Historia 24, S. 539 ff.

Garanger, J.

1980 Tradition orale et préhistoire en Océanie, in: A. Schnapp (Hrsg.), L'Archéologie Aujourd'hui, Paris, S. 187 ff.

Garofalo, L.

1990 Sulla condizione di »homo sacer« in età arcaica, in: SDHI 56, S. 223 ff.

Gartner, H.

1963 s. v. »Quirinus«, in: RE XXIV/1, Sp. 1306 ff.

Gartziou Tatti, A.

1990 L'oracle de Dodona. Mythe et rituel, in: Kernos 3, S. 175 ff.

Gasparri, S.

1997 Prima delle nazioni. Popoli, etnie e regni fra Antichità e Medioevo, Rom

Gatz, B.

1967 Weltalter, goldene Zeit und sinnverwandte Vorstellungen, Hildesheim

Gaultier, F., Briquel, D.

1989 L'iscrizione arcaica di Lucio Mezenzio, in: Miscellanea Ceretana 1 (= QuadAEI 17), S. 41 ff.

Gelsomino, R.

1975 Varrone e i sette colli di Roma. Per il bimillenario varroniano, Rom

1976 Varrone e il Septimontium. Una polemica, in: GIF 7, S. 324 ff.

Gentili, B., Paioni, G.

1977 (Hrsg.), Il mito greco. Atti del Convegno Internazionale (Urbino 1973), Rom

Gerkan, A. von

1953 Zum Suburaproblem, in: RhM 96, S. 20 ff.

Gernet, L.

1976 Sur le symbolisme politique: le foyer commun, in: Anthropologie de la Grèce antique, Paris, S. 382 ff.

1976a Frairies antiques, in: Anthropologie de la Grèce antique, Paris, S. 21 ff.

Gernet, L., Boulanger, A.

1932 Le génie grec dans la religion, Paris (1970²)

Gerschenson, D. E.

1991 Apollo the Woolf-God, in: JIES monogr. 8, S. 156 ff.

Gianferrari, A.

1995 Robigalia: un appuntamento per la salvezza del raccolto, in: L. Quilici – S. Quilici Gigli (Hrsg.), Agricoltura e commerci nell'Italia antica, Rom, S. 127 ff.

Giannelli, G.

1980-81 Il tempio di Giunone Moneta e la casa di Marco Manlio Capitolino, in: BCAR 87, S. 7 ff.

Gianni, A.

1988 Analogia etnografica, archeologia sperimentale, etnoarcheologia: alcune osservazioni, in: ScAnt 2, S. 33 ff.

1991 Il farro, il cervo e il villaggio mobile: economia di sussistenza, insediamento, territorio, tra il III e il II millennio a. C. nel Lazio meridionale e nella Campania settentrionale, in: ScAnt 5, S. 99 ff.

Gibson, D.B., Geselowitz, M.N.
1988   The Evolution of Complex Societies in Late Prehistoric Europe, in:
        Dies., Tribe and Polity in late prehistoric Europe, New York / London
Gierow, P.G.
1969   Da Alba Longa a Lavinio, in: ORom 7, S.139 ff.
Gigli, E.
1971   Il sottosuolo del Viminale e dell'Esquilino, in: Capitolium 46, Nr.1,
        S.24 ff.
Ginzburg, C.
1991   Il giudice e lo storico, Turin (dt.: Der Richter und der Historiker, 1991)
Giovannini, A.
1985   Le sel et la fortune de Rome, in: Athenaeum 63, S.373 ff.
Giuliano, A.
1981   Sui documenti della necropoli di Castel di Decima, in: PP 36, 23.
Gjerstad, E.
1951   The agger of Servius Tullius, in: G.E.Mylonas (Hrsg.), Studies presented
        to D.M.Robinson, I, Saint Louis, S.412 ff.
1956   Early Rome, II. The Tombs, Lund
1960   Early Rome III. Fortifications, Domestic Architecture, Sanctuaries, Stra-
        tigraphic Excavations, Lund
1962   Legends and Facts of Early Roman History, Lund
1972   Innenpolitische und militärische Organisation in frührömischer Zeit,
        in: ANRW 1, 1, S.136 ff.
1973   Early Rome. The Written Sources, V, Lund
1973a   Historical Aspects of the Early Roman Calendar, in: Gjerstad 1973,
        S.50 ff.
1976   Pales, Palilia, Parilia, in: Studia romana in honorem P.Krarup, Odense,
        S.1 ff.
Gladigow, B.
1992   Audi Juppiter, audite fines, in: O.Behrends – L.Capogrossi Colognesi
        (Hrsg.), Die römische Feldmeßkunst, Göttingen, S.172 ff.
Gnade, M.
1994   Iron Age Cinerary Urns from Latium in the Shape of a Hut: Indicators
        of Status?, in: J.M.Bremer, Th.P.J. van den Hout, R.Peters (Hrsg.),
        Hidden Futures, Death and Immortality in Ancient Egypt, Anatolia,
        the Classical, Biblical and Arabic-Islamic World, Amsterdam,
        S.235 ff.
Goldmann, E.
1942   Di novensides and di indigetes, in: CQ 36, S.43 ff.
Graf, F.
1985   Griechische Mythologie, München/Zürich
Graffunder, P.
1914   s.v. »Rom«, in: RE I/A1, Sp.1008 ff.
Grafton, A.T., Swerdlow, N.M.
1986   The Horoscope of the Foundation of Rome, in: CPh 81, S.148 ff.

Grandazzi, A.

1986   Le roi et l'augure. A propos des auguracula de Rome, in: Caesarodunum 56, S. 122 ff.

1988   Le roi Latinus: analyse d'une figure légendaire, in: CRAI, 1988, S. 481 ff.

1991   La fondation de Rome. Réflexion sur l'histoire, Paris

1992   La notion de légende chez les historiens modernes des »primordia romana«, in: La Rome des premiers siècles. Légende et histoire, Florenz, S. 111 ff.

1993   La Roma quadrata: mythe ou réalité?, in: MEFRA 105, Nr. 2, S. 493 ff.

Grant, M.

1971   Roman Myths, London

Gras, M.

1983   Vin et société à Rome et dans le Latium à l'époque archaïque, in: Modes de contacts et processus de transformation dans les sociétés anciennes, Pisa/Rom, S. 1067 ff.

Graves, R.

1955   Greek Myths, London

Graziosi, P.

1971   Le pitture preistoriche delle grotte di Porto Badisco e S. Cesarea, in: RAL 26, S. 63 ff.

Green, A. R. W.

1973   The Role of Human Sacrifice in the Ancient Near East, Ann Arbor

Green, M.

1991   The Sun-Gods of Ancient Europe, London

Griaule, M.

1966   Dieu d'eau, Paris

Griffin, M.

1990   Claudius in Tacitus, in: CQ 40, S. 482 ff.

Grilli, A.

1979   Sul numero 7, in: Scritti in onore di B. Riposati. Studi su Varrone sulla retorica, storiografia e poesia latina, I, Rieti, S. 203 ff.

Grimal, P.

1948   La promenade d'Evandre et Enée à la lumière des fouilles récentes, in: REA 50, S. 348 ff.

1959   L'enceinte servienne dans l'histoire urbaine de Rome, in: MEFRA 71, S. 43 ff.

Groh, V.

1933   Sacrifizi umani nell'antica religione romana, in: Athenaeum 11, S. 240 ff.

Grottanelli, C.

1987   Servio Tullio, Fortuna e l'Oriente, in: DArch 5, Nr. 2, S. 71 ff.

1988   Uccidere, donare e mangiare: problematiche attuali del sacrificio antico, in: C. Grottanelli – N. F. Parise (Hrsg.), Sacrificio e società nel mondo antico, Rom/Bari, S. 3 ff.

1988a   Aspetti del sacrificio nel mondo greco e nella Bibbia ebraica, in: C. Grottanelli u. N. F. Parise (Hrsg.), Sacrificio e società nel mondo antico, Rom/Bari, S. 123 ff.

1991   Carni proibite (a cominciare dal bue), in: ScAnt 5, S. 335 ff.

Grueber, H.

1910   Coins of the Roman Republic in the British Museum, London

Guaitoli, M.

1977   Considerazioni su alcune città ed insediamenti del Lazio in età protostorica ed arcaica, in: MDAI(R) 84, S. 5 ff.

1981   Gabii. Osservazioni sulle fasi di sviluppo dell'abitato, in: Ricognizione archeologica. Nuove ricerche nel Lazio, Florenz, S. 23 ff.

1981a   Notizie preliminari su recenti ricognizioni svolte in seminari dell'Istituto, in: Quaderni dell'Istituto di Topografia Antica dell'Università di Roma 9, S. 79 ff.

1981b   Gabii: osservazioni sulle fasi di sviluppo dell'abitato, in: Quaderni dell'Istituto di Topografia Antica dell'Università di Roma 9, S. 23 ff.

1984   Urbanistica, in: Archeologia Laziale 6 (= QuadAEI 8), S. 364 ff.

1995   Lavinium: nuovi dati dalle necropoli, in: Archeologia Laziale 12, Nr. 2 (= QuadAEI 24), S. 551 ff.

1996   s. v. »La Rustica«, in: EAA, suppl. II/3, S. 269 ff.

Guaitoli, M. T.

1995   Il culto »incrociato« di due eroi, Reso e Diomede: cavalli, regalità e sacrificio, in: Ocnus 3, S. 77 ff.

Guarducci, M.

1936   Hora Quirini, in: BCAR 94, S. 31 ff.

1937   L'istituzione della fratria nella Grecia antica e nelle colonie greche d'Italia, in: MAL 6, S. 5 ff.

1937a   Velchanos-Vulcanus, in: Scritti in onore di B. Nogara, Città del Vaticano, S. 183 ff.

1956–58   Cippo latino arcaico con dedica ad Enea, in: BMusCivRom 19, Appendice BCAR 86, S. 3 ff.

1971   Enea e Vesta, in: MDAI(R) 78, S. 73 ff.

1979   Le insegne dei Dioscuri, in: Il senso del culto dei Dioscuri in Italia. Atti del Convegno, Taranto, S. 75 ff.

Guidi, A.

1980   Luoghi di culto dell'età del bronzo finale e della prima età del ferro nel Lazio meridionale, in: Archeologia Laziale 3 (= QuadAEI 4), S. 148 ff.

1982   Alcune osservazioni sul popolamento dei Colli Albani in età protostorica, in: RdA 6, S. 31 ff.

1982a   Sulle prime fasi dell'urbanizzazione nel Lazio protostorico, in: Opus 1, S. 279 ff.

1983   Contributo alla discussione sulla formazione della città di Roma, in: Opus 2, S. 447 ff.

1986   Gli insediamenti perilacustri di riva d'età protostorica nel Lazio centromeridionale, in: QuadProtost 1, S. 239 ff.

1989   Alcune osservazioni sull'origine delle città etrusche, in: Atti del II Congresso Internazionale Etrusco (Firenze 1985), I, Rom, S. 285 ff.

1989-90 Alcune osservazioni sulla problematica delle offerte nella protostoria dell'Italia centrale, in: ScAnt 3-4, S. 403 ff.

1992 L'età dei metalli nell'Italia centrale e in Sardegna, in: A. Guidi - M. Piperno (Hrsg.), Italia preistorica, Rom/Bari, S. 420 ff.

1993 La necropoli veiente dei Quattro Fontanili nel quadro della fase recente della prima età del ferro italiana, Florenz

Guidi, A., u. a.

1996 Cures Sabini: lo scavo, le strutture, la cultura materiale, le attività economiche, in: Identità e Civiltà dei Sabini. Atti del XVIII Convegno di Studi etruschi ed italici (Rieti - Magliano Sabina 1993), Florenz

Guittard, Ch.

1976 Recherches sur la nature de Saturne des origines à la réforme de 217 avant J.C., in: R. Bloch (Hrsg.), Recherches sur les religions de l'Italie antique, Genf, S. 43 ff.

Hall, J. M.

1995 How Argive Was the »Argive« Heraion ? The Political and Cultic Geography of the Argive Plain (900-400 B. C.), in: AJA 99, S. 577 ff.

Halliday, W. R.

1922 Picus Who Is also Zeus, in: CR 36, S. 110 ff.

Hammond, N. G. L.

1950 The Lycurgean Reform at Sparta, in: JHS 70, S. 42 ff.

Hansen, M. H.

1995 Kome. A Study in How the Greeks Designated and Classified Settlements Which Were not Poleis, in: M. H. Hansen - K. Raaflaub (Hrsg.), Studies in the Ancient Greek »Polis«, Stuttgart, S. 45 ff.

Harmon, D. P.

1978 The Public Festivals of Rome, in: ANRW 2, 16/2, S. 1440 ff.

Harris, R.

1916 Picus Who Is also Zeus, Cambridge

Harrison, J. E.

1912 Themis. A Study of the Social Origins of Greek Religion, Cambridge (1927)

Hartland, E. S.

1913 Foundation, Foundation-Rites, in: J. Hastings (Hrsg.), Encyclopaedia of Religion and Ethics, VI, Edinburgh, S. 109 ff.

1921 Twins, in: J. Hastings (Hrsg.), Encyclopaedia of Religion and Ethics, XII, Edinburgh, S. 491 ff.

Helm, R.

1913 Eusebius Werke, 7: Die Chronik des Hieronymus, Leipzig

Hencken, H.

1968 Tarquinia. Villanovians and Early Etruscans, Cambridge

Henrichs, A.

1981 Human Sacrifice in Greek Religion: Three Case Studies, in: Le Sacrifice dans l'Antiquité (Vandœvres-Genève 1980), Genf

1987 Three Approaches to Greek Mythography, in: Bremmer, S. 242 ff.

Hermansen, G.
1984   Mares, Maris, Mars, and the Archaic Gods, in: SE 52, S. 147 ff.
Hermon, E.
1978   Réflexions sur la propriété à l'époque royale, in: MEFRA 90, Nr. 1, S. 7 ff.
Hetzner, U.
1963   Andromeda und Tarpeia, Meisenheim am Glan
Heurgon, J.
1951   Au dossier des deux Palès, in: Latomus 10, S. 277 ff.
1957   Trois études sur le »Ver sacrum«, Brüssel
1967   Rez. A. Alföldi, Early Rome and the Latins, in: Historia 16, S. 370 ff.
Hiller, S.
1983   Possible Historical Reasons for the Rediscovery of the Mycenaean Past in the Age of Homer, in: R. Hägg (Hrsg.), The Greek Renaissance of the Eighth Century B.C., Stockholm, S. 9 ff.
1991   Two Trojan Wars? On the Destructions of Troy VIh and VIIa, in: ST 1, S. 145 ff.
Hocart, A. M.
1927   Kingship, Oxford
1937   Kings and Councillors, Kairo
Hodges, R.
1982   Dark Age Economics: the Origins of Towns and Troade, A. D. 1600–1000, London
1988   Primitive and Peasant Markets, Oxford
Halbwachs, M.
1925   Les cadres sociaux de la mémoire, Paris
Hölscher, T.
1967   Victoria Romana. Archäologische Untersuchungen zur Geschichte und Wesensart der römischen Siegesgöttin von den Anfängen bis zum Ende des 3. Jhs. n. Chr., Mainz
Hooke, S. H.
1958   Myth, Ritual and Kingship. Essays on the Theory and Practice of Kingship in the Ancient Near East and in Israel, Oxford
Hooker, J. T.
1980   The Ancient Spartans, London
Horsfall, N. M.
1987   The Aeneas Legend from Homer to Virgil, in: Bremmer – Horsfall 1987, S. 122 ff.
1987a   Myth and Mythography at Rome, in: Bremmer – Horsfall 1987, S. 1 ff.
Howell, P.
1968   The Colossus of Nero, in: Athenaeum 46, S. 292 ff.
Hubaux, J.
1958   Rome et Véies. Recherches sur la chronologie légendaire du moyen âge romain, Paris
Huxley, G. L.
1962   Early Sparta, London

Iacopi, I.
    1982   Documentazione archeologica sulla Regia, in: I. Dondero – P. Pensabene,
             La Roma repubblicana fra il 509 e il 270 a. C., Rom, S. 37 ff.
Iaia, C., Mandolesi, A.
    1993   Topografia dell'insediamento dell'VIII secolo a. C., in: Journal of Ancient
             Topography, RTopAnt 3, S. 17 ff.
Iossa, G.
    1997   Il Cristianesimo antico, Rom
Jannot, J. R.
    1992   Enquête sur l'enlèvement des Sabines, in: La Rome des premiers siècles,
             Florenz, S. 131 ff.
Jeanmarie, H.
    1939   Curoi et Courètes. Essai sur l'éducation spartiate et sur les rites
             d'adolescence dans l'antiquité hellénique, Lille
Jiráni, O.
    1919   Pilumnus a Picumnus, in: LF 46, S. 321 ff.
Johner, A.
    1991   Rome, la violence et le sacré: les doubles fondateurs, in : Euphrosyne 19,
             S. 291 ff.
Johnson, V. L.
    1967   Agonia, Indigetes and the Breeding of Sheep and Goats, in: Latomus 26,
             1–2, S. 316 ff.
Jourdain Annequin, C.
    1992   Héraclès en Occident, in: C. Bonnet – C. Jourdain Annequin (Hrsg.),
             Héraclès. D'une rive à l'autre de la Méditerranée. Bilan et perspectives,
             Brüssel, S. 263 ff.
Jurgeit, F.
    1980   Aussetzung des Caeculus. Entrückung der Ariadne, in: Tainia. Studi in
             onore di R. Hampe, Mainz, S. 269 ff.
Karageorghis, V.
    1993   Le commerce cypriote avec l'Occident au Bronze Récent: quelques nou-
             velles découvertes, in: CRAI, S. 577 ff.
Kerényi, K.
    1944   Töchter der Sonne. Betrachtungen über griechische Gottheiten, Zürich
    1949   Niobe. Neue Studien über antike Religion und Humanität, Zürich
Kilian, K.
    1985   La caduta dei palazzi micenei continentali: aspetti archeologici, in: D. Mu-
             sti (Hrsg.), Le origini dei Greci. Dori e mondo egeo, Rom/Bari, S. 73 ff.
Kirch, P.
    1984   The Evolution of Polynesian Chiefdoms, Cambridge
Kirchhoff, P.
    1959   I principi dell'organizzazione clanica nella società umana, in: U. Fabietti
             (Hrsg.), Dalla tribù allo stato (Mailand 1991²), S. 17 ff.
Kirk, G. S.
    1970   Myth, Cambridge

1977 Methodological Reflexions on the Myths of Herakles, in: Gentili – Paioni 1977, S. 285 ff.

Koch, C.

1937 Der römische Juppiter, Frankfurt am Main

1960 Religio. Studien zu Kult und Glauben der Römer, Nürnberg

Kolbe, H. G.

1970 Lare Aineia?, in: MDAI(R) 77, S. 1 ff.

Köhnken, A.

1974 Pindar as Innovator: Poseidon Hippios and the Relevance of the Pelops Story in Olympian I, in: CQ 24, S. 199 ff.

Kornemann, E.

1900 s. v. »Collegium«, in: RE IV/1, Sp. 380 ff.

Köves-Zulauf, T.

1972 Reden und Schweigen. Römische Religion bei Plinius Maior, München

1990 Römische Geburtsriten, München

Krappe, A. H.

1930 Mythologie universelle, Paris

1933 Notes sur la légende de la fondation de Rome, in: REA 35, S. 146 ff.

1936 Les Aloades, in: SMSR 12, S. 1 ff.

1939 Tyndare, in: SMSR 15, S. 23 ff.

1941 Picus Who Is also Zeus, in: Mnemosyne 9, S. 241 ff.

1942 Acca Larentia, in: AJA 46, S. 490 ff.

Kretschmar, F.

1938 Hundestammvater und Kerberos, Stuttgart

Kretschmer, P.

1919 Lat. quirites und quiritare, in: Glotta, 10, S. 147 ff.

Kyrieleis, H.

1990 Neue Ausgrabungen in Olympia, in: AW 21, S. 177 ff.

La céramique grecque

1982 AA. VV., La céramique grecque ou de tradition grecque au viiie siècle en Italie centrale et méridionale, Neapel

La formazione della città nel Lazio

1980 AA. VV., La formazione della città nel Lazio (Rom 1977), in: DArch 2, Nr. 1–2

La geologia di Roma

1995 R. Funiciello (Hrsg.), Memorie descrittive della carta archeologica d'Italia, 50. La geologia di Roma. Il centro storico, Rom

Lambrechts, P. P.

1946 Consus et l'enlèvement des Sabines, in: AC 15, S. 61 ff.

1970 Les inscriptions avec le mot »tular« et le bornage étrusques, Florenz

Landolfi, M.

1988 I Piceni, in: Italia omnium terrarum alumna, Mailand, S. 315 ff.

Lane, E. N.

1996 (Hrsg.), Cybele, Attis and Related Cults. Essays in Memory of M. J. Vermaseren, Leiden

Lang, F.
    1996   Archaische Siedlungen in Griechenland, Berlin
Langdon, S. H.
    1984   Art, Religion and Society in the Greek Geometric Period: Bronze Anthro-
                pomorphic Votive Figurines, Ann Arbor
Lanza, D.
    1989   Una ragazza, offerta al sacrificio, in : Lares 55, S. 247 ff.
La Regina, A.
    1970-71   I territori sabellici e sannitici, in: DArch 4-5, S. 443 ff.
    1997   Il tempio ritrovato, in: Archeo 148, S. 8 ff.
La Rocca, E.
    1974-75   Due tombe dell'Esquilino. Alcune novità sul commercio euboico in Ita-
                lia centrale nell'VIII sec. a. C., in: DArch 8, S. 86 ff.
    1977   Note sulle importazioni greche in territorio laziale nell'VIII secolo a. C.,
                in: PP 32, S. 375 ff.
    1984   La riva a mezzaluna. Culti, agoni, monumenti funerari presso il Tevere
                nel Campo Marzio occidentale, Rom
Laroche, R. A.
    1982   The Alban King-List in Dionysius I, 70-71: a Numerical Analysis, in:
                Historia 31, S. 112 ff.
Larsen, J. A. O.
    1968   Greek Federal States, Their Institutions and History, Oxford
Latacz, J.
    1977   Kampfparänese, Kampfdarstellung und Kampfwirklichkeit in der Ilias,
                bei Kallinos und Tyrtaios, München
Latte, K.
    1960   Römische Religionsgeschichte, München
Le Bonniec, H.
    1958   Le culte de Cérès à Rome des origines à la fin de la république, Paris
Le Gall, J.
    1953   Recherches sur le culte du Tibre, Paris
Le sanctuaire grec
    1992   Le sanctuaire grec. Entretiens sur l'antiquité classique, Genf
Leonelli, V.
    i. Dr.   La necropoli delle acciaierie a Terni. Tesi di Laurea 1991-92, Farnese
Lepore, E.
    1989   Origini e strutture della Campania antica. Saggi di storia etno-sociale,
                Bologna
Letta, C.
    1988   La tradizione storiografica sull'età regia: origine e valore, in: E. Campa-
                nile (Hrsg.), Alle origini di Roma. Atti del Colloquio, Pisa, S. 61 ff.
    1992   I santuari rurali nell'Italia centro-apenninica: valori religiosi e funzione
                aggregativa, in: MEFRA 104, Nr. 1, S. 109 ff.
Lévêque, P.
    1973   Continuités et innovations dans la religion grecque de la première moi-
                tié du Ier Millénaire, in: PP 28, S. 23 ff.

Lévêque, P., Vidal Naquet, P.
  1964   Clisthène l'Athénien. Essai sur la représentation de l'espace et du temps
            dans la pensée politique grecque de la fin du vie siècle à la mort de Pla-
            ton, Paris
Levi, D.
  1978   Caratteri e continuità del culto cretese sulle vette montane, in: PP 33,
            S. 294 ff.
Levi, M. A.
  1928   Servio Tullio nel POxy. 2088, in: RFIC 41, S. 511 ff.
  1989   Ercole e Semo Sanco (Properzio IV 9,70 ff.), in: PP 44, S. 341 ff.
Levi-Strauss, C.
  1962   Le totémisme aujourd'hui, Paris
  1962a   La pensée sauvage, Paris
Lexicon Urbis
  1993 ff. M. Steinby (Hrsg.), Lexicon topographicum Urbis Romae, I, Rom
Lichtenberger, A.
  1895   De Ciceronis re privata, Lutetiae Parisiorum
Liénard, E.
  1981   Calendrier de Romulus. Les débuts du calendrier romain, in: AC 50,
            S. 469 ff.
Linderski, J.
  1986   The Augural Law, in: ANRW 2, 16/3, S. 2147 ff.
Linington, R. E.
  1982   Il villaggio protostorico nella località Calvario sui Monterozzi a Tarqui-
            nia, in: Studi in onore di Ferrante Rittatore Vonwiller, Como, S. 245 ff.
  1982a   Tarquinia, località Calvario: recenti interventi nella zona dell'abitato
            protostorico, in: Archeologia nella Tuscia (Viterbo 1980), Rom, S. 117 ff.
Linington, R. E., u. a.
  1978   (mit Delpino, F., u. Pallottino, M.), Alle origini di Tarquinia: scoperta di
            un abitato villanoviano sui Monterozzi, in: SE 46, S. 3 ff.
Linke, B.
  1995   Von der Verwandtschaft zum Staat. Die Entstehung politischer Organi-
            sationsformen in der frührömischen Geschichte, Stuttgart
Liou Gille, B.
  1980   Cultes »Héroiques« romains. Les fondateurs, Paris
  1992   Le calendrier Romain: histoire et fonctions (Tite Live 1,19,6–7), in:
            Euphrosyne 20, S. 311 ff.
Lissarrague, F., Schmitt Pantel, P.
  1988   Spartizione e comunità nei banchetti greci, in: C. Grottanelli – N. F. Parise
            (Hrsg.), Sacrificio e società nel mondo antico, Rom/Bari, S. 211 ff.
Lissi Caronna, E.
  1979   Roma, Via della Dataria e Salita di Montecavallo, in: NSA 33, S. 297 ff.
Liverani P.
  i. Dr.   Ianiculum: da Antipolis al mons Ianiculensis, in: Ianiculum-Gianicolo.
            Storia, topografia, monumenti e leggende del Gianicolo dall'Antichità

al Rinascimento. Seminario di studi. Institutum Romanum Finlandiae, 5–7 maggio 1994

Lombardo, M.
1994   Italo in: Aristotele e Antioco: problemi di cronologia mitica, in: Studi in onore di G. Nenci, Galatina, S. 261 ff.

Lucca, R.
1995   Il culto di Pan Aktios a Sibari e a Turi, in: L. Braccesi (Hrsg.), Hespería, Studi sulla grecità d'Occidente, V, Rom, S. 233 ff.

Lugli, G.
1926   La villa sabina di Orazio, in: MonAL 31, S. 456 ff.
1933   Le mura di Servio Tullio e le così dette Mura Serviane, in: Historia 7, S. 3 ff.
1943   Les débuts de la Romanité à la lumière des découvertes archéologiques modernes, in: Eranos 41, S. 8 ff.
1946   Roma antica. Il centro monumentale, Rom
1949   »Roma Aeterna« e il suo culto sulla Velia, in: Problemi attuali di scienza e di cultura 11, S. 1 ff.
1963   Il sistema stradale di Roma antica, in: Études étrusco-italiques, Louvain, S. 111 ff.
1966   I confini del pomerio suburbano di Roma primitiva, in: Mélanges d'archeologie, d'épigraphie et d'histoire offerts à J. Carcopino, Paris, S. 641 ff.

Lugli, P. M.
1992   Considerazioni urbanistiche sulla Pianta Marmorea del Foro della Pace, in: Bollettino di Archeologia 16–18, S. 19 ff.

Luschi, L.
1991   Cacu, Fauno e i venti, in: SE 57, S. 105 ff.

Luzzatto, G. I.
1962   Il passaggio dall'ordinamento gentilizio alla monarchia in Roma, in: Atti del Convegno Internazionale sul tema: Dalla tribù allo stato (Roma 1961), Rom, S. 193 ff.

Maaskant Kleibrink, M.
1991   Early Latin Settlement-Plans at Borgo Le Ferriere (Satricum), in: BABesch 64, S. 51 ff.

Maddoli, G.
1996   L'Occidente, in: S. Settis (Hrsg.), I Greci: storia, cultura, arte, società, II/1, Turin, S. 995 ff.

Magdelain, A.
1962   Cinq jours épagomènes a Rome?, in: REL 40, S. 201 ff.
1969   L'auguraculum de l'arx à Rome et dans d'autres villes, in: REL 47, S. 253 ff.
1971   Remarques sur la société romaine archaïque, in: REL 49, S. 103 ff.
1976   Le pomerium archaïque et le mundus, in: REL 54, S. 71 ff.
1977   L'inauguration de l'Urbs et l'Imperium, in: MEFRA 89, Nr. 1, S. 11 ff.
1984   Quirinus et le droit, in: MEFRA 96, Nr. 1, S. 195 ff.

1986   Le ius archaïque, in: MEFRA 98, Nr. 1, S. 265 ff.
1995   De la royauté et du droit de Romulus à Sabinus, Rom
Maggiani, A.
1990   S. Rocchino (Massarosa), in: E. Paribeni (Hrsg.), Etruscorum ante quam
        Ligurum. La Versilia fra VII e III secolo a. C., Pontedera, S. 69 ff.
Magini, L.
1996   Le feste di Venere. Fertilità femminile e configurazioni astrali nel calen-
        dario di Roma antica, Rom
Magnani, S.
1992–93 Una geografia fantastica? Pitea di Massalia e l'immaginario greco, in:
        RSA 22-23, S. 25 ff.
Mahabharata
        Mahabharata, compendio di C. Rajagopalachari, Bombay 1994
Mainoldi, C.
1981   Cani mitici e rituali tra il regno dei morti e il mondo dei viventi, in:
        QUCC 8, S. 7 ff.
1984   L'image du loup et du chien dans la Grèce ancienne d'Homère à Platon,
        Paris
Malcus, B.
1984   Area D (ovest), in: S. Forsberg - B. E. Thomasson (Hrsg.), San Giovenale.
        Materiali e problemi. Atti del Simposio, Istituto Svedese di Studi Clas-
        sici a Roma (6 aprile 1983), Stockholm, S. 37 ff.
Malkin, I.
1993   Land Ownership, Territorial Possession, Hero Cults, and Scholarly
        Theory, in: R. M. Rosen - J. Farrel (Hrsg.), Nomodeiktes. Greek Studies
        in Honor of M. Ostwald, Ann Arbor, S. 225 ff.
1994   Myth and Territory in the Spartan Mediterranean, Cambridge
Malmoud, Ch.
1976   Village et forêt dans l'idéologie de l'Inde brahmanique, in: Archives
        européennes de sociologie 17, Nr. 1, S. 3 ff.
Malvolta, M.
1996   I ludi delle feriae Latinae a Roma, in: Pasqualini (Hrsg.), Alba Longa,
        S. 255 ff.
Manacorda, D.
1990   Il tempio di Vulcano in Campo Marzio, in: DArch 8, S. 35 ff.
Manca di Mores, G.
1982–83 Terrecotte architettoniche e problemi topografici: contributi all'identi-
        ficazione del tempio di Quirino sul colle Quirinale, in: AFLPer 20,
        S. 323 ff.
Mandolesi, A.
1989–90 L'insediamento protostorico nell'area di Tarquinia antica e nel territorio
        circostante. Tesi di Laurea (Rel. R. Peroni), Rom (La Sapienza)
1994   Ricerche di superficie relative alla prima età del Ferro nell'area di Tarqui-
        nia antica e nel territorio immediatamente circostante, in: La presenza
        etrusca nella Campania meridionale. Atti del convegno, Florenz, S. 329 ff.

Mandolesi, A., Pacciarelli, M.
1990   Poggio Cretoncini: nuove evidenze sullo sviluppo dell'abitato di Tarqui-
          nia antica, in: Bollettino della Società Tarquiniese di Arte e Storia, S. 5 ff.
Manfredi, V.
1993   Le isole fortunate. Topografia di un mito, Rom
Manganaro, G.
1974   Una biblioteca storica nel ginnasio di Tauromenion e il P. Oxy. 1241, in:
          PP 29, S. 389 ff.
Manni, E.
1957   Sicelo e l'origine dei Siculi, in: Kokalos 3, S. 156 ff.
1963   La fondazione di Roma secondo Antioco, Alcimo e Callia, in: Kokalos
          9, S. 253 ff.
Manzini, V.
1925   L'omicidio rituale e i sacrifici umani, Turin
Marazzi, M.
1982   Alle origini mitiche di Roma: la Circe laziale, in: R. Lefevre (Hrsg.), Il
          Lazio nell'antichità romana, Rom, S. 35 ff.
Marazzi, M., Tusa, S.
1994   (Hrsg.), Vivara. Centro commerciale mediterraneo dell'età del bronzo. 2:
          Le tracce dei contatti con il mondo egeo, Rom
Marbach, E.
1929   s. v. »Sterculus«, in: RE III/A2, Sp. 2412.
1937   s. v. »Ocrisia«, in: RE XVII/2, Sp. 1781 ff.
Marchetti, P.
1996   Le dromos au cœur de l'agora de Sparte, in: Kernos 9, S. 155 ff.
Marcone, A.
1997   Storia dell'agricoltura romana, Rom
Marcos Casquero, M. A.
1977   El perro y la religión romana, in: Durius 5, S. 25 ff.
1987   Los Argei: un'arcaica ceremonia romana, in: A. Bonanno (Hrsg.), Laurea
          corona. Studies in Honour of E. Coleiro, Amsterdam, S. 37 ff.
Marinatos, N.
1995   Circe and Liminarity, in: O. Andersen – M. Dickie (Hrsg.), Homer's
          World. Fiction, tradition and Reality, Bergen, S. 133 ff.
Marouzeau, J.
1930   »Ibam forte via Sacra«, in: Mélanges P. Thomas, Brügge, S. 512 ff.
Martin, P. M.
1982   L'idée de royauté à Rome, Clermont-Ferrand
Martin, R.
1951   Recherches sur l'Agora Grecque. Études d'histoire et d'architecture
          urbaines, Paris
Martin, R., u. a.
1980   (mit Pelagatti, P., Vallet, G., u. Voza, G.), Le strutture urbane e il loro
          rapporto con la storia, in: E. Gabba – G. Vallet (Hrsg.), La Sicilia antica,
          I/2: Le città Greche di Sicilia, Neapel, S. 235 ff.

Martínez-Pinna, J.
1981   Evidenza di un tempio di Giove Capitolino a Roma all'inizio del VI
        sec. a. C., in: Archeologia Laziale 4 (= QuadAEI 5), S. 249 ff.
1985   La reforma de Numa y la formaciòn de Roma, in: Gerión 3, S. 97 ff.
1988-89 La Roma de Anco Marcio, in: Gerión 6, S. 55 ff.
1989   Aspectos de cronología romana arcaica. A propósito de la lista real, in:
        Latomus 48, S. 798 ff.
Massa-Pairault, F.-H.
1996   La cité des Étrusques, Paris
Massenzio, M.
1968   La festa di Artemis Triklaria e Dionysos Aisymnetes a Patrai, in: SMSR
        39, S. 101 ff.
Masson, O.
1950   A propos d'un rituel hittite pour la lustration d'une armée: le rite de
        purification par le passage entre les deux parties d'une victime, in: RHR
        137-138, S. 5 ff.
Mastrocinque, A.
1984   Il cognomen Publicola, in: PP 39, S. 211 ff.
1988   Lucio Giunio Bruto. Ricerche di storia, religione e diritto sulle origini
        della repubblica romana, Trento
1991   Culti di origine preromana nell'Italia settentrionale, in: W. Eck – H. Gal-
        sterer (Hrsg.), Die Stadt in Oberitalien und in den nordwestlichen Pro-
        vinzen des römischen Reiches, Mainz, S. 217 ff.
1993   Romolo. La fondazione di Roma tra storia e leggenda, Este
1993a   Artisti samii in Occidente, in: Ders. (Hrsg.), I grandi santuari della Gre-
        cia e l'Occidente, Trento, S. 119 ff.
1994   Il culto di Saturno nell'Italia settentrionale romana, in: Ders. (Hrsg.),
        Culti pagani nell'Italia settentrionale, Trento, S. 97 ff.
Matos Moctezuma, E.
1988   The Great Temple of the Aztecs, London
Matte Blanco, I.
1975   The Inconscious as Infinite Sets, London
1988   Thinking, Feeling and Beeing, London
Matteini Chiari, M.
1995   Museo comunale di Gubbio. Materiali archeologici, Perugia
Mavrojannis, T.
1995   L'aedicula dei Lares Compitales nel Compitum degli Hermaistai a Delo,
        in: BCH 119, Nr. 1, S. 89 ff.
Mazzarino, S.
1966   Il pensiero storico classico, Bari/Rom
Mazzei, M.
1995   Arpi. L'Ipogeo della Medusa e la necropoli, Bari
Meillassoux, C.
1975   L'economia della savana. L'antropologia economica dell'Africa occiden-
        tale (Saggi raccolti, hrsg. von P. Palmieri), Mailand
1975a   Femmes, greniers et capitaux, Paris

Mele, A.
1979 Il commercio greco arcaico. Prexis e emporie, Neapel
1995 Riti di iniziazione giovanile e processi di liberazione: il caso dei Brettii, in: G. De Sensi Sestito (Hrsg.), I Brettii, I, Messina, S. 13 ff.

Melis, F., Rathje, A.
1984 Considerazioni sullo studio dell'architettura domestica arcaica, in: Archeologia Laziale 6 (= QuadAEI 8), S. 382 ff.

Ménager, L. R.
1976 Les collèges sacerdotaux, les tribus et la formation primordiale de Rome, in: MEFRA 88, Nr. 2, S. 455 ff.

Menichetti, M.
1994 Archeologia del potere. Re, immagini e miti a Roma e in Etruria in età arcaica, Mailand
1994a Praenestinus Aeneas. Il culto di Iuppiter Imperator e il trionfo su Mezenzio quali motivi di propaganda antiromana su una cista prenestina, in: Ostraka 3, S. 7 ff.

Merkelbach, R.
1955 Spechtfahne und Stammessage der Picentes, in: Studi in onore di U. E. Paoli, Florenz, S. 513 ff.

Merlin, A.
1906 L'Aventin dans l'antiquité, Paris

Meyer, J. C.
1983 Pre-republican Rome. An Analysis of the Cultural and Chronological Relations 1000–500 b. C., Odense

Mezzena, F.
1982 La Valle d'Aosta nella preistoria e nella protostoria, in: Archeologia in Valle d'Aosta, Valle d'Aosta, S. 15 ff.

Miari, M.
1995 Offerte votive legate al mondo vegetale e animale nelle cavità naturali dell'Italia protostorica, in: L. Quilici – S. Quilici Gigli (Hrsg.), Agricoltura e commerci nell'Italia antica, Rom, S. 11 ff.

Michels, A. K.
1967 The Calendar of the Roman Republic, Princeton

Mielentz, F.
1932 s. v. »Tarchon«, in: RE IV/A2, Sp. 2296 ff.

Mikalson, J. D.
1975 The Sacred and Civil Calendar of the Athenian Year, Princeton

Milano, L.
1988 Codici alimentari, carne e commensalità nella Siria-Palestina di età preclassica, in: C. Grottanelli – N. F. Parise (Hrsg.), Sacrificio e società nel mondo antico, Rom/Bari, S. 55 ff.

Miller, M.
1995 Befestigungsanlagen in Italien vom 8. bis 3. Jahrhundert vor Christus, Hamburg

Minieri, L.
1988 Una mancata »adlectio inter gentes patricias«: il caso degli Antisti, in:

G. Franciosi (Hrsg.), Ricerche sull'organizzazione gentilizia romana, II, Neapel, S. 211 ff.

Mocchegiani Carpano, C., Marazzi, M.

1978   La geomorfologia del colle Palatino in relazione agli insediamenti protostorici e alle trasformazioni di epoca repubblicana e imperiale, in: Un decennio di ricerche archeologiche, II, Rom, S. 467 ff.

Modica, S.

1993   Sepolture infantili nel Lazio protostorico, in: BCAR 95, Nr. 1, S. 7 ff.

Moeller, W. O.

1975   Once More the One-Eyed Man Against Rome, in: Historia 24, S. 402 ff.

Moggi, M.

1976   I sinecismi interstatali greci, Pisa

Momigliano, A.

1938   Tre figure mitiche: Tanaquilla, Gaia Cecilia, Acca Larentia, in: Miscellanea della Facoltà di Lettere e Filosofia dell'Università di Torino, II, S. 3 ff. (= IV Contributo alla storia degli studi classici e del mondo antico, Rom 1969, S. 455 ff.)

1957   In memoria di G. De Sanctis (1870-1957), in: RSI 69, S. 177 ff. (= II Contributo alla storia degli studi classici e del mondo antico, Rom 1960, S. 299 ff.)

1963   An Interim Report on the Origins of Rome, in: JRS 53, S. 95 ff. (= III Contributo alla storia degli studi classici e del mondo antico, II, Rom 1966, S. 545 ff.)

1966   Thybris Pater, in: III Contributo alla storia degli studi classici e del mondo antico, II, Rom, S. 609 ff.

1966a   Sulla data dell'inizio della repubblica, in: III Contributo alla storia degli studi classici e del mondo antico, I, Rom, S. 661 ff.

1966b   Rez. S. Mazzarino, Dalla monarchia allo stato repubblicano. Ricerche di storia romana arcaica, in: III Contributo alla storia degli studi classici e del mondo antico, II, Rom, S. 673 ff.

1966c   Procum patricium, in: JRS 56, S. 16 ff. (= IV Contributo alla storia degli studi classici e del mondo antico, Rom 1969, S. 377 ff.)

1971   Rez. G. S. Kirk, Myth, Cambridge 1970, in: RSI 83, S. 450 ff.

1984   The Origins of Rome, in: VII Contributo alla storia degli studi classici e del mondo antico, Rom, S. 379 ff.

1984a   Rez. M. Sahlins, Historical Metaphors and Mythical Realities, Ann Arbor 1981, in: VII Contributo alla storia degli studi classici del mondo antico, Rom

1988   Bachofen fra misticismo e antropologia, in: ASNP 18, Nr. 2, S. 601 ff.

1989   The Origins of Rome, in: The Cambridge Ancient History, VII/2, Cambridge, S. 52 ff. (ital. Übers.: Le origini di Roma, in: Ders., Roma arcaica, Florenz 1989, S. 3 ff.)

Momigliano, A., Schiavone, A.

1988   (Hrsg.), Storia di Roma, I: Roma in Italia, Turin

Mommsen, Th.

1854-56 Römische Geschichte, Berlin

1876   Der Begriff des Pomerium, in: Hermes 10, S. 40 ff.
1887–88 Römisches Staatsrecht, Leipzig
Monacchi, D.
1985   Un luogo di culto di Feronia a Narni, in: Darch 3, Nr 2, S. 93 ff.
Monaco, L.
1984   La politica dei Mamili nel quadro dei rapporti tra Roma e l'Etruria, in:
          G. Franciosi (Hrsg.), Ricerche sull'organizzazione gentilizia romana, I,
          Neapel, S. 205 ff.
Mondi, R.
1990   Greek Mythic Thought in the Light of the Near East, in: L. Edmunds
          (Hrsg.), Approaches to Greek Myth, Baltimore/London, S. 142 ff.
Montanari, E.
1976   Roma: momenti di una presa di coscienza culturale, Rom
1986   Problemi di demitizzazione romana, in: SMSR 52, S. 73 ff.
1988   Identità culturale e conflitti religiosi nella Roma repubblicana, Rom
Montanari, F.
1988a   L'epica e la poesia didascalica, in: F. Montanari (Hrsg.), Da Omero agli
          Alessandrini: problemi e figure della letteratura greca, Rom
Morani, M.
1995   Il fratello, la casa, il villaggio. Sull'etimologia di phrater in greco, in:
          Aevum 69, S. 3 ff.
Moreau, P.
1987   La lex Clodia sur le bannissement de Cicéron, in: Athenaeum 65,
          S. 465 ff.
Morris, I.
1987   Burial and Ancient Society. The Rise of the Greek City-State, Cam-
          bridge
1991   The Early Polis as City and State, in: J. Rich – A. Wallace Hadrill (Hrsg.),
          City and Country in the Ancient World, London, S. 25 ff.
Mosshammer, A. A.
1979   The Chronicle of Eusebius and Greek Chronographic Tradition, Lewis-
          burg
Müller-Karpe, H.
1959   Vom Anfang Roms, Heidelberg
1962   Zur Stadtwerdung Roms, Heidelberg
Muñoz, A.
1930   Campidoglio, Rom
Murolo, N.
1995   Le Salinae Herculeae di Pompei. Produzione del sale e culto di Ercole
          nella Campania antica, in: Studi sulla Campania preromana, Rom,
          S. 105 ff.
Musti, D.
1975   Varrone nell'insieme delle tradizioni su Roma quadrata, in: StudUrb (B)
          69, S. 297 ff.
1985   (Hrsg.), Le origini dei Greci. Dori e mondo egeo, Rom/Bari
1988   I Greci e l'Italia, in: Momigliano – Schiavone 1988, S. 39 ff.

1988a   La tradizione storica e l'espansione Micenea in Occidente: questioni pre-
          liminari, in: E. Acquaro, L. Godart, F. Mazza, D. Musti (Hrsg.), Momenti
          precoloniali nel Mediterraneo antico. Atti del Convegno Internazionale,
          Rom, S. 21 ff.
1988b   Sui problemi della frequentazione micenea nell'Italia meridionale e nel
          Lazio, in: ebd., S. 113 ff.
1991   Lo sviluppo del mito di Filottete da Crotone a Sibari. Tradizioni achee
          e troiane in Magna Grecia, in: Epéios et Philoctète en Italie. Données
          archéologiques et tradition légendaires. Actes du Colloque International
          du Centre de Recherches Archéologiques de Lille III, Neapel, S. 21 ff.

Muzzioli, P. M.
1992   Fonti per la topografia della IX regione di Roma: alcune osservazioni,
          in: PBSR 60, S. 179 ff.

Nagy, G.
1988   Sul simbolismo della ripartizione nella poesia elegiaca, in: C. Grotta-
          nelli – N. F. Parise (Hrsg.), Sacrificio e società nel mondo antico, Rom/
          Bari, S. 203 ff.

Napoli, A.
1966   I rapporti fra Bruzi e Lucani, in: SMSR 37, S. 61 ff.

Naso, A.
1996   Osservazioni sull'origine dei tumuli monumentali nell'Italia centrale,
          in: ORom 2, S. 69 ff.

Navaro, D.
1996   Eretria: l'universo cultuale di una »polis« alle sue origini, in: QS 43,
          S. 73 ff.

Negroni Catacchio, N., Peroni, R.
1979   Le ultime pagine di Ferrante Rittatore Vonwiller sul »Protovillano-
          viano«, in: Il Bronzo finale in Italia. Atti della XXI Riunione Scientifica
          dell'Istituto Italiano di Preistoria e Protostoria (Firenze 1977), Florenz,
          S. 27 ff.

Neppi Modona, A.
1977   Cortona etrusca e romana nella storia e nell'arte, Florenz

Newton, I.
1728   The Chronology of Ancient Kingdoms Amended, London

Niebuhr, B. G.
1811–12 Römische Geschichte, Berlin (engl. Übers.: The History of Rome, Cam-
          bridge 1831–1832)

Nilsson, M. P.
1920   s. v. »Saeculares ludi«, in: RE I/A2
1920a   Primitive Time-Reckoning. A Study in the Origins and First Develop-
          ment of the Art of Counting Time among the Primitive and Early Cul-
          ture Peoples, Lund
1927   The Minoan-Mycenaean Religion and Its Survival in Greek Religion,
          Lund
1932   The Mycenaean Origin of Greek Mythology, Cambridge (Berkeley 1972,
          1983³)

Nissen, H.
1869   Das Templum, Berlin
1902   Italische Landeskunde, I–III, Berlin 1883–1902

Obeyesekere, G.
1992   The Apotheosis of Captain Cook, Princeton

Ogilvie, R. M.
1961   Lustrum condere, in: JRS 51, S. 31 ff.

Ogilvie, R. M., Drummond, A.
1989   The Sources for Early Roman History, in: The Cambridge Ancient History, VII/2, Cambridge, S. 1 ff.

Olck, F.
1905   s. v. »Eiche«, in: RE V/2, Sp. 2013 ff.

Otto, A.
1909   s. v. »Faunus«, in: RE VI/2, Sp. 2054 ff.

Overbeck, J.
1884   Pompeji in seinen Gebäuden, Alterthümern und Kunstwerken, Leipzig

Pacciarelli, M.
1979   Topografia dell'insediamento dell'età del bronzo recente nel Lazio, in: Archeologia Laziale 2 (= QuadAEI 3), S. 161 ff.
1986   Considerazione sugli insediamenti perilacustri dell'Italia centrale, in: Carancini 1986, S. 269 ff.
1989–90   Ricerche topografiche a Vulci: dati e problemi relativi all'origine delle città medio-tirreniche, in: SE 56, S. 11 ff.
1991   Territorio, insediamento, comunità in: Etruria meridionale agli esordi del processo di urbanizzazione, in: ScAnt 5, S. 163 ff.
1994   Sviluppi verso l'urbanizzazione nell'Italia tirrenica protostorica, in: La presenza etrusca in Campania meridionale. Atti del Convegno, Florenz, S. 227 ff.
1997   (Hrsg.), Acque, grotte e dei. Tremila anni di culti preromani in Romagna, Marche e Abruzzo, Imola
i. Dr.   Nota sulla cronologia assoluta della prima età del Ferro in Italia, in: Ocnus

Pagliaro, A.
1947–48   Carmenta, in: SMSR 21, S. 121 ff.

Pairault Massa, F.-H.
1992   Iconologia e politica nell'Italia antica. Roma, Lazio, Etruria dal VII al I secolo a. C., Mailand

Pais, E.
1906   Ancient Legends of Roman History, London
1913   Storia critica di Roma durante i primi cinque secoli, I/2: L'età regia, Rom

Palatium e Sacra via
i. Dr.   A. Carandini (Hrsg.), Palatium e Sacra via, 1, in: Bollettino di Archeologia

Pallottino, M.

1930   Uno specchio di Tuscania e la leggenda etrusca di Tarchon, in: RAL 6, S. 49 ff.

1937   Nomi etruschi di città, in: Scritti in onore di B. Nogara, Città del Vaticano, S. 341 ff.

1939   Rivista di epigrafia etrusca, 1. Veio, in: SE 13, S. 455 ff.

1960   Le origini di Roma, in: ArchClass 12, S. 1 ff.

1963   Fatti e leggende (moderne) sulla più antica storia di Roma, in: SE 31, S. 3 ff.

1971   L'origine della città di Roma, in: Actes du VIIème Congrès International des Sciences Préhistoriques et Protohistoriques (Prague 1966), Prag, S. 776 ff.

1972   Le origini di Roma: considerazioni critiche sulle scoperte e sulle discussioni più recenti, in: ANRW 1, I, S. 22 ff.

1977   Servius Tullius à la lumière des nouvelles découvertes archéologiques et épigraphiques, in: CRAI, S. 216 ff.

1979   Lo sviluppo socio-istituzionale di Roma arcaica alla luce di nuovi documenti epigrafici, in: StudRom 27, S. 1 ff.

1981   Afrodite?, in: PP 36, S. 24.

1984   Storia della prima Italia, Mailand

1993   Origini e storia primitiva di Roma, Mailand

Palmer, R. E. A.

1969   Cupra, Matuta and Venilia Pyrgensis, in: Classical Studies Presented to E. Parry, Illinois, S. 292 ff.

1970   The Archaic Community of the Romans, Cambridge

1974   Roman Religion and Roman Empire. Five Essays, Philadelphia

1976   Jupiter Blaze, Gods of the Hills, and the Roman Topography of CIL VI. 377, in: AJA 80, S. 43 ff.

1980   Customs on Market Goods Imported into the City of Rome, in: MemAmAc 36, S. 217 ff.

Panella, C.

1990   La valle del Colosseo nell'antichità, in: Bollettino di Archeologia 1-2, S. 35 ff.

1996   (Hrsg.), Meta Sudans, I, Rom

1996a   Un'area sacra sulle pendici nord-orientali del Palatino, in: Panella 1996

Paratore, E.

1975   Rez. Gelsomino, Varrone e i sette colli di Roma, Arezzo 1975, in: RCCM 17, S. 181 ff.

1979-80   I guai del culto di Varrone, in: RCCM 21-22, S. 5 ff.

Pareti, L.

1953   Storia di Roma e del mondo romano, I: L'Italia e Roma avanti il conflitto di Taranto, Turin

Paris, R.

1988   Propaganda e iconografia: una lettura del frontone del tempio di Quirino sul frammento del »rilievo Hartwig« del Museo Nazionale Romano, in: BA 52, S. 27 ff.

Parke, H.W.
1967   The Oracles of Zeus, Oxford
Parker, R.
1983   Miasma. Pollution and Purification in Early Greek Religion, Oxford
1996   Athenian Religion. A History, Oxford
Paroli, L.
1978   Relazione preliminare sulle ceramiche del Foro di Augusto, in: Un decennio di ricerche archeologiche, II, Rom, S. 456 ff.
Pascal, C.
1894   Il culto degli Dei Ignoti a Roma, in: BCAR 22, S. 188 ff. (= Studi di antichità e mitologia, Mailand 1896, S. 83 ff.)
Pasqualini, A.
1996   (Hrsg.), Alba Longa. Mito, storia, archeologia. Atti dell'Incontro di studio (Roma – Albano Laziale 1994), Rom
1996   I miti albani e l'origine delle feriae latinae, in: ebd., S. 217 ff
Paton, W. R.
1907   The Pharmakoi and the Story of the Fall, in: RA 9, S. 51 ff.
Pavan, M.
1984   Aurea Aetas, in: EncVirg, I, S. 412 ff.
Pavolini, C.
1993   (Hrsg.), »Caput Africae«, I, Rom
Peiser, B. J.
1993   Das dunkle Zeitalter Olympias. Kritische Untersuchung, Frankfurt am Main
Pensabene, P.
1978   Roma. Saggi di scavo sul tempio della Magna Mater del Palatino, in: Archeologia Laziale 1 (= QuadAEI 1), S. 67 ff.
1980   La zona sud-occidentale del Palatino, in: Archeologia Laziale 3 (= QuadAEI 4), S. 65 ff.
1990–91   Casa Romuli sul Palatino, in: RPAA 63, 1993, S. 115 ff.
1991   Il tempio della Vittoria sul Palatino, in: Bollettino di Archeologia 11–12, S. 11 ff.
i. Dr.   Elementi architettonici dalla Casa di Augusto sul Palatino, in: Studi F. Rakob, suppl. MDAI(R)
i. Dr. a   I luoghi romulei del Palatino (dattiloscritto presentato alla Protomoteca in Campidoglio nell'aprile del 1997)
Pensabene, P., u. a.
1995   (mit Angelelli, C., Coletti, F., De Rossi, G., Falsone, S., Anzidei A.P., Gioia, P.), Nuovi rinvenimenti nell'area sud-ovest del Palatino, in: Archeologia Laziale 12, Nr. 1 (= QuadAEI 23), S. 13 ff.
1995a   (mit Colazingari, O., Borrello, L., Battistelli P., Falzone, S.), L'area sud occidentale del Palatino dai primi insediamenti all'età medio repubblicana, in: N. Christie (Hrsg.), Settlement and Economy in Italy 1500 BC to AD 1500. Papers of the Fifth Conference of Italian Archaeology, Oxford, S. 455 ff.

Peroni, R.

1959-60   S. Omobono. Materiali dell'età del bronzo e degli inizi dell'età del ferro, in: BCAR 77, S. 7 ff.

1960   Per una nuova cronologia del sepolcreto arcaico del Foro, in: Civiltà del Ferro, Bologna, S. 461 ff.

1969   Diskussion, in: Incontro di studi sugli inizi della colonizzazione greca in Occidente, in: DArch 3, S. 126 ff.

1971   L'età del bronzo nella penisola Italiana, I: L'antica età del bronzo, Florenz

1973   Schlußdiskussion, in: Civiltà arcaica dei Sabini nella valle del Tevere, Rom

1979   L'insediamento subappenninico della Valle del Foro e il problema della continuità di insediamento tra età del bronzo recente e quella finale nel Lazio, in: Archeologia Laziale 2 (=QuadAEI 3), S. 171 ff.

1981   Contatti fra il Lazio e il mondo miceneo, in: Enea nel Lazio, S. 87 ff.

1983   Presenze micenee e forme socio-economiche nell'Italia protostorica, in: Magna Grecia e mondo miceneo. Atti del XXII Convegno di studi sulla Magna Grecia (Taranto 1982), Taranto, S. 211 ff.

1988   Comunità e insediamento in Italia fra età del bronzo e prima età del ferro, in: Momigliano – Schiavone 1988, S. 7 ff.

1989   Protostoria dell'Italia continentale. La penisola italiana nell'età del bronzo e del ferro, Rom

1989a   Enotri, Ausoni, Itali e altre popolazioni dell'estremo sud d'Italia, in: Italia omnium terrarum parens, Mailand, S. 113 ff.

1993-94   Seminario universitario su: Gli insediamenti nel Lazio moderno fra Bronzo finale e prima età del ferro

1994   Introduzione alla protostoria italiana, Rom/Bari

1996   L'Italia alle soglie della storia, Rom/Bari

Peroni, R., di Gennaro, F.

1986   Aspetti regionali dello sviluppo dell'insediamento protostorico nell'Italia centro-meridionale alla luce dei dati archeologici e ambientali, in: DArch 4, S. 193 ff.

Perret, J.

1942   Les origines de la légende Troyenne de Rome (281–31), Paris

Peruzzi, E.

1969   Haruspices Sabinorum, in: PP 24, S. 5 ff.

1969a   Onomastica e società nella Roma delle origini, in: Maia 21, S. 126 ff.

1974   I Micenei sul Palatino, in: PP 29, S. 309 ff.

1978   Aspetti culturali del Lazio primitivo, Florenz

1980   Mycenaeans in Early Latium, Rom

1981   Romulus' Furrow, in: PP 36, S. 106 ff.

1991   Il nome latino del leone, in: PP 46, S. 417 ff.

1992   Cultura greca a Gabii nel VIII secolo, in: PP 47, S. 459 ff.

1993   La poesia conviviale di Roma arcaica, in: PP 48, S. 332 ff.

1995   Grecità di Gabii, in: PP 50, S. 81 ff.

Pestalozza, U.
1930   Le Tharghelie ateniesi (parte I), in: SMSR 6, S. 232 ff.
1931   Le Targhelie ateniesi (parte II), in: SMSR 7, S. 59 ff.
1933   Juno Caprotina, in: SMSR 9, S. 38 ff. (= Ders. (Hrsg.), Religione mediterranea, Mailand 1951, S. 369 ff.)
1933a   Mater Larum e Acca Larentia, in: RIL 66 (= Ders., Religione mediterranea, Mailand 1951, S. 323 ff.)
1964   Il mare delle capre, in: Ders., Nuovi saggi di religione mediterranea, Florenz, S. 167 ff.

Pettazzoni, R.
1940   Carna, in: SE 14, S. 163 ff.
1941   Carmenta, in: SMSR 17, S. 1 ff.
1955-56 Per l'iconografia di Giano, in: SE 24, S. 79 ff.

Pfister, F.
1909-12 Der Reliquienkult im Altertum, Gießen

Phelps, J.
1955   The Prehistoric Solar Calendar, Baltimore

Philipp, H.
1914   s. v. »Rutuli«, in: RE I/A1, Sp. 1282 ff.

Phillips, C. R.
1976   A Note on Vergil's Aeneid 5.744, in: Hermes 104, S. 247 ff.

Philpot, J. H.
1897   The Sacred Tree or the Tree in Religion and Myth, London

Piccaluga, G.
1964   Bona Dea. Due contributi all'interpretazione del suo culto, in: SMSR 35, S. 195 ff.
1968   Lykaon, un tema mitico, Rom
1974   Terminus. I segni di confine nella religione romana, Rom
1974a   Minutal. Saggi di storia delle religioni, Rom
1977   Irruzione di un passato irreversibile nella realtà culturale romana, in: SMSR 1, Nr. 1, S. 61 ff.

Piérart, M.
1989   Les dates de la chute de Troie et de la fondation de Rome, in: Historia testis. Mélanges d'épigraphie, d'histoire ancienne et de philologie offerts à T. Zawadski, Fribourg 1989, S. 1 ff.

Pietrangeli, C.
1976   La Sabina nell'antichità, in: AA.VV., Rieti e il suo territorio, Mailand, S. 9 ff.

Pietrusinski, D.
1975   L'apothéose d'Auguste par rapport à Romulus-Quirinus dans la poésie de Virgile et d'Horace, in: Eos 63, S. 273 ff.

Piganiol, A.
1920   La légende des Quinctii, in: MEFRA 38, S. 285 ff.
1937   Le papyrus de Servius Tullius, in: Scritti in onore di B. Nogara, Città del Vaticano, S. 373 ff.

Pini, E., Seripa, A.
1986   Per un tentativo di ricostruzione dei territori dei centri protostorici Laziali, in: RdA 10, S. 15 ff.

Pinza, G.
1905   Monumenti primitivi di Roma e del Lazio antico, Rom

Piraino, M. T.
1957   Sulla cronologia delle fondazioni siceliote, in: Kokalos 3, S. 123 ff.

Platner, S. B.
1906   The Septimontium and the Seven Hills, in: CPh 1, S. 69 ff.

Platner, S. B., Ashby, T.
1929   A Topographical Dictionary of Ancient Rome, London

Poccetti, P.
1988   Riflessi di strutture di fortificazioni nell'epigrafia italica fra il II e il I secolo a. C., in: Athenaeum 91, S. 303 ff.

Poerner, J.
1913   De Curetibus et Corybantibus, Halle

Pollard, J.
1977   Birds in Greek Life and Myth, London

Popham, M. R., u. a.
1993   (mit Calligas P. G., Sackett, L. H.), Lefkandi II. The Protogeometric Building at Toumba, 2.2, The British School of Archaeology at Athens, Oxford

Popper, K. R.
1984   Auf der Suche nach einer besseren Welt, München (ital.: Alla ricerca di un mondo migliore, Rom 1989)

Porte, D.
1973   Le devin, son bouc et Junon, in: REL 51, S. 171 ff.
1981   Romulus-Quirinus, prince et dieu, dieu des princes. Étude sur le personnage de Quirinus et sur son évolution, des origines à Auguste, in: ANRW 2, 17/1, S. 300 ff.
1986   La noyade rituelle des hommes de jonc, in: Beiträge zur altitalischen Geistesgeschichte. Festschrift G. Radke, Münster, S. 193 ff.
1988   Jupiter Elicius ou la confusion des magies, in: Hommages à H. Le Bonniec. Res Sacrae, Brüssel, S. 352 ff.

Pòrtulas, J.
1993-94   Una geografia dei limiti nell'immaginario dei Greci, in: Kokalos 39, S. 297 ff.

Poucet, J.
1960   Le Septimontium et la Succusa chez Festus et Varron, in: BIBR 32, S. 25 ff.
1967   L'importance du terme »collis« pour l'étude du développement urbain de la Rome archaïque, in: AC 36, S. 99 ff.
1979   Le Latium protohistorique et archaïque à la lumière des découvertes archéologiques récentes, in: AC 47, S. 177 ff.
1985   Les origines de Rome. Tradition et histoire, Brüssel

1991　　De l'archéologie en tant qu'instrument d'autentification du récit annalistique, in: Condere Urbem. Actes 2es Rencontres scientifiques de Luxembourg, Luxemburg, S. III ff.

1992　　Les grands travaux d'urbanisme dans la Rome »étrusque«, in: La Rome des premiers siècles. Légende et histoire. Actes de la Table Ronde en l'honneur de Massimo Pallottino, Florenz, S. 215 ff.

1992a　　Troie, Lavinium, Rome et les Pénates, in: AC 61, S. 260 ff.

1994　　La fondation de Rome: croyants et agnostiques, in: Latomus 80, S. 95 ff.

Pouthier, P.

1981　　Ops et la conception divine da l'abondance dans la religion romaine jusqu'à la mort d'Auguste, Rom

Préaux, G. J.

1962　　La sacralité du pouvoir royale à Rome, in: De Heusch 1962, S. 103 ff.

Preller, L.

1881　　Römische Mythologie, Berlin

Prigogine, I.

1996　　La fin des certitudes, Paris

Pritchett, W. K.

1985　　The Greek State at War, IV, Berkeley

Prosdocimi, A. L.

1969　　Etimologie di teonimi: Venilia, Summanus, Vacuna, in: Studi linguistici in onore di V. Pisani, II, Brescia, S. 777 ff.

1978　　Il lessico istituzionale italico. Tra linguistica e storia, in: La cultura Italica, Pisa, S. 29 ff.

1983　　Lega e tributo nelle tavole di Gubbio, in: PP 38, S. 359 ff.

1989　　Le religioni degli Italici, in: Italia omnium terrarum parens, Mailand, S. 477 ff.

1991　　Mola salsa. Le giovani spighe in fiore, in: Miscellanea etrusca e italica in onore di M. Pallottino, in: ArchClass 43, Nr. 2, S. 1297 ff.

1996　　Sul nome del pane, della cena e di Cerere in latino; e su altro ancora, in: O. Longo – P. Scarpi (Hrsg.), Nel nome del pane, Bozen, S. 37 ff.

Prosdocimi, E., Prosdocimi, A.

1978　　Summanus e Angerona: una solidarietà strutturale nel calendario romano, in: Travaux de linguistique et de grammaire comparées offerts à M. Lejeune, Paris, S. 199 ff.

Pucci, G.

1994　　La prova in archeologia, in: QS, N. S. 85, S. 59 ff.

Puccioni, G.

1958　　La fortuna medievale della Origo gentis romanae, Messina/Florenz

1970　　Hercules Trikaranos nell' »Origo gentis romanae«, in: Mythos, scripta in honorem M. Untersteiner, Genua, S. 235 ff.

Pugliese Carratelli, G.

1962　　Achei nell'Etruria e nel Lazio?, in: PP 17, S. 5 ff.

1979　　L'origine micenea del culto dei Dioscuri, in: Il senso del culto dei Dioscuri in Italia. Atti del Convegno (Taranto 1979), Tarent, S. 17 ff.

1983   Storia civile, in: Ders. (Hrsg.), Megale Hellas. Storia e civiltà della Magna Grecia, Mailand, S. 5 ff.

1991   Dalle odysseiai alle apoikiai, in: Ders., Tra Cadmo e Orfeo. Contributi alla storia civile e religiosa dei Greci d'Occidente, Bologna, S. 85 ff.

Quilici, L.

1971   Un'ancora del Tardo Bronzo alle foci del Tevere, in: ArchClass 23, S. 1 ff.

1979   Roma primitiva e le origini della civiltà Laziale, Rom

1994   Le fortificazioni ad aggere del Lazio antico, in: Ocnus 2, S. 147 ff.

Quilici Gigli, S.

1970   La Valle del Sacco nel quadro delle comunicazioni tra Etruria e Magna Grecia, in: SE 38, S. 363 ff.

1994   s. v. »Antemnae«, in: EAA, suppl. II/1, S. 252 ff.

Quoniam, P.

1947   A propos du mur dit de Servius Tullius, in: MEFRA 59, S. 41 ff.

Raddatz, K.

1975   Bisenzio I. Beobachtungen auf einem eisenzeitlich-frühetruskischen Siedlungskomplex, in: HBA 5, S. 1 ff.

Radke, G.

1959   Die älteste Straße durch das Sabinerland, in: Philologus 103, S. 311 ff.

1963   s. v. »Quirinalis collis«, in: RE XXIV/1, Sp. 1295 ff.

1979   Die Götter Altitaliens, Münster

1981   Quirinus. Eine kritische Überprüfung der Überlieferung und ein Versuch, in: ANRW 2, 17/1, S. 276 ff.

1981a   Viae Publicae Romanae.

1986   L'enfant de la vierge, in: La mythologie, clef de la lecture du monde classique. Hommages à R. Chevallier, Tours, S. 1 ff.

1987   Zur Entwicklung der Gottesvorstellung und der Gottesverehrung in Rom, Darmstadt

1990   Fasti Romani. Betrachtungen zur Frühgeschichte des römischen Kalenders, Münster

1991   Hatte der Odysseus-Sohn Latinus einen Individualnamen?, in: Gymnasium 98, S. 15 ff.

Raingeard, P.

1935   Hermès Psychagoque. Essai sur les origines du culte d'Hermès, Paris

Rakob, F.

1989   Karthago. Die frühe Siedlung. Neue Forschungen, in: MDAI(R) 96, S. 155 ff.

Ransome, H. M.

1937   The Sacred Bee in Ancient Times and Folklore, London

Raskolnikoff, M.

1992   Histoire romaine et critique historique dans l'Europe des lumières. La naissance de l'hypercritique dans l'historiographie de la Rome antique, Rom

Rebert, H. F.

1925   The Velia: a Study in Historical Topography, in: TAPhA 56, S. 54 ff.

Reifferscheid, A.
  1866   Sulle immagini del dio Silvano e del dio Fauno, in: Annali dell'Instituto
            di Corrispondenza Archeologica 38, S. 210 ff.
Reinach, A. J.
  1907   Pila Horatia et Pilumnoe Poplopoe, in: RHR 55, S. 317 ff.
Remotti, F.
  1990   Noi, primitivi: lo specchio dell'antropologia, Turin
  1993   Luoghi e corpi, Turin
Rendeli, M.
  1991   Sulla nascita delle comunità urbane in Etruria meridionale, in: AION
            (archeol) 13, S. 9 ff.
  1993   Città aperte: ambiente e paesaggio rurale organizzato nell'Etruria meri-
            dionale costiera durante l'età orientalizzante e arcaica, Rom
  1993a   Selvans tularia, in: SE 59, S. 163 ff.
Renfrew, C.
  1972   The Emergence of Civilization. The Cyclades and the Aegean in the
            Third Millennium B.C., London
  1984   Approaches to Social Archaeology, Edinburgh
  1986   Interazione fra comunità e formazione dello stato, in: DArch 4, Nr. 1,
            S. 27 ff.
  1988   Archaeology and Language. The Puzzle of Indo-European Origins, Lon-
            don
  i. Dr.   Le radici dell'etnicità: archeologia, genetica e le origini dell'Europa.
            Conferenza all'Accademia dei Lincei, 8. 1. 1993 (Manuskript)
Richard, J. C.
  1966   Énée, Romulus, César et les funerailles impériales, in: MEFRA 78,
            S. 7 ff.
  1978   Les origines de la plèbe romaine. Essai sur la formation du dualisme
            patricio-plébéien, Rom
  1978a   Proletarius. Quelques remarques sur l'organisation Servienne, in: AC 47,
            S. 438 ff.
  1980   La population romaine à l'époque archaïque: sa composition, son évolu-
            tion, ses structures, in: Giornate di studio in onore di U. Coli, Mailand,
            S. 35 ff.
  1981   Variations sur le thème de la citoyenneté à l'époque royale, in: Ktèma 6,
            S. 89 ff.
  1992   Quelques remarques sur les origines de la plèbe romaine, in: Opus 11,
            S. 57 ff.
Richardson, L.
  1978   Honos et Virtus and the Sacra Via, in: AJA 82, S. 240 ff.
Ridgway, D.
  1984   The First Western Greeks, Cambridge
  1994   Phoenicians and Greeks in the West: a View from Pithekoussai, in: The
            Archaeology of Greek Colonisation. Essays dedicated to Sir J. Boardman,
            Oxford, S. 35 ff.

1996   Greek Letters at Osteria dell'Osa, in: ORom 20, S. 87 ff.

Rix, H.

1950–51 Picentes, Picenum, in: BN 2, S. 237 ff.

1981   Rapporti onomastici fra il panteon etrusco e quello romano, in: Gli Etruschi e Roma. Atti dell'Incontro di studio in onore di M. Pallottino, Rom, S. 104 ff.

Robert, R.

1993   Rites de protection et de défense. A propos des ossements d'un chien découverts au pied du rempart de Paestum, in: AION (archeol) 15, S. 119 ff.

Robertson, N.

1985   The Origin of Panathenaea, in: RhM 127, S. 231 ff.

1987   The Nones of July and Roman Weather Magic, in: MH 44, S. 8 ff.

Robinson, H. S.

1974   A Monument of Rome at Corinth, in: Hesperia 43, S. 470 ff.

Rodríguez Adrados, F.

1948   El sistema gentilicio decimal de los indoeuropeos occidentales y los orígenes de Roma, Madrid

Rodríguez Almeida, E.

1983   I confini interni della »regio V«, Esquiliae, nella Forma Urbis Marmorea, in: Roma Capitale (1870–1911), VII, Venedig, S. 106 ff.

1986   Alcune notule topografiche sul Quirinale di epoca domizianea, in: BCAR 91, Nr. 1, S. 49 ff.

1993   s. v. »Cerionia, Ceroliensis (Ceroniensis?)«, in: Lexicon Urbis, 1993 ff., S. 262.

1993a   s. v. »Cespeus, Cespius, Cispius Mons«, in: Lexicon Urbis, 1993 ff., S. 263 ff.

Rolley, C.

1983   Les grands sanctuaires panhelléniques, in: R. Hägg (Hrsg.), The Greek Renaissance of the Eighth Century B. C., Stockholm, S. 109 ff.

Roma medio repubblicana

1973   AA. VV., Roma medio repubblicana. Aspetti culturali di Roma e del Lazio nei secoli IV e III a. C., Rom

Roma sotterranea

1985   R. Luciani (Hrsg.), Roma sotterranea, Rom

Romanelli, P.

1963   Lo scavo al tempio della Magna Mater sul Palatino e nelle sue adiacenze, in: MonAL 46, S. 201 ff.

Romanelli, P.

1981   Nuove ricerche intorno ai monumenti del Niger Lapis al Foro Romano, in: PP 36, S. 65 ff.

Roncalli, F.

1985   I santuari dei duodecim populi e i santuari orvietani, in: AnnFaina 2, S. 55 ff.

1988   Gli Umbri, in: Italia omnium terrarum alumna, Mailand, S. 375 ff.

Roscalla, F.
  1994   Rez. Gerschenson 1991, in: Athenaeum 82, S. 613 ff.
Roscher, W. H.
  1903   Die Enneadischen und hebdomadischen Fristen und Wochen der älte-
            sten Griechen, in: ASAW 21, Nr. 4
  1906   Die Hebdomadenlehren der griechischen Philosophen und Ärzte, in:
            ASAW 24, Nr. 6
  1909   Enneadische Studien. Versuch einer Geschichte der Neunzahl bei den
            Griechen, mit besonderer Berüksichtigung des ältesten Epos, der Philo-
            sophen und Ärzte, in: ASAW 26, Nr. 1
Rose, H. J.
  1933   The Cult of Volkanus at Rome, in: JRS 23, S. 46 ff.
  1956   Divine Kings in Ancient Greece, in: Atti dell'VIII Congresso Internazio-
            nale di Storia delle Religioni (Roma 1955), Florenz, S. 295 ff.
Rosenberg, A.
  1919   Zur Geschichte des Latinerbundes, in: Hermes 54, S. 113 ff.
Rosivach, V. J.
  1980   Latinus' Genealogy and the Palace of Picus (Aeneid 7.45-9, 170-91), in:
            CQ 30, S. 140 ff.
Ross Holloway, R.
  1992   Italy and the Central Mediterranean in the Crisis Years, in: Ward - Jou-
            kowsky 1992, S. 40 ff.
Ross Taylor, L.
  1952-54   The Four Urban Tribes and the Four Regions of Ancient Rome, in:
            RPAA 27, Nr. 3-4, S. 225 ff.
  1960   The Voting Districts of the Roman Republic. The Thirty-Five Urban and
            Rural Tribes, Rom
Rossi, L. E.
  1994   L'epica greca fra oralità e scrittura, in: Reges et Proelia, Como, S. 29 ff.
Rossini incisore
  1982   L. Rossini incisore, Vedute di Roma, 1817-1850, Rom
Rouland, N.
  1979   Pouvoir politique et dépendance personelle dans l'antiquité romaine.
            Genèse et rôle des rapports de clientèle, Brüssel
Rowton, M. B.
  1958   The Date of Hammurabi, in: JNES 17, S. 97 ff.
Rubino, J.
  1868   Beiträge zur Vorgeschichte Italiens, Leipzig
Rubins, M. A.
  1932   A New Interpretation of Jupiter Elicius, in: MemAmAc 10, S. 85 ff.
Rudhardt, J.
  1970   Les mythes grecs relatifs à l'instauration du sacrifice: les rôles corrélatifs
            de Prométhée et de son fils Daucalion, in: MH 27, S. 1 ff.
Rudhardt, J.
  1977   La fonction du mythe dans la pensée religieuse de la Grèce, in: Gentili -
            Paioni 1977, S. 307 ff.

Ruggiero, A.
1984 Mito e realtà nella vicenda storica della »gens Fabia«, in: G. Franciosi (Hrsg.), Ricerche sull'organizzazione gentilizia romana, I, Neapel, S. 257 ff.

Rüpke, J.
1990 Domi militiae. Die religiöse Konstruktion des Krieges in Rom, Stuttgart
1995 Kalender und Öffentlichkeit. Die Geschichte der Repräsentation und religiösen Qualifikation von Zeit in Rom, Berlin

Rykwert, J.
1976 The Idea of a Town. The Anthropology of Urban Form in Rome, London

Sabbatucci, D.
1958 Il mito di Acca Larentia, in: SMSR 29, S. 41 ff.
1970-72 Mito e demitizzazione nell'antica Roma, in: SMSR 41, S. 539 ff.
1975 Il misticismo Eleusino, in: M. Detienne (Hrsg.), Il mito, Bari/Rom
1975a Lo stato come conquista culturale, Città di Castello
1978 Mito, rito e storia, Rom
1984 Da Osiride a Quirino, Rom
1988 La religione di Roma antica dal calendario festivo all'ordine cosmico, Mailand

Sacks, O.
1996 The Island of the Colorblind and Cycad Island

Säflund, G.
1932 Le mura di Roma repubblicana, Lund

Sahlins, M. D.
1963 Poor Man, Rich Man, Big-Man, Chief: Political Types in Melanesia and Polynesia, in: Comparative Studies in Society and History 5, S. 57 ff.
1985 Islands of History, Chicago
1995 How ›natives‹ Think: about Captain Cook, for example, Chicago

Sakellariou, M. B.
1989 The Polis-State. Definition and Origin, Athen

Saller, R.
1991 Progress in Early Roman Historiography, in: JRS 81, S. 157 ff.

Salmon, E. T.
1967 Samnium and the Samnites, Cambridge
1989 The Hirpini. Ex Italia semper aliquid novi, in: Phoenix 43, S. 225 ff.

Salomon, P.
1986 Introduction à l'histoire de l'Afrique, Brüssel

Salviat, F.
1964 Religion populaire et timbres amphoriques: Hermès; Hélène et les DOKANA, in: BCH 88, S. 486 ff.

Santalucia, B.
1979 in: M. Talamanca (Hrsg.), Lineamenti di storia del diritto romano, Mailand (1989²)

Santi, C.
1988   La sovranità di Picus, in: SMSR 12, S. 261 ff.
Santoro, P.
1978   (Hrsg.), I Galli e l'Italia, Rom
1992   La ceramica d'imitazione greca, in: M. Cristofani (Hrsg.), Caere 3.1. Lo scarico arcaico della Vigna Parrocchiale, Rom, S. 107 ff.
Sartori, P.
1898   Über das Bauopfer, in: ZEthn 30, S. 1 ff.
Sartre, M.
1979   Aspects économiques et aspects religieux de la frontière dans les cités grecques, in: Ktèma 4, S. 213 ff.
Sassatelli, G.
1994   Ex voto, culti e divinità dell'Etruria pagana, in: A. Mastrocinque (Hrsg.), Culti pagani nell'Italia settentrionale, Trento, S. 131 ff.
Scardigli, P. G.
1961   Le origini linguistiche di Roma, in: PP 16, S. 181 ff.
Scarpi, P.
1979–80 Picus: una mediazione per la »storia«, in: BFilGrPadova 5, S. 138 ff.
1984   Il picchio e il codice delle api. Itinerari mitici e orizzonte storico-culturale della famiglia nell'antica Grecia. Tra i misteri di Eleusi e la città di Atene, Padua
Scheid, J.
1987   Les sanctuaires de confins dans la Rome antique. Réalité et permanence d'une représentation idéale de l'espace romain, in: L'Urbs, Rom, S. 583 ff.
Schilling, R.
1951   Rez. Brelich 1949a, in: REA 53, S. 160 ff.
1960   Janus. Le dieu introducteur le dieu des passages, in: MEFRA 72, S. 89 ff.
1976   Les »Lares grundiles«, in: Mélanges offerts à J. Heurgon. L'Italie préromaine et la Rome républicaine, 2, Rom, S. 947 ff.
1980   La déification à Rome. Tradition latine et interférence grecque, in: REL 58, S. 137 ff.
Schneider Graziosi, G.
1915   L'»auguratorium« del Palatino, in: Dissertazioni della Pontificia Accademia Romana di Archeologia 12, S. 145 ff.
Scholz, H.
1937   Der Hund in der griechisch-römischen Magie und Religion, Berlin
Scholz, U. W.
1970   Studien zum altitalischen und altrömischen Marskult und Marsmythos, Heidelberg
Schröder, W. A.
1971   M. Porcius Cato. Das erste Buch der Origines, Meisenheim a. d. Glan
Schulze, W.
1904   Zur Geschichte lateinischer Eigennamen, Berlin
Schur, W.
1924   s. v. »Latinus«, in: RE XII, Sp. 928 ff.

Schwabl, H.
1978   s. v. »Zeus«, in: RE suppl. 15, Sp. 994 ff.
Schwegler, A.
1853   Römische Geschichte, I, Tübingen
Schwenn, F.
1915   »Juppiter Latiaris«. Die Menschenopfer bei den Griechen und Römern, in: Religionsgeschichtliche Versuche und Vorarbeiten 15, Nr. 3, S. 180 ff.
Schwentner, E.
1956   Der Specht als »Holzschläger« in den idg. Sprachen, in: ZVerglSprF 73, S. 112 ff.
Sciortino, I., Segala, E.
1990   Rinvenimento di un deposito votivo presso il Clivo Capitolino, in: Archeologia Laziale 10, Nr. 2 (= QuadAEI 19), S. 17 ff.
Scoditti, G. M. G.
1994   Ricercari Nowau. Il recitar cantando a Kitawa: una forma di oralità poetica in Melanesia, Rom
Scotoni, L.
1992   L'umbilicus Italiae secondo Varrone e il centro geografico dell'Italia odierna, in: RAL 3, S. 193 ff.
Scott, G.
1929   Early Roman Traditions in the Light of Archaeology, in: MemAmAc 7, S. 7 ff.
Scott, R. T.
1993   Excavations in the Area Sacra of Vesta, 1987–1989, in: Eius Virtutis Studiosi. Classical and Postclassical Studies in Memory of F. E. Brown, Hannover/London, S. 161 ff.
Scrinari, V. S. M.
1979   Brevi note sugli scavi sotto la chiesa di S. Vito, in: Archeologia Laziale 2 (= QuadAEI 3), S. 58 ff.
Seguin, R.
1988   Remarques sur les origines des pontifes romains: »Pontifex Maximus« et »Rex Sacrorum«, in: Hommages à H. Le Bonniec. Res Sacrae, Brüssel, S. 405 ff.
Seppilli, A.
1977   Sacralità dell'acqua e sacrilegio dei ponti: persistenza di simboli e dinamica culturale, Palermo
Seston, W.
1966   Les murs, les portes et les tours des enceintes urbaines et le problème des res sanctae en droit romain, in: Mélanges d'archéologie et d'histoire offerts à A. Piganiol, III, Paris, S. 1489 ff.
Settis, S.
1996   Introduzione, in: I Greci, I, Turin, S. 27 ff.
Sgarbi, R.
1992   A proposito del lessema latino »Fetiales«, in: Aevum 66, S. 71 ff.
Shatzman, I.
1975   Senatorial Wealth and Roman Politics, in: Collection Latomus 142, Brüssel

Simon, E.
1986   »Janus Curiatius« und »Janus Geminus« im frühen Rom, in: Beiträge zur altitalischen Geistesgeschichte. Festschrift G. Radke, Münster, S. 257 ff.
1989   Culsu, Culsans e Ianus, in: Atti del II Congresso Internazionale Etrusco (Firenze 1985), III, Rom, S. 1271 ff.
Sinn, U.
1993   Greek Sanctuaries as Places of Refuge, in: N. Marinatos – R. Hägg (Hrsg.), Greek Sanctuaries. New Approaches, London, S. 88 ff.
Sirano, F.
1995   Il sostegno bronzeo della tomba 104 del Fondo Artiaco a Cuma e il problema dell'origine dell'holmos, in: Studi sulla Campania preromana, Rom, S. 1 ff.
Small, J. P.
1982   Cacus and Marsyas in: Etrusco-Roman Legends, Princeton
Snodgrass, A. M.
1971   The dark Age of Greece. An archaeological Survey of the Eleventh to the Eight Centuries B. C., Edinburgh
1986   La formazione dello stato greco, in: Opus 5, S. 7 ff.
1991   Archaeology and the Study of the Greek City, in: J. Rich – A. Wallace Hadrill (Hrsg.), City and Country in the Ancient World, London, S. 1 ff.
1996   I caratteri dell'età oscura nell'area egea, in: S. Settis (Hrsg.), I Greci, II/1, Turin, S. 191 ff.
Sogliano, A.
1929   Intorno alle antichissime cinta murali delle città etrusche e italiche, in: SE 3, S. 73 ff.
Solin, H.
1996   Sul concetto di Lazio nell'antichità, in: M. Kajava u. a., Studi storico-epigrafici sul Lazio antico, Rom, S. 1 ff.
Sommella, P.
1971–72 Heroon di Enea a Lavinium: recenti scavi a Pratica di Mare, in: RPAA 44, S. 47 ff.
Sommella Mura, A.
1978   Roma-Campidoglio ed Esquilino, in: Archeologia Laziale 1 (= QuadAEI 1), S. 28 ff.
Sordi, M.
1972   L'idea di crisi e di rinnovamento nella concezione romano-etrusca della storia, in: ANRW 1, 2, S. 781 ff. (= in: Id., Prospettive di storia etrusca, in: Biblioteca di Athenaeum 26, Como 1995, S. 175 ff.)
1983   Città e stati federali nel mondo greco, in: La città antica come fatto di cultura, Como, S. 185 ff.
1987   Silla e lo »ius pomerii proferendi«, in: Id. (Hrsg.), Il confine nel mondo classico, Mailand, S. 200 ff.
Sorgenti Nova
1981   N. Negroni Catacchio (Hrsg.), Sorgenti della Nova. Una comunità protostorica e il suo territorio nell'Etruria meridionale, Rom

1995   N. Negroni Catacchio (Hrsg.), Sorgenti della Nova. L'abitato del Bronzo
           Finale, Florenz

Sourvinou Inwood, C.

1979   Theseus as Son and Stepson: a Tentative Illustration of Greek Mytholo-
           gical Mentality, London

1993   Early Sanctuaries, the Eighth Century and Ritual Space. Fragments of
           a Discourse, in: N. Marinatos - R. Hägg (Hrsg.), Greek Sanctuaries. New
           Approaches, London, S. 1 ff.

Spaeth, B. S.

1996   The Roman Goddess Ceres, Austin

Spate, O. H. K.

1993   Storia del Pacifico. Un paradiso trovato e perduto, ital. Übers., Turin

Spencer, C.

1987   Re-Thinking the Chiefdom, in: R. Drennan - C. Uribe (Hrsg.), Chief-
           doms in the Americas, University Press of America, S. 369 ff.

1990   On the Tempo and Mode of State Formation, in: Journal of Anthropo-
           logical Archaeology 9, S. 1 ff.

Sperber, L.

1987   Untersuchungen zur Chronologie der Urnenfelderkultur im nördlichen
           Alpenvorland von der Schweiz bis Oberösterreich, Bonn

Sperling, J.

1991   The Last Phase of Troy VI and Mycenaean Expansion, in: ST 1, S. 155 ff.

Spinazzola, V.

1895   Gli augures, Rom

Staccioli, R. A.

1985   A proposito di una ricostruzione »grafica« del sacello di Giano
           all'Argileto, in: ArchClass, 37, S. 283 ff.

1994   Il bronzetto cortonese di Culsans come il Giano dell'Argileto, in: Arch-
           Class 46, S. 347 ff.

Stara Tedde, G.

1905   I boschi sacri dell'antica Roma, in: BCAR 33, S. 189 ff.

Stehouwer, P. H. N. G.

1956   Étude sur Ops et Consus, Groningen

Steinby, M.

1987   Il lato orientale del Foro Romano, in: Arctos 21, S. 139 ff.

Steponaitis, V.

1981   Settlement Hierarchies and Political Complexity in the Valley of Mexico,
           in: American Anthropologist 83, S. 320 ff.

Stibbe, C. M.

1980   Il tempio di Satricum e il luogo di culto sottostante, in: Archeologia
           Laziale 3 (= QuadAEI 4), S. 172; 237 ff.

Sutton, D. F.

1977   The Greek Origins of the Cacus Myth, in: CQ 27, S. 391 ff.

Svenbro, J.

1982   A Mégara Hyblaea: le corps géomètre, in: Annales (ESC) 37, S. 953 ff.

Szemerényi, O.
  1971   The Name of the Picentes, in: Studi in onore di H. Meier, S. 531 ff.
Szilágyi, J. G.
  1991   Zu den Anfängen der anthropomorphen Bronzeplastik in Mittelita-
            lien, in: M. Gnade (Hrsg.), Stips votiva. Papers presented to C. M. Stibbe,
            Amsterdam, S. 217 ff.
Tabeling, E.
  1932   Mater Larum. Zum Wesen der Larenreligion, Frankfurt am Main
Taglialatela Scafati, M.
  1988   Appunti sull'ordinamento militare di Roma arcaica, in: G. Franciosi
            (Hrsg.), Ricerche sull'organizzazione gentilizia romana, II, Neapel,
            S. 39 ff.
Tagliamonte, G.
  1994   I figli di Marte. Mobilità, mercenari e mercenariato italici in: Magna
            Grecia e Sicilia, Rom
Talamanca, M.
  1979   (Hrsg.), Lineamenti di storia del diritto romano, Mailand (1989²)
Taliaferro Boatwright, M.
  1984   Tacitus on Claudius and the Pomerium, Annales 12.23.2-24, in: CJ 80,
            S. 36 ff.
Tamburini, P.
  1995   Un abitato villanoviano perilacustre. Il »Gran Carro« sul lago di Bol-
            sena, Rom
Tassini, P.
  1993   Una memoria di Remo alle pendici del Palatino, in: ArchClass 14, Nr. 1,
            S. 333 ff.
Tels De Jong, L. L.
  1959   Sur quelques divinités romaines de la naissance et de la prophétie, Delft
Terray, E.
  1987-89   Un anthropologue africaniste devant la cité grecque, in: Opus 6-8,
            S. 13 ff.
Terrenato, N.
  1992   Velia and Carinae: Some Observations on an Area of Archaic Rome,
            in: E. Herring, R. Withehouse, J. Wilkins (Hrsg.), Papers of the Fourth
            Conference of Italian Archaeology, London, S. 31 ff.
Thédenat, H.
  1904   »Lucus«, in: M. C. Daremberg – M. E. Saglio, Dictionnaire des Antiquités
            3.2, Paris, S. 1351 ff.
Thomas, C. G.
  1976   From Wanax to Basileus, in: HAnt 6, S. 187 ff.
Thomas, Y.
  1990   L'institution de l'origine, in: M. Detienne (Hrsg.), Tracés de fondation,
            Paris, S. 143 ff.
Thomsen, R.
  1980   King Servius Tullius. A Historical Synthesis, Kopenhagen

Thomson, G.
1943 The Greek Calendar, in: JHS 63, S. 52 ff.
Thraede, K.
1966 Euhemerismus, in: RLAC 6, S. 877 ff.
Tiffou, J.
1976 Notes sur le personnage de Romulus, in: Mélanges offerts à J. Heurgon, 2, Rom, S. 991 ff.
Tod, J.
1829–32 Annals and Antiquities of Rajast'han, I–II, London
Tomei, M. A.
1994 A proposito della Velia, in: MDAI(R) 101, S. 309 ff.
Torelli, M.
1966 Un templum augurale d'età repubblicana a Bantia, in: RAL 21, S. 293 ff.
1971 Gravisca, in: NSA 25, S. 196 ff.
1981 Colonizzazioni etrusche e latine di epoca arcaica: un esempio, in: Gli Etruschi e Roma. Atti dell'Incontro di studio in onore di M. Pallottino, Rom, S. 71 ff.
1984 Lavinio e Roma. Riti iniziatici e matrimonio tra archeologia e storia, Rom
1986 La religione, in: Rasenna. Storia e civiltà degli Etruschi 1, Mailand, S. 157 ff.
1987 Appunti per una storia di Tarquinia, in: Bonghi Jovino – Chiaramonte Treré 1987, S. 129 ff.
1988 (mit Gros, P.), Storia dell'urbanistica. Il mondo romano, Rom/Bari
1989 Topografia sacra di una città latina: Preneste, in: Urbanistica e architettura dell'antica Preneste, Palestrina, S. 15 ff.
1989a Archaic Rome Between Latium and Etruria, in: The Cambridge Ancient History VII/2: The Rise of Rome to 220 B.C., Cambridge, S. 30 ff.
1990 Riti di passaggio maschili di Roma arcaica, in: MEFRA 102, Nr. 1, S. 93 ff.
1991 L'acqua degli Etruschi dalle forme ideologiche alle pratiche sociali, in: Gli Etruschi maestri di idraulica, Perugia, S. 19 ff.
1991a Alle radici della nostalgia augustea, in: Continuità e trasformazioni fra repubblica e principato, Bari, S. 47 ff.
1992 I fregi figurati delle regiae latine ed etrusche. Immaginario del potere arcaico, in: Ostraka 1, Nr. 2, S. 249 ff.
1993 Immaginario figurato del potere, in: Studies in memory of F. E. Brown, Washington, S. 85 ff.
1993a s. v. »Curiae Veteres«, in: Lexicon Urbis 1993 ff., S. 337
1996 Il pane di Roma arcaica. Calendario, riti e strutture, in: O. Longo – P. Scarpi (Hrsg.), Nel nome del pane, Bolzano, S. 147 ff.
1996a Rango e ritualità nell'iconografia italica più antica, in: Ostraka 5
Tornow, G. R.
1893 De apium mellisque apud veteres significatione, Berolini

Tortorici, E.
1991   Argiletum: commercio, speculazione edilizia e lotta politica dall'analisi topografica di un quartiere di Roma di età repubblicana, Rom
1993   La »terrazza domizianea«, l'Aqua Marcia ed il taglio della sella fra Campidoglio e Quirinale, in: BCAR 95, 2, S. 7 ff.
Toutain, J.
1925   Les sacrifices humains et le culte des divinités fluviales, principalement dans l'antiquité grecque, in: Congres International d'Histoire des Religions, 2, Paris, S. 156 ff.
Tramonti, S.
1989-90   Neptunalia e Consualia: a proposito di Ausonio, Ecl. 23,19, in: RSA 19-20, S. 107 ff.
Trieber, C.
1892   Die Idee der vier Weltreiche, in: Hermes 27, S. 321 ff.
1894   Zur Kritik des Eusebios, in: Hermes 29, S. 124 ff.
Triomphe, R.
1989   Le Lion, la vierge et le miel, Paris
Trotta, F.
1986-87   Tradizioni di frequentazioni greche arcaiche nel Lazio meridionale in: AFLPer 10, S. 283 ff.
Trousset, P.
1993   La »Carte d'Agrippa«: nouvelle proposition de Lecture, in: DHA 19, Nr. 2, S. 137 ff.
Turcan, R.
1988   Bona Dea et la »Mère ineffable« de Dionysos (Plut. Caes. 9), in: Hommages à H. Le Bonniec. Res Sacrae, Brüssel, S. 428 ff.
Uda, A.
1990   La »sabinité« de Tibur dans l'Italie des Epîtres, in: MEFRA 102, Nr. 1, S. 303 ff.
Ulf, C.
1982   Das römische Lupercalienfest. Ein Modellfall für Methodenprobleme in der Altertumswissenschaft, Darmstadt
Ustinova, U.
1996   Orgeones in phratries. A Mechanism of Social Integration in Attica, in: Kernos 9, S. 226 ff.
Vadé, Y.
1977   Sur la maternité du chêne et de la pierre, in: RHR 191, S. 3 ff.
Vaglieri, D.
1907   Scavi al Palatino, in: NSA, S. 185 ff.; 529 ff.
Vagnetti, L.
1991   L'encadrement chronologique et les formes de la présence égéenne en Italie, in: Epéios et Philoctète en Italie. Données archéologiques et tradition légendaires. Actes du Colloque International du Centre de Recherches Archéologiques de Lille, III, Neapel, S. 9 ff.
1993   Mycenaean Pottery in Italy: Fifty Years of Study, in: C. Zerner (Hrsg.), Wace and Blegen, Amsterdam, S. 143 ff.

Vahlert, K.
1933 s. v. »Mutunus Tutunus«, in: RE XVI/1, Sp. 979 ff.
Valditara, G.
1986 Aspetti religiosi del regno di Servio Tullio, in: SDHI 52, S. 395 ff.
1988 A proposito di un presunto ottavo re di Roma, in: SDHI 54, S. 276 ff.
Valenza Mele, N.
1979 Eracle euboico a Cuma – La gigantomachia e la Via Heraclea, in: Recherches sur les cultes grecs et l'Occident 50, Neapel, S. 19 ff.
1982 Da Micene ad Omero: dalla phiale al lebete, in: Annali del Seminario di Studi del Mondo Classico 4, S. 97 ff.
1991-92 Hera e Apollo a Cuma e la mantica sibillina, in: RIA 14-15, S. 5 ff.
Valeri, U.
1948 Cose Sabine del sito delle antiche città pelasgiche e dell'etimologia dei nomi di alcuni luoghi dell'alta Sabina, Rom
Valeri, V.
1980 Regalità, in: Enciclopedia Einaudi, 11, Turin
1985 Kingship and Sacrifice, Chicago
Vallet, G.
1962 L'introduction de l'olivier en Italie centrale d'après les données de la céramique, in: Hommages à A. Grenier, 3, Brüssel, S. 154 ff.
1982 Bilan des recherches à Mégara Hyblaea, in: ASAA 44, S. 173 ff.
Vallet, G., u. a.
1976 (mit Villard F., Auberson P.), Mégara Hyblaea. I: Le quartier de l'agora archaïque, Rom
Vallino, F.
1993 in: C. Pavolini (Hrsg.), Caput Africae, I, Rom
Valvo, A.
1984 Il 'cognomen Capitolinus' in età repubblicana e il sorgere dell'area sacra sull'arce e il Campidoglio, in: M. Sordi (Hrsg.), I santuari e la guerra nel mondo classico, Mailand, S. 92 ff.
1992 »Fides«, »foedus«, »Iovem lapidem iurare«, in: M. Sordi (Hrsg.), Autocoscienza e rappresentazione dei popoli nell'antichità, in: Contributi dell'Istituto di Storia Antica 18, S. 115 ff.
Van Berchem, D.
1959-60 Hercule Melqart à l'Ara maxima, in: RPAA 32, S. 61 ff.
1967 Sanctuaires d'Hercule-Melqart, in: Syria 44, S. 307 ff.
Van Der Mersch, C.
1996 Vigne, vin et économie dans l'Italie du sud grecque à l'époque archaïque, in: Ostraka 5, Nr. 1, S. 155 ff.
Van der Valk, M.
1985 On the God Cronus, in: GRBS 26, S. 5 ff.
Van Doren, M.
1958 Les sacraria. Une catégorie méconnue d'édifices sacrés chez les Romains, in: AC 27, S. 31 ff.

Van Gelder, K.
1991   The Iron-Age Hiatus in Attica and the Synoikismos of Theseus, in: MedArch 4, S. 55 ff.
Vanotti, G.
1995   L'altro Enea: la testimonianza di Dionigi di Alicarnasso, Rom
Vansina, J.
1978   The Children of Woot. A History of the Kuba Peoples, Madison, Wisconsin
1985   Oral Tradition as History, Madison, Wisconsin
Vegas, M.
1989   Archaische und mittelpunische Keramik aus Karthago, in: MDAI(R) 96, S. 209 ff.
Ventriglia, U.
1971   La geologia della città di Roma, Rom
Vernant, J.-P.
1966   Le mythe hésiodique des races sur un essai de mise au point, in: RPh 40, S. 247 ff.
1971   Métis et les mythes de souveraineté, in: RH 180, S. 29 ff.
1974   Mythe et société en Grèce ancienne, Paris
1974a   Aspects mythiques de la mémoire et du temps, in: Ders., Mythe et pensée chez les Grecs, Paris, S. 80 ff.
1977   Le mythe »prométhéen« chez Hésiode, in: Gentili – Paioni 1977, S. 91 ff.
1979   Manger aux pays du Soleil, in: M. Detienne – J.-P. Vernant (Hrsg.), La cuisine du sacrifice en pays grec, Paris, S. 239 ff.
1979a   Mito, in: Enciclopedia italiana del Novecento, 4, Rom
Verri, A.
1915   Cenni spiegativi della Carta Geologica di Roma pubblicata dal R. Uff. Geologico su rilevamento del Tenente Generale A. Verri, Novara
Versnel, H. S.
1970   Triumphus. An Inquiry into the Origin, Development and Meaning of the Roman Triumph, Leiden
1975   Sacrificium lustrale: the Death of Mettius Fufetius (Livy 1, 28), in: MNIR 37, S. 97 ff.
1987   Greek Myth and Ritual: the Case of Kronos, in: Bremmer 1987, S. 121 ff.
Vetters, H.
1966   Intercidona, Pilumna, Deverra, in: Festschrift A. A. Barb, Eisenstadt, S. 272 ff.
Vian, M. F.
1963   Les origines de Thèbes. Cadmos et les Spartes, Paris
1994   Dionysos, protos euretes de la vigne en Asie Mineure (Nonnos, Dion. XII, 172-397), in: REG 107, S. 10 ff.
Vidal Naquet, P.
1960   Temps des dieux et temps des hommes, in: RHR 157, S. 55 ff. (= in: Le chasseur noir. Formes de pensée et formes de societé dans le mond grec, Paris 1981, S. 69 ff.)

1968   Le chasseur noir et l'origine de l'éphébie athénienne, in: Annales (ESC) 23, S. 247 ff. (= in: Le chasseur noir. Formes de pensée et formes de societé dans le mond grec, Paris 1981

1972   Mythe et tragédie en Grèce ancienne, Paris

1974   Le cru, l'enfant grec et le cuit, in: J. Le Goff - P. Nora, Faire de l'histoire, III, Paris (= in: Le chasseur noir. Formes de pensée et formes de société dans le monde grec, Paris 1981)

Vignolo Munson, R.

1993   Three Aspects of Spartan Kingship in Herodotus, in: R. M. Rosen - J. Farrel (Hrsg.), Nomodeiktes. Greek Studies in Honor of M. Ostwald, Ann Arbor, S. 39 ff.

Vineis, P.

1990   Vineis, Modelli di rischio, Turin

Vitucci, G.

1956   Ricerche sulla Praefectura Urbi in età imperiale, Rom

Waarsenburg, D. J.

1994   The Northwest Necropolis of Satricum. An Iron Age Cemetery in Latium Vetus, Amsterdam

Wagenvoort, H.

1947   Roman Dynamism. Studies in Ancient Roman Thought, Language and Custom, Oxford

Waites, M. C.

1919   The Meaning of the »Dokana«, in: AJA 23, S. 1 ff.

1920   The Nature of the Lares and their Representation in Roman Art, in: AJA 24, S. 241 ff.

Walde, A.

1954-56 Lateinisches etymologisches Wörterbuch, Heidelberg

Ward Perkins, J.

1961   Veii: the Historical Topography of the Ancient City, in: PBSR 29

Ward, W. A., Joukowsky, M. S.

1992   (Hrsg.), The Crisis Years: the 12th Century B. C. from Beyond the Danube to the Tigris, Dubuque

Warde Fowler, W.

1902   The Number Twenty-Seven in Roman Ritual, in: CR 16, S. 211 ff.

Webster, G. S.

1990   Labor Control and Emergent Stratification in Prehistoric Europe, in: Current Anthropology 31, S. 337 ff.

Weinstock, St.

1936   s. v. »Tibur«, in: RE VI/A1, Sp. 816 ff.

1958   s. v. »Vica Pota«, in: RE VIII/A2, München, Sp. 2014 ff.

1960   Two Archaic Inscriptions from Latium, in: JRS 50, S. 112 ff.

Wells, B.

1988   Early Greek Building Sacrifices, in: R. Hägg (Hrsg.), Early Greek Cult Practice, Stockholm, S. 259 ff.

Weniger, L.

1919   Altgriechischer Baumkultus, Leipzig

West, M. L.
1966   Hesiod. Theogony, Oxford
1985   The Hesiodic Catalogue of Women: its Nature, Structure and Origins, Oxford
Westrup, C. W.
1954   Sur les gentes et les curiae de la royauté primitive de Rome, in: RIDA 1, S. 435 ff.
Whatmough, J.
1922   A new Epithet of Iuno, in: CQ 16, S. 190
Whitley, J.
1991   Social Diversity in Dark Age Greece, in: ABSA 86, S. 341 ff.
Wide, S.
1910   Baum, Vogel und Axt, in: Studi in onore di K. F. Johansson, Göteborg, S. 62 ff.
Winkler, G., König, R.
1988   C. Plinius Secundus. Naturkunde (Naturalis Historia, libri XXXVII), 3/4, München/Zürich
Winter, N. A.
1993   Greek Architectural Terracottas from the Prehistoric to the End of the Archaic Period, Oxford
Wiseman, T. P.
1974   Legendary Genealogies in Late-Republican Rome, in: G&R 21, S. 153 ff.
1981   The Temple of Victory on the Palatine, in: AntJ 61, S. 35 ff. (= Wiseman 1987, S. 187 ff.)
1982   Pete nobiles amicos: Poets and Patrons in Late Republican Rome, in: B. Gold (Hrsg.), Literary and Artistic Patronage in Ancient Rome, University of Texas Press, S. 28 ff. (= Wiseman 1987, S. 263 ff.)
1983   The Wife and Children of Romulus, in: CQ 33, S. 445 ff.
1986   Monuments and the Roman Annalists, in: I. S. Moxon, J. D. Smart, A. J. Woodman (Hrsg.), Past Perspectives. Studies in Greek and Roman Historical Writing, Cambridge, S. 87 ff.
1987   Roman Studies. Literary and Historical, Liverpool
1989   Roman Legend and Oral Tradition, in: JRS 79, S. 129 ff.
1993   The She-Wolf Mirror. An Interpretation, in: PBSR 61, S. 1 ff.
1994   Historiography and Imagination: Eigth Essays on Roman Culture, Exeter
1995   Remus. A Roman Myth, Cambridge
1995a   The God of the Lupercal, in: JRS 85, S. 1 ff.
1996   What Do We Know About Early Rome (Rez. Cornell 1995), in: JRAn 9, S. 310 ff.
Wissowa, G.
1896   s. v. »Argei«, in: RE II, Sp. 689 ff.
1899   s. v. »Cacus«, in: RE III, Sp. 1165 ff.
1902   Religion und Kultus der Römer, München (1912²)
1904   Gesammelte Abhandlungen zur römischen Religions- und Stadtgeschichte, München

Wright, E.
1990   The Ferriby Boats. Seacraft of the Bronze Age, London
Wright, H. T.
1984   Pre-State Political Formations, in: T. Earle (Hrsg.), On the Evolution of
        Complex Societies. Essays in Honor of H. Hojier, Malibu, S. 42 ff.
Young, R. S.
1951   Sepulturae intra urbem, in: Hesperia 20, S. 67 ff.
Zancani Montuoro, P.
1974-76 Francavilla Marittima, necropoli. La leggenda di Epeo, in: ASMG 15-17,
        S. 93 ff.
Zevi, F.
1980   Il mito di Enea nella documentazione archeologica, in: L'epos greco in
        Occidente. Atti del XIX Convegno di Studi sulla Magna Grecia (Taranto
        1979), Tarent, S. 247 ff.
1981   Note sulla leggenda di Enea in Italia, in: Gli Etruschi e Roma. Atti
        dell'Incontro di studio in onore di M. Pallottino, Rom, S. 145 ff.
1981a   Sulla necropoli di Decima, in: PP 36, S. 24 ff.
1993   Gli altari di Lavinio: un'ipotesi, in: Eius Virtutis Studiosi. Classical
        and Postclassical Studies in Memory of F. E. Brown, Hannover/London,
        S. 45 ff.
1994   Trasformazioni monumentali a Roma in età tardo-repubblicana, in: La
        ciudad en el mundo romano, I. Actas XIV Congreso Internacional de
        Arqueología Clásica (Tarragona 1993), Tarragona, S. 395 ff.
Ziolkowski, A.
1989   The Sacra Via and the Temple of Juppiter Stator, in: ORom 17, S. 225 ff.
1992   The Temples of Mid-Republican Rome and Their Historical and Topo-
        graphical Context, Rom

Nachtrag

AA. VV., Das Tier in der Antike. 400 Werke ägyptischer, griechischer, etruskischer und
    römischer Kunst aus privatem und öffentlichen Besitz, Zürich 21. 9. - 17. 11. 1974,
    Nr. 285
AA. VV., Mito e Storia in Magna Grecia. Atti del trentaseiesimo congresso di studi
    sulla Magna Grecia, Taranto 4-7 ottobre 1996, Tarent 1997
B. Albanese, Varr., de l. lat. 6,12 ed il pater patratus, in: Mélanges A. Magdelain 1998,
    S. 1 ff.
A. J. Ammermann, Environmental archeology in the Velabrum, Rome, in: J. Rom.
    Arch. 12, 1998, S. 213 ff.
J. Aronen, Perché il verso Saturnio fu chiamato »Saturnio«?, in: Mélanges R. Turcan,
    Paris 1999, S. 53 ff.
G. Bateson, Una sacra unità. Altri passi verso una ecologia della mente, Mailand
    1997

D. Baudy, Römische Umgangsriten. Eine ethnologische Untersuchung der Funktion von Wiederholung für religiöses Verhalten, Berlin 1998

M. Benabou, Le Mur et la Mort, in: Aion 6, 1984, S. 103 ff.

M. Bettelli, Roma, la città prima della città: i tempi di una nascita, Rom 1997

A. M. Bietti Sestieri, Italy in Europe in the early Iron Age, in: Proceeding of the Prehistoric society, 63, 1997, S. 371 ff.

A. M. Biraschi, L'orizzonte precoloniale fra mito e storia, in: AA. VV., Mito e Storia in Magna Grecia, 1997, S. 189 ff.

J. W. Bouma - van't Lindenhout, Light in Dark Age Latium. Evidence from settlements and cult places, in: Coeculus 3, 1996-97, S. 91 ff.

L. Braccesi, Le fidanzate di Eracle, in: Héraclès, les femmes et le féminin. IIe rencontre héracléenne: Actes du colloque de Genobre, Université des Sciences Sociales 22-23 ottobre 1992, Brüssel/Rom 1996, S. 187 ff.

L. Braccesi, Letteratura dei nostoi e colonizzazione greca, in: AA. VV., Mito e Storia in Magna Grecia, 1997, S. 81 ff.

J. R. Brandt, Scavi a Ficana, II, 1. Il periodo protostorico e arcaico: le zone di scavo 3b-c, Rom 1996

D. Briquel, Tarquins de Rome et ideologie indo-européenne (II) Les vicissitudes d'une dynastie, in: Rev. Hist. Rel. 215, 4, 1998, S. 419 ff.

D. Briquel, La leggenda di Romolo e il rituale di fondazione della città, in: Roma, S. 39 ff.

D. Briquel, La zona reatina, centro d'Italia: una visione della Penisola alternativa a quella romana, in: La Salaria in età antica, Rom 1998, S. 79 ff.

G. Brugnoli, Latina Historia, in: Eutopia 5, 1-2, 1996, S. 35 ff.

H. A. Cahn - D. Cahn, Kunstwerke der Antike: drei Privatsammlungen und weitere Besitz: Griechische, Etruskische, Römische und Aegyptische Kunstwerke, Basel 1998

E. Calame, Mito, storia, ragione. L'utilizzo retorico del passato nella Grecia classica, in: AA. VV., Mito e Storia in Magna Grecia, 1997, S. 25 ff.

A. Calore, »Per Iovem Lapidem«. Alle origini del giuramento, Mailand 2000

E. Cantarella, La sacertà nel sistema originario delle pene, in: Mélanges A. Magdelain, 1998, S. 47 ff.

M. Cantilena, Gli scritti omerici oggi, in: ARID 24, 1997, S. 147 ff.

R. Cappelli, Questioni di iconografia, in: Roma, S. 151

P. Caprini, A proposito di Bertoletti, Ginzburg e l'ipotesi siberiana, in: Quaderni di Semantica 1, 1994, S. 57 ff.

P. Caprini, Re d'Inghilterra e cavalli. Una piccola storia in Goffredo di Monmouth, in: G. C. Bellelli (Hrsg.), Incroci di lingue e di culture nell'Inghilterra medievale, Alessandria 1994, S. 7 ff.

P. Caprini, Ancora a proposito di canali e di trasmissioni della cultura, in: Quaderni di Semantica 2, 1997, S. 291 ff.

P. Caprini, Rez. A. Carandini, La nascita di Roma. Dèi, Lari, eroi e uomini all'alba di una civiltà, Einaudi, Turin, 1997, 776 S., in: Quaderni di Semantica 2, 1998, S. 363 ff.

P. Carafa, La grande Roma dei Tarquini e la città romuleo-numana, in: Bull. Com. 97, 1996, S. 7 ff.

G. L. Carancini, L'Italia, in: Acta Arch. 67, 1996, S. 165 ff.

A. Carandini, Rango, ritualità e il mito dei Latini. Ad A. Brelich, quarant'anni dopo le tre »variazioni«, in: Ostraka 5, 2, 1996, S. 215 ff.

A. Carandini, Discussioni sullo specchio con Lupa, Romolo e Remo. (Di nuovo a proposito di T. P. Wiseman), in: Ostraka 6, 2, 1997, S. 445 ff.

A. Carandini, Giornale di Scavo. Pensieri sparsi di un archeologo, Turin 2000

A. Carandini - R. Cappelli (Hrsg.), Roma. Romolo, Remo e la fondazione della città. Catalogo della mostra al Museo Nazionale Romano, Terme di Diocleziano, Mailand 2000

A. Carandini, Variazioni sul tema di Romolo. Riflessioni dopo La nascita di Roma (1998-1999), in: Roma, S. 95 ff.

L. Cerchiai, Di Fauno e di altri lupi, in: AA. VV., Mito e Storia in Magna Grecia, 1997, S. 125 ff.

N. Christie - S. T. Loseby, Towns in transition: urban evolution in late antiquity and the early middle Ages, Aldershott 1996

M. G. Cimino - M. Nota Santi, Corso Vittorio Emanuele II tra urbanistica e archeologia. Storia di uno sventramento, Neapel 1998

F. Coarelli, Le fonti non annalistiche dell'annalistica, in: Eutopia 5, 1-2, 1996, S. 23 ff.

T. J. Cornell, La leggenda della nascita di Roma, in: Roma, S. 45 ff.

J. M. Cook - R. V. Nicholls, Old Smyrna excavations: the Temples of Athens, London 1998

T. J. Cornell, La leggenda della nascita di Roma, in: Roma, S. 45 ff.

L. Coupe, Il mito. Teorie e storie, Rom 1999

J. De la Barbera - W. Trillmich, Eine Wiederholung der Aeneas-Gruppe vom Forum Augustum samt ihrer Inschrift in Mèrida (Spanien), in: MDAI(R) 103, 1996, S. 119 ff.

F. De Polignac, Mythes et modèles culturels de la colonisation greque archaique, in: AA. VV., Mito e Storia in Magna Grecia, 1997, S. 167 ff.

C. De Ranieri, Renovatio Temporum e ›rifondazione‹ di Roma nell'ideologia politica e religiosa di Commodo, in: SOC 45, 1995, S. 329 ff.

C. de Simone, Il nome di Romolo, in: Roma, S. 31 ff.

M. Detienne, Tracés de fondation, Louvain 1970

M. Detienne, Dionysos orphique et le bouilli rôti, in: Dionysos mis a mort, Paris 1977, S. 161 ff.

J. A. K. E. De Waele, The layout of the Lefkandi 'Heroon', in: ABSA 93, 1998, S. 379 ff.

M. D'Onofrio, The Urbanization of Athens and Attica trough the Eatly Iron Age (c. 1050 - 500 B. C.), Manuskript

B. Eder, Staat, Herrschaft, Gesellschaft in Frühgriechischer Zeit: eine Bibliografie 1978-1991/92, Wien 1994

E. Fanetti, L'inquadramento classico delle »res sanctae«, in: Labeo 2, 1956, S. 94 ff.

E. Fentress - A. Guidi, Myth, memory and archeology as historical sources, in: Antiquity 73, 1999, S. 463 ff.

K. V. Flannery, Process and Agency in Early State Formation, in: CambrAJ 9, 1999, S. 3 ff.

E. Florescano, La natura degli dei della Mesoamerica, in: SMSR 63, 1997, S. 43 ff.

N. Francovich Onesti, Roman themes in the Franks casket, in: L'antichità nella cultura Europea del Medioevo. Ergebnisse der internationalen Tagung in Padua, 27. 9. - 1. 10. 1997, Greifswald 1998, S. 295 ff.

A. Fraschetti, Il Dies Cremensis, Ovidio e i Fabii, in: Eutopia 5, 1-2, 1996, S. 43 ff.

Å. Fridth, Mons and Collis, in: Eranos 91, 1993, S. 1 ff.

F. Fulminante, Sepolture principesche nel Lazio tra la fine della prima età del ferro e l'inizio dell'età orientalizzante, Tesi di Laurea, Anno Accademico 1997/1998

E. Gabba, Origine e carattere della più antica storiografia romana, in: Eutopia 5, 1-2, 1996, S. 3 ff.

E. Gabba, La Roma dei Tarquini, in: Athenaeum 86, 1998, S. 5 ff.

E. Gabba, Rez. A. Carandini, La nascita di Roma, in: Athenaeum 87, 1999, S. 324 ff.

L. Gasperini, Cultos de héroes fundadores: Batos en oriente, Taras en occidente, in: Gerion 16, 1998, S. 143 ff.

M. Giangiulo, Immagini coloniali dell'altro: il mondo indigeno fra marginalità e integrazione, in: AA. VV., Mito e Storia in Magna Grecia, 1997, S. 279 ff.

G. Giannantoni, Il concetto di tempo nel mondo antico fino a Platone, in: Il concetto del tempo. Atti del XXXII Congresso Internazionale della Società Filosofica Italiana, Neapel 1997, S. 9 ff.

L. Ginzberg, Le leggende degli Ebrei, 2, Mailand 1997

A. Grandazzi, Lieu d'où l'on vient? Lieu où l'on va? De la porta Romanula en particulier et des portes de Rome en général, in: Mélanges A. Magdelain, Paris 1998, S. 175 ff.

C. Grottanelli, Appunti sul prodotto »mito« alla fine del Novecento, in: AA. VV., Mito e Storia in Magna Grecia, 1997, S. 11 ff.

A. Guarino, I cinque giorni del Regifugium, in: Mélanges A. Magdelain 1998, S. 197 ff.

B. Helley, Sur le fratrai du Camarina, in: PP 52, 1997, S. 365 ff.

Ch. Hoenig, Vica Pota, in: AJPhil 24, 1903, S. 323 ff.

K. Hopkins, A World full of Gods, London 1999

Ch. Hülsen, s. v. »Capua«, in: RE III/2, Sp. 1555-1561

S. J. Huskey, Turnus and Terminus in Aeneid 12, in: Mnemosyne 52, 1, 1999, S. 77 ff.

S. D. Lambert, The Phratries of Attice, Univ. of Mitchigan 1993

M. K. Langdon, Classifying the Hills of Rome, in: Eranos 97, 1999, S. 98 ff.

Y. Lehmann, Varron théologien et philosòphe romain, Brüssel 1997

Liban, Flammarion, Paris 1998

M. Liverani, Verso una storiografia non antropomorfica. Schema per un articolo che non so scrivere, in: Studi di paletnologia in onore di Salvatore M. Puglisi, Rom 1986, S. 249 ff.

C. Lovisi, Contribution à l'étude de la peine de mort sous la République Romaine, Paris 1999

J. M. Luce, Théseé, le synoecisme et l'agora d'Athèns, in: Rev. Arch. 50, 1998, S. 3 ff.

B. Mannsperger, Die Mauer am Schiffslager der Archaier, St. Troica, 8, 1998, S. 287 ff.

J. Martinez-Pinna, Caton y la tesis griega sobre los Aborigenes, Athenaeum, 87, 1999, S. 93 ff.

R. Martini, XII Tavole e diritto greco, in: Labeo 45, 1999, S. 20 ff.

F.-H. Massa-Pairault (Hrsg.), Le mythe grec dans l'Italie antique: fonction et image, Rom 1999

F.-H. Massa-Pairault, Mythe et identité politique. L'Étrurie du IVe siècle à l'époque hellénistique, in: ebd.

A. Mastrocinque, Ricerche sulle religioni italiche, in: SE 61, 1995, S. 139 ff.

A. Mastrocinque, Roma quadrata, in: MEFRA 110, 1998, S. 681 ff.

I. Matte Blanco, Thinking, Feeling and Being, London 1988

A. Mazarakis Ainian, From rulers' dwellings to the temple: architecture, religion and society in early Iron Age Greece (1100-700 B. C.), Jonsered 1997

M. Menichetti, Una città e le sue immagini. La mitologia delle ciste prenestine, in: Massa-Pairault (Hrsg.), Le mythe grec, 1999, S. 485 ff.

G. Messineo, Gli scavi di Efestia a Lemno, in: St. Mic. 39, 1997, S. 241 ff.

A. Meurant, Le gémellité de Romolus et Rémus théme archaïque ou donnée tardive?, in: Rev. Phil. 71, 1997, S. 281 ff.

Th. Miller, Die griechische Kolonisation in Spiegel literarischer Zeugnisse, Tübingen 1997

L. G. Mitchell – P. J. Rhodes, The development of the polis in archaic Greece, London 1997

C. Montepaone, Lo spazio del margine. Prospettive sul femminile nella comunità antica, Rom 1999

D. Montserrat, Sex and society in Graeco-Roman Egypt, New York 1996, S. 126 ff.

P. Moret, Planesiai, Îles erratique de l'occident Grec, in: REG, 110, 1997, S. 25 ff.

A. Moreu, Têtes coupée an Gréce antique, in: Euphrosyne 25, 1997, S. 47 ff.

J. Morris, Periodization and the Heroes: inventing a Dark Age, in: M. Golden – P. Toohey (Hrsg.), Inventing Ancient Culture: historicism, periodization and ancient world, London / New York 1997, S. 96 ff.

A. Muggia, L'area di rispetto nelle colonie magno-greche e siceliote: studio di antropologia della forma urbana, Palermo 1997

A. Mura Sommella, Inter duos lucos: problematiche relative alla localizzazione dell'Asylum, in: Etrusca et Italica, II, Pisa/Rom 1997, S. 425 ff.

D. Musti, Regole politiche a Sparta. Tirteo e la grande Rethra, in: RIFC, 124, 1996, S. 257 ff.

Th. H. Nielsen, Yet more Studies in the Ancient Greek Polis, Stuttgart 1997

R. B. Onians, Le origini del pensiero europeo, Mailand 1998 (The Origins of European Thought about the Body, the Mind, the Soul, the World, Time, and Fate, 2. Aufl. 1953)

M. Pacciarelli, Nota sulla cronologia assoluta della prima età del ferro in Italia, in: Ocnus, IV, 1996, S. 185 ff.

M. Pacciarelli u. a., Torre Galli. La necropoli della prima età del ferro. Scavi Paolo Orsi 1922-1923, Rubbettino 1999

M. Pacciarelli, La necropoli protostorica di Castellace e considerazioni sui processi culturali dei secolo 12.-10. a. C., in: L. Costamagna – P. Visonà, Oppido Mamertina, Rom 1999, S. 35 ff.

D. Palombi, Tra Palatino ed Esquilino: Velia, Carinae, Fagutal. Storia urbana di tre quartieri di Roma antica, Rom 1997

A. Paradiso, Osservazioni sulle cerimonie nuziali spartane, in: Quaderni di Semantica, 24, 1986, S. 136 ff.

L. Pedroni, Ipotesi sull'evoluzione del calendario arcaico di Roma, in: PBSR 66, 1998, S. 39 ff.

C. Pélékidis, Histoire de l'éphébie attique des origines à '& avant Jésus Christ, Paris 1962

R. Peroni, Formazione e sviluppi dei centri protourbani medio-tirrenici, in: Roma, S. 26 ff.

E. Peruzzi, Lingua e cultura ai primordi di Roma, in: Eutopia, 4, 1, 1995, S. 3 ff.

E. Peruzzi, Civiltà greca nel Lazio primitivo, Florenz 1998

G. Piccaluga, Un personaggio sbiadito: Aventinus, in: SMSR 62, 1996, S. 395 ff.

M. Pittau, La lingua etrusca, Nuoro 1997, S. 163

S. B. Platner, Mons and Collis, in: ClPhil 2, 1907, S. 433 ff.

P. Poccetti, Popoli letterati e popoli illetterati nella tradizione romana, in: Eutopia 5, 1-2, 1996, S. 99 ff.

J. Poucet, Les rois de Rome? Tradition et Histoire, Brüssel 2000

A. L. Prosdocimi, Populus Quiritium Quirites I, in: Eutopia 4, 1, 1995, S. 15 ff.

A. L. Prosdocimi, Curia, Quirites e il sistema di Quirino (Populus Quiritium Quirites II), in: Ostraka 5, 2, 1996, S. 243 ff.

A. L. Prosdocimi, Etnici e strutture sociali nella Sabina: Cures, in: Atti del XVIII convegno di Studi Etruschi e Italici, Rieti – Magliano Sabina, 30 maggio – 3 giugno 1993, c. s.

G. Prugni, Quirites, in: Athenaeum 65, 1987, S. 127 ff.

G. Pucci, Il selvaggio ha un cuore antico. Indiani d'America e Greci nell'opera di Lifitau, in: Annuali della Facoltà di Lettere e Filosofia, XV, 1994, S. 97 ff.

K. A. Raaflaub, Born to be Wolves? Origins of Roman Imperialism, in: R. W. Wallace – E. M. Harris (Hrsg.), Transition to Empire: essays in Graeco-Roman history, 360-146 B. C., in honor of E. Badian, London 1996, S. 273 ff.

K. Ransborg, Absolute Chronology: archeological Europe. 2500-500 B. C., Kopenhagen 1996

C. Renfrew in Herald Tribune, 11./12. 6. 1988

J. C. Richard, Rez. La Storia di Roma, vol. I, in: Athenaeum 68, 1990, S. 223 ff.

J. C. Richard, Variations sur la fondation de Rome, in: C. M. Ternes, La nominalisation dans la syntaxe et le lexique du Latin, Luxemburg 1991, S. 135 ff.

G. Rizza, Gli scavi di Prinias e il problema dell'origine dell'arte greca. Un decennio di ricerche archeologiche, in: Quaderni della ricerca scientifica 100, 1978, S. 85 ff.

N. Robertson, Laomedon's Corpse, Laomedon's Tomb, in: GRBS 11, 1970, S. 23 ff.

N. Robertson, The City center of the archaic Athens, in: Hesperia, 67, 1998, S. 283 ff.

Roma: A. Carandini – R. Cappelli (Hrsg.), Roma. Romolo, Remo e la fondazione della città. Catalogo della mostra al Museo Nazionale Romano, Terme di Diocleziano, Mailand 2000

V. Rosenberger, Gezähmte Götter. Das Prodigienwesen der römischen Republik, Stuttgart 1998

L. E. Rossi, L'atlante occidentale degli Aitia di Callimaco: mito e modi di lettura, in: AA. VV., Mito e Storia in Magna Grecia, 1997, S. 69 ff.

S. Rotondaro, Tempo, uomo e memoria nella Teogonia di Esiodo, in: G. Casertano (Hrsg.), Il concetto del tempo. Atti del XXXII Congresso Internazionale della Società Filosofica Italiana, Neapel 1997, S. 141 ff.

C. J. Rowe, ›Archaic thought‹ in Hesiod, in: JHS 103, 1983, S. 124 ff.

F. Ruzé, Délibération et pouvoir dans le cité greque: da Nestor à Socrate, Paris 1997

R. Sablayrolles, Espace urbain et propagande politique: l'organisation du centre de Rome par Auguste (Res gestae 19 à 21), in: Palls 28, 1981, S. 59 ff.

A. Saggioro, Lafitau e lo spettacolo dell'»altro«. Considerazioni iniziali in margine a un comparativista ante litteram, in: SMSR 63, 1997, S. 191 ff.

J. B. Salmon, Wealthy Corinth. A History of the City to 338 B. C., Oxford 1984

R. Sammartano, Origines gentium Siciliae: Ellanico, Antioco, Tucidide, Rom 1998

C. Santini, Eroi culturali e annalistica: il caso di Tullo Ostilio, in: Eutopia 5, 1-2, 1996, S. 85 ff.

V. Scarano Ussari, Il significato simbolico dell'Hasta nel III periodo della cultura Laziale, in: Ostraka 5, 2, 1996, S. 321 ff.

A. Schnapp, Le chasseur et la cité: chasse et éretique en Grèce ancienne, Paris 1997

G. M. G. Scoditti, Mito, spazio e tempo in una cultura orale, in: Roma, S. 15 ff.)

G. M. G. Scoditti, Argonauti del Pacifico, Mailand 2000

G. M. G. Scoditti, Black & White. Il problema della forma dell'arte tribale a Picasso, Mantua 2000

S. Solazzi, »Quodam modo« nelle Istituzioni di Gaio, in: Studia et documenta historiae et iuris 19, 1953, S. 104 ff.

S. Solazzi, Ritorni su Gaio, in: Iura 8, 1957, S. 1 ff.

Ch. Sourvinou-Inwood, Reading Greek death to the end of the classical period, Oxford 1995

F. Stock, La ricezione dell'annalistica nell'esegesi virgiliana antica, in: Eutopia 5, 1-2, 1996, S. 67 ff.

S. Sturloni, Edda, Paris 1998

G. Tagliamonte, I Sanniti: Caudini, Irpini, Pentri, Carricini, Frentani, Mailand 1996

E. Tiffau, Le thème de la lumière dans la fondation de Rome, in: Latomus 57, 2, 1998, S. 305

M. Torelli, Riflessioni sulle registrazioni storiche in Etruria, in: Eutopia 5, 1-2, 1996, S. 13 ff.

M. Torelli, Secespita e praefericulum. Archeologia di due strumenti sacrificali romani, in: Etrusca et Italica, II, Pisa/Rom 1997, S. 572 ff.

M. Torelli, Archeologia, Religione e società in Roma arcaica, in: Roma, S. 63 ff.

V. Valeri, Uno spazio tra sé e sé. L'antropologia come ricerca della saggezza, Rom 1999

V. Valeri, Kingship and Sacrifice. Ritual and society in Ancient Hawaii, University of Chicago, Chicago/London 1985

V. Valeri, The Forest of Taboos, Madison, Wisconsin 2000

J. P. Vernant, Mythe et société en Grèce ancienne, Paris 1974

M. Wifstrand Schiebe, Vergil und die Tradition von den römischen Urkönigen, Stuttgart 1997

T. P. Wiseman, Valerio Anziate e il palinsesto della storia, in: Eutopia 5, 1-2, 1996, S. 117 ff.

T. P. Wiseman, The she-wolf mirrow (again), in: Ostraka 6, 2, 1997, S. 441 ff.

T. P. Wiseman, Rez. A. Carandini, La Nascita di Roma, in: JRS 90, 2000, S. 210 ff.

T. P. Wiseman, Roman Drama and Roman History, London 1998

T. P. Wiseman, Historiograpgy and Imagination, Exeter 1994, Nachdr. 1999

F. C. Woudhuizen, The Etruscan Liturgical Calendar from Capua, Amsterdam 1998

S. Zeggio, Santuari di Roma in età regia. I contesti votivi: localizzazione, cronologia, attribuzione. Tesi di Dottorato di ricerca in Archeologia Classica, VIII ciclo, Anno Accademico 1996/1997

F. Zevi, Il mosaico di Alessandro e i romani: qualche appunto, in: B. Magnusson (Hrsg.), Ultra terminum vagari: scritti in onore di Carl Nylander, Rom 1997

A. Ziolkowski, Of Streets and Crossroads. The location of the Carinae, in: MAAR 41, 1996, S. 121 ff.

A. Ziolkowski, Ritual cleaning-up of the city: from Lupercalia to the Argei, in: Ancient Society 29, 1998-1999, S. 191 ff.

Abkürzungen

Antike Autoren und ihre Werke werden abgekürzt aufgeführt nach: Lexikon der Alten Welt, Zürich/Stuttgart 1965, Sp. 3439 ff., und ggf. nach: Der Kleine Pauly, München 1979, Bd. 1, S. XXI ff.

Die folgenden Abkürzungen der Zeitschriften- und Reihentitel entsprechen im allgemeinen der »Année Philologique« und der »Archäologischen Bibliographie«.

AAN	Atti della Accademia di scienze morali e politiche della società nazionale di scienze, lettere ed arti di Napoli
ABSA	Annual of the British School at Athens
AC	L'Antiquité Classique
Aevum	Aevum. Rassegna di scienze storiche, linguistiche e filologiche
AFLPer	Annali della Facoltà di Lettere e Filosofia. Università di Perugia
AION (archeol)	Annali dell'Istituto universitario orientale di Napoli. Dipartimento di Studi del mondo classico e del Mediterraneo antico. Sezione di archeologia e storia antica
AION (ling)	Annali dell'Istituto universitario orientale di Napoli. Dipartimento di Studi del mondo classico e del Mediterraneo antico. Sezione linguistica
AJA	American Journal of Archaeology
AJPh	American Journal of Philology
Annales (ESC)	Annales (Économie, sociétés, civilizations)
AnnFaina	Annali della Fondazione Faina per il museo »Claudio Faina«
ANRW	Aufstieg und Niedergang der römischen Welt. Geschichte und Kultur Roms im Spiegel der neueren Forschung, Berlin / New York 1972 ff.
AntJ	The Antiquaries Journal, being the Journal of the Society of Antiquaries of London
ArchClass	Archeologia Classica. Rivista della Scuola nazionale di archeologia (Roma)
Archeo	Archeo. Attualità del passato
Arctos	Arctos. Acta philologica Fennica
ARID	Analecta Romana Instituti Danici
ASAA	Annuario della Scuola Archeologica di Atene e delle Missioni Italiane in Oriente
ASAW	Abhandlungen der Sächsischen Akademie der Wissenschaften zu Leipzig
ASMG	Atti e memorie della Società Magna Grecia

ASNP	Annali della Scuola Normale Superiore di Pisa, Classe di Lettere e Filosofia
Athenaeum	Athenaeum. Studi periodici di letteratura e storia dell'antichità
Aufidus	Aufidus. Rivista di scienza e didattica della cultura classica
AW	Antike Welt
BA	Bollettino d'Arte del Ministero per i Beni culturali e ambientali
BABesch	Bulletin Antieke Beschaving
BAR	British Archaeological Reports
BCAR	Bullettino della Commissione Archeologica comunale in Roma
BCH	Bulletin de Correspondance Hellénique
BFilGrPadova	Bollettino dell'Istituto di Filologia Greca, Università di Padova
BIBR	Bulletin de l'Institut historique Belge de Rome
BICS	Bulletin of the Institute of Classical Studies of the University of London
BMusCivRom	Bullettino del Museo della civiltà romana
BN	Beiträge zur Namenforschung
BPI	Bullettino di paletnologia italiana
BullInst	Bullettino dell'Istituto di Corrispondenza Archeologica
Caesarodunum	Caesarodunum. Bulletin de l'Institut d'études latines de l'Université de Tours, Centre de recherches A. Piganiol
CIL	Corpus Inscriptionum Latinarum, Berlin 1863 ff.
CJ	The Classical Journal
CPh	Classical Philology
CQ	Classical Quarterly
CR	Classical Review
CRAI	Comptes rendus de l'Académie des Inscriptions et Belles-Lettres
DArch	Dialoghi di Archeologia
DHA	Dialogues d'histoire ancienne
DocAlb	Documenta albana
Durius	Durius. Boletín castellano de estudios clásicos
EAA	Enciclopedia dell'arte antica classica e orientale, 8 Bde., Rom 1958 ff.
EncVirg	Enciclopedia Virgiliana, Rom 1984 ff.
Eranos	Eranos. Acta Philologica Suecana
Eos	Eos. Commentarii Societatis Philologiae Polonorum
Euphrosyne	Euphrosyne. Revista de filologia clássica
FGrHist	F. Jacoby, Die Fragmente der Griechischen Historiker, Berlin 1923–1958
G&R	Greece and Rome
Gerión	Gerión
GIF	Giornale italiano di filologia
Glotta	Glotta. Zeitschrift für griechische und lateinische Sprache
GRBS	Greek, Roman and Byzantine Studies
Gymnasium	Gymnasium, Zeitschrift für Kultur der antike und humanistische Bildung

HAnt	Hispania Antiqua. Revista de historia antigua
HBA	Hamburger Beiträge zur Archäologie
Hermes	Hermes. Zeitschrift für klassische Philologie
Hesperia	Hesperia. Journal of the American School of Classical Studies at Athens
Historia	Historia. Revue d'histoire ancienne
HSPh	Harvard Studies in Classical Philology
Index	Index. Quaderni camerti di studi romanistici
JHS	Journal of Hellenic Studies
JIES	Journal of Indo-European Studies
JNES	Journal of Near Eastern Studies
JRS	Journal of Roman Studies
Kernos	Kernos. Revue internationale et pluridisciplinaire de religion grecque antique
KJ	Kölner Jahrbuch für Vor- und Frühgeschichte, hrsg. vom Römisch-Germanischen Museum und der Archäologischen Gesellschaft Köln
Kókalos	Κωκαλος. Studi pubblicati dall'Istituto di Storia antica dell'Università di Palermo
Ktèma	Ktèma. Civilisations de l'Orient, de la Grèce et de Rome antiques
Labeo	Labeo. Rassegna di diritto romano
Latomus	Latomus. Revue d'études latines
LIMC	Lexicon Iconographicum Mythologiae Classicae, Zürich/München 1981-1999
LF	Listy Filologické
Maia	Maia. Rivista di letterature classiche
MAL	Memorie della Classe di Scienze morali e storiche dell'Accademia dei Lincei
MD	Materiali e Discussioni per l'analisi dei testi classici
MDAI(R)	Mitteilungen des Deutschen Archäologischen Instituts (Römische Abteilung)
MedArch	Mediterranean Archaeology
MEFRA	Mélanges d'archéologie et d'histoire de l'École Française de Rome. Antiquité (dal 1971)
Métis	Métis. Revue d'anthropologie du mond grec ancien
MH	Museum Helveticum. Revue suisse pour l'étude de l'Antiquité classique
Mnemosyne	Mnemosyne. Bibliotheca classica Batava
MNIR	Mededelingen van het Nederlandsch historisch Instituut de Rome
MonAL	Monumenti antichi, pubblicati dall'Accademia dei Lincei
NSA	Notizie degli scavi di antichità
Ocnus	Ocnus. Quaderni della Scuola di Specializzazione in archeologia
Opus	Opus. Rivista internazionale per la storia economica e sociale dell'antichità

OpuscFin	Opuscula Instituti Romani Finlandiae
ORom	Opuscula Romana. Acta Instituti Romani Regni Sueciae
Ostraka	Ostraka. Rivista di antichità
PBA	Proceedings of the British Academy
PBSR	Papers of the British School at Rome
PCPhS	Proceedings of the Cambridge Philological Society
Philologus	Philologus. Zeitschrift für klassische Philologie
Phoenix	The Phoenix. Journal of the Classical Association of Canada
Picus	Picus. Studi e ricerche sulle Marche nell'antichità
PP	La Parola del Passato. Rivista di studi antichi
ProcPrehistSoc	Proceedings of the Prehistoric Society
QC	Quaderni catanesi di studi classici e medievali
QS	Quaderni di storia
QuadAEI	Quaderni di Archeologia etrusco-italica
QuadProtost	Quaderni di Protostoria. Università di Perugia
Quaternaria	Quaternaria
QUCC	Quaderni urbinati di cultura classica
RA	Revue Archéologique
RAL	Rendiconti della Classe di Scienze morali, storiche e filologiche dell'Accademia dei Lincei
RCCM	Rivista di cultura classica e medioevale
RdA	Rivista di archeologia
RE	G. Wissowa (Hrsg.), Paulys Real-Encyclopädie der Classischen Altertumswissenschaft, Neue Bearbeitung, Stuttgart/München 1894–1980
REA	Revue des études anciennes
REG	Revue des études grecques
REL	Revue des études latines
RFIC	Rivista di filologia e di istruzione classica
RH	Revue historique
RhM	Rheinisches Museum für Philologie
RHR	Revue de l'histoire des religions
RIA	Rivista dell'Istituto Nazionale di Archeologia e Storia dell'Arte
RIDA	Revue internationale des droits de l'Antiquité
RIL	Rendiconti dell'Istituto Lombardo, Classe di Lettere, Scienze morali e storiche
RLAC	Reallexikon für Antike und Christentum
RPAA	Rendiconti della Pontificia Accademia di Archeologia
RPh	Revue de philologie, de littérature et d'histoire anciennes
RSA	Rivista storica dell'Antichità
RSI	Rivista storica italiana
RTopAnt	Rivista di Topografia Antica
ScAnt	Scienze dell'antichità. Storia, archeologia, antropologia
SCO	Studi classici e orientali
SDHI	Studia et documenta historiae et iuris

SE	Studi etruschi
SIG	Sylloge Inscriptionum Graecarum (ed. W. Dittenberger)
SMEA	Studi micenei ed egeo-anatolici
SMSR	Studi e materiali di storia delle religioni
SO	Symbolae Osloenses, auspiciis Societatis Graeco-Latinae
ST	Studia troica
StrennaRom	Strenna dei romanisti
StudRom	Studi romani: rivista bimestrale dell'Istituto di Studi romani
StudUrb (B)	Studi urbinati di storia, filosofia e letteratura
Syria	Syria. Revue d'art oriental et d'archéologie
TAPhA	Transactions and proceedings of the American Philological Association
TLS	Times Literary Supplement
ZEthn	Zeitschrift für Ethnologie der Deutschen
ZPE	Zeitschrift für Papyrologie und Epigraphik
ZverglSprF	Zeitschrift für Vergleichende Sprachforschung

Namen- und Sachverzeichnis

Die angegebenen Zahlen bezeichnen die Paragraphen des Textes, in denen Name oder Begriff behandelt wird; ein vorangestelltes *a* verweist darauf, daß der Name oder Begriff in den Anmerkungen zum entsprechenden Paragraphen genannt wird; ein auf die Zahl folgendes *u.* (= und) *a* zeigt an, daß sowohl der Paragraph des Textes wie auch die Anmerkungen zum Text Ausführungen zu Name oder Begriff enthalten.

Verzeichnis moderner Autoren

Die angegebenen Zahlen bezeichnen die Paragraphen des Textes, in denen der Autor genannt wird; ein vorangestelltes *a* verweist darauf, daß der Autor in den Anmerkungen zum entsprechenden Paragraphen genannt wird; ein auf die Zahl folgendes *u.* (= und) *a* zeigt an, daß der Autor sowohl im Text wie in den Anmerkungen genannt wird.